CÓDIGO **TRIBUTÁRIO**
NACIONAL **COMENTADO**
EM SUA MOLDURA CONSTITUCIONAL

Grupo Editorial Nacional

O GEN | Grupo Editorial Nacional – maior plataforma editorial brasileira no segmento científico, técnico e profissional – publica conteúdos nas áreas de concursos, ciências jurídicas, humanas, exatas, da saúde e sociais aplicadas, além de prover serviços direcionados à educação continuada.

As editoras que integram o GEN, das mais respeitadas no mercado editorial, construíram catálogos inigualáveis, com obras decisivas para a formação acadêmica e o aperfeiçoamento de várias gerações de profissionais e estudantes, tendo se tornado sinônimo de qualidade e seriedade.

A missão do GEN e dos núcleos de conteúdo que o compõem é prover a melhor informação científica e distribuí-la de maneira flexível e conveniente, a preços justos, gerando benefícios e servindo a autores, docentes, livreiros, funcionários, colaboradores e acionistas.

Nosso comportamento ético incondicional e nossa responsabilidade social e ambiental são reforçados pela natureza educacional de nossa atividade e dão sustentabilidade ao crescimento contínuo e à rentabilidade do grupo.

REGINA HELENA COSTA

CÓDIGO TRIBUTÁRIO NACIONAL COMENTADO
EM SUA MOLDURA CONSTITUCIONAL

5ª edição, revista, atualizada e ampliada

Editora FORENSE

- **CIP-BRASIL. CATALOGAÇÃO NA PUBLICAÇÃO**
SINDICATO NACIONAL DOS EDITORES DE LIVROS, RJ

C875c
5. ed.

Costa, Regina Helena
código tributário nacional comentado : em sua moldura constitucional / Regina Helena Costa. - 5. ed. - Rio de Janeiro : Forense, 2025.

ISBN 978-85-3099-737-3

1. Brasil. Código tributário nacional (1966)]. 2. Direito tributário - Brasil. 3. Brasil. [Constituição (1988)].

25-97419.0   CDU: 34:351.713(094)(81)

Meri Gleice Rodrigues de Souza - Bibliotecária - CRB-7/6439

SOBRE A AUTORA

Livre-docente em Direito Tributário, Doutora e Mestre em Direito do Estado pela PUC/SP. Professora associada de Direito Tributário da Faculdade de Direito e da Pós-graduação em Direito da mesma universidade. Ministra do Superior Tribunal de Justiça. Autora dos livros *Princípio da capacidade contributiva*; *Imunidades tributárias – Teoria e análise da jurisprudência do STF*; e *Praticabilidade e justiça tributária – Exequibilidade de lei tributária e direitos do contribuinte*, pela Editora Malheiros; e do *Curso de direito tributário – Constituição e Código Tributário Nacional*, pela Editora Saraiva.

SUGESTÕES DOUTRINÁRIAS

COMPETÊNCIA TRIBUTÁRIA

NOTA À 5.ª EDIÇÃO

A par das atualizações de praxe, nesta edição desenvolvemos os comentários sobre a Reforma Tributária promovida pela EC n. 132/2023, uma vez promulgada a Lei Complementar n. 214/2025, que, dentre outras novidades, institui o Imposto sobre Bens e Serviços – IBS, a Contribuição sobre Bens e Serviços – CBS e o Imposto Seletivo – IS.

Regina Helena Costa

CÓDIGO TRIBUTÁRIO NACIONAL EM SUA MOLDURA CONSTITUCIONAL

I – APRESENTAÇÃO E CONCEPÇÃO DA OBRA

A ideia que nos inspirou a elaborar um Código Tributário Nacional comentado foi a de preparar uma obra de viés didático e caráter prático. Destina-se à utilização tanto por profissionais que atuam na área tributária quanto por estudantes de graduação e pós-graduação que queiram se aprofundar na disciplina. A análise das normas do CTN é efetuada dentro da moldura traçada pela Constituição da República, de cuja compreensão suas interpretação e aplicação não podem ser desvinculadas. A apreciação crítica está sempre presente nos comentários apresentados. Em caráter complementar, sugestões de doutrina, bem como indicação de jurisprudência a título meramente ilustrativo, segundo critérios explicitados adiante.

II – INSTRUÇÕES PARA A UTILIZAÇÃO DA OBRA

Os comentários são feitos na análise de cada artigo do código, consoante o seguinte roteiro:

• *Moldura constitucional*: sempre que cabível, haverá a indicação da disciplina constitucional relevante para a interpretação e aplicação do dispositivo legal;

• *Dispositivo(s) relacionado(s)*: se pertinente, haverá a indicação de artigo(s) do próprio CTN ao(s) qual(ais) o dispositivo legal em análise se reporta ou de cuja adequada compreensão depende;

• *Legislação básica*: possuindo pertinência relevante entre o dispositivo legal sob comento e outro de texto codificado ou legislação extravagante, haverá a indicação correspondente;

• *Comentários aos artigos*: a análise de cada artigo é dividida em itens e subitens sinalizados e destacados;

• *Sugestões doutrinárias*: quando oportuno, serão sugeridas obras doutrinárias sobre o tema em análise. As indicações são fruto de *escolha pessoal da autora*, dentre as obras disponíveis na bibliografia brasileira, *não refletindo, necessariamente, seu entendimento*. Dado o objetivo desta obra, tais sugestões, como regra, cingem-se a obras monográficas ou capítulos de obras coletivas que versem sobre os diversos assuntos tratados no CTN. Evitou-se a indicação de cursos ou manuais de direito tributário, dado seu conteúdo abrangente, bem como de artigos publicados em periódicos, diante do amplo acesso a eles em sítios eletrônicos;

• *Jurisprudência ilustrativa*: considerando a facilidade do acesso à jurisprudência dos diversos órgãos jurisdicionais nos sítios eletrônicos oficiais e mecanismos de busca na *internet*, bem como a dinâmica da prolação dos julgados, a indicação de jurisprudência, quando considerada oportuna, será meramente ilustrativa dos comentários efetuados pela autora. Desse modo, serão apontados alguns enunciados sumulares e acórdãos, mediante suas ementas integrais ou resumidas, evitando-se transcrições extensas e desnecessárias. Os critérios para a indicação de jurisprudência são os que seguem:

i) a jurisprudência colacionada cinge-se à dos tribunais superiores – Supremo Tribunal Federal e Superior Tribunal de Justiça –, órgãos competentes para uniformizar a interpretação e a aplicação das normas constitucionais e infraconstitucionais em matéria tributária, respectivamente, com a observância da terminologia das referências dos julgados por eles empregada;

ii) a transcrição de enunciados sumulares e ementas de acórdãos atende à seleção efetuada consoante a *escolha pessoal da autora*, de acordo com sua *expressividade* no trato do tema *e seu didatismo*; e

iii) a apresentação das ementas de acórdãos segue *ordem cronológica decrescente*. Diante do regime processual civil, aperfeiçoado pelo CPC/2015, a indicação de jurisprudência contempla *preferencialmente* julgados proferidos por órgãos colegiados mais amplos (Pleno do Supremo Tribunal Federal; Corte Especial e 1.ª Seção do Superior Tribunal de Justiça), em sede de ações diretas de inconstitucionalidade e de recursos julgados sob os regimes de eficácia vinculante (*repercussão geral e recursos repetitivos*), a par das súmulas. A indicação de acórdãos prolatados em sede de agravo interno ou agravo regimental foi efetuada em caráter excepcional, uma vez dada preferência àqueles proferidos em recursos com maior devolutividade.

Acerca dos impostos que atualmente não contam com normas gerais disciplinadas no CTN – o ICMS, regrado em nível nacional pela Lei Complementar n. 87/1996, e o ISSQN, disciplinado pela Lei Complementar n. 116/2003 – limitar-nos-emos a analisar sua disciplina constitucional, com remissão aos dispositivos legais pertinentes.

III – ORIENTAÇÕES PARA A INTERPRETAÇÃO E A APLICAÇÃO DO CTN

1 – Disciplina constitucional da tributação

1.1. O capítulo do Sistema Tributário Nacional

A *tributação* é uma atividade desenvolvida por quase todos os Estados contemporâneos e emerge da concepção de Estado Democrático de Direito, uma vez que todos devem sustentar o aparelhamento estatal na medida de suas possibilidades econômicas.

Constitui o principal meio para a arrecadação de recursos, propiciando ao Estado o desenvolvimento de suas atividades e a manutenção do patrimônio público.

A tributação compreende, assim, não apenas a *instituição* de tributos, atividade de natureza legislativa, mas também sua *arrecadação* e a *fiscalização* de seu recolhimento – tarefas administrativas.

A Constituição da República é a principal fonte do Direito Tributário no Brasil, disciplinando o sistema tributário nacional no Capítulo I do Título VI ("Da tributação e do orçamento"), em seus arts. 145 a 162. Examinando seu texto, extrai-se o regramento de *quatro temas fundamentais* na seara tributária:

1) *Previsão das regras-matrizes de incidência*: no Brasil, diferentemente do que ocorre na maioria dos países, a regra é que a Constituição da República aponte as regras-matrizes de incidência tributária, isto é, as situações fáticas que poderão ser apreendidas pelo legislador infraconstitucional para a instituição de tributos. Em outras palavras, a lei somente poderá contemplar fatos que se encontrem dentro da moldura constitucionalmente preestabelecida, o que representa sensível limitação à eleição de situações tributáveis a ser efetuada pelo legislador. A Constituição não cria os tributos, mas, induvidosamente, *autoriza sua instituição* dentro de parâmetros objetivos por ela consignados;

2) *Classificação dos tributos*: a Constituição da República avocou tal tarefa, estabelecendo as espécies tributárias consoante o critério da *existência ou inexistência de atuação estatal que dê suporte à exigência fiscal*. Consequentemente, temos os *impostos* como os tributos não vinculados a uma atuação estatal, enquanto as *taxas* e a *contribuição de melhoria* como tributos vinculados a um comportamento do Poder Público. Os *empréstimos compulsórios* e as *contribuições sociais*, de *intervenção no domínio econômico* e de *interesse de categorias profissionais ou econômicas*, podem revestir materialidades de tributos vinculados ou não vinculados a uma atuação estatal;

3) *Repartição de competências tributárias*: a competência tributária consiste na aptidão para instituir tributos, descrevendo, por meio de lei, suas respectivas hipóteses de incidência. No Brasil, o diploma de atribuição de competências, inclusive tributárias, é a Constituição da República. Tal disciplina torna-se especialmente relevante num Estado constituído sob a forma federativa, com a peculiaridade do convívio de três ordens jurídicas distintas: a federal, a estadual/distrital e a municipal. Cuida-se de um Estado Federal de tríplice ordem jurídico-política, aspecto que gera múltiplos reflexos na seara tributária. A Constituição demarca, portanto, os respectivos âmbitos de atuação tributária das pessoas políticas, no intuito de evitar que se estabeleçam conflitos entre elas; e

4) *Limitações ao poder de tributar*: são as contenções impostas ao exercício da tributação, traduzidas, essencialmente, em *princípios* e *imunidades*. Os princípios constituem as normas fundantes de um sistema, cujos forte conteúdo axiológico e alto grau de generalidade e abstração ensejam o amplo alcance de seus efeitos, orientando a interpretação e a aplicação de outras normas. Representam *diretrizes positivas*, a guiar o legislador e o administrador tributários na busca da tributação justa. As imunidades, por seu turno, são exonerações qualificadas constitucionalmente, que traduzem *diretrizes negativas*, porquanto negam a competência tributária nas hipóteses delineadas constitucionalmente.

1.2. Normas tributárias fora do capítulo do Sistema Tributário Nacional

A par de dedicar extenso capítulo à disciplina do sistema tributário nacional, a Constituição da República contempla diversas normas de direito tributário esparsas em seu texto, corroborando, uma vez mais, a preocupação em estabelecer rígida disciplina da ação estatal de exigir tributos.

A demonstrar tal afirmação, os seguintes dispositivos: *(i)* o art. 5.º, ao arrolar os direitos e deveres individuais e coletivos, consigna várias normas sobre tributação, que abrigam *imunidades* referentes à prestação de diversos serviços públicos, afastando a possibilidade da exigência de taxas – incisos XXXIV, *a* e *b*; LXXIII; LXXIV; LXXVI; e LXXVII; *(ii)* o art. 62, § 2.º, regula a utilização de *medidas provisórias na seara tributária*; *(iii)* ao cuidar da política urbana, a ser executada pelo Poder Público municipal, a Constituição autoriza o emprego de instrumentos destinados a implementar o cumprimento da função social da propriedade, com relação ao proprietário do solo urbano não edificado, subutilizado ou não utilizado, para que promova seu adequado aproveitamento, entre eles o *Imposto sobre a Propriedade Predial e Territorial Urbana progressivo no tempo* (art. 182, § 4.º, II); *(iv)* no que tange à reforma agrária, proclama o texto constitucional que "são isentas de impostos federais, estaduais e municipais as operações de transferência de imóveis desapropriados para fins de reforma agrária", traduzindo autêntica *imunidade* (art. 184, § 5.º); *(v)* o art. 177, em seu § 4.º, incluído pela Emenda Constitucional n. 33/2001, abriga normas sobre a *contribuição de intervenção no domínio econômico relativa às atividades de importação ou comercialização de petróleo e seus derivados, gás natural e seus derivados e álcool combustível*; *(vi)* no título dedicado à Ordem Social, há minudente disciplina sobre as *contribuições destinadas ao financiamento da seguridade social* (art. 195, *caput* e parágrafos); *(vii)* o art. 203, *caput*, contempla mais uma norma imunizante, segundo a qual "a assistência social será prestada a quem dela necessitar, independentemente de contribuição à seguridade social [...]"; *(viii)* outras *imunidades* estão hospedadas nos arts. 208, I ("O dever do Estado com a educação será efetivado mediante a garantia de: I – educação básica obrigatória e gratuita dos 4 (quatro) aos 17 (dezessete) anos de idade, assegurada inclusive sua oferta gratuita para todos os que a ela não tiveram acesso na idade própria"); 226, § 1.º ("O casamento é civil e gratuita a celebração"), e 230, § 2.º ("§ 2.º Aos maiores de sessenta e cinco anos é garantida a gratuidade dos transportes coletivos urbanos"); *(ix)* o art. 212, § 5.º, prescreve que "a educação básica pública terá como fonte adicional de financiamento a contribuição social do salárioeducação, recolhida pelas empresas na forma da lei"; e *(x)* o art. 239 faz referência expressa às contribuições para o Programa de Integração Social (PIS) e para o Programa de Formação do Patrimônio do Servidor Público (Pasep).

1.3. Alterações promovidas no Sistema Tributário Nacional mediante emendas constitucionais

Desde sua promulgação, a Constituição já sofreu modificações na disciplina da tributação mediante as seguintes Emendas: n. 3, de 1993; n. 20, de 1998; n. 29, de 2000; n. 33, de 2001; n. 37 e n. 39, de 2002; n. 41 e n. 42, de 2003; n. 75, de 2013; e n. 87, de 2015. Destas, as Emendas n. 33, de 2001, e n. 42, de 2003, foram as que veicularam o maior número de alterações. As principais emendas constitucionais que modificaram a disciplina da tributação são:

– **Emenda Constitucional n. 3, de 1993**: 1) previsão da substituição tributária progressiva (art. 150, § 7.º); e 2) nova disciplina aos impostos estaduais (art. 155);

– **Emenda Constitucional n. 29, de 2000**: nova disciplina ao IPTU (art. 156, § 1.º);

– **Emenda Constitucional n. 33, de 2001**: 1) nova disciplina às contribuições sociais e de intervenção no domínio econômico (arts. 149, § 2.º, e 177, § 4.º); e 2) nova disciplina ao ICMS (art. 155);

– **Emenda Constitucional n. 39, de 2002**: previsão da contribuição para o custeio do serviço de iluminação pública (art. 149-A);

– **Emenda Constitucional n. 42, de 2003**: 1) autorização para instituição de regime único de arrecadação (art. 146, parágrafo único); 2) princípio da anterioridade especial (art. 150, III, *c*); 3) nova disciplina ao Imposto Territorial Rural (art. 153, § 4.º); e 4) nova disciplina ao IPVA (art. 155, § 6.º);

– **Emenda Constitucional n. 87, de 2015**: altera o § 2.º do art. 155 da Constituição Federal e inclui o art. 99 no Ato das Disposições Constitucionais Transitórias, para tratar da sistemática de cobrança do imposto sobre operações relativas à circulação de mercadorias e sobre prestações de serviços de transporte interestadual e intermunicipal e de comunicação incidente sobre as operações e prestações que destinem bens e serviços a consumidor final, contribuinte ou não do imposto, localizado em outro Estado;

– **Emenda Constitucional n. 116, de 2022**: acrescenta o § 1.º-A ao art. 156 para prever a não incidência sobre templos de qualquer culto do Imposto sobre a Propriedade Predial e Territorial Urbana (IPTU), ainda que as entidades abrangidas pela imunidade tributária sejam apenas locatárias do bem imóvel; e

– **Emenda Constitucional n. 132, de 2023:** veicula a reforma tributária, especialmente no que tange à tributação incidente sobre o consumo, com a extinção dos atuais tributos e autorização de novos – o Imposto sobre Bens e Serviços – IBS, de competência compartilhada entre Estados-Membros, Distrito Federal e Municípios; a Contribuição sobre Bens e Serviços – CBS, de competência federal; e o Imposto Seletivo – IS, igualmente de competência federal – a ser implementada mediante leis complementares cujos projetos deverão ser encaminhados pelo Poder Executivo ao Congresso Nacional no prazo de 180 dias, contado de sua promulgação. A Lei Complementar n. 214/2025 institui o Imposto sobre Bens e Serviços (IBS), a Contribuição Social sobre Bens e Serviços (CBS) e o Imposto Seletivo (IS), cria o Comitê Gestor do IBS e altera a legislação tributária.

Assinale-se que as múltiplas modificações operadas no texto constitucional acarretam risco de comprometimento da necessária coerência entre as prescrições normativas, com prejuízos à adequada funcionalidade do sistema tributário nacional. Daí o ensejo para o controle da constitucionalidade de tais emendas, uma vez que, resultantes que são do exercício do Poder Constituinte Derivado, podem vulnerar normas postas pelo Poder Constituinte Originário mediante ofensa às cláusulas pétreas (art. 60, § 4.º, I a IV, CR).

2. O Código Tributário Nacional

2.1. Breve histórico

A ideia de codificar as normas tributárias germinou com a Emenda Constitucional n. 18/1965, que promoveu reforma no sistema tributário desenhado na Constituição de 1946. À época havia um emaranhado de leis tributárias elaboradas pelos diversos entes tributantes, sem nenhum diploma que contemplasse normas gerais de caráter nacional a orientar sua aplicação e harmonizá-las, o que já se revelava imprescindível num Estado organizado no modelo federativo de tríplice ordem jurídico-política.

O anteprojeto do CTN, elaborado por uma comissão de juristas integrada por Rubens Gomes de Sousa e Gilberto de Ulhôa Canto, entre outros colaboradores, veio a contar com a receptividade de Aliomar Baleeiro, eminente jurista baiano, conhecido por todos como o precursor dos estudos de direito tributário no Brasil. Vale registrar que Aliomar Baleeiro, à época Deputado Federal que havia atuado como constituinte, tornou-se Ministro do Supremo Tribunal Federal, tendo deixado um impressionante legado sobre a interpretação e a aplicação do direito tributário.

Nasceu o CTN como lei ordinária, porquanto o texto constitucional de 1946 não previa a espécie legislativa "lei complementar". Mesmo alterado pela Emenda n. 18/1965, não contemplou a exigência da utilização dessa espécie legislativa para a veiculação das normas gerais de direito tributário.

Logo após o CTN entrar em vigor, em 1.º de janeiro de 1967, sobreveio nova Constituição, cuja vigência iniciou-se em março do mesmo ano. Nesse momento, a ordem jurídica passou a exigir lei complementar para a edição de normas gerais de direito tributário (art. 18, § 1.º). Passado um breve período, foi promulgada a Emenda n. 1, de 1969, a qual, pelas múltiplas alterações promovidas nesta, é considerada, por muitos, um novo texto constitucional.

Em 1988, advém a Constituição atual e o CTN, uma vez mais, é colhido por disciplina normativa hierarquicamente superior, na qual se mantém a exigência de lei complementar para a veiculação de normas gerais de direito tributário.

Feito esse brevíssimo escorço histórico, cabe assinalar que o Código Tributário Nacional, a despeito das críticas que mereça, é um texto normativo de grande qualidade, e representa, induvidosamente, grande marco evolutivo na disciplina normativa das relações tributárias, incorporando tanto lições doutrinárias quanto da jurisprudência em seus dispositivos. Ressalte-se que nenhum de seus artigos ensejou declaração de inconstitucionalidade.

Num sistema tributário complexo, o CTN opera como ponte entre a Constituição – cujos dispositivos deve explicitar e detalhar em suas normas gerais – e a legislação ordinária de todos os entes políticos.

2.2. Papel e *status* do CTN

O Código Tributário Nacional é veiculado pela Lei n. 5.172, de 25 de outubro de 1966, que entrou em vigor em 1.º de janeiro de 1967. Dispõe sobre o sistema tributário nacional e institui normas gerais de direito tributário aplicáveis a todos os entes federativos.

O Código está assim organizado: a) *Disposição preliminar* (art. 1.º); b) *Livro Primeiro* – Sistema Tributário Nacional: Título I – Disposições gerais; Título II – Competência tributária; Título III – Impostos; Título IV – Taxas; Título V – Contribuição de melhoria; Título VI – Distribuição de receitas tributárias (arts. 2.º a 95); c) *Livro Segundo* – Normas gerais de direito tributário: Título I – Legislação tributária; Título II – Obrigação tributária; Título III – Crédito tributário; Título IV – Administração tributária (arts. 96 a 208); e d) *Disposições finais e transitórias* (arts. 209 a 218).

Compete a todos os entes políticos legislar concorrentemente sobre tributação (art. 24, I, CR), conquanto caiba, apenas à União, mediante lei complementar, "estabelecer normas gerais em matéria de legislação tributária" (art. 146, III, CR). Tais normas gerais, portanto, são vinculantes de todas as pessoas políticas, que exercem sua competência tributária nos termos definidos na Constituição.

Extrai-se que o fato de a Constituição disciplinar tão detalhadamente a tributação acabou por esvaziar, substancialmente, o conteúdo dessas normas gerais. Em consequência, a legislação codificada, no domínio do Direito Tributário, não desfruta da mesma importância que apresenta em outros ramos do Direito.

Cabe referir que o Código abriga diversos *preceitos didáticos*, vale dizer, continentes de definições de conceitos, bem como normas relevantes concernentes a institutos típicos do Direito Tributário, tais como o lançamento e a suspensão da exigibilidade da obrigação tributária, de cujo estudo não se pode prescindir.

Em nossa opinião, o Código contempla não apenas normas de direito material, mas também algumas de cunho nitidamente *processual*, tais como as dos arts. 151, IV e V, 169, 170-A, 174, 185-A, 188, § 1.º, e 192.

Quanto ao *status* normativo, reitere-se que o Código Tributário Nacional é veiculado mediante lei ordinária (Lei n. 5.172/1966), porquanto editado à luz da Constituição de 1946, que não previa a lei complementar como espécie legislativa, somente introduzida em nosso ordenamento jurídico com o advento da Constituição de 1967 (art. 18, § 1.º). Sobrevieram-lhe, ainda, a Emenda Constitucional n. 1, de 1969, e a Constituição de 1988, mantendo tal previsão.

O Código tem sido, desse modo, recepcionado pelos sucessivos textos constitucionais na qualidade de lei complementar.

Portanto, por força do disposto no art. 146, III, CR, ostenta o *status* de lei complementar, somente podendo ser alterado ou revogado mediante essa espécie legislativa.

2.3. Das normas supletivas

O CTN, ao contemplar as normas gerais em matéria de legislação tributária (art. 146, CR), abriga diversas *normas supletivas*. São aquelas que versam sobre temas em relação aos quais o legislador ordinário de todas as pessoas políticas está autorizado a dispor diversamente; assim, tais normas somente terão aplicação na hipótese de ausência de disciplina de lei federal, estadual, distrital ou municipal, conforme o caso, em sentido contrário.

Encontramos normas supletivas nos arts: 103 e 104, III (vigência da legislação tributária); 116 e 117 (fato gerador); 120 (sujeito ativo); 123 (inoponibilidade das convenções particulares ao Fisco); 125 (efeitos da solidariedade); 136 (responsabilidade por infrações); 143 (lançamento); 154 (moratória); 155-A, § 1.º (parcelamento); 159 (local do pagamento do tributo); 162 (pagamento); 177 (isenção); 180, II (anistia); e 193 (exigência de quitação de tributos para celebrar contrato ou participar de concorrência).

Na prática, porém, usualmente tais normas é que incidem, diante da ausência de outro regramento aplicável.

2.4. Das atecnias de linguagem e da terminologia empregadas no CTN

O CTN estampa diversas impropriedades lógicas na linguagem que emprega, bem como apresenta terminologia que, por vezes, reveste-se de ambiguidade e imprecisão, a exigir do intérprete e do aplicador da lei tributária maior atenção.

Sem a pretensão de apontar todas as hipóteses em que isso ocorre, cabe lembrar, a título de exemplo, a desvinculação entre o crédito e o débito tributários, estampada em diversos dispositivos, como se não fossem, ambos, faces da mesma obrigação, bem como o lançamento por homologação (art. 150), como espécie que não cabe no gênero "lançamento", tal como legalmente definido (art. 142).

Outrossim, um bom exemplo das variáveis encontradas no texto do CTN está no conceito de *legislação tributária*. Em seus arts. 96 a 100, trata da *legislação tributária*, que "compreende as leis, os tratados e as convenções internacionais, os decretos e as normas complementares que versem, no todo ou em parte, sobre tributos e relações jurídicas a eles pertinentes".

A referência a esse conceito não se resume ao capítulo apontado, estando presente também nos seguintes dispositivos: arts. 101 a 104 (vigência da legislação tributária); arts. 105 e 106 (aplicação da legislação tributária); arts. 107 a 112 (interpretação e integração da legislação tributária); art. 113, § 2.º (obrigação tributária acessória); art. 120 (sujeito ativo); art. 136 (responsabilidade por infrações); arts. 147 e 149 (lançamento); arts. 159, 160 e 162 (pagamento); art. 165 (pagamento indevido); arts. 194, 195 e 200 (administração tributária); e art. 210 (disposições finais e transitórias).

Em outros artigos, diversamente, o CTN emprega apenas o termo *legislação*, quer com o mesmo conteúdo conceitual, como nos arts. 144, § 1.º, 150 (lançamento) e 181 (anistia), quer com sentido genérico, como se dá no art. 80 (taxas).

Ainda, anote-se o uso da expressão *legislação aplicável* com conteúdo bem mais restrito, significando, em nosso sentir, apenas a *lei* – arts. 115 (fato gerador da obrigação acessória); 127 (domicílio tributário) e 196 (administração tributária).

2.5. Defasagem do conteúdo do CTN com relação à Constituição da República

Sucedido pela Constituição de 1967, pela Emenda Constitucional n. 1/1969 e pela Constituição de 1988, conforme assinalado, o CTN encontra-se bastante defasado em relação às normas que ora lhe dão fundamento, o que prejudica o diálogo entre os dois conjuntos normativos.

Uma análise mais detida de seu texto demonstra que, *em parte, suas disposições foram revogadas pela Constituição* de 1988, porquanto por ela não recepcionadas. É o caso, por exemplo, dos arts. 15, III (empréstimo compulsório com fundamento em "conjuntura que exija absorção temporária de poder aquisitivo"), 21; 26; 65 (possibilidade de o Poder Executivo alterar as bases de cálculo dos Impostos de Importação, de Exportação, e sobre Operações

Financeiras); e 74 (Imposto Federal sobre Operações Relativas a Combustíveis, Lubrificantes, Energia Elétrica e Minerais do País).

De outra parte, muitas de suas *disposições repetem normas já contidas na Constituição* e, assim, inócuas por constituírem meras reproduções, integrais ou parciais, de normas de hierarquia superior, como ocorre nos arts. 9.º (imunidades genéricas, art. 150, VI, *a* a *e*, CR); 10 (princípio da uniformidade geográfica, art. 151, I, CR); 11 (princípio da não diferenciação tributária entre bens, em razão de sua procedência ou destino, art. 152, CR); e 48 e 49 (seletividade e não cumulatividade do IPI, arts. 153, § 2.º, I; e 155, § 2.º, I e III, CR).

Ainda, há categorias que não receberam disciplina do CTN, quer porque não existiam à época da Constituição de 1946, vigente quando de sua edição, quer porque o legislador houve por bem não as incluir no texto codificado, deixando seu regramento para a legislação extravagante.

A ilustrar a primeira hipótese a ausência de disciplina das contribuições, do Imposto sobre Grandes Fortunas – IGF e do Imposto sobre a Propriedade de Veículos Automotores – IPVA (arts. 149, 153, VII e 155, III), bem como do ICMS (art. 155, II) e do ISSQN (art. 156, III), de um lado, e do ITCMD (art. 155, I) e do ITBI (art. 156, II), de outro, diante do novo desenho das respectivas incidências. Na mesma situação, os novos tributos autorizados pela EC n. 132/2023 – o Imposto sobre Bens e Serviços – IBS, a Contribuição sobre Bens e Serviços – CBS e o Imposto Seletivo – IS (arts. 156-A; 195, V; e 153, VIII, CR, respectivamente).

E, como exemplos de temas que o CTN poderia tratar, ainda que mediante acréscimos por novas leis complementares, com ganho para a adequada aplicação do direito tributário, estão as contribuições; a substituição tributária; e o processo administrativo tributário.

Não obstante, o Código Tributário Nacional, com parte de preceitos revogados, parte de preceitos inócuos, ausência de regras sobre institutos introduzidos no ordenamento jurídico posteriormente à sua edição e – acresça-se – uma linguagem, por vezes, difícil de ser devidamente assimilada, constitui, após a Constituição da República, o principal texto normativo regrador da tributação.

ABREVIATURAS

ACO = Ação Civil Originária
ADC = Ação Direta de Constitucionalidade
ADCT = Ato das Disposições Constitucionais Transitórias
ADI = Ação Direta de Inconstitucionalidade
AgInt = Agravo Interno
AgR = Agravo Regimental
ApCv = Apelação Cível
AREsp = Agravo em Recurso Especial
ArgI = Arguição de Inconstitucionalidade
CBS = Contribuição sobre Bens e Serviços
CC = Código Civil
CE = Corte Especial – Superior Tribunal de Justiça
CP = Código Penal
CPC = Código de Processo Civil
CPC/1973 = Código de Processo Civil de 1973
CR = Constituição da República
CTN = Código Tributário Nacional
EAREsp = Embargos de Divergência no Agravo em Recurso Especial
EREsp = Embargos de Divergência
IBS = Imposto sobre Bens e Serviços
ICMS = Imposto sobre Circulação de Mercadorias e Prestação de Serviços de Transporte Interestadual e Intermunicipal e de Comunicação
IEx = Imposto de Exportação
IImp = Imposto de Importação
IOF = Imposto sobre Operações Financeiras
IPI = Imposto sobre Produtos Industrializados
IPTU = Imposto sobre a Propriedade Predial e Territorial Urbana
IPVA = Imposto sobre Propriedade de Veículos Automotores
IR = Imposto sobre a Renda
IRPF = Imposto sobre a Renda de Pessoa Física
IRPJ = Imposto sobre a Renda de Pessoa Jurídica

IS = Imposto Seletivo

ISSQN = Imposto sobre Serviços de Qualquer Natureza

ITBI = Imposto sobre Transmissão de Bens Imóveis

ITCMD = Imposto sobre Transmissão *Causa Mortis* e Doação

ITR = Imposto sobre a Propriedade Territorial Rural

LC = Lei Complementar

LEF = Lei de Execução Fiscal

LIA = Lei de Improbidade Administrativa

LINDB = Lei de Introdução às Normas do Direito Brasileiro

MC = Medida Cautelar

Min. = Ministro

RE = Recurso extraordinário

Red. p/ o acórdão = Redator para o acórdão

Rel. = Relator

Rel. p/ o acórdão = Relator para o acórdão

REsp = Recurso especial

RFB = Receita Federal do Brasil

RIOF = Regulamento do Imposto sobre Operações Financeiras

RIPI = Regulamento do Imposto sobre Produtos Industrializados

RIR = Regulamento do Imposto sobre a Renda

RR = Recurso repetitivo

RREE = Recursos extraordinários

1.ª S. = 1.ª Seção

STF = Supremo Tribunal Federal

STJ = Superior Tribunal de Justiça

T. = Turma

TFR = Tribunal Federal de Recursos

TIPI = Tabela do Imposto sobre Produtos Industrializados

TRF-3 = Tribunal Regional Federal da 3ª Região

SUMÁRIO

CÓDIGO TRIBUTÁRIO NACIONAL

LIVRO SEGUNDO
NORMAS GERAIS DE DIREITO TRIBUTÁRIO

CÓDIGO TRIBUTÁRIO NACIONAL

Lei n. 5.172, de 25 de outubro de 1966

Dispõe sobre o Sistema Tributário Nacional e institui normas gerais de direito tributário aplicáveis à União, Estados e Municípios.

O Presidente da República

Faço saber que o Congresso Nacional decreta e eu sanciono a seguinte Lei:

DISPOSIÇÃO PRELIMINAR

Art. 1.º Esta Lei regula, com fundamento na Emenda Constitucional n. 18, de 1.º de dezembro de 1965 **(1)**, o sistema tributário nacional **(2)** e estabelece, com fundamento no art. 5.º, XV, *b*, da Constituição Federal, as normas gerais de direito tributário **(3 e 3.1)** aplicáveis à União, aos Estados, ao Distrito Federal e aos Municípios, sem prejuízo da respectiva legislação complementar, supletiva ou regulamentar.

LIVRO PRIMEIRO
SISTEMA TRIBUTÁRIO NACIONAL

TÍTULO I
Disposições Gerais

Art. 2.º O sistema tributário nacional é regido pelo disposto na Emenda Constitucional n. 18, de 1.º de dezembro de 1965, em leis complementares, em resoluções do Senado Federal e, nos limites das respectivas competências, em leis federais, nas Constituições e em leis estaduais, e em leis municipais. **(1 a 3.1)**

COMENTÁRIOS

1. *Moldura constitucional.* A Emenda Constitucional n. 18/1965 remete à Constituição de 1946, sob a égide da qual foi promulgado o CTN. Na ocasião, não existia a espécie legislativa "lei complementar" e, desse modo, o CTN nasceu como lei ordinária. Com o advento da Emenda Constitucional n. 1/1969 à Constituição Federal de 1967, atribuiu-se à lei complementar estabelecer normas gerais em matéria de legislação tributária (art. 18, § 1.º). A Constituição de 1988 manteve tal disciplina (art. 146, III).

2. *Sistema tributário nacional. Considerações gerais.* O sistema tributário nacional compreende o conjunto de normas constitucionais e infraconstitucionais que disciplinam a tributação. É, assim, o resultado de um plexo normativo formado pela Constituição da República – que o regra intensamente –, pelas leis complementares – dentre as quais se inclui o Código Tributário Nacional, que veicula as normas gerais em matéria de legislação tributária – e pelas leis de cada pessoa política. A complexidade de tal sistema advém não somente da minudente disciplina constitucional, mas também do modelo federativo adotado. Como assinalado, sendo a federação a forma de Estado que se caracteriza pela autonomia recíproca entre União e Estados-membros, o Brasil é um Estado Federal peculiar, por integrar uma terceira categoria de pessoa política, o Município. A existência de uma pluralidade de pessoas dotadas de competência legislativa e, assim, com aptidão para instituir tributos (art. 24, I, CR), conduz a um sistema tributário composto de múltiplos diplomas legais.

3. *Normas gerais em matéria de legislação tributária.* As normas gerais em matéria de legislação tributária são veiculadas por lei complementar (arts. 59, II, 69, e 146, III, CR), as quais estão contempladas no Código Tributário Nacional, lei ordinária recepcionada nessa qualidade (Lei n. 5.172/1966). As Leis Complementares n. 87/1996 e n. 116/2003, e alterações, abrigam a disciplina do ICMS e do ISSQN, respectivamente, uma vez não mais contemplada no CTN, dada a revogação dos arts. 52 a 62 e 71 a 73.[1] Conectando-se o direito tributário com o direito financeiro, também merecem referência a Lei n. 4.320/1964, que "estatui normas gerais de direito financeiro para elaboração e controle dos orçamentos e balanços da União, dos Estados, dos Municípios e do Distrito Federal", bem como a Lei Complementar n. 101/2000, denominada "Lei de Responsabilidade Fiscal", que "estabelece normas de finanças públicas voltadas para a responsabilidade na gestão fiscal e dá outras providências".

3.1. *Papel das normas gerais em matéria de legislação tributária.* Devendo as normas gerais em matéria tributária ser veiculadas mediante lei complementar, ainda subsiste polêmica doutrinária quanto ao papel a ser desempenhado por esse veículo legislativo nesse domínio. Por primeiro, a chamada corrente *tricotômica* sustenta competir à lei complementar dispor sobre conflitos de competência em matéria tributária, regular as limitações constitucionais ao poder de tributar e estabelecer normas gerais em matéria de legislação tributária, tese que parece vir reforçada pela literalidade do art. 146 da CR. A corrente denominada *dicotômica*, por seu turno, proclama que a lei complementar deve tratar das normas gerais em matéria de legislação tributária, as quais, por sua vez, vão dispor sobre conflitos de competência e regular as limitações constitucionais ao poder de tributar. Essa última orientação, que

---

[1]   V. art. 156-A, incluído pela EC n. 132/2023, com vigência a partir de 2033.

adotamos, prestigia a *autonomia das pessoas políticas*, porquanto a lei complementar possui caráter nacional e deve ser observada por todas elas. Afina-se, portanto, com os princípios federativo e da autonomia municipal, restringindo o campo de atuação das normas gerais de direito tributário.

 SUGESTÕES DOUTRINÁRIAS

SISTEMA TRIBUTÁRIO NACIONAL

Geraldo Ataliba, *Sistema constitucional tributário*, RT; Roque Antonio Carrazza, *Curso de direito constitucional tributário*, Malheiros; José Mauricio Conti, *Sistema constitucional tributário*, Oliveira Mendes; Humberto Ávila, *Sistema constitucional tributário*, Saraiva; Marcus Livio Gomes e Andrei Pitten Velloso (Coordenadores), *Sistema constitucional tributário: dos fundamentos teóricos aos hard cases tributários. Estudos em homenagem ao Ministro Luiz Fux*, Livraria do Advogado; Sacha Calmon Navarro Coêlho, *Comentários à Constituição de 1988: sistema tributário e curso de direito tributário brasileiro*, Forense.

 JURISPRUDÊNCIA ILUSTRATIVA

STF

• "Recurso extraordinário. Repercussão geral. Direito tributário. Emenda Constitucional n. 87/2015. ICMS. Operações e prestações em que haja a destinação de bens e serviços a consumidor final não contribuinte do ICMS localizado em estado distinto daquele do remetente. Inovação constitucional. Matéria reservada à lei complementar (art. 146, I e III, *a* e *b*; e art. 155, § 2.º, XII, *a*, *b*, *c*, *d* e *i*, da CF/88). Cláusulas primeira, segunda, terceira e sexta do Convênio ICMS 93/2015. Inconstitucionalidade. Tratamento tributário diferenciado e favorecido destinado a microempresas e empresas de pequeno porte. Simples Nacional. Matéria reservada à lei complementar (art. 146, III, *d*, e parágrafo único, da CF/88). Cláusula nona do Convênio ICMS 93/2015. Inconstitucionalidade. 1. A Emenda Constitucional n. 87/2015 criou nova relação jurídico-tributária entre o remetente do bem ou serviço (contribuinte) e o estado de destino nas operações com bens e serviços destinados a consumidor final não contribuinte do ICMS. O imposto incidente nessas operações e prestações, que antes era devido totalmente ao estado de origem, passou a ser dividido entre dois sujeitos ativos, cabendo ao estado de origem o ICMS calculado com base na alíquota interestadual e ao estado de destino, o diferencial entre a alíquota interestadual e sua alíquota interna. 2. Convênio interestadual não pode suprir a ausência de lei complementar dispondo sobre obrigação tributária, contribuintes, bases de cálculo/alíquotas e créditos de ICMS nas operações ou prestações interestaduais com consumidor final não contribuinte do imposto, como fizeram as cláusulas primeira, segunda, terceira e sexta do Convênio. 3. A cláusula nona do Convênio ICMS 93/2015, ao determinar a extensão da sistemática da Emenda Constitucional n. 87/2015 aos optantes do Simples Nacional, adentra no campo material de incidência da Lei Complementar n. 123/2006, que estabelece normas gerais relativas ao tratamento diferenciado e favorecido a ser dispensado às microempresas e às empresas de pequeno porte, à luz do art. 146, III, *d*, e parágrafo único, da Constituição Federal. 4. Tese fixada para o Tema 1.093: 'A cobrança do diferencial de alíquota alusivo ao ICMS, conforme introduzido pela Emenda Constitucional n. 87/2015, pressupõe edição de lei complementar veiculando normas gerais'. 5. Recurso extraordinário provido, assentando-se a invalidade da cobrança do diferencial de alíquota do ICMS, na forma do Convênio 93/2015, em operação interestadual envolvendo mercadoria destinada a consumidor final não contribuinte. 6. Modulação dos efeitos da declaração de inconstitucionalidade das cláusulas primeira, segunda, terceira, sexta e nona do convênio questionado, de modo que a decisão produza efeitos, quanto à cláusula nona, desde a data da concessão da medida cautelar nos autos da ADI 5.464/DF e, quanto às cláusulas primeira, segunda, terceira e sexta, a partir do exercício financeiro seguinte à conclusão deste julgamento (2022), aplicando-se a mesma solução em relação às respectivas leis dos estados e do Distrito Federal, para as quais a decisão deverá produzir efeitos a partir do exercício financeiro seguinte à conclusão deste julgamento (2022), exceto no que diz respeito às normas legais que versarem sobre a cláusula nona do Convênio ICMS 93/2015, cujos efeitos deverão retroagir à data da concessão da medida cautelar nos autos da ADI 5.464/DF. Ficam ressalvadas da modulação as ações judiciais em curso" (RE 1.287.019/DF, Tema 1.093, Red. p/ o acórdão Min. Dias Toffoli, j. 24.02.2021).

- "Constitucional. Tributário. Imposto sobre Serviços. ISS. Entidades autorizadas a funcionar pelo Banco Central do Brasil. Lei complementar de normas gerais que afasta a tributação. Descaracterização de isenção heterônoma. Correto papel das normas gerais em matéria tributária. 1. A Segunda Turma desta Corte firmou precedentes no sentido da não incidência do ISS sobre as atividades desempenhadas por instituições autorizadas a funcionar pelo Banco Central do Brasil – BACEN. 2. A observância de normas gerais em matéria tributária é imperativo de segurança jurídica, na medida em que é necessário assegurar tratamento centralizado a alguns temas para que seja possível estabilizar legitimamente expectativas. Neste contexto, 'gerais' não significa 'genérica', mas sim 'aptas a vincular todos os entes federados e os administrados'. 3. Diferença entre isenção heterônoma, vedada pela Constituição, e normas gerais em matéria tributária. Estabelecer a diferenciação entre serviços financeiros e demais tipos de serviço faz parte do papel da União como representante da Nação. Ademais, os entes federados e a população municipal participam da vida política da Federação, representados pelo Senado e pela Câmara dos Deputados, de modo a descaracterizar quebra de autonomia ou falta de mandato de representação. Agravo regimental ao qual se nega provimento" (2.ª T., RE 433.352 AgR/MG, Rel. Min. Joaquim Barbosa, j. 20.04.2010).

> **Art. 3.º** Tributo é toda prestação pecuniária compulsória, em moeda ou cujo valor nela se possa exprimir, que não constitua sanção de ato ilícito, instituída em lei e cobrada mediante atividade administrativa plenamente vinculada (**1 a 4**).

 ## COMENTÁRIOS

1. *Moldura constitucional.* Art. 145. "A União, os Estados, o Distrito Federal e os Municípios poderão instituir os seguintes tributos: I – impostos; II – taxas, em razão do exercício do poder de polícia ou pela utilização, efetiva ou potencial, de serviços públicos específicos e divisíveis, prestados ao contribuinte ou postos a sua disposição; III – contribuição de melhoria, decorrente de obras públicas. [...] Art. 153. Compete à União instituir impostos sobre: I – importação de produtos estrangeiros; II – exportação, para o exterior, de produtos nacionais ou nacionalizados; III – renda e proventos de qualquer natureza; IV – produtos industrializados; V – operações de crédito, câmbio e seguro, ou relativas a títulos ou valores mobiliários;[2] VI – propriedade territorial rural; VII – grandes fortunas, nos termos de lei complementar; VIII – produção, extração, comercialização ou importação de bens e serviços prejudiciais à saúde ou ao meio ambiente, nos termos de lei complementar.[3] [...] Art. 148. A União, mediante lei complementar, poderá instituir empréstimos compulsórios: I – para atender a despesas extraordinárias, decorrentes de calamidade pública, de guerra externa ou sua iminência; II – no caso de investimento público de caráter urgente e de relevante interesse nacional, observado o disposto no art. 150, III, *b*. Parágrafo único. A aplicação dos recursos provenientes de empréstimo compulsório será vinculada à despesa que fundamentou sua instituição. Art. 149. Compete exclusivamente à União instituir contribuições sociais, de intervenção no domínio econômico e de interesse das categorias profissionais ou econômicas, como instrumento de sua atuação nas respectivas áreas, observado o disposto nos arts. 146, III, e 150, I e III, e sem prejuízo do previsto no art. 195, § 6.º, relativamente às contribuições a que alude o dispositivo. § 1.º A União, os Estados, o Distrito Federal e os Municípios instituirão, por meio de lei, contribuições para custeio de regime próprio de previdência social cobradas dos servidores ativos, dos aposentados e dos pensionistas, que poderão ter alíquotas progressivas de acordo com o valor da base de contribuição ou dos proventos de aposentadoria e de pensões. [...] Art. 149-A. Os Municípios e o Distrito Federal poderão instituir contribuição, na forma das respectivas leis, para o custeio do serviço de iluminação pública e de sistemas de monitoramento para segurança e preservação de logradouros públicos, observado o disposto no art. 150, I e III. Parágrafo único. É facultada a cobrança da contribuição a que se refere o *caput*, na fatura de consumo de energia elétrica".

2. Conceito constitucional de tributo. O conceito de tributo vem delineado na própria Constituição que, ao disciplinar o Sistema Tributário Nacional (arts. 145 a 156), desenha sua noção essencial: *tributo corresponde a uma relação jurídica existente entre Estado e contribuinte, uma vez implementada determinada situação fática prevista em lei como autorizadora dessa exigência, cujo objeto consiste numa prestação pecuniária, não revestida de caráter sancionatório, e disciplinada por regime jurídico próprio.* Tal situação fática pode ou não estar vinculada a uma *atuação estatal*, mas, em todos os casos, ostentará *conteúdo econômico*. A partir desses elementos, o legislador infraconstitucional apresenta a definição do conceito de tributo, estampada nesse artigo.

3. Definição legal de tributo. Conquanto algo redundante, por reiterar o *caráter pecuniário* da prestação, a definição legal afina-se ao conceito constitucional, estatuindo tratar-se o tributo de uma *relação jurídica* mediante a qual o credor ou sujeito ativo – no caso, o Fisco – pode exigir do devedor ou sujeito passivo – contribuinte ou responsável – uma prestação em dinheiro, exigível mediante lei e inconfundível com uma sanção. Constitui uma obrigação *ex lege*, vale dizer, nasce pela simples realização do fato descrito na hipótese de incidência prevista em lei, sendo, portanto, *compulsória*. Despida de caráter sancionatório, sua exigência se dá mediante *atividade administrativa plenamente vinculada*, isto é, não há *discricionariedade* deferida ao administrador tributário no exercício da atividade estatal de exigir tributos.

4. Distinção entre o tributo e outras categorias relacionadas ao direito de propriedade. Em razão de o tributo atingir imediatamente o *direito de propriedade*, constitucionalmente

---

2   V. redação dada pela EC n. 132/2023.

3   Incluído pela EC n. 132/2023.

assegurado, impõe-se distingui-lo de outras figuras relacionadas ao direito de propriedade, com as quais guarda algum ponto de contato. Em primeiro lugar, conquanto a *multa* consista numa prestação pecuniária compulsória tal qual o tributo, com ele não se confunde em razão de ostentar a natureza de *sanção*. Também, embora a *desapropriação* atinja de modo direto o direito de propriedade tal como o tributo (art. 5.º, XXIV, CR), dele se diferencia, pois aquela traduz a supressão da propriedade que deve corresponder ao pagamento de *indenização* e, neste, disso não se cogita. Ainda, não obstante o *confisco* represente, do mesmo modo que o tributo, *meio de absorção compulsória da propriedade privada pelo Poder Público*, esse é o único ponto que os aproxima: enquanto o tributo não constitui sanção de ato ilícito, o confisco reveste, em nosso ordenamento jurídico, *caráter sancionatório*. Outrossim, o tributo consiste na absorção de *parcela* da propriedade do sujeito, mas o confisco traduz *absorção total ou substancial* da propriedade privada, sem a correspondente indenização. A Constituição distingue, expressamente, ambos os conceitos quando proclama ser vedada a utilização de tributo com efeito de confisco (art. 150, IV, CR).

 SUGESTÕES DOUTRINÁRIAS

CONCEITO DE TRIBUTO

Geraldo Ataliba, *Hipótese de incidência tributária*, Malheiros; Ives Gandra da Silva Martins, *O tributo: reflexão multidisciplinar sobre sua natureza*, Forense, e *Uma teoria do tributo*, Quartier Latin; Sacha Calmon Navarro Coêlho, *Teoria geral do tributo: da interpretação e da exoneração tributária*, Fórum; Ricardo Lodi Ribeiro, *Tributos: teoria geral e espécies*, Impetus.

> **Art. 4.º** A natureza jurídica específica do tributo é determinada pelo fato gerador da respectiva obrigação **(1 a 3)**, sendo irrelevantes para qualificá-la **(4)**:
>
> I – a denominação e demais características formais adotadas pela lei **(4.1)**;
>
> II – a destinação legal do produto da sua arrecadação **(4.2)**.

 COMENTÁRIOS

1. *Moldura constitucional.* Art. 145. "A União, os Estados, o Distrito Federal e os Municípios poderão instituir os seguintes tributos: I – impostos; II – taxas, em razão do exercício do poder de polícia ou pela utilização, efetiva ou potencial, de serviços públicos específicos e divisíveis, prestados ao contribuinte ou postos a sua disposição; III – contribuição de melhoria, decorrente de obras públicas. [...] § 2.º As taxas não poderão ter base de cálculo própria de impostos. Art. 146. Cabe à lei complementar: [...] III – estabelecer normas gerais em matéria de legislação tributária, especialmente sobre: a) definição de tributos e de suas espécies, bem como, em relação aos impostos discriminados nesta Constituição, a dos respectivos fatos geradores, bases de cálculo e contribuintes; [...] Art. 148. A União, mediante lei complementar, poderá instituir empréstimos compulsórios: I – para atender a despesas extraordinárias, decorrentes de calamidade pública, de guerra externa ou sua iminência; II – no caso de investimento público de caráter urgente e de relevante interesse nacional, observado o disposto no art. 150, III, *b*. [...]; Art. 149. Compete exclusivamente à União instituir contribuições sociais, de intervenção no domínio econômico e de interesse das categorias profissionais ou econômicas, como instrumento de sua atuação nas respectivas áreas, observado o disposto nos arts. 146, III, e 150, I e III, e sem prejuízo do previsto no art. 195, § 6.º, relativamente às contribuições a que alude o dispositivo. § 1.º A União, os Estados, o Distrito Federal e os Municípios instituirão, por meio de lei, contribuições para custeio de regime próprio de previdência social cobradas dos servidores ativos, dos aposentados e dos pensionistas, que poderão ter alíquotas progressivas de acordo com o valor da base de contribuição ou dos proventos de aposentadoria e de pensões. § 2.º As contribuições sociais e de intervenção no domínio econômico de que trata o *caput* deste artigo: I – não incidirão sobre as receitas decorrentes de exportação; II – incidirão também sobre a importação de produtos estrangeiros ou serviços; III – poderão ter alíquotas: a) *ad valorem*, tendo por base o faturamento, a receita bruta ou o valor da operação e, no caso de importação, o valor aduaneiro; b) específica, tendo por base a unidade de medida adotada. § 3.º A pessoa natural destinatária das operações de importação poderá ser equiparada a pessoa jurídica, na forma da lei. § 4.º A lei definirá as hipóteses em que as contribuições incidirão uma única vez. Art. 149-A. Os Municípios e o Distrito Federal poderão instituir contribuição, na forma das respectivas leis, para o custeio do serviço de iluminação pública e de sistemas de monitoramento para segurança e preservação de logradouros públicos, observado o disposto no art. 150, I e III. Parágrafo único. É facultada a cobrança da contribuição a que se refere o *caput*, na fatura de consumo de energia elétrica. [...] Art. 154. A União poderá instituir: I – mediante lei complementar, impostos não previstos no artigo anterior, desde que sejam não cumulativos e não tenham fato gerador ou base de cálculo próprios dos discriminados nesta Constituição; [...]".

    2. *Dispositivo relacionado*: art. 3.º, CTN.

    3. *Natureza jurídica específica do tributo*. Estampando preceito didático, esse artigo salienta, primeiramente, o critério determinante para identificar a natureza jurídica de cada espécie tributária: o *fato gerador in abstracto*, isto é, a *hipótese de incidência*. A própria Constituição da República, ao estabelecer as regras-matrizes de incidência e a classificação dos tributos, determina sua natureza jurídica. Também, indica a *base de cálculo* como critério a ser conjugado à hipótese de incidência, no intuito de apontar a natureza jurídica de cada espécie tributária, em dois dispositivos: *(i)* art. 145, § 2.º ("As taxas não poderão ter base de cálculo própria de impostos"), e *(ii)* art. 154, I ("A União poderá instituir: I – mediante lei complementar, impostos não previstos no artigo anterior, desde que sejam não cumulativos e não tenham fato gerador ou base de cálculo próprios dos discriminados nesta Constituição; [...]". A adequada compreensão do disposto no *caput* do art. 3.º, CTN, portanto, não pode prescindir da observância de tais normas constitucionais, que vinculam sua interpretação e aplicação: assim, a natureza jurídica específica do tributo é determinada pela hipótese de incidência (*fato gerador in abstracto*), aliada à base de cálculo.

    4. *Advertências ao intérprete e ao aplicador da lei quanto à qualificação da natureza jurídica específica do tributo*. O dispositivo veicula, ainda, duas advertências ao intérprete e ao aplicador da legislação tributária, para que não se equivoquem com relação à natureza jurídica específica do tributo:

    4.1. *Irrelevância da denominação do tributo e demais características formais adotadas pela lei*. Consoante o inciso I desse artigo, o nome e as características formais que o tributo possua não importam na sua qualificação, determinada, como estabelecido no *caput*, pela situação fática descrita em lei. Assim, a denominação de uma figura jurídica não é determinante para identificar ou afastar sua natureza tributária. É o que ocorre, por exemplo, com o *salário-educação*: a despeito do rótulo, não se trata de modalidade remuneratória, mas sim de autêntica contribuição social (arts. 149, *caput*, e 212, § 5.º, CR).

4.2. Irrelevância da destinação legal do produto da arrecadação. O inciso II, por sua vez, declara que a destinação legal do produto da arrecadação é irrelevante na qualificação de uma exigência tributária. A afirmação há de ser entendida em termos. O legislador assim o proclama considerando os *impostos*, porquanto a assertiva é perfeitamente aplicável aos tributos não vinculados a uma atuação estatal, cuja receita é destinada ao custeio dos serviços públicos gerais, na esteira do disposto no art. 167, IV, CR, que contempla o *princípio da não afetação da receita de impostos a órgão, fundo ou despesa*. No entanto, no tocante a outras espécies tributárias, diversamente, a destinação do produto da arrecadação é relevante, por expressa disposição constitucional, como nas *taxas*, destinadas a remunerar a atividade de polícia administrativa e a prestação de serviço público específico e divisível (art. 145, II); nos *empréstimos compulsórios* – a aplicação dos recursos provenientes de sua arrecadação será vinculada à despesa que fundamentou sua instituição (art. 148, parágrafo único) –; e nas *contribuições*, tributos cuja instituição é autorizada à vista de determinadas finalidades (arts. 149, 149-A, 177, § 4.º, e 195, CR).

 JURISPRUDÊNCIA ILUSTRATIVA

STF

• "Ação direta de inconstitucionalidade. Custas judiciais e emolumentos extrajudiciais. Natureza tributária (taxa). Destinação parcial dos recursos oriundos da arrecadação desses valores a instituições privadas. Inadmissibilidade. Vinculação desses mesmos recursos ao custeio de atividades diversas daquelas cujo exercício justificou a instituição das espécies tributárias em referência. Descaracterização da função constitucional da taxa. Relevância jurídica do pedido. Medida liminar deferida. Natureza jurídica das custas judiciais e dos emolumentos extrajudiciais. A jurisprudência do Supremo Tribunal Federal firmou orientação no sentido de que as custas judiciais e os emolumentos concernentes aos serviços notariais e registrais possuem natureza tributária, qualificando-se como taxas remuneratórias de serviços públicos, sujeitando-se, em consequência, quer no que concerne à sua instituição e majoração, quer no que se refere à sua exigibilidade, ao regime jurídico-constitucional pertinente a essa especial modalidade de tributo vinculado, notadamente aos princípios fundamentais que proclamam, dentre outras, as garantias essenciais (a) da reserva de competência impositiva, (b) da legalidade, (c) da isonomia e (d) da anterioridade. Precedentes. Doutrina. Serventias extrajudiciais. A atividade notarial e registral, ainda que executada no âmbito de serventias extrajudiciais não oficializadas, constitui, em decorrência de sua própria natureza, função revestida de estatalidade, sujeitando-se, por isso mesmo, a um regime estrito de direito público. A possibilidade constitucional de a execução dos serviços notariais e de registro ser efetivada 'em caráter privado, por delegação do poder público' (CF, art. 236), não descaracteriza a natureza essencialmente estatal dessas atividades de índole administrativa. As serventias extrajudiciais, instituídas pelo Poder Público para o desempenho de funções técnico-administrativas destinadas 'a garantir a publicidade, autenticidade, segurança e eficácia dos atos jurídicos' (Lei n. 8.935/1994, art. 1.º), constituem órgãos públicos titularizados por agentes que se qualificam, na perspectiva das relações que mantêm com o Estado, como típicos servidores públicos. Doutrina e jurisprudência. Destinação de custas e emolumentos a finalidades incompatíveis com a sua natureza tributária. Qualificando-se as custas judiciais e os emolumentos extrajudiciais como taxas (*RTJ* 141/430), nada pode justificar seja o produto de sua arrecadação afetado ao custeio de serviços públicos diversos daqueles a cuja remuneração tais valores se destinam especificamente (pois, nessa hipótese, a função constitucional da taxa – que é tributo vinculado – restaria descaracterizada) ou, então, à satisfação das necessidades financeiras ou à realização dos objetivos sociais de entidades meramente privadas. É que, em tal situação, subverter-se-ia a própria finalidade institucional do tributo, sem se mencionar o fato de que esse privilegiado (e inaceitável) tratamento dispensado a simples instituições particulares (Associação de Magistrados e Caixa de Assistência dos Advogados) importaria em evidente transgressão estatal ao postulado constitucional da igualdade. Precedentes" (ADIMC 1.378/ES, Rel. Min. Celso de Mello, j. 30.11.1995).

> **Art. 5.º** Os tributos são impostos, taxas e contribuições de melhoria **(1 a 2.2)**.

 ## COMENTÁRIOS

1. *Moldura constitucional.* Art. 145. "A União, os Estados, o Distrito Federal e os Municípios poderão instituir os seguintes tributos: I – impostos; II – taxas, em razão do exercício do poder de polícia ou pela utilização, efetiva ou potencial, de serviços públicos específicos e divisíveis, prestados ao contribuinte ou postos a sua disposição; III – contribuição de melhoria, decorrente de obras públicas. [...] Art. 146. Cabe à lei complementar: [...] III – estabelecer normas gerais em matéria de legislação tributária, especialmente sobre: a) definição de tributos e de suas espécies, bem como, em relação aos impostos discriminados nesta Constituição, a dos respectivos fatos geradores, bases de cálculo e contribuintes; [...] Art. 148. A União, mediante lei complementar, poderá instituir empréstimos compulsórios: I – para atender a despesas extraordinárias, decorrentes de calamidade pública, de guerra externa ou sua iminência; II – no caso de investimento público de caráter urgente e de relevante interesse nacional, observado o disposto no art. 150, III, *b*. [...]; Art. 149. Compete exclusivamente à União instituir contribuições sociais, de intervenção no domínio econômico e de interesse das categorias profissionais ou econômicas, como instrumento de sua atuação nas respectivas áreas, observado o disposto nos arts. 146, III, e 150, I e III, e sem prejuízo do previsto no art. 195, § 6.º, relativamente às contribuições a que alude o dispositivo. § 1.º A União, os Estados, o Distrito Federal e os Municípios instituirão, por meio de lei, contribuições para custeio de regime próprio de previdência social cobradas dos servidores ativos, dos aposentados e dos pensionistas, que poderão ter alíquotas progressivas de acordo com o valor da base de contribuição ou dos proventos de aposentadoria e de pensões. § 2.º As contribuições sociais e de intervenção no domínio econômico de que trata o *caput* deste artigo: I – não incidirão sobre as receitas decorrentes de exportação; II – incidirão também sobre a importação de produtos estrangeiros ou serviços; III – poderão ter alíquotas: a) *ad valorem*, tendo por base o faturamento, a receita bruta ou o valor da operação e, no caso de importação, o valor aduaneiro; b) específica, tendo por base a unidade de medida adotada. § 3.º A pessoa natural destinatária das operações de importação poderá ser equiparada a pessoa jurídica, na forma da lei. § 4.º A lei definirá as hipóteses em que as contribuições incidirão uma única vez. Art. 149-A. Os Municípios e o Distrito Federal poderão instituir contribuição, na forma das respectivas leis, para o custeio do serviço de iluminação pública e de sistemas de monitoramento para segurança e preservação de logradouros públicos, observado o disposto no art. 150, I e III. Parágrafo único. É facultada a cobrança da contribuição a que se refere o *caput*, na fatura de consumo de energia elétrica".

2. Espécies tributárias. A Constituição da República contempla *cinco regimes jurídicos distintos* para tributos, que apontam para as categorias do imposto, da taxa, da contribuição de melhoria, do empréstimo compulsório e das demais contribuições. Extrai-se, portanto, serem cinco as espécies tributárias. Com efeito, além dos impostos (arts. 145, I e § 2.º; 153; 154; 155; 156 e 156-A, CR e arts. 16 a 18 CTN),[4] das taxas (art. 145, II e § 2.º, CR e arts. 77 a 80 CTN) e da contribuição de melhoria (art. 145, III, CR e arts. 81 e 82 CTN), tributos cuja materialidade é indicada no texto constitucional, os empréstimos compulsórios (art. 148, CR e art. 15 CTN) e as demais contribuições (arts. 149, 149-A, 177, § 4.º; 195, e 212; § 5.º, CR, sem regramento no CTN, pois a Constituição vigente à época não as contemplava), não têm suas materialidades apontadas e revestem disciplina constitucional distinta, que lhes agrega elementos não presentes nas três primeiras espécies tributárias.

2.1. Empréstimo compulsório. Constitui tributo de cabimento excepcional e restituível. A vinculação ou não da hipótese de incidência a uma atuação estatal é irrelevante para determinar a natureza jurídica dos empréstimos compulsórios, pois podem, teoricamente, revestir a materialidade de imposto, taxa ou contribuição de melhoria. As notas típicas dessa figura tributária, à luz do que dispõe o art. 148 da CR, são: *(i)* exigência de lei complementar para sua instituição; *(ii)* situação excepcional de urgência fundamentada numa das hipóteses constitucionalmente previstas; *(iii)* escolha de um fato tributável que se insira na competência da União; *(iv)* vinculação da aplicação dos recursos dele provenientes à despesa que fundamentou sua instituição; e *(v)* regime de devolução do valor pago a esse título. V. comentários ao art. 15, CTN.

2.2. Contribuições. São "tributos constitucionalmente qualificados por suas finalidades" (cf. Roque Carrazza, *Curso de direito constitucional tributário*). Tal qual o empréstimo compulsório, também as diversas contribuições do art. 149 da CR podem apresentar materialidades que ostentem a natureza de imposto ou taxa. Suas características específicas são: *(i)* visam uma das finalidades constitucionalmente apontadas, isto é, funcionam como instrumentos da atuação da União nas áreas social, de intervenção no domínio econômico e no interesse de categorias profissionais ou econômicas; *(ii)* exigência de lei instituidora que preveja fato de competência da União; e *(iii)* que a destinação do produto de sua arrecadação seja vertida a tal atuação. A ausência de normas gerais acerca dessa espécie tributária – o CTN dela não trata –, somada ao elevado número de contribuições, com peculiares regimes jurídicos, contribui para o elevado grau de litigiosidade em torno dessa figura.

 JURISPRUDÊNCIA ILUSTRATIVA

STF

• "Recurso extraordinário. Repercussão geral. Tributário. Contribuição ao INCRA incidente sobre a folha de salários. Recepção pela CF/88. Natureza jurídica. Contribuição de intervenção no domínio econômico (CIDE). Referibilidade. Relação indireta. Possibilidade. Advento da Emenda Constitucional n. 33/2001, incluindo o § 2.º, III, *a*, no art. 149 da CF/88. Bases econômicas. Rol exemplificativo. Contribuições interventivas incidentes sobre a folha de salário. Higidez. 1. Sob a égide da CF/88, diversos são os julgados reconhecendo a exigibilidade do adicional de 0,2% relativo à contribuição destinada ao INCRA incidente sobre

---

[4] V. EC n. 132/2023, que prevê a extinção dos atuais tributos sobre o consumo e os substitui por outros (arts. 153, VIII, 156-A e 195, V).

a folha de salários. 2. A contribuição ao INCRA tem contornos próprios de contribuição de intervenção no domínio econômico (CIDE). Trata-se de tributo especialmente destinado a concretizar objetivos de atuação positiva do Estado consistentes na promoção da reforma agrária e da colonização, com vistas a assegurar o exercício da função social da propriedade e a diminuir as desigualdades regionais e sociais (arts. 170, III e VII; e 184 da CF/88). 3. Não descaracteriza a exação o fato de o sujeito passivo não se beneficiar diretamente da arrecadação, pois a Corte considera que a inexistência de referibilidade direta não desnatura a CIDE, estando, sua instituição, 'jungida aos princípios gerais da atividade econômica'. 4. O § 2.º, III, *a*, do art. 149, da Constituição, introduzido pela Emenda Constitucional n. 33/2001, ao especificar que as contribuições sociais e de intervenção no domínio econômico 'poderão ter alíquotas' que incidam sobre o faturamento, a receita bruta (ou o valor da operação) ou o valor aduaneiro, não impede que o legislador adote outras bases econômicas para os referidos tributos, como a folha de salários, pois esse rol é meramente exemplificativo ou enunciativo. 5. É constitucional, assim, a CIDE destinada ao INCRA devida pelas empresas urbanas e rurais, inclusive, após o advento da Emenda Constitucional n. 33/2001. 6. Recurso extraordinário a que se nega provimento. 7. Tese fixada para o Tema 495: 'É constitucional a contribuição de intervenção no domínio econômico destinada ao INCRA devida pelas empresas urbanas e rurais, inclusive após o advento da Emenda Constitucional n. 33/2001" (RE 630.898/RS, Tema 495, Rel. Min. Dias Toffoli, j. 08.04.2021).

• "Constitucional. Tributário. RE interposto contra decisão proferida em ação direta de inconstitucionalidade estadual. Contribuição para o custeio do serviço de iluminação pública – COSIP. Art. 149-A da Constituição Federal. Lei Complementar n. 7/2002, do Município de São José, Santa Catarina. Cobrança realizada na fatura de energia elétrica. Universo de contribuintes que não coincide com o de beneficiários do serviço. Base de cálculo que leva em consideração o custo da iluminação pública e o consumo de energia. Progressividade da alíquota que expressa o rateio das despesas incorridas pelo Município. Ofensa aos princípios da isonomia e da capacidade contributiva. Inocorrência. Exação que respeita os princípios da razoabilidade e proporcionalidade. Recurso extraordinário improvido. I – Lei que restringe os contribuintes da COSIP aos consumidores de energia elétrica do Município não ofende o princípio da isonomia, ante a impossibilidade de se identificar e tributar todos os beneficiários do serviço de iluminação pública. II – A progressividade da alíquota, que resulta do rateio do custo da iluminação pública entre os consumidores de energia elétrica, não afronta o princípio da capacidade contributiva. III – Tributo de caráter *sui generis*, que não se confunde com um imposto, porque sua receita se destina a finalidade específica, nem com uma taxa, por não exigir a contraprestação individualizada de um serviço ao contribuinte. IV – Exação que, ademais, se amolda aos princípios da razoabilidade e da proporcionalidade. V – Recurso extraordinário conhecido e improvido" (RE 573.675/SC, Tema 44, Rel. Min. Ricardo Lewandowski, j. 25.03.2009).

Tese: "O serviço de iluminação pública não pode ser remunerado mediante taxa". V. também Súmula Vinculante n. 41, com o mesmo enunciado.

  SUGESTÕES DOUTRINÁRIAS

CLASSIFICAÇÃO DOS TRIBUTOS

Classificação constitucional de tributos pela perspectiva da justiça, Arthur Maria Ferreira Neto, Livraria do Advogado.

TÍTULO II
Competência Tributária

Capítulo I
Disposições Gerais

Art. 6.º A atribuição constitucional de competência tributária **(1 a 4)** compreende a competência legislativa plena, ressalvadas as limitações contidas na Constituição Federal, nas Constituições dos Estados e nas Leis Orgânicas do Distrito Federal e dos Municípios, e observado o disposto nesta Lei.

Parágrafo único. Os tributos cuja receita seja distribuída **(5)**, no todo ou em parte, a outras pessoas jurídicas de direito público pertencerá à competência legislativa daquela a que tenham sido atribuídos.

 COMENTÁRIOS

1. ***Moldura constitucional.*** "Art. 145. A União, os Estados, o Distrito Federal e os Municípios poderão instituir os seguintes tributos: I – impostos; II – taxas, em razão do exercício do poder de polícia ou pela utilização, efetiva ou potencial, de serviços públicos específicos e divisíveis, prestados ao contribuinte ou postos a sua disposição; III – contribuição de melhoria, decorrente de obras públicas. [...] Art. 146. Cabe à lei complementar: I – dispor sobre conflitos de competência, em matéria tributária, entre a União, os Estados, o Distrito Federal e os Municípios; II – regular as limitações constitucionais ao poder de tributar; [...]. Art. 147. Competem à União, em Território Federal, os impostos estaduais e, se o Território não for dividido em Municípios, cumulativamente, os impostos municipais; ao Distrito Federal cabem os impostos municipais. Art. 148. A União, mediante lei complementar, poderá instituir empréstimos compulsórios: [...]. Art. 149. Compete exclusivamente à União instituir contribuições sociais, de intervenção no domínio econômico e de interesse de categorias profissionais ou econômicas, como instrumento de sua atuação nas respectivas áreas, observado o disposto nos arts. 146, III, e 150, I e III, e sem prejuízo do previsto no art. 195, § 6.º, relativamente às contribuições a que alude o dispositivo. [...]. Art. 149-A. Os Municípios e o Distrito Federal poderão instituir contribuição, na forma das respectivas leis, para o custeio, a expansão e a melhoria do serviço de iluminação pública e de sistemas de monitoramento para segurança e preservação de logradouros públicos, observado o disposto no art. 150, I e III[1] [...]. Art. 151, III: É vedado à União: [...] III – instituir isenções de tributos da competência dos Estados, do Distrito Federal e dos Municípios; [...] Art. 153. Compete à União instituir impostos sobre: [...] I – importação de produtos estrangeiros; II – exportação,

---

[1] Redação dada pela EC n. 132/2023.

para o exterior, de produtos nacionais ou nacionalizados; III – renda e proventos de qualquer natureza; IV – produtos industrializados; V – operações de crédito, câmbio e seguro, ou relativas a títulos ou valores mobiliários; VI – propriedade territorial rural; VII – grandes fortunas, nos termos de lei complementar; VIII – produção, extração, comercialização ou importação de bens e serviços prejudiciais à saúde ou ao meio ambiente, nos termos de lei complementar.[2] [...] Art. 154. A União poderá instituir: I – mediante lei complementar, impostos não previstos no artigo anterior, desde que sejam não cumulativos e não tenham fato gerador ou base de cálculo próprios dos discriminados nesta Constituição; II – na iminência ou no caso de guerra externa, impostos extraordinários, compreendidos ou não em sua competência tributária, os quais serão suprimidos, gradativamente, cessadas as causas de sua criação. [...] Art. 155. Compete aos Estados e ao Distrito Federal instituir impostos sobre: I – transmissão *causa mortis* e doação, de quaisquer bens ou direitos; II – operações relativas à circulação de mercadorias e sobre prestações de serviços de transporte interestadual e intermunicipal e de comunicação, ainda que as operações e as prestações se iniciem no exterior; III – propriedade de veículos automotores. [...] Art. 156. Compete aos Municípios instituir impostos sobre: I – propriedade predial e territorial urbana; II – transmissão *inter vivos*, a qualquer título, por ato oneroso, de bens imóveis, por natureza ou acessão física, e de direitos reais sobre imóveis, exceto os de garantia, bem como cessão de direitos a sua aquisição; III – serviços de qualquer natureza, não compreendidos no art. 155, II, definidos em lei complementar. [...] Art. 156-A. Lei complementar instituirá imposto sobre bens e serviços de competência compartilhada entre Estados, Distrito Federal e Municípios".[3]

    2. *Dispositivos relacionados:* arts. 6.º e 7.º, CTN.

    3. *Competência tributária. Conceito.* A competência tributária consiste na aptidão para instituir tributos, descrevendo, por meio de lei, suas hipóteses de incidência (art. 150, I, CR). No Estado Democrático de Direito, a tributação há de se comportar dentro de certos limites, para que possa ser legitimamente exercida. Desse modo, a noção de competência tributária corresponde ao "poder de tributar", juridicamente limitado pelo próprio texto constitucional. O veículo de atribuição de competências tributárias é a Constituição da República, o que se justifica em razão do modelo federativo adotado, com a peculiaridade do convívio de três ordens jurídicas distintas: a federal, a estadual/distrital e a municipal. Sendo competência de natureza *legislativa*, somente as *pessoas políticas* a detêm. A Constituição estabelece o que pode cada pessoa política realizar em matéria tributária, demarcando os respectivos âmbitos de atuação, no intuito de evitar conflitos entre os entes federativos.

    4. *Características da competência tributária.* Como modalidade de *competência legislativa*, a competência tributária reveste as mesmas características daquela, assim apontadas pela doutrina (cf. Roque Carrazza, *Curso de direito constitucional tributário*):

    (i) privatividade ou *exclusividade*, a significar que as pessoas políticas possuem faixas tributárias privativas; assim, a competência outorgada a um ente político priva ou exclui os demais da mesma atribuição. Tal afirmativa é válida, inclusive, para os tributos vinculados a uma atuação estatal, uma vez que, com relação a eles, o exercício da competência tributária depende do *prévio exercício da competência administrativa* – prestação de serviço público ou exercício do poder de polícia, ou, ainda, realização de obra pública de que decorra valorização imobiliária, nos termos do art. 145, II e III, CR –, não havendo falar, portanto, em competência concorrente, porquanto apenas uma única pessoa está legitimada a exigir

---

2   Incluído pela EC n. 132/2023.

3   Incluído pela EC n. 132/2023.

o tributo correspondente no caso concreto. A EC n. 132/2023, ao autorizar a instituição do Imposto sobre Bens e Serviços – IBS, introduziu um novo conceito no Direito Tributário: o de competência tributária compartilhada, a significar que a União será competente para a instituição do imposto, cabendo aos Estados, Municípios e Distrito Federal a fixação das respectivas alíquotas, nos termos do art. 156-A, *caput* e § 1º, IV a VII. Em cumprimento ao comando constitucional, a LC n. 214/2025 instituiu o Imposto sobre Bens e Serviços (IBS), bem como a Contribuição sobre Bens e Serviços – CBS e o Imposto Seletivo – IS;

(ii) *indelegabilidade*, característica segundo a qual, recebendo as pessoas políticas suas competências da própria Constituição, não as podem delegar a terceiros;

(iii) *incaducabilidade*, significando que o não exercício da competência tributária, ainda que por longo tempo, não acarreta o efeito de impedir que a pessoa política venha, a qualquer tempo, exercê-la;

(iv) *inalterabilidade*, que se traduz na impossibilidade de a competência tributária ter suas dimensões ampliadas pela própria pessoa política que a detém;

(v) *irrenunciabilidade*, segundo a qual as pessoas políticas não podem abrir mão de suas atribuições, em razão do *princípio* da *indisponibilidade do interesse público*; e

(vi) *facultatividade*, pois as pessoas políticas são livres para usar ou não de suas respectivas competências tributárias. Registre-se, como exceção, o ICMS, diante da disciplina constitucional que lhe imprime feição nacional, da qual deflui o comando segundo o qual a concessão de isenções, incentivos e benefícios fiscais depende de deliberação dos Estados e do Distrito Federal (art. 155, § 2.º, XII, *g*⁴). Cabe lembrar que o art. 11 da Lei Complementar n. 101/2000 – a "Lei de Responsabilidade Fiscal" – impõe, como requisitos essenciais da responsabilidade na gestão fiscal "a instituição, previsão e efetiva arrecadação de todos os tributos da competência constitucional do ente da Federação. [...]". Embora, à primeira vista o preceito possa parecer inconstitucional, por ofensa ao princípio federativo (e ao da autonomia municipal, para quem o destaca do teor daquele), em nossa opinião não há vulneração à Constituição, porquanto a ideia de responsabilidade afina-se com o conceito de Estado Democrático de Direito, e a *gestão fiscal responsável* (art. 1.º, § 1.º) implica que o administrador institua e arrecade os tributos de sua competência para a obtenção dos recursos necessários à satisfação das necessidades coletivas.

5. *Repartição das receitas tributárias*. A repartição das receitas tributárias consiste na distribuição do produto da arrecadação de tributos entre os entes federativos. Trata-se de tema ao qual a Constituição contempla seção específica dentro do capítulo do sistema tributário nacional (arts. 157 a 162). Embora não se cuide de tema inerente à tributação, mas puramente *financeiro*, o CTN, igualmente, dedica dispositivos ao assunto – arts. 83 a 94 –, quase todos revogados em razão da não recepção pela Constituição de 1988. Tal proceder justifica-se, a nosso ver, pelo fato de a adequada compreensão da disciplina estabelecida para a repartição das receitas tributárias depender do regime fixado para a repartição de competências tributárias (arts. 145 a 156, CR).

---

⁴   V. art. 156-A, incluído pela EC n. 132/2023, com vigência a partir de 2033.

SUGESTÕES DOUTRINÁRIAS

COMPETÊNCIA TRIBUTÁRIA

Roque Antonio Carrazza, *Curso de direito constitucional tributário,* Malheiros; Clélio Chiesa, *A competência tributária do Estado brasileiro,* Max Limonad; Andrei Pitten Velloso, *Conceitos e competências tributárias,* Dialética; Tácio Lacerda Gama, *Competência tributária: fundamentos para uma teoria de nulidade,* Noeses; Misabel Abreu Machado Derzi (Coord.), *Competência tributária,* Del Rey; Humberto Ávila, *Competências tributárias,* Malheiros; Luiz Alberto Gurgel de Faria, *A extrafiscalidade e a concretização do princípio da redução das desigualdades regionais,* Quartier Latin; João Paulo Fanucchi de Almeida Melo, *Direito constitucional tributário – princípios, regras, competências e imunidades,* Del Rey; Cristiane Mendonça, *Competência Tributária,* Quartier Latin.

 JURISPRUDÊNCIA ILUSTRATIVA

STF

• "Recurso extraordinário. Repercussão geral. Tributário. Competência suplementar dos estados e do Distrito Federal. Art. 146, III, *a*, CF. Normas gerais em matéria de legislação tributária. Art. 155, I, CF. ITCMD. Transmissão *causa mortis*. Doação. Art. 155, § 1.º, III, CF. Definição de competência. Elemento relevante de conexão com o exterior. Necessidade de edição de lei complementar. Impossibilidade de os estados e o Distrito Federal legislarem supletivamente na ausência da lei complementar definidora da competência tributária das unidades federativas. 1. Como regra, no campo da competência concorrente para legislar, inclusive sobre direito tributário, o art. 24 da Constituição Federal dispõe caber à União editar normas gerais, podendo os estados e o Distrito Federal suplementar aquelas, ou, inexistindo normas gerais, exercer a competência plena para editar tanto normas de caráter geral quanto normas específicas. Sobrevindo norma geral federal, fica suspensa a eficácia da lei do estado ou do Distrito Federal. Precedentes. 2. Ao tratar do Imposto sobre Transmissão *Causa Mortis* e Doação de Quaisquer Bens ou Direitos (ITCMD), o texto constitucional já fornece certas regras para a definição da competência tributária das unidades federadas (estados e Distrito Federal), determinando basicamente duas regras de competência, de acordo com a natureza dos bens e direitos: é competente a unidade federada em que está situado o bem, se imóvel; é competente a unidade federada onde se processar o inventário ou arrolamento ou onde tiver domicílio o doador, relativamente a bens móveis, títulos e créditos. 3. A combinação do art. 24, I, § 3.º, da CF, com o art. 34, § 3.º, do ADCT dá amparo constitucional à legislação supletiva dos estados na edição de lei complementar que discipline o ITCMD, até que sobrevenham as normas gerais da União a que se refere o art. 146, III, a, da Constituição Federal. De igual modo, no uso da competência privativa, poderão os estados e o Distrito Federal, por meio de lei ordinária, instituir o ITCMD no âmbito local, dando ensejo à cobrança válida do tributo, nas hipóteses do § 1.º, I e II, do art. 155. 4. Sobre a regra especial do art. 155, § 1.º, III, da Constituição, é importante atentar para a diferença entre as múltiplas funções da lei complementar e seus reflexos sobre eventual competência supletiva dos estados. Embora a Constituição de 1988 atribua aos estados a competência para a instituição do ITCMD (art. 155, I), também a limita ao estabelecer que cabe a lei complementar – e não a leis estaduais – regular tal competência em relação aos casos em que o '*de cujus* possuía bens, era residente ou domiciliado ou teve seu inventário processado no exterior' (art. 155, § 1.º, III, *b*). 5. Prescinde de lei complementar a instituição do imposto sobre transmissão causa mortis e doação de bens imóveis – e respectivos direitos –, móveis, títulos e créditos no contexto nacional. Já nas hipóteses em que há um elemento relevante de conexão com o exterior, a Constituição exige lei complementar para se estabelecerem os elementos de conexão e fixar a qual unidade federada caberá o imposto. 6. O art. 4.º da Lei paulista n. 10.705/2000 deve ser entendido, em particular, como de eficácia contida, pois ele depende de lei complementar para operar seus efeitos. Antes da edição da referida lei complementar, descabe a exigência do ITCMD a que se refere aquele artigo, visto que os estados não dispõem de competência legislativa em matéria tributária para suprir a ausência de lei complementar nacional exigida pelo art. 155, § 1.º, III, CF. A lei complementar referida não tem o sentido único de norma geral ou diretriz, mas de diploma necessário à fixação nacional da exata competência dos estados. 7. Recurso extraordinário não provido. 8. Tese de repercussão geral: 'É vedado aos estados e ao Distrito Federal instituir o ITCMD nas hipóteses referidas no art. 155, § 1.º, III, da Constituição Federal sem a edição da lei complementar exigida pelo referido dispositivo constitucional'. 9. Modulam-se os efeitos da decisão, atribuindo a eles eficácia *ex nunc*, a contar da publicação do acórdão em questão, ressalvando as ações judiciais pendentes de conclusão até o mesmo momento, nas quais se discuta: (1) a qual estado o contribuinte deve efetuar o pagamento do ITCMD, considerando a ocorrência de bitributação; e (2) a validade da cobrança desse imposto, não tendo sido pago anteriormente" (RE 851.108/SP, Tema 825, Rel. Min. Dias Toffoli, j. 01.03.2021).

• "Contribuição para o custeio dos serviços de assistência médica, hospitalar, odontológica e farmacêutica. Art. 85 da Lei Complementar n. 62/2002, do Estado de Minas Gerais. Natureza tributária. Compulsoriedade. Distribuição de competências tributárias. Rol taxativo. Incompetência do Estado-membro. Inconstitucionalidade. Recurso extraordinário não provido. I – É nítida a natureza tributária da contribuição instituída pelo art. 85 da Lei Complementar n. 64/2002, do Estado de Minas Gerais, haja vista a compulsoriedade de sua cobrança. II – O art. 149, *caput*, da Constituição atribui à União a competência exclusiva para a instituição de contribuições sociais, de intervenção no domínio econômico e de interesse das categorias profissionais e econômicas. Essa regra contempla duas exceções, contidas no arts. 149, § 1.º, e 149-A da Constituição. À exceção desses dois casos, aos Estados-membros não foi atribuída competência para a instituição de contribuição, seja qual for a sua finalidade. III – A competência, privativa ou concorrente, para legislar sobre determinada matéria não implica automaticamente a competência para a instituição de tributos. Os entes federativos somente podem instituir os impostos e as contribuições que lhes foram expressamente outorgados pela Constituição. IV – Os Estados-membros podem instituir apenas contribuição que tenha por finalidade o custeio do regime de previdência de seus servidores. A expressão 'regime previdenciário' não abrange a prestação de serviços médicos, hospitalares, odontológicos e farmacêuticos" (RE 573.540/MG, Tema 55, Rel. Min. Gilmar Mendes, j. 14.04.2010).

Tese: "I – Os Estados-membros possuem competência apenas para a instituição de contribuição voltada ao custeio do regime de previdência de seus servidores. Falece-lhes, portanto, competência para a criação de contribuição ou qualquer outra espécie tributária destinada ao custeio de serviços médicos, hospitalares, farmacêuticos e odontológicos prestados aos seus servidores; II – Não há óbice constitucional à prestação, pelos Estados, de serviços de saúde a seus servidores, desde que a adesão a esses 'planos' seja facultativa".

• "Ação direta de inconstitucionalidade. Lei n. 8.200/1991 (arts. 3.º e 4.º). Correção monetária das demonstrações financeiras das pessoas jurídicas. Reflexo sobre a carga tributária sofrida pelas empresas em exercícios anteriores. A questão das limitações constitucionais ao poder de tributar (titularidade, alcance, natureza e extensão). *Periculum in mora* não configurado, especialmente em face das medidas de contracautela instituídas pela Lei n. 8.437/1992.

Suspensão liminar da eficácia das normas impugnadas indeferida por despacho do relator. Decisão referendada pelo Plenário do Supremo Tribunal Federal. O exercício do poder tributário, pelo Estado, submete-se, por inteiro, aos modelos jurídicos positivados no texto constitucional que, de modo explícito ou implícito, institui em favor dos contribuintes decisivas limitações à competência estatal para impor e exigir, coativamente, as diversas espécies tributárias existentes. Os princípios constitucionais tributários, assim, sobre representarem importante conquista político-jurídica dos contribuintes, constituem expressão fundamental dos direitos individuais outorgados aos particulares pelo ordenamento estatal. Desde que existem para impor limitações ao poder de tributar do Estado, esses postulados têm por destinatário exclusivo o poder estatal, que se submete à imperatividade de suas restrições. O princípio da irretroatividade da lei tributária deve ser visto e interpretado, desse modo, como garantia constitucional instituída em favor dos sujeitos passivos da atividade estatal no campo da tributação. Trata-se, na realidade, à semelhança dos demais postulados inscritos no art. 150 da Carta Política, de princípio que, por traduzir limitação ao poder de tributar, é tão somente oponível pelo contribuinte à ação do Estado. Em princípio, nada impede o Poder Público de reconhecer, em texto formal de lei, a ocorrência de situações lesivas à esfera jurídica dos contribuintes e de adotar, no plano do direito positivo, as providências necessárias à cessação dos efeitos onerosos que, derivados, exemplificativamente, da manipulação, da substituição ou da alteração de índices, hajam tornado mais gravosa a exação tributária imposta pelo Estado. A competência tributária da pessoa estatal investida do poder de instituir espécies de natureza fiscal abrange, na latitude dessa prerrogativa jurídica, a possibilidade de editar normas legais que, beneficiando o contribuinte, disponham sobre a suspensão ou, até mesmo, sobre a própria exclusão do crédito tributário. Controvérsia jurídica em torno do tema delineada nas informações prestadas pela presidência da República" (ADIMC 712/DF, Rel. Min. Celso de Mello, j. 07.10.1992).

> **Art. 7.º** A competência tributária é indelegável **(1 a 2)**, salvo atribuição das funções de arrecadar ou fiscalizar tributos, ou de executar leis, serviços, atos ou decisões administrativas em matéria tributária, conferida por uma pessoa jurídica de direito público a outra, nos termos do § 3.º do art. 18 da Constituição **(3 a 5)**.
>
> § 1.º A atribuição compreende as garantias e os privilégios processuais que competem à pessoa jurídica de direito público que a conferir.
>
> § 2.º A atribuição pode ser revogada, a qualquer tempo, por ato unilateral da pessoa jurídica de direito público que a tenha conferido.
>
> § 3.º Não constitui delegação de competência o cometimento, a pessoas de direito privado, do encargo ou da função de arrecadar tributos.

 COMENTÁRIOS

1. **Dispositivo relacionado:** art. 6.º, CTN.

2. **Indelegabilidade da competência tributária.** V. comentários ao art. 6.º, CTN.

3. **Capacidade tributária ativa. Conceito e natureza jurídica.** O dispositivo, que remete a preceito da Constituição de 1946, deixa clara a distinção entre os conceitos de competência tributária e capacidade tributária ativa. A *competência tributária*, consistindo em espécie de competência legislativa, é um *plus* em relação à *capacidade tributária ativa*, assim entendida como a aptidão para a arrecadação e a fiscalização de tributos. Enquanto a competência tri-

butária, entre outras características, é indelegável, por assim ser a competência de natureza *legislativa*, a capacidade tributária ativa, de natureza *administrativa*, pode, mediante lei, ser transferida a outrem, conforme comentário que segue.

4. Parafiscalidade. Consiste na *delegação*, pela pessoa política, mediante lei, da capacidade tributária ativa a terceira pessoa – de direito público ou privado –, para que esta arrecade o tributo, fiscalize sua exigência e, como regra, utilize-se dos recursos auferidos para a consecução de seus fins. A parafiscalidade somente está legitimada a pessoa que perseguir interesse público. Todas as espécies impositivas são instrumentos idôneos da aplicação de parafiscalidade, embora as contribuições do art. 149, CR sejam os tributos nos quais tal delegação ocorra com maior frequência.

5. Fiscalidade, extrafiscalidade e parafiscalidade. Os três conceitos são inconfundíveis. Se a *parafiscalidade* relaciona-se com a capacidade tributária ativa, a fiscalidade e a extrafiscalidade reportam-se à competência tributária. *Fiscalidade* é a utilização de instrumentos tributários com propósitos meramente arrecadatórios. Já a *extrafiscalidade* significa o emprego de expedientes tributários com objetivos não puramente arrecadatórios, mas direcionados ao atendimento de fins sociais, políticos ou econômicos. Mediante instrumentos diversos (incentivos fiscais, técnicas de progressividade e regressividade etc.), objetiva-se *estimular ou inibir comportamentos* dos contribuintes para o atingimento de finalidades constitucionalmente contempladas. Vale recordar que os tributos, especialmente os impostos, conjugam os aspectos fiscal e extrafiscal, predominando um ou outro, conforme o principal propósito a ser alcançado mediante sua exigência.

> **Art. 8.º** O não exercício da competência tributária não a defere a pessoa jurídica de direito público diversa daquela a que a Constituição a tenha atribuído **(1 e 2)**.

 COMENTÁRIOS

1. Dispositivos relacionados: arts. 6.º e 7.º, CTN.

2. Intransferibilidade ou indelegabilidade da competência tributária. O dispositivo reafirma que a competência tributária, como espécie de competência legislativa, não é passível de transferência a outrem. Por ser seu exercício *facultativo*, como regra, e *imprescritível*, em caso de não exercício, não está autorizada sua utilização por nenhuma outra pessoa política.

> Capítulo II
> Limitações da Competência Tributária **(1 a 2.2)**

 COMENTÁRIOS

1. Moldura constitucional. "Art. 145. A União, os Estados, o Distrito Federal e os Municípios poderão instituir os seguintes tributos: I – impostos; II – taxas, em razão do exercício do poder de polícia ou pela utilização, efetiva ou potencial, de serviços públicos específicos e divisíveis, prestados ao contribuinte ou postos a sua disposição; III – contribuição de melhoria, decorrente de obras públicas. [...] Art. 146. Cabe à lei complementar: [...] III – estabelecer normas gerais em matéria de legislação tributária, especialmente sobre: a) definição de tributos e de suas espécies, bem como, em relação aos impostos discriminados nesta Constituição, a dos respectivos fatos geradores, bases de cálculo e contribuintes. [...] Art. 148. A União, mediante lei complementar, poderá instituir empréstimos compulsórios: I – para atender a despesas extraordinárias, decorrentes de calamidade pública, de guerra externa ou sua iminência; II – no caso de investimento público de caráter urgente e de relevante interesse nacional, observado o disposto no art. 150, III, *b*. [...]. Art. 149. Compete exclusivamente à União instituir contribuições sociais, de intervenção no domínio econômico e de interesse das categorias profissionais ou econômicas, como instrumento de sua atuação nas respectivas áreas, observado o disposto nos arts. 146, III, e 150, I e III, e sem prejuízo do previsto no art. 195, § 6.º, relativamente às contribuições a que alude o dispositivo. § 1.º A União, os Estados, o Distrito Federal e os Municípios instituirão, por meio de lei, contribuições para custeio de regime próprio de previdência social, cobradas dos servidores ativos, dos aposentados e dos pensionistas, que poderão ter alíquotas progressivas de acordo com o valor da base de contribuição ou dos proventos de aposentadoria e de pensões. § 1.º-A. Quando houver *deficit* atuarial, a contribuição ordinária dos aposentados e pensionistas poderá incidir sobre o valor dos proventos de aposentadoria e de pensões que supere o salário mínimo. § 1.º-B. Demonstrada a insuficiência da medida prevista no § 1.º-A para equacionar o *deficit* atuarial, é facultada a instituição de contribuição extraordinária, no âmbito da União, dos servidores públicos ativos, dos aposentados e dos pensionistas. § 1.º-C. A contribuição extraordinária de que trata o § 1.º-B deverá ser instituída simultaneamente com outras medidas para equacionamento do *deficit* e vigorará por período determinado, contado da data de sua instituição. § 2.º As contribuições sociais e de intervenção no domínio econômico de que trata o *caput* deste artigo: I – não incidirão sobre as receitas decorrentes de exportação; II – incidirão também sobre a importação de produtos estrangeiros ou serviços; III – poderão ter alíquotas: a) *ad valorem*, tendo por base o faturamento, a receita bruta ou o valor da operação e, no caso de importação, o valor aduaneiro; b) específica, tendo por base a unidade de medida adotada. § 3.º A pessoa natural destinatária das operações de importação poderá ser equiparada a pessoa jurídica, na forma da lei. § 4.º A lei definirá as hipóteses em que as contribuições incidirão uma única vez. Art. 149-A. Os Municípios e o Distrito Federal poderão instituir contribuição, na forma das respectivas leis, para o custeio do serviço de iluminação pública e de sistemas de monitoramento para segurança e preservação de logradouros públicos, observado o disposto no art. 150, I e III. [...] Parágrafo único. É facultada a cobrança da contribuição a que se refere o *caput*, na fatura de consumo de energia elétrica."

2. Limitações constitucionais à competência tributária. A Constituição da República, ao traçar as competências tributárias de cada ente federativo, prescreve, igualmente, as *limitações ao poder de tributar*, assim denominadas as contenções ao exercício dessa atividade estatal. Tais limitações são traduzidas, essencialmente, na definição de *princípios* e *imunidades*.

2.1. Princípios constitucionais tributários. Conceito. Os *princípios* podem ser definidos como as normas fundantes de um sistema, cujos *forte conteúdo axiológico* e *alto grau de generalidade e abstração* ensejam o amplo alcance de seus efeitos, orientando a interpretação e a aplicação de outras normas. O texto constitucional brasileiro é rico na declaração expressa de princípios tributários, tais como os da igualdade tributária, capacidade contributiva, vedação da utilização de tributo com efeito de confisco, legalidade tributária, anterioridade da lei tributária, irretroatividade da lei tributária, entre outros. Representam *diretrizes positivas* a guiar o legislador e o administrador tributários na busca da tributação justa.

2.1.1. A EC n. 132/2023 incluiu os §§ 3.º e 4.º ao art. 145, para expressar que "o Sistema Tributário Nacional deve observar os princípios da simplicidade, da transparência, da justiça tributária, da cooperação e da defesa do meio ambiente", bem como que "as alterações na legislação tributária buscarão atenuar efeitos regressivos".

Inicialmente, o *princípio da simplicidade* corresponde à noção que compõe a diretriz da *praticabilidade ou praticidade*, segundo o qual "as leis tributárias devem ser exequíveis, propiciando o atingimento dos fins de interesse público por elas objetivado, quais sejam, o adequado cumprimento de seus comandos pelos administrados, de maneira simples e eficiente, bem como a devida arrecadação dos tributos" (cf. nosso *Praticabilidade e Justiça Tributária – Exequibilidade de lei tributária e Direitos do Contribuinte*, cit., p. 93). Sua observância é de grande relevo, especialmente num sistema tributário tradicionalmente complexo.

Já o *princípio da transparência* predica que, nas relações entre Fisco e contribuinte, ambos os sujeitos atuem de forma clara e aberta, remetendo às ideias de melhores práticas e fácil acesso a informações fiscais, bem como à de orientação adequada ao contribuinte.

O *princípio da justiça tributária*, por sua vez, alberga valor intimamente ligado aos princípios da igualdade, da capacidade contributiva e da solidariedade social, impondo, como já tivemos oportunidade de averbar, "uma tributação de boa qualidade, exercida mediante uma legislação clara e um sistema de tributos simples, eficientes e que dificultem a sonegação. Não parece demasiado pensar, como objetivo último, na qualidade de vida do cidadão-contribuinte, impositiva do respeito aos seus direitos" (cf. nosso *Praticabilidade Tributária...*, cit., p. 379).

Outro princípio recém-inserido no texto constitucional é o *princípio da cooperação*. Cremos que o teor dessa norma pode ser compreendido em dois sentidos. Primeiramente, indicando que Fisco e contribuinte devem atuar de modo cooperativo, buscando a satisfação das obrigações tributárias em seus devidos termos. E, também, como vetor do Estado Federal, a fundamentar o federalismo cooperativo ou solidário.

Por fim, o *princípio da defesa do meio ambiente*. Importante diretriz constitucional (arts. 170, VI, e 225), louvável sua inclusão como vetor expresso a ser observado pela tributação, embora já se pudesse extrair o seu teor mediante interpretação sistemática do ordenamento constitucional. A norma ganhou maior visibilidade, prestigiando a atividade tributante com viés ambiental.

Ressalte-se que a mesma EC n. 132/2023 fez incluir e alterou a redação de vários dispositivos que reforçam, ainda mais, a conexão entre tributação e meio ambiente: 1) art. 43, § 4º, segundo o qual, sempre que possível, a concessão dos incentivos regionais a que se refere o § 2º, III – isenções, reduções ou diferimento temporário de tributos federais devidos por pessoas físicas ou jurídicas –, considerará critérios de sustentabilidade ambiental e redução das emissões de carbono; 2) art. 153, VIII, que autoriza a instituição do chamado Imposto Seletivo, incidente sobre a "produção, extração, comercialização ou importação de bens e serviços prejudiciais à saúde ou ao meio ambiente, nos termos de lei complementar"; 3) art. 155, § 1º, V, que proclama que o ITCMD "não incidirá sobe as doações destinadas, no âmbito do Poder Executivo da União, a projetos socioambientais ou destinados a mitigar os efeitos das mudanças climáticas e às instituições federais de ensino"; 4) art. 155, § 6º, II, que prescreve que o IPVA "poderá ter alíquotas diferenciadas em função do tipo, do valor, da utilização e do impacto ambiental"; e 5) art. 225, § 1º, VIII, que declara que, para assegurar a efetividade do direito ao meio ambiente ecologicamente equilibrado, incumbe ao Poder Público manter regime fiscal favorecido para biocombustíveis e para o hidrogênio de baixa emissão de carbono, na forma da lei complementar, a fim de assegurar-lhes tributação inferior à incidente sobre os combustíveis fósseis, capaz de garantir diferencial competitivo em relação a estes, especialmente em relação às contribuições de que tratam o art. 195, I, *b*, IV e V, e o art. 239 e aos impostos a que se referem os arts. 155, II, e 156-A, CR.

2.1.2. Princípios tributários tratados no CTN. Os princípios tributários expressos na Constituição da República não estão todos reproduzidos no texto do CTN. A par de este ser diploma normativo mais antigo, vale observar, por exemplo, que o CTN não abriga norma expressa acerca do princípio da igualdade tributária, nem de diversas derivações (capacidade contributiva, vedação ao confisco etc.). V. comentários aos arts. 9.º, I a III, 10, 11 e 104, CTN.

2.2. Imunidades tributárias. Conceito. Outras expressivas limitações constitucionais ao poder de tributar são as exonerações qualificadas como *imunidades*. Uma vez efetuada a opção política de definir a competência tributária em nível constitucional, tem-se, como consequência, a previsão de exonerações fiscais consideradas mais relevantes nesse mesmo nível normativo. Essas limitações representam *diretrizes negativas*, porquanto negam a competência tributária nas hipóteses delineadas constitucionalmente. V. comentários aos arts. 9.º a 14, CTN. A EC n. 132/2023 ampliou as hipóteses de imunidade tributária, conforme analisaremos adiante.

 SUGESTÕES DOUTRINÁRIAS

LIMITAÇÕES CONSTITUCIONAIS AO PODER DE TRIBUTAR

Aliomar Baleeiro, *Limitações constitucionais ao poder de tributar*, Forense; Roque Antonio Carrazza, *Curso de direito constitucional tributário*, Malheiros; Regina Helena Costa, *Princípio da capacidade contributiva*, Malheiros; Fernando Aurelio Zilveti, *Princípios de direito tributário e a capacidade contributiva*, Quartier Latin; Humberto Ávila, *Teoria da igualdade tributária*, Malheiros; Andrei Pitten Velloso, *O princípio da isonomia tributária*, Livraria do Advogado; Regina Helena Costa, *Imunidades tributárias: teoria e análise da jurisprudência do STF*, Malheiros; Marciano Seabra de Godoi, *Justiça, igualdade e direito tributário*, Dialética; João Paulo Fanucchi de Almeida Melo, *Direito constitucional tributário – princípios, regras, competências e imunidades*, Del Rey.

> *Seção I*
> *Disposições Gerais*
>
> **Art. 9.º** É vedado à União, aos Estados, ao Distrito Federal e aos Municípios:
> I – instituir ou majorar tributos sem que a lei o estabeleça, ressalvado, quanto à majoração **(1 a 4)**, o disposto nos arts. 21, 26 e 65 **(5 e 6)**;

 COMENTÁRIOS

1. Moldura constitucional. Art. 5.º "[...] II – ninguém será obrigado a fazer ou deixar de fazer alguma coisa senão em virtude de lei. [...] Art. 37. A administração pública direta e indireta de qualquer dos Poderes da União, dos Estados, do Distrito Federal e dos Municípios obedecerá aos princípios de legalidade, impessoalidade, moralidade, publicidade e eficiência e, também, ao seguinte: [...]. Art. 150. Sem prejuízo de outras garantias asseguradas ao contribuinte, é vedado à União, aos Estados, ao Distrito Federal e aos Municípios: I – exigir ou aumentar tributo sem lei que o estabeleça; [...]."

2. Dispositivo relacionado: art. 97, CTN.

3. Princípio da legalidade tributária. O princípio da legalidade tem seu enunciado genérico contemplado no art. 5.º, II, da Constituição da República, segundo o qual "ninguém será obrigado a fazer ou deixar de fazer alguma coisa senão em virtude de lei". O *princípio da legalidade tributária*, por sua vez, remonta ao século XIII, quando o rei da Inglaterra, João Sem-Terra, expediu a Magna Carta (1215), documento que veio assegurar a criação de tributos somente após a aprovação do Parlamento (*no taxation without representation*). O texto constitucional estatui, em seu art. 150, I, que, sem prejuízo de outras garantias asseguradas ao contribuinte, é vedado à União, aos Estados, ao Distrito Federal e aos Municípios exigir ou aumentar tributo sem lei que o estabeleça. O § 6.º do mesmo artigo, na redação dada pela Emenda Constitucional n. 3/1993, reforça a ideia de legalidade, estabelecendo a exigência de *lei específica*, federal, estadual ou municipal, para regrar exclusivamente as matérias ou o correspondente tributo ou contribuição nos casos de concessão de subsídio, isenção, redução de base de cálculo, concessão de crédito presumido, anistia ou remissão, sem prejuízo do disposto no art. 155, § 2.º, XII, *g*.[5]

4. Funções da noção de legalidade em matéria tributária. São perfeitamente distinguíveis as funções desempenhadas pela noção de legalidade em matéria tributária: *(i) função formal,* traduzida na exigência do indispensável veículo legislativo; *(ii) função material,* revelada na especificação de todos os aspectos à verificação do fato jurídico tributário e respectiva obrigação; e *(iii) função vinculante,* correspondente à vinculatividade dos órgãos da Administração a seus comandos. Desse modo, em atendimento ao mandamento constitucional, impositivo da edição de lei para a instituição e a majoração de tributo (aspecto formal), tal ato normativo deve, em seu conteúdo, estampar: *(i)* a *hipótese de incidência tributária,* em todos os seus aspectos (material, espacial, temporal, pessoal e quantitativo); *(ii)* as *desonerações tributárias* (isenções, reduções, deduções etc.); *(iii)* as *sanções fiscais,* bem como a *anistia; (iv)* as *obrigações acessórias; (v)* as hipóteses de *suspensão, exclusão e extinção do crédito tributário;* e *(vi)* a *instituição e a extinção de correção monetária* do débito tributário. À primeira hipótese de legalidade material apontada corresponde a noção de *tipicidade tributária,* a significar que a lei deve conter todos os elementos configuradores do fato cuja ocorrência é idônea a deflagrar a obrigação de pagar tributo.

5. Possibilidade de alteração de alíquotas pelo Poder Executivo. Hipóteses. Os dispositivos mencionados no artigo referem-se à Constituição de 1946. O princípio tem seu rigor atenuado pela disposição contida no art. 153, § 1.º, CR, que faculta ao Poder Executivo da União, atendidas as condições e limites estabelecidos em lei, alterar as alíquotas do *Imposto de Importação,* do *Imposto de Exportação,* do *Imposto sobre Produtos Industrializados* e do *Imposto sobre Operações Financeiras.* Não se trata de autêntica exceção à observância da legalidade tributária, mas sim de *mitigação da intensidade* com que opera o princípio, em homenagem à noção de *praticidade.* Com efeito, o preceito em análise outorga ao Poder Executivo Federal *discricionariedade,* ao reconhecer que o administrador público tem melhores condições de buscar a solução adequada à vista da situação a ser atendida. Esses impostos ostentam natureza *extrafiscal* – revelada na possibilidade de atuarem como instrumentos destinados a regular o comércio exterior, a indústria nacional e o mercado financeiro, res-

---

[5]   V. art. 156-A, incluído pela EC n. 132/2023.

pectivamente – e, desse modo, demandam agilidade na modificação da intensidade de sua imposição, que ficaria comprometida, caso obrigatória a edição de ato de natureza legislativa a viabilizá-la. Portanto, nas hipóteses expressamente apontadas, a lei traça tão somente as condições e limites dentro dos quais o administrador público pode atuar. Preceito semelhante foi introduzido pela Emenda Constitucional n. 33/2001, que, ao acrescentar o § 4.º ao art. 177, estabelece que a lei que instituir *contribuição de intervenção no domínio econômico relativa às atividades de importação ou comercialização de petróleo e seus derivados, gás natural e seus derivados e álcool combustível* deverá atender, entre outros requisitos, o de que a alíquota da contribuição seja "reduzida e restabelecida por ato do Poder Executivo, não se lhe aplicando o disposto no art. 150, III, *b* (inciso I, alínea *b*). Tal dispositivo é de constitucionalidade duvidosa, porquanto tal mitigação do princípio da legalidade tributária (e também da anterioridade da lei tributária) vem a lume por meio de emenda constitucional, o que evoca provável ofensa à cláusula pétrea consubstanciada no respeito aos direitos e garantias individuais (art. 60, § 4.º, IV, CR).

6. Lei e medida provisória. No passado, houve polêmica quanto à admissibilidade da medida provisória como instrumento idôneo a instituir e majorar tributos. Sendo a medida provisória equiparada à lei apenas no *sentido material*, com edição condicionada à observância dos pressupostos de relevância e urgência, e de eficácia precária, nos termos do art. 62, CR, divergiram a doutrina e a jurisprudência a respeito do assunto. Para uns, a medida provisória, uma vez convertida em lei, poderia ser empregada na instituição e majoração de tributos, observado o princípio da anterioridade da lei tributária. Nesse sentido, aliás, o posicionamento do STF (RREE 197.790/MG, 181.664/RS e 197.717/PR). Para outros, não sendo a medida provisória lei no aspecto formal, posto constituir ato normativo emanado do Presidente da República, não se prestaria a tais fins, uma vez que o Poder Legislativo somente é consultado quando a exigência fiscal já está em vigor, o que vulnera o princípio da legalidade tributária. No entanto, a Emenda Constitucional n. 32/2001, ao dar nova redação ao art. 62, alterou o regime das medidas provisórias, estatuindo que "medida provisória que implique instituição ou majoração de impostos, exceto os previstos nos arts. 153, I, II, IV, V, e 154, II, só produzirá efeitos no exercício financeiro seguinte se houver sido convertida em lei até o último dia daquele em que foi editada" (§ 2.º).

 SUGESTÕES DOUTRINÁRIAS

PRINCÍPIO DA LEGALIDADE TRIBUTÁRIA

Ana Paula Dourado, *O princípio da legalidade fiscal: tipicidade, conceitos jurídicos indeterminados e margem de livre apreciação*, Almedina; *Legalidade e tipicidade no direito tributário*, Coord. Ricardo Lodi Ribeiro e Sérgio André Rocha, Quartier Latin.

 JURISPRUDÊNCIA ILUSTRATIVA

STF

• "Contribuição previdenciária. Seguro de Acidente do Trabalho – SAT. Alíquota definida pelo Fator Acidentário de Prevenção – FAT e pelo grau de Riscos Ambientais do Trabalho – RAT. Delegação ao Conselho Nacional da Previdência para regulamentação. Alegação de ofensa aos princípios da legalidade, da anterioridade, da reserva de lei complementar e da moralidade administrativa. Lei 10.666/03, artigo 10. Decreto 3.048/89, art.

202-A, na redação do Decreto 6.957/09. Resoluções 1.308/2009 e 1.309/2009, do Conselho Nacional da Previdência Social. CF, artigos 5.º, inciso II; 37; 146, inciso II; 150, incisos I e III, alínea 'a'; 154, inciso I, e 195, § 4.º. 1. O sistema de financiamento do Seguro de Acidente de Trabalho (SAT) e da Aposentadoria Especial visa suportar os benefícios previdenciários acidentários decorrentes das doenças ocupacionais. 2. A Contribuição Social para o Seguro de Acidente de Trabalho (SAT) tem fundamentado nos artigos 7.º, XXVIII, 194, parágrafo único, V, e 195, I, todos da CRFB/88. 3. O sistema impregnado, principalmente, pelos Princípios da Solidariedade Social e da Equivalência (custo-benefício ou prêmio *versus* sinistro), impõe maior ônus às empresas com maior sinistralidade por atividade econômica. 4. O enquadramento genérico das empresas neste sistema de financiamento se dá por atividade econômica, na forma do art. 22, inciso II, alíneas *a*, *b* e *c*, da Lei n.º 8.212/91, enquanto o enquadramento individual das empresas se dá por meio do Fator Acidentário de Prevenção (FAP), ao qual compete o dimensionamento da sinistralidade por empresa, na forma do art. 10 da Lei n.º 10.666/2003. 5. A Suprema Corte já assentou a constitucionalidade do art. 22, II, da Lei n.º 8.212/91, *verbis*: Ementa: – Constitucional. Tributário. Contribuição: Seguro de Acidente do Trabalho – SAT. Lei 7.787/89, arts. 3.º e 4.º; Lei 8.212/91, art. 22, II, redação da Lei 9.732/98. Decretos 612/92, 2.173/97 e 3.048/99. C.F., artigo 195, § 4.º; art. 154, II; art. 5.º, II; art. 150, I. I. – Contribuição para o custeio do Seguro de Acidente do Trabalho – SAT: Lei 7.787/89, art. 3.º, II; Lei 8.212/91, art. 22, II: alegação no sentido de que são ofensivos ao art. 195, § 4.º, c/c art. 154, I, da Constituição Federal: improcedência. Desnecessidade de observância da técnica da competência residual da União, C.F., art. 154, I. Desnecessidade de lei complementar para a instituição da contribuição para o SAT. II. – O art. 3.º, II, da Lei 7.787/89, não é ofensivo ao princípio da igualdade, por isso que o art. 4.º da mencionada Lei 7.787/89 cuidou de tratar desigualmente aos desiguais. III. – As Leis 7.787/89, art. 3.º, II, e 8.212/91, art. 22, II, definem, satisfatoriamente, todos os elementos capazes de fazer nascer a obrigação tributária válida. O fato de a lei deixar para o regulamento a complementação dos conceitos de 'atividade preponderante' e 'grau de risco leve, médio e grave', não implica ofensa ao princípio da legalidade genérica, C.F., art. 5.º, II, e da legalidade tributária, C.F., art. 150, I. IV. – Se o regulamento vai além do conteúdo da lei, a questão não é de inconstitucionalidade, mas de ilegalidade, matéria que não integra o contencioso constitucional. V. – Recurso extraordinário não conhecido (RE 343446, Relator Min. Carlos Velloso, Tribunal Pleno, julgado em 20/03/2003, *DJ* 04-04-2003), o que se aplica as normas ora objurgadas por possuir a mesma *ratio*. 6. A lei que institui tributo deve guardar maior densidade normativa, posto que deve conter os seus elementos essenciais previstos em lei formal (art. 97, CTN), a saber os aspectos material (fatos sobre os quais a norma incide), temporal (momento em que a norma incide) e espacial (espaço territorial em que a norma incide), assim como a consequência jurídica, de onde se extraem os aspectos quantitativo (sobre o que a norma incide – base de cálculo e alíquota) e pessoal (sobre quem a norma incide – sujeitos ativo e passivo), elementos do fato gerador que estão sob a reserva do princípio da legalidade tributária (art. 150, I, CRFB/88) (FALCÃO, Amílcar de Araújo. *Fato gerador da obrigação tributária*. Rio de Janeiro: Forense, 1994, p. 8), premissas atendidas no caso *sub examine*. 7. O Fator Acidentário de Prevenção (FAP), previsto no art. 10 da Lei n.º 10.666/2003, guarda similaridade com a situação do *leading case* no RE 343446, Relator Min. Carlos Velloso, Tribunal Pleno, julgado em 20/03/2003, *DJ* 04/04/2003, posto norma a ser colmatada pela via regulamentar, segundo metodologia aprovada pelo Conselho Nacional da Previdência Social, *verbis*: Art. 10. A alíquota de contribuição de um, dois ou três por cento, destinada ao financiamento do benefício de aposentadoria especial ou daqueles concedidos em razão do grau de incidência de incapacidade laborativa decorrente dos riscos ambientais do trabalho, poderá ser reduzida, em até cinquenta por cento, ou aumentada, em até cem por cento, conforme dispuser o regulamento, em razão do desempenho da empresa em relação à respectiva atividade econômica, apurado em conformidade com os resultados obtidos a partir dos índices de frequência, gravidade e custo, calculados segundo metodologia aprovada pelo Conselho Nacional de Previdência Social. (grifos nossos) 8. As alíquotas básicas do SAT são fixadas expressamente no art. 22, I, da Lei n.º 8.212/91, restando ao Fator Acidentário de Prevenção (FAP), à luz do art. 10 da Lei n.º 10.666/2003, a delimitação da progressividade na forma de coeficiente a ser multiplicado por estas alíquotas básicas, para somente então ter-se aplicada sobre a base de cálculo do tributo. 9. O FAP, na forma como prescrito no art. 10 da Lei n.º 10.666/2003 ('...conforme dispuser o regulamento, em razão do desempenho da empresa em relação à respectiva atividade econômica, apurado em conformidade com os resultados obtidos a partir dos índices de frequência, gravidade e custo, calculados segundo metodologia aprovada pelo Conselho Nacional de Previdência Social') possui densidade normativa suficiente, posto que fixados os standards, parâmetros e balizas de controle a ensejar a regulamentação da sua metodologia de cálculo de forma a cumprir o princípio da legalidade tributária (art. 150, I, CRFB/88). 10. A composição do índice composto do FAP foi implementada pelo Conselho Nacional de Previdência Social (CNPS), à luz do art. 10 da Lei n.º 10.666/2003, órgão do Ministério da Previdência e Assistência Social, que é instância quadripartite que conta com a representação de trabalhadores, empregadores, associações de aposentados e pensionistas e do Governo, através de diversas resoluções: Resolução MPS/CNPS n.º 1.101/98, Resolução MPS/CNPS n.º 1.269/06, Resolução MPS/CNPS n.º 1.308/09, Resolução MPS/CNPS n.º 1.309/09 e Resolução MPS/CNPS n.º 1.316/2010. Estas resoluções do CNPS foram regulamentadas pelo art. 202-A, do Decreto n.º 3.048/99, com a redação dada pelo Decreto n.º 6.957/09, e, mais recentemente, pelo Decreto n.º 14.410/10, cumprindo o disposto no art. 10 da Lei n.º 10.666/2003. 11. As resoluções do CNPS foram regulamentadas pelo art. 202-A, do Decreto n.º 3.048/99, cumprindo o disposto no art. 10, da Lei n.º 10.666/2003, a qual autorizou a possibilidade de redução de até 50% ou majoração em até 100% das alíquotas 1%, 2% e 3%, previstas no art. 22, II, da Lei n.º 8.212/91, conforme o desempenho da empresa em relação à respectiva atividade econômica. 12. O FAP destina-se a aferir o desempenho específico da empresa em relação aos acidentes de trabalho, tal como previsto no § 1.º, do art. 202-A do Decreto n.º 3.048/99. A variação do fator ocorre em função do desempenho da empresa frente às demais empresas que desenvolvem a mesma atividade econômica. Foi regulamentado como um índice composto, obtido pela conjugação de índices parciais e percentis de gravidade, frequência e custo, sendo integrado por três categorias de elementos: (i) os índices parciais (frequência, gravidade e custo); (ii) os percentis de cada índice parcial; (iii) os pesos de cada percentil (art. 202-A do Decreto n.º 3.048/99). 13. Segundo essa metodologia de cálculo, as empresas são enquadradas em rankings relativos à gravidade, à frequência e ao custo dos acidentes de trabalho e na etapa seguinte, os percentis são multiplicados pelo peso que lhes é atribuído, sendo os produtos somados, chegando-se ao FAP. 14. A declaração de inconstitucionalidade do art. 10 da Lei n.º 10.666/2003 e do artigo 202-A do Decreto n.º 3.048/99, não se sustenta quando contrastada com o princípio de vedação do retrocesso. 15. Extrai-se deste princípio a invalidade da revogação de normas legais que concedam ou ampliem direitos fundamentais, sem que a revogação seja acompanhada de uma política substitutiva ou equivalente (art. 5.º, § 1.º, CRFB/88), posto que invalidar a norma atenta contra os artigos arts. 7.º, 150, II, 194, parágrafo único e inc. V, e 195, § 9.º, todos da CRFB/88. 16. A sindicabilidade das normas infralegais, artigo 202-A do Decreto n.º 3.048/99, com a redação dada pelo Decreto n.º 6.957/09, deve pautar-se no sentido de que não cabe ao Pretório Excelso discutir a implementação de políticas públicas, seja por não dispor do conhecimento necessário para especificar a engenharia administrativa necessária para o sucesso de um modelo de gestão das doenças ocupacionais e/ou do trabalho, seja por não ser este o espaço idealizado pela Constituição para o debate em torno desse tipo de assunto, a pretexto de atuar como legislador positivo. 17. A jurisdição constitucional não é atraída pela conformação das normas infralegais (Decreto n.º 3.048/99, art. 202-A) com a lei (Lei n.º 10.666/2003, art. 10), o que impede a análise das questões relacionadas à, verbi gratia, inclusão das comunicações de acidentes de trabalho (CAT) que não geraram qualquer incapacidade ou afastamento; das CATS decorrentes dos infortúnios (acidentes *in itinere*) ocorridos entre a residência e o local de trabalho do empregado e, também, daqueles ocorridos após o findar do contrato de trabalho, no denominado período de graça; da inclusão na base de cálculo do FAP de todos os benefícios acidentários, mormente aqueles pendentes de julgamento de recursos interpostos pela empresa na esfera administrativa. 18. O SAT, para a sua fixação, conjuga três critérios distintos de quantificação da obrigação tributária: (i) a base de cálculo (remuneração paga pelas empresas aos segurados empregados e avulsos que lhes prestam serviços), que denota a capacidade contributiva do sujeito passivo; (ii) as alíquotas, que variam em função do grau de risco da atividade econômica da empresa, conferindo traços comutativos à contribuição; e (iii) o FAP, que objetiva individualizar a contribuição da empresa frente à sua categoria econômica, aliando uma finalidade extrafiscal ao ideal de justiça individual, o que atende aos standards, balizas e parâmetros que irão formatar a metodologia de cálculo deste fator, o que ocorreu quanto à regulamentação infralegal trazida pelo art. 202-A do Decreto n.º 3.048/99, na redação dada pelo Decreto n.º 6.957/09. 19. As empresas que investem na redução de acidentes de trabalho, reduzindo sua frequência, gravidade e custos, podem receber tratamento diferenciado mediante a redução do FAP, conforme o disposto nos artigos 10 da Lei n.º 10.666/03 e 202-A do Decreto n.º 3.048/99, com a redução decorrente do Decreto n.º 6.042/07. Essa foi a metodologia usada pelo Poder Executivo para estimular os investimentos das empresas em prevenção de acidentes de trabalho. 20. O princípio da razoabilidade e o princípio da proporcionalidade encontram-se consagrados no caso *sub judice*, posto que o conjunto de normas protetivas do trabalhador aplicam-se de forma genérica (categoria econômica) num primeiro momento através do SAT e, num segundo momento, de forma individualizada através do FAP, ora objurgado, permitindo ajustes, observado o cumprimento de certos requisitos. 21. O Poder Judiciário, diante de razoável e proporcional agir administrativo, não pode substituir o enquadramento estipulado, sob pena de legislar, isso no sentido ilegítimo da expressão, por isso que não pode ser acolhida a pretensão a um regime próprio subjetivamente tido por mais adequado. 22. O princípio da irretroatividade tributária (art. 150, III, 'a', CRFB/88) não restou violado, posto que o Decreto n.º 3.048/99, na redação dada pelo Decreto n.º 6.957/09, editado em setembro de 2009, somente fixou as balizas para o primeiro processamento do FAP, com vigência a partir de janeiro de 2010, ocorrência efetiva do fato gerador, utilizados os dados concernentes aos anos de 2007 e 2008, tão somente elementos identificadores dos parâmetros de controle das variáveis consideradas para a aplicação da fórmula matemática instituída pela nova sistemática. 23. Os princípios da transparência, da moralidade administrativa e da publicidade estão atendidos na medida em que o FAP utiliza índices que são de conhecimento de cada contribuinte, que estão a disposição junto à Previdência Social, sujeitos à impugnação administrativa com efeito suspensivo. 24. O Superior Tribunal de Justiça afastou a alegação de ofensa ao princípio da legalidade (REsp 392.355/RS) e a Suprema Corte reconheceu a constitucionalidade da Lei n.º 8.212/91, que remeteu para o regulamento a complementação dos conceitos de 'atividade preponderante' e de 'grau de risco leve, médio e grave' (RE n.º 343.446/SC). Restou assentado pelo Supremo que as Leis n.º 7.787/89, art. 3.º, II, e n.º 8.212/91, art. 22, II, definiram, satisfatoriamente, todos os elementos capazes de fazer nascer a obrigação tributária válida. O fato de a lei delegar ao regulamento a complementação dos conceitos de 'atividade preponderante' e 'grau de risco leve, médio e grave', não implicou ofensa ao princípio da legalidade genérica, art. 5.º, II, e da legalidade tributária, art. 150, I, ambos da CF/88, o que se aplica ao tema ora objurgado por possuir a mesma *ratio*: Tributário. Contribuição para o Seguro de Acidente do Trabalho – SAT. Art. 22, II, da Lei n.º 8.212/91, na redação dada pela Lei n.º 9.528/97. Arts. 97 e 99, do CTN. Atividades escalonadas em graus, pelos Decretos Regulamentares n.ºs 356/91, 612/92, 2.173/97 e 3.048/99. Satisfeito o princípio da reserva legal. – Matéria decidida em nível infraconstitucional, atinente ao art. 22, II, da Lei n.º 8.212/91, na redação da Lei n.º 9.528/97 e aos arts. 97 e 99 do CTN. – Atividades perigosas desenvolvidas pelas empresas, escalonadas em graus leve, médio e grave, pelos Decretos n.ºs 356/91, 612/92, 2.173/97 e 3.048/99. – Não afronta o princípio da legalidade, o estabelecimento, por decreto, dos mencionados graus de risco, partindo-se da atividade preponderante da empresa (REsp 392.355/RS, Rel. Ministro Humberto Gomes de Barros, Primeira Turma, julgado em 04/06/2002, *DJ* 12/08/2002). Ementa: – Constitucional. Tributário. Contribuição: Seguro de Acidente do Trabalho – SAT. Lei 7.787/89, arts. 3.º e 4.º; Lei 8.212/91, art. 22, II, redação da Lei 9.732/98. Decretos 612/92, 2.173/97 e 3.048/99. C.F., artigo 195, § 4.º; art. 154, II; art. 5.º, II; art. 150, I. I. – Contribuição para o custeio do Seguro de Acidente do Trabalho – SAT: Lei 7.787/89, art. 3.º, II; Lei 8.212/91, art. 22, II: alegação no sentido de que são ofensivos ao art. 195, § 4.º, c/c art. 154, I, da Constituição Federal: improcedência. Desnecessidade de observância da técnica da competência residual da União, C.F., art. 154, I. Desnecessidade de lei complementar para a instituição da contribuição para o SAT. II. – O art. 3.º, II, da Lei 7.787/89, não é ofensivo ao princípio da igualdade, por isso que o art. 4.º da mencionada Lei 7.787/89 cuidou de tratar desigualmente aos desiguais. III. – As Leis 7.787/89, art. 3.º, II, e 8.212/91, art. 22, II, definem, satisfatoriamente, todos os elementos capazes de fazer nascer a obrigação tributária válida. O fato de a lei deixar para o regulamento a complementação dos conceitos de 'atividade preponderante' e 'grau de risco leve, médio e grave', não implica ofensa ao princípio da legalidade genérica, C.F., art. 5.º, II, e da legalidade tributária, C.F., art. 150, I. IV. – Se o regulamento vai além do conteúdo da lei, a questão não é de inconstitucionalidade, mas de ilegalidade, matéria que não integra o contencioso constitucional. V. – Recurso extraordinário não conhecido (RE 343.446, Relator(a): Min. Carlos Velloso, Tribunal Pleno, julgado em 20/03/2003, *DJ* 04/04/2003). 25. Mais recentemente a Corte enfrentou matéria similar em outro caso. Pode-se mencionar a tese firmada no Tema 939 de Repercussão Geral: 'É constitucional a flexibilização da legalidade tributária constante do § 2.º do art. 27 da Lei n.º 10.865/04, no que permitiu ao Poder Executivo, prevendo as condições e fixando os tetos, reduzir e restabelecer as alíquotas da contribuição ao PIS e da COFINS incidentes sobre as receitas financeiras auferidas por pessoas jurídicas sujeitas ao regime não cumulativo, estando presente o desenvolvimento de função extrafiscal' (RE 1.043.313, Rel. Min. Dias Toffoli, Tribunal Pleno, julgado em 10/12/2020). 26. Na mesma linha dos precedentes já mencionados, há situações outras em que a jurisprudência do Supremo Tribunal Federal apresenta casos em que essa delegação foi reconhecida como legítima, na medida em que formalizada por meio de balizas rígidas e guarnecidas de razoabilidade e proporcionalidade. Nesse sentido: (i) a fixação das anuidades cobradas pelos Conselhos Profissionais, cujas balizas estão estabelecidas na Lei 12.514/11, mas a exigência se faz por ato das autarquias (ADIs 4.697 e 4.762, Rel. Min. Edson Fachin, Tribunal Pleno, *DJe* 30/03/2017); (ii) a exigência de taxa em razão do exercício do poder de polícia referente à Anotação de Responsabilidade Técnica (ART) (RE 838.284, Rel. Min. Dias Toffoli, Tribunal Pleno, *DJe* 22/09/2017) e (iii) a possibilidade do estabelecimento de pautas fiscais para exigência do Imposto sobre Produtos Industrializados – IPI (RE 602.917, Rel. Min. Rosa Weber, Redator p/ Acórdão Min. Alexandre de Moraes, Tribunal Pleno, *DJe* 21/10/2020). 27. Recurso extraordinário a que se nega provimento. 28. Proposta de Tese de Repercussão Geral: O Fator Acidentário de Prevenção (FAP), previsto no art. 10 da Lei n.º 10.666/2003, nos moldes do regulamento promovido pelo Decreto 3.048/99 (RPS) atende ao princípio da legalidade tributária (art. 150, I, CRFB/88)" (RE 677.725/RS, Tema 554, Rel. Min. Luiz Fux, j. 11.11.2021).

• "Direito Tributário. Combustíveis. Importação e comercialização. PIS e COFINS. Contribuição. Decretos 9.101/2017 e 9.112/2017. Redução de percentual de benefício fiscal dentro dos parâmetros legais com agravamento do ônus tributário. Majoração indireta de tributo. Regra da anterioridade nonagesimal. Observância. Art. 195, § 6.º, da Constituição. Questão constitucional. Potencial multiplicador da controvérsia. Repercussão geral reconhecida com reafirmação de jurisprudência. Recurso extraordinário a que se nega provimento. 1. O entendimento da Corte de origem não diverge da jurisprudência do Supremo Tribunal Federal, no sentido da necessidade de respeito à regra da anterioridade nonagesimal quando o Poder Executivo majorar a contribuição para o PIS/Pasep e da COFINS por meio de decreto autorizado. 2. Recurso extraordinário não provido. 3. Fixada a seguinte tese: As modificações promovidas pelos Decretos 9.101/2017 e 9.112/2017, ao minorarem os coeficientes de redução das alíquotas da contribuição para o PIS/PASEP e da COFINS incidentes sobre a importação e comercialização de combustíveis, ainda que nos limites autorizados por lei, implicaram verdadeira majoração indireta da carga tributária e devem observar a regra da anterioridade nonagesimal, prevista no art. 195, § 6.º, da Constituição Federal" (RE 1.390.517/PE, Tema 1.247, Rel. Min. Rosa Weber, j. 12.04.2023).

> II – cobrar imposto sobre patrimônio e a renda com base em lei posterior à data inicial do exercício financeiro a que corresponda **(1 a 4)**;

 COMENTÁRIOS

1. Moldura constitucional. Art. 5.º "[...] XXXVI – a lei não prejudicará o direito adquirido, o ato jurídico perfeito e a coisa julgada. [...] Art. 150. Sem prejuízo de outras garantias asseguradas ao contribuinte, é vedado à União, aos Estados, ao Distrito Federal e aos Municípios: [...] III – cobrar tributos: a) em relação a fatos geradores ocorridos antes do início da vigência da lei que os houver instituído ou aumentado; [...]."

2. Dispositivos relacionados: arts. 105 e 106, CTN.

3. Princípio da irretroatividade da lei. Manifestação clara do sobreprincípio da *segurança jurídica*, a norma inscrita no art. 5.º, XXXVI, CR preconiza que a lei deve irradiar seus efeitos para o futuro, protegendo situações já consolidadas – o direito adquirido, o ato jurídico perfeito e a coisa julgada –, tornando intangível o passado sempre que se tratar de instituição de ônus a alguém.

4. Princípio da irretroatividade da lei tributária. No âmbito tributário, a especificação de tal proteção está contida no art. 150, III, *a*, CR, impondo que a lei que institua ou aumente tributo somente projete efeitos para o futuro, não cabendo retroatividade. A proteção outorgada nessa norma, frise-se, diz apenas com a lei que venha a instituir ou aumentar tributo. No entanto, isso não significa que as demais leis tributárias, sejam quais forem seus objetos, possam produzir efeitos para o passado, pois em outras situações, que não a instituição ou a majoração de tributo, incide o *princípio geral da irretroatividade da lei*. Assinale-se, por outro lado, a admissibilidade da retroatividade benéfica ao sujeito passivo em determinadas situações no contexto do direito sancionatório. Na seara tributária, o art. 106, CTN consigna tais hipóteses (v. comentários ao artigo).

SUGESTÕES DOUTRINÁRIAS

PRINCÍPIO DA IRRETROATIVIDADE DA LEI TRIBUTÁRIA

José Andrés Lopes da Costa, Irretroatividade da lei tributária, Lumen Juris; Maria Luiza Vianna Pessoa de Mendonça, *Princípio constitucional da irretroatividade da lei: a irretroatividade da lei tributária*, Del Rey.

 JURISPRUDÊNCIA ILUSTRATIVA

STF

• "Ação direta de inconstitucionalidade. Medida provisória de caráter interpretativo. Leis interpretativas. A questão da interpretação de leis de conversão por medida provisória. Princípio da irretroatividade. Caráter relativo. Leis interpretativas e aplicação retroativa. Reiteração de medida provisória sobre matéria apreciada e rejeitada pelo Congresso Nacional. Plausibilidade jurídica. Ausência do *periculum in mora*. Indeferimento da cautelar. É plausível, em face do ordenamento constitucional brasileiro, o reconhecimento da admissibilidade das leis interpretativas, que configuram instrumento juridicamente idôneo de veiculação da denominada interpretação autêntica. As leis interpretativas, desde que reconhecida a sua existência em nosso sistema de direito positivo, não traduzem usurpação das atribuições institucionais do Judiciário e, em consequência, não ofendem o postulado fundamental da divisão funcional do poder. Mesmo as leis interpretativas expõem-se ao exame e à interpretação dos juízes e tribunais. Não se revelam, assim, espécies normativas imunes ao controle jurisdicional. A questão da interpretação de leis de conversão por medida provisória editada pelo Presidente da República. O princípio da irretroatividade 'somente' condiciona a atividade jurídica do Estado nas hipóteses expressamente previstas pela Constituição, em ordem a inibir a ação do Poder Público eventualmente configuradora de restrição gravosa a) ao *status libertatis* da pessoa (CF, art. 5.º, XL); b) ao *status subjectionis* do contribuinte em matéria tributária (CF, art. 150, III, *a*); e c) à 'segurança' jurídica no domínio das relações sociais (CF, art. 5.º, XXXVI). Na medida em que a retroprojeção normativa da lei 'não' gere 'nem' produza os gravames referidos, nada impede que o Estado edite e prescreva atos normativos com efeito retroativo. As leis, em face do caráter prospectivo de que se revestem, devem, ordinariamente, dispor para o futuro. O sistema jurídico-constitucional brasileiro, contudo, 'não' assentou, como postulado absoluto, incondicional e inderrogável, o princípio da irretroatividade" (ADIMC 605/DF, Rel. Min. Celso de Mello, j. 23.10.1991).

> III – estabelecer limitações ao tráfego, no território nacional, de pessoas ou mercadorias, por meio de tributos interestaduais ou intermunicipais **(1 e 2)**;

 COMENTÁRIOS

1. *Moldura constitucional.* Art. 5.º "[...] XV – é livre a locomoção no território nacional em tempo de paz, podendo qualquer pessoa, nos termos da lei, nele entrar, permanecer ou dele sair com seus bens. [...] Art. 150. Sem prejuízo de outras garantias asseguradas ao contribuinte, é vedado à União, aos Estados, ao Distrito Federal e aos Municípios: [...] V – estabelecer limitações ao tráfego de pessoas ou bens, por meio de tributos interestaduais ou intermunicipais, ressalvada a cobrança de pedágio pela utilização de vias conservadas pelo Poder Público; [...].”

2. Princípio da não limitação ao tráfego de pessoas e bens por meio de tributos. Contido no art. 150, V, CR e reproduzido no inciso III do artigo em tela, tal princípio veda às pessoas políticas estabelecer limitações ao tráfego de pessoas ou de bens, por meio de tributos interestaduais ou intermunicipais, ressalvada a cobrança de pedágio pela utilização de vias conservadas pelo Poder Público. A norma prestigia, em última análise, a *liberdade de locomoção* no território nacional (art. 5.º, XV, CR), inviabilizando sejam instituídos tributos que embaracem o tráfego de pessoas ou bens entre Municípios ou entre Estados. A exceção ao princípio, posta pela própria Constituição, é o *pedágio*, porquanto sua exigência, induvidosamente, restringe o tráfego de pessoas e bens. Entendemos, como a maioria da doutrina, que o pedágio ostenta a natureza jurídica de taxa de serviço. O STF, diversamente, concluiu que o pedágio se qualifica como *preço público* (*e.g.* ADI 800/RS, j. 11.06.2014). V. comentários ao art. 79, CTN.

 SUGESTÕES DOUTRINÁRIAS

PEDÁGIO

Flávio de Azambuja Berti, *Pedágio: natureza jurídica*, Juruá.

 JURISPRUDÊNCIA ILUSTRATIVA

STF

• “Tributário e constitucional. Pedágio. Natureza jurídica de preço público. Decreto n. 34.417/1992, do Estado do Rio Grande do Sul. Constitucionalidade. 1. O pedágio cobrado pela efetiva utilização de rodovias conservadas pelo Poder Público, cuja cobrança está autorizada pelo inciso V, parte final, do art. 150 da Constituição de 1988, não tem natureza jurídica de taxa, mas sim de preço público, não estando a sua instituição, consequentemente, sujeita ao princípio da legalidade estrita. 2. Ação direta de inconstitucionalidade julgada improcedente” (ADI 800/RS, Rel. Min. Teori Zavascki, j. 11.06.2014).

> IV – cobrar impostos e a contribuição de que trata o inciso V do art. 195 da Constituição Federal sobre[6] **(1 a 5)**:

---

6   Redação dada pela LC n. 214/2025; entrada em vigor em 01.01.2026.

 COMENTÁRIOS

1. *Moldura constitucional.* Art. 150. "Sem prejuízo de outras garantias asseguradas ao contribuinte, é vedado à União, aos Estados, ao Distrito Federal e aos Municípios: [...] VI – instituir impostos sobre: a) patrimônio, renda ou serviços, uns dos outros; b) entidades religiosas e templos de qualquer culto, inclusive suas organizações assistenciais e beneficentes;[7] c) patrimônio, renda ou serviços dos partidos políticos, inclusive suas fundações, das entidades sindicais dos trabalhadores, das instituições de educação e de assistência social, sem fins lucrativos, atendidos os requisitos da lei; d) livros, jornais, periódicos e o papel destinado a sua impressão; e) fonogramas e videofonogramas musicais produzidos no Brasil contendo obras musicais ou literomusicais de autores brasileiros e/ou obras em geral interpretadas por artistas brasileiros, bem como os suportes materiais ou arquivos digitais que os contenham, salvo na etapa de replicação industrial de mídias ópticas de leitura a *laser*. [...] § 2.º A vedação do inciso VI, *a*, é extensiva às autarquias e às fundações instituídas e mantidas pelo Poder Público e à empresa pública prestadora de serviço postal, no que se refere ao patrimônio, à renda e aos serviços, vinculados a suas finalidades essenciais ou às delas decorrentes. § 3.º As vedações do inciso VI, *a*, e do parágrafo anterior não se aplicam ao patrimônio, à renda e aos serviços, relacionados com exploração de atividades econômicas regidas pelas normas aplicáveis a empreendimentos privados, ou em que haja contraprestação ou pagamento de preços ou tarifas pelo usuário, nem exonera o promitente comprador da obrigação de pagar imposto relativamente ao bem imóvel. § 4.º As vedações expressas no inciso VI, alíneas *b* e *c*, compreendem somente o patrimônio, a renda e os serviços relacionados com as finalidades essenciais das entidades nelas mencionadas".

2. *Imunidades. Conceito.* Tais como os princípios, as exonerações qualificadas como imunidades constituem expressivas limitações constitucionais ao poder de tributar. Efetuada a opção política de definir a competência tributária em nível constitucional, contempla-se, em consequência, as exonerações fiscais consideradas mais relevantes nesse mesmo nível. A imunidade tributária pode ser definida como *a exoneração, fixada constitucionalmente, traduzida em norma expressa impeditiva da atribuição de competência tributária ou extraível, necessariamente, de um ou mais princípios constitucionais, que confere direito público subjetivo a certas pessoas, nos termos por ela delimitados, de não se sujeitarem à tributação.* Imunes são as pessoas, bens ou situações não abrangidos pelos contornos das regras de competência tributária, mediante normas explícitas ou implícitas, porque extraíveis de um ou mais princípios constitucionais. Sendo o reverso da atribuição de competência tributária, a vedação da possibilidade de imposição tributária em dada hipótese, mediante norma constitucional explícita ou implícita, implica, necessariamente, imunidade. As normas imunizantes visam sempre prestigiar valores constitucionalmente consagrados, tais como o Estado Federal, a autonomia municipal, a liberdade religiosa, a liberdade de expressão, o acesso à cultura etc., *afastando a possibilidade de embaraços de natureza tributária ao exercício dos direitos correspondentes.* A Constituição contempla dezenas de normas imunizantes, alusivas a distintos tributos – impostos, taxas e contribuições. Os dispositivos do CTN a respeito do tema, em sua maioria, revelam-se meramente didáticos, porquanto a disciplina das imunidades exaure-se quase que integralmente no plano da Lei Maior.

---

[7] Redação dada pela EC n. 132/2023.

3. Natureza jurídica da exoneração constitucional. A imunidade tributária apresenta *dúplice natureza*: de um lado, exsurge como *norma constitucional* demarcatória da competência tributária, por continente de hipótese de intributabilidade; de outro, constitui *direito público subjetivo* das pessoas direta ou indiretamente por ela alcançadas. Portanto, a imunidade tributária pode ser visualizada sob os aspectos formal e substancial. Sob o prisma *formal*, a imunidade excepciona o *princípio da generalidade da tributação*, segundo o qual todos aqueles que realizam a mesma situação de fato, à qual a lei atrela o dever de pagar tributo, estão a ele obrigados, sem distinção. *Assim, sob esse aspecto, a natureza jurídica da imunidade corresponde à impossibilidade de tributação – ou intributabilidade – de pessoas, bens e situações, resultante da vontade constitucional.* Sob o aspecto *material* ou *substancial*, por sua vez, a imunidade consiste no *direito público subjetivo de certas pessoas não se sujeitarem à tributação, nos termos delimitados por essa norma constitucional exonerativa.*

4. Imunidade e isenção. A imunidade é inconfundível com a isenção, exoneração tributária fixada em nível infraconstitucional. Se a imunidade constitui norma constitucional impeditiva da existência de competência tributária com relação a certas pessoas, situações ou bens, a isenção, diversamente, deve ser entendida como norma infraconstitucional impeditiva da atuação da hipótese de incidência tributária, por ir de encontro a um ou mais aspectos desta (Cf. Paulo de Barros Carvalho, *Curso de direito tributário*). A isenção é instituto paralelo ao da imunidade, pois em ambos os casos o resultado prático é o impedimento à ocorrência do fato jurídico-tributário: na imunidade, ele não ocorre por não existir a possibilidade de formulação da hipótese de incidência; na isenção, não ocorre o fato jurídico-tributário porque o legislador competente impediu a atuação da hipótese de incidência no tocante a certo sujeito ou objeto.

4.1. Pontos comuns entre imunidade e isenção. São eles: *(i)* ambas são *regras de estrutura*, que estabelecem a incompetência para tributar; *(ii)* são, em consequência, *regras parciais, de exceção*, que só fazem sentido em combinação com a norma atributiva de competência tributária – no caso da imunidade – e da hipótese de incidência tributária – no caso da isenção; *(iii)* podem ter por objeto *quaisquer espécies tributárias*; e *(iv)* são justificadas pela perseguição de *fins constitucionais*.

4.2. Traços distintivos entre imunidade e isenção. Os traços distintivos entre a imunidade e a isenção exsurgem a partir da fonte formal de onde emanam. São eles, em síntese: *(i)* a imunidade é, por natureza, *norma constitucional*, enquanto a isenção é *norma legal*, com ou sem suporte expresso em preceito constitucional; *(ii)* a norma imunizante situa-se no plano da *definição da competência tributária*, alocando-se a isenção, por seu turno, no plano do *exercício da competência tributária*; *(iii)* ainda que a isenção tenha suporte em preceito constitucional específico, a norma constitucional que a contém possui *eficácia limitada*, enquanto a imunidade abriga-se em *norma constitucional de eficácia plena ou contida*; e *(iv)* a eliminação da norma imunitória somente pode ser efetuada mediante o exercício do *Poder Constituinte Originário*, porquanto as imunidades são cláusulas pétreas e, a partir de então, a competência tributária pode ser exercida, desde que não seja o caso de imunidade ontológica; uma vez eliminada a isenção, por lei, restabelece-se a eficácia da lei instituidora do tributo, observados os princípios pertinentes.

5. Imunidades genéricas. São aquelas dirigidas a todas as pessoas políticas, estampadas nas alíneas *a* a *e* do inciso VI do art. 150, CR, como examinado a seguir.

> *a)* o patrimônio, a renda ou os serviços uns dos outros **(5.1 a 5.1.2)**;

COMENTÁRIOS

5.1. *Imunidade recíproca ou mútua.*

5.1.1. *Moldura constitucional.* Art. 150. "Sem prejuízo de outras garantias asseguradas ao contribuinte, é vedado à União, aos Estados, ao Distrito Federal e aos Municípios: [...] VI – instituir impostos sobre: a) patrimônio, renda ou serviços, uns dos outros; [...] § 2.º A vedação do inciso VI, *a*, é extensiva às autarquias e às fundações instituídas e mantidas pelo Poder Público e à empresa pública prestadora de serviço postal, no que se refere ao patrimônio, à renda e aos serviços, vinculados a suas finalidades essenciais ou às delas decorrentes. § 3.º As vedações do inciso VI, *a*, e do parágrafo anterior não se aplicam ao patrimônio, à renda e aos serviços, relacionados com exploração de atividades econômicas regidas pelas normas aplicáveis a empreendimentos privados, ou em que haja contraprestação ou pagamento de preços ou tarifas pelo usuário, nem exonera o promitente comprador da obrigação de pagar imposto relativamente ao bem imóvel."

5.1.2. *Considerações gerais.* É a imunidade existente entre as *pessoas políticas, extensiva às autarquias e às fundações instituídas e mantidas pelo Poder Público e à empresa pública prestadora de serviço postal*[8] no que se refere ao patrimônio, à renda e aos serviços, vinculados a suas finalidades essenciais ou delas decorrentes (art. 150, § 2.º, CR). Tal exoneração tributária não abrange o patrimônio, renda e serviços, relacionados com a exploração de atividades econômicas regidas pelas normas aplicáveis a empreendimentos privados, ou em que haja contraprestação ou pagamento de preços ou tarifas pelo usuário, nem exonera o promitente comprador da obrigação de pagar imposto relativamente ao bem imóvel (art. 150, § 3.º, CR). Nesses termos, como já sustentavam a doutrina e a jurisprudência, compreende, também, as *empresas estatais prestadoras de serviços públicos* (v. RE 600.867/SP, Tema 508). Observe-se que a EC n. 132/2023, ao dar nova redação ao mencionado § 2º, incluiu expressa referência "à empresa pública prestadora de serviço postal", esclarecendo o alcance da imunidade mútua dos Correios, objeto de controvérsia na jurisprudência do STF (Temas de repercussão geral 235 e 402). A imunidade recíproca é considerada *ontológica*, pois, ainda que não estivesse contemplada em norma expressa, defluiria logicamente da aplicação dos princípios federativo e da autonomia municipal, bem como da ausência de capacidade contributiva desses entes (art. 145, § 1.º, CR), cujos recursos financeiros destinam-se, exclusivamente, à consecução dos serviços públicos que lhes incumbe prestar.

> *b)* entidades religiosas e templos de qualquer culto, inclusive suas organizações assistenciais e beneficentes[9] **(5.2 a 5.2.2)**;

COMENTÁRIOS

5.2. *Imunidade das entidades religiosas e templos de qualquer culto, inclusive suas organizações assistenciais e beneficentes.*

---

[8]   A referência a empresa pública prestadora de serviço postal foi incluída pela EC n. 132/2023.

[9]   Redação dada pela LC n. 214/2025; entrada em vigor em 01.01.2026.

5.2.1. Moldura constitucional. Art. 19. "É vedado à União, aos Estados, ao Distrito Federal e aos Municípios: I – estabelecer cultos religiosos ou igrejas, subvencioná-los, embaraçar-lhes o funcionamento ou manter com eles ou seus representantes relações de dependência ou aliança, ressalvada, na forma da lei, a colaboração de interesse público; [...]; Art. 150. Sem prejuízo de outras garantias asseguradas ao contribuinte, é vedado à União, aos Estados, ao Distrito Federal e aos Municípios: [...] VI – instituir impostos sobre: [...] b) entidades religiosas e templos de qualquer culto, inclusive suas organizações assistenciais e beneficentes; [...] § 4.º As vedações expressas no inciso VI, alíneas *b* e *c*, compreendem somente o patrimônio, a renda e os serviços, relacionados com as finalidades essenciais das entidades nelas mencionadas. [...]"; Art. 156. "[...] § 1.º-A. O imposto previsto no inciso I do *caput* deste artigo não incide sobre templos de qualquer culto, ainda que as entidades abrangidas pela imunidade de que trata a alínea *b* do inciso VI do *caput* do art. 150 desta Constituição sejam apenas locatárias do bem imóvel".

5.2.2. Considerações gerais. Imunidade *política* e *incondicionada*, a imunidade dos templos visa garantir a eficácia da diretriz constitucional, contemplada no art. 5.º, VI, que assegura a *liberdade de crença e o livre exercício de cultos religiosos*, densificando esses direitos. Remete ao disposto no art. 19, I, do texto constitucional, que estatui ser vedado às pessoas políticas "estabelecer cultos religiosos ou igrejas, subvencioná-los, embaraçar-lhes o funcionamento ou manter com eles ou seus representantes relações de dependência ou aliança, ressalvada, na forma da lei, a colaboração de interesse público", norma que impõe a *neutralidade* do Estado perante a Igreja e os cultos religiosos. A imunidade em referência compreende apenas o patrimônio, a renda e os serviços relacionados com as finalidades essenciais da entidade beneficiada (art. 150, § 4.º). Alteração promovida pela EC n. 116/2022, estabelece que o IPTU não incide sobre templos de qualquer culto, ainda que sejam apenas locatários do bem imóvel (art. 156, § 1.º-A). Evidentemente, restou ampliado o alcance dessa imunidade, porquanto, no regime anterior, somente quando proprietários do imóvel os templos poderiam dela se beneficiar. Esclareça-se, todavia, que, se imune é o templo locatário, o imposto em tela será exigido do proprietário do imóvel – portanto, não lhe será mais possível transferir, por disposição contratual, o ônus tributário àquele. A EC n. 132/2023, por sua vez, reescreveu a norma imunizante contida na alínea *b* do inciso VI do art. 150 para sublinhar sua abrangência, declarando que seus destinatários são as "entidades religiosas e templos de qualquer culto, inclusive suas organizações assistenciais e beneficentes", compreensão que já era passível de ser extraída do texto original (cf. STF, RE 630.790/SP, Tema 336).

> c) o patrimônio, a renda ou serviços dos partidos políticos, inclusive suas fundações, das entidades sindicais dos trabalhadores, das instituições de educação e de assistência social, sem fins lucrativos, observados os requisitos fixados na Seção II deste Capítulo **(5.3 a 5.6.8)**;
>
> * Alínea *c* com redação determinada pela LC n. 104/2001.

 COMENTÁRIOS

5.3. Imunidade dos partidos políticos, inclusive suas fundações; das entidades sindicais de trabalhadores; das instituições de educação e de assistência social, sem fins lucrativos.

5.3.1. *Moldura constitucional.* Art. 150. "Sem prejuízo de outras garantias asseguradas ao contribuinte, é vedado à União, aos Estados, ao Distrito Federal e aos Municípios: [...] VI – instituir impostos sobre: [...] c) patrimônio, renda ou serviços dos partidos políticos, inclusive suas fundações, das entidades sindicais de trabalhadores, das instituições de educação e de assistência social, sem fins lucrativos, atendidos os requisitos da lei; [...] § 4.º As vedações expressas no inciso VI, alíneas *b* e *c*, compreendem somente o patrimônio, a renda e os serviços relacionados com as finalidades essenciais das entidades nelas mencionadas."

5.3.2. *Considerações gerais acerca das imunidades contidas no art. 150, VI, c.* Preceitua a Constituição ser vedado instituir impostos sobre o patrimônio, a renda ou os serviços dos partidos políticos, inclusive suas fundações, das entidades sindicais de trabalhadores, das instituições de educação e de assistência social sem fins lucrativos, atendidos os requisitos de lei. O § 4.º do art. 150, CR, acrescenta que a vedação compreende somente o patrimônio, a renda e os serviços relacionados com as finalidades essenciais das entidades mencionadas.

5.3.2.1. *Requisitos constitucionais.* Em nosso entender, nas hipóteses abrigadas no art. 150, VI, *c*, revestidas de natureza *subjetiva*, basta, para a fruição da exoneração tributária, que as pessoas nelas referidas preencham os requisitos postos na própria Constituição. Assim, os partidos políticos devem atender aos pressupostos do art. 17 da Lei Maior; já as entidades sindicais de trabalhadores devem observar as prescrições do art. 8.º do texto constitucional. Às instituições de educação e de assistência social, por sua vez, cumpre atentar para a disciplina constitucional desses temas (arts. 205 a 214 e 203 e 204, respectivamente). A própria Constituição estabelece dois pressupostos a serem atendidos para o gozo da imunidade: a *ausência de finalidade lucrativa* e a *adstrição da exoneração tributária ao patrimônio, à renda e aos serviços relacionados com as finalidades essenciais* da entidade. Note-se que tais requisitos eram anteriormente exigidos pela lei infraconstitucional e foram incorporados ao texto constitucional. Vale observar, ainda, que a ausência de *finalidade lucrativa* é exigência a ser preenchida tão somente pelas instituições de educação e de assistência social, uma vez que os partidos políticos e suas fundações, bem como as entidades sindicais de trabalhadores, são entes que, por sua própria natureza, não objetivam lucro.

5.3.2.2. *Finalidades essenciais.* A imunidade em tela compreende somente o patrimônio, a renda e os serviços relacionados com suas *finalidades essenciais.* Trata-se da segunda exigência constitucional comum para a fruição do benefício – de que esses elementos se relacionem com as finalidades essenciais da entidade, as quais definimos como os *objetivos inerentes à sua própria natureza*, isto é, os propósitos que levaram à sua instituição.

5.3.2.3. *Requisitos de lei.* V. comentários ao art. 14, CTN.

5.4. *Partidos políticos e suas fundações.* Os partidos políticos desempenham o importante papel de veículos entre o cidadão e o exercício do poder político, não devendo ter sua atividade embaraçada por nenhum meio – o que certamente ocorreria se coubesse a exigência de impostos. Os fundamentos dessa imunidade são, assim, os *direitos da liberdade, os quais incluem os direitos políticos e o pluralismo partidário* (art. 17, *caput*). Classifica-se como imunidade *subjetiva, política* e *condicionável*, pois sujeita não somente a condicionamentos estatuídos pela própria Constituição, mas também àqueles postos por eventual lei complementar reguladora dessa limitação. Assim, inicialmente, devem ser satisfeitos os preceitos inscritos no art. 17 da Constituição, resguardados os valores da soberania nacional, do regime democrático, do pluripartidarismo e dos direitos fundamentais da pessoa humana. Tanto os partidos políticos quanto suas fundações devem, ainda, cumprir os requisitos do art. 14, CTN. Então, exemplificadamente, os partidos políticos e suas fundações estão exonerados das exigências do IPTU sobre os imóveis que ocupam; do ISSQN com relação aos serviços que prestarem a terceiros; do IR no tocante aos rendimentos auferidos; do ITBI na aquisição desses bens; do IPVA referente aos veículos automotores utilizados para seus fins.

5.5. *Entidades sindicais de trabalhadores.* Introduzida pela Constituição de 1988, essa imunidade prestigia a *liberdade de associação sindical* e reflete a relevância que as entidades sindicais alcançaram diante da vigente ordem jurídica: *(i)* o art. 8.º, hospedeiro das normas fundamentais pertinentes aos sindicatos, estatui, em seu inciso III, caber a estes a defesa dos direitos e interesses coletivos ou individuais da categoria, inclusive em questões judiciais ou administrativas; *(ii)* o art. 74, § 2.º, confere expressamente ao sindicato legitimidade para, na forma da lei, denunciar irregularidades ou ilegalidades perante o Tribunal de Contas da União; e *(iii)* confederação sindical é parte legítima para propor ação direta de inconstitu-cionalidade (art. 103, IX). Observe-se que a imunidade em análise alcança tão somente as entidades sindicais de *trabalhadores*, não abrangendo os sindicatos patronais, que, usual-mente, dispõem de mais recursos para sua manutenção. Trata-se, portanto, de imunidade *subjetiva* e de natureza *política*; esse último atributo gera críticas daqueles que entendem que a imunidade conferida às entidades sindicais de trabalhadores é descabida, porque não fundada em direito fundamental. Classifica-se também como imunidade *condicionável*, pois sua fruição poderá ser condicionada à observância de preceitos infraconstitucionais – como é o caso, presentemente, daqueles insertos no art. 14, CTN. Em consequência, as entidades sindicais de trabalhadores estão exoneradas das exigências do IPTU sobre os imóveis que ocupam; do ISSQN com relação aos serviços que prestarem a terceiros; do IR concernente aos rendimentos auferidos; do ITBI na aquisição de bens imóveis; do IPVA referente aos veículos automotores utilizados para seus fins – e assim por diante.

5.6. *Instituições de educação e de assistência social. Considerações gerais.* *Instituições* são entidades constituídas com a finalidade de servir à coletividade, colaborando com o Estado ao suprir suas deficiências. São pessoas de Direito Privado que exercem, sem fim lucrativo, atividades de colaboração com o Estado em funções cujo desempenho é, em princípio, atri-buição deste. Objetiva-se, assim, impedir sejam tais entidades oneradas por via de impostos. A educação e a assistência social são conceitos constitucionais, qualificando-se, ambas, como *atividades de interesse público*, não traduzindo exploração econômica – e, portanto, não indicadoras de capacidade contributiva daqueles que as desenvolvem. A razão da outorga dessa imunidade é a realização, pelas instituições por ela beneficiadas, de atividades próprias do Estado, de relevante interesse público: a educação, o acesso à cultura, a assistência social, em suas diversas modalidades (médica, hospitalar, odontológica, jurídica etc.). Assim, por ajudarem a *suprir as deficiências da atuação estatal nessas áreas*, são recompensadas com a vedação constitucional da exigência de impostos. A imunidade conferida às instituições de educação e de assistência social sem fins lucrativos é, dentre todas as imunidades tributárias encontradas no Direito Positivo, aquela que vem dando margem à maior polêmica doutrinária e ao maior número de questionamentos judiciais, por diversos fundamentos. Controverte--se acerca da natureza dessa exoneração constitucional, se ontológica ou política. Há quem afirme ser a imunidade em comento eminentemente política, assim entendida aquela ou-torgada sem consideração à capacidade contributiva do beneficiário, para prestigiar outros princípios constitucionais – no caso, a prestação de educação e de assistência social, direito de todos. Entretanto, entendemos ser mais adequado qualificá-la como de caráter *ontológico*, porquanto os recursos de tais entidades são consumidos integralmente na realização de suas atividades institucionais. Conquanto tais instituições possam, eventualmente, deter capaci-dade econômica – vale dizer, recursos suficientes para a manutenção de suas atividades –, certamente não disporão de *capacidade contributiva*, traduzida na aptidão para contribuir com as despesas do Estado sem o comprometimento da riqueza necessária à sua subsistência.

5.6.1. Perfil constitucional da educação e da assistência social. A *educação* é definida pela Constituição como "direito de todos e dever do Estado e da família, será promovida e incentivada com a colaboração da sociedade, visando ao pleno desenvolvimento da pessoa, seu preparo para o exercício da cidadania e sua qualificação para o trabalho" (art. 205). Já a *assistência social* "será prestada a quem dela necessitar, independentemente de contribuição à seguridade social, e tem por objetivos: I – a proteção à família, à maternidade, à infância, à adolescência e à velhice; II – o amparo às crianças e adolescentes carentes; III – a promoção da integração ao mercado de trabalho; IV – a habilitação e reabilitação das pessoas portadoras de deficiência e a promoção de sua integração à vida comunitária; V – a garantia de um salário mínimo de benefício mensal à pessoa portadora de deficiência e ao idoso que comprovem não possuir meios de prover à própria manutenção ou de tê-la provida por sua família, conforme dispuser a lei" (art. 203). Outros propósitos poderão ser acrescentados, de acordo com as necessidades coletivas, visando à erradicação da pobreza e da marginalização, objetivo fundamental do Estado brasileiro (art. 3.º, III, CR), não podendo tal rol, portanto, ser considerado taxativo.

5.6.2. Conceitos de assistência social e previdência social. Sobre tais conceitos, reafirmamos o pensamento exposto em nosso *Imunidades tributárias: teoria e análise da jurisprudência do STF*. Se o conceito de educação não suscita maiores dificuldades, o mesmo não se pode afirmar acerca do conceito de assistência social. Isso porque a Constituição de 1988 emprega esse conceito no capítulo do "Sistema Tributário Nacional" e no título da "Ordem Social" com significados aparentemente diversos. Inicialmente, cumpre observar que o art. 149, em sua redação original, ao tratar das diversas contribuições, estatuía, em seu parágrafo único, que "os Estados, o Distrito Federal e os Municípios poderão instituir contribuição, cobrada de seus servidores, para o custeio, em benefício destes, de sistemas de previdência e assistência social". Distinguia, portanto, o dispositivo duas atividades que, conquanto ramos integrantes da seguridade social, com a saúde pública (art. 194, CR), sujeitam-se a regimes jurídicos diferentes, como se depreende, sem nenhuma dificuldade, do exame do disposto nos arts. 201 a 204 do Texto Fundamental. A EC n. 41/2003, alterou a redação do dispositivo, posteriormente modificado pela EC n. 103/2019, que ora está assim expresso no § 1.º: "A União, os Estados, o Distrito Federal e os Municípios instituirão, por meio de lei, contribuições para custeio de regime próprio de previdência social, cobradas dos servidores ativos, dos aposentados e dos pensionistas, que poderão ter alíquotas progressivas de acordo com o valor da base de contribuição ou dos proventos de aposentadoria e de pensões". Observe-se, nessa outra redação dada ao preceito, sob o aspecto ora em exame, ter sido suprimida a referência à assistência social. O art. 195, *caput*, por sua vez, prescreve que "a seguridade social será financiada por toda a sociedade, de forma direta e indireta, nos termos da lei, mediante recursos provenientes dos orçamentos da União, dos Estados, do Distrito Federal e dos Municípios", bem como das *contribuições sociais* que aponta. Por seu turno, o art. 201, *caput*, na redação dada pela EC n. 103/2019, estabelece que a previdência social será organizada sob a forma de Regime Geral de Previdência Social, de caráter contributivo e de filiação obrigatória, observados critérios que preservem o equilíbrio financeiro e atuarial, e atenderá, na forma da lei, a: I – cobertura dos eventos de incapacidade temporária ou permanente para o trabalho e idade avançada; II – proteção à maternidade, especialmente à gestante; III – proteção ao trabalhador em situação de desemprego involuntário; IV – salário-família e auxílio-reclusão para os dependentes dos segurados de baixa renda; V – pensão por morte do segurado, homem ou mulher, ao cônjuge ou companheiro e dependentes, observado o disposto no § 2.º" [...]. Finalmente, o art. 203, *caput*, estatui que "a assistência social será prestada a quem dela necessitar, independentemente de contribuição à seguridade social [...]". Comparando o conteúdo dos incisos do art. 201 com aquele dos incisos do art. 203, verificamos que a assistência social possui objetivos correlatos e, às vezes, coincidentes com os da previdência social, pois também se destina, entre outros fins, à proteção da maternidade e da velhice (inciso I), ao amparo de crianças e adolescentes carentes (inciso II), à promoção da integração ao mercado de trabalho (inciso III), à habilitação e reabilitação das pessoas portadoras de deficiência e à promoção de sua integração à vida comunitária (inciso IV), garantindo, ainda, a percepção de um salário mínimo de benefício mensal à pessoa portadora de deficiência e ao idoso que comprovem não possuir meios de prover à própria manutenção ou de tê-la provida por sua família, conforme dispuser a lei (inciso V), bem como a redução da vulnerabilidade socioeconômica de famílias em situação de pobreza ou de extrema pobreza (inciso V, incluído pela EC n. 114/2021). Desse panorama normativo extrai-se que ao *regime tributário da previdência social* – que exige o pagamento de contribuição social dos filiados ao sistema, para a prestação dos benefícios correspondentes – contrapõe-se o *regime exonerativo da assistência social*, cuja prestação é obrigatória a quem dela necessitar, descabendo a exigência de contribuição à seguridade social dos seus usuários. Posto isso, retomemos a análise da norma imunizante contida no art. 150, VI, *c*, que se refere apenas a entidades de assistência social, não fazendo menção à previdência social. Certo é que ambas constituem direitos sociais (art. 6.º, CR). Indaga-se, então, se o conceito de assistência social, nesse dispositivo, está empregado com a significação estrita, hospedada no art. 203, *caput*, ou, diversamente, em sentido amplo, a abarcar, inclusive, a previdência social. A nosso ver, a Constituição é bastante didática ao estampar o conceito de *seguridade social*, o qual compreende a previdência social, a assistência social e a saúde pública. Distingue, assim, perfeitamente, essas três atividades de relevo para a coletividade. Pensamos que a dicção constitucional impõe a conclusão segundo a qual a assistência social não se confunde com a previdência social, ainda que ambas componham o conceito de seguridade social. De fato, não se pode desconhecer a ampla extensão da moderna concepção de assistência social, a abranger a assistência médica, hospitalar, odontológica, jurídica, psicológica etc. – todas, sem dúvida, compreendidas no conceito de *assistência social*. No entanto, admitir uma "assistência previdenciária" seria inserir no conceito de assistência social conceito outro, definido de maneira distinta pela própria Constituição da República e submetido a regime jurídico diverso. Cremos, assim, que, não sendo mais possível, como no passado, assimilar os conceitos de previdência e assistência social, à vista da dicção da Constituição de 1988, as instituições que tenham por objeto tão somente a atividade de previdência privada não são titulares do direito público subjetivo de não se sujeitarem à tributação por via de impostos. Esse entendimento – pensamos – afina-se com a apontada diversidade de regimes jurídico-tributários entre a assistência social e a previdência social. Como visto, a assistência social sujeita-se à disciplina de exoneração fiscal constitucionalmente estabelecida (art. 203, *caput*). Assim, coerente com tal regramento, a Constituição exonera da tributação por via de impostos as instituições de assistência social sem fins lucrativos, e da exigência de contribuição para a seguridade social as entidades beneficentes de assistência social (art. 195, § 7.º). Ora, não faria sentido impor, de um lado, a vedação da exigência de contribuição para a seguridade social de quem necessitar de assistência social e, de outro, autorizar a tributação, por via de impostos e de contribuições para a seguridade social, das instituições sem fins lucrativos e das entidades beneficentes, que se dedicam, justamente, a essa mesma atividade de interesse público, em colaboração com o Estado. No que tange à previdência social, por sua vez, a realidade é distinta. Trata-se de atividade não excludente da tributação de seus beneficiários, justificando, também por essa razão, não estarem as instituições fechadas de previdência social privada, sem fins lucrativos, que atuam paralelamente à previdência social oficial, infensas à tributação. Como consequência desse raciocínio, concluímos que as instituições fechadas de previdência privada – ou "fundos de pensão" –, mesmo não possuindo fins lucrativos, não são beneficiárias da desoneração tributária em análise. Importante registrar que o STF acolheu entendimento contrário à orientação por nós exposta, cristalizado em sua Súmula n. 730, segundo a qual "a imunidade tributária conferida a instituição de assistência social sem fins lucrativos pelo art. 150, VI, *c*, da Constituição, somente alcança as entidades fechadas de previdência social privada se não houver contribuição dos beneficiários".

5.6.3. *Requisitos de lei para as instituições de educação e de assistência social.* A lei complementar apontada, com fundamento no art. 146, II, CR, não pode inovar a disciplina da imunidade, não estando autorizada a estabelecer requisitos que venham a restringir o universo de entes que a Constituição quer sejam alcançados pela exoneração tributária, que não pôs requisitos outros além de tratar de instituição que cuide de educação e de assistência social e que não tenha fins lucrativos. A lei complementar somente pode versar sobre algumas outras características essenciais que decorram de outros princípios constitucionais, ou desse mesmo preceito deduzir explicitamente desdobramentos ou implicações que nele já se contenham. Os requisitos legais, no caso, são os do art. 14, CTN. Assinale-se que a Lei n. 9.532/1997, a pretexto de veicular novos requisitos para o reconhecimento do direito à imunidade tributária pelas instituições de educação e de assistência social, dispõe, em seu art. 12, *caput*, que, para efeito do disposto no art. 150, VI, *c*, da Constituição, "considera-se imune a instituição de educação ou de assistência social que preste os serviços para os quais houver sido instituída e os coloque à disposição da população em geral, em caráter complementar às atividades do Estado, sem fins lucrativos". Sustentamos que tal disciplina legal, a par de outros vícios, de ordem material, padece de *inconstitucionalidade formal*, por não se constituir em lei complementar, como exige o art. 146, II, da CR. Recentemente, o STF julgou parcialmente procedente o pedido formulado em ação direta para declarar inconstitucionais, por invadir campo reservado à lei complementar de que trata o art. 146, II, CR, as seguintes normas: *(i)* a alínea *f* do § 2.º do art. 12, por criar uma contrapartida que interfere diretamente na atuação da entidade; o art. 13, *caput*, e o art. 14, ao prever a pena de suspensão do gozo da imunidade nas hipóteses que enumera, bem como *(ii)* a inconstitucionalidade formal e material do art. 12, § 1.º, todos da Lei n. 9.532/1997 (ADI 1.802/DF, j. 12.04.2018). Anote-se que a Lei n. 12.101/2009 revogou o art. 55 da Lei n. 8.212/1991 e teve dispositivos declarados inconstitucionais (ADI 4.480/DF, Rel. Min. Gilmar Mendes, j. 08.02.2021).

A recente Lei Complementar n. 187/2021, por sua vez, ao revogar a Lei n. 12.101/2009, regulamenta a imunidade relativa às entidades beneficentes, no tocante às contribuições para a seguridade social. Define como entidades beneficentes as que atuem nas áreas da saúde, da educação e da assistência social, certificadas consoante as suas normas e que atendam os seguintes requisitos: "I – não percebam seus dirigentes estatutários, conselheiros, associados, instituidores ou benfeitores remuneração, vantagens ou benefícios, direta ou indiretamente, por qualquer forma ou título, em razão das competências, das funções, ou das atividades que lhes sejam atribuídas pelos respectivos atos constitutivos; II – apliquem suas rendas, seus recursos e eventual superávit integralmente no território nacional, na manutenção e no desenvolvimento de seus objetivos institucionais; III – apresentem certidão negativa ou certidão positiva com efeito de negativa de débitos relativos aos tributos administrados pela Secretaria Especial da Receita Federal do Brasil e ela Procuradoria-Geral da Fazenda Nacional, bem como comprovação de regularidade do Fundo de Garantia do Tempo de Serviço (FGTS); IV – mantenham escrituração contábil regular que registre as receitas e as despesas, bem como o registro em gratuidade, de forma segregada, em consonância com as normas do Conselho Federal de Contabilidade e com a legislação fiscal em vigor; V – não distribuam a seus conselheiros, associados, instituidores ou benfeitores seus resultados, dividendos, bonificações, participações ou parcelas do seu patrimônio, sob qualquer forma ou pretexto, e, na hipótese de prestação de serviços a terceiros, públicos ou privados, com ou sem cessão de mão de obra, não transfiram a esses terceiros os benefícios relativos à imunidade prevista no § 7.º do art. 195 da Constituição Federal; VI – conservem, pelo prazo de 10 (dez) anos, contado da data de sua emissão, os documentos que comprovem a origem e o registro de seus recursos e os relativos a atos ou a operações realizadas que impliquem modificação da situação patrimonial; VII – apresentem as demonstrações contábeis e financeiras devidamente auditadas por auditor independente legalmente habilitado nos Conselhos Regionais de Contabilidade, quando a receita bruta anual auferida for superior ao limite fixado pelo inciso II do *caput* do art. 3.º da Lei Complementar n. 123, de 14 de dezembro de 2006; e VIII – prevejam, em seus atos constitutivos, em caso de dissolução ou extinção, a destinação do eventual patrimônio remanescente a entidades beneficentes certificadas ou a entidades públicas". Tal disciplina detalha os requisitos contidos no art. 14 CTN, relativo às imunidades apontadas no art. 9.º, IV, *c*, e atende à exigência segundo a qual os requisitos para a fruição da imunidade devem ser veiculados em lei complementar.

5.6.4. *Efeitos da imunidade.* As instituições de educação e de assistência social que atendam a todos os requisitos constitucionais e legais estão exoneradas das exigências do IPTU quanto aos seus imóveis; do ISSQN, com relação aos serviços que prestarem a terceiros; do IR, no tocante aos rendimentos auferidos; do ITBI, na aquisição desses bens; do Imposto de Importação sobre os bens que importarem para o desempenho de suas atividades; do IPVA sobre os veículos automotores utilizados para seus fins – e assim por diante.

5.6.5. *Ausência de finalidade lucrativa.* A ausência de finalidade lucrativa reporta-se, tão somente, às instituições de educação e de assistência social, uma vez que os partidos políticos e suas fundações, bem como as entidades sindicais de trabalhadores, são entes que, por sua própria natureza, não objetivam lucro. Portanto, não é a ausência de lucro que caracteriza uma entidade sem fins lucrativos, visto que o lucro é relevante e mesmo necessário para que ela possa continuar desenvolvendo suas atividades. Vedada é a utilização da entidade como instrumento de auferimento de lucro por seus dirigentes, já que esse intento é buscado por outro tipo de entidade – qual seja, a *empresa*. A qualificação de uma entidade como "sem fins lucrativos" exige o atendimento de dois únicos pressupostos: *(i)* a *não distribuição dos lucros auferidos* (ou *superávits*); e *(ii)* a *não reversão do patrimônio às pessoas que a criaram*, com a aplicação dos resultados econômicos positivos obtidos na própria entidade. Em consequência, a não gratuidade dos serviços prestados por uma entidade e a remuneração de seus dirigentes e administradores, bem como de seus empregados, não afastam, por si sós, a exigida ausência de finalidade lucrativa. V. comentários do item 5.6.7. *infra*.

5.6.6. *Generalidade das atividades desenvolvidas.* Com relação a esse aspecto, parece-nos não ser cabível tal exigência, diante do próprio papel que essas entidades desempenham no seio social. Como assinalado, as atividades desenvolvidas pelas instituições de educação e de assistência social sem fins lucrativos ajudam a suprir as deficiências do próprio Estado. Este, por óbvio, tem de desenvolver as atividades voltadas ao público em geral, à coletividade, por força do princípio da supremacia do interesse público sobre o particular. Entretanto, tais entidades a isso não estão obrigadas pelo texto constitucional, podendo, em nosso entender, exercer suas atividades de maneira setorizada, voltadas para um universo determinado de sujeitos, pois ainda assim estarão auxiliando o Poder Público a suprir suas deficiências no campo da prestação de educação e de assistência social. Observe-se que a recente Lei Complementar n. 187/2021 estabelece, em seu art. 5.º, que "as entidades beneficentes deverão obedecer ao princípio da universalidade do atendimento, vedado dirigir suas atividades exclusivamente a seus associados ou categoria profissional".

5.6.7. *Gratuidade das atividades.* Questionou-se, no passado, se haveria vedação de que os serviços prestados por essas instituições fossem remunerados, impondo-se sua *gra-*

tuidade. Consideramos rematado exagero exigir a gratuidade dos serviços prestados pela instituição de educação e de assistência social, sem fins lucrativos, como requisito para o reconhecimento do direito ao benefício fiscal. Com efeito, como afirmamos, o auferimento de lucro não é vedado, mas sim a existência de *propósito de lucro*, traduzido na sua distribuição, na participação em seu resultado ou, ainda, no retorno do patrimônio da entidade às pessoas que criaram a instituição. Exemplifique-se com a imunidade das instituições de educação públicas. Por força de norma constitucional, têm atividades gratuitas (art. 206, IV) e são alcançadas pela imunidade recíproca (art. 150, VI, *a*). Nada impede, porém, que as instituições de educação privadas, para efeito de fruírem da imunidade fiscal, cobrem mensalidades de seus alunos, desde que os recursos assim obtidos sejam revertidos a seus fins institucionais – remuneração de professores e funcionários, investimento em instalações, equipamentos e materiais etc. Não se olvide que o próprio Estado está autorizado a exigir remuneração pela prestação dos serviços públicos a seu cargo, mediante a exigência de tributos: taxas, se os serviços forem específicos e divisíveis; e impostos, caso se cuidar de serviços gerais (art. 145, I e II, CR).

5.6.8. *Imunidade relativa a impostos e imunidade concernente a contribuições para a seguridade social.* No que respeita às instituições de assistência social, vale cotejar a dicção do art. 150, VI, *c* – hospedeiro da imunidade sob comento –, com a do art. 195, § 7.º – continente da imunidade concernente a contribuições para a seguridade social. No primeiro dispositivo, exige-se que a instituição de assistência social não detenha finalidade lucrativa; no segundo, impõe-se que a entidade seja beneficente. *Entidade beneficente* não possui finalidade lucrativa, mas, além disso, é aquela que dedica suas atividades, ainda que parcialmente, ao atendimento gratuito dos necessitados (v. ADI 2.028/DF, ADI 4.480/DF e Lei Complementar n. 187/2021, art. 3.º, IV). A gratuidade dos serviços prestados é, portanto, elemento caracterizador da beneficência. E, se assim é, a gratuidade dos serviços não é exigência para a fruição da imunidade do art. 150, VI, *c*, pelas instituições de assistência social sem fins lucrativos. Portanto, a entidade de assistência social titular do direito público subjetivo de não ser tributada mediante contribuição para a seguridade social deve cumprir não somente os requisitos constitucionais necessários para a fruição da imunidade concernente ao seu patrimônio, renda ou serviços – dedicar-se à assistência social e não possuir fim lucrativo –, mas também ser beneficente, consoante a noção exposta. Por derradeiro, anote-se que *instituição ou entidade filantrópica* é aquela que se dedica à filantropia – do grego, *philanthropía*, pelo Latim *philanthropia* –, que significa amor à Humanidade, humanitarismo. Esse conceito pode ser considerado equivalente ao de entidades beneficentes de assistência social. V. item 5.6.2. *supra*.

> *d*) papel destinado exclusivamente à impressão de jornais, periódicos e livros **(5.7 a 7)**.

 COMENTÁRIOS

5.7. *Imunidade dos livros, jornais, periódicos e do papel destinado a sua impressão*

5.7.1. *Moldura constitucional.* Art. 150. "Sem prejuízo de outras garantias asseguradas ao contribuinte, é vedado à União, aos Estados, ao Distrito Federal e aos Municípios: [...] VI – instituir impostos sobre: [...] d) livros, jornais, periódicos e o papel destinado a sua impressão."

5.7.2. Imunidade dos livros, jornais, periódicos e do papel destinado a sua impressão. Considerações gerais. A imunidade em foco prestigia diversos valores: a *liberdade de comunicação, a liberdade de manifestação do pensamento, a expressão da atividade intelectual, artística, científica, visando ao acesso à informação e à difusão da cultura e da educação,* bem como o *direito exclusivo dos autores, de utilização, publicação ou reprodução de suas obras,* transmissível aos herdeiros, pelo tempo que a lei fixar (arts. 5.º, IV, IX, XIV e XXVII, 205, 215 e 220, CR).

5.7.3. Extensão. *Objetiva* e *incondicionada,* a imunidade conferida aos livros, jornais, periódicos, bem como ao papel destinado a sua impressão, não alcança as pessoas que produzem os objetos mencionados. Tais itens estão livres dos impostos que recairiam nas operações e prestações que os tenham por objeto – Imposto de Importação, Imposto de Exportação, Imposto sobre Circulação de Mercadorias, Imposto sobre Produtos Industrializados e Imposto sobre Serviços. Devido ao seu caráter objetivo, a imunidade em exame não alcança outros tributos que não os impostos que incidiriam sobre os objetos da tutela constitucional.

5.7.4. Conceito de livro. Livro, na norma exonerativa constitucional, é aquele veículo de expressão das ideias e liberdades apontadas publicado em meio impresso ou eletrônico, independentemente de seu conteúdo. Em se tratando de livro eletrônico (*e-book*), o suporte exclusivamente utilizado para fixá-lo, como o leitor de livro eletrônico (*e-reader*), também é imune. V. Súmula Vinculante n. 57.

5.8. Imunidade, introduzida pela Emenda Constitucional n. 75/2013, sem correspondência no CTN: imunidade dos fonogramas e videofonogramas musicais produzidos no Brasil

5.8.1. Moldura constitucional. Art. 150. "Sem prejuízo de outras garantias asseguradas ao contribuinte, é vedado à União, aos Estados, ao Distrito Federal e aos Municípios: [...] VI – instituir impostos sobre: [...] e) fonogramas e videofonogramas musicais produzidos no Brasil contendo obras musicais ou literomusicais de autores brasileiros e/ou obras em geral interpretadas por artistas brasileiros bem como os suportes materiais ou arquivos digitais que os contenham, salvo na etapa de replicação industrial de mídias ópticas de leitura a *laser*."

5.8.2. Imunidade dos fonogramas e videogramas musicais produzidos no Brasil. Considerações gerais. Incluída pela Emenda Constitucional n. 75/2013, revela-se imunidade *política, objetiva* e *incondicionada,* que visa desonerar os itens nela apontados, tornando-os mais acessíveis. Os valores homenageados pela nova imunidade coincidem com alguns dos contemplados pela norma imunizante da alínea *d*: a liberdade de comunicação, a liberdade de manifestação do pensamento, bem como a expressão da atividade artística. O intuito é incentivar a produção musical de autoria e/ou interpretação brasileiras, por meio de CDs, DVDs e outras mídias, desonerando esses itens da carga tributária de impostos. Tal imunidade afasta, a nosso ver, a exigência de Imposto de Importação, Imposto de Exportação, ICMS, IPI e ISSQN. V. comentário do item 5.8.2.2 *infra*.

5.8.2.1. Fonograma e videofonograma. Conceitos. *Fonograma* é o registro de ondas sonoras – a própria música – e *videofonograma,* por sua vez, o registro de imagens e sons, em determinado suporte.

5.8.2.2. Exceção à aplicação da imunidade. Observe-se a ressalva efetuada na cláusula final do dispositivo, que veda o tratamento tributário excepcional na etapa de replicação industrial de mídias ópticas de leitura a *laser*, incidindo, portanto, o IPI.

6. Imunidades específicas.[10] A par das denominadas *genéricas*, relativas aos impostos em geral e dirigidas a todas as pessoas políticas, a Constituição contempla imunidades *específicas*, aquelas relativas a tributos determinados e que se abrigam nos seguintes dispositivos da Constituição da República, *e.g.*: art. 149, § 2.º, I (receitas decorrentes de exportação em relação às contribuições sociais e de intervenção no domínio econômico, nos termos da Emenda Constitucional n. 33/2001); arts. 153, § 3.º, III (exportação de produtos industrializados em relação ao IPI); § 4.º, II (pequenas glebas rurais em relação ao ITR); 153, § 5.º e 155, § 2.º, X, *c* (ouro, ativo financeiro ou instrumento cambial com relação a outros impostos que não o IOF[11]), 155, § 2.º, X, *a*[12] (operações que destinem mercadorias para o exterior e serviços prestados a destinatários no exterior, com relação ao ICMS), *b* (operações que destinem a outros Estados petróleo, inclusive lubrificantes, combustíveis líquidos e gasosos dele derivados e energia elétrica, com relação ao ICMS)[13] e *d* (prestações de serviço de comunicação nas modalidades de radiodifusão sonora e de sons e imagens de recepção livre e gratuita, com relação ao ICMS); 155, § 3.º (operações relativas a energia elétrica, serviços de telecomunicações, derivados de petróleo, combustíveis e minerais com relação a outros impostos que não o ICMS, o Imposto de Importação e o Imposto de Exportação);[14] 156, II (direito reais de garantia com relação ao ITBI); art. 156, § 2.º, I (transmissão de bens ou direitos incorporados ao patrimônio de pessoa jurídica em realização de capital e transmissão de bens ou direitos decorrentes de fusão, incorporação, cisão ou extinção de pessoa jurídica, com relação ao ITBI); 184, § 5.º (operações de transferência de imóveis desapropriados para fins de reforma agrária com relação a impostos federais, estaduais e municipais); 195, II (aposentadoria e pensão concedidas pelo regime de previdência social de que trata o art. 201 com relação à contribuição para a seguridade social); 195, § 7.º (entidades beneficentes de assistência social que atendam às exigências estabelecidas em lei com relação à contribuição social para a seguridade social); e 208, I (dever do Estado com a educação mediante a garantia de educação básica obrigatória e gratuita dos 4 aos 17 anos de idade, assegurada inclusive sua oferta gratuita para todos os que a ela não tiveram acesso na idade própria).

7. A EC n. 132/2023 e as novas imunidades. A EC n. 132/2023, ao promover a Reforma Tributária autorizando a instituição de novos tributos, estabeleceu também novas imunidades: *(i)* imunidade das exportações e operações com energia elétrica e com telecomunicações ao Imposto Seletivo (art. 153, VIII, § 6º, I); *(ii)* imunidade sobre as doações efetuadas, no âmbito do Poder Executivo da União, a projetos socioambientais ou destinados a mitigar os efeitos das mudanças climáticas e às instituições federais de ensino; *(iii)* imunidade das transmissões e doações para as instituições sem fins lucrativos de relevância pública e social, inclusive as organizações assistenciais e beneficentes de entidades religiosas e institutos científicos, e por elas realizadas na consecução de seus objetivos sociais, observadas as condições estabelecidas em lei complementar ao Imposto sobre Transmissão *Causa Mortis* e Doação – ITCMD (art. 155, § 1º, VII); *(iv)* imunidade das exportações, assegurados ao exportador a manutenção e o aproveitamento dos créditos relativos às operações nas quais seja adquirente de bem material ou imaterial, inclusive direitos, ou serviço, ao Imposto sobre Bens e Serviços – IBS (art. 156-A, § 1º, III); *(v)* imunidade das prestações de serviços de comunicação nas modalidades de

---

[10]   V. EC n. 132/2023, que instituiu novas imunidades específicas (*e.g.*, arts. 153, 6.º, I; 155, § 1.º, VII; 156-A, III e XI).

[11]   V. art. 156-A, incluído pela EC n. 132/2023.

[12]   V. art. 156-A, incluído pela EC n. 132/2023.

[13]   V. art. 156-A, incluído pela EC n. 132/2023.

[14]   V. art. 156-A, incluído pela EC n. 132/2023.

radiodifusão sonora e de sons e imagens de recepção livre e gratuita ao Imposto sobre Bens e Serviços – IBS (art. 156-A, § 1º, XI); *(vi)* imunidade excludente entre o Imposto sobre Produtos Industrializados – IPI e o Imposto sobre a produção, extração, comercialização ou importação de bens e serviços prejudiciais à saúde ou ao meio ambiente, o chamado Imposto Seletivo (art. 126, III, *b*, do ADCT); e *(vii)* imunidade dos bens e serviços cujas alíquotas do Imposto sobre Bens e Serviços – IBS sejam reduzidas nos termos do § 1º do art. 9º da EC n. 132/2023 ao Imposto sobre a produção, extração, comercialização ou importação de bens e serviços prejudiciais à saúde ou ao meio ambiente (art. 9º, § 9º, da EC n. 132/2023).

 ## SUGESTÕES DOUTRINÁRIAS

IMUNIDADES TRIBUTÁRIAS

Aliomar Baleeiro, *Limitações constitucionais ao poder de tributar*, Forense; Ricardo Lobo Torres, *Os direitos humanos e a tributação: imunidades e isonomia*, Renovar; Regina Helena Costa, *Imunidades tributárias: teoria e análise da jurisprudência do STF*, Malheiros; Aires Barreto e Paulo Ayres Barreto, *Imunidades tributárias: limitações constitucionais ao poder de tributar*, Dialética; Roque Antonio Carrazza, *Imunidades tributárias dos templos e instituições religiosas*, Noeses.

> § 1.º O disposto no inciso IV não exclui a atribuição, por lei, às entidades nele referidas, da condição de responsáveis pelos tributos que lhes caiba reter na fonte, e não as dispensa da prática de atos, previstos em lei, assecuratórios do cumprimento de obrigações tributárias por terceiros **(1 e 2)**.
>
> § 2.º O disposto na alínea *a* do inciso IV aplica-se, exclusivamente, aos serviços próprios das pessoas jurídicas de direito público a que se refere este artigo, e inerentes aos seus objetivos **(3)**.

 ## COMENTÁRIOS

1. *Dispositivos relacionados:* arts. 14, § 1.º; 113, *caput* e § 2.º; 115; e 121, parágrafo único, II, CTN.

2. *Imunidade e responsabilidade pela retenção na fonte e obrigações acessórias.* A norma contida no § 1.º proclama que as pessoas contempladas com a imunidade, mesmo não sendo contribuintes, podem figurar como sujeitos passivos indiretos ou *responsáveis*. Vale dizer: tais entidades não se eximem da condição de responsáveis pelo recolhimento de tributos devidos por outrem, nem do cumprimento de deveres instrumentais tributários.

3. *Imunidades tributárias e regime de direito público.* O preceito contido no § 2.º desse artigo, em síntese, secunda as normas constitucionais estabelecidas nos §§ 2.º e 3.º do art. 150, CR, que estatuem que a imunidade recíproca é extensiva às autarquias e às fundações instituídas e mantidas pelo Poder Público e à empresa pública prestadora de serviço postal,[15] no que se refere ao patrimônio, à renda e aos serviços, vinculados a suas finalidades essenciais ou às delas decorrentes, e, que, portanto, não compreende o patrimônio, a renda e os serviços relacionados com exploração de atividades econômicas regidas pelas normas aplicáveis a empreendimentos privados, ou em que haja contraprestação ou pagamento de preços ou tarifas pelo usuário.

 JURISPRUDÊNCIA ILUSTRATIVA

STF

• Súmula n. 591: "A imunidade ou a isenção tributária do comprador não se estende ao produtor, contribuinte do Imposto sobre Produtos Industrializados".

IMUNIDADE RECÍPROCA

• "Tributário. IPTU. Imunidade recíproca. Sociedade de economia mista. Natureza jurídica de direito privado. Participação acionária dispersa e negociada em bolsa de valores. Exame da relação entre os serviços públicos prestados e o objetivo de distribuição de lucros a investidores públicos e privados como elemento determinante para aplicação da salvaguarda constitucional. Serviço público de saneamento básico sem fins lucrativos. CF/88, arts. 5.º, II, XXXV, LIV e LV; 37, incisos XIX e XXI e § 6.º; 93, IX; 150, VI; e 175, parágrafo único. Precedentes que não se adequam perfeitamente ao caso concreto. Imunidade que não deve ser reconhecida. Redator para acórdão (art. 38, IV, *b*, do RISTF). Fixação da tese de repercussão geral. 1. A matéria foi decidida por maioria pelo Plenário do Supremo Tribunal Federal, que acompanhou o voto do I. Relator, Min. Joaquim Barbosa. Redação da proposta de tese de repercussão geral (art. 38, IV, *b*, do RISTF). 2. A imunidade tributária recíproca (art. 150, IV, 'a', da Constituição) não é aplicável às sociedades de economia mista cuja participação acionária é negociada em bolsas de valores, e que, inequivocamente, estão voltadas à remuneração do capital de seus controladores ou acionistas, unicamente em razão das atividades desempenhadas. 3. O Supremo Tribunal Federal nos autos do RE 253.472, redator para o acórdão Min. Joaquim Barbosa, *DJe* 1.º/2/2011, já decidiu, *verbis*: atividades de exploração econômica, destinadas primordialmente a aumentar o patrimônio do Estado ou de particulares, devem ser submetidas à tributação, por apresentarem-se como manifestações de riqueza e deixarem a salvo a autonomia política. 4. *In casu*, trata-se de sociedade de economia mista de capital aberto, autêntica S/A, cuja participação acionária é negociada em bolsas de valores (Bovespa e New York Stock Exchange, e.g.) e que, em agosto de 2011, estava dispersa entre o Estado de São Paulo (50,3%), investidores privados em mercado nacional (22,6% – Bovespa) e investidores privados em mercado internacional (27,1% – NYSE), ou seja, quase a metade do capital social pertence a investidores. A finalidade de abrir o capital da empresa foi justamente conseguir fontes sólidas de financiamento, advindas do mercado, o qual espera receber lucros como retorno deste investimento. 5. A peculiaridade afasta o caso concreto da jurisprudência da Suprema Corte que legitima o gozo da imunidade tributária. 6. Recurso extraordinário improvido pela maioria do Supremo Tribunal Federal. 7. Proposta de tese de repercussão geral: sociedade de economia mista, cuja participação acionária é negociada em bolsas de valores, e que, inequivocamente, está voltada à remuneração do capital de seus controladores ou acionistas, não está abrangida pela regra de imunidade tributária prevista

---

[15] A referência à empresa pública prestadora de serviço postal foi incluída pela EC n. 132/2023.

no art. 150, VI, 'a', da Constituição, unicamente em razão das atividades desempenhadas" (RE 600.867/SP, Tema 508, Red. p/ o acórdão Min. Luiz Fux, j. 29.06.2020).

• "IPVA. Alienação fiduciária. Adquirente. Pessoa jurídica de direito público. Incide a imunidade prevista no artigo 150, inciso VI, alínea 'a', da Constituição Federal, em se tratando de contrato de alienação fiduciária em que pessoa jurídica de direito público surge como devedora" (RE 727.851/MG, Tema 685, Rel. Min. Marco Aurélio, j. 22.06.2020).

Tese: "Não incide IPVA sobre veículo automotor adquirido, mediante alienação fiduciária, por pessoa jurídica de direito público".

• "Ação cível originária. Empresa Brasileira de Correios e Telégrafos (ECT). Tributo instituído por lei estadual (IPVA). Pretendido reconhecimento da prerrogativa constitucional da imunidade tributária recíproca. Conflito de interesses entre a Empresa Brasileira de Correios e Telégrafos e o Estado de São Paulo. Litígio que se submete, por efeito de potencial lesão ao princípio federativo, à esfera de competência originária do Supremo Tribunal Federal. Harmonia e equilíbrio nas relações institucionais entre os Estados-membros e a União Federal, inclusive entre aqueles e empresas governamentais, como a ECT, incumbidas de executar serviços que a própria Constituição da República deferiu, sob reserva de monopólio, à União Federal. O papel do Supremo Tribunal Federal como tribunal da Federação. Consequente extensão, a essa empresa pública, em matéria de impostos, da proteção constitucional fundada na garantia da imunidade tributária recíproca (CF, art. 150, VI, *a*). O alto significado político--jurídico dessa garantia constitucional, que traduz uma das projeções concretizadoras do postulado da federação. Imunidade tributária da ECT, em face do IPVA, quanto aos veículos de sua propriedade necessários às atividades executadas no desempenho do encargo que, a ela outorgado, foi deferido, constitucionalmente, à União Federal. Precedentes do Supremo Tribunal Federal. Ação cível originária julgada procedente. Observância do princípio da equidade. Condenação da Fazenda Pública. Verba honorária. Estipulação em dez por cento sobre o valor atualizado da causa (CPC, art. 20, § 4.º). Recurso de agravo improvido. A Constituição da República confere ao Supremo Tribunal Federal a posição eminente de Tribunal da Federação (CF, art. 102, I, *f*), atribuindo-lhe, em tal condição institucional, o poder de dirimir controvérsias, que, ao irromperem no seio do Estado Federal, culminam, perigosamente, por antagonizar as unidades que compõem a Federação. Essa magna função jurídico-institucional da Suprema Corte impõe-lhe o gravíssimo dever de velar pela intangibilidade do vínculo federativo e de zelar pelo equilíbrio harmonioso das relações políticas entre as pessoas estatais que integram a Federação brasileira. A aplicabilidade da norma inscrita no art. 102, I, *f*, da Constituição estende-se aos litígios cuja potencialidade ofensiva revela-se apta a vulnerar os valores que informam o princípio fundamental que rege, em nosso ordenamento jurídico, o pacto da Federação. Doutrina. Precedentes. A Empresa Brasileira de Correios e Telégrafos (ECT), que é empresa pública, executa, como atividade-fim, em regime de monopólio, serviço postal constitucionalmente outorgado à União Federal, qualificando-se, em razão de sua específica destinação institucional, como entidade delegatária dos serviços públicos a que se refere o art. 21, inciso X, da Lei Fundamental, o que exclui essa empresa governamental, em matéria de impostos (inclusive o IPVA, de competência dos Estados-membros e do Distrito Federal), por efeito do princípio da imunidade tributária recíproca (CF, art. 150, VI, *a*), do poder de tributar deferido aos entes políticos em geral. Precedentes. Consequente inexigibilidade, por parte do Estado-membro tributante (o Estado de São Paulo, no caso) do IPVA referente aos veículos de propriedade da ECT necessários às atividades por ela executadas na prestação dos serviços públicos: serviço postal, na espécie" (ACO 803 AgR/SP, Rel. Min. Celso de Mello, j. 26.11.2014).

• "Recurso extraordinário com repercussão geral. 2. Imunidade recíproca. Empresa Brasileira de Correios e Telégrafos. 3. Distinção, para fins de tratamento normativo, entre empresas públicas prestadoras de serviço público e empresas públicas exploradoras de atividade. Precedentes. 4. Exercício simultâneo de atividades em regime de exclusividade e em concorrência com a iniciativa privada. Irrelevância. Existência de peculiaridades no serviço postal. Incidência da imunidade prevista no art. 150, VI, *a*, da Constituição Federal. 5. Recurso extraordinário conhecido e provido" (RE 601.392/PR, Tema 235, Red. p/ o acórdão Min. Gilmar Mendes, j. 28.02.2013).

• "Tributário. Imunidade recíproca. Sociedade de economia mista controlada por ente federado. Condições para aplicabilidade da proteção constitucional. Administração portuária. Companhia Docas do Estado de São Paulo (Codesp). Instrumentalidade estatal. Arts. 21, XII, *f*, 22, X, e 150, VI, *a*, da Constituição. Decreto federal n. 85.309/1980. 1. Imunidade recíproca. Caracterização. Segundo teste proposto pelo ministro-relator, a aplicabilidade da imunidade tributária recíproca (art. 150, VI, *a*, da Constituição) deve passar por três estágios, sem prejuízo do atendimento de outras normas constitucionais e legais: 1.1. A imunidade tributária recíproca se aplica à propriedade, bens e serviços utilizados na satisfação dos objetivos institucionais imanentes do ente federado, cuja tributação poderia colocar em risco a respectiva autonomia política. Em consequência, é incorreto ler a cláusula de imunização de modo a reduzi-la a mero instrumento destinado a dar ao ente federado condições de contratar em circunstâncias mais vantajosas, independentemente do contexto. 1.2. Atividades de exploração econômica, destinadas primordialmente a aumentar o patrimônio do Estado ou de particulares, devem ser submetidas à tributação, por apresentarem-se como manifestações de riqueza e deixarem a salvo a autonomia política. 1.3. A desoneração não deve ter como efeito colateral relevante a quebra dos princípios da livre concorrência e do exercício de atividade profissional ou econômica lícita. Em princípio, o sucesso ou a desventura empresarial devem pautar-se por virtudes e vícios próprios do mercado e da administração, sem que a intervenção do Estado seja favor preponderante. 2. Sociedade de economia mista. Exploração de serviços de administração portuária. Controle acionário majoritário da união. Ausência de intuito lucrativo. Falta de risco ao equilíbrio concorrencial e à livre-iniciativa. Segundo se depreende dos autos, a Codesp é instrumentalidade estatal, pois: 2.1. Em uma série de precedentes, esta Corte reconheceu que a exploração dos portos marítimos, fluviais e lacustres caracteriza-se como serviço público. 2.2. O controle acionário da Codesp pertence em sua quase totalidade à União (99,97%). Falta da indicação de que a atividade da pessoa jurídica satisfaça primordialmente interesse de acúmulo patrimonial público ou privado. 2.3. Não há indicação de risco de quebra do equilíbrio concorrencial ou de livre-iniciativa, eis que ausente comprovação de que a Codesp concorra com outras entidades no campo de sua atuação. 3. Ressalva do ministro-relator, no sentido de que 'cabe à autoridade fiscal indicar com precisão se a destinação concreta dada ao imóvel atende ao interesse público primário ou à geração de receita de interesse particular ou privado'. Recurso conhecido parcialmente e ao qual se dá parcial provimento" (Pleno, RE 253.472/SP, Red. p/ o acórdão Min. Joaquim Barbosa, j. 25.08.2010).

IMUNIDADE DOS TEMPLOS

• "Direito tributário. Recurso extraordinário com repercussão geral. Impostos sobre a importação. Imunidade tributária. Entidades religiosas que prestam assistência social. 1. Recurso extraordinário com repercussão geral reconhecida a fim de definir (i) se a filantropia exercida à luz de preceitos religiosos desnatura a natureza assistencial da entidade, para fins de fruição da imunidade prevista no art. 150, VI, *c*, da Constituição; e (ii) se a imunidade abrange o II e o IPI incidentes sobre as importações de bens destinados às finalidades essenciais das entidades de assistência social. 2. A assistência social na Constituição de 1988. O art. 203 estabelece que a assistência social será prestada 'a quem dela necessitar'. Trata--se, portanto, de atividade estatal de cunho universal. Nesse âmbito, entidades privadas se aliam ao Poder Público para atingir a maior quantidade possível de beneficiários. Porém, a universalidade esperada das instituições privadas de assistência social não é a mesma que se exige do Estado. Basta que dirijam as suas ações indistintamente à coletividade por elas alcançada, em especial às pessoas em situação de vulnerabilidade ou risco social, sem viés discriminatório. 3. Entidades religiosas e assistência social. Diversas organizações religiosas oferecem assistência a um público verdadeiramente carente, que, muitas vezes, instala-se em localidades remotas, esquecidas pelo Poder Público e não alcançadas por outras entidades privadas. Assim sendo, desde que não haja discriminação entre os assistidos ou coação para que passem a aderir aos preceitos religiosos em troca de terem suas necessidades atendidas, essas instituições se enquadram no art. 203 da Constituição. 4. O alcance da imunidade das entidades assistenciais sem fins lucrativos. A imunidade das entidades listadas no art. 150, VI, *c*, da CF/1988, abrange não só os impostos diretamente incidentes sobre patrimônio, renda e serviços, mas também aqueles incidentes sobre a importação de bens a serem utilizados para a consecução dos seus objetivos estatutários. Além disso, protege a renda e o patrimônio não necessariamente afetos às ações assistenciais, desde que os valores oriundos da sua exploração sejam revertidos para as suas atividades essenciais. Precedentes desta Corte. 5. Recurso extraordinário conhecido e provido, a fim de reformar o acórdão recorrido e reconhecer a imunidade tributária da recorrente quanto ao II e ao IPI sobre as operações de importação tratadas nos presentes autos. 6. Proponho a fixação da seguinte tese de repercussão geral: 'As entidades religiosas podem se caracterizar como instituições de assistência social a fim de se beneficiarem da imunidade tributária prevista no art. 150, VI, *c*, da Constituição, que abrangerá não só os impostos sobre o seu patrimônio, renda e serviços, mas também os impostos sobre a importação de bens a serem utilizados na consecução de seus objetivos estatutários'" (RE 630.790/SP, Tema 336, Rel. Min. Roberto Barroso, j. 21.03.2022).

• "Recurso extraordinário. Constitucional. Imunidade tributária. IPTU. Art. 150, VI, *b*, CF/1988. Cemitério. Extensão de entidade de cunho religioso. 1. Os cemitérios que consubstanciam extensões de entidades de cunho religioso estão abrangidos pela garantia contemplada no art. 150 da Constituição do Brasil. Impossibilidade da incidência de IPTU em relação a eles. 2. A imunidade aos tributos de que gozam os templos de qualquer culto é projetada a partir da interpretação da totalidade que o texto da Constituição é, sobretudo do disposto nos arts. 5.º, VI, 19, I e 150, VI, *b*. 3. As áreas da incidência e da imunidade tributária são antípodas. Recurso extraordinário provido" (Pleno, RE 578.562/BA, Rel. Min. Eros Grau, j. 21.05.2008).

IMUNIDADES DOS PARTIDOS POLÍTICOS E SUAS FUNDAÇÕES, TEMPLOS DE QUALQUER CULTO, ENTIDADES SINDICAIS DE TRABALHADORES E INSTITUIÇÕES DE EDUCAÇÃO E DE ASSISTÊNCIA SOCIAL SEM FINS LUCRATIVOS

• Súmula Vinculante n. 52: "Ainda quando alugado a terceiros, permanece imune ao IPTU o imóvel pertencente a qualquer das entidades referidas pelo art. 150, VI, *c*, da Constituição Federal, desde que o valor dos aluguéis seja aplicado nas atividades para as quais tais entidades foram constituídas".

• Súmula n. 730: "A imunidade tributária conferida a instituições de assistência social sem fins lucrativos pelo art. 150, VI, *c*, da Constituição, somente alcança as entidades fechadas de previdência social privada se não houver contribuição dos beneficiários".

• "Recurso extraordinário. Repercussão geral reconhecida. Direito tributário. Imunidade. Art. 150, VI, *c*, da Constituição da República. Entidades sindicais, partidos políticos, instituições de educação e de assistência social sem fins lucrativos. Imposto sobre Operações Financeiras – IOF. 1. Segundo a pacífica jurisprudência desta Suprema Corte, a imunidade tributária prevista no art. 150, VI, *c*, da Constituição da República alcança o Imposto sobre Operações Financeiras – IOF. 2. Os objetivos e valores perseguidos pela imunidade em foco sustentam o afastamento da incidência do IOF, pois a tributação das operações de crédito, câmbio e seguro, ou relativas a títulos ou valores mobiliários das entidades ali referidas, terminaria por atingir seu patrimônio ou sua renda. 3. A exigência de vinculação do patrimônio, da renda e dos serviços com as finalidades essenciais da entidade imune, prevista no § 4.º do art. 150 da Constituição da República, não se confunde com afetação direta e exclusiva a tais finalidades. Entendimento subjacente à Súmula Vinculante n. 52. 4. Presume-se a vinculação, tendo em vista que impedidas, as entidades arroladas no art. 150, VI, *c*, da Carta Política, de distribuir qualquer parcela do seu patrimônio ou de suas rendas, sob pena de suspensão ou cancelamento do direito à imunidade (art. 14, I, e § 1.º, do Código Tributário Nacional). Para o reconhecimento da imunidade, basta que não seja provado desvio de finalidade, ônus que incumbe ao sujeito ativo da obrigação tributária. 5. Recurso extraordinário da União desprovido, com a fixação da seguinte tese: A imunidade assegurada pelo art. 150, VI, *c*, da Constituição da República aos partidos políticos, inclusive suas fundações, às entidades sindicais dos trabalhadores e às instituições de educação e de assistência social, sem fins lucrativos, que atendam aos requisitos da lei, alcança o IOF, inclusive o incidente sobre aplicações financeiras" (RE 611.510/SP, Tema 328, Rel. Min. Rosa Weber, j. 13.04.2021).

• "Tributário. Recurso extraordinário. Repercussão geral. Repercussão geral conexa. RE 566.622. Imunidade aos impostos. Art. 150, VI, *c*, CF/1988. Imunidade às contribuições. Art. 195, § 7.º, CF/1988. O PIS é contribuição para a seguridade social (art. 239 c/c art. 195, I, CF/1988). A conceituação e o regime jurídico da expressão 'instituições de assistência social e educação' (art. 150, VI, *c*, CF/1988) aplica-se por analogia à expressão 'entidades beneficentes de assistência social' (art. 195, § 7.º, CF/1988). As limitações constitucionais ao poder de tributar são o conjunto de princípios e imunidades tributárias (art. 146, II, CF/1988). A expressão 'isenção' utilizada no art. 195, § 7.º, CF/1988, tem o conteúdo de verdadeira imunidade. O art. 195, § 7.º, CF/1988 reporta-se à Lei n. 8.212/1991, em sua redação original (MI 616/SP, Rel. Min. Nélson Jobim, Pleno, *DJ* 25.10.2002). O art. 1.º da Lei n. 9.738/1998 foi suspenso pela Corte Suprema (ADI 2.028 MC/DF, Rel. Moreira Alves, Pleno, *DJ* 16.06.2000). A Suprema Corte indicia que somente se exige lei complementar para a definição dos seus limites objetivos (materiais), e não para a fixação das normas de constituição e de funcionamento das entidades imunes (aspectos formais ou subjetivos), os quais podem ser veiculados por lei ordinária (art. 55 da Lei n. 8.212/1991). As entidades que promovem a assistência social beneficente (art. 195, § 7.º, CF/1988) somente fazem jus à imunidade se preencherem cumulativamente os requisitos de que trata o art. 55 da Lei n. 8.212/1991, na sua redação original, e aqueles previstos nos artigos 9.º e 14 do CTN. Ausência de capacidade contributiva ou aplicação do princípio da solidariedade social de forma inversa (ADI 2.028 MC/DF, Rel. Moreira Alves, Pleno, *DJ* 16.06.2000). Inaplicabilidade do art. 2.º, II, da Lei n. 9.715/1998, e do art. 13, IV, da MP n. 2.158-35/2001, às entidades que preenchem os requisitos do art. 55 da Lei n. 8.212/1991, e legislação superveniente, a qual não decorre do vício de inconstitucionalidade destes dispositivos legais, mas da imunidade em relação à contribuição ao PIS como técnica de interpretação conforme à Constituição. *Ex positis*, conheço do recurso extraordinário, mas nego-lhe provimento conferindo eficácia *erga omnes* e *ex tunc*. 1. A imunidade aos impostos concedida às instituições de educação e de assistência social, em dispositivo comum, exsurgiu na CF/1946, *verbis*: Art. 31, V, *b*: À União, aos Estados, ao Distrito Federal e aos Municípios é vedado [...] lançar imposto sobre [...] templos de qualquer culto, bens e serviços de partidos políticos, instituições de educação e de assistência social, desde que as suas rendas sejam aplicadas integralmente no país para os respectivos fins. 2. As CF/1967 e CF/1969 (Emenda Constitucional n. 1/1969) reiteraram a imunidade no disposto no art. 19, III, *c*, *verbis*: É vedado à União, aos Estados, ao Distrito Federal e aos Municípios [...] instituir imposto sobre [...] o patrimônio, a renda ou os serviços dos partidos políticos e de instituições de educação ou de assistência social, observados os requisitos da lei. 3. A CF/1988 traçou arquétipo com contornos ainda mais claros, *verbis*: Art. 150. Sem prejuízo de outras garantias asseguradas ao contribuinte, é vedado à União, aos Estados, ao Distrito Federal e aos Municípios: [...] VI – instituir impostos sobre: [...] c) patrimônio, renda ou serviços dos partidos políticos, inclusive suas fundações, das entidades sindicais dos trabalhadores, das instituições de educação e de assistência social, sem fins lucrativos, atendidos os requisitos da lei; [...] § 4.º As vedações expressas no inciso VI, alíneas *b* e *c*, compreendem somente o patrimônio, a renda e os serviços, relacionados com as finalidades essenciais das entidades nelas mencionadas; Art. 195. A seguridade social será financiada por toda a sociedade, de forma direta e indireta, nos termos da lei, mediante recursos provenientes dos orçamentos da União, dos Estados, do Distrito Federal e dos Municípios, e das seguintes contribuições sociais: [...] § 7.º São isentas de contribuição para a seguridade social as entidades beneficentes de assistência social que atendam às exigências estabelecidas em lei. 4. O art. 195, § 7.º, CF/1988, ainda que não inserido no capítulo do Sistema Tributário Nacional, mas explicitamente incluído topograficamente na temática da seguridade social, trata, inequivocamente, de matéria tributária. Porquanto *ubi eadem ratio ibi idem jus*, podendo estender-se às instituições de assistência *stricto sensu*, de educação, de saúde e de previdência social, máxime na medida em que restou superada a tese de que este artigo só se aplica às entidades que tenham por objetivo tão somente as disposições do art. 203 da CF/1988 (ADI 2.028 MC/DF, Rel. Moreira Alves, Pleno, *DJ* 16.06.2000). 5. A seguridade social prevista no art. 194, CF/1988, compreende a previdência, a saúde e a assistência social, destacando-se que as duas últimas não estão vinculadas a qualquer tipo de contraprestação por parte dos seus usuários, a teor dos artigos 196 e 203, ambos da CF/1988. Característica esta que distingue a previdência social das demais subespécies da seguridade social, consoante a jurisprudência desta Suprema Corte no sentido de que seu caráter é contributivo e de filiação obrigatória, com espeque no art. 201, todos da CF/1988. 6. O PIS, espécie tributária singular contemplada no art. 239, CF/1988, não se subtrai da concomitante pertinência ao 'gênero' (plural) do inciso I, art. 195, CF/1988, *verbis*: Art. 195. A seguridade social será financiada por toda a sociedade, de forma direta e indireta, nos termos da lei, mediante recursos provenientes dos orçamentos da União, dos Estados, do Distrito Federal e dos Municípios, e das seguintes contribuições sociais: I – do empregador, da empresa e da entidade a ela equiparada na forma da lei, incidentes sobre: (Redação dada pela Emenda Constitucional n. 20, de 1998) a) a folha de salários e demais rendimentos do trabalho pagos ou creditados, a qualquer título, à pessoa física que lhe preste serviço, mesmo sem vínculo empregatício; (Incluído pela Emenda Constitucional n. 20, de 1998) b) a receita ou o faturamento; (Incluído pela Emenda Constitucional n. 20, de 1998) c) o lucro; (Incluído pela Emenda Constitucional n. 20, de 1998) II – do trabalhador e dos demais segurados da previdência social, não incidindo contribuição sobre aposentadoria e pensão concedidas pelo regime geral de previdência social de que trata o art. 201; (Redação dada pela Emenda Constitucional n. 20, de 1998) III – sobre a receita de concursos de prognósticos. IV – do importador de bens ou serviços do exterior, ou de quem a lei a ele equiparar. (Incluído pela Emenda Constitucional n. 42, de 19.12.2003). 7. O Sistema Tributário Nacional, encartado em capítulo próprio da Carta Federal, encampa a expressão 'instituições de assistência social e educação' prescrita no art. 150, VI, *c*, cujos conceituação e regime jurídico aplicam-se, por analogia, à expressão 'entidades beneficentes de assistência social' contida no art. 195, § 7.º, à luz da interpretação histórica dos textos das CF/1946, CF/1967 e CF/1969, e das premissas fixadas no verbete da Súmula n. 730. É que até o advento da CF/1988 ainda não havia sido cunhado o conceito de 'seguridade social', nos termos em que definidos pelo art. 203, inexistindo distinção clara entre previdência, assistência social e saúde, a partir dos critérios de generalidade e gratuidade. 8. As limitações constitucionais ao poder de tributar são o conjunto de princípios e demais regras disciplinadoras da definição e do exercício da competência tributária, bem como das imunidades. O art. 146, II, da CF/1988 regula as limitações constitucionais ao poder de tributar reservadas à lei complementar, até então carente de formal edição. 9. A isenção prevista na Constituição Federal (art. 195, § 7.º) tem o conteúdo de regra de supressão de competência tributária, encerrando verdadeira imunidade. As imunidades têm o teor de cláusulas pétreas, expressões de direitos fundamentais, na forma do art. 60, § 4.º, da CF/1988, tornando controversa a possibilidade de sua regulamentação através do poder constituinte derivado e/ou ainda mais, pelo legislador ordinário. 10. A expressão 'isenção' equivocadamente utilizada pelo legislador constituinte decorre de circunstância histórica. O primeiro diploma legislativo a tratar da matéria foi a Lei n. 3.577/1959, que isentou a taxa de contribuição de previdência dos Institutos e Caixas de Aposentadoria e Pensões às entidades de fins filantrópicos reconhecidas de utilidade pública, cujos membros de sua diretoria não percebessem remuneração. Destarte, como a imunidade às contribuições sociais somente foi inserida pelo § 7.º, do art. 195, CF/1988, a transposição acrítica do seu conteúdo, com o viés do legislador ordinário de isenção, gerou a controvérsia, hodiernamente superada pela jurisprudência da Suprema Corte no sentido de se tratar de imunidade. 11. A imunidade, sob a égide da CF/1988, recebeu regulamentação específica em diversas leis ordinárias, a saber: Lei n. 9.532/1997 (regulamentando a imunidade do art. 150, VI, *c*, referente aos impostos); Leis n. n. 8.212/1991, n. 9.732/1998 e n. 12.101/2009 (regulamentando a imunidade do art. 195, § 7.º, referente às contribuições), cujo exato sentido vem sendo delineado pelo Supremo Tribunal Federal. 12. A lei a que se reporta o dispositivo constitucional contido no § 7.º, do art. 195, CF/1988, segundo o Supremo Tribunal Federal, é a Lei n. 8.212/1991 (MI 616/SP, Rel. Min. Nélson Jobim, Pleno, *DJ* 25.10.2002). 13. A imunidade frente às contribuições para a seguridade social, prevista no § 7.º, do art. 195, CF/1988, está regulamentada pelo art. 55 da Lei n. 8.212/1991, em sua redação original, uma vez que as mudanças pretendidas pelo art. 1.º da Lei n. 9.738/1998 a este artigo foram suspensas (ADI 2.028 MC/DF, Rel. Moreira Alves, Pleno, *DJ* 16.06.2000). 14. A imunidade tributária e seus requisitos de legitimação, os quais poderiam restringir o seu alcance, estavam estabelecidos no art. 14 do CTN e foram recepcionados pelo novo texto constitucional de 1988. Por isso que razoável se permitisse que outras declarações relacionadas com os aspectos intrínsecos das instituições imunes viessem regulados por lei ordinária, tanto mais que o direito tributário utiliza-se dos conceitos e categorias elaborados pelo ordenamento jurídico privado, expresso pela legislação infraconstitucional. 15. A Suprema Corte, guardiã da Constituição Federal, indicia que somente se exige lei complementar para a definição dos seus limites objetivos (materiais), e não para a fixação das normas de constituição e de funcionamento das entidades imunes (aspectos formais ou subjetivos), os quais podem ser veiculados por lei ordinária, como sói ocorrer com o art. 55 da Lei n. 8.212/1991, que pode estabelecer requisitos formais para o gozo da imunidade sem caracterizar ofensa ao art. 146, II, da Constituição Federal, *ex vi* dos incisos I e II, *verbis*: Art. 55. Fica isenta das contribuições de que tratam os arts. 22 e 23 desta Lei a entidade beneficente de assistência social que atenda aos seguintes requisitos cumulativamente: (Revogado pela Lei n. 12.101, de 2009) I – seja reconhecida como de utilidade pública federal e estadual ou do Distrito Federal ou municipal; (Revogado pela Lei n. 12.101, de 2009); II – seja portadora do Certificado e do Registro de Entidade de Fins Filantrópicos, fornecido pelo Conselho Nacional de Assistência Social, renovado a cada três anos; (Redação dada pela Lei n. 9.429, de 26.12.1996).16. Os limites objetivos ou materiais e a definição quanto aos aspectos subjetivos ou formais atende aos princípios da proporcionalidade e razoabilidade, não implicando significativa restrição do alcance do dispositivo interpretado, ou seja, o conceito de imunidade, e de redução das garantias dos contribuintes. 17. As entidades que promovem a assistência social beneficente, inclusive educacional ou de saúde, somente fazem jus à concessão do benefício imunizante, se preencherem cumulativamente os requisitos de que trata o art. 55 da Lei n. 8.212/1991, na sua redação original, e aqueles prescritos nos arts. 9.º e 14 do CTN. 18. Instituições de educação e de assistência social sem fins lucrativos são entidades privadas criadas com o propósito de servir à coletividade, colaborando com o Estado nessas áreas cuja atuação do Poder Público é deficiente. Consectariamente, *et pour cause*, a constituição determina que elas sejam desoneradas de alguns tributos, em especial, os impostos e as contribuições. 19. A *ratio* da supressão da competência tributária funda-se na ausência de capacidade contributiva ou na aplicação do princípio da solidariedade de forma inversa, vale dizer: a ausência de tributação das contribuições sociais decorre da colaboração que estas entidades prestam ao Estado. 20. A Suprema Corte já decidiu que o artigo 195, § 7.º, da Carta Magna, com relação às exigências a que devem atender as entidades beneficentes de assistência social para gozarem da imunidade aí prevista, determina apenas a existência de lei que as regule; o que implica dizer que a Carta Magna alude genericamente à 'lei' para estabelecer princípio de reserva legal, expressão que compreende tanto a legislação ordinária quanto a legislação complementar (ADI 2.028 MC/DF, Rel. Moreira Alves, Pleno, *DJ* 16.06.2000). 21. É questão prejudicial, pendente na Suprema Corte, a decisão definitiva de controvérsias acerca do conceito de entidade de assistência social para o fim da declaração da imunidade discutida, como as relativas à exigência ou não da gratuidade dos serviços prestados ou à compreensão ou não das instituições beneficentes de clientelas restritas. 22. *In casu*, descabe negar esse direito a pretexto de ausência de regulamentação legal, mormente em face do acórdão recorrido que concluiu pelo cumprimento dos requisitos por parte da recorrida à luz do art. 55 da Lei n. 8.212/1991, condicionado ao seu enquadramento no conceito de assistência social delimitado pelo STF, mercê de suposta alegação de que as prescrições dos artigos 9.º e 14 do Código Tributário Nacional não regulamentam o § 7.º, do art. 195, CF/1988. 23. É insindicável na Suprema Corte o atendimento dos requisitos estabelecidos em lei (art. 55 da Lei n. 8.212/1991), uma vez que, para tanto, seria necessária a análise de legislação infraconstitucional, situação em que a afronta à Constituição seria apenas indireta, ou, ainda, o revolvimento de provas, atraindo a aplicação do verbete da Súmula n. 279. Precedente. AI 409.981-AgR/RS, Rel. Min. Carlos Velloso, 2.ª Turma, *DJ* 13.08.2004. 24. A pessoa jurídica para fazer jus à imunidade do § 7.º, do art. 195, CF/1988, com relação às contribuições sociais, deve atender aos requisitos previstos nos arts. 9.º e 14 do CTN, bem como no art. 55 da Lei n. 8.212/1991, alterada pela Lei n. 9.732/1998 e Lei n. 12.101/2009, nos pontos onde não tiveram sua vigência suspensa liminarmente pelo STF nos autos da ADI 2.028 MC/DF, Rel. Moreira Alves, Pleno, *DJ* 16.06.2000. 25. As entidades beneficentes de assistência social, como consequência, não se submetem ao regime tributário disposto no art. 2.º, II, da Lei n. 9.715/1998, e no art. 13, IV, da MP n. 2.158-35/2001, aplicáveis somente àquelas outras entidades (instituições de caráter filantrópico, recreativo, cultural e científico e as associações civis que prestem os serviços para os quais houverem sido instituídas e os coloquem à disposição do grupo de pessoas a que se destinam, sem fins lucrativos) que não preenchem os requisitos do art. 55 da Lei n. 8.212/1991, ou da legislação superveniente sobre a matéria, posto não abarcadas pela imunidade constitucional. 26. A inaplicabilidade do art. 2.º, II, da Lei n. 9.715/1998, e do art. 13, IV, da MP n. 2.158-35/2001, às entidades que preenchem os requisitos do art. 55 da Lei n. 8.212/1991, e legislação superveniente, não decorre do vício da inconstitucionalidade desses dispositivos legais, mas da imunidade em relação à contribuição ao PIS como técnica de interpretação conforme à Constituição. 27. *Ex positis*, conheço do recurso extraordinário, mas nego-lhe provimento conferindo à tese assentada repercussão geral e eficácia *erga omnes* e *ex tunc*. Precedentes. RE 93.770/RJ, Rel. Min. Soares Muñoz, 1.ª Turma, *DJ* 03.04.1981; RE 428.815-AgR/AM, Rel. Min. Sepúlveda Pertence, 1.ª Turma, *DJ* 24.06.2005; ADI 1.802-MC/DF, Rel. Min. Sepúlveda Pertence, Pleno, *DJ* 13.02.2004; ADI 2.028 MC/DF, Rel. Moreira Alves, Pleno, *DJ* 16.06.2000" (RE 636.941/RS, Tema 432, Rel. Min. Luiz Fux, j. 13.02.2014).

Tese: "A imunidade tributária prevista no art. 195, § 7.º, da Constituição Federal abrange a contribuição para o PIS".

STJ

• Súmula n. 612: "O certificado de entidade beneficente de assistência social (Cebas), no prazo de sua validade, possui natureza declaratória para fins tributários, retroagindo seus efeitos à data em que demonstrado o cumprimento dos requisitos estabelecidos por lei complementar para a fruição da imunidade".

• Súmula n. 352: "A obtenção ou a renovação do Certificado de Entidade Beneficente de Assistência Social (CEBAS) não exime a entidade do cumprimento dos requisitos legais supervenientes".

IMUNIDADES DOS LIVROS, JORNAIS E PERIÓDICOS, BEM COMO DO PAPEL DESTINADO A SUA IMPRESSÃO; IMUNIDADE DOS FONOGRAMAS E VIDEOFONOGRAMAS MUSICAIS, PRODUZIDOS NO BRASIL, CONTENDO OBRAS MUSICAIS OU LITEROMUSICAIS DE AUTORES BRASILEIROS E/OU OBRAS EM GERAL INTERPRETADAS POR ARTISTAS BRASILEIROS, BEM COMO OS SUPORTES MATERIAIS OU ARQUIVOS DIGITAIS QUE OS CONTENHAM, SALVO NA ETAPA DE REPLICAÇÃO INDUSTRIAL DE MÍDIAS ÓPTICAS DE LEITURA A LASER

STF

• Súmula Vinculante n. 57: "A imunidade tributária constante do art. 150, VI, *d*, da CF/88 aplica-se à importação e comercialização, no mercado interno, do livro eletrônico (*e-book*) e dos suportes exclusivamente utilizados para fixá-los, como leitores eletrônicos (*e-readers*), ainda que possuam finalidades acessórias".

• Súmula n. 657: "A imunidade prevista no art. 150, VI, *d*, da CF abrange os filmes e papéis fotográficos necessários à publicação de jornais e periódicos".

• "Recurso extraordinário. Repercussão geral. Tributário. Imunidade objetiva constante do art. 150, VI, *d*, da CF/1988. Teleologia multifacetada. Aplicabilidade. Livro eletrônico ou digital. Suportes. Interpretação evolutiva. Avanços tecnológicos, sociais e culturais. Projeção. Aparelhos leitores de livros eletrônicos (ou *e-readers*). 1. A teleologia da imunidade contida no art. 150, VI, *d*, da Constituição aponta para a proteção de valores, princípios e ideias de elevada importância, tais como a liberdade de expressão, voltada à democratização e à difusão da cultura; a formação cultural do povo indene de manipulações; a neutralidade, de modo a não fazer distinção entre grupos economicamente fortes e fracos, entre grupos políticos etc.; a liberdade de informar e de ser informado; o barateamento do custo de produção dos livros, jornais e periódicos, de modo a facilitar e estimular a divulgação de ideias, conhecimentos e informações etc. Ao se invocar a interpretação finalística, se o livro não constituir veículo de ideias, de transmissão de pensamentos, ainda que formalmente possa ser considerado como tal, será descabida a aplicação da imunidade. 2. A imunidade dos livros, jornais e periódicos e do papel destinado a sua impressão não deve ser interpretada em seus extremos, sob pena de se subtrair da salvaguarda toda a racionalidade que inspira seu alcance prático, ou de transformar a imunidade em subjetiva, na medida em que acabaria por desonerar de todo a pessoa do contribuinte, numa imunidade a que a Constituição atribui desenganada feição objetiva. A delimitação negativa da competência tributária apenas abrange os impostos incidentes sobre materialidades próprias das operações com livros, jornais, periódicos e com o papel destinado a sua impressão. 3. A interpretação das imunidades tributárias deve se projetar no futuro e levar em conta os novos fenômenos sociais, culturais e tecnológicos. Com isso, evita-se o esvaziamento das normas imunizantes por mero lapso temporal, além de se propiciar a constante atualização do alcance de seus preceitos. 4. O art. 150, VI, *d*, da Constituição não se refere apenas ao método gutenberguiano de produção de livros, jornais e periódicos. O vocábulo 'papel' não é, do mesmo modo, essencial ao conceito desses bens finais. O suporte das publicações é apenas o continente (*corpus mechanicum*) que abrange o conteúdo (*corpus misticum*) das obras. O corpo mecânico não é o essencial ou o condicionante para o gozo da imunidade, pois a variedade de tipos de suporte (tangível ou intangível) que um livro pode ter aponta para a direção de que ele só pode ser considerado como elemento acidental no conceito de livro. A imunidade de que trata o art. 150, VI, *d*, da Constituição, portanto, alcança o livro digital (*e-book*). 5. É dispensável para o enquadramento do livro na imunidade em questão que seu destinatário (consumidor) tenha necessariamente que passar sua visão pelo texto e decifrar os signos da escrita. Quero dizer que a imunidade alcança o denominado *audio book*, ou audiolivro (livros gravados em áudio, seja no suporte CD-ROM, seja em qualquer outro). 6. A teleologia da regra de imunidade igualmente alcança os aparelhos leitores de livros eletrônicos (ou *e-readers*) confeccionados exclusivamente para esse fim, ainda que, eventualmente, estejam equipados com funcionalidades acessórias ou rudimentares que auxiliam a leitura digital, tais como dicionário de sinônimos, marcadores, escolha do tipo e do tamanho da fonte etc. Esse entendimento não é aplicável aos aparelhos multifuncionais, como *tablets*, *smartphone* e *laptops*, os quais vão muito além de meros equipamentos utilizados para a leitura de livros digitais. 7. O CD-ROM é apenas um corpo mecânico ou suporte. Aquilo que está nele fixado (seu conteúdo textual) é o livro. Tanto o suporte (o CD-ROM) quanto o livro (conteúdo) estão abarcados pela imunidade da alínea *d* do inciso VI do art. 150 da Constituição Federal. 8. Recurso extraordinário a que se nega provimento" (RE 330.817/RJ, Tema 593, Rel. Min. Dias Toffoli, j. 08.03.2017).

Tese: "A imunidade tributária constante do art. 150, VI, *d*, da CF/1988 aplica-se ao livro eletrônico (*e-book*), inclusive aos suportes exclusivamente utilizados para fixá-lo".

• "Direito tributário. Recurso extraordinário com agravo. Tema 1.083. Imunidade Tributária prevista no art. 150, inciso VI, alínea 'e', da Constituição Federal. Extensão para importações de suportes materiais produzidos fora do país contendo obras musicais de artistas brasileiros. Impossibilidade. I. Caso em exame 1. Recurso extraordinário em que se discute se é devida a incidência da norma imunizante prevista no art. 150, inciso VI, alínea 'e', da Constituição Federal em importações de discos de vinil contendo obras de artistas brasileiros produzidos na Argentina. II. Questão em discussão 2. A questão em discussão consiste em saber se a imunidade inserida pela Emenda Constitucional nº 75/2013 – voltada à proteção tributária de fonogramas e videogramas musicais, bem como aos suportes materiais e arquivos digitais que os contêm – seria aplicável às operações de importação de suportes materiais produzidos fora do país gravados com obras musicais de artistas brasileiros. III. Razões de decidir 3. A interpretação teleológica da regra imunizante em exame não permite concluir que o constituinte pretendia abarcar as importações de suportes materiais fabricados fora do Brasil. 4. A EC nº 75/2013 visou conferir a imunidade tributária para equilibrar, em relação aos produtos piratas, não apenas a etapa de comercialização de obras musicais, mas também a de produção, razão pela qual, ao cunhar o termo 'produzidos no Brasil' no dispositivo, direcionou a norma apenas para o contexto da produção nacional. IV. Dispositivo e tese 5. Recurso desprovido. Tese de julgamento: 'A imunidade tributária prevista no art. 150, inciso VI, alínea 'e', da Constituição Federal não se aplica às importações de suportes materiais produzidos fora do Brasil, ainda que contenham obra musical de artista brasileiro.' Dispositivos relevantes citados: CF/1988, art. 150, inciso VI, alínea 'e'. Jurisprudência relevante citada: RE 330.817, Rel. Min. Dias Toffoli, Tribunal Pleno, *DJe* 31.8.2017" (ARE 1.244.302/SP, Tema 1.083, Rel. Min. Gilmar Mendes, j. 09.09.2024).

IMUNIDADES ESPECÍFICAS

• "Tributário. ICMS. Crédito. Bens de uso e consumo. Mercadorias destinadas à exportação. Emenda Constitucional n. 42/2003. Manutenção da sistemática do crédito físico. Tema 633 da sistemática da repercussão geral. A EC 42/2003 manteve a fórmula do crédito físico para fins de apropriação do ICMS. Possibilidade de a legislação complementar ampliar as possibilidades de compensação e de creditamento do ICMS, de maneira a adotar o crédito misto ou o crédito financeiro integralmente. Tese de repercussão geral fixada no sentido de que 'A imunidade a que se refere o art. 155, § 2º, X, *a*, CF/88, não alcança, nas operações de exportação, o aproveitamento de créditos de ICMS decorrentes de aquisições de bens destinados ao uso e consumo da empresa, que depende de lei complementar para sua efetivação'. Recurso extraordinário provido" (RE 704.815/SC, Tema 633, Rel. Min. Dias Toffoli, j. 12.12.2023).

• "Direito constitucional, tributário e previdenciário. Recurso extraordinário com repercussão geral. Contribuição previdenciária. Não incidência. Portadores de doenças incapacitantes. Norma de eficácia limitada. 1. Repercussão geral reconhecida para determinação do alcance da não incidência prevista no § 21, do art. 40, da Constituição, acrescentado pela Emenda Constitucional n. 47/2005. O referido dispositivo previa a não incidência de contribuição previdenciária sobre a parcela dos proventos de aposentadoria e pensão que não superasse o dobro do limite máximo do regime geral de previdência social, quando o beneficiário, na forma da lei, fosse portador de doença incapacitante. O presente recurso envolve a análise de dois aspectos: (i) a autoaplicabilidade do dispositivo; e (ii) se o Poder Judiciário, na ausência de lei regulamentar, pode utilizar norma que dispõe sobre situação análoga para disciplinar a matéria. No caso concreto, o Tribunal de origem considerou a norma autoaplicável e determinou a restituição dos valores retidos a partir da publicação da Emenda Constitucional n. 47/2005. 2. Há acórdãos do Plenário desta Corte que consideram o art. 40, § 21, da Constituição Federal norma de eficácia limitada, cujos efeitos estão condicionados à edição de legislação infraconstitucional para regulamentar as doenças incapacitantes aptas a conferir ao servidor o direito à referida não incidência. Alinho-me a esses precedentes, aplicando-os ao presente caso a fim de conferir efeitos vinculantes à tese jurídica neles firmada. 3. Além disso, a jurisprudência do Tribunal é pacífica no sentido de ser inviável a extensão pelo Poder Judiciário de norma de desoneração tributária a título de isonomia. Dessa forma, incabível a utilização, por analogia, de leis que regem situação diversa da presente hipótese. 4. Recurso extraordinário provido. Modulação dos efeitos do presente acórdão, a fim de que os servidores e pensionistas que, por decisão judicial, vinham deixando de pagar as contribuições não as tenham que restituir. Nesses casos, o acórdão terá eficácia somente a partir da publicação da ata de julgamento, momento em que os entes que não tenham editado lei regulamentando o dispositivo poderão voltar a reter as contribuições previdenciárias. 5. Fixação da seguinte tese em sede de repercussão geral: 'O art. 40, § 21, da

Constituição Federal, enquanto esteve em vigor, era norma de eficácia limitada e seus efeitos estavam condicionados à edição de lei complementar federal ou lei regulamentar específica dos entes federados no âmbito dos respectivos regimes próprios de previdência social' (RE 630.137/RS, Tema 317, Rel. Min. Roberto Barroso, j. 01.03.2021).

• "Recurso extraordinário com repercussão geral. Direito tributário e constitucional. Imunidade incidente sobre receitas da exportação. Empresas optantes do Simples. Aplicabilidade. Recurso provido. 1. As imunidades ao poder de tributar devem ser interpretadas de acordo com sua finalidade, por isso o conteúdo do disposto no art. 149, § 2.º, I, da CRFB autoriza reconhecer capacidade tributária ativa apenas sobre a 'receita', afastando a sua incidência em relação à folha de salários, ao lucro e às movimentações financeiras das empresas exportadoras. Não se deve estender a imunização das receitas à pessoa jurídica exportadora. Precedentes. 2. O sistema integrado de pagamento de impostos e contribuições das microempresas e empresas de pequeno porte (Simples) atende à exigência de simplificação da cobrança de tributos, o que não implica atribuir à União capacidade para dispor sobre as situações jurídicas imunizadas, pois, embora tenha o legislador o dever de simplificar a cobrança, não detém competência para dispor sobre as imunidades. 3. A opção por um regime simplificado de cobrança não pode dar ensejo ao exercício de uma competência de que os entes políticos jamais dispuseram. 4. Recurso extraordinário a que se dá provimento, para, reformando o acórdão recorrido, conceder parcialmente a segurança pleiteada E reconhecer o direito à imunidade constitucional prevista no art. 149, § 2.º, e 153, § 3.º, III, sobre as receitas decorrentes de exportação e sobre a receita oriunda de operações que destinem ao exterior produtos industrializados. 5. Tese fixada: As imunidades previstas nos arts. 149, § 2.º, I, e 153, § 3.º, III, da Constituição Federal são aplicáveis às receitas das empresas optantes pelo Simples Nacional" (RE 598.468/SC, Tema 207, Rel. p/ o acórdão Min. Edson Fachin, j. 22.05.2020).

• "Recurso extraordinário. Repercussão geral. Direito tributário. Imunidade tributária das exportações. contribuições previdenciárias. Receitas decorrentes de exportação. Exportação indireta. *Trading companies*. Art. 22-A, Lei n. 8.212/1991. 1. o melhor discernimento acerca do alcance da imunidade tributária nas exportações indiretas se realiza a partir da compreensão da natureza objetiva da imunidade, que está a indicar que imune não é o contribuinte, 'mas sim o bem quando exportado', portanto, irrelevante se promovida exportação direta ou indireta. 2. A imunidade tributária prevista no art. 149, § 2.º, I, da Constituição, alcança a operação de exportação indireta realizada por *trading companies*, portanto, imune ao previsto no art. 22-A, da Lei n. 8.212/1991. 3. A jurisprudência deste STF (RE 627.815, Pleno, *DJe* 1.º/10/2013 e RE 606.107, *DJe* 25/11/2013, ambos rel. Min. Rosa Weber) prestigia o fomento à exportação mediante uma série de desonerações tributárias que conduzem a conclusão da inconstitucionalidade dos §§ 1.º e 2.º, dos arts. 245 da IN 3/2005 e 170 da IN 971/2009, haja vista que a restrição imposta pela administração tributária não ostenta guarida perante à linha jurisprudencial desta Suprema Corte em relação à imunidade tributária prevista no art. 149, § 2.º, I, da Constituição. 4. Fixação de tese de julgamento para os fins da sistemática da repercussão geral: 'a norma imunizante contida no inciso I do § 2.º do art. 149 da Constituição da República alcança as receitas decorrentes de operações indiretas de exportação caracterizadas por haver participação de sociedade exportadora intermediária'. 5. recurso extraordinário a que se dá provimento" (RE 759.244/SP, Tema 674, Rel. Min. Edson Fachin, j. 12.02.2020).

• "Ação direta de inconstitucionalidade. Direito tributário. Imunidade. Taxa de serviço público. Expedição de carteira de identidade ou registro geral. Atos relacionados ao exercício da cidadania. Gratuidade constitucional. Lei Federal n. 12.687/2012. 1. O Registro Geral (RG) ou carteira de identidade é um documento público emitido para cidadãos nascidos e registrados no Brasil e para nascidos no exterior, que sejam filhos de brasileiros, servindo para confirmar a identidade da pessoa natural, solicitação de outros documentos e exercício de direitos relacionados à cidadania. 2. A gratuidade da emissão da primeira via da carteira de identidade não desborda da legítima liberdade de conformação normativa do Poder Legislativo, tratando-se de mero cumprimento por parte do Poder Público Federal de uma obrigação haurida das esferas constitucional e internacional. Precedentes: ADI 1.800 e ADC 5, ambas com acórdãos redigidos pelo Ministro Ricardo Lewandowski. 3. Os imperativos orçamentários não consistem óbice à constitucionalidade do diploma legislativo impugnado, a despeito de sua importância para a responsabilidade na gestão fiscal. Isso porque as normas imunizantes contêm um comando negativo, de proibição, de modo que não restam dúvidas de sua eficácia plena, salvo excepcionalidade estabelecida no próprio Texto Constitucional. 4. Ação direta de inconstitucionalidade a que se nega procedência" (ADI 4.825/MS, Rel. Min. Edson Fachin, j. 15.12.2016).

• "Ação direta de inconstitucionalidade. Direito tributário. Imunidades tributárias. Taxas. Custas e emolumentos judiciais. Lei Complementar n. 156/1997 do Estado de Santa Catarina. Direito de petição. Obtenção de certidões em repartições públicas, para defesa de direitos ou esclarecimento de situações de interesse pessoal. Art. 5.º, XXXIV, *b*, da Constituição Federal. Nulidade parcial sem redução de texto. 1. Viola o direito de petição previsto no art. 5.º, XXXIV, *b*, da Constituição Federal, a exigência de recolhimento de taxa para emissão de certidão em repartições públicas, para defesa de direitos e esclarecimento de situações de interesse pessoal, porquanto essa atividade estatal está abarcada por regra imunizante de natureza objetiva e política. Precedente: ADI 2.969, de relatoria do Ministro Carlos Britto, *DJe* 22.06.2007. 2. A imunidade refere-se tão somente a certidões solicitadas objetivando a defesa de direitos ou o esclarecimento de situação de interesse pessoal, uma vez que a expedição de certidões voltadas à prestação de informações de interesse coletivo ou geral (art. 5.º, XXXIII) não recebe o mesmo tratamento tributário na Carta Constitucional. 3. Ação direta de inconstitucionalidade a que se dá parcial procedência, para fins de declarar a nulidade do dispositivo, sem redução de texto, de toda e qualquer interpretação do item 02 da Tabela VI da Lei Complementar n. 156/1997, do Estado de Santa Catarina, a qual insira no âmbito de incidência material da hipótese de incidência da taxa em questão a atividade estatal de extração e fornecimento de certidões administrativas para defesa de direitos e esclarecimento de situações de interesse pessoal" (ADI 3.728/SC, Rel. Min. Edson Fachin, j. 03.03.2016).

> **Art. 10.** É vedado à União instituir tributo que não seja uniforme em todo o território nacional, ou que importe distinção ou preferência em favor de determinado Estado ou Município **(1 a 4.1)**.

 ## COMENTÁRIOS

1. *Moldura constitucional.* Art. 151. "É vedado à União: I – instituir tributo que não seja uniforme em todo o território nacional ou que implique distinção ou preferência em relação a Estado, ao Distrito Federal ou a Município, em detrimento de outro, admitida a concessão de incentivos fiscais destinados a promover o equilíbrio do desenvolvimento socioeconômico entre as diferentes regiões do País; II – tributar a renda das obrigações da dívida pública dos Estados, do Distrito Federal e dos Municípios, bem como a remuneração e os proventos dos respectivos agentes públicos, em níveis superiores aos que fixar para suas obrigações e para seus agentes; III – instituir isenções de tributos da competência dos Estados, do Distrito Federal e dos Municípios."

2. *Dispositivo relacionado:* art. 13, parágrafo único, CTN.

3. *Princípio da uniformidade geográfica da tributação.* O dispositivo secunda a norma constitucional insculpida no inciso I do art. 151. Contempla o princípio da uniformidade geográfica da tributação, desdobramento do princípio da *isonomia,* sobre a qual repousa a Federação, forma de Estado traduzida na autonomia recíproca entre União, Estados-membros e, no Brasil, também Municípios.

4. *Outras vedações.* O mesmo art. 151, CR, contempla ainda outras duas vedações endereçadas à União: *(i)* a tributação diferenciada da renda das obrigações da dívida pública dos Estados, do Distrito Federal e dos Municípios, bem como da remuneração e os proventos dos respectivos agentes públicos, em níveis superiores aos que fixar para suas obrigações e para seus agentes (inciso II); e *(ii)* a instituição de isenções de tributos de competência dos Estados, do Distrito Federal ou dos Municípios (inciso III), isto é, a concessão de *isenção heterônoma.*

4.1. *Isenção heterônoma.* É aquela concedida por pessoa política distinta da que detém competência para instituir determinado tributo. A regra é a *isenção autonômica,* a outorgada pela pessoa competente para a instituição do tributo. Se fosse possível à União isentar tributos estaduais e municipais, violadas estariam a autonomia das pessoas políticas e, consequentemente, a Federação. Convém anotar, contudo, que o Texto Fundamental, em sua redação atual, abriga uma única *exceção* ao princípio em foco, hospedada no art. 156, § 3.º, II,[16] que dispõe em relação ao ISSQN, *caber à lei complementar excluir de sua incidência* exportações de serviços para o exterior. A edição da aludida lei complementar compete à União, que está, nessa hipótese, autorizada a conceder isenção do mencionado imposto municipal. A correspondente norma isentiva está contemplada no art. 2.º, I, da Lei Complementar n. 116/2003. Observe-se que, quanto ao ICMS, diversamente, há *imunidade* sobre operações que destinem mercadorias ao exterior e sobre serviços prestados a destinatários no exterior, assegurados a manutenção e o aproveitamento do montante do imposto cobrado nas operações e prestações anteriores (art. 155, § 2.º, X, *a,* CR[17]). Do mesmo modo, no que tange ao IPI na exportação, a hipótese é de *imunidade,* não mera possibilidade de isenção (art. 153, § 3.º, III, CR).

Art. 11. É vedado aos Estados, ao Distrito Federal e aos Municípios estabelecer diferença tributária entre bens de qualquer natureza, em razão da sua procedência ou do seu destino **(1 a 3)**.

 COMENTÁRIOS

1. *Moldura constitucional.* Art. 152. "É vedado aos Estados, ao Distrito Federal e aos Municípios estabelecer diferença tributária entre bens e serviços, de qualquer natureza, em razão de sua procedência ou destino."

---

[16]   V. art. 156-A, incluído pela EC n. 132/2023.

[17]   V. art. 156-A, incluído pela EC n. 132/2023.

2. Princípio da não diferenciação tributária entre bens e serviços em razão de sua procedência ou destino. O dispositivo contempla o princípio da não diferenciação tributária entre bens e serviços em razão de sua procedência ou destino, mais um desdobramento da isonomia, essencial à Federação. Reproduz parcialmente o comando constitucional, cujo espectro é mais amplo, porquanto este coloca não apenas bens, mas também serviços, de qualquer natureza, sob sua proteção. Esse princípio é relevante, por exemplo, com relação à disciplina do ICMS incidente sobre a prestação de serviços de transporte interestadual e intermunicipal.

3. Princípio federativo e tributação. O dispositivo evoca princípio constitucional de grande relevância no direito tributário brasileiro: o princípio federativo (art. 1.º, CR). No Brasil, a Federação apresenta feição peculiar, de *tríplice* ordem jurídico-política, uma vez que os Municípios, igualmente, são politicamente autônomos. Constitui a forma federativa de Estado *cláusula pétrea*, a teor do art. 60, § 4.º, I, CR. O conteúdo do princípio federativo é complementado pelo teor do *princípio da autonomia municipal,* para aqueles que destacam, daquele, o teor deste. Predicando a tais princípios, a isonomia entre as pessoas políticas, sua importância, no âmbito tributário, é destacada, como se constata, por exemplo, no exame de questões pertinentes ao papel da lei complementar, tal como a relativa à uniformidade da disciplina do ITCMD, do ICMS (art. 155, § 1.º, III, *a* e *b*, e § 2.º, XII, CR[18]) e do ISSQN (art. 156, § 3.º, CR[19]), com intuito de evitar a chamada "guerra fiscal".

 ## SUGESTÕES DOUTRINÁRIAS

TRIBUTAÇÃO E PRINCÍPIO FEDERATIVO

Fernando Facury Scaff, Heleno Taveira, Torres, Misabel Derzi e Onofre Alves Batista Júnior (Coord.), *Federalismo (s)em juízo,* Noeses; Misabel Derzi, Onofre Alves Batista Júnior e André Mendes Moreira (Org.), *Estado federal e tributação: das origens à crise atual,* Arraes; Flávio de Azambuja Berti, *Direito Tributário e princípio federativo,* Quartier Latin; Leonardo Nuñez Campos, *Princípio federativo como limite à modificação das competências tributárias,* Dialética.

 ## JURISPRUDÊNCIA ILUSTRATIVA

STF

• "Constitucional e tributário. Imposto sobre operações de circulação de mercadorias e de prestação de serviços de comunicação e de transporte interestadual e intermunicipal (ICMS). Preliminar. Pertinência temática. Presença de relação lógica entre os fins institucionais das requerentes e a questão de fundo versada nos autos. Protocolo ICMS 21/2011. Ato normativo dotado de generalidade, abstração e autonomia. Mérito. Cobrança nas operações interestaduais pelo estado de destino nas hipóteses em que os consumidores finais não se afigurem como contribuintes do tributo. Inconstitucionalidade. Hipótese de bitributação (CRFB/1988, art. 155, § 2.º, VII, b). Ofensa ao princípio do não confisco (CRFB/1988,

---

[18]   V. art. 156-A, incluído pela EC n. 132/2023, com vigência a partir de 2033.
[19]   V. art. 156-A, incluído pela EC n. 132/2023, com vigência a partir de 2033.

art. 150, IV). Ultraje à liberdade de tráfego de bens e pessoas (CRFB/1988, art. 150, V). Vedação à cognominada guerra fiscal (CRFB/1988, art. 155, § 2.º, VI). Ação direta de inconstitucionalidade julgada procedente. Modulação dos efeitos a partir do deferimento da concessão da medida liminar, ressalvadas as ações já ajuizadas. 1. A Confederação Nacional do Comércio – CNC e a Confederação Nacional da Indústria – CNI, à luz dos seus fins institucionais, são partes legítimas para a propositura da ação direta de inconstitucionalidade que impugna o Protocolo ICMS 21, *ex vi* do art. 103, IX, da Lei Fundamental de 1988, posto representarem, em âmbito nacional, os direitos e interesses de seus associados. 2. A modificação da sistemática jurídico-constitucional relativa ao ICMS, inaugurando novo regime incidente sobre a esfera jurídica dos integrantes das classes representadas nacionalmente pelas entidades arguentes, faz exsurgir a relação lógica entre os fins institucionais a que se destinam a CNC/CNI e a questão de fundo versada no Protocolo adversado e *a fortiori* a denominada pertinência temática (Precedentes: ADI 4.364/SC, Plenário, Rel. Min. Dias Toffoli, *DJ* 16.05.2011; ADI 4.033/DF, Plenário, Rel. Min. Joaquim Barbosa, *DJ* 07.02.2011; ADI 1.918/ES-MC, Plenário, Rel. Min. Maurício Corrêa, *DJ* 19.02.1999; ADI 1.003/DF, Plenário, Rel. Min. Celso de Mello, *DJ* 10.09.1999; ADI-MC 1.332/RJ, Plenário, Rel. Min. Sydney Sanches, *DJ* 06.12.1995). 3. O Protocolo ICMS 21/2011 revela-se apto para figurar como objeto do controle concentrado de constitucionalidade, porquanto dotado de generalidade, abstração e autonomia (Precedentes da Corte: ADI 3.691, Plenário, Rel. Min. Gilmar Mendes, *DJ* 09.05.2008; ADI 2.321, Plenário, Rel. Min. Celso de Mello, *DJ* 10.06.2005; ADI 1.372, Plenário, Rel. Min. Celso de Mello, *DJ* 03.04.2009). 4. Os Protocolos são adotados para regulamentar a prestação de assistência mútua no campo da fiscalização de tributos e permuta de informações, na forma do artigo 199 do Código Tributário Nacional, e explicitado pelo artigo 38 do Regimento Interno do CONFAZ (Convênio 138/1997). Aos Convênios atribuiu-se competência para delimitar hipóteses de concessões de isenções, benefícios e incentivos fiscais, nos moldes do artigo 155, § 2.º, XII, *g*, da CRFB/1988 e da Lei Complementar n. 21/1975, hipóteses inaplicáveis *in casu*. 5. O ICMS incidente na aquisição decorrente de operação interestadual e por meio não presencial (internet, telemarketing, *showroom*) por consumidor final não contribuinte do tributo não pode ter regime jurídico fixado por Estados-membros não favorecidos, sob pena de contrariar o arquétipo constitucional delineado pelos arts. 155, § 2.º, VII, *b*, e 150, IV e V, da CRFB/1988. 6. A alíquota interna, quando o destinatário não for contribuinte do ICMS, é devida à unidade federada de origem, e não à destinatária, máxime porque regime tributário diverso enseja odiosa hipótese de bitributação, em que os signatários do protocolo invadem competência própria daquelas unidades federadas (de origem da mercadoria ou bem) que constitucionalmente têm o direito de constar como sujeitos ativos da relação tributária quando da venda de bens ou serviços a consumidor final não contribuinte localizado em outra unidade da Federação. 7. O princípio do não confisco, que encerra direito fundamental do contribuinte, resta violado em seu núcleo essencial em face da sistemática adotada no cognominado Protocolo ICMS 21/2011, que legitima a aplicação da alíquota interna do ICMS na unidade federada de origem da mercadoria ou bem, procedimento correto e apropriado, bem como a exigência de novo percentual, a diferença entre a alíquota interestadual e a alíquota interna, a título também de ICMS, na unidade destinatária, quando o destinatário final não for contribuinte do respectivo tributo. 8. O tráfego de pessoas e bens, consagrado como princípio constitucional tributário (CRFB/1988, art. 150, V), subjaz infringido pelo ônus tributário inaugurado pelo Protocolo ICMS 21/2011 nas denominadas operações não presenciais e interestaduais. 9. A substituição tributária, em geral, e, especificamente, para frente somente pode ser veiculada por meio de Lei Complementar, a teor do art. 155, § 2.º, XII, *b*, da CRFB/1988. *In casu*, o protocolo hostilizado, ao determinar que o estabelecimento remetente é o responsável pela retenção e recolhimento do ICMS em favor da unidade federada destinatária vulnera a exigência de lei em sentido formal (CRFB/1988, art. 150, § 7.º) para instituir uma nova modalidade de substituição. 10. Os Estados-Membros, diante de um cenário que lhes seja desfavorável, não detêm competência constitucional para instituir novas regras de cobrança de ICMS, em confronto com a repartição constitucional estabelecida. 11. A engenharia tributária do ICMS foi chancelada por esta Suprema Corte na ADI 4565/PI-MC, da qual foi relator o Ministro Joaquim Barbosa, assim sintetizada: a) Operações interestaduais cuja mercadoria é destinada a consumidor final contribuinte do imposto: o estado de origem aplica a alíquota interestadual, e o estado de destino aplica a diferença entre a alíquota interna e a alíquota interestadual, propiciando, portanto, tributação concomitante, ou partilha simultânea do tributo; Vale dizer: ambos os Estados cobram o tributo, nas proporções já indicadas; b) Operações interestaduais cuja mercadoria é destinada a consumidor final não contribuinte: apenas o estado de origem cobra o tributo, com a aplicação da alíquota interna; c) Operações interestaduais cuja mercadoria é destinada a quem não é consumidor final: apenas o estado de origem cobra o tributo, com a aplicação da alíquota interestadual; d) Operação envolvendo combustíveis e lubrificantes, há inversão: a competência para cobrança é do estado de destino da mercadoria, e não do estado de origem. 12. A Constituição, diversamente do que fora estabelecido no Protocolo ICMS 21/2011, dispõe categoricamente que a aplicação da alíquota interestadual só tem lugar quando o consumidor final localizado em outro.º Estado for contribuinte do imposto, a teor do art. 155, § 2.º, VII, g, da CRFB/1988. É dizer: outorga-se ao Estado de origem, via de regra, a cobrança da exação nas operações interestaduais, excetuando os casos em que as operações envolverem combustíveis e lubrificantes que ficarão a cargo do Estado de destino. 13. Os imperativos constitucionais relativos ao ICMS se impõem como instrumentos de preservação da higidez do pacto federativo, *et pour cause*, o fato de tratar-se de imposto estadual não confere aos Estados-Membros a prerrogativa de instituir, *sponte sua*, novas regras para a cobrança do imposto, desconsiderando o altiplano constitucional. 14. O Pacto Federativo e a Separação de Poderes, erigidos como limites materiais pelo constituinte originário, restam ultrajados pelo Protocolo 21/2011, tanto sob o ângulo formal quanto material, ao criar um cenário de guerra fiscal difícil de ser equacionado, impondo ao Plenário desta Suprema Corte o dever de expungi-lo do ordenamento jurídico pátrio. 15. Ação direta de inconstitucionalidade julgada procedente. Modulação dos efeitos a partir do deferimento da concessão da medida liminar, ressalvadas as ações já ajuizadas" (ADI 4.628/DF, Rel. Min. Luiz Fux, j. 17.09.2014). V. também RE 680.089/SE, Tema 615, Rel. Min. Gilmar Mendes, j. 17.09.2014.

Tese: "É inconstitucional a cobrança de ICMS pelo Estado de destino, com fundamento no Protocolo ICMS 21/2011 do CONFAZ, nas operações interestaduais de venda de mercadoria ou bem realizadas de forma não presencial a consumidor final não contribuinte do imposto".

• "Ação direta de inconstitucionalidade. Tributário. ICMS. Benefício fiscal. Redução da carga tributária condicionada à origem da industrialização da mercadoria. Saídas internas com café torrado ou moído. Decreto n. 35.528/2004 do Estado do Rio de Janeiro. Violação do art. 152 da Constituição. O Decreto n. 35.528/2004, do Estado do Rio de Janeiro, ao estabelecer um regime diferenciado de tributação para as operações das quais resultem a saída interna de café torrado ou moído, em função da procedência ou do destino de tal operação, viola o art. 152 da Constituição. Ação direta de inconstitucionalidade conhecida e julgada procedente" (ADI 3.389/RJ, Rel. Min. Joaquim Barbosa, j. 06.09.2007).

STJ

• "Tributário. Embargos de divergência em recurso especial. Código de Processo Civil de 2015. Aplicabilidade. ICMS. Créditos presumidos concedidos a título de incentivo fiscal.

Inclusão nas bases de cálculo do Imposto sobre a Renda da Pessoa Jurídica – IRPJ e da Contribuição Social sobre o Lucro Líquido – CSLL. Inviabilidade. Pretensão fundada em atos infralegais. Interferência da união na política fiscal adotada por Estado-membro. Ofensa ao princípio federativo e à segurança jurídica. Base de cálculo. Observância dos elementos que lhes são próprios. Relevância de estímulo fiscal outorgado por ente da federação. Aplicação do princípio federativo. ICMS na base de cálculo do PIS e da Cofins. Inconstitucionalidade assentada em repercussão geral pelo Supremo Tribunal Federal (RE 574.706/PR). Axiologia da *ratio decidendi* aplicável à espécie. Créditos presumidos. Pretensão de caracterização como renda ou lucro. Impossibilidade. I – Controverte-se acerca da possibilidade de inclusão de crédito presumido de ICMS nas bases de cálculo do IRPJ e da CSLL. II – O dissenso entre os acórdãos paradigma e o embargado repousa no fato de que o primeiro manifesta o entendimento de que o incentivo fiscal, por implicar redução da carga tributária, acarreta, indiretamente, aumento do lucro da empresa, insígnia essa passível de tributação pelo IRPJ e pela CSLL; já o segundo considera que o estímulo outorgado constitui incentivo fiscal, cujos valores auferidos não podem se expor à incidência do IRPJ e da CSLL, em virtude da vedação aos entes federativos de instituir impostos sobre patrimônio, renda ou serviços, uns dos outros. III – Ao considerar tal crédito como lucro, o entendimento manifestado pelo acórdão paradigma, da 2.ª Turma, sufraga, em última análise, a possibilidade de a União retirar, por via oblíqua, o incentivo fiscal que o Estado-membro, no exercício de sua competência tributária, outorgou. IV – Tal entendimento leva ao esvaziamento ou redução do incentivo fiscal legitimamente outorgado pelo ente federativo, em especial porque fundamentado exclusivamente em atos infralegais, consoante declinado pela própria autoridade coatora nas informações prestadas. V – O modelo federativo por nós adotado abraça a concepção segundo a qual a distribuição das competências tributárias decorre dessa forma de organização estatal e por ela é condicionada. VI – Em sua formulação fiscal, revela-se o princípio federativo um autêntico sobreprincípio regulador da repartição de competências tributárias e, por isso mesmo, elemento informador primário na solução de conflitos nas relações entre a União e os demais entes federados. VII – A Constituição da República atribuiu aos Estados-membros e ao Distrito Federal a competência para instituir o ICMS – e, por consequência, outorgar isenções, benefícios e incentivos fiscais, atendidos os pressupostos de lei complementar. VIII – A concessão de incentivo por ente federado, observados os requisitos legais, configura instrumento legítimo de política fiscal para materialização da autonomia consagrada pelo modelo federativo. Embora represente renúncia a parcela da arrecadação, pretende-se, dessa forma, facilitar o atendimento a um plexo de interesses estratégicos para a unidade federativa, associados às prioridades e às necessidades locais coletivas. IX – A tributação pela União de valores correspondentes a incentivo fiscal estimula competição indireta com o Estado--membro, em desapreço à cooperação e à igualdade, pedras de toque da Federação. X – O juízo de validade quanto ao exercício da competência tributária há de ser implementado em comunhão com os objetivos da Federação, insculpidos no art. 3.º da Constituição da República, dentre os quais se destaca a redução das desigualdades sociais e regionais (inciso III), finalidade da desoneração em tela, ao permitir o barateamento de itens alimentícios de primeira necessidade e dos seus ingredientes, reverenciando o princípio da dignidade da pessoa humana, fundamento maior da República Federativa brasileira (art. 1.º, III, CR). XI – Não está em xeque a competência da União para tributar a renda ou o lucro, mas, sim, a irradiação de efeitos indesejados do seu exercício sobre a autonomia da atividade tributante de pessoa política diversa, em desarmonia com valores ético-constitucionais inerentes à organicidade do princípio federativo, e em atrito com o princípio da subsidiariedade, que reveste e protege a autonomia dos entes federados. XII – O abalo na credibilidade e na crença no programa estatal proposto pelo Estado-membro acarreta desdobramentos deletérios no campo da segurança jurídica, os quais não podem ser desprezados, porquanto, se o propósito da norma consiste em descomprimir um segmento empresarial de determinada imposição fiscal, é inegável que o ressurgimento do encargo, ainda que sob outro figurino, resultará no repasse dos custos adicionais às mercadorias, tornando inócua, ou quase, a finalidade colimada pelos preceitos legais, aumentando o preço final dos produtos que especifica, integrantes da cesta básica nacional. XIII – A base de cálculo do tributo haverá sempre de guardar pertinência com aquilo que pretende medir, não podendo conter aspectos estranhos, é dizer, absolutamente impertinentes à própria materialidade contida na hipótese de incidência. XIV – Nos termos do art. 4.º da Lei n. 11.945/2009, a própria União reconheceu a importância da concessão de incentivo fiscal pelos Estados-membros e Municípios, prestigiando essa iniciativa precisamente com a isenção do IRPJ e da CSLL sobre as receitas decorrentes de valores em espécie pagos ou creditados por esses entes a título de ICMS e ISSQN, no âmbito de programas de outorga de crédito voltados ao estímulo à solicitação de documento fiscal na aquisição de mercadorias e serviços. XV – O STF, ao julgar, em regime de repercussão geral, o RE 574.706/PR, assentou a inconstitucionalidade da inclusão do ICMS na base de cálculo do PIS e da COFINS, sob o entendimento segundo o qual o valor de ICMS não se incorpora ao patrimônio do contribuinte, constituindo mero ingresso de caixa, cujo destino final são os cofres públicos. Axiologia da *ratio decidendi* que afasta, com ainda mais razão, a pretensão de caracterização, como renda ou lucro, de créditos presumidos outorgados no contexto de incentivo fiscal. XVI – Embargos de divergência desprovidos" (EREsp1.517.492/PR, Rel. p/o acórdão Min. Regina Helena Costa, j. 08.11.2017).

Seção II
Disposições Especiais

Art. 12. O disposto na alínea *a* do inciso IV do art. 9.º, observado o disposto nos seus §§ 1.º e 2.º, é extensivo às autarquias criadas pela União, pelos Estados, pelo Distrito Federal ou pelos Municípios, tão somente no que se refere ao patrimônio, à renda ou aos serviços vinculados às suas finalidades essenciais, ou delas decorrentes **(1 e 2)**.

 COMENTÁRIOS

1. *Moldura constitucional.* Art. 150. "Sem prejuízo de outras garantias asseguradas ao contribuinte, é vedado à União, aos Estados, ao Distrito Federal e aos Municípios: [...] VI – instituir impostos sobre: a) patrimônio, renda ou serviços, uns dos outros; [...] § 2.º A vedação do inciso VI, *a*, é extensiva às autarquias e às fundações instituídas e mantidas pelo Poder Público e à empresa pública prestadora de serviço postal, no que se refere ao patrimônio, à renda e aos serviços, vinculados a suas finalidades essenciais ou às delas decorrentes."[20]

2. *Extensão da imunidade recíproca às autarquias e às fundações instituídas e mantidas pelo Poder Público.* O preceito reitera o disposto no art. 150, § 2.º, CR, que estende a imunidade recíproca às autarquias, o qual introduziu, também, de modo inédito, a extensão da mesma exoneração às fundações instituídas e mantidas pelo Poder Público, no que se

---

[20] Redação dada pela EC n. 132/2023.

refere ao patrimônio, à renda e aos serviços, vinculados às suas finalidades essenciais ou às delas decorrentes. Tal extensão se justifica em razão de as autarquias serem pessoas jurídicas de direito público, sujeitas, portanto, ao mesmo regime jurídico das entidades que compõem a Administração Direta ou Centralizada – o regime jurídico de direito público. Também às fundações públicas se aplica a exoneração constitucional, uma vez que, essencialmente, assemelham-se às autarquias. A teor do § 3.º do mesmo art. 150, CR, a imunidade recíproca aplica-se às empresas estatais cujo objeto seja a prestação de serviço público. Nessa linha, a EC n. 132/2023 incluiu referência expressa à empresa pública prestadora de serviço postal. V. comentários ao art. 9.º, IV, item 5.1.

 JURISPRUDÊNCIA ILUSTRATIVA

STF

• Súmula n. 583: "Promitente-comprador de imóvel residencial transcrito em nome de autarquia é contribuinte do Imposto Predial e Territorial Urbano".

• Súmula n. 75: "Sendo vendedora uma autarquia, a sua imunidade fiscal não compreende o Imposto de Transmissão *Inter Vivos*, que é encargo do comprador".

> **Art. 13.** O disposto na alínea *a* do inciso IV do art. 9.º não se aplica aos serviços públicos concedidos, cujo tratamento tributário é estabelecido pelo poder concedente, no que se refere aos tributos de sua competência, ressalvado o que dispõe o parágrafo único **(1 e 2)**.
>
> Parágrafo único. Mediante lei especial e tendo em vista o interesse comum, a União pode instituir isenção de tributos federais, estaduais e municipais para os serviços públicos que conceder, observado o disposto no § 1.º do art. 9.º **(3)**.

 COMENTÁRIOS

1. *Moldura constitucional.* Art. 150. "Sem prejuízo de outras garantais asseguradas ao contribuinte, é vedado à União, aos Estados, ao Distrito Federal e aos Municípios: [...] VI – instituir impostos sobre: patrimônio, renda e serviços, uns dos outros; [...] § 3.º As vedações do inciso VI, *a*, e do parágrafo anterior não se aplicam ao patrimônio, à renda e aos serviços, relacionados com exploração de atividades econômicas regidas pelas normas aplicáveis a empreendimentos privados, ou em que haja contraprestação ou pagamento de preços ou tarifas pelo usuário, nem exonera o promitente comprador da obrigação de pagar imposto relativamente ao bem imóvel; [...] Art. 151. É vedado à União: [...] III – instituir isenções de tributos da competência dos Estados, do Distrito Federal ou dos Municípios. [...] Art. 155. Compete aos Estados e ao Distrito Federal instituir impostos sobre: [...] II – operações relativas à circulação de mercadorias e sobre prestações de serviços de transporte interestadual e intermunicipal e de comunicação, ainda que as operações e prestações se iniciem no exterior; [...] § 2.º O imposto previsto no inciso II atenderá ao seguinte: [...] XII – cabe à lei complementar: [...] e) excluir da incidência do imposto, nas exportações para o exterior, serviços e outros produtos além dos mencionados no inciso X, *a*. Art. 156. Compete aos Municípios instituir impostos sobre: [...] III – serviços de qualquer natureza, não compreendidos no art. 155, II, definidos em lei complementar; [...] § 3.º Em relação ao imposto previsto no inciso III do *caput* deste artigo, cabe à lei complementar: [...] II – excluir da sua incidência exportações de serviços para o exterior."[21]

2. Não extensão da imunidade recíproca às empresas estatais que explorem atividade econômica. O preceito aclara os limites da exoneração constitucional contida no § 3.º do art. 150, no intuito de impedir que dela se beneficiem atividades sujeitas ao regime jurídico de direito privado. Assinale-se que a empresa estatal, prestadora de serviço público, equipara-se à pessoa política para efeito de fruição da imunidade, conforme orientações doutrinária e jurisprudencial. V. comentários ao art. 9.º, IV, item 5.1.

3. *Dispositivo não recepcionado pela Constituição de 1988.* A norma contida no parágrafo único, que estatui que, "mediante lei especial e tendo em vista o interesse comum, a União pode instituir isenção de tributos federais, estaduais e municipais para os serviços públicos que conceder, observado o disposto no § 1.º do art. 9.º", por sua vez, não foi recepcionada pela Constituição de 1988, que veda, como regra, a hipótese de a União conceder *isenções heterônomas*, vale dizer, referentes a tributos de competência de outras pessoas políticas (art. 151, III, CR). A única hipótese de isenção heterônoma, contemplada atualmente na Constituição, é a do art. 156, § 3.º, II (ISSQN na exportação de serviços de qualquer natureza). V. comentários ao art. 10, CTN.

Art. 14. O disposto na alínea *c* do inciso IV do art. 9.º é subordinado à observância dos seguintes requisitos pelas entidades nele referidas **(1 a 4.3)**:

I – não distribuírem qualquer parcela de seu patrimônio ou de suas rendas, a qualquer título;

* Inciso I com redação determinada pela LC n. 104/2001.

II – aplicarem integralmente, no País, os seus recursos na manutenção dos seus objetivos institucionais;

III – manterem escrituração de suas receitas e despesas em livros revestidos de formalidades capazes de assegurar sua exatidão.

§ 1.º Na falta de cumprimento do disposto neste artigo, ou no § 1.º do art. 9.º, a autoridade competente pode suspender a aplicação do benefício.

§ 2.º Os serviços a que se refere a alínea *c* do inciso IV do art. 9.º são exclusivamente, os diretamente relacionados com os objetivos institucionais das entidades de que trata este artigo, previsto nos respectivos estatutos ou atos constitutivos.

 COMENTÁRIOS

1. *Moldura constitucional.* Art. 150. "Sem prejuízo de outras garantias asseguradas ao contribuinte, é vedado à União, aos Estados, ao Distrito Federal e aos Municípios: [...] VI – instituir impostos sobre: [...] c) patrimônio, renda ou serviços dos partidos políticos, inclusive suas fundações, das entidades sindicais dos trabalhadores, das instituições de educação e de assistência social, sem fins lucrativos, atendidos os requisitos da lei; [...] § 4.º As

---

[21] V. art. 156-A, incluído pela EC n. 132/2023.

vedações expressas no inciso VI, alíneas *b* e *c*, compreendem somente o patrimônio, a renda e os serviços, relacionados com as finalidades essenciais das entidades nelas mencionadas."

2. Dispositivos relacionados: arts. 9.º, IV, *c*, e 113, § 2.º, CTN.

3. Legislação básica: arts. 12 a 14 da Lei n. 9.532/1997 e Lei Complementar n. 187/2021.

4. Requisitos para a fruição das imunidades condicionáveis. O preceito regulamenta as normas imunizantes contempladas no art. 150, VI, *c*, CR, relativas ao patrimônio, renda ou serviços dos partidos políticos, inclusive suas fundações, das entidades sindicais de traba-lhadores, das instituições de educação e de assistência social, sem fins lucrativos, atendidos os requisitos de lei. Observe-se que o § 4.º do art. 150 acrescenta que a vedação compreende somente o patrimônio, a renda e os serviços relacionados com as finalidades essenciais das entidades mencionadas.

4.1. Requisitos constitucionais. V. comentários ao art. 9.º, IV, *c*, CTN.

4.2. Requisitos legais. A cláusula "atendidos os requisitos da lei", contida no final do preceito inserto no art. 150, VI, *c*, aplicável a todas as pessoas nele mencionadas, autoriza a contenção dos efeitos da norma, estatuindo caber à lei a fixação de outros requisitos para a fruição da imunidade além dos estampados na Lei Maior. A norma imunizante em foco qualifica-se como *norma constitucional de eficácia contida ou restringível* – vale dizer, aquela passível de contenção de seus efeitos pelo advento da lei veiculadora das restrições admissíveis pelo Texto Fundamental. Portanto, as imunidades que defluem do art. 150, VI, *c*, são melhor qualificáveis como *condicionáveis*, e não como condicionadas. Esses requisitos, presentemente, são os constantes do art. 14, recepcionado pela Lei Maior com fundamento no art. 146, II – e, portanto, considerado lei complementar em sentido material, cuja redação do inciso I foi aperfeiçoada pela Lei Complementar n. 104/2001 – e da Lei Complementar n. 187/2021, art. 3.º. V. comentários ao art. 9.º, IV, *c*, CTN e item 4.2.6. *infra*.

4.2.1. Espécie legislativa para a veiculação dos requisitos de fruição da imunidade. Debate-se, ademais, acerca da espécie legislativa adequada a veicular tais requisitos. Há duas vertentes básicas sobre o assunto: uma que proclama que somente possa a *lei complementar* disciplinar tais limitações, e outra que sustenta que *tanto a lei complementar quanto a lei ordinária podem atuar nesse âmbito*, cumprindo diferentes papéis. A orientação que se nos apresenta mais adequada tem sido a de que a "lei" a que se refere o art. 150, VI, *c*, é lei com-plementar, escorada no fundamento de que, sendo a imunidade limitação constitucional ao poder de tributar, aplica-se o disposto no art. 146, II, CR. Pensamos que a cláusula "aten-didos os requisitos de lei", contida no art. 150, VI, *c*, refere-se, efetivamente, aos requisitos que podem ser estabelecidos para condicionar a fruição do benefício, já que a norma trata, exatamente, dos entes contemplados com a exoneração tributária em matéria de impostos que recaiam sobre seu patrimônio, renda e serviços. Parece-nos que essa cláusula não se reporta às condições para a existência e legalização da pessoa imune – e, assim, desinfluente para o tema em análise afirmar que estas podem ser estabelecidas por lei ordinária. Se assim é, resta inafastável a aplicação da norma inserta no art. 146, II, na hipótese, sendo de se reconhecer como irrefutável o argumento supramencionado, segundo o qual não é plausível admitir que limitações constitucionais ao poder de tributar possam ser disciplinadas pelas próprias pessoas delas destinatárias. Esse o entendimento firmado pelo STF (*e.g.* RE 566.622/RS, j. 23.02.2017; v. embargos de declaração acolhidos em 18.12.2019).

4.2.2. Ausência de finalidade lucrativa. As exigências contidas nos incisos I e II desse artigo – não distribuição de qualquer parcela de seu patrimônio ou de suas rendas, a qual-quer título e aplicação integral, no País, de seus recursos, na manutenção de seus objetivos institucionais, versam exatamente sobre o requisito da ausência de finalidade lucrativa, posto constitucionalmente. A não distribuição de qualquer parcela de seu patrimônio ou de suas rendas a qualquer título caracteriza a ausência de finalidade lucrativa, mas não se confunde com a existência de lucro, necessário e mesmo indispensável para a melhor realização de seus fins. Vale observar, ainda, que a ausência de finalidade lucrativa é requisito a ser preenchido tão somente pelas instituições de educação e de assistência social, uma vez que os partidos políticos e suas fundações, bem como as entidades sindicais de trabalhadores, são entes que, por sua própria natureza, não objetivam lucro.

4.2.3. *Relação com as finalidades essenciais.* A imunidade em foco compreende somente o patrimônio, a renda e os serviços relacionados com suas *finalidades essenciais*. Trata-se da segunda exigência constitucional comum para a fruição do benefício – de que esses elementos se relacionem com as finalidades essenciais da entidade, com os objetivos inerentes à sua própria natureza, isto é, os propósitos que levaram à sua instituição. Observe-se, ainda, que a exigência de que o patrimônio, a renda e os serviços da entidade estejam relacionados com as finalidades essenciais foi "constitucionalizada", a teor do disposto no art. 150, § 4.º, CR.

4.2.4. *Manutenção da escrituração de suas receitas e despesas em livros revestidos de formalidades capazes de assegurar sua exatidão.* A exigência inserta no inciso III do mesmo comando legal reporta-se a *dever instrumental tributário*, instituído com vista a assegurar o controle da fruição do benefício. V. comentários ao art. 113, § 2.º, CTN (obrigação acessória).

4.2.5. *Requisitos da Lei n. 9.532/1997.* A Lei n. 9.532/1997 veio disciplinar o assunto, em seus arts. 12 a 14. No entanto, como o art. 146, II, CR, estatui caber à lei complementar "regular as limitações constitucionais ao poder de tributar", é esse o veículo legislativo que deverá estabelecer tais requisitos para a fruição das imunidades por instituições de educação e de assistência social. O STF, na ADIn 2.028-5/DF, conheceu da ação direta como arguição de preceito fundamental e julgou procedente o pedido, para declarar a inconstitucionalidade do art. 1.º da Lei n. 9.732/1998, na parte em que alterou o art. 55, III, da Lei n. 8.212/1991 e acrescentou-lhe os §§ 3.º, 4.º e 5.º, bem como dos arts. 4.º, 5.º e 7.º da Lei n. 9.732/1998 (Rel. Min. Rosa Weber, j. 03.03.2017). Anote-se que a Lei n. 12.101/2009 revogou o art. 55 da Lei n. 8.212/1991 e teve dispositivos declarados inconstitucionais (ADI 4.480/DF, Rel. Min. Gilmar Mendes, j. 08.02.2021). A tese de que os requisitos para a fruição da imunidade devem estar previstos em lei complementar foi confirmada no julgamento do RE 566.622/RS (j. 23.02.2017; v. embargos de declaração acolhidos em 18.12.2019).

4.2.6. *Requisitos da Lei Complementar n. 187/2021.* A Lei Complementar n. 187/2021 revogou a Lei n. 12.101/2009 e, ao regulamentar a imunidade relativa às entidades beneficentes, no tocante às contribuições para a seguridade social, define como entidades beneficentes as que atuem nas áreas da saúde, da educação e da assistência social, certificadas consoante as suas normas e que atendam os seguintes requisitos: "I – não percebam seus dirigentes estatutários, conselheiros, associados, instituidores ou benfeitores remuneração, vantagens ou benefícios, direta ou indiretamente, por qualquer forma ou título, em razão das competências, das funções, ou das atividades que lhes sejam atribuídas pelos respectivos atos constitutivos; II – apliquem suas rendas, seus recursos e eventual superávit integralmente no território nacional, na manutenção e no desenvolvimento de seus objetivos institucionais; III – apresentem certidão negativa ou certidão positiva com efeito de negativa de débitos relativos aos tributos administrados pela Secretaria Especial da Receita Federal do Brasil e ela Procuradoria-Geral da Fazenda Nacional, bem como comprovação de regularidade do Fundo de Garantia do Tempo de Serviço (FGTS); IV – mantenham escrituração contábil regular que registre as receitas e as despesas, bem como o registro em gratuidade, de forma segregada, em consonância com as normas do Conselho Federal de Contabilidade e com a legislação fiscal em vigor; V – não distribuam a seus conselheiros, associados, instituidores ou benfeitores seus resultados, dividendos, bonificações, participações ou parcelas do seu patrimônio, sob qualquer forma ou pretexto, e, na hipótese de prestação de serviços a terceiros, públicos ou privados, com ou sem cessão de mão de obra, não transfiram a esses terceiros os benefícios relativos à imunidade prevista no § 7.º do art. 195 da Constituição Federal; VI – conservem, pelo prazo de 10 (dez) anos, contado da data de sua emissão, os documentos que comprovem a origem e o registro de seus recursos e os relativos a atos ou a operações realizadas que impliquem modificação da situação patrimonial; VII – apresentem as demonstrações contábeis e financeiras devidamente auditadas por auditor independente legalmente habilitado nos Conselhos Regionais de Contabilidade, quando a receita bruta anual auferida for superior ao limite fixado pelo inciso II do *caput* do art. 3.º da Lei Complementar n. 123, de 14 de dezembro de 2006; e VIII – prevejam, em seus atos constitutivos, em caso de dissolução ou extinção, a destinação do eventual patrimônio remanescente a entidades beneficentes certificadas ou a entidades públicas". Tal disciplina detalha os requisitos contidos no art. 14 CTN e atende à exigência segundo a qual os requisitos para a fruição da imunidade devem ser veiculados em lei complementar (RE 566.622/RS, j. 23.02.2017; e embargos de declaração acolhidos em 18.12.2019).

4.3. *"Suspensão" da imunidade. Crítica ao dispositivo*. O § 1.º do art. 9.º, CTN, ao qual faz remissão o § 1.º do art. 14, prescreve que as imunidades não excluem a atribuição, por lei, às entidades beneficiadas, "da condição de responsáveis pelos tributos que lhes caiba reter na fonte, e não as dispensa da prática de atos, previstos em lei, assecuratórios do cumprimento de obrigações tributárias por terceiros". Em outras palavras, tais entidades não se eximem da condição de *responsáveis* pelo recolhimento de tributos devidos por outrem, nem do cumprimento de deveres instrumentais tributários. Não se pode deixar de criticar a dicção do § 1.º do art. 14, CTN, por levar ao equivocado entendimento segundo o qual a autoridade administrativa pode "suspender" a aplicação da imunidade – o que se apresenta inadequado diante do significado das situações de intributabilidade determinadas pela própria Constituição. Cuidando-se de tema constitucional, sobre o qual mesmo o legislador infraconstitucional pouco pode interferir (somente para conter a eficácia da norma, estabelecendo requisitos a serem atendidos pelos sujeitos beneficiados, quando assim autorizado), não se permite ao administrador tributário outorgar, suspender ou indeferir a aplicação da imunidade. Ou ela se aplica, por adequar-se a situação de fato à hipótese constitucional e por terem sido atendidos os requisitos legais, se postos, nada mais restando à Administração Fiscal senão declará-la; ou não se aplica, por não ter ocorrido a subsunção da situação de fato à norma constitucional ou por não terem sido cumpridas as exigências legais. Logo, não fica vinculado a qualquer atuação administrativa o direito à fruição da imunidade – pelo que, se, por deficiência de fiscalização, a autoridade administrativa não "suspender o benefício" de ente que não venha cumprindo os requisitos constitucionais ou legais, não será ele imune, ainda que não haja decisão administrativa a respeito. Em consequência, se o ente preenchia, inicialmente, as condições para a fruição da exoneração tributária e tendo havido, no entender do Fisco, alteração de sua situação, qualquer decisão administrativa somente poderá ser tomada em observância ao contraditório e à ampla defesa (art. 5.º, LV, CR).

 JURISPRUDÊNCIA ILUSTRATIVA

STF

• Súmula Vinculante n. 52: "Ainda quando alugado a terceiros, permanece imune ao IPTU o imóvel pertencente a qualquer das entidades referidas pelo art. 150, VI, *c*, da Constituição Federal, desde que o valor dos aluguéis seja aplicado nas atividades para as quais tais entidades foram constituídas".

• "Ação direta de inconstitucionalidade. Pertinência temática verificada. Alteração legislativa. Ausência de perda parcial do objeto. Imunidade. Art. 150, VI, *c*, da CF. Arts. 12, 13 e 14 da Lei n. 9.532/1997. Requisitos da imunidade. Reserva de lei complementar. Art. 146, II, da CF. Limitações constitucionais ao poder de tributar. Inconstitucionalidades formal e material. Ação direta parcialmente procedente. Confirmação da medida cautelar. 1. Com o advento da Constituição de 1988, o constituinte dedicou uma seção específica às "limitações do poder de tributar" (art. 146, II, CF) e nela fez constar a imunidade das instituições de assistência social. Mesmo com a referência expressa ao termo "lei", não há mais como sustentar que inexiste reserva de lei complementar. No que se refere aos impostos, o maior rigor do quórum qualificado para a aprovação dessa importante regulamentação se justifica para se dar maior estabilidade à disciplina do tema e dificultar sua modificação, estabelecendo regras nacionalmente uniformes e rígidas. 2. A necessidade de lei complementar para disciplinar as limitações ao poder de tributar não impede que o constituinte selecione matérias passíveis de alteração de forma menos rígida, permitindo uma adaptação mais fácil do sistema às modificações fáticas e contextuais, com o propósito de velar melhor pelas finalidades constitucionais. Nos precedentes da Corte, prevalece a preocupação em respaldar normas de lei ordinária direcionadas a evitar que falsas instituições de assistência e educação sejam favorecidas pela imunidade. É necessário reconhecer um espaço de atuação para o legislador ordinário no trato da matéria. 3. A orientação prevalecente no recente julgamento das ADIs 2.028/DF, 2.036/DF, 2.228/DF e 2.621/DF é no sentido de que os artigos de lei ordinária que dispõem sobre o modo beneficente (no caso de assistência e educação) de atuação das entidades acobertadas pela imunidade, especialmente aqueles que criaram contrapartidas a serem observadas pelas entidades, padecem de vício formal, por invadir competência reservada a lei complementar. Os aspectos procedimentais necessários à verificação do atendimento das finalidades constitucionais da regra de imunidade, tais como as referentes à certificação, à fiscalização e ao controle administrativo, continuam passíveis de definição por lei ordinária. 4. São inconstitucionais, por invadir campo reservado a lei complementar de que trata o art. 146, II, da CF: *(i)* a alínea *f* do § 2.º do art. 12, por criar uma contrapartida que interfere diretamente na atuação da entidade; o art. 13, *caput*, e o art. 14, ao prever a pena se suspensão do gozo da imunidade nas hipóteses que enumera. 5. Padece de inconstitucionalidade formal e material o § 1.º do art. 12 da Lei n. 9.532/1997, com a subtração da imunidade de acréscimos patrimoniais abrangidos pela vedação constitucional de tributar. 6. Medida cautelar confirmada. Ação direta julgada parcialmente procedente, com a declaração *(i)* da inconstitucionalidade formal da alínea *f* do § 2.º do art. 12; do *caput* do art. 13; e do art. 14; bem como *(ii)* da inconstitucionalidade formal e material do art. 12, § 1.º, todos da Lei n. 9.532/1991, sendo a ação declarada improcedente quanto aos demais dispositivos legais" (ADI 1.802/DF, Rel. Min. Dias Toffoli, j. 12.04.2018).

• "Ação direta de inconstitucionalidade. Conversão em arguição de descumprimento de preceito fundamental. Conhecimento. Imunidade. Contribuições sociais. Arts. 146, II, e 195, § 7.º, da Constituição Federal. Regulamentação. Lei n. 8.212/1991 (art. 55). Decreto n. 2.536/1998 (arts. 2.º, IV, 3.º, VI, §§ 1.º e 4.º e parágrafo único). Decreto n. 752/1993 (arts. 1.º, IV, 2.º, IV e §§ 1.º e 3.º, e 7.º, § 4.º). Entidades beneficentes de assistência social. Distinção. Modo de atuação das entidades de assistência social. Tratamento por lei complementar. Aspectos meramente procedimentais. Regramento por lei ordinária. Nos exatos termos do voto proferido pelo eminente e saudoso Ministro Teori Zavascki, ao inaugurar a divergência: 1. '[...] fica evidenciado que (a) entidade beneficente de assistência social (art. 195, §

7.º) não é conceito equiparável a entidade de assistência social sem fins lucrativos (art. 150, VI); (b) a Constituição Federal não reúne elementos discursivos para dar concretização segura ao que se possa entender por modo beneficente de prestar assistência social; (c) a definição desta condição modal é indispensável para garantir que a imunidade do art. 195, § 7.º, da CF cumpra a finalidade que lhe é designada pelo texto constitucional; e (d) esta tarefa foi outorgada ao legislador infraconstitucional, que tem autoridade para defini-la, desde que respeitados os demais termos do texto constitucional.' 2. 'Aspectos meramente procedimentais referentes à certificação, fiscalização e controle administrativo continuam passíveis de definição em lei ordinária. A lei complementar é forma somente exigível para a definição do modo beneficente de atuação das entidades de assistência social contempladas pelo art. 195, § 7.º, da CF, especialmente no que se refere à instituição de contrapartidas a serem observadas por elas.' 3. Procedência da ação 'nos limites postos no voto do Ministro Relator'. Arguição de descumprimento de preceito fundamental, decorrente da conversão da ação direta de inconstitucionalidade, integralmente procedente" (ADI 2.028/DF, Red. p/ o acórdão Min. Rosa Weber, j. 02.03.2017).

• "Imunidade. Disciplina. Lei complementar. Ante a Constituição Federal, que a todos indistintamente submete, a regência de imunidade faz-se mediante lei complementar" (RE 566.622/RS, Tema 32, Rel. Min. Marco Aurélio, j. 23.02.2017).

Tese: "Os requisitos para o gozo de imunidade hão de estar previstos em lei complementar".

> **Art. 15.** Somente a União, nos seguintes casos excepcionais, pode instituir empréstimos compulsórios **(1 a 3.3)**:
>
> I – guerra externa, ou sua iminência;
>
> II – calamidade pública que exija auxílio federal impossível de atender com os recursos orçamentários disponíveis;
>
> III – conjuntura que exija a absorção temporária de poder aquisitivo.
>
> Parágrafo único. A lei fixará obrigatoriamente o prazo do empréstimo e as condições de seu resgate, observando, no que for aplicável, o disposto nesta Lei. **(4)**

 ## COMENTÁRIOS

1. *Moldura constitucional.* Art. 148: "A União, mediante lei complementar, poderá instituir empréstimos compulsórios: I – para atender a despesas extraordinárias, decorrentes de calamidade pública, de guerra externa ou sua iminência; II – no caso de investimento público de caráter urgente e de relevante interesse nacional, observado o disposto no art. 150, III, *b*. Parágrafo único. A aplicação dos recursos provenientes de empréstimo compulsório será vinculada à despesa que fundamentou sua instituição. [...] Art. 150. Sem prejuízo de outras garantias asseguradas ao contribuinte, é vedado à União, aos Estados, ao Distrito Federal e aos Municípios: [...] V – utilizar tributo com efeito de confisco; [...] Art. 154. A União poderá instituir: [...] II – na iminência ou no caso de guerra externa, impostos extraordinários, compreendidos ou não em sua competência tributária, os quais serão suprimidos, gradativamente, cessadas as causas de sua criação."

2. Empréstimo compulsório. Considerações gerais. O empréstimo compulsório constitui categoria tributária excepcional, por duas razões: *(i)* a exigência de *lei complementar* para sua instituição, o que revela maior rigor, uma vez que, em regra, é a lei ordinária o veículo para a instituição de tributos; e *(ii)* somente pode ter por fundamento as *situações extraordinárias* expressamente indicadas, nas quais sobreleva o requisito de *urgência*, restritivo de seu cabimento. Observe-se que o art. 15, CTN, foi parcialmente revogado pela Constituição em dois aspectos: *(i)* o texto constitucional passou a exigir lei complementar para a instituição do tributo em foco; e *(ii)* a hipótese extremamente ampla de "conjuntura que exija a absorção temporária de poder aquisitivo", que fundamentou, no passado, uma série de empréstimos compulsórios, posteriormente declarados inconstitucionais, não foi recepcionada pelo texto constitucional em vigor.

3. Modalidades. São duas as modalidades de empréstimo compulsório previstas na Constituição, com regimes jurídicos distintos no que tange à observância, ou não, do princípio da anterioridade da lei tributária, genérica e especial, insculpidos no art. 150, III, *b* e *c*, CR. A EC n. 42/2003 introduziu a chamada *anterioridade especial*, de noventa dias, aplicável aos tributos em geral, nos termos do art. 150, III, *c*, consignando as exceções à sua observância no art. 150, § 1.º, dentre as quais figura o empréstimo compulsório para o atendimento de despesas extraordinárias, instituído com fundamento no art. 148, I, CR.

3.1. *Empréstimo compulsório para atender a despesas extraordinárias.* A primeira modalidade de empréstimo compulsório apresenta-o como instrumento de geração de receita para o atendimento de despesas extraordinárias, referentes à calamidade pública, guerra externa ou sua iminência. Os incisos I e II do dispositivo em comento conformam--se a essa regra-matriz de incidência. Nessa hipótese, não há referência à obrigatoriedade de observância da anterioridade, o que nos parece dispensável, diante da natureza da urgência revelada nas hipóteses autorizadoras de sua instituição. Entretanto, o art. 150, § 1.º, em sua redação atual, consigna expressamente sua não submissão ao princípio. Note-se que as situações de guerra externa ou sua iminência também autorizam a instituição de impostos extraordinários (art. 154, II, CR).

3.2. *Empréstimo compulsório para investimento público de caráter urgente e de relevante interesse nacional.* A segunda modalidade desse tributo, por sua vez, não encontra previsão no CTN. Refere-se a investimento público de caráter urgente e de relevante interesse nacional e, nesse caso, a Constituição impõe a observância do princípio da anterioridade da lei tributária. Note-se ser de difícil compatibilização a *noção de urgência com a de anterioridade*: a primeira noção significa que não se pode esperar para a instituição do tributo; a segunda, no entanto, determina o aguardo do exercício financeiro seguinte para que a exigência fiscal torne-se eficaz. Portanto, forçoso reconhecer que o regramento estabelecido para essa modalidade de empréstimo compulsório torna sua instituição pouco viável.

3.3. *Empréstimo compulsório em razão de conjuntura que exija a absorção temporária de poder aquisitivo.* A hipótese contida no inciso III não foi recepcionada pela Constituição de 1988 e, portanto, encontra-se revogada.

4. *Conteúdo da lei instituidora do empréstimo compulsório.* O preceito contido no parágrafo único continua em vigor, pois é norma geral em matéria de legislação tributária, prescrevendo que a lei fixará obrigatoriamente o prazo do empréstimo e as condições de seu resgate. Explicita, portanto, que o tributo é *restituível*. A devolução do montante pago a esse título deverá ser feita em moeda corrente e integralmente, sob pena de caracterizar-se *confisco*, constitucionalmente vedado (art. 150, IV, CR).

JURISPRUDÊNCIA ILUSTRATIVA

STJ

• "Processual civil. Recurso especial representativo de controvérsia. Art. 543-C do CPC. Tributário. Empréstimo compulsório da Eletrobrás. Restituição do valor recolhido pelo contribuinte. Cessão de crédito. Possibilidade. Impedimento legal. Inexistência. Disponibilidade do direito de crédito. Art. 286 do Código Civil. Substituição do sujeito passivo da relação jurídica tributária. Não ocorrência. Compensação dos débitos no consumo de energia. Ausência de previsão no título executivo. Coisa julgada. Impossibilidade. Recurso especial não provido. 1. A jurisprudência das Turmas que compõem a Primeira Seção do Superior Tribunal de Justiça é no sentido de que os créditos decorrentes da obrigação de devolução do empréstimo compulsório, incidente sobre o consumo de energia elétrica, podem ser cedidos a terceiros, uma vez inexistente impedimento legal expresso à transferência ou à cessão dos aludidos créditos, nada inibindo a incidência das normas de direito privado à espécie, notadamente o art. 286 do Código Civil. 2. O art. 286 do Código Civil autoriza a cessão de crédito, condicionada a notificação do devedor. Da mesma forma, a legislação processual permite ao cessionário promover ou prosseguir na execução 'quando o direito resultante do título executivo lhe foi transferido por ato entre vivos' (art. 567, II, do CPC). 3. No caso em exame, a discussão envolve relação processual entre o credor (possuidor de um título judicial exequível) e o devedor, cuja obrigação originou-se de vínculo público, qual seja, o empréstimo compulsório à Eletrobrás, denominação, por si, reveladora de sua natureza publicística, cogente, imperativa, a determinar o dever de 'emprestar' os valores respectivos, nas condições impostas pela legislação de regência. 4. A liberdade da cessão de crédito constitui a regra, em nosso ordenamento jurídico, tal como resulta da primeira parte do art. 286 do vigente CC, cujo similar era o art. 1.065 do CC de 1916, o que, de resto, é corroborado, em sua compreensão, pelos arts. 100, § 13, da CF e 78 do ADCT, que preveem a cessão de créditos consubstanciados em precatórios. A natureza da obrigação, a vedação legal expressa e cláusula contratual proibitiva constituem as exceções. 5. No caso em exame, não se verifica nenhuma exceção, uma vez que a transferência ocorreu após o trânsito em julgado da ação de conhecimento. 6. A regra contida no art. 123 do CTN, que dispõe sobre a inoponibilidade das convenções particulares à Fazenda Pública, em matéria tributária, destina-se a evitar acordo entre particulares, que poderiam alterar a responsabilidade tributária para com a Fazenda. Seus destinatários são os sujeitos passivos das obrigações tributárias, o que não é o caso dos autos. 7. O art. 173, § 1.º, II, da Constituição Federal submete as sociedades de economia mista (natureza jurídica da Eletrobrás) ao regime jurídico próprio das empresas privadas, inclusive quanto aos direitos e obrigações civis, comerciais, trabalhistas e tributários, o que robustece, mais ainda, a aplicação da regra inscrita na primeira parte do art. 286 do Código Civil ao caso, observado, obviamente, o art. 290 do mesmo código. 8. *In casu*, sob o manto da coisa julgada, verifica-se que no título executivo, base da execução, não se facultou à devedora a compensação dos débitos com valores resultantes do consumo de energia, o que afasta a alegação de ofensa às normas contidas nos §§ 2.º e 3.º do art. 2.º do DL 1.512/1976. 9. Recurso especial não provido. Acórdão submetido ao regime do art. 543-C do CPC e da Resolução STJ 8/2008" (REsp 1.119.558/SC, Tema Repetitivo 368, Rel. p/o acórdão Min. Arnaldo Esteves Lima, j. 09.05.2012).

Tese Jurídica: "Os créditos decorrentes da obrigação de devolução do empréstimo compulsório, incidente sobre o consumo de energia elétrica, podem ser cedidos a terceiros, uma vez inexistente impedimento legal expresso à transferência ou à cessão dos aludidos créditos, nada inibindo a incidência das normas de direito privado à espécie, notadamente o art. 286 do Código Civil".

TÍTULO III
Impostos

Capítulo I
Disposições Gerais

Art. 16. Imposto é o tributo cuja obrigação tem por fato gerador uma situação independente de qualquer atividade estatal específica, relativa ao contribuinte (**1 a 5.5.5.2.5.2**).

 COMENTÁRIOS

1. *Moldura constitucional*. Art. 145. "A União, os Estados, o Distrito Federal e os Municípios poderão instituir os seguintes tributos: I – impostos; [...] § 1.º Sempre que possível, os impostos terão caráter pessoal e serão graduados segundo a capacidade econômica do contribuinte, facultado à administração tributária, especialmente para conferir efetividade a esses objetivos, identificar, respeitados os direitos individuais e nos termos da lei, o patrimônio, os rendimentos e as atividades econômicas do contribuinte. [...] Art. 153. Compete à União instituir impostos sobre: I – importação de produtos estrangeiros; II – exportação, para o exterior, de produtos nacionais ou nacionalizados; III – renda e proventos de qualquer natureza; IV – produtos industrializados; V – operações de crédito, câmbio e seguro, ou relativas a títulos ou valores mobiliários; VI – propriedade territorial rural; VII – grandes fortunas, nos termos de lei complementar; VIII – produção, extração, comercialização ou importação de bens e serviços prejudiciais à saúde ou ao meio ambiente, nos termos de lei complementar.[1] [...] Art. 154. A União poderá instituir: I – mediante lei complementar, impostos não previstos no artigo anterior, desde que sejam não cumulativos e não tenham fato gerador ou base de cálculo próprios dos discriminados nesta Constituição; II – na iminência ou no caso de guerra externa, impostos extraordinários, compreendidos ou não em sua competência tributária, os quais serão suprimidos, gradativamente, cessadas as causas de sua criação. Art. 155. Compete aos Estados e ao Distrito Federal instituir impostos sobre: I – transmissão *causa mortis* e doação, de quaisquer bens ou direitos; II – operações relativas à circulação de mercadorias e sobre prestações de serviços de transporte interestadual e intermunicipal e de comunicação, ainda que as operações e as prestações se iniciem no exterior; III – propriedade de veículos automotores. [...]; Art. 156. Compete aos Municípios instituir impostos sobre: I – propriedade predial e territorial urbana; II – transmissão *inter vivos*, a qualquer título, por ato oneroso, de bens imóveis, por natureza ou acessão física, e de direitos reais sobre imóveis, exceto os de garantia, bem como cessão de direitos a sua

---

[1] Inciso incluído pela EC n. 132/2023.

aquisição; III – serviços de qualquer natureza, não compreendidos no art. 155, II, definidos em lei complementar; [...] Art. 156-A. Lei complementar instituirá imposto sobre bens e serviços de competência compartilhada entre Estados, Distrito Federal e Municípios.[2] [...] Art. 167. São vedados: [...] IV – a vinculação de receita de impostos a órgão, fundo ou despesa, ressalvadas a repartição do produto da arrecadação dos impostos a que se referem os arts. 158 e 159, a destinação de recursos para as ações e serviços públicos de saúde, para manutenção e desenvolvimento do ensino e para realização de atividades da administração tributária, como determinado, respectivamente, pelos arts. 198, § 2.º, 212 e 37, XXII, e a prestação de garantias às operações de crédito por antecipação de receita, previstas no art. 165, § 8.º, bem como o disposto no § 4.º deste artigo; [...]".

2. Imposto. Conceito. Da conjugação do disposto no art. 145, I, com o teor dos arts. 153, 154, 155 e 156, CR, que contemplam a repartição de competências tributárias em matéria de impostos entre os entes federativos, extrai-se ser o *imposto* tributo não vinculado a uma atuação estatal, pois tais dispositivos constitucionais preveem situações fáticas que não contêm nenhuma conduta do Poder Público. Portanto, basta que o sujeito passivo realize qualquer uma das situações apontadas, após a necessária previsão legal, para que a pessoa política competente esteja autorizada a exigir o imposto correspondente, não se impondo contraprestação direta ao sujeito passivo. Constituem os impostos os tributos mais relevantes, exatamente porque sua exigência prescinde de contraprestação por parte do Estado. Essa a razão de a Constituição ter se dedicado mais à sua disciplina do que a das demais espécies tributárias. Outrossim, são importantes do ponto de vista de arrecadação, porquanto sua receita está, como regra, desafetada de determinada despesa, a teor do art. 167, IV, CR, que veicula o *princípio da não afetação da receita de impostos a órgão, fundo ou despesa*. Em nosso sistema tributário os impostos são numerosos em razão do modelo federativo adotado e da multiplicidade de competências impositivas atribuídas a cada ente político.

3. Repartição de competências tributárias em matéria de impostos. A repartição de competências para a instituição de impostos foi efetuada consoante as múltiplas materialidades: *(i) impostos sobre o comércio exterior* – Imposto de Importação e Imposto de Exportação – atribuídos à União; *(ii) imposto sobre a renda*, atribuído à União; *(iii) impostos sobre o patrimônio* – Imposto sobre a Propriedade Territorial Rural e Imposto sobre Grandes Fortunas para a União; Imposto sobre a Propriedade de Veículos Automotores para os Estados-membros e o Distrito Federal; e o Imposto sobre a Propriedade Predial e Territorial Urbana para os Municípios; *(iv) impostos sobre transmissão de bens e direitos* – Imposto sobre a Transmissão *Causa Mortis* e Doação de Quaisquer Bens e Direitos aos Estados-membros e ao Distrito Federal e Imposto sobre Transmissão de Bens Imóveis aos Municípios; e *(v) impostos sobre circulação e produção* – em relação a tais impostos, a repartição de competências tributárias ficou mais complexa à vista da reforma tributária promovida pela EC n. 132/2023.

Assim, em se tratando de impostos sobre circulação e produção, à União são atribuídas as competências para a instituição: *(i)* do Imposto sobre Produtos Industrializados – IPI; *(ii)* do Imposto sobre Bens e Serviços – IBS, de competência compartilhada com os Estados, Municípios e Distrito Federal; *(iii)* do Imposto sobre Operações Financeiras – IOF; e *(iv)* do Imposto Seletivo – IS.

Os Estados-Membros e o Distrito Federal, por sua vez, detêm competência para instituir: *(i)* o Imposto sobre Circulação de Mercadorias e Prestações de Serviço de Transporte Interestadual e Intermunicipal e de Comunicação – ICMS; e *(ii)* o Imposto sobre Bens e

---

[2] V. art. 156-A, incluído pela EC n. 132/2023.

Serviços – IBS, cuja competência é compartilhada com a União e Municípios (art. 156-A, *caput* e § 1º, V e VI, CR).

Por fim, os Municípios são competentes para instituir: o Imposto sobre Serviços de Qualquer Natureza – ISS, lembrando-se também que compartilham a competência tributária do IBS com a União, os Estados e o Distrito Federal (art. 156-A, *caput* e § 1º, V e VI, CR).

À União foram conferidas, ainda, as competências *extraordinária* e *residual* em matéria de impostos, não havendo indicação de materialidades quanto a estas, mas, tão somente, exigência ao atendimento dos pressupostos constitucionalmente apontados (art. 154, I e II, CR). Em consequência, a União detém atribuição para instituir oito impostos de competência privativa (art. 153, I a VIII, CR), um imposto de competência compartilhada – o IBS (art. 156-A, *caput*, CR), além de suas competências residual e extraordinária (art. 154, I e II, CR).

Acresça-se que a Contribuição sobre Bens e Serviços – CBS, "tributo gêmeo" do IBS, a despeito de sua denominação, revela-se um autêntico imposto, dada a sua materialidade e ausência de finalidade (art. 195, V, CR).

Os Estados-membros, por sua vez, estão autorizados a instituir *três* impostos, lembran-do-se que o ICMS será substituído pelo IBS, de competência compartilhada com a União, Distrito Federal e Municípios (arts. 155 e 156-A e § 1º, V e VI, CR). Assim também os Municípios, com a substituição do Imposto sobre Serviços – ISS pelo IBS (arts. 156 e 156-A e § 1º, V e VI, CR). Quanto ao Distrito Federal, acumula ele as competências tributárias de Estados-membros e Municípios (arts. 147, *in fine*, e 155, CR).

4. Princípio orientador da exigência de impostos. O *princípio da capacidade contributi-va*, insculpido no art. 145, § 1.º, CR, constitui a diretriz para a *modulação da carga tributária em matéria de impostos*, porquanto, sendo esses tributos não vinculados a uma atuação estatal, sua graduação deve levar em conta circunstância que diga respeito ao próprio sujeito passivo (cf. Geraldo Ataliba, *Hipótese de incidência tributária*).

5. Classificações dos impostos. Os impostos sujeitam-se a diversas classificações. Des-tacaremos aquelas que consideramos mais úteis e largamente empregadas na prática. Desse modo, analisaremos as classificações que distinguem os impostos em: *(i)* reais e pessoais; *(ii)* diretos e indiretos; *(iii)* fiscais e extrafiscais; e *(iv)* federais, estaduais ou distritais e municipais.

5.1. Impostos reais e pessoais. De acordo com o critério de conexão do aspecto pessoal com o aspecto material da hipótese de incidência, podemos distinguir os impostos *em reais* e *pessoais*. Tal classificação considera a existência de uma conexão maior ou menor entre a estrutura do aspecto material e o aspecto pessoal da hipótese de incidência. Logo, são *impos-tos reais* "aqueles cujo aspecto material da hipótese de incidência limita-se a descrever um fato, acontecimento ou coisa independentemente do elemento pessoal, ou seja, indiferente ao eventual sujeito passivo e suas qualidades", vale dizer, o aspecto pessoal desses impostos não tem relação com a estrutura de seu aspecto material; diversamente, *impostos pessoais* são aqueles "cujo aspecto material da hipótese de incidência leva em consideração certas qualidades juridicamente qualificadas do sujeito passivo" (cf. Geraldo Ataliba, *Hipótese de incidência tributária*). Nesse caso, as qualidades jurídicas dos sujeitos passivos refletem-se no aspecto material da hipótese de incidência para estabelecer diferenciação no tratamento destes. Exemplificando, constituem impostos reais o Imposto sobre a Propriedade Predial e Territorial Urbana (IPTU), o Imposto sobre a Propriedade Territorial Rural (ITR) e o Imposto sobre a Propriedade de Veículos Automotores (IPVA). Já o melhor exemplo de imposto pessoal é o Imposto sobre a Renda (IR), porquanto sua estrutura permite a consideração de múlti-plos aspectos do sujeito passivo, com intuito de avaliar sua efetiva capacidade contributiva.

5.2. *Impostos diretos e indiretos*. Outra classificação distingue os impostos em *diretos* e *indiretos*, considerando o modo como se dá a absorção do impacto econômico por eles provocado. Assim, imposto *direto* é aquele em que o contribuinte absorve o impacto econômico da exigência fiscal, como ocorre no Imposto sobre a Renda, por exemplo. Já no imposto *indireto* observa-se o fenômeno da *repercussão tributária* ou *translação econômica do tributo*, segundo o qual o *contribuinte de direito* não é aquele que absorve o impacto econômico da imposição tributária, pois o repassa ao *contribuinte de fato*, o consumidor final. Ilustram a hipótese o Imposto sobre Produtos Industrializados (IPI) e o Imposto sobre Circulação de Mercadorias e Prestação de Serviços (ICMS). A classificação dos impostos em diretos e indiretos, embora ainda considerada por muitos irrelevante para o Direito, sob o argumento de que sedimentada num fenômeno puramente econômico, reveste, em nosso entender, clara importância jurídica. Basta lembrar as regras da *seletividade em função da essencialidade do produto, mercadoria ou serviço*, e da *não cumulatividade*, aplicáveis ao IPI e ao ICMS, reveladoras da preocupação constitucional com o *contribuinte de fato* (arts. 153, § 3.º, I e II, e 155, § 2.º, I e III, CR[3]). Também, oportuno observar que, à vista da previsão constitucional da *não cumulatividade*, só existem dois impostos indiretos *por presunção* – o IPI e o ICMS –, e "o caráter 'indireto' dos demais tributos é apenas especulação econômica, pois são muitas as variáveis (condições de mercado, competitividade, de estrutura e incidência da exação, natureza do produto etc.) que podem desencadear ou não a translação" (Cf. Misabel Derzi, *Notas ao direito tributário brasileiro*, de Aliomar Baleeiro).

5.3. *Impostos fiscais e extrafiscais*. Distinção didática separa os impostos consoante a finalidade a ser alcançada mediante sua exigência. Impostos *fiscais* são aqueles cujo objetivo precípuo é a geração de receita. Os impostos *extrafiscais*, por seu turno, são assim denominados porque sua finalidade principal não é arrecadatória; por meio deles, objetiva-se o alcance de uma *finalidade outra, de caráter social, político ou econômico*, mediante a modulação do comportamento dos contribuintes. A *extrafiscalidade* consiste na utilização de instrumentos tributários visando o atingimento de finalidades outras que não a meramente arrecadatória – objetivos sociais, econômicos etc. Em outras palavras, por meio de expedientes tributários, o Estado interfere na conduta das pessoas, incentivando ou inibindo comportamentos, à vista do interesse público. De fato, todo imposto possui uma faceta fiscal – porque sempre gera arrecadação de recursos – e outra extrafiscal – porquanto influi no comportamento dos contribuintes. O que fundamenta a aludida distinção é a predominância de um aspecto ou outro na imposição fiscal.

5.4. *Impostos federais, estaduais ou distritais e municipais*. Tradicionalmente, consoante o critério da competência para a sua instituição e à vista do modelo federativo adotado, de tríplice ordem jurídico-política, os impostos podem ser *federais*, *estaduais* ou *distritais* e *municipais*.

5.5. *Os novos tributos autorizados pela EC n. 132/2023*. A EC n. 132/2023, ao promover a reforma da tributação incidente sobre o consumo, autorizou três novos tributos no ordenamento brasileiro: o Imposto sobre Bens e Serviços – IBS; a Contribuição sobre Bens e Serviços – CBS; e o Imposto Seletivo – IS. Foram instituídos pela LC n. 214/2025 (arts. 1º a 438). Embora não tratados pelo CTN, tais tributos constituem sucedâneos, dentre outros, do ICMS e do ISS, que foram tratados no texto original deste Código e, assim, iremos examiná-los sucintamente. O IBS e a CBS serão analisados em conjunto, dada a homogeneidade de regimes jurídicos. Vejamos, sucintamente, cada qual.

---

[3]   V. art. 156-A, incluído pela EC n. 132/2023.

5.5.1. *Moldura constitucional.* "Art. 156-A. Lei complementar instituirá imposto sobre bens e serviços de competência compartilhada entre Estados, Distrito Federal e Municípios. § 1º O imposto previsto no *caput* será informado pelo princípio da neutralidade e atenderá ao seguinte: I – incidirá sobre operações com bens materiais ou imateriais, inclusive direitos, ou com serviços; II – incidirá também sobre a importação de bens materiais ou imateriais, inclusive direitos, ou de serviços realizada por pessoa física ou jurídica, ainda que não seja sujeito passivo habitual do imposto, qualquer que seja a sua finalidade; [...] Art. 195. A seguridade social será financiada por toda a sociedade, de forma direta e indireta, nos termos da lei, mediante recursos provenientes dos orçamentos da União, dos Estados, do Distrito Federal e dos Municípios, e das seguintes contribuições sociais: [...] V – sobre bens e serviços, nos termos de lei complementar. [...] § 16. Aplica-se à contribuição prevista no inciso V do *caput* o disposto no art. 156-A, § 1º, I a VI, VIII, X a XIII, § 3º, § 5º, II a VI e IX, e §§ 6º a 11 e 13".

5.5.2. *Legislação básica.* LC n. 214/2025, arts. 1º a 408.

5.5.3. *Imposto sobre Bens e Serviços – IBS e Contribuição sobre Bens e Serviços – CBS. Perfil constitucional.* O IBS constitui imposto de competência tributária compartilhada, uma vez que sua instituição é atribuída à União, cabendo aos Estados, Municípios e Distrito Federal a fixação das respectivas alíquotas (art. 156-A, *caput* e § 1º, IV a VII). Instituído pela LC n. 214/2025 (art. 1º, I), será exigido a partir de 2026, em substituição ao ICMS e ao ISS (art. 124 do ADCT). Diante de tal realidade, conclui-se que a EC n. 132/2023 redesenhou o perfil da federação brasileira quanto a esse aspecto, colocando a tributação do consumo integralmente nas mãos da União e acarretando, consequentemente, perda de autonomia dos demais entes federativos, que, conquanto disciplinadas por leis complementares, desfrutam de competência tributária ampla para o ICMS e o ISS. Cuida-se de "tributo gêmeo" da Contribuição sobre Bens e Serviços – CBS, de competência federal plena, pois ambos sujeitam-se a regime jurídico comum em relação a fatos geradores, bases de cálculo, hipóteses de não incidência e sujeitos passivos; imunidades; regimes específicos, diferenciados ou favorecidos de tributação; regras de não cumulatividade e de creditamento; a sujeição às normas imunizantes previstas no art. 150, VI; bem como a destinação do produto de sua arrecadação (arts. 149-B, *caput* e incisos I a IV e parágrafo único; 149-C, *caput* e §§ 1º a 3º; e 195, § 16, CR). A CBS, disciplinada pelo art. 195, V, e §§ 15 a 19, CR, e instituída, igualmente, pela LC n. 214/2025 (art. 1º, II), substituirá a contribuição ao PIS e a COFINS a partir de 2027. Incidente sobre operações com bens e serviços, cuida-se, em verdade, de autêntico imposto, que será instituído pela União, nos termos de lei complementar, podendo ter sua alíquota fixada em lei ordinária. Tal emenda constitucional ainda estatui que a lei estabelecerá as hipóteses de devolução de tal contribuição a pessoas físicas, inclusive em relação a limites e beneficiários, com o objetivo de reduzir as desigualdades de renda (art. 195, §§ 18 e 19, CR).

5.5.3.1. *Imunidades.* Por primeiro, anote-se que o IBS e a CBS observarão as mesmas imunidades constantes do art. 150, VI, não se lhes aplicando, porém, o disposto no art. 195, § 7º, CR, que contempla a imunidade das entidades beneficentes de assistência social que atendam às exigências estabelecidas em lei em relação à contribuição para a seguridade social (art. 148-B, parágrafo único, CR). A Constituição também estampa *imunidades específicas em relação ao IBS*, ao declarar que ele não incidirá sobre "as exportações, assegurados ao exportador a manutenção e o aproveitamento dos créditos relativos às operações nas quais seja adquirente de bem material ou imaterial, inclusive direitos, ou serviço, observado o disposto no § 5º, III; bem como nas prestações de serviço de comunicação nas modalidades de radiodifusão sonora e de sons e imagens de recepção livre e gratuita" (art. 156-A, § 1º, III e XI, CR).

5.5.3.1.1. *Efeitos das exonerações tributárias*. Quanto aos efeitos das exonerações tributárias, a Constituição esclarece que a isenção e a imunidade não implicarão crédito para compensação com o montante devido nas operações seguintes, bem como acarretarão a anulação do crédito relativo às operações anteriores, salvo na hipótese da imunidade, inclusive em relação ao inciso XI do § 1º, quando determinado em contrário em lei complementar (art. 156-A, § 7º, I e II). E, ainda, que o IBS "não será objeto de concessão de incentivos e benefícios financeiros ou fiscais relativos ao imposto ou de regimes específicos, diferenciados ou favorecidos de tributação, excetuadas as hipóteses previstas nesta Constituição" (art. 156-A, § 1º, X, CR).

5.5.3.1.1.1. *A LC n. 214/2025 e as imunidades*. A LC n. 214/2025, ao instituir tais tributos, declara, primeiramente, serem imunes ao IBS e à CBS as exportações de bens e de serviços (art. 8º). O art. 9º, por sua vez, reproduzindo o conteúdo do art. 150, VI, *a* a *e*, do art. 153, § 5º, bem como do art. 155, X, *d*, da Constituição, declara serem imunes a ambos os tributos os fornecimentos realizados pela União, pelos Estados, pelo Distrito Federal e pelos Municípios; por entidades religiosas e templos de qualquer culto, inclusive suas organizações assistenciais e beneficentes; por partidos políticos, inclusive seus institutos e fundações, entidades sindicais dos trabalhadores e instituições de educação e de assistência social, sem fins lucrativos; de livros, jornais, periódicos e do papel destinado a sua impressão; de fonogramas e videofonogramas musicais produzidos no Brasil contendo obras musicais ou literomusicais de autores brasileiros e/ou obras em geral interpretadas por artistas brasileiros, bem como os suportes materiais ou arquivos digitais que os contenham, salvo na etapa de replicação industrial de mídias ópticas de leitura a laser; de serviço de comunicação nas modalidades de radiodifusão sonora e de sons e imagens de recepção livre e gratuita; e de ouro, quando definido em lei como ativo financeiro ou instrumento cambial.

5.5.3.2. *Não cumulatividade*. O contribuinte sujeito ao regime regular poderá apropriar créditos do IBS e da CBS quando ocorrer a extinção por qualquer das modalidades previstas no art. 27 da LC n. 214/2025 – compensação com créditos dos mesmos tributos, pagamento, recolhimento na liquidação financeira da operação (*split payment*), recolhimento pelo adquirente e pagamento pelo responsável – dos débitos relativos às operações em que seja adquirente, excetuadas exclusivamente aquelas consideradas de uso ou consumo pessoal (arts. 47 a 56 da LC n. 214/2025).

5.5.3.3. *O IBS e o Comitê Gestor*. A EC n. 132/2023 estabelece a criação do Comitê Gestor do IBS, entidade pública sob regime especial, que terá independência técnica, administrativa, orçamentária e financeira, mediante o qual os Estados, o Distrito Federal e os Municípios exercerão, de forma integrada, as seguintes competências administrativas: "I – editar regulamento único e uniformizar a interpretação e a aplicação da legislação do imposto; II – arrecadar o imposto, efetuar as compensações e distribuir o produto da arrecadação entre Estados, Distrito Federal e Municípios; III – decidir o contencioso administrativo" (art. 156-B, *caput* e § 1º). Dentre as muitas regras inseridas na Constituição sobre essa novel pessoa jurídica, merece registro a que estatui a participação dos entes federativos na instância máxima de deliberação do Comitê Gestor do Imposto sobre Bens e Serviços observará a seguinte composição: "I – 27 (vinte e sete) membros, representando cada Estado e o Distrito Federal; II – 27 (vinte e sete) membros, representando o conjunto dos Municípios e do Distrito Federal, que serão eleitos nos seguintes termos: a) 14 (quatorze) representantes, com base nos votos de cada Município, com valor igual para todos; e b) 13 (treze) representantes, com base nos votos de cada Município ponderados pelas respectivas populações" (art. 156-B, § 3º, CR). Por fim, anote-se que, ao proceder à distribuição do produto de arrecadação do imposto, o Comitê Gestor do IBS reterá montante equivalente ao saldo acumulado de créditos do imposto não compensados pelos contribuintes e não ressarcidos ao final de cada período de apuração e aos valores decorrentes do cumprimento do § 5º, VIII, bem como distribuirá o produto da arrecadação do imposto, deduzida tal retenção ao ente federativo de destino das operações que não tenham gerado creditamento (art. 156-A, § 4º, CR). Trata-se, como se vê, de entidade com agigantado rol de atribuições, que será responsável pela complexa gestão desse tributo, a qual será instituída com o advento da regulamentação a ser estabelecida em lei complementar (PLP 108/2024, da Câmara dos Deputados).

5.5.4. *Aspectos das hipóteses de incidência do IBS e da CBS.* Instituídos pela LC n. 214/2025, o IBS e a CBS são informados pelo "princípio da neutralidade, segundo o qual esses tributos devem evitar distorcer as decisões de consumo e de organização da atividade econômica", observadas as exceções previstas na Constituição e na lei complementar (arts. 1º, I e II, e 2º). Anote-se que o IBS, imposto de competência compartilhada entre a União, Estados-Membros, Distrito Federal e Municípios, terá legislação única e uniforme em todo o território nacional, à exceção da fixação das alíquotas do imposto, incidirá sobre operações com bens materiais ou imateriais, inclusive direitos, ou com serviços, bem como sobre a importação de bens materiais ou imateriais, inclusive direitos, ou de serviços realizada por pessoa física ou jurídica, ainda que não seja sujeito passivo habitual do imposto, qualquer que seja a sua finalidade (art. 156-A, CR).

5.5.4.1. *Aspecto material.* O IBS e a CBS incidem sobre operações onerosas ou não onerosas com bens ou serviços, compreendendo compra e venda, troca ou permuta, dação em pagamento e demais espécies de alienação; locação; licenciamento, concessão, cessão; mútuo oneroso; doação com contraprestação em benefício do doador; instituição onerosa de direitos reais; arrendamento, inclusive mercantil; e prestação de serviços (arts. 4º, *caput* e §§ 1º e 2º; e 5º da LC n. 214/2025). Não resta dúvida de que seu espectro material é amplíssimo, para além do abrangido pelas materialidades do ICMS e do ISS somadas, ao abarcar todo e qualquer item que possa ser objeto de relação de consumo.

5.5.4.2. *Aspecto espacial.* O art. 11 da LC n. 214/2025 aponta múltiplos conceitos e regras para definição do local da operação, visando evitar controvérsias judiciais como as ocorridas em relação ao ISS relativas à definição do local de prestação do serviço. Exemplificadamente, o local da operação com bem móvel material é o da entrega ou disponibilização do bem ao destinatário; com bem imóvel, bem móvel imaterial, inclusive direito, relacionado a bem imóvel, serviço prestado fisicamente sobre bem imóvel e serviço de administração e intermediação de bem imóvel, é o local onde o imóvel estiver situado; e, em relação a serviço prestado fisicamente sobre a pessoa física ou fruído presencialmente por pessoa física, é o local da prestação do serviço (incisos I a III).

5.5.4.3. *Aspecto temporal.* Considera-se ocorrido o fato gerador do IBS e da CBS no momento do fornecimento nas operações com bens ou serviços, ainda que de execução continuada ou fracionada (art. 10, *caput* e §§ 1º a 5º, LC n. 214/2025).

5.5.4.4. *Aspecto pessoal.* Prescreve a Constituição que a lei complementar poderá definir como sujeito passivo do imposto a pessoa que concorrer para a realização, a execução ou o pagamento da operação, ainda que residente ou domiciliada no exterior, abrindo amplo leque para a indicação de sujeitos passivos (art. 156-A, § 3º, CR). Ponto importante a ser igualmente disciplinado pela lei complementar e que ostenta caráter inédito no sistema tributário brasileiro é o relativo às hipóteses de devolução do imposto a pessoas físicas, inclusive os limites e beneficiários, com o objetivo de reduzir as desigualdades da renda, o chamado *cashback* (art. 156-A, § 5º, VIII, e § 12, CR). A LC n. 214/2025 disciplina a sujeição passiva de ambos os impostos nos arts. 21 a 26. Em primeiro lugar, são definidos como *contribuintes* o *fornecedor* que realizar operações; o *adquirente*, ainda que não enquadrado como fornecedor, na aquisição de bem; o *importador*; e aquele previsto expressamente em outras hipóteses nesse diploma legal (art. 21, I a IV). Também, sem prejuízo das hipóteses previstas no CTN e na legislação civil, o art. 24 aponta as pessoas *solidariamente responsáveis* pelo pagamento do IBS e da CBS.

5.5.4.5. *Aspecto quantitativo.* A Constituição estampa detalhada normatividade acerca da base de cálculo e, especialmente, das alíquotas desses tributos. A LC n. 214/2025 trata do assunto nos arts. 14 a 20.

5.5.4.5.1. *Bases de cálculo.* No que tange à base de cálculo do IBS, duas normas constitucionais merecem destaque: *(i)* a aplicação do *princípio da não cumulatividade*, segundo o qual o IBS será não cumulativo, compensando-se o imposto devido pelo contribuinte com o montante cobrado sobre todas as operações nas quais seja adquirente de bem material ou imaterial, inclusive direito, ou de serviço, excetuadas exclusivamente as consideradas de uso ou consumo pessoal especificadas em lei complementar e as hipóteses previstas nesta Constituição; e *(ii)* a regra segundo a qual *o imposto não integrará sua própria base de cálculo nem a dos tributos previstos nos arts. 153, VIII, e 195, I, b, IV e V, e da contribuição para o Programa de Integração Social de que trata o art. 239* (art. 156-A, § 1º, VIII e IX, CR). A LC n. 214/2025, por seu turno, declara que a base de cálculo do IBS e da CBS é o *valor da operação*, salvo disposição em contrário. Tal grandeza compreende os valores correspondentes a acréscimos decorrentes de ajuste do valor da operação; juros, multas, acréscimos e encargos; descontos concedidos sob condição; valor do transporte cobrado como parte do valor da operação, no transporte efetuado pelo próprio fornecedor ou no transporte por sua conta e ordem; tributos e preços públicos, inclusive tarifas, incidentes sobre a operação ou suportados pelo fornecedor, exceto aqueles previstos no § 2º do art. 12 e demais importâncias cobradas ou recebidas como parte do valor da operação, inclusive seguros e taxas. Por sua vez, não integram a base de cálculo dos tributos: o montante do IBS e da CBS incidentes sobre a operação; o montante do Imposto sobre Produtos Industrializados (IPI); os descontos incondicionais; os reembolsos ou ressarcimentos recebidos por valores pagos relativos a operações por conta e ordem ou em nome de terceiros, desde que a documentação fiscal relativa a essas operações seja emitida em nome do terceiro; e o montante incidente na operação dos tributos a que se referem o inciso II do *caput* do art. 155, o inciso III do *caput* do art. 156 e a alínea *b* do inciso I e o inciso IV do *caput* do art. 195 da Constituição Federal, e da Contribuição para os Programas de Integração Social e de Formação do Patrimônio do Servidor Público (Contribuição para o PIS/Pasep) a que se refere o art. 239 da Constituição Federal, de 1º de janeiro de 2026 a 31 de dezembro de 2032; e a contribuição de que trata o art. 149-A da Constituição Federal (art. 12, *caput* e §§ 1º e 2º, LC n. 214/2025).

5.5.4.5.2. *Alíquotas.* Quanto à CBS, sua alíquota será fixada pela União (art. 14, I, LC n. 214/2025). Diversamente, no que tange ao IBS, como visto, a competência tributária dos Estados, Municípios e Distrito Federal ficou restrita à fixação de alíquotas próprias por lei específica, porquanto o restante do regime jurídico desse imposto foi estabelecido pela União ao editar a LC n. 214/2025. E as alíquotas assim fixadas serão as mesmas para todas as operações com bens materiais ou imateriais, inclusive direitos, ou com serviços, ressalvadas as hipóteses previstas na própria Constituição (art. 150, § 1º, V e VI, CR). Se o próprio ente federativo não estabelecer a alíquota, será aplicada a alíquota de referência do imposto para cada esfera federativa fixada pelo Senado Federal, nos termos de lei complementar (art. 156-A, § 1º, XII, CR). Assinale-se que o IBS será cobrado pelo somatório das alíquotas do Estado e do Município de destino da operação (art. 156-A, § 1º, VII, CR). Ainda, qualquer alteração na legislação federal que reduza ou eleve a arrecadação do imposto deverá ser compensada pela elevação ou redução, pelo Senado Federal, das alíquotas de referência de que trata o § 1º, XII, de modo a preservar a arrecadação das esferas federativas, nos termos de lei complementar; bem como somente entrará em vigor com o início da produção de efeitos do ajuste das alíquotas de referência de que trata o inciso I deste parágrafo (art. 156-A, § 9º, I e II, CR). A LC n. 214/2025 disciplina os regimes das *alíquotas-padrão*, que são aquelas que serão fixadas por lei específica do respectivo ente federativo (arts. 14 e 15), e das *alíquotas de referência*, que serão fixadas por resolução do Senado Federal (arts. 18 a 20).

5.5.5. *Imposto Seletivo.* Consoante o art. 153, VIII, CR, o IS incide sobre a produção, extração, comercialização ou importação de bens e serviços prejudiciais à saúde ou ao meio ambiente, e será exigido a partir de 2027 (art. 126 do ADCT). A razão de autorizar-se a introdução de um novo tributo, voltado à produção, extração, comercialização ou importação de bens e serviços prejudiciais à saúde ou ao meio ambiente, traduz-se na necessidade de onerar tais *externalidades negativas*, a exemplo do que já fizeram, há muito, países mais desenvolvidos. Como a proteção à saúde e ao meio ambiente são valores sob ampla guarida constitucional, sobreleva o caráter marcadamente *extrafiscal ou regulatório* desse imposto, traduzido, de um lado, na busca pela redução do consumo desses itens e, de outro, no estímulo da produção bens e da prestação de serviços sem tais efeitos nocivos. Percebe-se que o legislador constituinte derivado optou por uma disciplina minudente, por vezes própria de legislação infraconstitucional.

5.5.5.1. *Imunidades específicas.* O art. 153, § 6º, I, CR contempla normas imunizantes específicas, ao declarar que o imposto não incidirá sobre as exportações nem sobre as operações com energia elétrica e com telecomunicações, reproduzindo as normas constitucionais relativas ao ICMS.

5.5.5.2. *Aspectos da hipótese de incidência.* Instituído pela LC n. 214/2025, o Imposto Seletivo é regrado pelos seus arts. 409 a 438. O IS incidirá uma única vez sobre o bem ou o serviço, sendo vedado qualquer tipo de aproveitamento de crédito do imposto com operações anteriores ou geração de créditos para operações posteriores (art. 410).

5.5.5.2.1. *Aspecto material.* O IS ostenta múltiplas materialidades – produzir, extrair, comercializar ou importar bens e serviços prejudiciais à saúde ou ao meio ambiente –, autorizando-se tenha o mesmo fato gerador e base de cálculo de outros tributos, o que, em outras palavras, significa que a União poderá, tal como nos impostos extraordinários (art. 154, II, CR), invadir as competências tributárias outorgadas a outras pessoas políticas (art. 153, VIII e § 6º, V, CR e art. 409 da LC n. 214/2025). Outrossim, cabe destacar que o art. 413, II, da LC n. 214/2025 proclama não incidir o IS sobre as operações com energia elétrica e com telecomunicações, bem como sobre os bens e serviços cujas alíquotas sejam reduzidas nos termos do § 1º do art. 9º da EC n. 132/2023 (inciso III).

5.5.5.2.1.1. *Bens e serviços considerados prejudiciais à saúde ou ao meio ambiente.* A LC n. 214/2025 declara que, para fins de incidência do IS, consideram-se prejudiciais à saúde ou ao meio ambiente os bens classificados nos códigos da NCM/SH e o carvão mineral, bem como os serviços listados no Anexo XVII, referentes a veículos; embarcações e aeronaves; produtos fumígenos; bebidas alcoólicas; bebidas açucaradas; bens minerais; concursos de prognósticos e *fantasy sport* (art. 409).

5.5.5.2.2. *Aspecto espacial.* Cuidando-se de mais um imposto de competência da União, o fato gerador pode ocorrer em qualquer ponto do território nacional.

5.5.5.2.3. *Aspecto temporal.* Consoante o disposto no art. 412 da LC n. 214/2025, considera-se ocorrido o fato gerador do IS no momento: "I – do primeiro fornecimento a qualquer título do bem, inclusive decorrente dos negócios jurídicos mencionados nos incisos I a VIII do § 2º do art. 4º desta Lei Complementar; II – da arrematação em leilão público; III – da transferência não onerosa de bem produzido; IV – da incorporação do bem ao ativo imobilizado pelo fabricante; V – da extração de bem mineral; VI – do consumo do bem pelo fabricante; VII – do fornecimento ou do pagamento do serviço, o que ocorrer primeiro; ou VIII – da importação de bens e serviços".

5.5.5.2.4. *Aspecto pessoal.* A sujeição passiva no IS é disciplinada nos arts. 424 e 425 da LC n. 214/2025. São *contribuintes* do IS: I – *o fabricante*, na primeira comercialização, na incorporação do bem ao ativo imobilizado, na tradição do bem em transação não onerosa ou no consumo do bem; II – *o importador* na entrada do bem de procedência estrangeira no território nacional; III – *o arrematante* na arrematação; IV – *o produtor-extrativista* que realiza a extração; ou V – *o fornecedor do serviço*, ainda que residente ou domiciliado no exterior, na hipótese de que trata o inciso VII do § 1º do art. 409 desta Lei Complementar (art. 424). Por outro lado, figuram como *responsáveis* pelo pagamento do imposto, sem prejuízo das demais hipóteses previstas em lei e da aplicação da pena de perdimento: I – o *transportador*, em relação aos produtos tributados que transportar desacompanhados da documentação fiscal comprobatória de sua procedência; II – o *possuidor ou detentor*, em relação aos produtos tributados que possuir ou mantiver para fins de venda ou industrialização, desacompanhados da documentação fiscal comprobatória de sua procedência; III – o *proprietário, o possuidor, o transportador ou qualquer outro detentor de produtos nacionais saídos do fabricante com imunidade para exportação*, encontrados no País em situação diversa, exceto quando os produtos estiverem em trânsito: a) destinados ao uso ou ao consumo de bordo, em embarcações ou aeronaves de tráfego internacional, com pagamento em moeda conversível; b) destinados a lojas francas, em operação de venda direta, nos termos e condições estabelecidos pelo art. 15 do Decreto-lei n. 1.455, de 7 de abril de 1976; c) adquiridos pela empresa comercial exportadora de que trata o art. 82 desta Lei Complementar, com o fim específico de exportação, e remetidos diretamente do estabelecimento industrial para embarque de exportação ou para recintos alfandegados, por conta e ordem da adquirente; ou d) remetidos a recintos alfandegados ou a outros locais onde se processe o despacho aduaneiro de exportação. O parágrafo único do mesmo dispositivo prevê, ainda, hipótese de *solidariedade*: caso o fabricante tenha de qualquer forma concorrido para a hipótese prevista no inciso III do *caput*, ficará solidariamente responsável pelo pagamento do imposto (art. 425).

5.5.5.2.5. *Aspecto quantitativo. Disciplina constitucional.* Em relação ao aspecto quantitativo desse imposto, a Constituição contempla diversas normas dele disciplinadoras. Inicialmente, o IS não integrará a sua própria base de cálculo, mas integrará a base de cálculo dos tributos previstos nos arts. 155, II, 156, III, 156-A e 195, V (ICMS, ISS, IBS, e CBS). Outrossim, poderá ter o mesmo fato gerador e base de cálculo de outros tributos. No que tange às alíquotas, serão fixadas em lei ordinária, podendo ser específicas, por unidade de medida ou *ad valorem*. Por fim, na materialidade "extração", o imposto será cobrado independentemente da destinação, caso em que a alíquota máxima corresponderá a 1% (um por cento) do valor de mercado do produto (art. 153, § 6º, III a VII, CR).

5.5.5.2.5.1. *Base de cálculo.* A LC n. 214/2025, por sua vez, ao disciplinar as bases de cálculo do IS, estatui serem elas: I – o valor de venda na comercialização; II – o valor de arremate na arrematação; III – o valor de referência na: a) transação não onerosa ou no consumo do bem; b) extração de bem mineral; ou c) comercialização de produtos fumígenos; IV – o valor contábil de incorporação do bem produzido ao ativo imobilizado; V – a receita própria da entidade que promove a atividade, na hipótese de que trata o inciso VII do § 1º do art. 409 desta Lei Complementar, calculada nos termos do art. 245 (art. 414, I a V). O mesmo diploma legal acrescenta que na comercialização de bem sujeito à alíquota *ad valorem*, a base de cálculo é o valor integral cobrado na operação a qualquer título, incluindo o valor correspondente a: I – acréscimos decorrentes de ajuste do valor da operação; II – juros, multas, acréscimos e encargos; III – descontos concedidos sob condição; IV – valor do transporte cobrado como parte do valor da operação, seja o transporte efetuado pelo próprio fornecedor ou por sua conta e ordem; V – tributos e preços públicos, inclusive tarifas, incidentes sobre a operação ou suportados pelo fornecedor, exceto aqueles previstos no § 2º do art. 12 desta Lei Complementar; e VI – demais importâncias cobradas ou recebidas como parte do valor da operação, inclusive seguros e taxas (art. 415, I a VI). Por fim, não integram a base de cálculo do IS o montante da CBS, do IBS e do próprio Imposto Seletivo incidentes na operação e os descontos incondicionais (art. 417, I e II).

5.5.5.2.5.2. *Alíquotas.* A LC n. 214/2025 classifica, expressamente, como bens prejudiciais à saúde ou ao meio ambiente veículos, aeronaves e embarcações, indicando critérios a serem observados pela lei ordinária na fixação das alíquotas, tais como a potência do veículo e a emissão de dióxido de carbono (arts. 419 a 421). Também remete à lei ordinária a fixação de alíquotas os demais produtos sujeitos ao IS – produtos fumígenos, bebidas alcoólicas, minerais etc. (art. 422).

 SUGESTÕES DOUTRINÁRIAS

IMPOSTOS E PRINCÍPIO DA CAPACIDADE CONTRIBUTIVA

José Eduardo Soares de Melo e Leandro Paulsen, *Impostos federais, estaduais e municipais*, Saraiva; Flávio de Azambuja Berti, *Impostos: extrafiscalidade e não confisco*, Juruá; Julcira Maria de Mello Vianna Lisboa e Cláudio de Abreu (Coord.), *Impostos em espécie: perspectiva sistemática*, Lumen Juris; Regina Helena Costa, *Princípio da capacidade contributiva*, Malheiros; Fernando Aurélio Zilvetti, *Princípios de direito tributário e a capacidade contributiva*, Quartier Latin; Klaus Tipke e Douglas Yamashita, *Justiça fiscal e princípio da capacidade contributiva*, Malheiros.

> **Art. 17.** Os impostos componentes do sistema tributário nacional são exclusivamente os que constam deste Título, com as competências e limitações nele previstas **(1)**.

 COMENTÁRIOS

1. *Dispositivo não recepcionado pela Constituição de 1988.* Já parcialmente superado pela EC n. 1/1969 à Constituição Federal de 1967, tal comando não foi recepcionado pela Constituição de 1988, que autorizou a criação de outros impostos, bem como extinguiu e remodelou espécies de impostos previstas neste título.

> **Art. 18.** Compete **(1)**:
> I – à União instituir, nos Territórios Federais, os impostos atribuídos aos Estados e, se aqueles não forem divididos em Municípios, cumulativamente, os atribuídos a estes **(2)**;
> II – ao Distrito Federal e aos Estados não divididos em Municípios, instituir, cumulativamente, os impostos atribuídos aos Estados e aos Municípios **(3)**.

COMENTÁRIOS

1. Moldura constitucional. Art. 147. "Competem à União, em Território Federal, os impostos estaduais e, se o Território não for dividido em Municípios, cumulativamente, os impostos municipais; ao Distrito Federal cabem os impostos municipais."

2. Competência da União para instituir impostos estaduais e municipais nos Territórios Federais. A norma, presentemente, não encontra aplicação, diante da inexistência de Territórios Federais.

3. Competência do Distrito Federal para instituir os impostos estaduais e municipais e, caso existam Estados não divididos em Municípios, também a estes. O Distrito Federal detém as competências tributárias dos Estados-membros, por ser a eles equiparados (art. 155), e as dos Municípios, uma vez vedada a divisão de seu território (arts. 32, *caput* e § 1.º, e 147, *in fine*, CR).

> **Art. 18-A.** Para fins de incidência do imposto de trata o inciso II do *caput* do art. 155 da Constituição Federal, os combustíveis, o gás natural, a energia elétrica, as comunicações e o transporte coletivo são considerados bens e serviços essenciais e indispensáveis, que não podem ser tratados como supérfluos (Incluído pela Lei Complementar n. 194/2022).
>
> Parágrafo único. Para efeito do disposto neste artigo: (Incluído pela Lei Complementar n. 194/2022)
>
> I – é vedada a fixação de alíquotas sobre as operações referidas no *caput* deste artigo em patamar superior ao das operações em geral, considerada a essencialidade dos bens e serviços; (Incluído pela Lei Complementar n. 194/2022).
>
> II – é facultada ao ente federativo competente a aplicação de alíquotas reduzidas em relação aos bens referidos no *caput* deste artigo, como forma de beneficiar os consumidores em geral; e (Incluído pela Lei Complementar n. 194/2022).
>
> III – é vedada a fixação de alíquotas reduzidas de que trata o inciso II deste parágrafo, para os combustíveis, a energia elétrica e o gás natural, em percentual superior ao da alíquota vigente por ocasião da publicação deste artigo. (Incluído pela Lei Complementar n. 194/2022 e revogado pela Lei Complementar n. 201/2023 (art. 18, I) **(1 a 3)**.

COMENTÁRIOS

1. Moldura constitucional. "Art. 155. Compete aos Estados e ao Distrito Federal instituir impostos sobre: I – (...); II – operações relativas à circulação de mercadorias e sobre prestações de serviços de transporte interestadual e intermunicipal e de comunicação, ainda que as operações e as prestações se iniciem no exterior; (...)".[4]

2. Legislação básica. LC n. 87/96.

---

4 V. art. 156-A, incluído pela EC n. 132/2023.

3. Disciplina das alíquotas do ICMS para itens qualificados como essenciais e indispensáveis. A Lei Complementar n. 194/2022 promoveu alterações no CTN e na LC n. 87/96 (ICMS), estampando disciplina inédita acerca das alíquotas do ICMS. No CTN, incluiu o art. 18-A, cuja dicção é algo redundante, para qualificar os combustíveis, o gás natural, a energia elétrica, as comunicações e o transporte coletivo como itens essenciais e indispensáveis e, assim, primeiramente, vedar, no parágrafo único desse dispositivo, a aplicação de alíquotas majoradas a esses bens e serviços, para a diminuição do preço ao consumidor final (inciso I). Também, faculta a aplicação de alíquotas reduzidas às operações que os tenham por objeto, com o mesmo intuito (inciso II), sendo que a proibição contida no inciso III foi revogada pela Lei Complementar n. 201/2023. Normas equivalentes foram inseridas na LC n. 87/96, em seu art. 32-A. Sobre a seletividade em função da essencialidade das mercadorias e serviços, v. comentários aos arts. 52 a 62, ICMS, itens 5.2 e 10.4.1, *infra*.

> ## Capítulo II
> ## Impostos sobre o Comércio Exterior
>
> ### Seção I
> ### Impostos sobre a Importação
>
> **Art. 19.** O imposto, de competência da União, sobre a importação de produtos estrangeiros **(1 a 3.1)** tem como fato gerador a entrada destes no território nacional **(4 e 5.3)**.

 ## COMENTÁRIOS

1. Moldura constitucional. Art. 150. "Sem prejuízo de outras garantias asseguradas ao contribuinte, é vedado à União, aos Estados, ao Distrito Federal e aos Municípios: [...] III – cobrar tributos: [...] b) no mesmo exercício financeiro em que haja sido publicada a lei que os instituiu ou aumentou; c) antes de decorridos noventa dias da data em que haja sido publicada a lei que os instituiu ou aumentou, observado o disposto na alínea *b*; [...] Art. 153. Compete à União instituir impostos sobre: I – importação de produtos estrangeiros; [...] § 1.º É facultado ao Poder Executivo, atendidas as condições e os limites estabelecidos em lei, alterar as alíquotas dos impostos enumerados nos incisos I, II, IV e V [...] Art. 237. A fiscalização e o controle sobre o comércio exterior, essenciais à defesa dos interesses fazendários nacionais, serão exercidos pelo Ministério da Fazenda."

2. Legislação básica: Decreto-lei n. 37/1966 e alterações.

3. Imposto de Importação. Considerações gerais. Tal qual o Imposto de Exportação, constitui um dos tributos que incidem sobre o *comércio exterior*, isto é, sobre negócios jurídicos de compra e venda de bens e serviços realizados entre pessoas situadas em diferentes países. Em primeiro lugar, destaque-se sua conotação nitidamente *extrafiscal* ou *regulatória*. A extrafiscalidade, como assinalado, consiste na utilização de instrumentos tributários visando ao atingimento de finalidades outras que não a meramente arrecadatória – objetivos sociais, econômicos etc. Significa que, por meio de expedientes tributários, o Estado interfere na conduta das pessoas, incentivando ou inibindo comportamentos, à vista do interesse público (v. art. 16, item 5.3). No caso do Imposto de Importação, o objetivo maior da exigência fiscal não é gerar receita, mas, sim, *proteger a indústria nacional*, uma vez que sua incidência onera o produto estrangeiro, tornando-o mais caro e, portanto, menos competitivo com o produto nacional. É considerado um imposto *indireto*, porquanto enseja a transferência do encargo a terceiro, bem como *seletivo*, uma vez que modulado à vista das diversas categorias de bens importados.

3.1. *Regime jurídico especial do Imposto de Importação.* Em razão de sua feição *extra-fiscal*, a Constituição insere-o num regime jurídico especial, aplicável apenas a alguns poucos tributos. Trata-se da disciplina contida nos arts. 150, § 1.º, e 153, § 1.º. O primeiro dispositivo excepciona o Imposto de Importação da observância da anterioridade da lei tributária, tanto em relação à *anterioridade genérica* (art. 150, III, *b*) quanto no tocante à *anterioridade especial* (art. 150, III, *c*). Isso significa que o aumento do imposto pode ser exigido no mesmo exercício financeiro em que publicada a lei que o estabeleceu, e independentemente do aguardo do lapso temporal de 90 dias, o que o torna um instrumento ágil de regulação do comércio exterior. Em consonância com esse dispositivo, o art. 153, § 1.º, por sua vez, autoriza o Poder Executivo a alterar-lhes as alíquotas, atendidos as condições e os limites estabelecidos em lei. O *princípio da legalidade tributária*, com relação aos impostos mencionados nesse dispositivo, experimenta *atenuação* em seu rigor, ensejando que ato do Poder Executivo integre a vontade da lei, complementando-a nesse quesito. Em verdade, no intuito de imprimir agilidade a essa imposição extrafiscal, pouco adiantaria excepcionar o Imposto de Importação da observância do princípio da anterioridade da lei tributária, permitindo sua majoração de imediato, caso fosse mantida sua submissão à exigência de que a fixação da alíquota se desse por meio de lei. Assim, o Poder Executivo, dentro dos parâmetros legalmente fixados, pode proceder às alterações que se fizerem necessárias. Cuida-se de autêntica *discricionariedade administrativa*, atribuída em nível constitucional, destinada a aparelhar a exigência fiscal para que atue como instrumento de política econômica, sendo escolhida, em cada hipótese, a alternativa de alíquota mais adequada à satisfação do interesse público.

4. *Crítica ao dispositivo.* Ao declarar que "o imposto, de competência da União, sobre a importação de produtos estrangeiros tem como fato gerador a entrada destes no território nacional", o artigo em comento, a pretexto de definir o fato gerador *in abstracto* desse imposto, faz confusão entre os aspectos material e temporal da hipótese de incidência – lapso cometido reiteradamente pelo legislador do Código Tributário Nacional em outros dispositivos. O mesmo equívoco está presente no art. 1.º do Decreto-lei n. 37/1966, diploma legal que contempla a disciplina do Imposto de Importação. Consequentemente, para a adequada compreensão do art. 19 do CTN, é preciso conjugar seu teor com o disposto no art. 23 do Decreto-lei n. 37/1966, segundo o qual, "quando se tratar de mercadoria despachada para consumo, considera-se ocorrido o fato gerador na data do registro, na repartição aduaneira, da declaração a que se refere o artigo 44".

5. *Hipótese de incidência.* Os três aspectos componentes do antecedente da hipótese de incidência são:

5.1. *Aspecto material.* Tecnicamente, o *aspecto material* do imposto em foco consiste em importar produtos estrangeiros. Relevante assinalar que o art. 1.º, § 1.º, do Decreto-lei n. 37/1966 equipara ao produto estrangeiro a mercadoria *nacional* ou *nacionalizada exportada que retornar ao País*: a primeira é a fabricada no território nacional; a segunda é a que vem do exterior e sofre alguma alteração, é transformada ou beneficiada no País e novamente exportada.

5.1.1. *Similaridade.* Merece destaque a norma contida no art. 17 do Decreto-lei n. 37/1966, relativa à exigência de *similaridade*. Singelamente, se há produto similar nacional, a importação do produto estrangeiro será gravada pelo Imposto de Importação, exatamente porque, como apontado, a função precípua desse imposto é a proteção da indústria nacional. Diversamente, tratando-se de produto sem similar nacional, em condições de substituir o importado, é caso de *isenção*, porquanto não há, nesse caso, o que proteger.

5.1.2. *Isenção de bagagem.* O limite de isenção do Imposto de Importação para bens diversos trazidos ao País em *bagagem acompanhada* é de US$ 500 (quinhentos dólares dos Estados Unidos) ou o equivalente em outra moeda, quando o viajante ingressar no País por via aérea ou marítima; e de US$ 300 (trezentos dólares dos Estados Unidos) ou o equivalente em outra moeda, quando o viajante ingressar no País por via terrestre, fluvial ou lacustre (cf. art. 13 do Decreto-lei n. 37/1966; art. 3.º do Decreto-lei n. 1.455/1976 e Instrução Normativa RFB n. 1.059/2010 e alterações).

5.2. *Aspecto espacial.* Há a indicação de duas coordenadas para a aferição desse aspecto da hipótese de incidência. A *coordenada genérica* de espaço, por primeiro, coincide com a própria eficácia da lei federal – o território nacional. Já a *coordenada específica* de espaço é a *repartição aduaneira ou alfândega*, onde ocorrerá o desembaraço dos produtos importados.

5.3. *Aspecto temporal.* Esse aspecto ensejou muita polêmica no passado, porque de elevada importância nessa modalidade impositiva. De fato, tratando-se de imposto sujeito a regime jurídico que o excepciona da observância do princípio da anterioridade da lei tributária e lhe submete a uma eficácia atenuada do princípio da legalidade (arts. 150, § 1.º, e 153, § 1.º), a determinação do momento em que se considera nascida a obrigação tributária é ainda mais relevante, pois, de um dia para o outro, pode ocorrer alteração da disciplina aplicável à hipótese, modificando-se o valor da exigência fiscal. Afastadas as teses segundo as quais o momento em que se considera nascida a obrigação tributária é: *(i)* o da realização do negócio jurídico de importação; *(ii)* o da entrada do bem no território nacional; e *(iii)* o do desembaraço aduaneiro na repartição competente, mediante a interpretação do disposto no art. 44 do Decreto-lei n. 37/1966, prevaleceu o entendimento segundo o qual a obrigação de pagar o Imposto de Importação *nasce no momento do registro da Declaração de Importação na repartição aduaneira.* A eleição de tal marco temporal, mediante a adoção de *ficção*, é aplicação do *princípio da praticabilidade ou praticidade tributária*. Nesse sentido firmou-se, há muito, a jurisprudência do STJ (*e.g.* 1.ª T., REsp 313.117/PE, Rel. Min. Humberto Gomes de Barros, j. 21.10.2003).

 SUGESTÕES DOUTRINÁRIAS

IMPOSTO DE IMPORTAÇÃO

Vladimir Passos de Freitas e outros, *Importação e exportação no direito brasileiro*, RT; José Eduardo Soares de Melo, *Importação e exportação no direito tributário*, RT; Liziane Angelotti Meira, *Tributos sobre o comércio exterior*, Saraiva; André Parmo Folloni, *Tributação sobre o comércio exterior*, Dialética, Regina Helena Costa, *Praticabilidade e justiça tributária: exequibilidade de lei tributária e direitos do contribuinte*, Malheiros.

 JURISPRUDÊNCIA ILUSTRATIVA

STJ

• "Regime aduaneiro. Importação. Auto de infração. Mercadorias declaradas similares (mas diferentes) em qualidade e em quantidade muito superior às indicadas nas guias de importação. Erro *vs.* artifício doloso. Pagamento dos tributos alegadamente devidos. Restante tributário não pago, porque não declarado. Fraude. Prejuízo fiscal e concorrencial. Pena de perdimento. 1. Na espécie, observa-se que a parte recorrida informou para a aduana a importação de mercadorias de natureza similar (não idêntica) e em quantidade muito inferior daquelas efetivamente introduzidas em território nacional. 2. Conforme noticiado pela autoridade impetrada (fls. 69/70), ao invés de cerca de 16.000 peças, a parte recorrida importou mais de 21.000, em um total de aproximadamente 30% de produtos a mais (e de natureza similar, mas efetivamente diversa) do que os que viriam a sofrer a tributação caso não fosse feita a devida apuração pelo Fisco. Dado colateral: valor da causa apurado, inicialmente, em R$ 76.439,76 (considerando o valor que o Fisco considera devido). 3. Impossível, pois, compreender como válida a tese da origem, no sentido de que se tratou de mero erro de preenchimento na guia de importação e que, via de consequência, por ter a empresa importadora pago parte dos tributos, não haveria de se cogitar de má-fé. 4. O art. 105, XI, do Dec.-lei n. 37/1966 é claro ao afirmar aplicável a pena de perdimento de mercadoria 'estrangeira, já desembaraçada e cujos tributos aduaneiros tenham sido pagos apenas em parte, mediante artifício doloso'. De igual teor é o art. 514, XII, do Regulamento Aduaneiro vigente à época dos fatos. 5. De se ressaltar que acolher a fundamentação do acórdão recorrido (o pagamento parcial é suficiente para afastar a má-fé) significaria, em tese, legitimar práticas – criminosas, inclusive – contra a ordem tributária e contra o ambiente concorrencial. 6. Recurso especial provido com determinação de extração de cópias dos autos ao Ministério Público Federal" (2.ª T, REsp 918.043/SP, Rel. Min. Mauro Campbell Marques, j. 20.04.2010).

• "Processual civil. Recurso especial. Tributário. Imposto de importação. Momento do fato gerador. Variação de alíquota. Ausência de registro. Súmula n. 7 do STJ. 1. O fato gerador, para o imposto de importação, consuma-se na data do registro da declaração de importação. 2. É cediço na jurisprudência da Corte que 'No caso de importação de mercadoria despachada para consumo, o fato gerador, para o imposto de importação, consuma-se na data do registro da declaração de importação' (REsp 313.117/PE, Rel. Min. Humberto Gomes de Barros, *DJU* 17.11.2003). Precedentes: REsp 670.658/RN, desta relatoria, *DJU* 14.09.2006; REsp 250.379/PE, Rel. Min. Francisco Peçanha Martins, *DJU* 09.09.2002; EDcl no AgRg no REsp 170163/SP, Rel. Min. Eliana Calmon, *DJU* 05.08.2002; REsp 205013/SP, Rel. Min. Francisco Peçanha Martins, *DJU* 25.06.2001; REsp 139658/PR, Rel. Min. Milton Luiz Pereira, *DJU* 28.05.2001; REsp 213909/PR, Rel. Min. José Delgado, *DJU* 11.10.1999. Deveras, 'o Supremo Tribunal Federal que, no julgamento da ADIN 1293/DF, manifestou-se, *in verbis*: 'O imposto de importação tem como fato gerador a entrada de produtos estrangeiros no território (CTN-66, art. 19). Tratando-se de mercadoria despachada para consumo, considera-se ocorrido o fato gerador na data do registro, na repartição competente, da declaração apresentada pelo importador (Dec.-lei n. 37/1966, art. 23 c/c art. 44), sendo irrelevante para esse efeito específico a data da celebração do contrato de compra e venda ou a do embarque ou a do ingresso no país de mercadoria importada'. E ainda, 'Imposto de Importação. Fixou-se em Plenário RE 91.337-8/SP, em 06.02.1980, a jurisprudência do Supremo Tribunal no sentido de que, em se tratando de mercadoria despachada para consumo, o fato gerador ocorre na data do registro, na repartição competente, da declaração de importação. Ausência de incompatibilidade entre o art. 19 do CTN e o art. 23 do Dec.-lei n. 37/1966. embargos conhecidos, porém rejeitados' (ERE 91.309-2/SP, Rel. Min. Cordeiro Guerra, STF, T. Pleno, 12.03.1980, *DJ* 18.04.1980, p. 2.566). Seguindo essa mesma linha de orientação, o STJ assim tem se pronunciado: 'No caso de importação de mercadoria despachada para consumo, o fato gerador, para o imposto de importação, consuma-se na data do registro da declaração de importação. Precedentes do STJ e STF' (REsp 121617, Rel. Min. Humberto); 'O STF já proclamou inexistir incompatibilidade do art. 19 do CTN com os arts. 23 e 24 do Dec.-lei n. 37/1966. Na importação de produtos do exterior, para consumo próprio, o fato gerador ocorre no momento do registro da declaração de importação na repartição aduaneira, aplicando-se a alíquota vigente na época' (REsp 250379, Rel. Min. Peçanha Martins, *DJ* 09.09.2002); 'Jurisprudência pacífica do STJ, no sentido de que o fato gerador do imposto de importação ocorre com o registro da declaração de importação na repartição aduaneira, inexistindo incompatibilidade entre o art. 23 do Dec.-lei n. 27/1966 e o art. 19 do CTN' (EAREsp 170163, Rel. Min. Eliana Calmon, *DJ* 05.08.2002); e 'Na importação de mercadorias para consumo, o fato gerador ocorre no momento do registro da declaração de importação na repartição aduaneira, sendo irrelevante o regime fiscal vigente na data da emissão da guia de importação, ou quando do desembarque da mercadoria. Inexiste incompatibilidade entre o art. 19 CTN e o Dec.-lei n. 37/1966, conforme orientação do Pretório Excelso sobre o tema (RE 225.602, rel. Min. Carlos Velloso)' (REsp 205.013/SP, Rel. Min. Peçanha Martins, *DJU* 25.06.2001). 3. *In casu*, o Juízo Singular consignou que: 'Em atendimento a determinação deste Juízo, a impetrante, às fls. 44/46, esclareceu que, à data da impetração, ainda não tinha ocorrido o registro da Declaração de Importação. [...] Como, no caso vertente, a Portaria MP n. 50/1994, que instituiu o adicional, foi editada em momento anterior ao da data do registro da DI, não há que se falar em direito adquirido, regendo-se a hipótese pelo chamado *ius novum*' (fls. 67-69). 4. Destarte, não obstante tenha o Tribunal *a quo* manifestado que a mercadoria fora submetida a despacho aduaneiro em data posterior à publicação da Portaria 50/1994, restou consignado com maior precisão na instância inferior que à data da impetração do *mandamus* ainda não havia ocorrido sequer o Registro da Declaração de Importação. 5. Recurso especial desprovido" (1.ª T., REsp 1.016.132/SP, Rel. Min. Luiz Fux, j. 26.05.2009).

> **Art. 20.** A base de cálculo do imposto é **(1 a 3.3)**:
>
> I – quando a alíquota seja específica, a unidade de medida adotada pela lei tributária;
>
> II – quando a alíquota seja *ad valorem*, o preço normal que o produto, ou seu similar, alcançaria, ao tempo da importação, em uma venda em condições de livre concorrência, para entrega no porto ou lugar de entrada do produto no País;
>
> III – quando se trate de produto apreendido ou abandonado, levado a leilão, o preço da arrematação.

 COMENTÁRIOS

1. *Moldura constitucional.* Art. 150. "Sem prejuízo de outras garantias asseguradas ao contribuinte, é vedado à União, aos Estados, ao Distrito Federal e aos Municípios: I – exigir ou aumentar tributo sem lei que o estabeleça; III – cobrar tributos: [...] b) no mesmo exercício financeiro em que haja sido publicada a lei que os instituiu ou aumentou; c) antes de decorridos noventa dias da data em que seja publicada a lei que os instituiu ou aumentou, observado o disposto na alínea *b*; [...] § 1.º A vedação do inciso III, *b*, não se aplica aos tributos previstos nos arts. 148, I, 153, I, II, IV e V; e 154, II; e a vedação do inciso III, *c*, não se aplica aos tributos previstos nos arts. 148, I, 153, I, II, III e V; e 154, II, nem à fixação da base de cálculo dos impostos previstos nos arts. 155, III e 156, I. [...] Art. 153. Compete à União instituir os seguintes impostos: I – importação de produtos estrangeiros; [...] § 1.º É facultado ao Poder Executivo, atendidas as condições e os limites estabelecidos em lei, alterar as alíquotas dos impostos enumerados nos incisos I, II, IV e V."

2. *Legislação básica:* Decreto-lei n. 37/1966, art. 2.º.

3. Consequente da hipótese de incidência tributária. Aspecto quantitativo. O dispositivo trata do aspecto quantitativo da hipótese de incidência, apontando as bases de cálculo e modalidades de alíquotas do imposto.

3.1. Base de cálculo: unidade de medida. Se a base de cálculo for fixada em unidade de medida, a alíquota será *específica*. Essa modalidade de base de cálculo, pouco utilizada, é fixada levando em consideração a unidade ou quantidade do bem importado, expressa em uma medida determinada pelo peso, volume, metro, peça etc. Exemplificando, se o produto importado é tecido, a tributação pode se dar por metro do produto importado ou se for uma bebida, pelo volume desta (base de cálculo); e, assim, a alíquota será um valor em reais.

3.2. Base de cálculo: preço normal do produto. Diversamente, se a base de cálculo for o preço do produto, a alíquota será *ad valorem*, isto é, um percentual aplicado a essa base de cálculo, critério adotado atualmente pela lei. Entenda-se por *preço normal do produto* aquele apurado num ambiente de normalidade de mercado, isto é, em uma venda em condições de livre concorrência. A tarefa de fixação do preço normal do produto é exercida no contexto de política de comércio exterior, em observância à diretriz de proteção da indústria nacional.

3.3. Base de cálculo: preço da arrematação. Tal base de cálculo será utilizada no caso de produto apreendido, assim como na hipótese de produto abandonado.

> **Art. 21.** O Poder Executivo pode, nas condições e nos limites estabelecidos em lei, alterar as alíquotas ou as bases de cálculo **(1 a 3)** do imposto, a fim de ajustá-lo aos objetivos da política cambial e do comércio exterior **(3.1 e 4)**.

 COMENTÁRIOS

1. Moldura constitucional: Art. 150. "Sem prejuízo de outras garantias asseguradas ao contribuinte, é vedado à União, aos Estados, ao Distrito Federal e aos Municípios: III – cobrar tributos: [...] b) no mesmo exercício financeiro em que haja sido publicada a lei que os instituiu ou aumentou; c) antes de decorridos noventa dias da data em que seja publicada a lei que os instituiu ou aumentou, observado o disposto na alínea *b*; [...] § 1.º A vedação do inciso III, *b*, não se aplica aos tributos previstos nos arts. 148, I, 153, I, II, IV e V; e 154, II; e a vedação do inciso III, *c*, não se aplica aos tributos previstos nos arts. 148, I, 153, I, II, III e V; e 154, II, nem à fixação da base de cálculo dos impostos previstos nos arts. 155, III e 156, I. [...] Art. 153. Compete à União instituir os seguintes impostos: I – importação de produtos estrangeiros; [...]. § 1.º É facultado ao Poder Executivo, atendidas as condições e os limites estabelecidos em lei, alterar as alíquotas dos impostos enumerados nos incisos I, II, IV e V. [...]"

2. Dispositivo parcialmente não recepcionado pela Constituição de 1988. A faculdade atribuída ao Poder Executivo cinge-se apenas à alteração das *alíquotas*, consoante o disposto no art. 153, § 1.º, CR. Portanto, tal dispositivo não foi recepcionado na parte em que autoriza que também as bases de cálculo sejam modificadas pelo Poder Executivo. Vale recordar, ainda, que o Imposto de Importação está excepcionado dos princípios da anterioridade genérica e da anterioridade especial (art. 150, § 1.º, CR).

3. *Aspecto quantitativo. Discricionariedade do Poder Executivo na alteração das alíquotas.* Como mencionado (art. 19, item 3), o art. 153, § 1.º, autoriza o Poder Executivo a alterar-lhe as alíquotas, atendidas as condições e os limites estabelecidos em lei. O *princípio da legalidade tributária*, com relação aos impostos referidos nesse dispositivo, experimenta atenuação em seu rigor, ensejando que ato do Poder Executivo integre a vontade da lei, complementando-a nesse quesito. De fato, no intuito de imprimir agilidade a essa imposição extrafiscal, pouco adiantaria excepcionar o Imposto de Importação da observância do princípio da anterioridade da lei tributária, permitindo sua majoração de imediato, caso fosse mantida sua submissão à exigência de que a fixação da alíquota se desse por meio de lei. Assim, o Poder Executivo, dentro dos parâmetros legalmente fixados, pode proceder às alterações que se fizerem necessárias. Cuida-se de autêntica *discricionariedade administrativa*, atribuída em nível constitucional, destinada a aparelhar a exigência fiscal para que atue como instrumento de política econômica, sendo escolhida, em cada hipótese, a alternativa de alíquota mais adequada à satisfação do interesse público. Também, o Imposto de Importação é considerado um imposto *indireto*, porquanto enseja a transferência do encargo a terceiro, bem como *seletivo*, uma vez que modulado à vista das diversas categorias de bens importados.

3.1. *Finalidade da alteração de alíquotas.* Consoante expressa a norma contida nesse dispositivo, a autorização para que o Poder Executivo possa aumentar a alíquota do imposto sob comento está atrelada à finalidade de "ajustá-lo aos objetivos da política cambial e do comércio exterior". Portanto, *a contrario sensu*, se a majoração do imposto não visar tais objetivos, não poderá ser efetuada mediante ato do Poder Executivo, impondo-se o necessário veículo legislativo.

4. *Dumping.* Conceito relacionado à tributação do comércio exterior, o termo *dumping* origina-se do verbo *to dump*, que significa jogar, desfazer, esvaziar-se. É a prática de medidas com a finalidade de possibilitar que mercadorias ou produtos possam ser oferecidos em um mercado estrangeiro a preço inferior ao vigente no mercado interno. Se, por exemplo, determinado produto estrangeiro chegar ao mercado interno a preço vil, para combater o *dumping* aumenta-se a alíquota de Imposto de Importação, elevando seu preço, de forma a evitar a concorrência desleal com o produto nacional. No contexto da política aduaneira, caberá ao Poder Executivo fixar os preços de referência para esse fim.

 JURISPRUDÊNCIA ILUSTRATIVA

STF

• "Constitucional. Tributário. Importação. Alíquotas. Majoração por ato do Executivo. Motivação. Ato. Imposto de Importação. Fato gerador. CF, art. 150, III, *a*, e art. 153, § 1.º. I – Imposto de Importação: alteração das alíquotas, por ato do Executivo, atendidas as condições e os limites estabelecidos em lei: CF, art. 153, § 1.º. A lei de condições e de limites é lei ordinária, dado que a lei complementar somente será exigida se a Constituição, expressamente, assim determinar. No ponto, a Constituição excepcionou a regra inscrita no art. 146, II. II – A motivação do decreto que alterou as alíquotas encontra-se no procedimento administrativo de sua formação, mesmo porque os motivos do decreto não vêm nele próprio. III – Fato gerador do Imposto de Importação: a entrada do produto estrangeiro no território nacional (CTN, art. 19). Compatibilidade do art. 23 do Dec.-lei n. 37/1966 com o art. 19 do CTN. Súmula n. 4 do antigo TFR. IV – O que a Constituição exige, no art. 150, III, *a*, é que a lei que institua ou que majore tributos seja anterior ao fato gerador. No caso, o decreto que alterou as alíquotas é anterior ao fato gerador do Imposto de Importação. V – Recurso extraordinário conhecido e provido" (Pleno, RE 225.602/CE, Rel. Min. Carlos Velloso, j. 25.11.1998).

STJ

• "Administrativo. Responsabilidade civil do estado. Imposto de importação. Alteração de alíquotas. Divergência jurisprudencial. Demonstração. Ausência. Indústria nacional. Impacto econômico-financeiro. Risco da atividade. Direito à manutenção do *status quo ante*. Inexistência. 1. É inviável o conhecimento do recurso especial pela alínea *c* do permissivo constitucional quando a divergência não é demonstrada nos termos exigidos pela legislação de regência. 2. Não se verifica o dever do Estado de indenizar eventuais prejuízos financeiros do setor privado decorrentes da alteração de política econômico-tributária, no caso de o ente público não ter se comprometido, formal e previamente, por meio de determinado planejamento específico. 3. Com finalidade extrafiscal, a Portaria MF 492, de 14 de setembro de 1994, ao diminuir para 20% a alíquota do imposto de importação para os produtos nela relacionados, fê-lo em conformidade com o art. 3.º da Lei n. 3.244/1957 e com o DL 2.162/1984, razão pela qual não há falar em quebra do princípio da confiança. 4. O impacto econômico-financeiro sobre a produção e a comercialização de mercadorias pelas sociedades empresárias causado pela alteração da alíquota de tributos decorre do risco da atividade próprio da álea econômica de cada ramo produtivo. 5. Inexistência de direito subjetivo da recorrente, quanto à manutenção da alíquota do imposto de importação (*status quo ante*), apto a ensejar o dever de indenizar. 6. Recurso especial conhecido em parte e, nessa extensão, desprovido" (1.ª T., REsp 1.492.832/DF, Rel. Min. Gurgel de Faria, j. 04.09.2018).

> **Art. 22.** Contribuinte do imposto é: **(1 a 4)**
> I – o importador ou quem a lei a ele equiparar;
> II – o arrematante de produtos apreendidos ou abandonados.

 COMENTÁRIOS

1. *Dispositivos relacionados:* art. 121, parágrafo único, I e II, CTN.

2. *Legislação básica:* Decreto-lei n. 37/1966, arts. 31 e 32.

3. *Aspecto pessoal. Contribuintes.* Esse dispositivo, secundado pelo art. 31 do Decreto-lei n. 37/1966, estatui serem contribuintes do imposto o importador, ou quem a lei a ele equiparar, ou o arrematante, de acordo com a materialidade da hipótese de incidência de que se trate.

3.1. *Equiparação de sujeito ao importador.* A lei equipara a importador o viajante que traz mercadoria importada em sua bagagem. O limite de isenção do Imposto de Importação para bens diversos trazidos ao País em bagagem acompanhada é de US$ 500 (quinhentos dólares dos Estados Unidos) ou o equivalente em outra moeda, quando o viajante ingressar no País por via aérea ou marítima; e de US$ 300 (trezentos dólares dos Estados Unidos) ou o equivalente em outra moeda, quando o viajante ingressar no País por via terrestre, fluvial ou lacustre (cf. art. 13 do Decreto-lei n. 37/1966; art. 3.º do Decreto-lei n. 1.455/1976 e Instrução Normativa RFB n. 1.059/2010 e alterações). V. observação contida no art. 19, item 5.1.2.

3.2. *Arrematante.* Também se considera contribuinte do imposto o arrematante de produtos apreendidos ou abandonados em leilão.

4. *Aspecto pessoal. Responsáveis.* Como o CTN a eles não faz referência, os *responsáveis* estão previstos no Decreto-lei n. 37/1966: *(i)* "o transportador, quando transportar mercadoria procedente do exterior ou sob controle aduaneiro, inclusive em percurso interno"; e *(ii)* "o depositário, assim considerada qualquer pessoa incumbida da custódia de mercadoria sob controle aduaneiro" (art. 32, I e II). Tal diploma legal prevê, ainda, os responsáveis *soli-*

dários: (i) o adquirente ou cessionário de mercadoria beneficiada com isenção ou redução do imposto; *(ii)* o representante, no País, do transportador estrangeiro; *(iii)* o adquirente de mercadoria de procedência estrangeira, no caso de importação realizada por sua conta e ordem, por intermédio de pessoa jurídica importadora; e *(iv)* o encomendante predeterminado que adquire mercadoria de procedência estrangeira de pessoa jurídica importadora. V. ADI 5.431/DF.

 JURISPRUDÊNCIA ILUSTRATIVA

STF

"Direito Tributário. Ação direta de inconstitucionalidade. Responsabilidade solidária do representante, no país, do transportador estrangeiro pelo recolhimento do imposto de importação. Improcedência. I. Caso em exame 1. Ação direta de inconstitucionalidade, com pedido de medida cautelar, proposta pela Confederação Nacional do Transporte (CNT), em que se busca a declaração de inconstitucionalidade do parágrafo único do art. 32 do Decreto-lei 37/1966, com a redação conferida pelo art. 77 da Medida Provisória 2.158-35/2001. II. Questão em discussão. 2. A questão em discussão consiste em saber se a norma que estabelece a responsabilidade solidária de representante, no País, de transportador estrangeiro, pelo recolhimento do imposto de importação viola (i) a regra do art. 146, inciso III, da Constituição Federal, que exige lei complementar para dispor sobre normas gerais em matéria de legislação tributária, e (ii) os arts. 5º, XIII, 145, § 1º, 150, IV, e 170 da Lei Maior, que tratam dos princípios constitucionais da vedação ao confisco, da capacidade contributiva e da livre-iniciativa. III. Razões de decidir. 3. O dispositivo impugnado não afastou afrontou a regra insculpida no art. 146, inciso III, do texto constitucional, eis que não dispôs sobre normas gerais em matéria de legislação tributária, mas apenas instituiu nova hipótese de responsabilidade solidária em harmonia com as disposições gerais previstas pelo Código Tributário Nacional (CTN). 4. A norma impugnada não afronta os princípios constitucionais da vedação ao confisco, da capacidade contributiva e da livre-iniciativa, porque o representante do transportador estrangeiro, na condição de terceira pessoa vinculada ao fato gerador da obrigação tributária relacionada à atividade de importação, possui responsabilidade pelo crédito tributário. Desse modo, conforme o art. 128 do CTN, não há falar em efeito confiscatório dessa eventual cobrança ou de violação à capacidade contributiva ou à livre-iniciativa, eis que há, efetivamente, uma vinculação do representante ao cumprimento da obrigação tributária. IV. Dispositivo. 5. Pedido improcedente" (ADI 5.431/DF, Rel. Min. Gilmar Mendes, j. 02.12.2024).

STJ

• "Processo civil. Recurso especial representativo de controvérsia. Art. 543-C do CPC. Tributário. Imposto sobre Importação. Responsabilidade tributária. Agente marítimo. Art. 32 do Decreto-lei n. 37/1966. Fato gerador anterior ao Decreto-lei n. 2.472/1988. Ausência de previsão legal da responsabilidade tributária. 1. O agente marítimo, no exercício exclusivo de atribuições próprias, no período anterior à vigência do Decreto-lei n. 2.472/1988 (que alterou o art. 32 do Decreto-lei n. 37/1966), não ostentava a condição de responsável tributário, nem se equiparava ao transportador, para fins de recolhimento do imposto sobre importação, porquanto inexistente previsão legal para tanto. 2. O sujeito passivo da obrigação tributária, que compõe o critério pessoal inserto no consequente da regra-matriz de incidência tributária, é a pessoa que juridicamente deve pagar a dívida tributária, seja sua ou de terceiro(s). 3. O art. 121 do *Codex* Tributário elenca o contribuinte e o responsável como sujeitos passivos da obrigação tributária principal, assentando a doutrina que: 'Qualquer pessoa colocada por lei na qualidade de devedora da prestação tributária será sujeito passivo, pouco importando o nome que lhe seja atribuído ou a sua situação de contribuinte ou responsável" (Bernardo Ribeiro de Moraes, *Compêndio de Direito Tributário*, 3. ed., Rio de Janeiro, Forense, 2002, 2.º volume, p. 279). 4. O contribuinte (também denominado, na doutrina, de sujeito passivo direto, devedor direto ou destinatário legal tributário) tem relação causal, direta e pessoal com o pressuposto de fato que origina a obrigação tributária (art. 121, I, do CTN). 5. O responsável tributário (por alguns chamado sujeito passivo indireto ou devedor indireto), por sua vez, não ostenta liame direto e pessoal com o fato jurídico tributário, decorrendo o dever jurídico de previsão legal (art. 121, II, do CTN). 6. Salvante a hipótese em que a responsabilidade tributária advém de norma primária sancionadora, 'o responsável diferencia-se do contribuinte por ser necessariamente um sujeito qualquer *(i)* que não tenha praticado o evento descrito no fato jurídico tributário; e *(ii)* que disponha de meios para ressarcir-se do tributo pago por conta de fato praticado por outrem' (Maria Rita Ferragut, *Responsabilidade tributária e o Código Civil de 2002*, 2. ed., São Paulo, Noeses, 2009, p. 34). 7. O imposto sobre a importação, consoante o art. 22 do CTN, aponta apenas como contribuinte o importador ou quem a lei a ele equiparar (inciso I) ou o arrematante de produtos apreendidos ou abandonados (inciso II). 8. O diploma legal instituidor do imposto sobre a importação (Decreto-lei n. 37/1966), nos arts. 31 e 32, na sua redação original, assim dispunham: 'Art. 31. É contribuinte do imposto: I – O importador, assim considerada qualquer pessoa que promova a entrada de mercadoria estrangeira no território nacional. II – O arrematante de mercadoria apreendida ou abandonada. Art. 32. Para os efeitos do artigo 26, o adquirente da mercadoria responde solidariamente com o vendedor, ou o substitui, pelo pagamento dos tributos e demais gravames devidos'. 9. O transportador da mercadoria estrangeira, à época, sujeitava-se à responsabilidade tributária por infração, nos termos dos arts. 41 e 95 do Decreto-lei n. 37/1966. 10. O Decreto-lei n. 2.472, de 1.º de setembro de 1988, alterou os arts. 31 e 32 do Decreto-lei n. 37/1966, que passaram a dispor que: 'Art. 31. É contribuinte do imposto: I – o importador, assim considerada qualquer pessoa que promova a entrada de mercadoria estrangeira no Território Nacional; II – o destinatário de remessa postal internacional indicado pelo respectivo remetente; III – o adquirente de mercadoria entrepostada. Art. 32. É responsável pelo imposto: I – o transportador, quando transportar mercadoria procedente do exterior ou sob controle aduaneiro, inclusive em percurso interno; II – o depositário, assim considerada qualquer pessoa incumbida da custódia de mercadoria sob controle aduaneiro. Parágrafo único. É responsável solidário: a) o adquirente ou cessionário de mercadoria beneficiada com isenção ou redução do imposto; b) o representante, no País, do transportador estrangeiro'. 11. Consequentemente, antes do Decreto-lei n. 2.472/1988, inexistia hipótese legal expressa de responsabilidade tributária do 'representante, no País, do transportador estrangeiro', contexto legislativo que culminou na edição da Súmula n. 192/TFR, editada em 19.11.1985, que cristalizou o entendimento de que: 'O agente marítimo, quando no exercício exclusivo das atribuições próprias, não é considerado responsável tributário, nem se equipara ao transportador para efeitos do Decreto-lei n. 37/1966'. 12. A jurisprudência do STJ, com base na Súmula n. 192/TFR, consolidou a tese de que, ainda que existente termo de compromisso firmado pelo agente marítimo (assumindo encargos outros que não os de sua competência), não se lhe pode atribuir responsabilidade pelos débitos tributários decorrentes da importação, por força do princípio da reserva legal (Precedentes do STJ: AgRg no Ag 904.335/SP, Rel. Min. Herman Benjamin, 2.ª Turma, j. 18.10.2007, *DJe* 23.10.2008; REsp 361.324/RS, Rel. Min. Humberto Martins, 2.ª Turma, j. 02.08.2007, *DJ* 14.08.2007; REsp 223.836/RS, Rel. Min. João Otávio de Noronha, 2.ª Turma, j. 12.04.2005, *DJ* 05.09.2005; REsp 170.997/SP, Rel. Min. Castro Meira, 2.ª Turma, j. 22.02.2005, *DJ* 04.04.2005; REsp 319.184/RS, Rel. Min. Franciulli Netto, 2.ª Turma, j. 03.06.2004, *DJ* 06.09.2004; REsp 90.191/RS, Rel. Min. Laurita Vaz, 2.ª Turma, j. 21.11.2002, *DJ* 10.02.2003; REsp 252.457/RS, Rel. Min. Francisco Peçanha Martins, 2.ª Turma, j. 04.06.2002, *DJ* 09.09.2002; REsp 410.172/RS, Rel. Min. José

Delgado, 1.ª Turma, j. 02.04.2002, *DJ* 29.04.2002; REsp 132.624/SP, Rel. Min. Eliana Calmon, 2.ª Turma, j. 15.08.2000, *DJ* 20.11.2000; e REsp 176.932/SP, Rel. Min. Hélio Mosimann, 2.ª Turma, j. 05.11.1998, *DJ* 14.12.1998). 13. Sob esse ângulo, forçoso destacar (malgrado a irrelevância no particular), que a empresa destinada ao agenciamento marítimo não procedeu à assinatura de 'nenhuma fiança, nem termo de responsabilidade ou outro qualquer, que venha acarretar qualquer tipo de solidariedade e/ou de responsabilidade com o armador (proprietário do navio), para que seja cobrada por tributos ou outros ônus derivados de falta, acréscimo ou avaria de mercadorias durante o transporte' (assertiva inserta nas contrarrazões ao recurso especial). 14. No que concerne ao período posterior à vigência do Decreto-lei n. 2.472/1988, sobreveio hipótese legal de responsabilidade tributária solidária (a qual não comporta benefício de ordem, à luz inclusive do parágrafo único, do art. 124 do CTN) do 'representante, no país, do transportador estrangeiro'. 15. *In casu*, revela-se incontroverso nos autos que o fato jurídico tributário ensejador da tributação pelo imposto de importação ocorreu em outubro de 1985, razão pela qual não merece reforma o acórdão regional, que, fundado no princípio da reserva legal, pugnou pela inexistência de responsabilidade tributária do agente marítimo. 16. A discussão acerca do enquadramento ou não da figura do 'agente marítimo' como o 'representante, no país, do transportador estrangeiro' (à luz da novel dicção do artigo 32, II, *b*, do Decreto-lei n. 37/1966) refoge da controvérsia posta nos autos, que se cinge ao período anterior à vigência do Decreto-lei n. 2.472/1988. 17. Recurso especial fazendário desprovido. Acórdão submetido ao regime do art. 543-C do CPC e da Resolução STJ 08/2008" (REsp 1.129.430/SP, Tema Repetitivo 389, Rel. Min. Luiz Fux, j. 24.11.2010).

Tese Jurídica: "O agente marítimo, no exercício exclusivo de atribuições próprias, no período anterior à vigência do Decreto-lei n. 2.472/1988 (que alterou o artigo 32 do Decreto-lei n. 37/1966), não ostentava a condição de responsável tributário, nem se equiparava ao transportador, para fins de recolhimento do Imposto sobre Importação, porquanto inexistente previsão legal para tanto".

> *Seção II*
> *Imposto sobre a Exportação*
>
> **Art. 23.** O imposto, de competência da União, sobre a exportação **(1 e 2)**, para o estrangeiro, de produtos nacionais ou nacionalizados **(3 e 4)** tem como fato gerador a saída destes do território nacional **(5 e 6)**.

 COMENTÁRIOS

1. *Moldura constitucional.* Art. 150. "Sem prejuízo de outras garantias asseguradas ao contribuinte, é vedado à União, aos Estados, ao Distrito Federal e aos Municípios: [...] I – exigir ou aumentar tributos sem lei que o estabeleça; [...] III – cobrar tributos: [...] b) no mesmo exercício financeiro em que haja sido publicada a lei que os instituiu ou aumentou; c) antes de decorridos noventa dias da data em que haja sido publicada a lei que os instituiu ou aumentou, observado o disposto na alínea *b*; [...] § 1.º A vedação do inciso III, *b*, não se aplica aos tributos previstos nos arts. 148, I, 153, I, II, IV e V; e 154, II; e a vedação do inciso III, *c*, não se aplica aos tributos previstos nos arts. 148, I, 153, II, III e V; e 154, II, nem à fixação da base de cálculo dos impostos previstos nos arts. 155, III, e 156, I. [...] Art. 153.

Compete à União instituir impostos sobre: [...] II – exportação, para o exterior, de produtos nacionais ou nacionalizados; [...]. § 1.º É facultado ao Poder Executivo, atendidas as condições e os limites estabelecidos em lei, alterar as alíquotas dos impostos enumerados nos incisos I, II, IV e V. [...] Art. 237. A fiscalização e o controle sobre o comércio exterior, essenciais à defesa dos interesses fazendários nacionais, serão exercidos pelo Ministério da Fazenda."

2. *Legislação básica.* Decreto-lei n. 1.578/1977 e alterações.

3. *Imposto de Exportação. Considerações gerais.* O Imposto de Exportação, tal qual o Imposto de Importação, incide sobre o *comércio exterior* e ostenta estrutura bem semelhante àquele, apresentando, igualmente, feição nitidamente *extrafiscal* ou *regulatória* (arts. 150, § 1.º, e 153, § 1.º, CR), que pode ser sintetizada na máxima "não se deve exportar tributos" (v. comentários no item seguinte). Sendo assim, o Decreto-lei n. 1.578/1977 estabelece que, "no que couber, aplicar-se-á, subsidiariamente, ao imposto de exportação a legislação relativa ao imposto de importação" (art. 8.º). Onerando os produtos nacionais ou nacionalizados, o Imposto de Exportação torna-os menos competitivos no mercado externo e, à vista da diretriz constitucionalmente fixada de incentivar as exportações, como regra, não deve ser exigido. Sendo necessário fazê-lo, deve ensejar baixo impacto econômico. Cabe sua exigência, todavia, como instrumento destinado a evitar o desabastecimento interno, majorando-se, por exemplo, a alíquota de determinado produto para dificultar sua exportação. Note-se, a respeito, a dicção do Decreto-lei n. 1.578/1977 que, em seu art. 1.º, § 3.º, estatui que o Poder Executivo relacionará os produtos sujeitos ao imposto. Desse modo, o Imposto de Exportação caracteriza-se como *indireto* e *seletivo*.

4. *Estímulos à exportação.* O Imposto de Exportação submete-se à diretriz constitucional da *não oneração das exportações*. Com efeito, o texto constitucional prevê diversos *estímulos à exportação*: *(i)* imunidade específica com relação às contribuições sociais e de intervenção no domínio econômico de que trata o art. 149 sobre as receitas decorrentes de exportação (art. 149, § 2.º); *(ii)* imunidade específica no tocante ao IPI (art. 153, § 3.º, III); *(iii)* imunidade específica relativa ao ICMS (art. 155, § 2.º, X, *a*[5]); e *(iv)* autorização para a isenção, pela União, de ISSQN nas exportações de serviços (art. 156, § 3.º, II).[6]

5. *Hipótese de incidência.* Os três aspectos componentes do antecedente da hipótese de incidência desse imposto são:

5.1. *Aspecto material.* Consoante o art. 153, II, CR, o *aspecto material* desse imposto é "exportar para o exterior produtos nacionais ou nacionalizados". O art. 23, CTN, por sua vez, declara que o imposto "tem como fato gerador a saída destes do território nacional". *Produto nacional* é o fabricado no território nacional; *produto nacionalizado* é o que vem do exterior e sofre alguma alteração; é transformado ou beneficiado no País e novamente exportado.

5.1.1. *Crítica ao dispositivo.* Reitera o artigo em comento, portanto, o mesmo equívoco verificado com relação ao Imposto de Importação, ao atrelar o aspecto material ao aspecto temporal da hipótese de incidência.

5.2. *Aspecto espacial.* Tal como no Imposto de Importação, o aspecto espacial aponta para duas coordenadas: a *genérica* – território nacional – e a *específica* – repartição aduaneira.

---

5   V. art. 156-A, incluído pela EC n. 132/2023.

6   V. art. 156-A, incluído pela EC n. 132/2023.

5.3. *Aspecto temporal.* Consiste no momento da expedição da guia de exportação ou documento equivalente (Decreto-lei n. 1.578/1977, art. 1.º, § 1.º). A escolha de tal marco temporal, mediante a adoção de ficção, é aplicação do *princípio da praticabilidade ou praticidade tributária.*

6. *Drawback.* Conceito pertinente à tributação do comércio exterior, o termo significa, em inglês, retorno ou devolução. É um dos *regimes aduaneiros especiais* e constitui um *incentivo à exportação,* já que se reporta às *importações vinculadas à exportação.* Está previsto no Decreto-lei n. 37/1966: "Art. 78. Poderá ser concedida, nos termos e condições estabelecidas no regulamento: I – restituição, total ou parcial, dos tributos que hajam incidido sobre a importação de mercadoria exportada após beneficiamento, ou utilizada na fabricação, complementação ou acondicionamento de outra exportada; II – suspensão do pagamento dos tributos sobre a importação de mercadoria a ser exportada após beneficiamento, ou destinada à fabricação, complementação ou acondicionamento de outra a ser exportada; III – isenção dos tributos que incidirem sobre importação de mercadoria, em quantidade e qualidade equivalentes à utilizada no beneficiamento, fabricação, complementação ou acondicionamento de produto exportado. § 1.º A restituição de que trata este artigo poderá ser feita mediante crédito da importância correspondente, a ser ressarcida em importação posterior. [...]". Portanto, esse regime aduaneiro especial pode consistir na restituição total ou parcial do valor do imposto na suspensão ou na isenção de tributos que incidirem sobre a importação de mercadorias no tocante a produtos a serem exportados após beneficiamento ou destinados a fabricação, complementação ou acondicionamento de outra a ser exportada.

 SUGESTÕES DOUTRINÁRIAS

IMPOSTO DE EXPORTAÇÃO

José Eduardo Soares de Melo, *Importação e exportação no direito tributário,* RT; Vladimir Passos de Freitas e outros, *Importação e exportação no direito brasileiro,* RT; Liziane Angelotti Meira, *Tributos sobre o comércio exterior,* Saraiva; André Parmo Folloni, *Tributação sobre o comércio exterior,* Dialética; Regina Helena Costa, *Praticabilidade e justiça tributária: exequibilidade de lei tributária e direitos do contribuinte,* Malheiros.

 JURISPRUDÊNCIA ILUSTRATIVA

STJ

• "Tributário. Regime de *drawback.* Desembaraço aduaneiro. Certidão negativa de débito (CND). Inexigibilidade. Art. 60 da Lei n. 9.069/1995. 1. *Drawback* é a operação pela qual a matéria-prima ingressa em território nacional com isenção ou suspensão de impostos, para ser reexportada após sofrer beneficiamento. 2. O art. 60 da Lei n. 9.069/1995 dispõe que: 'a concessão ou reconhecimento de qualquer incentivo ou benefício fiscal, relativos a tributos e contribuições administrados pela Secretaria da Receita Federal fica condicionada à comprovação pelo contribuinte, pessoa física ou jurídica, da quitação de tributos e contribuições federais'. 3. Destarte, ressoa ilícita a exigência de nova certidão negativa de débito no momento do desembaraço aduaneiro da respectiva importação, se a comprovação de quitação de tributos federais já fora apresentada quando da concessão do benefício inerente às operações pelo regime de *drawback* (Precedentes das Turmas de Direito Público: REsp 839.116/BA, Rel. Min. Luiz Fux, 1.ª Turma, j. 21.08.2008, *DJe* 1.º.10.2008; REsp 859.119/SP, Rel. Min. Eliana Calmon, 2.ª Turma, j. 06.05.2008, *DJe* 20.05.2008; e REsp 385.634/BA, Rel. Min. João Otávio de Noronha, 2.ª Turma, j. 21.02.2006, *DJ* 29.03.2006). 4. Recurso especial desprovido. Acórdão submetido ao regime do art. 543-C do CPC e da Resolução STJ 08/2008" (REsp 1.041.237/SP, Tema Repetitivo 165, Rel. Min. Luiz Fux, j. 28.10.2009).

Tese Jurídica: "É ilícita a exigência de nova certidão negativa de débito no momento do desembaraço aduaneiro da respectiva importação, se a comprovação de quitação de tributos federais já fora apresentada quando da concessão do benefício inerente às operações pelo regime de *drawback*".

> **Art. 24.** A base de cálculo do imposto é **(1 a 4)**:
>
> I – quando a alíquota seja específica, a unidade de medida adotada pela lei tributária **(4.1)**;
>
> II – quando a alíquota seja *ad valorem*, o preço normal que o produto, ou seu similar, alcançaria, ao tempo da exportação, em uma venda em condições de livre concorrência **(4.2)**.
>
> Parágrafo único. Para os efeitos do inciso II, considera-se a entrega como efetuada no porto ou lugar da saída do produto, deduzidos os tributos diretamente incidentes sobre a operação de exportação e, nas vendas efetuadas a prazo superior aos correntes no mercado internacional o custo do financiamento.

 COMENTÁRIOS

1. *Moldura constitucional*. Art. 153. [...] § 1.º "É facultado ao Poder Executivo, atendidas as condições e os limites estabelecidos em lei, alterar as alíquotas dos impostos enumerados nos incisos I, II, IV e V."

2. *Dispositivo relacionado:* art. 26, CTN.

3. *Legislação básica:* Decreto-lei n. 1.578/1977, arts. 2.º e 3.º.

4. *Consequente da hipótese de incidência. Aspecto quantitativo.* O dispositivo trata do aspecto quantitativo da hipótese de incidência, indicando as bases de cálculo e das alíquotas.

4.1. *Base de cálculo: unidade de medida.* No Imposto de Exportação, à semelhança do que se dá no Imposto de Importação, se a base de cálculo for unidade de medida (ex.: caixa de bebidas, com doze garrafas), a alíquota será *específica* (o valor de uma garrafa).

4.2. *Base de cálculo: preço normal do produto.* Entenda-se por *preço normal do produto* aquele apurado num ambiente de normalidade de mercado. Se a base de cálculo for o preço normal do produto, a alíquota será *ad valorem*, ou seja, um percentual a incidir sobre a base de cálculo. Nessa hipótese, consoante o disposto no parágrafo único, "considera-se a entrega como efetuada no porto ou lugar da saída do produto, deduzidos os tributos diretamente incidentes sobre a operação de exportação e, nas vendas efetuadas a prazo superior aos correntes no mercado internacional o custo do financiamento". Tal prescrição visa reduzir o preço do produto, revelando-se consentânea com a diretriz constitucional de estímulo às exportações e a máxima do comércio internacional segundo a qual não se devem exportar tributos.

> **Art. 25.** A lei pode adotar como base de cálculo a parcela do valor ou do preço, referidos no artigo anterior, excedente de valor básico, fixado de acordo com os critérios e dentro dos limites por ela estabelecidos **(1 a 3)**.

 COMENTÁRIOS

1. Dispositivos relacionados: arts. 24 e 26, CTN.

2. Adoção de base de cálculo distinta das referidas no art. 24. O artigo autoriza a adoção, como base de cálculo do Imposto de Exportação, da parcela do valor ou do preço, referidos no art. 24, excedente de valor básico, fixado de acordo com os critérios e dentro dos limites por ela estabelecidos.

3. Crítica ao dispositivo. Embora o Imposto de Exportação tenha cunho fortemente *extrafiscal*, merece crítica a possibilidade de a lei adotar *base de cálculo fictícia*, deixando de lado o preço real, especialmente considerando a faculdade outorgada constitucionalmente ao Poder Executivo de alterar-lhe as alíquotas, atendidos as condições e os limites estabelecidos em lei (art. 153, § 1.º). Distancia-se, assim, das exigências do *princípio da realidade ou da verdade material*, segundo o qual não se aplicam, no âmbito do direito tributário, presunções absolutas ou ficções para a configuração da obrigação tributária.

> **Art. 26.** O Poder Executivo pode, nas condições e nos limites estabelecidos em lei, alterar as alíquotas ou as bases de cálculo do imposto **(1 a 3)**, a fim de ajustá-los aos objetivos da política cambial e do comércio exterior **(3.1)**.

 COMENTÁRIOS

1. Moldura constitucional. Art. 153. [...] § 1.º "É facultado ao Poder Executivo, atendidas as condições e os limites estabelecidos em lei, alterar as alíquotas dos impostos enumerados nos incisos I, II, IV e V."

2. Dispositivo parcialmente não recepcionado pela Constituição de 1988. O artigo em foco não foi recepcionado integralmente pela Constituição de 1988, uma vez que a faculdade atribuída ao Poder Executivo cinge-se à alteração das alíquotas do imposto, atendidos as condições e os limites estabelecidos em lei, nos termos de seu art. 153, § 1.º.

3. Discricionariedade do Poder Executivo para a alteração de alíquotas. O art. 153, § 1.º, CR, autoriza o Poder Executivo a alterar as alíquotas do Imposto de Exportação, atendidos as condições e os limites estabelecidos em lei. O princípio da legalidade tributária, com relação aos impostos mencionados nesse dispositivo, experimenta atenuação em seu rigor, ensejando que ato do Poder Executivo integre a vontade da lei, complementando-a nesse quesito. Diante do propósito constitucional de imprimir agilidade a essa imposição extrafiscal, pouco adiantaria excepcionar o Imposto de Exportação da observância do princípio da anterioridade da lei tributária, permitindo sua majoração de imediato, caso fosse mantida sua submissão à exigência de que a fixação da alíquota se desse por meio de lei. Assim, o Poder Executivo, dentro dos parâmetros legalmente fixados, pode proceder às alterações necessárias. Cuida-se de autêntica *discricionariedade administrativa*, atribuída em nível constitucional, destinada a aparelhar a exigência fiscal para que atue como instrumento de política econômica, sendo escolhida, em cada hipótese, a alternativa de alíquota mais adequada à satisfação do interesse público.

3.1. *Finalidade da alteração de alíquotas.* Consoante expressa a norma contida nesse dispositivo, a autorização para que o Poder Executivo possa aumentar a alíquota do imposto sob comento está atrelada à finalidade de "ajustá-lo aos objetivos da política cambial e do comércio exterior". Portanto, *a contrario sensu*, se a majoração do imposto não visar tais objetivos, não poderá ser efetuada mediante ato do Poder Executivo, impondo-se o necessário veículo legislativo.

JURISPRUDÊNCIA ILUSTRATIVA

STF

• "Tributário. Imposto de exportação. Alteração de alíquota. Art. 153, § 1.º, da Constituição Federal. Competência privativa do Presidente da República não configurada. Atribuição deferida à Camex. Constitucionalidade. Faculdade discricionária cujos limites encontram-se estabelecidos em lei. Recurso extraordinário desprovido. I – É compatível com a Carta Magna a norma infraconstitucional que atribui a órgão integrante do Poder Executivo da União a faculdade de estabelecer as alíquotas do Imposto de Exportação. II – Competência que não é privativa do Presidente da República. III – Inocorrência de ofensa aos arts. 84, *caput*, IV e parágrafo único, e 153, § 1.º, da Constituição Federal ou ao princípio de reserva legal. Precedentes. IV – Faculdade discricionária atribuída à Câmara de Comércio Exterior – Camex, que se circunscreve ao disposto no Dec.-lei n. 1.578/1977 e às demais normas regulamentares. V – Recurso extraordinário conhecido e desprovido" (Pleno, RE 570.680/RS, Tema 53, Rel. Min. Ricardo Lewandowski, j. 28.10.2009).

Tese: "É compatível com a Constituição Federal a norma infraconstitucional que atribui a órgão integrante do Poder Executivo da União a faculdade de alterar as alíquotas do Imposto de Exportação".

> **Art. 27.** Contribuinte do imposto é o exportador ou quem a lei a ele equiparar **(1 e 2)**.

COMENTÁRIOS

1. *Dispositivo relacionado:* art. 121, parágrafo único, I, CTN.

2. *Aspecto pessoal. Contribuintes.* São o exportador ou a quem a ele a lei equiparar, a teor desse dispositivo, secundado pelo art. 5.º do Decreto-lei n. 1.578/1977. O exportador é, assim, qualquer pessoa que promova a saída do produto nacional ou nacionalizado do território nacional. Quanto ao viajante, não incide o imposto com relação à mercadoria despachada na bagagem, aplicando-se, no entanto, as restrições de valores estabelecidas para o Imposto de Importação (Decreto-lei n. 1.578/1977, art. 8.º).

> **Art. 28.** A receita líquida do imposto destina-se à formação de reservas monetárias, na forma da lei **(1 e 2)**.

 COMENTÁRIOS

1. *Legislação básica:* Decreto-lei n. 1.578/1977, art. 9.º.

2. *Reservas monetárias.* A Constituição de 1946 dispunha que a receita do Imposto de Exportação destinava-se à formação de reservas cambiais (art. 7.º, § 2.º, na redação dada pela Emenda Constitucional n. 18/1965), prescrição secundada por esse dispositivo. A Constituição de 1988, diversamente, nada dispõe a respeito.

> Capítulo III
> Impostos sobre o Patrimônio e a Renda
>
> *Seção I*
> *Imposto sobre a Propriedade Territorial Rural*
>
> **Art. 29.** O imposto, de competência da União, sobre a propriedade territorial rural tem como fato gerador a propriedade, o domínio útil ou a posse de imóvel por natureza, como definido na lei civil, localizado fora da zona urbana do Município **(1 a 6.3)**.

 COMENTÁRIOS

1. *Moldura constitucional.* Art. 5.º [...] "XXIII – a propriedade atenderá a sua função social; [...] Art. 153. Compete à União instituir impostos sobre: [...] VI – propriedade territorial rural; [...]. § 4.º O imposto previsto no inciso VI do *caput*: I – será progressivo e terá suas alíquotas fixadas de forma a desestimular a manutenção de propriedades improdutivas; II – não incidirá sobre pequenas glebas rurais, definidas em lei, quando as explore o proprietário que não possua outro imóvel; III – será fiscalizado e cobrado pelos Municípios que assim optarem, na forma da lei, desde que não implique redução do imposto ou qualquer outra forma de renúncia fiscal [...] Art. 170. A ordem econômica, fundada na valorização do trabalho humano e na livre-iniciativa, tem por fim assegurar a todos existência digna, conforme os ditames da justiça social, observados os seguintes princípios: [...] III – função social da propriedade; [...] Art. 184. Compete à União desapropriar por interesse social, para fins de reforma agrária, o imóvel rural que não esteja cumprindo sua função social, mediante prévia e justa indenização em títulos da dívida agrária, com cláusula de preservação do valor real, resgatáveis no prazo de até vinte anos, a partir do segundo ano de sua emissão, e cuja utilização será definida em lei. [...] § 5.º São isentas de impostos federais, estaduais e municipais as operações de transferências de imóveis desapropriados para fins de reforma agrária. [...] Art. 185. São insuscetíveis de desapropriação para fins de reforma agrária: I – a

pequena e média propriedade rural, assim definida em lei, desde que seu proprietário não possua outra; II – a propriedade produtiva. Parágrafo único. A lei garantirá tratamento especial à propriedade produtiva e fixará normas para o cumprimento dos requisitos relativos a sua função social. Art. 186. A função social é cumprida quando a propriedade rural atende, simultaneamente, segundo critérios e graus de exigência estabelecidos em lei, aos seguintes requisitos: I – aproveitamento racional e adequado; II – utilização adequada dos recursos naturais disponíveis e preservação do meio ambiente; III – observância das disposições que regulam as relações de trabalho; IV – exploração que favoreça o bem-estar dos proprietários e dos trabalhadores."

2. Dispositivos relacionados: art. 32, §§ 1.º e 2.º, CTN.

3. Legislação básica. Lei n. 4.504/1964; Decreto-lei n. 57/1966; Lei n. 5.868/1972; Lei n. 8.847/1994; Lei n. 9.393/1996; Lei n. 11.250/2007.

4. Imposto sobre a Propriedade Territorial Rural. Considerações gerais. Trata-se de imposto de caráter marcadamente *distributivista e extrafiscal,* cujos contornos são delineados pelo princípio da *função social da propriedade,* que predica, em síntese, que a sociedade deva extrair benefícios do exercício do direito individual de propriedade.

5. Diretrizes constitucionais. O texto constitucional estabelece, no § 4.º do seu art. 153, três importantes diretrizes acerca desse imposto:

5.1. Progressividade e fixação de alíquotas de forma a desestimular a manutenção de propriedades improdutivas. O inciso I do § 4.º do art. 153 impõe a adoção da técnica da *progressividade* ao ITR para fim extrafiscal, ou seja, o desestímulo da manutenção de propriedades improdutivas, em atendimento à função social que a propriedade deve observar (art. 5.º, XXIII, CR). A Constituição preocupa-se em definir o conceito da função social que a propriedade rural há de cumprir. Em seu art. 186, prescreve que a função social é cumprida quando a propriedade rural atende, simultaneamente, segundo critérios e graus de exigência estabelecidos em lei, aos requisitos que aponta, dentre eles o "aproveitamento racional e adequado" (inciso I). Antes, no art. 185, declara insuscetível de desapropriação para fins de reforma agrária "a propriedade produtiva" (inciso II). Nesse contexto, portanto, exsurge a importância do imposto em análise como instrumento a viabilizar o efetivo cumprimento da função social da propriedade rural, uma vez que o proprietário rural será estimulado a fazer produzir mais a terra para pagar menos imposto, beneficiando-se, consequentemente, a sociedade.

5.2. Imunidade específica para pequenas glebas rurais. O inciso II do § 4.º do art. 153, por sua vez, contempla a *imunidade das pequenas glebas rurais* com relação à tributação imobiliária, já prevista no texto constitucional original, mas com ligeira modificação promovida pela EC n. 42/2003, pois ora ausente a exigência de que o proprietário a explore "só ou com sua família". Portanto, a partir dessa alteração, admite-se que o beneficiário da imunidade tenha empregados. Tal exoneração tributária é condicionada, em primeiro lugar, pelos requisitos apontados pela própria Constituição – e este, *pequena gleba rural,* há de ser aclarado pelo legislador infraconstitucional.

5.2.1. Definição de pequenas glebas rurais. A Lei n. 9.393/1996, em seu art. 2.º, define o que sejam pequenas glebas rurais para efeito de integrar a norma imunizante ora insculpida no art. 153, § 4.º, II: "Art. 2.º Nos termos do art. 153, § 4.º, *in fine,* da Constituição, o imposto não incide sobre pequenas glebas rurais, quando as explore, só ou com sua família, o proprietário que não possua outro imóvel. Parágrafo único. Para os efeitos deste artigo, pequenas glebas rurais são os imóveis com área igual ou inferior a: I – 100 ha, se localizado em Município compreendido na Amazônia Ocidental ou no Pantanal mato-grossense e sul-mato-grossense; II – 50 ha, se localizado em Município compreendido no Polígono das Secas ou na Amazônia Oriental; III – 30 ha, se localizado em qualquer outro Município". Observe-se que, não obstante cuidar-se de regulamentação de limitação constitucional ao poder de tributar, não se trata de lei complementar, como exige o art. 146, II, da Lei Maior, revelando o dispositivo vício de inconstitucionalidade formal. Igualmente, relembre-se que a restrição de que o proprietário explore a pequena gleba rural, "só ou com sua família", embora conste do art. 2.º, *caput*, da Lei n. 9.393/1996, não mais é compatível com a Constituição, na redação dada pela EC n. 42/2003.

5.3. *Fiscalização e cobrança exercidas pelos Municípios.* O inciso III do § 4.º do art. 153 abriga novidade introduzida pela EC n. 42/2003 consistente na possibilidade de os Municípios optarem pela fiscalização e cobrança desse imposto – e assim também o Distrito Federal, consoante o art. 147, CR. Trata a hipótese da possibilidade de delegação, pela União, da *capacidade tributária ativa* referente ao ITR ao Distrito Federal e aos Municípios, condicionada à não redução do imposto ou a qualquer outra forma de renúncia fiscal. A hipótese vem regulamentada pela Lei n. 11.250/2005, prescrevendo que a delegação de tais atribuições será efetuada mediante convênio (art. 1.º).

6. *Hipótese de incidência.* Os três aspectos componentes do antecedente da hipótese de incidência desse imposto são:

6.1. *Aspecto material.* O dispositivo expõe o *aspecto material* da hipótese de incidência do imposto, consistente em ser proprietário, titular do domínio útil ou possuidor a qualquer título de imóvel rural. A tributação da propriedade imobiliária, no Brasil, encontra-se bipartida entre a União – propriedade rural – e os Municípios e o Distrito Federal – propriedade urbana. *Imóvel por natureza*, segundo a lei civil, é a terra nua (art. 79, CC).

6.1.1. *Conceito de propriedade rural.* O conceito de *propriedade rural* contrapõe-se ao de propriedade urbana. Há que se partir do conceito de propriedade urbana para, por exclusão, chegar-se à noção de propriedade rural. A definição legal do *conceito de propriedade urbana* vem exposta no art. 32, § 1.º, CTN, referente ao IPTU: é aquela definida em lei municipal, observado o requisito mínimo da existência de, ao menos, dois dos melhoramentos a seguir indicados, construídos ou mantidos pelo Poder Público: meio-fio ou calçamento, com canalização de águas pluviais; abastecimento de água; sistema de esgotos sanitários; rede de iluminação pública, com ou sem posteamento para distribuição domiciliar; e escola primária ou posto de saúde a uma distância máxima de três quilômetros do imóvel considerado. O § 2.º do mesmo artigo prescreve que a lei municipal pode considerar urbanas as áreas urbanizáveis, ou de expansão urbana, constantes de loteamentos aprovados pelos órgãos competentes, destinados à habitação, à indústria ou ao comércio, mesmo que localizados fora das zonas definidas nos termos expostos. Por outro lado, a Lei n. 9.393/1996, que dispõe sobre o imposto em foco, define como imóvel rural, para os efeitos desse diploma legal, "a área contínua, formada de uma ou mais parcelas de terras, localizada na zona rural do município" (art. 1.º, § 2.º).

6.1.2 *Localização x destinação do imóvel.* Será considerado propriedade rural, para efeito de incidência do ITR, o *imóvel situado na zona rural do Município, isto é, em área de seu território que não atenda aos requisitos legais necessários para sua caracterização como propriedade urbana.* Relevante consignar que, nos termos do art. 15 do Decreto-lei n. 57/1966, que altera dispositivos sobre lançamento e cobrança do Imposto Territorial Rural, o disposto no art. 32, CTN, dispositivo que trata do IPTU, "não abrange o imóvel de que, comprovadamente, seja utilizado em exploração extrativa vegetal, agrícola, pecuária ou agroindustrial, incidindo, assim, sobre o mesmo, o ITR e demais tributos com o mesmo cobrados". Portanto, a par do critério estabelecido pelo artigo em comento – existência de, ao menos, dois melhoramentos constantes do rol indicado –, há o critério da *destinação* ou *finalidade* do imóvel, pelo que, comprovada sua exploração como imóvel rural, a propriedade será assim qualificada para efeito de tributação. A jurisprudência do STJ consolidou-se no sentido de que, se o imóvel destinar-se à exploração vegetal, agrícola, pecuária ou agroindustrial, ainda que situado na zona urbana do Município, incide o ITR, e não o IPTU (REsp 1.112.646/SP).

6.2. *Aspecto espacial.* Corresponde ao território nacional (coordenada genérica) e à zona rural do Município (coordenada específica).

6.3. *Aspecto temporal.* Como é da tradição brasileira no tocante a impostos que gravam a propriedade, considera-se nascida a obrigação de pagar o ITR no dia 1.º de janeiro, coincidindo com o primeiro dia do exercício financeiro (Lei n. 9.393/1996, art. 1.º).

 ## SUGESTÕES DOUTRINÁRIAS

IMPOSTO TERRITORIAL RURAL

José Eduardo Soares de Melo, *IPTU e ITR (Teoria e prática),* Dialética; Hugo de Brito Machado Segundo e Fábio Pallaretti (Coord.), *Imposto Predial e Territorial Urbano (IPTU) e Imposto Territorial Rural (ITR),* Atlas; Luciano Dias Bicalho Camargos, *O Imposto Territorial Rural e a função social da propriedade: doutrina, prática e jurisprudência,* Del Rey.

 ## JURISPRUDÊNCIA ILUSTRATIVA

STJ

• "Tributário. Embargos de divergência no recurso especial. ITR. Isenção. Art. 10, § 1.º, II, *a*, da Lei n. 9.393/1996. Averbação da área da reserva legal no registro de imóveis. Necessidade. Art. 16, § 8.º, da Lei n. 4.771/1965. 1. Discute-se nestes embargos de divergência se a isenção do Imposto Territorial Rural (ITR) concernente à Reserva Legal, prevista no art. 10, § 1.º, II, *a*, da Lei n. 9.393/1996, está, ou não, condicionada à prévia averbação de tal espaço no registro do imóvel. O acórdão embargado, da Segunda Turma e relatoria do Ministro Mauro Campbell Marques, entendeu pela imprescindibilidade da averbação. 2. Nos termos da Lei de Registros Públicos, é obrigatória a averbação 'da reserva legal' (Lei n. 6.015/1973, art. 167, inciso II, n. 22). 3. A isenção do ITR, na hipótese, apresenta inequívoca e louvável finalidade de estímulo à proteção do meio ambiente, tanto no sentido de premiar os proprietários que contam com Reserva Legal devidamente identificada e conservada como de incentivar a regularização por parte daqueles que estão em situação irregular. 4. Diversamente do que ocorre com as Áreas de Preservação Permanente, cuja localização se dá mediante referências topográficas e a olho nu (margens de rios, terrenos com inclinação acima de quarenta e cinco graus ou com altitude superior a 1.800 metros), a fixação do perímetro da Reserva Legal carece de prévia delimitação pelo proprietário, pois, em tese, pode ser situada em qualquer ponto do imóvel. O ato de especificação faz-se tanto à margem da inscrição da matrícula do imóvel como administrativamente, nos termos da sistemática instituída pelo novo Código Florestal (Lei n. 12.651/2012, art. 18). 5. Inexistindo o registro, que tem por escopo a identificação do perímetro da Reserva Legal, não se pode cogitar de regularidade da área protegida e, por conseguinte, de direito à isenção tributária correspondente. Precedentes: REsp 1027051/SC, Rel. Min. Mauro Campbell Marques, 2.ª Turma, *DJe* 17.05.2011; REsp 1125632/PR, Rel. Min. Benedito Gonçalves, 1.ª Turma, *DJe* 31.08.2009; AgRg no REsp 1.310.871/PR, Rel. Min. Humberto Martins, 2.ª Turma, *DJe* 14.09.2012. 6. Embargos de divergência não providos" (EREsp 1.027.051/SC, Rel. Min. Benedito Gonçalves, j. 28.08.2014).

• "Tributário. ITR. Incidência sobre imóvel. Invasão do movimento 'sem-terra'. Perda do domínio e dos direitos inerentes à propriedade. Impossibilidade da subsistência da exação tributária. Princípio da proporcionalidade. Recurso especial não provido. 1. Conforme salientado no acórdão recorrido, o Tribunal *a quo*, no exame da matéria fática e probatória constante nos autos, explicitou que a recorrida não se encontraria na posse dos bens de sua propriedade desde 1987. 2. Verifica-se que houve a efetiva violação ao dever constitucional do Estado em garantir a propriedade da impetrante, configurando-se uma grave omissão do seu dever de garantir a observância dos direitos fundamentais da Constituição. 3. Ofende os princípios básicos da razoabilidade e da justiça o fato do Estado violar o direito de garantia de propriedade e, concomitantemente, exercer a sua prerrogativa de constituir ônus tributário sobre imóvel expropriado por particulares (proibição do *venire contra factum proprium*). 4. A propriedade plena pressupõe o domínio, que se subdivide nos poderes de usar, gozar, dispor e reivindicar a coisa. Em que pese ser a propriedade um dos fatos geradores do ITR, essa propriedade não é plena quando o imóvel encontra-se invadido, pois o proprietário é tolhido das faculdades inerentes ao domínio sobre o imóvel. 5. Com a invasão do movimento 'sem-terra', o direito da recorrida ficou tolhido de praticamente todos os seus elementos: não há mais posse, possibilidade de uso ou fruição do bem; consequentemente, não havendo a exploração do imóvel, não há, a partir dele, qualquer tipo de geração de renda ou de benefícios para a proprietária. 6. Ocorre que a função social da propriedade se caracteriza pelo fato do proprietário condicionar o uso e a exploração do imóvel não só de acordo com os seus interesses particulares e egoísticos, mas pressupõe o condicionamento do direito de propriedade à satisfação de objetivos para com a sociedade, tais como a obtenção de um grau de produtividade, o respeito ao meio ambiente, o pagamento de impostos etc. 7. Sobreleva nesse ponto, desde o advento da Emenda Constitucional n. 42/2003, o pagamento do ITR como questão inerente à função social da propriedade. O proprietário, por possuir o domínio sobre o imóvel, deve atender aos objetivos da função social da propriedade; por conseguinte, se não há um efetivo exercício de domínio, não seria razoável exigir desse proprietário o cumprimento da sua função social, o que se inclui aí a exigência de pagamento dos impostos reais. 8. Na peculiar situação dos autos, ao considerar-se a privação antecipada da posse e o esvaziamento dos elementos de propriedade sem o devido êxito do processo de desapropriação, é inexigível o ITR diante do desaparecimento da base material do fato gerador e da violação dos referidos princípios da propriedade, da função social e da proporcionalidade. 9. Recurso especial não provido" (2.ª T., REsp 1.144.982/PR, Rel. Min. Mauro Campbell Marques, j. 13.10.2009).

• "Tributário. Imóvel na área urbana. Destinação rural. IPTU. Não incidência. Art. 15 do DL 57/1966. Recurso repetitivo. Art. 543-C do CPC. 1. Não incide IPTU, mas ITR, sobre imóvel localizado na área urbana do Município, desde que comprovadamente utilizado em exploração extrativa, vegetal, agrícola, pecuária ou agroindustrial (art. 15 do DL 57/1966). 2. Recurso especial provido. Acórdão sujeito ao regime do art. 543-C do CPC e da Resolução 8/2008 do STJ" (REsp 1.112.646/SP, Tema Repetitivo 174, Rel. Min. Herman Benjamin, j. 26.08.2009).

Tese Jurídica: "Não incide IPTU, mas ITR, sobre imóvel localizado na área urbana do Município, desde que comprovadamente utilizado em exploração extrativa, vegetal, agrícola, pecuária ou agroindustrial (art. 15 do DL 57/1966)".

> **Art. 30.** A base do cálculo do imposto é o valor fundiário **(1 a 4)**.

 COMENTÁRIOS

1. *Moldura constitucional.* Art. 150. "Sem prejuízo de outras garantias asseguradas ao contribuinte, é vedado à União, aos Estados, ao Distrito Federal e aos Municípios: [...] IV – utilizar tributo com efeito de confisco. [...] Art. 153. Compete à União instituir os seguintes impostos: [...] VI – imposto sobre a propriedade territorial rural; [...]. § 4.º O imposto previsto no inciso VI do *caput*: I – será progressivo e terá suas alíquotas fixadas de forma a desestimular a manutenção de propriedades improdutivas; [...] Art. 186. A função social é cumprida quando a propriedade rural atende, simultaneamente, segundo critérios e graus de exigência estabelecidos em lei, aos seguintes requisitos: I – aproveitamento racional e adequado; II – utilização adequada dos recursos naturais disponíveis e preservação do meio ambiente; III – observância das disposições que regulam as relações de trabalho; IV – exploração que favoreça o bem-estar dos proprietários e dos trabalhadores."

2. *Legislação básica:* Lei n. 9.393/1996, art. 11 e Tabela de Alíquotas.

3. *Consequente da hipótese de incidência. Aspecto quantitativo.* O dispositivo aponta a base de cálculo do imposto, não havendo, no CTN, nenhuma disciplina quanto às alíquotas.

3.1. *Base de cálculo.* A norma contida nesse artigo preceitua ser a base do cálculo do imposto o *valor fundiário*. Já a Lei n. 9.393/1996, em seu art. 11, dispõe que a base de cálculo do ITR é o *valor da terra nua tributável* (VTNt), conceito equivalente àquele, o que significa que, na fixação da base de cálculo, não se considera o valor dos bens imóveis por acessão nem das benfeitorias.

3.2. *Alíquotas.* Compondo o aspecto quantitativo da hipótese de incidência com a base de cálculo, as alíquotas do ITR encontram regramento constitucional específico. O art. 153, § 4.º, I, estatui que o imposto será *progressivo* e as alíquotas fixadas de forma a *desestimular a manutenção de propriedades improdutivas*, expressando sua feição extrafiscal mediante a aplicação do *princípio da função social da propriedade* à propriedade rural. Atendendo a esse dispositivo, a Lei n. 9.393/1996 estabelece as alíquotas do ITR em função da área total e do grau de utilização do imóvel, que variam de 0,03 a 20% (Tabela de Alíquotas anexa à Lei n. 9.393/1996).

4. *Vedação da utilização de tributo com efeito de confisco e desapropriação para fins de reforma agrária.* A alíquota máxima prevista para o ITR, de 20%, apresenta evidente caráter confiscatório e, portanto, revela-se incompatível com o *princípio da vedação da utilização de tributo com efeito de confisco* (art. 150, IV, CR). Lembre-se que, se a propriedade rural não cumprir a função social a que se destina (art. 186, CR), compete à União *desapropriá-la por interesse social, para fins de reforma agrária* "mediante prévia e justa indenização em títulos da dívida agrária, com cláusula de preservação do valor real, resgatáveis no prazo de até vinte anos, a partir do segundo ano de sua emissão, e cuja utilização será definida em lei" (art. 184, *caput*, CR). Assim, é vedado à União utilizar o ITR como instrumento de confisco da propriedade rural que não cumprir a função social, sendo-lhe facultada, apenas, a desapropriação por interesse social, nos termos autorizados constitucionalmente.

> **Art. 31.** Contribuinte do imposto é o proprietário do imóvel, o titular de seu domínio útil, ou o seu possuidor a qualquer título **(1 a 3)**.

 COMENTÁRIOS

1. ***Dispositivos relacionados:*** art. 121, parágrafo único, I e II, CTN.

2. ***Legislação básica:*** arts. 4.º e 5.º da Lei n. 9.393/1996.

3. ***Aspecto pessoal. Contribuintes e responsáveis.*** O Código abre um leque de possibilidades para a eleição do sujeito passivo desse imposto, o qual foi mantido pelo legislador federal (art. 4.º, Lei n. 9.393/1996). Assim, *contribuintes* são o proprietário do imóvel, o titular de seu domínio útil, ou o seu possuidor a qualquer título. *Responsável* é o sucessor a qualquer título, nos termos dos arts. 128 a 133 CTN (Lei n. 9.393/1996, art. 5.º).

 JURISPRUDÊNCIA ILUSTRATIVA

STJ

• Processo civil. Recurso especial representativo de controvérsia. Art. 543-C, do CPC. ITR. Contrato de promessa de compra e venda do imóvel rural. Legitimidade passiva *ad causam* do possuidor direto (promitente comprador) e do proprietário/possuidor indireto (promitente vendedor). Débitos tributários vencidos. Taxa Selic. Aplicação. Lei n. 9.065/1995. 1. A incidência tributária do imposto sobre a propriedade territorial rural – ITR (de competência da União), sob o ângulo do aspecto material da regra-matriz, é a propriedade, o domínio útil ou a posse de imóvel por natureza, como definido na lei civil, localizado fora da zona urbana do Município (arts. 29 do CTN e 1.º da Lei n. 9.393/1996). 2. O proprietário do imóvel rural, o titular de seu domínio útil, ou o seu possuidor a qualquer título, à luz dos arts. 31 do CTN e 4.º da Lei n. 9.393/1996, são os contribuintes do ITR. 3. O art. 5.º da Lei n. 9.393/1996, por seu turno, preceitua que: 'Art. 5.º É responsável pelo crédito tributário o sucessor, a qualquer título, nos termos dos arts. 128 a 133 da Lei n. 5.172, de 25 de outubro de 1966 (Sistema Tributário Nacional)'. 4. Os impostos incidentes sobre o patrimônio (Imposto sobre a Propriedade Territorial Rural – ITR e Imposto sobre a Propriedade Predial e Territorial Urbana – IPTU) decorrem de relação jurídica tributária instaurada com a ocorrência de fato imponível encartado, exclusivamente, na titularidade de direito real, razão pela qual consubstanciam obrigações *propter rem*, impondo-se sua assunção a todos aqueles que sucederem ao titular do imóvel. 5. Consequentemente, a obrigação tributária, quanto ao IPTU e ao ITR, acompanha o imóvel em todas as suas mutações subjetivas, ainda que se refira a fatos imponíveis anteriores à alteração da titularidade do imóvel, exegese que encontra reforço na hipótese de responsabilidade tributária por sucessão prevista nos arts. 130 e 131, I, do CTN, *verbis*: 'Art. 130. Os créditos tributários relativos a impostos cujo fato gerador seja a propriedade, o domínio útil ou a posse de bens imóveis, e bem assim os relativos a taxas pela prestação de serviços referentes a tais bens, ou a contribuições de melhoria, sub-rogam-se na pessoa dos respectivos adquirentes, salvo quando conste do título a prova de sua quitação. Parágrafo único. No caso de arrematação em hasta pública, a sub-rogação ocorre sobre o respectivo preço. Art. 131. São pessoalmente responsáveis: I – o adquirente ou remitente, pelos tributos relativos aos bens adquiridos ou remidos; (Vide Dec.-lei n. 28, de 1966) [...]'. 6. O promitente comprador (possuidor a qualquer título) do imóvel, bem como seu proprietário/promitente vendedor (aquele que tem a propriedade registrada no Registro de Imóveis), consoante entendimento exarado pela Primeira Seção do STJ, quando do julgamento dos Recursos Especiais 1.110.551/SP e 1.111.202/SP (submetidos ao rito do art. 543-C do CPC), são contribuintes responsáveis pelo pagamento do IPTU (Rel. Min. Mauro Campbell Marques, j. 10.06.2009, *DJe* 18.06.2009). 7. É que, nas hipóteses em que verificada a 'contemporaneidade' do exercício da posse direta e da propriedade (e não a efetiva sucessão do direito real de propriedade, tendo em vista a inexistência de registro do compromisso de compra e venda no cartório competente), o imposto sobre o patrimônio poderá ser exigido de qualquer um dos sujeitos passivos 'coexistentes', exegese aplicável à espécie, por força do princípio de hermenêutica *ubi eadem ratio ibi eadem legis dispositio*. 8. *In casu*, a instância ordinária assentou que: *(i)* '[...] os fatos geradores ocorreram entre 1994 e 1996. Entretanto, o embargante firmou compromisso de compra e venda em 1997, ou seja, após a ocorrência dos fatos geradores. O embargante, ademais, apenas juntou aos autos compromisso de compra e venda, tal contrato não transfere a propriedade. Não foi comprovada a efetiva transferência de propriedade e, o que é mais importante, o registro da transferência no Cartório de Registro de Imóveis, o que garantiria a publicidade do contrato *erga omnes*. Portanto, correta a cobrança realizada pela embargada' (sentença). *(ii)* 'Com base em afirmada venda do imóvel em novembro/1997, deseja a parte apelante afastar sua legitimidade passiva executória quanto ao crédito tributário descrito, atinente aos anos 1994 a 1996, sendo que não logrou demonstrar a parte recorrente levou a registro, no Cartório imobiliário pertinente, dito compromisso de venda e compra. Como o consagra o art. 29, CTN, tem por hipótese o ITR o domínio imobiliário, que se adquire mediante registro junto à Serventia do local da coisa: como se extrai da instrução colhida junto ao feito, não demonstra a parte apelante tenha se dado a transmissão dominial, elementar a que provada restasse a perda da propriedade sobre o bem tributado. Sendo ônus do originário embargante provar o quanto afirma, aliás já por meio da preambular, nos termos do § 2.º do art. 16, LEF, bem assim em face da natureza de ação de conhecimento desconstitutiva da via dos embargos, não logrou afastar a parte apelante a presunção de certeza e de liquidez do título em causa. Cobrando a União ITR relativo a anos-base nos quais proprietário do bem o ora recorrente, denota a parte recorrida deu preciso atendimento ao dogma da legalidade dos atos administrativos e ao da estrita legalidade tributária' (acórdão recorrido). 9. Consequentemente, não se vislumbra a carência da ação executiva ajuizada em face do promitente vendedor, para cobrança de débitos tributários atinentes ao ITR, máxime à luz da assertiva de que inexistente, nos autos, a comprovação da translação do domínio ao promitente comprador através do registro no cartório competente. 10. A Taxa Selic é legítima como índice de correção monetária e de juros de mora, na atualização dos débitos tributários pagos em atraso, *ex vi* do disposto no art. 13 da Lei n. 9.065/1995 (Precedentes do STJ: REsp 947.920/SC, Rel. Min. Eliana Calmon, 2.ª T., j. 06.08.2009, *DJe* 21.08.2009; AgRg no Ag 1.108.940/RS, Rel. Min. Herman Benjamin, 2.ª T., j. 04.08.2009, *DJe* 27.08.2009; REsp 743.122/MG, Rel. Min. Denise Arruda, 1.ª T., j. 26.02.2008, *DJe* 30.04.2008; e EREsp 265.005/PR, Rel. Min. Luiz Fux, 1.ª Seção, j. 24.08.2005, *DJ* 12.09.2005). 11. Destarte, vencido o crédito tributário em junho de 1998, como restou assente no Juízo *a quo*, revela-se aplicável a Taxa Selic, a título de correção monetária e juros moratórios. 13. Recurso especial desprovido. Acórdão submetido ao regime do art. 543-C do CPC e da Resolução STJ 08/2008. Proposição de verbete sumular" (REsp 1.073.846/SP, Tema Repetitivo 209, Rel. Min. Luiz Fux, j. 25.11.2009).

Tese Jurídica: "O promitente vendedor é parte legítima para figurar no polo passivo da execução fiscal que busca a cobrança de ITR nas hipóteses em que não há registro imobiliário do ato translativo de propriedade".

Seção II
Imposto sobre a Propriedade Predial e Territorial Urbana

Art. 32. O imposto, de competência dos Municípios, sobre a propriedade predial e territorial urbana tem como fato gerador a propriedade, o domínio útil ou a posse de bem imóvel por natureza ou por acessão física, como definido na lei civil, localizado na zona urbana do Município **(1 a 3)**.

§ 1.º Para os efeitos deste imposto, entende-se como zona urbana a definida em lei municipal; observado o requisito mínimo da existência de melhoramentos indicados em pelo menos 2 (dois) dos incisos seguintes, construídos ou mantidos pelo Poder Público **(3.1 a 3.3)**:

I – meio-fio ou calçamento, com canalização de águas pluviais;

II – abastecimento de água;

III – sistema de esgotos sanitários;

IV – rede de iluminação pública, com ou sem posteamento para distribuição domiciliar;

V – escola primária ou posto de saúde a uma distância máxima de 3 (três) quilômetros do imóvel considerado.

§ 2.º A lei municipal pode considerar urbanas as áreas urbanizáveis, ou de expansão urbana, constantes de loteamentos aprovados pelos órgãos competentes, destinados à habitação, à indústria ou ao comércio, mesmo que localizados fora das zonas definidas nos termos do parágrafo anterior.

 COMENTÁRIOS

1. *Moldura constitucional.* Art. 156. "Compete aos Municípios instituir impostos sobre: I – propriedade predial e territorial urbana; [...] § 1.º Sem prejuízo da progressividade no tempo a que se refere o art. 182, § 4.º, inciso II, o imposto previsto no inciso I poderá: I – ser progressivo em razão do valor do imóvel; II – ter alíquotas diferentes de acordo com a localização e o uso do imóvel (redação dada pela EC n. 29/2000); III – ter sua base de cálculo atualizada pelo Poder Executivo, conforme critérios estabelecidos em lei municipal (redação dada pela EC n. 132/2023). § 1.º-A. O imposto previsto no inciso I do *caput* deste artigo não incide sobre templos de qualquer culto, ainda que as entidades abrangidas pela imunidade de que trata a alínea *b* do inciso VI do *caput* do art. 150 desta Constituição sejam apenas locatárias do bem imóvel (parágrafo incluído pela EC n. 116/2022). [...] Art. 182. A política de desenvolvimento urbano, executada pelo Poder Público municipal, conforme diretrizes gerais fixadas em lei, tem por objetivo ordenar o pleno desenvolvimento das funções sociais da cidade e garantir o bem-estar de seus habitantes. [...] § 2.º A propriedade urbana cumpre sua função social quando atende às exigências fundamentais de ordenação expressas no plano diretor. [...] § 4.º É facultado ao Poder Público municipal, mediante lei específica para área incluída no plano diretor, exigir, nos termos da lei federal, do proprietário do solo urbano não edificado, subutilizado ou não utilizado, que promova seu adequado aproveitamento, sob pena, sucessivamente de: [...] II – imposto sobre a propriedade predial e territorial urbana progressivo no tempo; III – desapropriação com pagamento mediante títulos da dívida pública de emissão previamente aprovada pelo Senado Federal, com prazo de resgate de até dez anos, em parcelas anuais, iguais e sucessivas, assegurados o valor real da indenização e os juros legais."

2. Legislação básica: Decreto-lei n. 57/1966, art. 15; Lei n. 10.257/2001 (Estatuto da Cidade); lei de cada Município e do Distrito Federal.

3. Hipótese de incidência. Os aspectos componentes do antecedente da hipótese de incidência desse imposto são os seguintes:

3.1. Aspecto material. Consiste em ser proprietário, titular do domínio útil ou possuidor a qualquer título de imóvel urbano. Relevante destacar que esse artigo, ao cuidar do aspecto material do imposto – ser proprietário de imóvel urbano –, define o conceito de *zona urbana*, essencial para determinar a competência do Município para a tributação da propriedade imobiliária. Quanto à aplicação das imunidades genéricas com relação ao IPTU, v. comentários ao art. 34, CTN.

3.1.1. Localização x destinação do imóvel. Observe-se que, nos termos do art. 15 do Decreto-lei n. 57/1966, que altera dispositivos sobre lançamento e cobrança do Imposto Territorial Rural, "o disposto no art. 32 da Lei n. 5.172, de 25 de outubro de 1966, não abrange o imóvel de que, comprovadamente, seja utilizado em exploração extrativa vegetal, agrícola, pecuária ou agroindustrial, incidindo assim, sobre o mesmo, o ITR e demais tributos com o mesmo cobrados". Portanto, a par do critério estabelecido pelo artigo sob comento – *existência de, ao menos, dois melhoramentos* constantes do rol indicado –, há o critério da *destinação* ou *finalidade* do imóvel, pelo que, comprovada sua exploração como imóvel rural, a propriedade será assim qualificada para efeito de tributação. Acerca do imposto federal, a Lei n. 9.393/1996 adotou, para a qualificação de imóvel rural, o critério da *localização do imóvel*, como dispõe seu art. 1.º: "o Imposto sobre a Propriedade Territorial Rural – ITR, de apuração anual, tem como fato gerador a propriedade, o domínio útil ou a posse de imóvel por natureza, localizado fora da zona urbana do município, em 1.º de janeiro de cada ano".

3.1.2. Posse sujeita ao IPTU. A posse sujeita à incidência do imposto é, apenas e tão somente, aquela exercida com *animus domini*. Desse modo, a posse do locatário, por exemplo, não integra a materialidade do imposto.

3.2. Aspecto espacial. A indicação do aspecto espacial desse imposto está estritamente ligada ao aspecto material, a cujos comentários remetemos. A configuração da zona urbana depende da existência de, ao menos, dois dos melhoramentos apontados pelo Código, revelando o *aspecto espacial* da hipótese de incidência do imposto em foco. As áreas urbanizáveis ou *de expansão urbana*, constantes de loteamentos aprovados pelos órgãos competentes, destinadas à habitação, à indústria ou ao comércio, ainda que localizados fora das zonas definidas nos termos do parágrafo anterior, podem ser equiparadas à zona urbana pela lei municipal, nos termos do § 2.º desse dispositivo.

3.3. Aspecto temporal. Está fixado em *1.º de janeiro* de cada exercício, a exemplo de outros impostos que gravam a propriedade (ITR, IPVA).

SUGESTÕES DOUTRINÁRIAS

IMPOSTO SOBRE A PROPRIEDADE PREDIAL E TERRITORIAL URBANA

José Eduardo Soares de Melo, *IPTU e ITR (Teoria e prática)*, Dialética; Kiyoshi Harada, *IPTU: doutrina e prática*, Atlas; Elizabeth Nazar Carrazza, *IPTU e progressividade: igualdade e capacidade contributiva*, Quartier Latin; Adilson Dallari e Sérgio Ferraz (Coord.), *Estatuto da Cidade (Comentários à Lei Federal n. 10.257/2001)*, Malheiros; Regina Helena Costa, *Praticabilidade e justiça tributária: exequibilidade de lei tributária e direitos do contribuinte*, Malheiros.

 JURISPRUDÊNCIA ILUSTRATIVA

STJ

• Súmula n. 626: "A incidência do IPTU sobre imóvel situado em área considerada pela lei local como urbanizável ou de expansão urbana não está condicionada à existência dos melhoramentos elencados no art. 32, § 1.º, do CTN".

• "Tributário. Imóvel na área urbana. Destinação rural. IPTU. Não incidência. Art. 15 do DL 57/1966. Recurso repetitivo. Art. 543-C do CPC. 1. Não incide IPTU, mas ITR, sobre imóvel localizado na área urbana do Município, desde que comprovadamente utilizado em exploração extrativa, vegetal, agrícola, pecuária ou agroindustrial (art. 15 do DL 57/1966). 2. Recurso especial provido. Acórdão sujeito ao regime do art. 543-C do CPC e da Resolução 8/2008 do STJ" (REsp 1.112.646/SP, Tema Repetitivo 174, Rel. Min. Herman Benjamin, j. 26.08.2009).

Tese Jurídica: "Não incide IPTU, mas ITR, sobre imóvel localizado na área urbana do Município, desde que comprovadamente utilizado em exploração extrativa, vegetal, agrícola, pecuária ou agroindustrial (art. 15 do DL 57/1966)".

• "Tributário, ambiental e urbanístico. IPTU. Embargos à execução fiscal. Art. 32 do Código Tributário Nacional. Limitação ambiental ao direito de propriedade. Área de preservação permanente. Impossibilidade absoluta de uso da totalidade do bem pelo proprietário. Impactos tributários da natureza *non aedificandi* de imóvel urbano. Direito tributário no estado de direito ambiental. Princípio poluidor-pagador. Externalidades ambientais negativas. Necessidade de revolvimento do conjunto fático-probatório. Impossibilidade. Súmula n. 7/STJ. 1. Segundo o Tribunal de Justiça de São Paulo, 'o bem de propriedade do apelante se localiza em Área de Preservação Permanente (APP), de declividade e nascentes, bem como de vegetação de Mata Atlântica em estágio médio de regeneração, servindo de refúgio para espécies em extinção, impedindo-se, assim, seu uso e gozo e, por consequência, tais restrições ambientais descaracterizariam a incidência do IPTU, que vem sendo cobrado pela Municipalidade de Serra Negra'. Acrescenta que, consoante o laudo pericial, as limitações ambientais 'resultam na inexequibilidade absoluta de uso pelo autor, não possuindo, portanto, qualquer edificação'. 2. Quanto à questão jurídica de fundo propriamente debatida, afirma o Tribunal: 'No que tange aos lançamentos de IPTU, cumpre elucidar que, em regra, o fato de estar, o imóvel, localizado em área de preservação permanente (APP), por si só, não afasta a incidência do tributo, vez que, ainda que existam algumas restrições ao direito de propriedade decorrentes do aspecto ambiental da função social da propriedade (limitação administrativa), é certo que, em geral, não há impossibilidade absoluta de uso e gozo da propriedade/posse, a não ser que haja comprovação nos autos do contrário. Foi o que ocorreu no caso'. 3. O acórdão recorrido está lastreado em prova pericial, o que impõe a aplicação da Súmula n. 7/STJ. 4. Ainda que se considerasse superado o óbice dessa súmula, a irresignação não mereceria prosperar. Nos termos do art. 32, *caput*, do CTN, o IPTU 'tem como fato gerador a propriedade, o domínio útil ou a posse de bem imóvel' na zona urbana. Leitura apressada do dispositivo poderia transmitir a equivocada impressão de serem redondamente estranhas considerações acerca de fundamentos ético-jurídicos subjacentes à conformação legal do IPTU, como a concreta impossibilidade de explorabilidade econômica *lato sensu* da inteireza e não de parcela do imóvel, em razão de restrições estatais (urbanísticas, ambientais, sanitárias, de segurança). 5. Como regra, limitação urbanística, ambiental, sanitária ou de segurança – de caráter geral e que recaia sobre o direito de explorar e construir, *v.g.*, gabarito das edificações, recuo de prédios, espaços verdes, Áreas de Preservação Permanente – não enseja desapropriação indireta e não acarreta dever do Estado de indenizar, mesmo quando a condição *non aedificandi* venha a abranger, de ponta a ponta, o bem em questão, p. ex., aquele derivado de subdivisões sucessivas ou adquirido após o advento da restrição. Contudo, tal negativa de ressarcimento, apurada à luz do Direito das Obrigações e da principiologia de regência do Direito Público, não equivale a pintar de irrelevância jurídica – para fins tributários e de conformação do fato gerador do imposto – a realidade de total, rematada e incontroversa afetação do imóvel a utilidade pública. Ou seja, o titular de domínio (ou de fração dele) de área *non aedificandi*, apesar de não fazer jus à indenização pela intervenção estatal, merece ser exonerado do IPTU exatamente por conta desse ônus social, se, repita-se, cabal e plenamente inviabilizado o direito de construir no imóvel ou de usá-lo econômica e diretamente na sua integralidade. 6. Sobre a relação entre IPTU e Área de Preservação Permanente, o STJ já se pronunciou em outras oportunidades: 'A restrição à utilização da propriedade referente a Área de Preservação Permanente em parte de imóvel urbano (loteamento) não afasta a incidência do Imposto Predial e Territorial Urbano, uma vez que o fato gerador da exação permanece íntegro, qual seja, a propriedade localizada na zona urbana do município. Cuida-se de um ônus a ser suportado, o que não gera o cerceamento total da disposição, utilização ou alienação da propriedade, como ocorre, por exemplo, nas desapropriações. Aliás, no caso dos autos, a limitação não tem caráter absoluto, pois poderá haver exploração da área mediante prévia autorização da Secretaria do Meio Ambiente do município' (REsp 1.128.981/SP, Rel. Min. Benedito Gonçalves, 1.ª Turma, *DJe* 25.03.2010, grifo acrescentado). Em sentido assemelhado: 'não se pode confundir propriedade com restrição administrativa, pois esta não afasta o fato gerador do imposto e a titularidade para efeitos de tributação' (REsp 1.801.830/PR, Rel. Min. Herman Benjamin, 2.ª Turma, *DJe* 21.05.2019). Comparando a situação do ITR e do IPTU, confira-se: 'o não pagamento da exação deve ser debatida à luz da isenção e da base de cálculo, a exemplo do que se tem feito no tema envolvendo o ITR sobre áreas de preservação permanente, pois, para esta situação, há lei federal regulando a questão (art. 10, § 1.º, II, *a* e *b*, da Lei n. 9.393/96)' (AgRg no REsp 1.469.057/AC, Rel. Min. Mauro Campbell Marques, 2.ª Turma, *DJe* 20.10.2014). A jurisprudência do STJ, todavia, não há de ser lida como recusa de ponderar, na análise do fato gerador do IPTU e de outros tributos, eventual constrição absoluta de cunho ambiental, urbanístico, sanitário ou de segurança sobreposta sobre 100% do bem. Cobrança de tributo sobre imóvel intocável *ope legis* e, por isso, economicamente inaproveitável, flerta com confisco dissimulado. 7. O Direito Tributário deve ser amigo, e não adversário, da proteção do meio ambiente. A 'justiça tributária' necessariamente abarca preocupações de sustentabilidade ecológica, abrigando tratamento diferenciado na exação de tributos, de modo a dissuadir ou premiar comportamento dos contribuintes que, adversa ou positivamente, impactem o uso sustentável dos bens ambientais tangíveis e intangíveis. 8. No Estado de Direito Ambiental, sob o pálio sobretudo, mas não exclusivamente, do princípio poluidor-pagador, tributos despontam, ao lado de outros instrumentos econômicos, como um dos expedientes mais poderosos, eficazes e eficientes para enfrentar a grave crise de gestão dos recursos naturais que nos atormenta. Sob tal perspectiva, cabe ao Direito Tributário – cujo campo de atuação vai, modernamente, muito além da simples arrecadação de recursos financeiros estáveis e previsíveis para o Estado – identificar e enfrentar velhas ou recentes práticas nocivas às bases da comunidade da vida planetária. A partir daí, dele se espera, quer autopurificação de medidas de incentivo a atividades antiecológicas e de perpetuação de externalidades ambientais negativas, quer desenho de mecanismos tributários inéditos, sensíveis a inquietações e demandas de sustentabilidade, capazes de estimular inovação na produção, circulação e consumo da nossa riqueza natural, assim como prevenir e reparar danos a biomas e ecossistemas. Um esforço concertado, portanto, que envolve, pelos juízes, revisitação e releitura de institutos tradicionais da disciplina e, simultaneamente, pelo legislador, alteração da legislação tributária vigente. 9. Agravo Interno não provido" (2.ª T., AgInt no AREsp 1.723.597/SP, Rel. Min. Herman Benjamin, j. 29.03.2021).

> **Art. 33.** A base do cálculo do imposto é o valor venal do imóvel **(1 a 4.3)**.
>
> Parágrafo único. Na determinação da base de cálculo, não se considera o valor dos bens móveis mantidos, em caráter permanente ou temporário, no imóvel, para efeito de sua utilização, exploração, aformoseamento ou comodidade.

 COMENTÁRIOS

    1. *Moldura constitucional.* Art. 5.º [...] XXIII – "a propriedade atenderá a sua função social; [...] Art. 150. Sem prejuízo de outras garantias asseguradas ao contribuinte, é vedado à União, aos Estados, ao Distrito Federal e aos Municípios: [...] § 1.º A vedação do inciso III, *b*, não se aplica aos tributos previstos nos arts. 148, I, 153, I, II, IV e V; e 154, II; e a vedação do inciso III, *c*, não se aplica aos tributos previstos nos arts. 148, I, 153, I, II, III e V; e 154, II; nem à fixação da base de cálculo dos impostos previstos nos arts. 155, III e 156, I; [...] Art. 156. Compete aos Municípios instituir impostos sobre: I – propriedade predial e territorial urbana; [...] § 1.º Sem prejuízo da progressividade no tempo a que se refere o art. 182, § 4.º, inciso II, o imposto previsto no inciso I poderá: I – ser progressivo em razão do valor do imóvel; e II – ter alíquotas diferentes de acordo com a localização e o uso do imóvel; III – ter sua base de cálculo atualizada pelo Poder Executivo, conforme critérios estabelecidos em lei municipal (redação dada pela EC n. 132/2023). § 1.º-A. O imposto previsto no inciso I do *caput* deste artigo não incide sobre templos de qualquer culto, ainda que as entidades abrangidas pela imunidade de que trata a alínea *b* do inciso VI do *caput* do art. 150 desta Constituição sejam apenas locatárias do bem imóvel (parágrafo incluído pela EC n. 116/2022). [...] Art. 182. A política de desenvolvimento urbano, executada pelo Poder Público municipal, conforme diretrizes gerais fixadas em lei, tem por objetivo ordenar o pleno desenvolvimento das funções sociais da cidade e garantir o bem-estar de seus habitantes. [...] § 2.º A propriedade urbana cumpre sua função social quando atende às exigências fundamentais de ordenação expressas no plano diretor. [...] § 4.º É facultado ao Poder Público municipal, mediante lei específica para área incluída no plano diretor, exigir, nos termos da lei federal, do proprietário do solo urbano não edificado, subutilizado ou não utilizado, que promova seu adequado aproveitamento, sob pena, sucessivamente de: [...] II – imposto sobre a propriedade predial e territorial urbana progressivo no tempo; III – desapropriação com pagamento mediante títulos da dívida pública de emissão previamente aprovada pelo Senado Federal, com prazo de resgate de até dez anos, em parcelas anuais, iguais e sucessivas, assegurados o valor real da indenização e os juros legais."

2. Legislação básica: Lei n. 10.257/2001 (Estatuto da Cidade), art. 7.º.

3. Consequente da hipótese de incidência. Aspecto quantitativo. Base de cálculo. A norma aponta a base de cálculo do imposto, que é o *valor venal do imóvel*. Tal conceito pode ser singelamente definido como o *valor de venda do bem para pagamento à vista, em condições normais de mercado*. Os valores venais dos imóveis urbanos constam das chamadas *Plantas Fiscais de Valores* ou *Plantas de Valores Genéricos*, que consideram, para sua determinação, fatores como área, localização, padrão de construção e antiguidade. Tais plantas fiscais, instrumentos de praticabilidade, apontam *presunções relativas* de fixação da base de cálculo desse imposto, estabelecidas com valores prováveis, aproximados, dos imóveis, passíveis, consequentemente, de impugnação pelo contribuinte, caso o valor do imóvel não corresponda à realidade.

3.1. Não inclusão, na base de cálculo do IPTU, de bens móveis. A norma contida no parágrafo único proclama o óbvio, ao estabelecer que "não se considera o valor dos bens móveis mantidos, em caráter permanente ou temporário, no imóvel, para efeito de sua utilização, exploração, aformoseamento ou comodidade". Incidindo o imposto sobre a propriedade predial e territorial urbana, não poderia, evidentemente, abranger a propriedade mobiliária.

3.2. Inaplicabilidade do princípio da anterioridade nonagesimal quanto à fixação da base de cálculo. Consoante o § 1.º do art. 150, CR, o princípio da anterioridade nonagesimal, insculpido no mesmo artigo, em seu inciso III, *c*, não se aplica à fixação da base de cálculo do IPTU, o que significa que a lei municipal pertinente não precisa observar o lapso temporal de 90 dias a contar de sua publicação para a produção de seus efeitos.

3.3. Atualização da base de cálculo pelo Poder Executivo. A EC n. 132/2023 incluiu o inciso III ao § 1.º do art. 156 para prescrever que o IPTU poderá "ter sua base de cálculo atualizada pelo Poder Executivo, conforme critérios estabelecidos em lei municipal". Trata-se de norma inovadora, que enfraquece o princípio da legalidade tributária em relação a esse imposto, já excepcionado da observância do princípio da anterioridade nonagesimal pela norma contida no § 1.º do art. 150 da CR. Ademais, tal norma dissente da jurisprudência do Supremo Tribunal Federal – RE 648.245/RS, Tema 211 – no qual foi fixada a seguinte tese: "a majoração do valor venal dos imóveis para efeito de cobrança do IPTU não prescinde de lei em sentido formal, exigência que somente se pode afastar quando a atualização não excede os índices inflacionários anuais de correção monetária" – e do Superior Tribunal de Justiça, conforme o enunciado de sua Súmula n. 160: "É defeso, ao município, atualizar o IPTU, mediante decreto, em percentual superior ao índice oficial de correção monetária".

4. Consequente da hipótese de incidência. Aspecto quantitativo. Alíquotas. Não há disciplina no CTN a respeito das alíquotas desse imposto. Os incisos do § 1.º do art. 156, CR, contemplam, expressamente, a possibilidade de utilização das técnicas de *progressividade* e da *diferenciação de alíquotas*, como instrumentos de fiscalidade e extrafiscalidade, respectivamente, esta última voltada ao cumprimento do princípio da função social da propriedade. São fixadas em percentuais, usualmente menores para imóveis residenciais.

4.1. Progressividade e diferenciação de alíquotas. A *progressividade* é a técnica de tributação segundo a qual, na medida em que aumenta a base de cálculo, eleva-se também a alíquota sobre ela incidente. Já a *diferenciação de alíquotas* é a técnica mediante a qual se estabelecem alíquotas diversas à vista de um ou mais critérios (v. RE 666.156/RJ, Tema 523). Relevante anotar que o art. 156, § 1.º, em sua redação original, dispunha que o IPTU poderia ser progressivo, nos termos de lei municipal, de forma a assegurar o cumprimento da função social da propriedade, *in verbis*: "O imposto previsto no inciso I poderá ser progressivo, nos termos de lei municipal, de forma a assegurar o cumprimento da função social da propriedade". Autorizava, assim, de modo expresso, o uso dessa técnica na disciplina extrafiscal do IPTU, em caráter genérico, no sentido de utilizá-lo como instrumento para inibir ou incentivar comportamentos dos contribuintes. Vale dizer, explicitava o emprego dessa imposição tributária para o alcance de finalidade não meramente arrecadatória, mas para o cumprimento do citado princípio constitucional, para estimular a construção de habitações em determinada região da cidade, por exemplo. Como consequência da controvérsia jurisprudencial instaurada acerca da possibilidade do emprego da técnica da progressividade ao IPTU, a qual culminou com a edição da Súmula n. 668 pelo STF, não admitindo o emprego dessa técnica, adveio a Emenda n. 29/2000 para aclarar a dicção constitucional, agora mais minudente. A alteração promovida na redação do § 1.º do art. 156 torna induvidosa a conclusão segundo a qual ao IPTU podem ser aplicadas tanto a técnica da diferenciação de alíquotas, para o alcance de fins extrafiscais (inciso II), quanto a da progressividade de alíquotas para a perseguição de objetivos fiscais (inciso I), prestigiando, nesta última hipótese, o *princípio da capacidade contributiva* (art. 145, § 1.º, CR).

    4.2. *Progressividade no tempo – Estatuto da Cidade (Lei n. 10.257/2001).* A diferenciação de alíquotas, de cunho extrafiscal, consignada pelo art. 156, § 1.º, II, como adverte a Constituição, não se confunde com a progressividade extrafiscal apontada no art. 182, § 4.º, II. Tal dispositivo constitucional faculta ao Poder Público municipal, mediante lei específica para área incluída no plano diretor, exigir, nos termos de lei federal, do proprietário do solo urbano não edificado, subutilizado ou não utilizado, que promova seu adequado aproveitamento, sob pena, sucessivamente, de parcelamento ou edificação compulsórios, IPTU progressivo no tempo e, se tais expedientes não forem suficientes para compelir o proprietário à realização daquele fim, desapropriação com pagamento mediante títulos da dívida pública de emissão previamente aprovada pelo Senado Federal, com prazo de resgate de até dez anos, em parcelas anuais, iguais e sucessivas, assegurados o valor real da indenização e os juros legais. A hipótese tem sido chamada, indevidamente, de *progressividade sancionatória*. Em verdade, trata-se da disciplina extrafiscal do IPTU, transformado em instrumento para compelir os administrados ao atendimento da *função social da propriedade urbana*. Essa *progressividade extrafiscal especial*, até então inédita no direito brasileiro, é objeto de regulamentação pelo Estatuto da Cidade, veiculado pela Lei n. 10.257/2001, que dispõe: "Art. 7.º Em caso de descumprimento das condições e dos prazos previstos na forma do *caput* do art. 5.º desta Lei, ou não sendo cumpridas as etapas previstas no § 5.º do art. 5.º desta Lei, o Município procederá à aplicação do Imposto sobre a Propriedade Predial e Territorial Urbana (IPTU) progressivo no tempo, mediante a majoração da alíquota pelo prazo de cinco anos consecutivos. § 1.º O valor da alíquota a ser aplicado a cada ano será fixado na lei específica a que se refere o *caput* do art. 5.º desta Lei e não excederá a duas vezes o valor referente ao ano anterior, respeitada a alíquota máxima de quinze por cento. § 2.º Caso a obrigação de parcelar, edificar ou utilizar não esteja atendida em cinco anos, o Município manterá a cobrança pela alíquota máxima, até que se cumpra a referida obrigação, garantida a prerrogativa prevista no art. 8.º. § 3.º É vedada a concessão de isenções ou de anistia relativas à tributação progressiva de que trata este artigo". Tal técnica, no entanto, a nosso ver, não poderá ser empregada indefinidamente, sob pena de instituir-se autêntico *confisco*, vedado expressamente nos termos do art. 150, IV, CR. Discordamos, portanto, do entendimento segundo o qual, por tratar-se de tributação extrafiscal, o confisco estaria constitucionalmente autorizado – e o fazemos por dois fundamentos: *(i)* a Constituição proíbe a utilização de tributo com efeito de confisco em qualquer hipótese, não distinguindo entre tributação fiscal e extrafiscal; e *(ii)* o confisco é medida de caráter sancionatório, cuja aplicação é autorizada excepcionalmente, mediante normas constitucionais expressas (arts. 5.º, XLVI, *b*, e 243). No caso, a Constituição não contempla tal autorização, visto ser a lei que fundamenta a hipótese de confisco em exame. Assim sendo, entendemos que, se o IPTU progressivo no tempo não for suficiente para que o proprietário do solo urbano, nas situações previstas, promova seu adequado aproveitamento, o passo seguinte será, necessariamente, a *desapropriação com pagamento mediante títulos da dívida pública* (art. 182, § 4.º, III, CR).

4.3. *Fundamentos constitucionais para a progressividade do IPTU.* Diante de tal quadro normativo, podemos concluir serem *três os fundamentos constitucionais para a adoção da técnica da progressividade no IPTU: (i)* o art. 145, § 1.º, que veicula o *princípio da capacidade contributiva,* o qual abrange, entre seus efeitos, a graduação dos impostos, consoante a aptidão do contribuinte (*progressividade fiscal genérica*); *(ii)* o art. 156, § 1.º, I, que estatui a progressividade em razão do valor do imóvel (*progressividade fiscal específica do IPTU*); e *(iii)* o art. 182, § 4.º, II, autorizador da progressividade no tempo (*progressividade extrafiscal específica do IPTU*).

 JURISPRUDÊNCIA ILUSTRATIVA

STF

• Súmula n. 668: "É inconstitucional a lei municipal que tenha estabelecido, antes da Emenda Constitucional n. 29/2000, alíquotas progressivas para o IPTU, salvo se destinada a assegurar o cumprimento da função social da propriedade urbana".

• Súmula n. 589: "É inconstitucional a fixação de adicional progressivo do Imposto Predial e Territorial Urbano em função do número de imóveis do contribuinte".

• Súmula n. 539: "É constitucional a lei do Município que reduz o Imposto Predial Urbano sobre imóvel ocupado pela residência do proprietário, que não possua outro".

• "Direito tributário. Recurso extraordinário com agravo. Repercussão geral. IPTU. Imóvel novo não incluído na planta genérica de valores. Avaliação individualizada prevista em lei. 1. Recurso extraordinário com agravo, em que se pleiteia seja reconhecida a constitucionalidade do art. 176, I, *f*, e § 5.º, da Lei do Município de Londrina n.º 7.303/1997 (Código Tributário Municipal). A regra em questão confere ao Poder Executivo a competência para apurar o valor venal de imóvel novo não previsto na Planta Genérica de Valores (PGV), mediante avaliação individualizada, por ocasião do lançamento do IPTU. 2. O Plenário desta Corte já admitiu a possibilidade de a Fazenda Municipal aferir diretamente a base calculada do IPTU, desde que o faça de forma casuística, considerando as características individuais de cada imóvel. Precedente. 3. O procedimento de mensuração do valor venal, com base em critérios legais (cf. art. 176, I e II, e parágrafos, da Lei do Município de Londrina n.º 7.303/1997), é compatível com o princípio da legalidade tributária, porquanto não se trata de majoração de base de cálculo mediante decreto, mas sim de avaliação individualizada de imóvel novo, para fins de lançamento do IPTU. Resguardado ao contribuinte o direito ao contraditório. 4. Agravo conhecido, para dar parcial provimento ao recurso extraordinário, de modo a afastar as preliminares e reconhecer a constitucionalidade do art. 176, I, *f*, e § 5.º, da Lei do Município de Londrina n.º 7.303/1997 (Código Tributário Municipal), que delega à Administração Tributária a apuração do valor venal de imóvel novo, mediante avaliação individualizada. 5. Fixação da seguinte tese: 'É constitucional a lei municipal que delega ao Poder Executivo a avaliação individualizada, para fins de cobrança do IPTU, de imóvel novo não previsto na Planta Genérica de Valores, desde que fixados em lei os critérios para a avaliação técnica e assegurado ao contribuinte o direito ao contraditório'" (ARE 1.245.097/ PR, Tema 1.084, Rel. Min. Roberto Barroso, j. 06.06.2023).

• "Direito tributário. Recurso extraordinário com repercussão geral. IPTU. Alíquotas diferenciadas. Lei municipal anterior à EC n. 29/2000. Constitucionalidade. Precedentes de ambas as Turmas. 1. Esta Corte, em diversos precedentes de ambas as Turmas, manifestou-se pela possibilidade da instituição de alíquotas diferenciadas de IPTU com base na destinação e situação do imóvel (residencial ou comercial, edificado ou não edificado), em período anterior à edição da Emenda Constitucional n. 29/2000. Entendeu-se que tal prática não se confunde com o estabelecimento de alíquotas progressivas, cuja constitucionalidade, em momento anterior à emenda constitucional, foi reconhecida apenas para assegurar o cumprimento da função social da propriedade. 2. Desse modo, mantenho o entendimento de ambas as Turmas desta Corte e nego provimento ao recurso. Proponho a fixação da seguinte tese em sede de repercussão geral: "São constitucionais as leis municipais anteriores à Emenda Constitucional n. 29/2000, que instituíram alíquotas diferenciadas de IPTU para imóveis edificados e não edificados, residenciais e não residenciais" (RE 666.156/RJ, Tema 523, Rel. Min. Luís Roberto Barroso, j. 08.05.2020).

• "Recurso extraordinário com repercussão geral. Direito tributário. Imposto Territorial Predial Urbano – IPTU. Progressividade das alíquotas. Inconstitucionalidade. Exigibilidade do tributo. Fato gerador ocorrido em período anterior à Emenda Constitucional n. 29/2000. Alíquota mínima. Menor gravosidade ao contribuinte. Proporcionalidade do critério quantitativo da regra-matriz de incidência tributária. 1. Tese de repercussão geral fixada: 'Declarada inconstitucional a progressividade de alíquota tributária do Imposto Predial Territorial Urbano no que se refere a fato gerador ocorrido em período anterior ao advento da EC n. 29/2000, é devido o tributo calculado pela alíquota mínima correspondente, de acordo com a destinação do imóvel e a legislação municipal de instituição do tributo em vigor à época'. 2. O Supremo Tribunal Federal possui entendimento sumulado no sentido de que 'É inconstitucional a lei municipal que tenha estabelecido, antes da Emenda Constitucional n. 29/2000, alíquotas progressivas para o IPTU, salvo se destinada a assegurar o cumprimento da função social da propriedade urbana. Súmula n. 668 do STF. Precedente: AI-QO-RG 712.743, de relatoria da Ministra Ellen Gracie, Tribunal Pleno, *DJe* 08.05.2009. 3. É constitucional a cobrança de IPTU, referente a período anterior à Emenda Constitucional n. 29/2000, mesmo que a progressividade das alíquotas tenha sido declarada inconstitucional, em sede de representação de inconstitucionalidade em Tribunal de Justiça local. Função da alíquota na norma tributária. Teoria da divisibilidade das leis. Inconstitucionalidade parcial. 4. O IPTU é exigível com base na alíquota mínima prevista na lei municipal, de modo que o critério quantitativo da regra-matriz de incidência tributária seja proporcional e o menos gravoso possível ao contribuinte. Precedentes. 5. Recurso extraordinário provido" (RE 602.347/MG, Tema 226, Rel. Min. Edson Fachin, j. 04.11.2015).

Tese: "Declarada inconstitucional a progressividade de alíquota tributária, é devido o tributo calculado pela alíquota mínima correspondente, de acordo com a destinação do imóvel".

• "Recurso extraordinário. 2. Tributário. 3. Legalidade. 4. IPTU. Majoração da base de cálculo. Necessidade de lei em sentido formal. 5. Atualização monetária. Possibilidade. 6. É inconstitucional a majoração do IPTU sem edição de lei em sentido formal, vedada a atualização, por ato do Executivo, em percentual superior aos índices oficiais. 7. Recurso extraordinário não provido" (RE 648.245/MG, Tema 211, Rel. Min. Gilmar Mendes, j. 01.08.2013).

Tese: "A majoração do valor venal dos imóveis para efeito da cobrança de IPTU não prescinde da edição de lei em sentido formal, exigência que somente se pode afastar quando a atualização não excede os índices inflacionários anuais de correção monetária".

STJ

• Súmula n. 160: "É defeso, ao Município, atualizar o IPTU, mediante Decreto, em percentual superior ao índice oficial de correção monetária".

> **Art. 34.** Contribuinte do imposto é o proprietário do imóvel, o titular do seu domínio útil, ou o seu possuidor a qualquer título **(1 a 4.3).**

 COMENTÁRIOS

1. *Moldura constitucional:* Art. 150. "Sem prejuízo de outras garantias asseguradas ao contribuinte, é vedado à União, aos Estados, ao Distrito Federal e aos Municípios: [...] VI – instituir impostos sobre: a) patrimônio, renda ou serviços, uns dos outros; [...] § 2.º A vedação do inciso VI, *a*, é extensiva às autarquias e às fundações instituídas e mantidas pelo Poder Público, no que se refere ao patrimônio, à renda e aos serviços, vinculados a suas finalidades essenciais ou às delas decorrentes. § 3.º As vedações do inciso VI, *a*, e do parágrafo anterior não se aplicam ao patrimônio, à renda e aos serviços, relacionados com exploração de atividades econômicas regidas pelas normas aplicáveis a empreendimentos privados, ou em que haja contraprestação ou pagamento de preços ou tarifas pelo usuário, nem exonera o promitente comprador da obrigação de pagar imposto relativamente ao bem imóvel."

2. *Dispositivos relacionados:* arts. 121, parágrafo único, I e II; e 130, CTN.

3. *Legislação básica:* art. 1.228, CC.

4. *Consequente da hipótese de incidência. Aspecto pessoal.* O dispositivo aponta os sujeitos passivos diretos ou contribuintes do imposto:

4.1. *Contribuintes.* Os contribuintes são: o *(i)* o proprietário; *(ii)* o titular do domínio útil; ou *(iii)* o possuidor a qualquer título. Anote-se que o possuidor somente poderá ser alcançado como sujeito passivo do imposto na hipótese de exercer a posse com *animus domini.*

4.2. *Responsável.* A figura do responsável, aplicável ao IPTU, aponta, por exemplo, para o terceiro, adquirente de imóvel urbano, chamado a pagar o IPTU referente a exercício em que ainda não figurava como proprietário do bem, na qualidade de sucessor da obrigação tributária (art. 130, CTN).

4.3. *Sujeitos imunes.* Nos termos do art. 150, VI, *a, b,* e *c,* e §§ 2.º e 3.º, da Constituição, as pessoas políticas, suas autarquias e fundações públicas, bem como as empresas estatais prestadoras de serviços públicos, templos de qualquer culto, partidos políticos e suas fundações, entidades sindicais de trabalhadores e instituições de educação e de assistência social estão exoneradas da obrigação de pagar IPTU sobre seus imóveis urbanos, por força das normas imunizantes. A EC n. 116/2022 incluiu o § 1.º-A ao art. 156, para estabelecer que o IPTU "não incide sobre templos de qualquer culto, ainda que as entidades abrangidas pela imunidade de que trata a alínea *b* do inciso VI do *caput* do art. 150 da Constituição sejam apenas locatárias do imóvel". Já a EC n. 132/2023, por sua vez, deu nova redação à norma imunizante contida na alínea *b* do inciso VI do art. 150, para declarar que é vedado às pessoas políticas instituir impostos sobre "entidades religiosas e templos de qualquer culto, inclusive suas organizações assistenciais e beneficentes". V. comentários ao art. 9.º, IV, item 5.2.

 JURISPRUDÊNCIA ILUSTRATIVA

STF

• Súmula Vinculante n. 52: "Ainda quando alugado a terceiros, permanece imune ao IPTU o imóvel pertencente a qualquer das entidades referidas pelo art. 150, VI, *c*, da Constituição Federal, desde que o valor dos aluguéis seja aplicado nas atividades para as quais tais entidades foram constituídas".

• Súmula n. 730: "A imunidade tributária conferida a instituições de assistência social sem fins lucrativos pelo art. 150, VI, *c*, da Constituição, somente alcança as entidades fechadas de previdência social privada se não houver contribuição dos beneficiários".

• Súmula n. 583: "Promitente comprador de imóvel residencial transcrito em nome de autarquia é contribuinte do Imposto Predial e Territorial Urbano".

• Súmula n. 74: "O imóvel transcrito em nome da autarquia, embora objeto de promessa de venda a particulares, continua imune de impostos locais".

STJ

• Súmula n. 399: "Cabe à legislação municipal estabelecer o sujeito passivo do IPTU".

• Súmula n. 397: "O contribuinte do IPTU é notificado do lançamento pelo envio do carnê ao seu endereço".

• "Tributário. IPTU. Sujeito passivo. Imóvel objeto de alienação fiduciária. Credor. Responsabilidade antes da consolidação da propriedade. Impossibilidade. 1. O Superior Tribunal de Justiça, em julgamento submetido ao rito dos recursos especiais repetitivos, consolidou o entendimento de que cabe ao legislador municipal eleger o sujeito passivo do IPTU, entre as opções previstas no CTN. 2. A jurisprudência desta Corte, interpretando o art. 34 do CTN, também orienta não ser possível a sujeição passiva ao referido imposto do proprietário despido dos poderes de propriedade, daquele que não detém o domínio útil sobre o imóvel ou do possuidor sem ânimo de domínio. 3. O credor fiduciário, antes da consolidação da propriedade e da imissão na posse no imóvel objeto da alienação fiduciária, não pode ser considerado sujeito passivo do IPTU, uma vez que não se enquadra em nenhuma das hipóteses previstas no art. 34 do CTN. 4. Agravo conhecido e provido o recurso especial" (AREsp 1.796.224/SP, 1.ª Turma, Rel. Min. Gurgel de Faria, j. 16.11.2021).

• "IPTU. Repetição de indébito. Ilegitimidade ativa do adquirente do imóvel. 1. O direito à repetição de indébito de IPTU cabe ao sujeito passivo que efetuou o pagamento indevido, *ex vi* do art. 165 do *Codex* Tributário. 'Ocorrendo transferência de titularidade do imóvel, não se transfere tacitamente ao novo proprietário o crédito referente ao pagamento indevido. Sistema que veda o locupletamento daquele que, mesmo tendo efetivado o recolhimento do tributo, não arcou com o seu ônus financeiro (CTN, art. 166). Com mais razão, vedada é a repetição em favor do novo proprietário que não pagou o tributo e nem suportou, direta ou indiretamente, o ônus financeiro correspondente' (REsp 593356/RJ, Relator p/ acórdão Ministro Teori Albino Zavascki, publicado no *DJ* 12.09.2005). 2. O art. 123 do CTN prescreve que, 'salvo disposições de lei em contrário, as convenções particulares, relativas à responsabilidade pelo pagamento de tributos, não podem ser opostas à Fazenda Pública, para modificar a definição legal do sujeito passivo das obrigações tributárias correspondentes'. 3. Outrossim, na seção atinente ao pagamento indevido, o Código Tributário sobreleva o princípio de que, em se tratando de restituição de tributos, é de ser observado sobre quem recaiu o ônus financeiro, no afã de evitar enriquecimento ilícito, salvo na hipótese em que existente autorização expressa do contribuinte que efetivou o recolhimento indevido, o que abrange a figura da cessão de crédito convencionada, inocorrente *in casu*. 4. Embargos de divergência providos" (EREsp 708.237/RJ, Rel. Min. Luiz Fux, j. 27.06.2007).

Seção III
Imposto sobre a Transmissão de Bens Imóveis e de Direitos a eles Relativos

Art. 35. O imposto, de competência dos Estados, sobre a transmissão de bens imóveis e de direitos a eles relativos tem como fato gerador **(1 e 2)**:

I – a transmissão, a qualquer título, da propriedade ou do domínio útil de bens imóveis por natureza ou por acessão física, como definidos na lei civil;

II – a transmissão, a qualquer título, de direitos reais sobre imóveis, exceto os direitos reais de garantia;

III – a cessão de direitos relativos às transmissões referidas nos incisos I e II.

Parágrafo único. Nas transmissões *causa mortis*, ocorrem tantos fatos geradores distintos quantos sejam os herdeiros ou legatários.

 COMENTÁRIOS

1. Moldura constitucional. Art. 155. "Compete aos Estados e ao Distrito Federal instituir impostos sobre: I – transmissão *causa mortis* e doação, de quaisquer bens ou direitos; [...] § 1.º O imposto previsto no inciso I: I – relativamente a bens imóveis e respectivos direitos, compete ao Estado da situação do bem, ou ao Distrito Federal; II – relativamente a bens móveis, títulos e créditos, compete ao Estado onde se processar o inventário ou arrolamento, ou tiver domicílio o doador, ou ao Distrito Federal; III – terá a competência para sua instituição regulada por lei complementar: a) se o doador tiver domicílio ou residência no exterior; b) se o *de cujus* possuía bens, era residente ou domiciliado ou teve o seu inventário processado no exterior; IV – terá suas alíquotas máximas fixadas pelo Senado Federal. [...] Art. 156. Compete aos Municípios instituir impostos sobre: [...] II – transmissão *inter vivos*, a qualquer título, por ato oneroso, de bens imóveis, por natureza ou acessão física, e de direitos reais sobre imóveis, exceto os de garantia, bem como cessão de direitos a sua aquisição; [...] § 2.º O imposto previsto no inciso II: I – não incide sobre a transmissão de bens ou direitos incorporados ao patrimônio de pessoa jurídica em realização de capital, nem sobre a transmissão de bens ou direitos decorrente de fusão, incorporação, cisão ou extinção de pessoa jurídica, salvo se, nesses casos, a atividade preponderante do adquirente for a compra e venda desses bens ou direitos, locação de bens imóveis ou arrendamento mercantil; II – compete ao Município da situação do bem."

2. Dispositivo não recepcionado pela Constituição de 1988. A competência para a instituição dos impostos sobre a transmissão de bens e direitos foi reconfigurada pela Constituição de 1988, que a repartiu entre Estados e Municípios. Assim, compete aos Estados (e ao Distrito Federal) o Imposto sobre Transmissão *Causa Mortis* e Doação de Quaisquer Bens ou Direitos – ITCMD (art. 155, I e § 1.º, CR) e, aos Municípios, o Imposto sobre Transmissão de Bens Imóveis – ITBI (art. 156, II e § 2.º, CR). Assinale-se que a disciplina constante do CTN diz mais especificamente com a materialidade do ITBI do que com aquelas atualmente na esfera da competência tributária estadual. Em consequência, nem todas as normas contidas no CTN são aplicáveis ao ITCMD. Desse modo, comentaremos, inicialmente, o ITBI e, adiante, o ITCMD, que não encontra previsão específica no CTN.

> I – Imposto sobre a Transmissão de Bens Imóveis – ITBI **(1 a 5.5)**

 COMENTÁRIOS

1. *Dispositivos relacionados:* arts. 109 e 110, CTN.

2. *Legislação básica.* Respeitadas as normas gerais do CTN, parcialmente revogadas em razão da divisão de competências tributárias referentes à transmissão de bens e direitos estabelecida pela Constituição de 1988, o ITBI será disciplinado pela lei de cada Município e pelo Distrito Federal; CC, arts. 79, 1.227 e 1.255.

3. *Imposto sobre a Transmissão de Bens Imóveis. Considerações gerais.* O art. 156, § 2.º, II, atribui a competência para a instituição do imposto ao Município da *situação do bem*. O CTN, em seus arts. 35 a 42, disciplina o antigo Imposto sobre a Transmissão de Bens Imóveis e de Direitos a eles Relativos, de competência estadual. Com o advento da Constituição de 1988, como visto, a tributação sobre a transmissão de bens e direitos foi reconfigurada e vários preceitos do CTN foram por ela total ou parcialmente revogados.

4. *Imunidades específicas.* V. comentários aos arts. 36 e 37, CTN.

5. *Hipótese de incidência.* Os aspectos do antecedente e do consequente da hipótese de incidência desse imposto são:

5.1. *Aspecto material.* Consiste em transmitir, *inter vivos*, a qualquer título, por ato oneroso, bens imóveis, direitos reais sobre eles relativos, exceto os de garantia, ou, ainda, a cessão de direitos a sua aquisição. A análise da materialidade dessa imposição tributária depende de conceitos fornecidos pelo Direito Civil. *Bem imóvel por natureza* é o solo; *bem imóvel por acessão física* é tudo o que a ele se incorpora, natural ou artificialmente, como plantações e construções (art. 79, CC). Já os *direitos reais sobre imóveis* são a propriedade, a superfície, as servidões, o usufruto, o uso, a habitação, o direito do promitente comprador do imóvel, a concessão de uso especial para fins de moradia e a concessão de direito real de uso (art. 1.225, CC), estando incluída a cessão de direitos a sua aquisição.

5.2. *Aspecto espacial.* É o território do Município onde se situa o imóvel (ou do Distrito Federal). Seguindo a tradição do direito brasileiro em matéria de bens imóveis, o artigo secunda o disposto no art. 156, § 2.º, II, CR, que estabelece a situação do bem como critério a apontar o município competente para a exigência do imposto.

5.3. *Aspecto temporal.* É o momento da transmissão do bem imóvel ou direito a ele relativo, consumada no respectivo registro em cartório (art. 1.227, CC).

5.4. *Aspecto pessoal. Sujeitos ativos e passivos.* V. comentários aos arts. 41 e 42, CTN.

5.5. *Aspecto quantitativo.* V. comentários aos arts. 38 a 40, CTN.

SUGESTÕES DOUTRINÁRIAS

IMPOSTO SOBRE TRANSMISSÃO DE BENS IMÓVEIS

Kiyoshi Harada, *ITBI: doutrina e prática*, Atlas.

Art. 36. Ressalvado o disposto no artigo seguinte, o imposto não incide sobre a transmissão dos bens ou direitos referidos no artigo anterior **(1 a 3.3)**:

I – quando efetuada para sua incorporação ao patrimônio de pessoa jurídica em pagamento de capital nela subscrito;

II – quando decorrente da incorporação ou da fusão de uma pessoa jurídica por outra ou com outra.

Parágrafo único. O imposto não incide sobre a transmissão aos mesmos alienantes, dos bens e direitos adquiridos na forma do inciso I deste artigo, em decorrência da sua desincorporação do patrimônio da pessoa jurídica a que foram conferidos.

Art. 37. O disposto no artigo anterior não se aplica quando a pessoa jurídica adquirente tenha como atividade preponderante a venda ou locação de propriedade imobiliária ou a cessão de direitos relativos à sua aquisição **(3.4)**.

§ 1.º Considera-se caracterizada a atividade preponderante referida neste artigo quando mais de 50% (cinquenta por cento) da receita operacional da pessoa jurídica adquirente, nos 2 (dois) anos anteriores e nos 2 (dois) anos subsequentes à aquisição, decorrer de transações mencionadas neste artigo.

§ 2.º Se a pessoa jurídica adquirente iniciar suas atividades após a aquisição, ou menos de 2 (dois) anos antes dela, apurar-se-á a preponderância referida no parágrafo anterior, levando em conta os 3 (três) primeiros anos seguintes à data da aquisição.

§ 3.ºVerificada a preponderância referida neste artigo, tornar-se-á devido o imposto, nos termos da lei vigente à data da aquisição, sobre o valor do bem ou direito nessa data.

§ 4.º O disposto neste artigo não se aplica à transmissão de bens ou direitos, quando realizada em conjunto com a da totalidade do patrimônio da pessoa jurídica alienante.

 COMENTÁRIOS

1. *Moldura constitucional.* Art. 156. "Compete aos Municípios instituir impostos sobre: [...] II – transmissão *inter vivos*, a qualquer título, por ato oneroso, de bens imóveis, por natureza ou acessão física, e de direitos reais sobre imóveis, exceto os de garantia, bem como cessão de direitos a sua aquisição; [...] § 2.º O imposto previsto no inciso II: I – não incide sobre a transmissão de bens ou direitos incorporados ao patrimônio de pessoa jurídica em realização de capital, nem sobre a transmissão de bens ou direitos decorrente de fusão, incorporação, cisão ou extinção de pessoa jurídica, salvo se, nesses casos, a atividade preponderante do adquirente for a compra e venda desses bens ou direitos, locação de bens imóveis ou arrendamento mercantil; [...]."

2. *Legislação básica:* CC, arts. 1.473 e 1.506; Lei n. 6.406/1976 (Lei das S.A.).

3. Imunidades específicas. As hipóteses apontadas pelo art. 36, nas quais não incide o ITBI, são disciplinadas constitucionalmente no art. 156, § 2.º, I, qualificando-se como *imunidades*. Três são as imunidades específicas ao ITBI, analisadas a seguir. Assinale-se que os conceitos utilizados em tais normas possuem o significado que lhes empresta o Direito Privado, sob pena de alterar-se o teor da regra demarcatória do âmbito da competência tributária, conforme preceitua o art. 110, CTN. No caso, tais conceitos são definidos pelo Código Civil e pela Lei das Sociedades Anônimas (Lei n. 6.404/1976 e alterações). Quanto às imunidades genéricas, v. comentários ao art. 9.º, IV, CTN.

3.1. Transmissão de direitos reais de garantia sobre imóveis e de cessão de direitos a sua aquisição. A primeira norma imunizante, abrigada no art. 156, II, *in fine*, de cunho *objetivo* e *político*, alcança apenas os direitos reais de garantia sobre imóveis – *hipoteca* (art. 1.473, CC) e *anticrese* (art. 1.506, CC). Tem por finalidade não onerar ainda mais o sujeito passivo desse imposto.

3.2. Transmissão de bens ou direitos incorporados ao patrimônio de pessoa jurídica em realização de capital. Outra imunidade de natureza *objetiva* e *política*, a desonerar tais transações, visando facilitar a constituição de pessoas jurídicas. V. RE 796.376/SC.

3.3. Transmissão de bens ou direitos decorrentes de fusão, incorporação, cisão ou extinção de pessoa jurídica. Norma imunizante de caráter *objetivo* e *político*, cuja finalidade é facilitar a formação, transformação, fusão, cisão e extinção de sociedades civis e comerciais.

3.4. Não aplicação das imunidades ao ITBI concernentes às transmissões de bens ou direitos incorporados ao patrimônio de pessoa jurídica em realização de capital ou decorrentes de fusão, incorporação, cisão ou extinção da pessoa jurídica. Como se extrai da dicção constitucional, as hipóteses de imunidade apontadas nos itens 3.2 e 3.3 não se configuram caso a *atividade preponderante do adquirente* seja a *compra e venda desses bens ou direitos, locação de bens imóveis ou arrendamento mercantil*. A atividade preponderante do transmitente ou cedente, portanto, é irrelevante. Os parágrafos desse artigo estabelecem a definição e o regime de apuração da atividade preponderante, que é aquela que representa mais de 50% da receita operacional da pessoa jurídica adquirente.

 JURISPRUDÊNCIA ILUSTRATIVA

STF

• "Recurso extraordinário com agravo. Tributário. Mandado de segurança. Imposto sobre transmissão de bens imóveis – ITBI. Fato gerador. Cobrança do tributo sobre cessão de direitos. Impossibilidade. Exigência da transferência efetiva da propriedade imobiliária mediante registro em cartório. Precedentes. Multiplicidade de recursos extraordinários. Entendimento consolidado na jurisprudência do Supremo Tribunal Federal. Controvérsia constitucional dotada de repercussão geral. Reafirmação da jurisprudência do Supremo Tribunal Federal. Agravo conhecido. Recurso extraordinário desprovido" (ARE 1.294.969/SP, Tema 1.124, Rel. Min. Luiz Fux, j. 11.02.2021; v. ED acolhidos, j. 29.08.2022).

Tese: "O fato gerador do imposto sobre transmissão *inter vivos* de bens imóveis (ITBI) somente ocorre com a efetiva transferência da propriedade imobiliária, que se dá mediante o registro".

• "Constitucional e tributário. Imposto de Transmissão de Bens Imóveis – ITBI. Imunidade prevista no art. 156, § 2.º, I da Constituição. Aplicabilidade até o limite do capital social a ser integralizado. Recurso extraordinário improvido. 1. A Constituição de 1988 imunizou a integralização do capital por meio de bens imóveis, não incidindo o ITBI sobre o valor do bem dado em pagamento do capital subscrito pelo sócio ou acionista da pessoa jurídica (art. 156, § 2.º). 2. A norma não imuniza qualquer incorporação de bens ou direitos ao patrimônio da pessoa jurídica, mas exclusivamente o pagamento, em bens ou direitos, que o sócio faz para integralização do capital social subscrito. Portanto, sobre a diferença do valor dos bens imóveis que superar o capital subscrito a ser integralizado, incidirá a tributação pelo ITBI. 3. Recurso Extraordinário a que se nega provimento. Tema 796, fixada a seguinte tese de repercussão geral: "A imunidade em relação ao ITBI, prevista no inciso I do § 2.º do art. 156 da Constituição Federal, não alcança o valor dos bens que exceder o limite do capital social a ser integralizado" (RE 796.376/SC, Tema 796, Red. p/ o acórdão Min. Alexandre de Moraes, j. 05.08.2020).

> **Art. 38.** A base de cálculo do imposto é o valor venal dos bens ou direitos transmitidos **(1)**.

 ## COMENTÁRIOS

1. *Consequente da hipótese de incidência. Aspecto quantitativo. Base de cálculo.* O artigo cuida da base de cálculo dos impostos de transmissão de bens e direitos. Assim como ocorre com relação ao IPTU, por *valor venal* há de se entender o valor de venda dos bens ou direitos, para pagamento à vista, em condições normais de mercado.

 ## JURISPRUDÊNCIA ILUSTRATIVA

STJ

• "Tributário. ITBI. Incorporação direta. 'Venda de imóveis na planta'. Fato gerador. Alienação da fração ideal de imóvel vinculada à obrigação de fazer. Base de cálculo. Valor total do negócio jurídico. 1. Os arts. 35 e 38 do CTN dispõem, respectivamente, que o fato gerador do ITBI é a transmissão da propriedade ou de direitos reais imobiliários ou a cessão de direitos relativos a tais transmissões e que a base de cálculo do tributo é o 'valor venal dos bens ou direitos transmitidos', que corresponde ao valor considerado para as negociações de imóveis em condições normais de mercado. 2. A possibilidade de dimensionar o valor dos imóveis no mercado, segundo critérios, por exemplo, de localização e tamanho (metragem), não impede que a avaliação de mercado específica de cada imóvel transacionado oscile dentro do parâmetro médio, a depender, por exemplo, da existência de outras circunstâncias igualmente relevantes e legítimas para a determinação do real valor da coisa, como a existência de benfeitorias, o estado de conservação e os interesses pessoais do vendedor e do comprador no ajuste do preço. Precedentes. 3. Para a hipótese de incorporação imobiliária, o signo presuntivo de riqueza tributado pelo ITBI é a avença efetivamente celebrada pelas partes, ou seja, o negócio jurídico da venda de fração ideal de imóvel vinculada à obrigação de fazer (construção/edificação/benfeitoria) assumida pelo alienante e estabelecida como elemento essencial da transação, que se responsabiliza pela entrega do bem com as obras concluídas. 4. A base de cálculo a ser observada para a fixação do ITBI nessas operações de 'venda de imóveis na planta' é o valor total da transação promovida entre as partes, que engloba remuneração pela fração ideal do bem imóvel transmitido e pela obrigação de fazer erigida como elemento essencial da transação e considerada na fixação do preço da operação. 5. Agravo conhecido para negar provimento ao recurso especial" (AREsp 2.508.461/RS, 1ª Turma, Rel. Min. Gurgel de Faria, j. 04.06.2024).

• "Tributário. Recurso especial representativo de controvérsia. Imposto Sobre Transmissão de Bens Imóveis (ITBI). Base de cálculo. Vinculação com Imposto Predial e Territorial Urbano (IPTU). Inexistência. Valor venal declarado pelo contribuinte. Presunção de veracidade. Revisão pelo fisco. Instauração de processo administrativo. Possibilidade. Prévio valor de referência. Adoção. Inviabilidade. 1. A jurisprudência pacífica desta Corte Superior é no sentido de que, embora o Código Tributário Nacional estabeleça como base de cálculo do Imposto Predial e Territorial Urbano (IPTU) e do Imposto sobre Transmissão de Bens Imóveis (ITBI) o 'valor venal', a apuração desse elemento quantitativo faz-se de formas diversas, notadamente em razão da distinção existente entre os fatos geradores e a modalidade de lançamento desses impostos. 2. Os arts. 35 e 38 do CTN dispõem, respectivamente, que o fato gerador do ITBI é a transmissão da propriedade ou de direitos reais imobiliários ou a cessão de direitos relativos a tais transmissões e que a base de cálculo do tributo é o 'valor venal dos bens ou direitos transmitidos', que corresponde ao valor considerado para as negociações de imóveis em condições normais de mercado. 3. A possibilidade de dimensionar o valor dos imóveis no mercado, segundo critérios, por exemplo, de localização e tamanho (metragem), não impede que a avaliação de mercado específica de cada imóvel transacionado oscile dentro do parâmetro médio, a depender, por exemplo, da existência de outras circunstâncias igualmente relevantes e legítimas para a determinação do real valor da coisa, como a existência de benfeitorias, o estado de conservação e os interesses pessoais do vendedor e do comprador no ajuste do preço. 4. O ITBI comporta apenas duas modalidades de lançamento originário: por declaração, se a norma local exigir prévio exame das informações do contribuinte pela Administração para a constituição do crédito tributário, ou por homologação, se a legislação municipal disciplinar que caberá ao contribuinte apurar o valor do imposto e efetuar o seu pagamento antecipado sem prévio exame do ente tributante. 5. Os lançamentos por declaração ou por homologação se justificam pelas várias circunstâncias que podem interferir no específico valor de mercado de cada imóvel transacionado, circunstâncias cujo conhecimento integral somente os negociantes têm ou deveriam ter para melhor avaliar o real valor do bem quando da realização do negócio, sendo essa a principal razão da impossibilidade prática da realização do lançamento originário de ofício, ainda que autorizado pelo legislador local, pois o fisco não tem como possuir, previamente, o conhecimento de todas as variáveis determinantes para a composição do valor do imóvel transmitido. 6. Em face do princípio da boa-fé objetiva, o valor da transação declarado pelo contribuinte presume-se condizente com o valor médio de mercado do bem imóvel transacionado, presunção que somente pode ser afastada pelo fisco se esse valor se mostrar, de pronto, incompatível com a realidade, estando, nessa hipótese, justificada a instauração do procedimento próprio para o arbitramento da base de cálculo, em que deve ser assegurado ao contribuinte o contraditório necessário para apresentação das peculiaridades que amparariam o quantum informado (art. 148 do CTN). 7. A prévia adoção de um valor de referência pela Administração configura indevido lançamento de ofício do ITBI por mera estimativa e subverte o procedimento instituído no art. 148 do CTN, pois representa arbitramento da base de cálculo sem prévio juízo quanto à fidedignidade da declaração do sujeito passivo. 8. Para o fim preconizado no art. 1.039 do CPC/2015, firmam-se as seguintes teses: a) a base de cálculo do ITBI é o valor do imóvel transmitido em condições normais de mercado, não estando vinculada à base de cálculo do

IPTU, que nem sequer pode ser utilizada como piso de tributação; b) o valor da transação declarado pelo contribuinte goza da presunção de que é condizente com o valor de mercado, que somente pode ser afastada pelo fisco mediante a regular instauração de processo administrativo próprio (art. 148 do CTN);c) o Município não pode arbitrar previamente a base de cálculo do ITBI com respaldo em valor de referência por ele estabelecido unilateralmente. 9. Recurso especial parcialmente provido" (REsp 1.937.821/SP, Tema repetitivo 1.113, Rel. Min. Gurgel de Faria, j. 24.02.2022).

> **Art. 39.** A alíquota do imposto não excederá os limites fixados em resolução do Senado Federal, que distinguirá, para efeito de aplicação de alíquota mais baixa, as transmissões que atendam à política nacional de habitação **(1 e 2)**.

 ## COMENTÁRIOS

1. *Legislação básica:* Lei de cada Município (e do Distrito Federal) sobre o imposto.

2. *Consequente da hipótese de incidência. Aspecto quantitativo. Alíquotas.* Expressam-se em percentuais, cabendo a cada Município (e ao Distrito Federal) estabelecer as alíquotas desse imposto. Embora não haja previsão constitucional expressa, como se dá com o IPTU, entendemos seja perfeitamente viável a aplicação da técnica da *progressividade* a esse imposto, na medida do valor venal dos bens ou direitos transmitidos, com fundamento no *princípio da capacidade contributiva*, que imprime a necessidade de graduação dos impostos (art. 145, § 1.º, CR). A jurisprudência do STF, diversamente, consolidou-se em sentido contrário (v. Súmula n. 656).

 ## JURISPRUDÊNCIA ILUSTRATIVA

STF

• Súmula n. 656: "É inconstitucional a lei que estabelece alíquotas progressivas para o imposto de transmissão *inter vivos* de bens imóveis – ITBI com base no valor venal do imóvel".

> **Art. 40.** O montante do imposto é dedutível do devido à União, a título do imposto de que trata o art. 43, sobre o provento decorrente da mesma transmissão **(1)**.

 ## COMENTÁRIOS

1. *Dedutibilidade do valor pago a título imposto de transmissão do Imposto sobre a Renda.* O valor pago a título de Imposto de Transmissão é dedutível como despesa para efeito de apuração da base de cálculo do IR.

> **Art. 41.** O imposto compete ao Estado da situação do imóvel transmitido, ou sobre que versarem os direitos cedidos, mesmo que a mutação patrimonial decorra de sucessão aberta no estrangeiro **(1 e 2)**.

> **Art. 42.** Contribuinte do imposto é qualquer das partes na operação tributada, como dispuser a lei **(3 a 3.2)**.

 COMENTÁRIOS

1. *Dispositivos relacionados:* arts. 121, parágrafo único, I e II, e 134, CTN.

2. Consequente da hipótese de incidência. Aspecto pessoal. Sujeitos ativos. São o Município, o Distrito Federal (art. 147, CR, *in fine*) e a União, na hipótese do art. 147, CR, primeira parte.

3. Consequente da hipótese de incidência. Aspecto pessoal. Sujeitos passivos. O artigo indica quem podem ser os contribuintes do ITBI, não havendo no CTN disciplina específica quanto aos responsáveis.

3.1. Contribuintes. Pode ser qualquer uma das partes da operação tributada – o transmitente dos bens ou direitos ou aquele que os recebeu. É a lei municipal/distrital que os definirá. Usualmente, são os adquirentes dos bens e direitos transmitidos.

3.2. Responsáveis. Dentre os terceiros que podem ser chamados ao pagamento do ITBI, exemplifica a figura do *responsável* a hipótese do art. 134, VI, CTN, que estabelece que, nos casos de impossibilidade de exigência do cumprimento da obrigação principal pelo contribuinte, responderão pelos atos em que intervierem ou pelas omissões de que forem responsáveis "os tabeliães, escrivães e demais serventuários de ofício, pelos tributos devidos sobre os atos praticados por eles, ou perante eles, em razão do seu ofício". Assim, se numa compra e venda de bem imóvel, por ocasião da lavratura da escritura, tais pessoas não verificarem o recolhimento do ITBI pelo contribuinte, poderão vir a arcar com o ônus do pagamento do tributo.

> II – Imposto sobre Transmissão *Causa Mortis* e Doação de Quaisquer Bens e Direitos – ITCMD **(1 a 6.5.2)**

 COMENTÁRIOS

1. *Moldura constitucional.* Art. 155. "Compete aos Estados e ao Distrito Federal instituir os seguintes impostos: [...] I – transmissão *causa mortis* e doação, de quaisquer bens e direitos; [...] § 1.º O imposto previsto no inciso I: I – relativamente a bens imóveis e respectivos direitos, compete ao Estado da situação do bem, ou ao Distrito Federal; II – relativamente a bens móveis, títulos e créditos, compete ao Estado onde era domiciliado o *de cujus*, ou tiver domicílio o doador, ou ao Distrito Federal; III – terá competência para sua instituição regulada por lei complementar: a) se o doador tiver domicílio ou residência no exterior; b) se o *de cujus* possuía bens, era residente ou domiciliado ou teve o seu inventário processado no exterior; IV – terá suas alíquotas máximas fixadas pelo Senado Federa; V – não incidirá sobre as doações destinadas, no âmbito do Poder Executivo da União, a projetos socioambientais ou destinados a mitigar os efeitos das mudanças climáticas e às instituições federais de ensino;[7] VI – será progressivo, em razão do valor do quinhão, do legado ou da doação; VII – não incidirá sobre as transmissões e as doações para as instituições sem fins lucrativos com finalidade de relevância pública e social, inclusive as organizações assistenciais e beneficentes de entidades religiosas e institutos científicos e tecnológicos, e por elas realizadas na consecução de seus objetivos sociais".[8]

2. *Dispositivos relacionados:* arts. 109; 110; e 134, VI, CTN.

3. *Legislação básica.* CC, arts. 79 a 84; 538; 1.245 e 1.267; CPC, art. 48; não havendo normas gerais acerca desse imposto, seu regime jurídico é o da lei de cada Estado-membro e do Distrito Federal.

4. *Imposto sobre Transmissão Causa Mortis e Doação de Quaisquer Bens e Direitos. Considerações gerais.* O CTN não disciplina especificamente o ITCMD, porquanto, à época de sua edição, a Constituição de 1946 não contemplava imposto com tal perfil, mas somente o Imposto sobre a Transmissão de Bens Imóveis e de Direitos a eles Relativos, de competência estadual, em seus arts. 35 a 42. Das normas do CTN aplicáveis ao ITCMD cabe destacar as dos arts. 35, parágrafo único ("Nas transmissões *causa mortis*, ocorrem tantos fatos geradores distintos quantos sejam os herdeiros ou legatários"), 38 ("A base de cálculo do imposto é o valor venal dos bens ou direitos transmitidos") e 42 ("Contribuinte do imposto é qualquer das partes na operação tributada, como dispuser a lei"). Como apontado, a transmissão de bens e direitos não é tributável apenas pelo imposto em foco, uma vez que os Municípios detêm competência para tanto, traduzida no Imposto sobre Transmissão *Inter Vivos* a qualquer título, por ato oneroso, de bens imóveis, por natureza ou acessão física, e de direitos reais sobre imóveis, exceto os de garantia, bem como cessão de direitos a sua aquisição (art. 156, II). Revelam, assim, os dois impostos, materialidades paralelas e complementares.

5. *Diretrizes constitucionais para determinação da competência impositiva.* Os incisos I e II do § 1.º do art. 155, CR, abrigam normas definidoras da competência tributária para a exigência desse imposto, visando evitar conflitos entre os Estados-membros e o Distrito Federal. A EC n. 132/2023 alterou a redação do inciso II do § 1.º do art. 155, modificando a competência impositiva relativamente a bens móveis, títulos e créditos. Assim é que estatuem competir: *(i)* ao Estado da situação do bem, ou ao Distrito Federal, o imposto relativamente a bens imóveis e respectivos direitos; e *(ii)* ao Estado onde era domiciliado o *de cujus* – e não mais onde se processar o inventário ou arrolamento – ou tiver domicílio o doador, ou ao Distrito Federal, o imposto relativamente a bens móveis, títulos e créditos. As normas contidas nos incisos III e IV do mesmo artigo, por seu turno, predicam a determinação constitucional de *uniformidade* do ITCMD, inspiradas na semelhante disciplina aplicada ao ICMS. A primeira estabelece que, nas hipóteses de doador domiciliado ou residente no exterior e *de cujus* que possuía bens, que era residente ou domiciliado, ou teve o seu inventário processado no exterior, a competência para sua instituição será regulada por lei complementar (v. STF, ADO 67/DF, que reconheceu a omissão inconstitucional da edição da lei complementar a que se refere o art. 155, § 1.º, inciso III, CR e estabeleceu prazo para que seja suprida). E a segunda prescreve que o imposto terá suas alíquotas máximas fixadas pelo Senado Federal.

---

[7] Inciso V incluído pela EC n. 126/2022.

[8] Inciso II com nova redação e incisos VI e VII incluídos pela EC n. 132/2023.

6. Hipóteses de incidência. Consiste em transmitir, em razão do evento morte ou de doação, quaisquer bens e direitos. Os aspectos do antecedente e do consequente das hipóteses de incidência desse imposto são:

6.1. Antecedente da hipótese de incidência. Aspecto material. A adequada compreensão da abrangência da regra-matriz de incidência do imposto estadual depende de *conceitos de direito civil*. Em primeiro lugar, configuram a hipótese descrita na Constituição tanto a transmissão de bens imóveis quanto a de bens móveis, e direitos a eles relativos (arts. 79 a 84, CC). As modalidades de transmissão desses bens e direitos, por sua vez, apresentam feição *não onerosa*: ou ocorrem em virtude do *falecimento da pessoa física*, ou em decorrência de *doação*, assim entendido o "contrato em que uma pessoa, por liberalidade, transfere do seu patrimônio bens ou vantagens para o de outra" (art. 538, CC).

6.2. Antecedente da hipótese de incidência. Aspecto espacial. É o território do Estado-membro ou do Distrito Federal, relembrando que a situação do bem, no caso de imóvel, e o local onde se processar o inventário ou arrolamento, ou tiver domicílio o doador, na hipótese de bens móveis, é que determinam a pessoa política competente para a exigência fiscal (art. 155, § 1.º, I e II, CR).

6.3. Antecedente da hipótese de incidência. Aspecto temporal. O momento em que a transmissão de bens e direitos é concretizada, pela morte ou doação, configura o *aspecto temporal* do ITCMD. Se se tratar de bem imóvel, tal transmissão se dá mediante o respectivo *registro*; se móvel, basta a *tradição*, consoante dispõe o Código Civil (arts. 1.245 e 1.267).

6.4. *Consequente da hipótese de incidência. Aspecto pessoal.* Os sujeitos ativos e passivos são apontados a seguir.

6.4.1. *Sujeitos ativos.* Na transmissão *causa mortis* de bens móveis, títulos e direitos, compete o imposto ao Distrito Federal e ao Estado onde se processar o inventário ou arrolamento, ou na doação, onde tiver domicílio o doador (inciso II do § 1.º do art. 155 da Constituição), salvo se o doador tiver domicílio ou residência no exterior. Cabe registrar que o Código de Processo Civil estatui que "o foro de domicílio do autor da herança, no Brasil, é o competente para o inventário, a partilha, a arrecadação, o cumprimento de disposições de última vontade, a impugnação ou anulação de partilha extrajudicial e para todas as ações em que o espólio for réu, ainda que o óbito tenha ocorrido no estrangeiro" (art. 48, *caput*). E o parágrafo único desse dispositivo acrescenta: "Se o autor da herança não possuía domicílio certo, é competente: I – o foro de situação dos bens imóveis; II – havendo bens imóveis em foros diferentes, qualquer destes; III – não havendo bens imóveis, o foro do local de qualquer dos bens do espólio".

6.4.2. *Sujeitos passivos.* Podem ser o transmitente ou o beneficiário da transmissão, conforme autoriza o art. 42, CTN. Na transmissão *causa mortis*, por evidente, o sujeito passivo será o *herdeiro* ou *legatário*. Na transmissão por doação, registre-se que, usualmente, as leis estaduais elegem como sujeito passivo o *donatário*, apontando o doador como responsável (*e.g.*, Lei n. 10.705/2000, do Estado de São Paulo e alterações – arts. 7.º e 8.º, III). Também, podem ser responsáveis, na hipótese, "o tabelião, escrivão e demais serventuários de ofício, pelos tributos devidos sobre os atos praticados por eles, ou perante eles, em razão de seu ofício" (art. 134, VI, CTN).

6.4.3. *Imunidades específicas.* Duas normas imunizantes foram recentemente estabelecidas em relação ao ITCMD. A primeira, mediante a EC n. 126/2022, que *incluiu o inciso V ao § 1.º* do art. 155, estabelecendo que o imposto "não incidirá sobre as doações destinadas, no âmbito do Poder Executivo da União, a projetos socioambientais ou destinados a mitigar os efeitos das mudanças climáticas e às instituições federais de ensino". Trata-se de importante diretriz voltada à proteção ao meio ambiente. E a segunda, por meio da recente

EC n. 132/2023, que inseriu o inciso VII ao mesmo § 1.º do art. 155, para estatuir que o ITCMD "não incidirá sobre as transmissões e doações para as instituições sem fins lucrativos com finalidade de relevância pública e social, inclusive as organizações assistenciais e beneficentes de entidades religiosas e institutos científicos e tecnológicos, e por elas realizadas na consecução de seus objetivos sociais, observadas as condições estabelecidas em lei complementar". Contempla a norma hipóteses de imunidade condicionada, remetendo às imunidades genéricas estampadas no art. 150, VI, *b* e *c*, CR.

6.5. *Consequente da hipótese de incidência. Aspecto quantitativo.* Como exposto, não há disciplina no CTN sobre o ITCMD, devendo-se buscar no texto constitucional e em normas do CTN dedicadas ao ITBI o regramento de tais aspectos.

6.5.1. *Base de cálculo.* V. comentários ao art. 38, CTN.

6.5.2. *Alíquotas.* Expressam-se em percentuais, cabendo ao Senado Federal estabelecer as máximas (art. 155, § 1.º, IV, CR). Assim, cada Estado e o Distrito Federal determinarão as alíquotas desse imposto, respeitados tais limites. A Resolução do Senado Federal 9/1992 estatui, em seu art. 1.º, a alíquota máxima de 8%. Mesmo sem previsão constitucional expressa, entendeu-se viável a aplicação da técnica da *progressividade* a esse imposto, na medida do valor venal dos bens ou direitos transmitidos, com fundamento no *princípio da capacidade contributiva* (art. 145, § 1.º, CR), que imprime a necessidade de graduação dos impostos (RE 562.045/RS, j. 06.02.2013). Nessa linha, a EC n. 132/2022 incluiu o inciso V ao § 1.º do art. 155, para determinar que o ITCMD "será progressivo em razão do valor do quinhão, do legado ou da doação".

 SUGESTÕES DOUTRINÁRIAS

IMPOSTO SOBRE TRANSMISSÃO *CAUSA MORTIS* E DOAÇÃO

Regina Celi Pedrotti Vespero, *Imposto sobre Transmissão Causa Mortis e Doação*, RT.

 JURISPRUDÊNCIA ILUSTRATIVA

STF

• "Recurso extraordinário. Direito Tributário. ITCMD. Vida gerador de benefício livre (VGBL) e plano gerador de benefício livre (PGBL). Falecimento do titular. Repasse aos beneficiários de direitos e valores relativos aos citados planos. Inexistência de fato gerador do imposto. Diferimento do imposto. Possibilidade. 1. Estabelece o texto constitucional que compete aos Estados e ao Distrito Federal instituir o imposto sobre transmissão *causa mortis* e doação de quaisquer bens ou direitos (ITCMD). 2. O VGBL e o PGBL cumprem sua função principal, atuando na cobertura por sobrevivência, na hipótese de o próprio titular gozar do capital segurado ou do benefício. 3. No caso de morte do titular dos planos VGBL e PGBL, o repasse aos beneficiários de valores e direitos, os quais não integram a herança do *de cujus* (art. 794 do Código Civil e art. 79 da Lei nº 11.196/05), não constitui fato gerador do ITCMD. 4. Está no âmbito de conformação do legislador estadual instituir caso de diferimento do recolhimento de parte do ITCMD para momento posterior ao da ocorrência do fato gerador do imposto. 5. Recurso Extraordinário da Assembleia Legislativa do Estado do Rio de Janeiro (ALERJ) ao qual se nega seguimento; Recurso Extraordinário da Federação Nacional das Empresas de Seguros Privados, de Capitalização e de Previdência Complementar Aberta (FENASEG) provido, declarando-se a inconstitucionalidade da incidência do ITCMD disciplinada no art. 23 e no art. 13, inciso II e parágrafo único, da Lei Estadual nº 7.174/15 sobre o repasse aos beneficiários de valores e direitos relativos ao Plano Gerador de Benefício Livre (PGBL) na hipótese de morte do titular do plano; recurso extraordinário do Estado do Rio de Janeiro parcialmente provido, declarando-se a constitucionalidade do art. 42 da referida Lei Estadual. 6. Foi fixada a seguinte Tese: 'É inconstitucional a incidência do imposto sobre transmissão *causa mortis* e doação (ITCMD) sobre o repasse aos beneficiários de valores e direitos relativos ao plano Vida Gerador de Benefício Livre (VGBL) ou ao Plano Gerador de Benefício Livre (PGBL) na hipótese de morte do titular do plano'" (RE 1.353.013/RJ, Tema 1.214, Rel. Min. Dias Toffoli, j. 16.12.2024).

• "Direito tributário. Agravo interno em recurso extraordinário com agravo. Imposto sobre a renda. Ganho de capital. Antecipação de legítima. Ausência de acréscimo patrimonial. Vedação à bitributação. 1. Agravo interno contra decisão monocrática que negou seguimento a recurso extraordinário com agravo interposto em face de acórdão que afastara a incidência do imposto de renda sobre o ganho de capital apurado por ocasião da antecipação de legítima (Lei n. 7.713/1988, art. 3.º, § 3.º; e Lei n. 9.532/1997, art. 23, § 1.º e § 2.º, II). 2. Esta Corte possui entendimento de que o imposto sobre a renda incide sobre o acréscimo patrimonial disponível econômica ou juridicamente (RE 172.058, Rel. Min. Marco Aurélio). Na antecipação de legítima, não há, pelo doador, acréscimo patrimonial disponível. Acórdão alinhado à jurisprudência desta Corte. 3. O constituinte repartiu o poder de tributar entre os entes federados, introduzindo regras constitucionais, que, sobretudo no que toca aos impostos, predeterminam as materialidades tributárias. esse modelo visa a impedir que uma mesma materialidade venha a concentrar mais de uma incidência de impostos de um mesmo ente (vedação ao *bis in idem*) ou de entes diversos (vedação à bitributação). Princípio da capacidade contributiva. 4. Admitir a incidência do imposto sobre a renda acabaria por acarretar indevida bitributação em relação ao *imposto sobre transmissão causa mortis e doação* (*ITCMD*). 5. Agravo interno a que se nega provimento" (are 1.387.761 aGr, 1.ª Turma, Rel. Min. Roberto Barroso, j. 22.02.2023).

• "Recurso extraordinário. Repercussão geral. Tributário. Competência suplementar dos estados e do Distrito Federal. Artigo 146, III, a, CF. Normas gerais em matéria de legislação tributária. Artigo 155, I, CF. ITCMD. Transmissão *causa mortis*. Doação. Artigo 155, § 1.º, III, CF. Definição de competência. Elemento relevante de conexão com o exterior. Necessidade de edição de lei complementar. Impossibilidade de os estados e o Distrito Federal legislarem supletivamente na ausência da lei complementar definidora da competência tributária das unidades federativas. 1. Como regra, no campo da competência concorrente para legislar, inclusive sobre direito tributário, o art. 24 da Constituição Federal dispõe caber à União editar normas gerais, podendo os estados e o Distrito Federal suplementar aquelas, ou, inexistindo normas gerais, exercer a competência plena para editar tanto normas de caráter geral quanto normas específicas. Sobrevindo norma geral federal, fica suspensa a eficácia da lei do estado ou do Distrito Federal. Precedentes. 2. Ao tratar do Imposto sobre transmissão *Causa Mortis* e Doação de quaisquer Bens ou Direitos (ITCMD), o texto constitucional já fornece certas regras para a definição da competência tributária das unidades federadas (Estados e Distrito Federal), determinando basicamente duas regras de competência, de acordo com a natureza dos bens e direitos: é competente a unidade federada em que está situado o bem, se imóvel; é competente a unidade federada onde se processar o inventário ou arrolamento ou onde tiver domicílio o doador, relativamente a bens móveis, títulos e créditos. 3. A combinação do art. 24, I, § 3.º, da CF, com o art. 34, § 3.º, do ADCT dá amparo constitucional à legislação supletiva dos estados na edição de lei complementar que discipline o ITCMD, até que sobrevenham as normas gerais da União a que se refere o art. 146, III, *a*, da Constituição Federal. De igual modo, no uso da competência privativa, poderão os estados e o Distrito Federal, por meio de lei ordinária, instituir o ITCMD no âmbito local, dando ensejo à cobrança válida do tributo, nas hipóteses do § 1.º, incisos I e II, do art. 155. 4. Sobre a regra especial do art. 155, § 1.º, III, da Constituição, é importante atentar para a diferença entre as múltiplas funções da lei complementar e seus reflexos sobre eventual competência supletiva dos estados. Embora a Constituição de 1988 atribua aos estados a competência para a instituição do ITCMD (art. 155, I), também a limita ao estabelecer que cabe a lei complementar – e não a leis estaduais – regular tal competência em relação aos casos em que o '*de cujus* possuía bens, era residente ou domiciliado ou teve seu inventário processado no exterior' (art. 155, § 1.º, III, *b*). 5. Prescinde de lei complementar a instituição do imposto sobre transmissão *causa mortis* e doação de bens imóveis – e respectivos direitos -, móveis, títulos e créditos no contexto nacional. Já nas hipóteses em que há um elemento relevante de conexão com o exterior, a Constituição exige lei complementar para se estabelecerem os elementos de conexão e fixar a qual unidade federada caberá o imposto. 6. O art. 4.º da Lei paulista n. 10.705/00 deve ser entendido, em particular, como de eficácia contida, pois ele depende de lei complementar para operar seus efeitos. Antes da edição da referida lei complementar, descabe a exigência do ITCMD a que se refere aquele artigo, visto que os estados não dispõem de competência legislativa em matéria tributária para suprir a ausência de lei complementar nacional exigida pelo art. 155, § 1.º, inciso III, CF. A lei complementar referida não tem o sentido único de norma geral ou diretriz, mas de diploma necessário à fixação nacional da exata competência dos estados. 7. Recurso extraordinário não provido. 8. Tese de repercussão geral: 'É vedado aos estados e ao Distrito Federal instituir o ITCMD nas hipóteses referidas no art. 155, § 1.º, III, da Constituição Federal sem a edição da lei complementar exigida pelo referido dispositivo constitucional'. 9. Modulam-se os efeitos da decisão, atribuindo a eles eficácia *ex nunc*, a contar da publicação do acórdão em questão, ressalvando as ações judiciais pendentes de conclusão até o mesmo momento, nas quais se discuta: (1) a qual estado o contribuinte deve efetuar o pagamento do ITCMD, considerando a ocorrência de bitributação; e (2) a validade da cobrança desse imposto, não tendo sido pago anteriormente" (RE 851.108/SP, Tema 925, Rel. Min. Dias Toffoli, j. 01.03.2021).

STJ

• "Recurso Especial repetitivo. Código de Processo Civil de 2015. Aplicabilidade. Processual Civil e tributário. Imposto sobre Transmissão *Causa Mortis* e Doação de quaisquer bens e direitos – ITCMD. Arrolamento sumário. Art. 659, *caput*, e § 2.º do CPC/2015. Homologação da partilha ou da adjudicação. Expedição dos títulos translativos de domínio. Recolhimento prévio da exação. Desnecessidade. Pagamento antecipado dos tributos relativos aos bens e às rendas do espólio. Obrigatoriedade. Art. 192 do CTN. I – Consoante o decidido pelo Plenário desta Corte na sessão realizada em 09.03.2016, o regime recursal será determinado pela data da publicação do provimento jurisdicional impugnado. Aplica-se, no caso, o Estatuto Processual Civil de 2015. II – O CPC/2015, ao disciplinar o arrolamento sumário, transferiu para a esfera administrativa as questões atinentes ao imposto de transmissão *causa mortis*, evidenciando que a opção legislativa atual prioriza a agilidade da partilha amigável, ao focar, teleologicamente, na simplificação e na flexibilização dos procedimentos envolvendo o tributo, alinhada com a celeridade e a efetividade, e em harmonia com o princípio constitucional da razoável duração do processo. III – O art. 659, § 2.º, do CPC/2015, com o escopo de resgatar a essência simplificada do arrolamento sumário, remeteu para fora da partilha amigável as questões relativas ao ITCMD, cometendo à esfera administrativa fiscal o lançamento e a cobrança do tributo IV – Tal proceder nada diz com a incidência do imposto, porquanto não se trata de isenção, mas apenas de postergar a apuração e o seu lançamento para depois do encerramento do processo judicial, acautelando-se, todavia, os interesses fazendários – e, por conseguinte, do crédito tributário -, considerando que o Fisco deverá ser devidamente intimado pelo juízo para tais providências, além de lhe assistir o direito de discordar dos valores atribuídos aos bens do espólio pelos herdeiros. V – Permanece válida, contudo, a obrigatoriedade de se comprovar o pagamento dos tributos que recaem especificamente sobre os bens e rendas do espólio como condição para homologar a partilha ou a adjudicação, conforme determina o art. 192 do CTN. VI – Acórdão submetido ao rito do art. 1.036 e seguintes do CPC/2015, fixando-se, nos termos no art. 256-Q, do RISTJ, a seguinte tese repetitiva: No arrolamento sumário, a homologação da partilha ou da adjudicação, bem como a expedição do formal de partilha e da carta de adjudicação, não se condicionam ao prévio recolhimento do imposto de transmissão *causa mortis*, devendo ser comprovado, todavia, o pagamento dos tributos relativos aos bens do espólio e às suas rendas, a teor dos arts. 659, § 2.º, do CPC/2015 e 192 do CTN. VII – Recurso especial do Distrito Federal parcialmente provido (REsp 1.896.526/DF, Tema repetitivo 1.074, Rel. Min. Regina Helena Costa, j. 26.10.2022).

• "Recurso especial representativo de controvérsia. Art. 543-C do CPC. Arrolamento sumário *post mortem*. Reconhecimento judicial da isenção do ITCMD. Impossibilidade. Art. 179 do CTN. 1. O juízo do inventário, na modalidade de arrolamento sumário, não detém competência para apreciar pedido de reconhecimento da isenção do ITCMD (Imposto sobre Transmissão *Causa Mortis* e Doação de quaisquer Bens ou Direitos), à luz do disposto no *caput* do art. 179 do CTN, [...] *verbis*: 'Art. 179. A isenção, quando não concedida em caráter geral, é efetivada, em cada caso, por despacho da autoridade administrativa, em requerimento com o qual o interessado faça prova do preenchimento das condições e do cumprimento dos requisitos previstos em lei ou contrato para concessão [...]'. 2. Como cediço, a abertura da sucessão (morte do autor da herança) reclama a observância do procedimento especial de jurisdição contenciosa denominado 'inventário e partilha', o qual apresenta dois ritos distintos: 'um completo, que é o inventário propriamente dito (arts. 982 a 1.030) e outro sumário ou simplificado, que é o arrolamento (arts. 1.031 a 1.038)' (Humberto Theodoro Júnior, *Curso de direito processual civil*: procedimentos especiais, 36. ed., Forense, v. III, p. 240). 3. O art. 1.013 do CPC rege o procedimento para avaliação e cálculo do imposto de transmissão *causa mortis* no âmbito do inventário propriamente dito, assim dispondo: 'Art. 1.013. Feito o cálculo, sobre ele serão ouvidas todas as partes no prazo comum de 5 (cinco) dias, que correrá em cartório e, em seguida, a Fazenda Pública. § 1.º Se houver impugnação julgada procedente, ordenará o juiz novamente a remessa dos autos ao contador, determinando as alterações que devam ser feitas no cálculo. § 2.º Cumprido o despacho, o juiz julgará o cálculo do imposto'. 4. Consequentemente, em sede de inventário propriamente dito (procedimento mais complexo que o destinado ao arrolamento), compete ao Juiz apreciar o pedido de isenção do Imposto sobre Transmissão *Causa Mortis*, a despeito da competência administrativa atribuída à autoridade fiscal pelo art. 179 do CTN (Precedentes do STJ: REsp 138.843/RJ, Rel. Min. Castro Meira, 2.ª Turma, j. 08.03.2005, *DJ* 13.06.2005; REsp 173.505/RJ, Rel. Min. Franciulli Netto, 2.ª Turma, j. 19.03.2002, *DJ* 23.09.2002; REsp 143.542/RJ, Rel. Min. Milton Luiz Pereira, 1.ª Turma, j. 15.02.2001, *DJ* 28.05.2001; REsp 238.161/SP, Rel. Min. Eliana Calmon, 2.ª Turma, j. 12.09.2000, *DJ* 09.10.2000; e REsp 114.461/RJ, Rel. Min. Ruy Rosado de Aguiar, 4.ª Turma, j. 09.06.1997, *DJ* 18.08.1997). 5. É que a prévia oitiva da Fazenda Pública, no inventário propriamente dito, torna despiciendo o procedimento administrativo, máxime tendo em vista o teor do art. 984 do CPC, *verbis*: 'Art. 984. O juiz decidirá todas as questões de direito e também as questões de fato, quando este se achar provado por documento, só remetendo para os meios ordinários as que demandarem alta indagação ou dependerem de outras provas'. 6. Por seu turno, os arts. 1.031 e seguintes do CPC estabelecem o procedimento a ser observado no âmbito do arrolamento sumário, cujo rito é mais simplificado que o do arrolamento comum previsto no art. 1.038 e o do inventário propriamente dito, não abrangendo o cálculo judicial do imposto de transmissão *causa mortis*. 7. Deveras, o *caput* (com a redação dada pela Lei n. 7.019/1982) e o § 1.º (renumerado pela Lei n. 9.280/1996) do art. 1.031 do CPC preceituam que a partilha amigável (celebrada entre partes capazes) e o pedido de adjudicação (formulado por herdeiro único) serão homologados de plano pelo juiz, mediante a prova da quitação dos tributos relativos aos bens do espólio e às suas rendas. 8. Entrementes, o art. 1.034 do CPC (com a redação dada pela Lei n. 7.019/1982) determina que, 'no arrolamento, não serão conhecidas ou apreciadas questões relativas ao lançamento, ao pagamento ou à quitação de taxas judiciárias e de tributos incidentes sobre a transmissão da propriedade dos bens do espólio' (*caput*), bem como que 'o imposto de transmissão será objeto de lançamento administrativo, conforme dispuser a legislação tributária, não ficando as autoridades fazendárias adstritas aos valores dos bens do espólio atribuídos pelos herdeiros' (§ 2.º). 9. Outrossim, é certo que, antes do trânsito em julgado da sentença de homologação da partilha ou adjudicação (proferida no procedimento de arrolamento sumário), inexiste intervenção da Fazenda Pública, a qual, contudo, condiciona a expedição dos respectivos formais, à luz do disposto no § 2.º do art. 1.031 do CPC, *verbis*: 'Art. 1.031. [...] § 2.º Transitada em julgado a sentença de homologação de partilha ou adjudicação, o respectivo formal, bem como os alvarás referentes aos bens por ele abrangidos, só serão expedidos e entregues às partes após a comprovação, verificada pela Fazenda Pública, do pagamento de todos os tributos. (Incluído pela Lei n. 9.280, de 30.05.1996.). 8. Consectariamente, nos inventários processados sob a modalidade de arrolamento sumário (nos quais não cabe o conhecimento ou a apreciação de questões relativas ao lançamento, pagamento ou quitação do tributo de transmissão *causa mortis*, bem como tendo em vista a ausência de intervenção da Fazenda até a prolação da sentença de homologação da partilha ou da adjudicação), revela-se incompetente o Juízo do inventário para reconhecer a isenção do ITCMD, por força do disposto no art. 179 do CTN, que confere, à autoridade administrativa, a atribuição para aferir o direito do contribuinte à isenção não concedida em caráter geral. 9. Ademais, prevalece o comando inserto no art. 192 do CTN, segundo o qual 'nenhuma sentença de julgamento de partilha ou adjudicação será proferida sem prova da quitação de todos os tributos relativos aos bens do espólio, ou às suas rendas', impondo-se o sobrestamento do feito de arrolamento sumário até a prolação do despacho administrativo reconhecendo a isenção do ITCMD. 10. Assim, falecendo competência ao juízo do inventário (na modalidade de arrolamento sumário), para apreciar pedido de reconhecimento de isenção do ITCMD, impõe-se o sobrestamento do feito até a resolução da *quaestio* na seara administrativa, o que viabilizará à adjudicatária a futura juntada da certidão de isenção aos autos. [...] 12. Recurso especial fazendário provido, anulando-se a decisão proferida pelo Juízo do inventário que reconheceu a isenção do ITCMD. Acórdão submetido ao regime do art. 543-C do CPC, e da Resolução STJ 08/2008" (REsp 1.150.356/SP, Tema Repetitivo 391, Rel. Min. Luiz Fux, j. 09.08.2010).

Tese Jurídica: "O juízo do inventário, na modalidade de arrolamento sumário, não detém competência para apreciar pedido de reconhecimento da isenção do ITCMD (Imposto sobre Transmissão *Causa Mortis* e Doação de quaisquer Bens ou Direitos), à luz do disposto no *caput* do artigo 179, do CTN".

Seção IV
Imposto sobre a Renda e Proventos de Qualquer Natureza

Art. 43. O imposto, de competência da União, sobre a renda e proventos de qualquer natureza tem como fato gerador a aquisição da disponibilidade econômica ou jurídica **(1 a 6.3)**:

I – de renda, assim entendido o produto do capital, do trabalho ou da combinação de ambos;

II – de proventos de qualquer natureza, assim entendidos os acréscimos patrimoniais não compreendidos no inciso anterior.

§ 1.º A incidência do imposto independe da denominação da receita ou do rendimento, da localização, condição jurídica ou nacionalidade da fonte, da origem e da forma de percepção.

* § 1.º acrescentado pela LC n. 104/2001.

§ 2.º Na hipótese de receita ou de rendimento oriundos do exterior, a lei estabelecerá as condições e o momento em que se dará sua disponibilidade, para fins de incidência do imposto referido neste artigo.

* § 2.º acrescentado pela LC n. 104/2001.

 COMENTÁRIOS

1. *Moldura constitucional.* Art. 145. [...] "§ 1.º Sempre que possível, os impostos terão caráter pessoal e serão graduados segundo a capacidade econômica do contribuinte, facultado à administração tributária, especialmente para conferir efetividade a esses objetivos, identificar, respeitados os direitos individuais e nos termos da lei, o patrimônio, os rendimentos e as atividades econômicas do contribuinte. [...] Art. 150. Sem prejuízo de outras garantias asseguradas ao contribuinte, é vedado à União, aos Estados, ao Distrito Federal e aos Municípios: [...] III – cobrar tributos: [...] c) antes de decorridos noventa dias da data em que haja sido publicada a lei que os instituiu ou aumentou, observado o disposto na alínea *b*; VI – instituir impostos sobre: a) patrimônio, renda ou serviços, uns dos outros; b) templos de qualquer culto; c) patrimônio, renda ou serviços dos partidos políticos, inclusive suas fundações, das entidades sindicais dos trabalhadores, das instituições de educação e de assistência social, sem fins lucrativos, atendidos os requisitos da lei; [...] § 1.º [...] a vedação do inciso III, *c*, não se aplica aos tributos previstos nos arts. 148, I, 153, II, II, III e IV; e 154, II, nem à fixação da base de cálculo dos impostos previstos nos arts. 155, III e 156, I. § 2.º A vedação do inciso VI, *a*, é extensiva às autarquias e às fundações instituídas e mantidas pelo Poder Público e à empresa pública prestadora de serviço postal, no que se refere ao patrimônio, à renda e aos serviços, vinculados a suas finalidades essenciais ou às delas decorrentes; § 3.º As vedações do inciso VI, *a*, e do parágrafo anterior não se aplicam ao patrimônio, à renda e aos serviços, relacionados com exploração de atividades econômicas regidas pelas normas aplicáveis a empreendimentos privados, ou em que haja contraprestação ou pagamento de preços ou tarifas pelo usuário, nem exonera o promitente comprador da obrigação de pagar imposto relativamente ao bem imóvel; § 4.º As vedações expressas no inciso VI, alíneas *b* e *c*, compreendem somente o patrimônio, a renda e os serviços, relacionados com as finalidades essenciais das entidades nelas mencionadas. [...]; Art. 153. Compete à União instituir impostos sobre: [...] III – renda e proventos de qualquer natureza; [...] § 2.º O imposto previsto no inciso III: I – será informado pelos critérios da generalidade, da universalidade e da progressividade, na forma da lei; [...]."

2. Imposto sobre a Renda. Considerações gerais. Compete à União instituir imposto sobre renda e proventos de qualquer natureza. Trata-se do mais *pessoal* dos impostos, de caráter predominantemente arrecadatório. Cabe observar cuidar-se do imposto de disciplina bastante complexa, resultante de numerosas leis e atos administrativos normativos, pelo que nossos comentários limitar-se-ão aos pontos mais relevantes dessa imposição.

3. Diretrizes constitucionais específicas. A forte disciplina constitucional dedicada a esse imposto aponta seus critérios orientadores, devendo salientar-se que constituem, todos, desdobramentos da ideia de *isonomia*: generalidade, universalidade e progressividade.

3.1. Generalidade. Significa que todos que auferirem renda e proventos de qualquer natureza são contribuintes do imposto, sem discriminações injustificadas. Trata-se de efeito do *princípio da generalidade da tributação*, excepcionado pelas imunidades e isenções.

3.1.1. Princípio da capacidade contributiva e mínimo vital. Orientador dos impostos, o *princípio da capacidade contributiva* (art. 145, § 1.º, CR) encontra, no Imposto sobre a Renda, a plenitude de sua eficácia. Predica, em síntese, seja observada a aptidão da pessoa colocada na posição de destinatário legal do imposto, para suportar a respectiva carga tributária. A capacidade contributiva somente pode se reputar existente quando se aferir alguma riqueza acima do *mínimo vital*, conceito que se aplica às pessoas físicas e jurídicas. Trata-se de isenção concedida por motivo *técnico-fiscal* – qual seja, a ausência de capacidade contributiva –, não podendo, portanto, ser revogada, já que a exigência de imposto, nessa situação, é inviável. A fixação do mínimo vital variará de acordo com a ideia que se tiver de *necessidades básicas*. O problema é tormentoso, pois concerne a *decisão política do legislador*, que deverá basear-se, na falta de normas constitucionais específicas, no que, numa sociedade dada, razoavelmente se reputar *necessidades fundamentais do indivíduo e de sua família*, ou necessidades vitais da pessoa jurídica. O conceito de mínimo vital, portanto, varia no tempo e no espaço.

3.2. Universalidade. Impõe que todas as modalidades de renda ou proventos, independentemente de sua origem – *o capital, o trabalho ou a combinação de ambos* –, submetam-se ao gravame. Em outras palavras, o IR não pode ser seletivo em função da natureza do rendimento auferido. Nesse sentido, o critério da universalidade contrapõe-se ao da seletividade.

3.3. Progressividade. É a técnica de tributação que implica seja a tributação mais do que proporcional à riqueza de cada um. Um imposto é progressivo quando *a alíquota se eleva à medida que aumenta a base de cálculo*. Se a igualdade, em sua acepção material, concreta, é o ideal para o qual se volta todo o ordenamento jurídico-positivo, a progressividade dos impostos é a técnica mais adequada a seu alcance, visto que a graduação dos impostos meramente proporcional à capacidade contributiva dos sujeitos não colabora para aquele fim. Diversamente, na tributação progressiva, aqueles que detêm maior riqueza arcarão efetivamente mais pelos serviços públicos em geral, em favor daqueles que pouco ou nada possuem e, portanto, não podem pagar. Desse modo, a adoção da progressividade decorre, antes de mais nada, do comando inserto no art. 145, § 1.º, antes apontado, segundo o qual, "sempre que possível, os impostos terão caráter pessoal e serão graduados segundo a capacidade econômica do contribuinte [...]". Entendemos que tanto a progressividade quanto a personalização dos impostos constituem efeitos do princípio da capacidade contributiva.

4. Regime do Imposto sobre a Renda quanto aos princípios da irretroatividade e da anterioridade da lei tributária. Há especial relação entre o IR e os princípios da irretroatividade e da anterioridade da lei tributária. Por tratar-se de *imposto de período* – uma vez que o auferimento de renda e proventos há de ser mensurado dentro de um lapso temporal –, a lei aplicável é aquela que estiver em vigor e eficaz no primeiro dia do exercício financeiro (ano-base), no qual esses acréscimos patrimoniais serão produzidos. Portanto, se a lei majoradora do IR for publicada no curso do exercício financeiro, não será hábil a qualificar fatos senão antes do próximo exercício. Outrossim, o IR sujeita-se apenas à *anterioridade genérica ou do exercício* (art. 150, III, *b*, CR), estando excepcionado da observância da *anterioridade especial* insculpida no art. 150, III, *c*, CR.

5. Imunidades genéricas. Consoante o art. 150, VI, *a* a *c*, CR, a renda das pessoas políticas, suas autarquias e fundações por elas instituídas e mantidas, das empresas estatais prestadoras de serviços públicos, dos templos de qualquer culto, dos partidos políticos e suas fundações, das entidades sindicais de trabalhadores, bem como das instituições de educação e de assistência social sem fins lucrativos, que atendam às exigências de lei, é imune ao imposto. V. comentários ao art. 9.º, IV, CTN.

6. Hipóteses de incidência. Os três aspectos componentes do antecedente das hipóteses de incidência do imposto são analisados a seguir.

6.1. Antecedente da hipótese de incidência. Aspecto material. Conceitos constitucionais de renda e proventos. O aspecto material do IR consiste em auferir renda e proventos de qualquer natureza, conceitos extraíveis da própria Constituição, o que limita sensivelmente a liberdade do legislador infraconstitucional para estabelecer as respectivas hipóteses de incidência. Em ambos os casos, temos expressões de *capacidade contributiva*.

6.1.1. Renda. O conceito de *renda*, delimitado constitucionalmente, traduz *acréscimo patrimonial*, riqueza nova, que vem se incorporar a patrimônio preexistente, num determinado período de tempo. Constitui sempre um *plus*, não apenas algo que venha a substituir uma perda no patrimônio do contribuinte. V. comentários dos itens subsequentes.

6.1.2. Proventos. Por seu turno, proventos é a denominação dada aos rendimentos recebidos em função da *inatividade*.

6.1.3. Conceito de renda e proventos no CTN. O art. 43, ao definir os conceitos de renda e proventos de qualquer natureza, não destoa dos conceitos constitucionais. *Renda* é o aumento de riqueza obtido num dado período de tempo, deduzidos os gastos necessários à sua aquisição e manutenção. Representando acréscimo patrimonial, não se confunde com o patrimônio de onde deriva – o capital, o trabalho ou a combinação de ambos. Distingue-se, juridicamente, de *rendimento*, que corresponde a qualquer ganho, isoladamente considerado, remuneração dos fatores patrimoniais (capital e trabalho), independentemente da ideia de período. Esclareça-se que renda é termo genérico que inclui a espécie *lucro*, remuneração de um fator de produção. *Renda tributável* é "sempre renda líquida ou lucro, isto é, o resultado de uma série de deduções e abatimentos feitos sobre os rendimentos brutos" (cf. J. L. Bulhões Pedreira, *Imposto de Renda*). *Proventos*, como visto, constituem os acréscimos patrimoniais referentes a remunerações da inatividade (aposentadorias e pensões). Portanto, a expressão *renda e proventos de qualquer natureza* corresponde, singelamente, aos ganhos econômicos do contribuinte gerados por seu capital, por seu trabalho ou pela combinação de ambos, num determinado período; é a variação patrimonial positiva apurada em certo lapso de tempo.

6.1.4. Crítica ao dispositivo. Merece crítica a cláusula "aquisição de disponibilidade econômica ou jurídica", de renda ou proventos, empregada no *caput* do art. 43, a qual já ensejou muito debate acerca de seu significado. Somente uma interpretação literal da dicção legal pode conduzir à conclusão de que se trata de autêntica alternativa, vale dizer, que a aquisição de disponibilidade de renda ou proventos pode ser exclusivamente econômica, e não jurídica, e vice-versa, bastando uma ou outra para ensejar o nascimento da respectiva obrigação tributária. Em verdade, a aludida disponibilidade há de ser *econômica e jurídica*, porquanto os fatos tributáveis, por óbvio, sempre têm cunho econômico e são juridicamente relevantes. Nesse ponto, a redação do art. 43 é inadequada.

6.1.5. *Incidência do imposto independentemente da denominação da receita ou do rendimento, condição jurídica ou nacionalidade da fonte, da origem e da forma de recepção.* O § 1.º desse dispositivo foi incluído pela Lei Complementar n. 104/2001 e veio explicitar o que já declarava o artigo em sua redação original, constituindo aplicação do critério constitucional da *universalidade*, aplicável a esse imposto.

6.1.6. *Receita ou rendimento oriundos do exterior.* O § 2.º, igualmente, foi incluído pela Lei Complementar n. 104/2001. Inicialmente, o dispositivo reforça a aplicação do critério constitucional da *universalidade*. No entanto, merece crítica a dicção legal, pois faz parecer que, quando a receita ou rendimento forem oriundos do exterior, a lei poderá fixar como momento do nascimento da obrigação tributária outro que não o da "aquisição de disponibilidade econômica ou jurídica", como reza o *caput*, com a interpretação apresentada no 6.1.2 *supra*. A origem da receita ou do rendimento não altera a regra-matriz do imposto.

6.2. *Consequente da hipótese de incidência. Aspecto espacial.* É o território nacional, ainda que possível a tributação de renda obtida no exterior, respeitados os acordos que visam evitar a bitributação, em função do mesmo critério da universalidade.

6.3. *Consequente da hipótese de incidência. Aspecto temporal.* Esse aspecto enseja importante observação: como a conduta de auferir renda e proventos de qualquer natureza é aferida à vista de determinado lapso de tempo, o aspecto temporal há de ser fixado no encerramento desse período-base. Assim, perante a legislação atual, o marco temporal do nascimento da obrigação correspondente é 31 de dezembro de cada exercício.

 SUGESTÕES DOUTRINÁRIAS

IMPOSTO SOBRE A RENDA

Roque Antonio Carrazza, *Imposto sobre a Renda: perfil constitucional e temas específicos,* Malheiros; Ricardo Mariz de Oliveira, *Fundamentos do Imposto de Renda*, Quartier Latin; Humberto Ávila, *Contribuições e Imposto sobre a Renda*, Malheiros; Fábio Pallaretti Calcini e Hugo de Brito Machado Segundo, *Imposto sobre a Renda de Pessoa Jurídica – IRPJ e Contribuição Social sobre o Lucro Líquido – CSLL*, Atlas; Fernando Ferreira Castellani, *O Imposto sobre a Renda e as deduções de natureza constitucional*, Noeses; Regina Helena Costa, *Princípio da capacidade contributiva*, Malheiros; e *Praticabilidade e justiça tributária: exequibilidade de lei tributária e direitos do contribuinte*, Malheiros.

 JURISPRUDÊNCIA ILUSTRATIVA

STF

• Súmula n. 587: "Incide imposto de renda sobre o pagamento de serviços técnicos contratados no exterior e prestados no Brasil".

• Súmula n. 586: "Incide imposto de renda sobre os juros remetidos para o exterior, com base em contrato de mútuo".

• "Recurso extraordinário. Repercussão geral. Direito Tributário. IRPJ e CSLL. Incidência sobre os valores atinentes à taxa Selic recebidos em razão de repetição de indébito tributário. Inconstitucionalidade. 1. A materialidade do imposto de renda e a da CSLL estão relacionadas com a existência de acréscimo patrimonial. Precedentes. 2. A palavra indenização abrange os valores relativos a danos emergentes e os concernentes a lucros cessantes. Os primeiros, que correspondem ao que efetivamente se perdeu, não incrementam o patrimônio de quem os recebe e, assim, não se amoldam ao conteúdo mínimo da materialidade do imposto de renda prevista no art. 153, III, da Constituição Federal. Os segundos, desde que caracterizado o acréscimo patrimonial, podem, em tese, ser tributados pelo imposto de renda. 3. Os valores atinentes à taxa Selic recebidos em razão de repetição de indébito tributário visam, precipuamente, a recompor efetivas perdas (danos emergentes). A demora na restituição do indébito tributário faz com que o credor busque meios alternativos ou mesmo heterodoxos para atender a suas necessidades, os quais atraem juros, multas, outros passivos, outras despesas ou mesmo preços mais elevados. 4. Foi fixada a seguinte tese para o Tema n.º 962 de repercussão geral: "É inconstitucional a incidência do IRPJ e da CSLL sobre os valores atinentes à taxa Selic recebidos em razão de repetição de indébito tributário". 5. Recurso extraordinário não provido (RE 1.063.187/SC, Tema 962, Rel. Min. Dias Toffoli, j. 27.09.2021). V. Embargos de Declaração, j. em 02.05.2022 (o Tribunal, por unanimidade, acolheu em parte os embargos de declaração para: (i) esclarecer que a decisão embargada se aplica apenas nas hipóteses em que há o acréscimo de juros moratórios, mediante a taxa Selic em questão, na repetição de indébito tributário (inclusive na realizada por meio de compensação), seja na esfera administrativa, seja na esfera judicial; (ii) modular os efeitos da decisão embargada, estabelecendo que ela produza efeitos *ex nunc* a partir de 30/9/21 (data da publicação da ata de julgamento do mérito), ficando ressalvados: a) as ações ajuizadas até 17/9/21 (data do início do julgamento do mérito); b) os fatos geradores anteriores à 30/9/21 em relação aos quais não tenha havido o pagamento do IRPJ ou da CSLL a que se refere a tese de repercussão geral)".

• "Direito Tributário. Imposto de Renda. Depósitos bancários. Omissão de Receita. Lei 9.430/1996, art. 42. Constitucionalidade. Recurso Extraordinário desprovido. 1. Trata-se de Recurso Extraordinário, submetido à sistemática da repercussão geral (Tema 842), em que se discute a Incidência de Imposto de Renda sobre os depósitos bancários considerados como omissão de receita ou de rendimento, em face da previsão contida no art. 42 da Lei 9.430/1996. Sustenta o recorrente que o 42 da Lei 9.430/1996 teria usurpado a norma contida no artigo 43 do Código Tributário Nacional, ampliando o fato gerador da obrigação tributária. 2. O artigo 42 da Lei 9.430/1996 estabelece que caracterizam-se também omissão de receita ou de rendimento os valores creditados em conta de depósito ou de investimento mantida junto a instituição financeira, em relação aos quais o titular, pessoa física ou jurídica, regularmente intimado, não comprove, mediante documentação hábil e idônea, a origem dos recursos utilizados nessas operações. 3. Consoante o art. 43 do CTN, o aspecto material da regra matriz de incidência do Imposto de Renda é a aquisição ou disponibilidade de renda ou acréscimos patrimoniais. 4. Diversamente do apontado pelo recorrente, o artigo 42 da Lei 9.430/1996 não ampliou o fato gerador do tributo; ao contrário, trouxe apenas a possibilidade de se impor a exação quando o contribuinte, embora intimado, não conseguir comprovar a origem de seus rendimentos. 5. Para se furtar da obrigação de pagar o tributo e impedir que o Fisco procedesse ao lançamento tributário, bastaria que o contribuinte fizesse mera alegação de que os depósitos efetuados em sua conta corrente pertencem a terceiros, sem se desincumbir do ônus de comprovar a veracidade de sua declaração. Isso impediria a tributação de rendas auferidas, cuja origem não foi comprovada, na contramão de todo o sistema tributário nacional, em violação, ainda, aos princípios da igualdade e da isonomia. 6. A omissão de receita resulta na dificuldade de o Fisco auferir a origem dos depósitos efetuados na conta corrente do contribuinte, bem como o valor exato das receitas/rendimentos tributáveis, o que também justifica atribuir o ônus da prova ao correntista omisso. Dessa forma, é constitucional a tributação de todas as receitas depositadas em conta, cuja origem não foi comprovada pelo titular. 7. Recurso Extraordinário a que se nega provimento. Tema 842, fixada a seguinte tese de repercussão geral: 'O artigo 42 da Lei 9.430/1996 é constitucional'" (RE 855.649/RS, Tema 842, Red. p/ o acórdão Min. Alexandre de Moraes, j. 03.05.2021).

• "Imposto de renda. Lei n. 7.738/1989. Ano-base de 1988. Previsão de novo parâmetro de indexação. Atualização dos valores das quotas do tributo. Direito adquirido. Princípios da anterioridade e irretroatividade. Violação. Ausência. É constitucional a correção monetária das quotas do imposto de renda tal como prevista na Lei n. 7.738/1989, ante a mera substituição de parâmetro para a indexação, instituída em legislação anterior. Lei. Aplicação no tempo. Imposto de renda. Adicional. Decreto-lei n. 2.462/1988. Aplicação no ano-base de 1988. Irretroatividade e anterioridade. Inobservância. Inconstitucionalidade. É inconstitucional a aplicação, a fatos ocorridos no ano-base de 1988, do adicional do imposto de renda sobre o lucro real instituído pelo Decreto-lei n. 2.462, de 30 de agosto de 1988, considerada a violação dos princípios da irretroatividade e da anterioridade. Verbete n. 584 da súmula do Supremo. Superação. Cancelamento. Superado o entendimento enunciado no verbete n. 584 da súmula do Supremo, impõe-se o cancelamento" (RE 159.180/MG, Rel. Min. Marco Aurélio, j. 22.06.2020).

STJ

• Súmula n. 498: "Não incide imposto de renda sobre a indenização por danos morais".

• Súmula n. 463: "Incide imposto de renda sobre os valores percebidos a título de indenização por horas extraordinárias trabalhadas, ainda que decorrentes de acordo coletivo".

• Súmula n. 386: "São isentas de imposto de renda as indenizações de férias proporcionais e o respectivo adicional".

• Súmula n. 262: "Incide o imposto de renda sobre o resultado das aplicações financeiras realizadas pelas cooperativas".

• Súmula n. 215: "A indenização recebida pela adesão ao programa de incentivo à demissão voluntária não está sujeita à incidência do imposto de renda".

• Súmula n. 136: "O pagamento de licença-prêmio não gozada por necessidade do serviço não está sujeito ao imposto de renda".

• Súmula n. 125: "O pagamento de férias não gozadas por necessidade do serviço não está sujeito à incidência do imposto de renda".

• "Processual civil. Tributário. Negativa de prestação jurisdicional. Inexistência. Fundos de investimento. Quota. Titularidade. Transferência. Sucessão *causa mortis*. Valor declarado na última DIRPF. Imposto de renda da pessoa física. Retenção na fonte. Não incidência. 1. Inexiste violação dos arts. 489, § 1º, III e IV, e 1.022, I, II e III, do CPC/2015, não se vislumbrando nenhum equívoco ou deficiência na fundamentação contida no acórdão recorrido, sendo possível observar que o Tribunal de origem apreciou integralmente a controvérsia, apontando as razões de seu convencimento, não se podendo confundir julgamento desfavorável ao interesse da parte com negativa ou ausência de prestação jurisdicional. 2. Nos termos do art. 43 do CTN, o imposto sobre a renda e proventos de qualquer natureza tem como fato gerador a aquisição da disponibilidade econômica ou jurídica: I – de renda, assim entendido o produto do capital, do trabalho ou da combinação de ambos; ou II – de proventos de qualquer natureza, assim entendidos os acréscimos patrimoniais não compreendidos no inciso anterior. 3. O art. 23 da Lei n. 9.532/1997 estabelece 2 (duas) opções para avaliação dos bens e direitos objeto de transferência de propriedade por sucessão, nos casos de herança, legado ou por doação em adiantamento da legítima: a) valor de mercado; e b) valor constante da Declaração do Imposto de Renda da Pessoa Física (DIRPF) do *de cujus* ou do doador. 4. No caso, os fundos de investimento estão sendo transferidos aos herdeiros diretamente em razão do falecimento do titular e avaliados conforme última declaração de renda do *de cujus*, e não por valor de mercado, pelo que não deve haver a cobrança do Imposto de Renda Retido na Fonte (IRRF). 5. Em regra, nos fundos de investimento, constituídos sob qualquer forma, a base de cálculo do IRRF, devida por ocasião da liquidação, é composta pela diferença positiva entre o valor do resgate e o da aquisição das quotas, nos termos do art. 28, II, e § 7º, da Lei n. 9.532/1997. 6. Não se aplica à presente hipótese o disposto no art. 65 da Lei n. 9.532/1997, que trata da incidência do IRRF sobre o rendimento produzido por aplicação financeira de renda fixa, e que prevê, em seu § 2º, que 'a alienação compreende qualquer forma de transmissão da propriedade, bem como a liquidação, resgate, cessão ou repactuação do título ou aplicação'. Além de se referir a fundo de renda fixa, e não de investimento, a alienação, como ato de vontade, não abrange a transferência *causa mortis*, disciplinada de modo específico no art. 23 da Lei n. 9.532/1997. 7. Ilegalidade do Ato Declaratório Interpretativo ADI/SRFB n. 13/2007 na parte em que prevê, sem amparo na lei, a incidência de IRRF para casos de transmissão de aplicações financeiras por sucessão hereditária, sem vincular à existência de ganho de capital. 8. Não incide IRRF sobre a transferência de fundos de investimentos por sucessão *causa mortis* quando, sem pleitear resgate, os herdeiros formulam apenas requerimento de transmissão das quotas, a fim de continuar na relação iniciada pelo *de cujus* com a administradora, com opção pela manutenção dos valores declarados na última DIRPF apresentada pelo falecido. 9. Recurso especial conhecido e parcialmente provido. Sentença concessiva da segurança restabelecida" (REsp 1.968.695/SP, 1ª Turma, Rel. Min. Gurgel de Faria, j. 13.08.2024).

• "Processual civil. Tributário. Recurso repetitivo. Retratação. Art. 1.040, II, CPC/2015. Adaptação da jurisprudência do STJ ao que julgado pelo STF no RE n. 1.063.187 – SC (Tema n. 962 – RG). Integridade, estabilidade e coerência da jurisprudência. Art. 926, do CPC/2015. Modificação da tese referente ao Tema 505/STJ para afastar a incidência de IR e CSLL sobre a taxa Selic quando aplicada à repetição de indébito tributário. Preservação da tese referente ao Tema 504/STJ e demais teses já aprovadas no Tema 878/STJ. Reconhecimento da modulação de efeitos estabelecida pelo Supremo Tribunal Federal. 1. Indeferido o ingresso no feito da Associação Brasileira de Advocacia Tributária – 'ABAT', da Confederação Nacional de Saúde – hospitais, estabelecimentos e serviços e da associação nacional de fabricantes de produtos eletroeletrônicos – Eletros, na condição de *amicus curiae*. Isto porque, em se tratando de processo que retorna ao colegiado para juízo de retratação, os pedidos são extemporâneos, além do que realizados somente às vésperas do julgamento do recurso (Precedentes: EDcl nos EDcl no REsp. n. 1.143.677/RS, Corte Especial, Rel. Min. Napoleão Nunes Maia Filho, julgado em 21.11.2012; EDcl no REsp. n. 1.143.677/RS, Corte Especial, Rel. Min. Luiz Fux, julgado em 29.06.2010). Outrossim, consoante precedente desta Casa, não é função dos *amici curiae* 'a defesa de interesses subjetivos, corporativos ou classistas', sendo que 'a intervenção do *amicus curiae* em processo subjetivo é lícita, mas a sua atuação está adstrita aos contributos que possa eventualmente fornecer para a formação da convicção dos julgadores, não podendo, todavia, assumir a defesa dos interesses de seus associados ou representados em processo alheio' (EDcl na QO no REsp n. 1.813.684/SP, Corte Especial, Rel. Min. Nancy Andrighi, julgado em 19.05.2021). 2. Em julgado proferido no RE n. 1.063.187/ SC (STF, Tribunal Pleno, Rel. Min. Dias Toffoli, julgado em 27.09.2021) o Supremo Tribunal Federal, apreciando o Tema n. 962 da repercussão geral, em caso concreto onde apreciados valores atinentes à taxa SELIC recebidos em razão de repetição de indébito tributário, deu interpretação conforme à Constituição Federal ao art. 3.º, § 1.º, da Lei n. 7.713/88; ao art. 17, do Decreto-Lei n. 1.598/77 e ao art. 43, II e § 1.º, do CTN para excluir do âmbito de aplicação desses dispositivos a incidência do IR e da CSLL sobre a taxa SELIC recebida pelo contribuinte na repetição de indébito tributário. Fixou-se então a seguinte tese: Tema n.º 962 da Repercussão Geral: 'É inconstitucional a incidência do IRPJ e da CSLL sobre os valores atinentes à taxa Selic recebidos em razão de repetição de indébito tributário'. 3. Em sede de embargos de declaração (Edcl no RE n. 1.063.187/SC, STF, Tribunal Pleno, Rel. Min. Dias Toffoli, julgado em 02.05.2022) o STF acolheu pedido de modulação de efeitos estabelecendo que a tese aprovada no Tema n. 962 da repercussão geral produz efeitos *ex nunc* a partir de 30.9.2021 (data da publicação da ata de julgamento do mérito), ficando ressalvados: a) as ações ajuizadas até 17.9.2021 (data do início do julgamento do mérito); b) os fatos geradores anteriores à 30.9.2021 em relação aos quais não tenha havido o pagamento do IRPJ ou da CSLL a que se refere a tese de repercussão geral. 4. O dever de manter a jurisprudência deste Superior Tribunal de Justiça íntegra, estável e coerente (art. 926, do CPC/2015) impõe realizar a compatibilização da jurisprudência desta Casa formada em repetitivos e precedentes da Primeira Seção ao que decidido no Tema n. 962 pela Corte Constitucional. Dessa análise, após as derrogações perpetradas pelo julgado do STF na jurisprudência deste STJ, restam preservadas as teses referentes ao TEMA 878/STJ e exsurgem as seguintes teses, no que concerne ao objeto deste repetitivo: Tema 504/STJ: 'Os juros incidentes na devolução dos depósitos judiciais possuem natureza remuneratória e não escapam à tributação pelo IRPJ e pela CSLL'; e TEMA 505/STJ: 'Os juros SELIC incidentes na repetição do indébito tributário se encontram fora da base de cálculo do IR e da CSLL, havendo que ser observada a modulação prevista no Tema n. 962 da Repercussão Geral do STF. Precedentes: RE n. 1.063.187/SC e Edcl no RE n. 1.063.187/SC'. 5. Em juízo de retratação previsto no art. 1.040, II, do CPC/2015, dou parcial provimento ao presente recurso especial da Fazenda Nacional e o acolho em nova e reduzida extensão apenas para modificar a redação da tese referente ao Tema 505/STJ, mantendo a tese referente ao Tema 504/STJ" (REsp 1.138.695/SC, 1.ª Seção, Temas repetitivos 504 e 505, Rel. Min. Mauro Campbell Marques, j. 26.04.2023).

• "Recurso repetitivo. Tributário. Imposto de Renda Retido na Fonte – IRRF, Imposto de Renda da Pessoa Jurídica – IRPJ e Contribuição Social sobre o Lucro Líquido – CSLL. Possibilidade de incidência sobre rendimentos de aplicações financeiras e variações patrimoniais decorrentes de diferença de correção monetária. 1. Impossível deduzir a inflação (correção monetária) do período do investimento (aplicação financeira) da base de cálculo do IRRF, do IRPJ ou da CSLL. Isto porque a inflação corresponde apenas à atualização do valor monetário da respectiva base de cálculo, que é permitida pelo art. 97, § 2.º, do CTN, independente de lei, já que não constitui majoração de tributo. Outrossim, em uma economia desindexada, a correção monetária, pactuada ou não, se torna componente do rendimento da aplicação financeira a que se refere. Incidem o art. 18, do Decreto-Lei n. 1.598/77 e o art. 9.º, da Lei n. 9.718/98 – dispositivos que consideram tais variações monetárias como receitas financeiras – e a norma antielisiva do art. 51, da Lei n. 7.450/85, a abarcar todos os ganhos e rendimentos de capital. Precedentes da Primeira Turma: AgInt no REsp n. 1.976.120/RS, Rel. Min. Gurgel de Faria, julgado em 30.05.2022; AgInt no REsp n. 1.973.479/RS, Rel. Min. Benedito Gonçalves, julgado em 02.05.2022; AgInt no REsp n. 1.899.551/SC, Rel. Min. Regina Helena Costa, julgado em 08.09.2021. Precedentes da Segunda Turma: AgInt no REsp n. 1.971.700/RS, Rel. Min. Francisco Falcão, julgado em 13.06.2022; AgInt no REsp n. 1.896.805/RS, Rel. Min. Assusete Magalhães, julgado em 04.10.2021; AgInt no REsp n. 1.927.310/RS, Rel. Min. Mauro Campbell Marques, julgado em 28.06.2021; AgInt no REsp n. 1.910.522/RS, Rel. Min. Herman Benjamin, julgado em 21.06.2021; AgInt no REsp n. 1.902.018/RS, Rel. Min. Og Fernandes, julgado em 18.05.2021. Precedentes da Primeira Seção: AgInt nos EREsp n. 1.660.363/SC, Rel. Min. Assusete Magalhães, julgado em 29.03.2022; AgInt nos EREsp n.

1.899.902/RS, Rel. Min. Herman Benjamin, julgado em 03.05.2022. 2. Na sistemática hoje em vigor há uma via de duas mãos, pois as variações monetárias podem ser consideradas como receitas (variações monetárias ativas) ou despesas (variações monetárias passivas). Isto significa que quando são negativas geram dedução da base de cálculo do IRPJ e da CSLL devidos. Assim, o pleito do contribuinte se volta apenas contra a parte do sistema que lhe prejudica (variações monetárias ativas), preservando a parte que lhe beneficia (variações monetárias passivas). Ora, fosse o caso de se reconhecer o seu pleito, haveria que ser declarada a inconstitucionalidade de toda a sistemática, tornando impossível a tributação de aplicações financeiras. Tal não parece ser solução viável, principalmente diante do recente julgamento em sede de repercussão geral pelo STF do RE n. 612.686/SC, Plenário, Rel. Min. Dias Toffoli, julgado em 28.10.2022 (Tema n. 699) onde foi decidido pela constitucionalidade da incidência do IRRF e da CSLL sobre as receitas e resultados decorrentes das aplicações financeiras dos fundos fechados de previdência complementar. 3. Como os juros de mora não se equivalem a rendimentos de aplicações financeiras – tais rendimentos mais se assemelham aos juros remuneratórios – é clara a distinção entre o que se discute nos presentes autos e o que foi discutido nos precedentes em sede de repercussão geral do Supremo Tribunal Federal – STF os quais reconheceram a não incidência de imposto de renda apenas sobre juros de mora, seja em razão da mora no atraso do pagamento de remuneração laboral, seja em razão da mora proveniente da repetição de indébito tributário (RE n. 855.091/RS, Tema n. 808: 'Não incide imposto de renda sobre os juros de mora devidos pelo atraso no pagamento de remuneração por exercício de emprego, cargo ou função'; e RE n. 1.063.187/SC, Tema n. 962: 'É inconstitucional a incidência do IRPJ e da CSLL sobre os valores atinentes à taxa Selic recebidos em razão de repetição de indébito tributário'). 4. O caso dos autos também não guarda qualquer semelhança com a tributação do lucro inflacionário, vedada pela jurisprudência deste STJ (*v.g.*, AgRg nos EREsp. n. 436.302/PR, Primeira Seção, Rel. Min. Luiz Fux, julgado em 22.08.2007). Isto porque a tributação do lucro inflacionário é aquela estabelecida especificamente nos arts. 4.º e 21 a 26, da Lei n. 7.799/89, que levava em consideração a incidência de correção monetária nas demonstrações financeiras das pessoas jurídicas envolvendo não apenas seus rendimentos, mas todos os seus bens. Tal sistemática foi revogada pelo art. 4.º, da Lei n. 9.249/95, que vedou a utilização de qualquer sistema de correção monetária de demonstrações financeiras. A distinção foi reconhecida no seguinte precedente: AgInt nos EREsp n. 1.899.902/RS, Primeira Seção, Rel. Min. Herman Benjamin, julgado em 03.05.2022. 5. Tese proposta para efeito de repetitivo: 'O IR e a CSLL incidem sobre a correção monetária das aplicações financeiras, porquanto estas se caracterizam legal e contabilmente como Receita Bruta, na condição de Receitas Financeiras componentes do Lucro Operacional'. 6. Recurso especial não provido" (REsp 1.986.304/RS, 1.ª Seção, Tema 1.160, Rel. Min. Mauro Campbell Marques, j. 08.03.2023).

• "Processual civil. Tributário. Violação ao art. 535 do CPC. Omissão. Inocorrência. Imposto sobre a Renda Retido na Fonte – IRRF. Sujeição passiva. Atividade de bingos. Entidade desportiva. Legitimidade. Inoponibilidade das convenções particulares ao Fisco. Art. 123 do CTN. I – Consoante o decidido pelo Plenário desta Corte na sessão realizada em 09.03.2016, o regime recursal será determinado pela data da publicação do provimento jurisdicional impugnado. Aplica-se, *in casu*, o Código de Processo Civil de 1973. II – A Corte de origem apreciou todas as questões relevantes apresentadas com fundamentos suficientes, mediante apreciação da disciplina normativa e cotejo ao posicionamento jurisprudencial aplicável à hipótese. Inexistência de omissão. III – A entidade desportiva – autorizada legalmente a explorar o sorteio na modalidade 'bingo' – apresenta-se como legítima para figurar no polo passivo da execução fiscal, em que se exige débito tributário relativo a fatos geradores do IRRF ocorridos entre 07.02.1998 e 29.05.1999. Inaplicável ao caso a MP n. 1.926/1999. IV – As obrigações de origem contratual não poderão ser opostas ao Fisco, com o intuito de alterar a sujeição passiva apontada pela lei (art. 123 do CTN). Precedente. V – Recurso Especial conhecido e não provido" (1.ª T., REsp 1.717.579/RJ, Rel. Min. Regina Helena Costa, j. 27.04.2021).

• "Tributário. Recurso especial. Código de Processo Civil de 1973. Aplicabilidade. Imposto sobre a Renda de Pessoa Física – IRPF. Direito de arena. Art. 42, *caput* e § 1.º, da Lei n. 9.615/1998 ('Lei Pelé'). Alegada natureza indenizatória da parcela. Não configuração. Acréscimo patrimonial. Arts. 43, I, do CTN, e 3.º, § 4.º, da Lei n. 7.713/1988. Hipótese de incidência do IRPF caracterizada. I – Consoante o decidido pelo Plenário desta Corte na sessão realizada em 09.03.2016, o regime recursal será determinado pela data da publicação do provimento jurisdicional impugnado. Aplica-se, *in casu*, o Código de Processo Civil de 1973. II – Nos termos do art. 42, *caput*, da Lei n. 9.615/1998, com a redação dada pela Lei n. 12.395/2011, o direito de arena consiste na prerrogativa e na titularidade exclusivas, que as entidades de prática esportiva (clubes, associações) detêm, de '[...] negociar, autorizar ou proibir a captação, a fixação, a emissão, a transmissão, a retransmissão ou a reprodução de imagens, por qualquer meio ou processo, de espetáculo desportivo de que participem'. III – Não há dano ou lesão passível de reparação econômica. Isso porque o esportista profissional é remunerado, previamente, para abdicar da exclusividade do exercício de um direito disponível, nos termos pactuados, constituindo o valor correspondente ao direito de arena autêntico rendimento extra, corolário da compulsoriedade da transferência, para o atleta, de parte do montante arrecadado na competição, denotando nítido conteúdo de acréscimo patrimonial. IV – Somente fará jus à parcela relativa ao direito de arena o esportista profissional que mantiver relação laboral com entidade de prática desportiva, formalizada em contrato de trabalho. A verba em questão retribui e decorre da própria existência do contrato de labor e dele deflui, em negócio jurídico que lhe integra, remunerando e acrescendo os ganhos do atleta em contrapartida pela autorização dada para o uso da sua imagem. V – Tanto antes quanto após as alterações da Lei n. 9.615/1998, o direito de arena apresenta feição jurídica ontologicamente distinta da insígnia indenizatória. A legislação superveniente, de 2011, ao fixar a natureza civil da parcela, afastou apenas o cunho salarial, sem desnaturar ou infirmar sua índole insitamente remuneratória. VI – A denominação conferida a determinada verba não condiciona o alcance dos seus efeitos tributários, cuja perquirição independe do epíteto que lhe seja atribuído, a teor do disposto nos arts. 43, I, § 1.º, do CTN, e 3.º, § 4.º, da Lei n. 7.713/1988. VII – A remuneração percebida pelos atletas profissionais a título de direito de arena sujeita-se à incidência do Imposto sobre a Renda de Pessoa Física – IRPF. VIII – Recurso especial desprovido" (1.ª T., REsp 1.679.649/SP, Rel. Min. Regina Helena Costa, j. 17.05.2018).

• "Processual civil. Tributário. Recurso representativo da controvérsia. Art. 543-C do CPC. Base de cálculo do Imposto de Renda da Pessoa Jurídica – IRPJ e da Contribuição Social sobre o Lucro Líquido – CSLL. Discussão sobre a exclusão dos juros Selic incidentes quando da devolução de valores em depósito judicial feito na forma da Lei n. 9.703/1998 e quando da repetição de indébito tributário na forma do art. 167, parágrafo único, do CTN. 1. Não viola o art. 535 do CPC o acórdão que decide de forma suficientemente fundamentada, não estando obrigada a Corte de Origem a emitir juízo de valor expresso a respeito de todas as teses e dispositivos legais invocados pelas partes. 2. Os juros incidentes na devolução dos depósitos judiciais possuem natureza remuneratória e não escapam à tributação pelo IRPJ e pela CSLL, na forma prevista no art. 17 do Decreto-lei n. 1.598/1977, em cuja redação se espelhou o art. 373 do Decreto n. 3.000/1999 – RIR/1999, e na forma do art. 8.º da Lei n. 8.541/1992, como receitas financeiras por excelência. Precedentes da 1.ª Turma: AgRg no Ag 1359761/SP, 1.ª Turma, Rel. Min. Benedito Gonçalves, *DJe* 06.09.2011; AgRg no REsp 346.703/RJ, 1.ª Turma, Rel. Min. Francisco Falcão, *DJ* 02.12.2002; REsp 194.989/PR, 1.ª Turma, Rel. Min. Humberto Gomes de Barros, *DJ* 29.11.1999. Precedentes da 2.ª Turma: REsp 1.086.875/PR, 2.ª Turma, Rel. Min. Eliana Calmon, Rel. p/acórdão Min. Castro Meira, j. 18.05.2012; REsp 464.570/SP, 2.ª Turma, Rel. Min. Castro Meira, *DJ* 29.06.2006; AgRg no REsp 769.483/RJ, 2.ª Turma, Rel. Min. Humberto Martins, *DJe* 02.06.2008; REsp

514.341/RJ, 2.ª Turma, Rel. Min. João Otávio de Noronha, *DJ* 31.05.2007; REsp 142.031/RS, 2.ª Turma, Rel. Min. Franciulli Netto, *DJ* 12.11.2001; REsp 395.569/RS, 2.ª Turma, Rel. Min. João Otávio de Noronha, *DJ* 29.03.2006. 3. Quanto aos juros incidentes na repetição do indébito tributário, inobstante a constatação de se tratar de juros moratórios, se encontram dentro da base de cálculo do IRPJ e da CSLL, dada a sua natureza de lucros cessantes, compondo o lucro operacional da empresa a teor art. 17 do Decreto-lei n. 1.598/1977, em cuja redação se espelhou o art. 373 do Decreto n. 3.000/1999 – RIR/1999, assim como o art. 9.º, § 2.º, do Decreto-lei n. 1.381/1974 e art. 161, IV, do RIR/1999, estes últimos explícitos quanto à tributação dos juros de mora em relação às empresas individuais. 4. Por ocasião do julgamento do REsp 1.089.720/RS (1.ª Seção, Rel. Min. Mauro Campbell Marques, j. 10.10.2012) este Superior Tribunal de Justiça definiu, especificamente quanto aos juros de mora pagos em decorrência de sentenças judiciais, que, muito embora se trate de verbas indenizatórias, possuem a natureza jurídica de lucros cessantes, consubstanciando-se em evidente acréscimo patrimonial previsto no art. 43, II, do CTN (acréscimo patrimonial a título de proventos de qualquer natureza), razão pela qual é legítima sua tributação pelo Imposto de Renda, salvo a existência de norma isentiva específica ou a constatação de que a verba principal a que se referem os juros é verba isenta ou fora do campo de incidência do IR (tese em que o acessório segue o principal). Precedente: EDcl no REsp 1.089.720/RS, 1.ª Seção, Rel. Min. Mauro Campbell Marques, j. 27.02.2013. 5. Conhecida a lição doutrinária de que juros de mora são lucros cessantes: 'Quando o pagamento consiste em dinheiro, a estimação do dano emergente da inexecução já se acha previamente estabelecida. Não há que fazer a substituição em dinheiro da prestação devida. Falta avaliar os lucros cessantes. O código os determina pelos juros de mora e pelas custas' (BEVILÁQUA, Clóvis. *Código Civil dos Estados Unidos do Brasil comentado*. Rio de Janeiro: Livraria Francisco Alves, 1917. v. 4, p. 221). 6. Recurso especial parcialmente provido. Acórdão submetido ao regime do art. 543-C do CPC e da Resolução STJ 8/2008" (REsp 1.138.695/SC, Temas Repetitivos 504 e 505, Rel. Min. Mauro Campbell Marques, j. 22.05.2013).

Tese Jurídica: "Os juros incidentes na devolução dos depósitos judiciais possuem natureza remuneratória e não escapam à tributação pelo IRPJ e pela CSLL. Quanto aos juros incidentes na repetição do indébito tributário, inobstante a constatação de se tratar de juros moratórios, se encontram dentro da base de cálculo do IRPJ e da CSLL, dada a sua natureza de lucros cessantes, compondo o lucro operacional da empresa".

> **Art. 44.** A base de cálculo do imposto é o montante, real, arbitrado ou presumido, da renda ou dos proventos tributáveis **(1 a 2)**.

 COMENTÁRIOS

1. *Consequente da hipótese de incidência. Aspecto quantitativo. Bases de cálculo. Considerações gerais.* O dispositivo, ao tratar do aspecto quantitativo da hipótese de incidência do IR, aponta três modalidades de base de cálculo: *(i)* o montante real; *(ii)* o montante presumido; e *(iii)* o montante arbitrado. Considerações específicas relativas às bases de cálculo do IRPF e do IRPJ serão efetuadas nos comentários ao art. 45, CTN.

1.1. *Montante real.* É a regra tanto para as pessoas jurídicas quanto para as pessoas físicas, em homenagem ao *princípio da realidade ou da verdade material*, que norteia o direito tributário.

1.1.1. Deduções. Em conformidade com o disposto no art. 145, § 1.º, CR, que estabelece que, "sempre que possível, os impostos terão caráter pessoal [...]", a lei autoriza deduções para efeito da apuração da base de cálculo do imposto, a fim de dar cumprimento a esse comando e visando aferir a real capacidade contributiva, personalizando a exigência fiscal.

1.2. Montante presumido. Cuida-se de base de cálculo alternativa, opcional a determinada categoria de contribuintes, que encerra *presunção* de renda, decorrente da aplicação do princípio da praticabilidade tributária.

1.3. Montante arbitrado. É a base de cálculo imposta pela lei na hipótese de *ilícito fiscal*, remetendo ao *lançamento de ofício em caráter substitutivo* (art. 149, CTN). Não constitui, portanto, base de cálculo alternativa como o lucro presumido.

2. Consequente da hipótese de incidência. Aspecto quantitativo. Alíquotas. O regramento constitucional estabelece a *progressividade* do imposto, técnica exigida, igualmente, pelo *princípio da capacidade contributiva* (art. 145, § 1.º, CR). A progressividade de alíquotas implica seja a tributação mais do que proporcional à riqueza de cada um. Em outras palavras, um imposto é progressivo quando a alíquota se eleva à medida que aumenta a base de cálculo. Se a igualdade na sua acepção material, concreta, é o ideal para o qual se volta todo o ordenamento jurídico-positivo, a progressividade dos impostos é a técnica mais adequada a seu alcance, uma vez que a graduação dos impostos meramente proporcional à capacidade contributiva dos sujeitos não colabora para aquele fim. Tal objetivo é alcançado mediante a tributação progressiva, pois aqueles que detêm maior riqueza arcarão efetivamente mais pelos serviços públicos em geral, em favor daqueles que pouco ou nada possuem e, portanto, não podem pagar. A legislação do IR estabelece regime de alíquotas distinto, sejam os contribuintes pessoas físicas ou jurídicas, conforme análise efetuada nos comentários ao art. 45, CTN.

 JURISPRUDÊNCIA ILUSTRATIVA

STF

• "Constitucional. Tributário. Imposto sobre a renda e proventos de qualquer natureza devido pela pessoa jurídica (IRPJ). Apuração pelo regime de lucro real. Dedução do valor pago a título de contribuição social sobre o lucro líquido. Proibição. Alegadas violações do conceito constitucional de renda (art. 153, III), da reserva de lei complementar de normas gerais (art. 146, III, *a*), do princípio da capacidade contributiva (art. 145, § 1.º) e da anterioridade (arts. 150, III, *a*, e 195, § 7.º). 1. O valor pago a título de contribuição social sobre o lucro líquido – CSLL não perde a característica de corresponder à parte dos lucros ou da renda do contribuinte pela circunstância de ser utilizado para solver obrigação tributária. 2. É constitucional o art. 1.º e parágrafo único da Lei n. 9.316/1996, que proíbe a dedução do valor da CSLL para fins de apuração do lucro real, base de cálculo do Imposto sobre a Renda das Pessoas Jurídicas – IRPJ. Recurso extraordinário conhecido, mas ao qual se nega provimento" (Pleno, RE 582.525/SP, Tema 75, Rel. Min. Joaquim Barbosa, j. 09.05.2013).

Tese: "É constitucional a proibição de deduzir-se o valor da Contribuição Social sobre o Lucro Líquido – CSLL do montante apurado como lucro real, que constitui a base de cálculo do Imposto de Renda de Pessoa Jurídica – IRPJ".

STJ

"Tributário. Recurso especial representativo da controvérsia. Tema 1.240 do STJ. IRPJ. CSLL. Apuração pelo lucro presumido. Base de cálculo. ISS. Inclusão. Caso concreto. Negativa de prestação jurisdicional. Inexistência. Acórdão de origem. Manutenção. 1. A questão submetida ao Superior Tribunal de Justiça, sob a sistemática dos repetitivos, diz respeito à possibilidade de exclusão de valores de Imposto sobre Serviços (ISS) nas bases de cálculo do Imposto sobre a Renda de Pessoa Jurídica (IRPJ) e da Contribuição Social sobre o Lucro Líquido (CSLL) quando apurados pela sistemática do lucro presumido. 2. No regime de tributação pelo lucro real, a base de cálculo do IRPJ e da CSLL é o lucro contábil, ajustado pelas adições e deduções permitidas em lei. Na tributação pelo lucro presumido, multiplica-se um dado percentual – que varia a depender da atividade desenvolvida pelo contribuinte – pela receita bruta, que constitui apenas ponto de partida, um parâmetro, na referida sistemática de tributação. Sobre essa base de cálculo, por sua vez, incidem as alíquotas pertinentes. 3. A adoção da receita bruta como eixo da tributação pelo lucro presumido demonstra a intenção do legislador de impedir quaisquer deduções, tais como impostos, custos das mercadorias ou serviços, despesas administrativas ou financeiras, tornando bem mais simplificado o cálculo do IRPJ e da CSLL. 4. A redação conferida aos arts. 15 e 20 da Lei n. 9.249/1995 adveio com a especial finalidade de fazer expressa referência à definição de receita bruta contida no art. 12 do Decreto-Lei n. 1.598/1977, o qual, com a alteração promovida pela Lei n. 12.793/2014, contempla a adoção da classificação contábil de receita bruta, que alberga todos os ingressos financeiros decorrentes da atividade exercida pela pessoa jurídica. 5. O Tema 69 da repercussão geral deve ser aplicado tão somente à Contribuição ao PIS e à COFINS, porquanto extraído exclusivamente à luz do art. 195, I, 'b', da Lei Fundamental, sendo indevida a extensão indiscriminada. Basta ver que a própria Suprema Corte, ao julgar o Tema 1.048, concluiu pela constitucionalidade da inclusão do ICMS na base de cálculo da Contribuição Previdenciária sobre a Receita Bruta (CPRB) – a qual inclusive é uma contribuição social, mas de caráter substitutivo, que também utiliza a receita como base de cálculo. 6. Tese fixada (Tema 1.240 do STJ): 'O ISS compõe a base de cálculo do IRPJ e da CSLL quando apurados pela sistemática do lucro presumido'. 7. No exame do caso concreto, inexiste violação dos arts. 489, § 1º, VI, e 1.022, II, do CPC/2015, não se vislumbrando nenhum equívoco ou deficiência na fundamentação contida no acórdão recorrido, que se encontra em consonância com a tese proposta. 8. Recurso especial desprovido" (REsp 2.089.298/RN, Tema Repetitivo 1.240, Rel. Min. Gurgel de Faria, j. 11.09.2024).

> **Art. 45.** Contribuinte do imposto é o titular da disponibilidade a que se refere o artigo 43, sem prejuízo de atribuir a lei essa condição ao possuidor, a qualquer título, dos bens produtores de renda ou dos proventos tributáveis.
>
> Parágrafo único. A lei pode atribuir à fonte pagadora da renda ou dos proventos tributáveis a condição de responsável pelo imposto cuja retenção e recolhimento lhe caibam **(1 a 4.4)**.

 COMENTÁRIOS

1. ***Dispositivo relacionado:*** art. 121, parágrafo único, I e II, CTN.

2. ***Aspecto pessoal. Contribuintes e responsáveis.*** O *contribuinte* é o titular da renda ou dos proventos de qualquer natureza, nos termos do art. 43. Pode ser pessoa física ou jurídica. Como tais pessoas ostentam configuração bastante distinta, o regime jurídico do imposto relativo a cada uma é substancialmente diverso (v. itens 3 e 4 *infra*). Quanto aos *responsáveis,* há múltiplas figuras, dentre as quais a *fonte pagadora* de rendimentos, apontada no parágrafo único desse artigo, que atua como *retentora do imposto*. V. item 2.2 *infra*.

2.1. Possuidor da renda ou dos proventos de qualquer natureza. A segunda parte do *caput* do artigo qualifica como responsável o *possuidor* da renda ou dos proventos de qualquer natureza, nos termos do art. 121, parágrafo único, II, do CTN.

2.2. Responsabilidade da fonte pagadora. À fonte pagadora pode ser atribuída, mediante lei, a condição de *responsável*, conforme preceitua o parágrafo único desse artigo. Constitui expediente largamente utilizado, relevante instrumento de *eficiência* e *praticabilidade tributárias*, garantidor da arrecadação fiscal. A ausência de retenção do imposto sujeita o responsável às sanções legais, não dispensando, porém, o beneficiário de efetuar seu pagamento.

3. Imposto sobre a Renda de Pessoa Física (IRPF). Considerações gerais. O Imposto sobre a Renda de Pessoa Física rege-se pelo *sistema de bases correntes*, segundo o qual se impõem recolhimentos mensais do tributo. Significa que, a cada mês, o contribuinte, auferindo rendimentos, deve pagar o imposto relativo a esse mesmo mês (art. 3.º, parágrafo único, Lei n. 9.250/1995). O sistema em questão tem por fim o empate entre as retenções mensais na fonte e aos recolhimentos mensais de imposto, sem prejuízo da declaração de ajuste anual. Esse sistema, portanto, opera com duas ferramentas: *(i)* a *antecipação do imposto*, traduzida em recolhimentos mensais; e *(ii)* a *declaração de ajuste anual*, que contempla a indicação de todos os rendimentos auferidos, bem como as despesas e deduções efetuadas, visando eventuais ajustes, agora considerando o período de um exercício, correspondente ao *ano-calendário*. Assemelha-se ao balanço dos rendimentos e despesas da pessoa jurídica. Desse modo, subtraindo-se do imposto devido o imposto recolhido em antecipação, calculado à vista da renda auferida mensalmente, bem como as deduções legalmente autorizadas, abrem-se, basicamente, as seguintes hipóteses: se restar saldo positivo, ainda há imposto a pagar; se o saldo for negativo, o contribuinte faz jus à restituição da quantia correspondente.

3.1. Legislação básica do IRPF: Leis n. 7.713/1988; n. 8.383/1991; n. 8.981/1995; n. 9.250/1995; n. 9.532/1997; e n. 10.451/2002; Decreto n. 9.580/2018 (RIR).

3.2. Base de cálculo do IRPF. Conforme apontado nos comentários ao art. 44, CTN, as bases de cálculo do imposto podem ser o montante real, presumido ou arbitrado. A regra para a base de cálculo do IR para as pessoas físicas é o montante *real* de renda obtido em determinado período, isto é, a renda efetivamente auferida pelo contribuinte no ano-base, em consonância com o *princípio da realidade ou da verdade material*. O montante arbitrado somente é aplicável em caso de *infração fiscal*.

3.2.1. Deduções. Dentre as *deduções* legalmente previstas para a aferição da base de cálculo aplicável estão: o pagamento de pensão alimentícia; as despesas com instrução do contribuinte e dependentes; as despesas médicas; as contribuições com previdência oficial e privada; e as contribuições para as entidades fechadas de previdência complementar de que trata o § 15 do art. 40, CR, cujo ônus tenha sido do contribuinte, destinadas a custear benefícios complementares assemelhados aos da Previdência Social (Lei n. 9.250/1995, art. 8.º). Observe-se que as limitações estabelecidas pela lei a tais deduções, em nome da praticabilidade tributária, têm ensejado o ajuizamento de ações civis públicas sob o argumento de que, por sua falta de razoabilidade, afetam o exercício de direitos fundamentais em sua plenitude, como os direitos à *saúde* e à *educação*, uma vez não permitida a dedução do valor total ou substancial das despesas efetuadas a esses títulos.

3.2.2. Desconto simplificado. O contribuinte do IRPF poderá optar pelo regime de *desconto simplificado*, substitutivo das deduções autorizadas pela lei. Assim, nos termos do art. 10 da Lei n. 9.250/1995, "o contribuinte poderá optar por desconto simplificado, que substituirá todas as deduções admitidas na legislação, correspondente à dedução de 20% (vinte por cento) do valor dos rendimentos tributáveis na Declaração de Ajuste Anual, independentemente do montante desses rendimentos, dispensadas a comprovação da despesa e a indicação de sua espécie", limitada ao valor estabelecido em lei. Cuida-se de adequada aplicação do princípio da praticabilidade tributária, oferecendo-se alternativa ao contribuinte para que escolha o sistema que lhe seja mais vantajoso.

3.2.3. *Tributação em separado*. Ainda, cabe salientar que nem todos os rendimentos são considerados no cômputo efetuado por ocasião da Declaração de Ajuste Anual, pois sujeitam-se a regime diverso, de *tributação em separado*. É o caso das operações em bolsa de valores, de futuros e de mercadorias, bem como dos ganhos de capital na alienação de bens e direitos de qualquer natureza (arts. 29 da Lei n. 8.541/1992; e 21 a 24 da Lei n. 8.981/1995, respectivamente). Anote-se que o sistema de tributação em separado, utilizado em nome da praticidade fiscal, acaba, por vezes, não retratando fielmente a renda auferida pelo contribuinte, pois na declaração de ajuste anual os valores a ela referentes são somente informados, mas não computados no balanço final. Essa separação pode ensejar uma distorção, vulnerando-se o *princípio da capacidade contributiva* e o próprio critério da *universalidade* (art. 153, § 2.º, II, CR). V. comentários ao art. 43, CTN.

3.3. *Classificação dos rendimentos*. Os rendimentos são classificáveis em *(i) tributáveis; (ii) não tributáveis*; e *(iii) tributáveis exclusivamente na fonte*. Os primeiros são os que se submetem à incidência do imposto. Os rendimentos não tributáveis são os ingressos que não integram o conceito de renda e podem ser: *(i)* rendimentos *isentos*, tais como diárias de empregado que reside em um local e vai trabalhar em outro, e ajuda de custo, porquanto tais verbas visam compensar gastos, revestindo caráter indenizatório, não traduzindo, portanto, acréscimo patrimonial; e *(ii)* rendimentos *imunes* (art. 150, VI, *a* a *c*, CR). Os *rendimentos tributáveis exclusivamente na fonte*, por sua vez, são aqueles que sofrem tributação na própria fonte pagadora, não possibilitando sejam submetidos ao ajuste anual, como ocorre com os dividendos pagos aos acionistas, em que a retenção do imposto é efetuada pela sociedade anônima.

3.4. *Atualização monetária da tabela do IRPF*. A prática reiterada da *não atualização monetária* da tabela do IRPF, que consigna as faixas de renda e respectivas alíquotas, provoca aumento do imposto por via oblíqua. Desconsiderada a correção monetária verificada no período, estar-se-á gerando uma *capacidade contributiva irreal, ficta*, e, consequentemente, uma tributação injusta.

3.5. *Carnê-leão e recolhimento mensal complementar*. Dois sistemas atinentes ao IRPF são o chamado carnê-leão e o do recolhimento mensal complementar. O *carnê-leão* é o sistema de recolhimento do IRPF efetuado pelos próprios contribuintes, mensalmente e em caráter obrigatório, no caso de rendimentos e ganhos de capital que não tenham sido tributados na fonte, no País, recebidos de outras pessoas físicas ou de fontes situadas no exterior (Lei n. 7.713/1988, art. 8.º; e Lei n. 8.383/1991, art. 6.º). Constituem exemplos de rendimentos sujeitos a esse regime os decorrentes de alugueres e de trabalho não assalariado. O *recolhimento mensal complementar* feito pelo próprio contribuinte ("mensalão") igualmente objetiva o empate de contas, desejado pelo sistema de bases correntes. É cabível quando há mais de uma fonte pagadora, ocorrendo a retenção do IRPF na fonte sob alíquota inferior àquela devida, se somados os rendimentos. Assim, por exemplo, se uma pessoa tem dois empregos e, em ambos, a retenção do IR na fonte é feita à alíquota de 15%, mas somados os rendimentos é aplicável a alíquota de 27,5%, é devido o imposto complementar. Tal sistema é facultativo, pois o contribuinte pode fazer o recolhimento mensal ou efetuar o pagamento somente por ocasião da declaração de ajuste anual (Lei n. 7.713/1988, art. 7.º).

3.6. *Alíquotas*. Não há disciplina no CTN sobre as alíquotas do IR. Atualmente, quatro são as alíquotas do IRPF, de acordo com a faixa de renda: 7,5, 15, 22,5 e 27,5% (Lei n. 11.482/2007). Entendemos que a adoção de apenas *quatro alíquotas* não traduz, com propriedade, toda a diversidade do universo de contribuintes, não atendendo, assim, a plena eficácia do *princípio da capacidade contributiva*, que exige a *graduação dos impostos* mediante alíquotas progressivas (arts. 145, § 1.º, e 153, § 2.º, II, CR). Desse modo, um maior número de alíquotas – ao menos, uma inferior a 7%, e outra superior a 27,5%, seria adequado.

4. Imposto sobre a Renda de Pessoa Jurídica (IRPJ). Considerações gerais. O *sistema de bases correntes,* também aplicável à pessoa jurídica, conjuga duas ferramentas: a *antecipação do imposto* e a *declaração de ajuste anual.* Esta contempla a indicação de todos os rendimentos auferidos, bem como as despesas e deduções efetuadas, visando eventuais ajustes, agora considerando o período de um exercício, correspondente ao *ano-calendário.* A periodicidade da apuração, no entanto, será, como regra, *trimestral,* com períodos encerrados em 31 de março, 30 de junho, 30 de setembro e 31 de dezembro de cada ano-calendário.

4.1. *Legislação básica:* Leis n. 8.383/1991; n. 8.541/1992; n. 8.981/1995; n. 9.249/1995; n. 9.430/1996; e n. 9.532/1997; Decreto n. 9.580/2018 (RIR).

4.2. *Consequente da hipótese de incidência. Aspecto quantitativo. Bases de cálculo.* Conforme apontado no art. 44, CTN, as bases de cálculo do imposto podem ser o montante real, presumido ou arbitrado. Para a pessoa jurídica, tais bases de cálculo assumem a feição de *lucro* real, presumido ou arbitrado.

4.2.1. *Lucro real.* O lucro real consiste, basicamente, no lucro líquido, com alguns ajustes, adições etc., conforme estabelecido em lei, a refletir o acréscimo patrimonial apurado em determinado período. Constitui a base de cálculo de adoção obrigatória pelas empresas que tiveram receita superior ao valor estabelecido em lei no ano-calendário, sociedades anônimas e bancos (Lei n. 9.249/1995, art. 29). Para a pessoa jurídica sujeita a tributação com base no lucro real há a opção pelo pagamento do imposto, em cada mês, determinado sobre base de cálculo estimada (Lei n. 9.430/1996, arts. 1.º e 2.º).

4.2.1.1. *Deduções.* Para a apuração da base de cálculo do imposto, tal como acontece no IRPF e visando aferir a real capacidade contributiva, a lei admite que a pessoa jurídica efetue deduções, tais como incentivos fiscais; imposto pago antecipadamente; PAT (Programa de Assistência ao Trabalhador); vale-transporte, entre outros.

4.2.2. *Lucro presumido.* Cuida-se de base de cálculo *alternativa,* passível de adoção pela empresa contribuinte, caso seja-lhe mais vantajosa, com vista à facilitação de sua contabilidade. O lucro presumido somente é aplicável para contribuintes que aufiram renda até o limite indicado pela lei, situação em que poderão optar pelo *regime de estimativa,* correspondendo a 8% da receita bruta total da empresa (Lei n. 9.249/1995, art. 15).

4.2.3. *Lucro arbitrado.* Tal base de cálculo somente é aplicável em caso de *infração fiscal.* O lucro arbitrado é apurado, conhecida ou não a receita bruta da empresa. Quando conhecida a receita bruta, apura-se o lucro arbitrado mediante a identificação do lucro presumido, aplicando-se 20% sobre esse valor (Lei n. 9.430/1996, art. 27). Caso não conhecida a receita bruta do contribuinte, aplica-se o disposto no art. 51 da Lei n. 8.981/1995, que aponta diversos critérios para o cálculo do lucro arbitrado (incisos I a VIII). Não há uma ordem para a utilização de tais critérios: o Fisco tem a opção de adotar o critério que entender mais adequado (art. 51, § 1.º, alternativas V, VI e VII do *caput* do dispositivo, a critério da autoridade lançadora).

4.2.4. *Tributação em separado.* Cabe salientar que nem todos os rendimentos são considerados na Declaração de Ajuste Anual, pois sujeitam-se a regime diverso. Tal qual em relação às pessoas físicas, há *tributação em separado* nas hipóteses de operações em bolsa de valores, de futuros e de mercadorias; e dos ganhos de capital na alienação de bens e direitos de qualquer natureza (Lei n. 8.541/1992, art. 29; e Lei n. 8.981/1995, arts. 21 a 24, respectivamente). Uma vez mais, vale assinalar que o sistema de tributação em separado, utilizado em nome da praticidade fiscal, acaba, por vezes, deixando de retratar fielmente a renda auferida pelo contribuinte, pois na declaração de ajuste anual os valores a ela referentes são somente informados, mas não computados no balanço final. Essa separação pode ensejar uma distorção, vulnerando-se o *princípio da capacidade contributiva* e o próprio critério da *universalidade* (art. 153, § 2.º, II, CR). V. comentários ao art. 43, CTN.

4.3. *Consequente da hipótese de incidência. Aspecto quantitativo. Alíquotas.* Não há

disciplina no CTN sobre as alíquotas do IR. Para as pessoas jurídicas, a lei estabelece uma alíquota-padrão de 15%, com a possibilidade de um adicional de 10%, imprimindo-se, assim, ao IRPJ uma tímida progressividade (art. 3.º, *caput* e § 1.º, Lei n. 9.249/1995). Registre-se, ainda, a *tributação especial sobre rendas variáveis* – nos casos de operações em bolsa, alienação de ouro ativo financeiro, alienação de ações, mercadorias e futuros – às quais se aplica a alíquota de 25% (Lei n. 8.541/1992, art. 29).

4.4. *Remuneração indireta para administradores e empregados.* A remuneração

indireta para administradores e empregados (Lei n. 8.981/1995, art. 61; e Lei n. 8.383/1991, art. 74) significa o pagamento efetuado mediante os chamados *benefícios marginais* (*fringe benefits*), tais como locação de imóvel residencial, pagamento de escola dos dependentes, de despesas com alimentação, disponibilização de automóvel etc. O valor correspondente aos benefícios marginais é considerado renda e, como tal, deve ser submetido à tributação. Assim, a pessoa jurídica deverá identificar o empregado beneficiário para que esses rendimentos sejam alcançados pelo IR a ser pago pela pessoa física. Do contrário, a pessoa jurídica ficará sujeita ao pagamento do IR sobre os valores correspondentes à alíquota, bem mais gravosa, de 33%.

 JURISPRUDÊNCIA ILUSTRATIVA

STF

• "Direito constitucional e tributário. Ação direta de inconstitucionalidade. Retenção na fonte. Lei ordinária. Constitucionalidade. 1. Trata-se de ação direta de inconstitucionalidade em que se discute a constitucionalidade da retenção na fonte do Imposto de Renda incidente sobre os rendimentos pagos em cumprimento de decisões da Justiça do Trabalho, da CSLL, da Cofins e da contribuição para o PIS/Pasep. 2. A disciplina da retenção de valores pela fonte pagadora não necessita de lei complementar, não se enquadrando no conceito de fato gerador, base de cálculo, contribuinte de tributos (CF, art. 146, *a*), ou mesmo obrigação, lançamento, crédito, prescrição e decadência tributários (CF, art. 146, *b*). 3. A obrigação do responsável tributário no recolhimento na fonte dos rendimentos tributáveis não se confunde com a obrigação tributária prevista no art. 128 do Código Tributário Nacional ou no art. 150, § 7.º, da Constituição Federal. 4. A jurisprudência do Supremo Tribunal Federal é pela constitucionalidade da retenção na fonte como técnica de arrecadação de tributos. Precedentes. 5. Ação direta de inconstitucionalidade julgada improcedente. Fixação da seguinte tese: 'É constitucional a retenção na fonte como técnica de recolhimento de tributos'" (ADI 3.141/DF, Rel. Min. Roberto Barroso, j. 13.12.2018).

• "Imposto de renda. Percepção cumulativa de valores. Alíquota. A percepção cumulativa de valores há de ser considerada, para efeito de fixação de alíquotas, presentes, individualmente, os exercícios envolvidos" (RE 614.406/RS, Tema 368, Red. p/ o acórdão Min. Marco Aurélio, j. 23.10.2014).

Tese: "O Imposto de Renda incidente sobre verbas recebidas acumuladamente deve observar o regime de competência, aplicável a alíquota correspondente ao valor recebido mês a mês, e não a relativa ao total satisfeito de uma única vez".

STJ

• Súmula n. 627: "O contribuinte faz jus à concessão ou à manutenção da isenção do imposto de renda, não se lhe exigindo a demonstração da contemporaneidade dos sintomas da doença nem da recidiva da enfermidade".

> Capítulo IV
> Impostos sobre a Produção e a Circulação
>
> *Seção I*
> *Imposto sobre Produtos Industrializados*
>
> **Art. 46.** O imposto, de competência da União, sobre produtos industrializados tem como fato gerador **(1 a 7.3)**:
>
> I – o seu desembaraço aduaneiro, quando de procedência estrangeira;
>
> II – a sua saída dos estabelecimentos a que se refere o parágrafo único do art. 51;
>
> III – a sua arrematação, quando apreendido ou abandonado e levado a leilão.
>
> Parágrafo único. Para os efeitos deste imposto, considera-se industrializado o produto que tenha sido submetido a qualquer operação que lhe modifique a natureza ou a finalidade, ou o aperfeiçoe para o consumo.

 COMENTÁRIOS

1. *Moldura constitucional.* Art. 150. "Sem prejuízo de outras garantias asseguradas ao contribuinte, é vedado à União, aos Estados, ao Distrito Federal e aos Municípios: [...] III – cobrar tributos: [...] b) no mesmo exercício financeiro em que haja sido publicada a lei que o instituiu ou aumentou; [...] § 1.º A vedação do inciso III, *b*, não se aplica aos tributos previstos nos arts. 148, I, 153, I, II, IV e V; 154, II; [...]; [...] Art. 153. Compete à União instituir impostos sobre: [...] IV – produtos industrializados. [...] § 3.º O imposto previsto no inciso IV: I – será seletivo, em função da essencialidade do produto; II – será não cumulativo, compensando-se o que for devido em cada operação com o montante cobrado nas anteriores; III – não incidirá sobre produtos industrializados destinados ao exterior; IV – terá reduzido seu impacto sobre a aquisição de bens de capital pelo contribuinte do imposto, na forma da lei [...]."[9]

2. *Dispositivos relacionados:* arts. 23 a 28 e 49, CTN.

3. *Legislação básica:* Lei n. 4.502/1964; Decreto n. 7.212/2010 (RIPI).

4. *Imposto sobre Produtos Industrializados. Considerações gerais.* A Constituição disciplina o Imposto sobre Produtos Industrializados de maneira minudente, pois, além de contemplar sua regra-matriz de incidência (art. 153, IV), dedica-lhe diversos outros dispositivos. Tal imposto, a par de seu relevante cunho arrecadatório, também reveste conotação *extrafiscal*, o que se extrai de sua submissão a regime jurídico diferenciado quanto à anterioridade da lei e à possibilidade de alteração de suas alíquotas.

5. *Regime jurídico especial quanto à anterioridade e à fixação de alíquotas.* O IPI constitui instrumento voltado à *proteção da indústria nacional*. Assim, não se sujeita à observância do princípio da anterioridade genérica (art. 150, III, *b*), devendo atender, no

---

9   V. arts. 153, VIII, e 195, V, incluídos pela EC n. 132/2023.

entanto, à anterioridade especial de noventa dias (art. 150, III, *c*), nos termos do art. 150, § 1.º, CR. Outrossim, suas alíquotas são passíveis de alteração pelo Poder Executivo, à luz do que dispõe o art. 153, § 1.º, CR.

6. Diretrizes constitucionais específicas. O § 3.º do art. 153, em seus incisos I a IV, contempla normas de grande relevância na moldura do imposto sob análise: *(i)* a seletividade do imposto, em função da essencialidade do produto; *(ii)* a não cumulatividade; *(iii)* a "não incidência" sobre produtos industrializados destinados ao exterior; e *(iv)* a redução de seu impacto sobre a aquisição de bens de capital pelo contribuinte do imposto, na forma da lei, comando introduzido pela EC n. 42/2003.

6.1. Seletividade do imposto em função da essencialidade do produto. V. comentários ao art. 48, CTN.

6.2. Não cumulatividade. V. comentários ao art. 49, CTN.

6.3. Imunidades específicas

6.3.1. Imunidade dos produtos industrializados destinados à exportação. O inciso III do § 3.º do art. 153 consigna que o IPI "não incidirá sobre produtos industrializados destinados ao exterior". Cuida-se de *imunidade específica* ao IPI, expressão constitucional da aludida máxima do comércio internacional, antes mencionada, segundo a qual "não se deve 'exportar tributos'". Constitui, assim, mais um *incentivo às exportações*, à semelhança de outras normas constitucionais no mesmo sentido. V. comentários art. 23, item 4.

6.3.2. Imunidade introduzida pela EC n. 132/2023. A EC n. 132/2023 introduziu alterações no regime constitucional do IPI, dentre elas a norma segunda a qual, a partir de 2027, o imposto não incidirá de forma cumulativa com o Imposto sobre Produção, Extração, Comercialização ou Importação de Bens e Serviços Prejudiciais à Saúde ou ao Meio Ambiente – o chamado Imposto Seletivo –, nos termos de lei complementar, contemplando, assim, norma imunizante excludente (art. 126, III, do ADCT).

6.4. Redução de seu impacto sobre a aquisição de bens de capital pelo contribuinte do imposto. A finalidade da norma inscrita no inciso IV do § 3.º do art. 153, CR, é, mediante a redução do IPI na aquisição dos bens de capital, a consequente obtenção da redução do preço dos bens de consumo.

7. Hipótese de incidência. Os três aspectos componentes do antecedente da hipótese de incidência desse imposto são:

7.1. Antecedente das hipóteses de incidência. Aspecto material. Em todas as situações fáticas indicadas pela lei, consiste em realizar operação com produto industrializado. O preceito, pretendendo cuidar do *aspecto material* da hipótese de incidência, apresenta, todavia, uma redação infeliz, à semelhança de outros do Código Tributário Nacional, pois aponta como fato gerador do imposto o seu aspecto temporal. Há três *hipóteses de incidência* distintas: *(i)* desembaraçar produto industrializado de origem estrangeira; *(ii)* realizar operação com produto industrializado; e *(iii)* arrematar produto industrializado apreendido ou abandonado.

7.1.1. Desembaraçar produtos industrializados de origem estrangeira. Essa hipótese revela um IPI configurado como autêntico adicional do Imposto de Importação, de conotação marcadamente *extrafiscal*, destinado à *proteção da indústria nacional*. A conduta tributável é importar produto industrializado de origem estrangeira.

7.1.2. Realizar operação com produto industrializado. Tal hipótese de incidência aponta a materialidade típica do IPI. Saliente-se que o conceito de industrialização, nesse contexto, é meramente acessório, visto que o importante é o conceito de *produto industrializado*, objeto da operação (art. 46, parágrafo único, CTN). Não é a *industrialização* que se sujeita à tributação, mas o *resultado desse processo.* Confirma esse entendimento a dicção do art. 153, § 3.º, II ("compensando-se o que for devido em cada operação..."). Portanto, o conceito determinante para a identificação do aspecto material do IPI é o de *produto industrializado.* Embora a incidência em foco seja diversa da pertinente à importação de produto industrializado estrangeiro, o STJ concluiu que os produtos importados estão sujeitos a uma nova incidência do IPI quando de sua saída do estabelecimento importador na operação de revenda, mesmo que não tenham sofrido industrialização no Brasil (EREsp 1.403.532/SC, j. 14.10.2015).

7.1.2.1. *Produto industrializado. Conceito.* O parágrafo único do art. 46, CTN define-o como o "que tenha sido submetido a qualquer operação que lhe modifique a natureza ou a finalidade, ou o aperfeiçoe para o consumo". O dispositivo deixa claro, portanto, que o IPI incide sobre a operação que tenha por *objeto produto industrializado,* não sobre seu processo de industrialização, assim entendido o conjunto de etapas para sua confecção. Singelamente, *produto industrializado* é o que se faz para vender.

7.1.3. *Arrematar produto industrializado apreendido ou abandonado.* Igualmente consiste hipótese de incidência do IPI arrematar, em leilão, produto industrializado apreendido ou abandonado.

7.2. *Antecedente das hipóteses de incidência. Aspecto espacial.* Genericamente, é o território nacional. Especificamente, há que se atentar para as três materialidades antes apontadas e, assim, temos que as coordenadas específicas de espaço são, respectivamente: *(i)* repartição aduaneira; *(ii)* estabelecimento industrial; e *(iii)* local da arrematação.

7.3. *Antecedente das hipóteses de incidência. Aspecto temporal.* O momento em que se considera nascida a obrigação de pagar o IPI é, consoante as três incidências, respectivamente: *(i)* o momento do desembaraço aduaneiro; *(ii)* a saída do estabelecimento; e *(iii)* o momento da arrematação. Quanto ao *aspecto temporal* mais comum – saída do produto do estabelecimento industrial – resta óbvio que a "saída" não é meramente física (ex.: furto, incêndio), pois há que se estribar num negócio jurídico que implique a transferência de titularidade sobre o bem.

 SUGESTÕES DOUTRINÁRIAS

IMPOSTO SOBRE PRODUTOS INDUSTRIALIZADOS

José Eduardo Soares de Melo, *IPI: teoria e prática,* Malheiros; Eduardo Domingos Botallo, *IPI: princípios e estrutura,* Dialética; Alcides Jorge Costa, *Estudos sobre IPI, ICMS e ISS,* Dialética; Maurício Dalri Timm do Valle, *Princípios constitucionais e regras-matrizes de incidência do Imposto sobre Produtos Industrializados – IPI,* Noeses.

 JURISPRUDÊNCIA ILUSTRATIVA

STF

• "Direito tributário. Recurso extraordinário com repercussão geral. IPI. Seletividade em função da essencialidade. Garrafões, garrafas e tampas plásticas. Possibilidade de tributação. 1. Recurso extraordinário em face de acórdão que entendeu que os garrafões, garrafas e tampas plásticas produzidos pela recorrida deveriam se submeter à alíquota zero de IPI pelo fato de que eram utilizados para acondicionar água mineral, bem essencial. 2. A observância à seletividade e a atribuição de alíquota zero a produtos essenciais são fenômenos que não se confundem. O princípio da seletividade não implica imunidade ou completa desoneração de determinado bem, ainda que seja essencial. Desse modo, os produtos em análise podem ser tributados a alíquotas superiores a zero, sem que isso configure desrespeito ao preceito constitucional. Precedentes. 3. Não há ofensa à vedação ao confisco, uma vez que as alíquotas pretendidas pelo Poder Executivo, de 10% e 15%, não geram expropriação patrimonial dos consumidores. Os produtos destinados ao acondicionamento de bens essenciais não devem necessariamente ter as mesmas alíquotas desses últimos, sob pena de se desconsiderarem as características técnicas que os distinguem e as políticas fiscais que os Poderes Legislativo e Executivo pretendem implementar. 4. Provimento do recurso extraordinário da União, a fim de reformar o acórdão do Tribunal *a quo*, denegando a ordem ante a ausência de direito líquido e certo da recorrida ao reenquadramento dos seus produtos, garrafões, garrafas e tampas plásticas (posição 3923.30.00 da TIPI), como embalagens de produtos alimentícios (posição 3923.90.00 da TIPI). Fixação da seguinte tese: 'É constitucional a fixação de alíquotas de IPI superiores a zero sobre garrafões, garrafas e tampas plásticas, ainda que utilizados para o acondicionamento de produtos essenciais'" (RE 606.314/PE, Tema 501, Rel. Min. Roberto Barroso, j. 12.05.2021).

• "Constitucional e tributário. Imposto sobre produtos industrializados. Bens importados. Incidência no desembaraço aduaneiro e na saída do estabelecimento importador para comercialização no mercado interno. Constitucionalidade. 1. A sistemática legal de tributação dos bens importados pelo imposto sobre produtos industrializado – IPI é compatível com a Constituição. 2. Recurso Extraordinário a que se nega provimento, com a fixação da seguinte tese de julgamento para o Tema 906 da repercussão geral: 'É constitucional a incidência do Imposto sobre Produtos Industrializados – IPI no desembaraço aduaneiro de bem industrializado e na saída do estabelecimento importador para comercialização no mercado interno'" (RE 946.648/SC, Tema 906, Rel. Min. Marco Aurélio, j. 24.08.2020).

• "Imposto sobre produtos industrializados. Importação de bens para uso próprio. Consumidor final. Incide, na importação de bens para uso próprio, o Imposto sobre Produtos Industrializados, sendo neutro o fato de tratar-se de consumidor final" (RE 723.651/PR, Tema 643, Rel. Min. Marco Aurélio, j. 04.02.2016).

Tese: "Incide o imposto de produtos industrializados na importação de veículo automotor por pessoa natural, ainda que não desempenhe atividade empresarial e o faça para uso próprio".

STJ

Súmula n. 671: "Não incide o IPI quando sobrevém furto ou roubo do produto industrializado após sua saída do estabelecimento industrial ou equiparado e antes de sua entrega ao adquirente".

• "Embargos de divergência em recurso especial. Direito tributário. Recurso representativo da controvérsia. Art. 543-C do CPC. Imposto sobre Produtos Industrializados – IPI. Fato gerador. Incidência sobre os importadores na revenda de produtos de procedência estrangeira. Fato gerador autorizado pelo art. 46, II, c/c o art. 51, parágrafo único, do CTN. Sujeição passiva autorizada pelo art. 51, II, do CTN, c/c o art. 4.º, I, da Lei n. 4.502/1964. Previsão nos arts. 9.º, I, e 35, II, do RIPI/2010 (Decreto n. 7.212/2010). 1. Seja pela combinação dos artigos 46, II, e 51, parágrafo único, do CTN – que compõem o fato gerador, seja pela combinação do art. 51, II, do CTN, art. 4.º, I, da Lei n. 4.502/1964, art. 79, da Medida Provisória n. 2.158-35/2001 e art. 13 da Lei n. 11.281/2006 – que definem a sujeição passiva, nenhum deles até então afastados por inconstitucionalidade, os produtos importados estão sujeitos a uma nova incidência do IPI quando de sua saída do estabelecimento importador na operação de revenda, mesmo que não tenham sofrido industrialização no Brasil. 2. Não há qualquer ilegalidade na incidência do IPI na saída dos produtos de procedência estrangeira do estabelecimento do importador, já que equiparado a industrial pelo art. 4.º, I, da Lei n. 4.502/1964, com a permissão dada pelo art. 51, II, do CTN. 3. Interpretação que não ocasiona a ocorrência de *bis in idem*, dupla tributação ou bitributação, porque a lei elenca dois fatos geradores distintos, o desembaraço aduaneiro proveniente da operação de compra de produto industrializado do exterior e a saída do produto industrializado do estabelecimento importador equiparado a estabelecimento produtor, isto é, a primeira tributação recai sobre o preço de compra onde embutida a margem de lucro da empresa estrangeira e a segunda tributação recai sobre o preço da venda, onde já embutida a margem de lucro da empresa brasileira importadora. Além disso, não onera a cadeia além do razoável, pois o importador na primeira operação apenas acumula a condição de contribuinte de fato e de direito em razão da territorialidade, já que o estabelecimento industrial produtor estrangeiro não pode ser eleito pela lei nacional brasileira como contribuinte de direito do IPI (os limites da soberania tributária o impedem), sendo que a empresa importadora nacional brasileira acumula o crédito do imposto pago no desembaraço aduaneiro para ser utilizado como abatimento do imposto a ser pago na saída do produto como contribuinte de direito (não cumulatividade), mantendo-se a tributação apenas sobre o valor agregado. 4. Precedentes: REsp 1.386.686/SC, Segunda Turma, Rel. Min. Mauro Campbell Marques, julgado em 17.09.2013; e REsp 1.385.952/SC, Segunda Turma, Rel. Min. Mauro Campbell Marques, julgado em 03.09.2013. Superado o entendimento contrário veiculado nos EREsp 1.411749/PR, Primeira Seção, Rel. Min. Sérgio Kukina, Rel. p/acórdão Min. Ari Pargendler, julgado em 11.06.2014; e no REsp 841.269/BA, Primeira Turma, Rel. Min. Francisco Falcão, julgado em 28.11.2006. 5. Tese julgada para efeito do art. 543-C do CPC: 'os produtos importados estão sujeitos a uma nova incidência do IPI quando de sua saída do estabelecimento importador na operação de revenda, mesmo que não tenham sofrido industrialização no Brasil'. 6. Embargos de divergência em recurso especial não providos. Acórdão submetido ao regime do art. 543-C do CPC e da Resolução STJ 08/2008" (EREsp 1.403.532/SC, Tema Repetitivo 912, Rel. p/ o acórdão Min. Campbell Marques, j. 14.10.2015).

Art. 47. A base de cálculo do imposto é **(1 a 3.3)**:

I – no caso do inciso I do artigo anterior, o preço normal, como definido no inciso II do art. 20, acrescido do montante:

a) do imposto sobre a importação;

b) das taxas exigidas para entrada do produto no País;

c) dos encargos cambiais efetivamente pagos pelo importador ou dele exigíveis;

II – no caso do inciso II do artigo anterior:

a) o valor da operação de que decorrer a saída da mercadoria;

b) na falta do valor a que se refere a alínea anterior, o preço corrente da mercadoria, ou sua similar, no mercado atacadista da praça do remetente;

III – no caso do inciso III do artigo anterior, o preço da arrematação.

 COMENTÁRIOS

---

1. *Moldura constitucional*. Art. 153. "Compete à União instituir impostos sobre: [...] IV – produtos industrializados; [...] § 1.º É facultado ao Poder Executivo, atendidas as condições e os limites estabelecidos em lei, alterar as alíquotas dos impostos enumerados nos incisos I, II, IV e V. [...] § 3.º O imposto previsto no inciso IV: I – será seletivo, em função da essencialidade do produto; II – será não cumulativo, compensando-se o que for devido em cada operação com o montante cobrado nas anteriores; III – não incidirá sobre produtos industrializados destinados ao exterior; IV – terá reduzido seu impacto sobre a aquisição de bens de capital pelo contribuinte do imposto, na forma da lei. (Incluído pela Emenda Constitucional n. 42/2003.)"

2. *Dispositivo relacionado:* art. 20, II, CTN.

3. *Consequente das hipóteses de incidência. Aspecto quantitativo. Bases de cálculo.* O dispositivo apresenta as possibilidades de base de cálculo do imposto. São três, de acordo com as materialidades indicadas: *(i)* o preço normal do produto; *(ii)* o valor da operação; e *(iii)* o preço da arrematação.

3.1. *Preço normal do produto.* A base de cálculo do IPI-importação (art. 46, I, CTN) remete à disciplina do Imposto de Importação, mediante a remissão à definição de preço normal do produto contida no art. 20, II, CTN: "o preço normal que o produto, ou seu similar, alcançaria, ao tempo da importação, em uma venda em condições de livre concorrência, para entrega no porto ou lugar de entrada do produto no País". A esse valor acrescentam-se o montante correspondente ao Imposto sobre a Importação, o valor das taxas exigidas para entrada do produto no País, bem como os encargos cambiais efetivamente pagos pelo importador ou dele exigíveis.

3.2. *Valor da operação.* É a base de cálculo-padrão do IPI, referente à hipótese de incidência consistente em "realizar operação com produto industrializado" (art. 46, II, CTN). Significa o *valor do negócio jurídico*.

3.3. *Preço da arrematação.* Base de cálculo pertinente às hipóteses em que o produto industrializado tenha sido apreendido ou abandonado e levado a leilão (art. 46, III, CTN).

 JURISPRUDÊNCIA ILUSTRATIVA

STF

• "Imposto sobre Produtos Industrializados. Valores de descontos incondicionais. Base de cálculo. Inclusão. Artigo 15 da Lei n. 7.798/1989. Inconstitucionalidade formal. Lei complementar. Exigibilidade. Viola o artigo 146, inciso III, alínea 'a', da Carta Federal norma ordinária segundo a qual hão de ser incluídos, na base de cálculo do Imposto sobre Produtos Industrializados – IPI, os valores relativos a descontos incondicionais concedidos quando das operações de saída de produtos, prevalecendo o disposto na alínea 'a' do inciso II do artigo 47 do Código Tributário Nacional" (RE 567.935/SC, Tema 84, Rel. Min. Marco Aurélio, j. 04.09.2014).

Tese: "É formalmente inconstitucional, por ofensa ao artigo 146, inciso III, alínea 'a', da Constituição Federal, o § 2.º do artigo 14 da Lei n. 4.502/1964, com a redação dada pelo artigo 15 da Lei n. 7.798/1989, no ponto em que prevê a inclusão de descontos incondicionais na base de cálculo do Imposto sobre Produtos Industrializados – IPI, em descompasso com a disciplina da matéria no artigo 47, inciso II, alínea 'a', do Código Tributário Nacional".

Art. 48. O imposto é seletivo em função da essencialidade dos produtos **(1 a 3.2.4)**.

COMENTÁRIOS

1. *Moldura constitucional.* Art. 7.º "São direitos dos trabalhadores urbanos e rurais, além de outros que visem à melhoria de sua condição social: [...] IV – salário mínimo, fixado em lei, nacionalmente unificado, capaz de atender a suas necessidades vitais básicas e às de sua família com moradia, alimentação, educação, saúde, lazer, vestuário, higiene, transporte e previdência social, com reajustes periódicos que lhe preservem o poder aquisitivo, sendo vedada sua vinculação para qualquer fim; [...] Art. 150. Sem prejuízo de outras garantias asseguradas ao contribuinte, é vedado à União, aos Estados, ao Distrito Federal e aos Municípios: [...] § 5.º A lei determinará medidas para que os consumidores sejam esclarecidos acerca dos impostos que incidam sobre mercadorias e serviços. [...] Art. 153. Compete à União instituir impostos sobre: [...] § 1.º É facultado ao Poder Executivo, atendidas as condições e os limites estabelecidos em lei, alterar as alíquotas dos impostos enumerados nos incisos I, II, IV e V. [...] IV – produtos industrializados; [...] § 3.º O imposto previsto no inciso IV: [...] I – será seletivo, em função da essencialidade do produto; [...]".

2. *Legislação básica:* Decreto n. 7.212/2010 (RIPI); Decreto n. 11.158/2022 (TIPI); Lei n. 12.741/2012 (medidas de esclarecimento ao consumidor de que trata o § 5.º do art. 150, CR).

3. *Consequente das hipóteses de incidência. Aspecto quantitativo. Alíquotas.* A alíquota aplicável consistirá, em regra, num percentual a incidir sobre a base de cálculo. Destaque-se, uma vez mais, que o imposto em foco, consoante sua disciplina constitucional, tem suas alíquotas passíveis de alteração pelo Poder Executivo, atendidas as condições e limites estabelecidos em lei (art. 153, § 1.º, CR), bem como será *seletivo*, em função da *essencialidade do produto* (art. 153, § 3.º, I, CR).

3.1. *Discricionariedade do Poder Executivo para a alteração de alíquotas.* Tal qual os Impostos de Importação, de Exportação, e sobre Operações Financeiras, o IPI sujeita-se a regime jurídico especial, autorizador da alteração de suas alíquotas, pelo Poder Executivo, atendidas as condições e limites estabelecidos em lei (art. 153, § 1.º, CR). Trata-se de expediente que traduz o viés *extrafiscal* desse imposto, destinado à *proteção da indústria nacional*, a conferir-lhe agilidade nas modificações necessárias ao atendimento dessa finalidade. O *princípio da legalidade tributária*, com relação aos impostos mencionados nesse dispositivo, experimenta atenuação em seu rigor, ensejando que ato do Poder Executivo integre a vontade da lei, complementando-a nesse quesito. Conforme assinalado em relação aos impostos que gravam o comércio exterior, seria de pouca utilidade excepcionar o IPI da observância do *princípio da anterioridade da lei tributária*, permitindo sua majoração de imediato, caso fosse mantida sua submissão à exigência de que a fixação da alíquota se desse por meio de lei. Assim é que o Poder Executivo, dentro dos parâmetros legalmente fixados, pode proceder às alterações que se fizerem necessárias. Cuida-se de autêntica *discricionariedade administrativa*, atribuída em nível constitucional, destinada a aparelhar a exigência fiscal para que atue como instrumento de proteção da indústria nacional, sendo escolhida, em cada hipótese, a alternativa de alíquota mais adequada à satisfação do interesse público.

3.2. *Seletividade da alíquota em função da essencialidade do produto.* O dispositivo reproduz o comando contido no inciso I do § 3.º do art. 153 da Constituição. A seletividade do imposto significa que a lei procederá a discriminações de tratamento estabelecidas em função da *essencialidade do produto*, critério apontado constitucionalmente. Em outras palavras, a exigência do IPI há de ser modulada consoante o *grau de essencialidade dos produtos industrializados para o consumidor*: quanto mais essenciais, menor deve ser a tributação; quanto menos essenciais, o imposto deve sobre eles incidir com maior intensidade.

3.2.1. *Classificação dos produtos industrializados em face da seletividade.* Relevante a classificação dos produtos industrializados para atender à seletividade de alíquotas desse imposto: *(i) produtos necessários*, relativamente aos quais a incidência há de se dar mediante alíquotas baixas, caso não seja possível conceder-se a *isenção*; *(ii) produtos úteis*, para aos quais autorizada está a tributação por meio de alíquotas moderadas; e *(iii) produtos supérfluos ou nocivos,* cuja tributação há de ser efetuada mediante a aplicação de alíquotas elevadas (Cf. Paulo de Barros Carvalho, *Curso de direito tributário*). Nos termos do art. 69 do Decreto n. 7.212/2010, que veicula o Regulamento do IPI, o Poder Executivo, "quando se tornar necessário para atingir os objetivos da política econômica governamental, mantida a seletividade em função da essencialidade do produto, ou, ainda, para corrigir distorções, poderá reduzir alíquotas do imposto até zero ou majorá-las até trinta unidades percentuais". Atualmente, a Tabela do Imposto sobre Produtos Industrializados – TIPI (Decreto n. 11.158/2022) contempla alíquotas que variam de 0 (a alíquota mais frequente) a 300% (cigarros contendo tabaco), sendo que a maioria delas situa-se abaixo dos 20%, por se tratar de imposto seletivo.

3.2.2. *Técnicas para a implementação da seletividade.* A seletividade pode ser implementada mediante mais de uma técnica, como segue.

3.2.2.1. *Diferenciação de alíquotas.* A técnica mais utilizada, em razão de sua eficácia, tem sido a diferenciação de alíquotas. Consiste em a lei adotar alíquotas distintas para diversas hipóteses, consoante um ou mais critérios.

3.2.2.2. *Progressividade.* Já a *progressividade* significa a técnica de tributação, segundo a qual, na medida em que aumenta a base de cálculo, eleva-se a alíquota sobre ela incidente. A *diferenciação de alíquotas* prevista na TIPI enseja debate acerca do efetivo cumprimento da *regra da seletividade*, quando, por exemplo, a alíquota correspondente a um produto necessário revelar-se mais elevada do que aquela aplicável a um produto considerado supérfluo. Ressalte-se que a noção de essencialidade há de ser aferida segundo as coordenadas de tempo e espaço, vale dizer, à vista de dada sociedade e em determinado momento histórico. Entendemos, nesse sentido, que o art. 7.º, IV, CR, ao conceituar o salário mínimo, traça os parâmetros para o que deve ser considerado essencial no contexto da sociedade brasileira.

3.2.2.3. *Outras técnicas.* Ainda podem ser utilizadas, para a implementação da seletividade, as técnicas consubstanciadas nas *variações de base de cálculo,* ou a instituição de diversos *incentivos fiscais.*

3.2.3. *IPI e direito do consumidor.* Para a adequada compreensão dessa regra constitucional, cumpre recordar que o IPI é um *imposto indireto*, assim entendido aquele cujo ônus financeiro não é suportado pelo contribuinte *de jure*, mas sim pelo contribuinte *de facto*, ou consumidor final. Trata-se do fenômeno da *repercussão econômica* do tributo ou *translação tributária*, segundo o qual o *contribuinte de direito* não é aquele que absorve o impacto econômico da imposição tributária, pois o repassa ao *contribuinte de fato*, o consumidor final. Desse modo, o valor do imposto é embutido no preço do produto e, por essa razão, estatui a Constituição que "a lei determinará medidas para que os consumidores sejam esclarecidos acerca dos impostos que incidam sobre mercadorias e serviços" (art. 150, § 5.º), assegurando o direito do consumidor de saber a carga tributária a ser por ele suportada na aquisição desses itens. Com bastante atraso, tal dispositivo constitucional veio a ser regulamentado pela Lei n. 12.741/2012, cujo art. 1.º, *caput*, assim preceitua: "Art. 1.º Emitidos por ocasião da venda ao consumidor de mercadorias e serviços, em todo território nacional, deverá constar, dos documentos fiscais ou equivalentes, a informação do valor aproximado correspondente à totalidade dos tributos federais, estaduais e municipais, cuja incidência influi na formação dos respectivos preços de venda".

3.2.4. *A EC n. 132/2023 e a redução de alíquotas a zero.* A EC n. 132/2023 introduziu alterações no regime desse imposto, dentre elas a norma segundo a qual, a partir de 2027, o IPI terá suas alíquotas reduzidas a zero, exceto em relação aos produtos que tenham industrialização incentivada na Zona Franca de Manaus, conforme critérios estabelecidos em lei complementar, o que, em outras palavras, significa que o imposto ficará com sua exigibilidade suspensa (art. 126, III, do ADCT).

 JURISPRUDÊNCIA ILUSTRATIVA

STF

• "IPI. Seletividade e essencialidade. Açúcar. Lei n. 8.393/1991. A Lei n. 8.393/1991 atende aos requisitos seletividade e essencialidade e ao princípio isonômico" (RE 592.145/SP, Tema 80, Rel. Min. Marco Aurélio, j. 05.04.2017).

Tese: "Surge constitucional, sob o ângulo do caráter seletivo, em função da essencialidade do produto e do tratamento isonômico, o artigo 2.º da Lei n. 8.393/1991, a revelar alíquota máxima de Imposto sobre Produtos Industrializados – IPI de 18%, assegurada isenção, quanto aos contribuintes situados na área de atuação da Superintendência de Desenvolvimento do Nordeste – SUDENE e da Superintendência de Desenvolvimento da Amazônia – SUDAM, e autorização para redução de até 50% da alíquota, presentes contribuintes situados nos Estados do Espírito Santo e do Rio de Janeiro".

> **Art. 49.** O imposto é não cumulativo **(1 a 3)**, dispondo a lei de forma que o montante devido resulte da diferença a maior, em determinado período, entre o imposto referente aos produtos saídos do estabelecimento e o pago relativamente aos produtos nele entrados.
>
> Parágrafo único. O saldo verificado, em determinado período, em favor do contribuinte, transfere-se para o período ou períodos seguintes.

 COMENTÁRIOS

1. *Moldura constitucional.* Art. 153. "Compete à União instituir impostos sobre: [...] IV – produtos industrializados; [...] § 3.º O imposto previsto no inciso IV: [...] II – será não cumulativo, compensando-se o que for devido em cada operação com o montante cobrado nas anteriores; [...]"

2. *Não cumulatividade.* O dispositivo reproduz, em essência, a norma contida no § 3.º do art. 153, CR. A não cumulatividade estabelece um *sistema de compensação de créditos*, segundo o qual o imposto devido numa operação anterior representará um *crédito* a ser deduzido da quantia de imposto a pagar nas operações subsequentes. Gera um sistema de créditos que poderá ser usado como forma de pagamento do imposto. O contribuinte deve subtrair, da quantia devida a esse título, o(s) crédito(s) acumulado(s) na(s) operação(ões) anterior(es), que funcionam, assim, como autênticas moedas de pagamento do IPI. Poderão ser deduzidos créditos referentes a insumos, vale dizer, ao conjunto de fatores produtivos – matérias-primas, energia, trabalho etc. A nosso ver, a não cumulatividade é expressão do *princípio da capacidade contributiva,* cuja eficácia alcança, também, o contribuinte de fato, impedindo que o imposto se torne um gravame cada vez mais oneroso nas várias operações de circulação do produto (ou da mercadoria, no caso do ICMS). O objetivo de tal regra é evitar a chamada *tributação em cascata*, vale dizer, a incidência de imposto sobre imposto, uma vez que o IPI é um imposto *plurifásico*, porquanto incide em operações sucessivas. Em outras palavras, a não cumulatividade, na hipótese, visa impedir que o imposto se torne um gravame cada vez mais oneroso nas várias operações de circulação do produto, deixando-o proibitivo. Observe-se que, no art. 153, § 3.º, II, onde se lê "cobrado", há de se entender "devido", pois ainda que, com relação à operação anterior, não tenha ocorrido o pagamento do imposto, na operação subsequente, como regra, poderá ser utilizado o crédito correspondente. Se o contribuinte anterior for isento, imune ou não pagar o tributo, isso não afasta a regra da não cumulatividade. Anote-se que, diversamente do que ocorre no ICMS (art. 155, § 2.º, II[10]), não há previsão constitucional de exceções à não cumulatividade do IPI, uma vez mantidos os créditos mesmo nas hipóteses de isenção ou não incidência (a esse respeito, v. comentário no item seguinte). O parágrafo único do dispositivo estatui que o saldo credor, referente a cada período de apuração do imposto, será transferido para o período seguinte e assim por diante.

3. Créditos de IPI nas aquisições isentas, não tributadas e sujeitas à alíquota zero. Evolução jurisprudencial. A jurisprudência do STF, inicialmente, admitiu o crédito do IPI nas aquisições isentas, não tributadas e com alíquota zero de insumos (matéria-prima, produto intermediário e material de embalagem), destinados a emprego na industrialização de produtos tributados, em homenagem ao princípio constitucional da não cumulatividade, porquanto compreendeu que, caso não admitido o crédito nessas operações, o resultado seria a cumulatividade do imposto pelo pagamento total na saída. No entanto, posteriormente, a Corte concluiu diversamente ao afirmar que os princípios da não cumulatividade e da seletividade não asseguram direito ao crédito presumido do IPI para o contribuinte adquirente de insumos não tributados ou sujeitos à alíquota zero, orientação ora consolidada na Súmula Vinculante n. 58.

 SUGESTÕES DOUTRINÁRIAS

NÃO CUMULATIVIDADE

André Mendes Moreira, *A não cumulatividade dos tributos,* Noeses.

 JURISPRUDÊNCIA ILUSTRATIVA

STF

• Súmula Vinculante n. 58: "Inexiste direito a crédito presumido de IPI relativamente à entrada de insumos isentos, sujeitos à alíquota zero ou não tributáveis, o que não contraria o 'princípio da não cumulatividade'".

• "Direito tributário. Recurso extraordinário. Repercussão geral. Contribuição para o PIS e Cofins. Lei nº 9.718/1998. Crédito presumido de IPI. Lei nº 9.363/1996. Imunidade das exportações. Receitas diretamente relacionadas à atividade de exportação. Conceito constitucional de faturamento. 1. Recurso extraordinário em face de acórdão do Tribunal Regional Federal da 4ª Região, que excluiu da base de cálculo da contribuição para o PIS e

---

[10]   V. art. 156-A, incluído pela EC n. 132/2023.

da COFINS os créditos presumidos de IPI (instituídos pela Lei nº 9.363/1996), decorrentes da aquisição no mercado interno de matérias-primas, produtos intermediários e materiais de embalagem, quando utilizados na elaboração de produtos destinados à exportação. 2. Natureza jurídica do crédito presumido de IPI, instituído pela Lei nº 9.363/1996. Não obstante a lei preveja se tratar de incentivo fiscal que visa a "ressarcir" as sociedades empresárias, não há, na espécie, pagamento indevido que torne imperativa a restituição do tributo. O que há é uma opção legislativa com o objetivo de desonerar as exportações. A natureza jurídica da benesse, por suas características, é a de subvenção corrente, uma vez que consiste num auxílio financeiro (via crédito tributário) prestado pelo Estado a pessoa jurídica para fins de suporte econômico de despesas na consecução do seu objeto social. 3. Alcance da imunidade das exportações (art. 149, § 2º, I, da CF/1988). A imunidade se limita às receitas diretamente relacionadas à exportação. Não contempla efeitos tributários outros que sejam verificados em razão do repasse do ônus fiscal ao longo da cadeia produtiva (RE 754.917, Rel. Min. Dias Toffoli, j. em 05.08.2020). Desse modo, não alcança os créditos presumidos de IPI decorrentes da aquisição no mercado interno de matérias-primas, produtos intermediários e materiais de embalagem, mesmo quando utilizados na elaboração de produtos destinados à exportação. 4. Créditos presumidos de IPI não constituem faturamento. O Plenário deste Tribunal, em diversas oportunidades, afirmou que o faturamento é a receita da venda de bens nas operações de conta própria e da prestação de serviços em geral. Os créditos presumidos de IPI, caracterizados como subvenção corrente prestada pelo Fisco à pessoa jurídica, não se enquadram no conceito de faturamento e, portanto, não compõem a base de cálculo da contribuição para o PIS e da COFINS, sob a sistemática de apuração cumulativa (Lei nº 9.718/1998). 5. Negativa de provimento ao recurso extraordinário, de modo a afastar a aplicação dos arts. 3° e 4° da Lei Complementar nº 118/2005, e reconhecer que os créditos presumidos de IPI (instituídos pela Lei nº 9.363/1996) não compõem a base de cálculo da contribuição para o PIS e da COFINS, sob a sistemática de apuração cumulativa (Lei nº 9.718/1998). 6. Fixação da seguinte tese de julgamento: "Os créditos presumidos de IPI, instituídos pela Lei nº 9.363/1996, não integram a base de cálculo da contribuição para o PIS e da COFINS, sob a sistemática de apuração cumulativa (Lei nº 9.718/1998), pois não se amoldam ao conceito constitucional de faturamento" (RE n. 593.544/RS, Tema 504, Rel. Min. Luís Roberto Barroso, j. 19.12.2023).

- "Tributário. Repercussão geral. Imposto sobre Produtos Industrializados – IPI. Creditamento na aquisição direta de insumos provenientes da Zona Franca de Manaus. Artigos 40, 92 e 92-A do ADCT. Constitucionalidade. Artigos 3.º, 43, § 2.º, III, 151, I e 170, I e VII, da Constituição Federal. Inaplicabilidade da regra contida no artigo 153, § 3.º, II, da Constituição Federal à espécie. O fato de os produtos serem oriundos da Zona Franca de Manaus reveste-se de particularidade suficiente a distinguir o presente feito dos anteriores julgados do Supremo Tribunal Federal sobre o creditamento do IPI quando em jogo medidas desonerativas. O tratamento constitucional conferido aos incentivos fiscais direcionados para sub-região de Manaus é especialíssimo. A isenção do IPI em prol do desenvolvimento da região é de interesse da federação como um todo, pois este desenvolvimento é, na verdade, da nação brasileira. A peculiaridade desta sistemática reclama exegese teleológica, de modo a assegurar a concretização da finalidade pretendida. À luz do postulado da razoabilidade, a regra da não cumulatividade esculpida no artigo 153, § 3.º, II, da Constituição, se compreendida como uma exigência de crédito presumido para creditamento diante de toda e qualquer isenção, cede espaço para a realização da igualdade, do pacto federativo, dos objetivos fundamentais da República Federativa do Brasil e da soberania nacional. Recurso extraordinário desprovido" (RE 592.891/SP, Tema 322, Rel. Min. Rosa Weber, j. 25.04.2019).

Tese: "Há direito ao creditamento de IPI na entrada de insumos, matéria-prima e material de embalagem adquiridos junto à Zona Franca de Manaus sob o regime da isenção, considerada a previsão de incentivos regionais constante do art. 43, § 2.º, III, da Constituição Federal, combinada com o comando do art. 40 do ADCT".

• "Recurso extraordinário. Repercussão geral. 2. Tributário. Aquisição de insumos isentos, não tributados ou sujeitos à alíquota zero. 3. Creditamento de IPI. Impossibilidade. 4. Os princípios da não cumulatividade e da seletividade, previstos no art. 153, § 3.º, I e II, da Constituição Federal, não asseguram direito de crédito presumido de IPI para o contribuinte adquirente de insumos não tributados ou sujeitos à alíquota zero. Precedentes. 5. Recurso não provido. Reafirmação de jurisprudência" (RE 398.365/RS, Tema 844, Rel. Min. Gilmar Mendes, j. 27.08.2015).

Tese: "O princípio da não cumulatividade não assegura direito de crédito presumido de IPI para o contribuinte adquirente de insumos não tributados, isentos ou sujeitos à alíquota zero".

STJ

• Súmula n. 495: "A aquisição de bens integrantes do ativo permanente da empresa não gera direito a creditamento de IPI".

• Súmula n. 494: "O benefício fiscal do ressarcimento do crédito presumido do IPI relativo às exportações incide mesmo quando as matérias-primas ou os insumos sejam adquiridos de pessoa física ou jurídica não contribuinte do PIS/PASEP".

> **Art. 50.** Os produtos sujeitos ao imposto, quando remetidos de um para outro Estado, ou do ou para o Distrito Federal, serão acompanhados de nota fiscal de modelo especial, emitida em séries próprias e contendo, além dos elementos necessários ao controle fiscal, os dados indispensáveis à elaboração da estatística do comércio por cabotagem e demais vias internas **(1)**.

 COMENTÁRIOS

1. Nota fiscal para operação interestadual. O dispositivo regulamenta aspectos concernentes ao modelo de nota fiscal a ser expedida nas operações interestaduais que tenham por objeto produto industrializado. Trata-se de preceito que não deveria constar do CTN, diploma que contempla normas gerais sobre legislação tributária.

> **Art. 51.** Contribuinte do imposto é **(1 a 3.2)**:
> I – o importador ou quem a lei a ele equiparar;
> II – o industrial ou quem a lei a ele equiparar;
> III – o comerciante de produtos sujeitos ao imposto, que os forneça aos contribuintes definidos no inciso anterior;
> IV – o arrematante de produtos apreendidos ou abandonados, levados a leilão.
> Parágrafo único. Para os efeitos deste imposto, considera-se contribuinte autônomo qualquer estabelecimento de importador, industrial, comerciante ou arrematante.

COMENTÁRIOS

1. Dispositivos relacionados: art. 121, parágrafo único, I e II, CTN.

2. Legislação básica: Lei n. 4.502/1964, art. 35; e Decreto n. 7.212/2010 (RIPI), arts. 24 a 30.

3. Consequente das hipóteses de incidência. Aspecto pessoal. Contribuintes. O dispositivo aponta os possíveis contribuintes, distinguindo-os em quatro categorias, de acordo com as materialidades indicadas: *(i)* o importador ou quem a lei a ele equiparar; *(ii)* o industrial ou quem a lei a ele equiparar; *(iii)* o comerciante de produtos sujeitos ao imposto, que os forneça aos contribuintes definidos no inciso anterior; e *(iv)* o arrematante de produtos apreendidos ou abandonados, levados a leilão. Anote-se que o STJ decidiu pela não incidência do IPI sobre operação de importação de veículo para uso próprio, por entender que o consumidor final não é contribuinte do imposto (REsp 1.396.488/SC, j. 25.02.2015). O STF, posteriormente, concluiu pela incidência de IPI na importação de veículo automotor por pessoa natural, ainda que não desempenhe atividade empresarial e o faça para uso próprio (RE 723.651/PR, j. 04.02.2016).

3.1. Contribuinte autônomo. Nos termos da norma contida no parágrafo único, considera-se contribuinte autônomo qualquer estabelecimento de importador, industrial, comerciante ou arrematante.

3.2. Responsáveis. O CTN a eles não se refere; as hipóteses estão disciplinadas no art. 35, II, da Lei n. 4.502/1964 e regulamentadas nos arts. 25 a 30 do Decreto n. 7.212/2010 (RIPI).

JURISPRUDÊNCIA ILUSTRATIVA

STF

• Súmula n. 591: "A imunidade ou a isenção tributária do comprador não se estende ao produtor, contribuinte do Imposto sobre Produtos Industrializados".

• "Imposto sobre produtos industrializados. Importação de bens para uso próprio. Consumidor final. Incide, na importação de bens para uso próprio, o Imposto sobre Produtos Industrializados, sendo neutro o fato de tratar-se de consumidor final" (RE 723.651/PR, Tema 643, Rel. Min. Marco Aurélio, j. 04.02.2016).

Tese: "Incide o Imposto de Produtos Industrializados na importação de veículo automotor por pessoa natural, ainda que não desempenhe atividade empresarial e o faça para uso próprio".

STJ

• "Tributário. IPI. Restituição de indébito. Distribuidoras de bebidas. Contribuintes de fato. Ilegitimidade ativa *ad causam*. Sujeição passiva apenas dos fabricantes (contribuintes de direito). Relevância da repercussão econômica do tributo apenas para fins de condicionamento do exercício do direito subjetivo do contribuinte *de jure* à restituição (artigo 166 do CTN). Litispendência. Prequestionamento. Ausência. Súmulas n. 282 e n. 356/STF. Reexame de matéria fático-probatória. Súmula n. 7/STJ. Aplicação. 1. O 'contribuinte de fato' (*in casu*, distribuidora de bebida) não detém legitimidade ativa *ad causam* para pleitear a restituição do indébito relativo ao IPI incidente sobre os descontos incondicionais, recolhido pelo 'contribuinte de direito' (fabricante de bebida), por não integrar a relação jurídica tributária pertinente. 2. O Código Tributário Nacional, na seção atinente ao pagamento indevido, preceitua que: 'Art. 165. O sujeito passivo tem direito, independentemente de prévio protesto, à restituição total ou parcial do tributo, seja qual for a modalidade do seu pagamento, ressalvado o disposto no § 4.º do art. 162, nos seguintes casos: I – cobrança ou pagamento espontâneo de tributo indevido ou maior que o devido em face da legislação tributária aplicável, ou da natureza ou circunstâncias materiais do fato gerador efetivamente ocorrido; II – erro na edificação do sujeito passivo, na determinação da alíquota aplicável, no cálculo do montante do débito ou na elaboração ou conferência de qualquer documento relativo ao pagamento; III – reforma, anulação, revogação ou rescisão de decisão condenatória. Art. 166. A restituição de tributos que comportem, por sua natureza, transferência do respectivo encargo financeiro somente será feita a quem prove haver assumido o referido encargo, ou, no caso de tê-lo transferido a terceiro, estar por este expressamente autorizado a recebê-la'. 3. Consequentemente, é certo que o recolhimento indevido de tributo implica a obrigação do Fisco de devolução do indébito ao contribuinte detentor do direito subjetivo de exigi-lo. 4. Em se tratando dos denominados 'tributos indiretos' (aqueles que comportam, por sua natureza, transferência do respectivo encargo financeiro), a norma tributária (art. 166 do CTN) impõe que a restituição do indébito somente se faça ao contribuinte que comprovar haver arcado com o referido encargo ou, caso contrário, que tenha sido autorizado expressamente pelo terceiro a quem o ônus foi transferido. 5. A exegese do referido dispositivo indica que: '[...] o art. 166 do CTN, embora contido no corpo de um típico veículo introdutório de norma tributária, veicula, nesta parte, norma específica de direito privado, que atribui ao terceiro o direito de retomar do contribuinte tributário, apenas nas hipóteses em que a transferência for autorizada normativamente, as parcelas correspondentes ao tributo indevidamente recolhido: Trata-se de norma privada autônoma, que não se confunde com a norma construída da interpretação literal do art. 166 do CTN. É desnecessária qualquer autorização do contribuinte de fato ao de direito, ou deste àquele. Por sua própria conta, poderá o contribuinte de fato postular o indébito, desde que já recuperado pelo contribuinte de direito junto ao Fisco. No entanto, note-se que o contribuinte de fato não poderá acionar diretamente o Estado, por não ter com este nenhuma relação jurídica. Em suma: o direito subjetivo à repetição do indébito pertence exclusivamente ao denominado contribuinte de direito. Porém, uma vez recuperado o indébito por este junto ao Fisco, pode o contribuinte de fato, com base em norma de direito privado, pleitear junto ao contribuinte tributário a restituição daqueles valores. A norma veiculada pelo art. 166 não pode ser aplicada de maneira isolada, há de ser confrontada com todas as regras do sistema, sobretudo com as veiculadas pelos arts. 165, 121 e 123 do CTN. Em nenhuma delas está consignado que o terceiro que arque com o encargo financeiro do tributo possa ser contribuinte. Portanto, só o contribuinte tributário tem direito à repetição do indébito. Ademais, restou consignado alhures que o fundamento último da norma que estabelece o direito à repetição do indébito está na própria Constituição, mormente no primado da estrita legalidade. Com efeito, a norma veiculada pelo art. 166 choca-se com a própria Constituição Federal, colidindo frontalmente com o princípio da estrita legalidade, razão pela qual há de ser considerada como regra não recepcionada pela ordem tributária atual. E, mesmo perante a ordem jurídica anterior, era manifestamente incompatível frente ao Sistema Constitucional Tributário então vigente' (Marcelo Fortes de Cerqueira, *in* 'Curso de Especialização em Direito Tributário' – Estudos Analíticos em Homenagem a Paulo de Barros Carvalho, Coordenação de Eurico Marcos Diniz de Santi, Forense, Rio de Janeiro,

2007, p. 390-393). 6. Deveras, o condicionamento do exercício do direito subjetivo do contribuinte que pagou tributo indevido (contribuinte de direito) à comprovação de que não procedera à repercussão econômica do tributo ou à apresentação de autorização do 'contribuinte de fato' (pessoa que sofreu a incidência econômica do tributo), à luz do disposto no art. 166 do CTN, não possui o condão de transformar sujeito alheio à relação jurídica tributária em parte legítima na ação de restituição de indébito. 7. À luz da própria interpretação histórica do art. 166 do CTN, dessume-se que somente o contribuinte de direito tem legitimidade para integrar o polo ativo da ação judicial que objetiva a restituição do 'tributo indireto' indevidamente recolhido (Gilberto Ulhôa Canto, 'Repetição de Indébito', in Caderno de Pesquisas Tributárias, n. 8, p. 2-5, São Paulo, Resenha Tributária, 1983; e Marcelo Fortes de Cerqueira, in 'Curso de Especialização em Direito Tributário – Estudos Analíticos em Homenagem a Paulo de Barros Carvalho', Coordenação de Eurico Marcos Diniz de Santi, Forense, Rio de Janeiro, 2007, p. 390-393). 8. É que, na hipótese em que a repercussão econômica decorre da natureza da exação, 'o terceiro que suporta com o ônus econômico do tributo não participa da relação jurídica tributária, razão suficiente para que se verifique a impossibilidade desse terceiro vir a integrar a relação consubstanciada na prerrogativa da repetição do indébito, não tendo, portanto, legitimidade processual' (Paulo de Barros Carvalho, in 'Direito Tributário – Linguagem e Método', 2. ed., São Paulo, 2008, Noeses, p. 583). 9. *In casu*, cuida-se de mandado de segurança coletivo impetrado por substituto processual das empresas distribuidoras de bebidas, no qual se pretende o reconhecimento do alegado direito líquido e certo de não se submeterem à cobrança de IPI incidente sobre os descontos incondicionais (art. 14 da Lei n. 4.502/1965, com a redação dada pela Lei n. 7.798/1989), bem como de compensarem os valores indevidamente recolhidos àquele título. 10. Como cediço, em se tratando de industrialização de produtos, a base de cálculo do IPI é o valor da operação de que decorrer a saída da mercadoria do estabelecimento industrial (art. 47, II, 'a', do CTN), ou, na falta daquele valor, o preço corrente da mercadoria ou sua similar no mercado atacadista da praça do remetente (art. 47, II, 'b', do CTN). 11. A Lei n. 7.798/1989, entretanto, alterou o artigo 14 da Lei n. 4.502/1965, que passou a vigorar com a seguinte redação: 'Art. 14. Salvo disposição em contrário, constitui valor tributável: [...] II – quanto aos produtos nacionais, o valor total da operação de que decorrer a saída do estabelecimento industrial ou equiparado a industrial. § 1.º O valor da operação compreende o preço do produto, acrescido do valor do frete e das demais despesas acessórias, cobradas ou debitadas pelo contribuinte ao comprador ou destinatário. § 2.º Não podem ser deduzidos do valor da operação os descontos, diferenças ou abatimentos, concedidos a qualquer título, ainda que incondicionalmente [...]'. 12. Malgrado as Turmas de Direito Público venham assentando a incompatibilidade entre o disposto no art. 14, § 2.º, da Lei n. 4.502/1965, e o art. 47, II, 'a', do CTN (indevida ampliação do conceito de valor da operação, base de cálculo do IPI, o que gera o direito à restituição do indébito), o estabelecimento industrial (*in casu*, o fabricante de bebidas) continua sendo o único sujeito passivo da relação jurídica tributária instaurada com a ocorrência do fato imponível consistente na operação de industrialização de produtos (arts. 46, II, e 51, II, do CTN), sendo certo que a presunção da repercussão econômica do IPI pode ser ilidida por prova em contrário ou, caso constatado o repasse, por autorização expressa do contribuinte de fato (distribuidora de bebidas), à luz do art. 166 do CTN, o que, todavia, não importa na legitimação processual deste terceiro. 13. *Mutatis mutandis*, é certo que: '1. Os consumidores de energia elétrica, de serviços de telecomunicação não possuem legitimidade ativa para pleitear a repetição de eventual indébito tributário do ICMS incidente sobre essas operações. 2. A caracterização do chamado contribuinte de fato presta-se unicamente para impor uma condição à repetição de indébito pleiteada pelo contribuinte de direito, que repassa o ônus financeiro do tributo cujo fato gerador tenha realizado (art. 166 do CTN), mas não concede legitimidade *ad causam* para os consumidores ingressarem em juízo com vistas a discutir determinada relação jurídica da qual não façam parte. 3. Os contribuintes da exação são aqueles que colocam o produto em circulação ou prestam o serviço, concretizando, assim, a hipótese de incidência legalmente prevista. 4. Nos termos da Constituição e da LC n. 86/1997 [*rectius*: LC n. 87/1996], o consumo não é fato gerador do ICMS. 5. Declarada a ilegitimidade ativa dos consumidores para pleitear a repetição do ICMS' (RMS 24.532/AM, rel. Ministro Castro Meira, Segunda Turma, j. 26.08.2008, *DJe* 25.09.2008). 14. Consequentemente, revela-se escorreito o entendimento exarado pelo acórdão regional no sentido de que 'as empresas distribuidoras de bebidas, que se apresentam como contribuintes de fato do IPI, não detêm legitimidade ativa para postular em juízo o creditamento relativo ao IPI pago pelos fabricantes, haja vista que somente os produtores industriais, como contribuintes de direito do imposto, possuem legitimidade ativa'. 15. Recurso especial desprovido. Acórdão submetido ao regime do art. 543-C do CPC, e da Resolução STJ 08/2008" (REsp 903.394/AL, Tema Repetitivo 173, Rel. Min. Luiz Fux, j. 24.03.2010).

    Tese Jurídica: "O 'contribuinte de fato' (*in casu*, distribuidora de bebida) não detém legitimidade ativa *ad causam* para pleitear a restituição do indébito relativo ao IPI incidente sobre os descontos incondicionais, recolhido pelo 'contribuinte de direito' (fabricante de bebida), por não integrar a relação jurídica tributária pertinente".

Seção II
Imposto Estadual sobre Operações Relativas à Circulação de Mercadorias

    Arts. 52 a 58. *(Revogados pelo Decreto-lei n. 406/1968.)*

Seção III
Imposto Municipal sobre Operações Relativas à Circulação de Mercadorias
(1 a 10.4.2)

    Arts. 59 a 62. *(Revogados pelo Ato Complementar n. 31/1966.)*

 COMENTÁRIOS

    1. O CTN e o ICMS. Os arts. 52 a 58 do CTN foram revogados pelo Decreto-lei n. 406/1968 (art. 13). E os arts. 59 a 62 do CTN, que disciplinavam o Imposto Municipal de Circulação de Mercadorias, por sua vez, foram revogados pelo Ato Complementar n. 31/1966. Com o advento da Constituição de 1988, instituiu-se nova configuração do imposto, ampliando-se suas materialidades, passando a abranger a tributação dos serviços de transportes intermunicipais e interestaduais e de comunicação, e a tributação das substâncias minerais, a energia elétrica, os combustíveis e lubrificantes, todos, anteriormente, de competência da União (Imposto sobre os Transportes Rodoviários de Cargas; Imposto Único sobre Minerais, Imposto Único sobre Energia Elétrica; e o Imposto Único sobre Lubrificantes e Combustíveis). Em atendimento ao art. 34, § 8.º, do ADCT, foi editado para disciplinar provisoriamente o imposto em tela o Convênio ICMS 66/1988, o qual veio a ser revogado pela LC n. 87/1996.

Dada a extensiva disciplina constitucional acerca do ICMS, comentaremos apenas seus dispositivos, com remissão à LC n. 87/1996.

2. Moldura constitucional. Art. 7.º "São direitos dos trabalhadores urbanos e rurais, além de outros que visem à melhoria de sua condição social: [...] IV – salário mínimo, fixado em lei, nacionalmente unificado, capaz de atender a suas necessidades vitais básicas e às de sua família com moradia, alimentação, educação, saúde, lazer, vestuário, higiene, transporte e previdência social, com reajustes periódicos que lhe preservem o poder aquisitivo, sendo vedada sua vinculação para qualquer fim; [...] Art. 150. [...] § 7.º A lei poderá atribuir a sujeito passivo de obrigação tributária a condição de responsável pelo pagamento de imposto ou contribuição, cujo fato gerador deva ocorrer posteriormente, assegurada a imediata e preferencial restituição da quantia paga, caso não se realize o fato gerador presumido. [...] Art. 152. É vedado aos Estados, ao Distrito Federal e aos Municípios estabelecer diferença tributária entre bens e serviços, de qualquer natureza, em razão de sua procedência ou destino. Art. 155. Compete aos Estados e ao Distrito Federal instituir impostos sobre: [...] II – operações relativas à circulação de mercadorias e sobre prestações de serviços de transporte interestadual e intermunicipal e de comunicação, ainda que as operações e as prestações se iniciem no exterior; [...] § 2.º O imposto previsto no inciso II atenderá ao seguinte: I – será não cumulativo, compensando-se o que for devido em cada operação relativa à circulação de mercadorias ou prestação de serviços com o montante cobrado nas anteriores pelo mesmo ou outro Estado ou pelo Distrito Federal; II – a isenção ou não incidência, salvo determinação em contrário da legislação: a) não implicará crédito para compensação com o montante devido nas operações ou prestações seguintes; b) acarretará a anulação do crédito relativo às operações anteriores; III – poderá ser seletivo, em função da essencialidade das mercadorias e dos serviços; IV – resolução do Senado Federal, de iniciativa do Presidente da República ou de um terço dos Senadores, aprovada pela maioria absoluta de seus membros, estabelecerá as alíquotas aplicáveis às operações e prestações, interestaduais e de exportação; V – é facultado ao Senado Federal: a) estabelecer alíquotas mínimas nas operações internas, mediante resolução de iniciativa de um terço e aprovada pela maioria absoluta de seus membros; b) fixar alíquotas máximas nas mesmas operações para resolver conflito específico que envolva interesse de Estados, mediante resolução de iniciativa da maioria absoluta e aprovada por dois terços de seus membros; VI – salvo deliberação em contrário dos Estados e do Distrito Federal, nos termos do disposto no inciso XII, g, as alíquotas internas, nas operações relativas à circulação de mercadorias e nas prestações de serviços, não poderão ser inferiores às previstas para as operações interestaduais; VII – em relação às operações e prestações que destinem bens e serviços a consumidor final localizado em outro Estado, adotar-se-á: a) a alíquota interestadual, quando o destinatário for contribuinte do imposto; b) a alíquota interna, quando o destinatário não for contribuinte dele; VIII – na hipótese da alínea a do inciso anterior, caberá ao Estado da localização do destinatário o imposto correspondente à diferença entre a alíquota interna e a interestadual; IX – incidirá também: a) sobre a entrada de bem ou mercadoria importados do exterior por pessoa física ou jurídica, ainda que não seja contribuinte habitual do imposto, qualquer que seja a sua finalidade, assim como sobre o serviço prestado no exterior, cabendo o imposto ao Estado onde estiver situado o domicílio ou o estabelecimento do destinatário da mercadoria, bem ou serviço; b) sobre o valor total da operação, quando mercadorias forem fornecidas com serviços não compreendidos na competência tributária dos Municípios; X – não incidirá: a) sobre operações que destinem mercadorias para o exterior, nem sobre serviços prestados a destinatários no exterior, assegurada a manutenção e o aproveitamento do montante do imposto cobrado nas operações e prestações anteriores; b) sobre operações que destinem a outros Estados petróleo, inclusive lubrificantes, combustíveis líquidos e gasosos dele derivados, e energia elétrica; c) sobre o ouro, nas hipóteses definidas no art. 153, § 5.º; d) nas prestações de serviço de comunicação nas modalidades de radiodifusão sonora e de sons e imagens de recepção livre e gratuita; XI – não compreenderá, em sua base de cálculo, o montante do imposto sobre produtos industrializados, quando a operação, realizada entre contribuintes e relativa a produto destinado à industrialização ou à comercialização, configure fato gerador dos dois impostos; XII – cabe à lei complementar: a) definir seus contribuintes; b) dispor sobre substituição tributária; c) disciplinar o regime de compensação do imposto; d) fixar, para efeito de sua cobrança e definição do estabelecimento responsável, o local das operações relativas à circulação de mercadorias e das prestações de serviços; e) excluir da incidência do imposto, nas exportações para o exterior, serviços e outros produtos além dos mencionados no inciso X, *a*; f) prever casos de manutenção de crédito, relativamente à remessa para outro Estado e exportação para o exterior, de serviços e de mercadorias; g) regular a forma como, mediante deliberação dos Estados e do Distrito Federal, isenções, incentivos e benefícios fiscais serão concedidos e revogados; h) definir os combustíveis e lubrificantes sobre os quais o imposto incidirá uma única vez, qualquer que seja a sua finalidade, hipótese em que não se aplicará o disposto no inciso X, *b*; i) fixar a base de cálculo, de modo que o montante do imposto a integre, também na importação do exterior de bem, mercadoria ou serviço. § 3.º À exceção dos impostos de que tratam o inciso II do *caput* deste artigo e o art. 153, I e II, nenhum outro imposto poderá incidir sobre operações relativas a energia elétrica, serviços de telecomunicações, derivados de petróleo, combustíveis e minerais do País. § 4.º Na hipótese do inciso XII, *h*, observar-se-á o seguinte: I – nas operações com os lubrificantes e combustíveis derivados de petróleo, o imposto caberá ao Estado onde ocorrer o consumo; II – nas operações interestaduais, entre contribuintes, com gás natural e seus derivados, e lubrificantes e combustíveis não incluídos no inciso I deste parágrafo, o imposto será repartido entre os Estados de origem e de destino, mantendo-se a mesma proporcionalidade que ocorre nas operações com as demais mercadorias; III – nas operações interestaduais com gás natural e seus derivados, e lubrificantes e combustíveis não incluídos no inciso I deste parágrafo, destinadas a não contribuinte, o imposto caberá ao Estado de origem; IV – as alíquotas do imposto serão definidas mediante deliberação dos Estados e Distrito Federal, nos termos do § 2.º, XII, *g*, observando-se o seguinte: a) serão uniformes em todo o território nacional, podendo ser diferenciadas por produto; b) poderão ser específicas, por unidade de medida adotada, ou *ad valorem*, incidindo sobre o valor da operação ou sobre o preço que o produto ou seu similar alcançaria em uma venda em condições de livre concorrência; c) poderão ser reduzidas e restabelecidas, não se lhes aplicando o disposto no art. 150, III, *b*. § 5.º As regras necessárias à aplicação do disposto no § 4.º, inclusive as relativas à apuração e à destinação do imposto, serão estabelecidas mediante deliberação dos Estados e do Distrito Federal, nos termos do § 2.º, XII, *g*.[11]

   3. *Dispositivos relacionados:* arts. 121, parágrafo único, I e II; 128, 134; e 135, CTN.

---

[11]   V. art. 156-A, incluído pela EC n. 132/2023.

4. ICMS. Considerações gerais. O ICMS é o imposto mais importante dos Estados--membros e do Distrito Federal, responsável que é pela maior parte da receita tributária desses entes. Peculiaridade do ICMS reside no fato de que, embora se cuide de tributo atribuído aos entes parciais da federação, é o imposto de cuja disciplina mais amplamente se ocupa a Constituição da República. Deveras, o ICMS, conquanto de competência estadual, assume *feição nacional*, diante da *uniformidade* imposta ao seu regramento pelo texto constitucional e lei complementar, em múltiplos aspectos, competindo, aos legisladores estaduais e distrital, pouco mais do que sua instituição. Por constituir um imposto *multifásico*, ostenta sistemática muito semelhante à do IPI. Também, qualifica-se como *imposto indireto*, assim entendido aquele cujo ônus vai ser suportado pelo consumidor final: trata-se do fenômeno da *repercussão econômica* do tributo ou *translação tributária*, mediante o qual o valor do imposto é embutido no preço da mercadoria e do serviço e, assim, o contribuinte *de jure* transfere o respectivo encargo ao contribuinte *de facto* – o adquirente da mercadoria ou do serviço.

5. Regras constitucionais específicas. Três regras constitucionais específicas ganham destaque na disciplina constitucional do ICMS: *(i)* a não cumulatividade; *(ii)* a seletividade de alíquotas em função da essencialidade da mercadoria ou do serviço; e *(iii)* as imunidades específicas, analisadas a seguir.

5.1. Não cumulatividade. A regra da *não cumulatividade* está estampada no art. 155, § 2.º, I, CR. Significa que o imposto devido na operação mercantil ou na prestação de serviço de transporte interestadual e intermunicipal e de comunicação anterior representará um crédito a ser deduzido da quantia de imposto a pagar nas operações mercantis e prestações de serviços subsequentes. Desse modo, o ICMS será não cumulativo, vale dizer, estabelece-se um *sistema de compensação de créditos*. Mediante a não cumulatividade, evita-se o chamado "efeito cascata", ou seja, a incidência de imposto sobre imposto. A nosso ver, a não cumulatividade é expressão do *princípio da capacidade contributiva*, cuja eficácia alcança, também, o *contribuinte de fato*, impedindo que o imposto se torne um gravame cada vez mais oneroso nas várias operações de circulação do produto ou mercadoria, ou de prestação de serviços, que chegariam ao consumidor final a preços proibitivos. Anote-se a impropriedade da dicção constitucional no que diz com a expressão "montante cobrado", uma vez que a cobrança é atividade administrativa, que não interfere no sistema de créditos pertinente à não cumulatividade. O correto é "montante devido", este, sim, gerador de crédito na(s) operação(ões) subsequente(s).

5.1.1. Exceção à regra da não cumulatividade. Regra estranha a tal sistemática é a contida no art. 155, § 2.º, II, CR, segundo a qual "a isenção ou não incidência, salvo determinação em contrário da legislação: a) não implicará crédito para compensação com o montante devido nas operações ou prestações seguintes; b) acarretará a anulação do crédito relativo às operações anteriores". Assim, por exemplo, se um comerciante for isento, aquele que realizar a operação de circulação de mercadoria subsequente arcará com o ônus do imposto que, em tese, seria devido na operação anterior e, assim, não terá direito a crédito. Tal norma é justamente criticada, pois, na hipótese, o ICMS será *cumulativo*, porquanto não será gerado crédito a ser compensado. Cabe ponderar que essa exceção à não cumulatividade foi introduzida pela Emenda n. 3/1993, o que enseja discussão quanto à sua constitucionalidade sob o aspecto formal, por violação a direito individual (art. 60, § 4.º, IV, CR). De outro lado, também se pode objetar que esse regime excepcionador da não cumulatividade nas hipóteses de isenção ou não incidência fere o princípio da *isonomia*, onerando, desigualmente, aquele que não poderá se creditar. Acresça-se o fato de que a isenção é outorgada por razões de interesse público, argumento que somente vem a reforçar a má qualidade da norma em comento.

5.1.2. ICMS e direito do consumidor. Constituindo o ICMS *imposto indireto* – assim entendido aquele cujo ônus financeiro não é suportado pelo contribuinte *de jure*, mas sim pelo contribuinte *de facto*, ou consumidor final – seu valor é embutido no preço da mercadoria e, por essa razão, estatui a Constituição que "a lei determinará medidas para que os consumidores sejam esclarecidos acerca dos impostos que incidam sobre mercadorias e serviços" (art. 150, § 5.º), assegurando o direito do consumidor de ter ciência da carga tributária a ser por ele suportada na aquisição desses itens. Com bastante atraso, tal dispositivo constitucional veio finalmente a ser regulamentado pela Lei n. 12.741/2012, cujo art. 1.º, *caput*, assim preceitua: "Art. 1.º Emitidos por ocasião da venda ao consumidor de mercadorias e serviços, em todo território nacional, deverá constar, dos documentos fiscais ou equivalentes, a informação do valor aproximado correspondente à totalidade dos tributos federais, estaduais e municipais, cuja incidência influi na formação dos respectivos preços de venda".

5.2. Seletividade em função da essencialidade das mercadorias e dos serviços. O art. 155, § 2.º, III, por sua vez, proclama que o ICMS "poderá ser seletivo, em função da essencialidade das mercadorias e dos serviços". Do mesmo modo que no IPI, a *seletividade* do imposto significa que a lei procederá a discriminações de tratamento estabelecidas em função da *essencialidade da mercadoria e do serviço* para o consumidor. A regra em foco significa que o ICMS operará, também, como instrumento de *extrafiscalidade*, visando beneficiar os consumidores finais, que efetivamente absorvem o impacto econômico do imposto. Inegável, portanto, traduzir a seletividade uma manifestação do princípio da *capacidade contributiva*, porquanto expressa a preocupação com o ônus financeiro do contribuinte "de fato". Cabe questionar, à vista da norma ora em análise e diante da dicção da regra da seletividade aplicável ao IPI (art. 153, § 3.º, I), se há diferença entre ambas. É que, com relação ao IPI, como visto, a Constituição declara que o imposto "*será* seletivo", enquanto, no que tange ao ICMS, este "*poderá ser* seletivo". Entendemos que as expressões são equivalentes, não traduzindo, no caso do imposto estadual, uma mera faculdade para a adoção da seletividade, já que a noção de "direito-faculdade" é própria do direito privado, sendo inaplicável no domínio do direito público. De outro lado, todo "poder" atribuído ao Estado é, em verdade, um *poder-dever*. Conclui-se, assim, que a regra é obrigatória tanto para o IPI quanto para o ICMS. A exigência do ICMS há de ser modulada consoante o *grau de essencialidade da mercadoria ou serviço*: quanto mais essenciais, menor deve ser a tributação; quanto menos essenciais, o imposto deve atingir as respectivas operações e prestações com maior intensidade. A *essencialidade*, assim entendida como a elevada importância da mercadoria ou serviço para o consumo, é o critério em função do qual a tributação pelo ICMS será modulada. Frise-se que a noção de essencialidade há de ser aferida segundo as coordenadas de tempo e espaço, vale dizer, à vista de determinada sociedade e em determinado momento histórico. Nesse sentido, o art. 7.º, IV, CR, ao conceituar o salário mínimo, traça os parâmetros para o que deve ser considerado essencial. Todavia, ressalte-se que o STF abraçou orientação distinta, segundo a qual a adoção da técnica da seletividade no ICMS é faculdade do legislador estadual, acrescentando que, se adotada, há necessidade de se observar a regra e de se ponderarem as características intrínsecas do bem ou do serviço com outros elementos (RE 714.139/SC, Tema 745, Red. p/ o acórdão Dias Toffoli, j. 18.12.2021). Ainda sobre tal técnica, v. o art. 18-A, que qualifica os combustíveis, o gás natural, a energia elétrica, as comunicações e o transporte coletivo como itens essenciais e indispensáveis e disciplina e contempla regras quanto às alíquotas das operações que os tenham por objeto.

5.2.1. Modalidades de seletividade. A seletividade pode ser obtida quer pela *diferenciação* ou *progressividade de alíquotas*, quer por *variações de base de cálculo*, ou, ainda, pela *instituição de incentivos fiscais*. A técnica mais utilizada, em razão de sua eficácia, tem sido a diferenciação de alíquotas (v. os comentários efetuados em relação ao IPI no art. 48, CTN). Assim, invocando a mesma classificação doutrinária proposta para os produtos industrializados às mercadorias e serviços, para atender à seletividade de alíquotas desse imposto, tem-se as seguintes hipóteses: *(i)* mercadorias e serviços *necessários*, relativamente aos quais a incidência há de se dar mediante alíquotas baixas, se não for possível conceder a isenção; *(ii)* mercadorias e serviços *úteis*, com relação aos quais autorizada está a tributação mediante alíquotas moderadas; e *(iii)* mercadorias e serviços *supérfluos ou nocivos,* deferindo-se a aplicação de alíquotas altas.

5.3. *Imunidades específicas.* O art. 155, § 2.º, X, *a* a *d*, proclama situações nas quais o imposto "não incidirá", expressão constitucional que traduz *normas imunizantes*.

5.3.1. *Imunidade das operações que destinem mercadorias ao exterior, bem como os serviços prestados a destinatários no exterior, assegurada a manutenção e o aproveitamento do montante do imposto cobrado nas operações e prestações anteriores (alínea a).* A norma tem a redação dada pela Emenda Constitucional n. 42/2003. Do mesmo modo que a semelhante imunidade referente ao IPI, visa a norma a *desoneração das exportações*, propiciando a competitividade das mercadorias e serviços nacionais no mercado externo, atendendo à máxima do comércio internacional, segundo a qual "não se devem exportar tributos" (v. RE 754.917/RS e Súmula n. 649/STJ).

5.3.2. *Imunidade das operações que destinem a outros Estados petróleo, inclusive lubrificantes, combustíveis líquidos e gasosos dele derivados, e energia elétrica (alínea b).* Mediante essa norma, a Constituição está a amparar os Estados consumidores que não detêm esses recursos. Objetiva-se, aqui, reequilibrar a Federação com relação a itens essenciais, no que tange aos Estados que não os produzem, mas deles necessitam para assegurar seu desenvolvimento.

5.3.3. *Imunidade do ouro ativo financeiro ou instrumento cambial (alínea c).* Tal imunidade remete às hipóteses definidas no art. 153, § 5.º. As operações que tenham o *ouro* por objeto podem ter um de dois tratamentos tributários: em se tratando de ouro *mercadoria*, incide o *ICMS*; se, diversamente, cuidar-se de ouro qualificado como *ativo financeiro ou instrumento cambial*, incide o *IOF*. A regra praticamente repete o teor do art. 153, § 5.º, primeira parte.

5.3.4. *Imunidade das prestações de serviço de comunicação nas modalidades de radiodifusão sonora e de sons e imagens de recepção livre e gratuita (alínea d).* Essa norma imunizante foi incluída pela Emenda Constitucional n. 42/2003 e parece-nos desnecessária, pois, se as prestações de serviço apontadas são efetuadas de maneira *gratuita*, ausente *a capacidade contributiva* indispensável a dar suporte a exigência de imposto. A norma constitucional nada mais fez que expressar situação que não poderia ter outro tratamento tributário.

6. *Exceção ao princípio da anterioridade da lei tributária.* A Emenda Constitucional n. 33/2001 introduziu exceções a esse princípio, entre elas, uma referente ao ICMS. Em consequência, na hipótese de *ICMS incidente sobre operações com combustíveis e lubrificantes*, as alíquotas poderão ser reduzidas e restabelecidas, não se lhes aplicando o disposto no art. 150, III, *b* (art. 155, § 4.º, IV, *c*[12]). A norma considera que o ICMS incidente sobre operações com combustíveis e lubrificantes assume feição *extrafiscal*, o que justificaria, portanto, o tratamento diferenciado dessa materialidade perante o princípio da anterioridade da lei tributária. Duvidosa a constitucionalidade de tal preceito, porquanto modificador da amplitude da proteção conferida pelo Poder Constituinte Originário ao contribuinte, restringindo direito individual (art. 60, § 4.º, IV, CR).

7. *O papel da lei complementar no ICMS.* A lei complementar é o instrumento legislativo ao qual a Constituição atribui a tarefa de minudenciar e desenvolver os seus co-

---

[12]   V. art. 156-A, incluído pela EC n. 132/2023.

mandos. No âmbito tributário, genericamente, desempenha o papel que lhe confere o art. 146 do texto constitucional. No que tange ao ICMS, cabe à lei complementar disciplinar as matérias arroladas no art. 155, § 2.º, XII: "*a*) definir seus contribuintes; *b*) dispor sobre substituição tributária; *c*) disciplinar o regime de compensação do imposto; *d*) fixar, para efeito de sua cobrança e definição do estabelecimento responsável, o local das operações relativas à circulação de mercadorias e das prestações de serviços; *e*) excluir da incidência do imposto, nas exportações para o exterior, serviços e outros produtos além dos mencionados no inciso X, *a*; *f*) prever casos de manutenção de crédito, relativamente à remessa para outro Estado e exportação para o exterior, de serviços e de mercadorias; *g*) regular a forma como, mediante deliberação dos Estados e do Distrito Federal, isenções, incentivos e benefícios fiscais serão concedidos e revogados; *h*) definir os combustíveis e lubrificantes sobre os quais o imposto incidirá uma única vez, qualquer que seja a sua finalidade, hipótese em que não se aplicará o disposto no inciso X, *b*; *i*) fixar a base de cálculo, de modo que o montante do imposto a integre, também na importação do exterior de bem, mercadoria ou serviço".[13] Tal regramento reforça a afirmação efetuada segundo a qual, embora de competência estadual/distrital, o ICMS reveste feição *nacional*, dada a uniformidade normativa que lhe impõe a Constituição, secundada pela extensão temática conferida à disciplina veiculada por meio de lei complementar. Observe-se, ainda, que o disposto na alínea *g* do inciso XII do § 2.º do art. 155 consubstancia exceção à característica da competência tributária consistente na *facultatividade* de seu exercício, uma vez que os Estados-membros e o Distrito Federal não poderão decidir a respeito senão mediante deliberação conjunta. Com efeito, a única exceção à facultatividade do exercício da competência tributária é o ICMS, pois não poderia um Estado-membro deixar de instituí-lo por constituir imposto sujeito a regramento nacional, pondo a perder sua consistência e ensejando a indesejada "guerra fiscal".

8. *A disciplina normativa contida nos convênios.* Consoante o art. 34, § 8.º, do ADCT, foi editado o Convênio ICMS 66/1988 para disciplinar provisoriamente o imposto, o qual veio a ser revogado pela Lei Complementar n. 87/1996. Nos termos do art. 155, § 2.º, XII, *g*, CR, cabe à lei complementar "regular a forma como, mediante deliberação dos Estados e do Distrito Federal, isenções, incentivos e benefícios fiscais serão concedidos e revogados". (V. LC n. 160/2017, alterada pela LC n. 186/2021).

9. *Legislação básica:* Lei Complementar n. 87/1996 (dispõe sobre o ICMS); Lei Complementar n. 192/2022 (define os combustíveis sobre os quais incidirá uma única vez o ICMS, ainda que as operações se iniciem no exterior, e dá outras providências).

10. *Hipóteses de incidência.* Extrai-se do art. 155, II e § 3.º, CR que, diante das múltiplas materialidades, o ICMS abrange distintos impostos, reunidos sob a mesma rubrica. Assim, o ICMS incide sobre: *(i)* operações relativas a circulação de mercadorias; *(ii)* prestação de serviços de transporte interestadual e intermunicipal; *(iii)* prestação de serviços de comunicação; *(iv)* produção, importação, circulação, distribuição ou consumo de lubrificantes e combustíveis líquidos e gasosos e de energia elétrica; e *(v)* extração, circulação, distribuição ou consumo de minerais.

10.1. *Antecedente das hipóteses de incidência.* Os aspectos do antecedente das hipóteses de incidência serão analisados a seguir.

---

[13]   V. art. 156-A, incluído pela EC n. 132/2023.

10.1.1. *Aspecto material. Operação de circulação de mercadorias.* É a materialidade mais antiga do imposto em foco, visto que assim já ocorria antes da Constituição de 1988. "Operação de circulação de mercadoria" traduz *negócio jurídico* que tenha por objeto a *transferência de propriedade* do bem assim qualificado. Não se trata, à evidência, de mera circulação física, não obstante o disposto no art. 12, I, da LC n. 87/1996 sugira que a obrigação de pagar o imposto em foco ocorra também quando da saída de mercadoria do estabelecimento de contribuinte, *ainda que para outro estabelecimento do mesmo titular.* No deslocamento físico da mercadoria de um estabelecimento para outro do mesmo titular não há operação de circulação de mercadoria, que exige a transferência de propriedade a ensejar a incidência do ICMS. Tal dispositivo, que já havia sido rechaçado pela jurisprudência do STF e do STJ (Súmula n. 166), foi, recentemente, analisado em sede de repercussão geral (Tema 1.099, Tese: "Não incide ICMS no deslocamento de bens de um estabelecimento para outro do mesmo contribuinte localizados em estados distintos, visto não haver a transferência da titularidade ou a realização de ato de mercancia" [STF, ARE 1.255.885, Rel. Min. Dias Toffoli, j. 14.08.2020, e ADC 49, Rel. Min. Edson Fachin, j. 19.04.2021]. Tal entendimento foi estampado na LC n. 204/2023, que alterou a redação da LC n. 87/1996 (art. 12, § 4.º).

10.1.1.1. *Mercadoria.* É conceito extraído do Direito Comercial, a significar bem móvel sujeito à mercancia, isto é, destinado ao comércio. A regra contida no art. 155, § 2.º, IX, *a*, na redação dada pela Emenda Constitucional n. 33/2001, no entanto, autoriza a incidência do imposto "sobre a entrada de bem ou mercadoria importados do exterior por pessoa física ou jurídica, ainda que não seja contribuinte habitual do imposto, qualquer que seja a sua finalidade, assim como sobre o serviço prestado no exterior, cabendo o imposto ao Estado onde estiver situado o domicílio ou o estabelecimento do destinatário da mercadoria, bem ou serviço", alargando demasiadamente sua materialidade para alcançar até operação que não tenha por objeto mercadoria. Anote-se que o ICMS, em regra, é devido na *origem*, isto é, no Estado em que a operação mercantil se dá – onde está localizado o estabelecimento industrial, comercial ou produtor, de onde a mercadoria sai, por força de uma operação mercantil realizada, sendo irrelevante se o destinatário está situado no mesmo ou em outro Estado. Todavia, na hipótese de a operação mercantil haver ocorrido no exterior – "se iniciado no exterior", na dicção constitucional –, por óbvio, inverte-se a diretriz, sendo devido o ICMS ao Estado-membro ou Distrito Federal onde estiver localizado o destinatário final da mercadoria.

10.1.1.2. *Bens e mercadorias digitais.* A EC n. 87/2015 implementou mudanças para a cobrança de ICMS sobre operações e prestações que destinem bens e serviços a consumidor final, com foco no *comércio eletrônico*, a fim de minimizar a perda de arrecadação dos Estados-membros e os efeitos da guerra fiscal. Assim, alterou a redação dos incisos VII e VIII do § 2.º do art. 155, CR: "[...] VII – nas operações e prestações que destinem bens e serviços a consumidor final, contribuinte ou não do imposto, localizado em outro Estado, adotar-se-á a alíquota interestadual e caberá ao Estado de localização do destinatário o imposto correspondente à diferença entre a alíquota interna do Estado destinatário e a alíquota interestadual"; VIII – a responsabilidade pelo recolhimento do imposto correspondente à diferença entre a alíquota interna e a interestadual de que trata o inciso VII será atribuída: a) ao destinatário, quando este for contribuinte do imposto; b) ao remetente, quando o destinatário não for contribuinte do imposto; [...]". Em sequência, sem que fosse promovida nenhuma alteração na LC n. 87/1996, foi firmado o Convênio 106/2017, para disciplinar "os procedimentos de cobrança do ICMS incidente nas operações com bens e mercadorias digitais comercializadas por meio de transferência eletrônica de dados e concede isenção nas saídas anteriores à saída destinada ao consumidor final". Considerava como bens ou mercadorias digitais "*softwa-*

res, programas, jogos eletrônicos, aplicativos, arquivos eletrônicos e congêneres, que sejam padronizados, ainda que tenham sido ou possam ser adaptados, comercializados por meio de transferência eletrônica de dados" (cláusula primeira). Em recente julgamento, o STF excluiu das hipóteses de incidência do ICMS o licenciamento ou a cessão de direito de uso de programas de computador, tal como previsto no subitem 1.05 da lista de serviços anexa à Lei Complementar n. 116/2003 (ADI 5.659/MG, Rel. Min. Dias Toffoli, j. 24.02.2021). Em consequência, a ADI 5.958/DF foi declarada prejudicada, mediante decisão monocrática, em razão da perda superveniente de objeto, e caducou o Convênio ICMS 106/2017 (Rel. Min. Cármen Lúcia, j. 08.03.2021). V. LC n. 190/2022.

10.1.2. *Aspecto material. Prestação de serviços de transporte interestadual e intermunicipal.* A Constituição de 1988 acrescentou ao imposto em foco materialidades atinentes a determinadas prestações de serviços, remanescendo aos Municípios a competência genérica para tributar as prestações de serviços de qualquer natureza. Primeiramente, as prestações referentes aos *serviços de transporte interestadual e intermunicipal*, por qualquer meio – rodoviário, aéreo, marítimo, lacustre. A materialidade diz com a prestação de tais serviços a terceiro, sob regime de direito privado, com objetivo de lucro. Alcança o deslocamento de pessoas ou cargas, a título oneroso, por qualquer meio, inclusive oleodutos, esteiras rolantes etc. Por exclusão, as prestações de serviço de transporte dentro do território de um mesmo Município estão sob a abrangência do Imposto sobre Serviços de Qualquer Natureza (ISSQN). Importante notar, no entanto, que essa incidência do ICMS deverá observar o *princípio da vedação da diferenciação tributária entre bens e serviços*, de qualquer natureza, em razão de sua procedência ou destino (art. 152, CR).

10.1.3. *Aspecto material. Prestação de serviços de comunicação.* Sujeita-se à incidência do ICMS a prestação onerosa de serviços de comunicação. No universo dessa materialidade, destaca-se a prestação de serviços de telefonia.

10.1.4. *Aspecto material. Produção, importação, circulação, distribuição ou consumo de lubrificantes e combustíveis líquidos e gasosos e de energia elétrica.* Extrai-se sua previsão constitucional, *a contrario sensu*, da dicção do art. 155, §§ 2.º, X, *b*, e 3.º, CR,[14] que contemplam imunidades sobre operações que destinem a outros Estados petróleo, inclusive lubrificantes, combustíveis líquidos e gasosos dele derivados, e energia elétrica; e afastando qualquer outro imposto incidente sobre operações relativas a energia elétrica, serviços de telecomunicações, derivados de petróleo, combustíveis e minerais do País, à exceção do ICMS e dos Impostos de Importação e Exportação, respectivamente. Excepcionando a regra geral, segundo a qual o imposto é devido no Estado de origem, a Emenda n. 33/2001, com relação a essa materialidade, estatuiu o *princípio do destino para incidência do ICMS*, acrescentando o § 4.º, I, ao art. 155 da CR, para estabelecer que, nas operações com lubrificantes e combustíveis derivados de petróleo, o imposto caberá ao Estado onde ocorrer o *consumo* (v. RE 748.543/RS).

10.1.5. *Aspecto material. Extração, circulação, distribuição ou consumo de minerais.* Tal materialidade está prevista no mesmo art. 155, § 3.º, CR,[15] que abriga, outrossim, norma imunizante que afasta a incidência de outros impostos sobre tais operações, à exceção do ICMS, do Imposto de Importação e do Imposto de Exportação.

---

14   V. art. 156-A, incluído pela EC n. 132/2023.
15   V. art. 156-A, incluído pela EC n. 132/2023.

10.1.6. *Aspecto espacial.* Preceitua o art. 155, § 2.º. XII, *d*,[16] caber à lei complementar "fixar, para efeito de sua cobrança e definição do estabelecimento responsável, o local das operações relativas à circulação de mercadorias e das prestações de serviços". A *coordenada genérica* do aspecto espacial da hipótese de incidência consiste no território do Estado-membro ou do Distrito Federal. Como *coordenadas específicas*, tem-se o local onde a operação se iniciou, no caso de circulação de mercadoria, ou onde se iniciou a prestação do serviço. O local da ocorrência da obrigação é determinante da definição da competência tributária para a exigência do tributo, impactando, inclusive, a participação dos Municípios no produto de arrecadação do ICMS (art. 158, IV, CR). A LC n. 87/1996 disciplina, em seu art. 11, o local da operação ou da prestação para os efeitos da cobrança do imposto e definição do responsável, nas diversas hipóteses. A LC n. 190/2022, por sua vez, alterou tal artigo, incluindo normas para estabelecer o regramento desse aspecto no caso de operações e prestações interestaduais destinadas a consumidor final, em relação à diferença entre a alíquota interna do Estado de destino e a alíquota interestadual (inciso V).

10.1.7. *Aspecto temporal.* Corresponde ao momento em que se aperfeiçoam a operação de circulação de mercadorias e a prestação de serviço. Consoante as diversas materialidades do ICMS, vários são os momentos de ocorrência do fato gerador: *(i)* da saída da mercadoria; *(ii)* do fornecimento de alimentação e bebidas; *(iii)* da transmissão para terceiros de mercadoria depositada em armazém geral ou depósito fechado; *(iv)* da transmissão de propriedade de mercadoria quando não transite pelo estabelecimento transmitente; *(v)* do fornecimento de mercadoria com prestação de serviços; *(vi)* do início da prestação de serviços de transporte; *(vii)* do ato final do transporte iniciado no exterior; *(viii)* da prestação onerosa de serviços de comunicação; *(ix)* do desembaraço aduaneiro; *(x)* do recebimento dos serviços prestados no exterior; *(xi)* da aquisição em licitação pública de mercadoria importada apreendida ou abandonada; *(xii)* da entrada no Estado de lubrificantes e combustíveis, não destinados à comercialização ou à industrialização; e *(xiii)* da utilização de serviços com prestação iniciada em outro Estado, sem operação ou prestação subsequente; *(xiv)* do início da prestação de serviço de transporte interestadual, nas prestações não vinculadas a operação ou prestação subsequente, cujo tomador não seja contribuinte do imposto domiciliado ou estabelecido no Estado de destino; *(xv)* da entrada no território do Estado de bem ou mercadoria oriundos de outro Estado adquiridos por contribuinte do imposto e destinados ao seu uso ou consumo ou à integração ao seu ativo imobilizado; e *(xvi)* da saída, de estabelecimento do contribuinte, de bem ou mercadoria destinados a consumidor final não contribuinte do imposto domiciliado ou estabelecido em outro Estado. A LC n. 87/1996, em seu art. 12, trata do aspecto temporal da hipótese de incidência do imposto, em suas diversas hipóteses. A LC n. 190/2022, acrescentou incisos a esse artigo, para disciplinar o momento do nascimento da obrigação tributária nas operações e prestações interestaduais (incisos XIV, XV e XVI).

10.2. *Consequente da hipótese de incidência. Aspecto pessoal. Sujeitos passivos. Contribuintes.* *Contribuintes* são o comerciante, o industrial, o prestador de serviço de comunicação, o prestador de serviço de transporte interestadual e o prestador de serviço de transporte intermunicipal; enfim, quem quer que realize as operações de circulação de mercadorias e as prestações de serviços indicadas nas materialidades do imposto. A LC n. 87/1996, na redação dada pela LC n. 190/2022, prescreve que "é ainda contribuinte do imposto, nas operações ou prestações que destinem mercadorias, bens e serviços a consumidor final domiciliado

---

[16] V. art. 156-A, incluído pela EC n. 132/2023.

ou estabelecido em outro Estado, em relação à diferença entre a alíquota interna do Estado de destino e a alíquota interestadual: I – o destinatário da mercadoria, bem ou serviço, na hipótese de contribuinte do imposto; II – o remetente da mercadoria ou bem ou o prestador de serviço, na hipótese de o destinatário não ser contribuinte do imposto" (art. 4.º, § 2.º).

10.2.1. Responsáveis. A lei poderá apontar terceiros como responsáveis pelo pagamento do imposto em razão de estes terem agido com culpa pelo seu não recolhimento. Em outras palavras, são responsáveis, nos termos em que a lei definir, os terceiros que, mediante ações ou omissões, concorrerem para o não pagamento do ICMS. Tal norma subordina-se à disciplina da responsabilidade pessoal de terceiros, estampada nos arts. 134 e 135, CTN. V. LC n. 87/1996, arts. 5.º, 6.º e 8.º a 10.

10.2.1.1. Substituição tributária. Espécie de responsabilidade, encontra previsão constitucional a modalidade de *substituição progressiva* ou *para frente* no § 7.º do art. 150, CR, segundo o qual "A lei poderá atribuir a sujeito passivo de obrigação tributária a condição de responsável pelo pagamento de imposto ou contribuição, cujo fato gerador deva ocorrer posteriormente, assegurada a imediata e preferencial restituição da quantia paga, caso não se realize o fato gerador presumido". A respeito dessa categoria jurídica, v. nossos comentários ao art. 128, CTN, item 6.1. No âmbito do ICMS, tal mecanismo encontra larga aplicação. Do ponto de vista doutrinário, entendemos pela sua inconstitucionalidade, que se estriba na *tributação de fato presumido,* sob o fundamento de que, provavelmente, ele vai consumar--se. O Direito Tributário sustenta-se no *princípio da realidade ou da verdade material,* o que impede a utilização de presunção para o nascimento de obrigação tributária. Entretanto, o STF, há muito, concluiu pela constitucionalidade da substituição tributária progressiva (ADI 1.851/AL, j. 08.05.2002).

10.2.1.2. Restituição imediata e preferencial do contribuinte substituído quando o fato gerador presumido não se realizar. A chamada *substituição tributária progressiva* ou "para frente", contemplada no art. 150, § 7.º, CR, assegura ao contribuinte substituído o direito à restituição do valor do imposto pago por força da substituição tributária, correspondente ao fato gerador presumido que não se realizar, fixando o prazo de noventa dias para a devolução do valor pago. Caso não haja deliberação nesse prazo, o contribuinte substituído poderá se creditar do valor correspondente. Se, posteriormente à utilização do crédito, sobrevir decisão contrária irrecorrível, o contribuinte substituído deverá proceder ao respectivo estorno no prazo de quinze dias da respectiva notificação. Entendemos inconstitucional tal mecanismo, introduzido pela Emenda Constitucional n. 3/1993 em nosso sistema tributário. Isso porque se estriba na *tributação de fato presumido,* sob o fundamento de que, provavelmente, ele irá consumar-se. O Direito Tributário sustenta-se no *princípio da realidade ou da verdade material,* o que impede a utilização de presunção para o nascimento de obrigação tributária (v. RE 593.849/MG, j. 19.10.2016).

10.3. Consequente das hipóteses de incidência. Aspecto quantitativo. Bases de cálculo. As bases de cálculo do ICMS são, de acordo com as materialidades apontadas, o *valor da operação* e o *valor da prestação de serviço,* respectivamente. V. LC n. 87/1996, arts. 13 a 18, com a redação dada pela LC n. 190/2022.

10.3.1. Mercadorias fornecidas com serviços. A norma estampada na alínea *b* do inciso IX do § 2.º do art. 155 prescreve que incidirá ICMS sobre o valor total da operação, quando mercadorias forem fornecidas com serviços não compreendidos na competência tributária dos municípios. É a hipótese, por exemplo, do fornecimento de alimentação e bebidas em bares e restaurantes (v. LC n. 87/1996, art. 2.º, I). O valor do serviço será integrado à base de cálculo do ICMS.

10.3.2. *Operação que configura fato gerador de IPI e ICMS.* O art. 155, § 2.º, XI, estabelece que o ICMS "não compreenderá, em sua base de cálculo, o montante do imposto sobre produtos industrializados, quando a operação, realizada entre contribuintes e relativa a produto destinado à industrialização ou à comercialização, configure fato gerador dos dois impostos". Com efeito, um mesmo negócio jurídico pode gerar duas obrigações tributárias distintas, se tiver por objeto produto industrializado qualificado como mercadoria. Nesse caso, consoante o dispositivo constitucional mencionado, o IPI não integra a base de cálculo do ICMS. V. LC n. 87/1996, art. 13, § 2.º.

10.3.3. *Bases de cálculo nas operações e prestações interestaduais.* Diante do julgamento da ADI 5.469/DF, na qual o STF proclamou a necessidade de lei complementar para a disciplina das bases de cálculo e das alíquotas do ICMS (Rel. Min. Dias Toffoli, j. 24.02.2021), foi editada a LC n. 190/2022, que alterou a LC n. 87/1996 no que tange às hipóteses contidas em seus incisos XIII e XV do art. 12, para estabelecer como bases de cálculo: *i*) o valor da operação ou prestação no Estado de origem, para o cálculo do imposto devido a esse Estado; e *ii*) o valor da operação ou prestação no Estado de destino, para o cálculo do imposto devido a esse Estado (art. 13, IX e X) V. itens 10.2, supra e 10.4.2. infra (diferença de alíquotas).

10.4. *Consequente das hipóteses de incidência. Aspecto quantitativo. Alíquotas. Disciplina constitucional.* A Constituição estampa complexo regramento acerca das alíquotas do ICMS, na redação dada pela EC n. 33/2001, no qual se destaca o papel do Senado Federal na sua fixação: "Art. 155. [...] § 2.º [...] IV – resolução do Senado Federal, de iniciativa do Presidente da República ou de um terço dos Senadores, aprovada pela maioria absoluta de seus membros, estabelecerá as alíquotas aplicáveis às operações e prestações, interestaduais e de exportação; V – é facultado ao Senado Federal: *a*) estabelecer alíquotas mínimas nas operações internas, mediante resolução de iniciativa de um terço e aprovada pela maioria absoluta de seus membros; *b*) fixar alíquotas máximas nas mesmas operações para resolver conflito específico que envolva interesse de Estados, mediante resolução de iniciativa da maioria absoluta e aprovada por dois terços de seus membros; VI – salvo deliberação em contrário dos Estados e do Distrito Federal, nos termos do disposto no inciso XII, *g*, as alíquotas internas, nas operações relativas à circulação de mercadorias e nas prestações de serviços, não poderão ser inferiores às previstas para as operações interestaduais; VII – nas operações e prestações que destinem bens e serviços a consumidor final, contribuinte ou não do imposto, localizado em outro Estado, adotar-se-á a alíquota interestadual e caberá ao Estado de localização do destinatário o imposto correspondente à diferença entre a alíquota interna do Estado destinatário e a alíquota interestadual (redação dada pela Emenda Constitucional n. 87/2015); VIII – a responsabilidade pelo recolhimento do imposto correspondente à diferença entre a alíquota interna e a interestadual de que trata o inciso VII será atribuída: *a*) ao destinatário, quando este for contribuinte do imposto; *b*) ao remetente, quando o destinatário não for contribuinte do imposto (redação dada pela EC n. 87/2015) [...] § 4.º Na hipótese do inciso XII, *h*, observar-se-á o seguinte: I – nas operações com os lubrificantes e combustíveis derivados de petróleo, o imposto caberá ao Estado onde ocorrer o consumo; II – nas operações interestaduais, entre contribuintes, com gás natural e seus derivados, e lubrificantes e combustíveis não incluídos no inciso I deste parágrafo, o imposto será repartido entre os Estados de origem e de destino, mantendo-se a mesma proporcionalidade que ocorre nas operações com as demais mercadorias; III – nas operações interestaduais com gás natural e seus derivados, e lubrificantes e combustíveis não incluídos no inciso I deste parágrafo, destinadas a não contribuinte, o imposto caberá ao Estado de origem; IV – as alíquotas do imposto serão definidas mediante deliberação dos Estados e Distrito Federal, nos termos do § 2.º, XII, *g*, observando-se o seguinte: a) serão uniformes em todo o território nacional, podendo ser diferenciadas por produto; b) poderão ser específicas, por unidade de medida adotada, ou *ad valorem*, incidindo sobre o valor da operação ou sobre o preço que o produto ou seu similar alcançaria em uma venda em condições de livre concorrência; c) poderão ser reduzidas e restabelecidas, não se lhes aplicando o disposto no art. 150, III, *b*. § 5.º As regras necessárias à aplicação do disposto no § 4.º, inclusive as relativas à apuração e à destinação do imposto, serão estabelecidas mediante deliberação dos Estados e do Distrito Federal, nos termos do § 2.º, XII, *g*." Note-se a minudência da disciplina das alíquotas nas *operações com combustíveis, lubrificantes e seus derivados*, inserida pela EC n. 33/2001, a demonstrar o grande interesse dos Estados-membros no seu controle. O regime jurídico dessas alíquotas é diferenciado: serão definidas por convênios entre os Estados e o Distrito Federal e poderão ser *ad valorem* ou *específicas*, à semelhança do que ocorre com o Imposto de Importação (v. comentários ao art. 20, CTN). Ainda, a EC n. 33/2001 introduziu duas exceções ao princípio da anterioridade da lei tributária, ao prescrever que, nas hipóteses de *ICMS incidente sobre operações com combustíveis e lubrificantes*, bem como na de *contribuição de intervenção no domínio econômico* relativa às atividades de *importação ou comercialização de petróleo e seus derivados, gás natural e seus derivados e álcool combustível*, as alíquotas poderão ser reduzidas e restabelecidas, não se lhes aplicando o disposto no art. 150, III, *b* (arts. 155, § 4.º, IV, *c*,[17] e 177, § 4.º, I, *b*) (v. comentários ao art. 104).

10.4.1. *Seletividade em função da essencialidade das mercadorias e serviços.* Aplicam-se às alíquotas a regra da *seletividade em função da essencialidade da mercadoria ou do serviço* (art. 155, § 2.º, III, CR[18]), bem como as limitações ditadas pelas resoluções do Senado Federal (art. 155, § 2.º, IV a VIII, CR[19]). Acerca da seletividade, v. comentários ao item 5.2, *supra*; e a LC n. 87/1996, arts. 6.º, § 1.º; 8.º, § 5.º; e 13, II e § 3.º. Anote-se, uma vez mais, que, em julgamento recente, o STF concluiu pela ausência de obrigatoriedade de sua adoção pela pessoa política tributante; quando adotada a técnica, há necessidade de se observar o critério da essencialidade e de se ponderarem as características intrínsecas do bem ou do serviço com outros elementos (v. RE 714.139/SC, Tema 745). V. também art. 18-A CTN.

10.4.2. *Alíquotas nas operações e prestações interestaduais.* Diante do julgamento da ADI 5.469/DF, na qual o STF proclamou a necessidade de lei complementar para a disciplina das bases de cálculo e das alíquotas do ICMS (Rel. Min. Dias Toffoli, j. 24.02.2021), foi editada a LC n. 190/2022, que alterou o respectivo regime jurídico nas hipóteses a que se reporta o inciso IX do art. 13 da LC n. 87/1996 – as apontadas nos incisos XIII e XV do art. 12 – estabelecendo que se utilizará: i) a alíquota prevista para a operação ou prestação interestadual, para estabelecer a base de cálculo da operação ou prestação no Estado de origem; e ii) a alíquota prevista para a operação ou prestação interna, para estabelecer a base de cálculo da operação ou prestação no Estado de destino (art. 13, § 6.º). V. itens 10.2 e 10.3.3. supra (diferença de alíquotas).

---

[17] V. art. 156-A, incluído pela EC n. 132/2023.

[18] V. art. 156-A, incluído pela EC n. 132/2023.

[19] V. art. 156-A, incluído pela EC n. 132/2023.

SUGESTÕES DOUTRINÁRIAS

ICMS

Roque Antonio Carrazza, *ICMS*, Malheiros; José Eduardo Soares de Melo, *ICMS: teoria e prática*, Dialética; Hugo de Brito Machado, *Aspectos fundamentais do ICMS*, Dialética; Kiyoshi Harada, *ICMS: doutrina e prática*, Atlas; Pedro Guilherme Accorsi Lunardelli, *A não cumulatividade do ICMS*, Quartier Latin.

JURISPRUDÊNCIA ILUSTRATIVA

STF

• Súmula Vinculante n. 48: "Na entrada de mercadoria importada do exterior, é legítima a cobrança do ICMS por ocasião do desembaraço aduaneiro".

• Súmula n. 660: "Não incide ICMS na importação de bens por pessoa física ou jurídica que não seja contribuinte do imposto" (v. RE 1.221.330/SP, Tema 1.094, j. 16.06.2020).

• "Tributário. ICMS. Crédito. Bens de uso e consumo. Mercadorias destinadas à exportação. Emenda Constitucional n. 42/2003. Manutenção da sistemática do crédito físico. Tema 633 da sistemática da repercussão geral. A EC 42/2003 manteve a fórmula do crédito físico para fins de apropriação do ICMS. Possibilidade de a legislação complementar ampliar as possibilidades de compensação e de creditamento do ICMS, de maneira a adotar o crédito misto ou o crédito financeiro integralmente. Tese de repercussão geral fixada no sentido de que 'A imunidade a que se refere o art. 155, § 2º, X, a, CF/88, não alcança, nas operações de exportação, o aproveitamento de créditos de ICMS decorrentes de aquisições de bens destinados ao uso e consumo da empresa, que depende de lei complementar para sua efetivação.' Recurso extraordinário provido" (RE 704.815/SC, Tema 633, Red. p/ o acórdão Gilmar Mendes, j. 08.11.2023).

• "Recurso extraordinário. Repercussão geral. Tema n.º 745. Direito tributário. ICMS. Seletividade. Ausência de obrigatoriedade. Quando adotada a seletividade, há necessidade de se observar o critério da essencialidade e de se ponderarem as características intrínsecas do bem ou do serviço com outros elementos. Energia elétrica e serviços de telecomunicação. Itens essenciais. Impossibilidade de adoção de alíquota superior àquela que onera as operações em geral. Eficácia negativa da seletividade. 1. O dimensionamento do ICMS, quando presente sua seletividade em função da essencialidade da mercadoria ou do serviço, pode levar em conta outros elementos além da qualidade intrínseca da mercadoria ou do serviço. 2. A Constituição Federal não obriga os entes competentes a adotar a seletividade no ICMS. Não obstante, é evidente a preocupação do constituinte de que, uma vez adotada a seletividade, haja a ponderação criteriosa das características intrínsecas do bem ou serviço em razão de sua essencialidade com outros elementos, tais como a capacidade econômica do consumidor final, a destinação do bem ou serviço e, ao cabo, a justiça fiscal, tendente à menor regressividade desse tributo indireto. O estado que adotar a seletividade no ICMS terá de conferir efetividade a esse preceito em sua eficácia positiva, sem deixar de observar, contudo, sua eficácia negativa. 3. A energia elétrica é item essencial, seja qual for seu consumidor ou mesmo a quantidade consumida, não podendo ela, em razão da eficácia negativa da seletividade, quando adotada, ser submetida a alíquota de ICMS superior àquela incidente sobre as operações em geral. A observância da eficácia positiva da seletividade – como, por exemplo, por meio da instituição de benefícios em prol de classe de consumidores com pequena capacidade econômica ou em relação a pequenas faixas de consumo –, por si só, não afasta eventual constatação de violação da eficácia negativa da seletividade. 4. Os serviços de telecomunicação, que no passado eram contratados por pessoas com grande capacidade econômica, foram se popularizando de tal forma que as pessoas com menor capacidade contributiva também passaram a contratá-los. A lei editada no passado, a qual não se ateve a essa evolução econômico-social para efeito do dimensionamento do ICMS, se tornou, com o passar do tempo, inconstitucional. 5. Foi fixada a seguinte tese para o Tema n.º 745: Adotada pelo legislador estadual a técnica da seletividade em relação ao Imposto sobre Circulação de Mercadorias e Serviços (ICMS), discrepam do figurino constitucional alíquotas sobre as operações de energia elétrica e serviços de telecomunicação em patamar superior ao das operações em geral, considerada a essencialidade dos bens e serviços. 6. Recurso extraordinário parcialmente provido. 7. Modulação dos efeitos da decisão, estipulando-se que ela produza efeitos a partir do exercício financeiro de 2024, ressalvando-se as ações ajuizadas até a data do início do julgamento do mérito" (5/2/21) (RE 714.139/SC, Tema 745, Red. p/ o acórdão Min. Dias Toffoli, j. 18.12.2021).

• "Constitucional e tributário. ICMS. Serviços de telecomunicações. Inadimplência do usuário. Compensação do tributo pela empresa prestadora do serviço. Impossibilidade. Desprovimento do recurso extraordinário. 1. Recurso extraordinário em que se debate a possibilidade de compensação do ICMS recolhido sobre prestações de serviço de telecomunicação, cujos valores não foram vertidos à empresa prestadora (contribuinte de direito) em razão da inadimplência do usuário (contribuinte de fato). 2. Relativamente aos encargos tributários suportados pelas empresas em face da inadimplência do consumidor final, esta Suprema Corte já fixou tese, sob a sistemática da repercussão geral, no julgamento do RE 586.482-RG (Rel. Min. Dias Toffoli, Tema 87), no sentido de que: As vendas inadimplidas não podem ser excluídas da base de cálculo da contribuição ao PIS e da COFINS, visto que integram a receita da pessoa jurídica. 3. Embora o precedente verse sobre tributo distinto (PIS/COFINS), com base de cálculo diversa (receita bruta das empresas), o raciocínio desenvolvido por esta Suprema Corte no referido julgado, no sentido de que as vendas inadimplidas não podem ser excluídas da base de cálculo do tributo, aplica-se igualmente ao presente caso, tendo em vista que a inadimplência do consumidor final não obsta a ocorrência do fato gerador do tributo, por se tratar de evento posterior e alheio ao fato gerador do imposto. 4. Conforme previsto no inciso III do art. 2.º da Lei Complementar n. 87/1996, o ICMS-comunicação incide sobre a prestação onerosa de serviços de comunicação (por qualquer meio, inclusive a geração, a emissão, a recepção, a transmissão, a retransmissão, a repetição e a ampliação de comunicação de qualquer natureza); assim, uma vez prestado o serviço ao consumidor, de forma onerosa, incidirá necessariamente o imposto, independentemente de a empresa ter efetivamente auferido receita com a prestação do serviço. 5. O que efetivamente pretende a recorrente é – a pretexto de fazer valer os princípios da não cumulatividade, da capacidade contributiva e vedação ao confisco – repassar ao Erário os riscos próprios de sua atividade econômica, face a eventual inadimplemento de seus consumidores/usuários, o que não possui qualquer respaldo constitucional, sendo, portanto, absolutamente inadmissível acolher tal pretensão. 6. Por outro lado, se atendesse esta pretensão, a Suprema Corte estaria atuando como legislador positivo, modificando as normas tributárias inerentes ao ICMS para instituir benefício fiscal em favor dos contribuintes, o que ensejaria violação também ao princípio da separação dos Poderes (art. 2.º da Carta Magna). 7. Recurso extraordinário a que se nega provimento. Tema 705, fixada a seguinte tese de repercussão geral: 'A inadimplência do usuário não afasta a incidência ou a exigibilidade do ICMS sobre serviços de telecomunicações'" (RE 1.003.758/RO, Tema 705, Red. p/ o acórdão Min. Alexandre de Moraes, j. 17.05.2021).

• "Recurso extraordinário com repercussão geral. Exclusão do ICMS na base de cálculo do PIS e COFINS. Definição de faturamento. Apuração escritural do ICMS e regime de não cumulatividade. Recurso provido. 1. Inviável a apuração do ICMS tomando-se cada mercadoria ou serviço e a correspondente cadeia, adota-se o sistema de apuração contábil. O montante de ICMS a recolher é apurado mês a mês, considerando-se o total de créditos decorrentes de aquisições e o total de débitos gerados nas saídas de mercadorias ou serviços: análise contábil ou escritural do ICMS. 2. A análise jurídica do princípio da não cumulatividade aplicado ao ICMS há de atentar ao disposto no art. 155, § 2.º, I, da Constituição da República, cumprindo-se o princípio da não cumulatividade a cada operação. 3. O regime da não cumulatividade impõe concluir, conquanto se tenha a escrituração da parcela ainda a se compensar do ICMS, não se incluir todo ele na definição de faturamento aproveitado por este Supremo Tribunal Federal. O ICMS não compõe a base de cálculo para incidência do PIS e da COFINS. 3. Se o art. 3.º, § 2.º, I, *in fine*, da Lei n. 9.718/1998 excluiu da base de cálculo daquelas contribuições sociais o ICMS transferido integralmente para os Estados, deve ser enfatizado que não há como se excluir a transferência parcial decorrente do regime de não cumulatividade em determinado momento da dinâmica das operações. 4. Recurso provido para excluir o ICMS da base de cálculo da contribuição ao PIS e da COFINS" (RE 574.706/PR, Tema 69, Rel. Min. Cármen Lúcia, j. 15.03.2017, e RE 1.452.421/PE, sobre a modulação de efeitos do julgado).

• "Recurso extraordinário. Repercussão geral. Direito tributário. Diferencial de alíquota. Imposto sobre Circulação de Mercadorias e Prestação de Serviços – ICMS. Federalismo fiscal. Operações interestaduais. Aspecto espacial da regra-matriz. Regime especial unificado de arrecadação de tributos e contribuições. Simples Nacional. Princípio da não cumulatividade. Postulado de tratamento favorecido ao micro e pequeno empreendedor. Lei Complementar n. 123/2006. Lei estadual n. 8.820/1989. Lei estadual n. 10.043/1993. 1. Não há vício formal de inconstitucionalidade na hipótese em que lei complementar federal autoriza a cobrança de diferencial de alíquota. Art. 13, § 1.º, XIII, *g*, 2, e *h*, da Lei Complementar n. 123/2006. 2. O diferencial de alíquota consiste em recolhimento pelo Estado de destino da diferença entre a alíquota interestadual e a interna, de maneira a equilibrar a partilha do ICMS em operações com diversos entes federados. Trata-se de complemento do valor do ICMS devido na operação, logo ocorre a cobrança de um único imposto (ICMS) calculado de duas formas distintas, de modo a alcançar o *quantum debeatur* devido na operação interestadual. 3. Não ofende a técnica da não cumulatividade a vedação à apropriação, transferência ou compensação de créditos relativos a impostos ou contribuições abrangidos pelo Simples Nacional, inclusive o diferencial de alíquota. Art. 23 da Lei Complementar n. 123/2006. Precedentes. 4. Respeita o ideal regulatório do tratamento favorecido para as microempresas e empresas de pequeno porte a exigência do diferencial de alíquota, nos termos da legislação estadual gaúcha. É inviável adesão parcial ao regime simplificado, adimplindo-se obrigação tributária de forma centralizada e com carga menor, simultaneamente ao não recolhimento de diferencial de alíquota nas operações interestaduais. A opção pelo Simples Nacional é facultativa e tomada no âmbito da livre conformação do planejamento tributário, devendo-se arcar com o bônus e o ônus dessa escolha empresarial. À luz da separação dos poderes, não é dado ao Poder Judiciário mesclar as parcelas mais favoráveis de regimes tributários distintos, culminando em um modelo híbrido, sem o devido amparo legal. 5. Fixação de tese de julgamento para os fins da sistemática da repercussão geral: 'É constitucional a imposição tributária de diferencial de alíquota do ICMS pelo Estado de destino na entrada de mercadoria em seu território devido por sociedade empresária aderente ao Simples Nacional, independentemente da posição desta na cadeia produtiva ou da possibilidade de compensação dos créditos.' 6. Recurso extraordinário a que se nega provimento" (RE 970.821/RS, Tema 517, Rel. Min. Edson Fachin, j. 12.05.2021).

• "Direito constitucional e tributário. Ação declaratória de constitucionalidade. ICMS. Deslocamento físico de bens de um estabelecimento para outro de mesma titularidade.

Inexistência de fato gerador. Precedentes da Corte. Necessidade de operação jurídica com tramitação de posse e propriedade de bens. Ação julgada improcedente. 1. Enquanto o diploma em análise dispõe que incide o ICMS na saída de mercadoria para estabelecimento localizado em outro Estado, pertencente ao mesmo titular, o Judiciário possui entendimento no sentido de não incidência, situação esta que exemplifica, de pronto, evidente insegurança jurídica na seara tributária. Estão cumpridas, portanto, as exigências previstas pela Lei n. 9.868/1999 para processamento e julgamento da presente ADC. 2. O deslocamento de mercadorias entre estabelecimentos do mesmo titular não configura fato gerador da incidência de ICMS, ainda que se trate de circulação interestadual. Precedentes. 3. A hipótese de incidência do tributo é a operação jurídica praticada por comerciante que acarrete circulação de mercadoria e transmissão de sua titularidade ao consumidor final. 4. Ação declaratória julgada improcedente, declarando a inconstitucionalidade dos arts. 11, § 3.º, II, 12, I, no trecho 'ainda que para outro estabelecimento do mesmo titular', e 13, § 4.º, da Lei Complementar Federal n. 87, de 13 de setembro de 1996" (ADC 49, Rel. Min. Edson Fachin, j. 19.04.2021).

• "Recurso extraordinário. Repercussão geral. Direito tributário. ICMS. Art. 150, § 7.º, da Constituição Federal. Alcance. Antecipação tributária sem substituição. Regulamentação por decreto do Poder Executivo. Impossibilidade. Princípio da legalidade. Reserva de lei complementar. Não sujeição. Higidez da disciplina por lei ordinária. 1. A exigência da reserva legal não se aplica à fixação, pela legislação tributária, de prazo para o recolhimento de tributo após a verificação da ocorrência de fato gerador, caminho tradicional para o adimplemento da obrigação surgida. Isso porque o tempo para o pagamento da exação não integra a regra-matriz de incidência tributária. 2. Antes da ocorrência de fato gerador, não há que se falar em regulamentação de prazo de pagamento, uma vez que inexiste dever de pagar. 3. No regime de antecipação tributária sem substituição, o que se antecipa é o critério temporal da hipótese de incidência, sendo inconstitucionais a regulação da matéria por decreto do Poder Executivo e a delegação genérica contida em lei, já que o momento da ocorrência de fato gerador é um dos aspectos da regra-matriz de incidência submetido a reserva legal. 4. Com a edição da Emenda Constitucional n. 3/1993, a possibilidade de antecipação tributária, com ou sem substituição, de imposto ou contribuição com base em fato gerador presumido deixa de ter caráter legal e é incorporada ao texto constitucional no art. 150, § 7.º. 5. Relativamente à antecipação sem substituição, o texto constitucional exige somente que a antecipação do aspecto temporal se faça *ex lege* e que o momento eleito pelo legislador esteja de algum modo vinculado ao núcleo da exigência tributária. 6. Somente nas hipóteses de antecipação do fato gerador do ICMS com substituição se exige, por força do art. 155, § 2.º, XII, *b*, da Constituição, previsão em lei complementar. 7. Recurso extraordinário a que se nega provimento" (RE 598.677/RS, Tema 456, Rel. Min. Dias Toffoli, j. 29.03.2021).

Tese: "A antecipação, sem substituição tributária, do pagamento do ICMS para momento anterior à ocorrência do fato gerador necessita de lei em sentido estrito. A substituição tributária progressiva do ICMS reclama previsão em lei complementar federal".

• "Ação direta de inconstitucionalidade. Direito tributário. Lei n. 7.098, de 30 de dezembro de 1998, do Estado de Mato Grosso. ICMS-comunicação. Atividades-meio. Não incidência. Critério para definição de margem de valor agregado. Necessidade de lei. Operações com programa de computador (*software*). Critério objetivo. Subitem 1.05 da lista anexa à LC n. 116/2003. Incidência do ISS. Aquisição por meio físico ou por meio eletrônico (*download*, *streaming* etc.). Distinção entre *software* sob encomenda e padronizado. Irrelevância. Contrato de licenciamento de uso de programas de computador. Relevância do trabalho humano desenvolvido. Contrato complexo ou híbrido. Dicotomia entre obrigação de dar e obrigação de fazer. Insuficiência. Modulação dos efeitos da decisão. 1. Consoante a jurisprudência da

Corte, o ICMS-comunicação 'apenas pode incidir sobre a atividade-fim, que é o serviço de comunicação, e não sobre a atividade-meio ou intermediária como são aquelas constantes na Cláusula Primeira do Convênio ICMS 69/1998' (RE 570.020/DF, Rel. Min. Luiz Fux, Tribunal Pleno). 2. Os critérios para a fixação da margem de valor agregado para efeito de cálculo do ICMS em regime de substituição tributária progressiva devem ser disciplinados por lei estadual, em sentido formal e material, não sendo possível a delegação em branco dessa matéria a ato normativo infralegal, sob pena de ofensa ao princípio da legalidade tributária. 3. A tradicional distinção entre *software* de prateleira (padronizado) e por encomenda (personalizado) não é mais suficiente para a definição da competência para tributação dos negócios jurídicos que envolvam programas de computador em suas diversas modalidades. Diversos precedentes da Corte têm superado a velha dicotomia entre obrigação de fazer e obrigação de dar, notadamente nos contratos tidos por complexos. 4. O legislador complementar, amparado especialmente nos arts. 146, I, e 156, III, da Constituição Federal, buscou dirimir conflitos de competência em matéria tributária envolvendo *softwares* elencando, no subitem 1.05 da lista de serviços tributáveis pelo ISS anexa à LC n. 116/2003, o licenciamento e a cessão de direito de uso de programas de computação. É certo, ademais, que, conforme a Lei n. 9.609/1998, o uso de programa de computador no País é objeto de contrato de licença. 5. Associa-se a isso a noção de que *software* é produto do engenho humano, é criação intelectual. Ou seja, é imprescindível a existência de esforço humano direcionado para a construção de um programa de computador (obrigação de fazer), não podendo isso ser desconsiderado quando se trata de qualquer tipo de *software*. A obrigação de fazer também se encontra presente nos demais serviços prestados ao usuário, como, *v.g.*, o *help desk* e a disponibilização de manuais, atualizações e outras funcionalidades previstas no contrato de licenciamento. 6. Igualmente há prestação de serviço no modelo denominado *Software as a Service* (SaaS), o qual se caracteriza pelo acesso do consumidor a aplicativos disponibilizados pelo fornecedor na rede mundial de computadores, ou seja, o aplicativo utilizado pelo consumidor não é armazenado no disco rígido do computador do usuário, permanecendo *on-line* em tempo integral, daí por que se diz que o aplicativo está localizado na nuvem, circunstância atrativa da incidência do ISS. 7. Ação direta não conhecida no tocante aos arts. 2.º, § 3.º; 16, § 2.º; e 22, parágrafo único, da Lei n. 7.098/1998 do Estado de Mato Grosso; julgada prejudicada em relação ao art. 3.º, § 3.º, da mesma lei; e, no mérito, julgada parcialmente procedente, declarando-se a inconstitucionalidade (i) das expressões 'adesão, acesso, disponibilização, ativação, habilitação, assinatura' e 'ainda que preparatórios', constantes do art. 2.º, § 2.º, I, da Lei n. 7.098/1998, com a redação dada pela Lei n. 9.226/2009; (ii) da expressão 'observados os demais critérios determinados pelo regulamento', presente no art. 13, § 4.º, da Lei n. 7.098/1998; (iii) dos arts. 2.º, § 1.º, VI; e 6.º, § 6.º, da mesma lei. 8. Modulam-se os efeitos da decisão nos termos da ata do julgamento" (ADI 1.945/MS, Red. p/ o acórdão Min. Dias Toffoli, j. 24.02.2021).

• "Ação direta de inconstitucionalidade. Direito tributário. Lei n. 6.763/1975-MG e Lei Complementar federal n. 87/1996. Operações com programa de computador (*software*). Critério objetivo. Subitem 1.05 da lista anexa à LC n. 116/2003. Incidência do ISS. Aquisição por meio físico ou por meio eletrônico (*download, streaming* etc.). Distinção entre *software* sob encomenda ou padronizado. Irrelevância. Contrato de licenciamento de uso de programas de computador. Relevância do trabalho humano desenvolvido. Contrato complexo ou híbrido. Dicotomia entre obrigação de dar e obrigação de fazer. Insuficiência. Modulação dos efeitos da decisão. 1. A tradicional distinção entre *software* de prateleira (padronizado) e por encomenda (personalizado) não é mais suficiente para a definição da competência para a tributação dos negócios jurídicos que envolvam programas de computador em suas diversas modalidades. Diversos precedentes da Corte têm superado a velha dicotomia entre obrigação de fazer e obrigação de dar, notadamente nos contratos tidos por complexos (*v.g. leasing* financeiro, contratos de franquia). 2. A Corte tem tradicionalmente resolvido as indefinições entre ISS e do ICMS com base em critério objetivo: incide apenas o primeiro se o serviço está definido por lei complementar como tributável por tal imposto, ainda que sua prestação envolva a utilização ou o fornecimento de bens, ressalvadas as exceções previstas na lei; ou incide apenas o segundo se a operação de circulação de mercadorias envolver serviço não definido por aquela lei complementar. 3. O legislador complementar, amparado especialmente nos arts. 146, I, e 156, III, da Constituição Federal, buscou dirimir conflitos de competência em matéria tributária envolvendo *softwares*. E o fez não se valendo daquele critério que a Corte vinha adotando. Ele elencou, no subitem 1.05 da lista de serviços tributáveis pelo ISS anexa à LC n. 116/2003, o licenciamento e a cessão de direito de uso de programas de computação. É certo, ademais, que, conforme a Lei n. 9.609/1998, o uso de programa de computador no País é objeto de contrato de licença. 4. Associa-se a esse critério objetivo a noção de que *software* é produto do engenho humano, é criação intelectual. Ou seja, faz-se imprescindível a existência de esforço humano direcionado para a construção de um programa de computador (obrigação de fazer), não podendo isso ser desconsiderado em qualquer tipo de *software*. A obrigação de fazer também se encontra presente nos demais serviços prestados ao usuário, como, *v.g.*, o *help desk* e a disponibilização de manuais, atualizações e outras funcionalidades previstas no contrato de licenciamento. 5. Igualmente há prestação de serviço no modelo denominado *Software as a Service* (SaaS), o qual se caracteriza pelo acesso do consumidor a aplicativos disponibilizados pelo fornecedor na rede mundial de computadores, ou seja, o aplicativo utilizado pelo consumidor não é armazenado no disco rígido do computador do usuário, permanecendo *on-line* em tempo integral, daí por que se diz que o aplicativo está localizado na nuvem, circunstância atrativa da incidência do ISS. 6. Ação direta julgada parcialmente prejudicada, nos termos da fundamentação, e, quanto à parte subsistente, julgada procedente, dando-se ao art. 5.º da Lei n. 6.763/1975 e ao art. 1.º, I e II, do Decreto n. 43.080/2002, ambos do Estado de Minas Gerais, bem como ao art. 2.º da Lei Complementar federal n. 87/1996, interpretação conforme à Constituição Federal, excluindo-se das hipóteses de incidência do ICMS o licenciamento ou a cessão de direito de uso de programas de computador, tal como previsto no subitem 1.05 da lista de serviços anexa à Lei Complementar n. 116/2003. 7. Modulam-se os efeitos da decisão nos termos da ata do julgamento (ADI 5.659/MG, Rel. Min. Dias Toffoli, j. 24.02.2021).

• "Recurso extraordinário. Repercussão geral. Direito tributário. Emenda Constitucional n. 87/2015. ICMS. Operações e prestações em que haja a destinação de bens e serviços a consumidor final não contribuinte do ICMS localizado em estado distinto daquele do remetente. Inovação constitucional. Matéria reservada à lei complementar (art. 146, I e III, *a* e *b*; e art. 155, § 2.º, XII, *a*, *b*, *c*, *d* e *i*, da CF/1988). Cláusulas primeira, segunda, terceira e sexta do Convênio ICMS 93/2015. Inconstitucionalidade. Tratamento tributário diferenciado e favorecido destinado a microempresas e empresas de pequeno porte. Simples Nacional. Matéria reservada a lei complementar (art. 146, III, *d*, e parágrafo único, da CF/1988). Cláusula nona do Convênio ICMS 93/2015. Inconstitucionalidade. 1. A EC n. 87/2015 criou nova relação jurídico-tributária entre o remetente do bem ou serviço (contribuinte) e o estado de destino nas operações com bens e serviços destinados a consumidor final não contribuinte do ICMS. O imposto incidente nessas operações e prestações, que antes era devido totalmente ao estado de origem, passou a ser dividido entre dois sujeitos ativos, cabendo ao estado de origem o ICMS calculado com base na alíquota interestadual e ao estado de destino, o diferencial entre a alíquota interestadual e sua alíquota interna. 2. Convênio interestadual não pode suprir a ausência de lei complementar dispondo sobre obrigação tributária, contribuintes, bases de cálculo/alíquotas e créditos de ICMS nas operações ou prestações interestaduais com consumidor final não contribuinte do imposto, como fizeram as cláusulas primeira, segunda, terceira e sexta do Convênio ICMS n. 93/2015. 3. A cláusula nona do Convênio ICMS 93/2015, ao determinar a extensão da sistemática da EC

n. 87/2015 aos optantes do Simples Nacional, adentra no campo material de incidência da LC n. 123/2006, que estabelece normas gerais relativas ao tratamento diferenciado e favorecido a ser dispensado às microempresas e às empresas de pequeno porte, à luz do art. 146, III, *d*, e parágrafo único, da Constituição Federal. 4. Tese fixada para o Tema 1.093: 'A cobrança do diferencial de alíquota alusivo ao ICMS, conforme introduzido pela Emenda Constitucional n. 87/2015, pressupõe edição de lei complementar veiculando normas gerais'. 5. Recurso extraordinário provido, assentando-se a invalidade da cobrança do diferencial de alíquota do ICMS, na forma do Convênio n. 93/2015, em operação interestadual envolvendo mercadoria destinada a consumidor final não contribuinte. 6. Modulação dos efeitos da declaração de inconstitucionalidade das cláusulas primeira, segunda, terceira, sexta e nona do convênio questionado, de modo que a decisão produza efeitos, quanto à cláusula nona, desde a data da concessão da medida cautelar nos autos da ADI 5.464/DF e, quanto às cláusulas primeira, segunda, terceira e sexta, a partir do exercício financeiro seguinte à conclusão deste julgamento (2022), aplicando-se a mesma solução em relação às respectivas leis dos estados e do Distrito Federal, para as quais a decisão deverá produzir efeitos a partir do exercício financeiro seguinte à conclusão deste julgamento (2022), exceto no que diz respeito às normas legais que versarem sobre a cláusula nona do Convênio ICMS 93/2015, cujos efeitos deverão retroagir à data da concessão da medida cautelar nos autos da ADI 5.464/DF. Ficam ressalvadas da modulação as ações judiciais em curso" (RE 1.287.019/DF, Tema 1.093, Red. p/ o acórdão Dias Toffoli, j. 24.02.2021).

• "Constitucional e tributário. ICMS. Princípio da não cumulatividade e regime de compensação de créditos. Princípio da reserva legal. Disciplina por lei complementar. Não incidência de anterioridade nonagesimal na prorrogação da compensação. Provimento do recurso extraordinário. 1. A Constituição Federal trouxe, no artigo 155, § 2.º, I, a previsão do princípio da não cumulatividade relativamente ao ICMS e, em seu inciso XII, alínea *c*, determina que compete à lei complementar regulamentar o regime de compensação do tributo. 2. Dessa forma, embora a Constituição Federal tenha sido expressa sobre o direito de os contribuintes compensarem créditos decorrentes de ICMS, também conferiu às leis complementares a disciplina da questão. 3. O contribuinte apenas poderá usufruir dos créditos de ICMS quando houver autorização da legislação complementar. Logo, o diferimento da compensação de créditos de ICMS de bens adquiridos para uso e consumo do próprio estabelecimento não viola o princípio da não cumulatividade. 4. O Princípio da anterioridade nonagesimal (ou noventena) é exigível apenas para as leis que instituem ou majoram tributos. A incidência da norma não precisa observar o prazo de 90 (noventa) dias da data da publicação que prorrogou o direito à compensação, nos termos do artigo 150, III, alínea *c*, da Constituição. 5. Recurso Extraordinário do Estado do Rio Grande do Sul a que se dá PROVIMENTO, para denegar a ordem" (RE 601.967/RS, Tema 346, Rel. Min. Marco Aurélio, j. 18.08.2020).

• "Recurso extraordinário. Repercussão geral. Direito Tributário. Imunidade. Operações de exportação. Artigo 155, § 2.º, X, *a*, CF. ICMS. Operações e prestações no mercado interno. Não abrangência. Possibilidade de cobrança do ICMS. Manutenção e aproveitamento dos créditos. 1. A Corte, sempre que se manifestou sobre as imunidades constitucionais, se ateve às finalidades constitucionais às quais estão vinculadas as mencionadas regras. Nas operações de exportação, é clara a orientação quanto à impossibilidade de, a pretexto de se extrair da regra imunitória o máximo de efetividade, se adotar uma interpretação ampliativa, de modo a se abarcarem fatos, situações ou objetos a priori não abrangidos pela expressão literal do enunciado normativo. 2. Ao estabelecer a imunidade das operações de exportação ao ICMS, o art. 155, § 2.º, X, da Constituição se ocupa, a contrario sensu, das operações internas, pressupondo a incidência e estabelecendo o modo pelo qual o ônus tributário é compensado: mediante a manutenção e o aproveitamento dos créditos respectivos. 3. Caso houvesse imunidade para as operações internas, de modo que não fosse cobrado o ICMS em nenhuma das etapas anteriores à exportação, seria inútil e despropositada a regra de manutenção e aproveitamento de créditos. 4. Diante do exposto, nega-se provimento ao recurso extraordinário. 5. Tese do Tema n.º 475 da Gestão por Temas da Repercussão Geral: 'A imunidade a que se refere o art. 155, § 2.º, X, *a*, da CF não alcança operações ou prestações anteriores à operação de exportação'" (RE 754.917/RS, Tema 475, Rel. Min Dias Toffoli, j. 05.08.2020).

• "Constitucional e tributário. ICMS. Operação interestadual de fornecimento de energia elétrica a consumidor final, para emprego em processo de industrialização. Imposto devido ao estado de destino. Provimento do recurso extraordinário. 1. De acordo com o artigo 20, § 1.º, da Constituição Federal, é assegurada à União (EC 102/2019), aos Estados, ao Distrito Federal e aos Municípios a participação no resultado da exploração, no respectivo território, de petróleo ou gás natural, de recursos hídricos para fins de geração de energia elétrica e de outros recursos minerais. 2. Somente os Estados de destino (Estado em que situado o adquirente) podem instituir ICMS sobre as operações interestaduais de energia elétrica, nos termos do artigo 155, § 2.º, X, 'b' da Constituição Federal. Precedentes: RE 198.088, Relator: Min. Ilmar Galvão, Tribunal Pleno, *DJ* 5-9-2003. 3. Recurso Extraordinário do Estado do Rio Grande do Sul a que se dá provimento, para julgar improcedente o pedido inicial. Tema 689, fixada a seguinte tese de repercussão geral: 'Segundo o artigo 155, § 2.º, X, *b*, da CF/1988, cabe ao Estado de destino, em sua totalidade, o ICMS sobre a operação interestadual de fornecimento de energia elétrica a consumidor final, para emprego em processo de industrialização, não podendo o Estado de origem cobrar o referido imposto'" (RE 748.543/RS, Tema 689, Red. p/ o acórdão Min. Alexandre de Moraes, j. 05.08.2020).

• "Recurso extraordinário. Tema 1094 da repercussão geral. Constitucional e tributário. ICMS incidente na importação de bens e mercadorias, por pessoa física ou jurídica, com base em lei estadual editada posteriormente à promulgação da EC n. 33/2001, porém antes da vigência da Lei Complementar federal n. 114/2002. Possibilidade. 1. A jurisprudência desta Corte, no julgamento do RE 439.796-RG (Rel. Min. Joaquim Barbosa, Tema 171), fixou a orientação de que, 'após a Emenda Constitucional n. 33/2001, é constitucional a incidência de ICMS sobre operações de importação efetuadas por pessoa, física ou jurídica, que não se dedica habitualmente ao comércio ou à prestação de serviços'. 2. Tal imposição tributária depende da edição de lei complementar federal; publicada em 17/12/2002, a Lei Complementar n. 114 supriu esta exigência. 3. As leis ordinárias estaduais que previram o tributo após a Emenda n. 33/2001 e antes da entrada em vigor da LC n. 114/2002 são válidas, mas produzem efeitos apenas a contar da vigência da referida lei complementar. 4. No caso concreto, o tributo é constitucional e legalmente devido com base na Lei Estadual n. 11.001/2001, cuja eficácia teve início após a edição da LC n. 114/2002. 5. Recurso Extraordinário a que se dá provimento, de modo a denegar a segurança, restabelecendo a sentença de primeiro grau. Atribuída repercussão geral a esta matéria constitucional e fixada a seguinte tese de julgamento: 'I – Após a Emenda Constitucional n. 33/2001, é constitucional a incidência de ICMS sobre operações de importação efetuadas por pessoa, física ou jurídica, que não se dedica habitualmente ao comércio ou à prestação de serviços, devendo tal tributação estar prevista em lei complementar federal. II – As leis estaduais editadas após a EC n. 33/2001 e antes da entrada em vigor da Lei Complementar n. 114/2002, com o propósito de impor o ICMS sobre a referida operação, são válidas, mas produzem efeitos somente a partir da vigência da LC n. 114/2002'" (RE 1.221.330/SP, Tema 1.094, Red. p/ o acórdão Min. Alexandre de Moraes, j. 16.06.2020).

• "Constitucional e tributário. Limitações do poder de tributar. ICMS. Respeito ao pacto federativo na concessão de isenções, incentivos e benefícios fiscais. Exigência constitucional de deliberação dos Estados e do Distrito Federal na forma da lei complementar. Inconstitucionalidade na concessão unilateral. Procedência. 1. As competências tributárias deverão ser exercidas em fiel observância às normas constitucionais, que preveem, especificamente, limitações do poder de tributar, com a consagração de princípios, imunidades, restrições e possibilidades de concessão de isenções, incentivos e benefícios fiscais. 2. A deliberação dos Estados e do Distrito Federal para a concessão de isenções, incentivos e benefícios fiscais de ICMS é exigência direta do texto constitucional, assim como a observância da disciplina constante na lei complementar, que constitui uma das matérias básicas de integração do Sistema Tributário Nacional, no sentido de desrespeito ao equilíbrio federativo ('guerra fiscal'). 3. Desrespeito à alínea 'g' do inciso XII do § 2.º do artigo 155 da Constituição Federal em decorrência da concessão unilateral de incentivos e benefícios fiscais no ICMS pela Lei estadual/MT n. 7.874/2002 (artigos 1.º, 2.º, 3.º, 4.º, 5.º, 6.º, 7.º, 8.º, 9.º, 10 e 11, Programa de incentivo às usinas produtoras de álcool do Estado de Mato Grosso – PRO-ÁLCOOL). 4. Medida cautelar confirmada. Ação direta de inconstitucionalidade julgada procedente" (ADI 2.823/MT, Rel. Min. Alexandre de Moraes, j. 19.12.2018).

• "Recurso extraordinário. Repercussão geral. Direito tributário. Imposto sobre Circulação de Mercadorias e Serviços – ICMS. Substituição tributária progressiva ou para frente. Cláusula de restituição do excesso. Base de cálculo presumida. Base de cálculo real. Restituição da diferença. Art. 150, § 7.º, da Constituição da República. Revogação parcial de precedente. ADI 1.851. 1. Fixação de tese jurídica ao Tema 201 da sistemática da repercussão geral: 'É devida a restituição da diferença do Imposto sobre Circulação de Mercadorias e Serviços – ICMS pago a mais no regime de substituição tributária para frente se a base de cálculo efetiva da operação for inferior à presumida'. 2. A garantia do direito à restituição do excesso não inviabiliza a substituição tributária progressiva, à luz da manutenção das vantagens pragmáticas hauridas do sistema de cobrança de impostos e contribuições. 3. O princípio da praticidade tributária não prepondera na hipótese de violação de direitos e garantias dos contribuintes, notadamente os princípios da igualdade, capacidade contributiva e vedação ao confisco, bem como a arquitetura de neutralidade fiscal do ICMS. 4. O modo de raciocinar 'tipificante' na seara tributária não deve ser alheio à narrativa extraída da realidade do processo econômico, de maneira a transformar uma ficção jurídica em uma presunção absoluta. 5. De acordo com o art. 150, § 7.º, *in fine*, da Constituição da República, a cláusula de restituição do excesso e respectivo direito à restituição se aplicam a todos os casos em que o fato gerador presumido não se concretize empiricamente da forma como antecipadamente tributado. 6. Altera-se parcialmente o precedente firmado na ADI 1.851, de relatoria do Ministro Ilmar Galvão, de modo que os efeitos jurídicos desse novo entendimento orientam apenas os litígios judiciais futuros e os pendentes submetidos à sistemática da repercussão geral. 7. Declaração incidental de inconstitucionalidade dos artigos 22, § 10, da Lei n. 6.763/1975, e 21 do Decreto n. 43.080/2002, ambos do Estado de Minas Gerais, e fixação de interpretação conforme à Constituição em relação aos arts. 22, § 11, do referido diploma legal, e 22 do decreto indigitado. 8. Recurso extraordinário a que se dá provimento" (RE 593.849/MG, Tema 201, Rel. Min. Edson Fachin, j. 19.10.2016).

Tese: "É devida a restituição da diferença do Imposto sobre Circulação de Mercadorias e Serviços – ICMS pago a mais no regime de substituição tributária para a frente se a base de cálculo efetiva da operação for inferior à presumida".

• "Recurso extraordinário com repercussão geral. Imunidade recíproca. Empresa Brasileira de Correios e Telégrafos. Peculiaridades do Serviço Postal. Exercício de atividades em regime de exclusividade e em concorrência com particulares. Irrelevância. ICMS. Transporte de encomendas. Indissociabilidade do serviço postal. Incidência da imunidade do art. 150, VI, *a*, da Constituição. Condição de sujeito passivo de obrigação acessória. Legalidade. 1.

Distinção, para fins de tratamento normativo, entre empresas públicas prestadoras de serviço público e empresas públicas exploradoras de atividade econômica. 2. As conclusões da ADPF 46 foram no sentido de se reconhecer a natureza pública dos serviços postais, destacando-se que tais serviços são exercidos em regime de exclusividade pela ECT. 3. Nos autos do RE 601.392/PR, relator para o acórdão o Ministro Gilmar Mendes, ficou assentado que a imunidade recíproca prevista no art. 150, VI, *a*, CF, deve ser reconhecida à ECT, mesmo quando relacionada às atividades em que a empresa não age em regime de monopólio. 4. O transporte de encomendas está inserido no rol das atividades desempenhadas pela ECT, que deve cumprir o encargo de alcançar todos os lugares do Brasil, não importa o quão pequenos ou subdesenvolvidos. 5. Não há comprometimento do *status* de empresa pública prestadora de serviços essenciais por conta do exercício da atividade de transporte de encomendas, de modo que essa atividade constitui *sine qua non* para a viabilidade de um serviço postal contínuo, universal e de preços módicos. 6. A imunidade tributária não autoriza a exoneração de cumprimento das obrigações acessórias. A condição de sujeito passivo de obrigação acessória dependerá única e exclusivamente de previsão na legislação tributária. 7. Recurso extraordinário do qual se conhece e ao qual se dá provimento, reconhecendo a imunidade da ECT relativamente ao ICMS que seria devido no transporte de encomendas" (RE 627.051/PE, Tema 402, Rel. Min. Dias Toffoli, j. 12.11.2014).

Tese: "Não incide o ICMS sobre o serviço de transporte de encomendas realizado pela Empresa Brasileira de Correios e Telégrafos – ECT, tendo em vista a imunidade recíproca prevista no art. 150, VI, *a*, da Constituição Federal".

• "Recurso extraordinário. Constitucional e tributário. ICMS. Entrada de mercadoria importada do exterior. Art. 155, II, CF/1988. Operação de arrendamento mercantil internacional. Não incidência. Recurso extraordinário a que se nega provimento. 1. O ICMS tem fundamento no art. 155, II, da CF/1988, e incide sobre operações relativas à circulação de mercadorias e sobre prestações de serviços de transporte interestadual e intermunicipal e de comunicação, ainda que as operações e as prestações se iniciem no exterior. 2. A alínea *a* do inciso IX do § 2.º do art. 155 da Constituição Federal, na redação da EC n. 33/2001, faz incidir o ICMS na entrada de bem ou mercadoria importados do exterior, somente se de fato houver circulação de mercadoria, caracterizada pela transferência do domínio (compra e venda). 3. Precedente: RE 461968, Rel. Min. Eros Grau, Tribunal Pleno, julgado em 30.05.2007, *DJe* 23.08.2007, onde restou assentado que o imposto não é sobre a entrada de bem ou mercadoria importada, senão sobre essas entradas desde que elas sejam atinentes a operações relativas à circulação desses mesmos bens ou mercadorias. 4. Deveras, não incide o ICMS na operação de arrendamento mercantil internacional, salvo na hipótese de antecipação da opção de compra, quando configurada a transferência da titularidade do bem. Consectariamente, se não houver aquisição de mercadoria, mas mera posse decorrente do arrendamento, não se pode cogitar de circulação econômica. 5. *In casu*, nos termos do acórdão recorrido, o contrato de arrendamento mercantil internacional trata de bem suscetível de devolução, sem opção de compra. 6. Os conceitos de direito privado não podem ser desnaturados pelo direito tributário, na forma do art. 110 do CTN, à luz da interpretação conjunta do art. 146, III, combinado com o art. 155, inciso II e § 2.º, IX, *a*, da CF/1988. 8. Recurso extraordinário a que se nega provimento" (RE 540.829/SP, Tema 297, Red. p/ o acórdão Min. Luiz Fux, j. 11.04.2014).

Tese: "Não incide o ICMS na operação de arrendamento mercantil internacional, salvo na hipótese de antecipação da opção de compra, quando configurada a transferência da titularidade do bem".

• "Tributário. ICMS. Fornecimento de água tratada por concessionárias de serviço público. Não incidência. Ausência de fato gerador. 1. O fornecimento de água potável por empresas concessionárias desse serviço público não é tributável por meio do ICMS. 2. As águas em estado natural são bens públicos e só podem ser exploradas por particulares mediante concessão, permissão ou autorização. 3. O fornecimento de água tratada à população por empresas concessionárias, permissionárias ou autorizadas não caracteriza uma operação de circulação de mercadoria. 4. Precedentes da Corte. Tema já analisado na liminar concedida na ADI 567, de relatoria do Ministro Ilmar Galvão, e na ADI 2.224-5/DF, Relator o Ministro Néri da Silveira. 5. Recurso extraordinário a que se nega provimento" (RE 607.056/RJ, Tema 326, Rel. Min. Dias Toffoli, j. 10.04.2013).

Tese: "O ICMS não incide sobre o fornecimento de água tratada por concessionária de serviço público, dado que esse serviço não caracteriza uma operação de circulação de mercadoria".

• "ICMS. Incidência. Seguradoras. Venda de veículos salvados. Inconstitucionalidade. Ofensa aos artigos 22, VII, e 153, V, da Constituição Federal. Precedentes. Repercussão geral reconhecida. 1. O art. 7.º, § 1.º, item 4, da Lei paulista n. 6.374, de 01.03.1989, previu a incidência de ICMS sobre as operações de vendas, por seguradoras, de veículos envolvidos em sinistros. 2. Vendas que se integram à própria operação de seguro, constituindo recuperação de receitas e não atividade mercantil. 3. Recurso extraordinário conhecido e provido" (RE 588.149/SP, Tema 216, Rel. Min. Gilmar Mendes, j. 16.02.2011).

Tese: "O ICMS não incide sobre alienação de salvados de sinistro pelas seguradoras".

STJ

• Súmula n. 649: "Não incide ICMS sobre o serviço de transporte interestadual de mercadorias destinadas ao exterior".

• Súmula n. 457: "Os descontos incondicionais nas operações mercantis não se incluem na base de cálculo do ICMS".

• Súmula n. 431: "É ilegal a cobrança de ICMS com base no valor da mercadoria submetido ao regime de pauta fiscal".

• Súmula n. 395: "O ICMS incide sobre o valor da venda a prazo constante da nota fiscal".

• Súmula n. 391: "O ICMS incide sobre o valor da tarifa de energia elétrica correspondente à demanda de potência efetivamente utilizada".

• Súmula n. 350: "O ICMS não incide sobre o serviço de habilitação de telefone celular".

• Súmula n. 334: "O ICMS não incide no serviço dos provedores de acesso à Internet".

• Súmula n. 237: "Nas operações com cartão de crédito, os encargos relativos ao financiamento não são considerados no cálculo do ICMS".

• "Processual civil e tributário. Ofensa aos arts. 489 e 1.022 do Código de Processo Civil de 2015. Inocorrência. Art. 1.142 do Código Civil. Falta de prequestionamento. Súmula n. 211/STJ. Dissídio jurisprudencial. Ausência de similitude fática. Imposto sobre circulação de mercadorias e serviços (ICMS). Distinção entre a compensação inerente à apuração do imposto e a forma de extinção da obrigação principal arrolada no art. 156, II, do Código Tributário Nacional. Princípio da não cumulatividade. Possibilidade de restrição de seu alcance por lei complementar. Precedentes do Supremo Tribunal Federal. Liquidação do imposto devido por substituição tributária progressiva (ICMS-ST) mediante compensação com créditos da escrita fiscal. Impossibilidade. Exigência de recolhimento antecipado. Arts. 6º e 8º, *caput*, II, e § 5º, da Lei Complementar n. 87/1996. Vedação consignada em lei estadual. Súmula n. 280/STF. Recurso especial parcialmente conhecido e, nessa extensão, improvido. I – O tribunal de origem apreciou todas as questões relevantes apresentadas com fundamentos suficientes, mediante apreciação da disciplina normativa e cotejo ao posicionamento jurisprudencial aplicável à hipótese. Inexistência de omissão, contradição ou obscuridade. II – A falta de enfrentamento da questão objeto da controvérsia pelo tribunal a quo impede o acesso à instância especial quanto ao alegado malferimento ao art. 1.142 do Código Civil, porquanto não preenchido o requisito constitucional do prequestionamento, nos termos da Súmula n. 211/STJ. III – É entendimento pacífico dessa Corte que o Recurso Especial não pode ser conhecido com fundamento na alínea c do permissivo constitucional, ante a ausência de similitude fática entre os julgados confrontados. IV – Nos moldes do art. 155, *caput*, II, e § 2º, I e XII, *b*, da Constituição da República, compete aos Estados e ao Distrito Federal instituir o Imposto sobre Circulação de Mercadorias e Serviços (ICMS), o qual, necessariamente, deve ser não cumulativo, compensando-se o que for devido em cada operação com o montante cobrado nas anteriores, cabendo à lei complementar disciplinar a respectiva sistemática de apuração. V – Não se pode confundir a compensação inerente ao ICMS e concretizadora da regra constitucional da não cumulatividade, matéria regulada, em âmbito infraconstitucional, pela Lei Complementar n. 87/1996 (Lei Kandir), com a modalidade de extinção do crédito tributário igualmente denominada de compensação pelos arts. 156, II, e 170 do Código Tributário Nacional. VI – De acordo com a jurisprudência do Supremo Tribunal Federal, o princípio da não cumulatividade do ICMS constitui norma passível de conformação pelo legislador infraconstitucional, legitimando, por um lado, restrições ao integral creditamento, e, de outra parte, limitando o emprego de créditos acumulados como forma de liquidação do tributo mediante compensação, procedimento somente autorizado quando calcado em expressa autorização legal. Precedentes. VII – Sob o prisma estrito da Lei Complementar n. 87/1996, enquanto, de um lado, a liquidação do imposto devido em operações próprias pode ser efetuada, alternativamente, mediante compensação ou pagamento em dinheiro (arts. 24 e 25), conforme dispuser a legislação estadual, no regime de substituição tributária progressiva, por sua vez, apenas há previsão legal a respeito do pagamento antecipado do respectivo valor, autorizando-se, tão somente, como forma de implementar a não cumulatividade em menor grau, o recolhimento do ICMS-ST com redução do imposto devido pela operação ou prestação do próprio substituto (arts. 6º, 8º, *caput*, II, e § 5º, e 9º da LC n. 87/1996). VIII – Diante a intepretação efetuada pelo Supremo Tribunal Federal acerca do alcance da norma estampada no art. 155, § 2º, I, da Constituição da República, e, ainda, sob o prisma eminentemente infraconstitucional próprio da competência desta Corte, não se extrai diretamente da Lei Kandir autorização expressa e suficiente a possibilitar a utilização de créditos de ICMS, acumulados na escrita fiscal, para compensação com valores devidos a título de ICMS-ST, razão pela qual, havendo expressa vedação a tal procedimento em lei estadual, inviável a adoção de exegese diversa, à luz do óbice constante da Súmula n. 280/STF. IX – Recurso Especial conhecido em parte e, nessa extensão, improvido" (REsp 2.120.610/SP, 1ª Turma, Rel. Min. Regina Helena Costa, j. 04.02.2025).

• "Tributário. Inclusão do PIS e da COFINS na base de cálculo do ICMS. Valor da operação. Repasse econômico. Possibilidade. Ausência de previsão legal específica para exclusão. Fixação de tese repetitiva. Solução do caso concreto: recurso especial conhecido em parte e nessa parte negado provimento. 1. A base de cálculo do ICMS será o valor da operação nas hipóteses legais (artigo 13 da Lei Complementar 87/96). 2. 'O imposto não está limitado ao preço da mercadoria, abrangendo também o valor relativo às condições estabelecidas e assim exigidas do comprador como pressuposto para a própria realização do negócio' (REsp n.

1.346.749/MG, relator Ministro Benedito Gonçalves, Primeira Turma, julgado em 10/2/2015, *DJe* de 4/3/2015). 3. O PIS e a COFINS incidem, dependendo do regime de tributação da pessoa jurídica, sobre suas receitas totais ou faturamento, observadas as exceções legais. As receitas e o faturamento podem ser considerados ingressos definitivos nas contas do contribuinte, sem qualquer transitoriedade, a ponto de ensejar a incidência das contribuições. 4. O PIS e a COFINS são repassados economicamente ao contribuinte porque não incidem diretamente sobre o valor final a ser cobrado do consumidor, diferentemente de impostos como o ICMS e o IPI que, de forma legal e constitucional, têm o repasse jurídico autorizado. Por ser o repasse econômico, é legal a inclusão do PIS e da COFINS na base de cálculo do ICMS. 5. Por ausência de previsão legal específica, não é possível excluir o PIS e a COFINS da base de cálculo do ICMS. 6. Tese jurídica de eficácia vinculante, sintetizadora da *ratio decidendi* deste julgado paradigmático: 'A inclusão do PIS e da Cofins na base de cálculo do ICMS atende à legalidade nas hipóteses em que a base de cálculo é o valor da operação, por configurar repasse econômico'. 7. Não estão preenchidos os requisitos legais autorizadores da modulação de efeitos do julgado paradigmático, pois o entendimento até então estabelecido pelo STJ está mantido. 8. Solução do caso concreto: É vedado o exame da alegação de violação do art. 97 do Código Tributário Nacional (CTN) pelo Superior Tribunal de Justiça (STJ) por ser esse dispositivo mera reprodução de preceito constitucional (art. 150, I, da Constituição Federal), que trata do princípio da legalidade tributária). Não é aplicável a esta controvérsia a decisão proferida pelo Supremo Tribunal Federal no RE 574.706. O acórdão recorrido conferiu solução à causa em consonância com a tese jurídica ora fixada, o que impõe, por consequência, negar provimento ao recurso especial no ponto. 9. Recurso especial conhecido em parte e, na extensão do conhecimento com o provimento negado" (REsp 2.091.202/SP, Tema Repetitivo 1.223, Rel. Min. Paulo Sérgio Domingues, j. 11.12.2024).

• "Tributário. Processo civil. Recurso especial. Violação dos arts. 489 e 927 do CPC/2015. Não ocorrência. Imposto sobre circulação de mercadorias e prestação de serviços (ICMS). Diferencial de alíquotas (DIFAL). Inclusão nas bases de cálculo da contribuição ao PIS e da COFINS. Impossibilidade. Direito à compensação. Recurso especial provido. I – A Corte de origem apreciou todas as questões relevantes apresentadas com fundamentos suficientes, mediante apreciação da disciplina normativa e cotejo ao posicionamento jurisprudencial aplicável à hipótese. Inexistência de omissão, contradição ou obscuridade ou deficiência de fundamentação. II – O ICMS-DIFAL é mera sistemática de cálculo de um único imposto – o ICMS –, com idênticos aspectos material, espacial, temporal e pessoal, diferenciando-se, tão somente, quanto ao aspecto quantitativo, mais precisamente, quanto ao incremento de alíquota a ser considerado para o cálculo do valor devido pelo contribuinte e do ulterior direcionamento do respectivo produto da arrecadação. Assim, aplica-se a ele as mesmas teses fixadas nos Temas n. 69/STF e 1.125/STJ. III – O diferencial de alíquotas do ICMS (DIFAL) não integra as bases de cálculo da contribuição para o PIS e da COFINS. IV – Tratando-se de mandado de segurança impetrado com vista a declarar o direito à compensação tributária, é suficiente a comprovação de que o impetrante ocupa a posição de credor tributário, porquanto os comprovantes de recolhimento indevido do tribuno serão exigidos posteriormente, na esfera administrativa, quando o procedimento de compensação for submetido à verificação pelo Fisco. Precedente. V – Recurso Especial provido" (REsp 2.128.785/RS, 1ª Turma, Rel. Min. Regina Helena Costa, j. 12.11.2024).

• "Processual civil e tributário. ICMS sobre energia elétrica. Encargos setoriais relacionados com transporte (TUST) e distribuição (TUSD) de energia elétrica. Valor da operação. Diferenciação entre a identificação do fato gerador da exação e da sua base de cálculo. Importância da demanda e delimitação do seu objeto. 1. A questão controvertida nos feitos afetados ao julgamento no rito dos Recursos Repetitivos tem por escopo definir se os encargos setoriais correlacionados com operações de transmissão e distribuição de energia elétrica – especificamente a Tarifa de Uso do Sistema de Distribuição (TUSD) e a Tarifa de Uso do Sistema de Transmissão (TUST) –, lançados nas faturas de consumo de energia elétrica, e suportados pelo consumidor final, compõem a base de cálculo do ICMS. 2. A primeira observação a ser feita é atinente à importância do tema debatido: o ICMS constitui a principal fonte de arrecadação tributária dos Estados e do Distrito Federal. 3. Registra-se, de início, que a matéria, conforme reconhecido no Supremo Tribunal Federal, é de natureza infraconstitucional. Nesse sentido, conveniente transcrever o Tema 956/STF: 'É infraconstitucional, a ela se aplicando os efeitos da ausência de repercussão geral, a controvérsia relativa a inclusão dos valores pagos a título de Tarifa de Uso do Sistema de Transmissão (TUST) e Tarifa de Uso do Sistema de Distribuição (TUSD) na base de cálculo do ICMS incidente sobre a circulação de energia elétrica'. 4. Outra importante consideração relaciona-se com a circunstância de a Lei Complementar 194/2022 ter promovido alterações na Lei Kandir (LC 87/1996), em especial no tema da incidência do ICMS nas operações relacionadas com energia elétrica. A mais relevante das modificações feitas, concernente ao objeto desta demanda, é a nova redação do art. 3º da LC 87/1996, que pela primeira vez prevê, de modo expresso, que não incide ICMS sobre os serviços de transmissão e distribuição e encargos setoriais vinculados às operações com energia elétrica. 5. Tais alterações, isto é, o questionamento em torno da inconstitucionalidade dos dispositivos modificados, são objeto de discussão no Supremo Tribunal Federal, sendo de todos conhecida a concessão de liminar na Medida Cautelar na ADI 7195/DF (ratificada pelo Plenário), suspendendo 'os efeitos do art. 3º, X, da Lei Complementar nº 87/96, com redação dada pela Lei Complementar nº 194/2022, até o julgamento do mérito desta ação direta'. 6. A exegese sobre a inconstitucionalidade da norma, naturalmente, não se encontra no espectro da matéria passível de cognição no âmbito do Recurso Especial. Mesmo assim, apesar de a discussão relativamente à inconstitucionalidade de dispositivos da LC 194/2022 representar o objeto da ADI 7195/DF, também nos Recursos Repetitivos não será feita a interpretação dos respectivos dispositivos de lei federal. Isso porque, no ponto, se trata de legislação superveniente ao ajuizamento e julgamento dos respectivos processos nas instâncias de origem, não se encontrando satisfeito o requisito do prequestionamento, e por ser impossível a supressão de instância. Disciplina jurídica tributária vigente ao tempo da relação litigiosa entre as partes. 7. Merecem atenção as referências, tanto na disciplina constitucional (art. 34, § 9º, do ADCT) como na infraconstitucional (arts. 9º, § 1º, II, e 13, I, e § 2º, II, 'a', da LC 87/1996), a expressões que, de modo inequívoco, indicam como sujeitas à tributação as 'operações' (no plural) com energia elétrica, 'desde a produção ou importação até a última operação'. Tal premissa revela-se de essencial compreensão, pois, como se sabe (e será adiante explicitado), o sistema nacional da energia elétrica abrange diversas etapas interdependentes, conexas finalisticamente, entre si, como a geração/produção (ou importação), a transmissão e a distribuição. 8. Para a constatação do acima exposto (relação de interdependência) basta cogitar a supressão de qualquer uma delas (geração, transmissão ou distribuição), e será possível concluir que inexistirá a possibilidade física, material, de efetivar o consumo da energia elétrica. 9. Ainda nessa linha de raciocínio, o art. 13, § 1º, da LC 87/1996 descreve os diversos componentes que integram a base de cálculo do ICMS, mencionando-os nos seguintes termos: a) o montante do próprio imposto; b) o valor correspondente a seguros; c) o valor correspondente a juros; d) o valor correspondente a demais importâncias pagas, recebidas ou debitadas; e) o valor correspondente a descontos concedidos sob condição; f) o valor correspondente a frete, caso o transporte seja efetuado pelo próprio remetente ou por sua conta e ordem e seja cobrado em separado. Funcionamento do sistema de energia elétrica. 10. As atividades essenciais da indústria de energia elétrica, segundo a disciplina jurídica vigente no território nacional, são: produção/geração, transmissão e distribuição de eletricidade. 11. A atividade que dá início ao processo é a geração, quando ocorre a produção de eletricidade por meio de fontes diversas (hidrelétrica, eólica, etc.). Posteriormente, dá-se a transmissão, ou seja, a propagação de eletricidade, que ocorre em alta tensão, por longa distância. No atual modelo jurídico em vigor, o transmissor não compra ou vende energia elétrica, limitando-se a disponibilizar as instalações em alta voltagem e a respectiva manutenção. 12. Conforme bem narrado nas manifestações dos *amici curiae*, os usuários dos sistemas de transmissão celebram Contrato de Uso do Sistema de Transmissão – CUST; definem no contrato a quantidade de uso contratada e efetuam o pagamento do montante contratado, mediante a aplicação da Tarifa de Uso do Sistema de Transmissão – TUST. Finalmente, a distribuição de energia elétrica abrange (a) a disponibilização de instalações que propagarão energia elétrica, em baixa tensão, normalmente a curtas distâncias, aos consumidores a ela conectados; e (b) a comercialização de energia elétrica à parte dos usuários conectados à sua rede. 13. No judicioso Voto-Vista da eminente Ministra Regina Helena Costa apresentado no julgamento do REsp 1.163.020/RS, foi descrita a existência de dois diferentes ambientes em que se dá a comercialização de energia elétrica. 14. O primeiro é o Ambiente de Contratação Livre – ACL, no qual ocorre a comercialização por livre negociação entre os agentes vendedores (geradores ou terceiros comerciantes) e os agentes compradores – denominados consumidores livres (em regra, indústrias de grande porte, que consomem elevada quantidade de energia elétrica no processo produtivo) –, segundo o art. 1º, § 3º, da Lei 10.848/2004. No ACL, a atividade da distribuidora se resume à disponibilização de sua rede, na forma de Contratos de Uso do Sistema de Distribuição – CUSD celebrados com os usuários, com a incidência da Tarifa de Uso do Sistema de Distribuição – TUSD. 15. De outro lado, no Ambiente de Contratação Regulada – ACR, a distribuidora disponibiliza a sua rede aos usuários – os quais são denominados consumidores cativos (consumidores residenciais e empresas de pequeno ou médio porte) –, mediante pagamento de tarifa (TUSD), como vendedora de energia elétrica. 16. Além da TUST e da TUSD, comumente denominadas 'tarifas de fio', a fatura de consumo de energia elétrica prevê a incidência da 'Tarifa de Energia' (TE), que é referente ao valor da operação de compra e venda da energia elétrica a ser consumida pelo usuário. É importante esclarecer que todos os encargos acima referidos são suportados, efetivamente, pelo consumidor final da energia elétrica. 17. Com a observação de que se mostra irrelevante definir a natureza jurídica da TUST e da TUSD (se taxa ou preço público), chega-se ao objeto litigioso: constituindo tais cobranças a remuneração por serviço alegadamente intermediário e inconfundível com a compra e venda de energia elétrica (pois a transmissão e a distribuição de energia elétrica não constituem circulação jurídica da aludida mercadoria), é possível sua inclusão na base de cálculo do ICMS? Panorama jurisprudencial do STJ. 18. No Superior Tribunal de Justiça, a resposta ao questionamento acima costumeiramente se dava no sentido de definir que a TUSD (estendendo-se o mesmo raciocínio para a TUST) não integra a base de cálculo do ICMS sobre o consumo de energia elétrica, 'uma vez que o fato gerador ocorre apenas no momento em que a energia sai do estabelecimento fornecedor e é efetivamente consumida. Assim, tarifa cobrada na fase anterior do sistema de distribuição não compõe o valor da operação de saída da mercadoria entregue ao consumidor'. Nessa linha: AgInt no AgInt no AREsp 1.036.246/SC, Rel. Ministro Mauro Campbell Marques, Segunda Turma, *DJe* de 17.10.2017; REsp 1.680.759/MS, Rel. Ministro Herman Benjamin, Segunda Turma, *DJe* de 9.10.2017; AgRg no AREsp 845.353/SC, Rel. Ministro Humberto Martins, Segunda Turma, *DJe* 13.4.2016; AgRg no REsp 1.075.223/MG, Rel. Ministro Eliana Calmon, Segunda Turma, *DJe* 11.6.2013; AgRg no REsp 1.278.024/MG, Rel. Ministro Benedito Gonçalves, Primeira Turma, *DJe* de 14.2.2013. 19. O entendimento acima, que vinha sendo construído, ao que parece, com amparo no precedente contido no REsp 222.810/MG (Rel. Ministro Milton Luiz Pereira, Primeira Turma, *DJ* 15.5.2000, p. 135), foi modificado pelo julgamento, na Primeira Turma do STJ, do REsp

1.163.020/RS (Rel. Ministro Gurgel de Faria, *DJe* 27.3.2017), quando se definiu que 'O ICMS incide sobre todo o processo de fornecimento de energia elétrica, tendo em vista a indissociabilidade das suas fases de geração, transmissão e distribuição, sendo que o custo inerente a cada uma dessas etapas – entre elas a referente à Tarifa de Uso do Sistema de Distribuição (TUSD) – compõe o preço final da operação e, consequentemente, a base de cálculo do imposto, nos termos do art. 13, I, da Lei Complementar n. 87/1996'. Consolidação do entendimento do STJ. 20. Registra-se, inicialmente, que a mudança na orientação jurisprudencial se deu no julgamento de Recurso que limitou sua análise à TUSD. Todavia, aplica-se a mesma lógica à TUST, tendo em vista que a disciplina jurídica para ambas encontra-se no mesmo dispositivo legal (art. 15, § 6º, da Lei 9.074/1995). 21. A análise da robusta fundamentação apresentada no judicioso Voto do em. Ministro Gurgel de Faria, Relator no REsp 1.163.020/RS, assim como das ponderações apresentadas na manifestação do Conpeg, conduz à conclusão de que o entendimento que se alinha ao direito positivo é aquele estabelecido nesse precedente mais atual da Primeira Turma. 22. Com efeito, bem observou o *amicus curiae* que os pronunciamentos do STJ acerca da inclusão da TUST e da TUSD na base de cálculo do ICMS-Energia Elétrica valeram-se de precedentes anteriores que examinaram tema conexo, mas absolutamente distinto, isto é, se a contratação de potência de energia (energia contratada, mas não consumida) está incluída no conceito de fato gerador da energia elétrica, para efeito de incidência do ICMS. 23. A posição que veio a prevalecer, seja no já citado REsp 222.810/MG, seja após, quando confirmada no julgamento do REsp 960.476/SC (Rel. Ministro Teori Albino Zavascki, *DJe* 13.5.2009 – este último julgado no rito dos Recursos Repetitivos), é de que o 'ICMS não é imposto incidente sobre tráfico jurídico, não sendo cobrado por não haver incidência, pelo fato de celebração de contratos, razão pela qual, no que se refere à contratação de demanda de potência elétrica, 'a só formalização desse tipo de contrato de compra ou fornecimento futuro de energia elétrica não caracteriza circulação de mercadoria', bem como que 'o ICMS deve incidir sobre o valor da energia elétrica efetivamente consumida, isto é, a que for entregue ao consumidor, a que tenha saído da linha de transmissão e entrado no estabelecimento da empresa'. 24. Na época, a controvérsia tinha por objeto a análise que também fazia a distinção entre os consumidores cativos e os consumidores livres, porém voltada especificamente ao fato de que somente estes últimos tinham a medição, para fins de emissão da fatura do consumo de energia elétrica, amparada não apenas na quantidade, mas também na intensidade do consumo (para os consumidores cativos a fatura tomava por base apenas a quantidade da energia, e não a intensidade de seu consumo). Assim, os consumidores livres tinham necessariamente incluído na contratação da energia elétrica parâmetro relacionado com a intensidade do consumo (potência), situação que, ao final, poderia eventualmente – caso constatado consumo superior ao efetivamente contratado – acarretar o pagamento de encargo adicional (a denominada 'tarifa de ultrapassagem'). 25. O que é essencial, entretanto, é reconhecer que, em tais precedentes, a discussão girava em torno da identificação do fato gerador, e não sobre a base de cálculo do ICMS. Foi nesse sentido que se chegou à conclusão de que o fato gerador ocorre com o efetivo consumo (entrega da energia elétrica), e não com a simples contratação da energia elétrica. É sob esse enfoque que se afirmou que a simples celebração de contratos (aqui incluídos os contratos celebrados entre as usinas produtoras/geradoras e as empresas concessionárias ou permissionárias que atuam na transmissão e distribuição de energia elétrica) não se amolda ao fato gerador do ICMS. 26. Em momento algum, nos aludidos precedentes iniciais, houve enfrentamento específico relativamente à inclusão da TUST e da TUSD na base de cálculo do ICMS. Pelo contrário, embora genérica, consta afirmação do saudoso Ministro Relator, em abstrato, de que 'é perfeitamente legítima a incidência do tributo sobre o valor da tarifa correspondente à demanda reservada de potência contratada e efetivamente consumida'. Malgrado, como se vê, os fundamentos neles estabelecidos foram de forma equivocada e indevida utilizados para discutir a base de cálculo do ICMS. 27. É neste presente Recurso que se debate, de modo pontual, o que se deve entender pela expressão 'tarifa correspondente à energia efetivamente consumida', isto é, se abrange somente a 'Tarifa de Energia' (TE) – em relação à qual não há dissídio entre as partes – ou também a TUST e a TUSD, como integrantes das operações feitas 'desde a produção até a operação final', de efetivo consumo da energia. 28. A sutileza que, ao que tudo indica, não foi adequadamente captada por ocasião dos julgamentos mais diretamente relacionados com o tema nos precedentes mais antigos do STJ, reside no fato de que em momento algum se está a defender, pleitear ou mesmo decidir que incide ICMS sobre os serviços direta e exclusivamente relacionados com a transmissão e com a distribuição de energia elétrica (identificação do fato imponível do tributo), mas sim em saber se as tarifas relacionadas com tais prestações de serviço, incluídas na fatura de energia elétrica dos consumidores (livres e cativos), e portanto por eles suportadas, inserem-se no 'valor da operação', base de cálculo do ICMS. 29. Note-se a diferença: uma coisa é a remuneração do serviço público (de transmissão e distribuição de energia elétrica) por tarifa (respectivamente, TUST e TUSD), como instrumento de manutenção do equilíbrio econômico-financeiro de contratos firmados para atividades empresariais que, por razões de política de gestão do sistema de energia elétrica, foram desmembradas da geração da energia elétrica, e a partir daí analisar se tal tipo de serviço constitui 'circulação de mercadoria' (fato gerador do ICMS). 30. Questão absolutamente diversa é definir se o repasse de tais encargos ao consumidor final, na cobrança da fatura de consumo de energia elétrica, deve compor a base de cálculo do ICMS. 31. Dessa forma, o entendimento concernente à alegada autonomia dos contratos relativos à transmissão e distribuição de energia elétrica, como situação autônoma e desvinculada do consumo, revela-se de todo inútil e equivocado para os fins de solução da lide. 32. Inútil porque, repita-se, não se está a discutir a incidência de ICMS sobre tal fato (celebração de contrato), ou sobre a prestação de serviço – transmissão e distribuição de energia elétrica. Equivocada (a premissa) porque, com a mais respeitosa e profunda vênia, não se revela logicamente concebível afirmar que a transmissão e a distribuição de energia elétrica possam ser qualificadas como autônomas, independentes, pois a energia elétrica é essencialmente produzida ou gerada para ser consumida. Se parte dessa mercadoria, circunstancialmente, não for consumida, tal situação dirá respeito, conforme acima mencionado, à própria não ocorrência do fato gerador do ICMS. 33. Daí, a meu ver, mostrar-se incorreto concluir que, apurado o efetivo consumo da energia elétrica, não integram o valor da operação, encontrando-se fora da base de cálculo do ICMS, os encargos relacionados com situação que constitui antecedente operacional necessário (a transmissão e a distribuição, após a prévia geração da energia elétrica que foi objeto de compra e venda). Note-se que tão importantes são os aludidos encargos que o legislador os erigiu como essenciais à manutenção do próprio Sistema de Energia Elétrica e do equilíbrio econômico-financeiro dos contratos mantidos com concessionários e permissionários do serviço público. 34. Tal raciocínio não condiz com a disciplina jurídica da exação que, seja no ADCT (art. 34, § 9º), seja na LC 87/1996 (art. 9º, § 1º, II), quando faz referência ao pagamento do ICMS sobre a energia elétrica, conecta tal situação (isto é, o pagamento do tributo) à expressão 'desde a produção ou importação até a última operação', o que somente reforça a conclusão de que se inclui na base de cálculo do ICMS, como 'demais importâncias pagas ou recebidas' (art. 13, § 1º, II, 'a', da LC 87/1996), o valor referente à TUST e ao TUSD – tanto em relação aos consumidores livres como, em sendo o caso, para os consumidores cativos. 35. A única hipótese que, em princípio, justificaria a tese defendida pelos contribuintes seria aquela em que fosse possível o fornecimento de energia elétrica diretamente pelas usinas produtoras ao consumidor final, sem a necessidade de utilização das redes interconectadas de transmissão e distribuição de energia elétrica – situação em que, a rigor, nem sequer seriam por ele devidos os pagamentos (como efetivo responsável ou a título de ressarcimento, conforme previsão em lei, regulamentação legal ou contratual) de TUST e TUSD. 36. Para finalizar, por mais complexo e questionável que seja o uso da analogia, cito exemplo: a invocação de que a TUST e a TUSD, porque oriundas de relação jurídica 'autônoma', não devem ser incluídas na base de cálculo do ICMS sobre o consumo de energia elétrica é tão inverossímil quanto o raciocínio de que o contribuinte de Imposto de Renda da Pessoa Física possa afastar do conceito de renda (base de cálculo do IRPJ) a parcela do salário que ele utiliza para pagar os encargos que assumiu contratualmente, em relação à locação de imóvel (relação jurídica autônoma), isto é, para arcar com o pagamento do IPTU e da TLP sobre o imóvel locado. Tese repetitiva. 37. Adota-se, por todo o exposto, a tese repetitiva: 'A Tarifa de Uso do Sistema de Transmissão (TUST) e/ou a Tarifa de Uso de Distribuição (TUSD), quando lançadas na fatura de energia elétrica, como encargo a ser suportado diretamente pelo consumidor final (seja ele livre ou cativo), integra, para os fins do art. 13, § 1º, II, 'a', da LC 87/1996, a base de cálculo do ICMS'. Modulação dos efeitos. Superação de jurisprudência consolidada que perdurou por razoável prazo de tempo. Aplicabilidade na solução do caso concreto. Modulação dos efeitos. 38. Considerando que até o julgamento do REsp 1.163.020/RS – que promoveu mudança na jurisprudência da Primeira Turma – a orientação das Turmas que compõem a Seção de Direito Público do STJ era, s.m.j., toda favorável ao contribuinte do ICMS nas operações de energia elétrica, proponho, com base no art. 927, § 3º, do CPC, a modulação dos efeitos, a incidir exclusivamente em favor dos consumidores que, até 27.3.2017 – data de publicação do acórdão proferido julgamento do REsp 1.163.020/RS –, tenham sido beneficiados por decisões que tenham deferido a antecipação de tutela, desde que elas (as decisões provisórias) se encontrem ainda vigentes, para, independente de depósito judicial, autorizar o recolhimento do ICMS sem a inclusão da TUST/TUSD na base de cálculo. Note-se que mesmo estes contribuintes submetem-se ao pagamento do ICMS, observando na base de cálculo a inclusão da TUST e TUSD, a partir da publicação do presente acórdão – aplicável, quanto aos contribuintes com decisões favoráveis transitadas em julgado, o disposto adiante, ao final. 39. A modulação aqui proposta, portanto, não beneficia contribuintes nas seguintes condições: a) sem ajuizamento de demanda judicial; b) com ajuizamento de demanda judicial, mas na qual inexista Tutela de Urgência ou de Evidência (ou cuja tutela outrora concedida não mais se encontre vigente, por ter sido cassada ou reformada); c) com ajuizamento de demanda judicial, na qual a Tutela de Urgência ou Evidência tenha sido condicionada à realização de depósito judicial; e d) com ajuizamento de demanda judicial, na qual a Tutela de Urgência ou Evidência tenha sido concedida após 27.3.2017. 40. Em relação às demandas transitadas em julgado com decisão favorável ao contribuinte, eventual modificação está sujeita à análise individual (caso a caso), mediante utilização, quando possível, da via processual adequada. Solução do caso concreto. 41. Na hipótese dos autos, houve concessão de liminar em 9 de fevereiro de 2015, determinando 'à autoridade impetrada a abstenção da cobrança de ICMS sobre a Tarifa de Uso do Sistema de Distribuição (TUSD) da conta da Impetrante – UCn 3122239' (fl. 46, e-STJ). Quanto ao tema de fundo, o Tribunal de origem delimitou que o objeto da demanda diz respeito exclusivamente à inclusão da TUSD na base de cálculo do ICMS. Ao emitir juízo de valor acerca do tema, entretanto, reproduziu dispositivos da LC 87/1996 e expressamente analisou não apenas a inclusão da TUSD, como também da TUST, como se infere no Voto condutor (fls. 231-234, e-STJ): 'Como relatado, o agravante se insurge contra decisão monocrática proferida nos autos de Código n. 108552/2015, a qual negou seguimento ao recurso de apelação cível interposto e ratificou a sentença prolatada na origem, cujo objeto visava o afastamento da incidência de ICMS sobre a base de cálculo da Tarifa de Uso do Sistema de Distribuição – TUSD, por ser esta considerada ilegal. [...] Por sua vez, em relação à Tarifa de Uso do Sistema de Distribuição – TUSD, assim como ocorre com relação à Tarifa de Uso do Sistema de Transmissão de Energia

Elétrica – TUST, estas nada mais são do que o ressarcimento do custo do transporte da energia, que deve ser calculado com base em critérios determinados pela ANEEL, conforme disposto no art. 15, § 6°, da Lei n. 9.427/96, que esclarece que 'É assegurado aos fornecedores e respectivos consumidores livre acesso aos sistemas de distribuição e transmissão de concessionário e permissionário de serviço público, mediante ressarcimento do custo de transporte envolvido, calculado com base em critérios fixados pelo poder concedente'. Portanto, entendo que a composição da base de cálculo do ICMS incidente sobre energia elétrica não pode contemplar despesas a título de distribuição (TUSD), assim como a de transmissão (TUST), porquanto, em tais casos, há apenas o deslocamento de energia elétrica de um para o outro estabelecimento do mesmo contribuinte, afastando-se a caracterização de efetiva circulação da mercadoria'. 42. No que concerne à cláusula de reserva de Plenário, a Corte local assim se manifestou (fl. 237, e-STJ): '[...] despiciendo o acolhimento da alegação de violação à cláusula de reserva de plenário (art. 97 da CF), notadamente quando não houver declaração de inconstitucionalidade dos dispositivos legais alegados como violados, tampouco afastamento deles, mas simplesmente a interpretação do direito infraconstitucional aplicável à espécie. Ademais, a cláusula da reserva de plenário somente é ofendida nas hipóteses em que a decisão esteja fundamentada na incompatibilidade entre a norma legal e a Constituição Federal (Rcl 6944, Relator(a): Min. Cármen Lúcia, Tribunal Pleno, julgado em 23/06/2010, *DJe*-149 Divulg. 12-08-2010 Public. 13-08-2010, VOL-02410-0I PP-00226 *RT* v.99, n. 902, 2010, p. 140-146)'. 43. A solução integral da controvérsia, com fundamento suficiente, não caracteriza ofensa ao art. 535 do CPC/1973. 44. Tampouco procede a tese de violação do art. 481 do CPC/1973, porque o Tribunal de origem de modo claro mencionou que não se discutiu a matéria controvertida sob o enfoque da constitucionalidade ou inconstitucionalidade da legislação federal, mas apenas a respectiva interpretação, para concluir sobre a procedência ou não do pedido deduzido nos autos. Nesse contexto, decidiu conforme a jurisprudência do STJ. 45. No mérito propriamente dito, a orientação adotada pela Corte a quo destoa da tese repetitiva aqui definida, devendo a pretensão recursal ser acolhida, respeitando-se a modulação dos efeitos. 46. Recurso Especial provido para reformar o acórdão recorrido, com a declaração de que a TUST e a TUSD integram a base de cálculo do ICMS. Ressalva de que, no presente caso, os efeitos do julgado em favor da Fazenda Pública são prospectivos, relativos ao direito de constituir e cobrar os créditos referentes aos fatos geradores posteriores à publicação deste julgamento, visto que a lide se encontra abrangida pela modulação de efeitos" (REsp 1.692.023/MT, Tema Repetitivo 986, Rel. Min. Herman Benjamin, j. 13.03.2024).

• "Processual civil e tributário. Embargos de divergência em agravo em recurso especial. Embargável o acórdão que não tenha conhecido do recurso, embora tenha apreciado a controvérsia (art. 1.043, III, do CPC/2015). ICMS. Lei Complementar n. 87/1996. Creditamento. Aquisição de materiais (produtos intermediários). Itens essenciais ao processo produtivo e desgastados ou consumidos gradativamente. Cabimento. I – Consoante o decidido pelo Plenário desta Corte, na sessão realizada em 9.3.2016, o regime recursal será determinado pela data da publicação do provimento jurisdicional impugnado. Aplica-se, *in casu*, o Código de Processo Civil de 2015. II – Conquanto se trate de Recurso Especial não conhecido pela 2.ª Turma, a apreciação da controvérsia tributária (premissa jurídica) atrai a disciplina radicada no art. 1.043, III, do CPC/2015, a qual autoriza a interposição de embargos de divergência contra o acórdão de órgão fracionário que 'divergir do julgamento de qualquer outro órgão do mesmo tribunal, sendo um acórdão de mérito e outro que não tenha conhecido do recurso, embora tenha apreciado a controvérsia'. III – À luz das normas plasmadas nos arts. 20, 21 e 33 da Lei Complementar n. 87/1996, revela-se cabível o creditamento referente à aquisição de materiais (produtos intermediários) empregados no processo produtivo, inclusive os consumidos ou desgastados gradativamente, desde que comprovada a necessidade de sua utilização para a realização do objeto social da empresa – essencialidade em relação à atividade-fim. IV – Tais materiais não se sujeitam à limitação temporal prevista no art. 33, I, do apontado diploma normativo, porquanto a postergação em tela restringe-se aos itens de uso e consumo. V – Embargos de Divergência providos" (EAREsp 1.775.781/SP, Rel. Min. Regina Helena Costa, j. 11.10.2023).

- "Processual civil e tributário. Recurso especial. Fundamentação. Deficiência. ICMS--comunicação. Direito privado. Conceito. Serviço de publicidade. Valor adicionado. Não incidência. 1. Aplica-se o óbice da Súmula 284 do STF quando, por deficiência na fundamentação, o recurso especial não vem acompanhado da indicação dos dispositivos de lei federal supostamente violados pelo acórdão impugnado. 2. A legislação tributária não pode, para definir ou limitar competências tributárias, alterar a definição, o alcance e o conteúdo de institutos, conceitos e formas de direito privado (art. 110 do CTN). 3. O serviço de inserção de publicidade e veiculação de propaganda em sites da internet não se confunde com o serviço de comunicação tributável pelo ICMS (art. 60 da Lei n. 9.472/1997) por configurar serviço de valor adicionado (art. 61 do mesmo diploma legal). 4. 'É constitucional o subitem 17.25 da lista anexa à LC n. 116/2003, incluído pela LC n. 157/2016, no que propicia a incidência do ISS, afastando a do ICMS, sobre a prestação de serviço de inserção de textos, desenhos e outros materiais de propaganda e publicidade em qualquer meio (exceto em livros, jornais, periódicos e nas modalidades de serviços de radiodifusão sonora e de sons e imagens de recepção livre e gratuita)' (STF, Pleno, ADI 6.034/RJ, Rel. Min. Dias Toffoli, j. em 09/03/2022). 5. Agravo conhecido para conhecer em parte do recurso especial e, nessa extensão, negar--lhe provimento" (AREsp 1.598.445/SP, 1.ª Turma, Rel. Min. Gurgel de Faria, j. 23.08.2022).

- "Processual civil. Recurso especial. Tributário. ICMS. Serviços conexos (suplementares) ao de comunicação (telefonia móvel): troca de titularidade de aparelho celular; conta detalhada; troca de aparelho; troca de número; mudança de endereço de cobrança de conta telefônica; troca de área de registro; troca de plano de serviço; bloqueio DDD e DDI; habilitação; religação. Não incidência do ICMS. 1. A incidência do ICMS, no que se refere à prestação dos serviços de comunicação, deve ser extraída da Constituição Federal e da LC n. 87/1996, incidindo o tributo sobre os serviços de comunicação prestados de forma onerosa, através de qualquer meio, inclusive a geração, a emissão, a recepção, a transmissão, a retransmissão, a repetição e a ampliação de comunicação de qualquer natureza (art. 2.º, III, da LC n. 87/1996). 2. A prestação de serviços conexos ao de comunicação por meio da telefonia móvel (que são preparatórios, acessórios ou intermediários da comunicação) não se confunde com a prestação da atividade-fim, processo de transmissão (emissão ou recepção) de informações de qualquer natureza, esta, sim, passível de incidência pelo ICMS. Desse modo, a despeito de alguns deles serem essenciais à efetiva prestação do serviço de comunicação e admitirem a cobrança de tarifa pela prestadora do serviço (concessionária de serviço público), por assumirem o caráter de atividade-meio, não constituem, efetivamente, serviços de comunicação, razão pela qual não é possível a incidência do ICMS. 3. Não merece reparo a decisão que admitiu o ingresso de terceiro no feito, pois o art. 543-C, § 4.º, do CPC autoriza que o Ministro Relator, considerando a relevância da matéria tratada em recurso especial representativo da controvérsia, admita a manifestação de pessoas, órgãos ou entidades com interesse na questão jurídica central. 4. Agravo regimental de fls. 871/874 não provido. Recurso especial não provido. Acórdão sujeito ao regime previsto no art. 543-C do CPC, c/c a Resolução 8/2008. Presidência/STJ" (REsp 1.176.753/RJ, Tema Repetitivo 427, Rel. p/ o acórdão Mauro Campbell Marques, j. 28.11.2012).

Tese Jurídica: "A incidência do ICMS, no que se refere à prestação dos serviços de comunicação, deve ser extraída da Constituição Federal e da LC n. 87/1996, incidindo o tributo sobre os serviços de comunicação prestados de forma onerosa, através de qualquer meio, inclusive a geração, a emissão, a recepção, a transmissão, a retransmissão, a repetição e a ampliação de comunicação de qualquer natureza (art. 2.º, III, da LC n. 87/1996). A prestação de serviços conexos ao de comunicação por meio da telefonia móvel (que são preparatórios, acessórios ou intermediários da comunicação) não se confunde com a prestação da atividade-fim, processo de transmissão (emissão ou recepção) de informações de qualquer natureza, esta, sim, passível de incidência pelo ICMS. Desse modo, a despeito de alguns deles serem essenciais à efetiva prestação do serviço de comunicação e admitirem a cobrança de tarifa pela prestadora do serviço (concessionária de serviço público), por assumirem o caráter de atividade-meio, não constituem, efetivamente, serviços de comunicação, razão pela qual não é possível a incidência do ICMS".

• "ICMS. Base de cálculo. Valor da operação mercantil. Inclusão de mercadorias dadas em bonificação. Descontos incondicionais. Impossibilidade. LC n. 87/1996. Matéria decidida pela 1.ª Seção, no REsp 1.111.156/SP, sob o regime do art. 543-C do CPC. 1. A responsabilidade tributária do sucessor abrange, além dos tributos devidos pelo sucedido, as multas moratórias ou punitivas, que, por representarem dívida de valor, acompanham o passivo do patrimônio adquirido pelo sucessor, desde que seu fato gerador tenha ocorrido até a data da sucessão (Precedentes: REsp 1085071/SP, Rel. Min. Benedito Gonçalves, 1.ª T., j. 21.05.2009, *DJe* 08.06.2009; REsp 959.389/RS, Rel. Min. Castro Meira, 2.ª T., j. 07.05.2009, *DJe* 21.05.2009; AgRg no REsp 1056302/SC, Rel. Min. Mauro Campbell Marques, 2.ª T., j. 23.04.2009, *DJe* 13.05.2009; REsp 3.097/RS, Rel. Min. Garcia Vieira, 1.ª T., j. 24.10.1990, *DJ* 19.11.1990). 2. '[...] A hipótese de sucessão empresarial (fusão, cisão, incorporação), assim como nos casos de aquisição de fundo de comércio ou estabelecimento comercial e, principalmente, nas configurações de sucessão por transformação do tipo societário (sociedade anônima transformando-se em sociedade por cotas de responsabilidade limitada, *v.g.*), em verdade, não encarta sucessão real, mas apenas legal. O sujeito passivo é a pessoa jurídica que continua total ou parcialmente a existir juridicamente sob outra 'roupagem institucional'. Portanto, a multa fiscal não se transfere, simplesmente continua a integrar o passivo da empresa que é: a) fusionada; b) incorporada; c) dividida pela cisão; d) adquirida; e) transformada (Sacha Calmon Navarro Coêlho, *Curso de direito tributário brasileiro*, 9. ed., Ed. Forense, p. 701) 3. A base de cálculo possível do ICMS nas operações mercantis, à luz do texto constitucional, é o valor da operação mercantil efetivamente realizada ou, consoante o art. 13, I, da Lei Complementar n. 87/1996, 'o valor de que decorrer a saída da mercadoria'. 4. Desta sorte, afigura-se inconteste que o ICMS descaracteriza-se acaso integrarem sua base de cálculo elementos estranhos à operação mercantil realizada, como, por exemplo, o valor intrínseco dos bens entregues por fabricante à empresa atacadista, a título de bonificação, ou seja, sem a efetiva cobrança de um preço sobre os mesmos. 5. A Primeira Seção deste Tribunal Superior pacificou o entendimento acerca da matéria, por ocasião do julgamento do REsp 1.111.156/SP, sob o regime do art. 543-C do CPC, cujo acórdão restou assim ementado: Tributário. ICMS. Mercadorias dadas em bonificação. Espécie de desconto incondicional. Inexistência de operação mercantil. Art. 13 da LC n. 87/1996. Não inclusão na base de cálculo do tributo. 1. A matéria controvertida, examinada sob o rito do art. 543-C do Código de Processo Civil, restringe-se tão somente à incidência do ICMS nas operações que envolvem mercadorias dadas em bonificação ou com descontos incondicionais; não envolve incidência de IPI ou operação realizada pela sistemática da substituição tributária. 2. A bonificação é uma modalidade de desconto que consiste na entrega de uma maior quantidade de produto vendido em vez de conceder uma redução do valor da venda.

Dessa forma, o provador das mercadorias é beneficiado com a redução do preço médio de cada produto, mas sem que isso implique redução do preço do negócio. 3. A literalidade do art. 13 da Lei Complementar n. 87/1996 é suficiente para concluir que a base de cálculo do ICMS nas operações mercantis é aquela efetivamente realizada, não se incluindo os 'descontos concedidos incondicionais'. 4. A jurisprudência desta Corte Superior é pacífica no sentido de que o valor das mercadorias dadas a título de bonificação não integra a base de cálculo do ICMS. 5. Precedentes: AgRg no REsp 1.073.076/RS, Rel. Min. Humberto Martins, 2.ª T., j. 25.11.2008, *DJe* 17.12.2008; AgRg no AgRg nos EDcl no REsp 935.462/MG, 1.ª T., Rel. Min. Francisco Falcão, *DJe* 08.05.2008; REsp 975.373/MG, Rel. Min. Luiz Fux, 1.ª T., j. 15.05.2008, *DJe* 16.06.2008; EDcl no REsp 1.085.542/SP, Rel. Min. Denise Arruda, 1.ª T., j. 24.03.2009, *DJe* 29.04.2009. Recurso especial provido para reconhecer a não incidência do ICMS sobre as vendas realizadas em bonificação. Acórdão sujeito ao regime do art. 543-C do Código de Processo Civil e da Resolução 8/2008 do Superior Tribunal de Justiça (REsp 1.111.156/SP, Rel. Min. Humberto Martins, 1.ª Seção, j. 14.10.2009, *DJe* 22.10.2009) 6. Não obstante, restou consignada, na instância ordinária, a ausência de comprovação acerca da incondicionalidade dos descontos, consoante dessume-se do seguinte excerto do voto condutor do aresto recorrido. 7. Destarte, infirmar a decisão recorrida implica o revolvimento fático-probatório dos autos, inviável em sede de recurso especial, em face do Enunciado Sumular 07 do STJ. 8. A ausência de provas acerca da incondicionalidade dos descontos concedidos pela empresa recorrente prejudica a análise da controvérsia sob o enfoque da alínea *b* do permissivo constitucional. 9. Recurso especial desprovido. Acórdão submetido ao regime do art. 543-C do CPC e da Resolução STJ 08/2008" (REsp 923.012/MG, Tema Repetitivo 382, Rel. Min. Luiz Fux, j. 09.06.2010).

Tese Jurídica: "A responsabilidade tributária do sucessor abrange, além dos tributos devidos pelo sucedido, as multas moratórias ou punitivas, que, por representarem dívida de valor, acompanham o passivo do patrimônio adquirido pelo sucessor, desde que seu fato gerador tenha ocorrido até a data da sucessão".

• "Processo civil. Recurso especial representativo de controvérsia. Artigo 543-C do CPC. Tributário. Créditos de ICMS. Aproveitamento (princípio da não cumulatividade). Notas fiscais posteriormente declaradas inidôneas. Adquirente de boa-fé. 1. O comerciante de boa-fé que adquire mercadoria, cuja nota fiscal (emitida pela empresa vendedora) posteriormente seja declarada inidônea, pode engendrar o aproveitamento do crédito do ICMS pelo princípio da não cumulatividade, uma vez demonstrada a veracidade da compra e venda efetuada, porquanto o ato declaratório da inidoneidade somente produz efeitos a partir de sua publicação (Precedentes das Turmas de Direito Público: EDcl nos EDcl no REsp 623.335/PR, Rel. Min. Denise Arruda, Primeira Turma, julgado em 11.03.2008, *DJe* 10.04.2008; REsp 737.135/MG, Rel. Min. Eliana Calmon, Segunda Turma, julgado em 14.08.2007, *DJ* 23.08.2007; REsp 623.335/PR, Rel. Min. Denise Arruda, Primeira Turma, julgado em 07.08.2007, *DJ* 10.09.2007; REsp 246.134/MG, Rel. Min. João Otávio de Noronha, Segunda Turma, julgado em 06.12.2005, *DJ* 13.03.2006; REsp 556.850/MG, Rel. Min. Eliana Calmon, Segunda Turma, julgado em 19.04.2005, *DJ* 23.05.2005; REsp 176.270/MG, Rel. Min. Eliana Calmon, Segunda Turma, julgado em 27.03.2001, *DJ* 04.06.2001; REsp 112.313/SP, Rel. Min. Francisco Peçanha Martins, Segunda Turma, julgado em 16.11.1999, *DJ* 17.12.1999; REsp 196.581/MG, Rel. Min. Garcia Vieira, Primeira Turma, julgado em 04.03.1999, *DJ* 03.05.1999; e REsp 89.706/SP, Rel. Min. Ari Pargendler, Segunda Turma, julgado em 24.03.1998, *DJ* 06.04.1998). 2. A responsabilidade do adquirente de boa-fé reside na exigência, no momento da celebração do negócio jurídico, da documentação pertinente à assunção da regularidade do alienante, cuja verificação de idoneidade incumbe ao Fisco, razão pela qual não incide, à espécie, o artigo 136 do CTN, segundo o qual, 'salvo disposição de lei em contrário, a responsabilidade por infrações da legislação tributária independe da intenção do agente ou do responsável e da efetividade, natureza e extensão dos efeitos do ato' (norma aplicável, *in casu*, ao alienante). 3. *In casu*, o Tribunal de origem consignou que: '[...] os demais atos de declaração de inidoneidade foram publicados após a realização das operações (f. 272/282), sendo que as notas fiscais declaradas inidôneas têm aparência de regularidade, havendo o destaque do ICMS devido, tendo sido escrituradas no livro de registro de entradas (f. 35/162). No que toca à prova do pagamento, há, nos autos, comprovantes de pagamento às empresas cujas notas fiscais foram declaradas inidôneas (f. 163, 182, 183, 191, 204), sendo a matéria incontroversa, como admite o fisco e entende o Conselho de Contribuintes'. 4. A boa-fé do adquirente em relação às notas fiscais declaradas inidôneas após a celebração do negócio jurídico (o qual fora efetivamente realizado), uma vez caracterizada, legitima o aproveitamento dos créditos de ICMS. 5. O óbice da Súmula n. 7/STJ não incide à espécie, uma vez que a insurgência especial fazendária reside na tese de que o reconhecimento, na seara administrativa, da inidoneidade das notas fiscais opera efeitos *ex tunc*, o que afastaria a boa-fé do terceiro adquirente, máxime tendo em vista o teor do artigo 136 do CTN. 6. Recurso especial desprovido. Acórdão submetido ao regime do artigo 543-C do CPC e da Resolução STJ 08/2008" (REsp 1.148.444/MG, Tema Repetitivo 272, Rel. Min. Luiz Fux, j. 14.04.2010).

Tese Jurídica: "O comerciante de boa-fé que adquire mercadoria, cuja nota fiscal (emitida pela empresa vendedora) posteriormente seja declarada inidônea, pode engendrar o aproveitamento do crédito do ICMS pelo princípio da não cumulatividade, uma vez demonstrada a veracidade da compra e venda efetuada, porquanto o ato declaratório da inidoneidade somente produz efeitos a partir de sua publicação".

• "ICMS. Diferencial de alíquotas. Empresas de construção civil. Mercadorias adquiridas para utilização nas obras contratadas. Operações interestaduais. Não incidência. 1. As empresas de construção civil (em regra, contribuintes do ISS), ao adquirirem, em outros Estados, materiais a serem empregados como insumos nas obras que executam, não podem ser compelidas ao recolhimento de diferencial de alíquota de ICMS cobrada pelo Estado destinatário (Precedentes do Supremo Tribunal Federal: AI 242.276 AgR, Rel. Min. Marco Aurélio, 2.ª T., j. 16.10.1999, *DJ* 17.03.2000; AI 456.722 AgR, Rel. Min. Eros Grau, 1.ª T., j. 30.11.2004, *DJ* 17.12.2004; AI 505.364 AgR, Rel. Min. Carlos Velloso, 2.ª T., j. 05.04.2005, *DJ* 22.04.2005; RE 527.820 AgR, Rel. Min. Gilmar Mendes, 2.ª T., j. 01.04.2008, *DJe*-078 Divulg. 30.04.2008 Public. 02.05.2008; RE 572.811 AgR, Rel. Min. Ricardo Lewandowski, 1.ª T., j. 26.05.2009, *DJe*-113 Divulg. 18.06.2009 Public. 19.06.2009; e RE 579.084 AgR, Rel. Min. Cármen Lúcia, 1.ª T., j. 26.05.2009, *DJe*-118 Divulg. 25.06.2009 Public. 26.06.2009. Precedentes do Superior Tribunal de Justiça: EREsp 149.946/MS, Rel. Min. Ari Pargendler, rel. p/ Acórdão Min. José Delgado, 1.ª Seção, j. 06.12.1999, *DJ* 20.03.2000; AgRg no Ag 687.218/MA, Rel. Min. Luiz Fux, 1.ª T., j. 04.05.2006, *DJ* 18.05.2006; REsp 909.343/DF, Rel. Min. Teori Albino Zavascki, 1.ª T., j. 03.05.2007, *DJ* 17.05.2007; REsp 919.769/DF, Rel. Min. Castro Meira, 2.ª T., j. 11.09.2007, *DJ* 25.09.2007; AgRg no Ag 889.766/RR, Rel. Min. Denise Arruda, 1.ª T., j. 25.09.2007, *DJ* 08.11.2007; AgRg no Ag 1070809/RR, Rel. Min. Eliana Calmon, 2.ª T., j. 03.03.2009, *DJe* 02.04.2009; AgRg no REsp 977.245/RR, Rel. Min. Mauro Campbell Marques, 2.ª T., j. 28.04.2009, *DJe* 15.05.2009; e REsp 620.112/MT, Rel. Min. Herman Benjamin, 2.ª T., j. 07.05.2009, *DJe* 21.08.2009). 2. É que as empresas de construção civil, quando adquirem bens necessários ao desenvolvimento de sua atividade-fim, não são contribuintes do ICMS. Consequentemente, 'há de se qualificar a construção civil como atividade de pertinência exclusiva a serviços, pelo que 'as pessoas (naturais ou jurídicas) que promoverem a sua execução sujeitar-se-ão exclusivamente à incidência de ISS, em razão de que quaisquer bens necessários a essa atividade (como máquinas, equipamentos, ativo fixo, materiais, peças etc.) não devem ser tipificados como mercadorias sujeitas a tributo estadual' (José Eduardo Soares de Melo, 'Construção Civil – ISS ou ICMS?', *RDT* 69, p. 253, Malheiros)' (EREsp 149.946/MS). 3. Recurso especial desprovido. Acórdão submetido ao regime do artigo 543-C do CPC e da Resolução STJ 08/200" (REsp 1.135.489/AL, Tema Repetitivo 261, Rel. Min. Luiz Fux, j. 09.12.2009).

Tese Jurídica: "As empresas de construção civil não estão obrigadas a pagar ICMS sobre mercadorias adquiridas como insumos em operações interestaduais".

• "Processo civil. Recurso especial representativo de controvérsia. Artigo 543-C do CPC. Tributário. ICMS. Substituição tributária para frente. Montadora/fabricante (substituta) e concessionária/revendedora (substituída). Veículos automotores. Valor do frete. Inclusão na base de cálculo quando o transporte é efetuado pela montadora ou por sua ordem. Exclusão na hipótese excepcional em que o transporte é contratado pela própria concessionária. Artigos 8.º, II, *b*, c/c 13, § 1.º, II, *b*, da LC n. 87/1996. Artigo 128 do CTN. Aplicação. Violação do artigo 535 do CPC. Inocorrência. 1. O valor do frete (referente ao transporte do veículo entre a montadora/fabricante e a concessionária/revendedora) integra a base de cálculo do ICMS incidente sobre a circulação da mercadoria, para fins da substituição tributária progressiva ('para frente'), à luz do artigo 8.º, II, *b*, da Lei Complementar n. 87/1996. 2. Entrementes, nos casos em que a substituta tributária (a montadora/fabricante de veículos) não efetua o transporte, nem o engendra por sua conta e ordem, o valor do frete não deve ser incluído na base de cálculo do imposto, *ex vi* do disposto no artigo 13, § 1.º, II, *b*, da LC n. 87/1996, *verbis*: 'Art. 13. A base de cálculo do imposto é: [...] § 1.º Integra a base de cálculo do imposto: § 1.º Integra a base de cálculo do imposto, inclusive na hipótese do inciso V do *caput* deste artigo: (Redação dada pela LCP n. 114, de 16.12.2002) [...] II – o valor correspondente a: [...] b) frete, caso o transporte seja efetuado pelo próprio remetente ou por sua conta e ordem e seja cobrado em separado. [...]' 3. Com efeito, o valor do frete deverá compor a base de cálculo do ICMS, recolhido sob o regime de substituição tributária, somente quando o substituto encontra-se vinculado ao contrato de transporte da mercadoria, uma vez que, nessa hipótese, a despesa efetivamente realizada poderá ser repassada ao substituído tributário (adquirente/destinatário). Ao revés, no caso em que o transporte é contratado pelo próprio adquirente (concessionária de veículos), inexiste controle, ingerência ou conhecimento prévio do valor do frete por parte do substituto, razão pela qual a aludida parcela não pode integrar a base de cálculo do imposto (Precedente da Primeira Turma: REsp 865.792/RS, Rel. Min. Luiz Fux, julgado em 23.04.2009, *DJe* 27.05.2009). 4. O artigo 128 do CTN (cuja interpretação estrita se impõe) dispõe que, sem prejuízo do disposto no capítulo atinente à Responsabilidade Tributária, 'a lei pode atribuir de modo expresso a responsabilidade pelo crédito tributário a terceira pessoa, vinculada ao fato gerador da respectiva obrigação, excluindo a responsabilidade do contribuinte ou atribuindo-a a este em caráter supletivo do cumprimento total ou parcial da referida obrigação'. 5. Deveras, doutrina abalizada elucida o conteúdo normativo do artigo 128 do *Codex* Tributário: 'O artigo pretende consubstanciar uma norma geral formalizada em duas ideias básicas, a saber: 1) a responsabilidade tributária é aquela definida no capítulo; 2) a lei, entretanto, pode estabelecer outros tipos de responsabilidade não previstos no capítulo a terceiros. O artigo começa com a expressão 'sem prejuízo do disposto neste Capítulo', que deve ser entendida como exclusão da possibilidade de a lei determinar alguma forma de responsabilidade conflitante com a determinada no Código. Isso vale dizer que a responsabilidade não prevista pelo Capítulo pode ser objeto de lei, não podendo, entretanto, a lei determinar nenhuma responsabilidade que entre em choque com os arts. 128 a 138. A seguir o artigo continua: 'a lei pode atribuir de modo expresso a responsabilidade pelo crédito tributário a terceira pessoa', determinando, de plano, que esta escolha de um terceiro somente pode ser feita se clara, inequívoca e cristalinamente exposta na lei. Uma responsabilidade, entretanto, sugerida, indefinida, pretendidamente encontrada por esforço de interpretação nem sempre juridicamente fundamentado, não pode ser aceita, diante da nitidez do dispositivo, que exige deva a determinação ser apresentada 'de forma expressa'. Por outro lado, fala o legislador em 'crédito tributário', de tal maneira que a expressão abrange tanto os tributos como as multas, quando assim a lei o determinar. Significa dizer que o crédito tributário, cuja obrigação de pagar for transferida a terceiros, sempre que não limitado, por força do CTN ou de lei promulgada nesses moldes, à tributação apenas, deve ser entendido por crédito tributário total. Em havendo, todavia, qualquer limitação expressa, a transferência da responsabilidade pela liquidação do crédito só se dará nos limites da determinação legal' (Ives Gandra da Silva Martins, *Comentários ao Código Tributário Nacional*, vol. 2, Ed. Saraiva, 1998, p. 232-234). 6. Nesse segmento, Paulo de Barros Carvalho, enfatizando que o substituído permanece a distância, como importante fonte de referência para o esclarecimento de aspectos que dizem com o nascimento, a vida e a extinção da obrigação tributária, consigna que: 'A responsabilidade tributária por substituição ocorre quando um terceiro, na condição de sujeito passivo por especificação da lei, ostenta a integral responsabilidade pelo *quantum* devido a título de tributo. Enquanto nas outras hipóteses permanece a responsabilidade supletiva do contribuinte, aqui o substituto absorve totalmente o *debitum*, assumindo, na plenitude, os deveres de sujeito passivo, quer os pertinentes à prestação patrimonial, quer os que dizem respeito aos expedientes de caráter instrumental, que a lei costuma chamar de 'obrigações acessórias'. Paralelamente, os direitos porventura advindos do nascimento da obrigação, ingressam no patrimônio jurídico do substituto, que poderá defender suas prerrogativas, administrativa ou judicialmente, formulando impugnações ou recursos, bem como deduzindo suas pretensões em juízo para, sobre elas, obter a prestação jurisdicional do Estado' (*Direito tributário*: fundamentos jurídicos da incidência, Ed. Saraiva, 4. ed., 2006, São Paulo, p. 158-177). 7. Consequentemente, 'o tributo é indevido pela concessionária nesse caso, não por que houve sua incidência na operação anterior, mas, antes, porquanto em sendo o regime da substituição tributária, técnica de arrecadação, e sendo uma das características da técnica a consideração presumida da base de cálculo, nas hipóteses em que um dos dados que a integram não se realiza na operação promovida pelo substituído, deve o Fisco buscar a diferença junto ao substituto. Com efeito, cobrando o valor faltante do substituído, como faz o requerido, está considerando como sujeito passivo quem não figura na relação jurídico-tributária' (REsp 865.792/RS, Rel. Min. Luiz Fux, julgado em 23.04.2009, DJe 27.05.2009). 8. É que a responsabilização da concessionária (substituída) pelo ICMS referente à não inclusão pelo substituto do valor do frete (que este último não realizara) na base de cálculo do imposto, à luz da Cláusula Terceira, § 3.º, do Convênio ICMS 132/1992, conspira contra a *ratio essendi* da sistemática da substituição tributária progressiva. Isto porque a exigência do valor 'remanescente' do substituído contraria a sujeição passiva atribuída integralmente ao substituto (montadora), este, sim, integrante da relação jurídica tributária. 9. Outrossim, ressalvando-se o entendimento de que a obrigação tributária admite a sua dicotomização em débito (*Schuld*) e responsabilidade (*Haftung*), merece destaque a lição do saudoso tributarista Alfredo Augusto Becker, segundo o qual inexiste relação jurídica entre o substituído e o Estado: '145. Embriogenia e conceito de substituto legal tributário [...] A fenomenologia jurídica da substituição legal tributária consiste, pois, no seguinte: Existe substituto legal tributário toda a vez em que o legislador escolher para sujeito passivo da relação jurídica tributária um outro qualquer indivíduo, em substituição daquele determinado indivíduo de cuja renda ou capital a hipótese de incidência é fato-signo presuntivo. Em síntese: se em lugar daquele determinado indivíduo (de cuja renda ou capital a hipótese de incidência é signo presuntivo) o legislador escolheu para sujeito passivo da relação jurídica tributária um outro qualquer indivíduo, este outro qualquer indivíduo é o substituto legal tributário. [...] 149. Natureza da relação jurídica entre substituto e substituído [...] Todo o problema referente à natureza das relações jurídicas entre substituto e substituído resolve-se pelas três conclusões adiante indicadas. O fundamento científico-jurídico sobre o qual estão baseadas as três conclusões foi exposto quando se demonstrou que a valorização dos interesses em conflito e o critério de preferência que inspiraram a solução legislativa (regra jurídica) participam da objetividade da regra jurídica e não podem ser reexaminados, nem suavizados pelo intérprete sob o pretexto de uma melhor adequação à realidade econômico-social. As três referidas conclusões são as seguintes: Primeira conclusão: Não existe qualquer relação jurídica entre substituído e o Estado. O substituído não é sujeito passivo da relação jurídica tributária, nem mesmo quando sofre a repercussão jurídica do tributo em virtude do substituto legal tributário exercer o direito de reembolso do tributo ou de sua retenção na fonte. Segunda conclusão: Em todos os casos de substituição legal tributária, mesmo naqueles em que o substituto tem perante o substituído o direito de reembolso do tributo ou de sua retenção na fonte, o único sujeito passivo da relação jurídica tributária (o único cuja prestação jurídica reveste-se de natureza tributária) é o substituto (nunca o substituído). Terceira conclusão: O substituído não paga 'tributo' ao substituto. A prestação jurídica do substituído que satisfaz o direito (de reembolso ou de retenção na fonte) do substituto, não é de natureza tributária, mas, sim, de natureza privada. [...] 150. Inexistência de relação jurídica entre substituído e Estado A inexistência de qualquer relação jurídica entre substituído e Estado é conclusão que decorre facilmente das duas premissas já analisadas. Primeira: embriogenia e conceito do substituto legal tributário. Segunda: natureza da relação jurídica entre substituto e substituído. [...]' (Alfredo Augusto Becker, *Teoria geral do direito tributário*, Ed. Noeses, 4. ed., 2007, São Paulo, p. 581-586 e 595-601). 10. Impende ainda ressaltar que a transportadora não tem qualquer vinculação com o fato gerador do ICMS incidente sobre a comercialização de veículos, o que reforça a tese de que não subsiste qualquer saldo de imposto a ser cobrado da concessionária que contratou o serviço de transporte. 11. Ademais, o artigo 535 do CPC resta incólume se o Tribunal de origem, embora sucintamente, pronuncia-se de forma clara e suficiente sobre a questão posta nos autos. Ademais, o magistrado não está obrigado a rebater, um a um, os argumentos trazidos pela parte, desde que os fundamentos utilizados tenham sido suficientes para embasar a decisão. 12. Recurso especial provido, para declarar a inexigibilidade da cobrança de complementação da base de cálculo do ICMS da concessionária de veículos, invertendo-se o ônus de sucumbência. Acórdão submetido ao regime do artigo 543-C do CPC e da Resolução STJ 08/2008" (REsp 931.727/RS, Temas Repetitivos 160 e 161, Rel. Min. Luiz Fux, j. 26.08.2009).

Tese Jurídica: "O valor do frete (referente ao transporte do veículo entre a montadora/fabricante e a concessionária/revendedora) integra a base de cálculo do ICMS incidente sobre a circulação da mercadoria, para fins da substituição tributária progressiva ('para frente'), à luz do artigo 8.º, II, *b*, da Lei Complementar n. 87/1996. Nos casos em que a substituta tributária (a montadora/fabricante de veículos) não efetua o transporte, nem o engendra por sua conta e ordem, o valor do frete não deve ser incluído na base de cálculo do imposto".

Seção IV
Imposto sobre Operações de Crédito, Câmbio e Seguro,
e sobre Operações Relativas a Títulos e Valores Mobiliários

Art. 63. O imposto, de competência da União, sobre operações de crédito, câmbio e seguro, e sobre operações relativas a títulos e valores mobiliários tem como fato gerador **(1 a 4.3)**:

I – quanto às operações de crédito, a sua efetivação pela entrega total ou parcial do montante ou do valor que constitua o objeto da obrigação, ou sua colocação à disposição do interessado;

II – quanto às operações de câmbio, a sua efetivação pela entrega de moeda nacional ou estrangeira, ou de documento que a represente, ou sua colocação à disposição do interessado em montante equivalente à moeda estrangeira ou nacional entregue ou posta à disposição por este;

III – quanto às operações de seguro, a sua efetivação pela emissão da apólice ou do documento equivalente, ou recebimento do prêmio, na forma da lei aplicável;

IV – quanto às operações relativas a títulos e valores mobiliários, a emissão, transmissão, pagamento ou resgate destes, na forma da lei aplicável.

Parágrafo único. A incidência definida no inciso I exclui a definida no inciso IV, e reciprocamente, quanto à emissão, ao pagamento ou resgate do título representativo de uma mesma operação de crédito **(5)**.

COMENTÁRIOS

1. *Moldura constitucional.* Art. 150. "Sem prejuízo de outras garantias asseguradas ao contribuinte, é vedado à União, aos Estados, ao Distrito Federal e aos Municípios: [...] III – cobrar tributos: [...] b) no mesmo exercício financeiro em que haja sido publicada a lei que os instituiu ou aumentou; c) antes de decorridos noventa dias da data em que haja sido publicada a lei que os instituiu ou aumentou, observado o disposto na alínea *b*; [...] Art. 153. Compete à União instituir impostos sobre: [...] V – operações de crédito, câmbio e seguro, ou relativas a títulos ou valores mobiliários;[20] [...] § 5.º O ouro, quando definido em lei como ativo financeiro ou instrumento cambial, sujeita-se exclusivamente à incidência do imposto de que trata o inciso V do *caput* deste artigo, devido na operação de origem; a alíquota mínima será de um por cento, assegurada a transferência do montante da arrecadação nos seguintes termos: I – trinta por cento para o Estado, o Distrito Federal ou o Território, conforme a origem; II – setenta por cento para o Município de origem; [...]".

2. *Legislação básica.* CC, art. 757; Lei n. 5.143/1966; Decreto-lei n. 1.783/1980; Lei n. 7.766/1989; Lei n. 8.894/1994; e Decreto n. 6.306/2007 (RIOF).

3. *Imposto sobre Operações Financeiras. Considerações gerais.* Trata-se de imposto de caráter marcadamente *extrafiscal*, porquanto opera como instrumento regulador do mercado financeiro. Em razão disso, sujeita-se a regime jurídico diferenciado quanto ao princípio da *anterioridade* – não observa a anterioridade genérica, nem a especial –, bem como suas alíquotas podem ser alteradas pelo Poder Executivo, atendidos as condições e os limites estabelecidos em lei (alíneas *b* e *c* do art. 150, e art. 153, § 1.º, CR).

4. *Hipóteses de incidência.* Os três aspectos componentes do antecedente da hipótese de incidência são:

4.1. *Aspecto material.* Ostenta o imposto em foco múltiplas materialidades, todas referentes ao conceito de *operação financeira* que, essencialmente, é o *negócio jurídico* celebrado com o objetivo de *lucro*.

---

[20] V. redação dada pela EC n. 132/2023.

4.1.1. *Operação de crédito.* Ocorre quando alguém disponibiliza um valor, um crédito, a outrem. São, basicamente, as operações de *empréstimo*.

4.1.2. *Operação de câmbio.* É aquela que se consubstancia na troca de moeda nacional por estrangeira, ou vice-versa.

4.1.3. *Operação de seguro.* Diz com o contrato mediante o qual se efetua a proteção de um bem em relação a determinado risco, como o seguro de vida ou de veículo.

4.1.4. *Operação relativa a títulos e valores mobiliários.* O conceito, bastante amplo, abrange os negócios jurídicos envolvendo tais títulos, como letras de câmbio e ações.

4.1.5. *Ouro ativo financeiro ou instrumento cambial.* A materialidade referente ao ouro qualificado como ativo financeiro ou instrumento cambial constitui inovação introduzida pela Constituição de 1988 e instituída pela Lei n. 7.766/1989. Importante salientar que o *ouro* tem dois tratamentos tributários distintos em nosso ordenamento jurídico: *(i)* ou é considerado *mercadoria* e, assim, a operação de circulação que o tenha por objeto faz nascer a obrigação de pagar ICMS; ou *(ii)* qualifica-se como *ativo financeiro ou instrumento cambial*, ensejando, apenas, a exigência de IOF. A Constituição é minuciosa ao cuidar dessa incidência, proclamando que o imposto é devido na operação de origem e que a alíquota mínima será de 1%, assegurada a transferência do montante da arrecadação nos seguintes termos: *a)* 30% para o Estado, o Distrito Federal ou o Território, conforme a origem; *b)* 70% para o Município de origem (art. 153, § 5.º, I e II).

4.2. *Aspecto espacial.* É, tão somente, o território nacional.

4.3. *Aspecto temporal.* Coincide com o momento do aperfeiçoamento de cada uma das operações citadas: *(i)* na operação de crédito, quando o valor fica à disposição do tomador; *(ii)* na de câmbio, no momento da troca de moeda; *(iii)* na de seguro, quando da emissão da apólice; *(iv)* na relativa a títulos e valores mobiliários, no momento de emissão do título; e *(v)* na operação com o ouro financeiro, no momento da primeira aquisição.

5. *Exclusão da dupla incidência.* O parágrafo único desse artigo esclarece que a incidência definida no inciso I exclui a definida no inciso IV, e reciprocamente, quanto à emissão, ao pagamento ou resgate do título representativo de uma mesma operação de crédito.

 SUGESTÕES DOUTRINÁRIAS

IMPOSTO SOBRE OPERAÇÕES FINANCEIRAS

Aires Barreto, *ISS, IOF e instituições financeiras*, Noeses; Roberto Quiroga Mosquera, *Tributação no mercado financeiro e de capitais*, Dialética.

 JURISPRUDÊNCIA ILUSTRATIVA

STF

• Súmula n. 664: "É inconstitucional o inc. V do art. 1.º da Lei n. 8.033/1990, que instituiu a incidência do imposto nas operações de crédito, câmbio e seguros – IOF sobre saques efetuados em caderneta de poupança".

• "Recurso extraordinário. Repercussão geral. Direito tributário. Imposto sobre operações de crédito, câmbio e seguro, ou relativas a títulos ou valores mobiliários. IOF. Incidência sobre a transmissão de ações de companhias abertas e respectivas bonificações. Art. 1.º, IV, da Lei n. 8.033/1990. 1. Tese do Tema 109 da sistemática da repercussão geral: 'É constitucional o art. 1.º, IV, da Lei n. 8.033/1990, uma vez que a incidência de IOF sobre o negócio jurídico de transmissão de títulos e valores mobiliários, tais como ações de companhias abertas e respectivas bonificações, encontra respaldo no art. 153, V, da Constituição Federal, sem ofender os princípios tributários da anterioridade e da irretroatividade, nem demandar a reserva de lei complementar'. 2. Não há incompatibilidade material entre os arts. 1.º, IV, da Lei n. 8.033/1990, e 153, V, da Constituição Federal, pois a tributação de um negócio jurídico que tenha por objeto ações e respectivas bonificações insere-se na competência tributária atribuída à União no âmbito do Sistema Tributário Nacional, para fins de instituir imposto sobre operações relativas a títulos ou valores mobiliários. 3. A instituição do IOF – Títulos e Valores Mobiliários não ofende o princípio da anterioridade, dada expressa previsão no art. 150, III, *b* e § 1.º, do Texto Constitucional, ao passo que também não viola o princípio da irretroatividade, porquanto tem por fato gerador futura operação de transmissão de títulos ou valores mobiliários. 4. A reserva de lei complementar para a instituição de imposto de competência da União somente se aplica no caso de tributos não previstos em nível constitucional. Precedentes. 5. Recurso extraordinário conhecido a que se dá provimento, para reformar o acórdão recorrido, assentando a constitucionalidade do art. 1.º, IV, da Lei n. 8.033/1990 e, com efeito, a exigibilidade do IOF sobre a transmissão de ações de companhias abertas e respectivas bonificações" (RE 583.712/SP, Tema 102, Rel. Min. Edson Fachin, j. 04.02.2016).

Tese: "É constitucional o art. 1.º, IV, da Lei n. 8.033/1990, uma vez que a incidência de IOF sobre o negócio jurídico de transmissão de títulos e valores mobiliários, tais como ações de companhias abertas e respectivas bonificações, encontra respaldo no art. 153, V, da Constituição Federal, sem ofender os princípios tributários da anterioridade e da irretroatividade, nem demandar a reserva de lei complementar".

STJ

• Súmula n. 185: "Nos depósitos judiciais, não incide o imposto sobre operações financeiras".

Art. 64. A base de cálculo do imposto **(1)** é:

I – quanto às operações de crédito, o montante da obrigação, compreendendo o principal e os juros;

II – quanto às operações de câmbio, o respectivo montante em moeda nacional, recebido, entregue ou posto à disposição;

III – quanto às operações de seguro, o montante do prêmio;

IV – quanto às operações relativas a títulos e valores mobiliários:

a) na emissão, o valor nominal mais o ágio, se houver;

b) na transmissão, o preço ou o valor nominal, ou o valor da cotação em Bolsa, como determinar a lei;

c) no pagamento ou resgate, o preço.

 COMENTÁRIOS

1. *Aspecto quantitativo. Bases de cálculo.* O dispositivo aponta as bases de cálculo do imposto, de acordo com as múltiplas materialidades: *(i)* nas operações de crédito, o montante da obrigação, compreendendo o principal e os juros; *(ii)* nas operações de câmbio, o montante em moeda nacional; *(iii)* nas operações de seguro, o montante do prêmio; e *(iv)* nas operações relativas a títulos e valores mobiliários, o preço ou valor nominal, conforme a hipótese. Com relação ao ouro ativo financeiro ou instrumento cambial, a base de cálculo é o valor da operação (Lei n. 7.766/1989, art. 9.º). Em síntese, a base de cálculo do IOF, em qualquer de suas hipóteses de incidência, é o *valor da operação*.

> **Art. 65.** O Poder Executivo pode, nas condições e nos limites estabelecidos em lei, alterar as alíquotas ou as bases de cálculo **(1 a 3)** do imposto, a fim de ajustá-lo aos objetivos da política monetária **(3.1 e 4)**.

 ## COMENTÁRIOS

1. *Moldura constitucional.* Art. 153. "Compete à União instituir impostos sobre: [...] V – operações de crédito, câmbio e seguro, ou relativas a títulos ou valores mobiliários;[21] [...] § 1.º É facultado ao Poder Executivo, atendidas as condições e os limites estabelecidos em lei, alterar as alíquotas dos impostos enumerados nos incisos I, II, IV e V."

2. *Dispositivo parcialmente não recepcionado pela Constituição de 1988.* A autorização constitucional conferida ao Poder Executivo, no § 1.º do art. 153, CR, cinge-se à alteração das alíquotas, não abrangendo as bases de cálculo.

3. *Discricionariedade do Poder Executivo para a alteração de alíquotas.* O § 1.º do art. 153, CR, autoriza o Poder Executivo a alterar as alíquotas do Imposto sobre Operações Financeiras, atendidas as condições e os limites estabelecidos em lei. O princípio da legalidade tributária, relativamente aos impostos mencionados nesse dispositivo, experimenta *atenuação em seu rigor*, ensejando que ato do Poder Executivo integre a vontade da lei, complementando-a nesse quesito. Visando imprimir agilidade à exigência dessa imposição extrafiscal, pouco adiantaria excepcionar o Imposto sobre Operações Financeiras da observância do princípio da anterioridade da lei tributária, permitindo sua majoração de imediato, caso fosse mantida sua submissão à exigência de que a fixação da alíquota se desse por meio de lei. Assim é que o Poder Executivo, dentro dos parâmetros legalmente fixados, pode proceder às alterações que se fizerem necessárias. Cuida-se de autêntica *discricionariedade administrativa,* atribuída em nível constitucional, destinada a aparelhar a exigência fiscal para que atue como instrumento de política monetária, sendo escolhida, em cada hipótese, a alternativa de alíquota mais adequada à satisfação do interesse público.

3.1. *Finalidade da alteração de alíquotas.* Consoante expressa a norma contida nesse dispositivo, a autorização para que o Poder Executivo possa aumentar a alíquota do imposto sob comento está atrelada à finalidade de "ajustá-lo aos objetivos da política monetária". Portanto, *a contrario sensu*, se a majoração do imposto não visar tais objetivos, não poderá ser efetuada mediante ato do Poder Executivo, impondo-se o necessário veículo legislativo.

4. *Aspecto quantitativo. Alíquotas.* As *alíquotas* variam bastante, dadas as diversas materialidades e constantes alterações promovidas pelo Poder Executivo (art. 153, § 1.º, CR). Nas diversas hipóteses de incidência, oscilam entre 0,38% e 25%.

---

[21] V. redação dada pela EC n. 132/2023, com vigência a partir de 2027.

JURISPRUDÊNCIA ILUSTRATIVA

STF

• "Agravo regimental recurso extraordinário. CPMF. Majoração da alíquota do Imposto sobre Operações Financeiras – IOF. Descaracterização da natureza do tributo. Não comprovação. A receita de impostos compõe a reserva necessária para fazer frente a toda e qualquer despesa *uti universi*, não havendo que se presumir que a majoração do IOF tenha ocorrido necessariamente para repor a perda dos valores anteriormente arrecadados por meio da CPMF. Não há qualquer evidência de que a majoração do IOF, perpetrada pela Portaria MF 348/1998, teve o condão de modificar a natureza jurídica do imposto, desviando sua finalidade e transformando-o em tributo com arrecadação vinculada. A tese da agravante está embasada em meras suposições, carecendo de efetivo fundamento jurídico. Agravo regimental a que se nega provimento" (1.ª T., RE 800.282 AgR/SP, Rel. Min. Roberto Barroso, j. 10.02.2015).

> **Art. 66.** Contribuinte **(1)** do imposto é qualquer das partes na operação tributada, como dispuser a lei **(2)**.

 COMENTÁRIOS

1. *Dispositivos relacionados:* arts. 121, parágrafo único, I e II; 128 a 138, CTN.

2. *Aspecto pessoal. Contribuintes e responsáveis.* O dispositivo indica que qualquer das partes da operação pode ser contribuinte do imposto, não havendo disciplina no CTN acerca dos responsáveis. Cabe à lei ordinária a definição dos contribuintes do imposto. Nos termos da Lei n. 5.143/1966 e alterações, são eles, conforme a respectiva materialidade: *(i)* os tomadores de crédito; *(ii)* os segurados; *(iii)* os compradores de moeda estrangeira; *(iv)* os adquirentes de títulos e valores mobiliários; e *(v)* a instituição autorizada pelo Banco Central a efetuar a primeira aquisição do ouro financeiro. Os *responsáveis*, genericamente, são os terceiros aos quais a lei atribui a cobrança e o recolhimento do IOF, de acordo com as respectivas materialidades: *(i)* as instituições financeiras; *(ii)* as seguradoras; *(iii)* as instituições operadoras de câmbio; e *(iv)* as instituições autorizadas a operar na compra de títulos e valores mobiliários.

 JURISPRUDÊNCIA ILUSTRATIVA

STF

• "Recurso extraordinário. Tema 104 da repercussão geral. Art. 13 da Lei 9.779/99. Imposto sobre Operações Financeiras – IOF. Mútuo. Incidência que não se restringe às operações de crédito realizadas por instituições financeiras. Recurso ao qual se nega provimento. I – O Supremo Tribunal Federal já decidiu que 'nada há na Constituição Federal, ou no próprio Código Tributário Nacional, que restrinja a incidência do IOF sobre as operações de crédito realizadas por instituições financeiras' (ADI 1763, Rel. Min. Dias Toffoli, Tribunal Pleno,

DJe 30/07/2020). II – O mútuo de recursos financeiros de que trata o art. 13 da Lei 9.779/99 se insere no tipo 'operações de crédito', sobre o qual a Constituição autoriza a instituição do IOF (art. 153, V), já que se trata de negócio jurídico realizado com a finalidade de se obter, junto a terceiro e sob liame de confiança, a disponibilidade de recursos que deverão ser restituídos após determinado lapso temporal, sujeitando-se aos riscos inerentes. III – Fixação de tese: 'É constitucional a incidência do IOF sobre operações de crédito correspondentes a mútuo de recursos financeiros entre pessoas jurídicas ou entre pessoa jurídica e pessoa física, não se restringindo às operações realizadas por instituições financeiras'. IV – Recurso Extraordinário a que se nega provimento" (RE 590.186/RS, Tema 104, Rel. Min. Cristiano Zanin, j. 09.10.2023).

> **Art. 67.** A receita líquida do imposto destina-se a formação de reservas monetárias, na forma da lei **(1 e 2)**.

 COMENTÁRIOS

1. *Moldura constitucional.* Art. 153. "Compete à União instituir impostos sobre: [...] V – operações de crédito, câmbio e seguro, ou relativas a títulos ou valores mobiliários;[22] [...] § 5.º O ouro, quando definido em lei como ativo financeiro ou instrumento cambial, sujeita-se exclusivamente à incidência do imposto de que trata o inciso V do *caput* deste artigo, devido na operação de origem; a alíquota mínima será de um por cento, assegurada a transferência do montante da arrecadação nos seguintes termos: I – trinta por cento para o Estado, o Distrito Federal ou o Território, conforme a origem; II – setenta por cento para o Município de origem."

2. *Formação de reservas monetárias.* Tratando-se de imposto *extrafiscal*, a destinação do produto de sua arrecadação é consentânea com essa natureza e, assim, é vertida à formação de reservas monetárias. Do teor dos arts. 157 e 158 da Constituição extrai-se que o produto da arrecadação do IOF pertence exclusivamente à União, que não o reparte com as demais pessoas políticas, à exceção do produto do IOF-ouro, na proporção de 30% para o Estado, o Distrito Federal ou o Território, conforme a origem, e 70% para o Município de origem (art. 153, § 5.º, CR).

> *Seção V*
> *Imposto sobre Serviços de Transportes e Comunicações* **(1)**
>
> **Art. 68.** O imposto, de competência da União, sobre serviços de transportes e comunicações tem como fato gerador:
> I – a prestação do serviço de transporte, por qualquer via, de pessoas, bens, mercadorias ou valores, salvo quando o trajeto se contenha inteiramente no território de um mesmo Município;

---

22   V. redação dada pela EC n. 132/2023.

II – a prestação do serviço de comunicações, assim se entendendo a transmissão e o recebimento, por qualquer processo, de mensagens escritas, faladas ou visuais, salvo quando os pontos de transmissão de recebimento se situem no território de um mesmo Município e a mensagem em curso não possa ser captada fora deste território.

Art. 69. A base de cálculo do imposto é o preço do serviço.

Art. 70. Contribuinte do imposto é o prestador do serviço.

 COMENTÁRIOS

1. *Imposto não recepcionado pela Constituição de 1988.* Suas materialidades foram incorporadas ao ICMS (art. 155, II, CR), assim como os Impostos Únicos sobre operações relativas à energia elétrica, combustíveis, lubrificantes e minerais do País, a que se referem os arts. 74 e 75 deste Código.

Seção VI
Imposto sobre Serviços de Qualquer Natureza **(1 a 9.3.2)**

Arts. 71 a 73. *(Revogados pelo Decreto-lei n. 406/1968)*

 COMENTÁRIOS

1. *O ISS e o CTN.* Os arts. 71 a 73 do CTN foram revogados pelo Decreto-lei n. 406/1968. Tal decreto, revestindo natureza de lei complementar, veiculou as normas gerais sobre o ISS-QN até a edição da Lei Complementar n. 116/2003. Esta, por sua vez, revogou os arts. 8.º, 10, 11 e 12 do Decreto-lei n. 406/1968 e as demais leis complementares do imposto (v. art. 10).

2. *Moldura constitucional.* Art. 150. "Sem prejuízo de outras garantias asseguradas ao contribuinte, é vedado à União, aos Estados, ao Distrito Federal e aos Municípios: VI – instituir impostos sobre: a) patrimônio, renda ou serviços, uns dos outros; b) entidades religiosas e templos de qualquer culto, inclusive suas organizações assistenciais e beneficentes; c) patrimônio, renda ou serviços dos partidos políticos, inclusive suas fundações, das entidades sindicais dos trabalhadores, das instituições de educação e de assistência social, sem fins lucrativos, atendidos os requisitos da lei; [...] § 2.º A vedação do inciso VI, 'a', é extensiva às autarquias e às fundações instituídas e mantidas pelo Poder Público e à empresa pública prestadora de serviço postal, no que se refere ao patrimônio, à renda e aos serviços, vinculados a suas finalidades essenciais ou às delas decorrentes. § 3.º As vedações do inciso VI, 'a', e do parágrafo anterior não se aplicam ao patrimônio, à renda e aos serviços, relacionados com exploração de atividades econômicas regidas pelas normas aplicáveis a empreendimentos privados, ou em que haja contraprestação ou pagamento de preços ou tarifas pelo usuário, nem exonera o promitente comprador da obrigação de pagar imposto relativamente ao bem imóvel. [...] Art.

156. Compete aos Municípios instituir impostos sobre: [...] III – serviços de qualquer natureza, não compreendidos no art. 155, II, definidos em lei complementar. [...] § 3.º Em relação ao imposto previsto no inciso III do *caput* deste artigo, cabe à lei complementar: I – fixar as suas alíquotas máximas e mínimas; II – excluir da sua incidência exportações de serviços para o exterior; III – regular a forma e as condições como isenções, incentivos e benefícios fiscais serão concedidos e revogados."[23]

3. Dispositivos relacionados: arts. 109 e 110, CTN.

4. Legislação básica: CC, arts. 593 e 594; LC n. 116/2003, alterada pelas Leis Complementares n. 123/2006; n. 157/2016; n. 175/2020; e n. 183/2021; lei de cada Município e do Distrito Federal.

5. Imposto sobre Serviços de Qualquer Natureza. Considerações gerais. A Constituição de 1988 repartiu a tributação sobre a prestação de serviços entre os Estados e os Municípios. Assim, compete aos Estados tributar, por meio do ICMS, as prestações de serviços de transporte interestadual e intermunicipal, bem como os serviços de comunicação; aos Municípios, por sua vez, atribui-se a competência impositiva sobre as demais prestações de serviços, definidos em lei complementar, nos termos do art. 156, III, *in fine*, CR. A disciplina constitucional desse imposto foi praticamente reescrita, tendo em vista as alterações promovidas pelas Emendas Constitucionais n. 3/1993 e n. 37/2002, bem como a inclusão de novos dispositivos por esta última.

6. Imunidades. Consoante o art. 150, VI, CR, que arrola as *imunidades genéricas*, é vedado às pessoas políticas instituir impostos sobre: "a) patrimônio, renda ou serviços, uns dos outros; b) templos de qualquer culto; c) patrimônio, renda ou serviços dos partidos políticos, inclusive suas fundações, das entidades sindicais dos trabalhadores, das instituições de educação e de assistência social, sem fins lucrativos, atendidos os requisitos da lei; [...]". Todas essas pessoas, bem como as autarquias, fundações públicas e empresas estatais prestadoras de serviço público (§§ 2.º a 4.º), são imunes ao ISSQN.

7. O papel da lei complementar na disciplina do ISSQN. A Lei Complementar n. 116/2003 veicula normas gerais acerca do imposto em tela. À semelhança do ICMS, a lei complementar desempenha importante papel na disciplina desse imposto municipal, no intuito de imprimir-se-lhe uniformidade normativa. Assim, a Constituição atribui-lhe o regramento dos seguintes aspectos: *a)* definição dos serviços tributáveis; *b)* fixação de suas alíquotas máximas e mínimas; *c)* exclusão de sua incidência das exportações de serviços para o exterior; e *d)* regulação da forma e das condições como isenções, incentivos e benefícios fiscais serão concedidos e revogados.

8. Hipótese de incidência tributária. Os aspectos do antecedente da hipótese de incidência são os seguintes.

8.1. Aspecto material. Consiste em prestar serviço de qualquer natureza, ainda que este não se constitua atividade preponderante do prestador. Observe-se que o critério da *preponderância* não é extraível do desenho constitucional da competência para a tributação da prestação de serviços, outorgada aos Estados-membros (ICMS) e aos Municípios (ISS). Tal critério pressupõe a sobreposição de atividades ou a existência de atividades mistas, como, por exemplo, no fornecimento de mercadorias e prestações de serviços. V. arts. 1.º e 2.º da LC n. 87/1996.

---

[23]   V. art. 156-A, incluído pela EC n. 132/2023.

8.1.1. Serviço de qualquer natureza. Serviço tributável. Cuida-se de conceito que há de ser buscado no direito privado. Com efeito, o Código Civil, ao cuidar do assunto, estatui que a prestação de serviço, que não estiver sujeita às leis trabalhistas ou a lei especial, reger--se-á por suas normas (art. 593) e que "toda a espécie de serviço ou trabalho lícito, material ou imaterial, pode ser contratada mediante retribuição" (art. 594). Corresponde, portanto, a uma *obrigação de fazer*. Pensamos que o conceito de *serviço tributável* pode ser aclarado por exclusão. Primeiramente, hão que se dele afastar os *serviços públicos*, inalcançáveis em virtude da *imunidade recíproca*, exceto na hipótese de serviços públicos concedidos ou permitidos (art. 150, VI, *a*, e § 3.º, CR – v. comentários 7.1.5.). Também, por óbvio, *serviços não onerosos* não podem ser tributados, pelo fato de sua prestação não revelar *capacidade contributiva* (art. 145, § 1.º, CR), nem os prestados pela pessoa *em seu próprio benefício*, já que devem ser prestados a terceiro. Ainda, *serviços prestados em decorrência de relação de emprego* não sofrem a incidência de ISSQN, por sujeitarem-se a regime jurídico incompatível com tal exigência, porquanto a prestação de serviço autorizadora da incidência do imposto há de ser executada em caráter independente (Lei Complementar n. 116, de 2003, art. 2.º, II). Assim é que podemos definir o serviço cuja prestação é tributável pelo ISSQN como a *prestação de utilidade de qualquer natureza a terceiro, efetuada em caráter oneroso, sob regime de direito privado, e que não configure relação de emprego.*

8.1.2. Definição dos serviços tributáveis. A Constituição proclama competir aos Municípios instituir o Imposto sobre Serviços de Qualquer Natureza, "definidos em lei complementar". Na interpretação do sentido e alcance dessa expressão reside uma das mais antigas polêmicas do Direito Tributário, consubstanciada na discussão sobre o que vem a ser essa "definição de serviços". Na prática, a lei complementar veicula um anexo que contém uma lista de serviços cuja prestação é passível de tributação pelo imposto em tela.

8.1.3. Lista de serviços taxativa ou exemplificativa. A doutrina divide-se em duas orientações quanto à natureza dessa lista – se *taxativa* ou *exemplificativa*. Os adeptos da taxatividade da lista de serviços sustentam que a Constituição estatui que a lei complementar, com fundamento no art. 146, I ("cabe à lei complementar dispor sobre conflitos de competência, em matéria tributária"), *define* os serviços tributáveis, o que equivale a dizer que o exercício da competência tributária pelos Municípios há de respeitar essa definição. Tal orientação é majoritária na doutrina e foi, há muito, acolhida pelo STF (RE 361.829/RJ, j. 13.12.2005). Ademais, a Lei Complementar n. 116/2003, em seu art. 1.º, *caput*, afirma-o expressamente. Outra corrente de pensamento, minoritária, considera ser a lista de serviços meramente exemplificativa, de forma a prestigiar o princípio federativo (e da autonomia municipal, para aqueles que o destacam do teor daquele). Nesse sentido, aos Municípios apresenta-se uma relação de serviços cuja prestação é tributável, sem afastar a possibilidade de que incluam outros. V. item 8.1.4.

8.1.3.1. Nossa opinião. Entendemos que a lista de serviços veiculada pela lei complementar não exaure as espécies de serviços, cuja prestação é passível de tributação pelos Municípios. Diante da autonomia política outorgada a essas pessoas políticas, tal lista, então, cumpre papel indicativo, de elucidação, não atuando para restringir sua competência tributária. Em consequência, à exceção dos serviços cuja prestação é passível de tributação pelos Estados-membros e pelo Distrito Federal – serviços de transporte interestadual e intermunicipal e de comunicação (art. 155, II, da CR) –, todos os demais serviços, à vista do conceito antes explicitado, podem, em nosso entender, ter sua prestação alcançada pelo tributo municipal.

8.1.4. Interpretação extensiva e analogia. Diante do caráter taxativo da lista de serviço, tal como interpretado pelo STF, admite-se interpretação extensiva (RE 784.439/DF, j.

30.06.2020 e REsp 1.111.234/PR, j. 23.09.2009). Quanto à analogia, por sua vez, seu emprego é vedado, em razão do princípio da legalidade tributária (art. 150, I, CR) e da expressa vedação de utilização desse expediente para a exigência de tributo não previsto em lei (art. 108, § 1.º, CTN).

8.1.4.1. Serviços congêneres, semelhantes e similares. Em nosso entender, a abertura legislativa por meio de tal cláusula geral – serviços congêneres, semelhantes e similares – representa má aplicação de praticabilidade tributária. Essa cláusula geral, espécie de *abstração generalizante*, visa abranger serviços não pensados pelo legislador no momento da confecção da lei. No entanto, esse proceder ofende a segurança jurídica e o princípio da especificidade conceitual.

8.1.5. Incidência do ISSQN sobre a prestação de serviços públicos concedidos ou permitidos. Questão relevante é a possibilidade de tributação, pelo Município, da prestação de serviços públicos concedidos ou permitidos – telefonia, energia elétrica, aeroportuários, entre outros. A controvérsia emergiu diante da dicção da Lei Complementar n. 116/2003, que, em seu art. 1.º, § 3.º, criou o que tem sido denominado por alguns de "Imposto sobre Serviços Públicos". Vale relembrar que a execução direta de serviço público, isto é, pelo próprio Poder Público, conduz ao regime de *imunidade tributária*, extensivo às autarquias e fundações governamentais, bem como às empresas estatais delegatárias (art. 150, VI, *a*, e §§ 2.º e 3.º, CR). A polêmica, então, concerne ao regime tributário aplicável na hipótese de execução de serviço público por particular, vale dizer, mediante concessão ou permissão. Tal execução delegada, à evidência, não desnatura a qualidade do serviço, que continua a ser público. Entretanto, a doutrina dissente da possibilidade de incidência de imposto sobre a prestação de serviço assim executada, em duas vertentes. A primeira delas defende o cabimento da tributação da prestação do serviço público concedido ou permitido pelo ISSQN, argumentando que o concessionário realiza tal serviço público de acordo com regras privadas, isto é, promovendo investimentos às custas de seu patrimônio; custeia as atividades necessárias à boa execução do serviço, com o objetivo de lucro, que lhe é assegurado contratualmente. Ademais, a norma insculpida no § 3.º do art. 150, CR, exclui expressamente a imunidade no caso de execução de serviços públicos mediante contraprestação ou pagamento de tarifas pelo usuário e é corroborada pelo art. 173, § 2.º, segundo o qual "as empresas públicas e as sociedades de economia mista não poderão gozar de privilégios fiscais não extensivos às do setor privado". Sustentamos, há muito, que a prestação de serviços públicos mediante empresas privadas detentoras de concessão ou permissão não é alcançada pela vedação da exigência de impostos, pelo simples fato de que estas exploram economicamente a prestação de serviços públicos" (cf. nosso *Imunidades tributárias*: teoria e análise da jurisprudência do STF). Recorde-se que a *atividade econômica* é gênero que compreende duas espécies: o *serviço público* e a *atividade econômica em sentido estrito*. Para os defensores dessa doutrina, o ISSQN não alcança uma atividade estatal, mas sim a *exploração econômica de bens públicos* e a *exploração econômica do uso do direito de passagem no solo ou subsolo municipal*, por concessionária de serviço público; logo, uma atividade não estatal e que independe de qualquer participação do Estado, o que legitima a exigência de imposto. Afastam, também, o disposto no § 3.º do art. 155, CR, que proclama que, "à exceção dos impostos de que tratam o inciso II do *caput* deste artigo e o art. 153, I e II, nenhum imposto poderá incidir sobre operações relativas a energia elétrica e serviços de telecomunicações e, à exceção destes e do previsto no art. 153, VIII, nenhum outro imposto poderá incidir sobre operações relativas a derivados de petróleo, combustíveis e minerais do País",[24] que, no seu entender, somente se aplica quando o próprio Estado realizar tais operações. Remarque-se, porém, que a incidência de ISSQN na hipótese acarretará aumento de carga fiscal que, de um lado, deverá ser considerado para o equilíbrio econômico-financeiro dos contratos de concessão e permissão de serviço público, mas, de outro, repercutirá na exigência de modicidade das tarifas, nos termos do art. 6.º, § 1.º, da Lei n. 8.987/1995. Divergindo de tal orientação, tem-se o entendimento segundo a qual descabe a exigência de ISSQN sobre a prestação de serviço público sob regime de concessão ou permissão, porque não importa quem presta o serviço público – se o Estado, uma empresa estatal ou particular. A natureza pública do serviço e seu regime jurídico constitucional prevalecem em qualquer hipótese, pelo que sujeitar a prestação de serviço público à incidência de ISSQN, quando esse serviço for prestado por particular, é negar a natureza mesma da imunidade recíproca. Aduzem os adeptos dessa corrente de pensamento que, entendendo-se contrariamente, criar-se-ia para o cidadão um *ônus financeiro maior* do que ele suportaria no caso da prestação direta do mesmo serviço pelo próprio Estado. Por derradeiro, assinale-se que o STF concluiu que a prestação de serviços públicos concedidos, bem como de atividades estatais delegadas, por revelarem intuito lucrativo, submetem-se à incidência do ISSQN (ADI 3.089/DF, j. 13.02.2008).

8.1.6. *Serviços e novas tecnologias.* A Lei Complementar n. 157/2016, ao alterar a Lei Complementar n. 116/2003, ampliando a lista de serviços, incluiu no item 1, referente a *serviços de informática e congêneres*, hipóteses concernentes à evolução tecnológica: "processamento, armazenamento ou hospedagem de dados, textos, imagens, vídeos, páginas eletrônicas, aplicativos e sistemas de informação, entre outros formatos, e congêneres" (item 1.03), o chamado armazenamento em nuvem (*cloud computing*); a elaboração de programas de computadores, inclusive de jogos eletrônicos, independentemente da arquitetura construtiva da máquina em que o programa será executado, incluindo *tablets*, *smartphones* e congêneres (1.04); e a "disponibilização, sem cessão definitiva, de conteúdos de áudio, vídeo, imagem e texto por meio da internet, respeitada a imunidade de livros, jornais e a divulgação de vídeos e músicas via *streaming* (item 1.09). No geral, tais itens traduzem autênticas obrigações de fazer, passíveis de tributação pelo imposto em tela.

8.1.7. *Crítica à lista de serviços.* Relevante registrar que a lista de serviços anexa à Lei Complementar n. 116/2003 contempla vários itens que, evidentemente, não constituem serviços, tais como a cessão de direito de uso de marcas e de sinais de propaganda (item 3.02), a locação, sublocação, arrendamento, direito de passagem ou permissão de uso, compartilhado ou não, de ferrovia, rodovia, postes, cabos, dutos e condutos de qualquer natureza (item 3.04), e cessão de andaimes, palcos, coberturas e outras estruturas de uso temporário (item 3.05). Nesses pontos, há inconstitucionalidade, diante do extrapolamento dos contornos da competência tributária para a exigência do ISSQN (v. comentários aos arts. 109 e 110, CTN).

8.1.8. *Isenção das exportações de serviços para o exterior. Isenção heterônoma.* Compete à lei complementar "excluir da sua incidência exportações de serviços para o exterior", nos termos do art. 156, § 3.º, II.[25] A dicção constitucional não é das mais claras, mas remete ao conceito de "exclusão do crédito tributário", utilizado pelo Código Tributário Nacional (art. 175) para referir-se à isenção e à anistia. A Constituição da República abriga diversas

---

normas continentes de incentivos às exportações, juridicizando a máxima do comércio exterior segundo a qual "não se deve exportar tributos". No caso, trata-se de *isenção heterônoma* expressamente autorizada pela Constituição – uma vez que se atribui competência à União, mediante lei complementar, para concedê-la, não obstante tratar-se de imposto municipal. Constitui autêntica exceção ao comando inserto no art. 151, III, CR, que veda à União instituir isenções de tributos de competência das demais pessoas políticas. Observe-se, sobre esse ponto, que, nas hipóteses do IPI e do ICMS na exportação (arts. 153, § 3.º, III, e 155, § 2.º, X, *a*), diferentemente, a Constituição optou por outorgar *imunidade*, e não mera possibilidade de isenção, como fez no tocante ao ISSQN. V. art. 2.º, I, da LC n. 116/2003.

8.2. *Aspecto espacial.* Tal aspecto da hipótese de incidência suscitou polêmica até o advento da Lei Complementar n. 116/2003: debatia-se se deveria ser levado em conta, como lugar onde se considera nascida a obrigação de pagar o ISSQN, o local da prestação do serviço ou o lugar do estabelecimento prestador. Tratava-se de questão importante, porquanto definidora da pessoa política competente para exigir o imposto se tais locais estivessem em Municípios distintos. A Lei Complementar n. 116/2003 veio determinar, em seu art. 3.º, que o aspecto espacial, como regra, é o *local do estabelecimento prestador do serviço* – ou, na falta deste, o *local do domicílio do prestador do serviço*. O aspecto espacial subsidiário, na falta de estabelecimento prestador de serviços, é o *local da prestação do serviço*. A Lei Complementar n. 116/2003 arrola numerosas exceções à regra-padrão do local onde se considera nascida a obrigação (art. 3.º, I a XXV), como no caso de serviços prestados na execução de obra, nos quais se toma o local desta como o aspecto espacial do imposto (inciso III). As LCs n. 157/2016 e n. 175/2020 deram nova redação ao art. 3.º da LC n. 116/2003. V., ainda, o art. 4.º da LC n. 116/2003.

8.3. *Aspecto temporal.* Consiste no momento em que se aperfeiçoa a prestação de serviço.

9. *Consequente da hipótese de incidência.* Os aspectos do consequente da hipótese de incidência são analisados a seguir.

9.1. *Aspecto pessoal. Contribuintes e responsáveis.* Contribuinte é o prestador de serviço, pessoa física ou jurídica, que realiza a atividade material qualificada como tal. Responsáveis, consoante os arts. 121, parágrafo único, II, e 128 do CTN, são os terceiros que, por meio de lei, são alcançados para arcar com o pagamento do imposto – em síntese, os tomadores ou intermediários de serviços. V. arts. 5.º e 6.º da LC n. 116/2003.

9.2. *Aspecto quantitativo. Base de cálculo.* Consiste no *preço* do serviço, vale dizer, o valor da contraprestação pelo cumprimento da obrigação de fazer. V. art. 7.º da LC n. 116/2003.

9.3. *Aspecto quantitativo. Alíquotas máximas e mínimas.* A fixação das alíquotas máximas e mínimas pela lei complementar visa, salutarmente, evitar *guerra fiscal* entre Municípios, imprimindo ao regramento do imposto, exigido por milhares deles, certa homogeneidade normativa. Não obstante a Constituição tenha autorizado a lei complementar a instituir as alíquotas máximas e mínimas do ISSQN, a Lei Complementar n. 116/2003 somente determinou as alíquotas *máximas*, em 5%, aplicável a todos os serviços. Enquanto ausente norma de lei complementar a estabelecer as alíquotas mínimas desse imposto, permaneceu produzindo efeitos o art. 88 do ADCT, acrescentado pelo EC n. 37/2002, que estipulava as alíquotas mínimas em 2%, exceto para os itens indicados – serviços de construção civil – que ora correspondem aos itens 7.01 a 7.05 da Lista de Serviços anexa à Lei Complementar n. 116/2003. Finalmente, a Lei Complementar n. 157/2016 veio a definir as alíquotas mínimas em 2%.

9.3.1. *Tributação fixa.* Como a Lei Complementar n. 116/2003 não revogou o *caput* e o § 1.º do art. 9.º do Decreto-lei n. 406/1968, diploma normativo ao qual sucedeu, entende-se ter sido mantido o sistema do ISSQN calculado por meio de alíquotas fixas ou variáveis quanto ao trabalho pessoal do próprio contribuinte, sem consideração do preço dos serviços. O STF editou a Súmula n. 663, segundo a qual "os §§ 1.º e 3.º do art. 9.º do Dl. n. 406/1968 foram recebidos pela Constituição". Recentemente, a Corte declarou a "inconstitucionalidade de lei municipal que estabelece impeditivos à submissão de sociedades profissionais de advogados ao regime de tributação fixa ou *per capita* em bases anuais na forma estabelecida pelo Decreto-lei n. 406/1968 (recepcionado pela Constituição da República de 1988 com *status* de lei complementar nacional)" (RE 940.769/RS, j. 23.04.2019).

9.3.2. ***Concessão de isenções, incentivos e benefícios fiscais que possam resultar na redução da alíquota mínima.*** O art. 156, § 3.º, I,[26] estabelece caber à lei complementar regular a forma e as condições como isenções, incentivos e benefícios fiscais serão concedidos e revogados. A norma, inserida pela Emenda Constitucional n. 37/2002, é nitidamente inspirada em regra semelhante referente ao ICMS (art. 155, § 2.º, XII, *g*), com a diferença de que, no imposto estadual, há necessidade de deliberação conjunta das pessoas políticas – Estados-membros e Distrito Federal.

 SUGESTÕES DOUTRINÁRIAS

IMPOSTO SOBRE SERVIÇOS DE QUAISQUER NATUREZAS

Aires Barreto, *ISS na Constituição e na lei*, Noeses; José Eduardo Soares de Melo, *ISS: teoria e prática*, Malheiros; Sérgio Pinto Martins, *Manual do ISS*, Saraiva.

 JURISPRUDÊNCIA ILUSTRATIVA

STF

• Súmula Vinculante n. 31: "É inconstitucional a incidência do Imposto sobre Serviços de Qualquer Natureza – ISS sobre operações de locação de bens móveis".

• Súmula n. 663: "Os §§ 1.º e 3.º do art. 9.º do Dl. 406/1968 foram recebidos pela Constituição".

• "Súmula n. 588: "O Imposto Sobre Serviços não incide sobre os depósitos, as comissões e taxas de descontos, cobrados pelos estabelecimentos bancários".

• "Constitucional e tributário. ISS. Inclusão na base de cálculo da contribuição previdenciária sobre a receita bruta. Possibilidade. Desprovimento do recurso extraordinário. 1. A Emenda Constitucional n. 42/2003 inaugurando nova ordem previdenciária, ao inserir o § 13 ao art. 195 da Constituição da República, permitiu a instituição de contribuição previdenciária substitutiva daquela incidente sobre a folha de salários e pagamentos. 2. Diante da autorização constitucional, foi editada a Lei n. 12.546/2011 (objeto de conversão da Medida Provisória n. 540/2011), instituindo contribuição substitutiva (CPRB), com o escopo de desonerar a folha de salários/pagamentos e reduzir a carga tributária. Quando de sua instituição, era obrigatória às empresas listadas nos arts. 7.º e 8.º da Lei n. 12.546/2011; todavia, após alterações promovidas pela Lei n. 13.161/2015, o novo regime passou a ser facultativo. 3. As empresas listadas nos

---

[26] V. art. 156-A, incluído pela EC n. 132/2023.

arts. 7.º e 8.º da Lei n. 12.546/2011 têm a faculdade de aderir ao novo sistema, caso concluam que a sistemática da CPRB é, no seu contexto, mais benéfica do que a contribuição sobre a folha de pagamentos. 4. Impossibilidade de a empresa optar pelo novo regime de contribuição por livre vontade e, ao mesmo tempo, se beneficiar de regras que não lhe sejam aplicáveis. 5. Impossibilidade de a empresa aderir ao novo regime, abatendo do cálculo da CPRB o ISS sobre ela incidente, pois ampliaria demasiadamente o benefício fiscal, pautado em amplo debate de políticas públicas tributárias, em grave violação ao art. 155, § 6.º, da CF/1988, que determina a edição de lei específica para tratar sobre redução de base de cálculo de tributo. 6. Recurso extraordinário a que se nega provimento. Tema 1.135, fixada a seguinte tese de repercussão geral: 'É constitucional a inclusão do Imposto sobre Serviços de Qualquer Natureza – ISS na base de cálculo da Contribuição Previdenciária sobre a Receita Bruta – CPRB" (RE 1.285.845/ RS, Tema 1.135, Red. p/ o acórdão Min. Alexandre de Moraes, j. 21.06.2021).

• "Ação direta de inconstitucionalidade. Direito Tributário. ISS. Relações mistas ou complexas. Orientação da Corte sobre o tema. Subitem 3.04 da lista anexa à LC n. 116/03. Locação, sublocação, arrendamento, direito de passagem ou permissão de uso, compartilhado ou não, de ferrovia, rodovia, postes, cabos, dutos e condutos de qualquer natureza. Interpretação conforme. Necessidade de as situações descritas integrarem operação mista ou complexa. Local da ocorrência do fato gerador. Ausência de violação dos princípios da razoabilidade ou da proporcionalidade. 1. Nas relações mistas ou complexas em que não seja possível claramente segmentar as obrigações de dar e de fazer – 'seja no que diz com o seu objeto, seja no que concerne ao valor específico da contrapartida financeira' (Rcl 14.290/ DF-AgR, Tribunal Pleno, Rel. Min. Rosa Weber) –, estando a atividade definida em lei complementar como serviço de qualquer natureza, nos termos do art. 156, III, da Constituição Federal, será cabível, a priori, a cobrança do imposto municipal. Aplicação do entendimento ao subitem 3.04 da lista anexa à LC n. 116/03. 2. O art. 3.º, § 1.º, da LC n. 116/03 não viola os princípios da proporcionalidade e da razoabilidade. Ele estabelece que se considera ocorrido o fato gerador e devido o imposto em cada município em cujo território haja extensão de ferrovia, rodovia, postes, cabos, dutos e condutos de qualquer natureza, objetos de locação, sublocação, arrendamento, direito de passagem ou permissão de uso, compartilhado ou não. Existência de unidade econômica, para fins de tributação, em cada uma dessas urbes, ainda que o sujeito passivo não tenha nelas instalado unidade de gerenciamento de atividades, filial ou mesmo infraestrutura operacional para calcular ou pagar o imposto. 3. Ação direta de inconstitucionalidade julgada parcialmente procedente, conferindo-se interpretação conforme à Constituição Federal ao subitem 3.04 da lista anexa à LC n. 116/03, a fim de se admitir a cobrança do ISS nos casos em que as situações nele descritas integrem relação mista ou complexa em que não seja possível claramente segmentá-las de uma obrigação de fazer, seja no que diz com o seu objeto, seja no que concerne ao valor específico da contrapartida financeira" (ADI 3.142, Tema 212, Rel. Min. Dias Toffoli, j. 05.08.2020).

• "Recurso extraordinário com repercussão geral. Tributário. Imposto sobre serviços de qualquer natureza – ISS. Art. 156, III, da Carta Política. Opção constitucional pela limitação da capacidade tributária dos municípios por meio da atribuição à lei complementar da função de definir os serviços tributáveis pelo ISS. Listas de serviços anexas ao Decreto-lei n. 406/1968 e Lei Complementar n. 116/2003. Caráter taxativo compatível com a Constituição da República. 1. Recursos extraordinários interpostos contra acórdãos do Tribunal de Justiça de Alagoas e do Superior Tribunal de Justiça relativos à exigência do ISS sobre determinadas atividades realizadas por instituição financeira. Processo selecionado, em caráter substitutivo, para dirimir a controvérsia constitucional definida no Tema 296 da repercussão geral. 2. O recurso extraordinário interposto contra o acórdão proferido pelo Superior Tribunal de Justiça é inadmissível, porquanto as alegadas violações da Constituição Federal não se referem ao decidido neste acórdão, mas sim no julgamento efetuado pelo Tribunal de Justiça de Alagoas. 3. O argumento de suposta afronta ao art. 5.º, LV, da Constituição Federal, ou seja, a pretensão de reconhecimento da violação dos direitos fundamentais processuais ao contraditório e à ampla defesa por não ter sido realizada prova pericial requerida não tem pertinência jurídica no caso. O acórdão do Tribunal de Justiça do Estado do Alagoas decidiu que os documentos juntados foram suficientes para a valoração adequado dos fatos arguidos, bastante, portanto, para a formação do convencimento judicial. Entendimento contrário ao certificado no acórdão do Tribunal de Justiça local demandaria reexame da prova dos autos. Aplicação da Súmula n. 279/STF que afirma o não cabimento de recurso extraordinário quando necessária nova valoração das provas. 4. O acórdão recorrido excluiu parte da autuação fiscal por dizer respeito a atividades já tributadas pelo IOF. Fê-lo com exame apenas de dispositivos do Decreto n. 6.306/2007, não tendo havido exame do tratamento constitucional deste imposto da União. Ausente o prequestionamento do art. 153, III, da Constituição Federal, o recurso não pode ser conhecido quanto ao ponto. 5. Ao determinar que compete à lei complementar definir os serviços tributáveis pelo ISS, a Constituição fez escolha pragmática para evitar que, a todo momento, houvesse dúvida se determinada operação econômica seria tributada como prestação de serviços ou de circulação de mercadorias, especialmente tendo em conta o caráter economicamente misto de muitas operações. 6. Os precedentes judiciais formados por este Supremo Tribunal definiram interpretação jurídica no sentido do caráter taxativo das listas de serviços. Nesse sentido: RE 361.829, Rel. Ministro Carlos Velloso, Segunda Turma, *DJ* de 24.2.2006; RE 464.844 AgR, Rel. Ministro Eros Grau, Segunda Turma, *DJe* de 09.5.2008; RE 450.342 AgR, Rel. Ministro Celso de Mello, Segunda Turma, *DJ* 03.8.2007. 7. As listas de serviços preveem ser irrelevante a nomenclatura dada ao serviço e trazem expressões para permitir a interpretação extensiva de alguns de seus itens, notadamente se socorrendo da fórmula 'e congêneres'. Não existe obstáculo constitucional contra esta sistemática legislativa. Excessos interpretativos que venham a ocorrer serão dirimíveis pelo Poder Judiciário. 8. Embora a lei complementar não tenha plena liberdade de qualificar como serviços tudo aquilo que queira, a jurisprudência do Supremo Tribunal Federal não exige que ela inclua apenas aquelas atividades que o Direito Privado qualificaria como tais. Precedentes nesse sentido julgados em regime de repercussão geral, a saber: RE 592.905, Rel. Ministro Eros Grau, e RE 651.703, Rel. Ministro Luiz Fux, em que examinadas as incidências do ISS, respectivamente, sobre as operações de arrendamento mercantil e sobre aquelas das empresas de planos privados de assistência à saúde. 9. O enquadramento feito pelo Tribunal local de determinadas atividades em itens da lista anexa ao DL 406/1968 não pode ser revisto pelo Supremo Tribunal Federal. Eventual violação da Constituição Federal apresenta-se como ofensa reflexa e a análise do recurso extraordinário demanda a revaloração das provas produzidas no processo. 10. Recurso extraordinário interposto contra o acórdão proferido pelo Superior Tribunal de Justiça não conhecido. Recurso extraordinário contra o acórdão do Tribunal de Justiça de Alagoas parcialmente conhecido e, no mérito, não provido. 11. Tese de repercussão geral: "É taxativa a lista de serviços sujeitos ao ISS a que se refere o art. 156, III, da Constituição Federal, admitindo-se, contudo, a incidência do tributo sobre as atividades inerentes aos serviços elencados em lei em razão da interpretação extensiva" (RE 784.439, Tema 296, Rel. Min. Rosa Weber, j. 29.06.2020).

• "Recurso extraordinário. Repercussão geral. Direito tributário. Imposto Sobre Serviços de Qualquer Natureza – ISSQN. Base de cálculo. Lei complementar nacional. Sociedade de profissionais. Advogados. Competência tributária de município. Regime de tributação fixa. Natureza do serviço. Remuneração do labor. Decreto-lei n. 405/1968. Recepção. Lei Complementar n. 7/1973 do Município de Porto Alegre. Conflito legislativo. Isonomia tributária. 1. A jurisprudência do STF se firmou no sentido da recepção do Decreto-lei n. 406/1968 pela ordem constitucional vigente com *status* de lei complementar nacional, assim como pela compatibilidade material da prevalência do cálculo do imposto por meio de alíquotas fixas, com base na natureza do serviço, não compreendendo a importância paga a título de remuneração do próprio labor. Precedente: RE 220.323, de relatoria do Ministro Carlos Velloso, Tribunal Pleno, *DJ* 18.05.2001. 2. É inconstitucional lei municipal que disponha de modo divergente ao DL 406/1968 sobre base de cálculo do ISSQN, por ofensa direta ao art. 146, III, *a*, da Constituição da República. 3. Reduziu-se o âmbito de incidência e contrariou-se o comando da norma prevista no art. 9.º, §§ 1.º e 3.º, do Decreto-lei n. 406/1968, por meio do Código Tributário porto-alegrense. Logo, há inconstitucionalidade formal em razão da inadequação de instrumento legislativo editado por ente federativo incompetente, nos termos do art. 146, III, a, do Texto Constitucional. 4. Fixação de Tese jurídica ao Tema 918 da sistemática da repercussão geral: 'É inconstitucional lei municipal que estabelece impeditivos à submissão de sociedades profissionais de advogados ao regime de tributação fixa em bases anuais na forma estabelecida por lei nacional'. 5. Recurso extraordinário a que dá provimento, com a declaração incidental de inconstitucionalidade dos arts. 20, § 4.º, II, da Lei Complementar n. 7/1973, e 49, IV, §§ 3.º e 4.º, do Decreto n. 15.416/2006, ambos editados pelo Município de Porto Alegre" (RE 940.769/RS, Tema 918, Rel. Min. Edson Fachin, j. 23.04.2019).

• "Recurso extraordinário. Constitucional. Tributário. ISSQN. Art. 156, III, CRFB/1988. Conceito constitucional de serviços de qualquer natureza. Artigos 109 e 110 do CTN. As Operadoras de Planos Privados de Assistência à Saúde (Plano de Saúde e Seguro-Saúde) realizam prestação de serviço sujeita ao Imposto Sobre Serviços de Qualquer Natureza – ISSQN, previsto no art. 156, III, da CRFB/1988. 1. O ISSQN incide nas atividades realizadas pelas Operadoras de Planos Privados de Assistência à Saúde (Plano de Saúde e Seguro-Saúde). 2. A coexistência de conceitos jurídicos e extrajurídicos passíveis de recondução a um mesmo termo ou expressão, onde se requer a definição de qual conceito prevalece, se o jurídico ou o extrajurídico, impõe não deva ser excluída, *a priori*, a possibilidade de o Direito Tributário ter conceitos implícitos próprios ou mesmo fazer remissão, de forma tácita, a conceitos diversos daqueles constantes na legislação infraconstitucional, mormente quando se trata de interpretação do texto constitucional. 3. O Direito Constitucional Tributário adota conceitos próprios, razão pela qual não há um primado do Direito Privado. 4. O art. 110 do CTN não veicula norma de interpretação constitucional, posto inadmissível interpretação autêntica da Constituição encartada com exclusividade pelo legislador infraconstitucional. 5. O conceito de prestação de 'serviços de qualquer natureza' e seu alcance no texto constitucional não é condicionado de forma imutável pela legislação ordinária, tanto mais que, de outra forma, seria necessário concluir pela possibilidade de estabilização com força constitucional da legislação infraconstitucional, de modo a gerar confusão entre os planos normativos. 6. O texto constitucional, ao empregar o signo 'serviço', que, *a priori*, conota um conceito específico na legislação infraconstitucional, não inibe a exegese constitucional que conjura o conceito de Direito Privado. 7. A exegese da Constituição configura a limitação hermenêutica dos arts. 109 e 110 do Código Tributário Nacional, por isso que, ainda que a contraposição entre obrigações de dar e de fazer, para fins de dirimir o conflito de competência entre o ISS e o ICMS, seja utilizada no âmbito do Direito Tributário, à luz do que dispõem os artigos 109 e 110 do CTN, novos critérios de interpretação têm progressivamente ampliado o seu espaço, permitindo uma releitura do papel conferido aos supracitados dispositivos. 8. A doutrina do tema, ao analisar os artigos 109 e 110, aponta que o CTN, que tem *status* de lei complementar, não pode estabelecer normas sobre a interpretação da Constituição, sob pena de restar vulnerado o princípio da sua supremacia constitucional. 9. A Constituição, posto carente de conceitos verdadeiramente constitucionais, admite a fórmula diversa da interpretação da Constituição conforme a lei, o que significa que os conceitos constitucionais não são necessariamente aqueles assimilados na lei ordinária. 10. A Constituição Tributária deve ser interpretada de acordo com o pluralismo metodológico, abrindo-se para a interpretação segundo variados métodos, que vão desde o literal até o sistemático e teleológico, sendo certo que os conceitos constitucionais tributários não são fechados e unívocos, devendo-se recorrer também aos aportes de ciências afins para a sua interpretação, como a Ciência das Finanças, Economia e Contabilidade. 11. A interpretação isolada do art. 110 do CTN conduz à prevalência do método literal, dando aos conceitos de Direito Privado a primazia hermenêutica na ordem jurídica, o que resta inconcebível. Consequentemente, deve-se promover a interpretação conjugada dos artigos 109 e 110 do CTN, avultando o método sistemático quando estiverem em jogo institutos e conceitos utilizados pela Constituição, e, de outro, o método teleológico quando não haja a constitucionalização dos conceitos. 12. A unidade do ordenamento jurídico é conferida pela própria Constituição, por interpretação sistemática e axiológica, entre outros valores e princípios relevantes do ordenamento jurídico. 13. Os tributos sobre o consumo, ou tributos sobre o valor agregado, de que são exemplos o ISSQN e o ICMS, assimilam considerações econômicas, porquanto baseados em conceitos elaborados pelo próprio Direito Tributário ou em conceitos tecnológicos, caracterizados por grande fluidez e mutação quanto à sua natureza jurídica. 14. O critério econômico não se confunde com a vetusta teoria da interpretação econômica do fato gerador, consagrada no Código Tributário alemão de 1919, rechaçada pela doutrina e jurisprudência, mas antes em reconhecimento da interação entre o Direito e a Economia, em substituição ao formalismo jurídico, a permitir a incidência do Princípio da Capacidade Contributiva. 15. A classificação das obrigações em 'obrigação de dar', de 'fazer' e 'não fazer', tem cunho eminentemente civilista, como se observa das disposições no Título 'Das Modalidades das Obrigações', no Código Civil de 2002 (que seguiu a classificação do Código Civil de 1916), em: *(i)* obrigação de dar (coisa certa ou incerta) (arts. 233 a 246, CC); *(ii)* obrigação de fazer (arts. 247 a 249, CC); e *(iii)* obrigação de não fazer (arts. 250 e 251, CC), não é a mais apropriada para o enquadramento dos produtos e serviços resultantes da atividade econômica, pelo que deve ser apreciada *cum grano salis*. 16. A Suprema Corte, ao permitir a incidência do ISSQN nas operações de *leasing* financeiro e *leaseback* (RREE 547.245 e 592.205), admitiu uma interpretação mais ampla do texto constitucional quanto ao conceito de 'serviços' desvinculado do conceito de 'obrigação de fazer' (RE 116.121), *verbis*: 'Ementa: Recurso extraordinário. Direito tributário. ISS. Arrendamento mercantil. Operação de *leasing* financeiro. Artigo 156, III, da Constituição do Brasil. O arrendamento mercantil compreende três modalidades, *(i)* o *leasing* operacional, *(ii)* o *leasing* financeiro e *(iii)* o chamado *leaseback*. No primeiro caso há locação, nos outros dois, serviço. A lei complementar não define o que é serviço, apenas o declara, para os fins do inciso III do artigo 156 da Constituição. Não o inventa, simplesmente descobre o que é serviço para os efeitos do inciso III do artigo 156 da Constituição. No arrendamento mercantil (*leasing* financeiro), contrato autônomo que não é misto, o núcleo é o financiamento, não uma prestação de dar. E financiamento é serviço, sobre o qual o ISS pode incidir, resultando irrelevante a existência de uma compra nas hipóteses do *leasing* financeiro e do *leaseback*. Recurso extraordinário a que se nega provimento' (grifo nosso) (RE 592905, Rel. Min. Eros Grau, Tribunal Pleno, julgado em 02.12.2009). 17. A lei complementar a que se refere o art. 156, III, da CRFB/1988, ao definir os serviços de qualquer natureza a serem tributados pelo ISS a) arrola serviços por natureza; b) inclui serviços que, não exprimindo a natureza de outro tipo de atividade, passam à categoria de serviços, para fim de incidência do tributo, por força de lei, visto que, se assim não considerados, restariam incólumes a qualquer tributo; e c) em caso de operações mistas, afirma a prevalência do serviço, para fim de tributação pelo ISS. 18. O artigo 156, III, da CRFB/1988, ao referir-se a serviços de qualquer natureza, não os adstringiu às típicas obrigações de fazer, já que raciocínio adverso conduziria à afirmação de que haveria serviço apenas nas prestações de fazer, nos termos do que define o Direito Privado, o que contrasta com a maior amplitude semântica do termo adotado pela Constituição, a qual inevitavelmente leva à ampliação da competência tributária na incidência do ISSQN. 19. A regra do art. 146, III, *a*, combinado com o art. 146, I, CRFB/1988, remete à lei complementar a função de definir o conceito 'de serviços de qualquer natureza', o que é efetuado pela LC n. 116/2003. 20. A classificação (obrigação de dar e obrigação de fazer) escapa à *ratio* que o legislador constitucional pretendeu alcançar, ao elencar os serviços no texto constitucional tributáveis pelos impostos (*v.g.*, serviços de comunicação – tributáveis pelo ICMS, art. 155, II, CRFB/1988; serviços financeiros e securitários – tributáveis pelo IOF, art. 153, V, CRFB/1988; e, residualmente, os demais serviços de qualquer natureza – tributáveis pelo ISSQN, art. 156. III, CRFB/1988), qual seja, a de captar todas as atividades empresariais cujos produtos fossem serviços sujeitos a remuneração no mercado. 21. Sob este ângulo, o conceito de prestação de serviços não tem por premissa a configuração dada pelo Direito Civil, mas relacionado ao oferecimento de uma utilidade para outrem, a partir de um conjunto de atividades materiais ou imateriais, prestadas com habitualidade e intuito de lucro, podendo estar conjugada ou não com a entrega de bens ao tomador. 22. A LC n. 116/2003 imbricada ao *thema decidendum* traz consigo lista anexa que estabelece os serviços tributáveis pelo ISSQN, dentre eles, o objeto da presente ação, que se encontra nos itens 4.22 e 4.23, *verbis*: 'Art. 1.º O Imposto Sobre Serviços de Qualquer Natureza, de competência dos Municípios e do Distrito Federal, tem como fato gerador a prestação de serviços constantes da lista anexa, ainda que esses não se constituam como atividade preponderante do prestador. [...] 4.22 – Planos de medicina de grupo ou individual e convênios para prestação de assistência médica, hospitalar, odontológica e congêneres. 4.23 – Outros planos de saúde que se cumpram através de serviços de terceiros contratados, credenciados, cooperados ou apenas pagos pelo operador do plano mediante indicação do beneficiário'. 23. A exegese histórica revela que a legislação pretérita (Decreto-lei n. 406/1968) que estabelecia as normas gerais aplicáveis aos impostos sobre operações relativas à circulação de mercadorias e sobre serviços de qualquer natureza já trazia regulamentação sobre o tema, com o escopo de alcançar estas atividades. 24. A LC n. 116/2003 teve por objetivo ampliar o campo de incidência do ISSQN, principalmente no sentido de adaptar a sua anexa lista de serviços à realidade atual, relacionando numerosas atividades que não constavam dos atos legais antecedentes. 25. A base de cálculo do ISSQN incidente tão somente sobre a comissão, vale dizer: a receita auferida sobre a diferença entre o valor recebido pelo contratante e o que é repassado para os terceiros prestadores dos serviços, conforme assentado em sede jurisprudencial. 27. *Ex positis*, em sede de Repercussão Geral a tese jurídica assentada é: 'As operadoras de planos de saúde e de seguro-saúde realizam prestação de serviço sujeita ao Imposto Sobre Serviços de Qualquer Natureza – ISSQN, previsto no art. 156, III, da CRFB/1988'. 28. Recurso extraordinário desprovido" (RE 651.703/PR, Tema 581, Rel. Min. Luiz Fux, j. 29.09.2016).

• "ISS. Arrendamento mercantil. Operação de leasing financeiro. Artigo 156, III, da Constituição do Brasil. O arrendamento mercantil compreende três modalidades, *(i)* o *leasing* operacional, *(ii)* o *leasing* financeiro e *(iii)* o chamado *leaseback*. No primeiro caso há locação, nos outros dois, serviço. A lei complementar não define o que é serviço, apenas o declara, para os fins do inciso III do art. 156 da Constituição. Não o inventa, simplesmente descobre o que é serviço para os efeitos do inciso III do art. 156 da Constituição. No arrendamento mercantil (*leasing* financeiro), contrato autônomo que não é misto, o núcleo é o financiamento, não uma prestação de dar. E financiamento é serviço, sobre o qual o ISS pode incidir, resultando irrelevante a existência de uma compra nas hipóteses do *leasing* financeiro e do *leaseback*. Recurso extraordinário a que se nega provimento" (RE 592.905/SC, Tema 125, Rel. Min. Eros Grau, j. 02.12.2009).

Tese: "É constitucional a incidência do Imposto sobre Serviços de Qualquer Natureza – ISS sobre as operações de arrendamento mercantil (*leasing* financeiro)".

• "ISS. Cartórios. Itens 21 e 21.1. da lista anexa à Lei Complementar n. 116/2003. Incidência do Imposto Sobre Serviços de Qualquer Natureza – ISSQN sobre serviços de registros públicos, cartorários e notariais. Constitucionalidade. Ação direta de inconstitucionalidade ajuizada contra os itens 21 e 21.1 da Lista Anexa à Lei Complementar n. 116/2003, que permitem a tributação dos serviços de registros públicos, cartorários e notariais pelo Imposto sobre Serviços de Qualquer Natureza – ISSQN. Alegada violação dos arts. 145, II, 156, III, e 236, *caput*, da Constituição, porquanto a matriz constitucional do Imposto Sobre Serviços de Qualquer Natureza permitiria a incidência do tributo tão somente sobre a prestação de serviços de índole privada. Ademais, a tributação da prestação dos serviços notariais também ofenderia o art. 150, VI, *a* e §§ 2.º e 3.º, da Constituição, na medida em que tais serviços públicos são imunes à tributação recíproca pelos entes federados. As pessoas que exercem atividade notarial não são imunes à tributação, porquanto a circunstância de desenvolverem os respectivos serviços com intuito lucrativo invoca a exceção prevista no art. 150, § 3.º, da Constituição. O recebimento de remuneração pela prestação dos serviços confirma, ainda, capacidade contributiva. A imunidade recíproca é uma garantia ou prerrogativa imediata de entidades políticas federativas, e não de particulares que executem, com inequívoco intuito lucrativo, serviços públicos mediante concessão ou delegação, devidamente remunerados. Não há diferenciação que justifique a tributação dos serviços públicos concedidos e a não tributação das atividades delegadas. Ação direta de inconstitucionalidade conhecida, mas julgada improcedente" (ADI 3.089/DF Rel. Min. Joaquim Barbosa, j. 13.02.2008).

STJ

• Súmula n. 163: "O fornecimento de mercadorias com a simultânea prestação de serviços em bares, restaurantes e estabelecimentos similares constitui fato gerador do ICMS a incidir sobre o valor total da operação".

• "Tributário. ISSQN. Serviços postais. Tributo indireto. Repetição de indébito. Preço regulado. Ausência do repasse do encargo financeiro do tributo. Prova. Ônus do contribuinte. 1. Segundo a jurisprudência desta Corte Superior, 'o ISS é espécie tributária que admite a sua dicotomização como tributo direto ou indireto, consoante o caso concreto' (REsp n. 1.131.476/RS, relator Ministro Luiz Fux, Primeira Seção, julgado em 9/12/2009, *DJe* de 1/2/2010). 2. Por ocasião do julgamento dos EREsp n. 1.191.469/AM, a Primeira Seção, ao examinar processo em que se discutia pedido de repetição de indébito de ICMS sobre a venda de passagens aéreas, admitiu a possibilidade de existência de repasse econômico de imposto incidente sobre prestação de serviço sujeito a controle de preços, a depender da cesta de custos que formaram a sua composição. 3. O fato de a atividade econômica ser remunerada por preço controlado pelo governo não é suficiente para afastar a natureza indireta do ISS, pelo que cabe ao contribuinte demonstrar a condição estabelecida no art. 166 do CTN (ausência de repasse econômico da exação ou autorização do contribuinte de fato) para a postulação à repetição de indébito. 4. Se, por um lado, não é justo cobrar tributo de pessoa imune, por outro também não é legítimo devolver ao contribuinte de direito valor que não foi efetivamente suportado por ele, mas pelo consumidor, nesse sentido devendo ser interpretada a regra do art. 166 do CTN, de coibir eventual enriquecimento indevido a custa do erário. 5. Recurso especial parcialmente provido" (REsp 2.073.516/SP, 1ª T., Rel. Min. Gurgel de Faria, j. 12.11.2024).

- "Tributário. Imposto sobre Serviços de Qualquer Natureza – ISSQN. Armazenagem em terminal portuário alfandegado. Incidência. 1. 'O Imposto sobre Serviços de Qualquer Natureza [...] tem como fato gerador a prestação de serviços constantes da lista anexa, ainda que esses não se constituam como atividade preponderante do prestador' (art. 1.º da LC n. 116/2003). 2. O subitem 20.01 da referida lista elenca expressamente a prestação de serviços portuários, especificando, entre eles, os de armazenagem de qualquer natureza. 3. Para o adequado desempenho da atividade de armazenamento em instalação portuária alfandegada, a empresa autorizada para explorar o terminal portuário (art. 4.º, § 2.º, II, *b*, da Lei n. 8.630/1993 e Portaria RFB n. 3.518/2011) deve organizar as cargas recebidas em razão de sua natureza, conservar o seu estado em conformidade com os cuidados que elas exigem e guardar as mesmas sob sua vigilância, controlando por meio de monitoramento obrigatório o acesso de pessoas à área destinada para essa finalidade, sendo certo que todas essas ações encerram o cumprimento de obrigações de fazer, estando, assim, bem caracterizada a prestação de serviço tributável pelo imposto municipal. 4. Essa espécie de armazenamento não se confunde com instituto da locação, pois não há transferência da posse direta da área alfandegada ao importador/exportador, para que esse a utilize por sua conta e risco, sendo certo que a área alfandegada segregada para fins de armazenamento é de acesso restrito, o que impede a cessão de seu espaço físico, competindo exclusivamente ao terminal portuário o manejo dos contêineres recebidos. 5. A distinção entre esses negócios jurídicos também se dá no campo da responsabilidade civil: na locação de espaço físico, ainda que cedido com instalações próprias para o uso almejado, eventuais danos em razão do exercício da posse direta devem ser suportados pelo próprio locatário que lhe deu causa; já no armazenamento em questão, salvo os casos de força maior, caberá à empresa que explora o terminal portuário o dever de indenizar os prejuízos causados aos proprietários por falha na prestação do serviço de armazenagem. 6. Hipótese em que o acórdão recorrido deve ser reformado, porquanto afastou a incidência do ISS mediante indevida equiparação dessa atividade de armazenamento com a locação de bem móvel (cessão de espaço físico). 7. Recurso especial provido" (1.ª T., REsp 1.805.317/AM, Rel. Min. Gurgel de Faria, j. 09.02.2021).

- "ISS. Locação de bens móveis. Súmula Vinculante n. 31/STF. Contrato de locação conjugado com prestação de serviço de assistência técnica. 1. Segundo a Súmula Vinculante n. 31 STF, 'é inconstitucional a incidência do ISS sobre operações de locação de bens móveis'. 2. É válida a tributação de ISS sobre os serviços de manutenção e de assistência técnica, em razão de expressa previsão na lista anexa à Lei Complementar n. 116/2003 (item que 14.02 – 'assistência técnica'). 3. O STF ainda não tratou definitivamente da questão envolvendo a conjugação de locação bem móvel e serviços acessórios, como a prestação de assistência técnica. 4. A existência de prestação de serviço de assistência técnica, em caráter acessório ao contrato de locação de bem móvel, não justifica a incidência do ISS sobre o valor total da operação, sob pena de ofensa à Súmula Vinculante n. 31/STF. 5. Recurso especial provido" (2.ª T., REsp 1.194.999/RJ, Rel. Min. Eliana Calmon, j. 26.08.2010).

- "Tributário. Delimitação da competência tributária entre Estados e Municípios. ICMS e ISSQN. Critérios. Serviços de composição gráfica. Súmula n. 156 do STJ. 1. Segundo decorre do sistema normativo específico (arts. 155, II, § 2.º, IX, *b*, e 156, III, da CF, art. 2.º, IV, da LC n. 87/1996 e art. 1.º, § 2.º, da LC n. 116/2003), a delimitação dos campos de competência tributária entre Estados e Municípios, relativamente à incidência de ICMS e de ISSQN, está submetida aos seguintes critérios: (a) sobre operações de circulação de mercadoria e sobre serviços de transporte interestadual e internacional e de comunicações incide ICMS; (b) sobre operações de prestação de serviços compreendidos na lista de que trata a LC n. 116/2003 (que sucedeu ao Dec.-lei n. 406/1968), incide ISSQN; e (c) sobre operações mistas, assim entendidas as que agregam mercadorias e serviços, incide o ISSQN sempre que o serviço agregado estiver compreendido na lista de que trata a LC n. 116/2003 e incide ICMS sempre que o serviço agregado não estiver previsto na referida lista. 2. As operações de composição gráfica, como no caso de impressos personalizados e sob encomenda, são de natureza mista, sendo que os serviços a elas agregados estão incluídos na Lista Anexa ao Dec.-lei n. 406/1968 (item 77) e à LC n. 116/2003 (item 13.05). Consequentemente, tais operações estão sujeitas à incidência de ISSQN (e não de ICMS), Confirma-se o entendimento da Súmula n. 156/STJ: 'A prestação de serviço de composição gráfica, personalizada e sob encomenda, ainda que envolva fornecimento de mercadorias, está sujeita, apenas, ao ISS'. Precedentes de ambas as Turmas da 1.ª Seção. 3. Recurso especial provido. Recurso sujeito ao regime do art. 543-C do CPC e da Resolução STJ 08/2008" (REsp 1.092.206/SP, Tema Repetitivo 91, Rel. Min. Teori Albino Zavascki, j.11.03.2009).

Tese Jurídica: "As operações de composição gráfica, como no caso de impressos personalizados e sob encomenda, são de natureza mista, sendo que os serviços a elas agregados estão incluídos na Lista Anexa ao Decreto-lei n. 406/1968 (item 77) e à LC n. 116/03 (item 13.05). Consequentemente, tais operações estão sujeitas à incidência de ISSQN (e não de ICMS). Confirma-se o entendimento da Súmula n. 156/STJ: 'A prestação de serviço de composição gráfica, personalizada e sob encomenda, ainda que envolva fornecimento de mercadorias, está sujeita, apenas, ao ISS".

Capítulo V
Impostos Especiais

Seção I
*Imposto sobre Operações Relativas a Combustíveis, Lubrificantes,
Energia Elétrica e Minerais do País* **(1 e 2)**

Art. 74. O imposto, de competência da União, sobre operações relativas a combustíveis, lubrificantes, energia elétrica e minerais do País tem como fato gerador:

I – a produção, como definida no art. 46 e seu parágrafo único;

II – a importação, como definida no art. 19;

III – a circulação, como definida no art. 52;

IV – a distribuição, assim entendida a colocação do produto no estabelecimento consumidor ou em local de venda ao público;

V – o consumo, assim entendida a venda do produto ao público.

§ 1.º Para os efeitos deste imposto, a energia elétrica considera-se produto industrializado.

§ 2.º O imposto incide, uma só vez sobre uma das operações previstas em cada inciso deste artigo, como dispuser a lei, e exclui quaisquer outros tributos, sejam quais forem sua natureza ou competência, incidentes sobre aquelas operações.

Art. 75. A lei observará o disposto neste Título relativamente:

I – ao imposto sobre produtos industrializados, quando a incidência seja sobre a produção ou sobre o consumo;

II – ao imposto sobre a importação, quando a incidência seja sobre essa operação;

III – ao imposto sobre operações relativas à circulação de mercadorias, quando a incidência seja sobre a distribuição.

COMENTÁRIOS

1. *Moldura constitucional.* Art. 155. "Compete aos Estados e ao Distrito Federal instituir impostos sobre: [...] II – operações relativas à circulação de mercadorias e sobre prestações de serviços de transporte interestadual e intermunicipal e de comunicação, ainda que as operações e as prestações se iniciem no exterior; [...] § 3.º À exceção dos impostos de que tratam o inciso II do *caput* deste artigo e o art. 153, I e II, nenhum outro imposto poderá incidir sobre operações relativas a energia elétrica, serviços de telecomunicações, derivados de petróleo, combustíveis e minerais do País."[27]

2. *Imposto único.* Os dispositivos referem-se ao então denominado "imposto único", imposto federal não recepcionado pela Constituição de 1988, porquanto a tributação das operações sobre energia elétrica, serviços de telecomunicações, combustíveis e minerais passou a ser de competência dos Estados e do Distrito Federal, mediante o ICMS, consoante o disposto no art. 155, § 3.º, CR.[28]

> *Seção II*
> *Impostos Extraordinários*
>
> **Art. 76.** Na iminência ou no caso de guerra externa, a União pode instituir, temporariamente, impostos extraordinários compreendidos ou não entre os referidos nesta Lei, suprimidos, gradativamente, no prazo máximo de cinco anos, contados da celebração da paz **(1 e 2)**.

 COMENTÁRIOS

1. *Moldura constitucional.* Art. 150. "Sem prejuízo de outras garantias asseguradas ao contribuinte, é vedado à União, aos Estados, ao Distrito Federal e aos Municípios: [...] III – cobrar tributos: [...] b) no mesmo exercício financeiro em que haja sido publicada a lei que os instituiu ou aumentou; c) antes de decorridos noventa dias da data em que haja sido publicada a lei que os instituiu ou aumentou; [...] § 1.º A vedação do inciso III, *b*, não se aplica aos tributos previstos nos arts. 148, I, 153, I, II, IV e V; e 154, II; e a vedação do inciso III, *c*, não se aplica aos tributos previstos nos arts. 148, I, 153, I, II, III e V; e 154, II, nem à fixação da base de cálculo dos impostos previstos nos arts. 155, III, e 156, I; [...]. Art. 154. A União poderá instituir: [...] II – na iminência ou no caso de guerra externa, impostos extraordinários, compreendidos ou não em sua competência tributária, os quais serão suprimidos, gradativamente, cessadas as causas de sua instituição."

---

[27]   V. redação dada pela EC n. 132/2023.

[28]   V. art. 156-A, incluído pela EC n. 132/2023.

2. Dispositivo parcialmente não recepcionado pela Constituição de 1988. A Constituição vigente não prevê prazo máximo para a exigência de tais impostos e, assim, essa limitação temporal foi revogada. Assinale-se que, em razão de seu caráter excepcional, tais impostos ostentam regime jurídico peculiar, não se submetendo à observância dos princípios da anterioridade genérica e da anterioridade especial (art. 150, § 1.º, CR).

TÍTULO IV
Taxas

Art. 77. As taxas cobradas pela União, pelos Estados, pelo Distrito Federal ou pelos Municípios, no âmbito de suas respectivas atribuições, têm como fato gerador o exercício regular do poder de polícia, ou a utilização, efetiva ou potencial, de serviço público específico e divisível, prestado ao contribuinte ou posto à sua disposição.

Parágrafo único. A taxa não pode ter base de cálculo ou fato gerador idênticos aos que correspondam a imposto nem ser calculada em função do capital das empresas. **(1 a 4.5.2)**

* Parágrafo único com redação determinada pelo Ato Complementar n. 34/1967.

 COMENTÁRIOS

1. *Moldura constitucional.* Art. 145. "A União, os Estados, o Distrito Federal e os Municípios poderão instituir os seguintes tributos: [...] II – taxas, em razão do exercício do poder de polícia ou pela utilização, efetiva ou potencial, de serviços públicos específicos e divisíveis, prestados ao contribuinte ou postos a sua disposição; [...]. § 2.º As taxas não poderão ter base de cálculo própria de impostos."

2. *Dispositivos relacionados:* arts. 78 e 79, CTN.

3. *Taxa. Considerações gerais.* É o tributo vinculado a uma atuação estatal diretamente referida ao sujeito passivo, consistente no exercício da atividade de *polícia administrativa* ou na *prestação de serviço público específico e divisível, utilizado ou colocado à disposição*. Orientada pelo princípio da *retributividade*, a taxa ostenta, assim, caráter contraprestacional.

4. *Hipóteses de incidência.* Os aspectos do antecedente das hipóteses de incidência das taxas são os seguintes.

4.1. *Aspecto material.* A Constituição da República, secundada pelo CTN, ostenta duas materialidades para as taxas: *(i)* o exercício de atividade de polícia administrativa; e *(ii)* a prestação de serviço público, específico e divisível, nos termos apontados. Para a correta compreensão dessa dupla materialidade, serão analisados adiante os correspondentes conceitos próprios do Direito Administrativo. V. comentários aos arts. 78 e 79, CTN.

4.2. *Aspecto espacial ou territorial.* Corresponde ao local onde se considera ocorrida a prestação ou colocação à disposição o serviço público específico e divisível ou exercida a atividade de polícia administrativa.

4.3. *Aspecto temporal.* Reporta-se ao momento no qual se considera nascida a obrigação de pagar a taxa: o da realização ou colocação à disposição do serviço público específico e divisível, bem como o da realização da atividade de polícia administrativa.

4.4. *Consequente da hipótese de incidência. Aspecto pessoal.* V. comentários ao art. 80, CTN.

4.5. *Consequente da hipótese de incidência. Aspecto quantitativo.* O CTN não explicita as bases de cálculo, nem as alíquotas das taxas, cabendo à lei da pessoa política competente fazê-lo. A norma contida no parágrafo único desse artigo limita-se a reproduzir parcialmente o disposto no art. 145, § 2.º, CR, que expressa que a taxa não poderá ter base de cálculo própria de imposto, agregando, didaticamente, que o capital das empresas também não se presta a ser base de cálculo de taxa. Assim, estampa o critério distintivo entre imposto e taxa, espécies tributárias inconfundíveis: enquanto o primeiro consiste em *tributo não vinculado a uma atuação estatal*, esta se revela, necessariamente, *tributo vinculado a um comportamento do Poder Público*, seja a atividade de polícia administrativa, seja a prestação de serviço público, específico e divisível, nos termos expostos.

4.5.1. *Bases de cálculo.* A base de cálculo da taxa há de corresponder, logicamente, à atividade estatal a que remete. Assim, tratando-se de taxa de polícia, a base de cálculo reporta-se ao *custo da atividade de polícia administrativa* a que se refira. No caso de taxa de serviço, a base de cálculo tem que guardar pertinência com o *custo do serviço*, específico e divisível, prestado ao sujeito passivo ou colocado à sua disposição.

4.5.2. *Alíquotas.* Alíquota, nas taxas, "é o critério legal de repartição, pelos administrados, do custo dos serviços públicos, ou do custo da atividade administrativa condicional do exercício do poder de polícia" (cf. Geraldo Ataliba, *Hipótese de incidência tributária*). Diversamente dos impostos, que contam com um regramento mais rígido no que tange às alíquotas, as taxas podem apresentar alíquotas *fixa, proporcional, progressiva* ou *regressiva*. A modalidade mais usual é a da taxa com alíquota *fixa*. Se questionável a constitucionalidade da instituição de *impostos* com alíquotas fixas, em razão do teor do *princípio da capacidade contributiva* (art. 145, § 1.º, CR), legítima, por outro lado, a instituição de *taxas fixas*, exatamente porque tais tributos não se sujeitam à observância de tal princípio. Várias taxas não têm alíquota, dispensando a lei essa técnica e estabelecendo o *quantum* devido, antecipadamente (*e.g.* expedição de certidões etc.) (cf. Geraldo Ataliba, *Hipótese de incidência tributária*). É o *princípio da praticabilidade* que autoriza a instituição de taxas fixas, à vista de óbices operacionais que tornariam muito difícil ou mesmo impossível sua exigência se não fosse desse modo. Ilustre-se com a taxa judiciária e as custas judiciais, estabelecidas em valor fixo, em função do valor da causa. Impõe-se, de todo modo, a observância da correspondência entre o seu valor e o custo da atuação estatal a que se refere – serviço público ou atividade de polícia administrativa.

 ## SUGESTÕES DOUTRINÁRIAS

TAXAS

Roberto Ferraz, *Taxa: instrumento de sustentabilidade*, Quartier Latin; Régis Fernandes de Oliveira, *Taxas de polícia*, RT; Luiz Alberto Pereira Filho, *Taxas e preços*, Juruá; Regina Helena Costa, *Praticabilidade e justiça tributária: exequibilidade de lei tributária e direitos do contribuinte*, Malheiros.

 ## JURISPRUDÊNCIA ILUSTRATIVA

STF

• Súmula Vinculante n. 19: "A taxa cobrada exclusivamente em razão dos serviços públicos de coleta, remoção e tratamento ou destinação de lixo ou resíduos provenientes de imóveis, não viola o art. 145, II, da Constituição Federal".

• Súmula n. 667: "Viola a garantia constitucional de acesso à jurisdição a taxa judiciária cobrada sem limite sobre o valor da causa".

• "Recurso extraordinário. Tributário e constitucional. Taxas. Registro de permanência de estrangeiros no país. Interpretação do art. 5.º, *caput* e incisos LXXVI e LXXVII, da CRFB/88, c/c art. 1.º da Lei federal 9.265 de 1996. 1. A jurisprudência do Supremo Tribunal Federal reconhece a natureza tributária dos emolumentos exigidos para atos de registro, no que as exações para registro de permanência de estrangeiros no país configuram-se como taxas. Nesse sentido: ADI 1378 MC, Rel. Min. Celso de Mello, Tribunal Pleno, julgado em 30/11/1995, *DJ* 30/05/1997 e ADC 5 MC, Rel. Min. Nelson Jobim, Tribunal Pleno, julgado em 17/11/1999, *DJ* 19/09/2003. 2. Acerca da condição do estrangeiro em território nacional, quando da propositura da demanda vigia em nosso ordenamento a Lei 6.815/80, conhecida como o 'Estatuto do Estrangeiro'. Dita norma foi complemente revogada pela Lei 13.445/2017, atualmente conhecida como 'Lei de Migração'. 3. A nova Lei de Migração brasileira contém, além de disposições outras, toda uma regulamentação da situação do estrangeiro em território nacional, incorporando preceitos da Constituição de 1.988, ausentes na disciplina anterior, editada em 1980. 4. A condição jurídica do estrangeiro deve ser analisada à luz de uma classificação que considera cinco categorias de direitos: i. o direito de entrada, estada e estabelecimento; ii. os direitos públicos; iii. os direitos privados; iv. os direitos econômicos e sociais; v. os direitos políticos. (in DOLINGER, Jacob e TIBÚRCIO, Carmen. Direito Internacional Privado, 15.ª edição. Rio de Janeiro: Forense) 5. O preceito pelo qual os Estados devem garantir aos estrangeiros direitos mínimos, somente cedendo às situações que sejam exclusivas dos nacionais, é recorrente nas ordens jurídicas em geral. 6. A Convenção de Havana sobre Direitos dos Estrangeiros, de 1928, determina em seu art. 5.º a obrigação dos Estados 'concederem aos estrangeiros domiciliados ou de passagem em seu território todas as garantias individuais que concedem a seus próprios nacionais e o gozo dos direitos civis essenciais'. 7. A igualdade dos estrangeiros aos nacionais está prevista em outros diplomas internacionais, destacando-se o Pacto Internacional de Direitos Econômicos, Sociais e Culturais, aprovado em Nova York em 19 de dezembro de 1966, o Pacto Internacional de Direitos Civis e Políticos, aprovado no mesmo local e data, ambos patrocinados pela Organização das Nações Unidas, e a Convenção Americana sobre Direitos Humanos, de São José da Costa Rica, de 22 de novembro de 1969. 8. A novel legislação nacional altera o paradigma pelo qual a ordem jurídica nacional enxerga a condição do estrangeiro. De um estatuto forjado sob o viés da segurança nacional, a ser resguardada em face da pessoa do imigrante, a atual Lei de Migração volta suas lentes para uma leitura da condição jurídica do estrangeiro a partir da disciplina humanitária contida na Constituição de 1.988 9. A fortiori, a Lei 13.445/2017 contempla o pedido versado nesta demanda de maneira expressa, ao pontificar em seus arts. 4.º, XII, e 113, § 3.º, o seguinte: Art. 4.º Ao migrante é garantida no território nacional, em condição de igualdade com os nacionais, a inviolabilidade do direito à vida, à liberdade, à igualdade, à segurança e à propriedade, bem como são assegurados: [...] XII – isenção das taxas de que trata esta Lei, mediante declaração de hipossuficiência econômica, na forma de regulamento; Art. 113. As taxas e emolumentos consulares são fixados em conformidade com a tabela anexa a esta Lei. [...] § 3.º Não serão cobrados taxas e emolumentos consulares pela concessão de vistos ou para a obtenção de documentos para regularização migratória aos integrantes de grupos vulneráveis e indivíduos em condição de hipossuficiência econômica. 10. Não obstante a matéria encontrar-se solucionada por meio da superveniência legislativa, não se pode olvidar das relações jurídicas pretéritas que devem ainda ser definidas no âmbito desta causa. 11. *In casu*, o ponto nodal resume-se a saber se mesmo antes do advento da Lei 13.445/2017 o ordenamento jurídico brasileiro já comportava leitura no sentido de que ao estrangeiro hipossuficiente deveria ser garantida a imunidade tributária no pagamento de taxas para o registro de sua condição. 12. A conjugação do disposto no art. 5.º, *caput*, da CRFB com seus incisos LXXVI e LXXVII leva à conclusão de que o estrangeiro residente no Brasil encampa o aspecto subjetivo da imunidade ali preconizada. *Verbis*: Art. 5.º Todos são iguais perante a lei, sem distinção de qualquer natureza, garantindo-se aos brasileiros e aos estrangeiros residentes no País a inviolabilidade do direito à vida, à liberdade, à igualdade, à segurança e à propriedade, nos termos seguintes: LXXVI – são gratuitos para os reconhecidamente pobres, na forma da lei: a) o registro civil de nascimento; b) a certidão de óbito; LXXVII – são gratuitas as ações de 'habeas-corpus' e 'habeas-data', e, na forma da lei, os atos necessários ao exercício da cidadania. (grifamos) 13. O Supremo Tribunal Federal já teve a oportunidade de apreciar a possibilidade de concessão de benefício assistencial a estrangeiro residente no Brasil, consignando a necessidade de se garantir o tratamento isonômico entre brasileiros e estrangeiros residentes no país, no julgamento do RE 587.970, sob a sistemática da repercussão geral (Pleno, Rel. Min. Marco Aurélio, *DJ* de 22/09/17). Naquele momento consignei em meu voto: Desde logo, adianto que seguirei o voto do relator, no sentido de que a CF não estabelece qualquer distinção entre cidadãos brasileiros e estrangeiros residentes no país, para fins de acesso aos programas de assistência social. Pelo contrário, interpretação sistemática do artigo 203, inciso V, com o artigo 5.º, *caput*, da CF, conduz à conclusão de que cidadãos brasileiros e estrangeiros residentes no país gozam dos direitos fundamentais em condições de relativa igualdade. Portanto, a norma infralegal que restringiu o respectivo acesso apenas aos brasileiros (Decreto n. 6.214/2007) violou a CF, a Lei n. 8.742/93 (Lei Orgânica da Assistência Social) e a Lei n. 6.815/80 (Estatuto do Estrangeiro). 14. A gratuidade de taxas para registro do estrangeiro residente se coloca como questão prévia ao próprio requerimento de concessão do benefício assistencial, pois este último, assim como a fruição de uma série de direitos fundamentais e serviços públicos básicos, só pode ser requerido após a devida regularização migratória. *Ubi eadem ratio ibi eadem* dispositio (onde há a mesma razão de fato, deve haver o mesmo direito) 15. As imunidades tributárias representam o contraponto do exercício da competência tributária por parte dos entes federados. Situam-se na zona definida pelo constituinte como de vedação absoluta para o exercício do poder de tributar. 16. O fundamento para o estabelecimento das regras imunizantes é a proteção dos direitos fundamentais contra a incidência de tributos. (TORRES, Ricardo Lôbo. Curso de Direito Financeiro e Tributário. Renovar: Rio de Janeiro. 12.ª edição.) 17. O Texto Constitucional trouxe, de maneira farta, uma série de situações em que o exercício da competência tributária foi limitado. Para além das imunidades dos impostos, que estão previstas sistematizadamente no art. 150 da CRFB, há uma série de outras limitações estabelecidas pelo Constituinte, inclusive para outras espécies tributárias. Assim é, v.g., para as contribuições especiais (art. 149, § 2.º, I, art. 195, § 7.º). 18. No caso das taxas, a situação não é diferente. Para além da regra de imunidade objeto da presente demanda (art. 5.º, LXXVI e LXXVII), pode-se apontar também a imunidade no pagamento de custas judiciais para a propositura da ação popular (art. 5.º, LXXIII), ou mesmo para a realização do matrimônio (art. 226, § 1.º). 19. Esta Corte já se pronunciou em relação à natureza da desoneração tributária para o registro geral ou para a expedição da primeira via da cédula de identidade para os cidadãos nascidos no Brasil e para os nascidos no exterior, que sejam filhos de brasileiros, ao julgar a ADI n.º 4825 (Pleno, Rel. Min. Edson Fachin, *DJ* de 09/02/17), com fundamento no inciso LXXVII, do art. 5.º, da Constituição Federal, conjugado com o art. 1.º da Lei Federal n.º 9.265/96, assentando tratar-se de verdadeira imunidade constitucional. 20. Examinadas as regras de imunidade do art. 5.º, LXXVI e LXXVII, com olhos voltados para seu fundamento, pode-se concluir que a regra se insere nos desdobramentos do exercício da própria cidadania. 21. O estrangeiro residente no país ostenta condição subjetiva para fruição da imunidade constitucional, no que se mostram destoantes do Texto Constitucional exigências legais e infralegais que não assegurem tal condição. 22. No tocante à aplicação da capacidade contributiva a todas as espécies tributárias, o STF já teve a oportunidade de se manifestar em diversas ocasiões, a exemplo do RE 406.955-AgR, Segunda Turma, Rel. Min. Joaquim Barbosa, DJ de 20/10/11; através do Plenário no RE 598.572, Rel. Min, Edson Fachin, *DJ* de 09/08/16. 23. Em matéria de taxas, a incidência do princípio da capacidade contributiva, como corolário da justiça fiscal, não pode ser lido da mesma maneira a que se faz quanto aos impostos. 24. A pessoalidade, representada pela capacidade econômica do contribuinte, ou seja, o sentido positivo da capacidade contributiva, não permite o exame da tributação no que se refere às taxas. Ao contrário, os elementos que vão calibrar a proporcionalidade da exação são o custo do serviço ou do exercício do poder de polícia e o valor efetivamente cobrado, independentemente da situação econômica do sujeito passivo. 25. Não se quer dizer, entretanto, que inexista espaço para a verificação da capacidade econômica do sujeito passivo em matéria de taxas. Este exame resta reservado ao sentido negativo do princípio, quando o primado da Justiça Fiscal não permite que se avance sobre o patrimônio do sujeito passivo comprovadamente hipossuficiente. 26. Sob a ótica da capacidade contributiva em seu sentido negativo não se mostra condizente com o Texto Constitucional a exigência da exação em face de sujeito passivo evidentemente hipossuficiente. 27. Recurso Extraordinário provido, para reconhecer o direito à expedição dos documentos de registro de estrangeiro sem o pagamento da 'taxa de pedido de permanência', da 'taxa de registro de estrangeiro' e da 'taxa de carteira de estrangeiro primeira via' pelo recorrente. 28. Tese de Repercussão Geral: É imune ao pagamento de taxas para registro da regularização migratória o estrangeiro que demonstre sua condição de hipossuficiente, nos termos da legislação de regência" (RE 1.018.911/RR, Tema 988, Rel. Min. Luiz Fux, j. 11.11.2021).

• "Recurso extraordinário. Repercussão geral. Tributário. Princípio da legalidade. Taxa cobrada em razão do exercício do poder de polícia. Anotação de Responsabilidade Técnica (ART). Lei n. 6.994/1982. Aspecto quantitativo. Delegação a ato normativo infralegal da atribuição de fixar o valor do tributo em proporção razoável com os custos da atuação estatal. Teto prescrito em lei. Diálogo com o regulamento em termos de subordinação, de desenvolvimento e de complementaridade. Constitucionalidade. 1. Na jurisprudência atual da Corte, o princípio da reserva de lei não é absoluto. Caminha-se para uma legalidade suficiente, sendo que sua maior ou menor abertura depende da natureza e da estrutura do tributo a que se aplica. No tocante às taxas cobradas em razão do exercício do poder de polícia, por força da ausência de exauriente e minuciosa definição legal dos serviços compreendidos, admite-se o especial diálogo da lei com os regulamentos na fixação do aspecto quantitativo da regra--matriz de incidência. A lei autorizadora, em todo caso, deve ser legitimamente justificada e o diálogo com o regulamento deve-se dar em termos de subordinação, desenvolvimento e complementaridade. 2. No RE 343.446/SC, alguns critérios foram firmados para aferir a constitucionalidade da norma regulamentar: 'a) a delegação pode ser retirada daquele que a recebeu, a qualquer momento, por decisão do Congresso; b) o Congresso fixa *standards* ou padrões que limitam a ação do delegado; c) razoabilidade da delegação'. 3. A razão autorizadora da delegação dessa atribuição anexa à competência tributária está justamente na maior capacidade de a Administração Pública, por estar estreitamente ligada à atividade estatal direcionada a contribuinte, conhecer da realidade e dela extrair elementos para complementar o aspecto quantitativo da taxa, visando encontrar, com maior grau de proximidade (quando comparado com o legislador), a razoável equivalência do valor da exação com os custos que ela pretende ressarcir. 4. A taxa devida pela anotação de responsabilidade técnica, na forma do art. 2.º, parágrafo único, da Lei n. 6.994/1982, insere-se nesse contexto. Os elementos essenciais da exação podem ser encontrados nas leis de regência (Lei n. 6.496/1977 e Lei n. 6.994/1982). Foi no tocante ao aspecto quantitativo que se prescreveu o teto sob o qual o regulamento do CONFEA poderá transitar para se fixar o valor da taxa, visando otimizar a justiça comutativa. 5. As diversas resoluções editadas pelo CONFEA, sob a vigência da Lei n. 6.994/1982, parecem estar condizentes com a otimização da justiça comutativa. Em geral, esses atos normativos, utilizando-se da tributação fixa, assentam um valor fixo de taxa relativa à ART para cada classe do valor de contrato – valor empregado como um critério de incidência da exação, como elemento sintomático do maior ou do menor exercício do poder de polícia, e não como base de cálculo. 6. Não cabe ao CONFEA realizar a atualização monetária do teto de 5 MVR em questão em patamares superiores aos permitidos em lei, ainda que se constate que os custos a serem financiados pela taxa relativa à ART ultrapassam tal limite, sob pena de ofensa ao art. 150, I, da CF/1988. 7. Em suma, o art. 2.º, parágrafo único, da Lei n. 6.994/1982 estabeleceu diálogo com o regulamento em termos de subordinação (ao prescrever o teto legal da taxa referente à ART), de desenvolvimento (da justiça comutativa) e de complementaridade (ao deixar um valoroso espaço para o regulamento complementar o aspecto quantitativo da regra-matriz da taxa cobrada em razão do exercício do poder de polícia). O Poder Legislativo não está abdicando de sua competência de legislar sobre a matéria tributária. A qualquer momento, pode o Parlamento deliberar de maneira diversa, firmando novos critérios políticos ou outros paradigmas a serem observados pelo regulamento. 8. Negado provimento ao recurso extraordinário" (RE 838.284/SC, Tema 829, Rel. Min. Dias Toffoli, j. 19.10.2016).

Tese: "Não viola a legalidade tributária a lei que, prescrevendo o teto, possibilita o ato normativo infralegal fixar o valor de taxa em proporção razoável com os custos da atuação estatal, valor esse que não pode ser atualizado por ato do próprio conselho de fiscalização em percentual superior aos índices de correção monetária legalmente previstos".

• "Ação direta de inconstitucionalidade. Direito tributário. Imunidades tributárias. Taxas. Custas e emolumentos judiciais. Lei Complementar n. 156/1997 do Estado de Santa Catarina. Direito de petição. Obtenção de certidões em repartições públicas, para defesa de direitos ou esclarecimento de situações de interesse pessoal. Art. 5.º, XXXIV, b, da Constituição Federal. Nulidade parcial sem redução de texto. 1. Viola o direito de petição previsto no art. 5.º, XXXIV, b, da Constituição Federal a exigência de recolhimento de taxa para emissão de certidão em repartições públicas, para defesa de direitos e esclarecimento de situações de interesse pessoal, porquanto essa atividade estatal está abarcada por regra imunizante de natureza objetiva e política. Precedente: ADI 2.969, de relatoria do Ministro Carlos Britto, DJe 22.06.2007. 2. A imunidade refere-se tão somente a certidões solicitadas objetivando a defesa de direitos ou o esclarecimento de situação de interesse pessoal, uma vez que a expedição de certidões voltadas à prestação de informações de interesse coletivo ou geral (art. 5.º, XXXIII) não recebe o mesmo tratamento tributário na Carta Constitucional. 3. Ação direta de inconstitucionalidade a que se dá parcial procedência, para fins de declarar a nulidade do dispositivo, sem redução de texto, de toda e qualquer interpretação do item 02 da Tabela VI da Lei Complementar n. 156/1997, do Estado de Santa Catarina, a qual insira no âmbito de incidência material da hipótese de incidência da taxa em questão a atividade estatal de extração e fornecimento de certidões administrativas para defesa de direitos e esclarecimento de situações de interesse pessoal" (ADI 3.278/SC, Rel. Min. Edson Fachin, j. 03.03.2016).

STJ

• "Constitucional e tributário. Custas e emolumentos. Taxa de desarquivamento de autos findos. Portaria n. 6.431, de 13 de janeiro de 2003. Ofensa ao princípio da legalidade. Art. 150, I, da Constituição Federal. 1. A denominada 'taxa de desarquivamento de autos findos', instituída pela Portaria n. 6.431/2003 do Tribunal de Justiça do Estado de São Paulo, é exação cobrada pela 'utilização, efetiva [...] de serviços públicos específicos e divisíveis', enquadrando-se, como todas as demais espécies de custas e emolumentos judiciais e extrajudiciais, no conceito de taxa, definido no art. 145, II, da

Constituição Federal. Tratando-se de exação de natureza tributária, sua instituição está sujeita ao princípio constitucional da legalidade estrita (CF, art. 150, I). Precedente do STF. 2. Arguição de inconstitucionalidade julgada procedente" (CE, AI RMS 31.170/SP, Rel. Min. Teori Albino Zavascki, j. 18.04.2012).

> **Art. 78.** Considera-se poder de polícia a atividade da administração pública que, limitando ou disciplinando direito, interesse ou liberdade, regula a prática de ato ou abstenção de fato, em razão de interesse público concernente à segurança, à higiene, à ordem, aos costumes, à disciplina da produção e do mercado, ao exercício de atividades econômicas dependentes de concessão ou autorização do Poder Público, à tranquilidade pública ou ao respeito à propriedade e aos direitos individuais ou coletivos **(1 a 3)**.
>
> * Artigo com redação determinada pelo Ato Complementar n. 31/1966.
>
> Parágrafo único. Considera-se regular o exercício do poder de polícia quando desempenhado pelo órgão competente nos limites da lei aplicável, com observância do processo legal e, tratando-se de atividade que a lei tenha como discricionária, sem abuso ou desvio de poder.

 COMENTÁRIOS

1. Poder de polícia ou polícia administrativa. Conceito. A atividade de polícia administrativa pode ser singelamente definida como a aplicação, pela Administração Pública, das limitações constitucionais e legais impostas ao exercício de direitos individuais, em benefício do interesse público. Trata-se, portanto, de atividade de *fiscalização*, de *controle do comportamento dos particulares*, em prol do interesse público.

1.1. Regularidade do poder de polícia. O parágrafo único contém norma meramente didática, uma vez que sua ausência levaria, necessariamente, à mesma disciplina, extraída de interpretação sistemática do ordenamento jurídico. O poder de polícia, como toda atividade administrativa, somente será regular se exercido dentro dos limites legais.

2. Taxa de polícia. A taxa, instituída com fundamento no exercício da atividade de polícia administrativa, objetiva remunerar o custo dessa atividade estatal. O número de taxas passíveis de instituição por esse fundamento é elevado, uma vez que o Poder Público exerce a atividade de polícia administrativa nos mais diversos contextos – segurança, higiene, ordem pública, consumidor, meio ambiente etc. –, conforme esclarece o art. 78, CTN, cujo rol é meramente exemplificativo.

2.1. Efetividade do exercício da polícia administrativa para a instituição da taxa. Importante destacar que, após longa controvérsia judicial, firmou-se o entendimento segundo o qual é necessário o efetivo exercício do poder de polícia para que esteja autorizada a exigência da taxa correspondente. A controvérsia surgiu em razão da exigência de taxas de fiscalização por diversos Municípios e a jurisprudência do STF consolidou-se no sentido de que somente a *efetiva fiscalização* exercida pela Administração Pública sobre a atividade particular pode autorizar a exigência de taxa de polícia, mas tal efetividade é *presumida* em favor da Administração Pública (RE 216.207/MG, j. 02.03.1999, e RE 598.322/RO, j. 10.06.2017). Em nossa opinião, este último entendimento não prestigia integralmente a norma constitucional autorizadora da imposição em foco, pois somente a efetiva realização de atividade de polícia administrativa pode ensejar a exigência de taxa. A existência de aparelhamento administrativo destinado ao exercício de fiscalização, por si só, não é suficiente para dar suporte à exigência fiscal, porquanto o Direito Tributário sujeita-se ao *princípio da realidade ou da verdade material* e, assim, fiscalização não efetuada, ou mera presunção de fiscalização, não podem conduzir ao nascimento da obrigação tributária. Acresça-se, por outro lado, que a Lei Maior autoriza expressamente a aplicação de tal raciocínio tão somente com relação às taxas de serviço, ao declarar que sua instituição pode se dar pela utilização, efetiva ou *potencial*, de serviços públicos específicos e divisíveis, prestados ao contribuinte ou *postos a sua disposição*. Logo, nessa hipótese, o mero uso potencial de serviço público, desde que se cuide de serviço de oferecimento obrigatório, enseja a exação. Todavia, como não existe preceito semelhante em relação às taxas de polícia, entendemos que a simples presunção da realização de fiscalização não legitima sua exigência.

3. Exemplos de taxas de polícia. A título de ilustração, reveste a natureza de taxa de polícia a *Taxa de Controle e Fiscalização* (TCFA), cujo fato gerador é "o exercício do regular do poder de polícia conferido ao Instituto Brasileiro do Meio Ambiente e dos Recursos Naturais Renováveis – Ibama para controle e fiscalização das atividades potencialmente poluidoras e utilizadoras de recursos naturais" (art. 17-B da Lei n. 6.938/1981, na redação dada pela Lei n. 10.165/2000). Outrossim, vale registrar que as taxas de polícia atualmente exigíveis pelo Município de São Paulo são a *Taxa de Fiscalização de Estabelecimentos* (TFE), a *Taxa de Fiscalização de Anúncios* (TFA) e a *Taxa de Resíduos Sólidos de Serviços de Saúde* (TRSS) (cf. Decreto n. 58.420/2018 – Consolidação da Legislação Tributária do Município de São Paulo – arts. 408 a 503).

 JURISPRUDÊNCIA ILUSTRATIVA

STF

• "Recurso extraordinário 1. Repercussão geral reconhecida. 2. Alegação de inconstitucionalidade da taxa de renovação de localização e de funcionamento do Município de Porto Velho. 3. Suposta violação ao artigo 145, inciso II, da Constituição, ao fundamento de não existir comprovação do efetivo exercício do poder de polícia. 4. O texto constitucional diferencia as taxas decorrentes do exercício do poder de polícia daquelas de utilização de serviços específicos e divisíveis, facultando apenas a estas a prestação potencial do serviço público. 5. A regularidade do exercício do poder de polícia é imprescindível para a cobrança da taxa de localização e fiscalização. 6. À luz da jurisprudência deste Supremo Tribunal Federal, a existência do órgão administrativo não é condição para o reconhecimento da constitucionalidade da cobrança da taxa de localização e fiscalização, mas constitui um dos elementos admitidos para se inferir o efetivo exercício do poder de polícia, exigido constitucionalmente. Precedentes. 7. O Tribunal de Justiça de Rondônia assentou que o Município de Porto Velho, que criou a taxa objeto do litígio, é dotado de aparato fiscal necessário ao exercício do poder de polícia. 8. Configurada a existência de instrumentos necessários e do efetivo exercício do poder de polícia. 9. É constitucional taxa de renovação de funcionamento e localização municipal, desde que efetivo o exercício do poder de polícia, demonstrado pela existência de órgão e estrutura competentes para o respectivo exercício, tal como verificado na espécie quanto ao Município de Porto Velho/RO. 10. Recurso extraordinário ao qual se nega provimento" (RE 588.322/RO, Rel. Min. Gilmar Mendes, Tema 217, j. 16.06.2010).

Tese: "É constitucional taxa de renovação de funcionamento e localização municipal, desde que efetivo o exercício do poder de polícia, demonstrado pela existência de órgão e estrutura competentes para o respectivo exercício".

> **Art. 79.** Os serviços públicos a que se refere o art. 77 consideram-se:
>
> I – utilizados pelo contribuinte (**1 a 7.1**):
>
> *a*) efetivamente, quando por ele usufruídos a qualquer título;
>
> *b*) potencialmente, quando, sendo de utilização compulsória, sejam postos à sua disposição mediante atividade administrativa em efetivo funcionamento;
>
> II – específicos, quando possam ser destacados em unidades autônomas de intervenção, de utilidade ou de necessidades públicas;
>
> III – divisíveis, quando suscetíveis de utilização, separadamente, por parte de cada um dos seus usuários.

 ## COMENTÁRIOS

1. *Moldura constitucional.* Art. 5.º "[...] XV – é livre a locomoção no território nacional em tempo de paz, podendo qualquer pessoa, nos termos da lei, nele entrar, permanecer ou dele sair com seus bens; [...] Art. 145. A União, os Estados, o Distrito Federal e os Municípios poderão instituir os seguintes tributos: [...] II – taxas, em razão do exercício do poder de polícia ou pela utilização, efetiva ou potencial, de serviços públicos específicos e divisíveis, prestados ao contribuinte ou postos a sua disposição. [...] § 2.º As taxas não poderão ter base de cálculo própria de impostos. [...] Art. 150. Sem prejuízo de outras garantias asseguradas ao contribuinte, é vedado à União, aos Estados, ao Distrito Federal e aos Municípios: [...] V – estabelecer limitações ao tráfego de pessoas e bens, por meio de tributos interestaduais ou intermunicipais, ressalvada a cobrança de pedágio pela utilização de vias conservadas pelo Poder Público; [...]."

2. *Dispositivos relacionados:* arts. 9.º, III, e 77, CTN.

3. *Serviço público. Conceito.* Embora noção de *serviço público* seja complexa e sujeita a controvérsias doutrinárias, pode ser definida como "toda atividade de oferecimento de utilidade ou comodidade material destinada à satisfação da coletividade em geral, mas fruível singularmente pelos administrados, que o Estado assume como pertinente a seus deveres e presta por si mesmo ou por quem lhe faça as vezes, sob um regime de Direito Público – portanto, consagrador de prerrogativas de supremacia e de restrições especiais –, instituído em favor dos interesses definidos como públicos no sistema normativo" (Cf. Celso Antônio Bandeira de Mello, *Curso de direito administrativo*).

3.1. *Elementos da definição do conceito de serviço público.* Para a adequada compreensão do conceito de taxa, cabe salientar que qualquer definição do conceito de serviço público há de abrigar três elementos: o subjetivo, o formal e o material. Resumidamente, o elemento *subjetivo* significa que serviço público é sempre uma atividade de incumbência do *Estado*; o elemento *formal* diz com o regime jurídico próprio a que se sujeita tal atividade – de *direito administrativo* –, distinto, portanto, daquele aplicável aos serviços de natureza privada; e, por fim, o elemento *material*, a revelar que serviço público é sempre uma atividade de *interesse público*, jamais podendo concernir apenas ao interesse de uma ou algumas pessoas. Então, para o quanto basta à compreensão do perfil das taxas, podemos definir *serviço público* como *a atividade material de incumbência do Poder Público, sujeita a regime de direito administrativo, que visa ao atendimento de necessidade coletiva.* Desse modo, seja de *utilização efetiva* ou *potencial*, não é qualquer serviço público que pode ensejar a instituição de taxa, mas, tão somente, aquele adjetivado como *específico* e *divisível*, na precisa dicção constitucional.

3.2. Serviço público específico. O serviço público tributável mediante taxa deve ostentar dois predicados: a *especificidade* e a *divisibilidade*. Por primeiro, serviço público *específico* (*uti singuli*) é aquele que consiste em atividade estatal fruível individualmente por cada um de seus usuários. É o caso, entre outros, do serviço público de prestação jurisdicional. Contrapõe-se ao serviço público *geral* ou *genérico* (*uti universi*), no qual os administrados fruem coletivamente da atividade estatal, tais como a segurança e a iluminação públicas. Serviço público *geral*, portanto, não viabiliza a instituição de taxa, havendo de ser custeado pela receita advinda da arrecadação de impostos.

3.3. Serviço público divisível. Além de específico, o serviço público há de qualificar-se como divisível para ensejar a exigência de taxa. *Serviço divisível* é aquele que, sendo específico, possibilita a *mensuração dessa fruição individual.* Se inviável tal mensuração, descabida a exigência de taxa. Como a taxa de serviço visa remunerar o custo do serviço público prestado ou colocado à disposição do sujeito passivo, se o serviço público não apresentar tais características, não pode servir de suporte à instituição de taxa.

3.4. Utilização efetiva ou potencial. Seja de *utilização efetiva* ou *potencial*, o serviço público que pode ensejar a instituição de taxa é, tão somente, aquele adjetivado como *específico e divisível. Utilização efetiva* é expressão redundante, porquanto bastaria falar em *utilização.* Significa que o administrado *fruiu* do serviço público. Já *utilização potencial* traduz a *possibilidade de fruição,* vale dizer, o sujeito não fruiu do serviço, mas o tinha *à sua disposição,* em razão da existência de aparelhamento administrativo adequado. Observe-se que a utilização *potencial* de serviço público específico e divisível somente pode dar suporte à exigência de taxa quando se tratar de atividade de *utilização compulsória,* isto é, que deve ser obrigatoriamente colocada à disposição dos administrados. Nesse sentido, a jurisprudência do STF *(e.g.,* AgRg AI 441.038/RS, j. 04.03.2008).

4. Taxa de serviço. Visa remunerar o custo do serviço público específico e divisível prestado ou colocado à disposição do sujeito passivo. Se o serviço público não apresentar tais características, não pode ensejar a instituição de taxa: tratar-se-á de serviço público *geral,* havendo de ser custeado pela receita advinda da arrecadação de impostos. O STF, reiteradamente, proclamou a inconstitucionalidade de taxas pela prestação de serviços públicos gerais, como é o caso do serviço de iluminação pública, ensejando a edição da Súmula n. 670 e, posteriormente, a da Súmula Vinculante n. 41.

5. Taxa e preço público ou tarifa. Considerações gerais. Um dos mais antigos debates no âmbito do Direito Tributário é o cabimento de taxa ou *tarifa* – também chamada de *preço público* – para a remuneração da *prestação de serviço público.* A polêmica ensejou a edição, pelo Supremo Tribunal Federal, em 1969, da Súmula n. 545, assim enunciada: "Preços de serviços públicos e taxas não se confundem, porque estas, diferentemente daqueles, são compulsórias e têm sua cobrança condicionada à prévia autorização orçamentária, em relação à lei que as instituiu". No entanto, a edição da súmula não pôs fim à controvérsia em torno do cabimento dessas modalidades remuneratórias da prestação de serviço público.

5.1. Síntese da controvérsia. Cuida-se de definir se a prestação de serviço público específico e divisível somente pode ser remunerada mediante taxa ou se, diversamente, existe a opção de fazê-lo mediante tarifa ou preço público. A taxa, como visto, encontra seu fundamento constitucional no art. 145, II e § 2.º Já a *tarifa* é mencionada em dois preceitos: o primeiro é o art. 150, § 3.º, que afasta a aplicação da imunidade recíproca quanto "ao patrimônio, à renda e aos serviços, relacionados com exploração de atividades econômicas regidas pelas normas aplicáveis a empreendimentos privados, ou em que haja contraprestação ou pagamento de preços ou *tarifas* pelo usuário [...]" (destaque nosso); o segundo é o art. 175, parágrafo único, III, assim expresso: "Art. 175. Incumbe ao Poder Público, na forma da lei, diretamente ou sob regime de concessão ou permissão, sempre através de licitação, a prestação de serviços públicos. Parágrafo único. A lei disporá sobre: [...] III – *política tarifária*" (destaque nosso). Anote-se que a modalidade de remuneração qualificada como tarifa ou preço público pressupõe *relação contratual,* vínculo do qual não se cogita no âmbito tributário. À vista de tal quadro normativo, sustenta-se, em doutrina, que a remuneração de serviços públicos específicos e divisíveis, executados sob regime de concessão ou permissão, somente pode qualificar-se como *taxa,* em razão do regime jurídico de direito público a que se sujeitam tais atividades (Cf. Geraldo Ataliba, *Hipótese de incidência tributária,* e Roque Carrazza, *Curso de direito constitucional tributário*). A *tarifa* ou *preço público* é modalidade remuneratória da exploração de atividade econômica, efetuada sob regime de direito privado. Justifica-se, assim, a referência constitucional à *política tarifária* diante da relação existente entre o Poder Público e o terceiro prestador do serviço, e não entre o usuário e a concessionária. Entendemos que a delegação da execução de serviços públicos a particulares não é suficiente para afastar a aplicação do regime remuneratório próprio do direito público, traduzido na exigência de taxa, porquanto o regime jurídico aplicável à atividade continua sendo o de *direito administrativo,* pelo que a remuneração de sua prestação não pode ser submetida ao regime de direito privado. Em outras palavras, consistindo o serviço público em atividade estatal, a remuneração pela sua prestação somente pode estar regrada pelo mesmo regime jurídico imposto àquela, qual seja, o *regime de direito público.* Logo, a mera delegação da execução do serviço a particular não possui o condão de impor o regime jurídico próprio deste a atividade de incumbência do Poder Público. Daí o entendimento segundo o qual o ordenamento jurídico, em determinadas situações, defere a opção de que os serviços públicos específicos e divisíveis, sob regime de delegação de sua execução a particulares, possam ser remunerados por taxa ou tarifa, parece-nos equivocado. A jurisprudência, todavia, consolidou a orientação contrária (*e.g.* STF, ADI 800/RS, j. 11.06.2014). Na prática atual, porém, o que se vê são inúmeros serviços públicos prestados sob regime de concessão ou permissão remunerados mediante tarifa ou preço público, por ser assim atraente à iniciativa privada, já que, se submetida tal remuneração ao regime tributário, sabidamente mais restritivo diante da obrigatoriedade da observância de princípios como os da legalidade e anterioridade da lei tributária, as empresas, provavelmente, não se interessariam pela assunção de sua execução. Portanto, a maior parte dos serviços públicos concedidos e permitidos tem sua remuneração submetida ao regime de tarifa ou preço público, restando afastada a disciplina tributária. A exigência de taxas, presentemente, está praticamente circunscrita aos serviços públicos específicos e divisíveis prestados diretamente pelo Poder Público (*e.g.* a taxa judiciária e as taxas para a expedição de documentos, como o passaporte).

6. *Contribuição para o custeio do serviço de iluminação pública.* A Emenda Constitucional n. 39/2002 inseriu autorização para a instituição de um novo tributo: a *contribuição para o custeio do serviço de iluminação pública* (COSIP). Trata-se de figura inusitada, pois, não obstante a denominação "contribuição", não conforma seu perfil à disciplina dessa espécie tributária, como estampada no art. 149, CR. Dispõe o art. 149-A: "Os Municípios e o Distrito Federal poderão instituir contribuição, na forma das respectivas leis, para o custeio do serviço de iluminação pública, observado o disposto no art. 150, I e III. Parágrafo único. É facultada a cobrança da contribuição a que se refere o *caput,* na fatura de consumo de energia elétrica". Num breve retrospecto dos fatos que levaram à sua previsão constitucional, inconformados com a perda de arrecadação derivada do reiterado reconhecimento, pelo STF, da inconstitucionalidade de taxas instituídas para remunerar o serviço de iluminação pública, ante a ausência dos atributos da especificidade e da divisibilidade, como o exige o art. 145, II, CR (*e.g.*, RE 231.764/RJ), um dos precedentes considerados para a edição da Súmula n. 670, STF), Prefeitos de todo o País articularam a apresentação de emenda constitucional visando a introduzir a previsão de um tributo especificamente destinado a essa finalidade. Como denominá-lo de "taxa" seria, uma vez mais, incorrer em óbvia inconstitucionalidade, resolveu-se batizá-lo de "contribuição", que ganhou previsão em artigo próprio. Cremos que a hipótese consubstancia ofensa à cláusula pétrea prevista no art. 60, § 4.º, III, CR – o *princípio da separação dos poderes* –, pois, tendo proclamado o STF que o serviço de iluminação pública, por constituir serviço geral, somente pode ser custeado pela receita advinda da arrecadação de impostos, não poderia uma emenda constitucional veicular disposição frontalmente contrária ao julgado, proferido em caráter definitivo pela mais alta Corte do País. Não obstante, o STF veio a entender pela constitucionalidade da COSIP, a qual classificou como tributo de caráter *sui generis* (RE 573.675/SC, j. 25.03.2009). Aduza-se que o conteúdo da disposição contida no parágrafo único do mencionado artigo, por sua diminuta importância – modo de cobrança da exigência –, não justifica sua inclusão no texto constitucional.

7. Pedágio. Considerações gerais. O art. 150, V, veda às pessoas políticas "estabelecer limitações ao tráfego de pessoas ou bens, por meio de tributos interestaduais ou intermunicipais, *ressalvada a cobrança de pedágio pela utilização de vias conservadas pelo Poder Público*" (destaque nosso). Cuida, assim, do *princípio da não limitação ao tráfego de pessoas e bens por meio de tributos*. A norma prestigia, em última análise, a *liberdade de locomoção* no território nacional (art. 5.º, XV, CR), inviabilizando sejam instituídos tributos que embaracem o tráfego de pessoas ou bens entre Municípios ou entre Estados. A exceção ao princípio, posta pela própria Constituição, é o *pedágio*, porquanto sua exigência, induvidosamente, restringe o tráfego de pessoas e bens. V. comentários ao art. 9.º, III, CTN.

7.1. Natureza jurídica. O fato de o pedágio merecer referência destacada, após o capítulo no qual a Constituição estabelece as espécies tributárias, ensejou especulações quanto à sua natureza jurídica. Com efeito, embora sua natureza tributária seja induvidosa, visto que a Constituição o aponta como exceção à proibição de instituição de *tributos* interestaduais ou intermunicipais, debate-se sobre constituir o pedágio uma espécie de taxa ou, diversamente, uma figura tributária autônoma. Para a maior parte da doutrina, o pedágio é uma *taxa de serviço*, destinada a remunerar a prestação do serviço público de conservação de rodovias (cf. Roque Carrazza, *Curso de direito constitucional tributário*). Outros doutrinadores, porém, entendem o pedágio como tributo que não diz respeito à prestação de serviço público, mas sim como uma modalidade de remuneração pela *utilização de via conservada pelo Poder Público* (cf. Luciano Amaro, *Direito tributário brasileiro*). Filiamo-nos ao pensamento segundo o qual o pedágio reveste a natureza de *taxa de serviço*, uma vez que se cuida de tributo vinculado a uma atuação estatal, diretamente referida ao sujeito passivo, qual seja, a utilização efetiva do serviço público, específico e divisível, de conservação de estradas. De fato, o serviço público de conservação de estradas, que pode ser realizado diretamente pelo ente político, ou explorado mediante concessão ou permissão (art. 175, CR), é específico, pois idôneo à fruição individual, e divisível, porquanto passível de mensuração. A remuneração pela prestação desse serviço é efetuada mediante taxa que, se arrecadada por empresa concessionária ou permissionária, revestirá natureza *parafiscal*. Desse modo, não nos parece que a simples referência ao pedágio de modo destacado – quando a Constituição aponta o princípio da não limitação ao tráfego de pessoas ou bens – ou, ainda, o emprego da expressão "utilização de vias conservadas pelo Poder Público" sejam suficientes a justificar o reconhecimento de que se trata de espécie tributária distinta da taxa, porquanto seus aspectos coadunam-se com o desenho constitucional dessa figura tributária.

SUGESTÕES DOUTRINÁRIAS

PEDÁGIO

Flávio de Azambuja Berti, *Pedágio: natureza jurídica*, Juruá.

 JURISPRUDÊNCIA ILUSTRATIVA

STF

• Súmula Vinculante n. 41: "O serviço de iluminação pública não pode ser remunerado mediante taxa".

• Súmula n. 545: "Preços de serviços públicos e taxas não se confundem, porque estas, diferentemente daqueles, são compulsórias e têm sua cobrança condicionada à prévia autorização orçamentária, em relação à lei que as instituiu".

• "Ação direta de inconstitucionalidade. Direito tributário. Programa de incentivos. Equipamentos para TV digital e componentes eletrônicos semicondutores. Propriedade intelectual. MP n. 352/2007. Conversão em lei. Lei n. 11.484/2007. Reserva legal. Preço público. Retribuição aos serviços prestados pelo INPI. Pedido de registro. Direito de propriedade e livre-iniciativa. 1. O princípio da reserva de lei tributária significa que as intervenções no patrimônio jurídico do contribuinte devem ser precedidas de lei formal. Não implica ofensa a essa norma a possibilidade de suspender a aplicação de regime tributário a contribuinte que não satisfaz as contrapartidas exigidas, por tratar-se de dever-poder do Poder Público em exoneração fiscal. 2. Comando normativo que impõe a observância por parte dos participantes em regimes de incentivo aos regulamentos destes, assinalando infração e sanção no caso de descumprimento, é não só constitucional, mas decorrência lógica da teoria da norma jurídica e do papel central das sanções nesse contexto. 3. Preço pago como retribuição à análise de pleito de registro de marcas ou proteção das topografias de circuitos integradas ou pedidos de patentes no sistema de proteção à propriedade intelectual não ostenta compulsoriedade, possuindo natureza jurídica de tarifa ou preço público, devida por interesse do particular. Art. 228 da Lei n. 9.279/1996. Súmula n. 545 do STF. Precedente: ADI 800, de relatoria do Ministro Teori Zavascki, Tribunal Pleno, *DJe* 1.º.07.2014. 4. Diante da relevância da extrafiscalidade na atividade financeira do Estado, não ofende o direito de propriedade ou a livre-iniciativa a norma que restringe o uso dos recursos economizados em virtude de benefícios fiscais obtidos em programas de incentivo. Encontra-se no campo de conformação normativa do legislador ordinário desenhar um regime de incentivos consentâneo aos objetivos do programa. Nesse sentido, exigências de não distribuição desses recursos aos sócios ou, ao contrário, de sua utilização para absorção de prejuízos ou aumento de capital social não desbordam das possibilidades de gastos públicos indiretos representados pelo custeio do regime de incentivos fiscais da lei hostilizada. 5. Ação direta de inconstitucionalidade improcedente" (ADI 3.863/DF, Rel. Min. Edson Fachin, j. 29.09.2018).

• "Taxa de combate a incêndio. Inadequação constitucional. Descabe introduzir no cenário tributário, como obrigação do contribuinte, taxa visando a prevenção e o combate a incêndios, sendo imprópria a atuação do Município em tal campo" (RE 643.247/SP, Tema 16, Rel. Min. Marco Aurélio, j. 1.º.08.2017).

Tese: "A segurança pública, presentes a prevenção e o combate a incêndios, faz-se, no campo da atividade precípua, pela unidade da Federação, e, porque serviço essencial, tem como a viabilizá-la a arrecadação de impostos, não cabendo ao Município a criação de taxa para tal fim".

- "Tributário e constitucional. Pedágio. Natureza jurídica de preço público. Decreto n. 34.417/1992, do Estado do Rio Grande do Sul. Constitucionalidade. 1. O pedágio cobrado pela efetiva utilização de rodovias conservadas pelo Poder Público, cuja cobrança está autorizada pelo inciso V, parte final, do art. 150 da Constituição de 1988, não tem natureza jurídica de taxa, mas sim de preço público, não estando a sua instituição, consequentemente, sujeita ao princípio da legalidade estrita. 2. Ação direta de inconstitucionalidade julgada improcedente" (ADI 800/RS, Rel. Min. Teori Zavascki, j. 11.06.2014).

- "Constitucional. Tributário. RE interposto contra decisão proferida em ação direta de inconstitucionalidade estadual. Contribuição para o custeio do serviço de iluminação pública – COSIP. Art. 149-A da Constituição Federal. Lei Complementar n. 7/2002, do Município de São José, Santa Catarina. Cobrança realizada na fatura de energia elétrica. Universo de contribuintes que não coincide com o de beneficiários do serviço. Base de cálculo que leva em consideração o custo da iluminação pública e o consumo de energia. Progressividade da alíquota que expressa o rateio das despesas incorridas pelo município. Ofensa aos princípios da isonomia e da capacidade contributiva. Inocorrência. Exação que respeita os princípios da razoabilidade e proporcionalidade. Recurso extraordinário improvido. I – Lei que restringe os contribuintes da COSIP aos consumidores de energia elétrica do município não ofende o princípio da isonomia, ante a impossibilidade de se identificar e tributar todos os beneficiários do serviço de iluminação pública. II – A progressividade da alíquota, que resulta do rateio do custo da iluminação pública entre os consumidores de energia elétrica, não afronta o princípio da capacidade contributiva. III – Tributo de caráter *sui generis*, que não se confunde com um imposto, porque sua receita se destina a finalidade específica, nem com uma taxa, por não exigir a contraprestação individualizada de um serviço ao contribuinte. IV – Exação que, ademais, se amolda aos princípios da razoabilidade e da proporcionalidade. V – Recurso extraordinário conhecido e improvido" (RE 573.675/SC, Tema 44, Rel. Min. Ricardo Lewandowski, j. 25.03.2009).

Tese: "O serviço de iluminação pública não pode ser remunerado mediante taxa".

> **Art. 80.** Para efeito de instituição e cobrança de taxas, consideram-se compreendidas no âmbito das atribuições da União, dos Estados, do Distrito Federal ou dos Municípios aquelas que, segundo a Constituição Federal, as Constituições dos Estados, as Leis Orgânicas do Distrito Federal e dos Municípios e a legislação com elas compatível, competem a cada uma dessas pessoas de direito público **(1 e 2)**.

 COMENTÁRIOS

1. **Moldura constitucional.** Art. 145. "A União, os Estados, o Distrito Federal e os Municípios poderão instituir os seguintes tributos: [...] II – taxas, em razão do exercício do poder de polícia ou pela utilização, efetiva ou potencial, de serviços públicos específicos e divisíveis, prestados ao contribuinte ou postos a sua disposição; [...]."

2. **Consequente das hipóteses de incidência. Aspecto pessoal. Sujeitos ativos e passivos.** Ao versar sobre a competência para a instituição de taxas, o dispositivo secunda o comando

constitucional que assim o autoriza a todas as pessoas políticas (art. 145, II, CR). No entanto, cada ente federativo somente poderá instituir taxas nos limites de suas atribuições administrativas, vale dizer, sobre a prestação de seus serviços públicos específicos e divisíveis, bem como sobre sua atividade de polícia administrativa, o que revela que a competência tributária em matéria de taxas é *privativa* ou *exclusiva*. Desse modo, *sujeito ativo* da taxa é a pessoa política que tenha realizado a atuação estatal necessária a legitimar tal exigência fiscal – atividade de polícia administrativa ou serviço público específico e divisível, prestado ou colocado à disposição do usuário. No caso de *parafiscalidade*, sujeito ativo da taxa é a pessoa jurídica à qual foi delegada a respectiva capacidade tributária ativa, incumbindo-lhe suas arrecadação e fiscalização. Por seu turno, *contribuinte* da taxa é o sujeito que dê ensejo à atividade fiscalizatória (taxa de polícia), bem como aquele que frua ou tenha colocado à sua disposição serviço público específico e divisível. Quanto aos demais aspectos das hipóteses de incidência das taxas, v. comentários ao art. 77.

Art. 81. A contribuição de melhoria cobrada pela União, pelos Estados, pelo Distrito Federal ou pelos Municípios, no âmbito de suas respectivas atribuições, é instituída para fazer face ao custo de obras públicas de que decorra valorização imobiliária, tendo como limite total a despesa realizada e como limite individual o acréscimo de valor que da obra resultar para cada imóvel beneficiado **(1 a 5.2.3).**

 COMENTÁRIOS

1. *Moldura constitucional.* Art. 145. "A União, os Estados, o Distrito Federal e os Municípios poderão instituir os seguintes tributos: [...] III – contribuição de melhoria, decorrente de obras públicas."

2. *Legislação básica.* Decreto-lei n. 195/1967.

3. *Contribuição de melhoria. Conceito.* É o *tributo vinculado a uma atuação estatal indiretamente referida ao sujeito passivo,* consubstanciada na realização de *obra pública de que decorra valorização imobiliária.* Embora o dispositivo constitucional não faça menção à valorização que deve decorrer da obra pública, trata-se de circunstância indispensável a autorizar a instituição dessa espécie tributária, porquanto reveladora do conteúdo econômico de que se deve revestir a situação fática descrita na hipótese de incidência. O princípio orientador da contribuição de melhoria é o da *proporcionalidade do benefício especial* recebido pelo proprietário do imóvel em virtude dessa atuação estatal. Importante, ainda, deixar registrado o *aspecto ético* da exigência do tributo em tela. Se os recursos públicos foram despendidos para buscar um benefício coletivo – a obra pública –, a eventual e reflexa valorização imobiliária, experimentada por alguns, impõe que o Estado capte essa riqueza, para que ela possa ser aplicada em benefício coletivo. Ademais, não se revela justo que o Estado renuncie à captação de riqueza assim gerada, beneficiando aqueles que, por deterem propriedade imóvel e, portanto, riqueza, são, por vezes, os que menos necessitam das ações estatais. Desse modo, as teorias fundadas na *isonomia* e no *enriquecimento sem causa* são idôneas a justificar a existência da contribuição de melhoria em nosso ordenamento jurídico.

4. *Hipótese de incidência.* Os aspectos do antecedente da hipótese de incidência desse tributo são:

4.1. *Aspecto material.* Consiste em obter valorização imobiliária em decorrência de obra pública.

4.1.1. *Obra pública. Conceito.* Obra pública é "a construção, reparação, edificação ou ampliação de um bem imóvel pertencente ou incorporado ao domínio público", cabendo remarcar-se que a distinção entre obra pública e serviço público revela-se, entre outros aspectos, pelo fato de que a primeira é um produto estático, enquanto o segundo é uma atividade, algo dinâmico (Cf. Celso Antônio Bandeira de Mello, *Curso de direito administrativo*). A *valorização decorrente de obra pública*, aspecto implícito no desenho constitucional desse tributo, como exposto, e explicitado no dispositivo em foco, é essencial para o cabimento dessa exigência fiscal.

4.1.1.1. *Obra pública ensejadora de valorização imobiliária.* O que autoriza a tributação mediante contribuição de melhoria é a *plus valia* provocada pela obra pública na propriedade imóvel. Assim, o art. 2.º do Decreto-lei n. 195/1967 arrola quais obras públicas produzem esse efeito: "Art. 2.º Será devida a Contribuição de Melhoria, no caso de valorização de imóveis de propriedade privada, em virtude de qualquer das seguintes obras públicas: I – abertura, alargamento, pavimentação, iluminação, arborização, esgotos pluviais e outros melhoramentos de praças e vias públicas; II – construção e ampliação de parques, campos de desportos, pontes, túneis e viadutos; III – construção ou ampliação de sistemas de trânsito rápido inclusive todas as obras e edificações necessárias ao funcionamento do sistema; IV – serviços e obras de abastecimento de água potável, esgotos, instalações de redes elétricas, telefônicas, transportes e comunicações em geral ou de suprimento de gás, funiculares, ascensores e instalações de comodidade pública; V – proteção contra secas, inundações, erosão, ressacas, e de saneamento de drenagem em geral, diques, cais, desobstrução de barras, portos e canais, retificação e regularização de cursos d'água e irrigação; VI – construção de estradas de ferro e construção, pavimentação e melhoramento de estradas de rodagem; VII – construção de aeródromos e aeroportos e seus acessos; VIII – aterros e realizações de embelezamento em geral, inclusive desapropriações em desenvolvimento de plano de aspecto paisagístico".

4.2. *Aspecto espacial.* Corresponde à *zona de influência da obra pública* que ensejou a valorização, desde que compreendida nos limites territoriais do ente tributante. O Decreto-lei n. 195/1967 dispõe que "a Contribuição de Melhoria será cobrada dos proprietários de imóveis do domínio privado, situados nas áreas direta e indiretamente beneficiadas pela obra" (art. 3.º, § 3.º).

4.3. *Aspecto temporal.* O momento em que se considera nascida a obrigação de pagar a contribuição de melhoria corresponde ao da publicação do ato administrativo indicador da valorização decorrente da obra pública, experimentada pelo imóvel beneficiado.

5. *Consequente da hipótese de incidência.* Os aspectos do consequente da hipótese de incidência são os seguintes.

5.1. *Aspecto pessoal.* O *sujeito ativo* é a pessoa política que realizou a obra da qual decorreu a valorização imobiliária. Na hipótese de a obra pública ter sido realizada por mais de um ente público, a contribuição de melhoria somente poderá ser instituída por um deles. O *sujeito passivo*, por sua vez, é o proprietário do imóvel valorizado pela obra pública. V. comentários ao art. 82.

5.2. *Aspecto quantitativo.* O CTN não explicita a base de cálculo nem as alíquotas da contribuição de melhoria. Aponta, porém, os limites quantitativos dentro dos quais o tributo pode ser exigido: o *limite total* e o *limite individual*.

5.2.1. *Limite total.* Constituindo a contribuição de melhoria, tal como a taxa, tributo vinculado a uma atuação estatal, por meio dela a pessoa política que realizou a obra visa recuperar, ao menos em parte, junto àqueles que se beneficiaram especialmente do resultado dessa atuação, o gasto que efetuou. Consequentemente, o *limite total* de exigência desse tributo consiste na *despesa realizada* para a construção da obra pública.

5.2.2. Limite individual. Consiste no *acréscimo de valor* que cada imóvel beneficiado experimentou, que há de ser conjugado ao limite total, determinando-se a modulação da exigência fiscal em foco. O art. 12 do Decreto-lei n. 195/1967 estatui que "a contribuição de melhoria será paga pelo contribuinte da forma que a sua parcela anual não exceda a 3% (três por cento) do maior valor fiscal do seu imóvel, atualizado à época da cobrança".

5.2.3. Composição da base de cálculo. Em face da conjugação dos limites total e individual, pode-se concluir que a base de cálculo da contribuição de melhoria consiste na *variação positiva do valor do imóvel*, aferida nos momentos anterior e posterior à obra pública que ensejou a valorização, *limitada proporcionalmente ao custo da obra*.

 ## SUGESTÕES DOUTRINÁRIAS

CONTRIBUIÇÃO DE MELHORIA

Geraldo Ataliba, *Natureza jurídica da contribuição de melhoria*, Juruá; Regina Helena Costa, A contribuição de melhoria como instrumento de política urbana, *Direito público: estudos em homenagem ao Professor Adilson Abreu Dallari,* Del Rey; Priscilla Figueiredo Cunha Rodrigues, *Contribuição de melhoria*, Malheiros; Denise Lucena Cavalcante, As distorções da contribuição de melhoria no Brasil, *Tributação: democracia e liberdade – homenagem à Ministra Denise Martins Arruda*, Noeses.

 ## JURISPRUDÊNCIA ILUSTRATIVA

STJ

• "Tributário. Ação de repetição de indébito. Contribuição de melhoria. Obra inacabada. Hipótese de incidência e fato gerador da exação. Obra pública efetivada. Valorização do imóvel. Nexo de causalidade. Inocorrência. Direito à restituição. 1. Controvérsia que gravita sobre se a obra pública não finalizada dá ensejo à cobrança de contribuição de melhoria. 2. Manifesta divergência acerca do atual estágio do empreendimento que deu origem à exação discutida, sendo certo que é vedado a esta Corte Superior, em sede de recurso especial, a teor do verbete Sumular 07/STJ, invadir a seara fático-probatória, impondo-se adotar o entendimento unânime da época em que proferido o julgamento pelo Tribunal *a quo*, tanto pelo voto vencedor como pelo vencido, de que quando foi instituída a contribuição de melhoria a obra ainda não havia sido concluída porquanto pendente a parte relativa à pavimentação das vias que circundavam o imóvel de propriedade da recorrente. 3. A base de cálculo da contribuição de melhoria é a diferença entre o valor do imóvel antes da obra ser iniciada e após a sua conclusão (Precedentes do STJ: REsp 615.495/RS, Rel. Min. José Delgado, *DJ* 17.05.2004; REsp 143.996/SP, Rel. Min. Francisco Peçanha Martins, *DJ* 06.12.1999). 4. Isto porque a hipótese de incidência da contribuição de melhoria pressupõe o binômio valorização do imóvel e realização da obra pública, sendo indispensável o nexo de causalidade entre os dois para sua instituição e cobrança. 5. Consectariamente, o fato gerador de contribuição de melhoria se perfaz somente após a conclusão a [*sic*] obra que lhe deu origem e quando for possível aferir a valorização do bem imóvel beneficiado pelo empreendimento estatal. 6. É cediço em doutrina que: '[...] Só depois de pronta a obra e verificada a existência da valorização imobiliária que ela provocou é que se torna admissível a tributação por via de contribuição de melhoria' (Roque Antonio Carrazza, *Curso de direito constitucional tributário*, Malheiros, 2002, p. 499). 7. Revela-se, portanto, evidente o direito de a empresa que pagou indevidamente a contribuição de melhoria, uma vez que incontroversa a não efetivação da valorização do imóvel, haja vista que a obra pública que deu origem à exação não foi concluída, obter, nos termos do art. 165 do CTN, a repetição do indébito tributário. 8. Precedentes: REsp 615.495/RS, Rel. Min. José Delgado, *DJ* 17.05.2004; REsp 143.996/SP, Rel. Min. Francisco Peçanha Martins, *DJ* 06.12.1999. 9. Recurso especial provido" (1.ª T., REsp 647.134/SP, Rel. Min. Luiz Fux, j. 10.10.2007).

> **Art. 82.** A lei relativa à contribuição de melhoria observará os seguintes requisitos mínimos **(1 a 3)**:
>
> I – publicação prévia dos seguintes elementos:
>
> *a)* memorial descritivo do projeto;
>
> *b)* orçamento do custo da obra;
>
> *c)* determinação da parcela do custo da obra a ser financiada pela contribuição;
>
> *d)* delimitação da zona beneficiada;
>
> *e)* determinação do fator de absorção do benefício da valorização para toda a zona ou para cada uma das áreas diferenciadas, nela contidas;
>
> II – fixação de prazo não inferior a 30 (trinta) dias, para impugnação pelos interessados, de qualquer dos elementos referidos no inciso anterior;
>
> III – regulamentação do processo administrativo de instrução e julgamento da impugnação a que se refere o inciso anterior, sem prejuízo da sua apreciação judicial.
>
> § 1.º A contribuição relativa a cada imóvel será determinada pelo rateio da parcela do custo da obra a que se refere a alínea *c*, do inciso I, pelos imóveis situados na zona beneficiada em função dos respectivos fatores individuais de valorização.
>
> § 2.º Por ocasião do respectivo lançamento, cada contribuinte deverá ser notificado do montante da contribuição, da forma e dos prazos de seu pagamento e dos elementos que integraram o respectivo cálculo.

 COMENTÁRIOS

1. *Requisitos mínimos da lei instituidora da contribuição de melhoria.* O conteúdo mínimo da lei instituidora da contribuição de melhoria está estampado nesse dispositivo e revela que o procedimento para sua exigência é complexo. Na prática, a contribuição de melhoria não é exigida, quer pelas dificuldades instituição, quer por não considerarem as autoridades públicas politicamente conveniente fazê-lo, já que se trata de mais um ônus aos administrados. Cabe registrar, todavia, que, por vezes, especialmente na esfera municipal, exigem-se *taxas*, com intuito de remunerar a realização de obras públicas – o que é inviável –, as quais, usualmente, não acarretaram nenhuma valorização imobiliária e, portanto, também não poderiam ensejar, igualmente, a exigência de contribuição de melhoria. É o caso, por exemplo, das inconstitucionais "taxas" exigidas em razão do asfaltamento de vias públicas.

2. Oportunidade para a publicação do edital. A "publicação prévia" a que se refere o inciso I deste artigo significa que o edital deve ser publicado antes da cobrança do tributo. Isso porque o procedimento para a instituição da contribuição de melhoria prevê a possibilidade de impugnação da exigência fiscal, não da realização da obra.

3. Rateio do custo da obra entre os proprietários de imóveis beneficiados. O § 1.º do art. 82 prescreve que o ônus da contribuição de melhoria recairá sobre cada proprietário de imóvel beneficiado pela valorização decorrente da obra pública mediante rateio, considerados os fatores individuais de valorização, correspondendo à aplicação do princípio da isonomia.

 JURISPRUDÊNCIA ILUSTRATIVA

STJ

• "Tributário. Recurso especial. Contribuição de melhoria. Lei específica para cada obra. Exigibilidade. Art. 82, I, do CTN. 1. O art. 82, I, do CTN exige lei específica, para cada obra, autorizando a instituição de contribuição de melhoria. Se a publicação dos elementos previstos no inciso I do art. 82 do CTN deve ser prévia à lei que institui a contribuição de melhoria, só pode se tratar de lei específica, dada a natureza concreta dos dados exigidos. 2. Acórdão recorrido consone a jurisprudência firmada em ambas as Turmas integrantes da Primeira Seção do STJ. 3. Recurso Especial não provido" (REsp 1.676.246/SC, 2.ª Turma, Rel. Min. Herman Benjamin, j. 05.09.2017).

• "Tributário. Recurso especial. Contribuição de melhoria. Edital. 1. A partir do Dec.-lei n. 195/1967, a publicação do edital é necessária para cobrança da contribuição de melhoria. Pode, entretanto, ser posterior à realização da obra pública' (REsp 84.417, Rel. Min. Américo Luz). Precedentes da 1.ª e 2.ª Turmas. 2. Recurso especial improvido" (2.ª T., REsp 143.998/SP, Rel. Min. Castro Meira, j. 08.03.2005).

TÍTULO VI
Distribuições de Receitas Tributárias (1 a 3)

 COMENTÁRIOS

1. *Dispositivos não integralmente recepcionados ou revogados pela Constituição.* Com relação aos dispositivos que integram este Título VI, anote-se que os arts. 83 a 95, CTN, que cuidam das distribuições de receitas tributárias, não foram integralmente recepcionados pela Constituição de 1988. A LC n. 143/2013, por sua vez, revogou os arts. 86 a 89 e 93 a 95, CTN.

2. *A EC n. 132/2023 e a distribuição de receitas tributárias.* A EC n. 132/2023 trouxe modificações na repartição de receitas tributárias em decorrência do novo regime de tributação sobre o consumo – IBS, CBS e Imposto Seletivo (cf. arts. 156-A, §§ 4º e 5º; 158, IV, *a* e *b*; e 158, CR).

3. *Legislação básica:* LC n. 214/2025 (institui o Imposto sobre Bens e Serviços (IBS) e o Imposto Seletivo (IS), cria o Comitê Gestor do IBS e altera a legislação tributária); Lei n. 8.016/1990 (normas sobre a entrega das quotas de participação dos Estados e do Distrito Federal na arrecadação do Imposto sobre Produtos Industrializados de que trata o inciso II do art. 159 da Constituição Federal[1]); LC n. 62/1989 (normas sobre o cálculo, a entrega e o controle das liberações dos recursos dos Fundos de Participação); LC n. 91/1997 (sobre a fixação dos coeficientes do Fundo de Participação dos Municípios).

Capítulo I
Disposições Gerais

Art. 83. Sem prejuízo das demais disposições deste Título, os Estados e Municípios que celebrem com a União convênios destinados a assegurar ampla e eficiente coordenação dos respectivos programas de investimentos e serviços públicos, especialmente no campo da política tributária, poderão participar de até 10% (dez por cento) da arrecadação efetuada, nos respectivos territórios, proveniente do imposto referido no art. 43, incidente sobre o rendimento das pessoas físicas, e no art. 46, excluído o incidente sobre o fumo e bebidas alcoólicas.

Parágrafo único. O processo das distribuições previstas neste artigo será regulado nos convênios nele referidos **(1 a 4)**.

---

[1] O art. 159, II, CR, teve a redação dada pela EC n. 132/2023, que suprimiu a referência ao IPI e a substituiu pela do Imposto Seletivo – IS.

Art. 84. A lei federal pode cometer aos Estados, ao Distrito Federal ou aos Municípios o encargo de arrecadar os impostos de competência da União cujo produto lhes seja distribuído no todo ou em parte **(5)**.

Parágrafo único. O disposto neste artigo aplica-se à arrecadação dos impostos de competência dos Estados, cujo produto estes venham a distribuir, no todo ou em parte, aos respectivos Municípios.

Capítulo II

Imposto sobre a Propriedade Territorial Rural e sobre a Renda e Proventos de Qualquer Natureza

Art. 85. Serão distribuídos pela União **(6)**:

I – aos Municípios da localização dos imóveis, o produto da arrecadação do imposto a que se refere o art. 29;

II – aos Estados, ao Distrito Federal e aos Municípios, o produto da arrecadação, na fonte, do imposto a que se refere o art. 43, incidente sobre a renda das obrigações de sua dívida pública e sobre os proventos dos seus servidores e dos de suas autarquias.

§ 1.º Independentemente de ordem das autoridades superiores e sob pena de demissão, as autoridades arrecadadoras dos impostos a que se refere este artigo farão entrega, aos Estados, ao Distrito Federal e aos Municípios, das importâncias recebidas, à medida que forem sendo arrecadadas, em prazo não superior a 30 (trinta) dias, a contar da data de cada recolhimento.

§ 2.º A lei poderá autorizar os Estados, o Distrito Federal e os Municípios a incorporar definitivamente à sua receita o produto da arrecadação do imposto a que se refere o inciso II, estipulando as obrigações acessórias a serem cumpridas por aqueles no interesse da arrecadação, pela União, do imposto a ela devido pelos titulares da renda ou dos proventos tributados.

§ 3.º A lei poderá dispor que uma parcela, não superior a 20% (vinte por cento), do imposto de que trata o inciso I seja destinada ao custeio do respectivo serviço de lançamento e arrecadação.

* Inconstitucionalidade do § 3.º declarada pelo Supremo Tribunal Federal no RE 97.525-0/DF e execução do dispositivo suspensa pela Resolução 337/1983, do Senado Federal.

 COMENTÁRIOS

1. *Moldura constitucional:* "Art. 3.º Constituem objetivos fundamentais da República Federativa do Brasil: [...] III – erradicar a pobreza e a marginalização e reduzir as desigualdades sociais e regionais; [...]; [...] Art. 156-A. Lei complementar instituirá imposto sobre bens e serviços de competência compartilhada entre Estados, Distrito Federal e Municípios. (...) § 4º Para fins de distribuição do produto da arrecadação do imposto, o Comitê Gestor do Imposto sobre Bens e Serviços: I – reterá montante equivalente ao saldo acumulado de créditos do imposto não compensados pelos contribuintes e não ressarcidos ao final de cada período de apuração e aos valores decorrentes do cumprimento do § 5º, VIII; II – distribuirá o produto da arrecadação do imposto, deduzida a retenção de que trata o inciso I deste parágrafo, ao ente federativo de destino das operações que não tenham gerado creditamento. § 5º Lei complementar disporá sobre: I – as regras para a distribuição do produto da arrecadação do imposto, disciplinando, entre outros aspectos: a) a sua forma de cálculo; b) o tratamento em relação às operações em que o imposto não seja recolhido tempestivamente; c) as regras de distribuição aplicáveis aos regimes favorecidos, específicos e diferenciados de tributação previstos nesta Constituição; [...]. Art. 157. Pertencem aos Estados e ao Distrito Federal: I – o produto da arrecadação do imposto da União sobre renda e proventos de qualquer natureza, incidente na fonte, sobre rendimentos pagos, a qualquer título, por eles, suas autarquias e pelas fundações que instituírem e mantiverem; II – vinte por cento do produto da arrecadação do imposto que a União instituir no exercício da competência que lhe é atribuída pelo art. 154, I. Art. 158. Pertencem aos Municípios: I – o produto da arrecadação do imposto da União sobre renda e proventos de qualquer natureza, incidente na fonte, sobre rendimentos pagos, a qualquer título, por eles, suas autarquias e pelas fundações que instituírem e mantiverem; II – cinquenta por cento do produto da arrecadação do imposto da União sobre a propriedade territorial rural, relativamente aos imóveis neles situados, cabendo a totalidade na hipótese da opção a que se refere o art. 153, § 4.º, III; – 50% (cinquenta por cento) do produto da arrecadação do imposto do Estado sobre a propriedade de veículos automotores licenciados em seus territórios e, em relação a veículos aquáticos e aéreos, cujos proprietários sejam domiciliados em seus territórios; IV – 25% (vinte e cinco por cento): a) do produto da arrecadação do imposto do Estado sobre operações relativas à circulação de mercadorias e sobre prestações de serviços de transporte interestadual e intermunicipal e de comunicação; b) do produto da arrecadação do imposto previsto no art. 156-A distribuída aos Estados [...].[2] Art. 159. A União entregará: I – do produto da arrecadação dos impostos sobre renda e proventos de qualquer natureza e sobre produtos industrializados e do imposto previsto no art. 153, VIII, 50% (cinquenta por cento), da seguinte forma: a) vinte e um inteiros e cinco décimos por cento ao Fundo de Participação dos Estados e do Distrito Federal; b) vinte e dois inteiros e cinco décimos por cento ao Fundo de Participação dos Municípios; c) três por cento, para aplicação em programas de financiamento ao setor produtivo das Regiões Norte, Nordeste e Centro-Oeste, através de suas instituições financeiras de caráter regional, de acordo com os planos regionais de desenvolvimento, ficando assegurada ao semiárido do Nordeste a metade dos recursos destinados à Região, na forma que a lei estabelecer; d) um por cento ao Fundo de Participação dos Municípios, que será entregue no primeiro decêndio do mês de dezembro de cada ano; e) 1% (um por cento) ao Fundo de Participação dos Municípios, que será entregue no primeiro decêndio do mês de julho de cada ano; f) 1% (um por cento) ao Fundo de Participação dos Municípios, que será entregue no primeiro decêndio do mês de setembro de cada ano (incluído pela EC 112/2021); II – do produto da arrecadação do imposto sobre produtos industrializados e do imposto previsto no art. 153, VIII, 10% (dez por cento) aos Estados e ao Distrito Federal, proporcionalmente ao valor das respectivas exportações de produtos industrializados; III – do produto da arrecadação da contribuição de intervenção no domínio econômico prevista no art. 177, § 4.º, 29% (vinte e nove por cento) para os Estados e o Distrito Federal, distribuídos na forma da lei, observadas as destinações a que se referem as alíneas 'c' e 'd' do inciso II do referido parágrafo. § 1.º Para efeito de cálculo da entrega a ser efetuada de acordo com o previsto no inciso I, excluir-se-á a parcela da arrecadação do

---

2   Incisos III e IV com a redação dada pela EC n. 132/2023.

imposto de renda e proventos de qualquer natureza pertencente aos Estados, ao Distrito Federal e aos Municípios, nos termos do disposto nos arts. 157, I, e 158, I. § 2.º A nenhuma unidade federada poderá ser destinada parcela superior a vinte por cento do montante a que se refere o inciso II, devendo o eventual excedente ser distribuído entre os demais participantes, mantido, em relação a esses, o critério de partilha nele estabelecido. § 3.º Os Estados entregarão aos respectivos Municípios 25% (vinte e cinco por cento) dos recursos que receberem nos termos do inciso II do *caput* deste artigo, observados os critérios estabelecidos no art. 158, § 1.º, para a parcela relativa ao imposto sobre produtos industrializados, e no art. 158, § 2.º, para a parcela relativa ao imposto previsto no art. 153, VIII (parágrafo incluído pela EC n. 132/2023). § 4.º Do montante de recursos de que trata o inciso III que cabe a cada Estado, vinte e cinco por cento serão destinados aos seus Municípios, na forma da lei a que se refere o mencionado inciso.[3] Art. 159-A. Fica instituído o Fundo Nacional de Desenvolvimento Regional, com o objetivo de reduzir as desigualdades regionais e sociais, nos termos do art. 3.º, III, mediante a entrega de recursos da União aos Estados e ao Distrito Federal para: I – realização de estudos, projetos e obras de infraestrutura; II – fomento a atividades produtivas com elevado potencial de geração de emprego e renda, incluindo a concessão de subvenções econômicas e financeiras; e III – promoção de ações com vistas ao desenvolvimento científico e tecnológico e à inovação. § 1.º É vedada a retenção ou qualquer restrição ao recebimento dos recursos de que trata o *caput*. § 2.º Na aplicação dos recursos de que trata o *caput*, os Estados e o Distrito Federal priorizarão projetos que prevejam ações de sustentabilidade ambiental e redução das emissões de carbono. § 3.º Observado o disposto neste artigo, caberá aos Estados e ao Distrito Federal a decisão quanto à aplicação dos recursos de que trata o *caput*. § 4.º Os recursos de que trata o *caput* serão entregues aos Estados e ao Distrito Federal de acordo com coeficientes individuais de participação, calculados com base nos seguintes indicadores e com os seguintes pesos: I – população do Estado ou do Distrito Federal, com peso de 30% (trinta por cento); II – coeficiente individual de participação do Estado ou do Distrito Federal nos recursos de que trata o art. 159, I, 'a', da Constituição Federal, com peso de 70% (setenta por cento). § 5.º O Tribunal de Contas da União será o órgão responsável por regulamentar e calcular os coeficientes individuais de participação de que trata o § 4.º."[4] Art. 160. É vedada a retenção ou qualquer restrição à entrega e ao emprego dos recursos atribuídos, nesta seção, aos Estados, ao Distrito Federal e aos Municípios, neles compreendidos adicionais e acréscimos relativos a impostos. § 1.º A vedação prevista neste artigo não impede a União e os Estados de condicionarem a entrega de recursos: I – ao pagamento de seus créditos, inclusive de suas autarquias; II – ao cumprimento do disposto no art. 198, § 2.º, incisos II e III. [...] Art. 161. Cabe à lei complementar: I – definir valor adicionado para fins do disposto no art. 158, parágrafo único, I;[5] II – estabelecer normas sobre a entrega dos recursos de que trata o art. 159, especialmente sobre os critérios de rateio dos fundos previstos em seu inciso I, objetivando promover o equilíbrio socioeconômico entre Estados e entre Municípios; III – dispor sobre o acompanhamento, pelos beneficiários, do cálculo das quotas e da liberação das participações previstas nos arts. 157, 158 e 159. Parágrafo único. O Tribunal de Contas da União efetuará o cálculo das quotas referentes aos fundos de participação a que alude o inciso II. Art. 162. A União, os Estados, o Distrito Federal e os Municípios divulgarão, até o último dia do mês subsequente ao da arrecadação, os montantes de cada um dos tributos arrecadados, os recursos recebidos,

---

[3]   Redação dada pela EC n. 132/2023.

[4]   Incluído pela EC n. 132/2023.

[5]   V. EC n. 132/2023, art. 22, I, *a*.

os valores de origem tributária entregues e a entregar e a expressão numérica dos critérios de rateio. Parágrafo único. Os dados divulgados pela União serão discriminados por Estado e por Município; os dos Estados, por Município."

2. *Dispositivo revogado pela Constituição de 1988.* Diante da disciplina constitucional em vigor, o art. 85 não foi por ela recepcionado.

3. *Repartição de receitas tributárias.* A repartição ou distribuição de receitas tributárias não constitui tema tributário, porquanto a tributação tem por objeto a instituição, arrecadação e fiscalização da exigência de tributos, não se ocupando da disciplina da repartição do produto correspondente. Trata-se, assim, de *tema financeiro*, da maior relevância, expressão do *federalismo cooperativo ou solidário*, porquanto não há autonomia política sem autonomia financeira. A maior importância das transferências intergovernamentais reside na *diminuição das desigualdades regionais*, um dos objetivos da República Federativa do Brasil (art. 3.º, III). Relevante ressaltar que a repartição de receitas tributárias guarda estreita conexão com a *repartição de competências tributárias*: é a partir da compreensão desta que se pode entender adequadamente aquela.

3.1. *Repartição de receitas* x *subvenção.* A repartição de receitas constitui direito das pessoas beneficiadas, não se confundindo com a figura da *subvenção* ou com um mero auxílio financeiro, uma vez que estritamente ligada à sobrevivência do Estado Federal. Assim, por exemplo, a Constituição estatui pertencer aos Estados e ao Distrito Federal o produto da arrecadação do imposto da União sobre a renda e proventos de qualquer natureza, incidente na fonte, sobre rendimentos pagos, a qualquer título, por eles, suas autarquias e pelas fundações que instituírem e mantiverem (art. 157, I). Também declara pertencer aos Municípios: *a)* o produto da arrecadação do imposto da União sobre renda e proventos de qualquer natureza, incidente na fonte, sobre rendimentos pagos, a qualquer título, por eles, suas autarquias e pelas fundações que instituírem e mantiverem; *b)* cinquenta por cento do produto da arrecadação do imposto da União sobre a propriedade territorial rural, relativamente aos imóveis neles situados, cabendo a totalidade na hipótese da opção a que se refere o art. 153, § 4.º, III; *c)* cinquenta por cento do produto da arrecadação do imposto do Estado sobre a propriedade de veículos automotores licenciados em seus territórios e, em relação a veículos aquáticos e aéreos, cujos proprietários sejam domiciliados em seus territórios;[6] e *d)* vinte e cinco por cento do produto da arrecadação do imposto do Estado sobre operações relativas à circulação de mercadorias e sobre prestações de serviços de transporte interestadual e intermunicipal e de comunicação e do produto da arrecadação do imposto previsto no art. 156-A distribuída aos Estados (art. 158, I a IV).[7]

4. *Modalidades de repartição de receitas tributárias.* Sob a rubrica da repartição de receitas tributárias, a Constituição trata de duas figuras distintas: *(i)* a repartição de receita mediante *participação na arrecadação*; e *(ii)* a repartição de receita mediante *atribuição direta de titularidade* (Cf. Marco Aurélio Greco, *Titularidade de Estados e Municípios sobre o IR na fonte*: os arts. 157, I e 158, I da CF/88). Exemplifique-se com o IR: na primeira hipótese, os Estados e os Municípios recebem parte da receita gerada pelo imposto, depois de concluído o processo de arrecadação e cobrança pela União. Do que for obtido parte lhes cabe. Na segunda hipótese, diversamente, têm eles direito originário e direto sobre o valor correspondente ao IR incidente na fonte, detendo titularidade própria para tanto, pois esse montante lhes pertence.

---

6   Redação dada pela EC n. 132/2023.

7   Redação dada pela EC n. 132/2023.

5. Dispositivo revogado pela Constituição de 1988. Diante da disciplina constitucional vigente, o art. 84 não foi por ela recepcionado.

6. Dispositivo revogado pela Constituição de 1988. Diante da disciplina constitucional vigente, o art. 85 não foi por ela recepcionado.

 SUGESTÕES DOUTRINÁRIAS

REPARTIÇÃO DE RECEITAS TRIBUTÁRIAS

Marco Aurélio Greco, "Titularidade de Estados e Municípios sobre o IR na fonte: os arts. 157, I e 158, I da CF/88", *Revista Jurídica da Procuradoria-Geral do Distrito Federal*, v. 37; André Mendes Moreira, "Repartição de receitas tributárias e autonomia federativa", *Direito financeiro na jurisprudência do Supremo Tribunal Federal: homenagem ao Ministro Marco Aurélio,* Juruá, 2016, p. 61-87; Andrei Pitten Velloso, "Repartição de receitas tributárias e autonomia federativa", *Direito financeiro na jurisprudência do Supremo Tribunal Federal: homenagem ao Ministro Marco Aurélio,* Juruá, 2016, p. 89-107; Kiyoshi Harada, "Repartição de receitas tributárias", *Tratado de direito financeiro*, Saraiva, 2013, v. 2, p. 50-70.

 JURISPRUDÊNCIA ILUSTRATIVA

STF

• "Imposto sobre a renda. Retenção na fonte. Valores. Titularidade. É dos Estados e Distrito Federal a titularidade do que arrecadado, considerado Imposto de Renda, incidente na fonte, sobre rendimentos pagos, a qualquer título, por si, autarquias e fundações que instituírem e mantiverem – art. 157, I, da Constituição Federal" (RE 607.886/RJ, Tema 364, Rel. Min. Marco Aurélio, j. 17.05.2021).

Tese: "É dos Estados e Distrito Federal a titularidade do que arrecadado, considerado Imposto de Renda, incidente na fonte, sobre rendimentos pagos, a qualquer título, por si, autarquias e fundações que instituírem e mantiverem".

• "Agravo regimental em ação cível originária. Conflito federativo. Repartição das receitas tributárias. Imposto de Renda de Pessoa Física sobre rendimentos pagos por estatais. Reiteração dos argumentos apresentados na inicial. Produto de arrecadação pertencente à União (art. 157, inciso I, da CF). Impossibilidade de alteração da sistemática da repartição das receitas tributárias por meio de normas legais. Literalidade do texto constitucional. Irrelevância da origem dos recursos. Equiparação das estatais a autarquias. Inviabilidade. Petição de aditamento ao recurso da qual não se conhece. Preclusão consumativa. Agravo regimental não provido. 1. É vedado à parte adicionar elementos ao inconformismo após interposto o recurso cabível à espécie, ainda que lhe reste prazo legal, porquanto já operada a preclusão consumativa. Precedentes: ARE 985300/MG, Rel. Min. Edson Fachin, *DJe* 30.09.2016, e CR 10416 AgR, Rel. Min. Maurício Corrêa, *DJ* 14.10.2003. 2. Pretensão de assegurar ao Estado, na condição de pagante, o produto da arrecadação de imposto de renda retido na fonte relativo ao pagamento de complementações de aposentadorias e pensões a aposentados e pensionistas de suas empresas públicas. 3. A Constituição Federal é translúcida ao tratar da repartição das receitas tributárias (Capítulo I, Seção VI, arts. 157/162), não se admitindo que, por qualquer norma legal (tanto federal como estadual), se tenha a modificação da sistemática de repartição das receitas tributárias para retirar da União e atribuir ao estado parcela de receitas ao ente federal constitucionalmente destinada. Precedentes. 4. O art. 157, inciso I, da Constituição Federal, que dispõe acerca da destinação aos Estados do produto de arrecadação do IRPF, não contempla os pagamentos originados das estatais, integrantes da Administração Pública Indireta, não cabendo interpretação ampliativa. 5. A aproximação realizada pela Corte entre o regramento a ser atribuído a empresas privadas sob controle estatal e aquele constitucionalmente previsto para as pessoas jurídicas de direito público, como ocorre para fins de concessão dos beneplácitos da imunidade tributária recíproca, não se estende para todo e qualquer regramento das estatais, que não perdem a qualidade de entes de direito privado, significando apenas a obtenção pontual do reconhecimento de que se lhes pode ser atribuída parcela do regramento jurídico dirigido aos entes de direito público. 6. Petição de aditamento ao recurso do qual não se conhece. Agravo regimental não provido" (ACO 571 AgR/SP, Rel. Min. Dias Toffoli, j. 07.03.2017).

• "Recurso extraordinário. Repercussão geral. Constitucional, tributário e financeiro. Federalismo fiscal. Fundo de Participação dos Municípios – FPM. Transferências inter-governamentais. Repartição de receitas tributárias. Competência pela fonte ou produto. Competência tributária. Autonomia financeira. Produto da arrecadação. Cálculo. Dedução ou exclusão das renúncias, incentivos e isenções fiscais. Imposto de Renda – IR. Imposto sobre Produtos Industrializados – IPI. Art. 150, I, da Constituição da República. 1. Não se haure da autonomia financeira dos Municípios direito subjetivo de índole constitucional com aptidão para infirmar o livre exercício da competência tributária da União, inclusive em relação aos incentivos e renúncias fiscais, desde que observados os parâmetros de controle constitucionais, legislativos e jurisprudenciais atinentes à desoneração. 2. A expressão 'produto da arrecadação' prevista no art. 158, I, da Constituição da República não permite interpretação constitucional de modo a incluir na base de cálculo do FPM os benefícios e incentivos fiscais devidamente realizados pela União em relação a tributos federais, à luz do conceito técnico de arrecadação e dos estágios da receita pública. 3. A demanda distingue-se do Tema 42 da sistemática da repercussão geral, cujo recurso-paradigma é RE-RG 572.762, de relatoria do Ministro Ricardo Lewandowski, Tribunal Pleno, julgado em 18.06.2008, *DJe* 05.09.2008. Isto porque no julgamento pretérito centrou-se na natureza compulsória ou voluntária das transferências intergovernamentais, ao passo que o cerne do debate neste Tema reside na diferenciação entre participação direta e indireta na arrecadação tributária do Estado Fiscal por parte de ente federativo. Precedentes. Doutrina. 4. Fixação de tese jurídica ao Tema 653 da sistemática da repercussão geral: "É constitucional a concessão regular de incentivos, benefícios e isenções fiscais relativos ao Imposto de Renda e Imposto sobre Produtos Industrializados por parte da União em relação ao Fundo de Participação de Municípios e respectivas quotas devidas às Municipalidades." 5. Recurso extraordinário a que se nega provimento" (RE 705.4223/SE, Tema 653, Rel. Min. Edson Fachin, j. 23.11.2016).

• "Ações Diretas de Inconstitucionalidade (ADI 875/DF, ADI 1.987/DF, ADI 2.727/DF e ADI 3.243/DF). Fungibilidade entre as ações diretas de inconstitucionalidade por ação e por omissão. Fundo de Participação dos Estados – FPE (art. 161, inciso II, da Constituição). Lei Complementar n. 62/1989. Omissão inconstitucional de caráter parcial. Descumprimento do mandamento constitucional constante do art. 161, II, da Constituição, segundo o qual lei complementar deve estabelecer os critérios de rateio do Fundo de Participação dos Estados, com a finalidade de promover o equilíbrio socioeconômico entre os entes federativos. Ações julgadas procedentes para declarar a inconstitucionalidade, sem a pronúncia da nulidade, do art. 2.º, I e II, §§ 1.º, 2.º e 3.º, e do Anexo Único, da Lei Complementar n. 62/1989, assegurada a sua aplicação até 31 de dezembro de 2012" (ADI 875/DF, Rel. Min. Gilmar Mendes, j. 24.02.2010).

• "Constitucional. ICMS. Repartição de rendas tributárias. PRODEC. Programa de incentivo fiscal de Santa Catarina. Retenção, pelo Estado, de parte da parcela pertencente aos Municípios. Inconstitucionalidade. RE desprovido. I – A parcela do imposto estadual sobre operações relativas à circulação de mercadorias e sobre prestações de serviços de transporte interestadual e intermunicipal e de comunicação, a que se refere o art. 158, IV, da Carta Magna pertence de pleno direito aos Municípios. II – O repasse da quota constitucionalmente devida aos Municípios não pode sujeitar-se à condição prevista em programa de benefício fiscal de âmbito estadual. III – Limitação que configura indevida interferência do Estado no sistema constitucional de repartição de receitas tributárias. IV – Recurso extraordinário desprovido" (RE 572.762/SC, Tema 42, Rel. Min. Ricardo Lewandowski, j. 18.06.2008).

Tese: "A retenção da parcela do ICMS constitucionalmente devida aos municípios, a pretexto de concessão de incentivos fiscais, configura indevida interferência do Estado no sistema constitucional de repartição de receitas tributárias".

• "Tributário e financeiro. Repartição do ICMS. Arts. 158, IV, e 161, I, da CF/1988. Reserva de lei complementar. Usina hidrelétrica. Reservatório. Áreas alagadas. 1. Hidrelétrica cujo reservatório de água se estende por diversos municípios. Ato do Secretário de Fazenda que dividiu a receita do ICMS devida aos municípios pelo 'valor adicionado' apurado de modo proporcional às áreas comprometidas dos municípios alagados. 2. Inconstitucionalidade formal do ato normativo estadual que disciplina o 'valor adicionado'. Matéria reservada à lei complementar federal. Precedentes. 3. Estender a definição de apuração do adicional de valor, de modo a beneficiar os municípios em que se situam os reservatórios de água representa a modificação dos critérios de repartição das receitas previstos no art. 158 da Constituição. Inconstitucionalidade material. Precedentes. 4. Na forma do artigo 20, § 1.º, da Constituição Federal, a reparação dos prejuízos decorrentes do alagamento de áreas para a construção de hidrelétricas deve ser feita mediante participação ou compensação financeira. Recurso extraordinário conhecido e improvido" (Pleno, RE 253.906/MG, Rel. Min. Ellen Gracie, j. 23.09.2004).

Capítulo III
Fundos de Participação dos Estados e dos Municípios

Seção I
Constituição dos Fundos

Arts. 86 e 87. Artigos revogados pela Lei Complementar n. 143/2013.

Seção II
Critério de Distribuição do Fundo de Participação dos Estados

Arts. 88 e 89. Artigos revogados pela Lei Complementar n. 143/2013.

Art. 90. O fator representativo do inverso da renda *per capita*, a que se refere o inc. II do art. 88, será estabelecido da seguinte forma **(1 a 3):**

Inverso do índice relativo à renda per capita da entidade participante	Fator
Até 0,0045	0,4
Acima de 0,0045 até 0,0055	0,5

Inverso do índice relativo à renda per capita da entidade participante	Fator
Acima de 0,0055 até 0,0065	0,6
Acima de 0,0065 até 0,0075	0,7
Acima de 0,0075 até 0,0085	0,8
Acima de 0,0085 até 0,0095	0,9
Acima de 0,0095 até 0,0110	1,0
Acima de 0,0110 até 0,0130	1,2
Acima de 0,0130 até 0,0150	1,4
Acima de 0,0150 até 0,0170	1,6
Acima de 0,0170 até 0,0190	1,8
Acima de 0,0190 até 0,0220	2,0
Acima de 0,0220	2,5

Parágrafo único. Para os efeitos deste artigo, determina-se o índice relativo à renda *per capita* de cada entidade participante, tomando-se como 100 (cem) a renda *per capita* média do País.

Seção III
Critério de Distribuição do Fundo de Participação dos Municípios (4)

Art. 91. Do Fundo de Participação dos Municípios a que se refere o art. 86, serão atribuídos:

* *Caput* com redação determinada pelo Ato Complementar n. 35/1997.

I – 10% (dez por cento) aos Municípios das Capitais dos Estados;

II – 90% (noventa por cento) aos demais Municípios do País.

§ 1.º A parcela de que trata o inciso I será distribuída proporcionalmente a um coeficiente individual de participação, resultante do produto dos seguintes fatores:

* § 1.º com redação determinada pelo Ato Complementar n. 35/1997.

a) fator representativo da população, assim estabelecido:

Percentual da população de cada Município em relação à do conjunto das Capitais	Fator
Até 2%	2
Mais de 2% até 5%:	
Pelos primeiros 2%	2
Cada 0,5% ou fração excedente, mais	0,5
Mais de 5%	5

b) fator representativo do inverso da renda *per capita* do respectivo Estado, de conformidade com o disposto no art. 90.

§ 2.º A distribuição da parcela a que se refere o item II deste artigo, deduzido o percentual referido no art. 3.º do Dec.-lei que estabelece a redação deste parágrafo, far-se-á atribuindo-se a cada Município um coeficiente individual de participação determinado na forma seguinte:

Categoria do Município, segundo seu número de habitantes	Coeficiente
a) Até 16.980	
Pelos primeiros 10.188	0,6
Para cada 3.396 ou fração excedente, mais	0,2
b) Acima de 16.980 até 50.940	
Pelos primeiros 16.980	1,0
Para cada 6.792 ou fração excedente, mais	0,2
c) Acima de 50.940 até 101.880	
Pelos primeiros 50.940	2,0
Para cada 10.188 ou fração excedente, mais	0,2
d) Acima de 101.880 até 156.216	
Pelos primeiros 101.880	3,0
Para cada 13.584 ou fração excedente, mais	0,2
e) Acima de 156.216	4,0

§ 3.º Para os efeitos deste artigo, consideram-se os Municípios regularmente instalados, fazendo-se a revisão das quotas anualmente, a partir de 1989, com base em dados oficiais de população produzidos pela Fundação Instituto Brasileiro de Geografia e Estatística – IBGE.

§§ 4.º e 5.º (Revogados pela LC n. 91/1997.)

 COMENTÁRIOS

1. *Moldura constitucional.* A mesma indicada nos arts. 83 a 85, CTN.

2. Legislação básica: Lei n. 8.016/1990 (normas sobre a entrega das quotas de participação dos Estados e do Distrito Federal na arrecadação do Imposto sobre Produtos Industrializados de que trata o inciso II do art. 159 da Constituição Federal[8]); LC n. 62/1989 (normas sobre o cálculo, a entrega e o controle das liberações dos recursos dos Fundos de Participação).

3. Dispositivo revogado pela Constituição de 1988. Diante da disciplina constitucional vigente, o art. 90 não foi por ela recepcionado.

4. Dispositivo revogado pela Constituição de 1988. Diante da disciplina constitucional vigente, o art. 91 não foi por ela recepcionado. O art. 159, I, *b* e §§ 1.º e 4.º, CR, estabelecem os parâmetros para a formação do Fundo de Participação dos Municípios. O art. 161, II, por sua vez, dispõe caber à lei complementar estabelecer normas sobre a entrega dos recursos de que trata o art. 159, especialmente sobre os critérios de rateio dos fundos previstos em seu inciso I.

Seção IV
Cálculo e Pagamento das Quotas Estaduais e Municipais

Art. 92. O Tribunal de Contas da União comunicará ao Banco do Brasil S.A., conforme os prazos a seguir especificados, os coeficientes individuais de participação nos fundos previstos no art. 159, inciso I, alíneas *a, b* e *d*, da Constituição Federal que prevalecerão no exercício subsequente: **(1 a 3).**

* Artigo com redação determinada pela LC n. 143/2013.

I – até o último dia útil do mês de março de cada exercício financeiro, para cada Estado e para o Distrito Federal;

* Inciso incluído pela LC n. 143/2013.

II – até o último dia útil de cada exercício financeiro, para cada Município.

* Inciso incluído pela LC n. 143/2013.

Parágrafo único. Far-se-á nova comunicação sempre que houver, transcorrido o prazo fixado no inciso I do *caput*, a criação de novo Estado a ser implantado no exercício subsequente.

* Parágrafo único incluído pela LC n. 143/2013.

 COMENTÁRIOS

1. Moldura constitucional. Art. 70. "A fiscalização contábil, financeira, orçamentária, operacional e patrimonial da União e das entidades da administração direta e indireta, quanto à legalidade, legitimidade, economicidade, aplicação das subvenções e renúncia de receitas, será exercida pelo Congresso Nacional, mediante controle externo, e pelo sistema de controle interno de cada Poder. Parágrafo único. Prestará contas qualquer pessoa física

---

[8]   V. redação dada pela EC n. 132/2023.

ou jurídica, pública ou privada, que utilize, arrecade, guarde, gerencie ou administre dinheiros, bens e valores públicos ou pelos quais a União responda, ou que, em nome desta, assuma obrigações de natureza pecuniária. [...] Art. 161. Cabe à lei complementar: [...] II – estabelecer normas sobre a entrega dos recursos de que trata o art. 159, especialmente sobre os critérios de rateio dos fundos previstos em seu inciso I, objetivando promover o equilíbrio socioeconômico entre Estados e entre Municípios; [...] Parágrafo único. O Tribunal de Contas da União efetuará o cálculo das quotas referentes aos fundos de participação a que alude o inciso II."

2. Legislação básica: LC n. 62/1989, art. 5.º (normas sobre o cálculo, a entrega e o controle das liberações dos recursos dos Fundos de Participação).

3. Nova disciplina instituída pela LC n. 143/2013. A Lei Complementar n. 143/2013 deu nova redação ao *caput* e incluiu as normas contidas nos dois incisos e no parágrafo único desse dispositivo, alterando o regime jurídico do cálculo e pagamentos das quotas estaduais e municipais referentes aos fundos previstos no art. 159, I, *a*, *b* e *d*, da Constituição de 1988.

Arts. 93 a 95. *Artigos revogados pela LC n. 143/2013.*

LIVRO SEGUNDO
NORMAS GERAIS DE DIREITO TRIBUTÁRIO

TÍTULO I
Legislação Tributária

Capítulo I
Disposições Gerais

Seção I
Disposição Preliminar

Art. 96. A expressão "legislação tributária" compreende as leis, os tratados e as convenções internacionais, os decretos e as normas complementares que versem, no todo ou em parte, sobre tributos e relações jurídicas a eles pertinentes (**1 e 2**).

 COMENTÁRIOS

1. *Moldura constitucional*. Art. 146. "Cabe à lei complementar: [...] III – estabelecer normas gerais em matéria de legislação tributária, especialmente sobre: [...]. Art. 165. [...] § 2.º A lei de diretrizes orçamentárias compreenderá as metas e prioridades da administração pública federal, estabelecerá as diretrizes de política fiscal e respectivas metas, em consonância com trajetória sustentável da dívida pública, orientará a elaboração da lei orçamentária anual, disporá sobre as alterações na legislação tributária e estabelecerá a política de aplicação das agências financeiras oficiais de fomento".

2. *Legislação tributária*. Cuida-se conceito abrangente, pois abarca atos normativos de diversas naturezas, cujo ponto comum é o objeto – *o regime jurídico dos tributos e das relações jurídicas a eles referentes*. Assim, compreende as espécies legislativas, os tratados e convenções internacionais, bem como os atos administrativos normativos, todos fundamentados nas normas constitucionais disciplinadoras da tributação.

 SUGESTÕES DOUTRINÁRIAS

LEGISLAÇÃO TRIBUTÁRIA

Sacha Calmon Navarro Coêlho, Conceito, vigência, interpretação, integração e aplicação da legislação tributária, *O cinquentenário do Código Tributário Nacional*, D'Plácido, v. 2, p. 483-532; Regina Helena Costa, *Praticabilidade e justiça tributária: exequibilidade de lei tributária e direitos do contribuinte*, Malheiros.

Seção II
Leis, Tratados e Convenções Internacionais e Decretos

Art. 97. Somente a lei pode estabelecer **(1 a 5)**:

I – a instituição de tributos, ou a sua extinção;

II – a majoração de tributos, ou sua redução, ressalvado o disposto nos arts. 21, 26, 39, 57 e 65;

III – a definição do fato gerador da obrigação tributária principal, ressalvado o disposto no inciso I do § 3.º do art. 52, e do seu sujeito passivo;

IV – a fixação de alíquota do tributo e da sua base cálculo, ressalvado o disposto nos arts. 21, 26, 39, 57 e 65;

V – a cominação de penalidades para as ações ou omissões contrárias a seus dispositivos, ou para outras infrações nela definidas;

VI – as hipóteses de exclusão, suspensão e extinção de créditos tributários, ou de dispensa ou redução de penalidades.

§ 1.º Equipara-se à majoração do tributo a modificação de sua base de cálculo, que importe em torná-lo mais oneroso **(6)**.

§ 2.º Não constitui majoração de tributo, para os fins do disposto no inciso II deste artigo, a atualização do valor monetário da respectiva base de cálculo **(7 e 8)**.

 ## COMENTÁRIOS

1. *Moldura constitucional.* Art. 5.º "Todos são iguais perante a lei, sem distinção de qualquer natureza, garantindo-se aos brasileiros e aos estrangeiros residentes no País a inviolabilidade do direito à vida, à liberdade, à igualdade, à segurança e à propriedade, nos termos seguintes: [...] II – ninguém será obrigado a fazer ou deixar de fazer alguma coisa senão em virtude de lei; [...]; XXXV – a lei não excluirá da apreciação do Poder Judiciário lesão ou ameaça a direito; XXXVI – a lei não prejudicará o direito adquirido, o ato jurídico perfeito e a coisa julgada; [...] Art. 146. Cabe à lei complementar: I – dispor sobre conflitos de competência, em matéria tributária, entre a União, os Estados, o Distrito Federal e os Municípios; II – regular as limitações constitucionais ao poder de tributar; III – estabelecer normas gerais em matéria de legislação tributária, especialmente sobre: [...]. Art. 150. Sem prejuízo de outras garantias asseguradas ao contribuinte, é vedado à União, aos Estados, ao Distrito Federal e aos Municípios: [...] I – exigir ou aumentar tributo sem lei que o estabeleça; [...]."

2. *Dispositivo relacionado*: art. 9.º, I, CTN.

3. *Princípio da legalidade.* Ao lado do *princípio da supremacia do interesse público sobre o particular*, constitui a legalidade um dos princípios fundamentais do Direito Público, assim entendido o conjunto de normas que disciplinam as relações jurídicas de que o Estado faça parte. Insculpido seu enunciado geral no art. 5.º, II, CR, predica que o Poder Público está legitimado a impor comportamento a alguém ou vedar-lhe conduta, desde que mediante ato normativo qualificado como lei. Desse modo, o Estado somente pode adotar condutas determinadas ou autorizadas em lei.

4. *Princípio da legalidade tributária.* O Direito Tributário, como disciplina integrante do apontado conjunto normativo, tem no princípio da legalidade um de seus mais importantes vetores. Expressamente previsto no art. 150, I, CR, e secundado por esse dispositivo do CTN, impõe que todo o regramento das relações jurídico-tributárias seja efetuado mediante lei. Circundando essa noção de legalidade tributária, os princípios da *anterioridade* e da *irretroatividade* da lei tributária compõem um eficiente sistema de proteção ao contribuinte. V. comentários ao art. 9.º, CTN.

5. *Hipóteses*. O artigo arrola as situações em que a disciplina legal é obrigatória em consonância com o regime constitucional tributário: *(i)* instituição e majoração de tributo; *(ii)* previsão das hipóteses de incidência tributárias, com todos os aspectos a elas inerentes; *(iii)* regramento da suspensão e da extinção da obrigação tributária; *(iv)* disciplina da isenção e da anistia; e *(v)* regime de infrações tributárias e respectivas penalidades.

6. *Legalidade e medida provisória*. A medida provisória é ato normativo de caráter extraordinário, de competência do Chefe do Poder Executivo, dotado de eficácia de lei, pelo prazo de sessenta dias, prorrogável por igual período (art. 62, CR). Criação da Constituição de 1988, a medida provisória logo ensejou polêmica com relação à sua admissibilidade como instrumento idôneo a instituir e majorar tributos, porquanto equiparada à lei apenas no sentido material, ostentando eficácia precária e estando condicionada sua edição à observância dos pressupostos de relevância e urgência. Divergiram a doutrina e a jurisprudência a respeito do assunto. Sinteticamente, para uns a medida provisória, uma vez convertida em lei, poderia ser empregada na instituição e majoração de tributos, observado o princípio da anterioridade da lei tributária. Para outros, diversamente, não sendo a medida provisória lei sob o aspecto formal, posto constituir ato normativo emanado do Presidente da República, não se prestaria a tais fins, uma vez que o Poder Legislativo somente pode manifestar-se quando a exigência fiscal já está em vigor, o que vulnera o princípio da legalidade tributária. Tal discussão restou superada no plano jurisprudencial diante de reiterados pronunciamentos do STF no sentido da admissibilidade do emprego da medida provisória para a instituição e aumento de tributos, condicionado à observância da anterioridade da lei tributária (*e.g.*, RE 197.790/MG, j. 19.02.1997). Em sequência, a EC n. 32/2001, ao dar nova redação ao art. 62, CR, alterou o regime das medidas provisórias, estatuindo que "medida provisória que implique instituição ou majoração de impostos, exceto os previstos nos arts. 153, I, II, IV, V, e 154, II, só produzirá efeitos no exercício financeiro seguinte se houver sido convertida em lei até o último dia daquele em que foi editada" (§ 2.º), sendo vedada sua edição sobre matéria reservada à lei complementar (§ 1.º, III). Tal dispositivo enseja alguns comentários importantes. Em primeiro lugar, pensamos somente possa cogitar-se do emprego da medida provisória para instituição e majoração de tributos cuja disciplina não exija lei complementar (art. 62, § 1.º, III, acrescentado pela EC n. 32/2001). Outrossim, note-se que, dentre as exceções apontadas, com relação às quais a eficácia da medida provisória não está adstrita à observância do princípio da anterioridade da lei tributária, figuram os mesmos impostos federais indicados no art. 150, § 1.º, CR, e igualmente referidos no art. 153, § 1.º (faculdade de alteração de alíquotas pelo Poder Executivo, atendidos as condições e os limites estabelecidos em lei), acrescido esse rol dos impostos extraordinários (art. 154, II). Enfim, evidencia-se um esforço do legislador da EC n. 32/2001, em compatibilizar-se o emprego de medida provisória no campo tributário e a observância dos princípios da anterioridade da lei tributária (art. 150, III, *b* e *c*), o que parece inútil, pois, enquanto aquela pressupõe *urgência* para sua edição (art. 62, *caput*), estes determinam o aguardo de um período de tempo para que o contribuinte possa acostumar-se com a nova ou majorada exigência fiscal, evitando-se-lhe a *imediata surpresa*. Por fim, temos que *urgência* e *anterioridade* da lei tributária constituem ideias antagônicas, pelo que a contradição se revela insuperável, a impor, no plano científico, a conclusão segundo a qual a medida provisória não constitui instrumento legítimo a instituir e majorar impostos.

7. Majoração de tributo mediante modificação da base de cálculo. O § 1.º destaca uma das formas de majorar o tributo, consubstanciada na modificação de sua base de cálculo.

8. Atualização monetária da base de cálculo. A norma contida no § 2.º deixa claro que o papel da correção monetária é, tão somente, o de recompor o poder aquisitivo da moeda em face da inflação.

 SUGESTÕES DOUTRINÁRIAS

PRINCÍPIO DA LEGALIDADE TRIBUTÁRIA

Ana Paula Dourado, *O princípio da legalidade fiscal: tipicidade, conceitos jurídicos indeterminados e margem de livre apreciação*, Almedina; Ricardo Lodi Ribeiro e Sérgio André Rocha (Coord.), *Legalidade e tipicidade no direito tributário*, Quartier Latin.

 JURISPRUDÊNCIA ILUSTRATIVA

STF

• "Ações diretas de inconstitucionalidade. Julgamento conjunto. Direito tributário. Conselhos profissionais. Autarquias federais. Contribuição social de interesse profissional. Anuidades. Art. 149 da Constituição da República. Lei complementar. Pertinência temática. Capacidade contributiva. Legalidade tributária. Praticabilidade. Parafiscalidade. Lei federal n. 12.514/2011. 1. A jurisprudência desta Corte se fixou no sentido de serem os conselhos profissionais autarquias de índole federal. Precedentes: MS 10.272, de relatoria do Ministro Victor Nunes Leal, Tribunal Pleno, *DJ* 11.07.1963; e MS 22.643, de relatoria do Ministro Moreira Alves, *DJ* 04.12.1998. 2. Tendo em conta que a fiscalização dos conselhos profissionais envolve o exercício de poder de polícia, de tributar e de punir, estabeleceu-se ser a anuidade cobrada por essas autarquias um tributo, sujeitando-se, por óbvio, ao regime tributário pátrio. Precedente: ADI 1.717, de relatoria do Ministro Sydney Sanches, Tribunal Pleno, *DJ* 28.03.2003. 3. O entendimento iterativo do STF é na direção de as anuidades cobradas pelos conselhos profissionais caracterizarem-se como tributos da espécie 'contribuições de interesse das categorias profissionais', nos termos do art. 149 da Constituição da República. Precedente: MS 21.797, Rel. Min. Carlos Velloso, Tribunal Pleno, *DJ* 18.05.2001. 4. Não há violação à reserva de lei complementar, porquanto é dispensável a forma da lei complementar para a criação das contribuições de intervenção no domínio econômico e de interesse das categorias profissionais. Precedentes. 5. Em relação à ausência de pertinência temática entre a emenda parlamentar incorporada à Medida Provisória n. 536/2011 e o tema das contribuições devidas aos conselhos profissionais em geral, verifica-se que os efeitos de entendimento da ADI 5.127, de relatoria da Ministra Rosa Weber e com acórdão por mim redigido, não se aplica à medida provisória editada antes da data do julgamento, uma vez que a este foi emprestada eficácia prospectiva. 6. A Lei n. 12.514/2011 ora impugnada observou a capacidade contributiva dos contribuintes, pois estabeleceu razoável correlação entre a desigualdade educacional e a provável disparidade de rendas auferidas do labor de pessoa física, assim como por haver diferenciação dos valores das anuidades baseada no capital social da pessoa jurídica contribuinte. 7. Não ocorre violação ao princípio da reserva legal, uma vez que o diploma impugnado é justamente a lei em sentido formal que disciplina a matéria referente à instituição das contribuições sociais de interesse profissional para aqueles conselhos previstos no art. 3.º da Lei n. 12.514/2011. 8. No tocante à legalidade tributária estrita, reputa-se ser adequada e suficiente a determinação do mandamento tributário no bojo da lei impugnada, por meio da fixação de tetos aos critérios materiais das hipóteses de incidência das contribuições profissionais, à luz da chave analítica formada pelas categorias da praticabilidade e da parafiscalidade. Doutrina. 9. Ações diretas de inconstitucionalidade improcedentes" (ADI 4.697/DF, Rel. Min. Edson Fachin, j. 06.10.2016).

> **Art. 98.** Os tratados e as convenções internacionais revogam ou modificam a legislação tributária interna, e serão observados pela que lhes sobrevenha **(1 a 4)**.

 COMENTÁRIOS

1. Moldura constitucional. Art. 5.º [...] § 2.º "Os direitos e garantias expressos nesta Constituição não excluem outros decorrentes do regime e dos princípios por ela adotados, ou dos tratados internacionais em que a República Federativa do Brasil seja parte. § 3.º Os tratados e convenções internacionais sobre direitos humanos que forem aprovados, em cada Casa do Congresso Nacional, em dois turnos, por três quintos dos votos dos respectivos membros, serão equivalentes às emendas constitucionais. [...] Art. 49. É da competência exclusiva do Congresso Nacional: I – resolver definitivamente sobre tratados, acordos, ou atos internacionais que acarretem encargos ou compromissos gravosos ao patrimônio nacional [...]. Art. 84. Compete privativamente ao Presidente da República: [...] VIII – celebrar tratados, convenções e atos internacionais, sujeitos a referendo do Congresso Nacional; [...]."

2. Eficácia dos tratados e convenções internacionais em matéria tributária. A interpretação da norma contida no art. 98, CTN, rendeu controvérsias, especialmente no tocante à sua constitucionalidade. No Direito internacional, existem diversas vertentes de pensamento acerca do *status* dos tratados internacionais ante a legislação interna. No Direito Tributário, igualmente, várias correntes doutrinárias pretendem explicar em que medida normas tributárias introduzidas por meio de tais atos normativos sobrepõem-se à legislação interna. A importância do tema exsurge do fato de que o efeito mais danoso da *pluritributação internacional* é a não observância do *princípio da capacidade contributiva*, uma vez que Estados soberanos, evidentemente, observarão seus próprios sistemas tributários, desconhecendo os alheios. Desse modo, a celebração de tratados internacionais visa atenuar tal efeito, mediante a concessão de isenções e outros benefícios fiscais, bem como a eliminação de barreiras alfandegárias e restrições à circulação de mercadorias, com intuito de facilitar o comércio exterior.

3. Tratado internacional e concessão de isenção. Uma das questões mais debatidas é se, celebrado tratado internacional conferindo isenção, esta somente aplica-se a tributos da União, uma vez vedada a concessão de *isenção heterônoma* (art. 151, III, CR), ou se a exoneração pode alcançar tributos das demais pessoas políticas. A resposta é afirmativa, porquanto a União, ao celebrar tratado internacional, não figura como membro da Federação, mas representa o Estado brasileiro como ente soberano. O posicionamento do STF nesse sentido pôs fim à controvérsia no plano jurisprudencial (RE 229.096/RS, j. 16.08.2007).

4. Crítica ao dispositivo. A dicção da norma em análise não é das mais técnicas, pois os tratados e convenções internacionais não "revogam" a legislação interna. O que de fato ocorre é que as normas contidas em tais atos, por serem especiais, prevalecem sobre a legislação interna, afastando sua eficácia no que com esta forem conflitantes (critério da especialidade para a solução de conflitos normativos). Tal eficácia, portanto, resta preservada para todas as demais situações não contempladas nos atos internacionais.

 ## SUGESTÕES DOUTRINÁRIAS

TRATADOS INTERNACIONAIS EM MATÉRIA TRIBUTÁRIA

Sérgio André Rocha, *Termos não definidos em tratados internacionais tributários*, Casa do Direito; Betina Treiger Grupenmacher, Tratados internacionais em matéria tributária e a ordem jurídica interna, *Sistema constitucional tributário: dos fundamentos teóricos aos hard cases tributários. Estudos em homenagem ao Ministro Luiz Fux*, Livraria do Advogado, p. 499-526; Francisco Rezek, O primado dos tratados internacionais sobre a lei interna no campo do direito tributário, *Direito tributário: estudos em homenagem a Edvaldo Brito*, Atlas, 2014, p. 328-333.

 ## JURISPRUDÊNCIA ILUSTRATIVA

STJ

• Súmula n. 575: "À mercadoria importada de país signatário do GATT, ou membro da ALALC, estende-se a isenção do imposto de circulação de mercadorias concedida a similar nacional".

• "Direito tributário. Recepção pela Constituição da República de 1988 do Acordo Geral de Tarifas e Comércio. Isenção de tributo estadual prevista em tratado internacional firmado pela República Federativa do Brasil. Artigo 151, inciso III, da Constituição da República. Artigo 98 do Código Tributário Nacional. Não caracterização de isenção heterônoma. Recurso extraordinário conhecido e provido. 1. A isenção de tributos estaduais prevista no Acordo Geral de Tarifas e Comércio para as mercadorias importadas dos países signatários quando o similar nacional tiver o mesmo benefício foi recepcionada pela Constituição da República de 1988. 2. O artigo 98 do Código Tributário Nacional 'possui caráter nacional, com eficácia para a União, os Estados e os Municípios' (voto do eminente Ministro Ilmar Galvão). 3. No direito internacional apenas a República Federativa do Brasil tem competência para firmar tratados (art. 52, § 2.º, da Constituição da República), dela não dispondo a União, os Estados-membros ou os Municípios. O Presidente da República não subscreve tratados como Chefe de Governo, mas como Chefe de Estado, o que descaracteriza a existência de uma isenção heterônoma, vedada pelo art. 151, inc. III, da Constituição. 4. Recurso extraordinário conhecido e provido" (Pleno, RE 229.096/RS, Red. p/ o acórdão Min. Cármen Lúcia, j. 16.08.2007).

> **Art. 99.** O conteúdo e o alcance dos decretos restringem-se aos das leis em função das quais sejam expedidos, determinados com observância das regras de interpretação estabelecidas nesta Lei **(1 e 2)**.

COMENTÁRIOS

1. *Moldura constitucional.* Art. 37. "A administração pública direta e indireta da União, dos Estados, do Distrito Federal e dos Municípios obedecerá aos princípios de legalidade, impessoalidade, moralidade, publicidade e eficiência e, também, ao seguinte: [...]. Art. 84. Compete privativamente ao Presidente da República: [...] IV – sancionar, promulgar e fazer publicar as leis, bem como expedir decretos e regulamentos para sua fiel execução; [...]. Art. 87. Os Ministros de Estado serão escolhidos dentre brasileiros maiores de vinte e um anos e no exercício dos direitos políticos. Parágrafo único. Compete ao Ministro de Estado, além de outras atribuições estabelecidas nesta Constituição e na lei: [...] II – expedir instruções para a execução das leis, decretos e regulamentos; [...]."

2. *Poder normativo ou regulamentar da Administração Pública.* Cuida-se de preceito meramente didático, pois assim seria mesmo diante do silêncio do CTN. Proclama a Constituição competir privativamente ao Presidente da República expedir decretos e regulamentos para a fiel execução das leis (art. 84, IV, *in fine*). O poder normativo ou regulamentar da Administração Pública consiste, assim, na expedição de normas visando a adequada execução das leis. A Administração Pública produz um variado espectro de atos normativos, sempre subordinados à lei, para orientar seus agentes públicos acerca de como devem interpretar e aplicar as leis (decretos, resoluções, instruções, portarias etc.). A norma constitucional refere-se aos decretos, atos administrativos que competem aos Chefes do Poder Executivo. *Decreto* é a forma de que se revestem os atos emanados do Chefe do Poder Executivo. O decreto regulamentar somente será cabível se a lei a que se refira outorgar certa margem de liberdade ao administrador, isto é, se estiver autorizado o exercício de *discricionariedade administrativa*.

> *Seção III*
> *Normas Complementares*
>
> **Art. 100.** São normas complementares das leis, dos tratados e das convenções internacionais e dos decretos **(1 e 2)**:
>
> I – os atos normativos expedidos pelas autoridades administrativas;
>
> II – as decisões dos órgãos singulares ou coletivos de jurisdição administrativa, a que a lei atribua eficácia normativa;
>
> III – as práticas reiteradamente observadas pelas autoridades administrativas;
>
> IV – os convênios que entre si celebrem a União, os Estados, o Distrito Federal e os Municípios.
>
> Parágrafo único. A observância das normas referidas neste artigo exclui a imposição de penalidades, a cobrança de juros de mora e a atualização do valor monetário da base de cálculo do tributo.

 COMENTÁRIOS

1. *Normas complementares.* Dentre as normas complementares das leis, dos tratados, das convenções internacionais e dos decretos destacam-se os *atos administrativos normativos* –

instruções, portarias, ordens de serviço, circulares, avisos etc. – expedidos pela Administração Fiscal com intuito de *orientar os agentes públicos acerca de como proceder à interpretação e à aplicação das leis tributárias*. Como exposto, os atos administrativos normativos somente podem ser validamente expedidos se a lei outorgar certa margem de liberdade ao administrador, vale dizer, se estiver autorizada a *discricionariedade administrativa*. Constituem, sempre, atos *infralegais*, porquanto subordinados à lei, que lhes é hierarquicamente superior, em razão da sujeição da Administração Pública ao *princípio da legalidade* (art. 37, *caput*, CR). O alcance de seus efeitos é limitado à margem de liberdade que a lei outorgar ao administrador, a qual, em matéria tributária, é bastante limitada. Registre-se a prática, infelizmente reiterada, de, por meio de tais atos, expedirem-se normas que, a pretexto de propiciarem a adequada execução da lei tributária, geram deveres ou impõem restrições a direitos nela não previstos, pelo que acabam por vulnerá-la, diante de sua manifesta incompatibilidade.

2. Crítica ao dispositivo. Merece crítica o dispositivo por não incluir, no rol de normas complementares, a *jurisprudência consolidada*, isto é, aquela firmada nos tribunais superiores, após a análise reiterada de casos semelhantes. A jurisprudência constitui relevante fonte do direito tributário, sendo necessário salientar que esse papel evoluiu imensamente com a introdução dos mecanismos da *repercussão geral*, da *súmula vinculante* e do regime de *recursos repetitivos*. O Código de Processo Civil estatui, em seu art. 927, a obrigatoriedade da observância, por juízes e tribunais, das decisões do Supremo Tribunal Federal em controle concentrado de constitucionalidade; dos enunciados de súmula vinculante; dos acórdãos em incidente de assunção de competência ou de resolução de demandas repetitivas e em julgamento de recursos extraordinário e especial repetitivos; dos enunciados das súmulas do Supremo Tribunal Federal em matéria constitucional e do Superior Tribunal de Justiça em matéria infraconstitucional; e da orientação do plenário ou do órgão especial aos quais estiverem vinculados (incisos I a V).

 SUGESTÕES DOUTRINÁRIAS

NORMAS COMPLEMENTARES EM MATÉRIA TRIBUTÁRIA

Misabel Abreu Machado Derzi, *Modificações da jurisprudência no direito tributário*, Noeses; Regina Helena Costa, *Praticabilidade e justiça: exequibilidade de lei tributária e direitos do contribuinte*, Malheiros.

> ### Capítulo II
> ### Vigência da Legislação Tributária **(1 a 3)**
>
> **Art. 101.** A vigência, no espaço **(3.1)** e no tempo **(3.2)**, da legislação tributária rege-se pelas disposições legais aplicáveis às normas jurídicas em geral, ressalvado o previsto neste Capítulo.

 COMENTÁRIOS

1. *Dispositivos relacionados:* arts. 96 e 102 a 104, CTN.

2. Legislação básica: Decreto-lei n. 4.657/1942, na redação dada pela Lei n. 13.655/2018 (LINDB); LC n. 95/1998 (normas sobre a elaboração, a redação, a alteração e a consolidação das leis, conforme determina o art. 59, CR, e normas para a consolidação dos atos normativos que menciona); e Decreto n. 12.002/2024 (normas para elaboração, redação, alteração e consolidação de atos normativos).

3. Vigência da legislação tributária. Conceito. *Vigência* é a aptidão de uma norma para qualificar fatos, desencadeando seus efeitos de direito. Uma lei está em vigor quando idônea a incidir sobre situações fáticas, gerando consequências jurídicas. A vigência da legislação tributária deve observar a disciplina da LINDB, que consigna normas gerais, e as prescrições contidas nos arts. 101 a 104, CTN, que a derrogam. Releva destacar que a vigência, assim compreendida, não pode ser confundida com a *eficácia*, que é a aptidão de uma norma para produzir efeitos na ordem jurídica. Tais atributos normativos, que usualmente andam juntos, podem existir separadamente. Desse modo, uma norma pode ser *vigente e não eficaz*, como acontece, por exemplo, com aquela que aumenta tributo sujeito à observância dos princípios da anterioridade da lei tributária (genérica e especial), pois sua eficácia está diferida para o 1.º de janeiro do exercício seguinte ao qual foi publicada, observado o decurso de noventa dias (art. 150, III, *b* e *c*, CR). Também, uma norma pode ser *eficaz, mas não mais vigente*, como acontece na hipótese de aplicação, para efeito de lançamento, da lei que se encontrava em vigor à época da ocorrência do fato gerador da obrigação, ainda que posteriormente revogada (art. 144, *caput*, CTN). A vigência há de ser considerada segundo as coordenadas de *tempo* e de *espaço*.

3.1. Vigência no espaço. A vigência das leis no espaço orienta-se pelo *princípio da territorialidade*, segundo o qual a lei de cada pessoa política vigora apenas nos limites de seu território. Essa noção prestigia a autonomia das pessoas políticas e, em consequência, a própria Federação. No entanto, em certas situações, a ideia de *extraterritorialidade* é que se aplica. A Constituição explicita algumas delas, ao proclamar que o ICMS incide sobre "operações relativas à circulação de mercadorias e sobre prestações de serviços de transporte interestadual e intermunicipal e de comunicação, *ainda que as operações e as prestações se iniciem no exterior*" (art. 155, II), e sobre "a entrada de bem ou mercadoria importados do exterior por pessoa física ou jurídica, ainda que não seja contribuinte habitual do imposto, qualquer que seja a sua finalidade, assim como *sobre o serviço prestado no exterior*, cabendo o imposto ao Estado onde estiver situado o domicílio ou o estabelecimento do destinatário da mercadoria, bem ou serviço" (art. 155, § 2.º, IX) (destaques nossos).[1]

3.2. Vigência no tempo. A respeito da vigência da lei no tempo, a LINDB estabelece, em seu art. 1.º, que, "salvo disposição contrária, a lei começa a vigorar em todo o país 45 (quarenta e cinco) dias depois de oficialmente publicada". Tal lapso temporal, entre a publicação da lei e o termo inicial de sua vigência, é denominado de *vacatio legis*. Usualmente, as leis fazem consignar, em seu último artigo, que entram em vigor na data de sua publicação, afastando a aplicação dessa norma supletiva.

> **Art. 102.** A legislação tributária dos Estados, do Distrito Federal e dos Municípios vigora, no País, fora dos respectivos territórios, nos limites em que lhe reconheçam extraterritorialidade os convênios de que participem, ou do que disponham esta ou outras leis de normas gerais expedidas pela União **(1 a 3)**.

---

[1]   V. art. 156-A, incluído pela EC n. 132/2023.

COMENTÁRIOS

1. Dispositivo relacionado: art. 98, CTN.

2. Territorialidade da legislação tributária. A regra de vigência no espaço da legislação tributária é a de que ela vigora nos limites territoriais da própria pessoa de direito público que a emitiu. Assim, a legislação tributária da União vigora em todo o território nacional, a de um Estado nos limites de seu território e assim por diante.

3. Extraterritorialidade da legislação tributária. O dispositivo registra, ainda, o caráter *excepcional* da extraterritorialidade da legislação tributária. A extraterritorialidade é implementada mediante instrumentos específicos para esse fim, como tratados e convênios, nos termos da lei. Assinale-se que a *pluritributação internacional* é tema que tem despertado grande interesse, como no caso, por exemplo, da tributação da renda, quando um cidadão brasileiro obtém rendimentos no exterior. Pode ocorrer, então, que ambos os países – o da fonte pagadora e o do domicílio do sujeito passivo – pretendam tributar os mesmos rendimentos. Em razão disso é que têm sido celebrados tratados internacionais visando evitar a *dupla tributação*, com critério da reciprocidade, mediante o emprego de várias técnicas legislativas para o alcance desse objetivo – desoneração, compensação etc.

> **Art. 103.** Salvo disposição em contrário, entram em vigor **(1 e 2)**:
>
> I – os atos administrativos a que se refere o inciso I do art. 100, na data da sua publicação;
>
> II – as decisões a que se refere o inciso II do art. 100 quanto a seus efeitos normativos, 30 (trinta) dias após a data da sua publicação;
>
> III – os convênios a que se refere o inciso IV do art. 100 na data neles prevista.

COMENTÁRIOS

1. Legislação básica: Decreto-lei n. 4.657/1942, na redação dada pela Lei n. 13.655/2018 (LINDB); LC n. 95/1998 (dispõe sobre a elaboração, a redação, a alteração e a consolidação das leis, conforme determina o art. 59 da Constituição Federal, e estabelece normas para a consolidação dos atos normativos que menciona); e Decreto n. 12.002/2024 (estabelece as normas para elaboração, redação, alteração, consolidação de atos normativos).

2. Normas supletivas. O dispositivo abriga *normas supletivas* indicativas de termos iniciais de vigência de diversas normas complementares. Afasta, portanto, a disciplina da LINDB. Apenas na hipótese de tais normas não indicarem o termo inicial de sua vigência aplica-se o art. 1.º da LINDB, ou seja, entrarão em vigor quarenta e cinco dias após sua publicação.

> **Art. 104.** Entram em vigor no primeiro dia do exercício seguinte àquele em que ocorra a sua publicação os dispositivos de lei, referentes a impostos sobre o patrimônio ou a renda **(1 a 8)**:

I – que instituem ou majoram tais impostos;

II – que definem novas hipóteses de incidências;

III – que extinguem ou reduzem isenções, salvo se a lei dispuser de maneira mais favorável ao contribuinte, e observado o disposto no art. 178.

 COMENTÁRIOS

1. Moldura constitucional. Art. 150. "Sem prejuízo de outras garantias asseguradas ao contribuinte, é vedado à União, aos Estados, ao Distrito Federal e aos Municípios: [...] III – cobrar tributos: [...] b) no mesmo exercício financeiro em que haja sido publicada a lei que os instituiu ou aumentou; c) antes de decorridos noventa dias da data em que haja sido publicada a lei que os instituiu ou aumentou, observado o disposto na alínea *b*; [...]. Art. 195. A seguridade social será financiada por toda a sociedade, de forma direta e indireta, nos termos da lei, mediante recursos provenientes dos orçamentos da União, dos Estados, do Distrito Federal e dos Municípios, e das seguintes contribuições sociais: I – do empregador, da empresa e da entidade a ela equiparada na forma da lei, incidentes sobre: a) a folha de salários e demais rendimentos do trabalho pagos ou creditados, a qualquer título, à pessoa física que lhe preste serviço, mesmo sem vínculo empregatício; b) a receita ou o faturamento; c) o lucro; II – do trabalhador e dos demais segurados da previdência social, podendo ser adotadas alíquotas progressivas de acordo com o valor do salário de contribuição, não incidindo contribuição sobre aposentadoria e pensão concedidas pelo Regime Geral de Previdência Social; III – sobre a receita de concursos de prognósticos; IV – do importador de bens ou serviços do exterior, ou de quem a lei a ele equiparar;[2] [...] § 6.º As contribuições sociais de que trata este artigo só poderão ser exigidas após decorridos noventa dias da data da publicação da lei que as houver instituído ou modificado, não se lhes aplicando o disposto no art. 150, III, *b*."

2. Princípio da anterioridade da lei tributária. Evolução normativa. A noção de anterioridade da lei tributária corresponde ao regramento segundo o qual, uma vez publicada a lei tributária que institua ou aumente tributo, entra ela em vigor no mesmo exercício financeiro, mas sua eficácia está postergada ao exercício financeiro seguinte, respeitado o decurso de noventa dias, consoante os dispositivos constitucionais apontados. Expressão de *segurança jurídica*, a anterioridade da lei tributária revela-se destacada preocupação constitucional, porquanto a disciplina do assunto, desde a promulgação da Constituição de 1988, tornou-se cada vez mais complexa, com a introdução de novas normas, quer para oferecer-se maior proteção ao contribuinte, quer para excepcionar-se outras situações da eficácia do princípio. Inicialmente, o texto constitucional, a par de abrigar a noção clássica de anterioridade da lei tributária, apelidada de *anterioridade genérica* ou *anterioridade ao exercício* (art. 150, III, *b*), inovou ao contemplar a chamada *anterioridade nonagesimal* para as *contribuições* destinadas ao financiamento da *seguridade social* (art. 195, § 6.º). Em 2001, todavia, a Emenda Constitucional n. 33 introduziu duas exceções ao princípio, ao prescrever que, nas hipóteses de *ICMS incidente sobre operações com combustíveis e lubrificantes*, bem como na de *contribuição de intervenção no domínio econômico* relativa às atividades de *importação ou comercialização de petróleo e seus derivados, gás natural e seus derivados e*

álcool combustível, as alíquotas poderão ser reduzidas e restabelecidas, não se lhes aplicando o disposto no art. 150, III, *b* (arts. 155, § 4.º, IV, *c*,[3] e 177, § 4.º, I, *b*). Nova modificação adveio com a Emenda Constitucional n. 42/2003, que ao acrescentar a alínea *c* ao inciso III do art. 150, instituiu a *anterioridade especial, de noventa dias*, para os tributos em geral. Portanto, cuida-se de tema intrincado, que suscita indagações, a começar pela constitucionalidade das alterações estabelecidas por emenda, destinadas a alterar o perfil de princípio constitucional, restritivas dos direitos e garantias que ele protege. Parece duvidosa a legitimidade de inovação nesse sentido, destinada a reduzir o âmbito eficacial do princípio, diante da cláusula pétrea insculpida no art. 60, § 4.º, IV, CR.

3. Modalidades de anterioridade da lei tributária. A Constituição da República aponta três modalidades de anterioridade da lei tributária: *(i)* a anterioridade genérica ou do exercício (art. 150, III, *b*); *(ii)* a anterioridade especial (art. 150, III, *c*); e *(iii)* a anterioridade nonagesimal (art. 195, § 6.º), a seguir analisadas.

3.1. *Anterioridade genérica ou do exercício.* Consoante o art. 150, III, *b*, CR, é vedado às pessoas políticas exigir tributos no mesmo exercício financeiro em que haja sido publicada a lei que os instituiu ou aumentou. Visa o preceito evitar seja o contribuinte surpreendido mediante uma nova imposição fiscal ou a majoração de tributo já existente. Essa modalidade de anterioridade é denominada *genérica*, porquanto aplicável aos tributos em geral, ou *do exercício*, porque atrelada à noção de exercício financeiro (período compreendido entre 1.º de janeiro e 31 de dezembro). Com os princípios da legalidade tributária e da irretroatividade da lei tributária – que traduz a impossibilidade de a lei fiscal alcançar fatos pretéritos (art. 150, III, *a*, CR) –, tal diretriz representa uma das mais expressivas garantias outorgadas aos contribuintes. Tradicionalmente insculpido em nossos textos constitucionais, o princípio em foco passou a ter seu conteúdo esvaziado nos últimos anos, diante da prática, por vezes reiterada, de fazer-se publicar lei majoradora de imposto às vésperas do novo exercício financeiro – vale dizer, nos últimos dias de dezembro. Entendeu-se, predominantemente, inclusive em jurisprudência, que, publicada a lei que institui ou aumenta tributo, ainda que, no dia 31 de dezembro, sua eficácia é deflagrada no dia seguinte – 1.º de janeiro – restando, desse modo, atendido o aludido princípio constitucional. Assinale-se que, na hipótese do emprego de medida provisória para a instituição ou majoração de impostos – também se impõe, como regra, a observância do princípio em estudo, porquanto tal ato normativo só produzirá efeitos no exercício financeiro seguinte, se houver sido convertido em lei até o último dia daquele em que foi editado (art. 62, § 2.º, CR).

3.2. *Anterioridade especial.* Inspirada na experiência positiva de assegurar período certo de tempo para evitar a surpresa, diante da imposição de maior ônus aos contribuintes de contribuições sociais para o financiamento da seguridade social, a Emenda Constitucional n. 42/2003 acrescentou a alínea *c* ao inciso III do art. 150, prescrevendo ser vedado às pessoas políticas cobrar tributos "antes de decorridos noventa dias da data em que haja sido publicada a lei que os instituiu ou aumentou, observado o disposto na alínea *b*". Desse modo, criou-se mais uma limitação à instituição ou aumento de tributos, porquanto se assegura ao contribuinte o prazo mínimo de noventa dias para que se acostume com a nova exigência, em homenagem, uma vez mais, aos princípios da segurança jurídica e da não surpresa. As duas modalidades de anterioridade – a genérica e a especial – entrecruzam-se, ampliando a proteção conferida aos contribuintes. À disciplina da anterioridade genérica acresceu-se um prazo, que constitui garantia mínima ao contribuinte. Em outras palavras, no mínimo,

---

[3]   V. art. 156-A, incluído pela EC n. 132/2023.

o contribuinte terá noventa dias para preparar-se para enfrentar a nova exação, podendo o prazo ser bem maior, caso a lei veiculadora da nova exigência fiscal seja publicada no início do exercício financeiro.

3.3. *Anterioridade nonagesimal.* A Constituição de 1988, a par de contemplar a noção de anterioridade genérica, inovou ao estampar outra modalidade de anterioridade da lei tributária, apelidada de *anterioridade nonagesimal*, em seu art. 195, § 6.º, segundo o qual as contribuições sociais destinadas ao financiamento da seguridade social somente poderão ser exigidas depois de decorridos noventa dias da data da publicação da lei que as houver instituído ou modificado. Essa nova anterioridade, além de sua especificidade, uma vez pertinente apenas às *contribuições sociais destinadas ao financiamento da seguridade social*, distingue-se, ainda, da anterioridade genérica, a nosso ver, em dois aspectos: *(i) não se atrela a exercício financeiro*, mas consigna prazo para que o contribuinte acostume-se e organize-se para fazer face à nova exigência fiscal; e *(ii)* protege o contribuinte não apenas da instituição ou aumento de contribuição social para o financiamento da seguridade social, mas também de qualquer *modificação* no regime desse tributo que possa ser considerada onerosa ao contribuinte.

4. *Anterioridade e medida provisória.* Assinale-se que, na hipótese do emprego de medida provisória para a instituição ou majoração de impostos, também se impõe, como regra, a observância do princípio em estudo, porquanto tal ato normativo só produzirá efeitos no exercício financeiro seguinte, se houver sido convertida em lei até o último dia daquele em que foi editada (art. 62, § 2.º, CR). As exceções, evidentemente, são os impostos que não precisam atender a anterioridade (art. 150, § 1.º, CR), conforme comentários no próximo item.

5. *Exceções à anterioridade.* Em consequência da introdução da anterioridade especial, a mesma Emenda Constitucional n. 42/2003 deu nova redação ao § 1.º do art. 150. Na primeira parte desse dispositivo, manteve as exceções anteriormente existentes à observância do princípio da anterioridade genérica, acrescentando a esse rol o empréstimo compulsório fundado no art. 148, I. São elas: *(i)* o empréstimo compulsório para atender a despesas extraordinárias, decorrentes de calamidade pública, de guerra externa ou sua iminência (art. 148, I); *(ii)* o Imposto de Importação (art. 153, I); *(iii)* o Imposto de Exportação (art. 153, II); *(iv)* o IPI (art. 153, IV); *(v)* o IOF (art. 153, V); e *(vi)* os impostos extraordinários (art. 154, II). Cremos que a referência ao empréstimo compulsório a que alude o art. 148, I, introduzida pela mencionada emenda constitucional, não constitui verdadeira "exceção" ditada pelo Poder Constituinte Derivado, uma vez que fundado o tributo em situações de emergência – calamidade pública, guerra externa ou sua iminência –, por natureza incompatíveis com a ideia de anterioridade. A norma apenas explicita o que já era dedutível da dicção constitucional. Recorde-se haver *outras exceções* ao princípio da anterioridade genérica, não indicadas nesse dispositivo: *(i)* o ICMS incidente sobre operações com combustíveis e lubrificantes; e *(ii)* a contribuição de intervenção no domínio econômico relativa às atividades de importação ou comercialização de petróleo e seus derivados, gás natural e seus derivados e álcool combustível, em relação aos quais as alíquotas "poderão ser reduzidas e restabelecidas, não se lhes aplicando o disposto no art. 150, III, *b*" (arts. 155, § 4.º, IV, *c*,[4] e 177, § 4.º, I, *b*). Outrossim, o § 1.º do art. 150, *in fine*, passou a estatuir que a vedação contida na alínea *c* não alcança os mesmos impostos já mencionados – salvo o IPI, que deverá, portanto, observar o prazo de noventa dias – incluindo, na exceção, o IR (art. 153, III). Prescreve, ainda, que tal anterioridade não se aplica à fixação da base de cálculo do IPVA (art. 155, III) e do IPTU (art. 156,

---

[4]   V. art. 156-A, incluído pela EC n. 132/2023.

I), permitindo, desse modo, que alterações na exigência desses tributos sejam efetuadas às vésperas de um novo exercício financeiro.

6. Regimes jurídicos de anterioridade da lei tributária. Diante do panorama constitucional, é possível identificar *cinco regimes jurídicos de anterioridade*, como segue: *(i) observância de ambos os princípios* – anterioridades genérica e especial, que constitui o padrão do sistema tributário; *(ii) não sujeição a nenhuma modalidade de anterioridade*: empréstimo compulsório para atender a despesas extraordinárias, decorrentes de calamidade pública, de guerra externa ou sua iminência (art. 148, I); Imposto de Importação (art. 153, I); Imposto de Exportação (art. 153, II); IOF (art. 153, V); e impostos extraordinários (art. 154, II); *(iii) aplicação da anterioridade genérica, mas não da especial*: IR (art. 153, III), fixação da base de cálculo do IPVA (art. 155, III); e IPTU (art. 156, I); *(iv) aplicação da anterioridade especial, mas não da genérica*: IPI (art. 153, IV); bem como ao ICMS incidente sobre operações com combustíveis e lubrificantes (art. 155, § 4.º, IV, c^5), e à contribuição de intervenção no domínio econômico relativa às atividades de importação ou comercialização de petróleo e seus derivados, gás natural e seus derivados e álcool combustível (art. 177, § 4.º, I, *b*), por força da EC n. 33/2001; e *(v) aplicação da anterioridade nonagesimal*, específica para contribuições sociais destinadas ao financiamento da seguridade social (art. 195, § 6.º).

7. *Distinção entre princípio da anterioridade da lei tributária e princípio da anualidade.* Não se deve confundir esse princípio com o extinto *princípio da anualidade*, que figurava nas Constituições Federais de 1946 (art. 141, § 34) e de 1967 (art. 150, § 29, *in fine*), o qual impunha prévia autorização orçamentária para a cobrança de tributos em cada exercício. Essa exigência não existe na ordem constitucional em vigor, porquanto o princípio da anualidade, previsto no art. 165, III e § 9.º, I, CR, diz, apenas com a matéria *orçamentária*, não alcançando a tributária.

8. *Revogação de isenção e anterioridade.* Prestigiando o *princípio da não surpresa*, a revogação da isenção por prazo indeterminado equivale a instituição de tributo novo e, assim, deve respeitar o regime da anterioridade da lei tributária se aplicável à espécie (*e.g.*, RE 564.225 AgR/RS, j. 02.09.2014).

 SUGESTÕES DOUTRINÁRIAS

PRINCÍPIO DA ANTERIORIDADE DA LEI TRIBUTÁRIA

Francisco Pinto Rabello Filho, *O princípio da anterioridade da lei tributária*, RT.

 JURISPRUDÊNCIA ILUSTRATIVA

STF

• Súmula n. 669: "Norma legal que altera o prazo de recolhimento da obrigação tributária não se sujeita ao princípio da anterioridade".

• "Imposto sobre Circulação de Mercadorias e Serviços. Decretos n. 39.596 e n. 39.697, de 1999, do Estado do Rio Grande do Sul. Revogação de benefício fiscal. Princípio da anterio-

---

5   V. art. 156-A, incluído pela EC n. 132/2023.

ridade. Dever de observância. Precedentes. Promovido aumento indireto do Imposto Sobre Circulação de Mercadorias e Serviços – ICMS por meio da revogação de benefício fiscal, surge o dever de observância ao princípio da anterioridade, geral e nonagesimal, constante das alíneas *b* e *c* do inciso III do artigo 150 da Carta. Precedente. Medida Cautelar na Ação Direta de Inconstitucionalidade 2.325/DF, de minha relatoria, julgada em 23 de setembro de 2004. Multa. Agravo. Artigo 557, § 2.º, do Código de Processo Civil. Surgindo do exame do agravo o caráter manifestamente infundado, impõe-se a aplicação da multa prevista no § 2.º do artigo 557 do Código de Processo Civil" (1.ª T., RE 564.225 AgR/RS, Rel. Min. Marco Aurélio, j. 02.09.2014).

• "Tributário. Contribuição social. § 6.º do art. 195 da Constituição da República: Aplicação à contribuição ao PIS. Lei de conversão de medida provisória. Dispositivo suscitado ausente do texto da medida provisória: contagem da anterioridade nonagesimal a partir da publicação da lei. 1. A contribuição ao PIS sujeita-se à regra do § 6.º do art. 195 da Constituição da República. 2. Aplicação da anterioridade nonagesimal à majoração de alíquota feita na conversão de medida provisória em lei. 3. Recurso extraordinário ao qual se nega provimento" (RE 568.503/RS, Tema 278, Rel. Min. Cármen Lúcia, j. 12.02.2014).

Tese: "I – A contribuição para o PIS está sujeita ao princípio da anterioridade nonagesimal previsto no art. 195, § 6.º, da Constituição Federal; II – Nos casos em que a majoração de alíquota tenha sido estabelecida somente na conversão de medida provisória em lei, a contribuição apenas poderá ser exigida após noventa dias da publicação da lei de conversão".

• "Recurso extraordinário. Emenda Constitucional n. 10/1996. Art. 72, inciso III, do Ato das Disposições Constitucionais Transitórias (ADCT). Contribuição Social sobre o Lucro (CSLL). Alíquota de 30% (trinta por cento). Pessoas jurídicas referidas no § 1.º do art. 22 da Lei n. 8.212/1991. Alegada violação ao art. 195, § 6.º, da Constituição Federal. 1. O poder constituinte derivado não é ilimitado, visto que se submete ao processo consignado no art. 60, §§ 2.º e 3.º, da Constituição Federal, bem assim aos limites materiais, circunstanciais e temporais dos §§ 1.º, 4.º e 5.º do aludido artigo. 2. A anterioridade da norma tributária, quando essa é gravosa, representa uma das garantias fundamentais do contribuinte, traduzindo uma limitação ao poder impositivo do Estado. 3. A Emenda Constitucional n. 10/1996, especialmente quanto ao inciso III do art. 72 do Ato das Disposições Constitucionais Transitórias – objeto de questionamento – é um novo texto que veicula nova norma, e não mera prorrogação da emenda anterior. 4. Hipótese de majoração da alíquota da CSSL para as pessoas jurídicas referidas no § 1.º do art. 22 da Lei n. 8.212/1991. 5. Necessidade de observância do princípio da anterioridade nonagesimal contido no art. 195, § 6.º, da Constituição Federal. 6. Recurso extraordinário a que se nega provimento" (RE 587.008/SP, Tema 107, Rel. Min. Dias Toffoli, 02.02.2011).

Tese: "A Emenda Constitucional n. 10/1996, especialmente quanto ao inciso III do art. 72 do ADCT, é um novo texto e veicula nova norma, não sendo mera prorrogação da Emenda Constitucional de Revisão 1/1994, devendo, portanto, observância ao princípio da anterioridade nonagesimal, porquanto majorou a alíquota da CSLL para as pessoas jurídicas referidas no § 1.º do art. 22 da Lei n. 8.212/1991".

Capítulo III
Aplicação da Legislação Tributária

Art. 105. A legislação tributária aplica-se imediatamente aos fatos geradores futuros e aos pendentes, assim entendidos aqueles cuja ocorrência tenha tido início mas não esteja completa nos termos do art. 116 **(1 a 7)**.

COMENTÁRIOS

1. Moldura constitucional. Art. 5.º [...] XXXVI – "a lei não prejudicará o direito adquirido, o ato jurídico perfeito e a coisa julgada; [...]. Art. 150. Sem prejuízo de outras garantias asseguradas ao contribuinte, é vedado à União, aos Estados, ao Distrito Federal e aos Municípios: [...] III – cobrar tributos: a) em relação a fatos geradores ocorridos antes do início da vigência da lei que os houver instituído ou aumentado; [...]."

2. Dispositivos relacionados: arts. 9.º, II, 96, 106 e 116, CTN.

3. Legislação básica. Decreto-lei n. 4.657/1942, na redação dada pela Lei n. 13.655/2018 (LINDB); LC n. 95/1998 (dispõe sobre a elaboração, a redação, a alteração e a consolidação das leis, conforme determina o art. 59 da Constituição Federal, e estabelece normas para a consolidação dos atos normativos que menciona).

4. Princípio da irretroatividade da lei. V. comentários do item 3 do art. 9.º, II, CTN.

5. Princípio da irretroatividade da lei tributária. V. comentários do item 4 do art. 9.º, II, CTN.

6. Aplicação da legislação tributária. Aplicar o Direito consiste, singelamente, na tarefa de interpretar uma norma geral, dela extraindo a norma individual para o caso particular. A norma do art. 105, como não poderia deixar de ser, prestigia os *princípios da irretroatividade da lei* (art. 5.º, XXXVI, CR) e da *irretroatividade da lei tributária* (art. 150, III, *a*, CR). Assim, os atos normativos em geral devem produzir efeitos *pro futuro*, como exigência do primado da *segurança jurídica*. Se o conceito de *fato gerador futuro* não oferece grande dificuldade para sua compreensão, pois cuida-se de fato que ainda não aconteceu e que, quando ocorrer, submeter-se-á à disciplina legal, o mesmo não se diga com relação à noção de *fato gerador pendente*, analisada a seguir.

6.1. Crítica ao dispositivo. Consoante o CTN, extrai-se que *fato gerador pendente* é aquele que se iniciou, mas não se completou, por ainda não se terem verificado todas as circunstâncias materiais necessárias à produção de seus efeitos ou por não estar definitivamente constituída a situação jurídica a que se refere. A dicção legal merece crítica, porquanto a aplicação *imediata* da legislação tributária a *fatos geradores futuros* revela-se inviável, uma vez que tais fatos ainda não ocorreram. Também, a expressão *fatos geradores pendentes* é infeliz, visto que a lei somente pode ser aplicada a fatos que se consumaram – logo, fato gerador que não aconteceu não é fato gerador. O preceito, portanto, peca pela ausência de lógica. Num esforço interpretativo, parece-nos que o legislador quis aludir, especialmente, ao Imposto sobre a Renda, acolhendo a teoria segundo a qual o fato gerador deste é *complexivo* ou *composto*, isto é, exige um determinado lapso de tempo para seu aperfeiçoamento. Felizmente, a Súmula n. 584, STF, que amparava tal orientação, foi cancelada, em homenagem aos princípios da irretroatividade e da anterioridade da lei tributária (Pleno, RE 159.180/MG, Rel. Min. Marco Aurélio, j. 22.06.2020).

7. Remissão ao art. 116, CTN. O art. 116 preceitua, em regra supletiva, quando se considera ocorrido o fato gerador e existentes os seus efeitos. V. comentários ao art. 116.

JURISPRUDÊNCIA ILUSTRATIVA

STF

• "Lei. Aplicação no tempo. Tributo. Irretroatividade. Lei regedora de tributo há de ser editada em certo exercício, para observância no subsequente. Balanço. Correção monetária.

Exercício de 1989. Artigo 30, § 2.º, da Lei n. 7.799/1989. Ante o princípio da irretroatividade, surge inconstitucional o § 2.º do artigo 30 da Lei n. 7.799/1989, no que impôs a correção monetária das demonstrações financeiras referentes ao exercício de 1989" (Pleno, RE 188.083/ PR, Rel. Min. Marco Aurélio, j. 05.08.2015).

> **Art. 106.** A lei aplica-se a ato ou fato pretérito **(1 a 4)**:
>
> I – em qualquer caso, quando seja expressamente interpretativa, excluída a aplicação de penalidade à infração dos dispositivos interpretados **(4.1 e 4.1.1)**;
>
> II – tratando-se de ato não definitivamente julgado **(4.2 e 4.2.1)**:
>
> a) quando deixe de defini-lo como infração;
>
> b) quando deixe de tratá-lo como contrário a qualquer exigência de ação ou omissão, desde que não tenha sido fraudulento e não tenha implicado em falta de pagamento de tributo;
>
> c) quando lhe comine penalidade menos severa que a prevista na lei vigente ao tempo da sua prática.

 COMENTÁRIOS

1. Moldura constitucional. Art. 5.º [...] II – "ninguém será obrigado a fazer ou deixar de fazer alguma coisa senão em virtude de lei; [...] XXXVI – a lei não prejudicará o direito adquirido, o ato jurídico perfeito e a coisa julgada; [...]. Art. 150. Sem prejuízo de outras garantias asseguradas ao contribuinte, é vedado à União, aos Estados, ao Distrito Federal e aos Municípios: [...] III – cobrar tributos: a) em relação a fatos geradores ocorridos antes do início da vigência da lei que os houver instituído ou aumentado; [...]".

2. Dispositivos relacionados: arts. 105 e 144, § 1.º, CTN.

3. Princípio da irretroatividade da lei tributária. V. comentários ao art. 105, CTN.

4. Hipóteses de retroatividade da lei tributária. Em consonância com o texto constitucional, se não se tratar de lei que onere de qualquer modo o contribuinte, autoriza-se que a lei tributária possa produzir seus efeitos para o passado. O artigo estatui as hipóteses em que a lei tributária aplica-se a situações pretéritas, analisadas a seguir.

4.1. Lei expressamente interpretativa. O intuito do dispositivo é buscar a adequada interpretação do texto legal, eliminando-se dúvidas ensejadas pela lei anterior. Entretanto, a noção de *lei expressamente interpretativa* revela-se bastante polêmica, cabendo indagar-se se, efetivamente, é possível falar em *interpretação autêntica*, isto é, aquela que é procedida pelo próprio legislador. A tarefa de interpretação das normas não cabe ao legislador, a quem cumpre, tão somente, confeccioná-las. Por outro lado, compete ao Poder Judiciário efetuar a interpretação da lei em caráter definitivo (art. 5.º, XXXV, CR). Há quem admita, todavia, que, excepcionalmente, por *razões de interesse público*, venha o próprio legislador a fazê-lo. Discute-se, então, se a lei expressamente interpretativa acarreta ou não inovação ao ordenamento jurídico. O CTN pressupõe que não e, assim, autoriza, nos termos do art. 106, I, que ela produza efeitos *ex tunc*. Uma vez considerada a lei expressamente interpretativa, excluída estará a aplicação de penalidade à infração dos dispositivos interpretados.

4.1.1. *Interpretação do STJ e do STF.* Vale lembrar episódio que bem ilustra essa hipótese. A Lei Complementar n. 118/2005 prescreve: "Art. 3.º Para efeito de interpretação do inciso I do art. 168 da Lei n. 5.172, de 25 de outubro de 1966 – Código Tributário Nacional, a extinção do crédito tributário ocorre, no caso de tributo sujeito a lançamento por homologação, no momento do pagamento antecipado de que trata o § 1.º do art. 150 da referida Lei". O art. 168, I, do CTN dispõe, em síntese, que o direito de pleitear a restituição do indébito extingue-se com o decurso do prazo de cinco anos, contados da data da extinção do crédito tributário. E, assim, o art. 3.º da Lei Complementar n. 118/2005, a pretexto de interpretar essa norma, declara que a extinção do crédito tributário, para o exercício daquele direito, na hipótese de tributo sujeito a lançamento por homologação, é o momento do pagamento antecipado (art. 150, § 1.º, do CTN). Desse modo, adotando-se a tese da possibilidade de existência de lei expressamente interpretativa, o art. 3.º da Lei Complementar n. 118/2005 estaria autorizado a retroagir seus efeitos à data da entrada em vigor do CTN (1967), o que soaria absurdo. O STJ rechaçou tal tese, entendendo que o apontado preceito legal tem natureza modificativa e, portanto, incabível a retroatividade (ArgI nos EREsp 644.736/PE, j. 06.06.2007). Posteriormente, o STF ratificou tal entendimento (RE 566.621/RS, j. 04.08.2011).

4.2. *Retroatividade benéfica.* À semelhança do que se admite no Direito Penal (art. 2.º, *caput*, CP), também a lei tributária pertinente a infrações e sanções pode retroagir para alcançar ato ainda não definitivamente julgado: *(i)* quando deixe de defini-lo como infração; *(ii)* quando deixe de tratá-lo como contrário a qualquer exigência de ação ou omissão, desde que não tenha sido fraudulento e não tenha implicado falta de pagamento de tributo; e *(iii)* quando lhe comine penalidade menos severa que a prevista na lei vigente ao tempo da sua prática. Note-se que a hipótese prevista na alínea *b* já se encontra abrigada na da alínea *a*, salvo a referência à fraude e ao não pagamento de tributo. O preceito há de ser compreendido a partir dos princípios da *irretroatividade da lei* (art. 5.º, XXXVI, CR) e da *irretroatividade da lei tributária* (art. 150, III, *a*, CR), porquanto o padrão em nosso ordenamento jurídico é o de que as leis projetam seus efeitos para o futuro, e, especificamente, as leis tributárias mais gravosas – que instituam ou aumentam tributos – não podem alcançar fatos pretéritos. Desse modo, não há óbice a que a lei retroaja para beneficiar o sujeito passivo infrator por ato não definitivamente julgado. O julgamento a que alude o dispositivo é tanto o efetuado em sede administrativa quanto na via judicial.

4.2.1. *Outra hipótese de retroatividade benéfica.* Cabe ressaltar, ainda, que o CTN prevê outra hipótese de retroatividade da lei tributária, no art. 144, § 1.º, ao estatuir que "aplica-se ao lançamento a legislação que, posteriormente à ocorrência do fato gerador da obrigação, tenha instituído novos critérios de apuração ou processos de fiscalização, ampliado os poderes de investigação das autoridades administrativas, ou outorgado ao crédito maiores garantias ou privilégios, exceto, neste último caso, para o efeito de atribuir responsabilidade tributária a terceiros". V. comentários ao art. 144, CTN.

 JURISPRUDÊNCIA ILUSTRATIVA

STF

• "Direito tributário. Lei interpretativa. Aplicação retroativa da Lei Complementar n. 118/2005. Descabimento. Violação à segurança jurídica. Necessidade de observância da *vacatio legis*. Aplicação do prazo reduzido para repetição ou compensação de indébitos aos processos ajuizados a partir de 9 de junho de 2005. Quando do advento da LC n. 118/2005, estava consolidada a orientação da Primeira Seção do STJ no sentido de que, para os tributos sujeitos a lançamento por homologação, o prazo para repetição ou compensação de indébito era de dez anos contados do seu fato gerador, tendo em conta a aplicação combinada dos arts. 150, § 4.º, 156, VII, e 168, I, do CTN. A LC n. 118/2005, embora tenha se autoproclamado interpretativa, implicou inovação normativa, tendo reduzido o prazo de dez anos contados do fato gerador para cinco anos contados do pagamento indevido. Lei supostamente interpretativa que, em verdade, inova no mundo jurídico deve ser considerada como lei nova. Inocorrência de violação à autonomia e independência dos Poderes, porquanto a lei expressamente interpretativa também se submete, como qualquer outra, ao controle judicial quanto à sua natureza, validade e aplicação. A aplicação retroativa de novo e reduzido prazo para a repetição ou compensação de indébito tributário estipulado por lei nova, fulminando, de imediato, pretensões deduzidas tempestivamente à luz do prazo então aplicável, bem como a aplicação imediata às pretensões pendentes de ajuizamento quando da publicação da lei, sem resguardo de nenhuma regra de transição, implicam ofensa ao princípio da segurança jurídica em seus conteúdos de proteção da confiança e de garantia do acesso à Justiça. Afastando-se as aplicações inconstitucionais e resguardando-se, no mais, a eficácia da norma, permite-se a aplicação do prazo reduzido relativamente às ações ajuizadas após a *vacatio legis*, conforme entendimento consolidado por esta Corte no enunciado n. 445 da Súmula do Tribunal. O prazo de *vacatio legis* de 120 dias permitiu aos contribuintes não apenas que tomassem ciência do novo prazo, mas também que ajuizassem as ações necessárias à tutela dos seus direitos. Inaplicabilidade do art. 2.028 do Código Civil, pois, não havendo lacuna na LC n. 118/2008, que pretendeu a aplicação do novo prazo na maior extensão possível, descabida sua aplicação por analogia. Além disso, não se trata de lei geral, tampouco impede iniciativa legislativa em contrário. Reconhecida a inconstitucionalidade do art. 4.º, segunda parte, da LC n. 118/2005, considerando-se válida a aplicação do novo prazo de cinco anos tão somente às ações ajuizadas após o decurso da *vacatio legis* de 120 dias, ou seja, a partir de 9 de junho de 2005. Aplicação do art. 543-B, § 3.º, do CPC aos recursos sobrestados. Recurso extraordinário desprovido" (RE 566.621/RS, Tema 4, Rel. Min. Ellen Gracie, j. 04.08.2011).

Tese: "É inconstitucional o art. 4.º, segunda parte, da Lei Complementar n. 118/2005, de modo que, para os tributos sujeitos a homologação, o novo prazo de 5 anos para a repetição ou compensação de indébito aplica-se tão somente às ações ajuizadas após o decurso da *vacatio legis* de 120 dias, ou seja, a partir de 9 de junho de 2005".

STJ

• "Administrativo. Aduaneiro. Processo Civil. Código de Processo Civil de 1973. Aplicabilidade. Recurso especial e agravo em recurso especial. Honorários advocatícios. Valor irrisório. Lei n. 8.032/1990. *Drawback* em operações de fornecimento de máquinas e equipamentos ao mercado interno. Licitações internacionais. Conceito para efeito de concessão do benefício fiscal. Lei n. 11.732/2008. Incidência. Aplicação da legislação tributária no tempo. Lei expressamente interpretativa. Art. 106, I, do Código Tributário Nacional. Excepcional aplicação retroativa. Anulação do ato administrativo impugnado. I – Consoante o decidido pelo Plenário desta Corte na sessão realizada em 09.03.2016, o regime recursal será determinado pela data da publicação do provimento jurisdicional impugnado. *In casu*, aplica-se o Código de Processo Civil de 1973. I – A reavaliação do critério de apreciação equitativa adotada pelo tribunal de origem para a fixação da verba honorária esbarra no óbice da Súmula n. 7/STJ, ressalvadas apenas as hipóteses excepcionais de valor irrisório ou excessivo. III – Consideradas as peculiaridades do caso concreto, bem assim os princípios da proporcionalidade e da razoabilidade, irrisória a verba honorária fixada no acórdão recorrido. Restabelecimento do percentual definido na sentença. IV – O *drawback* constitui um regime aduaneiro especial, nas modalidades previstas nos incisos do art. 78 do Decreto-lei n. 37/1966 – isenção, suspensão e restituição de tributos, podendo ser conceituado como incentivo à exportação, consubstanciado na desoneração do processo de produção, com vista a tornar a mercadoria nacional mais competitiva no mercado global. V – A Lei n. 8.032/1990 disciplinou a aplicação do regime de *drawback*-suspensão (art. 78, II, do Decreto-lei n. 37/1966), especificamente às operações que envolvam o fornecimento de máquinas e equipamentos para o mercado interno. Por sua vez, a Lei n. 11.732/2008 revela o conceito de 'licitação internacional' lançado no art. 5.º da Lei n. 8.032/1990, subjetivamente mais abrangente do que aquele constante do art. 42 da Lei n. 8.666/1993, encampando, além das licitações realizadas no âmbito da Administração Pública, os certames promovidos pelo setor privado, o que, por conseguinte, prestigia e reforça a própria finalidade do benefício fiscal em comento. Inteligência do art. 173, § 2.º, da Constituição da República. VI – O padrão em nosso ordenamento jurídico é o de que as leis projetem seus efeitos para o futuro. Não obstante, o art. 106 do CTN estatui as excepcionais hipóteses nas quais a lei tributária aplica-se ao passado, dentre elas, quando a lei for expressamente interpretativa. VII – O art. 3.º da Lei n. 11.732/2008 ostenta caráter interpretativo, limitando-se a elucidar o sentido e alcance de expressão constante de outra – art. 5.º da Lei n. 8.032/1990, sem impor qualquer inovação ou modificação no regime especial de tributação nela disciplinado, razão pela qual, em que pese tenha entrado em vigor após o ajuizamento da ação anulatória em tela, é perfeitamente aplicável à situação concreta ora analisada. VIII – Agravo do contribuinte conhecido e provido seu recurso especial. Recurso Especial da União não provido" (1.ª T., REsp 1.715.820/RJ, Rel. Min. Regina Helena Costa, j. 10.03.2020).

Capítulo IV

Interpretação e Integração da Legislação Tributária

Art. 107. A legislação tributária será interpretada conforme o disposto neste Capítulo **(1 a 4.4)**.

 COMENTÁRIOS

1. *Moldura constitucional.* Art. 3.º "Constituem objetivos fundamentais da República Federativa do Brasil: I – construir uma sociedade livre, justa e solidária; II – garantir o desenvolvimento nacional; III – erradicar a pobreza e a marginalização e reduzir as desigualdades sociais e regionais; e IV – promover o bem de todos, sem preconceitos de origem, raça, sexo, cor, idade e quaisquer outras formas de discriminação."

2. *Dispositivos relacionados:* arts. 96 e 118, CTN.

3. *Interpretação e integração.* Interpretar, para o Direito, é a atividade cujo objetivo é a busca da identificação do conteúdo, do alcance e do significado de uma norma jurídica, visando à sua aplicação. Já a *integração* constitui atividade distinta, que pressupõe a ausência de norma jurídica expressa para o caso em análise. No CTN, equivocadamente, as normas relativas à interpretação e integração da legislação tributária (arts. 107 a 112) vêm dispostas após as normas pertinentes à *aplicação* dessa mesma legislação (arts. 105 e 106). Contudo, por óbvio, os processos de interpretação e integração normativas, por questão de ordem lógica e cronológica, precedem à aplicação normativa.

4. Métodos de interpretação da legislação tributária. Dos diversos métodos de interpretação jurídica existentes, analisaremos os seguintes: *(i)* literal ou gramatical; *(ii)* sistemático; *(iii)* teleológico; e *(iv)* evolutivo.

4.1. Interpretação literal ou gramatical. Impende observar que a interpretação chamada *literal* ou *gramatical* constitui, em verdade, apenas a etapa inicial do processo interpretativo, que principia com a leitura da norma. A ela deve seguir-se o emprego de autênticos métodos de interpretação, como os apontados na sequência.

4.2. Interpretação sistemática. A interpretação *sistemática*, no Direito contemporâneo, com o método teleológico, revela-se um dos métodos interpretativos mais importantes. Deflui da aplicação do *princípio da unidade do ordenamento jurídico*, segundo o qual não se pode compreender uma de suas normas isoladamente do contexto em que se insere.

4.3. Interpretação teleológica. A interpretação *teleológica* diz com o espírito e a finalidade da norma. Com efeito, a interpretação de norma jurídica deve considerar, antes de qualquer outro aspecto, sua finalidade, os objetivos que, por meio dela, pretende-se sejam alcançados. Trata-se do método interpretativo mais consentâneo com a *eficácia social* da norma, isto é, com a produção de efeitos *in concreto*, por ocasião da sua aplicação. Para tanto, o intérprete e o aplicador da lei devem buscar a sensibilidade necessária para captar a real finalidade da norma, visando à execução da vontade do Estado nela contida. Sempre oportuno lembrar, a propósito da interpretação teleológica, a primorosa dicção da LINDB, que, em seu art. 5.º, estatui que o juiz, na aplicação da lei, atenderá aos fins sociais a que ela se dirige e às exigências do bem comum. Assim, o magistrado, ao aplicar a norma constitucional, deve, do mesmo modo, observar a finalidade socialmente desejada a ser alcançada, sempre atentando ao interesse coletivo. Os objetivos arrolados no art. 3.º, CR, como vetores do Estado brasileiro, devem auxiliá-lo nessa tarefa. Não obstante dirigido ao juiz, cremos que o preceito legal apontado também opera como diretriz para o administrador público, que, como aplicador da lei, de ofício, deve, no exercício da função administrativa, considerar os fins sociais a que a norma se dirige e as exigências do interesse público. Desse modo, o administrador tributário há de pautar-se pelos mesmos parâmetros.

4.4. Interpretação evolutiva. Outro método interpretativo que merece referência é o *evolutivo*, específico das normas constitucionais. Cuida-se de processo informal de reforma do texto constitucional, consistente na "atribuição de novos conteúdos à norma constitucional, sem modificação de seu teor literal, em razão de mudanças históricas ou de fatores políticos e sociais que não estavam presentes nas mentes dos constituintes" (cf. Luís Roberto Barroso, *Interpretação e aplicação da Constituição*). Tal método é aplicável a normas constitucionais que contenham *conceitos indeterminados*, cuja elasticidade permita comportar mais de um significado, podendo, com o decorrer do tempo, sofrer mutação no seu sentido e alcance. Exemplifique-se com o conceito de *livro*, para efeito da imunidade contemplada no art. 150, VI, *d*, CR, o qual passou a ser interpretado de modo a abranger não somente aqueles confeccionados em mídia impressa, mas também os livros eletrônicos.

 SUGESTÕES DOUTRINÁRIAS

INTERPRETAÇÃO E INTEGRAÇÃO DA LEGISLAÇÃO TRIBUTÁRIA

Ricardo Lobo Torres, *Normas de interpretação e integração do direito tributário*, Renovar; Marcus Lívio Gomes, A *interpretação da legislação tributária*, Quartier Latin; Guilherme Soares Diniz, *Interpretação das competências tributárias: um modelo de limite semântico*, Noeses.

> **Art. 108.** Na ausência de disposição expressa, a autoridade competente para aplicar a legislação tributária utilizará sucessivamente, na ordem indicada **(1 a 4)**:
>
> I – a analogia **(5 a 5.4)**;
>
> II – os princípios gerais de direito tributário **(6)**;
>
> III – os princípios gerais de direito público **(7)**;
>
> IV – a equidade **(8)**.
>
> § 1.º O emprego da analogia não poderá resultar na exigência de tributo não previsto em lei **(5 a 5.4)**.
>
> § 2.º O emprego da equidade não poderá resultar na dispensa do pagamento de tributo devido **(8)**.

 COMENTÁRIOS

1. *Moldura constitucional.* Art. 150. "Sem prejuízo de outras garantias asseguradas ao contribuinte, é vedado à União, aos Estados, ao Distrito Federal e aos Municípios: I – exigir ou aumentar tributo sem lei que o estabeleça; [...] § 6.º Qualquer subsídio ou isenção, redução de base de cálculo, concessão de crédito presumido, anistia ou remissão, relativos a impostos, taxas ou contribuições, só poderá ser concedido mediante lei específica federal, estadual ou municipal, que regule exclusivamente as matérias acima enumeradas ou o correspondente tributo ou contribuição, sem prejuízo do disposto no art. 155, § 2.º, XII, *g.*"[6]

2. *Dispositivos relacionados:* arts. 97, I, e 111, CTN.

3. *Legislação básica:* LINDB, art. 4.º; CPC, art. 140.

4. *Integração da legislação tributária.* Diversamente da interpretação, a integração objetiva o preenchimento de lacunas legislativas, decorrência natural da impossibilidade de o ordenamento jurídico contemplar todas as situações passíveis de ocorrer no mundo concreto. O CTN parece indicar um "roteiro" de expedientes, a ser seguido para que seja efetuada a interpretação e a aplicação da legislação tributária, caso não exista disposição expressa, ou seja, trata-se de norma supletiva. Enseja crítica a dicção desse artigo, pois, como exposto, a interpretação resulta da conjugação de diversos métodos, cujo emprego independe da observância de critério cronológico. Cremos que o entendimento que viabiliza emprestar-se validade ao dispositivo legal é aquele que considera tal "roteiro" como meramente *indicativo* ao aplicador da legislação tributária, não estampando, portanto, uma ordem a ser rigorosamente seguida ou, mesmo, um rol taxativo de itens.

5. *Analogia.* Constitui método de *integração*, não de interpretação. Em Direito, cuida-se de meio empregado pelo aplicador da lei para disciplinar situação não expressamente prevista no ordenamento jurídico, diante da semelhança que guarda com hipótese nele contemplada, em razão do elevado grau de características comuns entre ambas. A analogia, assim, prestigia a *isonomia*, ensejando que situações assemelhadas mereçam tratamento equivalente.

---

[6] V. nova redação dada pela EC n. 132/2023.

5.1. Espécies de analogia. A impossibilidade de o ordenamento jurídico prever todas as hipóteses remete à noção de *analogia "legis"* ou *legal*, que consiste na subsunção de um dado fato a norma jurídica que prevê situação fática semelhante. Outrossim, há a *analogia "juris"* ou *analogia geral*, de natureza principiológica, presente quando o intérprete constrói uma norma aplicável a determinada situação fática mediante recurso a princípios gerais, jurídicos ou não.

5.2. Pressupostos autorizadores do emprego de analogia. São *três* os pressupostos autorizadores do emprego da analogia: *(i)* a existência de lacuna; *(ii)* a semelhança dos casos ou identidade de razão de decidir; e *(iii)* a ausência de disposição contrária no ordenamento jurídico. No Direito Positivo, a importância da analogia exsurge não somente da dicção do art. 4.º, LINDB, que alude a tal expediente ("Quando a lei for omissa, o juiz decidirá o caso de acordo com a analogia, os costumes e os princípios gerais de direito"), como também do art. 140, CPC ("O juiz não se exime de decidir sob a alegação de lacuna ou obscuridade do ordenamento jurídico").

5.3. Vedações ao emprego da analogia como meio de integração da legislação tributária. O CTN, ao prever a analogia como meio de integração da legislação tributária, veda, expressamente, que de seu emprego resulte a exigência de tributo não previsto em lei, nos termos do § 1.º deste artigo. Observe-se que tal vedação já deflui do *princípio da legalidade tributária* (art. 150, I, CR e art. 97, I, CTN). Também, atendendo a esse mesmo princípio, o art. 111, CTN, não autoriza o emprego de analogia para reconhecer isenção, aplicar anistia, nem para dispensar o cumprimento de obrigações acessórias.

5.4. Cabimento da analogia como meio de integração da legislação tributária. Diante da dicção da norma contida no § 1.º do art. 108, CTN, consolidou-se o ensinamento segundo o qual constitui a analogia expediente de utilização vedada no âmbito fiscal, porquanto tal poderia conduzir à tributação de fatos não previamente descritos em lei, configurando absoluta violação aos princípios da segurança jurídica e da legalidade. No entanto, se é verdade que o emprego da analogia pode agredir os princípios mencionados com relação às normas que definem diretamente o conteúdo da obrigação tributária – vale dizer, as pertinentes ao fato imponível e às isenções –, não parece haver objeção na analogia empregada para estender normas de caráter procedimental, especialmente quando se o faz para defender princípios constitucionais e, em concreto, a própria segurança jurídica. Portanto, não obstante as limitações ao emprego de analogia no âmbito fiscal, conclui-se que ainda remanesce espaço no qual pode operar, a exemplo da *definição de prazos para o cumprimento de obrigações e outras matérias de direito tributário formal*. Em outras palavras, pensamos seja cabível o emprego de analogia no campo tributário, desde que tal não afete o próprio aperfeiçoamento das obrigações tributárias, nem se revele prejudicial ao contribuinte.

6. Princípios gerais de direito tributário. Os princípios constituem normas de superior hierarquia no ordenamento jurídico, ostentando elevado grau de generalidade e abstração e abrigando valor fundamental. Cumprem o papel de dirigir a interpretação e a aplicação das demais normas. Nesse contexto, destacam-se, por primeiro, os princípios gerais de direito tributário, tais como os da *legalidade tributária, anterioridade, irretroatividade, isonomia, generalidade, capacidade contributiva,* e *vedação ao confisco.*

7. Princípios gerais de direito público. Igualmente valiosos na interpretação da legislação tributária, destacam-se os princípios gerais de direito público – *legalidade, federativo, autonomia municipal, supremacia do interesse público sobre o particular, indisponibilidade do interesse público, moralidade* etc.

8. *Equidade.* Classicamente definida como a suavização ou mitigação do rigor da lei, quando a aplicação desta possa revelar-se injusta diante do caso concreto, sua utilização está autorizada em todos os quadrantes do Direito. O § 2.º do art. 108 adverte, desnecessariamente, que "o emprego da equidade não poderá resultar na dispensa do pagamento de tributo devido". De fato, consistindo o tributo obrigação *ex lege*, qualquer modalidade de exoneração tributária, seja total ou parcial, depende, necessariamente, de lei – excetuada a imunidade tributária, exoneração fixada constitucionalmente, embora passível, conforme a hipótese, de condicionamento mediante lei complementar. Assinale-se que o § 6.º do art. 150, CR, exige *lei específica* da pessoa política competente para a concessão de isenção, redução de base de cálculo, crédito presumido, anistia ou remissão, o que já afasta, de plano, a aplicação de equidade na concessão desses benefícios.

> **Art. 109.** Os princípios gerais de direito privado utilizam-se para pesquisa da definição, do conteúdo e do alcance de seus institutos, conceitos e formas, mas não para definição dos respectivos efeitos tributários **(1 a 4)**.

 COMENTÁRIOS

1. *Ainda a interpretação tributária.* Os arts. 109 e 110 devem ser analisados conjuntamente, pois contemplam relevantes preceitos acerca da interpretação no campo tributário.

2. *Definição da competência tributária.* O emprego, pela lei tributária, de conceitos de outros ramos jurídicos repercute na *definição da competência tributária*. O artigo em foco estatui que, conquanto os princípios gerais de direito privado sejam utilizados para pesquisa e definição do conteúdo e do alcance de institutos, conceitos e formas no âmbito do direito tributário, a definição dos respectivos efeitos é de domínio exclusivo desse ramo do Direito e deverá ser feita de modo expresso. Traça, assim, os *limites entre o direito privado e o direito tributário*.

2.1. *Princípios gerais de direito privado.* São as normas gerais e abstratas que *orientam a interpretação e aplicação* de normas que disciplinam as relações entre particulares, isto é, pertinentes ao domínio do direito privado.

3. *Autonomia do direito tributário.* Na Ciência do Direito, pode-se falar em autonomia meramente didática, ou, também, de natureza científica. A *autonomia didática* de um ramo do Direito é facilmente constatável, posto decorrer da existência de um grupo de normas que apresentam particular homogeneidade relativamente a seu objeto, propiciando seu estudo separadamente de outros conjuntos normativos, ainda que se sujeitando, também, a princípios de diversos ramos do Direito. A *autonomia científica* de uma disciplina jurídica, por seu turno, revela-se mediante a formação de institutos e princípios próprios. A homogeneidade das normas que perfazem o objeto do direito tributário, qual seja, a *disciplina das relações jurídicas pertinentes à exigência de tributos*, revela sua autonomia para fins didáticos. A dificuldade reside, exatamente, no reconhecimento de sua autonomia científica. Forçoso admitir a existência de institutos peculiares ao Direito Tributário, tais como o lançamento, a denúncia espontânea, a isenção, entre outros, bem como princípios que lhe são próprios, como os da capacidade contributiva, da vedação da utilização de tributo com efeito de confisco, da anterioridade da lei tributária, da uniformidade geográfica, da não discriminação de pessoas ou bens em razão de sua procedência ou destino, todos, por certo, desdobramentos do princípio maior da segurança jurídica. Isso decorre de sua especificidade ou singularidade, que advém de fatores como sua acentuada disciplina constitucional, o acelerado dinamismo de seu objeto, bem como a importância do substrato econômico, que lhe molda os contornos. As ponderações efetuadas apontam para a conclusão segundo a qual não se pode afirmar sua autonomia científica. Embora tenha o Direito Tributário desenvolvido institutos próprios, sendo possível também, como mencionamos, extrair-se-lhe alguns princípios específicos, ainda depende, em muito, de princípios e conceitos comuns a outros ramos do Direito, especialmente do Direito Constitucional e do Direito Administrativo. Por outro lado, todavia, parece-nos equivocado, presentemente, entender o Direito Tributário como mero capítulo do Direito Administrativo, como fora considerado no passado, não somente por sua magnitude constitucional, mas também pelo desenvolvimento que seus institutos experimentaram entre nós nos últimos anos. Em síntese, em nosso entender, o Direito Tributário brasileiro não ostenta autonomia científica, pois, apesar de abrigar conceitos e princípios que lhe são exclusivos, tal grau de desenvolvimento não significa que seja possível prescindir de normas de outras disciplinas para seu adequado estudo, especialmente as de nível constitucional.

   4. Relacionamento do direito tributário com outros ramos jurídicos. O direito tributário é um *direito de sobreposição*, isto é, utiliza-se de conceitos e institutos de outras disciplinas jurídicas. A tributação e as normas que a regram não podem ser adequadamente compreendidas sem a percepção de seu relacionamento com a multiplicidade de normas de outras naturezas. Assim, constata-se facilmente a intersecção do Direito Tributário com vários segmentos jurídicos, tanto no âmbito da tributação fiscal quanto da tributação extrafiscal. A par do *Direito Constitucional*, com o qual o Direito Tributário guarda relação de inerência, cabe destacar, primeiramente, sua conexão que apresenta com o *Direito Administrativo*, mediante institutos, tais como o lançamento e as obrigações acessórias, bem como pelo fato de a fiscalização e a arrecadação tributárias constituírem atividades administrativas. Ainda, vale lembrar que a adequada compreensão da materialidade de tributos vinculados a uma atuação estatal depende de conceitos administrativos – *poder de polícia, serviço público* e *obra pública*. Igualmente, é facilmente perceptível sua conexão com outros ramos jurídicos: o aduaneiro, o ambiental, o urbanístico, o do consumidor, o previdenciário, o penal etc. No entanto, as questões mais relevantes são as afetas às disciplinas de direito privado: direito civil, comercial e do trabalho. Assim, utilizam-se princípios de direito privado para a interpretação de suas normas, bem como conceitos desse domínio para a configuração das materialidades tributárias, tais como propriedade, bens móveis e imóveis, prestação de serviços, família, mercadoria, salário, entre muitos outros, o que se reflete na importância da disciplina contida no artigo em comento e no art. 110, CTN.

> **Art. 110.** A lei tributária não pode alterar a definição, o conteúdo e o alcance de institutos, conceitos e formas de direito privado, utilizados, expressa ou implicitamente, pela Constituição Federal, pelas Constituições dos Estados, ou pelas Leis Orgânicas do Distrito Federal ou dos Municípios, para definir ou limitar competências tributárias **(1 e 2)**.

 COMENTÁRIOS

   1. Dispositivo relacionado: Art. 109, CTN.

   2. Utilização de institutos, conceitos e formas de direito privado pela lei tributária. Complementando o art. 109, o dispositivo contém duas normas: *(i)* a primeira, segundo a qual a lei tributária, em regra, pode modificar institutos, conceitos e formas de direito privado; e *(ii)* a segunda, que a excepciona, consoante a qual os institutos, conceitos e formas de direito privado que tenham sido utilizados, por lei hierarquicamente superior, para a definição da competência tributária não podem ser modificados pela lei tributária. A prescrição é de extrema relevância, porquanto tal problemática diz com a determinação do campo eficacial (material) da lei tributária, e a modificação de um conceito de direito privado pode provocar uma desautorizada ampliação da competência tributária. O dispositivo em comento contempla uma *limitação à discricionariedade do legislador tributário*, que não pode atribuir a conceitos de direito privado, utilizados em normas de superior hierarquia, significação diversa daquela pertinente a esse mesmo domínio (Cf. Misabel Derzi, Notas ao *Direito tributário brasileiro*, de Aliomar Baleeiro). Assim, por exemplo, se a lei tributária vier a definir *serviço* diversamente de como o faz o direito privado, para abranger realidades incompatíveis com o conceito formulado por este, estaremos diante de ampliação indevida da competência dos Municípios para exigir o ISSQN. No entanto, cremos seja necessário ressaltar que no Brasil esse entendimento impõe-se independentemente dessa disposição legal, em razão da hierarquia normativa, porquanto as regras-matrizes de incidência tributária estão contempladas na Constituição (arts. 145, 148, 149, 153, 155, 156, 177, § 4.º, e 195, CR). Desse modo, a Lei Maior, que emprega com frequência conceitos de direito privado na previsão das regras-matrizes de incidência – bens móveis, imóveis, mercadoria, propriedade, patrimônio, renda, serviço, salário, empresa etc. –, ao fazê-lo, já define – e, portanto, limita – o campo de atuação da lei tributária. Tais conceitos, consequentemente, são utilizados com a significação que lhes é própria no direito privado. Extrai-se, diante desse quadro, o *princípio segundo o qual a definição da competência tributária não pode ser modificada pela lei por meio da qual ela é exercida*, uma vez que prefixada constitucionalmente. Efetivamente, é vedado à lei modificar não somente os conceitos de direito privado, mas quaisquer conceitos que tenham sido empregados na definição da competência tributária, efetuada no plano constitucional. Nenhum conceito, quer de direito privado, quer de direito público, conceito jurídico ou conceito extraído do léxico, desde que utilizado na definição da competência tributária, pode ser modificado pela lei, sob pena de se ampliar o âmbito eficacial desta. Portanto, diante da disciplina essencialmente constitucional da tributação no Brasil, a lei infraconstitucional, ao empregar conceitos, encontra-se bastante limitada no manejo destes.

 JURISPRUDÊNCIA ILUSTRATIVA

STF

• "Recurso extraordinário. Constitucional. Tributário. ISSQN. Art. 156, III, CRFB/1988. Conceito constitucional de serviços de qualquer natureza. Arts. 109 e 110 do CTN. As operadoras de planos privados de assistência à saúde (plano de saúde e seguro-saúde) realizam prestação de serviço sujeita ao Imposto Sobre Serviços de Qualquer Natureza – ISSQN, previsto no art. 156, III, da CRFB/1988. [...] 6. O texto constitucional ao empregar o signo 'serviço', que, *a priori*, conota um conceito específico na legislação infraconstitucional, não inibe a exegese constitucional que conjura o conceito de Direito Privado. 7. A exegese da Constituição configura a limitação hermenêutica dos arts. 109 e 110 do Código Tributário Nacional, por isso que, ainda que a contraposição entre obrigações de dar e de fazer, para fins de dirimir o conflito de competência entre o ISS e o ICMS, seja utilizada no âmbito do Direito Tributário, à luz do que dispõem os arts. 109 e 110 do CTN, novos critérios de interpretação têm progressivamente ampliado o seu espaço, permitindo uma releitura do papel conferido aos supracitados dispositivos. 8. A doutrina do tema, ao analisar os artigos 109 e 110, aponta que o CTN, que tem *status* de lei complementar, não pode estabelecer normas sobre a interpretação da Constituição, sob pena de restar vulnerado o princípio da sua supremacia constitucional. 9. A Constituição, posto carente de conceitos verdadeiramente constitucionais, admite a fórmula diversa da interpretação da Constituição conforme a lei, o que significa que os conceitos constitucionais não são necessariamente aqueles assimilados na lei ordinária. 10. A Constituição Tributária deve ser interpretada de acordo com o pluralismo metodológico, abrindo-se para a interpretação segundo variados métodos, que vão desde o literal até o sistemático e teleológico, sendo certo que os conceitos constitucionais tributários não são fechados e unívocos, devendo-se recorrer também aos aportes de ciências afins para a sua interpretação, como a Ciência das Finanças, Economia e Contabilidade. 11. A interpretação isolada do art. 110 do CTN conduz à prevalência do método literal, dando aos conceitos de Direito Privado a primazia hermenêutica na ordem jurídica, o que resta inconcebível. Consequentemente, deve-se promover a interpretação conjugada dos artigos 109 e 110 do CTN, avultando o método sistemático quando estiverem em jogo institutos e conceitos utilizados pela Constituição, e, de outro, o método teleológico quando não haja a constitucionalização dos conceitos. 12. A unidade do ordenamento jurídico é conferida pela própria Constituição, por interpretação sistemática e axiológica, entre outros valores e princípios relevantes do ordenamento jurídico. [...] 28. Recurso extraordinário desprovido" (RE 651.703/PR, Tema 581, Rel. Min. Luiz Fux, j. 29.09.2016).

Tese: "As operadoras de planos de saúde realizam prestação de serviço sujeita ao Imposto Sobre Serviços de Qualquer Natureza – ISSQN, previsto no art. 156, III, da CRFB/1988".

• "Recurso extraordinário. Constitucional e tributário. ICMS. Entrada de mercadoria importada do exterior. Art. 155, II, CF/1988. Operação de arrendamento mercantil internacional. Não incidência. Recurso extraordinário a que se nega provimento. [...] 4. Deveras, não incide o ICMS na operação de arrendamento mercantil internacional, salvo na hipótese de antecipação da opção de compra, quando configurada a transferência da titularidade do bem. Consectariamente, se não houver aquisição de mercadoria, mas mera posse decorrente do arrendamento, não se pode cogitar de circulação econômica. 5. *In casu*, nos termos do acórdão recorrido, o contrato de arrendamento mercantil internacional trata de bem suscetível de devolução, sem opção de compra. 6. Os conceitos de direito privado não podem ser desnaturados pelo direito tributário, na forma do art. 110 do CTN, à luz da interpretação conjunta do art. 146, III, combinado com o art. 155, inciso II e § 2.º, IX, *a*, da CF/1988. 8. Recurso extraordinário a que se nega provimento" (RE 540.829/SP, Tema 297, Red. p/ o acórdão Min. Luiz Fux, j. 11.09.2014).

Tese: "Não incide o ICMS na operação de arrendamento mercantil internacional, salvo na hipótese de antecipação da opção de compra, quando configurada a transferência da titularidade do bem".

STJ

• "Tributário. ISS. Arrendamento mercantil. Obrigação de fazer. Conceito pressuposto pela Constituição Federal de 1988. Ampliação do conceito que extravasa o âmbito da violação da legislação infraconstitucional para infirmar a própria competência tributária constitucional. Acórdão calcado em fundamento substancialmente constitucional. Incompetência do Superior Tribunal de Justiça. Tema diverso do ensejador da Súmula n. 138 do STJ. 1. O ISS, na sua configuração constitucional, incide sobre uma prestação de serviço, cujo conceito pressuposto pela Carta Magna *eclipsa ad substantia obligatio in faciendo*, inconfundível com a denominada obrigação de dar. 2. Outrossim, a Constituição utiliza os conceitos de direito no seu sentido próprio, com que implícita a norma do art. 110 do CTN, que interdita a alteração da categorização dos institutos. 3. Consectariamente, qualificar como serviço a atividade que não ostenta essa categoria jurídica implica violação bifronte ao preceito constitucional, porquanto o texto maior a utiliza não só no sentido próprio, como também o faz para o fim de repartição tributário-constitucional (RE 116121/SP). [...]" (1.ª T., REsp 805.317/RS, Rel. p/ o acórdão Min. Luiz Fux, j. 17.08.2006).

> **Art. 111.** Interpreta-se literalmente a legislação tributária **(1 a 3)** que disponha sobre **(4)**:
>
> I – suspensão ou exclusão do crédito tributário;
>
> II – outorga de isenção;
>
> III – dispensa do cumprimento de obrigações tributárias acessórias.

 COMENTÁRIOS

1. *Moldura constitucional.* Art. 150. "[...] § 6.º Qualquer subsídio ou isenção, redução de base de cálculo, concessão de crédito presumido, anistia ou remissão, relativos a impostos, taxas ou contribuições, só poderá ser concedido mediante lei específica, federal, estadual ou municipal, que regule exclusivamente as matérias acima enumeradas ou o correspondente tributo ou contribuição, sem prejuízo do disposto no art. 155, § 2.º, XII, *g*."[7]

2. *Dispositivos relacionados:* arts. 97; 113; 115; 122; 151 a 155-A; 164; e 175 a 181, CTN.

3. *Crítica ao dispositivo.* O art. 111 é merecedor de forte crítica doutrinária. A chamada interpretação *literal* ou *gramatical* constitui apenas a etapa inicial do processo interpretativo, destinada a propiciar o emprego de autênticos métodos de interpretação. Ao determinar que a interpretação de normas relativas à suspensão ou exclusão do crédito tributário, à outorga de isenção e à dispensa do cumprimento de obrigações acessórias seja "literal", o legislador provavelmente quis significar "não extensiva", vale dizer, sem alargamento dos efeitos de seus comandos, uma vez que o padrão em nosso sistema é a *generalidade da tributação* e, também, da sujeição às *obrigações acessórias*, sendo taxativas as hipóteses de suspensão da exigibilidade do crédito tributário e de anistia. De todo modo, diante da equivocidade desse dispositivo, necessário, para atribuir-lhe sentido, invocar a moldura normativa traçada pelos princípios da *isonomia* e da *legalidade tributárias*.

4. *Hipóteses.* Os incisos apontam para: *(i)* a suspensão da exigibilidade ou a exclusão do crédito tributário; *(ii)* a outorga de isenção; e *(iii)* a dispensa do cumprimento de obrigações tributárias acessórias. Tais situações têm em comum o caráter excepcional, num sistema tributário orientado pela *generalidade da tributação* e pela *exigibilidade das obrigações tributárias principal e acessória*. Daí a prescrição para que sua disciplina seja interpretada *literalmente*, a significar "não extensivamente". De toda maneira, tais hipóteses, nos termos da Constituição, serão sempre disciplinadas mediante *lei*, e o emprego da expressão "legislação tributária", no caso, pode conduzir ao equivocado entendimento de que outros atos normativos se prestariam aos mesmos fins.

---

[7] V. nova redação dada pela EC n. 132/2023.

JURISPRUDÊNCIA ILUSTRATIVA

STJ

• "Tributário. Imposto de renda. Isenção. 'Deficiência auditiva sensória neural bilateral profunda irreversível'. Moléstia não prevista no rol taxativo do art. 6.º, inciso XIV, da Lei n. 7.713/1988. Impossibilidade de interpretação analógica. Art. 111 do CTN. Orientação adotada em sede de recurso repetitivo, na forma do art. 543-C do CPC. Recurso especial provido. 1. Nos autos do REsp 1.196.500/MT, julgado em 02.12.2010, esta Turma entendeu que a cegueira prevista no art. 6.º, XIV, da Lei n. 7.713/1988 inclui tanto a binocular quanto a monocular. Tal entendimento é permitido pelo art. 111, II, do CTN, eis que a literalidade da legislação tributária não veda a interpretação extensiva. Assim, havendo norma isentiva sobre a cegueira, conclui-se que o legislador não a limitou à cegueira binocular. No caso dos autos, contudo, a isenção concedida na origem não se arrimou em interpretação extensiva com base na literalidade da lei; antes, o Tribunal de origem laborou em interpretação analógica, o que não é permitido na legislação tributária para a hipótese. A cegueira é moléstia prevista na norma isentiva; a surdez não. 2. A Primeira Seção desta Corte, quando do julgamento do REsp 1.116.620/BA, de relatoria do Ministro Luiz Fux, na sistemática do art. 543-C do CPC, pacificou entendimento no sentido de que o rol de moléstias passíveis de isenção de imposto de renda previstas no inciso XIV do art. 6.º da Lei n. 7.713/1988 é taxativo (*numerus clausus*), vale dizer, restringe a concessão de isenção às situações nele enumeradas. 3. O Poder Judiciário não pode substituir a vontade do legislador para conceder isenção onde a lei não prevê, sobretudo porque o art. 111 do CTN somente permite a interpretação literal de normas concessivas de isenção. Não se pode considerar que a omissão do legislador em incluir a surdez no rol do art. 6.º, XIV, da Lei n. 7.713/1988 tenha sido em razão de falha ou esquecimento e, ainda que esse fosse o caso, não poderia o julgador estender o benefício fiscal à hipótese não contemplada pela norma. Assim, o acórdão recorrido merece reforma, eis que, laborando em interpretação analógica, equiparou a deficiência auditiva do contribuinte à cegueira, sendo que somente a última encontra-se no rol do referido dispositivo legal. 4. Recurso especial provido" (2.ª T., REsp 1.013.060/RJ, Rel. Min. Mauro Campbell Marques, j. 10.05.2011).

> **Art. 112.** A lei tributária que define infrações, ou lhe comina penalidades, interpreta-se da maneira mais favorável ao acusado, em caso de dúvida quanto **(1 a 3)**:
>
> I – à capitulação legal do fato;
>
> II – à natureza ou as circunstâncias materiais do fato, ou à natureza ou extensão dos seus efeitos;
>
> III – à autoria, imputabilidade, ou punibilidade;
>
> IV – à natureza da penalidade aplicável, ou à sua graduação.

 COMENTÁRIOS

1. *Moldura constitucional*. Art. 5.º [...] XL – "a lei penal não retroagirá, salvo para beneficiar o réu."

2. *Interpretação benéfica da lei tributária.* O dispositivo, de acentuado cunho social, contempla a chamada *interpretação benéfica*, referindo-se às normas de *direito tributário penal*, vale dizer, àquelas que disciplinam as infrações e sanções tributárias. E, assim, nas hipóteses apontadas, aplica-se o princípio universal do direito penal, *in dubio pro reo*: em caso de dúvida, interpreta-se a lei tributária de modo mais favorável ao infrator.

3. *Hipóteses.* Os incisos apontam as situações nas quais a lei tributária que define infrações ou lhe comina penalidades interpreta-se da maneira mais favorável ao acusado, em caso de dúvida quanto: *(i)* à capitulação legal do fato, sua natureza ou as circunstâncias materiais, ou natureza ou extensão de seus efeitos; *(ii)* à autoria, imputabilidade ou punibilidade; e, ainda, *(iii)* à natureza da penalidade aplicável, ou à sua graduação.

 JURISPRUDÊNCIA ILUSTRATIVA

STF

• "Agravo regimental. Tributário. Multa moratória. Afastamento com base em singelo apelo à 'segurança jurídica'. Declaração escamoteada de inconstitucionalidade. Aplicação do art. 97 da Constituição. Necessidade descaracterizada. O acórdão recorrido afastou a aplicação da multa moratória, na medida em que foi reconhecida a instabilidade da jurisprudência sobre a inclusão do IHT – Indenização por Horas Trabalhadas na base de cálculo do Imposto sobre a Renda e Proventos de Qualquer Natureza. Essa oscilação jurisprudencial ocorreu no próprio STJ. Esse afastamento foi justificado com singelo apelo à segurança jurídica. Em relação às multas, a aplicação da segurança jurídica pode decorrer diretamente tanto da Constituição como do Código Tributário Nacional (art. 112). A proteção conferida pelo CTN não é absorvida pelo princípio constitucional, de modo a tornar ocioso o art. 112 do CTN. Os parâmetros de controle se somam, de forma que o acolhimento de qualquer deles pelo Judiciário é suficiente em si para justificar a conclusão pela inaplicabilidade da punição, no caso concreto. Portanto, como não houve declaração oculta de inconstitucionalidade, o art. 97 da Constituição era inaplicável. Agravo regimental ao qual se nega provimento" (2.ª T., RE 601.088 AgR/RN, Rel. Min. Joaquim Barbosa, j. 04.10.2011).

TÍTULO II
Obrigação Tributária

Capítulo I
Disposições Gerais

Art. 113. A obrigação tributária é principal ou acessória **(1 a 8)**.

§ 1.º A obrigação principal surge com a ocorrência do fato gerador, tem por objeto o pagamento de tributo ou penalidade pecuniária e extingue-se juntamente com o crédito dela decorrente.

§ 2.º A obrigação acessória decorre da legislação tributária e tem por objeto as prestações, positivas ou negativas, nela previstas no interesse da arrecadação ou da fiscalização dos tributos.

§ 3.º A obrigação acessória, pelo simples fato da sua inobservância, converte-se em obrigação principal relativamente à penalidade pecuniária.

 COMENTÁRIOS

1. *Moldura constitucional.* Art. 5.º "[...] II – ninguém será obrigado a fazer ou deixar de fazer alguma coisa senão em virtude de lei; [...]. Art. 62. Em caso de relevância e urgência, o Presidente da República poderá adotar medidas provisórias, com força de lei, devendo submetê-las de imediato ao Congresso Nacional. [...] § 2.º Medida provisória que implique instituição ou majoração de impostos, exceto os previstos nos arts. 153, I, II, IV, V, e 154, II, só produzirá efeitos no exercício financeiro seguinte se houver sido convertida em lei até o último dia daquele em que foi editada [...]. Art. 146. Cabe à lei complementar: [...] III – estabelecer normas gerais em matéria de legislação tributária, especialmente sobre: [...] b) obrigação, lançamento, crédito, prescrição e decadência tributária; [...]. Art. 150. Sem prejuízo de outras garantias asseguradas aos contribuintes, é vedado à União, aos Estados, ao Distrito Federal e aos Municípios: I – exigir ou aumentar tributo sem lei que o estabeleça; [...]."

2. *Dispositivos relacionados:* arts. 110; 114; 115; 136 a 138, CTN.

3. *Obrigação civil.* As clássicas construções teóricas laboradas no âmbito do Direito Civil, fundadas na *patrimonialidade* do vínculo obrigacional, apontam que "obrigação é o vínculo jurídico em virtude do qual uma pessoa pode exigir de outra uma prestação economicamente apreciável" (Cf. Caio Mário da Silva Pereira, *Instituições de direito civil*, v. 2).

4. *Concepções doutrinárias quanto aos vínculos jurídicos no âmbito tributário.* Acerca da natureza jurídica dos vínculos que se estabelecem por força da tributação, existe profunda dissensão entre os estudiosos. A seguir, uma síntese dos pensamentos mais expressivos a respeito do tema.

4.1. Patrimonialidade como elemento do vínculo obrigacional tributário. Primeiramente, cabe recordar os ensinamentos da doutrina tributária que leva em consideração as construções teóricas clássicas laboradas no âmbito do Direito Civil, a qual salienta a *patrimonialidade* do vínculo obrigacional (Cf. Geraldo Ataliba, *Hipótese de incidência tributária*). De acordo com tal ótica, podem-se vislumbrar duas espécies de relações jurídicas. A primeira delas é a *relação jurídica obrigacional* ou *obrigação tributária*, consubstanciada no vínculo abstrato que surge pela imputação normativa, mediante o qual o sujeito ativo ou credor – o Fisco – pode exigir do sujeito passivo ou devedor – o contribuinte – uma prestação de cunho *patrimonial*, denominada *tributo*. A segunda modalidade de relação jurídica é a *relação de cunho não obrigacional*, qual seja, o vínculo abstrato que surge pela imputação normativa, mediante o qual o sujeito ativo ou Fisco pode exigir do sujeito passivo ou contribuinte uma prestação consistente na *realização de um comportamento, positivo ou negativo*, destinado a assegurar o cumprimento da obrigação tributária. Essa modalidade de relação jurídica diz com expedientes destinados à fiscalização da conduta dos contribuintes, mediante a imposição de *deveres instrumentais ou formais*.

4.2. Patrimonialidade como requisito eventual da obrigação tributária. Outra vertente doutrinária, diversamente, não vê desse modo os vínculos existentes em matéria tributária. Ensina que a obrigação não constitui uma categoria lógico-jurídica, mas *jurídico-positiva*, e, portanto, incumbe ao direito positivo definir os requisitos necessários à identificação de um dever jurídico qualquer como um dever obrigacional. Daí que a patrimonialidade constituiria ou não um requisito da obrigação, conforme esteja pressuposta ou não em norma de direito obrigacional. Segundo esse raciocínio, portanto, *a obrigação tributária é um dever jurídico tipificado no Código Tributário Nacional* e, assim, terá o perfil que este traçar, não cabendo aplicar o regime jurídico das obrigações em outros quadrantes do Direito, revestidas que estão de características próprias desses domínios, como é o caso, por exemplo, da patrimonialidade (Cf. José Souto Maior Borges, *Obrigação tributária*). Desse modo, cabível falar-se em *obrigação tributária principal* e *obrigação tributária acessória*. Tal pensamento, em nosso sentir, é o que melhor expressa o modo pelo qual o direito positivo trata a obrigação tributária.

5. Obrigação tributária. Considerações gerais. Embora o conceito de obrigação tributária seja polêmico, como exposto, entendemos que esse dispositivo do CTN indica que o legislador a configurou de modo distinto da obrigação civil, sem impor o caráter patrimonial de seu objeto. Atribuiu-lhe, assim, figurino mais amplo, tomando a obrigação tributária como *gênero*, de que são espécies a *obrigação principal* e a *obrigação acessória*. A fonte obrigacional do direito tributário é sempre a *lei* (formal e material); logo, qualquer que seja a modalidade – principal ou acessória –, a obrigação tributária é sempre uma *obrigação ex lege*, uma vez não admitido o contrato como fonte obrigacional nessa seara. Anote-se que o tema "obrigação tributária" não pode ser disciplinado mediante as leis ordinárias das pessoas políticas, porquanto, nos termos do art. 146, III, *b*, CR, cabe à *lei complementar* estabelecer normas gerais sobre o assunto – ora contidas no CTN.

5.1. Obrigação tributária principal. Nasce com a consumação do *fato gerador* – conceito que o próprio CTN define posteriormente (art. 114) – e tem por objeto o *pagamento de tributo* – ou *penalidade pecuniária*, cláusula essa que será apreciada adiante (v. críticas ao dispositivo, no item 7). A denominação "obrigação principal" deve-se ao fato de que se cuida da relação jurídica mais relevante do direito tributário.

5.2. Obrigação tributária acessória. É a obrigação tributária que tem por objeto "as prestações, positivas ou negativas, nela previstas no interesse da arrecadação ou da fiscalização dos tributos". Na mesma linha, o art. 115 dispõe que "fato gerador da obrigação acessória é qualquer situação que, na forma da legislação aplicável, impõe a prática ou a abstenção de ato que não configure obrigação principal". As obrigações acessórias constituem, portanto, *condutas comissivas ou omissivas* exigíveis dos contribuintes no intuito de *assegurar o cumprimento da obrigação principal.* Compreendem, sempre, um "fazer" ou um "não fazer", voltados às atividades de controle e arrecadação tributária. Tais deveres, materializáveis em prestações diversas, podem consistir, exemplificadamente, tanto na própria apuração da quantia a ser paga a título de tributo, hipótese do chamado lançamento por homologação (art. 150, CTN), como na expedição de notas fiscais, preenchimento de declarações, prestação de informações ou escrituração de livros.

6. *Relação jurídica sancionatória.* A terceira modalidade de relação jurídica entre Fisco e sujeito passivo, não explicitada nesse dispositivo, reveste natureza puramente *administrativa* e pode nascer em decorrência das relações jurídico-tributárias apontadas. É a *relação jurídica sancionatória,* vínculo que surge diante do não cumprimento da prestação pelo sujeito passivo, quer na obrigação principal, quer na obrigação acessória, autorizando ao Fisco a aplicação de uma *sanção.* Cabe advertir que essa relação jurídica nem sempre será deflagrada, pois, tendo por objeto a aplicação de uma penalidade, pressupõe, logicamente, o cometimento de uma *infração.* Esta poderá consistir tanto no *descumprimento da obrigação principal* (o não pagamento de tributo), como no *descumprimento de uma obrigação acessória* (a entrega da declaração de ajuste anual do IRPF com atraso). Esclareça-se que o objeto da relação jurídica sancionatória pode ou não revestir caráter patrimonial, caso a penalidade imposta ostente ou não natureza pecuniária. No primeiro caso – *multa* –, será objeto da obrigação tributária principal, como mencionado, porquanto esta, consoante a dicção do Código Tributário Nacional, tem por objeto prestações de caráter pecuniário, abrangendo tanto a prestação tributária como a sanção pecuniária. Por outro lado, se o objeto da relação sancionatória consistir em penalidade de natureza não pecuniária – tal como a interdição de estabelecimento, por exemplo –, o respectivo liame não se enquadrará no conceito de obrigação tributária, mas traduzirá simples imposição administrativa. O CTN disciplina a relação jurídica sancionatória na seção dedicada à *responsabilidade por infrações* (arts. 136 a 138).

7. *Críticas ao dispositivo.* O dispositivo em exame padece de falta de técnica. Inicialmente, inadequado afirmar-se que a obrigação principal "extingue-se juntamente com o crédito dela decorrente", pois sugere que o crédito é algo destacado da própria obrigação. Ora, do ponto de vista lógico, a obrigação principal traduz-se em *crédito* e *débito,* isto é, ambos são faces do mesmo vínculo. Assim, o crédito é a obrigação sob a perspectiva do credor, enquanto o débito a mesma relação jurídica sob a ótica do devedor. Desse modo, uma vez extinta a obrigação, extintos estão, inexoravelmente, crédito e débito. Um não pode subsistir sem o outro. Essa inadequada dicotomia entre crédito e débito estampada no CTN é repetida em outras disposições (*e.g.,* constituição do crédito tributário [art. 142]; suspensão do crédito tributário [art. 151]; extinção do crédito tributário [art. 156]; exclusão do crédito tributário [art. 175]). Ainda, censurável a dicção do § 3.º do art. 113, segundo o qual "a obrigação acessória, pelo simples fato da sua inobservância, converte-se em obrigação principal relativamente à penalidade pecuniária". Isso porque, se a obrigação principal, como definida no § 1.º do mesmo artigo, tem por objeto pagamento de tributo ou penalidade pecuniária, não há que falar em "conversão" de uma relação jurídica em outra, o que, ademais, revelar-se-ia logicamente inviável.

8. *Nossa concepção.* Reproduzimos o pensamento exposto há muito em nosso manual da disciplina (*Curso de direito tributário: Constituição e Código Tributário Nacional*). Partindo-se da noção concebida pela Teoria Geral do Direito, de acordo com a qual *relação jurídica é o* "vínculo abstrato segundo o qual, por força de imputação normativa, uma pessoa, chamada de sujeito ativo, tem o direito subjetivo de exigir de outra, denominada sujeito passivo, o cumprimento de certa prestação" (Cf. Paulo de Barros Carvalho, *Curso de direito tributário*), extraímos as *três* modalidades de relação jurídico-tributária encontráveis em nosso ordenamento jurídico. Por primeiro, o CTN moldou o conceito de obrigação tributária sem o requisito de patrimonialidade inerente à clássica concepção civilista, para contemplá-lo como gênero a comportar duas espécies: a obrigação que tem por objeto pagamento de tributo ou penalidade pecuniária, e a obrigação que tem por objeto prestação de caráter não pecuniário. Remarque-se que o legislador tributário atuou dentro dos limites constitucionalmente permitidos, pois *obrigação* é, como salientado, categoria jurídico-positiva, vale dizer, tem seu perfil desenhado pelo direito positivo, que pode outorgar-lhe configuração distinta em cada domínio. Lembre-se, também, não incidir na hipótese a vedação contida no art. 110, CTN, segundo a qual a lei tributária não pode alterar a definição, o conteúdo e o alcance de institutos, conceitos e formas de direito privado, utilizados, expressa ou implicitamente, pela Constituição da República, uma vez que o texto fundamental não utiliza o conceito de obrigação apenas com o perfil que lhe atribui o direito privado. O CTN, assim, emprega o conceito de obrigação como *gênero*, a significar relação jurídica que pode assumir caráter patrimonial ou não patrimonial, de acordo com a natureza da prestação correspondente: na primeira hipótese, o objeto é o *pagamento de tributo* ou *penalidade pecuniária* (*obrigação principal*); na segunda, um *comportamento positivo ou negativo do sujeito passivo* (*obrigação acessória*). Portanto, para o Direito Tributário, a patrimonialidade não constitui elemento necessário à configuração de vínculo obrigacional. A concepção ora adotada repele, assim, a crítica doutrinária dirigida às normas contidas nos §§ 1.º e 3.º, *in fine*, do art. 113, CTN, segundo as quais a penalidade pecuniária – cuja imposição é legitimada à vista do não pagamento de tributo ou do não atendimento de obrigação acessória – não pode constituir objeto da obrigação principal, pois representaria contradição ao disposto no art. 3.º, que, ao definir o conceito de tributo, destaca que este não se confunde com multa. O caráter pecuniário do objeto da relação jurídica é, singelamente, a nota necessária à configuração da obrigação principal. Também, afasta a impugnação à expressão *obrigação acessória* para designar o liame mediante o qual o Fisco pode exigir do sujeito passivo a prática de condutas estabelecidas em lei no interesse da arrecadação tributária. Geraldo Ataliba (*Elementos de direito tributário*) foi grande crítico dessa denominação, demonstrando sua impropriedade, ao sustentar que, no caso, não se trata de obrigação, nem é ela acessória. Filiando-se à primeira corrente doutrinária apontada, ensina que tal vínculo não traduz obrigação, uma vez que seu objeto não é revestido de caráter econômico, não sendo possível quantificar o valor de condutas do sujeito passivo, tais como as de expedir notas fiscais, tolerar a fiscalização em seu estabelecimento etc. Todavia, a nosso ver, partindo-se da noção de que a obrigação é uma categoria jurídico-positiva, o emprego do adjetivo "acessória", no âmbito do Direito Tributário, não traduz o conceito afeto à disciplina das obrigações na esfera civil, segundo o qual "o acessório segue o principal". Deveras, a obrigação tributária acessória tem existência *autônoma*, subsistindo ainda que ausente a obrigação principal, como nas hipóteses de imunidade e isenção (arts. 9.º, IV, e 175, parágrafo único, CTN, respectivamente). A *acessoriedade* dessa obrigação, nos termos do Código, exsurge do fato de que o liame assim qualificado é estatuído para propiciar as efetivas fiscalização e arrecadação de *tributo*, objeto da obrigação principal, ainda que a situação fática específica não revele a exigência daquele. Desse modo, a mera possibilidade de existência da obrigação principal legitima a imposição de obrigações acessórias, sendo esse o sentido da acessoriedade no contexto dos vínculos obrigacionais tributários. Pensamos que essa disciplina somente corrobora a orientação segundo a qual o Código Tributário Nacional moldou o conceito de obrigação de modo distinto do que o fez o direito privado.

SUGESTÕES DOUTRINÁRIAS

OBRIGAÇÃO TRIBUTÁRIA

José Souto Maior Borges, *Obrigação tributária*, Malheiros; Roque Antonio Carrazza, *Reflexões sobre a obrigação tributária*, Noeses; Heleno Taveira Torres, *Teoria geral da obrigação tributária*, Malheiros; Fernando Aurelio Zilveti, *Obrigação tributária – fato gerador e tipo*, Quartier Latin.

> Capítulo II
> Fato Gerador
>
> **Art. 114.** Fato gerador da obrigação principal é a situação definida em lei como necessária e suficiente à sua ocorrência **(1 a 11)**.

 COMENTÁRIOS

1. *Moldura constitucional.* Art. 146. "Cabe à lei complementar: [...] III – estabelecer normas gerais em matéria de legislação tributária, especialmente sobre: a) definição de tributos e suas espécies, bem como, em relação aos impostos discriminados nesta Constituição, a dos respectivos fatos geradores, bases de cálculo e contribuintes [...]; Art. 150. "Sem prejuízo de outras garantias asseguradas ao contribuinte, é vedado à União, aos Estados, ao Distrito Federal e aos Municípios: [...] § 7.º A lei poderá atribuir a sujeito passivo da obrigação tributária a condição de responsável pelo pagamento de imposto ou contribuição, cujo fato gerador deva ocorrer posteriormente, assegurada a imediata e preferencial restituição da quantia paga, caso não se realize o fato gerador presumido; [...] Art. 154. A União poderá instituir: I – mediante lei complementar, impostos não previstos no artigo anterior, desde que não sejam não cumulativos e não tenham fato gerador ou base de cálculo próprios dos discriminados nesta Constituição; [...]; Art. 155. Compete aos Estados e ao Distrito Federal instituir impostos sobre: [...] II – operações relativas à circulação de mercadorias e sobre prestações de serviços de transporte interestadual e intermunicipal e de comunicação, ainda que as operações e as prestações se iniciem no exterior: [...] § 2.º O imposto previsto no inciso II atenderá ao seguinte: [...] XI – não compreenderá, em sua base de cálculo, o montante do imposto sobre produtos industrializados, quando a operação, realizada entre contribuintes e relativa a produto destinado à industrialização ou comercialização, configure fato gerador dos dois impostos; [...]."[1]

2. *Dispositivos relacionados:* arts. 104, II; 113, CTN.

3. *Fato gerador. Crítica à nomenclatura empregada.* O dispositivo define fato gerador da obrigação principal como "a situação fática definida em lei como necessária e suficiente à sua ocorrência". Parte da doutrina rechaça essa expressão, em razão de sua equivocidade,

---

[1]   V. art. 156-A, incluído pela EC n. 132/2023.

uma vez que tanto traduz a situação hipotética, estampada na norma legal, quanto a concretização dessa situação, hábil a fazer surgir a obrigação tributária. Em outras palavras, o legislador emprega a mesma expressão para designar realidades distintas. Assim, ao mencionar a expressão "fato gerador", faz-se necessário esclarecer em que sentido ela está sendo empregada, especificando-o: *(i)* fato gerador *in abstracto* ou *(ii)* fato gerador *in concreto*. Em razão disso, parte dos doutrinadores utiliza distintas expressões para designar tais situações.

3.1. *Fato gerador* in abstracto. Corresponde à hipótese normativa e, assim, é substituído, doutrinariamente, pelas expressões *hipótese de incidência* (Cf. Geraldo Ataliba, *Hipótese de incidência tributária*) ou *hipótese tributária* (Cf. Paulo de Barros Carvalho, *Curso de direito tributário*), que não deixam dúvidas quanto ao conceito a que se referem – o da *situação hipotética*. Anote-se que o próprio CTN, em seu art. 104, II, utiliza a expressão técnica ao estatuir que "entram em vigor no primeiro dia do exercício seguinte àquele em que ocorra a sua publicação os dispositivos de lei, referentes a impostos sobre o patrimônio ou a renda: [...] que definem novas *hipóteses de incidência* [...]" (destaques nossos).

3.2. *Fato gerador* in concreto. Traduz a situação efetivamente ocorrida; doutrinariamente, é designado por *fato imponível* (Cf. Geraldo Ataliba, *Hipótese de incidência tributária*) ou *fato jurídico tributário* (Cf. Paulo de Barros Carvalho, *Curso de direito tributário*), de modo a designar a situação aperfeiçoada no plano concreto.

4. *Hipótese de incidência. Conceito.* *Hipótese de incidência tributária é* a descrição legislativa de um fato que, uma vez acontecido, enseja o nascimento da obrigação tributária principal. Trata-se, portanto, de uma situação fática, apontada pela lei, como apta a deflagrar o surgimento da obrigação de pagar tributo. Consoante o *princípio da legalidade tributária*, a instituição de tributo há de ser efetuada mediante lei, indicativa de todos os aspectos da situação fática, cuja ocorrência *in concreto* é necessária e suficiente para deflagrar efeitos tributários.

5. *Antecedente e consequente da hipótese de incidência tributária.* A hipótese de inci-dência tributária desdobra-se em *antecedente* e *consequente*. No antecedente, *descreve* o fato, apontando as coordenadas de *espaço* e *tempo* de sua ocorrência. No consequente, *prescreve* uma relação jurídica dela decorrente, indicando seus *sujeitos*, bem como seu *objeto*. Para efeitos didáticos, a hipótese de incidência pode ser cindida em *cinco* aspectos ou critérios: assim, no antecedente, figuram os *aspectos material, espacial e temporal*; no consequente, os critérios *pessoal e quantitativo* (Cf. Geraldo Ataliba, *Hipótese de incidência tributária,* e Paulo de Barros Carvalho, *Curso de direito tributário*).

6. *Aspecto material.* É aquele que descreve a *conduta* ou o *estado* do sujeito. Identifica-se pelo *verbo* empregado na descrição do fato e seu complemento: *auferir* renda, *prestar* serviço de qualquer natureza, *ser proprietário* de veículo automotor, *ser proprietário* de imóvel urbano etc.

7. *Aspecto espacial, territorial ou geográfico. Coordenadas genérica e específica.* A conduta ou o estado indicado no aspecto material há de ocorrer em determinado lugar. Daí o aspecto espacial, territorial ou geográfico, indicativo do *local* onde se considera ocorrido o nascimento da obrigação tributária. O aspecto espacial pode experimentar *distintos graus de normatividade*. Há hipóteses em que se vislumbra apenas uma *coordenada genérica* de espaço, que coincide com a própria *eficácia territorial* da lei da pessoa política competente. É o que ocorre, por exemplo, com o IPI, pois a operação que tenha por objeto produto industrializado pode ocorrer em qualquer ponto do território nacional, coincidindo o critério geográfico com a eficácia territorial da lei federal. Outra situação é a pertinente a tributos em relação aos quais o aspecto espacial conta com, além de uma coordenada genérica, uma *coordenada específica*, indicativa de uma região ou área onde o fato reputar-se-á ocorrido. É o caso do ITR, em que se estabelece como marco geográfico a zona rural do Município; da mesma forma, a zona urbana do Município, para o IPTU. Ainda, há tributos relativamente aos quais o aspecto espacial é descrito com minudência pela lei, do qual um claro exemplo é o Imposto de Importação, de acordo com o qual, a par da coordenada genérica de espaço (território nacional), a coordenada específica estatui que o fato se considera ocorrido em uma das repartições alfandegárias do País.

8. Aspecto temporal. Aponta *quando* tal fato ocorreu, isto é, indica o momento no qual se considera nascida a obrigação tributária. É, por exemplo, o momento da transmissão do bem imóvel, para o ITBI; o momento em que se aperfeiçoa a prestação de serviço de qualquer natureza, para o ISSQN; em 1.º de janeiro de cada exercício, para o IPVA.

9. Aspecto pessoal. Diz com os personagens que protagonizam a relação jurídica configurada como obrigação tributária principal: os sujeitos ativo e passivo. Tais sujeitos serão examinados em comentários aos arts. 119 e seguintes, CTN.

10. Aspecto quantitativo. Revela o *quantum* a ser desembolsado pelo sujeito passivo e que resulta da conjugação de duas grandezas: a base de cálculo e a alíquota.

10.1. Base de cálculo. A *base de cálculo* ou *base imponível* é a "dimensão do aspecto material da hipótese de incidência" (Cf. Geraldo Ataliba, *Hipótese de incidência tributária*). Destina-se a mensurar a expressão econômica do fato. Conjugada à alíquota, enseja a apuração do valor do débito tributário. Sua importância é tal que a Constituição a elege como critério para a determinação de espécies tributárias (art. 145, § 2.º: "as taxas não poderão ter base de cálculo própria de impostos"). A base de cálculo, portanto, deverá reportar-se àquele fato de conteúdo econômico inserto na hipótese de incidência tributária, ou seja, deverá guardar pertinência com a *capacidade contributiva absoluta ou objetiva* apreendida pelo legislador. Em outras palavras, a base de cálculo não poderá conter elementos estranhos à materialidade do tributo a que deve corresponder. Ausente essa correlação necessária entre a base de cálculo e a hipótese de incidência tributária, a imposição será inconstitucional, por desrespeito, também, a esse princípio.

10.1.1. Funções da base de cálculo. Didaticamente, *três* são as funções da base de cálculo: "a) *função mensuradora*, pois mede as reais proporções do fato; b) *função objetiva*, porque compõe a específica determinação da dívida; e c) *função comparativa*, porquanto, posta em comparação com o critério material da hipótese, é capaz de confirmá-lo, infirmá-lo ou afirmar aquilo que consta do texto da lei, de modo obscuro" (Cf. Paulo de Barros Carvalho, *Curso de direito tributário*, destaques do original).

10.1.2. Modalidades de base de cálculo. Releva distinguir entre base de cálculo *in abstracto* (*base de cálculo normativa*) e base de cálculo *in concreto* (*base de cálculo fática ou base calculada*). A primeira vem apontada na hipótese de incidência, sendo possível depreendê-la, no mais das vezes, da própria dicção constitucional. A segunda traduz-se na identificação de seu valor à vista do caso concreto. Assim, por exemplo, a base de cálculo *in abstracto* do IPTU é o valor venal do imóvel (art. 33, CTN). Já a base calculada será aquela encontrada no caso concreto, tomando-se determinado imóvel, expressa em valor monetário.

10.2. Alíquota. A alíquota, por sua vez, é uma *fração* da base de cálculo que, conjugada a esta, conduz à determinação do *quantum* objeto da prestação tributária. Igualmente, cuida-se de grandeza disciplinada pela lei, e, em regra, a alíquota é apresentada sob a feição de um *percentual* a ser aplicado sobre a base de cálculo. Nas expressas hipóteses apontadas constitucionalmente, o Poder Executivo poderá efetuar alteração de alíquotas, atendidos as condições e os limites que a lei estabelecer.

10.2.1. Técnicas aplicáveis à alíquota. O manejo da alíquota sob a feição de *percentual* dá-se, essencialmente, mediante o emprego de quatro técnicas: *(i)* a proporcionalidade; *(ii)* a progressividade; *(iii)* a diferenciação; e *(iv)* a regressividade.

10.2.1.1. Proporcionalidade. Consiste na técnica segundo a qual a alíquota é sempre uniforme e invariável, qualquer que seja o valor da matéria tributada. Muito utilizados no passado, atualmente os impostos proporcionais já não são considerados os mais idôneos a atender o *princípio da capacidade contributiva*, persistindo sua aplicação em casos pouco ajustáveis à progressividade.

10.2.1.2. Progressividade. Técnica que implica que a tributação seja mais do que proporcional à riqueza de cada um: um imposto é progressivo quando a alíquota se eleva à medida que aumenta a base de cálculo. Entendemos ser a técnica da progressividade aquela que melhor atende ao *princípio da capacidade contributiva*, segundo o qual os "impostos serão graduados segundo a capacidade econômica do contribuinte" (art. 145, § 1.º, CR). Outrossim, registre-se que o emprego da progressividade, seja na modalidade fiscal, seja na extrafiscal, é critério apontado constitucionalmente, de modo expresso, para o IR (art. 153, § 2.º, I), o ITR (art. 153, § 4.º, I) e o IPTU (arts. 156, § 1.º, I, e 182, § 4.º, II).

10.2.1.3. Diferenciação. Significa a adoção de alíquotas distintas à vista de um ou mais critérios. A Constituição também menciona tal técnica ao proclamar que o IPVA poderá ter alíquotas diferenciadas em função do tipo e utilização do veículo (art. 155, § 6.º, II); ao prever que as alíquotas do IPTU poderão ser diferentes de acordo com a localização e o uso do imóvel (art. 156, § 1.º, II), bem como ao estabelecer que a alíquota da contribuição de intervenção no domínio econômico relativa às atividades de importação ou comercialização de petróleo e seus derivados, gás natural e seus derivados, e álcool combustível "poderá ser diferenciada por produto ou uso" (art. 177, § 4.º, I, *a*). Também se observa a aplicação da técnica da diferenciação de alíquotas para o atendimento da exigência constitucional da seletividade em função da essencialidade no IPI e no ICMS (v. comentários ao arts. 48 e 52 a 62, CTN).

10.2.1.4. Regressividade. Opõe-se à da progressividade, consistindo na diminuição da alíquota à medida que aumenta a base de cálculo. À vista do *princípio da capacidade contributiva*, diretriz fundamental dos impostos, sua aplicação está autorizada tão somente no contexto da tributação extrafiscal.

10.2.2. Tributos fixos. Há polêmica pertinente aos chamados *tributos fixos*. Para melhor compreensão da questão, cumpre distinguir entre impostos e taxas. Os *impostos fixos*, por primeiro, são aqueles em que o valor devido é apontado pela lei de maneira invariável, sem consideração às condições pessoais do sujeito passivo. Exsurge claramente a inconstitucionalidade dos *impostos com alíquotas fixas*, diante do *princípio da capacidade contributiva*. Diversamente, pensamos seja legítima a instituição de *taxas fixas*, exatamente porque tais tributos não se sujeitam ao princípio da capacidade contributiva. Como sabido, várias taxas não têm alíquota, dispensando a lei essa técnica e estabelecendo o *quantum* devido, antecipadamente (Ex.: certidões; cf. Geraldo Ataliba, *Hipótese de incidência tributária*). É o *princípio da praticabilidade* o que autoriza a instituição de taxas fixas, à vista de óbices operacionais que tornariam muito difícil ou mesmo impossível sua exigência se não fosse efetuada desse modo. Ilustre-se com a taxa judiciária e as custas judiciais, estabelecidas em valor fixo, em função do valor da causa. Impõe-se, de todo modo, a observância da correspondência entre o seu valor e o custo da atuação estatal a que se refere – serviço público ou atividade de polícia administrativa.

11. *Classificação de fatos geradores quanto ao momento de sua ocorrência.* A doutrina classifica os fatos geradores quanto ao momento de sua ocorrência em: *(i)* instantâneos; *(ii)* continuados; e *(iii)* complexivos ou compostos. Os fatos geradores *instantâneos* são aqueles que se consumam em uma determinada unidade de tempo (exs.: ICMS e IPI); os *continuados*, aqueles que se reportam a situações duradouras (exs.: IPTU e ITR); e, finalmente, fatos geradores *complexivos* ou *compostos*, os que se aperfeiçoam com o transcurso de unidades sucessivas de tempo (IR). Tal classificação recebe severas críticas doutrinárias (Cf. Geraldo Ataliba, *Hipótese de incidência tributária*, e Paulo de Barros Carvalho, *Curso de direito tributário*), uma vez que, a rigor, todos os fatos são instantâneos, pois se aperfeiçoam em determinado marco temporal.

 ## SUGESTÕES DOUTRINÁRIAS

FATO GERADOR

Geraldo Ataliba, *Hipótese de incidência tributária*, Malheiros; Paulo de Barros Carvalho, *Curso de direito tributário*, Saraiva; Amílcar de Araújo Falcão, Fato gerador da obrigação tributária, Noeses.

> **Art. 115.** Fato gerador da obrigação acessória é qualquer situação que, na forma da legislação aplicável, impõe a prática ou a abstenção de ato que não configure obrigação principal **(1 a 4)**.

 ## COMENTÁRIOS

1. Dispositivos relacionados: art. 113, *caput* e § 2.º, CTN.

2. Legislação básica: Lei Complementar n. 199/2023 (Institui o Estatuto Nacional de Simplificação de Obrigações Tributárias Acessórias, e dá outras providências)

3. Obrigação acessória. Como visto, nos termos do art. 113, *caput*, CTN, a obrigação tributária é principal ou acessória. Enquanto a obrigação principal tem por objeto o *pagamento de tributo* (§ 1.º), a acessória (§ 2.º) diz com *comportamentos, comissivos ou omissivos*, exigidos do sujeito passivo, mediante lei, consubstanciando os chamados *deveres instrumentais tributários*.

4. Fato gerador da obrigação tributária acessória. A equívoca expressão *fato gerador*, consoante demonstrado nos comentários ao artigo anterior, é igualmente aplicada à obrigação tributária acessória. Diversamente do que fez quando tratou da obrigação tributária principal, nesse dispositivo, o legislador, em vez de se referir a "lei", menciona "legislação aplicável" como fonte dessa modalidade obrigacional. Todavia, há que se reiterar que todas as obrigações no âmbito tributário têm como fonte a lei, formal e material.

 ## JURISPRUDÊNCIA ILUSTRATIVA

STJ

• "Tributário. Recurso especial repetitivo (art. 543-C do CPC/1973 e art. 1.036 do CPC/2015). Afixação de selos de controle em produtos sujeitos à incidência de IPI: obrigação tributária acessória. Pagamento pelo fornecimento dos selos especiais: obrigação tributária principal, da espécie taxa de polícia. Precedentes: REsp 1.448.096/PR, Rel. Min. Napoleão Nunes Maia Filho, *DJe* 14.10.2015; REsp 1.556.350/RS, Rel. Min. Humberto Martins, *DJe* 1.º.12.2015; e RE 662.113/PR, Rel. Min. Marco Aurélio Mello, *DJe* 12.2.2014. Previsão veiculada em norma infralegal. DL n. 1.437/1975. Ofensa à regra da estrita legalidade tributária. Art. 97, IV, do CTN. Reconhecimento do indébito. Prescrição quinquenal da pretensão repetitória de tributos sujeitos a lançamento de ofício. Julgamento sujeito ao art. 543-C do Código Buzaid e art. 1.036 do Código Fux. Recurso especial dos particulares conhecido e parcialmente provido, para reconhecer o direito à repetição tributária, mas alcançando apenas o quinquênio anterior à propositura da ação correspondente. 1. A obrigação tributária acessória tem por escopo facilitar a fiscalização e permitir a cobrança do tributo, sem que represente a própria prestação pecuniária devida ao Ente Público. 2. Ao impor a determinados sujeitos passivos o dever de afixar selos especiais em seus produtos, o Ente Tributante atua nos moldes do art. 113, § 2.º, do CTN, pois se trata de obrigação de fazer, no interesse exclusivo do Fisco. 3. Por outro lado, não pode ser considerada acessória a obrigação de pagar pelo fornecimento dos selos especiais utilizados para tal controle, haja vista a tipificação dessa cobrança como taxa, a teor do art. 77, *caput*, do CTN. 4. De fato, a diferença fundamental entre obrigação tributária principal e obrigação tributária acessória é a natureza da prestação devida ao Estado. Enquanto aquela (principal) consubstancia entrega de dinheiro, esta (acessória) tem natureza prestacional (fazer, não fazer ou tolerar). 5. Embora ao Fisco seja dado impor ao sujeito passivo certas obrigações acessórias por meio da legislação tributária – expressão que compreende não só as leis, mas, também, os tratados e as convenções internacionais, os decretos e as normas complementares que versem, no todo ou em parte, sobre tributos e relações jurídicas a eles pertinentes –, o mesmo não ocorre no âmbito das taxas, que devem obediência à regra da estrita legalidade tributária, nos termos do art. 97, IV, do CTN. 6. O art. 3.º do Decreto n. 1.437/1995, ao impor verdadeira taxa relativa à aquisição de selos de controle do IPI, incide em vício formal; a exação continua sendo tributo, a despeito de ser intitulada de ressarcimento prévio. 7. Conclui-se que, no entorno dos selos especiais de controle do IPI, o dever de afixá-los tem natureza de obrigação acessória, enquanto o dever de adquiri-los tem natureza de obrigação principal. 8. A partir de um prisma didático, convém classificar como Taxas do Poder de Polícia aquelas que têm origem, ensejo e justificativa no vigiar e punir, ou seja, na fiscalização, que é interesse eminentemente estatal, reservando a categoria das taxas de serviço para aquelas que se desenvolvem em função do interesse do usuário, ante a compreensão de que esse interesse é relevante para definir a atividade como serviço. 9. Na espécie, os valores exigidos à guisa de ressarcimento originam-se do exercício de poderes fiscalizatórios por parte da Administração Tributária, que impõe a aquisição dos selos como mecanismo para se assegurar do recolhimento do IPI, configurando-se a cobrança como tributo da espécie Taxa de Poder de Polícia. 10. Pontua-se que a questão ora discutida somente se refere à inexigibilidade do ressarcimento do custo do selo de controle do IPI enquanto perdurou a previsão em norma infralegal (art. 3.º do DL n. 1.437/1995), não alcançando, todavia, os fatos geradores ocorridos após a vigência da Lei n. 12.995/2014, instituindo taxa pela utilização de selo de controle previsto no art. 46 da Lei n. 4.502/1964. 11. Em tempo, esclareça-se que, por se tratar de tributo sujeito a lançamento de ofício, é quinquenal a pretensão de reaver os valores pagos indevidamente, tendo como termo inicial a data de extinção do crédito tributário pelo pagamento, consoante se extrai da leitura combinada dos arts. 165, I, e 168, I, do CTN. 12. Recurso especial de Vinhos Salton S.A. Indústria e Comércio e outro conhecido e parcialmente provido. Na espécie, não se reconhece o direito à repetição de indébito tributário, senão somente no que se refere ao quinquênio anterior à propositura da ação. 13. Acórdão submetido ao regime do art. 543-C do CPC/1973 (art. 1.036 do Código Fux, CPC/2015), fixando-se a tese da inexigibilidade do ressarcimento de custos e demais encargos pelo fornecimento de selos de controle de IPI instituído pelo DL. 437/1975, que, embora denominado ressarcimento prévio, é tributo da espécie Taxa de Poder de Polícia, de modo que há vício de forma na instituição desse tributo por norma infralegal, excluídos os fatos geradores ocorridos após a vigência da Lei n. 12.995/2014. Aqui se trata de observância à estrita legalidade tributária" (REsp 1.405.244/SP, Tema Repetitivo 761, Rel. Min. Napoleão Nunes Maia Filho, j. 08.08.2018).

Art. 116. Salvo disposição de lei em contrário, considera-se ocorrido o fato gerador e existentes os seus efeitos **(1 a 3)**:

I – tratando-se de situação de fato, desde o momento em que se verifiquem as circunstâncias materiais necessárias a que produza os efeitos que normalmente lhe são próprios **(3.1)**;

II – tratando-se da situação jurídica, desde o momento em que esteja definitivamente constituída, nos termos de direito aplicável **(3.2 e 4)**.

Parágrafo único. A autoridade administrativa poderá desconsiderar atos ou negócios jurídicos praticados com a finalidade de dissimular a ocorrência do fato gerador do tributo ou a natureza dos elementos constitutivos da obrigação tributária, observados os procedimentos a serem estabelecidos em lei ordinária **(5 a 5.3)**.

* Parágrafo único acrescentado pela LC n. 104/2001.

 COMENTÁRIOS

1. *Dispositivos relacionados:* arts. 117 e 144, *caput*, CTN.

2. *Momento de ocorrência do fato gerador.* O dispositivo cuida do momento em que se considera ocorrido o fato gerador, na ausência de comando legal em contrário. O assunto é de grande importância, porquanto a obrigação principal reger-se-á consoante o *regime jurídico* existente à data da ocorrência do fato imponível (*tempus regit actum*), e, consequentemente, assim também o *lançamento* (art. 144, *caput*, CTN).

3. *Modalidades de marcos temporais.* Distingue o Código os fatos geradores que são situações de fato, oriundas de fatos jurídicos de natureza civil ou comercial, daqueles que correspondem diretamente a situações jurídicas.

3.1. *Marco temporal nos fatos geradores que correspondem a situações fáticas.* Nessa hipótese, o aperfeiçoamento do ato jurídico ou do contrato não é suficiente para deflagrar efeitos tributários: será necessária a prática dos respectivos atos de execução. A maior parte das hipóteses de incidência contempla fatos geradores que consubstanciam situações de fato (ex.: nas operações com produto industrializado e de circulação de mercadoria, é relevante a saída do bem do respectivo estabelecimento para a deflagração dos efeitos tributários – IPI e ICMS).

3.2. *Marco temporal nos fatos geradores alusivos a situações jurídicas.* Por outro lado, pode a lei estatuir que o fato gerador se reputa ocorrido e existentes seus efeitos desde o momento em que esteja definitivamente constituída, nos termos do direito aplicável (ex.: ser proprietário de imóvel urbano; ser proprietário de veículo automotor). O art. 117 do CTN trata da complementação da disciplina dessa hipótese.

4. Crítica às normas do caput e incisos. A redação do artigo, que abriga *normas de caráter supletivo*, não é das mais técnicas, pois aparta a situação fática da situação jurídica, como se esta não se consumasse, sempre, à vista de um fato. É preciso envidar certo esforço interpretativo para apreender a inteligência de tais normas.

5. Norma geral antielisiva. Considerações gerais. O conteúdo de seu parágrafo único, introduzido pela LC n. 104/2001, trata de assunto distinto: contempla a chamada *norma geral antielisiva*. As cláusulas gerais antielisivas, previstas no direito positivo de diversos países, "são normas que têm por objetivo comum a tributação, por analogia, de atos ou negócios jurídicos *extratípicos*, isto é, não subsumíveis ao tipo legal tributário, mas que produzem efeitos econômicos equivalentes aos dos atos ou negócios jurídicos sem, no entanto, produzirem as respectivas consequências tributárias" (Cf. Alberto Xavier, *Tipicidade da tributação, simulação e norma antielisiva*, p. 85, destaque do original). Numa primeira análise, verifica-se que o preceito permite à autoridade administrativa proceder à *desconsideração de atos ou negócios jurídicos* praticados com o objetivo de dissimular a ocorrência de fato gerador de tributo ou a natureza dos elementos constitutivos da obrigação tributária, e os procedimentos para tanto hão de ser instituídos por lei ordinária, ainda não editada.

5.1. Distinção entre elisão e evasão. Vários aspectos dessa norma têm propiciado questionamentos acerca do significado e alcance dessa norma. O primeiro aspecto a ser esclarecido diz com a própria *distinção entre elisão e evasão.* Embora não haja uniformidade terminológica, no Direito Tributário brasileiro ainda prepondera a distinção entre os dois conceitos. A expressão *elisão fiscal* é preferencialmente usada para denominar procedimentos legítimos, permitidos ao contribuinte, no intuito de fazer reduzir o ônus tributário, ou, ainda, significando a possibilidade de diferimento de obrigações fiscais. Visa, assim, à economia fiscal, mediante a utilização de alternativas lícitas, menos onerosas ao contribuinte, afinando-se à ideia de *planejamento tributário.* Doutrina e jurisprudência, há muito, admitem a elisão fiscal. Já *evasão fiscal* significa "toda e qualquer ação ou omissão tendente a elidir, reduzir ou retardar o cumprimento de obrigação tributária [...] fuga ardilosa, dissimulada, sinuosa, furtiva, ilícita em suma, a um dever ou obrigação" (cf. Sampaio Dória, *Elisão e evasão fiscal*). Prestigiando tal distinção, que é da tradição do direito pátrio, parece-nos algo impróprio a expressão "norma geral antielisiva", a designar a norma que visa impedir práticas ilícitas destinadas justamente a evitar a configuração da obrigação tributária principal. Melhor seria, então, falar em norma geral "antievasiva" ou "antissimulação". Em segundo lugar, cabe lembrar que a norma tributária em foco faz remissão a instituto de direito privado, qual seja, a *dissimulação de ato ou negócio jurídico.* Segundo a doutrina civilista, a *simulação* é distinta da *dissimulação*; "enquanto a simulação expressa o que não existe na realidade (total ou parcialmente), a dissimulação oculta o que na realidade se constituiu" (cf. Misabel Derzi, *A desconsideração dos atos e negócios jurídicos dissimulatórios, segundo a Lei Complementar 104, de 10 de janeiro de 2001*).

5.2. Constitucionalidade da norma geral antielisiva. Cabíveis algumas considerações acerca da constitucionalidade do dispositivo. De um lado, há argumentos no sentido de sua incompatibilidade com a Constituição, porquanto a norma: *(i)* vulnera a *legalidade estrita,* garantida no art. 150, I, CR; *(ii)* viola a *tipicidade fechada,* que é corolário da legalidade estrita e, por consequência, configura uma segunda violação ao art. 150, I, CR; e *(iii)* instaura a *tributação por analogia* e introduz a *interpretação econômica* no Direito Tributário brasileiro, as quais também seriam vedadas pelo art. 150, I, CR, com o que agrediria, igualmente, o princípio da certeza e da segurança das relações jurídicas (cf. Alberto Xavier, *Tipicidade da tributação, simulação e norma antielisiva*). De outro, fundamentos no sentido de que tais objeções não procedem: *(i)* a norma em exame não contrasta com os princípios da legalidade e da tipicidade fechada (ou da especificidade conceitual), porque a *segurança jurídica,* que se assenta na legalidade formal e material, faz com que o dispositivo em comento deva ser interpretado em consonância com tal princípio; e *(ii)* não há que falar em tributação por analogia ou introdução da interpretação econômica no Direito Tributário brasileiro, pois a introdução do parágrafo único ao art. 116, CTN, pela LC n. 104/2001 não veio acompanhada de modificação do art. 108, § 1.º, do mesmo estatuto normativo, que proclama que "o emprego de analogia não poderá resultar na exigência de tributo não previsto em lei" (cf. Marco Aurélio Greco, *Constitucionalidade do parágrafo único do artigo 116 do CTN*).

5.3. Crítica à norma geral antielisiva. A opinião que apresentamos em nosso manual (*Curso de direito tributário – Constituição e Código Tributário Nacional*), e que ora reproduzimos, é a de que o direito positivo já autorizava a desconsideração de negócios jurídicos dissimulados, à vista do disposto no art. 149, VII, CTN, que estabelece que o lançamento deva ser procedido de ofício na hipótese de o sujeito passivo, ou terceiro em benefício daquele, ter agido com dolo, fraude ou simulação. Com efeito, o CTN, ao tratar das hipóteses em que cabe o lançamento de ofício, refere-se, exatamente, a práticas que envolvem falsidade, fraude, omissão de dados, de informações, enfim, de figuras que, normalmente, estão aqui implicitamente colocadas no campo de eficácia da "norma geral antielisiva". A norma autoriza o Fisco a estabelecer ou considerar certas situações como tentativas ilícitas de evitar que alguém se torne sujeito de obrigação tributária. Impõe-se, portanto, questionar a necessidade de um dispositivo como o acrescentado pela LC n. 104/2001 ao art. 116, CTN. Parece-nos que o problema toca no *princípio da segurança jurídica*, diretriz superior, sobreprincípio do ordenamento jurídico, resultante da combinação de dois outros valores: as ideias de *certeza*, especificamente consubstanciada no princípio da legalidade, e a de *isonomia*. Evidentemente incabível falar-se em segurança jurídica, se não se tiver certeza de como as situações serão qualificadas pelo ordenamento jurídico, e sem prestígio à isonomia, ou seja, à vista da outorga de tratamento uniforme para pessoas que estão em situação equivalente, e de tratamento diferenciado para pessoas que se encontrem em situação distinta, na medida de sua desigualdade. A questão de saber se ocorreu ou não situação que caracterize simulação de ato ou negócio jurídico, com a finalidade de encobrir a ocorrência de fato gerador do tributo ou a natureza dos elementos constitutivos da obrigação tributária principal, dependerá da apreciação da autoridade administrativa, de como esse dispositivo será por ela aplicado. Desse modo, uma vez acrescentado o preceito, parece-nos necessária a indicação de um rol de hipóteses no parágrafo único do art. 116, CTN, embora as arroladas no inciso VII do art. 149 do mesmo estatuto, para o cabimento do lançamento do ofício, sejam, acreditamos, praticamente as mesmas que ensejarão a aplicação daquele dispositivo. Em síntese, nos termos em que hoje está posta, sustentamos seja a norma geral antielisiva representativa de inadequada aplicação de praticabilidade fiscal, porquanto, embora de forma induvidosa torne mais facilmente exequível o controle de atos e negócios jurídicos pelo Fisco, revela-se ofensiva à segurança jurídica, em razão de suas acentuadas generalidade e latitude, demandando, a nosso ver, que outra lei venha a estatuir as hipóteses de sua aplicação, sob pena de conceder-se demasiada liberdade ao administrador fiscal na desconsideração de atos e negócios jurídicos.

 SUGESTÕES DOUTRINÁRIAS

NORMA GERAL ANTIELISIVA

Alberto Xavier, *Tipicidade da tributação, simulação e norma antielisiva*, Dialética; Paulo Rosemblatt, *Normas Gerais Antielisivas*, Lumen Juris; Regina Helena Costa, *Praticabilidade e justiça tributária: exequibilidade de lei tributária e direitos do contribuinte*, Malheiros.

JURISPRUDÊNCIA ILUSTRATIVA

STF

• "Ação direta de inconstitucionalidade. Lei Complementar n. 104/2001. Inclusão do parágrafo único ao art. 116 do Código Tributário Nacional: norma geral antielisiva. Alegações de ofensa aos princípios da legalidade, da legalidade estrita em direito tributário e da separação dos poderes não configuradas. Ação direta julgada improcedente" (ADI 2.446/DF, Rel. Min. Cármen Lúcia, j. 11.04.2022).

STJ

• "Tributário. Imposto de renda. Fato gerador. Situação de fato. Art. 116, I, do Código Tributário Nacional. Recebimento de obrigação com valor deflacionado. Não incidência. 1. O Decreto-lei n. 2.342/1987 estabeleceu que sobre o recebimento de obrigações deveria incidir fator de deflação. 2. O Direito Tributário, ainda que não admita a mera interpretação econômica, não pode ignorar a realidade econômica. A mera celebração de contratos que possam implicar aquisição de renda não é fato gerador do IR, o que se verifica apenas com sua efetiva disponibilidade. Ao contrário do que defende a Fazenda Nacional, manifestação de vontade não concretiza a hipótese de incidência do imposto. 3. O fato gerador do imposto de renda não é uma situação jurídica (art. 116, II, do CTN), uma vez que 'aquisição de renda' não é um fenômeno qualificado por outro ramo do Direito no qual o Tributário estaria a buscar emprestada sua conceituação, como ocorre na 'aquisição de propriedade imóvel' (art. 1.245 do Código Civil). 4. Tratando-se de situação de fato (art. 116, I, do CTN), a obrigação tributária surge no momento em que verificadas as circunstâncias materiais necessárias para que produza efeitos, o que não ocorreu no caso dos autos, uma vez que o objeto do contrato não foi concretizado conforme estipulado. 5. Não incide imposto de renda sobre a diferença entre o valor acordado e o efetivamente recebido pela pessoa física, ante a inexistência da disponibilidade econômica ou jurídica prevista no artigo 43 do CTN. 6. Recurso especial não provido" (2.ª T., REsp 1.069.372/RJ, Rel. Min. Castro Meira, j. 07.10.2008).

> **Art. 117.** Para os efeitos do inciso II do artigo anterior e salvo disposição de lei em contrário, os atos ou negócios jurídicos condicionais reputam-se perfeitos e acabados **(1 a 5)**:
>
> I – sendo suspensiva a condição, desde o momento de seu implemento;
>
> II – sendo resolutória a condição, desde o momento da prática do ato ou da celebração do negócio.

COMENTÁRIOS

1. *Dispositivo relacionado:* art. 116, II, CTN.

2. *Legislação básica.* CC, arts. 121, 125, 127 e 128.

3. *Norma supletiva.* Esse dispositivo, de caráter supletivo, complementa a disciplina dos fatos geradores que são situações jurídicas, iniciada no art. 116, II, CTN.

4. Negócios jurídicos condicionais. A adequada compreensão desse comando remete à disciplina contida no Código Civil, que preceitua que "subordinando-se a eficácia do negócio jurídico à condição suspensiva, enquanto esta se não verificar, não se terá adquirido o direito, a que ele visa" (art. 125), e que, "se for resolutiva a condição, enquanto esta se não realizar, vigorará o negócio jurídico, podendo exercer-se desde a conclusão deste o direito por ele estabelecido" (art. 127).

5. Marco temporal do fato gerador nos casos de condição suspensiva e de condição resolutiva. Consoante esse dispositivo, implementada a condição suspensiva, o ato ou negócio jurídico considera-se consumado (inciso I); e, enquanto não ocorre a condição resolutiva – que o código denomina resolutória –, o ato ou negócio jurídico estará em vigor (inciso II). Desse modo, o fato gerador somente reputar-se-á acontecido, na hipótese de ato ou negócio jurídico condicional, se implementada a condição suspensiva ou, na hipótese de condição resolutiva, ainda que esta ocorra, as consequências tributárias serão deflagradas desde o momento da prática do ato ou da celebração do negócio. Exemplifique-se a hipótese de condição suspensiva com a situação de importação de insumos para a elaboração de produtos destinados à exportação (*drawback*) – o que garantiria a outorga de isenção, por exemplo, caso aqueles não sejam empregados para esse fim, consumado estará o fato jurídico tributário. Quanto à condição resolutiva, ilustre-se com a situação em que, ainda que não ocorra o pagamento de uma venda de mercadoria efetuada a prazo, o ICMS será devido.

> **Art. 118.** A definição legal do fato gerador é interpretada abstraindo-se **(1 a 3)**:
>
> I – da validade jurídica dos atos efetivamente praticados pelos contribuintes, responsáveis, ou terceiros, bem como da natureza do seu objeto ou dos seus efeitos;
>
> II – dos efeitos dos fatos efetivamente ocorridos.

 COMENTÁRIOS

1. Dispositivos relacionados: arts. 107 a 112 e 116, CTN.

2. Interpretação da definição legal do fato gerador. Mais um preceito que pretende orientar a interpretação a ser efetuada pela autoridade fiscal, alocado fora do capítulo próprio (arts. 107 a 112). Essencialmente, remarca a *autonomia do Direito Tributário* para definir os efeitos dos atos jurídicos em seu domínio, advertindo o intérprete de que a disciplina do direito privado não interfere na definição do fato gerador. Desse modo, a validade e a eficácia dos atos jurídicos, à luz do Direito Civil, por exemplo, não repercutem no aperfeiçoamento do fato gerador. Em outras palavras, ainda que o ato jurídico seja inválido ou ineficaz no âmbito do direito privado, isso não lhe subtrairá a eficácia no campo tributário. Desse modo, por exemplo, mesmo que alguém aufira renda mediante a exploração de atividade ilícita, será passível de tributação pelo respectivo imposto.

3. Crítica ao dispositivo. Outro preceito cuja redação peca pela clareza, revelando-se, mesmo à primeira vista, incompatível com o disposto no art. 116, pois determina que a definição legal do fato gerador deve ser interpretada abstraindo-se dos efeitos dos fatos efetivamente ocorridos.

JURISPRUDÊNCIA ILUSTRATIVA

STJ

• "Processual civil e tributário. Recurso especial. Imposto sobre a transmissão de bens imóveis. ITBI. Regular compra e venda de imóvel. Superveniência de anulação judicial. Cancelamento do registro. Vendedor que, anteriormente, adquiriu o imóvel por meio de negócio simulado. Fato gerador regularmente ocorrido. Art. 118 do Código Tributário Nacional. Abstração da validade jurídica dos atos efetivamente praticados. 1. Trata-se de recurso especial no qual se discute se a anulação judicial da compra e venda de imóvel dá origem ao direito de restituição do Imposto sobre Transmissão de Bens Imóveis – ITBI. 2. 'A anulabilidade não tem efeito antes de julgada por sentença' (art. 177, Código Civil), de tal sorte que, à época do recolhimento do ITBI, a transmissão da propriedade imóvel se deu de forma regular. Assim, o fato de uma decisão judicial, superveniente ao regular recolhimento do ITBI, ter anulado a compra e venda não induz o raciocínio de que o tributo foi recolhido indevidamente. 3. Isso, porque 'a definição legal do fato gerador é interpretada abstraindo-se da validade jurídica dos atos efetivamente praticados pelos contribuintes, responsáveis, ou terceiros, bem como da natureza do seu objeto ou dos seus efeitos', nos termos do art. 118 do Código Tributário Nacional. 4. A pretensão de recuperação dos valores pagos a título de ITBI deve-se dar em ação indenizatória movida contra aquele que deu causa à anulação do negócio, e não contra a Fazenda do Município. 5. Recurso especial provido" (1.ª T., REsp 1.175.640/MG, Rel. Min. Benedito Gonçalves, j. 04.05.2010).

• "Tributário. Apreensão de mercadorias. Importação irregular. Pena de perdimento. Conversão em renda. 1. Nos termos do Decreto-lei n. 37/1966, justifica-se a aplicação da pena de perdimento se o importador tenta ingressar no território nacional, sem declaração ao posto fiscal competente, com mercadorias que excedem, e muito, o conceito de bagagem, indicando nítida destinação comercial. 2. O art. 118 do CTN consagra o princípio do *non olet*, segundo o qual o produto da atividade ilícita deve ser tributado, desde que realizada, no mundo dos fatos, a hipótese de incidência da obrigação tributária. 3. Se o ato ou negócio ilícito for acidental à norma de tributação (= estiver na periferia da regra de incidência), surgirá a obrigação tributária com todas as consequências que lhe são inerentes. Por outro lado, não se admite que a ilicitude recaia sobre elemento essencial da norma de tributação. 4. Assim, por exemplo, a renda obtida com o tráfico de drogas deve ser tributada, já que o que se tributa é o aumento patrimonial, e não o próprio tráfico. Nesse caso, a ilicitude é circunstância acidental à norma de tributação. No caso de importação ilícita, reconhecida a ilicitude e aplicada a pena de perdimento, não poderá ser cobrado o imposto de importação, já que 'importar mercadorias' é elemento essencial do tipo tributário. Assim, a ilicitude da importação afeta a própria incidência da regra tributária no caso concreto. 5. A legislação do imposto de importação consagra a tese no art. 1.º, § 4.º, III, do Decreto-lei n. 37/1966, ao determinar que 'o imposto não incide sobre mercadoria estrangeira [...] que tenha sido objeto de pena de perdimento'. 6. Os demais tributos que incidem sobre produtos importados (IPI, PIS e Cofins) não ensejam o mesmo tratamento, já que o fato de ser irregular a importação em nada altera a incidência desses tributos, que têm por fato gerador o produto industrializado e o faturamento, respectivamente. 7. O art. 622, § 2.º, do Regulamento Aduaneiro (Decreto n. 4.543/2002) deixa claro que a 'aplicação da pena de perdimento' [...] 'não prejudica a exigência de impostos e de penalidades pecuniárias'. 8. O imposto sobre produtos industrializados tem regra específica no mesmo sentido (art. 487 do Decreto n. 4.544/2002 – Regulamento do IPI), não dispensando, 'em caso algum, o pagamento do imposto devido'. 9. O depósito que o acórdão recorrido determinou fosse convertido em renda abrange, além do valor das mercadorias apreendidas, o montante relativo ao imposto de importação (II), ao imposto sobre produtos industrializados (IPI), à contribuição ao PIS e à Cofins. 10. O valor das mercadorias não pode ser devolvido ao contribuinte, já que a pena de perdimento foi aplicada e as mercadorias foram liberadas mediante o depósito do valor atualizado. Os valores relativos ao IPI, PIS e Cofins devem ser convertidos em renda, já que a regra geral é de que a aplicação da pena de perdimento não afeta a incidência do tributo devido sobre a operação. 11. O recurso deve ser provido somente para possibilitar a liberação ao contribuinte do valor relativo ao imposto de importação. 12. Recurso especial provido em parte" (2.ª T., REsp 984.607/PR, Rel. Min. Castro Meira, j. 07.10.2008).

Capítulo III
Sujeito Ativo

Art. 119. Sujeito ativo da obrigação é a pessoa jurídica de direito público titular da competência para exigir o seu cumprimento **(1 a 5)**.

 COMENTÁRIOS

1. *Moldura constitucional.* Art. 145. "A União, os Estados, o Distrito Federal e os Municípios poderão instituir os seguintes tributos: I – impostos; II – taxas, em razão do exercício do poder de polícia ou pela utilização, efetiva ou potencial, de serviços públicos específicos e divisíveis, prestados ao contribuinte ou postos a sua disposição. [...] Art. 147. Competem à União, em Território Federal, os impostos estaduais e, se o Território não for dividido em Municípios, cumulativamente, os impostos municipais; ao Distrito Federal cabem os impostos municipais. [...] Art. 148. A União, mediante lei complementar, poderá instituir empréstimos compulsórios: [...]. Art. 149. Compete exclusivamente à União instituir contribuições sociais, de intervenção no domínio econômico e de interesse das categorias profissionais ou econômicas, como instrumento de sua atuação nas respectivas áreas, observado o disposto nos arts. 146, III, e 150, I e III, sem prejuízo do previsto no art. 195, § 6.º, relativamente às contribuições a que alude o dispositivo. [...]. Art. 149-A. Os Municípios e o Distrito Federal poderão instituir contribuição, na forma das respectivas leis, para o custeio do serviço de iluminação pública, observado o disposto no art. 150, I e III [...]."

2. *Dispositivos relacionados:* arts. 6.º e 7.º, CTN.

3. *Sujeito ativo da obrigação tributária principal.* É o titular da *capacidade tributária ativa*, isto é, aquela pessoa que detém a *aptidão para arrecadar e fiscalizar* a exigência fiscal. Nem sempre será uma pessoa política, que ostenta competência tributária, pois poderá ter ocorrido a *transferência* de sua capacidade tributária ativa a outrem. Nesse caso, tratar-se-á de *parafiscalidade*, assim entendida a delegação, pela pessoa política, mediante lei, à outra pessoa, da aptidão para arrecadar e fiscalizar tributos. Portanto, sujeito ativo da obrigação tributária é a pessoa titular do direito de exigir do sujeito passivo o pagamento de tributo (obrigação principal) ou um comportamento comissivo ou omissivo (obrigação acessória). Também, cabe falar em sujeito ativo da relação sancionatória, que tem por objeto a imposição de uma penalidade ao sujeito passivo.

4. *Sujeito ativo auxiliar.* O direito positivo pode prever, ainda, a figura de pessoa que exerça as atividades de arrecadação e fiscalização para outra, mediante remuneração por essas tarefas. Trata-se do chamado *sujeito ativo auxiliar*, que não fica, portanto, com o produto da arrecadação efetuada, pertencente à pessoa política, mas com mera parcela daquela. A título de exemplo, registre-se que a Lei n. 11.457/2007, que instituiu a Secretaria da Receita Federal do Brasil, estabelece competir à União a arrecadação e fiscalização, entre outras, da contribuição devida ao Instituto Nacional de Colonização e Reforma Agrária (Incra), mediante a retribuição, por tais serviços, de 3,5% do montante arrecadado (arts. 2.º e 3.º, *caput* e § 1.º).

5. Crítica ao dispositivo. A norma contida no art. 119 encontra-se defasada à vista do ordenamento jurídico atual e em dissonância com o próprio art. 7.º do CTN, especialmente seu § 3.º. Isso porque o sujeito ativo da obrigação tributária não se resume a pessoa jurídica de direito público. Os sujeitos ativos da obrigação tributária são as pessoas políticas e também as pessoas que delas receberam a capacidade tributária ativa mediante delegação – os entes parafiscais – tenham personalidade jurídica de direito público (como autarquias ou fundações) ou privado – desde que desempenhem atividade de interesse público.

 ## JURISPRUDÊNCIA ILUSTRATIVA

STJ

• "Processual civil, financeiro e tributário. Embargos de divergência. Contribuições destinadas a terceiros. Serviços sociais autônomos. Destinação do produto. Subvenção econômica. Legitimidade passiva *ad causam*. Litisconsórcio. Inexistência. 1. O ente federado detentor da competência tributária e aquele a quem é atribuído o produto da arrecadação de tributo, bem como as autarquias e entidades às quais foram delegadas a capacidade tributária ativa, têm, em princípio, legitimidade passiva *ad causam* para as ações declaratórias e/ou condenatórias referentes à relação jurídico-tributária. 2. Na capacidade tributária ativa, há arrecadação do próprio tributo, o qual ingressa, nessa qualidade, no caixa da pessoa jurídica. 3. Arrecadado o tributo e, posteriormente, destinado seu produto a um terceiro, há espécie de subvenção. 4. A constatação efetiva da legitimidade passiva deve ser aferida caso a caso, conforme a causa de pedir e o contexto normativo em que se apoia a relação de direito material invocada na ação pela parte autora. 5. Hipótese em que não se verifica a legitimidade dos serviços sociais autônomos para constarem no polo passivo de ações judiciais em que são partes o contribuinte e o/a INSS/União Federal e nas quais se discutem a relação jurídico-tributária e a repetição de indébito, porquanto aqueles (os serviços sociais) são meros destinatários de subvenção econômica. 6. Embargos de divergência providos para declarar a ilegitimidade passiva *ad causam* do Sebrae e da Apex e, por decorrência do efeito expansivo, da ABDI" (EREsp 1.619.954/SC, Rel. Min. Gurgel de Faria, j. 10.04.2019).

> **Art. 120.** Salvo disposição de lei em contrário, a pessoa jurídica de direito público, que se constituir pelo desmembramento territorial de outra, sub-roga-se nos direitos desta, cuja legislação tributária aplicará até que entre em vigor a sua própria **(1)**.

 ## COMENTÁRIOS

1. Pessoa política constituída por desmembramento territorial. Trata-se de norma supletiva, que autoriza o legislador ordinário a disciplinar o tema diversamente. Refere-se à específica situação do surgimento de nova pessoa política, em virtude de desmembramento territorial, hipótese em que ocorrerá a sub-rogação dos direitos da entidade da qual derivou.

Capítulo IV
Sujeito Passivo

Seção I
Disposições Gerais

Art. 121. Sujeito passivo da obrigação principal é a pessoa obrigada ao pagamento de tributo ou penalidade pecuniária **(1 a 3)**.

Parágrafo único. O sujeito passivo da obrigação principal diz-se:

I – contribuinte, quando tenha relação pessoal e direta com a situação que constitua o respectivo fato gerador **(3.1)**;

II – responsável, quando, sem revestir a condição de contribuinte, sua obrigação decorra de disposição expressa de lei **(3.2)**.

 COMENTÁRIOS

1. Moldura constitucional. Art. 145, § 1.º. "Sempre que possível, os impostos terão caráter pessoal e serão graduados segundo a capacidade econômica do contribuinte, facultado à administração tributária, especialmente para conferir efetividade a esses objetivos, identificar, respeitados os direitos individuais e nos termos da lei, o patrimônio, os rendimentos e as atividades econômicas do contribuinte; [...] Art. 146. Cabe à lei complementar: [...] III – estabelecer normas gerais em matéria de legislação tributária, especialmente sobre: a) definição de tributos e suas espécies, bem como, em relação aos impostos discriminados nesta Constituição, a dos respectivos fatos geradores, bases de cálculo e contribuintes; [...]; [...] Art. 150. Sem prejuízo de outras garantias asseguradas ao contribuinte, é vedado à União, aos Estados, ao Distrito Federal e aos Municípios: [...] II – instituir tratamento desigual entre contribuintes que se encontrem em situação equivalente, proibida qualquer distinção em razão de ocupação profissional ou função por eles exercida, independentemente da denominação jurídica dos rendimentos, títulos ou direitos; [...]."

2. Dispositivos relacionados: arts. 122 a 138, CTN.

3. Sujeito passivo da obrigação principal. Considerações gerais. *Sujeito passivo da obrigação tributária principal* é aquele que responde pelo débito dela objeto. É a pessoa, física ou jurídica, que detém aptidão para figurar no polo passivo de relação jurídica dessa natureza. Usualmente, é o *contribuinte*, aquele que protagoniza a situação fática descrita na hipótese de incidência. No entanto, há diversas modalidades de sujeição passiva tributária. Se o estudo da disciplina normativa da sujeição ativa tributária não oferece grandes dificuldades, o mesmo não pode ser dito acerca do tema da sujeição passiva, especialmente a chamada "indireta", que se revela como um dos mais complexos do Direito Tributário. De fato, apesar de a Constituição, ao apontar as regras-matrizes de incidência, já determinar, implicitamente, quem poderá ser assim qualificado, caberá à lei indicar, de modo expresso, quem são tais pessoas. O CTN concentra sua disciplina na sujeição passiva da obrigação principal, distinguindo entre o sujeito passivo direto e o sujeito passivo indireto.

3.1. *Sujeito passivo direto ou contribuinte*. É aquele que protagoniza o fato descrito na hipótese de incidência tributária, o sujeito passivo natural da obrigação tributária, aquele que tirou proveito econômico do fato jurídico.

3.2. *Sujeito passivo indireto ou responsável*. É um *terceiro* em relação ao fato jurídico tributário, eleito pela lei para responder pelo pagamento do tributo. Essa categoria de sujeito passivo vem disciplinada nos arts. 128 a 135, CTN.

 SUGESTÕES DOUTRINÁRIAS

SUJEITO PASSIVO DA OBRIGAÇÃO TRIBUTÁRIA

Renato Lopes Becho, *Responsabilidade tributária de terceiros: arts. 134 e 135, CTN*, Saraiva; Juliana Furtado Costa Araújo, Paulo César Conrado e Camila Campos Vergueiro, *Responsabilidade tributária*, Coleção Prática e Estratégica, v. 4, RT; Henrique Mello, *Os terceiros na sujeição passiva tributária e o alterlançamento*, Noeses.

 JURISPRUDÊNCIA ILUSTRATIVA

STF

• "Recurso extraordinário. Tributário. Contribuição Previdenciária. Art. 22, inciso IV, da Lei n. 8.212/1991, com a redação dada pela Lei n. 9.876/1999. Sujeição passiva. Empresas tomadoras de serviços. Prestação de serviços de cooperados por meio de cooperativas de trabalho. Base de cálculo. Valor bruto da nota fiscal ou fatura. Tributação do faturamento. *Bis in idem*. Nova fonte de custeio. Art. 195, § 4.º, CF. 1. O fato gerador que origina a obrigação de recolher a contribuição previdenciária, na forma do art. 22, inciso IV, da Lei n. 8.212/1991, na redação da Lei n. 9.876/1999, não se origina nas remunerações pagas ou creditadas ao cooperado, mas na relação contratual estabelecida entre a pessoa jurídica da cooperativa e a do contratante de seus serviços. 2. A empresa tomadora dos serviços não opera como fonte somente para fins de retenção. A empresa ou entidade a ela equiparada é o próprio sujeito passivo da relação tributária, logo, típico "contribuinte" da contribuição. 3. Os pagamentos efetuados por terceiros às cooperativas de trabalho, em face de serviços prestados por seus cooperados, não se confundem com os valores efetivamente pagos ou creditados aos cooperados. 4. O art. 22, IV, da Lei n. 8.212/1991, com a redação da Lei n. 9.876/1999, ao instituir contribuição previdenciária incidente sobre o valor bruto da nota fiscal ou fatura, extrapolou a norma do art. 195, inciso I, *a*, da Constituição, descaracterizando a contribuição hipoteticamente incidente sobre os rendimentos do trabalho dos cooperados, tributando o faturamento da cooperativa, com evidente *bis in idem*. Representa, assim, nova fonte de custeio, a qual somente poderia ser instituída por lei complementar, com base no art. 195, § 4.º – com a remissão feita ao art. 154, I, da Constituição. 5. Recurso extraordinário provido para declarar a inconstitucionalidade do inciso IV do art. 22 da Lei n. 8.212/1991, com a redação dada pela Lei n. 9.876/1999" (RE 595.838/SP, Tema 166, Rel. Min. Dias Toffoli, j. 23.04.2014).

Tese: "É inconstitucional a contribuição previdenciária prevista no art. 22, IV, da Lei n. 8.212/1991, com redação dada pela Lei n. 9.876/1999, que incide sobre o valor bruto da nota fiscal ou fatura referente a serviços prestados por cooperados por intermédio de cooperativas de trabalho".

STJ

• "Processo civil. Recurso especial representativo de controvérsia. Art. 543-C do CPC. Tributário. IPI. Restituição de indébito. Distribuidoras de bebidas. Contribuintes de fato. Ilegitimidade ativa *ad causam*. Sujeição passiva apenas dos fabricantes (contribuintes de direito). Relevância da repercussão econômica do tributo apenas para fins de condicionamento do exercício do direito subjetivo do contribuinte *de jure* à restituição (art. 166 do CTN). Litispendência. Prequestionamento. Ausência. Súmulas n. 282 e n. 356/STF. Reexame de matéria fático-probatória. Súmula n. 7/STJ. Aplicação. 1. O 'contribuinte de fato' (*in casu*, distribuidora de bebida) não detém legitimidade ativa *ad causam* para pleitear a restituição do indébito relativo ao IPI incidente sobre os descontos incondicionais, recolhido pelo 'contribuinte de direito' (fabricante de bebida), por não integrar a relação jurídica tributária pertinente. 2. O Código Tributário Nacional, na seção atinente ao pagamento indevido, preceitua que: 'Art. 165. O sujeito passivo tem direito, independentemente de prévio protesto, à restituição total ou parcial do tributo, seja qual for a modalidade do seu pagamento, ressalvado o disposto no § 4.º do art. 162, nos seguintes casos: I – cobrança ou pagamento espontâneo de tributo indevido ou maior que o devido em face da legislação tributária aplicável, ou da natureza ou circunstâncias materiais do fato gerador efetivamente ocorrido; II – erro na edificação do sujeito passivo, na determinação da alíquota aplicável, no cálculo do montante do débito ou na elaboração ou conferência de qualquer documento relativo ao pagamento; III – reforma, anulação, revogação ou rescisão de decisão condenatória. Art. 166. A restituição de tributos que comportem, por sua natureza, transferência do respectivo encargo financeiro somente será feita a quem prove haver assumido o referido encargo, ou, no caso de tê-lo transferido a terceiro, estar por este expressamente autorizado a recebê-la'. 3. Consequentemente, é certo que o recolhimento indevido de tributo implica a obrigação do Fisco de devolução do indébito ao contribuinte detentor do direito subjetivo de exigi-lo. 4. Em se tratando dos denominados 'tributos indiretos' (aqueles que comportam, por sua natureza, transferência do respectivo encargo financeiro), a norma tributária (art. 166 do CTN) impõe que a restituição do indébito somente se faça ao contribuinte que comprovar haver arcado com o referido encargo ou, caso contrário, que tenha sido autorizado expressamente pelo terceiro a quem o ônus foi transferido. 5. A exegese do referido dispositivo indica que: '[...] o art. 166 do CTN, embora contido no corpo de um típico veículo introdutório de norma tributária, veicula, nesta parte, norma específica de direito privado, que atribui ao terceiro o direito de retomar do contribuinte tributário, apenas nas hipóteses em que a transferência for autorizada normativamente, as parcelas correspondentes ao tributo indevidamente recolhido: Trata-se de norma privada autônoma, que não se confunde com a norma construída da interpretação literal do art. 166 do CTN. É desnecessária qualquer autorização do contribuinte de fato ao de direito, ou deste àquele. Por sua própria conta, poderá o contribuinte de fato postular o indébito, desde que já recuperado pelo contribuinte de direito junto ao Fisco. No entanto, note-se que o contribuinte de fato não poderá acionar diretamente o Estado, por não ter com este nenhuma relação jurídica. Em suma: o direito subjetivo à repetição do indébito pertence exclusivamente ao denominado contribuinte de direito. Porém, uma vez recuperado o indébito por este junto ao Fisco, pode o contribuinte de fato, com base em norma de direito privado, pleitear junto ao contribuinte tributário a restituição daqueles valores. A norma veiculada pelo art. 166 não pode ser aplicada de maneira isolada, há de ser confrontada com todas as regras do sistema, sobretudo com as veiculadas pelos arts. 165, 121 e 123 do CTN. Em nenhuma delas está consignado que o terceiro que arque com o encargo financeiro do tributo possa ser contribuinte. Portanto, só o contribuinte tributário tem direito à repetição do indébito. Ademais, restou consignado alhures que o fundamento último da norma que estabelece o direito à repetição do indébito está na própria Constituição, mormente no primado da estrita legalidade. Com efeito, a norma veiculada pelo art. 166 choca-se com a própria Constituição Federal, colidindo frontalmente com o princípio da estrita legalidade, razão pela qual há de ser considerada como regra não recepcionada pela ordem tributária atual. E, mesmo perante a ordem jurídica anterior, era manifestamente incompatível frente ao Sistema Constitucional Tributário então vigente' (Marcelo Fortes de Cerqueira, *Curso de especialização em direito tributário*: estudos analíticos em homenagem a Paulo de Barros Carvalho, Coordenação de Eurico Marcos Diniz de Santi, Ed. Forense, Rio de Janeiro, 2007, p. 390-393). 6. Deveras, o condicionamento do exercício do direito subjetivo do contribuinte que pagou tributo indevido (contribuinte de direito) à comprovação de que não procedera à repercussão econômica do tributo ou à apresentação de autorização do 'contribuinte de fato' (pessoa que sofreu a incidência econômica do tributo), à luz do disposto no artigo 166 do CTN, não possui o condão de transformar sujeito alheio à relação jurídica tributária em parte legítima na ação de restituição de indébito. 7. À luz da própria interpretação histórica do artigo 166 do CTN, dessume-se que somente o contribuinte de direito tem legitimidade para integrar o polo ativo da ação judicial que objetiva a restituição do 'tributo indireto' indevidamente recolhido (Gilberto Ulhôa Canto, Repetição de indébito, *Caderno de Pesquisas Tributárias*, n. 8, p. 2-5, São Paulo, Resenha Tributária, 1983; e Marcelo Fortes de Cerqueira, *Curso de especialização em direito tributário*: estudos analíticos em homenagem a Paulo de Barros Carvalho, Coordenação de Eurico Marcos Diniz de Santi, Ed. Forense, Rio de Janeiro, 2007, p. 390-393). 8. É que, na hipótese em que a repercussão econômica decorre da natureza da exação, 'o terceiro que suporta com o ônus econômico do tributo não participa da relação jurídica tributária, razão suficiente para que se verifique a impossibilidade desse terceiro vir a integrar a relação consubstanciada na prerrogativa da repetição do indébito, não tendo, portanto, legitimidade processual' (Paulo de Barros Carvalho, *Direito tributário*: linguagem e método, 2. ed., São Paulo, 2008, Ed. Noeses, p. 583). 9. *In casu*, cuida-se de mandado de segurança coletivo impetrado por substituto processual das empresas distribuidoras de bebidas, no qual se pretende o reconhecimento do alegado direito líquido e certo de não se submeterem à cobrança de IPI incidente sobre os descontos incondicionais (art. 14 da Lei n. 4.502/1965, com a redação dada pela Lei n. 7.798/1989), bem como de compensarem os valores indevidamente recolhidos àquele título. 10. Como cediço, em se tratando de industrialização de produtos, a base de cálculo do IPI é o valor da operação de que decorrer a saída da mercadoria do estabelecimento industrial (art. 47, II, *a*, do CTN), ou, na falta daquele valor, o preço corrente da mercadoria ou sua similar no mercado atacadista da praça do remetente (art. 47, II, *b*, do CTN). 11. A Lei n. 7.798/1989, entretanto, alterou o artigo 14 da Lei n. 4.502/1965, que passou a vigorar com a seguinte redação: 'Art. 14. Salvo disposição em contrário, constitui valor tributável: [...] II – quanto aos produtos nacionais, o valor total da operação de que decorrer a saída do estabelecimento industrial ou equiparado a industrial. § 1.º O valor da operação compreende o preço do produto, acrescido do valor do frete e das demais despesas acessórias, cobradas ou debitadas pelo contribuinte ao comprador ou destinatário. § 2.º Não podem ser deduzidos do valor da operação os descontos, diferenças ou abatimentos, concedidos a qualquer título, ainda que incondicionalmente. [...]' 12. Malgrado as Turmas de Direito Público venham assentando a incompatibilidade entre o disposto no artigo 14, § 2.º, da Lei n. 4.502/1965, e o artigo 47, II, *a*, do CTN (indevida ampliação do conceito de valor da operação, base de cálculo do IPI, o que gera o direito à restituição do indébito), o estabelecimento industrial (*in casu*, o fabricante de bebidas) continua sendo o único sujeito passivo da relação jurídica tributária instaurada com a ocorrência do fato imponível consistente na operação de industrialização de produtos (arts. 46, II, e 51, II, do CTN), sendo certo que a presunção da repercussão econômica do IPI pode ser ilidida por prova em contrário ou, caso constatado o repasse, por autorização expressa do contribuinte de fato (distribuidora de bebidas), à luz do art. 166 do CTN, o que, todavia, não importa na legitimação processual deste terceiro. 13. *Mutatis mutandis*, é certo que: '1. Os consumidores de energia elétrica, de serviços de telecomunicação não possuem legitimidade ativa para pleitear a repetição de eventual indébito tributário do ICMS incidente sobre essas operações. 2. A caracterização do chamado contribuinte de fato presta-se unicamente para impor uma condição à repetição de indébito pleiteada pelo contribuinte de direito, que repassa o ônus financeiro do tributo cujo fato gerador tenha realizado (art. 166 do CTN), mas não concede legitimidade *ad causam* para os consumidores ingressarem em juízo com vistas a discutir determinada relação jurídica da qual não façam parte. 3. Os contribuintes da exação são aqueles que colocam o produto em circulação ou prestam o serviço, concretizando, assim, a hipótese de incidência legalmente prevista. 4. Nos termos da Constituição e da LC n. 86/1997, o consumo não é fato gerador do ICMS. 5. Declarada a ilegitimidade ativa dos consumidores para pleitear a repetição do ICMS' (RMS 24.532/AM, Rel. Min. Castro Meira, 2.ª Turma, j. 26.08.2008, *DJe* 25.09.2008). 14. Consequentemente, revela-se escorreito o entendimento exarado pelo acórdão regional no sentido de que 'as empresas distribuidoras de bebidas, que se apresentam como contribuintes de fato do IPI, não detêm legitimidade ativa para postular em juízo o creditamento relativo ao IPI pago pelos fabricantes, haja vista que somente os produtores industriais, como contribuintes de direito do imposto, possuem legitimidade ativa'. 15. Recurso especial desprovido. Acórdão submetido ao regime do art. 543-C do CPC, e da Resolução STJ 08/2008" (REsp 903.394/AL, Tema Repetitivo 173, Rel. Min. Luiz Fux, j. 24.03.2010).

Tese Jurídica: "O 'contribuinte de fato' (*in casu*, distribuidora de bebida) não detém legitimidade ativa *ad causam* para pleitear a restituição do indébito relativo ao IPI incidente sobre os descontos incondicionais, recolhido pelo 'contribuinte de direito' (fabricante de bebida), por não integrar a relação jurídica tributária pertinente".

> **Art. 122.** Sujeito passivo da obrigação acessória é a pessoa obrigada às prestações que constituam o seu objeto (**1 e 2**).

 COMENTÁRIOS

1. *Dispositivos relacionados:* arts. 9.º, § 1.º, e 113, CTN.

2. *Sujeito passivo da obrigação acessória.* É aquele a quem incumbe cumprir as prestações positivas ou negativas, estabelecidas em lei, no interesse da arrecadação e da fiscalização tributárias. Como regra, coincide com o sujeito passivo da obrigação principal. Assim, o contribuinte de IRPF é também sujeito passivo da obrigação acessória de apresentar a declaração de ajuste anual. No entanto, a figura do sujeito passivo da obrigação acessória pode emergir independentemente da existência de obrigação principal, já que a obrigação acessória desfruta de autonomia, como claramente adverte o art. 9.º, § 1.º, CTN.

JURISPRUDÊNCIA ILUSTRATIVA

STJ

• "Processual civil e tributário. Recurso especial representativo de controvérsia. Art. 543-C do CPC. Contribuição previdenciária. Tributo sujeito a lançamento por homologação. Entrega da GFIP (Lei n. 8.212/1991). Alegação de descumprimento de obrigação acessória. Alegação de divergência entre os valores declarados e os efetivamente recolhidos. Crédito tributário objeto de declaração do contribuinte. Recusa no fornecimento de CND. Possibilidade. Ausência de prequestionamento. Súmulas n. 282 e n. 356 do c. STF. 1. A Lei n. 8.212/1991, com a redação dada pela Lei n. 9.528/1997, determina que o descumprimento da obrigação acessória de informar, mensalmente, ao INSS, dados relacionados aos fatos geradores da contribuição previdenciária, é condição impeditiva para expedição da prova de inexistência de débito (art. 32, IV e § 10). 2. A Lei n. 8.212/1991, acaso afastada, implicaria violação da Súmula Vinculante n. 10 do STF: 'Viola a cláusula de reserva de plenário (CF, art. 97) a decisão de órgão fracionário de tribunal que, embora não declare expressamente a inconstitucionalidade de lei ou ato normativo do poder público, afasta sua incidência, no todo ou em parte'. 3. A divergência entre os valores declarados nas GFIPs 04/2002, 06/2002, 07/2002, 08/2002, 09/2002, 10/2002, 11/2003, 12/2003 e 01/2003 (fls. 121) e os efetivamente recolhidos também impede a concessão da pretendida certidão de regularidade fiscal, porquanto já constituídos os créditos tributários, bastando que sejam encaminhados para a inscrição em dívida ativa. 4. A existência de saldo devedor remanescente, consignada pelo Juízo *a quo*, faz exsurgir o óbice inserto na Súmula n. 7/STJ, impedindo o reexame do contexto fático probatório dos autos capaz, eventualmente, de ensejar a reforma do julgado regional. 5. O requisito do prequestionamento é indispensável, por isso que inviável a apreciação, em sede de recurso especial, de matéria sobre a qual não se pronunciou o Tribunal de origem, incidindo, por analogia, o óbice das Súmulas n. 282 e 356 do STF. 6. *In casu*, a questão relativa à impenhorabilidade dos bens da recorrente, viabilizando a expedição de certidão de regularidade fiscal não foi objeto de análise pelo acórdão recorrido, nem sequer foram opostos embargos declaratórios com a finalidade de prequestioná-la, razão pela qual impõe-se óbice intransponível ao conhecimento do recurso nesse ponto. 7. Recurso especial desprovido. Acórdão submetido ao regime do art. 543-C do CPC e da Resolução STJ 08/2008" (REsp 1.042.585/RJ, Tema Repetitivo 358, Rel. Min. Luiz Fux, j. 12.05.2010).

Tese Jurídica: "O descumprimento da obrigação acessória de informar, mensalmente, ao INSS, dados relacionados aos fatos geradores da contribuição previdenciária, é condição impeditiva para expedição da prova de inexistência de débito".

Art. 123. Salvo disposições de lei em contrário, as convenções particulares, relativas à responsabilidade pelo pagamento de tributos, não podem ser opostas à Fazenda Pública, para modificar a definição legal do sujeito passivo das obrigações tributárias correspondentes **(1)**.

 COMENTÁRIOS

1. *Inoponibilidade das convenções particulares ao Fisco.* O dispositivo abriga norma *supletiva* – autorizando ao legislador ordinário dispor diversamente – que se reveste de grande importância prática. Diante da natureza *ex lege* das relações jurídico-tributárias, as obrigações de origem contratual não poderão ser opostas ao Fisco, com o intuito de alterar a sujeição passiva apontada pela lei. Exemplo clássico de aplicação do dispositivo diz com o contrato de locação de imóvel, no qual, usualmente, consta cláusula impondo ao locatário o dever do pagamento do IPTU. Tal convenção somente vale entre as partes contratantes; portanto, na hipótese de inadimplência, o Fisco Municipal vai exigir o tributo do contribuinte – o proprietário do imóvel.

JURISPRUDÊNCIA ILUSTRATIVA

STJ

• "Processual civil. Recurso especial representativo de controvérsia. Art. 543-C do CPC. Tributário. Empréstimo compulsório da Eletrobrás. Restituição do valor recolhido pelo contribuinte. Cessão de crédito. Possibilidade. Impedimento legal. Inexistência. Disponibilidade do direito de crédito. Art. 286 do Código Civil. Substituição do sujeito passivo da relação jurídica tributária. Não ocorrência. Compensação dos débitos no consumo de energia. Ausência de previsão no título executivo. Coisa julgada. Impossibilidade. Recurso especial não provido. 1. A jurisprudência das Turmas que compõem a Primeira Seção do Superior Tribunal de Justiça é no sentido de que os créditos decorrentes da obrigação de devolução do empréstimo compulsório, incidente sobre o consumo de energia elétrica, podem ser cedidos a terceiros, uma vez inexistente impedimento legal expresso à transferência ou à cessão dos aludidos créditos, nada inibindo a incidência das normas de direito privado à espécie, notadamente o art. 286 do Código Civil. 2. O art. 286 do Código Civil autoriza a cessão de crédito, condicionada a notificação do devedor. Da mesma forma, a legislação processual permite ao cessionário promover ou prosseguir na execução 'quando o direito resultante do título executivo lhe foi transferido por ato entre vivos' (art. 567, II, do CPC). 3. No caso em exame, a discussão envolve relação processual entre o credor (possuidor de um título judicial exequível) e o devedor, cuja obrigação originou-se de vínculo público, qual seja, o empréstimo compulsório à Eletrobrás, denominação, por si, reveladora de sua natureza publicística, cogente, imperativa, a determinar o dever de 'emprestar' os valores respectivos, nas condições impostas pela legislação de regência. 4. A liberdade da cessão de crédito constitui a regra, em nosso ordenamento jurídico, tal como resulta da primeira parte do art. 286 do vigente CC, cujo similar era o art. 1.065 do CC de 1916, o que, de resto, é corroborado, em sua compreensão, pelos arts. 100, § 13, da CF e 78 do ADCT, que preveem a cessão de créditos consubstanciados em precatórios. A natureza da obrigação, a vedação legal expressa e cláusula contratual proibitiva constituem as exceções. 5. No caso em exame, não se verifica nenhuma exceção, uma vez que a transferência ocorreu após o trânsito em julgado da ação de conhecimento. 6. A regra contida no art. 123 do CTN, que dispõe sobre a inoponibilidade das convenções particulares à Fazenda Pública, em matéria tributária, destina-se a evitar acordo entre particulares, que poderiam alterar a responsabilidade tributária para com a Fazenda. Seus destinatários são os sujeitos passivos das obrigações tributárias, o que não é o caso dos autos. 7. O art. 173, § 1.º, II, da Constituição Federal submete as sociedades de economia mista (natureza jurídica da Eletrobrás) ao regime jurídico próprio das empresas privadas, inclusive quanto aos direitos e obrigações civis, comerciais, trabalhistas e tributários, o que robustece, mais ainda, a aplicação da regra inscrita na primeira parte do art. 286 do Código Civil ao caso, observado, obviamente, o art. 290 do mesmo código. 8. *In casu*, sob o manto da coisa julgada, verifica-se que no título executivo, base da execução, não se facultou à devedora a compensação dos débitos com valores resultantes do consumo de energia, o que afasta a alegação de ofensa às normas contidas nos §§ 2.º e 3.º do art. 2.º do DL n. 1.512/1976. 9. Recurso especial não provido. Acórdão submetido ao regime do art. 543-C do CPC e da Resolução STJ 8/2008" (REsp 1.119.558/SC, Tema Repetitivo 368, Rel. p/ o acórdão Min. Arnaldo Esteves Lima, j. 09.05.2012).

Tese Jurídica: "Os créditos decorrentes da obrigação de devolução do empréstimo compulsório, incidente sobre o consumo de energia elétrica, podem ser cedidos a terceiros, uma vez inexistente impedimento legal expresso à transferência ou à cessão dos aludidos créditos, nada inibindo a incidência das normas de direito privado à espécie, notadamente o art. 286 do Código Civil".

Seção II
Solidariedade

Art. 124. São solidariamente obrigadas **(1 a 4)**:

I – as pessoas que tenham interesse comum na situação que constitua o fato gerador da obrigação principal **(4.1)**;

II – as pessoas expressamente designadas por lei **(4.2)**.

Parágrafo único. A solidariedade referida neste artigo não comporta benefício de ordem **(5)**.

 COMENTÁRIOS

1. *Dispositivos relacionados:* arts. 125 e 134, CTN.

2. *Legislação básica:* CC, arts. 264 a 285 e 827.

3. *Solidariedade civil.* O Direito Civil, ao disciplinar o direito das obrigações (contratos), contempla a solidariedade nas modalidades ativa e passiva. Na modalidade *passiva*, a solidariedade funciona como mecanismo destinado à *garantia do credor*, uma vez que este tem direito a exigir de um ou de alguns dos devedores, parcial ou totalmente, a dívida comum.

4. *Solidariedade tributária.* Revela-se mais um instrumento de *praticabilidade* no campo tributário, uma vez que propicia ao Fisco a escolha do devedor em relação ao qual seja mais fácil e cômodo exigir a dívida integral. Não fosse desse modo, diante da multiplicidade de devedores numa mesma relação jurídica, a Administração Fiscal estaria obrigada a cobrá-los todos, cada qual por parte do débito, o que, induvidosamente, acarretaria maior custo e dificuldades à satisfação do crédito tributário.

4.1. *Solidariedade por interesse comum.* A hipótese contida no inciso I está redigida em linguagem bastante vaga, não traduzindo com acuidade o que se quer significar. Comprador e vendedor têm interesse comum na transmissão da propriedade de imóvel, mas nem por isso podem ser devedores solidários. A solidariedade tributária, que é *sempre passiva*, somente pode existir entre sujeitos que figurem nesse polo da relação obrigacional. Importa salientar que a solidariedade, sob esse fundamento, não constitui modalidade de sujeição passiva indireta, como sustenta parte da doutrina, visto que os *devedores solidários não são terceiros*, porquanto realizam a situação fática descrita na hipótese de incidência.

Por intermédio desse expediente, não se inclui terceira pessoa no polo passivo da obrigação tributária, representando apenas "forma de graduar a responsabilidade daqueles sujeitos que já compõem o polo passivo". Coproprietários do mesmo imóvel urbano, por exemplo, são devedores solidários do IPTU.

4.2. Solidariedade por designação legal. A prescrição estampada no inciso II desse artigo parece, à primeira vista, inócua, pois a solidariedade tributária sempre decorre da lei. Em verdade, o que o dispositivo estabelece é que a lei poderá apontar pessoas que, mesmo não sendo partícipes da situação fática que constitua a hipótese de incidência tributária, respondam solidariamente pelo débito. A justificativa para isso está no fato de que essas pessoas assumem a responsabilidade solidária em virtude de *outro vínculo jurídico*, deflagrado pela prática de ato ilícito. A demonstrar tal afirmação o disposto no art. 134, *caput*, objeto de nosso comentário adiante. Não se cuida, portanto, de solidariedade propriamente dita, vale dizer, aquela que respeita à obrigação principal, como mencionado.

5. *Não cabimento do benefício de ordem.* A norma contida no parágrafo único desse dispositivo esclarece que a solidariedade tributária não comporta *benefício de ordem* – ao qual alude o parágrafo único do art. 827, CC – a significar a desnecessidade de observância de uma sequência na cobrança dos devedores solidários.

 SUGESTÕES DOUTRINÁRIAS

SOLIDARIEDADE TRIBUTÁRIA

Andréa Medrado Darzé, *Responsabilidade tributária: solidariedade e subsidiariedade*, Noeses; Gustavo Guimarães da Fonseca, *A solidariedade passiva tributária do art. 124, I, do CTN e as suas interpretações antinômicas*, Dialética; Regina Helena Costa, *Praticabilidade e justiça tributária: exequibilidade de lei tributária e direitos do contribuinte*, Malheiros.

 JURISPRUDÊNCIA ILUSTRATIVA

STJ

• "Recurso especial repetitivo. Código de Processo Civil de 2015. Aplicabilidade. Tributário. Imposto sobre a Propriedade de Veículos Automotores – IPVA. Venda do veículo. Ausência de comunicação ao órgão de trânsito pelo alienante. Responsabilidade tributária solidária com base no art. 134 do Código de Trânsito Brasileiro – CTB. Inviabilidade. Necessidade de previsão em lei estadual específica. I – Consoante o decidido pelo Plenário desta Corte na sessão realizada em 09.03.2016, o regime recursal será determinado pela data da publicação do provimento jurisdicional impugnado. Aplica-se, no caso, o Estatuto Processual Civil de 2015. II – O art. 134 do Código de Trânsito Brasileiro – CTB não permite aos Estados e ao Distrito Federal imputarem sujeição passiva tributária ao vendedor do veículo automotor, pelo pagamento do IPVA devido após a alienação do bem, quando não comunicada, no prazo legal, a transação ao órgão de trânsito. III – O art. 124, II do CTN, aliado a entendimento vinculante do Supremo Tribunal Federal, autoriza os Estados e o Distrito Federal a editarem lei específica para disciplinar, no âmbito de suas competências, a sujeição passiva do IPVA, podendo, por meio de legislação local, cominar à terceira pessoa a solidariedade pelo pagamento do imposto. IV – Tal interpretação é reverente ao princípio federativo, que, em sua formulação fiscal, revela-se autêntico sobreprincípio regulador da repartição de competências tributárias e, por isso mesmo, elemento informador primário na solução de conflitos nas relações entre a União e os demais entes federados. V – Acórdão submetido ao rito do art. 1.036 e seguintes do CPC/2015, fixando-se, nos termos no art. 256-Q, do RISTJ, a seguinte tese repetitiva: Somente mediante lei estadual/distrital específica poderá ser atribuída ao alienante responsabilidade solidária pelo pagamento do Imposto sobre a Propriedade de Veículos Automotores – IPVA do veículo alienado, na hipótese de ausência de comunicação da venda do bem ao órgão de trânsito competente. VI – Recurso especial do particular parcialmente provido" (REsp 1.881.788/SP, 1.ª Seção, Tema Repetitivo 1.118, Rel. Min. Regina Helena Costa, j. 23.11.2022).

• "Processual civil. Embargos de divergência no recurso especial. Tributário. ISS. Execução fiscal. Pessoas jurídicas que pertencem ao mesmo grupo econômico. Circunstância que, por si só, não enseja solidariedade passiva. 1. O entendimento prevalente no âmbito das Turmas que integram a Primeira Seção desta Corte é no sentido de que o fato de haver pessoas jurídicas que pertençam ao mesmo grupo econômico, por si só, não enseja a responsabilidade solidária, na forma prevista no art. 124 do CTN. Ressalte-se que a solidariedade não se presume (art. 265 do CC/2002), sobretudo em sede de direito tributário. 2. Embargos de divergência não providos" (EREsp 834.044/RS, Rel. Min. Campbell Marques, j. 08.09.2010).

> **Art. 125.** Salvo disposição de lei em contrário, são os seguintes os efeitos da solidariedade **(1 e 2)**:
>
> I – o pagamento efetuado por um dos obrigados aproveita aos demais;
>
> II – a isenção ou remissão de crédito exonera todos os obrigados, salvo se outorgada pessoalmente a um deles, subsistindo, nesse caso, a solidariedade quanto aos demais pelo saldo;
>
> III – a interrupção da prescrição, em favor ou contra um dos obrigados, favorece ou prejudica aos demais.

 ## COMENTÁRIOS

1. *Dispositivo relacionado:* art. 124, CTN.

2. *Efeitos da solidariedade.* Na ausência de regramento diverso, os devedores solidários são considerados como um único devedor e, assim, o que possa afetar a um atinge a todos. Em consequência: *(i)* o pagamento efetuado por um deles aproveita aos demais; *(ii)* a isenção ou remissão do crédito tributário exonera todos os devedores, exceto se concedida pessoalmente a um deles, hipótese em que subsiste a solidariedade quanto aos demais pelo saldo; e *(iii)* a interrupção da prescrição em favor ou contra um dos devedores, favorece ou prejudica aos demais.

 ## JURISPRUDÊNCIA ILUSTRATIVA

STJ

• "Processual civil. Recurso especial. Execução fiscal. Citação de um dos sócios-gerentes. Efeitos. Interrupção da prescrição em relação a todos os devedores solidários. 1. Deferiu-se o pedido de redirecionamento do processo executivo fiscal em relação aos sócios da empresa executada, não efetuada, entretanto, a citação de um deles. 2. É certo que, segundo o art. 125, III, do CTN, os efeitos da interrupção da prescrição, em relação a um dos devedores solidários, atinge todos os outros codevedores. 3. Na hipótese, é incontroverso que houve a efetiva citação de um dos sócios que figuram no polo passivo da execução, razão pela qual a não efetivação da citação do outro executado não impediu a interrupção do prazo prescricional em relação a ele. 4. Recurso especial desprovido" (1.ª T., REsp 1.015.117/RS, Rel. Min. Denise Arruda, j. 25.11.2008).

Seção III
Capacidade Tributária

Art. 126. A capacidade tributária passiva independe **(1 a 3)**:

I – da capacidade civil das pessoas naturais;

II – de achar-se a pessoa natural sujeita a medidas que importem privação ou limitação do exercício de atividades civis, comerciais ou profissionais, ou da administração direta de seus bens ou negócios;

III – de estar a pessoa jurídica regularmente constituída, bastando que configure uma unidade econômica ou profissional.

 COMENTÁRIOS

1. *Legislação básica:* CC, arts. 1.º a 5.º e 45.

2. *Capacidade tributária passiva.* Consiste na aptidão para figurar no polo passivo da obrigação tributária. A capacidade tributária passiva apresenta perfil próprio, observando-se, claramente, ser ela mais ampla que a capacidade civil das pessoas físicas e jurídicas.

3. *Capacidade para realizar o fato jurídico tributário.* A capacidade tributária passiva não se confunde com a *capacidade para realizar o fato jurídico tributário*, esta sim passível de ser desfrutada por ente ao qual o direito positivo não atribua sequer personalidade jurídica. Assim, nem sempre quem tem capacidade para realizar o fato jurídico tributário terá a aptidão para figurar no polo passivo da obrigação tributária – esta somente é deferida a pessoas físicas capazes e a pessoas jurídicas regularmente constituídas (arts. 1.º a 5.º e 45, CC). A título de ilustração, um menor pode realizar fato jurídico tributário auferindo renda, provocando o surgimento da obrigação de pagar o IR. No entanto, não detém ele capacidade tributária passiva, o que impõe que, no polo passivo da respectiva obrigação, figure pessoa capaz – pai ou responsável. Igualmente, uma sociedade de fato pode realizar operações mercantis e, com isso, dar ensejo à obrigação de pagar o ICMS. No polo passivo da obrigação não poderá figurar, porquanto destituída de personalidade jurídica; desse modo, responderão pelo débito tributário as pessoas físicas dela gestoras.

Seção IV
Domicílio Tributário

Art. 127. Na falta de eleição, pelo contribuinte ou responsável, de domicílio tributário, na forma da legislação aplicável, considera-se como tal **(1 a 3)**:

I – quanto às pessoas naturais, a sua residência habitual, ou, sendo esta incerta ou desconhecida, o centro habitual de sua atividade;

II – quanto às pessoas jurídicas de direito privado ou às firmas individuais, o lugar da sua sede, ou, em relação aos atos ou fatos que derem origem à obrigação, o de cada estabelecimento;

III – quanto às pessoas jurídicas de direito público, qualquer de suas repartições no território da entidade tributante.

§ 1.º Quando não couber a aplicação das regras fixadas em qualquer dos incisos deste artigo, considerar-se-á como domicílio tributário do contribuinte ou responsável o lugar da situação dos bens ou da ocorrência dos atos ou fatos que deram origem à obrigação.

§ 2.º A autoridade administrativa pode recusar o domicílio eleito, quando impossibilite ou dificulte a arrecadação ou a fiscalização do tributo, aplicando-se então a regra do parágrafo anterior **(3.1)**.

 COMENTÁRIOS

1. Legislação básica: CC, arts. 70 a 72 e 75, IV e § 1.º.

2. Domicílio civil. Segundo o art. 70, CC, o domicílio da pessoa natural é o lugar onde ela estabelece a sua residência com ânimo definitivo. Se, porém, a pessoa natural tiver diversas residências, onde alternadamente viva, considerar-se-á seu domicílio qualquer delas (art. 71, CC). No que tange às relações profissionais, é também domicílio da pessoa natural o lugar onde se dá o exercício profissional, e, se tal se der em lugares diversos, cada um deles constituirá domicílio para as relações que lhe corresponderem (art. 72, CC). Quanto às pessoas jurídicas de direito privado, considera-se seu domicílio o lugar onde funcionarem as respectivas diretorias e administrações, ou onde elegerem domicílio especial no seu estatuto ou atos constitutivos. E, no caso de a pessoa jurídica possuir diversos estabelecimentos em lugares diferentes, cada um deles será considerado domicílio para os atos nele praticados (art. 75, IV e § 1.º, CC).

3. Domicílio tributário. O dispositivo abriga regras *supletivas* para a determinação do domicílio tributário das pessoas físicas e jurídicas, porquanto atuam somente na falta de eleição do domicílio pelo sujeito passivo. No entanto, na prática, tal escolha não ocorre e, em consequência, tais regras é que têm aplicação. Assinale-se ser comum possuir o sujeito passivo uma pluralidade de domicílios fiscais. Assim, uma pessoa física pode ter um domicílio para efeito de IR e outro para efeito de IPTU, se possuir um imóvel em cidade distinta, por exemplo. Ou, no caso de uma indústria que possua vários estabelecimentos – matriz e filiais –, cada um deles será considerado domicílio tributário distinto.

3.1. Recusa do domicílio tributário eleito. A norma contida no § 2.º do art. 127 prevê a recusa do domicílio eleito pela autoridade administrativa quando a escolha acarretar impossibilidade ou dificuldade na arrecadação ou na fiscalização do tributo, aplicando-se, então, a regra do § 1.º. Tal recusa, evidentemente, há de ser fundamentada, para permitir ao sujeito passivo, caso queira, impugnar a decisão administrativa.

 JURISPRUDÊNCIA ILUSTRATIVA

STJ

• "Processual civil e tributário. Execução fiscal. Dívidas tributárias da matriz. Penhora, pelo sistema Bacen-jud, de valores depositados em nome das filiais. Possibilidade. Estabelecimento empresarial como objeto de direitos, e não como sujeito de direitos. CNPJ próprio das filiais. Irrelevância no que diz respeito à unidade patrimonial da devedora. 1. No âmbito do direito privado, cujos princípios gerais, à luz do art. 109 do CTN, são informadores para a definição dos institutos de direito tributário, a filial é uma espécie de estabelecimento empresarial, fazendo parte do acervo patrimonial de uma única pessoa jurídica, partilhando dos mesmos sócios, contrato social e firma ou denominação da matriz. Nessa condição, consiste, conforme doutrina majoritária, em uma universalidade de fato, não ostentando personalidade jurídica própria, não sendo sujeito de direitos, tampouco uma pessoa distinta da sociedade empresária. Cuida-se de um instrumento de que se utiliza o empresário ou sócio para exercer suas atividades. 2. A discriminação do patrimônio da empresa, mediante a criação de filiais, não afasta a unidade patrimonial da pessoa jurídica, que, na condição de devedora, deve responder com todo o ativo do patrimônio social por suas dívidas, à luz de regra de direito processual prevista no art. 591 do Código de Processo Civil, segundo a qual 'o devedor responde, para o cumprimento de suas obrigações, com todos os seus bens presentes e futuros, salvo as restrições estabelecidas em lei'. 3. O princípio tributário da autonomia dos estabelecimentos, cujo conteúdo normativo preceitua que estes devem ser considerados, na forma da legislação específica de cada tributo, unidades autônomas e independentes nas relações jurídico-tributárias travadas com a Administração Fiscal, é um instituto de direito material, ligado à questão do nascimento da obrigação tributária de cada imposto especificamente considerado e não tem relação com a responsabilidade patrimonial dos devedores prevista em um regramento de direito processual, ou com os limites da responsabilidade dos bens da empresa e dos sócios definidos no direito empresarial. 4. A obrigação de que cada estabelecimento se inscreva com número próprio no CNPJ tem especial relevância para a atividade fiscalizatória da administração tributária, não afastando a unidade patrimonial da empresa, cabendo ressaltar que a inscrição da filial no CNPJ é derivada do CNPJ da matriz. 5. Nessa toada, limitar a satisfação do crédito público, notadamente do crédito tributário, a somente o patrimônio do estabelecimento que participou da situação caracterizada como fato gerador é adotar interpretação absurda e odiosa. Absurda porque não se concilia, por exemplo, com a cobrança dos créditos em uma situação de falência, onde todos os bens da pessoa jurídica (todos os estabelecimentos) são arrecadados para pagamento de todos os credores, ou com a possibilidade de responsabilidade contratual subsidiária dos sócios pelas obrigações da sociedade como um todo (*v.g.*, arts. 1.023, 1.024, 1.039, 1.045, 1.052, 1.088 do CC/2002), ou com a administração de todos os estabelecimentos da sociedade pelos mesmos órgãos de deliberação, direção, gerência e fiscalização. Odiosa porque, por princípio, o credor privado não pode ter mais privilégios que o credor público, salvo exceções legalmente expressas e justificáveis. 6. Recurso especial conhecido e provido. Acórdão submetido ao regime do art. 543-C do CPC e da Resolução STJ 8/2008" (REsp 1.355.812/RS, Tema Repetitivo 614, Rel. Mauro Campbell Marques, j. 22.05.2013).

Tese Jurídica: "Inexistem óbices à penhora, em face de dívidas tributárias da matriz, de valores depositados em nome das filiais".

• "Tributário. Domicílio fiscal. Reversão. Possibilidade. 1. Não obstante o Tribunal de origem haja acolhido parcialmente os embargos declaratórios, tão somente para fins de prequestionamento, isto é, para consignar que o acórdão recorrido, nos termos em que lançado nos autos, não violou os arts. 7.º da Lei n. 2.354/1954 e 927 do Decreto n. 3.000/1999, o prequestionamento destas disposições normativas, na verdade, não restou configurado. 2. A escolha do local da sede da empresa é livremente feita por seus controladores, até mesmo em face da liberdade empresarial, mas, para os fins tributários, pode o Fisco recusar o domicílio eleito, nos casos em que o novo domicílio fiscal impossibilite ou dificulte a arrecadação ou a fiscalização dos tributos (art. 127, § 2.º, do CTN). 3. No caso concreto, o Tribunal de origem deixou consignado, no acórdão recorrido, que a Delegacia da Receita Federal em

Florianópolis determinou a reversão do domicílio fiscal da empresa para Florianópolis porque constatado, após procedimento administrativo, que a sede no Rio de Janeiro dificulta a fiscalização tributária, eis que ali não se encontram guardados os livros e registros fiscais da empresa, nem é o local da sua efetiva administração. Consignou, ainda, que o centro de decisões da empresa permaneceu em Florianópolis, juntamente com a sua documentação fiscal, razão pela qual concluiu que é nesta cidade que se encontra, de fato, o domicílio fiscal da empresa. Em assim decidindo, o Tribunal de origem não contrariou o art. 127, § 2.º, do CTN; muito pelo contrário, deu ao caso solução consentânea com a interpretação dessa norma geral combinada com o art. 34, parágrafo único, da Lei n. 4.152/1962, e o art. 212 do Regulamento aprovado pelo Decreto n. 3.000/1999. 4. Recurso especial parcialmente conhecido, porém, nessa extensão, não provido" (2.ª T., REsp 1.137.236/SC, Rel. Min. Mauro Campbell Marques, j. 04.08.2011).

Capítulo V
Responsabilidade Tributária

Seção I
Disposição Geral

Art. 128. Sem prejuízo do disposto neste Capítulo, a lei pode atribuir de modo expresso a responsabilidade pelo crédito tributário a terceira pessoa, vinculada ao fato gerador da respectiva obrigação, excluindo a responsabilidade do contribuinte ou atribuindo-a a este em caráter supletivo do cumprimento total ou parcial da referida obrigação **(1 a 7)**.

 COMENTÁRIOS

1. *Moldura constitucional.* Art. 5.º [...] "LIV – ninguém será privado da liberdade ou de seus bens sem o devido processo legal; [...] Art. 146. [...] – III – estabelecer normas gerais em matéria de legislação tributária, especialmente sobre: [...] b) obrigação, lançamento, crédito, prescrição e decadência tributários; [...] 150. [...] § 7.º A lei poderá atribuir a sujeito passivo de obrigação tributária a condição de responsável pelo pagamento de imposto ou contribuição, cujo fato gerador deva ocorrer posteriormente, assegurada a imediata e preferencial restituição da quantia paga, caso não se realize o fato gerador presumido."

2. *Dispositivo relacionado:* art. 121, parágrafo único, II, CTN.

3. *Sujeição passiva indireta ou responsabilidade.* O *sujeito passivo indireto*, que o CTN denomina genericamente "responsável", é aquele que, "sem revestir a condição de contribuinte, sua obrigação decorra de disposição expressa de lei" (art. 121, parágrafo único, II). É, portanto, um *terceiro em relação ao fato jurídico tributário*, mas que com ele mantém conexão.

4. *Modalidades de sujeição passiva indireta. Considerações gerais.* Para a sistematização das modalidades de sujeição passiva indireta, o CTN adotou, essencialmente, a concepção doutrinária de Rubens Gomes de Sousa (*Compêndio de legislação tributária*), daí a importância de sua lição para a compreensão do direito positivo. Segundo ela, a sujeição passiva indireta pode ocorrer mediante *transferência* ou *substituição*. Na primeira hipótese, ainda comporta subdivisão: por *solidariedade*, por *sucessão* e por *responsabilidade* – aqui empregado o conceito em sentido estrito. Ensina o autor que a *transferência* ocorre quando "a obrigação tributária, depois de ter surgido contra uma pessoa determinada (que seria o sujeito passivo direto), entretanto, em virtude de um fato posterior, transfere-se para outra pessoa diferente (que será o sujeito passivo indireto)". Prossegue assim descrevendo as hipóteses de transferência: *(i) solidariedade*, quando duas ou mais pessoas são simultaneamente obrigadas pela mesma obrigação; *(ii) sucessão*, quando a obrigação transfere-se para outro devedor em virtude do desaparecimento do devedor original; e *(iii) responsabilidade*, quando a lei tributária responsabiliza outra pessoa pelo pagamento do tributo, quando não for pago pelo sujeito passivo direto. A *substituição*, por sua vez, leciona, é a modalidade de sujeição passiva indireta que "ocorre quando, em virtude de uma disposição expressa de lei, a obrigação tributária surge desde logo contra uma pessoa diferente daquela que esteja em relação econômica com o ato, ou negócio tributado: neste caso, é a própria lei que substitui o sujeito passivo direto por outro indireto".

     4.1. *Crítica à concepção clássica de responsabilidade tributária.* A concepção de Rubens Gomes de Sousa acerca da responsabilidade tributária, não obstante seu pioneirismo e inegável valor, gera perplexidades, bem como não aponta respostas satisfatórias em algumas hipóteses. Diante disso, parte da doutrina, insatisfeita com essa concepção clássica de sujeição passiva indireta, tem apresentado diversas críticas (*e.g.* Paulo de Barros Carvalho, *Curso de direito tributário*). A responsabilidade tributária é figura polêmica, pois o responsável não é sujeito passivo de relação obrigacional tributária (obrigação principal), mas sim de relação jurídica de cunho sancionatório. Desse modo, o terceiro é integrado ao polo passivo *em razão de descumprimento de dever seu*, legalmente estabelecido, como no caso do adquirente de bem imóvel que não cuidou de averiguar se todos os tributos a ele relativos até a data do negócio estavam quitados (art. 130, CTN).

     5. *Limites na eleição do responsável.* Prestigiando as limitações constitucionais antes apontadas, o artigo deixa claro, inicialmente, o respeito ao *princípio da legalidade tributária*, uma vez que a indicação de terceiro para responder pelo ônus tributário há de ser efetuada mediante o necessário veículo legislativo – lei complementar (art. 146, III, *b*). Também estatui que a escolha, pelo legislador, do terceiro responsável, não é livre, uma vez que há de se tratar de sujeito vinculado indiretamente ao fato descrito na hipótese de incidência tributária, prestigiando a noção de *razoabilidade*. Releva assinalar que a eleição de uma terceira pessoa para assumir o pagamento de tributo traduz expediente de *praticabilidade*, visando à comodidade e garantia da arrecadação. As limitações constitucionais no trato da matéria de responsabilidade tributária, portanto, são: *(i)* exigência de *lei complementar* (art. 146, III, *b*) e *(ii) razoabilidade*, a orientar o legislador na escolha do terceiro que responderá pelo ônus tributário, uma vez que sempre há de estar vinculado indiretamente ao fato gerador (art. 5.º, LIV, CR).

     6. *Substituição tributária.* A responsabilidade por *substituição* ocorre quando a obrigação tributária já nasce, por determinação legal, diretamente na pessoa do terceiro, que toma o lugar daquele que protagonizou a situação fática descrita na hipótese de incidência tributária. Tal figura não encontra previsão específica no CTN, sendo extraível da dicção do art. 128, quando estabelece que a responsabilidade pode ser atribuída a terceira pessoa mediante a exclusão da responsabilidade do contribuinte. Concordamos com a crítica doutrinária segundo a qual, na hipótese, de fato, não há substituição, porquanto a sujeição passiva já nasce diretamente na pessoa escolhida pela lei para suportar o ônus do pagamento do tributo (cf. Paulo de Barros Carvalho, *Curso de direito tributário*). O mecanismo é utilizado por conveniência de fiscalização e arrecadação tributárias, ilustrando mais uma aplicação do princípio da *praticabilidade*, sendo empregado pela lei em várias hipóteses. Duas modalidades se apresentam: *(i)* a substituição tributária progressiva ou "para frente"; e *(ii)* a substituição tributária regressiva ou "para trás".

6.1. Substituição tributária progressiva ou "para frente". Dentre as modalidades de substituição tributária previstas no ordenamento jurídico destaca-se a prevista na Emenda Constitucional n. 3/1993, que introduziu o § 7.º no art. 150. A modalidade de substituição tributária assim delineada é denominada *substituição tributária progressiva* ou "para a frente" e aplicável a impostos multifásicos, isto é, aqueles incidentes em operações sucessivas. Expediente de *praticidade*, é autorizado em diversas situações, como ocorre com o ICMS nas hipóteses de comercialização de veículos automotores, combustíveis e derivados, e energia elétrica (LC n. 87/1996, arts. 6.º e 8.º).

6.1.1. Fato gerador presumido. Embora a figura da substituição tributária já fosse conhecida no direito brasileiro, tal preceito inovou na instituição do chamado *fato gerador presumido*, bem como no estabelecimento da garantia de reembolso preferencial e imediato do tributo pago quando o fato não se tiver realizado. O preceito é de constitucionalidade duvidosa, e sua interpretação ainda gera polêmica doutrinária (*e.g.*, Roque Carrazza, *Curso de direito constitucional tributário*, pela inconstitucionalidade da figura, e Misabel Derzi, *Notas ao Direito tributário brasileiro*, de Baleeiro, sustentando sua legitimidade). A substituição tributária progressiva autoriza a utilização de presunção para ter, como ocorrido, fato jurídico tributário que, provavelmente, irá realizar-se, fazendo surgir o nascimento da obrigação tributária antecipadamente. Em outras palavras, trata-se de hipótese de *tributação por fato futuro*, o que, a nosso ver, revela-se ofensivo ao *princípio da capacidade contributiva*, que se sobrepõe à diretriz da praticabilidade. Ademais, homenageando o Direito Tributário o *princípio da verdade material ou realidade*, o uso de abstrações generalizantes, tais como as presunções e ficções, deve ser efetuado com parcimônia e apenas nas hipóteses em que não seja possível a prova direta do fato, sem demasiado custo ao Poder Público. Desse modo, tendo a Constituição alçado a capacidade contributiva a princípio orientador dos tributos não vinculados a uma atuação estatal, afastou as possibilidades de manipulação ou distorção da realidade econômica mediante a utilização de expedientes como as presunções e ficções, impondo respeito às efetivas condições econômicas do contribuinte. A presunção segundo a qual o fato jurídico tributário irá consumar-se, evidentemente, reveste natureza *relativa*, revelada pela previsão da possibilidade de restituição, caso o fato não venha a ocorrer, com intuito de impedir o enriquecimento sem causa do Fisco. Acresça-se que, embora o preceito constitucional refira-se à "restituição imediata e preferencial da quantia paga" ao contribuinte que recolheu antecipadamente o imposto, na hipótese de o fato não ocorrer – no ICMS, por exemplo, quando há desistência do negócio –, na prática, dificilmente se dá tal desfecho. O STF, que já havia considerado a norma contida no § 7.º do art. 150 constitucional, aperfeiçoou seu entendimento em julgamento recente, no qual fixou a tese segundo a qual "é devida a restituição da diferença do Imposto sobre Circulação de Mercadorias e Serviços – ICMS pago a mais no regime de substituição tributária para a frente se a base de cálculo efetiva da operação for inferior à presumida" (RE 593.849/MG, j. 19.10.2016).

6.2. Substituição tributária regressiva ou "para trás". Outra figura pertinente ao gênero substituição tributária é a *substituição tributária regressiva*, que se dá mediante o *diferimento de tributo*. O diferimento de tributo a pagar é outra técnica simplificadora, mediante a qual se cumula o imposto devido na etapa subsequente de circulação. Sua aplicação, portanto, tal como na substituição tributária progressiva, supõe a tributação *plurifásica*, como ocorre no ICMS. O diferimento é, assim, técnica oposta à da substituição tributária "para a frente", mas igualmente fundada em razões de *comodidade* e *praticidade*, voltada à *simplificação da atividade fiscalizatória*. A chamada substituição tributária regressiva ou "para trás" revela-se como regime adequado a hipóteses de sucessivas operações efetuadas por um número consideravelmente grande de fornecedores, tendo por objeto, em regra, produtos primários, de origem agropecuária (*e.g.* leite, laranja, cana-de-açúcar), fornecidos a indústrias de transformação. Sendo assim, o imposto, em vez de ser exigido de centenas de produtores, é recolhido por um só contribuinte, possibilitando uma fiscalização bem mais simples, barata e eficaz, no intuito de evitar a sonegação. Em geral, o substituído, nessa hipótese, é aquele que não é inscrito como contribuinte do ICMS, que não mantém escrita contábil e que, por isso mesmo, não tem como efetuar a compensação do imposto, que é deduzido do preço dos bens vendidos, com os créditos referentes a insumos incorporados ao processo produtivo. Suporta ele, portanto, a carga do tributo, à entrada dos insumos e com o devido pela saída dos bens produzidos.

    7. Apreciação crítica da concepção de sujeição passiva tributária. Diante do quadro normativo e das lições doutrinárias expostas, podemos apontar nossas ideias essenciais sobre o tema, expostas em nosso manual da disciplina (*Curso de direito tributário – Constituição e Código Tributário Nacional*). Pensamos que o regramento da sujeição passiva indireta, veiculado pelo CTN, confunde vínculos jurídicos distintos e, consequentemente, os sujeitos passivos de tais liames. No tocante à obrigação principal, portanto, há *um único sujeito passivo* possível, que o CTN denomina *contribuinte*. Esse é o protagonista do fato jurídico tributário e, portanto, logicamente, o sujeito passivo da obrigação. Observe-se, uma vez mais, que a *solidariedade propriamente dita*, fundada no art. 124, I, CTN, não constitui modalidade de sujeição passiva indireta, porquanto o devedor solidário também realiza o fato contido na hipótese de incidência e, assim, qualifica-se como contribuinte. Mas há aquela *solidariedade pertinente a terceiros*, a que alude o art. 124, II, CTN. Essas terceiras pessoas protagonizam vínculos distintos da obrigação principal, decorrentes de deveres jurídicos de outras naturezas que não o consequente da realização do fato descrito na hipótese de incidência tributária – a obrigação principal. A *responsabilidade* genericamente considerada, por sua vez, encontra fundamento no art. 128, CTN. Sempre diz respeito a *terceira pessoa*, vinculada indiretamente ao fato jurídico tributário que ensejou a obrigação principal. Tal modalidade de sujeição passiva manifesta-se mediante a exclusão da responsabilidade do contribuinte, ou pela atribuição do ônus tributário em caráter subsidiário a este. Com efeito, se a obrigação tributária não é satisfeita pelo contribuinte ou, mesmo, se há dificuldade ou impossibilidade de alcançá-lo para que satisfaça a prestação correspondente, a lei, por razões de *praticidade*, estabelece mecanismos pertinentes a múltiplas hipóteses, para que um terceiro, denominado "responsável", venha a ser chamado a arcar com o débito tributário: daí as modalidades de sucessão, responsabilidade em sentido estrito (aqui compreendida a solidariedade prevista no art. 124, II, CTN) e substituição. Pode, assim, a responsabilidade em sentido amplo, traduzir liame de *natureza sancionatória*, como nas hipóteses dos arts. 134 e 135, CTN, ou de *caráter assecuratório*, como na sucessão a que aludem os arts. 130 a 132, CTN, e na substituição. Na primeira hipótese, a *culpa*, em distintos graus, é o fundamento da responsabilidade; na segunda, o simples fato de ser mais cômodo e prático à arrecadação tributária o terceiro assumir a posição anteriormente ocupada pelo contribuinte, em caráter imediato ou subsidiário, sendo desnecessário invocar algum elemento subjetivo a justificar a hipótese. No que tange à substituição tributária progressiva, entendemos que a objeção intransponível ao reconhecimento de sua legitimidade não diz propriamente com o emprego de presunções no âmbito tributário, mas, sim, com os *limites* dessa utilização, que não podem ser olvidados sob a invocação de praticabilidade. Vale dizer: no caso, a lei tributária – ainda que com autorização veiculada por emenda constitucional, é bom relembrar – considera ocorrido o fato, apto a gerar obrigação tributária, antes de sua ocorrência, que poderá, aliás, nem se confirmar. Portanto, parece-nos evidente a ofensa aos *princípios da realidade ou ver-*

dade material, da *segurança jurídica* e da *capacidade contributiva*, com os quais o emprego de presunções, necessariamente, deve afinar-se. Em síntese, podemos concluir, singelamente, o seguinte: na obrigação principal, o sujeito passivo direto ou contribuinte é o protagonista do fato ensejador do nascimento do vínculo; já o chamado sujeito passivo indireto ou responsável, terceiro em relação ao fato jurídico-tributário, é o protagonista de relação jurídica distinta, uma vez alcançado pela lei para satisfazer a prestação objeto da obrigação principal contraída por outrem em virtude da prática de ato ilícito (descumprimento de dever próprio), ou em função de disciplina assecuratória da satisfação do crédito tributário.

 SUGESTÕES DOUTRINÁRIAS

RESPONSABILIDADE TRIBUTÁRIA

Renato Lopes Becho, *Responsabilidade tributária de terceiros*, Saraiva; Paulo Roberto Coimbra Silva, *A substituição tributária progressiva nos impostos plurifásicos e não cumulativos*, Del Rey; Juliana Furtado Costa Araújo, Paulo César Conrado e Camila Campos Vergueiro, *Responsabilidade tributária*, Coleção Prática e Estratégia, v. 4, RT; Leandro Paulsen, *Responsabilidade e substituição tributárias*, Livraria do Advogado; Maria Rita Ferragut, *Responsabilidade tributária*, Noeses; Bruno Barbosa Stamm, *Responsabilidade tributária de grupos econômicos*, Lumen Juris.

 JURISPRUDÊNCIA ILUSTRATIVA

STF

• "Recurso extraordinário. Repercussão geral. Direito tributário. ICMS. Art. 150, § 7.º, da Constituição Federal. Alcance. Antecipação tributária sem substituição. Regulamentação por decreto do Poder Executivo. Impossibilidade. Princípio da legalidade. Reserva de lei complementar. Não sujeição. Higidez da disciplina por lei ordinária. 1. A exigência da reserva legal não se aplica à fixação, pela legislação tributária, de prazo para o recolhimento de tributo após a verificação da ocorrência de fato gerador, caminho tradicional para o adimplemento da obrigação surgida. Isso porque o tempo para o pagamento da exação não integra a regra-matriz de incidência tributária. 2. Antes da ocorrência de fato gerador, não há que se falar em regulamentação de prazo de pagamento, uma vez que inexiste dever de pagar. 3. No regime de antecipação tributária sem substituição, o que se antecipa é o critério temporal da hipótese de incidência, sendo inconstitucionais a regulação da matéria por decreto do Poder Executivo e a delegação genérica contida em lei, já que o momento da ocorrência de fato gerador é um dos aspectos da regra-matriz de incidência submetido a reserva legal. 4. Com a edição da Emenda Constitucional n. 3/1993, a possibilidade de antecipação tributária, com ou sem substituição, de imposto ou contribuição com base em fato gerador presumido deixa de ter caráter legal e é incorporada ao texto constitucional no art. 150, § 7.º. 5. Relativamente à antecipação sem substituição, o texto constitucional exige somente que a antecipação do aspecto temporal se faça *ex lege* e que o momento eleito pelo legislador esteja de algum modo vinculado ao núcleo da exigência tributária. 6. Somente nas hipóteses de antecipação do fato gerador do ICMS com substituição se exige, por força do art. 155, § 2.º, XII, *b*, da Constituição, previsão em lei complementar. 7. Recurso extraordinário a que se nega provimento" (RE 598.677/RS, Tema 456, Rel. Dias Toffoli, j. 29.03.2021).

Tese: "A antecipação, sem substituição tributária, do pagamento do ICMS para momento anterior à ocorrência do fato gerador necessita de lei em sentido estrito. A substituição tributária progressiva do ICMS reclama previsão em lei complementar federal".

• "Recurso extraordinário. Repercussão geral. Direito tributário. Imposto sobre Circulação de Mercadorias e Serviços – ICMS. Substituição tributária progressiva ou para frente. Cláusula de restituição do excesso. Base de cálculo presumida. Base de cálculo real. Restituição da diferença. Art. 150, § 7.º, da Constituição da República. Revogação parcial de precedente. ADI 1.851. 1. Fixação de tese jurídica ao Tema 201 da sistemática da repercussão geral: 'É devida a restituição da diferença do Imposto sobre Circulação de Mercadorias e Serviços – ICMS pago a mais no regime de substituição tributária para frente se a base de cálculo efetiva da operação for inferior à presumida'. 2. A garantia do direito à restituição do excesso não inviabiliza a substituição tributária progressiva, à luz da manutenção das vantagens pragmáticas hauridas do sistema de cobrança de impostos e contribuições. 3. O princípio da praticidade tributária não prepondera na hipótese de violação de direitos e garantias dos contribuintes, notadamente os princípios da igualdade, capacidade contributiva e vedação ao confisco, bem como a arquitetura de neutralidade fiscal do ICMS. 4. O modo de raciocinar 'tipificante' na seara tributária não deve ser alheio à narrativa extraída da realidade do processo econômico, de maneira a transformar uma ficção jurídica em uma presunção absoluta. 5. De acordo com o art. 150, § 7.º, *in fine*, da Constituição da República, a cláusula de restituição do excesso e respectivo direito à restituição se aplicam a todos os casos em que o fato gerador presumido não se concretize empiricamente da forma como antecipadamente tributado. 6. Altera-se parcialmente o precedente firmado na ADI 1.851, de relatoria do Ministro Ilmar Galvão, de modo que os efeitos jurídicos desse novo entendimento orientam apenas os litígios judiciais futuros e os pendentes submetidos à sistemática da repercussão geral. 7. Declaração incidental de inconstitucionalidade dos artigos 22, § 10, da Lei n. 6.763/1975, e 21 do Decreto n. 43.080/2002, ambos do Estado de Minas Gerais, e fixação de interpretação conforme à Constituição em relação aos arts. 22, § 11, do referido diploma legal, e 22 do decreto indigitado. 8. Recurso extraordinário a que se dá provimento" (RE 593.849/MG, Tema 201, Rel. Min. Edson Fachin, j. 19.10.2016).

Tese: "É devida a restituição da diferença do Imposto sobre Circulação de Mercadorias e Serviços – ICMS pago a mais no regime de substituição tributária para a frente se a base de cálculo efetiva da operação for inferior à presumida" (v. também RE 596.832/RJ, Tema 228, j. 29.06.2020).

• "Direito tributário. Substituição tributária. Retenção de 11%. Art. 31 da Lei n. 8.212/1991, com a redação da Lei n. 9.711/1998. Constitucionalidade. 1. Na substituição tributária, sempre teremos duas normas: a) a norma tributária impositiva, que estabelece a relação contributiva entre o contribuinte e o fisco; b) a norma de substituição tributária, que estabelece a relação de colaboração entre outra pessoa e o fisco, atribuindo-lhe o dever de recolher o tributo em lugar do contribuinte. 2. A validade do regime de substituição tributária depende da atenção a certos limites no que diz respeito a cada uma dessas relações jurídicas. Não se pode admitir que a substituição tributária resulte em transgressão às normas de competência tributária e ao princípio da capacidade contributiva, ofendendo os direitos do contribuinte, porquanto o contribuinte não é substituído no seu dever fundamental de pagar tributos. A par disso, há os limites à própria instituição do dever de colaboração que asseguram o terceiro substituto contra o arbítrio do legislador. A colaboração dele exigida deve guardar respeito aos princípios da razoabilidade e da proporcionalidade, não se lhe podendo impor deveres inviáveis, excessivamente onerosos, desnecessários ou ineficazes. 3. Não há qualquer impedimento a que o legislador se valha de presunções para viabilizar a substituição tributária, desde que não lhes atribua caráter absoluto. 4. A retenção e recolhimento de 11% sobre o valor da nota fiscal é feita por conta do montante devido, não descaracterizando a contribuição sobre a folha de salários na medida em que a antecipação é em seguida compensada pelo contribuinte com os valores por ele apurados como efetivamente devidos forte na base de cálculo real. Ademais, resta assegurada a restituição de eventuais recolhimentos feitos a maior. 5. Inexistência de extrapolação da base econômica do art. 195, I, *a*, da Constituição, e de violação ao princípio da capacidade contributiva e à vedação do confisco, estampados nos arts. 145, § 1.º, e 150, IV, da Constituição. Prejudicados os argumentos relativos à necessidade de lei complementar, esgrimidos com base no art. 195, § 4.º, com a remissão que faz ao art. 154, I, da Constituição, porquanto não se trata de nova contribuição. 6. Recurso extraordinário a que se nega provimento. 7. Aos recursos sobrestados, que aguardavam a análise da matéria por este STF, aplica-se o art. 543-B, § 3.º, do CPC" (RE 603.191/MT, Tema 302, Rel. Min. Ellen Gracie, j. 01.08.2011).

Tese: "É constitucional a substituição tributária prevista no art. 31 da Lei n. 8.212/1991, com redação dada pela Lei n. 9.711/1998, que determinou a retenção de 11% do valor bruto da nota fiscal ou fatura de prestação de serviço".

STJ

• "Processo civil. Recurso especial representativo de controvérsia. Art. 543-C do CPC. Tributário. ICMS. Substituição tributária para frente. Montadora/fabricante (substituta) e concessionária/revendedora (substituída). Veículos automotores. Valor do frete. Inclusão na base de cálculo quando o transporte é efetuado pela montadora ou por sua ordem. Exclusão na hipótese excepcional em que o transporte é contratado pela própria concessionária. Arts. 8.º, II, *b*, c/c 13, § 1.º, II, *b*, da LC n. 87/1996. Art. 128 do CTN. Aplicação. violação do art. 535 do CPC. Inocorrência. 1. O valor do frete (referente ao transporte do veículo entre a montadora/fabricante e a concessionária/revendedora) integra a base de cálculo do ICMS incidente sobre a circulação da mercadoria, para fins da substituição tributária progressiva ('para frente'), à luz do art. 8.º, II, *b*, da Lei Complementar n. 87/1996. 2. Entrementes, nos casos em que a substituta tributária (a montadora/fabricante de veículos) não efetua o transporte, nem o engendra por sua conta e ordem, o valor do frete não deve ser incluído na base de cálculo do imposto, *ex vi* do disposto no art. 13, § 1.º, II, *b*, da LC n. 87/1996, *verbis*: 'Art. 13. A base de cálculo do imposto é: [...] § 1.º Integra a base de cálculo do imposto, inclusive na hipótese do inciso V do *caput* deste artigo: (Redação dada pela Lcp n. 114, de 16.12.2002) [...] II – o valor correspondente a: [...] b) frete, caso o transporte seja efetuado pelo próprio remetente ou por sua conta e ordem e seja cobrado em separado. [...]' 3. Com efeito, o valor do frete deverá compor a base de cálculo do ICMS, recolhido sob o regime de substituição tributária, somente quando o substituto encontra-se vinculado ao contrato de transporte da mercadoria, uma vez que, nessa hipótese, a despesa efetivamente realizada poderá ser repassada ao substituído tributário (adquirente/destinatário). Ao revés, no caso em que o transporte é contratado pelo próprio adquirente (concessionária de veículos), inexiste controle, ingerência ou conhecimento prévio do valor do frete por parte do substituto, razão pela qual a aludida parcela não pode integrar a base de cálculo do imposto (Precedente da Primeira Turma: REsp 865.792/RS, Rel. Min. Luiz Fux, j. 23.04.2009, *DJe* 27.05.2009). 4. O art. 128 do CTN (cuja interpretação estrita se impõe) dispõe que, sem prejuízo do disposto no capítulo atinente à Responsabilidade Tributária, 'a lei pode atribuir de modo expresso a responsabilidade pelo crédito tributário a terceira pessoa, vinculada ao fato gerador da respectiva obrigação, excluindo a responsabilidade do contribuinte ou atribuindo-a a este em caráter supletivo do cumprimento total ou parcial da referida obrigação'. 5. Deveras, doutrina abalizada elucida o conteúdo normativo do artigo 128 do *Codex* Tributário: 'O artigo pretende consubstanciar uma norma geral formalizada em duas ideias básicas, a saber: 1) a responsabilidade tributária é aquela definida no capítulo; 2) a lei, entretanto, pode estabelecer outros tipos de responsabilidade não previstos no capítulo a terceiros. O artigo começa com a expressão 'sem prejuízo do disposto neste Capítulo', que deve ser entendida como exclusão da possibilidade de a lei determinar alguma forma de responsabilidade conflitante com a determinada no Código. Isso vale dizer que a responsabilidade não prevista pelo Capítulo pode ser objeto de lei, não podendo, entretanto, a lei determinar nenhuma responsabilidade que entre em choque com os arts. 128 a 138. A seguir o artigo continua: 'a lei pode atribuir de modo expresso a responsabilidade pelo crédito tributário a terceira pessoa', determinando, de plano, que esta escolha de um terceiro somente pode ser feita se clara, inequívoca e cristalinamente exposta na lei. Uma responsabilidade, entretanto, sugerida, indefinida, pretendidamente encontrada por esforço de interpretação nem sempre juridicamente fundamentado, não pode ser aceita, diante da nitidez do dispositivo, que exige deva a determinação ser apresentada 'de forma expressa'. Por outro lado, fala o legislador, em 'crédito tributário', de tal maneira que a expressão abrange tanto os tributos como as multas, quando assim a lei o determinar. Significa dizer que o crédito tributário, cuja obrigação de pagar for transferida a terceiros, sempre que não limitado, por força do CTN ou de lei promulgada nesses moldes, à tributação apenas, deve ser entendido por crédito tributário total. Em havendo, todavia, qualquer limitação expressa, a transferência da responsabilidade pela liquidação do crédito só se dará nos limites da determinação legal' (Ives Gandra da Silva Martins, *Comentários ao Código Tributário Nacional*, v. 2, Saraiva, 1998, p. 232-234). 6. Nesse segmento, Paulo de Barros Carvalho, enfatizando que o substituído permanece a distância, como importante fonte de referência para o esclarecimento de aspectos que dizem com o nascimento, a vida e a extinção da obrigação tributária, consigna que: 'A responsabilidade tributária por substituição ocorre quando um terceiro, na condição de sujeito passivo por especificação da lei, ostenta a integral responsabilidade pelo *quantum* devido a título de tributo. Enquanto nas outras hipóteses permanece a responsabilidade supletiva do contribuinte, aqui o substituto absorve totalmente o *debitum*, assumindo, na plenitude, os deveres de sujeito passivo, quer os pertinentes à prestação patrimonial, quer os que dizem respeito aos expedientes de caráter instrumental, que a lei costuma chamar de 'obrigações acessórias'. Paralelamente, os direitos porventura advindos do nascimento da obrigação, ingressam no patrimônio jurídico do substituto, que poderá defender suas prerrogativas, administrativa ou judicialmente, formulando impugnações ou recursos, bem como deduzindo suas pretensões em juízo para, sobre elas, obter a prestação jurisdicional do Estado' (*Direito tributário*: *fundamentos jurídicos da incidência*, Saraiva, 4. ed., 2006, São Paulo, p. 158-177). 7. Consequentemente, 'o tributo é indevido pela concessionária nesse caso, não por que houve sua incidência na operação anterior, mas, antes, porquanto, em sendo o regime da substituição tributária técnica de arrecadação, e sendo uma das características da técnica a consideração presumida da base de cálculo, nas hipóteses em que um dos dados que a integram não se realiza na operação promovida pelo substituído, deve o Fisco buscar a diferença junto ao substituto. Com efeito, cobrando o valor faltante do substituído, como faz o requerido, está considerando como sujeito passivo quem não figura na relação jurídico-tributária' (REsp 865.792/RS, Rel. Min. Luiz Fux, j. 23.04.2009, *DJe* 27.05.2009). 8. É que a responsabilização da concessionária (substituída) pelo ICMS referente à não inclusão pelo substituto do valor do frete (que este último não realizara) na base de cálculo do imposto, à luz da Cláusula Terceira, § 3.º, do Convênio ICMS 132/1992, conspira contra a *ratio essendi* da sistemática da substituição tributária progressiva. Isto porque a exigência do valor 'remanescente' do substituído contraria a sujeição passiva atribuída integralmente ao substituto (montadora), este, sim, integrante da relação jurídica tributária. 9. Outrossim, ressalvando-se o entendimento de que a obrigação tributária admite a sua dicotomização em débito (*Schuld*) e responsabilidade (*Haftung*), merece destaque a lição do saudoso tributarista Alfredo Augusto Becker, segundo o qual inexiste relação jurídica entre o substituído e o Estado: '145. Embriogenia e conceito de substituto legal tributário [...] A fenomenologia jurídica da substituição legal tributária consiste, pois, no seguinte: Existe substituto legal tributário toda a vez em que o legislador escolher para sujeito passivo da relação jurídica tributária um outro qualquer indivíduo, em substituição daquele determinado indivíduo de cuja renda ou capital a hipótese de incidência é fato-signo presuntivo. Em síntese: se em lugar daquele determinado indivíduo (de cuja renda ou capital a hipótese de incidência é signo presuntivo) o legislador escolheu para sujeito passivo da relação jurídica tributária um outro qualquer indivíduo, este outro qualquer indivíduo é o substituto legal tributário. [...] 149. Natureza da relação jurídica entre substituto e substituído [...] Todo o problema referente à natureza das relações jurídicas entre substituto e substituído resolve-se pelas três conclusões adiante indicadas. O fundamento científico-jurídico sobre o qual estão baseadas as três conclusões foi exposto quando se demonstrou que a valorização dos interesses em conflito e o critério de preferência que inspiraram a solução legislativa (regra jurídica) participam da objetividade da regra jurídica e não podem ser reexaminados, nem suavizados pelo intérprete sob o pretexto de uma melhor adequação à realidade econômico-social. As três referidas conclusões são as seguintes: Primeira conclusão: Não existe qualquer relação jurídica entre substituído e o Estado. O substituído não é sujeito passivo da relação jurídica tributária, nem mesmo quando sofre a repercussão jurídica do tributo em virtude do substituto legal tributário exercer o direito de reembolso do tributo ou de sua retenção na fonte. Segunda conclusão: Em todos os casos de substituição legal tributária, mesmo naqueles em que o substituto tem perante o substituído o direito de reembolso do tributo ou de sua retenção na fonte, o único sujeito passivo da relação jurídica tributária (o único cuja prestação jurídica reveste-se de natureza tributária) é o substituto (nunca o substituído). Terceira conclusão: O substituído não paga 'tributo' ao substituto. A prestação jurídica do substituído que satisfaz o direito (de reembolso ou de retenção na fonte) do substituto, não é de natureza tributária, mas, sim, de natureza privada. [...] 150. Inexistência de relação jurídica entre substituído e Estado. A inexistência de qualquer relação jurídica entre substituído e Estado é conclusão que decorre facilmente das duas premissas já analisadas. Primeira: embriogenia e conceito do substituto legal tributário. Segunda: natureza da relação jurídica entre substituto e substituído. [...]' (Alfredo Augusto Becker, *Teoria geral do direito tributário*, Noeses, 4. ed., 2007, São Paulo, p. 581-586 e 595-601). 10. Impende ainda ressaltar que a transportadora não tem qualquer vinculação com o fato gerador do ICMS incidente sobre a comercialização de veículos, o que reforça a tese de que não subsiste qualquer saldo de imposto a ser cobrado da concessionária que contratou o serviço de transporte. 11. Ademais, o art. 535 do CPC resta incólume se o Tribunal de origem, embora sucintamente, pronuncia-se de forma clara e suficiente sobre a questão posta nos autos. Ademais, o magistrado não está obrigado a rebater, um a um, os argumentos trazidos pela parte, desde que os fundamentos utilizados tenham sido suficientes para embasar a decisão. 12. Recurso especial provido, para declarar a inexigibilidade da cobrança de complementação da base de cálculo do ICMS da concessionária de veículos, invertendo-se o ônus de sucumbência. Acórdão submetido ao regime do art. 543-C do CPC e da Resolução STJ 08/2008" (REsp 931.727/RS, Temas Repetitivos 160 e 161, Rel. Min. Luiz Fux, j. 26.08.2009).

Tese Jurídica: "O valor do frete (referente ao transporte do veículo entre a montadora/fabricante e a concessionária/revendedora) integra a base de cálculo do ICMS incidente sobre a circulação da mercadoria, para fins da substituição tributária progressiva ('para frente'), à luz do artigo 8.º, II, *b*, da Lei Complementar n. 87/1996. Nos casos em que a substituta tributária (a montadora/fabricante de veículos) não efetua o transporte, nem o engendra por sua conta e ordem, o valor do frete não deve ser incluído na base de cálculo do imposto".

> *Seção II*
> *Responsabilidade dos Sucessores*
>
> **Art. 129.** O disposto nesta Seção aplica-se por igual aos créditos tributários definitivamente constituídos ou em curso de constituição à data dos atos nela referidos, e aos constituídos posteriormente aos mesmos atos, desde que relativos a obrigações tributárias surgidas até a referida data **(1 e 2)**.

 COMENTÁRIOS

1. Sucessão tributária. Consiste em modalidade de sujeição passiva indireta ou responsabilidade por transferência, na qual o terceiro responde pelo débito tributário do contribuinte diante da extinção deste.

2. Crítica ao dispositivo. A redação do dispositivo é confusa; com algum esforço interpretativo é possível dele extrair que o sucessor responde pelos débitos tributários já constituídos (leia-se *lançados*) até a sucessão, bem como pelos constituídos posteriormente a ela. O sucessor assume os débitos do contribuinte, ainda que, na data da sucessão, não estejam formalizados, isto é, não sejam exigíveis.

> **Art. 130.** Os créditos tributários relativos a impostos cujo fato gerador seja a propriedade, o domínio útil ou a posse de bens imóveis, e bem assim os relativos a taxas pela prestação de serviços referentes a tais bens, ou a contribuições de melhoria, sub-rogam-se na pessoa dos respectivos adquirentes, salvo quando conste do título a prova de sua quitação **(1 e 2)**.
>
> Parágrafo único. No caso de arrematação em hasta pública, a sub-rogação ocorre sobre o respectivo preço **(3)**.

 COMENTÁRIOS

1. *Dispositivos relacionados:* CC, arts. 1.219, 1.234, 1.280, 1.297, § 1.º, 1.315 e 1.336, III.

2. *Sucessão tributária do adquirente de bem imóvel.* Cuida o dispositivo da sucessão de débitos pertinentes a tributos incidentes sobre a propriedade imobiliária. Consagra a noção, normatizada pelo Código Civil, de obrigação *propter rem*, ou seja, aquela estabelecida em função de um *direito de natureza real* (*e.g.* CC, arts. 1.219, 1.234, 1.280, 1.297, § 1.º, 1.315 e 1.336, III). Assim, a obrigação pertinente ao bem acompanha quem dele venha a ser titular:

o adquirente de bem imóvel, diante da pendência de débito referente ao IPTU, sucederá o alienante na obrigação.

3. Sub-rogação. Se a aquisição do bem imóvel se der mediante arrematação em hasta pública, o valor de eventual débito tributário será descontado do lanço efetuado.

 JURISPRUDÊNCIA ILUSTRATIVA

STJ

• "Tributário e processual civil. Recurso especial representativo de controvérsia de natureza repetitiva. Alienação judicial. Responsabilidade do adquirente pelos tributos incidentes sobre o imóvel na data da arrematação. Inexistência. Sub-rogação no preço. Art. 130, parágrafo único, do CTN. Previsão dos débitos fiscais e da responsabilidade do arrematante no edital do leilão. Irrelevância. Norma geral de direito tributário. Matéria sob reserva de lei complementar. Modulação dos efeitos da decisão. Aplicação da tese aos leilões cujos editais sejam publicizados após a publicação da ata de julgamento do tema repetitivo, ressalvadas as ações judiciais ou os pedidos administrativos pendentes de julgamento. Recurso especial parcialmente conhecido e, nessa extensão, desprovido. I. Trata-se, na origem, de ação ordinária objetivando a declaração de inexigibilidade, em relação ao arrematante, dos débitos de IPTU incidentes sobre imóvel alienado em hasta pública, cujos fatos geradores ocorreram anteriormente à data da arrematação. A sentença reconheceu a ausência de responsabilidade tributária do arrematante e julgou procedente o pedido. Em sede de apelação, o Tribunal de Justiça ratificou o entendimento de que, adquirido o imóvel em hasta pública, inexiste responsabilidade do arrematante pelos tributos pretéritos incidentes sobre o bem, sendo irrelevante previsão no edital em sentido contrário, dada a prevalência do Código Tributário Nacional. II. O tema em apreciação foi submetido ao rito dos recursos especiais repetitivos, nos termos dos arts. 1.036 a 1.041 do CPC/2015, e assim delimitado: 'Responsabilidade do arrematante pelos débitos tributários anteriores à arrematação, incidentes sobre o imóvel, em consequência de previsão em edital de leilão (Tema 1.134)'. III. Conforme o art. 146, inciso III, da CF/88, as normas gerais que versem sobre matéria tributária, dentre as quais se incluem a responsabilidade tributária, estão sujeitas à reserva de lei complementar. O Código Tributário Nacional, recepcionado com *status* de lei complementar, dedicou capítulo específico para tratar do tema, discorrendo sobre suas modalidades e esclarecendo que a lei poderá atribuir à terceira pessoa, vinculada ao fato gerador da respectiva obrigação, a responsabilidade pelo pagamento do crédito tributário (art. 128, *caput*, do CTN). IV. Especificamente em relação à responsabilidade dos sucessores, o *caput* do art. 130 do Código Tributário Nacional previu que, ressalvada a prova de quitação, o terceiro que adquire imóvel passa a ter responsabilidade pelos impostos, taxas ou contribuições de melhorias devidas anteriormente à transmissão da propriedade. Caso a aquisição ocorra em hasta pública, o parágrafo único excepciona a regra para estabelecer que o crédito tributário sub-rogar-se-á no preço ofertado. Em que pesem as elucidativas disposições normativas constantes do Código Tributário Nacional, tornou-se praxe nos leilões realizados pelo Poder Judiciário previsão editalícia atribuindo ao adquirente do bem o ônus pela quitação das dívidas fiscais pendentes. V. A partir de uma interpretação sistemática do Ordenamento Jurídico, extrai-se que a distinção de tratamento entre a hipótese prevista pelo *caput* e a tratada no parágrafo único do art. 130 do CTN levou em conta o modo de aquisição da propriedade, da doutrina civilista. Na alienação comum, a aquisição do domínio ocorre de forma derivada, transmitindo-se, além do bem, os vícios, ônus ou gravames incidentes sobre ele (obrigação *propter rem*). Tem-se em vista a relação de causalidade existente entre a propriedade do transmitente e a sua aquisição pelo adquirente. Já na alienação judicial inexiste tal relação jurídica, visto que a aquisição do domínio é feita sem intermediação entre o proprietário anterior e o terceiro arrematante, concretizando-se de forma direta, originária. Isenta-se, por consequência, o arrematante de quaisquer ônus que eventualmente incidam sobre o bem. Nesses termos, adquirido um imóvel mediante alienação comum, a sub-rogação da dívida fiscal será pessoal, recaindo sobre a figura do adquirente, ao passo que na alienação judicial a sub-rogação do crédito terá natureza real, operando-se sobre o próprio preço da arrematação. VI. Além das hipóteses já previstas pelo Código Tributário Nacional, a atribuição de responsabilidade a terceiro depende de previsão em lei complementar e da existência de vínculo entre o terceiro e o fato gerador da obrigação (art. 146, inciso III, da CF/88 c.c. o art. 128, *caput*, do CTN). A falta de liame entre o arrematante do bem e o fato gerador da obrigação tributária não permite a inclusão desse terceiro no polo passivo da relação jurídico-tributária, quanto o mais por simples previsão no edital do leilão judicial. VII. Frente à previsão do Código de Processo Civil de que o edital da hasta pública deve mencionar os ônus incidentes sobre o bem a ser leiloado (art. 686, inciso V, do CPC/73 e art. 886, inciso VI, do CPC/15), o Superior Tribunal de Justiça firmou entendimento de que o conteúdo do art. 130, parágrafo único, do CTN, deveria ser afastado quando houvesse expressa previsão no edital imputando responsabilidade tributária ao arrematante, caso em que haveria sub-rogação pessoal, e não real, do crédito tributário. VIII. Necessário considerar, todavia, que, ao especificar o conteúdo mínimo do edital da hasta pública, o Código de Processo Civil (art. 686 do CPC/73 e art. 886 do CPC/2015) não atribuiu, sequer implicitamente, responsabilidade tributária ao arrematante, como também não poderia fazê-lo. A teor do art. 146, inciso III, alínea b, da CF/88, lei ordinária, notadamente a de natureza processual, não se presta para disciplinar norma geral de direito tributário, que se sujeita à reserva de lei complementar. IX. Por se tratar de um ramo do Direito Público, o arcabouço normativo que disciplina o Direito Tributário possui natureza cogente, impondo claros e expressos limites à autonomia da vontade (art. 123, do CTN). Portanto, a prévia ciência e a eventual concordância, expressa ou tácita, do arrematante, em assumir o ônus das exações que incidam sobre o imóvel, não têm aptidão para configurar renúncia à aplicação do parágrafo único do art. 130 do CTN. Em observância ao regime jurídico de direito público, as normas gerais de direito tributário, entre as quais se inclui a responsabilidade tributária, devem ser tratadas como tal, não podendo sofrer flexibilização por meros atos administrativos, estes sim, sujeitos ao controle de legalidade. X. Do mesmo modo, como a responsabilidade tributária decorre de lei, não pode o edital da praça alterar o sujeito passivo da obrigação tributária, quer para criar nova hipótese de responsabilidade, quer para afastar previsão de irresponsabilidade, sob pena de afronta aos arts. 146, inciso III, alínea b, da CF/88 e 97, inciso III, 121, 128 e 130, parágrafo único, do CTN. Portanto, à luz dos conceitos basilares sobre hierarquia das normas jurídicas, não é possível admitir que norma geral sobre responsabilidade tributária, prevista pelo próprio CTN, cujo status normativo é de lei complementar, seja afastada por simples previsão editalícia em sentido diverso. XI. A partir da interpretação sistemática da legislação tributária, conclui-se que: i) a aquisição da propriedade em hasta pública ocorre de forma originária, inexistindo responsabilidade do terceiro adquirente pelos débitos tributários incidentes sobre o imóvel anteriormente à arrematação, por força do disposto no parágrafo único do art. 130 do CTN; ii) a aplicação dessa norma geral, de natureza cogente, não pode ser excepcionada por previsão no edital do leilão, notadamente porque o referido ato não tem aptidão para modificar a definição legal do sujeito passivo da obrigação tributária; iii) é irrelevante a ciência e a eventual concordância, expressa ou tácita, do participante do leilão, em assumir o ônus pelo pagamento das exações que incidam sobre o imóvel arrematado, não configurando renúncia tácita ao disposto no art. 130, parágrafo único, do CTN; e iv) em atenção à norma geral sobre responsabilidade tributária trazida pelo art. 128 do CTN e à falta de lei complementar que restrinja ou excepcione o disposto no art. 130, parágrafo único, do CTN, é vedado exigir do arrematante, com base em previsão editalícia, o recolhimento dos créditos tributários incidentes sobre o bem arrematado cujos fatos geradores sejam anteriores à arrematação. XII. Tese jurídica firmada: Diante do disposto no art. 130, parágrafo único, do Código Tributário Nacional, é inválida a previsão em edital de leilão atribuindo responsabilidade ao arrematante pelos débitos tributários que já incidiam sobre o imóvel na data de sua alienação. XIII. Com amparo nos princípios da segurança jurídica, da proteção da confiança e da isonomia, o Código de Processo Civil de 2015 inovou ao prever a possibilidade de modulação dos efeitos das decisões que alteram jurisprudência dominante dos Tribunais Superiores. Essa é justamente a hipótese dos autos, em que se propõe a alteração da orientação firmada pelo Superior Tribunal de Justiça há longa data. Tendo em vista que se trata de matéria que envolve a identificação de quais sujeitos a Fazenda Pública poderá se insurgir para a cobrança de dívida fiscal incidente sobre o imóvel leiloado, com reflexos na arrecadação de recursos públicos, assim como os incontáveis leilões judiciais cujo edital atribuiu responsabilidade, direta ou subsidiária, ao arrematante, impõe-se a modulação dos efeitos desta decisão. Por aplicação analógica do art. 1.035, § 11º, do CPC/2015, a tese repetitiva ora fixada deverá ser aplicada aos leilões cujos editais sejam publicizados após a publicação da ata de julgamento do tema repetitivo, ressalvadas as ações judiciais ou pedidos administrativos pendentes de julgamento, em relação aos quais a aplicabilidade é imediata. XIV. Caso concreto: recurso especial parcialmente conhecido e, nessa extensão, desprovido. XV. Recurso julgado sob a sistemática dos recursos especiais representativos de controvérsia (art. 1.036 e seguintes do CPC/2015 e art. 256-N e seguintes do RISTJ)" (REsp 1914902/SP, Tema Repetitivo 1.134, Rel. Min. Teodoro Silva Santos, j. 09.10.2024).

Tese Jurídica: "O promitente vendedor é parte legítima para figurar no polo passivo da execução fiscal que busca a cobrança de ITR nas hipóteses em que não há registro imobiliário do ato translativo de propriedade".

> **Art. 131.** São pessoalmente responsáveis **(1)**:
>
> I – o adquirente ou remitente, pelos tributos relativos aos bens adquiridos ou remidos **(1.1)**;
>
> II – o sucessor a qualquer título e o cônjuge meeiro, pelos tributos devidos pelo *de cujus* até a data da partilha ou adjudicação, limitada esta responsabilidade ao montante do quinhão do legado ou da meação **(1.2)**;
>
> III – o espólio, pelos tributos devidos pelo *de cujus* até a data da abertura da sucessão **(1.3)**.

 COMENTÁRIOS

1. *Outras hipóteses de sucessão.* O dispositivo contempla hipóteses de responsabilidade pessoal de terceiros.

1.1. *Sucessão do adquirente ou remitente.* A hipótese contida no inciso I cuida da sucessão concernente a outros bens, visto que a relativa aos imóveis está disciplinada no art. 130.

1.2. e 1.3. *Sucessão causa mortis.* As hipóteses descritas nos incisos II e III tratam da responsabilidade do espólio, do sucessor a qualquer título e do cônjuge meeiro, pelos tributos devidos pelo *de cujus*. No mais das vezes, é o espólio que arca com o pagamento dos tributos devidos pelo falecido, uma vez que a partilha ou a adjudicação somente são julgadas mediante a apresentação de certidão negativa de débito fiscal (CPC, art. 654).

> **Art. 132.** A pessoa jurídica de direito privado que resultar de fusão, transformação ou incorporação de outra ou em outra é responsável pelos tributos devidos até a data do ato pelas pessoas jurídicas de direito privado fusionadas, transformadas ou incorporadas **(1 a 3)**.
>
> Parágrafo único. O disposto neste artigo aplica-se aos casos de extinção de pessoas jurídicas de direito privado, quando a exploração da respectiva atividade seja continuada por qualquer sócio remanescente, ou seu espólio, sob a mesma ou outra razão social, ou sob firma individual **(4)**.

 COMENTÁRIOS

1. *Legislação básica:* CC, arts. 1.113 a 1.122; Lei n. 6.404/1976 (Lei das S.A.), arts. 220 a 229.

2. **Sucessão de empresas.** O *caput* aponta figuras que estão previstas na Lei das Sociedades Anônimas (Lei n. 6.404/1976, e alterações), a qual alude também à *cisão*, não expressa no dispositivo em tela. No entanto, a doutrina é unânime acerca do entendimento de que o art. 132 aplica-se à cisão, pela aproximação com as demais figuras apontadas. A Lei das S.A., em sua redação atual, assim define tais conceitos: *(i) transformação* "é a operação pela qual a sociedade passa, independentemente de dissolução e liquidação, de um tipo para outro" (art. 220); *(ii) incorporação* "é a operação pela qual uma ou mais sociedades são absorvidas por outra, que lhes sucede em todos os direitos e obrigações" (art. 227); (iii) *fusão* "é a operação pela qual se unem duas ou mais sociedades para formar sociedade nova, que lhes sucederá em todos os direitos e obrigações" (art. 228); e *(iv) cisão* "é a operação pela qual a companhia transfere parcelas do seu patrimônio para uma ou mais sociedades, constituídas para esse fim ou já existentes, extinguindo-se a companhia cindida, se houver versão de todo o seu patrimônio, ou dividindo-se o seu capital, se parcial a versão" (art. 229). Em todas essas hipóteses, a pessoa resultante dessas operações responde pelos tributos devidos pela(s) pessoa(s) originária(s). Na mesma linha, as disposições do Código Civil referentes à transformação, incorporação, fusão e cisão das sociedades (arts. 1.113 a 1.122).

3. **Sucessão quanto às penalidades impostas ao sucedido.** Tema que suscita polêmica doutrinária é o relativo à possibilidade de sucessão empresarial quanto às penalidades impostas. Sustenta-se, de um lado, que o *princípio da pessoalidade da pena* impede que o sucessor responda pela sanção imposta ao sucedido. De outro, afirma-se que as multas integram o *patrimônio da empresa sucedida* e, portanto, transmitem-se ao sucessor. No plano jurisdicional, o STJ concluiu, a nosso ver, com acerto, pela responsabilidade da sucessora acerca das multas moratórias ou punitivas referentes a fatos geradores ocorridos até a data da sucessão (Súmula n. 554).

4. **Abrangência da sucessão.** O parágrafo único contempla um mecanismo de segurança em benefício do Fisco, pois estatui que, no caso de extinção de pessoa jurídica de direito privado, se a exploração da respectiva atividade for mantida por qualquer sócio remanescente, ou seu espólio, sob a mesma ou outra razão social, ou sob firma individual, resta configurada a sucessão. A finalidade da norma é *dificultar a burla à responsabilização do*

sucessor, na situação em que se der a extinção da pessoa jurídica em débito e, em sequência, a constituição de outra empresa ou firma individual, por sócio remanescente ou pelo espólio.

JURISPRUDÊNCIA ILUSTRATIVA

STJ

• Súmula n. 554: "Na hipótese de sucessão empresarial, a responsabilidade da sucessora abrange não apenas os tributos devidos pela sucedida, mas também as multas moratórias ou punitivas referentes a fatos geradores ocorridos até a data da sucessão".

Art. 133. A pessoa natural ou jurídica de direito privado que adquirir de outra, por qualquer título, fundo de comércio ou estabelecimento comercial, industrial ou profissional, e continuar a respectiva exploração, sob a mesma ou outra razão social ou sob firma ou nome individual, responde pelos tributos, relativos ao fundo ou estabelecimento adquirido, devidos até a data do ato **(1 e 2)**:

I – integralmente, se o alienante cessar a exploração do comércio, indústria ou atividade **(2.1)**;

II – subsidiariamente com o alienante, se este prosseguir na exploração ou iniciar dentro de seis meses a contar da data da alienação, nova atividade no mesmo ou em outro ramo de comércio, indústria ou profissão **(2.2)**.

§ 1.º O disposto no *caput* deste artigo não se aplica na hipótese de alienação judicial **(3)**:

* § 1.º acrescentado pela LC n. 118/2005.

I – em processo de falência;

II – de filial ou unidade produtiva isolada, em processo de recuperação judicial.

§ 2.º Não se aplica o disposto no § 1.º deste artigo quando o adquirente for **(4)**:

* § 2.º acrescentado pela LC n. 118/2005.

I – sócio da sociedade falida ou em recuperação judicial, ou sociedade controlada pelo devedor falido ou em recuperação judicial;

II – parente, em linha reta ou colateral até o 4.º (quarto) grau, consanguíneo ou afim, do devedor falido ou em recuperação judicial ou de qualquer de seus sócios; ou

III – identificado como agente do falido ou do devedor em recuperação judicial com o objetivo de fraudar a sucessão tributária.

§ 3.º Em processo da falência, o produto da alienação judicial de empresa, filial ou unidade produtiva isolada permanecerá em conta de depósito à disposição do juízo de falência pelo prazo de 1 (um) ano, contado da data de alienação, somente podendo ser utilizado para o pagamento de créditos extraconcursais ou de créditos que preferem ao tributário **(5)**.

* § 3.º acrescentado pela LC n. 118/2005.

COMENTÁRIOS

1. *Legislação básica:* CC, art. 1.142; e Lei n. 11.105/2005 (disciplina a recuperação judicial, a extrajudicial e a falência do empresário e da sociedade empresária).

2. Sucessão empresarial. Limites da responsabilidade do sucessor de fundo de comércio ou estabelecimento comercial, industrial ou profissional. Segundo esse artigo, o sucessor de fundo de comércio ou estabelecimento comercial, industrial ou profissional, que continuar a respectiva exploração, sob a mesma ou outra razão social ou sob firma ou nome individual, é responsável pelos tributos relativos ao fundo ou estabelecimento adquirido. O limite dessa responsabilidade está condicionado à cessação ou não da exploração da indústria, comércio ou atividade pelo alienante.

2.1. Responsabilidade integral. Na primeira hipótese, a responsabilidade do sucessor é *integral* pelos tributos devidos até a aquisição do fundo de comércio ou estabelecimento comercial, industrial ou profissional.

2.2. Responsabilidade subsidiária. Na segunda hipótese, o sucessor responderá *subsidiariamente* com o alienante, se este prosseguir na exploração ou iniciar dentro de seis meses, a contar da data da alienação, nova atividade no mesmo ou em outro ramo de comércio, indústria ou profissão.

3 e 4. Regime de responsabilidade na hipótese de alienação judicial. Visando compatibilizar o CTN ao regramento instituído pela lei que regula a recuperação judicial, a extrajudicial e a falência do empresário e da sociedade empresária (Lei n. 11.101/2005), a LC n. 118/2005 introduziu-lhe novos preceitos, dentre eles os §§ 1.º a 3.º desse artigo. Com efeito, consoante a Lei de Falências, em seus arts. 60, parágrafo único, e 141, II, o objeto da alienação estará livre de qualquer ônus e não haverá sucessão do arrematante nas obrigações do devedor, inclusive nas de natureza tributária. Portanto, os parágrafos do art. 133 CTN consignam disciplina excepcionadora da responsabilidade por sucessão, no intuito de facilitar a recuperação das empresas.

5. Produto da alienação judicial na falência. O dispositivo, acrescentado pela LC n. 118/2005, estabelece o regime do produto da alienação judicial, o qual permanecerá em conta de depósito à disposição do juízo da falência pelo prazo de um ano, contado da data da alienação. Sua utilização é restrita ao pagamento de créditos extraconcursais ou de créditos que preferem ao tributário.

Seção III
Responsabilidade de Terceiros

Art. 134. Nos casos de impossibilidade de exigência do cumprimento da obrigação principal pelo contribuinte, respondem solidariamente com este nos atos em que intervierem ou pelas omissões de que forem responsáveis **(1 a 5)**:

I – os pais, pelos tributos devidos por seus filhos menores;

II – os tutores e curadores, pelos tributos devidos por seus tutelados ou curatelados;

III – os administradores de bens de terceiros, pelos tributos devidos por estes;

IV – o inventariante, pelos tributos devidos pelo espólio;

V – o síndico e o comissário, pelos tributos devidos pela massa falida ou pelo concordatário;

VI – os tabeliães, escrivães e demais serventuários de ofício, pelos tributos devidos sobre os atos praticados por eles, ou perante eles, em razão do seu ofício;

VII – os sócios, no caso de liquidação de sociedade de pessoas.

Parágrafo único. O disposto neste artigo só se aplica, em matéria de penalidades, às de caráter moratório **(6)**.

COMENTÁRIOS

1. *Dispositivos relacionados:* arts. 121, parágrafo único, II; 124, I; 135; e 137, III, CTN.

2. *Legislação básica:* Lei n. 8.935/1994, art. 30, XI; e Lei n. 6.015/1973, art. 289 (responsabilidade do oficial de registro quanto à fiscalização do recolhimento dos tributos incidentes sobre os atos que pratica).

3. *Responsabilidade em sentido estrito. Responsabilidade de terceiros.* Os arts. 134 e 135 cuidam da *responsabilidade de terceiros*, ou, singelamente, responsabilidade em sentido estrito, relativa à situação em que a pessoa chamada a responder pelo débito do contribuinte deixou de cumprir um dever próprio, legalmente estabelecido.

4. *Responsabilidade subsidiária e solidariedade.* O dispositivo considera a *culpa* dos terceiros apontados para atribuir-lhes a responsabilidade tributária, em razão do descumprimento de deveres de fiscalização e de boa administração. Observe-se que a norma do *caput* encerra uma impropriedade lógica, porquanto, tratando-se de responsabilidade *solidária*, não pode estar configurada apenas nos casos de "impossibilidade de exigência do cumprimento da obrigação principal pelo contribuinte"; ou seja, nas hipóteses apontadas, o terceiro somente será chamado a responder pelo débito tributário diante da impossibilidade de exigência de seu pagamento pelo contribuinte. Então, no tocante ao contribuinte, por óbvio, a responsabilidade dessas pessoas é *subsidiária*. A responsabilidade somente será *solidária* com relação aos responsáveis entre si, no vínculo de natureza sancionatória que os une, não se tratando da solidariedade tributária propriamente dita, à qual alude o art. 124, I, CTN.

5. *Hipóteses.* Os incisos apontam múltiplas hipóteses: *(i)* os pais, pelos tributos devidos pelos seus filhos menores; *(ii)* os tutores e curadores, pelos tributos devidos por seus tutelados e curatelados; *(iii)* os administradores de bens de terceiros, pelos tributos devidos por estes; *(iv)* o inventariante, pelos tributos devidos pelo espólio; *(v)* o síndico e o comissário, pelos tributos devidos pela massa falida ou pelo concordatário; *(vi)* os tabeliães, escrivães e demais serventuários de ofício, pelos tributos devidos sobre os atos praticados por eles, ou perante eles, em razão de seu ofício; e *(vii)* os sócios, no caso de liquidação de sociedade de pessoas. Em tais hipóteses, exsurge o *dever de controle*, em razão de vigilância ou escolha, e o correspondente elemento subjetivo – culpa *in vigilando* ou *in elegendo*.

6. *Abrangência da responsabilidade.* O parágrafo único declara que essa responsabilidade de terceiros não se estende às *sanções*, salvo as de caráter moratório. Antecipe-se que, se houver *dolo*, a responsabilidade dos terceiros arrolados no art. 134 será regida pelo art. 135, e não pelo art. 134. Ademais, a responsabilidade estender-se-á às infrações, segundo o art. 137, III, que preceitua que a responsabilidade é pessoal do agente quanto às infrações que decorram direta e exclusivamente de dolo específico das pessoas referidas no art. 134, contra aquelas por quem respondem.

> **Art. 135.** São pessoalmente responsáveis pelos créditos correspondentes a obrigações tributárias resultantes de atos praticados com excesso de poderes ou infração de lei, contrato social ou estatutos **(1 a 6)**:
>
> I – as pessoas referidas no artigo anterior;
>
> II – os mandatários, prepostos e empregados;
>
> III – os diretores, gerentes ou representantes de pessoas jurídicas de direito privado.

COMENTÁRIOS

1. *Dispositivos relacionados:* arts. 121, parágrafo único, II; e134, CTN.

2. *Ainda a responsabilidade de terceiros.* Além das pessoas referidas no art. 134, respondem pessoalmente pelos créditos correspondentes a obrigações tributárias resultantes de atos praticados com excesso de poderes ou infração de lei, contrato social ou estatutos, os mandatários, prepostos e empregados, e os diretores, gerentes ou representantes de pessoas jurídicas de direito privado. Nessas hipóteses, tem-se responsabilidade *pessoal* desses terceiros.

3. *Normas de exceção à regra da responsabilidade da pessoa jurídica.* O artigo, em verdade, contempla *normas de exceção*, pois *a regra é a responsabilidade da pessoa jurídica, e não das pessoas físicas dela gestoras.* Trata-se de responsabilidade exclusiva de *terceiros* que agem *dolosamente*, e que, por isso, substituem o contribuinte na obrigação, nos casos em que tiverem praticado atos com excesso de poderes ou infração de lei, contrato social ou estatutos. Nesses casos, "o ilícito é, assim, prévio ou concomitante ao surgimento da obrigação tributária (mas exterior à norma tributária), e não posterior, como seria o caso do não pagamento do tributo. A lei que se infringe é a lei comercial ou civil, não a lei tributária, agindo o terceiro contra os interesses do contribuinte" (Cf. Misabel Derzi, Notas ao *Direito tributário brasileiro,* de Aliomar Baleeiro).

4. *Inadimplência.* Nesse contexto, a simples inadimplência da obrigação pela pessoa jurídica, embora constitua infração à lei tributária, não acarreta a responsabilidade dos diretores, gerentes ou representantes das pessoas jurídicas de direito privado. Será preciso demonstrar que tal inadimplemento *decorreu da prática de ilícito pelos gestores da pessoa jurídica,* que incorreram em excesso de poder ou em infração de lei, contrato social ou estatutos. Nesse sentido firmou-se a jurisprudência do STJ (Súmula n. 430).

5. *Hipóteses.* Os incisos indicam, como sujeitos ao regime desse artigo, as pessoas referidas no art. 134, CTN – *(i)* os pais, pelos tributos devidos pelos seus filhos menores; *(ii)* os tutores e curadores, pelos tributos devidos por seus tutelados e curatelados; *(iii)* os administradores de bens de terceiros, pelos tributos devidos por estes; *(iv)* o inventariante, pelos tributos devidos pelo espólio; *(v)* o síndico e o comissário, pelos tributos devidos pela massa falida ou pelo concordatário; *(vi)* os tabeliães, escrivães e demais serventuários de ofício, pelos tributos devidos sobre os atos praticados por eles, ou perante eles, em razão de seu ofício; e *(vii)* os sócios, no caso de liquidação de sociedade de pessoas –, bem como *(viii)* os mandatários, prepostos e empregados e (ix) os diretores, gerentes ou representantes de pessoas jurídicas de direito privado.

6. *Redirecionamento da execução fiscal.* A questão é importante e de grande aplicação prática, tendo em vista os requerimentos da Fazenda Pública solicitando o *redirecionamento da execução fiscal* aos sócios administradores da pessoa jurídica, o qual deve estar fundamentado na demonstração da prática de *ato ilícito,* como exposto. Nessa sede, portanto, desnecessário o incidente de *desconsideração da personalidade jurídica* para que a execução fiscal prossiga "contra pessoa jurídica distinta daquela contra a qual, originalmente, foi ajuizada a execução, mas cujo nome consta na Certidão de Dívida Ativa, após regular procedimento administrativo, ou, mesmo o nome não estando no título executivo, o Fisco demonstre a responsabilidade, na qualidade de terceiro, em consonância com os arts. 134 e 135 do CTN" (REsp 1.775.269/PR, j. 21.02.2019). A fixação dos termos iniciais da fluência do prazo prescricional para o redirecionamento da execução fiscal, conforme tenha o ato

ilícito sido praticado pelos sócios administradores da pessoa jurídica antes ou após a citação desta, foi objeto de uniformização interpretativa pelo STJ (REsp 1.201.993/SP, j. 08.05.2019).

 JURISPRUDÊNCIA ILUSTRATIVA

STJ

• Súmula n. 435: "Presume-se dissolvida irregularmente a empresa que deixar de funcionar no seu domicílio fiscal, sem comunicação aos órgãos competentes, legitimando o redirecionamento da execução fiscal para o sócio-gerente".

• Súmula n. 430: "O inadimplemento da obrigação tributária pela sociedade não gera, por si só, a responsabilidade solidária do sócio-gerente".

• "Processual civil e tributário. Recurso representativo de controvérsia (afetado na vigência do art. 543-C do CPC/1973 – art. 1.036 do CPC/2015 – e Resolução STJ 8/2008). Execução fiscal. Dissolução irregular. Termo inicial da prescrição para o redirecionamento. *Distinguishing* relacionado à dissolução irregular posterior à citação da empresa, ou a outro marco interruptivo da prescrição. Análise da controvérsia submetida ao rito do art. 543-C do CPC/1973 (atual 1.036 do CPC/2015). 1. A Fazenda do Estado de São Paulo pretende redirecionar Execução Fiscal para o sócio-gerente da empresa, diante da constatação de que, ao longo da tramitação do feito (após a citação da pessoa jurídica, a concessão de parcelamento do crédito tributário, a penhora de bens e os leilões negativos), sobreveio a dissolução irregular. Sustenta que, nessa hipótese, o prazo prescricional de cinco anos não pode ser contado da data da citação da pessoa jurídica. *Tese controvertida admitida.* 2. Sob o rito do art. 543-C do CPC/1973 (art. 1.036 e seguintes do CPC/2015), admitiu-se a seguinte tese controvertida (Tema 444): 'prescrição para o redirecionamento da Execução Fiscal, no prazo de cinco anos, contados da citação da pessoa jurídica'. *Delimitação da matéria cognoscível* 3. Na demanda, almeja-se definir, como muito bem sintetizou o eminente Ministro Napoleão Nunes Maia Filho, o termo inicial da prescrição para o redirecionamento, especialmente na hipótese em que se deu a dissolução irregular, conforme reconhecido no acórdão do Tribunal *a quo*, após a citação da pessoa jurídica. Destaca-se, como premissa lógica, a precisa manifestação do eminente Ministro Gurgel de Faria, favorável a que 'terceiros pessoalmente responsáveis (art. 135 do CTN), ainda que não participantes do processo administrativo fiscal, também podem vir a integrar o polo passivo da execução, não para responder por débitos próprios, mas sim por débitos constituídos em desfavor da empresa contribuinte'. 4. Com o propósito de alcançar consenso acerca da matéria de fundo, que é extremamente relevante e por isso tratada no âmbito de recurso repetitivo, buscou-se incorporar as mais diversas observações e sugestões apresentadas pelos vários Ministros que se manifestaram nos sucessivos debates realizados, inclusive por meio de votos-vista – em alguns casos, com apresentação de várias teses, nem sempre congruentes entre si ou com o objeto da pretensão recursal. *Panorama geral da jurisprudência do STJ sobre a prescrição para o redirecionamento* 5. Preliminarmente, observa-se que o legislador não disciplinou especificamente o instituto da prescrição para o redirecionamento. O Código Tributário Nacional discorre genericamente a respeito da prescrição (art. 174 do CTN) e, ainda assim, o faz em relação apenas ao devedor original da obrigação tributária. 6. Diante da lacuna da lei, a jurisprudência do STJ há muito tempo consolidou o entendimento de que a Execução Fiscal não é imprescritível. Com a orientação de que o art. 40 da Lei n. 6.830/1980, em sua redação original, deve ser interpretado à luz do art. 174 do CTN, definiu que, constituindo a citação da pessoa jurídica o marco interruptivo da prescrição, extensível aos devedores solidários (art. 125,

III, do CTN), o redirecionamento com fulcro no art. 135, III, do CTN deve ocorrer no prazo máximo de cinco anos, contado do aludido ato processual (citação da pessoa jurídica). Precedentes do STJ: Primeira Seção: AgRg nos EREsp 761.488/SC, Rel. Min. Hamilton Carvalhido, *DJe* 07.12.2009. Primeira Turma: AgRg no Ag 1.308.057/SP, Rel. Min. Benedito Gonçalves, *DJe* 26.10.2010; AgRg no Ag 1.159.990/SP, Rel. Min. Arnaldo Esteves Lima, *DJe* 30.08.2010; AgRg no REsp 1.202.195/PR, Rel. Min. Luiz Fux, *DJe* 22.02.2011; AgRg no REsp 734.867/SC, Rel. Min. Denise Arruda, *DJe* 02.10.2008. Segunda Turma: AgRg no AREsp 88.249/SP, Rel. Min. Humberto Martins, *DJe* 15.05.2012; AgRg no Ag 1.211.213/SP, Rel. Min. Mauro Campbell Marques, *DJe* 24.02.2011; REsp 1.194.586/SP, Rel. Min. Castro Meira, *DJe* 28.10.2010; REsp 1.100.777/RS, Rel. Min. Eliana Calmon, Segunda Turma, j. 02.04.2009, *DJe* 04.05.2009. 7. A jurisprudência das Turmas que compõem a Seção de Direito Público do STJ, atenta à necessidade de corrigir distorções na aplicação da lei federal, reconheceu ser preciso distinguir situações jurídicas que, por possuírem características peculiares, afastam a exegese tradicional, de modo a preservar a integridade e a eficácia do ordenamento jurídico. Nesse sentido, analisou precisamente hipóteses em que a prática de ato de infração à lei, descrito no art. 135, III, do CTN (como, por exemplo, a dissolução irregular), ocorreu após a citação da pessoa jurídica, modificando para momento futuro o termo inicial do redirecionamento: AgRg no REsp 1.106.281/RS, Rel. Min. Francisco Falcão, Primeira Turma, *DJe* 28.05.2009; AgRg no REsp 1.196.377/SP, Rel. Min. Humberto Martins, *DJe* 27.10.2010. 8. Efetivamente, não se pode dissociar o tema em discussão das características que definem e assim individualizam o instituto da prescrição, quais sejam a violação de direito, da qual se extrai uma pretensão exercível, e a cumulação do requisito objetivo (transcurso de prazo definido em lei) com o subjetivo (inércia da parte interessada). *Termo inicial da prescrição para redirecionamento em caso de dissolução irregular preexistente ou ulterior à citação pessoal da empresa.* 9. Afastada a orientação de que a citação da pessoa jurídica dá início ao prazo prescricional para redirecionamento, no específico contexto em que a dissolução irregular sucede a tal ato processual (citação da empresa), impõe-se a definição da data que assinala o termo *a quo* da prescrição para o redirecionamento nesse cenário peculiar (*distinguishing*). 10. No rigor técnico e lógico que deveria conduzir a análise da questão controvertida, a orientação de que a citação pessoal da empresa constitui o termo *a quo* da prescrição para o redirecionamento da Execução Fiscal deveria ser aplicada a outros ilícitos que não a dissolução irregular da empresa – com efeito, se a citação pessoal da empresa foi realizada, não há falar, nesse momento, em dissolução irregular e, portanto, em início da prescrição para redirecionamento com base nesse fato (dissolução irregular). 11. De outro lado, se o ato de citação resultar negativo devido ao encerramento das atividades empresariais ou por não se encontrar a empresa estabelecida no local informado como seu domicílio tributário, aí, sim, será possível cogitar da fluência do prazo de prescrição para o redirecionamento, em razão do enunciado da Súmula n. 435/STJ ('Presume-se dissolvida irregularmente a empresa que deixar de funcionar no seu domicílio fiscal, sem comunicação aos órgãos competentes, legitimando o redirecionamento da execução fiscal para o sócio-gerente'). 12. Dessa forma, no que se refere ao termo inicial da prescrição para o redirecionamento, em caso de dissolução irregular preexistente à citação da pessoa jurídica, corresponderá aquele: a) à data da diligência que resultou negativa, nas situações regidas pela redação original do art. 174, parágrafo único, I, do CTN; ou b) à data do despacho do juiz que ordenar a citação, para os casos regidos pela redação do art. 174, parágrafo único, I, do CTN conferida pela Lei Complementar n. 118/2005. 13. No tocante ao momento do início do prazo da prescrição para redirecionar a Execução Fiscal em caso de dissolução irregular depois da citação do estabelecimento empresarial, tal marco não pode ficar ao talante da Fazenda Pública. Com base nessa premissa, mencionam-se os institutos da Fraude à Execução (art. 593 do CPC/1973 e art. 792 do novo CPC) e da Fraude contra a Fazenda Pública (art. 185 do CTN) para assinalar, como corretamente o fez a Ministra Regina Helena, que 'a data do ato de alienação ou oneração de bem ou renda do patrimônio da pessoa jurídica contribuinte ou do patrimônio pessoal do(s) sócio(s) administrador(es) infrator(es), ou seu começo', é que corresponde ao termo inicial da prescrição para redirecionamento. Acrescenta-se que provar a prática de tal ato é incumbência da Fazenda Pública. *Tese repetitiva.* 14. Para fins dos arts. 1.036 e seguintes do CPC/2015, fica assim resolvida a controvérsia repetitiva: (i) o prazo de redirecionamento da Execução Fiscal, fixado em cinco anos, contado da diligência de citação da pessoa jurídica, é aplicável quando o referido ato ilícito, previsto no art. 135, III, do CTN, for precedente a esse ato processual; (ii) a citação positiva do sujeito passivo devedor original da obrigação tributária, por si só, não provoca o início do prazo prescricional quando o ato de dissolução irregular for a ela subsequente, uma vez que, em tal circunstância, inexistirá, na aludida data (da citação), pretensão contra os sócios-gerentes (conforme decidido no REsp 1.101.728/SP, no rito do art. 543-C do CPC/1973, o mero inadimplemento da exação não configura ilícito atribuível aos sujeitos de direito descritos no art. 135 do CTN). O termo inicial do prazo prescricional para a cobrança do crédito dos sócios-gerentes infratores, nesse contexto, é a data da prática de ato inequívoco indicador do intuito de inviabilizar a satisfação do crédito tributário já em curso de cobrança executiva promovida contra a empresa contribuinte, a ser demonstrado pelo Fisco, nos termos do art. 593 do CPC/1973 (art. 792 do novo CPC – fraude à execução), combinado com o art. 185 do CTN (presunção de fraude contra a Fazenda Pública); e, (iii) em qualquer hipótese, a decretação da prescrição para o redirecionamento impõe seja demonstrada a inércia da Fazenda Pública, no lustro que se seguiu à citação da empresa originalmente devedora (REsp 1.222.444/RS) ou ao ato inequívoco mencionado no item anterior (respectivamente, nos casos de dissolução irregular precedente ou superveniente à citação da empresa), cabendo às instâncias ordinárias o exame dos fatos e provas atinentes à demonstração da prática de atos concretos na direção da cobrança do crédito tributário no decurso do prazo prescricional. *Resolução do caso concreto.* 15. No caso dos autos, a Fazenda do Estado de São Paulo alegou que a Execução Fiscal jamais esteve paralisada, pois houve citação da pessoa jurídica em 1999, penhora de seus bens, concessão de parcelamento e, depois da sua rescisão por inadimplemento (2001), retomada do feito após o comparecimento do depositário, em 2003, indicando o paradeiro dos bens, ao que se sucedeu a realização de quatro leilões, todos negativos. Somente com a tentativa de substituição da constrição judicial é que foi constatada a dissolução irregular da empresa (2005), ocorrida inquestionavelmente em momento seguinte à citação da empresa, razão pela qual o pedido de redirecionamento, formulado em 2007, não estaria fulminado pela prescrição. 16. A genérica observação do órgão colegiado do Tribunal *a quo*, de que o pedido foi formulado após prazo superior a cinco anos da citação do estabelecimento empresarial ou da rescisão do parcelamento, é insuficiente, como se vê, para caracterizar efetivamente a prescrição, de modo que é manifesta a aplicação indevida da legislação federal. 17. Tendo em vista a assertiva fazendária de que a circunstância fática que viabilizou o redirecionamento (dissolução irregular) foi ulterior à citação da empresa devedora (até aqui fato incontroverso, pois expressamente reconhecido no acórdão hostilizado), caberá às instâncias de origem pronunciar-se sobre a veracidade dos fatos narrados pelo Fisco e, em consequência, prosseguir no julgamento do agravo do art. 522 do CPC/1973, observando os parâmetros acima fixados. 18. Recurso especial provido" (REsp 1.201.993/SP, Tema Repetitivo 444, Rel. Min. Herman Benjamin, j. 08.05.2019).

• "Processual civil e tributário. Execução fiscal. Redirecionamento a pessoa jurídica. Grupo econômico 'de fato'. Incidente de desconsideração da personalidade jurídica. Caso concreto. Necessidade. 1. O incidente de desconsideração da personalidade jurídica (art. 133 do CPC/2015) não se instaura no processo executivo fiscal nos casos em que a Fazenda exequente pretende alcançar pessoa jurídica distinta daquela contra a qual, originalmente, foi ajuizada a execução, mas cujo nome consta na Certidão de Dívida Ativa, após regular procedimento administrativo, ou, mesmo o nome não estando no título executivo, o fisco demonstre a responsabilidade, na qualidade de terceiro, em consonância com os arts. 134 e 135 do CTN. 2. Às exceções da prévia previsão em lei sobre a responsabilidade de terceiros e do abuso de personalidade jurídica, o só fato de integrar grupo econômico não torna uma pessoa jurídica responsável pelos tributos inadimplidos pelas outras. 3. O redirecionamento de execução fiscal a pessoa jurídica que integra o mesmo grupo econômico da sociedade empresária originalmente executada, mas que não foi identificada no ato de lançamento (nome na CDA) ou que não se enquadra nas hipóteses dos arts. 134 e 135 do CTN, depende da comprovação do abuso de personalidade, caracterizado pelo desvio de finalidade ou confusão patrimonial, tal como consta do art. 50 do Código Civil, daí por que, nesse caso, é necessária a instauração do incidente de desconsideração da personalidade da pessoa jurídica devedora. 4. Hipótese em que o TRF4, na vigência do CPC/2015, preocupou-se em aferir os elementos que entendeu necessários à caracterização, de fato, do grupo econômico e, entendendo presentes, concluiu pela solidariedade das pessoas jurídicas, fazendo menção à legislação trabalhista e à Lei n. 8.212/1991, dispensando a instauração do incidente, por compreendê-lo incabível nas execuções fiscais, decisão que merece ser cassada. 5. Recurso especial da sociedade empresária provido" (1.ª T., REsp 1.775.269/PR, Rel. Min. Gurgel de Faria, j. 21.02.2019).

> *Seção IV*
> *Responsabilidade por Infrações*
>
> **Art. 136.** Salvo disposição de lei em contrário, a responsabilidade por infrações da legislação tributária independe da intenção do agente ou do responsável e da efetividade, natureza e extensão dos efeitos do ato **(1 a 7)**.

 COMENTÁRIOS

1. *Moldura constitucional.* Art. 5.º [...] "II – ninguém será obrigado a fazer ou deixar de fazer alguma coisa senão em virtude de lei; [...] XXXVI – a lei não prejudicará o direito adquirido, o ato jurídico perfeito e a coisa julgada; LIV – ninguém será privado da liberdade ou de seus bens sem o devido processo legal; [...] LVII – ninguém será considerado culpado até o trânsito em julgado da sentença penal condenatória [...]."

2. *Dispositivos relacionados:* arts. 97, V; 100, parágrafo único; 106; 112; 113, §§ 1.º e 3.º; 121; 142, *caput*; 149, VI; 150, § 3.º; 155; 157 e 161; 167, *caput*; 172; 179; 180 a 182; e 207, todos do CTN.

3. *A relação sancionatória tributária. Considerações gerais.* Genericamente, a relação jurídica sancionatória é o liame mediante o qual, em razão da prática de uma infração, o sujeito ativo tem o direito de aplicar ao sujeito passivo uma penalidade. Portanto, a deflagração de tal vínculo depende, necessariamente, da prática de uma conduta ilícita. No Direito Tributário, além da *obrigação principal* e da *obrigação acessória*, há, como mencionado, a *relação sancionatória*, vínculo jurídico mediante o qual o sujeito ativo – o Fisco – pode impor ao sujeito passivo uma penalidade, em razão do descumprimento da prestação objeto de uma das primeiras relações jurídicas mencionadas. V. comentários ao art. 113, CTN.

4. Modalidades de sanção tributária: sanções premiais e sanções punitivas. O CTN, por cuidar de normas gerais, não aponta os tipos infracionais, agindo do mesmo modo com relação às sanções, deixando esse regramento a cargo do legislador de cada pessoa política. Representando a sanção preceito impositivo, em razão do cumprimento ou inobservância de normas jurídicas, pode ser premial ou punitiva. As *sanções premiais*, no âmbito tributário, incluem as exonerações tributárias (imunidades, isenções, reduções de bases de cálculo), bem como créditos outorgados etc. As *sanções punitivas*, por sua vez, traduzem penalidade pela prática de ilícito tributário – falta de pagamento de tributo ou inobservância de obrigações acessórias. Usualmente, o termo "sanção" é utilizado nesse segundo sentido. A sanção punitiva visa não somente reprimir o infrator como também estimular o cumprimento das obrigações tributárias. A relevância da relação jurídica sancionatória está estampada em seu caráter pedagógico e, portanto, inibidor de condutas infracionais.

4.1. Modalidades de sanções tributárias punitivas: administrativas e penais. As sanções tributárias punitivas podem ser: *(i) administrativas* ou *(ii) penais*. As sanções penais tributárias são objeto de estudo no âmbito do chamado *Direito Penal Tributário*, como as constantes da Lei n. 8.137/1990, que define os crimes contra a ordem tributária, econômica e contra as relações de consumo, e dá outras providências. A distinção entre ambas exsurge do regime jurídico que as disciplina, sendo evidente a maior gravosidade das sanções penais. Cabe salientar que, existindo crime contra a ordem tributária, necessariamente haverá infração tributária em nível administrativo. A recíproca, no entanto, não é verdadeira, pois há condutas que configuram apenas infrações à lei tributária, sem reflexo no âmbito penal. Embora a sanção tributária mais aplicada seja a *multa* – que, por sua vez, comporta espécies (punitiva, moratória) –, há outras modalidades de penalidade, tais como a apreensão e o perdimento de bens; a interdição de estabelecimento; e os procedimentos especiais de fiscalização.

5. Sanções políticas. Convencionou-se chamar de *sanções políticas* as indevidas restrições impostas ao exercício de direitos do contribuinte, de modo a compeli-lo ao cumprimento de suas obrigações. Constituem *meios coercitivos para o pagamento de tributos*, tais como a recusa de autorização para a emissão de notas fiscais ou a inscrição do nome do contribuinte em cadastro de inadimplentes que conduza a restrições de direitos. Tais modalidades punitivas devem ser rechaçadas diante de sua evidente desproporcionalidade, tendo a jurisprudência do STF se consolidado nesse sentido. No entanto, certas restrições ao exercício de direitos, decorrentes do necessário exercício do poder de polícia pela Administração Pública, são legítimas, uma vez fundadas na supremacia do interesse público sobre o particular e impostas com observância ao princípio da razoabilidade. É o caso, por exemplo, da exigência de certidão negativa ou de regularidade de situação para que o contribuinte possa participar de licitação e celebrar contrato administrativo ou, mesmo, da imposição de certos regimes especiais de fiscalização, hipóteses nas quais exsurge claramente a finalidade de proteção ao patrimônio público.

6. Princípios gerais do direito sancionador. A aplicação das sanções punitivas deve observar os *princípios gerais do direito sancionador*, pertinentes a ilícitos de quaisquer naturezas, dentre os quais se destacam os da legalidade, irretroatividade, presunção de inocência, verdade material, razoabilidade e vedação ao confisco.

6.1. Princípio da legalidade. O princípio da *legalidade* (art. 5.º, II, CR), consoante examinado, estatui que somente a lei pode: *(i)* impor obrigações aos particulares; *(ii)* proibir comportamentos aos particulares; *(iii)* prever infrações; e *(iv)* cominar penalidades. Daí sua fundamental importância para o direito sancionatório, uma vez que atos normativos de outras naturezas, tais como atos administrativos, não podem estabelecer infrações ou cominar sanções. V. comentários aos arts. 9.º, I, e 97, CTN.

      6.2. *Princípio da irretroatividade da lei.* Diretriz constitucionalmente contemplada (art. 5.º, XXXVI), a *irretroatividade* da lei encontra exceções na seara do direito tributário sancionador, contempladas no CTN. Como visto, o art. 106, II, desse estatuto normativo dispõe que a lei se aplica a ato ou fato pretérito, tratando-se de ato não definitivamente julgado, quando: a) deixe de defini-lo como infração; b) "deixe de tratá-lo como contrário a qualquer exigência de ação ou omissão, desde que não tenha sido fraudulento e não tenha implicado em falta de pagamento de tributo"; e c) comine penalidade menos severa que a prevista na lei vigente ao tempo da sua prática. Cuida-se, portanto, de hipóteses de *retroatividade benéfica*, a favorecer o sujeito passivo infrator. V. comentários aos arts. 105 e 106, CTN.

      6.3. *Princípio da presunção de inocência.* A presunção de inocência, por sua vez, é prevista expressamente na Constituição para os ilícitos penais (art. 5.º, LVII), extraindo-se dessa norma o fundamento para que tal presunção, de natureza relativa, opere efeitos igualmente com relação aos ilícitos administrativos, puníveis menos intensamente pelo ordenamento jurídico.

      6.4. *Princípio da verdade material ou da realidade.* Como a própria denominação sinaliza, impõe a busca pela demonstração da situação fática efetivamente acontecida, afastando-se o emprego de *presunções absolutas ou ficções.* Tal diretriz, que opera em diversos contextos, é especialmente relevante tratando-se de direito sancionador.

      6.5. *Princípio da razoabilidade.* No Direito brasileiro, a razoabilidade encontra fundamento expresso no art. 5.º, LIV, CR, segundo o qual "ninguém será privado da liberdade ou de seus bens sem o devido processo legal". Esse vetor preconiza o equilíbrio, a ponderação e a harmonia entre os diversos interesses amparados pela Constituição. A razoabilidade é medida concernente ao interesse público específico e deve ser tomada como aquilo que a sociedade pode admitir como uma das soluções possíveis para o caso concreto; é o padrão social a respeito de certas condutas e, portanto, só pode ser aferida em função da realidade, de um contexto determinado. Pensamos, assim, que razoabilidade e proporcionalidade sejam termos fungíveis, a significar diretriz implícita fundamentada nas ideias de devido processo legal substantivo e de justiça, com vista à proibição da arbitrariedade. Releva lembrar que a Lei n. 9.784/1999, que regula o processo administrativo no âmbito da Administração Pública Federal, não obstante consignando a disciplina do processo administrativo, abriga diretrizes a serem observadas em toda a atuação administrativa. Tal diploma legal é aplicável subsidiariamente ao processo administrativo tributário no âmbito federal, que segue regido pelo Decreto n. 70.235/1972. Em seu art. 2.º, *caput*, a Lei n. 9.784/1999 preceitua que "a Administração Pública obedecerá, dentre outros, aos princípios da legalidade, finalidade, motivação, *razoabilidade, proporcionalidade,* moralidade, ampla defesa, contraditório, segurança jurídica, interesse público e eficiência" (destaques nossos). Estatui, ainda, o mesmo texto normativo, no que toca especificamente à questão ora tratada, que "nos processos administrativos serão observados, entre outros, os critérios de: [...] adequação entre meios e fins, *vedada a imposição de obrigações, restrições e sanções em medida superior àquelas estritamente necessárias ao atendimento do interesse público*" (parágrafo único, VI) (destaques nossos). Assim, as sanções punitivas devem ser graduadas em atenção a essas diretrizes, impedindo-se a adoção de penalidades desarrazoadas ou desproporcionais.

6.6. Outras considerações. Assinale-se, por derradeiro, que, tratando-se de aplicação de penalidade pecuniária, a invocação dos *princípios da capacidade contributiva* (art. 145, § 1.º, CR) e da *vedação da utilização de tributo com efeito de confisco* (art. 150, IV, CR), efetuada com frequência nesse contexto, não se revela adequada, porquanto o primeiro é orientador dos *impostos* e o segundo aplicável apenas a tributos. Não obstante, as sanções não podem ter por efeito a absorção total ou substancial da propriedade, em respeito à proteção constitucional dedicada a esse direito, do qual se extrai o *princípio da vedação ao confisco*, extraído das normas contidas no art. 5.º, XXII a XXIV e LIV, CR.

7. Responsabilidade por infrações. O *perdão*, no âmbito da relação jurídica sancionatória, corresponde à *anistia* (arts. 180 a 182, CTN). A polêmica concernente à interpretação desse dispositivo gira em torno da expressão segundo a qual a responsabilidade por infrações à legislação tributária "independe da intenção do agente". Dessa cláusula há quem extraia a conclusão de que se cuida de *responsabilidade objetiva*. Entretanto, equivocada tal interpretação, porquanto responsabilidade objetiva é aquela que prescinde da ideia de *culpa*, em seu sentido amplo, vale dizer, a abranger tanto o dolo quanto a culpa em sentido estrito (negligência, imprudência ou imperícia). Quando o CTN declara que a responsabilidade por infrações à legislação tributária *independe da intenção do agente*, há que se entender estar afastado tão somente o *dolo*, e não a culpa em sentido estrito. Logo, tal responsabilidade não exige dolo para a sua configuração, mas, evidentemente, exige a *culpa* do infrator, como é a regra em matéria de direito sancionatório, o que demonstra tratar-se de autêntica *responsabilidade subjetiva*. Assim, mesmo ausente a intenção de não pagar o tributo no prazo de vencimento, o contribuinte sujeitar-se-á à multa correspondente – o dispositivo presume a culpa do infrator –, que não teria atuado com a cautela necessária, presunção que entendemos ostentar caráter relativo, podendo ser afastada mediante prova inequívoca.

 ## SUGESTÕES DOUTRINÁRIAS

RESPONSABILIDADE POR INFRAÇÕES

Paulo Roberto Coimbra Silva, *Direito tributário sancionador*, Quartier Latin; Hugo de Brito Machado (Coord.), *Sanções administrativas tributárias*, Dialética.

 ## JURISPRUDÊNCIA ILUSTRATIVA

STF

• Súmula n. 547: "Não é lícito à autoridade proibir que o contribuinte em débito adquira estampilhas, despache mercadorias nas alfândegas e exerça suas atividades profissionais".

• Súmula n. 323: "É inadmissível a apreensão de mercadorias como meio coercitivo para pagamento de tributos".

• Súmula n. 70: "É inadmissível a interdição de estabelecimento como meio coercitivo para cobrança de tributo".

• "Importação. Tributo e multa. Mercadoria. Despacho aduaneiro. Arbitramento. Diferença. Constitucionalidade. Surge compatível com a Constituição Federal o condicionamento, do desembaraço aduaneiro de bem importado, ao pagamento de diferença tributária apurada por arbitramento da autoridade fiscal" (RE 1.090.591/SC, Tema 1.042, Rel. Min. Marco Aurélio, j. 16.09.2020).

Tese: "É constitucional vincular o despacho aduaneiro ao recolhimento de diferença tributária apurada mediante arbitramento da autoridade fiscal".

• "Constitucional. Direito fundamental de acesso ao Judiciário. Direito de petição. Tributário e política fiscal. Regularidade fiscal. Normas que condicionam à prática de atos da vida civil e empresarial à quitação de créditos tributários. Caracterização específica como sanção política. Ação conhecida quanto à Lei Federal n. 7.711/1998, art. 1.º, I, III e IV, §§ 1.º a 3.º, e art. 2.º. 1. Ações diretas de inconstitucionalidade ajuizadas contra os arts. 1.º, I, II, III e IV, §§ 1.º a 3.º, e 2.º da Lei n. 7.711/1988, que vinculam a transferência de domicílio para o exterior (art. 1.º, I), registro ou arquivamento de contrato social, alteração contratual e distrato social perante o registro público competente, exceto quando praticado por micro-empresa (art. 1.º, III), registro de contrato ou outros documentos em Cartórios de Registro de Títulos e Documentos (art. 1.º, IV, *a*), registro em Cartório de Registro de Imóveis (art. 1.º, IV, *b*) e operação de empréstimo e de financiamento junto a instituição financeira, exceto quando destinada a saldar dívidas para com as Fazendas Nacional, Estaduais ou Municipais (art. 1.º, IV, *c*) – estas três últimas nas hipóteses de o valor da operação ser igual ou superior a cinco mil Obrigações do Tesouro Nacional – à quitação de créditos tributários exigíveis, que tenham por objeto tributos e penalidades pecuniárias, bem como contribuições federais e outras imposições pecuniárias compulsórias. 2. Alegada violação do direito fundamental ao livre acesso ao Poder Judiciário (art. 5.º, XXXV) da contribuinte de ir a juízo discutir a validade do crédito tributário. Caracterização de sanções políticas, isto é, de normas enviesa-das a constranger o contribuinte, por vias oblíquas, ao recolhimento do crédito tributário. 3. Esta Corte tem historicamente confirmado e garantido a proibição constitucional às sanções políticas, invocando, para tanto, o direito ao exercício de atividades econômicas e profissio-nais lícitas (art. 170, parágrafo único, da Constituição), a violação do devido processo legal substantivo (falta de proporcionalidade e razoabilidade de medidas gravosas que se predis-põem a substituir os mecanismos de cobrança de créditos tributários) e a violação do devido processo legal manifestado no direito de acesso aos órgãos do Executivo ou do Judiciário tanto para controle da validade dos créditos tributários, cuja inadimplência pretensamente justifica a nefasta penalidade, quanto para controle do próprio ato que culmina na restrição. É inequívoco, contudo, que a orientação firmada pelo Supremo Tribunal Federal não serve de escusa ao deliberado e temerário desrespeito à legislação tributária. Não há que falar em sanção política, se as restrições à prática de atividade econômica objetivam combater estruturas empresariais que têm na inadimplência tributária sistemática e consciente sua maior vantagem concorrencial. Para ser tida como inconstitucional, a restrição ao exercício de atividade econômica deve ser desproporcional e não razoável. 4. Os incisos I, III e IV do art. 1.º violam o art. 5.º, XXXV, da Constituição, na medida em que ignoram *sumariamente* o direito do contribuinte de rever em âmbito judicial ou administrativo a validade de crédi-tos tributários. Violam também o art. 170, parágrafo único, da Constituição, que garante o exercício de atividades profissionais ou econômicas lícitas. Declaração de inconstituciona-lidade do art. 1.º, I, III e IV, da Lei n. 7.711/1988. Declaração de inconstitucionalidade, por arrastamento dos §§ 1.º a 3.º e do art. 2.º do mesmo texto legal. Constitucional. Tributário. Sanção política. Prova da quitação de créditos tributários no âmbito de processo licitatório. Revogação do art. 1.º, II, da Lei n. 7.711/1988 pela Lei n. 8.666/1993. Explicitação do al-cance do dispositivo. Ação direta de inconstitucionalidade não conhecida quanto ao ponto. 5. Ação direta de inconstitucionalidade não conhecida, em relação ao art. 1.º, II, da Lei n. 7.711/1988, na medida em que revogado, por estar abrangido pelo dispositivo da Lei n. 8.666/1993 que trata da regularidade fiscal no âmbito de processo licitatório. 6. Explicitação da Corte, no sentido de que a regularidade fiscal aludida implica 'exigibilidade da quitação quando o tributo não seja objeto de discussão judicial' ou 'administrativa'. Ações diretas de inconstitucionalidade parcialmente conhecidas e, na parte conhecida, julgadas procedentes" (ADI 173/DF, Rel. Min. Joaquim Barbosa, j. 25.09.2008).

STJ

• Súmula n. 509: "É lícito ao comerciante de boa-fé aproveitar os créditos de ICMS decorrentes de nota fiscal posteriormente declarada inidônea, quando demonstrada a veracidade da compra e venda".

• "Tributário. ICMS. Operação interestadual. Diferencial de alíquota. Tredestinação da mercadoria. Responsabilização do vendedor. Boa-fé. Verificação. Necessidade. 1. A empresa vendedora de boa-fé que, mediante a apresentação da documentação fiscal pertinente e a demonstração de ter adotado as cautelas de praxe, evidencie a regularidade da operação interestadual realizada com o adquirente, afastando, assim, a caracterização de conduta culposa, não pode ser objetivamente responsabilizada pelo pagamento do diferencial de alíquota de ICMS em razão de a mercadoria não ter chegado ao destino declarado na nota fiscal, não sendo dela exigível a fiscalização de seu itinerário. 2. A despeito da regularidade da documentação, se o fisco comprovar que a empresa vendedora intencionalmente participou de eventual ato infracional (fraude) para burlar a fiscalização, concorrendo para a tredestinação da mercadoria (mediante simulação da operação, por exemplo), poderá ela, naturalmente, ser responsabilizada pelo pagamento dos tributos que deixaram de ser oportunamente recolhidos. 3. Hipótese em que o acórdão estadual, por entender que a responsabilização da empresa vendedora independeria de sua boa-fé, deve ser cassado, para que, em novo julgamento da apelação, decida a questão à luz da existência ou não desse elemento subjetivo. 4. Embargos de divergência providos" (EREsp 1.657.359/SP, Rel. Min. Gurgel de Faria, j. 14.03.2018).

• "Processual civil e tributário. Inocorrência de ofensa ao art. 535 do CPC/1973. Não há responsabilidade tributária do vendedor, na hipótese de tredestinação de álcool hidratado, se regularmente vendido e entregue ao transportador pré-credenciado. Art. 121, I e II, do CTN. Responsabilidade tributária emergente. Exigência de anterior demonstração de solidariedade (art. 124, I e II, do CTN) ou conduta infracional apta a gerar o vínculo jurídico (art. 135, *caput*, do CTN). Recurso especial da cooperativa conhecido e provido. 1. Neste caso, tem-se como fora de dúvida que a Coopersucar não reveste a condição de contribuinte, quanto à diferença da alíquota de ICMS, porque o correspondente fato gerador, praticado ou ocorrido no mundo empírico (a alegada tredestinação da mercadoria vendida, que não chegou ao seu destino, fora dos limites estaduais paulistas), não lhe pode ser imputado pessoal e diretamente (art. 121, I, do CTN) e, na verdade, o Fisco sequer lhe faz realmente essa imputação. 2. Mas cabe examinar, porém, se a Coopersucar, neste caso, em face daquela alegada tredestinação, revestiria, a condição de responsável tributário (art. 121, II, do CTN), que igualmente lhe atribuiria – se ocorrente – o dever jurídico de pagar o tributo pretendido pela Fazenda Paulista. 3. Na definição do art. 121, II, do CTN, o responsável tributário é aquele que, sem revestir a condição de contribuinte, seja *ex vi legis* obrigado a satisfazer o dever jurídico de pagar o tributo; a reflexão sobre o fundamento da emergência da responsabilidade tributária – de quem não reveste a condição de contribuinte – pelo pagamento de tributos. 4. No caso de cometimento de infrações, alvitra-se a chamada (e abominável) responsabilidade tributária objetiva, que se ancoraria (no dizer dos que a sustentam) no art. 136 do CTN, mas essa sugestão é absolutamente contrária aos princípios do Direito Público moderno e, em especial, ao sistema do CTN, porquanto esse Código proclama, nos seus arts.

108, IV, e 112, que a interpretação da lei tributária se fará com a aplicação da equidade e do princípio *in dubio pro* contribuinte, conforme já assinalou o preclaro Ministro Teori Albino Zavascki (REsp 494.080/RJ, *DJ* 16.11.2004). 5. Insigne Ministro Luiz Fux, ao analisar esse mesmo tema, sob a sistemática do art. 543-C do CPC (REsp 1.148.444/MG, *DJe* 27.04.2010), consignou no seu voto, para asseverar a indispensabilidade do elemento subjetivo na conduta do obrigado tributário. 6. Não tendo efetivamente a Coopersucar praticado nenhuma infração tributária – tanto que o Fisco paulista nada lhe imputou, nesse sentido, e também sequer a autuou sob tal fundamento –, não há como atribuir-lhe, sem a demonstração da necessária conduta ilícita, a alegada responsabilidade pela dita infração (a mencionada tredestinação da mercadoria); a orientação de que, em casos assim, não surge a responsabilidade tributária, já foi adotada pelo egrégio STJ, pela voz dos seus mais eminentes julgadores. 7. Recurso especial conhecido e provido para afastar a exigência fiscal de que a Coopersucar pague ao Fisco Paulista o que corresponder à diferença entre as alíquotas do ICMS incidente nas operações internas (dentro do Estado de São Paulo) e as que destinam álcool hidratado a comprador localizado no Estado da Bahia. Inverte-se o ônus da sucumbência" (1.ª T., REsp 1.574.489/SP, Rel. Min. Napoleão Nunes Maia Filho, j. 21.09.2017).

Art. 137. A responsabilidade é pessoal ao agente **(1 e 2)**:

I – quanto às infrações conceituadas por lei como crimes ou contravenções, salvo quando praticadas no exercício regular de administração, mandato, função, cargo ou emprego, ou no cumprimento de ordem expressa emitida por quem de direito **(3)**;

II – quanto às infrações em cuja definição o dolo específico do agente seja elementar **(4)**;

III – quanto às infrações que decorram direta e exclusivamente de dolo específico **(5)**:

a) das pessoas referidas no art. 134, contra aquelas por quem respondem;

b) dos mandatários, prepostos ou empregados, contra seus mandantes, preponentes ou empregadores;

c) dos diretores, gerentes ou representantes de pessoas jurídicas de direito privado, contra estas.

 COMENTÁRIOS

1. *Dispositivos relacionados:* arts. 134 e 135, CTN.

2. *Responsabilidade pessoal do agente por infrações.* O dispositivo estabelece hipóteses em que o contribuinte fica eximido de qualquer sanção, destinando-se esta ao agente que praticou o ilícito. Assim, em regra, o contribuinte arca com o pagamento dos tributos, mas o infrator é que será o destinatário da penalidade, consagrando, assim, a *responsabilidade pessoal ou subjetiva por infrações tributárias.*

3. *Responsabilidade por atos ilícitos praticados mediante representante.* No caso de infrações conceituadas por lei como crimes ou contravenções, hipótese contida inciso I desse artigo, a responsabilidade é atribuída ao contribuinte. No entanto, a parte final do dispositivo contempla exceção à regra: quando tais infrações forem praticadas no exercício regular de administração, mandato, função, cargo ou emprego, ou no cumprimento de ordem expressa emitida por quem de direito. Nessas situações, ao contribuinte pode ser imposta a penalidade, uma vez que atuou como mandante.

4 e 5. *Infrações com dolo específico.* Também, estampa o artigo, nos incisos II e III, hipóteses que revelam os *mais elevados graus de culpa*, pois, em todas elas, está presente o *dolo*, ora configurador de ilícito penal, ora específico de infrações tributárias. Observe-se, ainda, a referência aos terceiros mencionados no art. 134, responsáveis por atos praticados dolosamente contra os interesses daqueles contribuintes que representam, bem como daqueles indicados no art. 135, uma vez que os atos apontados nesse dispositivo, praticados em detrimento da pessoa jurídica, pressupõem *dolo específico*, isto é, a intenção especial de agir contra a lei para alcançar determinado objetivo.

 JURISPRUDÊNCIA ILUSTRATIVA

STJ

• "Tributário e processual civil. Imposto de Renda da Pessoa Física – IRPF. Responsabilidade da fonte pagadora que não retira a sujeição passiva do contribuinte. Incidência sobre verbas pagas em razão do descumprimento de acordo coletivo de trabalho que previa a constituição de fundo de aposentadoria/pensão. Possibilidade. Multa de ofício. Art. 44, I, da Lei n. 9.430/1996. Contribuinte induzido a erro que insere o rendimento na declaração de ajuste como isento e não tributável. Não incidência. Art. 722, parágrafo único, do RIR/1999. 1. O Superior Tribunal de Justiça vem entendendo que cabe à fonte pagadora o recolhimento do tributo devido. Porém, a omissão da fonte pagadora não exclui a responsabilidade do contribuinte pelo pagamento do imposto, o qual fica obrigado a declarar o valor recebido em sua declaração de ajuste anual. Precedentes: REsp 703.902/RS, Segunda Turma, Rel. Min. Eliana Calmon, j. 15.09.2005; AgRg no REsp 716.970/CE, Primeira Turma, Rel. Min. Francisco Falcão, j. 19.05.2005; REsp 962610/RS, Segunda Turma, Rel. Min. Herman Benjamin, *DJ* 07.02.2008. 2. Em se tratando de verba recebida pelo empregado em razão de acordo coletivo de trabalho firmado com o empregador, onde ficou estabelecido que seria constituído fundo de aposentadoria/pensão em favor daquele, ou, como cláusula alternativa, o pagamento de determinado valor em dinheiro correspondente ao que verteria para o fundo, há a incidência do imposto de renda. Precedentes: REsp 996.341/RS, Primeira Turma, Rel. Min. Francisco Falcão, j. 16.09.2008; REsp 1.058.771/RS, Segunda Turma, Rel. Min. Castro Meira, j. 04.08.2009. 3. É indevida a imposição de multa ao contribuinte quando, induzido a erro pela fonte pagadora, inclui em sua declaração de ajuste os rendimentos como isentos e não tributáveis. Situação em que a responsabilidade pelo recolhimento da penalidade (multa) e juros de mora deve ser atribuída à fonte pagadora, a teor do art. 722, parágrafo único, do RIR/1999 (Decreto n. 3.000/1999). Precedentes: REsp 789.029/SC, Primeira Turma, Rel. Min. Luiz Fux, j. 17.05.2007; REsp 374.603/SC, Primeira Turma, Rel. Min. Francisco Falcão, j. 02.05.2006. Precedentes em sentido contrário: REsp 1.337.166/AL, Segunda Turma, Rel. Min. Castro Meira, j. 07.02.2013; REsp 1.334.749/AL, Segunda Turma, Rel. Min. Eliana Calmon, j. 25.06.2013. 4. Recurso especial parcialmente provido" (2.ª T., REsp 1.218.222/RS, Rel. Min. Mauro Campbell Marques, j. 04.09.2014).

Art. 138. A responsabilidade é excluída pela denúncia espontânea da infração, acompanhada, se for o caso, do pagamento do tributo devido e dos juros de mora, ou do depósito da importância arbitrada pela autoridade administrativa, quando o montante do tributo dependa de apuração **(1 a 5)**.

Parágrafo único. Não se considera espontânea a denúncia apresentada após o início de qualquer procedimento administrativo ou medida de fiscalização, relacionados com a infração.

 COMENTÁRIOS

1. *Dispositivos relacionados:* arts. 137 e 150, CTN.

2. *Legislação básica:* CP, art. 15, *in fine*.

3. *Denúncia espontânea da infração tributária. Considerações gerais.* Constitui tema que ensejou intensos debates nos últimos anos, tanto no plano doutrinário quanto no jurisprudencial, em boa parte em razão da obscura redação desse dispositivo. Entende-se por denúncia espontânea a confissão feita pelo sujeito passivo, que se autodenuncia, reconhecendo a prática de infração fiscal, com o objetivo de afastar a responsabilidade dela decorrente. Assemelha-se ao instituto do *arrependimento eficaz* do Direito Penal (art. 15, *in fine*, CP). A responsabilidade a que alude o dispositivo é a *pessoal*, prevista no art. 137. A denúncia espontânea apresenta-se como importante instrumento de *prevenção de conflitos fiscais*, ensejando ao contribuinte evitar a aplicação de multa pela infração fiscal cometida, desde que o faça antes do início de qualquer procedimento administrativo ou medida de fiscalização. O instituto visa, assim, prevenir conflito que possivelmente seria deflagrado após o início da atividade fiscalizatória, sendo interessante tanto ao contribuinte quanto ao Fisco. Relaciona-se, exatamente, com os tributos sob regime de *lançamento por homologação*.

4. *Eficácia da denúncia espontânea.* A doutrina e a jurisprudência controvertem acerca da eficácia da denúncia espontânea, principalmente com relação a três aspectos: *(i)* se ela afasta tão somente a multa punitiva, ou também a multa moratória; *(ii)* se ela se aplica apenas à obrigação principal ou alcança também obrigações acessórias; e *(iii)* se o parcelamento pode configurar denúncia espontânea. Comentaremos cada um deles a seguir.

4.1. *Denúncia espontânea e multas.* Em doutrina, predomina o entendimento segundo o qual qualquer espécie de multa está abrangida pela denúncia espontânea – tanto a punitiva quanto a moratória –, pois o art. 138, CTN, não as distingue (*e.g.* Misabel Derzi, Notas ao *Direito tributário brasileiro*, de Aliomar Baleeiro). Há corrente doutrinária que sustenta que apenas a multa punitiva fica afastada, já que a multa moratória possui índole indenizatória e é destituída do caráter sancionatório (cf. Paulo de Barros Carvalho, *Curso de direito tributário*). Para nós, considerando-se que a denúncia espontânea visa afastar as consequências sancionatórias da infração, quaisquer multas são alcançadas pelo benefício. O entendimento contrário, a nosso ver, inova o conteúdo do art. 138, CTN.

4.2. *Denúncia espontânea e obrigações acessórias.* A doutrina tem se inclinado a admitir a denúncia espontânea não somente à vista do descumprimento da obrigação principal, mas também das obrigações acessórias. A expressão "se for o caso" é indicativa dessa conclusão. No entanto, a jurisprudência do STJ tem se orientando no sentido de que "os efeitos do artigo 138 do CTN não se estendem às obrigações acessórias autônomas" (*e.g.*, 2.ª T., AgInt no AREsp 1.022.862/SP, j. 13.06.2017).

4.3. *Denúncia espontânea e parcelamento. Evolução jurisprudencial.* A questão da relação entre denúncia espontânea e parcelamento, por seu turno, já ensejou diversos posicionamentos jurisprudenciais. O extinto Tribunal Federal de Recursos emitiu a Súmula n. 208, segundo a qual "a simples confissão da dívida, acompanhada de seu pedido de parcelamento, não configura denúncia espontânea". No tocante ao assunto, o STJ já esposou mais de uma orientação. Inicialmente, adotou o entendimento expressado nessa súmula; após fortes controvérsias, sedimentou sua posição, reconhecendo a ocorrência de denúncia espontânea mediante o pagamento do tributo em parcelas, desde que estas fossem quitadas regularmente (EREsp 193.530/RS, j. 06.12.1999). Pouco depois, a LC n. 104/2001 introduziu o art. 155-A no CTN, estabelecendo, em seu § 1.º, que, "salvo disposição de lei em contrário, o parcelamento do crédito tributário não exclui a incidência de juros e multas". O STJ entendeu, então, que esse preceito não trouxe inovação alguma ao art. 138, apenas efetuando interpretação autêntica, pois este último sempre considerou que somente o pagamento integral da dívida excluiria a punição. Assim, a partir do julgamento do REsp 284.189/SP (17.06.2002), decidiu que o simples parcelamento não configura denúncia espontânea, sendo legítima a exigência de multa. Em sequência, o STJ firmou a orientação segundo a qual não é cabível denúncia espontânea quando o débito referir-se a tributo sujeito a *lançamento por homologação*, emitindo a Súmula n. 360, com o seguinte teor: "O benefício da denúncia espontânea não se aplica aos tributos sujeitos a lançamento por homologação regularmente declarados, mas pagos a destempo".

4.3.1. *Interpretação da Súmula n. 360 STJ.* A orientação ora cristalizada na Súmula n. 360 STJ, em nosso sentir, reflete entendimento que prestigia o equilíbrio entre as partes na relação sancionatória, pois o comportamento do contribuinte consubstanciado no não pagamento de tributo sujeito a lançamento por homologação, regularmente declarado, no prazo legal, para, após certo lapso de tempo, efetuá-lo com invocação de denúncia espontânea, afastando-se a incidência de multa, parece conduzir à ilógica situação de poder o sujeito passivo escolher entre submeter-se ou não à penalidade. Por outro lado, no entanto, entendemos que a aplicação dessa súmula não poderá conduzir à absoluta inaplicabilidade do instituto da denúncia espontânea aos tributos sujeitos a lançamento por homologação, quando houver a declaração do débito, restando cabível sua aplicação nas hipóteses de pagamento feito em desacordo com a legislação, por exemplo.

5. *Condições para a admissão da denúncia espontânea.* São duas as condições para a admissão da denúncia espontânea: (*i*) para qualificar-se como espontânea, a denúncia há de ser apresentada antes de qualquer procedimento administrativo ou medida de fiscalização; e (*ii*) tais providências devem ser relacionadas com a infração.

 SUGESTÕES DOUTRINÁRIAS

DENÚNCIA ESPONTÂNEA

Alexandre Macedo Tavares, *Denúncia espontânea: alcance e efeitos no direito tributário*, Juruá.

 JURISPRUDÊNCIA ILUSTRATIVA

STJ

• Súmula n. 360: "O benefício da denúncia espontânea não se aplica aos tributos sujeitos a lançamento por homologação regularmente declarados, mas pagos a destempo".

• "Processual civil. Recurso especial representativo de controvérsia. Art. 543-C do CPC. Tributário. IRPJ e CSLL. Tributos sujeitos a lançamento por homologação. Declaração parcial de débito tributário acompanhado do pagamento integral. Posterior retificação da diferença a maior com a respectiva quitação. Denúncia espontânea. Exclusão da multa moratória. Cabimento. 1. A denúncia espontânea resta configurada na hipótese em que o contribuinte, após efetuar a declaração parcial do débito tributário (sujeito a lançamento por homologação), acompanhado do respectivo pagamento integral, retifica-a (antes de qualquer procedimento da Administração Tributária), noticiando a existência de diferença a maior, cuja quitação se dá concomitantemente. 2. Deveras, a denúncia espontânea não resta caracterizada, com a consequente exclusão da multa moratória, nos casos de tributos sujeitos a lançamento por homologação declarados pelo contribuinte e recolhidos fora do prazo de vencimento, à vista ou parceladamente, ainda que anteriormente a qualquer procedimento do Fisco (Súmula n. 360/STJ) (Precedentes da Primeira Seção submetidos ao rito do art. 543-C do CPC: REsp 886.462/RS, Rel. Min. Teori Albino Zavascki, j. 22.10.2008, *DJe* 28.10.2008; e REsp 962.379/RS, Rel. Min. Teori Albino Zavascki, j. 22.10.2008, *DJe* 28.10.2008). 3. É que 'a declaração do contribuinte elide a necessidade da constituição formal do crédito, podendo este ser imediatamente inscrito em dívida ativa, tornando-se exigível, independentemente de qualquer procedimento administrativo ou de notificação ao contribuinte' (REsp 850.423/SP, Rel. Min. Castro Meira, Primeira Seção, j. 28.11.2007, *DJ* 07.02.2008). 4. Destarte, quando o contribuinte procede à retificação do valor declarado a menor (integralmente recolhido), elide a necessidade de o Fisco constituir o crédito tributário atinente à parte não declarada (e quitada à época da retificação), razão pela qual aplicável o benefício previsto no art. 138 do CTN. 5. *In casu*, consoante consta da decisão que admitiu o recurso especial na origem (fls. 127/138): 'No caso dos autos, a impetrante em 1996 apurou diferenças de recolhimento do Imposto de Renda Pessoa Jurídica e Contribuição Social sobre o Lucro, ano-base 1995 e prontamente recolheu esse montante devido, sendo que, agora, pretende ver reconhecida a denúncia espontânea em razão do recolhimento do tributo em atraso, antes da ocorrência de qualquer procedimento fiscalizatório. Assim, não houve a declaração prévia e pagamento em atraso, mas uma verdadeira confissão de dívida e pagamento integral, de forma que resta configurada a denúncia espontânea, nos termos do disposto no art. 138 do Código Tributário Nacional'. 6. Consequentemente, merece reforma o acórdão regional, tendo em vista a configuração da denúncia espontânea na hipótese *sub examine*. 7. Outrossim, forçoso consignar que a sanção premial contida no instituto da denúncia espontânea exclui as penalidades pecuniárias, ou seja, as multas de caráter eminentemente punitivo, nas quais se incluem as multas moratórias, decorrentes da impontualidade do contribuinte. 8. Recurso especial provido. Acórdão submetido ao regime do art. 543-C do CPC e da Resolução STJ 08/2008" (REsp 1.149.022/SP, Tema Repetitivo 385, Rel. Min. Luiz Fux, j. 09.06.2010).

Tese Jurídica: "A denúncia espontânea resta configurada na hipótese em que o contribuinte, após efetuar a declaração parcial do débito tributário (sujeito a lançamento por homologação) acompanhado do respectivo pagamento integral, retifica-a (antes de qualquer procedimento da Administração Tributária), noticiando a existência de diferença a maior, cuja quitação se dá concomitantemente".

TÍTULO III
Crédito Tributário

Capítulo I
Disposições Gerais

Art. 139. O crédito tributário **(1 e 2)** decorre da obrigação principal e tem a mesma natureza desta **(3)**.

 COMENTÁRIOS

1. *Dispositivo relacionado:* art. 113, CTN.

2. *Crédito tributário.* O crédito e o débito, consoante assinalado, constituem faces do mesmo vínculo jurídico, a obrigação tributária principal.

3. *Crítica ao dispositivo.* A dicção do artigo não é técnica, porquanto sugere que o crédito nasce em consequência da obrigação, quando, em verdade, o crédito, aliado ao débito, consubstancia a própria obrigação. No entanto, assim o afirma porque, na concepção adotada pelo CTN, o crédito tributário somente "nasce" após sua *constituição* pelo lançamento.

 SUGESTÕES DOUTRINÁRIAS

CRÉDITO TRIBUTÁRIO

Denise Lucena Cavalcante, *Crédito tributário: a função do cidadão-contribuinte na relação tributária*, Malheiros.

Art. 140. As circunstâncias que modificam o crédito tributário, sua extensão ou seus efeitos, ou as garantias ou os privilégios a ele atribuídos, ou que excluem sua exigibilidade, não afetam a obrigação tributária que lhe deu origem **(1 a 3)**.

 COMENTÁRIOS

1. *Dispositivos relacionados:* arts. 142 a 150; e 174, CTN.

2. *Alterações no crédito tributário.* A declaração inserta nesse dispositivo deve ser interpretada de modo relativo, em consonância com as demais normas do CTN, especialmente

aquelas disciplinadoras da extinção da obrigação tributária, sob pena de compreensão equivocada da norma. Com efeito, a assertiva, efetuada de modo peremptório, é desmentida pelo próprio CTN: basta lembrarmos, por exemplo, do instituto da *prescrição*, que consiste na perda do direito de cobrança do crédito tributário, constituindo modalidade de extinção da respectiva obrigação (art. 174, CTN). Por outro lado, a afirmação será procedente, se pensarmos na hipótese de *lançamento inválido*, pois o vício que o atinge não afeta a própria obrigação tributária.

3. *Crítica ao dispositivo.* Insistindo na mesma ilogicidade quanto à desvinculação entre obrigação e crédito, uma vez mais a redação do CTN é inadequada: se o crédito é uma das faces da própria obrigação tributária, inviável entender que as modificações por ele vivenciadas não afetam a obrigação que lhe deu origem. É evidente que alterações experimentadas pelo crédito são promovidas no próprio liame obrigacional e, portanto, dependendo de sua natureza, podem afetá-lo.

> **Art. 141.** O crédito tributário regularmente constituído somente se modifica ou extingue, ou tem sua exigibilidade suspensa ou excluída, nos casos previstos nesta Lei, fora dos quais não podem ser dispensadas, sob pena de responsabilidade funcional na forma da lei, a sua efetivação ou as respectivas garantias **(1 e 2)**.

 COMENTÁRIOS

1. *Modificação, extinção, exclusão e suspensão da exigibilidade do crédito tributário.* Extrai-se desse dispositivo, singelamente, que as hipóteses de modificação, extinção ou exclusão do crédito tributário "regularmente constituído", vale dizer, "lançado", bem como de suspensão de sua exigibilidade, são as previstas no CTN, o que se impõe, aliás, em função dos princípios da *legalidade*, bem como da *indisponibilidade do interesse coletivo*, cuja eficácia é aqui revelada na tutela desse crédito, integrante do patrimônio público.

2. *Crítica ao dispositivo.* A dicção confusa abriga a inutilidade da cláusula final, segundo a qual caberá responsabilidade funcional no caso de inobservância da lei no trato do crédito tributário. E, uma vez mais, o texto toma o crédito tributário como algo apartado da obrigação principal.

> Capítulo II
> Constituição do Crédito Tributário
>
> *Seção I*
> *Lançamento*
>
> **Art. 142.** Compete privativamente à autoridade administrativa constituir o crédito tributário **(1 e 2)** pelo lançamento, assim entendido o procedimento administrativo tendente a verificar a ocorrência do fato gerador da obrigação correspondente, determinar a matéria tributável, calcular o montante do tributo devido, identificar o sujeito passivo **(3 a 6.1)** e, sendo caso, propor a aplicação da penalidade cabível **(7)**.
>
> Parágrafo único. A atividade administrativa de lançamento é vinculada e obrigatória, sob pena de responsabilidade funcional **(8)**.

COMENTÁRIOS

1. *Moldura constitucional.* Art. 146. "Cabe à lei complementar: [...] III – estabelecer normas gerais em matéria de legislação tributária, especialmente sobre: [...] b) obrigação, lançamento, crédito, prescrição e decadência tributários; [...]."

2. *Dispositivos relacionados:* arts. 113, § 1.º; 143 a 150, CTN.

3. *Constituição do crédito tributário.* Ocorrido o fato descrito na hipótese de incidência tributária, nasce a obrigação de pagar o tributo correspondente e, desse modo, instalado o liame obrigacional, o direito do Fisco de exigi-lo (crédito) e o dever do sujeito passivo de satisfazê-lo (débito). Entretanto, para que a prestação objeto dessa obrigação – o tributo – possa ser exigida, impõe-se seja formalizada mediante expediente que o CTN denomina *lançamento.* Portanto, na dicção do Código, o *lançamento constitui o crédito tributário,* isto é, torna-o exigível e, portanto, passível de cobrança.

4. *Lançamento. Conceito.* Instituto típico do Direito Tributário, *consiste, em nosso entender, no* ato administrativo vinculado, declaratório do nascimento da obrigação principal, mediante o qual se procede à identificação dos sujeitos dessa relação, bem como à apuração do valor a ser pago a título de tributo, conferindo-se *exigibilidade ao crédito* correspondente. As normas gerais a ele pertinentes somente podem ser veiculadas por lei complementar, diante do disposto no art. 146, III, *b,* CR. Caberá às leis ordinárias das diversas pessoas políticas, todavia, prescrever a modalidade de lançamento a ser adotada em relação a tributos de sua competência.

5. *Natureza jurídica.* Controverte-se quanto à natureza jurídica do lançamento: se *procedimento* ou *ato administrativo. O caput* do artigo em comento proclama ser o lançamento *procedimento administrativo,* o que remete a um conjunto de atos administrativos, lógica e cronologicamente ordenados, tendentes à prática de um ato final. *Ato administrativo,* por sua vez, é "a declaração do Estado ou de quem o represente, que produz efeitos jurídicos imediatos, com observância da lei, sob regime jurídico de direito público e sujeita a controle do Poder Judiciário" (cf. Maria Sylvia Zanella Di Pietro, *Direito administrativo).* A questão está em saber, portanto, se o lançamento se traduz num conjunto de atos visando emprestar exigibilidade ao crédito tributário, ou se configura um único ato com esse propósito. Em nosso entender, o lançamento reveste a natureza de *ato administrativo,* pois nem sempre impor-se-á uma sequência de atos para que se possa apurar o montante devido e indicar o sujeito passivo da obrigação tributária principal. Com efeito, ainda que, em determinadas hipóteses, seja necessária a prática de uma série de atos para a indicação do sujeito passivo e a apuração do valor do tributo a pagar, por vezes tal resultado é alcançado pela expedição de um único ato administrativo, desde que a autoridade fiscal disponha dos elementos suficientes para tanto.

5.1. *Atributos do lançamento.* Identificado o lançamento como *ato administrativo,* impende, assim, analisar seus *atributos.* Quatro são os atributos dos atos administrativos: *(i)* presunção de legalidade ou de legitimidade, e de veracidade; *(ii)* tipicidade; *(iii)* imperatividade; e *(iv)* autoexecutoriedade. Os dois primeiros estão presentes nos atos administrativos em geral: as *presunções de legalidade ou de legitimidade, e de veracidade,* de natureza *relativa,* segundo as quais, em razão da conformidade do ato à lei e da pressuposta veracidade dos fatos alegados pela Administração a fundamentar seus atos, está ela autorizada a executá-los imediatamente. Tais presunções facilitam a execução dos atos administrativos. Assim também a *tipicidade,* mediante a qual os atos administrativos devem corresponder a figuras previamente definidas em lei como aptas a produzir determinados resultados, de modo que, para cada finalidade a ser alcançada pela Administração, exista um ato correspondente definido em lei. As outras duas qualidades encontram-se presentes na *maioria* dos atos administrativos. A *imperatividade* significa que os atos administrativos se impõem aos particulares, independentemente de sua anuência, e decorre da prerrogativa que possui o Poder Público de, por meio de atos unilaterais, interferir na esfera jurídica de terceiros. A *autoexecutoriedade*, por sua vez, consiste na possibilidade que tem a Administração Pública de, pelos próprios meios, fazer cumprir as suas decisões, sem a necessidade de recorrer previamente ao Poder Judiciário (cf. Maria Sylvia Zanella Di Pietro, *Direito administrativo*). Assim sendo, se as presunções de legitimidade e de veracidade, bem como a tipicidade, são atributos encontráveis em todos os atos administrativos, e revestindo o lançamento tributário essa natureza, nele também se apresentam. Todavia, tanto a imperatividade quanto a autoexecutoriedade dele estão ausentes, porquanto o Fisco não pode impor, unilateralmente, o lançamento, imposição decorrente de lei, bem como a não satisfação do crédito tributário exigível demandará, para a execução forçada, a intervenção do Poder Judiciário.

5.2. *Ato administrativo vinculado.* Resulta o lançamento de atividade administrativa de natureza vinculada, como expressamente aponta o parágrafo único do art. 142, CTN, e também o art. 3.º, CTN, em sua cláusula final, quando, ao definir o conceito de tributo, declara que este é cobrado "mediante atividade administrativa plenamente vinculada" *Ato administrativo vinculado*, numa definição singela, é aquele que resulta de atividade administrativa assim qualificada, isto é, cujo regramento legal é total, completo, exauriente. Todos os elementos do ato (sujeito, objeto, forma, motivos e finalidade) são disciplinados integralmente pela lei, não deixando margem à apreciação de *oportunidade* e *conveniência* para a sua edição, critérios próprios da discricionariedade administrativa.

6. *Eficácia do lançamento.* Há três vertentes doutrinárias quanto à eficácia do lançamento: *(i)* a que a vê como *constitutiva*; *(ii)* a que a considera meramente *declaratória*; e *(iii)* uma posição intermediária, que a proclama *dúplice*. A primeira corrente, apegada à literalidade do dispositivo, baseia-se no argumento segundo o qual o art. 142, CTN, expressamente, acolhe a eficácia constitutiva do lançamento, ao afirmar que tal providência "constitui o crédito tributário". Desse modo, antes de efetuado o lançamento, existe a obrigação, mas ainda não há crédito. Opondo-se a essa orientação, a maior parte da doutrina opina pela eficácia declaratória do lançamento, uma vez que, ocorrido o fato jurídico tributário e nascida a respectiva obrigação, já existem crédito e débito. O lançamento, portanto, nada mais faz do que declarar o crédito, aperfeiçoando-o para cobrança (cf. Roque Carrazza, *Curso de direito constitucional tributário*). Por derradeiro, a posição intermediária que, na perspectiva do direito como linguagem, afirma que o lançamento, "visto na sua integralidade, apresenta caráter declaratório do fato e constitutivo da relação, ainda que possamos rematar que o 'declaratório do fato' representa sua própria composição no plano das objetividades, aparecendo exatamente assim para o conhecimento jurídico" (cf. Paulo de Barros Carvalho, *Curso de direito tributário*). Para nós, o lançamento reveste natureza *declaratória* da obrigação, por parecer-nos o raciocínio mais coerente do ponto de vista lógico. Com efeito, se a obrigação tributária surge com a ocorrência do fato jurídico tributário – e, portanto, os respectivos crédito e débito – o lançamento, que lógica e cronologicamente a sucede, nada mais fará que declarar a existência da obrigação, habilitando o correspondente crédito à cobrança.

6.1. *Início da eficácia do lançamento.* Essa eficácia, por óbvio, somente será deflagrada com a *notificação* regular do lançamento ao sujeito passivo, nas modalidades que a impõe, exigência formal sem a qual a Fazenda Pública não poderá proceder à cobrança de seu crédito. Esse aspecto é relevante porque o prazo decadencial é contado "da data em que tenha sido iniciada a constituição do crédito tributário pela notificação, ao sujeito passivo, de qualquer medida preparatória indispensável ao lançamento" (art. 173, parágrafo único, CTN).

7. Lançamento e aplicação de penalidade. A cláusula final desse artigo refere-se à possibilidade de que, mediante o lançamento, seja, sendo o caso, proposta a penalidade cabível. Outra impropriedade técnica da lei, porquanto o lançamento concerne à prestação objeto da *obrigação principal*, nada dizendo com a relação jurídica sancionatória, cujo objeto é a aplicação de penalidade, como já salientado. É que o CTN, estatui constituir objeto da obrigação principal o pagamento de tributo ou penalidade pecuniária (art. 113, § 1.º). Ademais, penalidade não é proposta, mas imposta. Em conclusão, o que se deve extrair dessa afirmação é que, se, por ocasião da lavratura de um auto de infração, verificar-se a existência de crédito tributário a exigir-se, numa mesma oportunidade a autoridade administrativa estará habilitada a praticar dois atos distintos: a aplicação de penalidade e o lançamento do crédito tributário.

8. Lançamento e prazos extintivos de direito. O lançamento é marco relevante para distinguir os prazos extintivos de decadência e prescrição tributárias. A *decadência* é o prazo que a Fazenda Pública tem para efetuar o lançamento (art. 173, CTN); outrossim, o lançamento é o termo inicial de fluência do prazo que o Fisco tem para cobrar o tributo, o qual, uma vez consumado, configura *prescrição* (art. 174, CTN). V. comentários aos arts. 173 e 174, CTN.

 ## SUGESTÕES DOUTRINÁRIAS

LANÇAMENTO

Alberto Xavier, *Do lançamento: teoria geral do ato, do procedimento e do processo tributário,* Forense; José Souto Maior Borges, *Lançamento tributário,* Forense; Eurico Marcos Diniz de Santi, *Lançamento tributário,* Saraiva; Sérgio André R. G. da Silva, *Controle administrativo do lançamento tributário: o processo administrativo fiscal,* Lumen Juris.

> **Art. 143.** Salvo disposição de lei em contrário, quando o valor tributário esteja expresso em moeda estrangeira, no lançamento far-se-á sua conversão em moeda nacional ao câmbio do dia da ocorrência do fato gerador da obrigação **(1)**.

 ## COMENTÁRIOS

1. Lançamento e valor tributário expresso em moeda estrangeira. Norma supletiva de regramento próprio de cada pessoa política, prestigia a diretriz do *tempus regit actum* na hipótese de o valor tributário estar expresso em moeda estrangeira.

JURISPRUDÊNCIA ILUSTRATIVA

STJ

• "Processual civil e tributário. Ausência de violação do art. 535 do CPC/1973. ICMS--Importação. Necessidade de prova pericial. Súmula n. 7/STJ. Norma local. Súmula n. 280/STF. Taxa de câmbio. Fato gerador. Desembaraço aduaneiro. 1. Cuida-se, na origem, de Embargos à Execução Fiscal que buscam afastar cobrança de ICMS-Importação. 2. Não se configura a ofensa ao art. 535 do Código de Processo Civil de 1973, uma vez que o Tribunal de origem julgou integralmente a lide e solucionou a controvérsia, em conformidade com o que lhe foi apresentado. O ponto supostamente omitido foi expressamente enfrentado no acórdão recorrido, o qual, de forma motivada, refutou a necessidade de produção de prova pericial. 3. Não há nulidade por cerceamento de defesa quando o julgador entende desnecessária a produção de prova pericial e profere decisão devidamente motivada na prova documental que reputa suficiente (REsp 1.277.440/PR, Rel. Min. Mauro Campbell Marques, Segunda Turma, *DJe* 14.02.2012). 4. Cumpre ressaltar que o Tribunal *a quo* afirmou que 'A prova técnica invocada pela empresa embargante era despicienda, uma vez que a ação contém todos os elementos de prova indispensáveis e necessários para o seu pleno exame' (fl. 603). Rever essa conclusão é tarefa que esbarra no óbice da Súmula n. 7/STJ (REsp 1.220.651/GO, Rel. Min. Humberto Martins, Segunda Turma, *DJe* 29.04.2011). 5. No que concerne à legalidade do procedimento adotado pela recorrente para efetuar o pagamento do ICMS – compensação em conta gráfica –, o acórdão recorrido encontra-se fundamentado em normas locais, a saber: o Decreto Estadual n. 33.118/1991 e o RICMS/1991. Não cabe ao STJ, em recurso especial, a análise de tema decidido com base em preceito normativo que não se subsume ao conceito de lei federal (art. 105, III, *a*, da CF). Aplica-se, por analogia, a Súmula n. 280/STF. 6. Nos termos do art. 143 do CTN, 'Salvo disposição de lei em contrário, quando o valor tributário esteja expresso em moeda estrangeira, no lançamento far-se-á sua conversão em moeda nacional ao câmbio do dia da ocorrência do fato gerador da obrigação'. 7. Consoante jurisprudência pacífica do STJ, o fato gerador do ICMS na importação ocorre no instante do desembaraço aduaneiro (EDcl no AgRg no REsp 1.051.791/RJ, Rel. Min. Humberto Martins, Segunda Turma, *DJe* 17.05.2011; AgRg no AREsp 837.805/SP, Rel. Min. Herman Benjamin, Segunda Turma, *DJe* 27.05.2016). 8. Como o acórdão recorrido não faz referência a norma estadual que tenha excepcionado a regra geral prevista no art. 143 do CTN, não deve prevalecer a taxa de câmbio do dia da entrada da mercadoria no estabelecimento importador. 9. Recurso especial parcialmente conhecido e, nessa extensão, provido em parte" (2.ª T., REsp 1.660.422/SP, Rel. Min. Herman Benjamin, j. 27.06.2017).

Art. 144. O lançamento reporta-se à data da ocorrência do fato gerador da obrigação e rege-se pela lei então vigente, ainda que posteriormente modificada ou revogada **(1 e 2)**.

§ 1.º Aplica-se ao lançamento a legislação que, posteriormente à ocorrência do fato gerador da obrigação, tenha instituído novos critérios de apuração ou processos de fiscalização, ampliado os poderes de investigação das autoridades administrativas, ou outorgado ao crédito maiores garantias ou privilégios, exceto, neste último caso, para o efeito de atribuir responsabilidade tributária a terceiros **(3)**.

§ 2.º O disposto neste artigo não se aplica aos impostos lançados por períodos certos de tempo, desde que a respectiva lei fixe expressamente a data em que o fato gerador se considera ocorrido **(4)**.

COMENTÁRIOS

1. Moldura constitucional. Art. 5.º "[...] XXXVI – a lei não prejudicará o direito adquirido, o ato jurídico perfeito e a coisa julgada; [...] Art. 146. Cabe à lei complementar: [...] III – estabelecer normas gerais em matéria de legislação tributária, especialmente sobre: [...] b) obrigação, lançamento, crédito, prescrição e decadência tributários; [...]; Art. 150. Sem prejuízo de outras garantias asseguradas ao contribuinte, é vedado à União, aos Estados, ao Distrito Federal e aos Municípios: [...] III – cobrar tributos: a) em relação a fatos geradores ocorridos antes do início da vigência da lei que os houver instituído ou aumentado; [...]."

2. Lei de regência do lançamento. A regra é que a lei aplicável ao lançamento é a vigente à época da ocorrência do fato jurídico tributário (*tempus regit actum*).

3. Aplicação retroativa de lei que tenha instituído novos critérios. No entanto, o § 1.º do art. 144 autoriza a eficácia retroativa da lei que tenha instituído novos critérios de apuração ou processos de fiscalização, ampliado os poderes de investigação das autoridades administrativas, ou outorgado ao crédito maiores garantias ou privilégios, vale dizer, apenas no que tange a normas pertinentes ao *direito tributário formal*. Justificada, assim, a exceção expressamente prevista quanto à atribuição de responsabilidade tributária a terceiros (arts. 128 a 138, CTN). Ambas as normas são compatíveis com o *princípio da irretroatividade da lei tributária* (art. 150, III, *a*, CR). Note-se que o art. 106, CTN, já examinado, contempla hipóteses de retroatividade da lei tributária, especialmente quando *benéfica ao contribuinte*. No caso do § 1.º deste artigo, diversamente, a retroatividade autorizada diz, basicamente, com a *atividade administrativa fiscalizatória*. V. comentários aos arts. 105 e 106, CTN.

4. Impostos lançados por períodos certos de tempo. São aqueles que se reportam a um estado, a uma situação permanente. Nessa hipótese situam-se os que gravam a propriedade – ITR, IPVA e IPTU – com relação aos quais as respectivas leis estatuem, atualmente, que se considera ocorrida a obrigação tributária no dia 1.º de janeiro de cada exercício. Logo, essa data é que determinará a lei aplicável ao lançamento. A fixação das *bases de cálculo* do IPTU e do IPVA, no entanto, está excepcionada da observância do princípio da anterioridade especial do art. 150, III, *c* (art. 150, § 1.º, CR).

 JURISPRUDÊNCIA ILUSTRATIVA

STJ

• "Processo civil. Recurso especial representativo de controvérsia. Art. 543-C do CPC. Tributário. Quebra do sigilo bancário sem autorização judicial. Constituição de créditos tributários referentes a fatos imponíveis anteriores à vigência da Lei Complementar n. 105/2001. Aplicação imediata. Art. 144, § 1.º, do CTN. Exceção ao Princípio da Irretroatividade. [...] 8. O lançamento tributário, em regra, reporta-se à data da ocorrência do fato ensejador da tributação, regendo-se pela lei então vigente, ainda que posteriormente modificada ou revogada (art. 144, *caput*, do CTN). 9. O art. 144, § 1.º, do *Codex* Tributário dispõe que se aplica imediatamente ao lançamento tributário a legislação que, após a ocorrência do fato imponível, tenha instituído novos critérios de apuração ou processos de fiscalização, ampliado os poderes de investigação das autoridades administrativas, ou outorgado ao crédito maiores garantias ou privilégios, exceto, neste último caso, para o efeito de atribuir responsabilidade tributária a terceiros. 10. Consequentemente, as leis tributárias procedimentais ou formais, conducentes à constituição do crédito tributário não alcançado pela decadência, são aplicáveis a fatos pretéritos, razão pela qual a Lei n. 8.021/1990 e a Lei Complementar n. 105/2001, por envergarem essa natureza, legitimam a atuação fiscalizatória/investigativa da Administração Tributária, ainda que os fatos imponíveis a serem apurados lhes sejam anteriores (Precedentes da Primeira Seção: EREsp 806.753/RS, Rel. Min. Herman Benjamin, julgado em 22.08.2007, *DJe* 01.09.2008; EREsp 726.778/PR, Rel. Min. Castro Meira, julgado em 14.02.2007, *DJ* 05.03.2007; e EREsp 608.053/RS, Rel. Min. Teori Albino Zavascki, julgado em 09.08.2006, *DJ* 04.09.2006). 11. A razoabilidade restaria violada com a adoção de tese inversa conducente à conclusão de que Administração Tributária, ciente de possível sonegação fiscal, encontrar-se-ia impedida de apurá-la. [...] 14. O suposto direito adquirido de obstar a fiscalização tributária não subsiste frente ao dever vinculativo de a autoridade fiscal proceder ao lançamento de crédito tributário não extinto. 15. *In casu*, a autoridade fiscal pretende utilizar-se de dados da CPMF para apuração do imposto de renda relativo ao ano de 1998, tendo sido instaurado procedimento administrativo, razão pela qual merece reforma o acórdão regional. [...] 20. Recurso especial da Fazenda Nacional provido. Acórdão submetido ao regime do art. 543-C do CPC e da Resolução STJ 8/2008" (REsp 1.134.665/SP, Tema Repetitivo 275, Rel. Min. Luiz Fux, 25.11.2009).

Tese Jurídica: "As leis tributárias procedimentais ou formais, conducentes à constituição do crédito tributário não alcançado pela decadência, são aplicáveis a fatos pretéritos, razão pela qual a Lei n. 8.021/1990 e a Lei Complementar n. 105/2001, por envergarem essa natureza, legitimam a atuação fiscalizatória/investigativa da Administração Tributária, ainda que os fatos imponíveis a serem apurados lhes sejam anteriores".

> **Art. 145.** O lançamento regularmente notificado ao sujeito passivo só pode ser alterado em virtude de **(1 a 5)**:
>
> I – impugnação do sujeito passivo;
>
> II – recurso de ofício;
>
> III – iniciativa de ofício da autoridade administrativa, nos casos previstos no art. 149.

 COMENTÁRIOS

1. *Moldura constitucional.* Art. 5.º [...] "LIV – ninguém será privado da liberdade ou de seus bens sem o devido processo legal; LV – aos litigantes, em processo judicial ou administrativo, e aos acusados em geral são assegurados o contraditório e ampla defesa, com os meios e recursos a ela inerentes; [...]; Art. 146. Cabe à lei complementar: [...] III – estabelecer normas gerais em matéria de legislação tributária, especialmente sobre: [...] b) obrigação, lançamento, crédito, prescrição e decadência tributários; [...]."

2. *Dispositivos relacionados:* arts. 149 e 151, III, CTN.

3. *Alterabilidade do lançamento.* O lançamento formaliza o crédito tributário, tornando-o exigível e, uma vez regularmente notificado ao sujeito passivo, é eficaz. As possibilidades de alteração desse ato, como exposto, são restritas, não fazendo sentido, portanto, falar-se em "lançamento provisório".

4. Revisão do lançamento. Hipóteses. O lançamento poderá ser revisto: *(i)* mediante impugnação do sujeito passivo; *(ii)* pelo chamado "recurso de ofício"; ou, ainda, *(iii)* nas hipóteses de lançamento de ofício, contempladas no art. 149, CTN.

4.1. Recorribilidade do lançamento. A impugnação é cabível com relação aos atos administrativos em geral, (art. 5.º, LV, CR), não havendo fundamento para que seja diferente com o lançamento. Ainda, nos termos do art. 151, III, CTN, as reclamações e os recursos administrativos constituem causa de suspensão da exigibilidade do crédito tributário.

4.2. Recurso de ofício. Consiste no reexame obrigatório, por órgão hierarquicamente superior, de decisão da primeira instância administrativa desfavorável à Fazenda Pública. Desse modo, no bojo desse recurso, pode ocorrer, por exemplo, a reforma da decisão que, em primeira apreciação, anulou, total ou parcialmente, o lançamento.

4.3. Lançamento de ofício substitutivo ou complementar. V. comentários ao art. 149, CTN.

5. Anulação do lançamento. Como ato administrativo vinculado que é, pode ser extinto mediante *anulação*, de ofício ou ante provocação do interessado, quando reconhecida sua ilegalidade, ostentando tal ato eficácia *ex tunc*. Portanto, jamais será objeto de *revogação*, modalidade extintiva exclusiva de atos *discricionários*, uma vez que fundada em razões de oportunidade e conveniência, conforme orientação estampada na Súmula n. 473, STF: "A Administração poderá anular os seus próprios atos quando eivados de vícios que os tornem ilegais, porque deles não se originam direitos; e revogá-los, por motivo de conveniência ou oportunidade, respeitados os direitos adquiridos e ressalvada, em qualquer caso, a apreciação judicial".

 JURISPRUDÊNCIA ILUSTRATIVA

STJ

- "Processual civil. Tributário. Recurso especial representativo de controvérsia (art. 543-C, § 1.º, do CPC). Auto de infração lavrado com base em declaração emitida com erro de fato noticiado ao Fisco e não corrigido. Vício que macula a posterior confissão de débitos para efeito de parcelamento. Possibilidade de revisão judicial. 1. A Administração Tributária tem o poder/dever de revisar de ofício o lançamento quando se comprove erro de fato quanto a qualquer elemento definido na legislação tributária como sendo de declaração obrigatória (art. 145, III, c/c art. 149, IV, do CTN). 2. A este poder/dever corresponde o direito do contribuinte de retificar e ver retificada pelo Fisco a informação fornecida com erro de fato, quando dessa retificação resultar a redução do tributo devido. 3. Caso em que a Administração Tributária Municipal, ao invés de corrigir o erro de ofício, ou a pedido do administrado, como era o seu dever, optou pela lavratura de cinco autos de infração eivados de nulidade, o que forçou o contribuinte a confessar o débito e pedir parcelamento diante da necessidade premente de obtenção de certidão negativa. 4. Situação em que o vício contido nos autos de infração (erro de fato) foi transportado para a confissão de débitos feita por ocasião do pedido de parcelamento, ocasionando a invalidade da confissão. 5. A confissão da dívida não inibe o questionamento judicial da obrigação tributária, no que se refere aos seus aspectos jurídicos. Quanto aos aspectos fáticos sobre os quais incide a norma tributária, a regra é que não se pode rever judicialmente a confissão de dívida efetuada com o escopo de obter parcelamento de débitos tributários. No entanto, como na situação presente, a matéria de fato constante de confissão de dívida pode ser invalidada quando ocorre defeito causador de nulidade do ato jurídico (*v.g.*, erro, dolo, simulação e fraude). Precedentes: REsp 927.097/RS, Primeira Turma, Rel. Min. Teori Albino Zavascki, julgado em 8.5.2007; REsp 948.094/PE, Rel. Min. Teori Albino Zavascki, Primeira Turma, julgado em 06.09.2007; REsp 947.233/RJ, Rel. Min. Luiz Fux, Primeira Turma, julgado em 23.06.2009; REsp 1.074.186/RS, Rel. Min. Denise Arruda, Primeira Turma, julgado em 17.11.2009; REsp 1.065.940/SP, Rel. Min. Francisco Falcão, Primeira Turma, julgado em 18.09.2008. 6. Divirjo do relator para negar provimento ao recurso especial. Acórdão submetido ao regime do art. 543-C do CPC e da Resolução STJ 8/2008" (REsp 1.133.027/SP, Tema Repetitivo 375, Rel. p/ o acórdão Min. Mauro Campbell Marques, j. 13.10.2010).

Tese Jurídica: "A confissão da dívida não inibe o questionamento judicial da obrigação tributária, no que se refere aos seus aspectos jurídicos. Quanto aos aspectos fáticos sobre os quais incide a norma tributária, a regra é que não se pode rever judicialmente a confissão de dívida efetuada com o escopo de obter parcelamento de débitos tributários. No entanto, como na situação presente, a matéria de fato constante de confissão de dívida pode ser invalidada quando ocorre defeito causador de nulidade do ato jurídico (*v.g.*, erro, dolo, simulação e fraude)".

> **Art. 146.** A modificação introduzida, de ofício ou em consequência de decisão administrativa ou judicial, nos critérios jurídicos adotados pela autoridade administrativa no exercício do lançamento somente pode ser efetivada, em relação a um mesmo sujeito passivo, quanto a fato gerador ocorrido posteriormente à sua introdução **(1 a 2.2)**.

 ## COMENTÁRIOS

1. *Moldura constitucional.* Art. 5.º [...] "XXXVI. A lei não prejudicará o direito adquirido, o ato jurídico perfeito e a coisa julgada; [...]. Art. 146. Cabe à lei complementar: [...] III – estabelecer normas gerais em matéria de legislação tributária, especialmente sobre: [...] b) obrigação, lançamento, crédito, prescrição e decadência tributários; [...]."

2. *Modificação dos critérios jurídicos aplicáveis ao lançamento.* O artigo contempla disciplina que tem suscitado controvérsia doutrinária quanto à sua interpretação. Dele extraem-se duas normas: *(i)* é possível a aplicação de novo sentido a uma norma, em razão da modificação dos critérios jurídicos adotados na sua interpretação, com eficácia retroativa, a fatos geradores ocorridos anteriormente a tal modificação; e *(ii)* no entanto, com relação a um mesmo sujeito passivo, tal modificação somente será aplicável a fatos ocorridos após sua introdução, isto é, veda-se a eficácia retroativa mencionada na primeira norma. Prestigia tal dispositivo a ideia de *segurança jurídica*, afastando a possibilidade de eficácia retroativa relativamente à introdução de novos critérios jurídicos adotados pela Administração no exercício do lançamento no tocante a um mesmo sujeito passivo, cuja aplicação lhe resulte em maior ônus (art. 5.º, XXXVI, CR). Desse modo, adotando-se novo critério jurídico para tanto, sua aplicação será *pro futuro*.

2.1. *Critério jurídico. Conceito.* Por *critério jurídico* entenda-se "a postura, interpretação ou tese adotada relativamente a específicas e determinadas situações tributárias" (cf. José Eduardo Soares de Melo, *Curso de direito tributário*).

2.2. Hipóteses. A introdução de novo critério jurídico para a realização do lançamento pode ocorrer: *(i)* em razão de o Fisco alterar – por força de decisão administrativa ou judicial – o critério que adotava por outro (ambos considerados aceitáveis); e *(ii)* em virtude do reconhecimento da ocorrência de *erro de direito*, isto é, aquele relativo à inadequação verificada entre os aspectos do fato jurídico tributário e a norma legal a ele aplicada. Exemplifique-se com a situação de o Fisco modificar o critério para a classificação tarifária de um produto com relação ao IPI. Em ambas as hipóteses, portanto, inviabilizada está a *revisão do lançamento*, pois o novo critério, quanto ao mesmo sujeito passivo, somente poderá ser aplicado para futuros fatos jurídicos tributários. Assim se tem orientado a jurisprudência, que continua a aplicar o entendimento cristalizado na Súmula n. 227 do extinto Tribunal Federal de Recursos ("A mudança de critério jurídico adotado pelo Fisco não autoriza a revisão do lançamento"). Por fim, observe-se que, com a adoção do lançamento por homologação para quase todos os tributos, a aplicação desse dispositivo tem sido cada vez mais limitada.

 JURISPRUDÊNCIA ILUSTRATIVA

STJ

• "IPTU. Recurso especial representativo de controvérsia. Art. 543-C do CPC. IPTU. Retificação dos dados cadastrais do imóvel. Fato não conhecido por ocasião do lançamento anterior (Diferença da metragem do imóvel constante do cadastro). Recadastramento. Não caracterização. Revisão do lançamento. Possibilidade. Erro de fato. Caracterização. 1. A retificação de dados cadastrais do imóvel, após a constituição do crédito tributário, autoriza a revisão do lançamento pela autoridade administrativa (desde que não extinto o direito potestativo da Fazenda Pública pelo decurso do prazo decadencial), quando decorrer da apreciação de fato não conhecido por ocasião do lançamento anterior, *ex vi* do disposto no art. 149, VIII, do CTN. 2. O ato administrativo do lançamento tributário, devidamente notificado ao contribuinte, somente pode ser revisto nas hipóteses enumeradas no art. 145 do CTN, *verbis*: 'Art. 145. O lançamento regularmente notificado ao sujeito passivo só pode ser alterado em virtude de: I – impugnação do sujeito passivo; II – recurso de ofício; III – iniciativa de ofício da autoridade administrativa, nos casos previstos no art. 149'. 3. O art. 149 do *Codex* Tributário elenca os casos em que se revela possível a revisão de ofício do lançamento tributário, quais sejam: 'Art. 149. O lançamento é efetuado e revisto de ofício pela autoridade administrativa nos seguintes casos: I – quando a lei assim o determine; II – quando a declaração não seja prestada, por quem de direito, no prazo e na forma da legislação tributária; III – quando a pessoa legalmente obrigada, embora tenha prestado declaração nos termos do inciso anterior, deixe de atender, no prazo e na forma da legislação tributária, a pedido de esclarecimento formulado pela autoridade administrativa, recuse-se a prestá-lo ou não o preste satisfatoriamente, a juízo daquela autoridade; IV – quando se comprove falsidade, erro ou omissão quanto a qualquer elemento definido na legislação tributária como sendo de declaração obrigatória; V – quando se comprove omissão ou inexatidão, por parte da pessoa legalmente obrigada, no exercício da atividade a que se refere o artigo seguinte; VI – quando se comprove ação ou omissão do sujeito passivo, ou de terceiro legalmente obrigado, que dê lugar à aplicação de penalidade pecuniária; VII – quando se comprove que o sujeito passivo, ou terceiro em benefício daquele, agiu com dolo, fraude ou simulação; VIII – quando deva ser apreciado fato não conhecido ou não provado por ocasião do lançamento anterior; IX – quando se comprove que, no lançamento anterior, ocorreu fraude ou falta funcional da autoridade que o efetuou, ou omissão, pela mesma autoridade, de ato ou formalidade especial. Parágrafo único. A revisão do lançamento só pode ser iniciada enquanto não extinto o direito da Fazenda Pública". 4. Destarte, a revisão do lançamento tributário, como consectário do poder-dever de autotutela da Administração Tributária, somente pode ser exercido nas hipóteses do art. 149 do CTN, observado o prazo decadencial para a constituição do crédito tributário. 5. Assim é que a revisão do lançamento tributário por erro de fato (art. 149, VIII, do CTN) reclama o desconhecimento de sua existência ou a impossibilidade de sua comprovação à época da constituição do crédito tributário. 6. Ao revés, nas hipóteses de erro de direito (equívoco na valoração jurídica dos fatos), o ato administrativo de lançamento tributário revela-se imodificável, máxime em virtude do princípio da proteção à confiança, encartado no art. 146 do CTN, segundo o qual 'a modificação introduzida, de ofício ou em consequência de decisão administrativa ou judicial, nos critérios jurídicos adotados pela autoridade administrativa no exercício do lançamento somente pode ser efetivada, em relação a um mesmo sujeito passivo, quanto a fato gerador ocorrido posteriormente à sua introdução'. 7. Nesse segmento, é que a Súmula n. 227/TFR consolidou o entendimento de que 'a mudança de critério jurídico adotado pelo Fisco não autoriza a revisão de lançamento'. 8. A distinção entre o 'erro de fato' (que autoriza a revisão do lançamento) e o 'erro de direito' (hipótese que inviabiliza a revisão) é enfrentada pela doutrina, *verbis*: *'Enquanto o 'erro de fato' é um problema intranormativo, um desajuste interno na estrutura do enunciado, o 'erro de direito' é vício de feição internormativa, um descompasso entre a norma geral e abstrata e a individual e concreta. Assim constitui 'erro de fato', por exemplo, a contingência de o evento ter ocorrido no território do Município 'X', mas estar consignado como tendo acontecido no Município 'Y' (erro de fato localizado no critério espacial), ou, ainda, quando a base de cálculo registrada para efeito do IPTU foi o valor do imóvel vizinho (erro de fato verificado no elemento quantitativo). 'Erro de direito', por sua vez, está configurado, exemplificativamente, quando a autoridade administrativa, em vez de exigir o ITR do proprietário do imóvel rural, entende que o sujeito passivo pode ser o arrendatário, ou quando, ao lavrar o lançamento relativo à contribuição social incidente sobre o lucro, mal interpreta a lei, elaborando seus cálculos com base no faturamento da empresa, ou, ainda, quando a base de cálculo de certo imposto é o valor da operação, acrescido do frete, mas o agente, ao lavrar o ato de lançamento, registra apenas o valor da operação, por assim entender a previsão legal. A distinção entre ambos é sutil, mas incisiva'* (Paulo de Barros Carvalho, *Direito tributário: linguagem e método*, 2. ed. São Paulo: Noeses, 2008, p. 445-446). 'O erro de fato ou erro sobre o fato dar-se-ia no plano dos acontecimentos: dar por ocorrido o que não ocorreu. Valorar fato diverso daquele implicado na escolha equivocada de um módulo normativo inservível ou não mais aplicável à regência da questão que estivesse sendo juridicamente considerada. Entre nós, os critérios jurídicos (art. 146 do CTN) reiteradamente aplicados pela Administração na feitura de lançamentos têm conteúdo de precedente obrigatório. Significa que tais critérios podem ser alterados em razão de decisão judicial ou administrativa, mas a aplicação dos novos critérios somente pode dar-se em relação aos fatos geradores posteriores à alteração' (Sacha Calmon Navarro Coêlho, *Curso de direito tributário brasileiro*, 10. ed., Rio de Janeiro: Forense, 2009, p. 708). 'O comando dispõe sobre a apreciação de fato não conhecido ou não provado à época do lançamento anterior. Diz-se que este lançamento teria sido perpetrado com erro de fato, ou seja, defeito que não depende de interpretação normativa para sua verificação. Frise-se que não se trata de qualquer 'fato', mas aquele que não foi considerado por puro desconhecimento de sua existência. Não é, portanto, aquele fato, já de conhecimento do Fisco, em sua inteireza, e, por reputá-lo despido de relevância, tenha-o deixado de lado, no momento do lançamento. Se o Fisco passa, em momento ulterior, a dar a um fato conhecido uma 'relevância jurídica', a qual não lhe havia dado, em momento pretérito, não será caso de apreciação de fato novo, mas de pura modificação do critério jurídico adotado no lançamento anterior, com fulcro no art. 146 do CTN, [...]. Neste art. 146 do CTN, prevê-se um 'erro' de valoração jurídica do fato (o tal 'erro de direito'), que impõe a modificação quanto a fato gerador ocorrido posteriormente à sua ocorrência. Não perca de vista, aliás, que inexiste previsão de erro de direito, entre as hipóteses do art. 149, como causa permissiva de revisão de lançamento anterior' (Eduardo Sabbag, *Manual de direito tributário*, 1. ed., São Paulo: Saraiva, p. 707). 9. *In casu*, restou assente na origem que: 'Com relação a declaração de ine-xigibilidade da cobrança de IPTU progressivo relativo ao exercício de 1998, em decorrência de recadastramento, o bom direito conspira a favor dos contribuintes por duas fortes razões. Primeira, a dívida de IPTU do exercício de 1998 para com o fisco municipal se encontra quitada, subsumindo-se na moldura de ato jurídico perfeito e acabado, desde 13.10.1998, situação não desconstituída, até o momento, por nenhuma decisão judicial. Segunda, afigu-ra-se impossível a revisão do lançamento no ano de 2003, ao argumento de que o imóvel em 1998 teve os dados cadastrais alterados em função do Projeto de Recadastramento Predial, depois de quitada a obrigação tributária no vencimento e dentro do exercício de 1998, pelo contribuinte, por ofensa ao disposto nos arts. 145 e 149 do Código Tribunal Nacional. Con-siderando que a revisão do lançamento não se deu por erro de fato, mas por erro de direito, visto que o recadastramento no imóvel foi posterior ao primeiro lançamento no ano de 1998, tendo baseado em dados corretos constantes do cadastro de imóveis do Município, estando o contribuinte notificado e tendo quitado, tempestivamente, o tributo, não se verifica justa causa para a pretensa cobrança de diferença referente a esse exercício'. 10. Consectariamen-te, verifica-se que o lançamento original reportou-se à área menor do imóvel objeto da tri-butação, por desconhecimento de sua real metragem, o que ensejou a posterior retificação dos dados cadastrais (e não o recadastramento do imóvel), hipótese que se enquadra no disposto no inciso VIII, do art. 149, do *Codex* Tributário, razão pela qual se impõe a reforma do acórdão regional, ante a higidez da revisão do lançamento tributário. 11. Recurso especial provido. Acórdão submetido ao regime do art. 543-C do CPC e da Resolução STJ 8/2008" (REsp 1.130.545/RJ, Tema Repetitivo 387, Rel. Min. Luiz Fux, j. 09.08.2010).

Tese Jurídica: "A retificação de dados cadastrais do imóvel, após a constituição do crédito tributário, autoriza a revisão do lançamento pela autoridade administrativa (desde que não extinto o direito potestativo da Fazenda Pública pelo decurso do prazo decadencial), quando decorrer da apreciação de fato não conhecido por ocasião do lançamento anterior, *ex vi* do disposto no art. 149, inciso VIII, do CTN".

Seção II
Modalidades de Lançamento **(1 e 2)**

 COMENTÁRIOS

    1. *Modalidades de lançamento. Considerações gerais.* O Código Tributário Nacional, adotando o critério de *grau de colaboração do contribuinte na apuração e formalização do crédito tributário*, classifica o lançamento em três modalidades: *(i)* o lançamento *de ofício*; *(ii)* o lançamento *misto* ou *por declaração*; e *(iii)* o lançamento *por homologação*, também chamado de *autolançamento*. A lei, ao instituir tributo, deverá apontar qual a modalidade de lançamento a ele aplicável.

    2. *Crítica à classificação adotada.* A classificação adotada pelo CTN não tem resistido às críticas doutrinárias, as quais endossamos. Com efeito, afirmando o código que o lança-mento é um *procedimento administrativo*, não parece existir compatibilidade lógica entre tal definição e a classificação do instituto segundo o grau de colaboração do administrado na sua elaboração. Considerando-se o lançamento como *ato administrativo*, como entendemos em companhia da doutrina majoritária, revela-se ainda mais difícil imaginar a colaboração do contribuinte na sua confecção. Tal incongruência exsurge com maior veemência ao analisarmos a figura do *lançamento por homologação*, visto que, nessa hipótese, a apuração do crédito é feita pelo próprio sujeito passivo, sendo apenas a *homologação* ato da Administração, que pode até nem mesmo ser praticado (homologação tácita).

Art. 147. O lançamento é efetuado com base na declaração do sujeito passivo ou de terceiro, quando um ou outro, na forma da legislação tributária, presta à autoridade administrativa informações sobre matéria de fato, indispensáveis à sua efetivação **(1 e 2)**.

§ 1.º A retificação da declaração por iniciativa do próprio declarante, quando vise a reduzir ou a excluir tributo, só é admissível mediante comprovação do erro em que se funde, e antes de notificado o lançamento **(3)**.

§ 2.º Os erros contidos na declaração e apuráveis pelo seu exame serão retificados de ofício pela autoridade administrativa a que competir a revisão daquela **(4)**.

COMENTÁRIOS

1. *Dispositivo relacionado:* art. 149, CTN.

2. *Lançamento misto ou por declaração.* O lançamento misto ou por declaração é assim denominado porque, segundo a concepção adotada pelo CTN, há participação do contribuinte a possibilitar a prática do lançamento, pois o Fisco depende de dados e informações sobre matéria de fato em poder daquele para aperfeiçoar o crédito tributário.

3 e 4. *Retificação da declaração.* A retificação do lançamento, quando requerida administrativamente pelo próprio declarante, deve ser acompanhada de justificativa hábil e antes da notificação do lançamento, ato mediante o qual este passa a ser eficaz. Por outro lado, a retificação do lançamento misto ou por declaração pode se dar de ofício, como expressamente prevê o § 2.º desse artigo, em razão do *princípio da autotutela* (Súmula n. 473, STF) e nos termos do art. 149, CTN.

Art. 148. Quando o cálculo do tributo tenha por base, ou tome em consideração, o valor ou o preço de bens, direitos, serviços ou atos jurídicos, a autoridade lançadora, mediante processo regular, arbitrará aquele valor ou preço, sempre que sejam omissos ou não mereçam fé as declarações ou os esclarecimentos prestados, ou os documentos expedidos pelo sujeito passivo ou pelo terceiro legalmente obrigado, ressalvada, em caso de contestação, avaliação contraditória, administrativa ou judicial **(1 a 3)**.

COMENTÁRIOS

1. *Dispositivo relacionado:* art. 149, CTN.

2. Lançamento de ofício em caráter substitutivo ao lançamento misto ou por declaração. O dispositivo autoriza seja o lançamento efetuado de ofício, em caráter substitutivo, na hipótese de as informações e documentos prestados pelo sujeito passivo com vista à elaboração do lançamento serem omissos ou não merecerem fé, caso em que o Fisco arbitrará o valor ou preço. Assinale-se que, atualmente, a legislação das diversas pessoas políticas não estabelece lançamento tributário misto ou por declaração.

3. Princípio da realidade ou da verdade material. A norma em comento prestigia esse relevante princípio tributário, segundo o qual se impõe a busca pela demonstração da situação fática efetivamente acontecida, afastando-se o emprego de presunções absolutas ou ficções.

 JURISPRUDÊNCIA ILUSTRATIVA

STJ

• Súmula n. 431: "É ilegal a cobrança de ICMS com base no valor da mercadoria submetido ao regime de pauta fiscal".

• "Tributário e processual civil. Recurso especial. Imposto de renda de pessoa jurídica. Ação anulatória de débito. Isenção fiscal. Dedução de parcelas não abrangidas. Escrituração idônea. Lançamento por arbitramento (arts. 399, IV, e 400, § 6.º, do RIR/80). Inviabilidade. 1. A ausência de debate, na instância recorrida, sobre dispositivos legais cuja violação se alega no recurso especial atrai, por analogia, a incidência da Súmula n. 282 do STF. 2. É vedado o reexame de matéria fático-probatória em sede de recurso especial, a teor do que prescreve a Súmula n. 7 desta Corte. 3. É pressuposto de admissibilidade do recurso especial a adequada indicação da questão controvertida, com informações sobre o modo como teria ocorrido a violação a dispositivos de lei federal. Súmula n. 284/STF. 4. A apuração do lucro da pessoa jurídica por arbitramento se justifica quando 'a escrituração mantida pelo contribuinte contiver vícios, erros ou deficiências que a tornem imprestável para determinar o lucro real ou presumido, ou revelar evidentes indícios de fraude (art. 399, IV, do RIR/80 – Decreto n. 85.450/1980). Todavia, se o contribuinte mantém regular escrituração da receita bruta efetivamente verificada, é com base nela, e não por arbitramento, que o tributo deve ser lançado (art. 400, *caput*, do RIR/80). Também em matéria tributária deve-se observar, sempre que possível, o princípio da verdade real, inquestionavelmente consagrado em nosso sistema normativo (CTN, art. 148; Súmula n. 76, TFR)'. 5. Recurso especial parcialmente conhecido e, nessa parte, improvido por unanimidade" (1.ª T., REsp 549.921/CE, Rel. Teori Albino Zavascki, j. 21.06.2007).

> **Art. 149.** O lançamento é efetuado e revisto de ofício pela autoridade administrativa nos seguintes casos (**1 a 5**):
>
> I – quando a lei assim o determine;
>
> II – quando a declaração não seja prestada, por quem de direito, no prazo e na forma da legislação tributária;
>
> III – quando a pessoa legalmente obrigada, embora tenha prestado declaração nos termos do inciso anterior, deixe de atender, no prazo e na forma da legislação tributária, a pedido de esclarecimento formulado pela autoridade administrativa, recuse-se a prestá-lo ou não o preste satisfatoriamente, a juízo daquela autoridade;

IV – quando se comprove falsidade, erro ou omissão quanto a qualquer elemento definido na legislação tributária como sendo de declaração obrigatória;

V – quando se comprove omissão ou inexatidão, por parte da pessoa legalmente obrigada, no exercício da atividade a que se refere o artigo seguinte;

VI – quando se comprove ação ou omissão do sujeito passivo, ou de terceiro legalmente obrigado, que dê lugar à aplicação de penalidade pecuniária;

VII – quando se comprove que o sujeito passivo, ou terceiro em benefício daquele, agiu com dolo, fraude ou simulação;

VIII – quando deva ser apreciado fato não conhecido ou não provado por ocasião do lançamento anterior;

IX – quando se comprove que, no lançamento anterior, ocorreu fraude ou falta funcional da autoridade que o efetuou, ou omissão, pela mesma autoridade, de ato ou formalidade essencial.

Parágrafo único. A revisão do lançamento só pode ser iniciada enquanto não extinto o direito da Fazenda Pública **(6)**.

 ## COMENTÁRIOS

1. Dispositivos relacionados: arts. 145, 148 e 173, CTN.

2. Lançamento direto ou de ofício. Considerações gerais. No lançamento efetuado de ofício, a Administração dispõe de todos os elementos necessários ao lançamento do tributo, não necessitando de informação alguma do sujeito passivo. Não há, portanto, nenhuma colaboração do contribuinte na apuração e formalização do crédito tributário. Modalidade de lançamento muito utilizada no passado, hoje está restrita a alguns poucos impostos (*e.g.*, IPTU, IPVA), diante da adoção, cada vez mais frequente, da sistemática de lançamento por homologação.

3. Modalidades. Duas são as modalidades de lançamento de ofício: *(i) originário* e *(ii) substitutivo*. O *lançamento de ofício originário* está definido no inciso I como o efetuado pela autoridade administrativa, "quando a lei assim o determine". Todas as demais hipóteses contidas nos incisos desse artigo dizem com o *lançamento de ofício substitutivo* ou *revisão do lançamento*, também procedida de ofício, abrangendo hipóteses de tributos originalmente sujeitos a outras modalidades de lançamento – por homologação ou misto. A revisão de lançamento consiste no reexame do ato de apuração do crédito tributário, do qual resulta sua modificação e, assim, da prestação objeto da obrigação tributária principal.

4. Hipóteses. O artigo arrola múltiplas hipóteses de aplicação do lançamento de ofício, originário ou substitutivo (revisão de lançamento). O rol é aparentemente taxativo, diante da abertura da prescrição contida no inciso I do dispositivo. A referência a algumas das hipóteses seria dispensável, diante da abrangência das situações descritas nos incisos I a V.

5. Auto de infração e lançamento. Não há que confundir o *auto de infração* com o ato de *lançamento de ofício*. Constituem atos administrativos diversos, com propósitos distintos. O auto de infração indica todos os aspectos da situação fática que configura a obrigação principal ou acessória, aponta a infração supostamente cometida e aplica a sanção correspondente, indicando o fundamento legal. O lançamento, por sua vez, visa à formalização do crédito tributário e pode ser efetuado na mesma oportunidade da lavratura do auto de infração, o que ocorre com frequência. Nesse caso, teremos dois atos administrativos, ainda que expedidos na mesma ocasião, integrantes de uma única manifestação da Administração Pública.

6. Limite temporal para a revisão do lançamento. Ainda que cabível a revisão do lançamento, esta somente pode ser promovida enquanto não extinto o direito de lançar o tributo, vale dizer, enquanto não operada a *decadência*, modalidade de extinção do crédito tributário (art. 173), como didaticamente expressa o parágrafo único do dispositivo.

 JURISPRUDÊNCIA ILUSTRATIVA

STJ

• "Tributário. Recurso especial representativo de controvérsia. Art. 543-C do CPC. Repetição de indébito. Contribuição ao Fusex. Tributo sujeito ao lançamento de ofício. Prescrição. Termo inicial. 1. O Fundo de Saúde do Exército (Fusex) é custeado pelos próprios militares que gozam, juntamente com seus dependentes, de assistência médico-hospitalar, cuja contribuição é cobrada compulsoriamente dos servidores. A contribuição de custeio, por inserir-se no conceito de tributo previsto no art. 3.º do CTN, ostenta natureza jurídica tributária, sujeitando-se ao princípio da legalidade. (Precedentes: REsp 764.526/PR, *DJ* 07.05.2008; REsp 761.421/PR, *DJ* 01.03.2007; REsp 692.277/SC, *DJ* 27.06.2007; REsp 789260/PR, *DJ* 19.06.2006). 2. Consoante doutrina abalizada definindo o critério diferenciador das modalidades de lançamento, *in verbis*: 'Ao estudar as modalidades de lançamento [...], a doutrina antecedente ou a superveniente ao Código Tributário Nacional as classificam adotando como critério de classificação o maior ou menor concurso dos obrigados na atividade do lançamento, ou seja, o grau de colaboração entre Fisco e sujeito passivo. O critério tricotômico consagrado no Código Tributário Nacional decorreria do grau de colaboração do sujeito passivo na preparação do lançamento. No lançamento direto ou de ofício (CTN, art. 149) não haveria participação do sujeito passivo. No lançamento por declaração ou misto (CTN, art. 147) ocorreria uma colaboração entre Fisco e sujeito passivo. No lançamento por homologação (CTN, art. 150) maior seria a intensidade da colaboração, vale dizer, da participação do sujeito passivo, porquanto o Fisco se limitaria a homologar os atos por ele praticados' (José Souto Maior Borges, *Lançamento tributário*, 2. ed. Malheiros, p. 325-326). 'A fonte inspiradora da tricotomia reside no índice de colaboração do administrado, com vistas à celebração do ato. Na primeira hipótese (lançamento de ofício), a participação seria inexistente, uma vez que todas as providências preparatórias são feitas nos cancelos da Administração. Na segunda (lançamento por declaração), colaboram ambas as partes, visando os resultados finais do lançamento. Na última (lançamento por homologação), quase todo o trabalho é cometido pelo súdito, limitando-se o fisco a homologar os atos por ele praticados' (Paulo de Barros Carvalho, *Curso de direito tributário*, 20. ed., Saraiva, p. 460). 3. A contribuição social ao Fusex configura tributo sujeito ao lançamento de ofício, que se processa mediante o desconto em folha do servidor militar pelo órgão pagador, o qual é mero retentor do tributo, não havendo qualquer participação do sujeito passivo da relação jurídico-tributária na constituição do crédito fiscal (Precedentes: AgRg no AgRg no REsp 1091390/PR, Rel. Min. Herman Benjamin, Segunda Turma, julgado em 09.02.2010, *DJe* 24.02.2010; EDcl no AgRg no Ag 1071228/RS, Rel. Min. Denise Arruda, Primeira Turma, julgado em 10.11.2009, *DJe* 27.11.2009; AgRg no AgRg no REsp 1092064/RS, Rel. Min. Humberto Martins, Segunda Turma, julgado em 13.10.2009, *DJe* 21.10.2009; REsp 1094735/PR, Rel. Min. Francisco Falcão, Primeira Turma, julgado em 19.02.2009, *DJe* 11.03.2009). 4. Destarte, o prazo prescricional a ser aplicado às ações de repetição de indébito relativas à contribuição ao Fusex, que consubstancia tributo sujeito ao lançamento de ofício, é o quinquenal, nos termos do art. 168, I, do CTN. 5. *In casu*, as parcelas pleiteadas referem-se a recolhimentos indevidos efetuados de 30.09.1991 a 29.03.2001, tendo sido a ação ajuizada em 04.06.2007, por isso que ressoa inequívoca a ocorrência da prescrição. 6. Recurso especial desprovido" (REsp 1.086.382/RS, Tema Repetitivo 356, Rel. Min. Luiz Fux, j. 14.04.2010).

Tese Jurídica: "O prazo prescricional a ser aplicado às ações de repetição de indébito relativas à contribuição ao Fusex, que consubstancia tributo sujeito ao lançamento de ofício, é o quinquenal, nos termos do art. 168, I, do CTN".

Art. 150. O lançamento por homologação, que ocorre quanto aos tributos cuja legislação atribua ao sujeito passivo o dever de antecipar o pagamento sem prévio exame da autoridade administrativa, opera-se pelo ato em que a referida autoridade, tomando conhecimento da atividade assim exercida pelo obrigado, expressamente a homologa **(1 a 4)**.

§ 1.º O pagamento antecipado pelo obrigado nos termos deste artigo extingue o crédito, sob condição resolutória da ulterior homologação do lançamento **(5)**.

§ 2.º Não influem sobre a obrigação tributária quaisquer atos anteriores à homologação, praticados pelo sujeito passivo ou por terceiro, visando à extinção total ou parcial do crédito **(6)**.

§ 3.º Os atos a que se refere o parágrafo anterior serão, porém, considerados na apuração do saldo porventura devido e, sendo o caso, na imposição de penalidade, ou sua graduação **(7)**.

§ 4.º Se a lei não fixar prazo a homologação, será ele de cinco anos, a contar da ocorrência do fato gerador; expirado esse prazo sem que a Fazenda Pública se tenha pronunciado, considera-se homologado o lançamento e definitivamente extinto o crédito, salvo se comprovada a ocorrência de dolo, fraude ou simulação **(8 a 10)**.

 ## COMENTÁRIOS

1. *Dispositivos relacionados:* arts. 173 e 174, CTN.

2. *Lançamento por homologação ou autolançamento.* Instituto de natureza jurídica controvertida, representa, na concepção legal, a formalização do crédito tributário efetuada pelo próprio contribuinte, que dispõe de todos os elementos para esse fim. Prescinde-se, nessa hipótese, de atuação administrativa num primeiro momento; o Fisco apenas aguarda a conduta do sujeito passivo de apuração e cálculo do débito, com o respectivo recolhimento do tributo devido, para, então, analisá-lo, procedendo ou não à sua homologação.

3. *Peculiaridades.* O lançamento por homologação é o melhor e mais antigo exemplo de técnica do que se convencionou chamar de *privatização da gestão tributária* no ordenamento jurídico brasileiro, aplicado à maioria dos tributos nos sistemas jurídicos contemporâneos. O gradativo crescimento da população elevou, em consequência, o número de contribuintes, situação que impôs ao Estado a renúncia ao lançamento generalizado,

em favor de um lançamento seletivo. Em consequência, gradativamente a lei veio a cingir a aplicação do lançamento de ofício a pouquíssimas hipóteses, deixando o encargo de apuração do débito tributário, como regra, ao próprio contribuinte. A atuação do Fisco traduz-se, hodiernamente, muito mais na expedição de atos de controle do que na prática do lançamento propriamente dito. *Autolançamento* ou *lançamento por homologação* é "o conjunto de operações mentais ou intelectuais que o particular realiza em cumprimento de um dever imposto pela lei, e que refletem o resultado de um processo de interpretação do ordenamento jurídico tributário e de aplicação deste ao caso concreto, com o escopo de obter o *quantum* de um débito de caráter tributário" (cf. Estevão Horvath, *Lançamento tributário e autolançamento*). O lançamento por homologação consubstancia verdadeiro e salutar instrumento de *praticabilidade*, voltado à simplificação e à racionalização da atividade administrativa em matéria tributária, com a diminuição dos custos dessa atividade e a democratização da gestão fiscal. Importante remarcar, ainda, que os tributos sujeitos a lançamento por homologação submetem-se a disciplina distinta no que tange à decadência e à prescrição (v. comentários aos arts. 173 e 174, CTN).

  4. *Aplicação do lançamento por homologação.* O legislador pátrio adotou o lançamento por homologação para quase todos os tributos – pelo menos os mais importantes (IR, ICMS, IPI, ISSQN, contribuições em geral etc.) –, realizando, desse modo, uma transferência do custo das atividades de gestão administrativa para o contribuinte. Por outro lado, com relação a impostos que incidem sobre a propriedade ou a posse de bens imóveis, ou que envolvem a avaliação de bens imobiliários, o legislador tem mantido a intervenção da Administração para a apuração do *quantum* a ser pago, quase sempre estabelecendo o lançamento de ofício nessas hipóteses. É o caso do IPTU e, mais recentemente, do IPVA, relativamente ao qual os Estados-membros vêm adotando o lançamento de ofício. Tal se deve, a nosso ver, pelo fato de que, em tais tributos, há necessidade de utilização de critério de avaliação uniforme, em obediência ao princípio da isonomia, o que dificilmente ocorreria se cada contribuinte fosse efetuar o cálculo desses impostos.

  5. *Pagamento antecipado.* Nessa modalidade de lançamento, portanto, o sujeito passivo, dispondo de todos os elementos necessários à apuração do crédito tributário, efetua o respectivo cálculo e antecipa o pagamento correspondente. A extinção da obrigação somente ocorrerá após sua homologação pelo Fisco, usualmente de natureza tácita, consumada com o decurso do prazo de cinco anos da data da ocorrência do fato jurídico tributário.

  6 e 7. *Atos anteriores à homologação do lançamento.* Os §§ 2.º e 3.º prescrevem que "não influem sobre a obrigação tributária quaisquer atos anteriores à homologação, praticados pelo sujeito passivo ou por terceiro, visando à extinção total ou parcial do crédito" e que tais atos "serão, porém, considerados na apuração do saldo porventura devido e, sendo o caso, na imposição de penalidade, ou sua graduação". Trata-se de fazer com que o lançamento reflita exatamente o objeto da obrigação tributária principal.

  8. *Homologação do lançamento.* A homologação do lançamento pode ser *expressa* ou *tácita* – esta última é a que ocorre na prática e consuma-se decorridos cinco anos a contar do fato gerador. O prazo, na hipótese, é de *decadência* (art. 173, CTN). Anote-se que a ressalva, contida no final do dispositivo – "salvo se comprovada a ocorrência de dolo, fraude ou simulação" –, dá a entender que, nesse caso, não haveria prazo para a homologação. No entanto, tal conclusão seria desarrazoada, porque a eternização de pendências é incompatível com a noção de *segurança jurídica*. Nessa hipótese, a solução apontada pelo próprio Código é a aplicação do art. 173, I, que estabelece a fluência do prazo decadencial contado do primeiro dia do exercício seguinte àquele em que o lançamento poderia ter sido efetuado. Logo, uma vez demonstrada a ocorrência de dolo, fraude ou simulação, o prazo de cinco anos para a homologação do lançamento não fluirá da data da ocorrência do fato gerador, mas sim do primeiro dia do exercício seguinte àquele em que o lançamento poderia ter sido efetuado.

9. Crítica ao dispositivo. Exsurge evidente a contradição em que incorreu o legislador do CTN ao disciplinar o lançamento: após defini-lo como procedimento administrativo (art. 142), contempla o lançamento por homologação, modalidade do gênero que prescinde de qualquer atuação administrativa para a formalização do crédito tributário. Isso demonstra que, em verdade, o chamado autolançamento não se enquadra no conceito de lançamento adotado pelo Código, constituindo categoria distinta. Nem se diga que a homologação, por constituir o "ato administrativo vinculado mediante o qual a Administração concorda com ato jurídico já praticado, uma vez verificada a consonância dele com os requisitos legais condicionadores de sua válida emissão" (cf. Celso Antônio Bandeira de Mello, *Curso de direito administrativo*), soluciona a contradição. Insista-se não se poder confundir a formalização do crédito efetuada pelo sujeito passivo com a homologação, ato de controle que a ele pode se seguir. São atos diferentes, com finalidades distintas: o lançamento é ato administrativo que formaliza o crédito tributário; a homologação, por sua vez, certifica a extinção da obrigação. Desse modo, o chamado lançamento por homologação ou autolançamento não constitui autêntico lançamento, pelo simples fato de que não é procedido pela Administração. Trata-se de providência do sujeito passivo, que poderá ou não ser objeto de homologação, esta sim ato estatal. Se o for, tal providência produz seus efeitos próprios e torna o crédito tributário exigível nos termos apontados, como se houvesse sido efetuado o lançamento. Noutra dicção, pode-se afirmar que o ordenamento jurídico tributário admite *tributos sem lançamento*, isto é, que prescindem da atividade administrativa de apuração do débito tributário.

10. Equivalência da declaração efetuada pelo sujeito passivo ao lançamento. O STJ consolidou orientação segundo a qual, nos tributos sujeitos ao lançamento por homologação, basta a entrega de declaração pelo sujeito passivo para formalizar o crédito tributário, conforme enuncia a Súmula n. 436 (*e.g.*, Guia de Informação e Apuração (GIA); Declaração de Débitos e Créditos Tributários Federais (DCTF); Declaração do Imposto de Renda da Pessoa Física (DIRPF); e Declaração do Imposto de Renda da Pessoa Jurídica (DIRPJ)).

 SUGESTÕES DOUTRINÁRIAS

LANÇAMENTO POR HOMOLOGAÇÃO

Estevão Horvath, *Lançamento por homologação e autolançamento*, Dialética.

 JURISPRUDÊNCIA ILUSTRATIVA

STJ

• Súmula n. 446: "Declarado e não pago o débito tributário pelo contribuinte, é legítima a recusa de expedição de certidão negativa ou positiva com efeito de negativa".

• Súmula n. 436: "A entrega de declaração pelo contribuinte reconhecendo débito fiscal constitui o crédito tributário, dispensada qualquer outra providência por parte do fisco".

Capítulo III
Suspensão do Crédito Tributário

Seção I
Disposições Gerais

Art. 151. Suspendem a exigibilidade do crédito tributário **(1 a 11)**:

I – moratória **(12)**;

II – o depósito do seu montante integral **(13 a 13.3)**;

III – as reclamações e os recursos, nos termos das leis reguladoras do processo tributário administrativo **(14)**;

IV – a concessão de medida liminar em mandado de segurança **(15)**;

V – a concessão de medida liminar ou de tutela antecipada, em outras espécies de ação judicial **(16 a 16.2)**;

* *Inciso V acrescentado pela LC n. 104/2001.*

VI – o parcelamento **(17)**.

* *Inciso VI acrescentado pela LC n. 104/2001.*

Parágrafo único. O disposto neste artigo não dispensa o cumprimento das obrigações acessórias dependentes da obrigação principal cujo crédito seja suspenso, ou dela consequentes **(18)**.

 COMENTÁRIOS

1. ***Moldura constitucional.*** Art. 5.º "[...] XXXV – a lei não excluirá da apreciação do Poder Judiciário lesão ou ameaça a direito; [...] LV – aos litigantes, em processo judicial ou administrativo, e aos acusados em geral são assegurados o contraditório e ampla defesa, com os meios e recursos a ela inerentes; [...]".

2. ***Dispositivos relacionados:*** arts. 161, § 2.º, e 206, CTN.

3. ***Legislação básica:*** Lei n. 13.140/2015, art. 34, § 2.º; Lei n. 9.430/1996, art. 63, *caput* e § 2.º; Lei n. 6.830/1980 (LEF), art. 38; e Decreto n. 70.235/1972, art. 14-A (incluído pela Lei n. 13.140/2015).

4. ***Suspensão da exigibilidade da obrigação tributária principal. Considerações gerais.*** O tema da suspensão da exigibilidade do crédito tributário envolve a análise não somente das relações jurídico-tributárias, mas também de conceitos administrativos e, especialmente, processuais, porquanto a maior parte das hipóteses supõe a existência de litígio entre o Fisco e o sujeito passivo. A *obrigação tributária principal* é o vínculo jurídico mediante o qual o Fisco tem o direito de exigir do sujeito passivo uma prestação economicamente apreciável, consubstanciada no pagamento de tributo. Tal obrigação, assim, é constituída de *crédito* e *débito*, que traduzem o liame jurídico na sua dupla perspectiva. O crédito tributário torna-se exigível com o lançamento, que o aperfeiçoa para cobrança. Desse modo, suspensa a exigibilidade do crédito, inexoravelmente estará suspensa a exigibilidade do débito; portanto, mais adequado falar em suspensão da exigibilidade da obrigação.

4.1. *Suspensão da exigibilidade da obrigação tributária acessória.* O CTN trata apenas da suspensão da exigibilidade da *obrigação tributária principal*, mas pode-se verificar tal situação também com relação à *obrigação tributária acessória*. Exemplifique-se com uma decisão judicial provisória, proferida em mandado de segurança, que exima o contribuinte de um determinado dever instrumental tributário: nessa hipótese, estará suspensa a exigibilidade da obrigação tributária acessória.

5. *Efeitos da suspensão de exigibilidade.* A presença de uma causa de suspensão da exigibilidade acarreta os seguintes efeitos: *(i)* o Fisco fica impedido de exercitar atos de cobrança, não podendo ajuizar a execução fiscal até que cesse a eficácia da causa suspensiva; e *(ii)* fica suspensa a contagem do prazo prescricional para o ajuizamento da execução fiscal, se já iniciado, ou, no caso contrário, impedida a fluência de tal prazo. Portanto, a suspensão da exigibilidade da obrigação tributária é sempre um *estado provisório*, com duração precária.

6. *Desdobramentos da suspensão de exigibilidade.* Em consequência, poderemos ter diferentes situações diante da cessação da suspensão da exigibilidade da obrigação: *(i)* o pagamento pelo sujeito passivo, extinguindo-se a obrigação tributária; *(ii)* o advento de outra causa de extinção da obrigação – ex.: decisão judicial declaratória da inexistência da obrigação de pagar o tributo; ou, ainda, *(iii)* o restabelecimento da exigibilidade, com o prosseguimento da cobrança do crédito fiscal, inclusive mediante o ajuizamento de execução fiscal.

7. *Suspensão da exigibilidade e lançamento.* O tema de suspensão da exigibilidade da obrigação principal suscita importantes questões de ordem prática. A primeira delas diz com a possibilidade de a Fazenda Pública efetuar o *lançamento* do tributo enquanto pendente causa suspensiva de sua exigibilidade. Entende-se, majoritariamente, que, enquanto pendente uma causa de suspensão da exigibilidade da obrigação, não fica a Fazenda Pública inibida de proceder ao lançamento do tributo. No âmbito federal, tal entendimento encontra arrimo na Lei n. 9.430/1996, cujo art. 63, *caput*, dispõe que, "na constituição de crédito tributário destinada a prevenir a decadência, relativo a tributo de competência da União, cuja exigibilidade houver sido suspensa na forma dos incisos IV e V do art. 151 da Lei n. 5.172, de 25 de outubro de 1966, não caberá lançamento de multa de ofício".

8. *Evolução jurisprudencial.* A jurisprudência do STJ consolidou-se no sentido de que a suspensão da exigibilidade da obrigação tributária não impede o Fisco de efetuar o lançamento (EREsp 572.603/PR, j. 08.06.2005). No entanto, a mesma Corte consagrou o entendimento segundo o qual o depósito do montante integral do tributo efetuado com a finalidade de suspender a exigibilidade equivale a lançamento por homologação tácito e, assim, não há que falar em decadência (EREsp 898.992/PR, j. 08.08.2007). Tal orientação merece crítica, uma vez que o lançamento visa, exatamente, aperfeiçoar o crédito tributário a fim de que se torne exigível, passível de cobrança, portanto. Ora, se a cobrança está vedada enquanto perdurar a causa de suspensão da exigibilidade, parece inadequado falar em lançamento, apenas para "evitar a decadência do direito de efetuar o lançamento". Mesmo porque a decadência é consequência da situação de *inércia do titular do direito*, que, na hipótese, não pode ser imputada à Fazenda Pública, impedida que está de cobrar seu crédito devido à presença de uma das circunstâncias aptas a suspender aquela exigibilidade. Melhor a orientação segundo a qual, quando advém causa suspensiva antes do lançamento, devolver-se-á o prazo à Fazenda para lançar, uma vez cessada a causa, por exemplo, na hipótese de, após a concessão de medida liminar em mandado de segurança preventivo impetrado pelo sujeito passivo, sobrevir sentença desfavorável (cf. Misabel Derzi, Notas ao *Direito tributário brasileiro*, de Aliomar Baleeiro).

9. Certidão de regularidade de situação fiscal. Bastante frequente a expedição de certidões que espelhem a situação fiscal dos contribuintes, necessárias para que possam participar de licitações, celebrar contratos administrativos ou obter empréstimos no Poder Público. A presença de uma das causas suspensivas de exigibilidade enseja a expedição de *certidão de regularidade de situação*, vulgarmente denominada "certidão positiva com efeito de negativa", nos termos do art. 206, CTN. Já a *certidão negativa*, prevista no art. 205, CTN, somente pode ser expedida na hipótese de ausência de débitos fiscais vencidos e não pagos. V. comentários ao art. 206, CTN.

10. Suspensão da fluência da prescrição. Importante ressaltar que a *suspensão da exigibilidade do crédito tributário* não se confunde com a *suspensão da prescrição*. Em outras palavras, nem sempre a existência de uma causa suspensiva da exigibilidade implicará a suspensão da fluência do prazo prescricional. Para que a suspensão da exigibilidade enseje a suspensão da prescrição, é necessário que a primeira ocorra em momento subsequente àquele em que o sujeito ativo teve condições de acesso à ação judicial de cobrança, isto é, que a suspensão da exigibilidade somente acarretará a suspensão do prazo prescricional, se este já tiver iniciado seu curso quando aquela for deflagrada. Assim, por exemplo, no caso de reclamações e recursos administrativos, a exigibilidade está suspensa por força desses expedientes, e, portanto, a prescrição ainda nem começou a fluir. Já nos casos de depósito do montante integral, bem como liminar ou antecipação de tutela, diversamente, a suspensão da exigibilidade acarretará, forçosamente, a suspensão da prescrição.

11. Rol taxativo. O artigo em comento abriga um rol de hipóteses que se entende *taxativo*, ampliado pela LC n. 104/2001: a moratória, o depósito do montante integral, as reclamações e recursos administrativos, a concessão de medida liminar em mandado de segurança, em outra ação, e a antecipação de tutela, e o parcelamento. Cabe lembrar que a consulta formulada à Administração Fiscal tem efeito assemelhado ao de uma causa de suspensão da exigibilidade, nos termos do art. 161, § 2.º, do CTN, segundo o qual não há incidência de juros de mora na pendência de consulta formulada pelo devedor dentro do prazo legal para pagamento do crédito. V. comentários ao art. 161, CTN.

12. Moratória. V. comentários aos arts. 152 a 155, CTN.

13. Depósito do montante integral. Efeitos. O inciso II aponta o depósito do montante integral como causa de suspensão da exigibilidade da obrigação principal, sendo o único preceito do Código a respeito. Trata-se de expediente comumente utilizado para a obtenção desse efeito. Como a própria dicção legal indica, somente o depósito do valor total do débito, com os acréscimos legais devidos e em dinheiro, conduz à aludida suspensão (Súmula n. 112, STJ). Funciona o depósito como garantia do crédito da Fazenda Pública, que fica impedida de proceder à sua cobrança, não podendo ajuizar a execução fiscal. Em princípio, tal depósito pode ser efetuado tanto em sede de processo administrativo como no bojo de processo judicial. A hipótese apontada, por óbvio, refere-se ao *depósito judicial*, pois, no âmbito administrativo, a suspensão já estaria assegurada pela utilização de reclamações e recursos (art. 151, III, CTN). Assim, o *depósito administrativo* visa evitar a atualização monetária da dívida, porquanto a propositura da execução fiscal já está inibida em razão do próprio recurso administrativo. O *depósito judicial*, por sua vez, além de produzir esse efeito, impede o ajuizamento da ação de execução fiscal.

13.1. Possibilidade de levantamento do depósito. Questão que se põe diz com a possibilidade de o contribuinte efetuar o levantamento de tal depósito e em que momento. O entendimento corrente é o de que, uma vez efetuado o depósito, sua destinação está necessariamente vinculada ao resultado do processo. Se extinto o processo sem resolução do mérito, por qualquer fundamento, o depósito há de ser levantado pelo próprio contribuinte, uma vez que a decisão judicial não provocou nenhuma modificação na relação tributária de direito material. Diversamente, firmou-se no âmbito do STJ a orientação segundo a qual, na hipótese de extinção do processo sem resolução de mérito, cabe a conversão do depósito em renda (EREsp 279.352/SP, j. 26.04.2006). Por outro lado, se o processo foi extinto com resolução do mérito, há duas possibilidades: julgado procedente o pedido, o contribuinte tem direito ao levantamento da quantia depositada; se ocorrer a improcedência, o depósito deverá ser convertido em renda da Fazenda Pública. Nesse sentido, a jurisprudência do STJ (*e.g.*, REsp 734.793/PR, j. 12.06.2007).

13.2. *Nossa opinião.* Pensamos de modo contrário ao consolidado na jurisprudência, reproduzindo o pensamento já exposto em nosso manual da disciplina (*Curso de direito tributário – Constituição e Código Tributário Nacional*). Sustentamos que, sendo o depósito direito do contribuinte, a ser exercido dentro de certos limites, este pode proceder ao levantamento do respectivo valor a qualquer tempo, enquanto não houver decisão judicial definitiva. Vale dizer, requerendo o levantamento do valor depositado, estará renunciando à situação de suspensão da exigibilidade do crédito tributário e, consequentemente, ensejando a possibilidade de sua cobrança por meio de execução fiscal. Ademais, nessa linha de raciocínio, mesmo diante de uma decisão judicial definitiva de improcedência, ainda assim é possível ao contribuinte proceder ao levantamento da quantia que depositou, pois a conversão de depósito em renda constitui espécie de pagamento (art. 156, VI, CTN) e, portanto, modalidade *voluntária* de extinção da obrigação tributária. Pensamos, contudo, que, caso não tenha o contribuinte êxito na ação judicial que propôs, ao formular o requerimento de levantamento do montante depositado, deve a Fazenda Pública ser cientificada a respeito para, querendo, tomar as providências necessárias com vista à penhora desse valor, com o consequente prosseguimento da execução fiscal.

13.3. *Ação anulatória de débito fiscal e depósito.* A Lei n. 6.830/1980 (LEF), em seu art. 38, menciona ações judiciais admissíveis para a discussão da dívida ativa, dentre as quais a ação anulatória, estabelecendo deva ela ser precedida do depósito do valor integral do débito tributário. O entendimento de que tal depósito constitui condição de procedibilidade há de ser afastado, por ser incompatível com o *princípio da inafastabilidade do controle jurisdicional* (art. 5.º, XXXV, CR). Assim, a interpretação consentânea com tal diretriz é no sentido de que a ação anulatória pode ser proposta sem a necessidade de depósito, mas o depósito do montante integral do débito em discussão, uma vez efetuado, impede a Fazenda Pública de ajuizar a execução fiscal.

14. *Reclamações e recursos administrativos.* Também as reclamações e os recursos administrativos constituem causas de suspensão da exigibilidade da obrigação tributária. A expressão "reclamações e recursos administrativos", de significação ampla, compreende todos os instrumentos de defesa, todos os meios hábeis a impugnar exigências fiscais. Observe-se que a referência a "recursos", a nosso ver, assegura o *duplo grau de cognição obrigatório*, isto é, garante ao contribuinte o direito de que sua pretensão, deduzida na via administrativa, possa ser apreciada por, no mínimo, duas instâncias de julgamento. Esse o entendimento que se afina com o disposto no art. 5.º, LV, CR, que assegura aos litigantes, em processo judicial ou administrativo, e aos acusados em geral, o contraditório e a ampla defesa, com todos os meios e recursos a ela inerentes. Se a decisão definitiva proferida no processo administrativo for favorável ao reclamante, a exigência fiscal extinguir-se-á (art. 156, IX, CTN). Se desfavorável, restabelecer-se-á a exigibilidade do crédito tributário, devendo ser concedido ao contribuinte um prazo para satisfazer a obrigação.

15 e 16. *Concessão de medida liminar em mandado de segurança, ou em outra ação, ou, ainda, de tutela antecipada.* Essas causas de suspensão da exigibilidade, que analisaremos conjuntamente por sua afinidade (art. 151, IV e V, CTN), remetem, para a sua adequada compreensão, à questão da morosidade do processo judicial. A crescente preocupação com o assunto culminou com a edição da EC n. 45/2004, que introduziu o inciso LXXVIII no art. 5.º, para proclamar que "a todos, no âmbito judicial e administrativo, são assegurados a razoável duração do processo e os meios que garantam a celeridade de sua tramitação". Atuando o tempo como fator de corrosão de direitos, busca-se, nas últimas décadas, cada vez mais, obter a maior efetividade do processo (cf. Cândido Rangel Dinamarco, *Nova era do processo civil*). Nesse contexto, exsurge a elevada importância das medidas judiciais antecipatórias dos efeitos da tutela jurisdicional, a qual, em princípio, somente poderia ser concedida ao final do processo.

16.1. *Evolução legislativa e jurisprudencial da aplicação das medidas judiciais antecipatórias dos efeitos da tutela jurisdicional no âmbito tributário.* A liminar em mandado de segurança foi a primeira das medidas judiciais antecipatórias dos efeitos da tutela jurisdicional a ser prevista no âmbito do processo civil e, por isso, a única estabelecida no texto original do CTN, uma vez o mandado de segurança era disciplinado pela Lei n. 1.533/1951, anterior ao CTN (Lei n. 5.172/1966), revogada pela Lei n. 12.016/2009. Com o advento do CPC de 1973, surgiu o instituto da medida cautelar, com a possibilidade de provimentos liminares, destinados a assegurar a eficácia do provimento da ação principal. Embora não constasse essa referência no texto original do art. 151, CTN, o Poder Judiciário passou a admitir a suspensão da exigibilidade da obrigação tributária operada por decisão liminar em ação cautelar, por equiparação à decisão liminar proferida em mandado de segurança. Em 1994, em mais uma etapa da reforma processual que vinha sendo efetuada paulatinamente, foi introduzida a *antecipação da tutela* como instituto inspirado na liminar em mandado de segurança, viabilizando a prolação de provimento antecipatório dos efeitos da tutela jurisdicional pleiteada em ações de rito ordinário. A Lei n. 8.952/1994 deu nova redação ao art. 273 do CPC/1973, que autorizava a antecipação dos efeitos da tutela. No atual CPC, o tema vem tratado especialmente nos arts. 298, 300 e 301. De início, o instituto da tutela antecipada sofreu resistências quanto à sua aplicação com relação à Fazenda Pública, sob o fundamento de que a execução contra esta submete-se a regime jurídico especial, que impõe a expedição de precatório (arts. 100, CR, e 535, CPC). No entanto, a jurisprudência progressivamente firmou o entendimento segundo o qual, desde que preenchidos os pressupostos legais, não há óbice na concessão de tutela antecipada contra a Fazenda Pública (*e.g.*, STF, ADC 4/DF, j. 1.º.10.2008; e STJ, REsp 770.308/SC, j. 28.08.2007). Posteriormente, encarregou-se de reconhecer que a decisão antecipatória de tutela poderia suspender a exigibilidade da obrigação tributária, por revestir a mesma natureza da liminar em mandado de segurança, hipótese prevista expressamente. Finalmente, atualizando a disciplina do CTN de acordo com a jurisprudência já consolidada, a LC n. 104/2001, incluiu o inciso V no art. 151, para prever, igualmente, como causas de suspensão da obrigação tributária, "a concessão de medida liminar ou de tutela antecipada em outras espécies de ação judicial". A cláusula relativa a "outras espécies de ação judicial que comportem liminar e tutela antecipada", além da hipótese do mandado de segurança, originalmente prevista, e da ação cautelar, há muito admitida pela jurisprudência, visa abranger, basicamente, as ações declaratória e anulatória de débito tributário.

16.2. *Suspensão da exigibilidade e desfecho da ação judicial.* Se a decisão definitiva no processo judicial for favorável ao sujeito passivo, cessa a suspensão da exigibilidade e consuma--se a extinção da obrigação. Se desfavorável, restabelecer-se-á a exigibilidade, devendo ser concedido ao contribuinte um prazo para satisfazer a obrigação. No âmbito federal, a Lei n.

9.430/1996, em seu art. 63, § 2.º, estatui que "a interposição da ação judicial favorecida com a medida liminar interrompe a incidência da multa de mora, desde a concessão da medida judicial, *até 30 dias após a data da publicação da decisão judicial que considerar devido o tributo ou contribuição*" (destaque nosso). Embora evidente, vale anotar que, conquanto o CTN refira-se apenas a decisões de caráter liminar, também possuem efeito suspensivo da exigibilidade outras decisões não definitivas, quais sejam as sentenças e acórdãos ainda passíveis de recurso. Em outras palavras, enquanto não ocorrida a coisa julgada, as decisões judiciais favoráveis ao contribuinte serão sempre provisórias e, desse modo, passíveis de suspender a exigibilidade do crédito tributário.

17. Parcelamento. V. comentários ao art. 155-A, CTN.

18. Cumprimento de obrigações acessórias. O parágrafo único veicula preceito didático, ao afirmar que a suspensão da exigibilidade do crédito tributário não dispensa o cumprimento de obrigações acessórias, ressaltando a distinção entre as modalidades de obrigação tributária e reafirmando a autonomia das obrigações acessórias.

 JURISPRUDÊNCIA ILUSTRATIVA

STF

• Súmula Vinculante n. 28: "É inconstitucional a exigência de depósito prévio como requisito de admissibilidade de ação judicial na qual se pretenda discutir a exigibilidade de crédito tributário".

• Súmula Vinculante n. 21: "É inconstitucional a exigência de depósito ou arrolamento prévios de dinheiro ou bens para admissibilidade de recurso administrativo".

STJ

• Súmula n. 373: "É ilegítima a exigência de depósito prévio para admissibilidade de recurso administrativo".

• Súmula n. 112: "O depósito somente suspende a exigibilidade do crédito tributário se for integral e em dinheiro".

• "Tributário. Recurso especial representativo de controvérsia. Art. 543-C do CPC. Caução e expedição da CPD-EN. Possibilidade. Suspensão da exigibilidade do crédito tributário. Art. 151 do CTN. Inexistência de equiparação da fiança bancária ao depósito do montante integral do tributo devido para fins de suspensão da exigibilidade. Súmula n. 112/ STJ. Violação ao art. 535, II, do CPC, não configurada. Multa. Art. 538 do CPC. Exclusão. 1. A fiança bancária não é equiparável ao depósito integral do débito exequendo para fins de suspensão da exigibilidade do crédito tributário, ante a taxatividade do art. 151 do CTN e o teor do Enunciado Sumular 112 desta Corte, cujos precedentes são de clareza hialina: Processual civil e tributário. Mandado de segurança. Suspensão cautelar da exigibilidade do crédito tributário. Depósito em TDAS ou fiança bancária. Impossibilidade. Recurso desprovido. Consoante precedentes jurisprudenciais desta Corte, a suspensão da exigibilidade do crédito tributário, só é admissível, mediante deposito integral em dinheiro, nos termos do disposto no art. 151 do CTN e art. 9.º, § 4.º, da Lei n. 6.830/1980. Recurso desprovido, por unanimidade (RMS 1269/AM, Rel. Min. Demócrito Reinaldo, Primeira Turma, julgado em 18.10.1993, *DJ* 08.11.1993). Tributário. Suspensão de exigibilidade de crédito. Fiança bancária como garantia acolhida em liminar. Art. 151, CTN. Lei n. 6.830/1980 (arts. 9.º e 38).

Arts. 796, 798 e 804, CPC). Súmulas n. 247-TFR e n. 1 e n. 2 do TRF/3.ª Região. 1. A provisoriedade, com específicos contornos, da cautelar calcada em fiança bancária (arts. 796, 798 e 804, CPC), não suspende a exigibilidade do crédito fiscal (art. 151, CTN), monitorado por especialíssima legislação de hierarquia superior, não submissa às comuns disposições contidas na Lei n. 6.830/1980 (arts. 9.º e 38). 2. Só o depósito judicial em dinheiro, autorizado nos próprios autos da ação principal ou da cautelar, suspende a exigibilidade do crédito tributário. 3. Recurso provido (REsp 30610/SP, Rel. Min. Milton Luiz Pereira, Primeira Turma, julgado em 10.02.1993, *DJ* 15.03.1993). 2. O art. 151 do CTN dispõe que, *in verbis*: 'Suspendem a exigibilidade do crédito tributário: I – moratória; II – o depósito do seu montante integral; III – as reclamações e os recursos, nos termos das leis reguladoras do processo tributário administrativo; IV – a concessão de medida liminar em mandado de segurança; V – a concessão de medida liminar ou de tutela antecipada, em outras espécies de ação judicial; (Incluído pela Lcp 104, de 10.1.2001) VI – o parcelamento'. 3. Deveras, a suspensão da exigibilidade do crédito tributário (que implica óbice à prática de quaisquer atos executivos) encontra-se taxativamente prevista no art. 151 do CTN, sendo certo que a prestação de caução, mediante o oferecimento de fiança bancária, ainda que no montante integral do valor devido, não ostenta o efeito de suspender a exigibilidade do crédito tributário, mas apenas de garantir o débito exequendo, em equiparação ou antecipação à penhora, com o escopo precípuo de viabilizar a expedição de Certidão Positiva com Efeitos de Negativa e a oposição de embargos (Precedentes: AgRg no REsp 1157794/MT, Rel. Min. Humberto Martins, Segunda Turma, j. 16.03.2010, *DJe* 24.03.2010; AgRg na MC 15.089/RJ, Rel. Min. Herman Benjamin, Segunda Turma, j. 16.04.2009, *DJe* 06.05.2009; AgRg no REsp 1046930/ES, Rel. Min. Mauro Campbell Marques, Segunda Turma, j. 03.03.2009, *DJe* 25.03.2009; REsp 870.566/RS, Rel. Min. Denise Arruda, Primeira Turma, j. 18.12.2008, *DJe* 11.02.2009; MC 12.431/RS, Rel. Min. Teori Albino Zavascki, Primeira Turma, j. 27.03.2007, *DJ* 12.04.2007; AgRg no Ag 853.912/RJ, Rel. Min. José Delgado, Primeira Turma, j. 13.11.2007, *DJ* 29.11.2007; REsp 980.247/DF, Rel. Min. Castro Meira, Segunda Turma, j. 16.10.2007, *DJ* 31.10.2007; REsp 587.297/RJ, Rel. Min. João Otávio de Noronha, Segunda Turma, j. 24.10.2006, *DJ* 05.12.2006; AgRg no REsp 841.934/RS, Rel. Min. Francisco Falcão, Primeira Turma, j. 05.09.2006, *DJ* 05.10.2006). 4. *Ad argumentandum tantum*, peculiaridades do instituto da fiança demonstram, de forma inequívoca, a impossibilidade de sua equiparação ao depósito, tais como a alegação do benefício de ordem e a desoneração do encargo assumido mediante manifestação unilateral de vontade do fiador, nos termos dos arts. 827 e 835 do Código Civil, *verbis*: 'Art. 827. O fiador demandado pelo pagamento da dívida tem direito a exigir, até a contestação da lide, que sejam primeiro executados os bens do devedor'. 'Art. 835. O fiador poderá exonerar-se da fiança que tiver assinado sem limitação de tempo, sempre que lhe convier, ficando obrigado por todos os efeitos da fiança, durante sessenta dias após a notificação do credor'. 5. O contribuinte pode, após o vencimento da sua obrigação e antes da execução, garantir o juízo de forma antecipada, para o fim de obter certidão positiva com efeito de negativa. É que a Primeira Seção firmou o entendimento de que: Processual civil e tributário. Recurso especial representativo de controvérsia. Art. 543-C do CPC. Ação cautelar para assegurar a expedição de certidão positiva com efeitos de negativa. Possibilidade. Insuficiência da caução. Impossibilidade. 1. O contribuinte pode, após o vencimento da sua obrigação e antes da execução, garantir o juízo de forma antecipada, para o fim de obter certidão positiva com efeito de negativa (Precedentes: EDcl no AgRg no REsp 1057365/RS, Rel. Min. Luiz Fux, Primeira Turma, j. 04.08.2009, *DJe* 02.09.2009; EDcl nos EREsp 710.153/RS, Rel. Min. Herman Benjamin, Primeira Seção, j. 23.09.2009, *DJe* 01.10.2009; REsp 1075360/RS, Rel. Min. Mauro Campbell Marques, Segunda Turma, j. 04.06.2009, *DJe* 23.06.2009; AgRg no REsp 898.412/RS, Rel. Min. Humberto Martins, Segunda Turma, j. 18.12.2008, *DJe* 13.02.2009; REsp 870.566/RS, Rel. Min. Denise Arruda, Primeira Turma, j.

18.12.2008, *DJe* 11.02.2009; REsp 746.789/BA, Rel. Min. Teori Albino Zavascki, Primeira Turma, j. 18.11.2008, *DJe* 24.11.2008; EREsp 574107/PR, Rel. Min. João Otávio de Noronha, *DJ* 07.05.2007). 2. Dispõe o art. 206 do CTN que: 'tem os mesmos efeitos previstos no artigo anterior a certidão de que conste a existência de créditos não vencidos, em curso de cobrança executiva em que tenha sido efetivada a penhora, ou cuja exigibilidade esteja suspensa'. A caução oferecida pelo contribuinte, antes da propositura da execução fiscal, é equiparável à penhora antecipada e viabiliza a certidão pretendida, desde que prestada em valor suficiente à garantia do juízo. 3. É viável a antecipação dos efeitos que seriam obtidos com a penhora no executivo fiscal, através de caução de eficácia semelhante. A percorrer-se entendimento diverso, o contribuinte que contra si tenha ajuizada ação de execução fiscal ostenta condição mais favorável do que aquele contra o qual o Fisco não se voltou judicialmente ainda. 4. Deveras, não pode ser imputado ao contribuinte solvente, isto é, aquele em condições de oferecer bens suficientes à garantia da dívida, prejuízo pela demora do Fisco em ajuizar a execução fiscal para a cobrança do débito tributário. Raciocínio inverso implicaria que o contribuinte que contra si tenha ajuizada ação de execução fiscal ostenta condição mais favorável do que aquele contra o qual o Fisco ainda não se voltou judicialmente. 5. *Mutatis mutandis* o mecanismo assemelha-se ao previsto no revogado art. 570 do CPC, por força do qual era lícito ao devedor iniciar a execução. Isso porque as obrigações, como vínculos pessoais, nasceram para serem extintas pelo cumprimento, diferentemente dos direitos reais que visam à perpetuação da situação jurídica nele edificadas. 6. Outrossim, instigada a Fazenda pela caução oferecida, pode ela iniciar a execução, convertendo-se a garantia prestada por iniciativa do contribuinte na famigerada penhora que autoriza a expedição da certidão...). 7. Recurso especial parcialmente conhecido e, nesta parte, desprovido. Acórdão submetido ao regime do art. 543-C do CPC e da Resolução STJ 8/2008 (REsp 1123669/RS, Rel. Min. Luiz Fux, Primeira Seção, j. 09.12.2009, *DJe* 01.02.2010). 7. *In casu*, o pleito constante da exordial da presente ação cautelar, juntada às fls. e-STJ 28, foi formulado nos seguintes termos, *verbis*: 'À vista do exposto, demonstrada a existência de *periculum in mora* e *fumus boni juris*, pleiteiam as requerentes, com fundamento nos arts. 796 e 804 do Código de Processo Civil, que lhe seja deferida medida liminar para assegurar a suspensão da exigibilidade do crédito tributário objeto dos Processos Administrativos 15374.002156/00-73 e 15374.002155/00-19 até final decisão de mérito da questão jurídica em debate na AO 2007.34.00.036175-5 sem apresentação de garantia ou, quando menos, caso V.Exa. entenda necessária a garantia da liminar, requer a Autora seja autorizada a apresentação de fiança bancária do valor envolvido, a exemplo do que aconteceria na hipótese de propositura de execução fiscal, tornando-se, assim, válida a expedição de Certidão Positiva com Efeitos de Negativa, tal como previsto no art. 206, do CTN' (grifos no original). 8. O Juízo federal de primeiro grau concedeu a liminar, fundamentando o *decisum* na possibilidade de expedição de CPD-EN mediante a apresentação de fiança bancária garantidora da futura execução, consoante farta jurisprudência. No entanto, no dispositivo, contraditoriamente, determina a prestação de fiança 'em valor não inferior ao do débito ora discutido mais 30% (trinta por cento), nos termos do § 2.º do art. 656 do CPC, a qual deverá ter validade durante todo o tempo em que perdurar a ação judicial, sob pena de restauração da exigibilidade dos créditos tributários'. 9. O Tribunal *a quo* perpetuou o equívoco do juízo singular, confirmando a concessão da liminar, para suspender a exigibilidade do crédito tributário e para determinar a expedição de Certidão Positiva com Efeitos de Negativa, mediante apresentação de fiança bancária, ao entendimento de que o art. 9.º, § 3.º, da Lei n. 6.830/1980 não estabeleceria qualquer distinção entre o depósito em dinheiro e a fiança bancária, apta a garantir o crédito tributário. 10. Destarte, não obstante o equivocado entendimento do aresto recorrido, verifica-se que o pedido formulado referiu-se à expedição de certidão de regularidade fiscal. 11. O art. 535 do CPC resta incólume se o Tribunal de origem, embora sucintamente, pronuncia-se de forma clara e suficiente sobre a questão posta nos autos. Ademais, o magistrado não está obrigado a rebater, um a um, os argumentos trazidos pela parte, desde que os fundamentos utilizados tenham sido suficientes para embasar a decisão. 12. Exclusão da multa imposta com base no art. 538, parágrafo único, do CPC, ante a ausência de intuito protelatório por parte da recorrente, sobressaindo-se, tão somente, a finalidade de prequestionamento. 13. Recurso especial parcialmente provido, apenas para afastar a multa imposta com base no art. 538, parágrafo único, do CPC. Acórdão submetido ao regime do art. 543-C do CPC e da Resolução STJ 8/2008" (REsp 1.156.668/ DF, Tema Repetitivo 378, Rel. Min. Luiz Fux, j. 24.11.2010).

Tese Jurídica: "A fiança bancária não é equiparável ao depósito integral do débito exequendo para fins de suspensão da exigibilidade do crédito tributário, ante a taxatividade do art. 151 do CTN e o teor do Enunciado Sumular 112 desta Corte".

• "Processual civil e tributário. Recurso especial representativo de controvérsia. Art. 543-C do CPC. Ação antiexacional anterior à execução fiscal. Depósito integral do débito. Suspensão da exigibilidade do crédito tributário (art. 151, II, do CTN). Óbice à propositura da execução fiscal, que, acaso ajuizada, deverá ser extinta. 1. O depósito do montante integral do débito, nos termos do art. 151, inciso II, do CTN, suspende a exigibilidade do crédito tributário, impedindo o ajuizamento da execução fiscal por parte da Fazenda Pública (Precedentes: REsp 885.246/ ES, Rel. Min. Mauro Campbell Marques, Segunda Turma, j. 22.06.2010, *DJe* 06.08.2010; REsp 1074506/SP, Rel. Min. Luiz Fux, Primeira Turma, j. 06.08.2009, *DJe* 21.09.2009; AgRg nos EDcl no REsp 1108852/RJ, Rel. Min. Mauro Campbell Marques, Segunda Turma, j. 18.08.2009, *DJe* 10.09.2009; AgRg no REsp 774.180/RS, Rel. Min. Humberto Martins, Segunda Turma, j. 16.06.2009, *DJe* 29.06.2009; REsp 807.685/RJ, Rel. Min. Teori Albino Zavascki, Primeira Turma, j. 04.04.2006, *DJ* 08.05.2006; REsp 789.920/MA, Rel. Min. Francisco Falcão, Primeira Turma, j. 16.02.2006, *DJ* 06.03.2006; REsp 601.432/CE, Rel. Min. Francisco Peçanha Martins, Segunda Turma, j. 27.09.2005, *DJ* 28.11.2005; REsp 255.701/SP, Rel. Min. Franciulli Netto, Segunda Turma, j. 27.04.2004, *DJ* 09.08.2004; REsp 174.000/RJ, Rel. Min. Eliana Calmon, Segunda Turma, j. 08.05.2001, *DJ* 25.06.2001; REsp 62.767/PE, Rel. Min. Antônio de Pádua Ribeiro, Segunda Turma, j. 03.04.1997, *DJ* 28.04.1997; REsp 4.089/SP, Rel. Min. Geraldo Sobral, Rel. p/ Acórdão Min. José de Jesus Filho, Primeira Turma, j. 27.02.1991, *DJ* 29.04.1991; AgRg no Ag 4.664/CE, Rel. Min. Garcia Vieira, Primeira Turma, j. 22.08.1990, *DJ* 24.09.1990). 2. É que as causas suspensivas da exigibilidade do crédito tributário (art. 151 do CTN) impedem a realização, pelo Fisco, de atos de cobrança, os quais têm início em momento posterior ao lançamento, com a lavratura do auto de infração. 3. O processo de cobrança do crédito tributário encarta as seguintes etapas, visando ao efetivo recebimento do referido crédito: a) a cobrança administrativa, que ocorrerá mediante a lavratura do auto de infração e aplicação de multa: exigibilidade-autuação; b) a inscrição em dívida ativa: exigibilidade-inscrição; c) a cobrança judicial, via execução fiscal: exigibilidade-execução. 4. Os efeitos da suspensão da exigibilidade pela realização do depósito integral do crédito exequendo, quer no bojo de ação anulatória, quer no de ação declaratória de inexistência de relação jurídico-tributária, ou mesmo no de mandado de segurança, desde que ajuizados anteriormente à execução fiscal, têm o condão de impedir a lavratura do auto de infração, assim como de coibir o ato de inscrição em dívida ativa e o ajuizamento da execução fiscal, a qual, acaso proposta, deverá ser extinta. 5. A improcedência da ação antiexacional (precedida do depósito do montante integral) acarreta a conversão do depósito em renda em favor da Fazenda Pública, extinguindo o crédito tributário, consoante o comando do art. 156, VI, do CTN, na esteira dos ensinamentos de abalizada doutrina, *verbis*: 'Depois da constituição definitiva do crédito, o depósito, quer tenha sido prévio ou posterior, tem o mérito de impedir a propositura da ação de cobrança, vale dizer, da execução fiscal, porquanto fica suspensa a exigibilidade do crédito. [...] Ao promover a ação anulatória de lançamento, ou a declaratória de inexistência de relação tributária, ou mesmo o mandado de segurança, o autor fará a prova do depósito e pedirá ao Juiz que mande cientificar a Fazenda Pública, para os fins do art. 151, II, do Código Tributário Nacional. Se pretender a suspensão da exigibilidade antes da propositura da ação, poderá fazer o depósito e, em seguida, juntando o respectivo comprovante, pedir ao Juiz que mande notificar a Fazenda Pública. Terá então o prazo de 30 dias para promover a ação. Julgada a ação procedente, o depósito deve ser devolvido ao contribuinte, e se improcedente, convertido em renda da Fazenda Pública, desde que a sentença de mérito tenha transitado em julgado" (MACHADO, Hugo de Brito. *Curso de direito tributário*. 27. ed., p. 205-206). 6. *In casu*, o Tribunal *a quo*, ao conceder a liminar pleiteada no bojo do presente agravo de instrumento, consignou a integralidade do depósito efetuado, às fls. 77/78: 'A verossimilhança do pedido é manifesta, pois houve o depósito dos valores reclamados em execução, o que acarreta a suspensão da exigibilidade do crédito tributário, de forma que concedo a liminar pleiteada para o fim de suspender a execução até o julgamento do mandado de segurança ou julgamento deste pela Turma Julgadora'. 7. A ocorrência do depósito integral do montante devido restou ratificada no aresto recorrido, consoante dessume-se do seguinte excerto do voto condutor, *in verbis*: 'O depósito do valor do débito impede o ajuizamento de ação executiva até o trânsito em julgado da ação. Consta que foi efetuado o depósito nos autos do mandado de segurança impetrado pela agravante, o qual encontra-se em andamento, de forma que a exigibilidade do tributo permanece suspensa até solução definitiva. Assim sendo, a Municipalidade não está autorizada a proceder à cobrança de tributo cuja legalidade está sendo discutida judicialmente'. 8. *In casu*, o Município recorrente alegou violação do art. 151, II, do CTN, ao argumento de que o depósito efetuado não seria integral, posto não coincidir com o valor constante da CDA, por isso que inapto a garantir a execução, determinar sua suspensão ou extinção, tese insindicável pelo STJ, mercê de a questão remanescer quanto aos efeitos do depósito servirem à fixação da tese repetitiva. 9. Destarte, ante a ocorrência do depósito do montante integral do débito exequendo, no bojo de ação antiexacional proposta em momento anterior ao ajuizamento da execução, a extinção do executivo fiscal é medida que se impõe, porquanto suspensa a exigibilidade do referido crédito tributário. 10. Recurso especial desprovido. Acórdão submetido ao regime do art. 543-C do CPC e da Resolução STJ 8/2008" (REsp 1.140.956/SP, Tema Repetitivo 271, Rel. Min. Luiz Fux, j. 24.11.2010).

Tese Jurídica: "Os efeitos da suspensão da exigibilidade pela realização do depósito integral do crédito exequendo, quer no bojo de ação anulatória, quer no de ação declaratória de inexistência de relação jurídico-tributária, ou mesmo no de mandado de segurança, desde que ajuizados anteriormente à execução fiscal, têm o condão de impedir a lavratura do auto de infração, assim como de coibir o ato de inscrição em dívida ativa e o ajuizamento da execução fiscal, a qual, acaso proposta, deverá ser extinta".

• "Processual civil. AFRMM. Depósito judicial efetivado com o fim de suspender a exigibilidade do crédito tributário. Extinção do feito sem julgamento do mérito. Levantamento pelo contribuinte. Impossibilidade. Conversão em renda da União. 1. Conquanto primeiramente firmado entendimento no sentido de que, na hipótese de extinção do feito sem julgamento do mérito, o depósito deveria ser devolvido ao contribuinte, que ficava privado da suspensividade, inexistindo a possibilidade de haver, em favor da Fazenda, a conversão do depósito em renda (EREsp 270083/SP, Rel. Min. Eliana Calmon, *DJ* 02.09.2002), em recente decisão, a Eg. Primeira Seção alterou este entendimento, a fim de determinar, nessa hipótese, a conversão em renda da União do montante depositado em juízo (EREsp 227.835/SP, Rel. Min. Teori Zavascki, *DJ* 05.12.2005). 2. Embargos de divergência acolhidos" (EREsp 279.352/SP, Rel. Min. Luiz Fux, j. 26.04.2006).

Seção II
Moratória

Art. 152. A moratória somente pode ser concedida **(1 e 2)**:

I – em caráter geral **(2.1 e 2.1.1)**:

a) pela pessoa jurídica de direito público competente para instituir o tributo a que se refira;

b) pela União, quanto a tributos de competência dos Estados, do Distrito Federal ou dos Municípios, quando simultaneamente concedida quanto aos tributos de competência federal e às obrigações de direito privado;

II – em caráter individual, por despacho da autoridade administrativa, desde que autorizada por lei nas condições do inciso anterior **(2.2)**.

Parágrafo único. A lei concessiva de moratória pode circunscrever expressamente a sua aplicabilidade à determinada região do território da pessoa jurídica de direito público que a expedir, ou a determinada classe ou categoria de sujeitos passivos **(3)**.

 COMENTÁRIOS

1. *Moratória. Considerações gerais.* A moratória é a prorrogação do prazo ou a outorga de novo prazo, se já findo o original, para o cumprimento da obrigação tributária principal. Sempre dependerá de lei para sua concessão não somente porque a obrigação tributária é *ex lege,* mas também por força do *princípio da indisponibilidade do interesse público,* uma vez que a moratória implica o recebimento do crédito fiscal posteriormente ao prazo originalmente estabelecido. O dispositivo abriga disciplina minudente, pouco afinada com a ideia de "normas gerais de direito tributário" veiculadas pelo CTN.

2. *Modalidades.* O CTN prevê duas modalidades de moratória quanto ao regime de concessão: em caráter *geral* e em caráter *individual.*

2.1. *Moratória em caráter geral.* É aquela outorgada de forma abrangente, dispensada a análise da situação individual do contribuinte.

2.1.1. *Competência para a concessão de moratória.* A moratória somente pode ser concedida pela pessoa política competente para exigir o tributo. O inciso I, alínea *b,* desse artigo contempla hipótese que não se afina com a Constituição de 1988, uma vez que a União não poderia conceder moratória de tributos de outras pessoas políticas sem flagrante ofensa aos princípios federativo e da autonomia municipal. Trata-se, assim, de norma não recepcionada pela Constituição de 1988.

2.2. *Moratória em caráter individual.* É aquela que depende de apreciação, pela autoridade administrativa, do requerimento do interessado e da demonstração do preenchimento dos requisitos legais. V. art. 155, CTN.

3. *Limites.* Situação que autoriza a edição de lei concessiva de moratória aplicável à determinada região do território é a de calamidade pública, uma vez evidente o interesse público em deferir maior prazo para a satisfação das obrigações tributárias.

Art. 153. A lei que conceda moratória em caráter geral ou autorize sua concessão em caráter individual especificará, sem prejuízo de outros requisitos **(1 e 2)**:

I – o prazo de duração do favor;

II – as condições da concessão do favor em caráter individual;

III – sendo caso:

a) os tributos a que se aplica;

b) o número de prestações e seus vencimentos, dentro do prazo a que se refere o inciso I, podendo atribuir a fixação de uns e de outros à autoridade administrativa, para cada caso de concessão em caráter individual;

c) as garantias que devem ser fornecidas pelo beneficiado no caso de concessão em caráter individual.

COMENTÁRIOS

1. *Conteúdo da lei concessiva de moratória.* O dispositivo dirige-se, didaticamente, ao legislador ordinário de cada pessoa política. Para ambas as modalidades de moratória, o CTN estabelece o conteúdo mínimo da respectiva lei concessiva do benefício.

2. *Requisitos básicos para a concessão da moratória.* Os incisos arrolam os requisitos básicos que a lei deve estabelecer para a concessão da moratória em caráter geral ou individual: *(i)* o prazo de duração; *(ii)* as condições da concessão em caráter individual; e *(iii)* sendo o caso, os tributos a que se aplica, o número de prestações e respectivos vencimentos e as garantias eventualmente exigíveis. Nada obsta, como o próprio *caput* do artigo afirma, que, além dos requisitos básicos já apontados, a lei ordinária de cada pessoa política venha a estabelecer outros.

Art. 154. Salvo disposição de lei em contrário **(1)**, a moratória somente abrange os créditos definitivamente constituídos à data da lei ou do despacho que a conceder, ou cujo lançamento já tenha sido iniciado àquela data por ato regularmente notificado ao sujeito passivo **(2)**.

Parágrafo único. A moratória não aproveita aos casos de dolo, fraude ou simulação do sujeito passivo ou do terceiro em benefício daquele **(3)**.

COMENTÁRIOS

1. *Norma supletiva.* Essa norma somente atuará no caso de o legislador ordinário de cada pessoa política não estabelecer diversamente.

2. *Abrangência da moratória.* A moratória, por óbvio, somente alcança créditos que já foram objeto de lançamento, regularmente notificado ao sujeito passivo.

3. *Inaplicabilidade da moratória.* Afasta-se a possibilidade de a moratória ser aplicada a casos de dolo, fraude ou simulação do sujeito passivo ou do terceiro em benefício daquele.

Prestigiando diretriz jurídica clássica, o benefício em foco não pode ser outorgado àqueles que, de má-fé, praticaram atos ilícitos.

> **Art. 155.** A concessão da moratória em caráter individual não gera direito adquirido e será revogada de ofício, sempre que se apure que o beneficiado não satisfazia ou deixou de satisfazer as condições ou não cumpria ou deixou de cumprir os requisitos para a concessão do favor, cobrando-se o crédito acrescido de juros de mora **(1 e 2)**:
>
> I – com imposição da penalidade cabível, nos casos de dolo ou simulação do beneficiado, ou de terceiro em benefício daquele;
>
> II – sem imposição de penalidade, nos demais casos.
>
> Parágrafo único. No caso do inciso I deste artigo, o tempo decorrido entre a concessão da moratória e sua revogação não se computa para efeito da prescrição do direito à cobrança do crédito; no caso do inciso II deste artigo, a revogação só pode ocorrer antes de prescrito o referido direito.

 COMENTÁRIOS

1. Cessação da moratória em caráter individual e seus efeitos. Crítica ao dispositivo. A dicção do artigo é algo confusa. Por primeiro, o *caput* encerra uma impropriedade técnica, ao declarar que "a concessão da moratória em caráter individual não gera direito adquirido e será revogada de ofício, sempre que se apure que o beneficiado não satisfazia ou deixou de satisfazer as condições ou não cumprira ou deixou de cumprir os requisitos para a concessão do favor". Isso porque a concessão da moratória, como claramente se depreende do disposto nos arts. 152 e 153, CTN, dá-se mediante *ato administrativo vinculado,* ou seja, uma vez preenchidos os requisitos legais pelo interessado, tem ele direito ao benefício. Logo, sua concessão, nos termos da lei, gera direito adquirido. E, se assim é, incabível falar em *revogação,* modalidade de extinção de ato administrativo discricionário, cuja expedição envolve a apreciação de oportunidade e conveniência, por razões relacionadas a tais critérios. Se o interessado não preenchia os requisitos legais necessários e, ainda assim, a moratória foi concedida, esta deve ser objeto de *anulação,* não de revogação. Diversamente, se a moratória foi outorgada corretamente, mas, posteriormente, o interessado deixou de satisfazer as condições para a sua fruição, é caso de *cassação* da moratória. Esses os termos que expressam os conceitos aplicáveis a tais hipóteses, segundo as lições do Direito Administrativo (cf. Maria Sylvia Zanella Di Pietro, *Direito administrativo*).

2. Consequências da cessação da moratória. Em ambas as hipóteses apontadas, a cessação da fruição da moratória importará no acréscimo de juros de mora. Se ocorreu a prática de ilícito, aplica-se, evidentemente, a sanção cabível, não se computando o lapso temporal decorrido para efeito de prescrição.

> **Art. 155-A.** O parcelamento será concedido na forma e condição estabelecidas em lei específica **(1 a 3)**.
>
> * Artigo/*caput* acrescentado pela LC n. 104/2001.

§ 1.º Salvo disposição de lei em contrário, o parcelamento do crédito tributário não exclui a incidência de juros e multas **(4)**.

* § 1.º acrescentado pela LC n. 104/2001.

§ 2.º Aplicam-se, subsidiariamente, ao parcelamento as disposições desta Lei, relativas à moratória **(5)**.

* § 2.º acrescentado pela LC n. 104/2001.

§ 3.º Lei específica disporá sobre as condições de parcelamento dos créditos tributários do devedor em recuperação judicial **(6 e 6.1.)**.

* § 3.º acrescentado pela LC n. 118/2005.

§ 4.º A inexistência da lei específica a que se refere o § 3.º deste artigo importa na aplicação das leis gerais de parcelamento do ente da Federação ao devedor em recuperação judicial, não podendo, neste caso, ser o prazo de parcelamento inferior ao concedido pela lei federal específica **(6.2)**.

* § 4.º acrescentado pela LC n. 118/2005.

 COMENTÁRIOS

1. ***Dispositivo relacionado:*** art. 138, CTN.

2. ***Legislação básica.*** Lei n. 11.101/2005 (recuperação judicial, extrajudicial e falência), arts. 6.º, § 7.º-B, e 68; Lei n. 10.522/2002 (na redação dada pela Lei n. 14.112/2020), arts. 10-A, 10-B e 10-C.

3. ***Parcelamento. Considerações gerais.*** Originalmente, o CTN não dispunha o parcelamento como causa de suspensão da exigibilidade do crédito tributário. No entanto, tal hipótese já era admitida pela jurisprudência, em razão do fato de este ser considerado, majoritariamente, uma *espécie de moratória.* A hipótese veio a ser acrescentada ao texto do código pela LC n. 104/2001 (art. 151, VI), que introduziu, também, o art. 155-A. À semelhança da moratória, o parcelamento somente pode ser concedido mediante lei, uma vez mais, em respeito ao *princípio da indisponibilidade do interesse público,* porquanto o Fisco receberá seu crédito em momento posterior ao originalmente estabelecido. V. comentários ao art. 97, VI, CTN.

4. ***Parcelamento e moratória.*** A distinção entre moratória e parcelamento é sutil, porquanto este é modalidade daquela, o que exsurge do preceito contido no § 2.º do art. 155-A, que determina a aplicação subsidiária, ao parcelamento, das disposições do CTN relativas à moratória. A relação entre os institutos reside no fato de que a moratória – gênero – contempla duas espécies: *(i)* de execução *unitária*; e *(ii)* de execução *parcelada.* Vale dizer: ou pagamento do débito se dá em uma única parcela ou em *várias parcelas.* Parcelamento é o nome que se dá a essa segunda modalidade.

5. ***Parcelamento e penalidade.*** O § 1.º do art. 155-A proclama a obviedade de que o parcelamento não exclui os juros moratórios nem as multas. O preceito remete, claramente, ao instituto da *denúncia espontânea* (art. 138, CTN), que tem o condão de afastar a penalidade imposta, dentro de certas condições, rechaçando o entendimento, sustentado por parte da doutrina e da jurisprudência, segundo o qual o parcelamento poderia configurá-la. V. comentários ao art. 138, CTN.

6. Parcelamento e recuperação judicial. Os §§ 3.º e 4.º do art. 155-A, por seu turno, foram acrescentados pela LC n. 118/2005, para adaptar a disciplina do CTN à Lei da Recuperação Judicial (Lei n. 11.101/2005, arts. 6.º, § 7.º-B, e 68). A Lei n. 14.112/2020 revogou o § 7.º do art. 6.º da Lei da Recuperação Judicial, que determinava que "as execuções de natureza fiscal não são suspensas pelo deferimento da recuperação judicial, ressalvada a concessão de parcelamento nos termos do Código Tributário Nacional e da legislação ordinária específica" e inseriu o § 7.º-B, que prescreve que "o disposto nos incisos I, II e III do *caput* deste artigo não se aplica às execuções fiscais, admitida, todavia, a competência do juízo da recuperação judicial para determinar a substituição dos atos de constrição que recaiam sobre bens de capital essenciais à manutenção da atividade empresarial até o encerramento da recuperação judicial, a qual será implementada mediante a cooperação jurisdicional, na forma do art. 69 da Lei n. 13.105, de 16 de março de 2015 (Código de Processo Civil), observado o disposto no art. 805 do referido Código". Tal inovação visa a facilitar a recuperação das empresas submetidas a esse regime jurídico.

6.1. Lei específica sobre as condições de parcelamento dos créditos tributários do devedor em recuperação judicial. *Lei específica* é aquela que tenha por objeto tão somente esse tema – parcelamento – a ser editada pelo ente federativo.

6.2. Ausência de lei específica. O § 4.º prescreve que, em caso de inexistência da apontada lei específica, Estados, Distrito Federal e Municípios, ao concederem parcelamentos de seus respectivos créditos, não poderão fixar prazo inferior ao previsto na lei específica federal acerca do tema.

 JURISPRUDÊNCIA ILUSTRATIVA

STF

• "Ação direta de inconstitucionalidade. Lei estadual n. 11.453/2000. Vício de iniciativa. Inexistência. Princípio da legalidade. Parcelamento. Forma e condições. Delegação ao regulamento. Impossibilidade. Inconstitucionalidade. 1. Não ofende o art. 61, § 1.º, II, *b*, da Constituição Federal lei oriunda de projeto elaborado na Assembleia Legislativa estadual que trate sobre matéria tributária, uma vez que a aplicação desse dispositivo está circunscrita às iniciativas privativas do chefe do Poder Executivo Federal na órbita exclusiva dos territórios federais. 2. Ao remeter a disciplina do parcelamento às regras atinentes à moratória, a lei complementar exigiu que a legislação definidora do instituto promovesse a especificação mínima das condições e dos requisitos para sua outorga em favor do contribuinte. 3. Em matéria de delegação legislativa, a jurisprudência da Corte tem acompanhado um movimento de maior flexibilização do Princípio da Legalidade, desde que o legislador estabeleça um desenho mínimo que evite o arbítrio. 4. O grau de indeterminação com que operou a Lei Estadual n. 11.453/2000, ao meramente autorizar o Poder Executivo a conceder o parcelamento, provocou a degradação da reserva legal, consagrada pelo art. 150, I, da Constituição Federal. Isso porque a remessa ao ato infralegal não pode resultar em desapoderamento do legislador no trato de elementos essenciais da obrigação tributária. Para o respeito do princípio da legalidade, seria essencial que a lei (em sentido estrito), além de prescrever o tributo a que se aplica (IPVA) e a categoria de contribuintes afetados pela medida legislativa (inadimplentes), também definisse o prazo de duração da medida, com indicação do número de prestações, com seus vencimentos, e as garantias que o contribuinte deva oferecer, conforme determina o art. 153 do Código Tributário Nacional. 5. Ação direta de inconstitucionalidade julgada procedente, com a declaração da inconstitucionalidade da Lei n. 11.453/2000 do Estado do

Rio Grande do Sul, por afronta ao princípio da reserva de lei em matéria tributária, contido no art. 150, I, da Constituição Federal" (ADI 2.304/RS, Rel. Min. Dias Toffoli, j. 12.04.2018).

STJ

• "Tributário. Recurso representativo da controvérsia. Tema 1.187 do STJ. Parcelamento. Lei 11.941/2009. Momento de aplicação da redução dos juros de mora. Apenas após a consolidação da dívida. 1. A presente discussão consiste em definir o momento da aplicação da redução dos juros moratórios, nos casos de quitação antecipada, parcial ou total, dos débitos fiscais objeto de parcelamento, conforme previsão do art. 1º da Lei 11.941/2009. A controvérsia gira em torno, especificamente, do art. 1º, § 3º, da Lei 11.941/2009, o qual assim dispõe (grifei): 'Art. 1º [...], § 3º Observado o disposto no art. 3º desta Lei e os requisitos e as condições estabelecidos em ato conjunto do Procurador-Geral da Fazenda Nacional e do Secretário da Receita Federal do Brasil, a ser editado no prazo de 60 (sessenta) dias a partir da data de publicação desta Lei, **os débitos que não foram objeto de parcelamentos anteriores a que se refere este artigo poderão ser pagos ou parcelados da seguinte forma**: I – pagos à vista, com redução de 100% (cem por cento) das multas de mora e de ofício, de 40% (quarenta por cento) das isoladas, de **45%** (quarenta e cinco por cento) dos **juros de mora** e de 100% (cem por cento) sobre o valor do encargo legal; II – parcelados em até 30 (trinta) prestações mensais, com redução de 90% (noventa por cento) das multas de mora e de ofício, de 35% (trinta e cinco por cento) das isoladas, de **40%** (quarenta por cento) dos **juros de mora** e de 100% (cem por cento) sobre o valor do encargo legal; [...]'. 2. A Primeira Turma do STJ inicialmente entendia que 'O art. 1º, § 3º, I, da Lei n. 11.941/09, expressamente dispõe que o contribuinte optante pelo pagamento à vista do débito fiscal será beneficiado com redução de 100% (cem por cento) do valor das multas moratória e de ofício. Segue-se, desse modo, que os **juros de mora**, cuja aplicação se entenda eventualmente devida sobre o valor das multas, incidirá, por força da própria previsão legal, sobre as bases de cálculo inexistentes, porquanto integralmente afastadas a priori pela lei, em consonância com o art. 155-A, § 1º, do CTN'. (AgInt no REsp 1.404.931/RS, Rel. Min. Benedito Gonçalves, Primeira Turma, *DJe* 16.5.2019, grifei.) 3. A Segunda Turma, por sua vez, possuía orientação de que 'o inciso I do § 3º do art. 1º da Lei nº 11.941/09, a despeito de ter reduzido em 100% (cem por cento) as multas de mora e de ofício, apenas reduziu em 45% (quarenta e cinco por cento) o montante relativo aos juros de mora' (REsp 1.492.246/RS, Rel. Min. Mauro Campbell Marques, Segunda Turma, *DJe* 10.6.2015). 4. A matéria foi pacificada no julgamento dos **EREsp 1.404.931/ RS**, Rel. Ministro Herman Benjamin, Primeira Seção, *DJe* 4.8.2021, ocasião em que se firmou o entendimento de que a **Lei 11.941/2009 apenas concedeu remissão nos casos nela especificados**, e que, em se tratando de remissão, não há indicativo na Lei 11.941/2009 que permita concluir que a redução de 100% (cem por cento) das multas de mora e de ofício estabelecida no art. 1º, § 3º, I, da referida lei **implique redução superior à de 45% (quarenta e cinco por cento) dos juros de mora estabelecida no mesmo inciso**, para atingir uma remissão completa da rubrica de juros (remissão de 100% de juros de mora), **como quer o contribuinte**. Isso porque os Programas de Parcelamento em que veiculadas remissões e/ou anistias de débitos fiscais são normas às quais o contribuinte adere ou não, segundo seus exclusivos critérios. Todavia, uma vez ocorrendo a adesão, deve o contribuinte submeter-se ao regramento proposto em lei e previamente conhecido. A própria lei tratou das rubricas componentes do crédito tributário de forma separada, instituindo, para cada uma, um percentual específico de remissão, **de forma que não é possível recalcular os juros de mora sobre uma rubrica já remitida de multa de mora ou de ofício, sob pena de se tornar inócua a redução específica para os juros de mora**. Nesse sentido: AgInt no REsp 1.929.721/RS, Rel. Min. Mauro Campbell Marques, Segunda Turma, *DJe* de 19.11.2021; AgInt no REsp 1.564.177/PR,

Rel. Min. Gurgel de Faria, Primeira Turma, *DJe* de 6.4.2022; AgInt nos EREsp 1.875.077/RS, Rel. Min. Sérgio Kukina, Primeira Seção, *DJe* de 3.6.2022; e AgInt no REsp 1.933.351/SC, Rel. Min. Assusete Magalhães, Segunda Turma, *DJe* de 12.11.2021. 5. Verifica-se que a diminuição dos juros de mora em 45% (para o caso do inciso I do § 3º do art. 1º da Lei 11.941/09) deve ser aplicada após a consolidação da dívida, sobre o próprio montante devido originalmente a esse título; não existe amparo legal para que a exclusão de 100% da multa de mora e de ofício implique exclusão proporcional dos juros de mora, sem que a lei assim o tenha definido de modo expresso. Exegese em sentido contrário ao que aqui foi mencionado, além de ampliar o sentido da norma restritiva, esbarra na tese fixada em Recurso Repetitivo do STJ, instaurando, em consequência, indesejável insegurança jurídica no meio social. Tese jurídica a ser fixada. 6. Assim, proponho a fixação da seguinte tese jurídica: '**Nos casos de quitação antecipada, parcial ou total, dos débitos fiscais objeto de parcelamento, conforme previsão do art. 1º da Lei 11.941/2009, o momento de aplicação da redução dos juros moratórios deve ocorrer após a consolidação da dívida, sobre o próprio montante devido originalmente a esse título, não existindo amparo legal para que a exclusão de 100% da multa de mora e de ofício implique exclusão proporcional dos juros de mora, sem que a lei assim o tenha definido de modo expresso**'. Solução do caso concreto. Recurso especial da Fazenda Nacional. 7. No caso em espécie, o juízo de primeiro grau julgou o Mandado de Segurança improcedente. A Corte de origem, por sua vez, deu parcial provimento ao Apelo do contribuinte 'para reformar a sentença, apenas no tocante aos juros incidentes sobre a multa de ofício referente à quitação antecipada do débito do parcelamento nos termos da Lei nº 11.941/09.' (fl. 856, e-STJ). O acórdão recorrido se fundamentou em precedente do STJ proferido em decisão monocrática de 2019 (fls. 855-856, e-STJ), ou seja, antes de a Primeira Seção pacificar o seu entendimento sobre a matéria nos EREsp 1.404.931/RS, em 2021. 8. Como se observa, a parcial procedência da demanda tomou por fundamento entendimento do STJ que já não subsiste, de modo que o acórdão a quo deve ser reformado para que a demanda seja julgada totalmente improcedente. Assim, deve o Recurso Especial da Fazenda Nacional ser provido. Recurso especial de Mueller Eletrodomésticos Ltda. 9. Inicialmente, constato que não se configurou a ofensa ao art. 1.022 do Código de Processo Civil de 2015, uma vez que o Tribunal de origem julgou integralmente a lide e solucionou a controvérsia. Vale destacar que o simples descontentamento da parte com o julgado não tem o condão de tornar cabíveis os Embargos de Declaração, que servem ao aprimoramento da decisão, mas não à sua modificação, que só muito excepcionalmente é admitida. 10. As matérias referentes ao art. 92 do Código Civil e aos arts. 180 e 181 do CTN não foram objeto de discussão no acórdão recorrido, e os Embargos de Declaração não abordaram o pedido de pronunciamento da Corte de origem a respeito dos referidos dispositivos legais. Dessa forma, não se configurou o prequestionamento, o que impossibilita sua apreciação em Recurso Especial, pois incide a Súmula 282 do STF. Nesse sentido: REsp 1.318.421/SC, Rel. Min. Assusete Magalhães, Segunda Turma, *DJe* 26.10.2021; e AgInt no REsp 1.942.672/PR, Rel. Min. Mauro Campbell Marques, Segunda Turma, *DJe* 18.10.2021. 11. No tocante ao pedido da recorrente, no qual alega possuir direito líquido e certo de obter os descontos das multas de ofício e de mora em relação aos juros incidentes sobre essas multas, verifica-se que o seu Recurso Especial se apoia em precedente do STJ também proferido em decisão monocrática de 2019 (fl. 955-956, e-STJ), antes de a Primeira Seção pacificar seu entendimento acerca da matéria nos EREsp 1.404.931/RS, em 2021. 12. Portanto, não prospera o Apelo raro do contribuinte, de modo que o seu Recurso merece parcial conhecimento e, nessa extensão, não provimento. Conclusão. 13. Recurso Especial da Fazenda Nacional provido, e Recurso Especial do contribuinte parcialmente conhecido e, nessa extensão, não provido" (REsp 2.006.663/RS, Tema Repetitivo 1.187, Rel. Min. Herman Benjamin, j. 25.10.2023).

• "Processo civil. Recurso especial representativo de controvérsia. Art. 543-C do CPC. Processo judicial tributário. Execução fiscal. Pedido de parcelamento fiscal (Paes) protocolizado antes da propositura do executivo fiscal. Ausência de homologação expressa ou tácita à época. Suspensão da exigibilidade do crédito tributário perfectibilizada após o ajuizamento da demanda. Extinção do feito. Descabimento. Suspensão do processo. Cabimento. 1. O parcelamento fiscal, concedido na forma e condição estabelecidas em lei específica, é causa suspensiva da exigibilidade do crédito tributário, à luz do disposto no art. 151, VI, do CTN. 2. Consequentemente, a produção de efeitos suspensivos da exigibilidade do crédito tributário, advindos do parcelamento, condiciona-se à homologação expressa ou tácita do pedido formulado pelo contribuinte junto ao Fisco (Precedentes das Turmas de Direito Público: REsp 911.360/RS, Rel. Min. Herman Benjamin, Segunda Turma, j. 18.03.2008, DJe 04.03.2009; REsp 608.149/PR, Rel. Min. Luiz Fux, Primeira Turma, j. 09.11.2004, DJ 29.11.2004; REsp 430.585/RS, Rel. Min. Castro Meira, Segunda Turma, j. 03.08.2004, DJ 20.09.2004; e REsp 427.358/RS, Rel. Min. Eliana Calmon, Segunda Turma, j. 27.08.2002, DJ 16.09.2002). 3. A Lei n. 10.684, de 30 de maio de 2003 (em que convertida a Medida Provisória n. 107, de 10 de fevereiro de 2003), autorizou o parcelamento (conhecido por PAES), em até 180 (cento e oitenta) prestações mensais e sucessivas, dos débitos (constituídos ou não, inscritos ou não em Dívida Ativa, ainda que em fase de execução fiscal) que os contribuintes tivessem junto à Secretaria da Receita Federal ou à Procuradoria-Geral da Fazenda Nacional com vencimento até 28.02.2003 (art. 1.º). 4. A Lei n. 10.522/2002 (lei reguladora do parcelamento instituído pela Lei n. 10.684/2003), em sua redação primitiva (vigente até o advento da Medida Provisória n. 449/2008, convertida na Lei n. 11.941/2009), estabelecia que: 'Art. 11. Ao formular o pedido de parcelamento, o devedor deverá comprovar o recolhimento de valor correspondente à primeira parcela, conforme o montante do débito e o prazo solicitado. [...] § 4.º Considerar-se-á automaticamente deferido o parcelamento, em caso de não manifestação da autoridade fazendária no prazo de 90 (noventa) dias, contado da data da protocolização do pedido. [...]' 5. Destarte, o § 4.º da aludida norma (aplicável à espécie por força do princípio *tempus regit actum*) erigiu hipótese de deferimento tácito do pedido de adesão ao parcelamento formulado pelo contribuinte, uma vez decorrido o prazo de 90 (noventa) dias (contados da protocolização do pedido) sem manifestação da autoridade fazendária, desde que efetuado o recolhimento das parcelas estabelecidas. 6. *In casu*, restou assente na origem que: '[...] a devedora formalizou sua opção pelo Paes em 31 de julho de 2003 (fl. 59). A partir deste momento, o crédito ora em execução não mais lhe era exigível, salvo se indeferido o benefício. Quanto ao ponto, verifico que o crédito em foco foi realmente inserido no Paes, nada havendo de concreto nos autos a demonstrar que a demora na concessão do benefício deu-se por culpa da parte executada. Presente, portanto, causa para a suspensão da exigibilidade do crédito. Agora, ajuizada a presente execução fiscal em setembro de 2003, quando já inexequível a dívida em foco, caracterizou-se a falta de interesse de agir da parte exequente. Destarte, a extinção deste feito é medida que se impõe'. 7. À época do ajuizamento da demanda executiva (23.09.2003), inexistia homologação expressa ou tácita do pedido de parcelamento protocolizado em 31.07.2003, razão pela qual merece reparo a decisão que extinguiu o feito com base nos arts. 267, VI (ausência de condição da ação), e 618, I (nulidade da execução ante a inexigibilidade da obrigação consubstanciada na CDA), do CPC. 8. É que a suspensão da exigibilidade do crédito tributário, perfectibilizada após a propositura da ação, ostenta o condão somente de obstar o curso do feito executivo e não de extingui-lo. 9. Outrossim, não há que se confundir a hipótese prevista no art. 174, IV, do CTN (causa interruptiva do prazo prescricional) com as modalidades suspensivas da exigibilidade do crédito tributário (art. 151 do CTN). 10. Recurso especial provido, determinando-se a suspensão (e não a extinção) da demanda executiva fiscal. Acórdão submetido ao regime do art. 543-C do CPC e da Resolução STJ 8/2008" (REsp 957.509/RS, Tema Repetitivo 365, Rel. Min. Luiz Fux, j. 09.08.2010).

Tese Jurídica: "A produção do efeito suspensivo da exigibilidade do crédito tributário, advindo do parcelamento, condiciona-se à homologação expressa ou tácita do pedido formulado pelo contribuinte junto ao Fisco".

Capítulo IV
Extinção do Crédito Tributário **(1 a 4)**

Seção I
Modalidades de Extinção **(5)**

Art. 156. Extinguem o crédito tributário **(6)**:

I – o pagamento **(7)**;

II – a compensação **(8)**;

III – a transação **(9)**;

IV – a remissão **(10)**;

V – a prescrição **(11)** e a decadência **(12)**;

VI – a conversão de depósito em renda **(13)**;

VII – o pagamento antecipado e a homologação do lançamento nos termos do disposto no art. 150 e seus §§ 1.º e 4.º **(14)**;

VIII – a consignação em pagamento, nos termos do disposto no § 2.º do art. 164 **(15)**;

IX – a decisão administrativa irreformável, assim entendida a definitiva na órbita administrativa, que não mais possa ser objeto de ação anulatória **(16)**;

X – a decisão judicial passada em julgado **(17)**;

XI – a dação em pagamento em bens imóveis, na forma e condições estabelecidas em lei **(18)**.

* Inciso XI acrescentado pela LC n. 104/2001.

Parágrafo único. A lei disporá quanto aos efeitos da extinção total ou parcial do crédito sobre a ulterior verificação da irregularidade da sua constituição, observado o disposto nos arts. 144 e 149 **(19)**.

 COMENTÁRIOS

1. *Moldura constitucional.* Art. 5.º [...] "XXXV – a lei não excluirá da apreciação do Poder Judiciário nenhuma lesão ou ameaça a direito; [...] Art. 146. Cabe à lei complementar: [...] III – estabelecer normas gerais em matéria de legislação tributária, especialmente sobre: [...] b) obrigação, lançamento, crédito, prescrição e decadência tributários; [...]."

2. *Dispositivos relacionados:* arts. 3.º; 144; 149; 150; 151 a 155-A; 157 a 174, CTN.

3. *Legislação básica:* CC, art. 356; CPC, art. 502; Lei n. 13.259/2016, arts. 4.º e 4.º-A, incluído pela Lei n. 14.011/2020 (dação em pagamento).

4. *Extinção do crédito tributário. Crítica à nomenclatura empregada.* A extinção da obrigação tributária principal representa o término do vínculo existente entre Fisco e contribuinte que tem por objeto o pagamento de tributo. O crédito tributário não pode ser extinto sem que o seja o próprio vínculo obrigacional; vale dizer, sendo extinta a obrigação tributária principal, extintos estarão os respectivos crédito e débito. Desse modo, correta, tecnicamente, a expressão "extinção da obrigação tributária".

5. Modalidades. A extinção dessa obrigação tributária principal, usualmente, se dá mediante o *pagamento* do tributo. No entanto, há diversas outras situações que também conduzem à extinção do vínculo obrigacional. A disciplina da obrigação tributária, inclusive sua extinção, há de ser sempre veiculada por *lei*, com vista à proteção ao patrimônio público representado pelo crédito tributário. O tema de extinção da obrigação tributária, portanto, deve ser analisado dentro da moldura dos princípios da legalidade e da indisponibilidade do interesse público.

6. Rol exemplificativo. O rol de modalidades extintivas é longo, mas não exaustivo. Para a análise de tais hipóteses, impõe-se considerar a disciplina dessas figuras pela lei civil. É que, induvidosamente, o legislador tributário tomou por base as modalidades de extinção da obrigação então previstas no Código Civil de 1916. Enquanto em algumas hipóteses a modalidade extintiva do liame obrigacional tributário guarda similitude com o instituto do direito privado, em outras, porém, dele se distancia, imprimindo-se-lhe uma configuração própria. Pode-se, ainda, cogitar a aplicação de outras modalidades de extinção das obrigações em geral, segundo a disciplina do Código Civil, como a hipótese de *confusão* (arts. 381 a 384, CC).

7. Pagamento e suas modalidades. V. comentários aos arts. 157 a 169, CTN.

8. Compensação. V. comentários aos arts. 170 e 170-A, CTN.

9. Transação. V. comentários ao art. 171, CTN.

10. Remissão. V. comentários ao art. 172, CTN.

11. Prescrição. V. comentários ao art. 174, CTN.

12. Decadência. V. comentários ao art. 173, CTN

13. Conversão de depósito em renda. Constitui modalidade de pagamento. É frequente situação em que o contribuinte efetua o depósito judicial do valor correspondente à exigência fiscal em discussão, com vista à suspensão da exigibilidade da obrigação, no aguardo do desfecho da ação. A jurisprudência consolidou-se, há muito, no sentido de que, caso o pedido venha a ser julgado improcedente, a conversão de depósito em renda da Fazenda Pública haverá de ser feita obrigatoriamente (v. comentários ao art. 151, II, CTN). Não nos parece deva ser assim. Conforme temos sustentado, o pagamento é forma voluntária de extinção de obrigação (art. 304, CC). Caso assim não ocorra, o credor pode valer-se da *execução forçada*, que reveste disciplina própria. Na hipótese de crédito tributário, é a execução fiscal, regrada pela Lei n. 6.830/1980. Desse modo, a nosso ver, vencido o contribuinte em ação na qual efetuou o depósito do tributo impugnado, deveria este ser instado a manifestar-se quanto à sua intenção de efetuar o respectivo pagamento, na modalidade "conversão de depósito em renda". Se não pretendesse fazê-lo, optando pelo direito que lhe é assegurado pelo ordenamento jurídico de submeter-se à execução forçada, poderia requerer o levantamento do depósito, cabendo ao Juízo intimar previamente o Fisco dessa postulação. Essa seria a oportunidade para o Fisco, em garantia de seu crédito, requerer fosse realizada a penhora do valor depositado, viabilizando-se a execução fiscal.

14. Pagamento antecipado e homologação do lançamento. Extingue, ainda, a obrigação tributária principal, o *pagamento antecipado e a homologação do lançamento*, conforme preceitua o art. 150, § 4.º, CTN: "Se a lei não fixar prazo à homologação, será ele de cinco anos, a contar da ocorrência do fato gerador; expirado esse prazo sem que a Fazenda Pública se tenha pronunciado, considera-se homologado o lançamento e definitivamente extinto o crédito, salvo se comprovada a ocorrência de dolo, fraude ou simulação". Portanto, nos tributos sujeitos a lançamento por homologação, como visto, o próprio contribuinte apura o crédito tributário e antecipa seu pagamento, que há de ser homologado, expressa ou tacitamente, para que se consuma a extinção do vínculo obrigacional. O prazo quinquenal é de *decadência* (art. 173, CTN). V. comentários ao art. 150, CTN.

15. Consignação em pagamento. V. comentários ao art. 164, CTN.

16. Decisão administrativa irreformável. O CTN reporta-se à decisão proferida em sede de *processo administrativo*, acerca da impugnação do sujeito passivo a determinada exigência tributária. Se a Administração Fiscal acolhe, legitimamente, a pretensão do contribuinte, tal decisão adquire caráter irreformável. A situação equivale ao que a doutrina pioneira do direito administrativo denominava *coisa julgada administrativa* e que a doutrina contemporânea prefere chamar de "decisão que se tornou irretratável para a própria Administração" (cf. Maria Sylvia Zanella Di Pietro, *Direito administrativo*). Assim, por exemplo, impugnada a exigência fiscal na esfera administrativa e reconhecida sua invalidade, resta extinta a obrigação tributária. A cláusula segundo a qual se reputa decisão administrativa irreformável somente aquela que "não mais possa ser objeto de ação anulatória" dá a entender que o Fisco pode buscar judicialmente a invalidação de decisão administrativa definitiva favorável ao contribuinte. Tal conclusão, no entanto, é incompatível com o sistema constitucional adotado, uma vez que a Administração Pública aplica a lei aos casos concretos e, assim, soluciona conflitos em que é parte, exercendo controle de legalidade sobre seus atos, consoante o *princípio da autotutela*, cristalizado no enunciado da Súmula n. 473 do STF. Logo, na hipótese, não possui interesse de agir para buscar tal prestação jurisdicional.

17. Decisão judicial passada em julgado. Essa referência é meramente didática, porquanto, ainda que não expressa, seria forçoso concluir que a decisão judicial passada em julgado constitui modalidade de extinção do vínculo obrigacional. Com efeito, à vista do *princípio da universalidade da jurisdição*, também denominado *princípio da inafastabilidade do controle jurisdicional*, "a lei não excluirá da apreciação do Poder Judiciário nenhuma lesão ou ameaça a direito" (art. 5.º, XXXV, CR). Desse modo, provocado o Poder Judiciário mediante ação do sujeito passivo para discutir a exigência fiscal ou mediante a propositura, pela Fazenda Pública, de execução fiscal, o pronunciamento judicial definitivo, no sentido da invalidade do crédito tributário, culminará em *coisa julgada material*, que, nos termos do art. 502 do CPC, consiste na "autoridade que torna imutável e indiscutível a decisão de mérito não mais sujeita a recurso". A coisa julgada material extingue, assim, a obrigação tributária. (V. STF, RE 949.297/CE, Tema 881, Red. p/ o acórdão Min. Roberto Barroso, j. 08.02.2023; e RE 955.227/BA, Tema 885, Rel. Min. Roberto Barroso, j. 08.02.2023, nos quais foi fixada a seguinte tese: "1. As decisões do STF em controle incidental de constitucionalidade, anteriores à instituição do regime de repercussão geral, não impactam automaticamente a coisa julgada que se tenha formado, mesmo nas relações jurídicas tributárias de trato sucessivo. 2. Já as decisões proferidas em ação direta ou em sede de repercussão geral interrompem automaticamente os efeitos temporais das decisões transitadas em julgado nas referidas relações, respeitadas a irretroatividade, a anterioridade anual e a noventena ou a anterioridade nonagesimal, conforme a natureza do tributo").

18. Dação em pagamento. Prescreve o art. 356 CC que "o credor pode consentir em receber prestação diversa da que lhe é devida". Constitui, portanto, modalidade de pagamento na qual o devedor aceita recebê-lo mediante a entrega de prestação distinta da pactuada. No CTN encontra-se prevista no art. 156, XI, cuidando-se de hipótese extintiva a ele incorporada pela LC n. 104/2001. Passou o Código, assim, a contemplar expressamente mais uma modalidade de pagamento, traduzida na possibilidade de efetuá-lo mediante a entrega de bens imóveis, tão somente, na forma e condições que vierem a ser estabelecidas em lei. Observe-se que, enquanto não publicada a lei que introduz os requisitos para a aplicação dessa hipótese, será ela ineficaz. Por outro lado, uma vez ausente a regulamentação da norma geral, não ficam inibidas as pessoas políticas de adotar a possibilidade de dação em pagamento segundo suas próprias normas, com fundamento nos princípios federativo e da autonomia municipal. A União, aliás, regulamentou a hipótese para seus créditos, mediante a Lei n. 13.259/2016 (art. 4.º), cuja redação já foi alterada pela Lei n. 13.313/2016. Ainda, poder-se-ia indagar se a hipótese não ofende o disposto no art. 3.º, CTN, que, ao definir o conceito de tributo, estabelece ser este "prestação pecuniária compulsória, em moeda ou cujo valor nela se possa exprimir [...]". Pensamos seja negativa a resposta, pois a norma em foco apenas admite a extinção da obrigação tributária mediante a dação em pagamento, restando preservada a natureza pecuniária da prestação qualificada como tributo.

19. Efeitos da extinção do crédito ante a constatação de irregularidade de sua constituição. A norma contida no parágrafo único desse artigo declara que a lei – de cada pessoa política – disporá quanto aos efeitos da extinção total ou parcial do crédito sobre a ulterior verificação da irregularidade da sua constituição, observado o disposto nos arts. 144 e 149, CTN; ou seja, a lei disciplinará a hipótese da eficácia da extinção total ou parcial da obrigação tributária, uma vez constatada a irregularidade do lançamento, considerando que o lançamento se reporta à data da ocorrência do fato gerador e rege-se pela lei então vigente (art. 144, CTN), bem como o regramento do lançamento de ofício (art. 149, CTN).

 SUGESTÕES DOUTRINÁRIAS

EXTINÇÃO DA OBRIGAÇÃO TRIBUTÁRIA

Marcus Lívio Gomes, *Extinção do crédito tributário*, Livraria do Advogado; Julcira de Mello Vianna Lisboa (Coord.) e vários autores, *Extinção da obrigação tributária na teoria e na prática: uma visão disciplinar*, Quartier Latin; Geilson Salomão Leite, *Extinção do crédito tributário: homenagem ao Professor José Souto Maior Borges*, Fórum.

> *Seção II*
> *Pagamento* **(1 a 3)**
>
> **Art. 157.** A imposição de penalidade não ilide o pagamento integral do crédito tributário **(4)**.

 COMENTÁRIOS

1. Dispositivos relacionados: art. 156, I, VI, VII, VIII e IX, CTN.

2. Pagamento. Considerações gerais. Por constituir a forma usual de extinção da obrigação tributária, é minudentemente disciplinado pelo CTN. Significa a prestação, objeto do vínculo pertinente à obrigação principal, que o sujeito passivo efetua ao sujeito ativo, consubstanciada na entrega do valor em dinheiro correspondente ao débito tributário.

3. Modalidades de pagamento. Observe-se que o art. 156 refere, separadamente, à *conversão de depósito em renda*, ao *pagamento antecipado e à homologação do lançamento* (art. 150 e §§ 1.º a 4.º, CTN), à *consignação em pagamento* e à *dação em pagamento*, como se fossem modalidades diferentes de extinção da obrigação tributária. Em verdade, constituem diversas formas de pagamento. Outrossim, o *pagamento indevido* é objeto de regramento nos arts. 165 a 169, CTN, a cujos comentários remetemos.

4. Pagamento de tributo e imposição de penalidade. Compondo-se o crédito tributário do valor do tributo e de seus consectários (correção monetária, juros moratórios e multa), a imposição da penalidade, à evidência, não implica a quitação do débito tributário.

> **Art. 158.** O pagamento de um crédito não importa em presunção de pagamento **(1 a 3)**:
> I – quando parcial, das prestações em que se decomponha **(4)**;
> II – quando total, de outros créditos referentes ao mesmo ou a outros tributos **(5)**.

 COMENTÁRIOS

1. Dispositivo relacionado: art. 322, CC.

2. Presunção de pagamento no âmbito civil. Nos termos do art. 322, CC, "quando o pagamento for em quotas periódicas, a quitação da última estabelece, até prova em contrário, a presunção de estarem solvidas as anteriores". Estatui, assim, que, ocorrendo a quitação da última quota, haverá presunção de que foram pagas as anteriores.

3. Ausência de presunção de pagamento no âmbito tributário. O dispositivo tem caráter didático, especialmente voltado ao pagamento efetuado de modo parcelado, bem como ao contexto de tributos exigidos periodicamente.

4 e 5. Hipóteses. A norma contida no inciso I, distanciando-se da disciplina contemplada no direito privado para hipótese semelhante antes apontada (art. 322, CC), afasta a presunção de pagamento das prestações anteriores. Assim, no pagamento parcelado do IPTU, por exemplo, o pagamento da última parcela não pressupõe o das anteriores. Entretanto, consoante a norma estampada no inciso II, o pagamento integral do IPVA referente a determinado exercício não supõe o pagamento do mesmo imposto relativo a exercícios anteriores. Também, por óbvio, não acarretará a presunção de pagamento de outros tributos.

> **Art. 159.** Quando a legislação tributária não dispuser a respeito, o pagamento é efetuado na repartição competente do domicílio do sujeito passivo **(1 a 3)**.

 COMENTÁRIOS

1. Legislação básica: art. 327, CC.

2. Local do pagamento no âmbito civil. Prescreve o *Código Civil que* "efetuar-se-á o pagamento no domicílio do devedor, salvo se as partes convencionarem diversamente, ou se o contrário resultar da lei, da natureza da obrigação ou das circunstâncias", acrescentando que "designados dois ou mais lugares, cabe ao credor escolher entre eles" (art. 327, *caput* e parágrafo único).

3. Local do pagamento do tributo. A *norma* em comento assemelha-se àquela contida no art. 327, CC, segundo a qual, como regra, o pagamento efetuar-se-á no *domicílio do devedor*. Assim, segundo o dispositivo, o sujeito passivo deverá comparecer à repartição fiscal competente para efetuar o recolhimento do tributo. No entanto, dispondo diversamente diante da ressalva estampada na norma, a legislação das diversas pessoas políticas autoriza o pagamento de tributo na rede bancária.

> **Art. 160.** Quando a legislação tributária não fixar o tempo do pagamento, o vencimento do crédito ocorre trinta dias depois da data em que se considera o sujeito passivo notificado do lançamento **(1 a 3)**.
>
> Parágrafo único. A legislação tributária pode conceder desconto pela antecipação do pagamento, nas condições que estabeleça **(4)**.

COMENTÁRIOS

1. Dispositivos relacionados: arts. 96 e 97, CTN.

2. Tempo do pagamento do tributo. Cabe destacar que a norma contida no *caput* somente será aplicável se lei específica de cada pessoa política não contemplar regramento a respeito, o que usualmente ocorre. Observe-se estarem excluídos da sua abrangência os tributos sujeitos a lançamento por homologação, visto que, nessa hipótese, não há que falar em notificação ao sujeito passivo. De todo modo, necessária, igualmente, a fixação de lapso temporal dentro do qual deverá ser realizado o pagamento de tais tributos.

3. Fonte normativa da fixação do prazo para pagamento do tributo. Relevante destacar que, embora a norma em comento utilize a expressão "legislação tributária", sabidamente abrangendo atos normativos de diversas naturezas, como visto (art. 96, CTN), entendemos que o prazo para pagamento de tributo deva ser fixado em *lei*, porquanto ninguém será obrigado a fazer alguma coisa senão em virtude de lei (art. 5.º, II, CR). Não obstante, a jurisprudência consolidou-se no sentido contrário, admitindo a fixação de prazo para o pagamento de tributo mediante *decreto*, uma vez que tal hipótese não está prevista no art. 97, CTN (*e.g.*, RE 195.218/MG).

4. Antecipação do pagamento e concessão de desconto. Visando incentivar o pagamento do tributo antes do vencimento do prazo correspondente, o dispositivo autoriza a pessoa política competente a conceder desconto. Igualmente, embora empregada a expressão "legislação tributária", entendemos que tal autorização somente possa ser veiculada por lei, em homenagem aos princípios constitucionais da legalidade e da indisponibilidade do interesse público.

JURISPRUDÊNCIA ILUSTRATIVA

STF

• "Ação direta de inconstitucionalidade. Art. 10, II e IV, da Lei n. 10.542/1997 do Estado de Santa Catarina. Normas que exigem prévia e específica autorização legislativa para operações de recolhimento antecipado do ICMS com a concessão de desconto e para a venda de ações de empresas públicas, sociedade de economia mista e instituições pertencentes ao sistema financeiro público do Estado. Violação à separação de poderes. Inconstitucionalidade do primeiro dispositivo reconhecida, dada interpretação conforme a constituição ao segundo dispositivo. 1. Ao Legislativo cabe regrar genericamente a concessão de descontos (CTN, art. 160, parágrafo único), e o Executivo pode concedê-los caso a caso, obedecendo aos termos da legislação respectiva. 2. Exigir autorização prévia e específica em cada caso de operação de antecipação do pagamento é desbordar dos limites de atuação do Poder Legislativo, invadindo seara própria da Administração. 3. 'No julgamento da Ação Direta de Inconstitucionalidade 234/RJ, ao apreciar dispositivos da Constituição do Rio de Janeiro que vedavam a alienação de ações de sociedades de economia mista estaduais, o Supremo Tribunal Federal conferiu interpretação conforme à Constituição da República, no sentido de serem admitidas essas alienações, condicionando-as à autorização legislativa, por lei em sentido formal, tão somente quando importarem em perda do controle acionário por parte do Estado. Naquela assentada, se decidiu também que o Chefe do Poder Executivo estadual não poderia ser privado da competência para dispor sobre a organização e o funcionamento da administração estadual' (ADI 1348/RJ, *DJe* 07.03.2008). 4. A autorização legislativa exigida 'há de fazer-se por lei formal, mas só será necessária, quando se cuide de alienar o controle acionário da sociedade de economia mista' e demais estatais (ADI 234 QO/RJ, *DJe* 09.05.1997). 5. Ação direta de inconstitucionalidade julgada parcialmente procedente" (ADI 1.703/SC, Rel. Min. Alexandre de Moraes, j. 08.11.2017).

• "Tributário. ICMS. Minas Gerais. Decretos n. 30.087/1989 e n. 32.535/1991, que anteciparam o dia de recolhimento do tributo e determinaram a incidência de correção monetária a partir de então. Alegada ofensa aos princípios da legalidade, da anterioridade e da não cumulatividade. Improcedência da alegação, tendo em vista não se encontrar sob o princípio da legalidade estrita e da anterioridade a fixação do vencimento da obrigação tributária; já se havendo assentado no STF, de outra parte, o entendimento de que a atualização monetária do débito de ICMS vencido não afronta o princípio da não cumulatividade (RE 172.394). Recurso não conhecido" (1.ª T., RE 195.218/MG, Rel. Min. Ilmar Galvão, j. 28.05.2002).

> **Art. 161.** O crédito não integralmente pago no vencimento é acrescido de juros de mora, seja qual for o motivo determinante da falta **(1 a 3)**, sem prejuízo da imposição das penalidades cabíveis e da aplicação de quaisquer medidas de garantia previstas nesta Lei ou em lei tributária **(4)**.
>
> § 1.º Se a lei não dispuser de modo diverso, os juros de mora são calculados à taxa de um por cento ao mês **(5)**.
>
> § 2.º O disposto neste artigo não se aplica na pendência de consulta formulada pelo devedor dentro do prazo legal para pagamento do crédito **(6)**.

 COMENTÁRIOS

1. Dispositivo relacionado: art. 151, CTN.

2. Legislação básica: Lei n. 9.250/1995, art. 39, § 4.º.

3. Juros moratórios. Há incidência de juros moratórios diante do não pagamento integral do débito tributário no vencimento, seja qual for o motivo deste. Os juros moratórios visam remunerar o credor pelo fato de estar recebendo seu crédito a destempo. A cláusula "seja qual for o motivo determinante da falta" significa ser irrelevante se o sujeito passivo agiu ou não com *culpa*.

4. Cumulação com penalidades e garantias. Os juros moratórios não se confundem com a sanção decorrente do inadimplemento da obrigação. A *multa moratória*, embora, igualmente, tenha como pressuposto a mora no cumprimento da obrigação, é instituto distinto, em razão de seu viés punitivo. Os juros moratórios também não se assemelham às medidas de garantia do crédito em face da clara diversidade de naturezas jurídicas.

5. *Norma supletiva.* O § 1.º contém norma supletiva, segundo a qual a taxa de juros é de 1% ao mês, caso não haja lei dispondo diversamente. No âmbito federal, resta afastada tal norma, pois há lei dispondo de modo diverso, determinando a aplicação da taxa Selic para esse fim (Lei n. 9.250/1995, art. 39, § 4.º).

6. *Consulta pendente.* A incidência de juros moratórios, por óbvio, está afastada na pendência de *consulta* à Administração Tributária, nos termos prescritos na legislação pertinente. Isso significa que a consulta impede a incidência de juros moratórios desde que formulada pelo devedor dentro do prazo legal para pagamento do débito. Embora não seja considerada uma causa de suspensão da exigibilidade da obrigação tributária, a teor do rol taxativo do art. 151, CTN, a consulta pendente, nesses termos, produz efeito assemelhado. V. comentários ao art. 151, CTN.

 JURISPRUDÊNCIA ILUSTRATIVA

STJ

• "Processual civil. Recurso especial. Submissão à regra prevista no Enunciado Administrativo 02/STJ. Discussão sobre a aplicação do art. 1.º-F da Lei n. 9.494/1997 (com redação dada pela Lei n. 11.960/2009) às condenações impostas à Fazenda Pública. Caso concreto que é relativo a condenação judicial de natureza administrativa em geral (responsabilidade civil do Estado). 'Teses jurídicas fixadas. 1. Correção monetária: o art. 1.º-F da Lei n. 9.494/1997 (com redação dada pela Lei n. 11.960/2009), para fins de correção monetária, não é aplicável nas condenações judiciais impostas à Fazenda Pública, independentemente de sua natureza. 1.1 Impossibilidade de fixação apriorística da taxa de correção monetária. No presente julgamento, o estabelecimento de índices que devem ser aplicados a título de correção monetária não implica prefixação (ou fixação apriorística) de taxa de atualização monetária. Do contrário, a decisão baseia-se em índices que, atualmente, refletem a correção monetária ocorrida no período correspondente. Nesse contexto, em relação às situações futuras, a aplicação dos índices em comento, sobretudo o INPC e o IPCA-E, é legítima enquanto tais índices sejam capazes de captar o fenômeno inflacionário. 1.2 Não cabimento de modulação dos efeitos da decisão. A modulação dos efeitos da decisão que declarou inconstitucional a atualização monetária dos débitos da Fazenda Pública com base no índice oficial de remuneração da caderneta de poupança, no âmbito do Supremo Tribunal Federal, objetivou reconhecer a validade dos precatórios expedidos ou pagos até 25 de março de 2015, impedindo, desse modo, a rediscussão do débito baseada na aplicação de índices diversos. Assim, mostra-se descabida a modulação em relação aos casos em que não ocorreu expedição ou pagamento de precatório. 2. Juros de mora: o art. 1.º-F da Lei n. 9.494/1997 (com redação dada pela Lei n. 11.960/2009), na parte em que estabelece a incidência de juros de mora nos débitos da Fazenda Pública com base no índice oficial de remuneração da caderneta de poupança, aplica-se às condenações impostas à Fazenda Pública, excepcionadas as condenações oriundas de relação jurídico-tributária. 3. Índices aplicáveis a depender da natureza da condenação. [...] 3.3 Condenações judiciais de natureza tributária. A correção monetária e a taxa de juros de mora incidentes na repetição de indébitos tributários devem corresponder às utilizadas na cobrança de tributo pago em atraso. Não havendo disposição legal específica, os juros de mora são calculados à taxa de 1% ao mês (art. 161, § 1.º, do CTN). Observada a regra isonômica e havendo previsão na legislação da entidade tributante, é legítima a utilização da taxa Selic, sendo vedada sua cumulação com quaisquer outros índices. 4. Preservação da coisa julgada. Não obstante os índices estabelecidos para atualização monetária e compensação da mora, de acordo com a natureza da condenação imposta à Fazenda Pública, cumpre ressalvar eventual coisa julgada que tenha determinado a aplicação de índices diversos, cuja constitucionalidade/legalidade há de ser aferida no caso concreto. Solução do caso concreto. 5. Não havendo no acórdão recorrido omissão, obscuridade ou contradição, não fica caracterizada ofensa ao art. 535 do CPC/1973. 6. Quanto aos demais pontos, cumpre registrar que o presente caso refere-se a condenação judicial de natureza administrativa em geral (responsabilidade civil do Estado). A União pugna pela aplicação do disposto no art. 1.º-F da Lei n. 9.494/1997, a título de correção monetária, no período posterior à vigência da Lei n. 11.960/2009. Alternativamente, pede a incidência do IPCA-E. Verifica-se que a decisão exequenda determinou a aplicação do INPC desde a sua prolação 'até o efetivo pagamento' (fl. 34). 7. No que concerne à incidência do art. 1.º-F da Lei n. 9.494/1997 (com redação dada pela Lei n. 11.960/2009), o artigo referido não é aplicável para fins de correção monetária, nas condenações judiciais impostas à Fazenda Pública, independentemente de sua natureza. Quanto à aplicação do IPCA-E, é certo que a decisão exequenda, ao determinar a aplicação do INPC, não está em conformidade com a orientação acima delineada. Não obstante, em razão da necessidade de se preservar a coisa julgada, não é possível a reforma do acórdão recorrido. 8. Recurso especial não provido. Acórdão sujeito ao regime previsto no art. 1.036 e seguintes do CPC/2015, c/c o art. 256-N e seguintes do RISTJ'" (REsp 1.495.144/RS, Tema Repetitivo 905, Rel. Min. Mauro Campbell Marques, j. 22.02.2018).

> **Art. 162.** O pagamento é efetuado **(1 a 3)**:
>
> I – em moeda corrente, cheque ou vale postal;
>
> II – nos casos previstos em lei, em estampilha, em papel selado, ou por processo mecânico.
>
> § 1.º A legislação tributária pode determinar as garantias exigidas para o pagamento por cheque ou vale postal, desde que não o torne impossível ou mais oneroso que o pagamento em moeda corrente.
>
> § 2.º O crédito pago por cheque somente se considera extinto com o resgate deste pelo sacado.
>
> § 3.º O crédito pagável em estampilha considera-se extinto com a inutilização regular daquela, ressalvado o disposto no art. 150.
>
> § 4.º A perda ou destruição da estampilha, ou o erro no pagamento por esta modalidade, não dão direito à restituição, salvo nos casos expressamente previstos na legislação tributária, ou naqueles em que o erro seja imputável à autoridade administrativa.
>
> § 5.º O pagamento em papel selado ou por processo mecânico equipara-se ao pagamento em estampilha.

 COMENTÁRIOS

1. *Dispositivos relacionados:* arts. 3.º e 156, XI, CTN.

2. Forma de pagamento do tributo. Em consonância com o proclamado pelo art. 3.º, CTN, esse artigo disciplina a *forma* de pagamento do tributo, que, como regra, deve ser efetuado em dinheiro. Não obstante, a LC n. 104/2001 introduziu, como norma geral, a possibilidade de extinção da obrigação tributária mediante *dação em pagamento* em bens imóveis, nos termos da lei de cada pessoa política (art. 156, XI, CTN). V. comentários a esse artigo.

3. Outras formas de pagamento. O pagamento efetuado em estampilha, papel selado ou processo mecânico, expedientes de pouca ou nenhuma utilização, depende de regulamentação legal.

> **Art. 163.** Existindo simultaneamente dois ou mais débitos vencidos do mesmo sujeito passivo para com a mesma pessoa jurídica de direito público, relativos ao mesmo ou a diferentes tributos ou provenientes de penalidade pecuniária ou juros de mora, a autoridade administrativa competente para receber o pagamento determinará a respectiva imputação, obedecidas as seguintes regras, na ordem em que enumeradas **(1 e 2)**:
>
> I – em primeiro lugar, aos débitos por obrigação própria, e em segundo lugar aos decorrentes de responsabilidade tributária;
>
> II – primeiramente, às contribuições de melhoria, depois às taxas e por fim aos impostos;
>
> III – na ordem crescente dos prazos de prescrição;
>
> IV – na ordem decrescente dos montantes.

 COMENTÁRIOS

1. Legislação básica: CC, arts. 352 a 355.

2. Imputação do pagamento no âmbito tributário. O Código Civil, em seu art. 352, define a imputação do pagamento como a situação na qual "a pessoa obrigada por dois ou mais débitos da mesma natureza, a um só credor, tem o direito de indicar a qual deles oferece pagamento, se todos forem líquidos e vencidos". O CTN contempla regime distinto da imputação de pagamento no âmbito civil, pois cabe ao sujeito ativo a escolha de qual débito será pago. O dispositivo, porém, não tem aplicação prática, uma vez que os modelos de guias de recolhimento de tributos, apresentadas à rede bancária, não possibilitam que tal escolha seja efetuada.

 JURISPRUDÊNCIA ILUSTRATIVA

STJ

• Súmula n. 464: "A regra de imputação de pagamentos estabelecida no art. 354 do Código Civil não se aplica às hipóteses de compensação tributária".

> **Art. 164.** A importância do crédito tributário pode ser consignada judicialmente pelo sujeito passivo, nos casos **(1 a 3)**:
>
> I – de recusa de recebimento, ou subordinação deste ao pagamento de outro tributo ou de penalidade, ou ao cumprimento de obrigação acessória;

II – de subordinação do recebimento ao cumprimento de exigências administrativas sem fundamento legal;

III – de exigência, por mais de uma pessoa jurídica de direito público, de tributo idêntico sobre um mesmo fato gerador.

§ 1.º A consignação só pode versar sobre o crédito que o consignante se propõe pagar **(4)**.

§ 2.º Julgada procedente a consignação, o pagamento se reputa efetuado e a importância consignada é convertida em renda; julgada improcedente a consignação no todo ou em parte, cobra-se o crédito acrescido de juros de mora, sem prejuízo das penalidades cabíveis **(5)**.

 ## COMENTÁRIOS

1. Legislação básica: CC, arts. 334 e 335; CPC, arts. 539 a 549.

2. Consignação em pagamento no âmbito tributário. Nos termos do Código Civil, "considera-se pagamento, e extingue a obrigação, o depósito judicial ou em estabelecimento bancário da coisa devida, nos casos e forma legais" (art. 334), sendo cabível a consignação nas seguintes hipóteses: "I – se o credor não puder, ou, sem justa causa, recusar receber o pagamento, ou dar quitação na devida forma; II – se o credor não for, nem mandar receber a coisa no lugar, tempo e condição devidos; III – se o credor for incapaz de receber, for desconhecido, declarado ausente, ou residir em lugar incerto ou de acesso perigoso ou difícil; IV – se ocorrer dúvida sobre quem deva legitimamente receber o objeto do pagamento; V – se pender litígio sobre o objeto do pagamento" (art. 335). A ação consignatória, por sua vez, vem disciplinada nos arts. 539 a 549, CPC. Tal ação é pouco utilizada pelos contribuintes, porquanto rara a ocorrência das situações apontadas nos incisos desse artigo.

3. Hipóteses. O dispositivo prevê quatro hipóteses de cabimento da consignação em pagamento: *(i)* recusa de recebimento do crédito tributário; *(ii)* subordinação deste ao pagamento de outro tributo ou de penalidade, ou ao cumprimento de obrigação acessória; *(iii)* subordinação do recebimento ao cumprimento de exigências administrativas sem fundamento legal; e *(iv)* exigência, por mais de uma pessoa jurídica de direito público, de tributo idêntico sobre um mesmo fato gerador. A hipótese que pode render algum ensejo à propositura dessa ação é a prevista no inciso I – de recusa de recebimento, ou subordinação deste ao pagamento de outro tributo ou de penalidade, ou ao cumprimento de obrigação acessória. A situação a que alude o inciso III, qual seja, "de exigência, por mais de uma pessoa jurídica de direito público, de tributo idêntico sobre um mesmo fato gerador", é de difícil ocorrência, à vista da detalhada disciplina constitucional acerca da repartição de competências tributárias. No entanto, é possível vislumbrar o cabimento da consignação em pagamento na hipótese em que a União e Município exijam ITR e IPTU, respectivamente, sobre o mesmo imóvel, bem como na que Estado-membro e Município exijam ICMS e ISSQN, respectivamente, sobre o mesmo negócio jurídico.

4. Limite à consignação. Consoante o § 1.º, a consignação somente pode ter por objeto o crédito que o consignante se propõe a pagar, não abrangendo outros eventuais créditos do sujeito ativo.

5. *Eficácia do julgamento da consignatória.* Afinado à disciplina processual civil, o § 2.º estatui que a procedência da consignação implica a conversão do depósito em renda do sujeito ativo; a improcedência, por sua vez, seja total ou parcial, acarreta a incidência de juros moratórios, sem prejuízo de eventuais penalidades.

 JURISPRUDÊNCIA ILUSTRATIVA

STJ

• "Tributário. Ação de consignação em pagamento. Depósito integral. Divergência acerca de qual ente federativo detém a competência para a cobrança de tributo relativo ao mesmo fato gerador. Suspensão do crédito tributário. 1. O recorrente objetivou com a propositura da ação consignatória exercer o seu direito de pagar corretamente, sem que tenha que suportar uma dupla cobrança sobre o mesmo fato gerador pelo Estado e pelo Município. Não se trata, pois, de discussão acerca do valor devido, mas sim de verificar qual é o ente federativo competente para a cobrança do respectivo tributo, tendo o recorrente, inclusive, realizado o depósito integral do valor devido nos autos da ação consignatória. 2. O tribunal recorrido assentou que foi autorizado, nos autos do processo consignatório, o depósito judicial do valor do ICMS cobrado, e suspensão da exigibilidade dos créditos tributários em discussão. 3. Dadas as peculiaridades do caso concreto, em que pese a propositura da ação de consignação não ensejar a suspensão do crédito tributário, houve o depósito integral do montante cobrado, razão pela qual não poderia o Estado de Minas Gerais promover a execução Fiscal. Assim, excepcionalmente, é possível aplicar ao caso em comento a sistemática do enunciado da Súmula n. 112 desta Corte (o depósito somente suspende a exigibilidade do crédito tributário se for integral e em dinheiro). 3. Considerando ter sido a ação consignatória interposta previamente à ação executiva, impõe-se reconhecer a sua extinção, pois, segundo a jurisprudência desta Corte, a exigibilidade do crédito tributário encontrava-se suspensa. 4. Recurso especial provido" (2.ª T., REsp 1.040.603/MG, Rel. Min. Mauro Campbell Marques, j. 09.06.2009).

Seção III
Pagamento Indevido

Art. 165. O sujeito passivo tem direito, independentemente de prévio protesto, à restituição total ou parcial do tributo, seja qual for a modalidade do seu pagamento, ressalvado o disposto no § 4.º do art. 162, nos seguintes casos (**1 a 3**):

I – cobrança ou pagamento espontâneo de tributo indevido ou maior que o devido em face da legislação tributária aplicável, ou da natureza ou circunstâncias materiais do fato gerador efetivamente ocorrido (**4**);

II – erro na *edificação* do sujeito passivo, na determinação da alíquota aplicável, no cálculo do montante do débito ou na elaboração ou conferência de qualquer documento relativo ao pagamento (**5**);

III – reforma, anulação, revogação ou rescisão de decisão condenatória (**6**).

 COMENTÁRIOS

1. *Dispositivos relacionados:* arts. 156, II; 162, § 4.º; 170; e 170-A, CTN.

2. Legislação básica: CC, arts. 876 a 883.

3. Pagamento indevido e restituição do indébito. Embora não constitua uma modalidade de extinção da obrigação tributária, uma vez que é o "pagamento devido" que produz esse efeito, o legislador cuidou do *pagamento indevido*. Fundada no *princípio do enriquecimento sem causa*, a figura do *pagamento indevido* encontra disciplina no Código Civil (arts. 876 a 883), mas aplicando-lhe regime jurídico distinto ao do dispositivo em comento. Impende observar que, em verdade, o pagamento efetuado indevidamente não rende ensejo à restituição de *tributo*, já que este corresponde a um valor *devido* ao Fisco. Como o montante recolhido indevidamente a esse título não é tributo, exsurge o dever de sua devolução pelo Poder Público. O pagamento indevido é pressuposto de modalidade de extinção da obrigação tributária, qual seja, a *compensação* (arts. 156, II, 170 e 170-A, CTN), porquanto gera crédito em favor do contribuinte, que, por estar atrelado a vínculos obrigacionais de prestações sucessivas, pode optar por utilizá-lo como "moeda de pagamento" de débito tributário. Alternativamente, o contribuinte, para reaver o valor pago indevidamente ao Fisco, pode utilizar-se da ação de *repetição de indébito* ou postular, administrativamente, a devolução da quantia paga indevidamente. A ressalva contida no final do *caput* revela-se defasada, pois não há mais tributos pagos em estampilhas.

4. Cobrança ou pagamento espontâneo de tributo indevido ou a maior. A hipótese contida no inciso I remete ao lançamento de ofício (cobrança...) e ao lançamento por homologação (pagamento espontâneo...), respectivamente.

5. Erro. O inciso II aponta hipóteses de erro. O *erro de direito* é aquele relativo à inadequação verificada entre os aspectos do fato jurídico tributário e a norma legal a ele aplicada. O *erro de fato*, por sua vez, dá-se quando se considera ocorrido algo que não aconteceu. A rigor, a hipótese descrita no inciso I, mais abrangente, engloba a apontada no inciso II. O dispositivo reporta-se a *erros materiais* (aritmético, de grafia etc.). Observe-se que o termo "edificação" é um erro na redação do dispositivo, nunca corrigido, devendo entender-se "identificação".

6. Reforma, anulação, revogação ou rescisão da decisão condenatória. Se a Administração Tributária desfaz decisão condenatória, por qualquer uma dessas modalidades, reconhecendo o pagamento indevido, nasce o direito do contribuinte de reaver a quantia paga.

 JURISPRUDÊNCIA ILUSTRATIVA

STJ

• Súmula n. 614: "O locatário não possui legitimidade ativa para discutir a relação jurídico-tributária de IPTU e de taxas referentes ao imóvel alugado nem para repetir indébito desses tributos".

> **Art. 166.** A restituição de tributos que comportem, por sua natureza, transferência do respectivo encargo financeiro (**1 e 2**) somente será feita a quem prove haver assumido referido encargo, ou, no caso de tê-lo transferido a terceiro, estar por este expressamente autorizado a recebê-la (**3**).

COMENTÁRIOS

1. *Restituição de tributos na transferência do encargo financeiro a terceiro.* O artigo contempla norma cuja interpretação gera, há muito, intensa controvérsia. O tema diz com os chamados *impostos indiretos*, em relação aos quais ocorre a *repercussão tributária* ou *translação econômica do tributo*, consistente no fenômeno de o contribuinte *de jure* não ser aquele que absorve o impacto econômico da imposição tributária, pois o repassa ao contribuinte "de fato", o consumidor final. Constituem impostos indiretos, apontados constitucionalmente, o Imposto sobre Produtos Industrializados (IPI) e o Imposto sobre Circulação de Mercadorias e Prestação de Serviços (ICMS). A norma do art. 166 visa evitar que o contribuinte *de jure* receba duplamente o que pagou a título de tributo indevido: do terceiro, mediante o pagamento do preço do produto ou mercadoria, no qual o montante da exigência fiscal está embutido; e do Fisco, ao restituir-lhe o mesmo valor. A grande polêmica em torno da interpretação desse dispositivo ensejou, em 1969, a edição, pelo STF, da Súmula n. 546, do seguinte teor: "Cabe a restituição do tributo pago indevidamente, quando reconhecido por decisão, que o contribuinte *de jure* não recuperou do contribuinte *de facto* o *quantum* respectivo". Essa ainda é a orientação da Corte, pelo que rara a ocorrência de ajuizamento de ação de repetição do indébito que estampe tal pretensão.

2. *Prova de assunção do encargo ou autorização expressa de terceiro.* O contribuinte de direito deverá demonstrar que não repassou ao contribuinte de fato (consumidor), na operação realizada, o valor do tributo cuja repetição pleiteia, ou que, embora tenha repassado o ônus financeiro do tributo, estava autorizado, por este último, a postular sua devolução.

3. *Crítica ao dispositivo.* Para parte da doutrina, tal dispositivo inviabiliza a restituição de tributo indireto, pois a produção da prova da assunção do encargo é praticamente impossível, assim como a obtenção de autorização do terceiro a quem foi transferido. Outra vertente de pensamento sustenta ser legítima essa disciplina, uma vez que, se não se impusesse ao contribuinte *de jure* a demonstração de que absorveu o impacto econômico do tributo, sua restituição ensejaria *enriquecimento sem causa*. Logo, o valor correspondente deve permanecer com o Poder Público, à vista do princípio da *supremacia do interesse público sobre o particular*. Entendemos que a questão é realmente delicada, porquanto a preocupação do legislador com o locupletamento do contribuinte *de jure* é legítima, dado que a transferência do ônus financeiro do tributo ao terceiro ocorre em praticamente todos os casos. Em consequência, como a autorização do terceiro, especialmente nas operações efetuadas com consumidores finais de bens, nas quais é quase sempre impossível sua identificação, é algo que o contribuinte *de jure* dificilmente poderá obter, restar-lhe-á, como única possibilidade, a prova de que não lhe repassou o encargo. E, sem essa prova, faltar-lhe-á interesse de agir para postular a devolução do indébito. Em nossa opinião, igualmente, na hipótese de não demonstração, pelo contribuinte *de jure*, de que não recuperou o valor do tributo do contribuinte de fato, impõe-se que tal quantia remanesça com o Poder Público.

SUGESTÕES DOUTRINÁRIAS

REPETIÇÃO DO INDÉBITO

Marco Aurélio Greco e Helenilson Cunha Pontes, *Inconstitucionalidade da lei tributária: repetição do indébito*, Dialética; Hugo de Brito Machado, *Repetição do indébito e compensação tributária*, Dialética; Thaís de Laurentiis, *Restituição de tributo inconstitucional*, Noeses.

JURISPRUDÊNCIA ILUSTRATIVA

STF

• Súmula n. 546: "Cabe a restituição do tributo pago indevidamente, quando reconhecido por decisão, que o contribuinte *de jure* não recuperou do *contribuinte de facto* o *quantum* respectivo".

• "Recurso extraordinário. Representativo da controvérsia. Direito constitucional e tributário. Restituição administrativa do indébito reconhecido na via judicial. Inadmissibilidade. Observância do regime constitucional de precatórios (CF, art. 100). Questão constitucional. Potencial multiplicador da controvérsia. Repercussão geral reconhecida com reafirmação de jurisprudência. Decisão recorrida em dissonância com a jurisprudência do Supremo Tribunal Federal. Recurso extraordinário provido. 1. Firme a jurisprudência deste Supremo Tribunal Federal no sentido de que os pagamentos devidos pela Fazenda Pública em decorrência de pronunciamentos jurisdicionais devem ser realizados por meio da expedição de precatório ou de requisição de pequeno valor, conforme o valor da condenação, consoante previsto no art. 100 da Constituição da República 2. Recurso extraordinário provido. 3. Fixada a seguinte tese: Não se mostra admissível a restituição administrativa do indébito reconhecido na via judicial, sendo indispensável a observância do regime constitucional de precatórios, nos termos do art. 100 da Constituição Federal" (RE 1.420.691/SP, Tema 1.262, Rel. Min. Rosa Weber, j. 21.08.2023).

STJ

• "Recurso especial. Representativo da controvérsia. Art. 543-C do Código de Processo Civil. Concessão de serviço público. Energia elétrica. Incidência do ICMS sobre a demanda 'contratada e não utilizada'. Legitimidade do consumidor para propor ação declaratória c/c repetição de indébito. Diante do que dispõe a legislação que disciplina as concessões de serviço público e da peculiar relação envolvendo o Estado-concedente, a concessionária e o consumidor, esse último tem legitimidade para propor ação declaratória c/c repetição de indébito na qual se busca afastar, no tocante ao fornecimento de energia elétrica, a incidência do ICMS sobre a demanda contratada e não utilizada. O acórdão proferido no REsp 903.394/ AL (repetitivo), da Primeira Seção, Ministro Luiz Fux, *DJe* 26.04.2010, dizendo respeito a distribuidores de bebidas, não se aplica aos casos de fornecimento de energia elétrica. Recurso especial improvido. Acórdão proferido sob o rito do art. 543-C do Código de Processo Civil" (REsp 1.299.303/SC, Tema Repetitivo 537, Rel. Min. Asfor Rocha, j. 08.08.2012).

Tese Jurídica: "Diante do que dispõe a legislação que disciplina as concessões de serviço público e da peculiar relação envolvendo o Estado-concedente, a concessionária e o consumidor, esse último tem legitimidade para propor ação declaratória c/c repetição de indébito na qual se busca afastar, no tocante ao fornecimento de energia elétrica, a incidência do ICMS sobre a demanda contratada e não utilizada".

• "Tributário. Embargos à execução. Cobrança de diferenças de ICMS declarado em GIA e recolhido fora de prazo. CTN, art. 166. Incidência. Denúncia espontânea. Inexistência. Afastamento da multa. Súmula n. 98/STJ. Verba honorária. Art. 21 do CPC. Súmula n. 07/ STJ. 1. A jurisprudência da 1.ª Seção é no sentido de que o art. 166 do CTN tem como cenário natural de aplicação as hipóteses em que o contribuinte de direito demanda a repetição do indébito ou a compensação de tributo cujo valor foi suportado pelo contribuinte de fato (EREsp 727.003/SP, 1.ª Seção, Min. Herman Benjamin, *DJ* 24.09.2007; AgRg nos EREsp 752.883/SP, 1.ª Seção, Min. Castro Meira, *DJ* 22.05.2006; e EREsp 785.819/SP, 1.ª Seção, Min.

Eliana Calmon, *DJ* 19.06.2006). No caso, a pretensão da recorrente, se acolhida, importaria a restituição, mediante compensação, de um valor suportado pelo contribuinte de fato para abatê-lo de uma obrigação própria da contribuinte de direito. Incide, portanto, o art. 166 do CTN. 2. Apreciando a matéria em recurso sob o regime do art. 543-C do CPC (REsp 886462/RS, Min. Teori Albino Zavascki, *DJ* 28.10.2008), a 1.ª Seção do STJ reafirmou o entendimento segundo o qual (a) a apresentação de Guia de Informação e Apuração do ICMS – GIA, de Declaração de Débitos e Créditos Tributários Federais – DCTF, ou de outra declaração dessa natureza, prevista em lei, é modo de constituição do crédito tributário, dispensando, para isso, qualquer outra providência por parte do Fisco, e (b) se o crédito foi assim previamente declarado e constituído pelo contribuinte, não configura denúncia espontânea (art. 138 do CTN) o seu posterior recolhimento fora do prazo estabelecido, nos termos da Súmula n. 360/STJ. 3. 'Embargos de declaração manifestados com notório propósito de prequestionamento não têm caráter protelatório' (Súmula n. 98/STJ). 4. Havendo sucumbência recíproca e compensados proporcionalmente, os honorários advocatícios (CPC, art. 21), é incabível, em recurso especial, juízo a respeito do grau em que cada parte sucumbiu, tema que envolve exame de matéria fática (Súmula n. 07/STJ). 5. Recurso especial parcialmente conhecido e, nessa parte, parcialmente provido. Acórdão sujeito ao regime do art. 543-C do CPC" (REsp 1.110.550/SP, Tema Repetitivo 114, Rel. Min. Teori Zavascki, j. 22.04.2009).

Tese Jurídica: "O art. 166 do CTN tem como cenário natural de aplicação as hipóteses em que o contribuinte de direito demanda a repetição do indébito ou a compensação de tributo cujo valor foi suportado pelo contribuinte de fato".

> **Art. 167.** A restituição total ou parcial do tributo dá lugar à restituição, na mesma proporção, dos juros de mora e das penalidades pecuniárias, salvo as referentes a infrações de caráter formal não prejudicadas pela causa da restituição **(1)**.
>
> Parágrafo único. A restituição vence juros não capitalizáveis **(2)**, a partir do trânsito em julgado da decisão definitiva que a determinar **(3 a 5)**.

 COMENTÁRIOS

1. *Legislação básica:* CC, art. 406; Lei n. 9.250/1995, art. 39, § 4.º.

2. *Restituição de juros moratórios e multas.* O preceito prestigia a ideia de *razoabilidade*, bem como a noção clássica do direito privado segundo a qual *o acessório segue o principal*. Logo, a restituição de tributo deve ser acompanhada da restituição dos consectários – juros e penalidades pecuniárias, nos termos expostos.

3. *Aplicação de juros não capitalizáveis.* Em primeiro lugar, cabe indagar qual vem a ser essa taxa de juros. Considerando que o contribuinte que incorre em mora no pagamento de tributo será onerado com juros moratórios calculados à razão de 1% ao mês, se a lei não dispuser de modo diverso (art. 161, § 1.º, CTN), entende-se, por equidade, deva ser também de 1% a taxa de juros em favor do contribuinte. O STJ firmou orientação nesse sentido (Súmula n. 523). Juros não capitalizáveis são aqueles calculados de forma a evitar o *anatocismo*, isto é, a incidência de juros sobre juros (Súmula n. 121, STF).

4. *Termo inicial de fluência de juros moratórios em razão de condenação judicial.* A regra processual comum é a de que a fluência de juros moratórios, em decorrência de

condenação judicial, se dê a partir da citação (art. 240, CPC). No caso de restituição do indébito tributário, o termo inicial é postergado para a data do *trânsito em julgado da decisão definitiva que a determinar*. Entre a citação e o trânsito em julgado podem decorrer muitos anos, período em relação ao qual, apesar de condenado à restituição do valor pago a título de tributo, a Fazenda Pública não arcará com o pagamento de juros moratórios. Trata-se, à evidência, de norma protetiva do patrimônio público, fundada no *princípio da supremacia do interesse público sobre o particular*, que estabelece clara diversidade de tratamento entre contribuinte e Fisco. A Súmula n. 188, STJ, reafirma o conteúdo desse preceito.

  5. Incidência de correção monetária. Incide correção monetária sobre o valor a ser restituído. O dispositivo legal a ela não faz referência porque, quando da edição do CTN (1966), o fenômeno inflacionário ainda não se manifestara com a intensidade com que se apresentou a partir da década de 1980. A incidência de correção monetária é decorrência natural da *proteção constitucional conferida ao direito de propriedade*, pois visa preservar o poder aquisitivo da moeda. Portanto, diante da ocorrência de inflação, imperiosa a atualização monetária do valor a ser restituído ao contribuinte, mediante a aplicação de índice que efetivamente a reflita no período considerado, sob pena de configurar-se *confisco*, vedado pela ordem jurídica (cf. art. 5.º, XXII, combinado com os arts. 5.º, LVI, e 243, CR). Em consequência, o termo inicial para a incidência de correção monetária é a data de recolhimento do valor a ser restituído (Súmula n. 162, STJ).

 JURISPRUDÊNCIA ILUSTRATIVA

STJ

  • Súmula n. 523: "A taxa de juros de mora incidente na repetição de indébito de tributos estaduais deve corresponder à utilizada para cobrança do tributo pago em atraso, sendo legítima a incidência da taxa Selic, em ambas as hipóteses, quando prevista na legislação local, vedada sua cumulação com quaisquer outros índices".

  • Súmula n. 188: "Os juros moratórios, na repetição do indébito tributário, são devidos a partir do trânsito em julgado da sentença".

  • Súmula n. 162: "Na repetição de indébito tributário, a correção monetária incide a partir do pagamento indevido".

  • "Processual civil. Tributário. Recurso especial representativo de controvérsia. Art. 543-C do CPC. Execução de título judicial. Sentença exequenda proferida após a vigência da Lei n. 9.250/1995. Correção monetária e juros. Inclusão da taxa Selic nos cálculos da liquidação. Ofensa à coisa julgada. 1. A fixação de percentual relativo aos juros moratórios, após a edição da Lei n. 9.250/1995, em decisão que transitou em julgado, impede a inclusão da Taxa Selic em fase de liquidação de sentença, sob pena de violação ao instituto da coisa julgada, porquanto a referida taxa engloba juros e correção monetária, não podendo ser cumulada com qualquer outro índice de atualização (Precedentes: REsp 872.621/RS, Rel. Min. Mauro Campbell Marques, 2.ª T., j. 16.03.2010, *DJe* 30.03.2010; AgRg no AgRg no REsp 1109446/SP, Rel. Min. Benedito Gonçalves, 1.ª T., j. 06.10.2009, *DJe* 13.10.2009; REsp 1057594/AL, Rel. Min. Teori Albino Zavascki, 1.ª T., j. 23.06.2009, *DJe* 29.06.2009; AgRg no REsp 993.990/SP, Rel. Min. Herman Benjamin, 2.ª T., j. 26.05.2009, *DJe* 21.08.2009; AgRg no AgRg no REsp 937.448/SP, Min. Humberto Martins, 2.ª T., j. 06.03.2008, *DJe* 18.03.2008; REsp 933.905/SP, Rel. Min. Eliana Calmon, 2.ª T., j. 06.11.2008, *DJe* 17.12.2008; EREsp 816.031/DF, Rel. Min. Luiz Fux, 1.ª Seção, j. 12.12.2007, *DJ* 25.02.2008; EREsp 779.266/DF, Rel. Min. Castro Meira,

1.ª Seção, j. 14.02.2007, *DJ* 05.03.2007). 2. *In casu*, a sentença trânsita em julgado (datada de 12.05.2006, consoante voto condutor, às fls. e-STJ 263) determinou, simultaneamente, a atualização monetária do indébito, com acréscimo de juros de mora de 1% ao mês, contados do trânsito em julgado, complementando que, 'em homenagem ao princípio da isonomia, os índices de atualização monetária deverão corresponder àqueles utilizados pela Fazenda Nacional para atualização de seus créditos'. 3. O acórdão recorrido, por seu turno, determinou a exclusão dos juros moratórios, para correção do valor exequendo pela Taxa Selic, ao fundamento de que a sentença fora contraditória. 4. A interpretação da sentença, pelo Tribunal *a quo*, de forma a incluir fator de indexação nominável (Selic), afastando os juros de mora, implica afronta à coisa julgada, não obstante tenha sido determinada a atualização da condenação pelos mesmos índices da correção dos débitos tributários, quando em vigor a Lei n. 9.250/1995. 5. O art. 535 do CPC resta incólume se o Tribunal de origem, embora sucintamente, pronuncia-se de forma clara e suficiente sobre a questão posta nos autos. Ademais, o magistrado não está obrigado a rebater, um a um, os argumentos trazidos pela parte, desde que os fundamentos utilizados tenham sido suficientes para embasar a decisão. 7. Recurso especial provido. Acórdão submetido ao regime do art. 543-C do CPC e da Resolução STJ 8/2008" (REsp 1.136.733/PR, Tema Repetitivo 359, Rel. Min. Luiz Fux, j. 13.10.2010).

Tese Jurídica: "A fixação de percentual relativo aos juros moratórios, após a edição da Lei n. 9.250/1995, em decisão que transitou em julgado, impede a inclusão da Taxa Selic em fase de liquidação de sentença, sob pena de violação ao instituto da coisa julgada, porquanto a referida taxa engloba juros e correção monetária, não podendo ser cumulada com qualquer outro índice de atualização".

• "Tributário. Repetição de indébito de tributo estadual. Juros de mora. Definição da taxa aplicável. 1. Relativamente a tributos federais, a jurisprudência da 1.ª Seção está assentada no seguinte entendimento: na restituição de tributos, seja por repetição em pecúnia, seja por compensação, (a) são devidos juros de mora a partir do trânsito em julgado, nos termos do art. 167, parágrafo único, do CTN e da Súmula n. 188/STJ, sendo que (b) os juros de 1% ao mês incidem sobre os valores reconhecidos em sentenças cujo trânsito em julgado ocorreu em data anterior a 1.º.01.1996, porque, a partir de então, passou a ser aplicável apenas a taxa Selic, instituída pela Lei n. 9.250/1995, desde cada recolhimento indevido (EREsp 399.497, EREsp 225.300, EREsp 291.257, EREsp 436.167, EREsp 610.351). 2. Relativamente a tributos estaduais ou municipais, a matéria continua submetida ao princípio geral, adotado pelo STF e pelo STJ, segundo o qual, em face da lacuna do art. 167, parágrafo único do CTN, a taxa dos juros de mora na repetição de indébito deve, por analogia e isonomia, ser igual à que incide sobre os correspondentes débitos tributários estaduais ou municipais pagos com atraso; e a taxa de juros incidente sobre esses débitos deve ser de 1% ao mês, a não ser que o legislador, utilizando a reserva de competência prevista no § 1.º do art. 161 do CTN, disponha de modo diverso. 3. Nessa linha de entendimento, a jurisprudência do STJ considera incidente a taxa Selic na repetição de indébito de tributos estaduais a partir da data de vigência da lei estadual que prevê a incidência de tal encargo sobre o pagamento atrasado de seus tributos. Precedentes de ambas as Turmas da 1.ª Seção. 4. No Estado de São Paulo, o art. 1.º da Lei Estadual n. 10.175/1998 prevê a aplicação da taxa Selic sobre impostos estaduais pagos com atraso, o que impõe a adoção da mesma taxa na repetição do indébito. 5. Recurso especial provido. Acórdão sujeito ao regime do art. 543-C do CPC e da Resolução STJ 08/08" (REsp 1.111.189/SP, Tema Repetitivo 119, Rel. Min. Teori Albino Zavascki, j. 13.05.2009).

Tese Jurídica: "Incide a taxa Selic na repetição de indébito de tributos estaduais a partir da data de vigência da lei estadual que prevê a incidência de tal encargo sobre o pagamento atrasado de seus tributos e, relativamente ao período anterior, incide a taxa de 1% ao mês, nos termos do art. 161, § 1.º, do CTN, observado o disposto na Súmula n. 188/STJ, sendo inaplicável o art. 1.º-F da Lei n. 9.494/1997".

> **Art. 168.** O direito de pleitear a restituição extingue-se com o decurso do prazo de 5 (cinco) anos, contados **(1 a 4)**:
>
> I – nas hipóteses dos incisos I e II do art. 165, da data da extinção do crédito tributário **(4.1)**;
>
> II – na hipótese do inciso III do art. 165, da data em que se tornar definitiva a decisão administrativa ou passar em julgado a decisão judicial que tenha reformado, anulado, revogado ou rescindido a decisão condenatória **(4.2 a 4.3.1)**.

 COMENTÁRIOS

1. **Dispositivos relacionados:** arts. 106; 150; 165; 173 e 174, CTN.

2. **Legislação básica:** LC n. 118/2005, art. 3.º (interpretação do inciso I deste artigo).

3. **Natureza jurídica do prazo para pleitear a restituição tributária.** O *caput* do artigo fixa o prazo de cinco anos para que o contribuinte pleiteie a restituição. Há controvérsia acerca da natureza jurídica desse prazo – se de decadência ou de prescrição. Pensamos tratar-se de prazo *prescricional*, porquanto a inércia do sujeito passivo, após o decurso de cinco anos, não atinge a titularidade do crédito que possui em relação ao Fisco, mas sim o *direito de pleitear a devolução da quantia paga indevidamente*.

4. **Termos iniciais de fluência do prazo extintivo.** Em regra, o prazo prescricional de cinco anos para o contribuinte pleitear a restituição de tributo pago indevidamente inicia-se da data desse pagamento. Os incisos I e II apontam os termos iniciais de fluência desse prazo de acordo com cada situação. Interessante observar que, a rigor, o Código não trata de repetição do indébito com fundamento em *inconstitucionalidade* – hipótese frequente a ensejar os pleitos de repetição do indébito tributário. Nessa situação, portanto, é aplicável o prazo da prescrição quinquenal geral em relação à Fazenda Pública, igualmente de cinco anos (Decreto n. 20.910/32, art. 1.º).

4.1. **Termo inicial da data da extinção do crédito tributário.** O inciso I aplica-se às hipóteses dos incisos I e II do art. 165 – cobrança ou pagamento espontâneo de tributo indevido ou maior que o devido em face da legislação tributária aplicável, ou da natureza ou circunstâncias materiais do fato gerador efetivamente ocorrido; e erro na identificação do sujeito passivo, na determinação da alíquota aplicável, no cálculo do montante do débito ou na elaboração ou conferência de qualquer documento relativo ao pagamento, respectivamente – fixando o termo inicial da fluência do prazo quinquenal a que alude o *caput* na data da extinção da obrigação tributária.

4.2. **Termo inicial da data em que se tornar definitiva a decisão administrativa ou passar em julgado a decisão judicial que tenha reformado, anulado, revogado ou rescindido a decisão condenatória.** O inciso II remete à hipótese do inciso III do art. 165, fixando o termo inicial de fluência do prazo extintivo do direito à restituição na data em que se tornar definitiva a decisão administrativa ou passar em julgado a decisão judicial que tenha reformado, anulado, revogado ou rescindido a decisão condenatória. O dispositivo cuida do prazo para pleitear a repetição do indébito, quer na via judicial, quer na administrativa.

4.3. Termo inicial dos tributos sujeitos a lançamento por homologação – Lei Complementar n. 118/2005. O art. 168 não cuida dessa hipótese, cujo regramento deve ser buscado em outros dispositivos. A diversidade de orientações jurisprudenciais quanto ao termo *a quo* de fluência desse prazo com relação aos tributos sujeitos a lançamento por homologação levou à disciplina trazida pelo art. 3.º da LC n. 118/2005, que estatui que, "para efeito de interpretação do inciso I do art. 168 da Lei n. 5.172, de 25 de outubro de 1996 – Código Tributário Nacional –, a extinção do crédito tributário ocorre, no caso de tributo sujeito a lançamento por homologação, no momento do pagamento antecipado de que trata o § 1.º do art. 150 da referida Lei". Tal norma prestigia, assim, a regra geral segundo a qual o termo inicial de fluência do prazo para postular a repetição do indébito é a *data do pagamento indevidamente efetuado*. No entanto, a mesma LC n. 118/2005, contém dispositivo de constitucionalidade duvidosa, em seu art. 4.º, I, ao determinar, no tocante ao seu art. 3.º, a aplicação do disposto no art. 106, I, CTN, autorizador da eficácia retroativa da lei tributária na hipótese de ser ela expressamente interpretativa. Considerando que o padrão, em nosso ordenamento jurídico, é a irretroatividade das leis em geral (art. 5.º, XXXVI, CR), e assim também da lei tributária que instituir ou aumentar tributo (art. 150, III, *a*, CR), a noção de "lei expressamente interpretativa" pode representar risco à segurança jurídica. A aplicação retroativa do art. 3.º da Lei Complementar n. 118/2005 poderia implicar o afastamento da jurisprudência então predominante, conduzindo à consumação da prescrição do prazo para pleitear a repetição do indébito a contribuintes que já houvessem exercido o direito ou que estivessem em curso de fazê-lo.

4.3.1. Evolução jurisprudencial. O STJ fixou a interpretação de que a LC n. 118/2005 não é "expressamente interpretativa", assegurando sua eficácia tão somente *pro futuro* (v. comentários ao art. 106, CTN). Quanto ao termo *a quo* da prescrição, a 1.ª Seção do STJ, no julgamento do EREsp 435.835/SC, em 24.03.2004, adotou o entendimento segundo o qual, nas hipóteses de devolução de tributos sujeitos à homologação declarados inconstitucionais pelo STF, a prescrição do direito de pleitear a restituição ocorre após expirado o prazo de cinco anos, contado do fato gerador, acrescido de mais cinco anos, a partir da homologação tácita. A Corte entende, ainda, inaplicável à espécie a previsão do art. 3.º da LC n. 118/2005, uma vez que a 1.ª Seção do STJ sedimentou o posicionamento segundo o qual o mencionado dispositivo legal aplica-se apenas às ações ajuizadas posteriormente ao prazo de cento e vinte dias (*vacatio legis*) da publicação da referida Lei Complementar (EREsp 327.043/DF, j. 27.04.2005). Desse modo, quanto às ações ajuizadas anteriormente ao início da vigência da LC n. 118/2005, aplica-se o prazo prescricional de cinco anos, contados do fato gerador, acrescido de mais cinco anos, a partir da homologação tácita. O STF confirmou tal orientação, reconhecendo a inconstitucionalidade do art. 4.º, segunda parte, da LC n. 118/2005, e considerando válida a aplicação do novo prazo de cinco anos tão somente às ações ajuizadas a partir de 9 de junho de 2005 (RE 566.621/RS, j. 04.08.2011).

 JURISPRUDÊNCIA ILUSTRATIVA

STF

• "Direito tributário. Lei interpretativa. Aplicação retroativa da LC n. 118/2005. Descabimento. Violação à segurança jurídica. Necessidade de observância da *vacacio legis*. Aplicação do prazo reduzido para repetição ou compensação de indébitos aos processos ajuizados a partir de 9 de junho de 2005. Quando do advento da LC n. 118/2005, estava consolidada a orientação da 1.ª Seção do STJ no sentido de que, para os tributos sujeitos a lançamento por homologação, o prazo para repetição ou compensação de indébito era de dez anos contados do seu fato gerador, tendo em conta a aplicação combinada dos arts. 150, § 4.º, 156, VII, e 168, I, do CTN. A LC n. 118/2005, embora tenha se autoproclamado interpretativa, implicou inovação normativa, tendo reduzido o prazo de dez anos contados do fato gerador para cinco anos contados do pagamento indevido. Lei supostamente interpretativa que, em verdade, inova no mundo jurídico deve ser considerada como lei nova. Inocorrência de violação à autonomia e independência dos Poderes, porquanto a lei expressamente interpretativa também se submete, como qualquer outra, ao controle judicial quanto à sua natureza, validade e aplicação. A aplicação retroativa de novo e reduzido prazo para a repetição ou compensação de indébito tributário estipulado por lei nova, fulminando, de imediato, pretensões deduzidas tempestivamente à luz do prazo então aplicável, bem como a aplicação imediata às pretensões pendentes de ajuizamento quando da publicação da lei, sem resguardo de nenhuma regra de transição, implicam ofensa ao princípio da segurança jurídica em seus conteúdos de proteção da confiança e de garantia do acesso à Justiça. Afastando-se as aplicações inconstitucionais e resguardando-se, no mais, a eficácia da norma, permite-se a aplicação do prazo reduzido relativamente às ações ajuizadas após a *vacatio legis*, conforme entendimento consolidado por esta Corte no enunciado 445 da Súmula do Tribunal. O prazo de *vacatio legis* de 120 dias permitiu aos contribuintes não apenas que tomassem ciência do novo prazo, mas também que ajuizassem as ações necessárias à tutela dos seus direitos. Inaplicabilidade do art. 2.028 do CC/2002, pois, não havendo lacuna na LC n. 118/2008 [*sic*], que pretendeu a aplicação do novo prazo na maior extensão possível, descabida sua aplicação por analogia. Além disso, não se trata de lei geral, tampouco impede iniciativa legislativa em contrário. Reconhecida a inconstitucionalidade art. 4.º, segunda parte, da LC n. 118/2005, considerando-se válida a aplicação do novo prazo de cinco anos tão somente às ações ajuizadas após o decurso da *vacatio legis* de 120 dias, ou seja, a partir de 9 de junho de 2005. Aplicação do art. 543-B, § 3.º, do CPC aos recursos sobrestados. Recurso extraordinário desprovido" (RE 566.621/RS, Tema 4, Rel. Min. Ellen Gracie, j. 04.08.2011).

Tese: "É inconstitucional o art. 4.º, segunda parte, da Lei Complementar n. 118/2005, de modo que, para os tributos sujeitos a homologação, o novo prazo de 5 anos para a repetição ou compensação de indébito aplica-se tão somente às ações ajuizadas após o decurso da *vacatio legis* de 120 dias, ou seja, a partir de 9 de junho de 2005".

STJ

• Súmula n. 625: "O pedido administrativo de compensação ou restituição não interrompe o prazo prescricional para a ação de repetição de indébito tributário de que trata o art. 168 do CTN nem o da execução de título judicial contra a Fazenda Pública".

• Súmula n. 412: "A ação de repetição de indébito de tarifas de água e esgoto sujeita-se ao prazo prescricional estabelecido no Código Civil".

• "Constitucional. Tributário. Recurso especial representativo da controvérsia (art. 543-C do CPC). Lei interpretativa. Prazo de prescrição para a repetição de indébito nos tributos sujeitos a lançamento por homologação. Art. 3.º da LC n. 118/2005. Posicionamento do STF. Alteração da jurisprudência do STJ. Superado entendimento firmado anteriormente também em sede de recurso representativo da controvérsia. 1. O acórdão proveniente da Corte Especial na AI nos EREsp 644.736/PE, Rel. Min. Teori Albino Zavascki, *DJ* 27.08.2007, e o recurso representativo da controvérsia REsp 1.002.932/SP, 1.ª Seção, Rel. Min. Luiz Fux, j. 25.11.2009, firmaram o entendimento no sentido de que o art. 3.º da LC n. 118/2005 somente pode ter eficácia prospectiva, incidindo apenas sobre situações que venham a ocorrer a partir da sua vigência. Sendo assim, a jurisprudência deste STJ passou a considerar que, relativamente aos pagamentos efetuados a partir de 09.06.2005, o prazo para a repetição do indébito é de cinco anos a contar da data do pagamento; e relativamente aos pagamentos anteriores, a prescrição obedece ao regime previsto no sistema anterior. 2. No entanto, o mesmo tema recebeu julgamento pelo STF no RE 566.621/RS, Plenário, Rel. Min. Ellen Gracie, j. 04.08.2011, onde foi fixado marco para a aplicação do regime novo de prazo prescricional levando-se em consideração a data do ajuizamento da ação (e não mais a data do pagamento) em confronto com a data da vigência da lei nova (09.06.2005). 3. Tendo a jurisprudência deste STJ sido construída em interpretação de princípios constitucionais, urge inclinar-se esta Casa ao decidido pela Corte Suprema competente para dar a palavra final em temas de tal jaez, notadamente em havendo julgamento de mérito em repercussão geral (arts. 543-A e 543-B do CPC). Desse modo, para as ações ajuizadas a partir de 09.06.2005, aplica-se o art. 3.º da LC n. 118/2005, contando-se o prazo prescricional dos tributos sujeitos a lançamento por homologação em cinco anos a partir do pagamento antecipado de que trata o art. 150, § 1.º, do CTN. 4. Superado o recurso representativo da controvérsia REsp 1.002.932/SP, 1.ª Seção, Rel. Min. Luiz Fux, j. 25.11.2009. 5. Recurso especial não provido. Acórdão submetido ao regime do art. 543-C do CPC e da Res. STJ 8/2008" (REsp 1.269.570/MG, Temas Repetitivos 137 e 138, Rel. Min. Mauro Campbell Marques, j. 23.05.2012).

Tese Jurídica: "Para as ações ajuizadas a partir de 9.6.2005, aplica-se o art. 3.º, da Lei Complementar n. 118/2005, contando-se o prazo prescricional dos tributos sujeitos a lançamento por homologação em cinco anos a partir do pagamento antecipado de que trata o art. 150, § 1.º, do CTN".

• "Tributário. Recurso especial representativo de controvérsia. Art. 543-C do CPC. Repetição de indébito. Taxa de iluminação pública. Tributo declarado inconstitucional. Prescrição quinquenal. Termo inicial. Pagamento indevido. Tributo sujeito a lançamento de ofício. 1. O prazo de prescrição quinquenal para pleitear a repetição tributária, nos tributos sujeitos ao lançamento de ofício, é contado da data em que se considera extinto o crédito tributário, qual seja, a data do efetivo pagamento do tributo, a teor do disposto no art. 168, I, c.c. art. 156, I, do CTN (Precedentes: REsp 947.233/RJ, 1.ª T., Rel. Min. Luiz Fux, j. 23.06.2009, DJe 10.08.2009; AgRg no REsp 759.776/RJ, 2.ª T., Rel. Min. Herman Benjamin, j. 17.03.2009, DJe 20.04.2009; REsp 857.464/RS, 1.ª T., Rel. Min. Teori Albino Zavascki, j. 17.02.2009, DJe 02.03.2009; AgRg no REsp 1.072.339/SP, 2.ª T., Rel. Min. Castro Meira, j. 03.02.2009, DJe 17.02.2009; AgRg no REsp 404.073/SP, 2.ª T., Rel. Min. Humberto Martins, DJU 31.05.2007; AgRg no REsp 732.726/RJ, 1.ª T., Rel. Min. Francisco Falcão, DJU 21.11.05). 2. A declaração de inconstitucionalidade da lei instituidora do tributo em controle concentrado, pelo STF, ou a Resolução do Senado (declaração de inconstitucionalidade em controle difuso) é despicienda para fins de contagem do prazo prescricional tanto em relação aos tributos sujeitos ao lançamento por homologação quanto em relação aos tributos sujeitos ao lançamento de ofício (Precedentes: EREsp 435.835/SC, 1.ª Seção, Rel. Min. Francisco Peçanha Martins, Rel. p/ Acórdão Min. José Delgado, j. 24.03.2004, DJ 04.06.2007; AgRg no Ag 803.662/SP, 2.ª T., Rel. Min. Herman Benjamin, j. 27.02.2007, DJ 19.12.2007). 3. In casu, os autores, ora recorrentes, ajuizaram ação em 04.04.2000, pleiteando a repetição de tributo indevidamente recolhido referente aos exercícios de 1990 a 1994, ressoando inequívoca a ocorrência da prescrição, porquanto transcorrido o lapso temporal quinquenal entre a data do efetivo pagamento do tributo e a da propositura da ação. 4. Ex positis, dou provimento ao presente recurso especial. Acórdão submetido ao regime do art. 543-C do CPC e da Resolução STJ 8/2008" (REsp 1.110.578/SP, Tema Repetitivo 142, Rel. Luiz Fux, j. 12.05.2010).

Tese Jurídica: "O prazo de prescrição quinquenal para pleitear a repetição tributária, nos tributos sujeitos ao lançamento de ofício, é contado da data em que se considera extinto o crédito tributário, qual seja, a data do efetivo pagamento do tributo. A declaração de inconstitucionalidade da lei instituidora do tributo em controle concentrado, pelo STF, ou a Resolução do Senado (declaração de inconstitucionalidade em controle difuso) é despicienda para fins de contagem do prazo prescricional tanto em relação aos tributos sujeitos ao lançamento por homologação quanto em relação aos tributos sujeitos ao lançamento de ofício".

> **Art. 169.** Prescreve em dois anos a ação anulatória da decisão administrativa que denegar a restituição **(1 a 3)**.
>
> Parágrafo único. O prazo de prescrição é interrompido pelo início da ação judicial, recomeçando o seu curso, por metade, a partir da data da intimação validamente feita ao representante judicial da Fazenda Pública interessada **(4)**.

 COMENTÁRIOS

1. *Moldura constitucional.* Art. 5.º [...] "XXXV – a lei não excluirá da apreciação do Poder Judiciário lesão ou ameaça a direito; [...]."

2. *Prazo prescricional da ação anulatória do ato denegatório da restituição tributária.* O *caput* do artigo contempla prazo prescricional de dois anos para a propositura da ação que objetive anular a decisão administrativa denegatória da restituição do indébito pleiteada.

3. *Crítica à norma contida no caput do dispositivo.* Na prática, tal norma não encontra aplicação, pois, diante de uma manifestação da Administração indeferindo o pleito do contribuinte de reaver o valor pago indevidamente, este, se desejar, proporá ação judicial, buscando a satisfação dessa pretensão (art. 5.º, XXXV, CR). Isso porque a procedência do pedido na ação anulatória da decisão denegatória da restituição, por si só, não conduz à devolução da quantia pleiteada, implicando que o contribuinte ajuíze nova ação para buscar a repetição. Daí a ausência de utilidade prática dessa norma.

4. *Interrupção do prazo prescricional.* A par da crítica efetuada no item precedente, assinale-se que a norma contida no parágrafo único desse artigo, ao fixar a causa que interrompe o prazo prescricional, situando-a no ajuizamento da ação, e declarando que recomeça o seu curso, por metade, a contar da citação (que ele designa como *intimação*) validamente feita ao representante judicial da Fazenda Pública, inibe, em termos práticos, a tutela jurisdicional do sujeito passivo, pois este teria apenas um ano para ver definitivamente apreciado o seu pedido. Conquanto a Constituição ora determine que "a todos, no âmbito judicial e administrativo, são assegurados a razoável duração do processo e os meios que garantam a celeridade de sua tramitação" (art. 5.º, LXXVIII), a realidade consubstanciada na grande morosidade judicial existente não se ajusta ao preceito, sendo inviável sua aplicação, sob pena, igualmente, de vulneração ao princípio da inafastabilidade do controle jurisdicional (art. 5.º, XXXV).

 JURISPRUDÊNCIA ILUSTRATIVA

STF

• Súmula n. 383: "A prescrição em favor da Fazenda Pública recomeça a correr, por dois anos e meio, a partir do ato interruptivo, mas não fica reduzida aquém de cinco anos, embora o titular do direito a interrompa durante a primeira metade do prazo".

Seção IV
Demais Modalidades de Extinção

Art. 170. A lei pode, nas condições e sob as garantias que estipular, ou cuja estipulação em cada caso atribuir à autoridade administrativa, autorizar a compensação de créditos tributários com créditos líquidos e certos, vencidos ou vincendos, do sujeito passivo contra a Fazenda Pública **(1 a 4)**.

Parágrafo único. Sendo vincendo o crédito do sujeito passivo, a lei determinará, para os efeitos deste artigo, a apuração do seu montante, não podendo, porém, cominar redução maior que a correspondente ao juro de 1% (um por cento) ao mês pelo tempo a decorrer entre a data da compensação e a do vencimento **(5)**.

 COMENTÁRIOS

1. *Dispositivos relacionados:* arts. 156, II, e 170-A, CTN.

2. *Legislação básica:* CC, arts. 368 e 369 (compensação); Lei n. 8.383/1991, art. 66 (compensação tributária).

3. *Compensação de créditos tributários.* Trata-se de outra modalidade extintiva inspirada no direito privado. O Código Civil estatui que, "se duas pessoas forem ao mesmo tempo credor e devedor uma da outra, as duas obrigações extinguem-se, até onde se compensarem" (art. 368), aduzindo que "a compensação efetua-se entre dívidas líquidas, vencidas e de coisas fungíveis" (art. 369). Da conjugação desses dispositivos depreendem-se os requisitos indispensáveis a qualquer compensação de créditos: *(i)* reciprocidade de obrigações; *(ii)* liquidez das dívidas; *(iii)* exigibilidade das obrigações; e *(iv)* fungibilidade das coisas devidas. Cuida-se, desse modo, de um autêntico "encontro de contas", viabilizador da extinção de um ou mais vínculos obrigacionais entre os mesmos sujeitos.

4. *Evolução legislativa.* Não obstante contemplado no CTN desde a sua edição, tal instituto teve pouquíssima utilização até o advento da Lei n. 8.383/1991, que, em seu art. 66, possibilitou sua aplicação em nível federal. No entanto, lamentavelmente, o regramento contido nos atos administrativos destinados a regulamentar o cumprimento dessas disposições rendeu ensejo a milhares de ações judiciais destinadas a impugnar exigências consideradas ilegais, fazendo a compensação perder muito de sua força como meio alternativo de solução de conflitos tributários. Inicialmente, a disciplina dessa modalidade extintiva da obrigação tributária, no âmbito federal, autorizava a compensação somente entre tributos, contribuições e receitas da mesma espécie (Lei n. 8.383/1991 e Lei n. 9.069/1995). Posteriormente, a Lei n. 9.430/1996, com as alterações introduzidas pela Lei n. 10.637/2002, possibilitou ao sujeito passivo que apurar créditos, relativos a tributo ou contribuição administrados pela Secretaria da Receita Federal do Brasil, utilizá-los na compensação de débitos próprios, relativos a quaisquer tributos e contribuições administrados por aquele órgão, mediante declaração de compensação, apresentada pelo sujeito passivo (art. 74). A nosso ver, as alterações promovidas no regime jurídico da compensação tributária, no intuito de ampliar a utilização desse expediente, devem ser aplicadas imediatamente, pois reveladoras da evolução legislativa experimentada pelo instituto, no sentido de prestigiá-lo como meio alternativo de solução de conflitos fiscais. Não há, portanto, que falar em ofensa ao princípio da irretroatividade da lei (art. 5.º, XXXVI, CR), uma vez que a compensação é expediente benéfico a ambos os sujeitos da relação obrigacional tributária. O STJ editou cinco súmulas a respeito do tema, conforme apontado adiante.

5. *Compensação de créditos vincendos.* A compensação tributária, em essência, assemelha-se à prevista na lei civil; contudo, nesta, a compensação somente pode ocorrer entre *dívidas líquidas e vencidas*, enquanto no direito tributário tal modalidade extintiva, nesse aspecto, revela-se mais ampla, porquanto *débitos vincendos* também podem por ela ser alcançados. Nessa hipótese, nos termos do parágrafo único desse artigo, a lei determinará a apuração do seu montante, não podendo, porém, cominar redução maior que a correspondente ao juro de 1% ao mês pelo tempo a decorrer entre a data da compensação e a do vencimento.

 ## SUGESTÕES DOUTRINÁRIAS

COMPENSAÇÃO TRIBUTÁRIA

Luís Eduardo Schoueri, *A compensação: extinção do crédito tributário – homenagem ao Professor José Souto Maior Borges,* Fórum; Paulo César Conrado, *Compensação tributária e processo,* Quartier Latin; Eduardo Maneira, *Compensação tributária no âmbito federal: questões práticas,* Queiroz Advogados Editor.

 ## JURISPRUDÊNCIA ILUSTRATIVA

STF

• "Recurso extraordinário. Repercussão geral. Normas gerais de direito tributário. Art. 146, III, *b*, da CF. Art. 170 do CTN. Norma geral em matéria de compensação. Compensação de ofício. Art. 73, parágrafo único (incluído pela Lei n. 12.844/2013), da Lei n. 9.430/1996. Débitos parcelados sem garantia. Suspensão da exigibilidade do crédito (art. 151, VI, do CTN). Impossibilidade de compensação unilateral. Inconstitucionalidade da expressão 'ou parcelados sem garantia'. 1. O art. 146, III, *b*, da Constituição Federal dispõe caber à lei complementar estabelecer normas gerais em matéria de legislação tributária, especialmente sobre obrigação, lançamento, crédito, prescrição e decadência tributários. Nesse sentido, a extinção e a suspensão do crédito tributário constituem matéria de norma geral de direito tributário, sob reserva de lei complementar. A compensação vem prevista no inciso II do art. 156 do CTN como forma de extinção do crédito tributário e deve observar as peculiaridades estabelecidas no art. 170 do Código Tributário Nacional. 2. O art. 170 do CTN, por si só, não gera direito subjetivo a compensação. A lei complementar remete a lei ordinária à disciplina das condições e das garantias, cabendo à lei autorizar a compensação de créditos líquidos e certos, vencidos ou vincendos, do sujeito passivo, observados os institutos básicos da tributação previstos no Código Tributário Nacional. 3. A jurisprudência da Corte já assentou que a compensação de ofício não viola a liberdade do credor e que o suporte fático da compensação prescinde de anuência ou acordo, perfazendo-se *ex lege*, diante das seguintes circunstâncias objetivas: (i) reciprocidade de dívidas; (ii) liquidez das prestações; (iii) exigibilidade dos débitos; e (iv) fungibilidade dos objetos. Precedentes. 4. O art. 151, VI, do CTN, ao prever que o parcelamento suspende a exigibilidade do crédito tributário, não condiciona a existência ou não de garantia. O parágrafo único do art. 73 da Lei n. 9.430/1996 (incluído pela Lei n. 12.844/2013), ao permitir que o Fisco realize compensação de ofício de débito parcelado sem garantia, condiciona a eficácia plena da hipótese de suspensão do crédito tributário – no caso, o 'parcelamento' (CTN, art. 151, VI) – a condição não prevista em lei complementar. 5. Recurso extraordinário a que se nega provimento, mantendo-se o acórdão em que se declarou a inconstitucionalidade da expressão 'ou parcelados sem garantia', constante do parágrafo único do art. 73 da Lei n. 9.430/1996, incluído pela Lei n. 12.844/2013, por afronta ao art. 146, III, *b*, da Constituição Federal. 6. Tese do Tema 874 de repercussão geral: 'É inconstitucional, por afronta ao art. 146, III, *b*, da CF, a expressão 'ou parcelados sem garantia' constante do parágrafo único do art. 73, da Lei n. 9.430/1996, incluído pela Lei n. 12.844/2013, na medida em que retira os efeitos da suspensão da exigibilidade do crédito tributário prevista no CTN'" (RE 917.185/SC, Tema 874, Rel. Min. Dias Toffoli, j. 18.08.2020).

• "Recurso extraordinário. Repercussão geral. Normas gerais de Direito Tributário. Artigo 146, III, *b*, da CF. Artigo 170 do CTN. Norma geral em matéria de compensação. Compensação de ofício. Artigo 73, parágrafo único (incluído pela Lei n. 12.844/2013), da Lei n. 9.430/1996. Débitos parcelados sem garantia. Suspensão da exigibilidade do crédito (art. 151, VI, do CTN). Impossibilidade de compensação unilateral. Inconstitucionalidade da expressão 'ou parcelados sem garantia'. 1. O art. 146, III, b, da Constituição Federal dispõe caber a lei complementar estabelecer normas gerais em matéria de legislação tributária, especialmente sobre obrigação, lançamento, crédito, prescrição e decadência tributários. Nesse sentido, a extinção e a suspensão do crédito tributário constituem matéria de norma geral de Direito Tributário, sob reserva de lei complementar. A compensação vem prevista no inciso II do art. 156 do CTN como forma de extinção do crédito tributário e deve observar as peculiaridades estabelecidas no art. 170 do Código Tributário Nacional. 2. O art. 170 do CTN, por si só, não gera direito subjetivo a compensação. A lei complementar remete a lei ordinária a disciplina das condições e das garantias, cabendo a lei autorizar a compensação de créditos líquidos e certos, vencidos ou vincendos, do sujeito passivo, observados os institutos básicos da tributação previstos no Código Tributário Nacional. 3. A jurisprudência da Corte já assentou que a compensação de ofício não viola a liberdade do credor e que o suporte fático da compensação prescinde de anuência ou acordo, perfazendo-se *ex lege*, diante das seguintes circunstâncias objetivas: (i) reciprocidade de dívidas, (ii) liquidez das prestações, (iii) exigibilidade dos débitos e (iv) fungibilidade dos objetos. Precedentes. 4. O art. 151, VI, do CTN, ao prever que o parcelamento suspende a exigibilidade do crédito tributário, não condiciona a existência ou não de garantia. O parágrafo único do art. 73 da Lei n. 9.430/1996 (incluído pela Lei n. 12.844/2013), ao permitir que o Fisco realize compensação de ofício de débito parcelado sem garantia, condiciona a eficácia plena da hipótese de suspensão do crédito tributário – no caso, o 'parcelamento' (CTN – art. 151, VI) – a condição não prevista em lei complementar. 5. Recurso extraordinário a que se nega provimento, mantendo-se o acórdão em que se declarou a inconstitucionalidade da expressão 'ou parcelados sem garantia', constante do parágrafo único do art. 73 da Lei n. 9.430/1996, incluído pela Lei n. 12.844/2013, por afronta ao art. 146, III, *b*, da Constituição Federal. 6. Tese do Tema n.º 874 de repercussão geral: 'É inconstitucional, por afronta ao art. 146, III, *b*, da CF, a expressão 'ou parcelados sem garantia' constante do parágrafo único do art. 73, da Lei n. 9.430/1996, incluído pela Lei n. 12.844/2013, na medida em que retira os efeitos da suspensão da exigibilidade do crédito tributário prevista no CTN'" (RE 917.285, Tema 874, Rel. Min. Dias Toffoli, j. 18.08.2020).

STJ

• Súmula n. 464: "A regra de imputação de pagamentos estabelecida no art. 354 do Código Civil não se aplica às hipóteses de compensação tributária".

• Súmula n. 461: "O contribuinte pode optar por receber, por meio de precatório ou por compensação, o indébito tributário certificado por sentença declaratória transitada em julgado".

• Súmula n. 460: "É incabível o mandado de segurança para convalidar a compensação tributária realizada pelo contribuinte".

• Súmula n. 213: "O mandado de segurança constitui ação adequada para a declaração do direito à compensação tributária".

• Súmula n. 212: "A compensação de créditos tributários não pode ser deferida em ação cautelar ou por medida liminar cautelar ou antecipatória" – cancelada após o STF ter declarado a inconstitucionalidade do art. 7.º, § 2.º, da Lei n. 12.016/2009, que proíbe expressamente a concessão de medida liminar para compensação de créditos tributários (ADI 4.296/DF, Red. p/ o acórdão Min. Alexandre de Moraes, j. 09.06.2021).

• "Tributário e processual civil. Recurso especial. Representativo de controvérsia. Tese firmada sob o rito dos recursos especiais repetitivos. Art. 1.036 e seguintes do Código Fux. Direito do contribuinte à definição do alcance da tese firmada no Tema 118/STJ (REsp 1.111.164/BA, da relatoria do eminente Ministro Teori Albino Zavascki). Inexigibilidade de comprovação, no *writ of mandamus*, do efetivo recolhimento do tributo, para o fim de obter declaração do direito à compensação tributária, obviamente sem qualquer empecilho à ulterior fiscalização da operação compensatória pelo Fisco competente. A operação de compensação tributária realizada na contabilidade da empresa contribuinte fica sujeita aos procedimentos de fiscalização da Receita Federal, no que se refere aos quantitativos confrontados e à respectiva correção. Recurso especial da contribuinte a que se dá parcial provimento. 1. Esclareça-se que a questão ora submetida a julgamento encontra-se delimitada ao alcance da aplicação da tese firmada no Tema 118/STJ (REsp 1.111.164/BA, da relatoria do eminente Ministro Teori Albino Zavascki, submetido a sistemática do art. 543-C do CPC/1973), segundo o qual é necessária a efetiva comprovação do recolhimento feito a maior ou indevidamente para fins de declaração do direito à compensação tributária em sede de mandado de segurança. 2. A afetação deste processo a julgamento pela sistemática repetitiva foi decidida pela Primeira Seção deste STJ, em 24.04.2018, por votação majoritária; de qualquer modo, trata-se de questão vencida, de sorte que o julgamento do feito como repetitivo é assunto precluso. 3. Para se espancar qualquer dúvida sobre a viabilidade de se garantir, em sede de mandado de segurança, o direito à utilização de créditos por compensação, esta Corte Superior reafirma orientação unânime, inclusive consagrada na sua Súmula n. 213, de que o mandado de segurança constitui ação adequada para a declaração do direito à compensação tributária. 4. No entanto, ao sedimentar a Tese 118, por ocasião do julgamento do REsp 1.111.164/BA, da relatoria do eminente Ministro Teori Albino Zavascki, a Primeira Seção desta Corte firmou diretriz de que, tratando-se de Mandado de Segurança que apenas visa à compensação de tributos indevidamente recolhidos, impõe-se delimitar a extensão do pedido constante da inicial, ou seja, a ordem que se pretende alcançar para se determinar quais seriam os documentos indispensáveis à propositura da ação. O próprio voto condutor do referido acórdão, submetido à sistemática do art. 543-C do CPC/1973, é expresso ao distinguir as duas situações, a saber: [...] a primeira, em que a impetração se limita a ver reconhecido o direito de compensar (que tem como pressuposto um ato da autoridade de negar a compensabilidade), mas sem fazer juízo específico sobre os elementos concretos da própria compensação; a outra situação é a da impetração, à declaração de compensabilidade, agrega (a) pedido de juízo específico sobre os elementos da própria compensação (*v.g.*: reconhecimento do indébito tributário que serve de base para a operação de compensação, acréscimos de juros e correção monetária sobre ele incidente, inexistência de prescrição do direito de compensar), ou (b) pedido de outra medida executiva que tem como pressuposto a efetiva realização da compensação (*v.g.*: expedição de certidão negativa, suspensão da exigibilidade dos créditos tributários contra os quais se opera a compensação). 5. Logo, postulando o Contribuinte apenas a concessão da ordem para se declarar o direito à compensação tributária, em virtude do reconhecimento judicial transitado em julgado da ilegalidade ou inconstitucionalidade da exigência da exação, independentemente da apuração dos respectivos valores, é suficiente, para esse efeito, a comprovação de que o impetrante ocupa a posição de credor tributário, visto que os comprovantes de recolhimento indevido serão exigidos posteriormente, na esfera administrativa, quando o procedimento de compensação for submetido à verificação pelo Fisco. Ou seja, se a pretensão é apenas a de ver reconhecido o direito de compensar, sem abranger juízo específico dos elementos da compensação ou sem apurar o efetivo *quantum* dos recolhimentos realizados indevidamente, não cabe exigir do impetrante, credor tributário, a juntada da providência somente será levada a termo no âmbito administrativo, quando será assegurada à autoridade fazendária a fiscalização e controle do procedimento compensatório. 6. Todavia, a prova dos recolhimentos indevidos será pressuposto indispensável à impetração, quando se postular juízo específico sobre as parcelas a serem compensadas, com a efetiva investigação da liquidez e certeza dos créditos, ou, ainda, na hipótese em que os efeitos da sentença supõem a efetiva homologação da compensação a ser realizada. Somente nessas hipóteses o crédito do contribuinte depende de quantificação, de modo que a inexistência de comprovação cabal dos valores indevidamente recolhidos representa a ausência de prova pré-constituída indispensável à propositura da ação mandamental. 7. Na hipótese em análise, em que se visa a garantir a compensação de valores indevidamente recolhidos a título do PIS e da Cofins, incidentes sobre a receita advinda da variação cambial das exportações, afastando-se as restrições previstas no art. 170-A do CTN e art. 26, § 3.º, IX, da Instrução Normativa/SRF 460/2004, o Tribunal de origem extinguiu o *writ* nesse ponto, sem resolução de mérito, com arrimo na pretensa insuficiência de documentação acostada, porquanto não demonstrado o efetivo recolhimento do tributo que se pretende compensar. 8. Ao assim decidir, o Tribunal de origem deixou de observar que o objeto da lide limitou-se ao afastamento de quaisquer atos ou restrições impostas pelo Fisco ao exercício do direito de compensar, e, nesse ponto, foi devidamente comprovada a liquidez e certeza do direito, necessária à impetração do Mandado de Segurança, porquanto seria necessário tão somente demonstrar que a impetrante estava sujeita ao recolhimento do PIS e da Cofins incidentes sobre receitas decorrentes de variações cambiais em suas exportações, cuja obrigatoriedade foi afastada pelas instâncias ordinárias. 9. Extrai-se do pedido formulado na exordial que a impetração, no ponto atinente à compensação tributária, tem natureza preventiva e cunho meramente declaratório, e, portanto, a concessão da ordem postulada só depende do reconhecimento do direito de se compensar tributo submetido ao regime de lançamento por homologação, sem as restrições impostas pela legislação tributária. Ou seja, não pretendeu a impetrante a efetiva investigação da liquidez e certeza dos valores indevidamente pagos, apurando-se o valor exato do crédito submetido ao acervo de contas, mas, sim, a declaração de um direito subjetivo à compensação tributária de créditos reconhecidos com tributos vencidos e vincendos, e que estará sujeita a verificação de sua regularidade pelo Fisco, em atividade fiscalizatória ulterior. 10. Portanto, a questão debatida no Mandado de Segurança é meramente jurídica, sendo desnecessária a exigência de provas do efetivo recolhimento do tributo e do seu montante exato, cuja apreciação, repita-se, fica postergada para a esfera administrativa. Portanto, perfeitamente cabível o presente Mandado de Segurança. 11. No julgamento do Recurso Especial 1.167.039/DF, de relatoria do eminente Ministro Teori Albino Zavascki, *DJe* 02.09.2010, processado sob o rito do art. 543-C do CPC/1973, assentou-se que a exigência de trânsito em julgado para fins de compensação de crédito tributário, segundo a regra do art. 170-A do CTN, aplica-se às demandas ajuizadas após a entrada em vigor da LC n. 104/2001, ou seja, a partir de 11.01.2001. 12. Recurso Especial da Contribuinte a que se dá parcial provimento, para reconhecer o seu direito à compensação dos valores de PIS e Cofins indevidamente recolhidos, após o trânsito em julgado, nos termos do art. 170-A do CTN e observada a prescrição quinquenal. 13. Acórdão submetido ao regime do art. 1.036 do Código Fux, fixando-se a seguinte tese, apenas explicitadora do pensamento zavaskiano consignado no julgamento REsp 1.111.164/BA: (a) tratando-se de mandado de segurança impetrado com vistas a declarar o direito à compensação tributária, em virtude do reconhecimento da ilegalidade ou inconstitucionalidade da anterior exigência da exação, independentemente da apuração dos respectivos valores, é suficiente, para esse efeito, a comprovação cabal de que o impetrante ocupa a posição de credor tributário, visto que os comprovantes de recolhimento indevido serão exigidos posteriormente, na esfera administrativa, quando o procedimento de compensação for submetido à verificação pelo Fisco; e (b) tratando-se de mandado de segurança com vistas a obter juízo específico sobre as parcelas a serem compensadas, com efetiva alegação da liquidez e certeza dos créditos, ou, ainda, na hipótese em que os efeitos da sentença supõem a efetiva homologação da compensação a ser realizada, o crédito do Contribuinte depende de quantificação, de modo que a inexistência de comprovação suficiente dos valores indevidamente recolhidos representa a ausência de prova pré-constituída indispensável à propositura da ação mandamental" (REsp 1.365.095/SP, Tema Repetitivo 118, Rel. Min. Napoleão Nunes Maia, j. 13.02.2019).

• "Processual civil. Tributário. Recurso especial representativo da controvérsia (art. 543-C do CPC). Art. 535 do CPC, ausência de violação. Compensação de ofício prevista no art. 73 da Lei n. 9.430/1996 e no art. 7.º do Decreto-lei n. 2.287/1986. Concordância tácita e retenção de valor a ser restituído ou ressarcido pela secretaria da Receita Federal. Legalidade do art. 6.º e parágrafos do Decreto n. 2.138/1997. Ilegalidade do procedimento apenas quando o crédito tributário a ser liquidado se encontrar com exigibilidade suspensa (art. 151 do CTN). 1. Não macula o art. 535 do CPC o acórdão da Corte de Origem suficientemente fundamentado. 2. O art. 6.º e parágrafos do Decreto n. 2.138/1997, bem como as instruções normativas da Secretaria da Receita Federal que regulamentam a compensação de ofício no âmbito da Administração Tributária Federal (arts. 6.º, 8.º e 12 da IN SRF n. 21/1997; art. 24 da IN SRF n. 210/2002; art. 34 da IN SRF n. 460/2004; art. 34 da IN SRF n. 600/2005; e art. 49 da IN SRF n. 900/2008), extrapolaram o art. 7.º do Decreto-lei n. 2.287/1986, tanto em sua redação original quanto na redação atual dada pelo art. 114 da Lei n. 11.196, de 2005, somente no que diz respeito à imposição da compensação de ofício aos débitos do sujeito passivo que se encontram com exigibilidade suspensa, na forma do art. 151 do CTN (*v.g.*, débitos inclusos no Refis, Paes, Paex etc.). Fora dos casos previstos no art. 151 do CTN, a compensação de ofício é ato vinculado da Fazenda Pública Federal a que deve se submeter o sujeito passivo, inclusive sendo lícitos os procedimentos de concordância tácita e retenção previstos nos §§ 1.º e 3.º do art. 6.º do Decreto n. 2.138/1997. Precedentes: REsp 542.938/RS, Primeira Turma, Rel. Min. Francisco Falcão, j. 18.08.2005; REsp 665.953/RS, Segunda Turma, Rel. Min. João Otávio de Noronha, j. 5.12.2006; REsp 1.167.820/SC, Segunda Turma, Rel. Min. Mauro Campbell Marques, j. 05.08.2010; REsp 997.397/RS, Primeira Turma, Rel. Min. José Delgado, j. 04.03.2008; REsp 873.799/RS, Segunda Turma, Rel. Min. Mauro Campbell Marques, j. 12.8.2008; REsp 491342/PR, Segunda Turma, Rel. Min. João Otávio de Noronha, j. 18.05.2006; REsp 1.130.680/RS Primeira Turma, Rel. Min. Luiz Fux, j. 19.10.2010. 3. No caso concreto, trata-se de restituição de valores indevidamente pagos a título de Imposto de Renda da Pessoa Jurídica – IRPJ com a imputação de ofício em débitos do mesmo sujeito passivo para os quais não há informação de suspensão na forma do art. 151 do CTN. Impõe-se a obediência ao art. 6.º e parágrafos do Decreto n. 2.138/1997 e normativos próprios. 4. Recurso especial parcialmente provido. Acórdão submetido ao regime do art. 543-C do CPC e da Resolução STJ 8/2008" (REsp 1.213.082/PR, Tema Repetitivo 484, Rel. Min. Mauro Campbell Marques, j. 10.08.2011).

Tese Jurídica: "Fora dos casos previstos no art. 151, do CTN, a compensação de ofício é ato vinculado da Fazenda Pública Federal a que deve se submeter o sujeito passivo, inclusive sendo lícitos os procedimentos de concordância tácita e retenção previstos nos §§ 1.º e 3.º, do art. 6.º, do Decreto n. 2.138/1997".

• "Processo civil. Recurso especial representativo de controvérsia. Art. 543-C do CPC. Processo judicial tributário. Embargos à execução fiscal. Compensação tributária pretérita alegada como matéria de defesa. Possibilidade. Art. 16, § 3.º, da LEF, c/c arts. 66 da Lei n. 8.383/1991, 73 e 74 da Lei n. 9.430/1996. 1. A compensação tributária adquire a natureza de direito subjetivo do contribuinte (oponível em sede de embargos à execução fiscal), em havendo a concomitância de três elementos essenciais: (i) a existência de crédito tributário, como produto do ato administrativo do lançamento ou do ato-norma do contribuinte que constitui o crédito tributário; (ii) a existência de débito do fisco, como resultado: (a) de ato administrativo de invalidação do lançamento tributário, (b) de decisão administrativa, (c) de decisão judicial, ou (d) de ato do próprio administrado, quando autorizado em lei, cabendo à Administração Tributária a fiscalização e ulterior homologação do débito do fisco apurado pelo contribuinte; e (iii) a existência de lei específica, editada pelo ente competente, que autorize a compensação, *ex vi* do art. 170 do CTN. 2. Deveras, o § 3.º do art. 16 da Lei n. 6.830/1980, proscreve, de modo expresso, a alegação do direito de compensação do contribuinte em sede de embargos do executado. 3. O advento da Lei n. 8.383/1991 (que autorizou a compensação entre tributos da mesma espécie, sem exigir prévia autorização da Secretaria da Receita Federal) superou o aludido óbice legal, momento a partir do qual passou a ser admissível, no âmbito de embargos à execução fiscal, a alegação de extinção (parcial ou integral) do crédito tributário em razão de compensação já efetuada (encartada em crédito líquido e certo apurado pelo próprio contribuinte, como sói ser o resultante de declaração de inconstitucionalidade da exação), sem prejuízo do exercício, pela Fazenda Pública, do seu poder-dever de apurar a regularidade da operação compensatória (Precedentes do STJ: EREsp 438.396/RS, 1.ª Seção, Rel. Min. Humberto Martins, j. 09.08.2006, *DJ* 28.08.2006; REsp 438.396/RS, 1.ª T., Rel. Min. José Delgado, j. 07.11.2002, *DJ* 09.12.2002; REsp 505.535/RS, 1.ª T., Rel. Min. Luiz Fux, j. 07.10.2003, *DJ* 03.11.2003; REsp 395.448/PR, 1.ª T., Rel. Min. Teori Albino Zavascki, j. 18.12.2003, *DJ* 16.02.2004; REsp 613.757/RS, 2.ª T., Rel. Min. Castro Meira, j. 10.08.2004, *DJ* 20.09.2004; REsp 426.663/RS, 1.ª T., Rel. Min. Denise Arruda, j. 21.09.2004, *DJ* 25.10.2004; e REsp 970.342/RS, 1.ª T., Rel. Min. Luiz Fux, j. 04.11.2008, *DJe* 01.12.2008). 4. A alegação da extinção da execução fiscal ou da necessidade de dedução de valores pela compensação total ou parcial, respectivamente, impõe que esta já tenha sido efetuada à época do ajuizamento do executivo fiscal, atingindo a liquidez e a certeza do título executivo, o que se dessume da interpretação conjunta dos arts. 170 do CTN e 16, § 3.º, da LEF, sendo certo que, ainda que se trate de execução fundada em título judicial, os embargos do devedor podem versar sobre causa extintiva da obrigação (art. 714 [art. 741], VI, do CPC). 5. Ademais, há previsão expressa na Lei n. 8.397/1992, no sentido de que: 'O indeferimento da medida cautelar fiscal não obsta a que a Fazenda Pública intente ação judicial da Dívida Ativa, nem influi no julgamento desta, salvo se o juiz, no procedimento cautelar fiscal, acolher a alegação de pagamento, de compensação, de transação, de remissão, de prescrição ou decadência, de conversão do depósito em renda, ou qualquer outra modalidade de extinção da pretensão deduzida (art. 15)'. 6. Consequentemente, a compensação efetuada pelo contribuinte antes do ajuizamento do feito executivo pode figurar como fundamento de defesa dos embargos à execução fiscal, a fim de ilidir a presunção de liquidez e certeza da CDA, máxime quando, à época da compensação, restaram atendidos os requisitos da existência de crédito tributário compensável, da configuração do indébito tributário, e da existência de lei específica autorizativa da citada modalidade extintiva do crédito tributário. 7. *In casu*, o contribuinte, em sede de embargos à execução fiscal, alegou a inexigibilidade do crédito tributário, em virtude de compensação *sponte propria* efetuada ante o pagamento indevido de CSSL (art. 8.º da Lei n. 7.689/1988) declarada inconstitucional pelo Supremo Tribunal Federal, tendo sido ajuizada ação ordinária para ver reconhecido seu direito à liquidação da obrigação tributária por meio da compensação efetuada. De acordo com o embargante, 'compensou 87.021,95 UFIRs relativos aos créditos tributários oriundos da contribuição social sobre o lucro, do exercício de 1988, pagos indevidamente, com 87.021,95 UFIRs relativas a créditos tributários líquidos e certos, concernente à mesma contribuição social sobre o lucro do exercício de 1992'. 8. O juízo singular procedeu ao julgamento antecipado da lide, pugnando pela inoponibilidade da alegação de compensação em sede de embargos à execução (em virtude do disposto no art. 16, § 3.º, da Lei de Execução Fiscal), e consignando que: '[...] a embargante deveria produzir a prova documental de suas alegações na inicial dos embargos, uma vez que a prova do recolhimento indevido é documento essencial para provar suas alegações' (art. 16, § 2.º, da Lei n. 6.830/1980 e art. 283 do CPC). No entanto, a embargante nada provou, não se desincumbindo do ônus que lhe atribui o art. 333, I, do CPC, negligenciando a prova documental de suas alegações. 9. Destarte, a indevida rejeição da compensação como matéria de defesa arguível em sede de embargos à execução fiscal, conjugada ao julgamento antecipado da lide, resultou em prematura extinção da ação antiexacional, razão pela qual merece prosperar a pretensão recursal. 10. Recurso especial provido. Acórdão submetido ao regime do art. 543-C do CPC e da Res. STJ 8/2008" (REsp 1.008.343/SP, Tema Repetitivo 294, Rel. Min. Luiz Fux, j. 09.12.2009).

Tese Jurídica: "A compensação efetuada pelo contribuinte, antes do ajuizamento do feito executivo, pode figurar como fundamento de defesa dos embargos à execução fiscal, a fim de ilidir a presunção de liquidez e certeza da CDA, máxime quando, à época da compensação, restaram atendidos os requisitos da existência de crédito tributário compensável, da configuração do indébito tributário, e da existência de lei específica autorizativa da citada modalidade extintiva do crédito tributário".

> **Art. 170-A.** É vedada a compensação mediante o aproveitamento de tributo, objeto de contestação judicial pelo sujeito passivo, antes do trânsito em julgado da respectiva decisão judicial **(1 a 3)**.
>
> * Artigo acrescentado pela LC n. 104/2001.

 COMENTÁRIOS

1. *Dispositivos relacionados:* arts. 156, II, e 170, CTN.

2. *Vedação à compensação referente a tributo contestado judicialmente antes do trânsito em julgado.* A LC n. 104/2001 acrescentou esse novo artigo ao CTN, inovando a disciplina da compensação tributária. Tal dispositivo enseja controvérsia quanto à sua interpretação. Cremos que a inteligência da norma é prestigiar o atributo da certeza do crédito do contribuinte, objeto de impugnação judicial, de modo a qualificá-lo para efeito de compensação. Assim, se o direito de crédito do contribuinte não se revestir da certeza outorgada mediante a imutabilidade dos efeitos da decisão judicial (coisa julgada material), a compensação não poderá ser efetuada.

3. *Crítica ao dispositivo.* Sustentamos, inclusive judicialmente (TRF-3, 6.ª T., ApCv 770.064/SP, j. 25.04.2007), que tal norma não se aplica às hipóteses em que o crédito do contribuinte resultar do reconhecimento da inconstitucionalidade da exigência fiscal pelo STF, seja em ação direta ou em sede de recurso extraordinário. Isso porque, nesse caso, a almejada certeza do crédito está estampada no pronunciamento da mais alta Corte do País, sendo desnecessária a obtenção de coisa julgada em ação individual. O STJ firmou posicionamento

contrário, entendendo que a apontada vedação aplica-se inclusive às hipóteses de reconhecida inconstitucionalidade do tributo devidamente recolhido (REsp 1.167.039/DF, j. 25.08.2010).

JURISPRUDÊNCIA ILUSTRATIVA

STJ

• "Tributário e processual civil. Compensação tributária. Lei aplicável. Vedação do art. 170-A do CTN. Inaplicabilidade a demanda anterior à LC n. 104/2001. 1. A lei que regula a compensação tributária é a vigente à data do encontro de contas entre os recíprocos débito e crédito da Fazenda e do contribuinte. Precedentes. 2. Em se tratando de compensação de crédito objeto de controvérsia judicial, é vedada a sua realização 'antes do trânsito em julgado da respectiva decisão judicial', conforme prevê o art. 170-A do CTN, vedação que, todavia, não se aplica a ações judiciais propostas em data anterior à vigência desse dispositivo, introduzido pela LC n. 104/2001. Precedentes. 3. Recurso especial provido. Acórdão sujeito ao regime do art. 543-C do CPC e da Resolução STJ 8/2008" (REsp 1.164.452/MG, Tema Repetitivo 345, Rel. Min. Teori Zavascki, j. 25.08.2010).

Tese Jurídica: "Em se tratando de compensação de crédito objeto de controvérsia judicial, é vedada a sua realização 'antes do trânsito em julgado da respectiva decisão judicial', conforme prevê o art. 170-A do CTN, vedação que, todavia, não se aplica a ações judiciais propostas em data anterior à vigência desse dispositivo, introduzido pela LC n. 104/2001".

• "Tributário. Compensação. Art. 170-A do CTN. Requisito do trânsito em julgado. Aplicabilidade a hipóteses de inconstitucionalidade do tributo recolhido. 1. Nos termos do art. 170-A do CTN, 'é vedada a compensação mediante o aproveitamento de tributo, objeto de contestação judicial pelo sujeito passivo, antes do trânsito em julgado da respectiva decisão judicial', vedação que se aplica inclusive às hipóteses de reconhecida inconstitucionalidade do tributo indevidamente recolhido. 2. Recurso especial provido. Acórdão sujeito ao regime do art. 543-C do CPC e da Resolução STJ 8/2008" (REsp 1.167.039/DF, Tema Repetitivo 346, Rel. Min. Teori Zavascki, j. 25.08.2010).

Tese Jurídica: "Nos termos do art. 170-A do CTN, 'é vedada a compensação mediante o aproveitamento de tributo, objeto de contestação judicial pelo sujeito passivo, antes do trânsito em julgado da respectiva decisão judicial', vedação que se aplica inclusive às hipóteses de reconhecida inconstitucionalidade do tributo indevidamente recolhido".

> **Art. 171.** A lei pode facultar, nas condições que estabeleça, aos sujeitos ativo e passivo da obrigação tributária celebrar transação que, mediante concessões mútuas, importe em *determinação* de litígio e consequente extinção de crédito tributário **(1 a 4)**.
>
> Parágrafo único. A lei indicará a autoridade competente para autorizar a transação em cada caso.

COMENTÁRIOS

1. *Legislação básica:* CC, art. 840 (transação); LC n. 174/2020 (autoriza a extinção de créditos tributários mediante transação no âmbito do Simples Nacional); Lei n. 13.988/2020 (dispõe sobre a transação nas hipóteses que especifica); Lei n. 13.140/2015 (autocomposição de conflitos no âmbito da Administração Pública); e Lei n. 10.522/2002, na redação dada pela Lei n. 14.112/2020 (transação tributária das empresas em recuperação judicial), art. 10-C.

2. Transação tributária. Considerações gerais. A transação, no âmbito civil, reveste natureza contratual. No campo tributário, à evidência, ostenta perfil bem diferente. A começar porque, por óbvio, não possui natureza contratual, como expressa o dispositivo. Inicialmente, o artigo contém erro na redação, nunca corrigido: onde se lê "determinação", leia-se "terminação" do litígio. Observe-se que, cuidando-se de matéria sujeita ao princípio da supremacia do interesse público sobre o particular, impõe-se o necessário veículo legislativo para disciplina-la. Também, a transação no âmbito fiscal somente pode ser *terminativa de litígio*, o qual, a nosso ver, tanto pode ser de natureza judicial ou administrativa. O emprego da transação com relação a obrigações tributárias sempre deu margem à polêmica, diante do entendimento, algo generalizado, de que a figura é incompatível com o regime de direito público, no qual exsurge, como princípio de maior importância, a indisponibilidade do interesse público, que predicaria a impossibilidade de transação. Entretanto, a objeção não é válida, uma vez que a transação, nesse contexto, somente poderá ser efetuada observados os parâmetros fixados na Constituição e na lei, em consonância com o aludido princípio. Autêntico instrumento de *praticabilidade tributária*, por vezes a transação revelar-se-á mais vantajosa ao interesse público do que o prolongamento ou a eternização do conflito. Convém anotar, ademais, que a transação, tal como disciplinada em nosso direito positivo, é inconfundível com o parcelamento: enquanto este é causa de suspensão da exigibilidade da obrigação tributária principal, a transação propicia sua extinção. Assinale-se que a União deu importante passo na promoção da utilização desse instrumento destinado à composição de conflitos na área tributária mediante a edição da Lei n. 9.469/1997, que veicula normas gerais a respeito do assunto e atualizações posteriores. A Lei n. 13.140/2015 avançou nessa seara, conforme comentário que segue. Recentemente, a Lei n. 13.988/2020, resultante da conversão da Medida Provisória n. 899/2019, efetuada com alterações, trouxe nova disciplina para a transação no âmbito federal, e a Lei n. 14.112/2020, ao alterar a Lei n. 10.522/2002, estabeleceu disciplina à transação tributária para as empresas em recuperação judicial (art. 10-C).

3. *Autocomposição de conflitos no âmbito da Administração Pública e transação.* A inovadora Lei n. 13.140/2015, por sua vez, veio dispor sobre a mediação entre particulares como meio de solução de controvérsias e sobre a autocomposição de conflitos no âmbito da Administração Pública. Tal diploma legal abriga prescrições a respeito da *autocomposição de conflitos tributários*, embora timidamente. Primeiramente, ao cuidar da autocomposição de conflitos em que for parte pessoa jurídica de direito público, a lei estabelece que "a União, os Estados, o Distrito Federal e os Municípios poderão criar câmaras de prevenção e resolução de conflitos, no âmbito dos respectivos órgãos da Advocacia Pública, onde houver, com competência para: I – dirimir conflitos entre órgãos e entidades da administração pública; II – avaliar a admissibilidade dos pedidos de resolução de conflitos, por meio de composição, no caso de controvérsia entre particular e pessoa jurídica de direito público; e III – promover, quando couber, a celebração de termo de ajustamento de conduta" (art. 32, *caput* e incisos I, II e III). Em sequência, preceitua que "a instauração de procedimento administrativo para a resolução consensual de conflito no âmbito da administração pública suspende a prescrição", mas adverte que, "em se tratando de matéria tributária, a suspensão da prescrição deverá observar o disposto na Lei n. 5.172, de 25 de outubro de 1966 – Código Tributário Nacional" (art. 34, *caput* e § 2.º). Saliente-se que a dicção legal não poderia ser outra, uma vez que a disciplina da prescrição tributária é reservada à lei complementar (art. 146, III, *b*, CR). No capítulo dedicado aos conflitos envolvendo a Administração Pública Federal Direta, suas autarquias e fundações, estatui que as controvérsias jurídicas poderão ser objeto de *transação por adesão* (art. 35). No que tange aos conflitos relativos a tributos administrados pela Secretaria da Receita Federal do Brasil ou a créditos inscritos em dívida ativa da União, todavia, contempla disciplina de autocomposição bem mais restritiva, afastando a aplicação das disposições contidas nos incisos II e III do *caput* do art. 32, bem como estabelecendo procedimento mais complexo para a solução dos conflitos nessa seara (art. 38, I, II e III).

4. Transação na Lei n. 13.988/2020. A Lei n. 13.988/2020, que comentaremos em linhas gerais, constitui importante evolução no regramento da transação no âmbito da Administração Pública Federal, concernente a créditos de natureza tributária e não tributária. Resultante da conversão da Medida Provisória n. 899/2019, efetuada com diversas alterações, confere larga margem de discricionariedade à autoridade administrativa para a sua concessão, o que claramente se extrai da norma segundo a qual a União "em juízo de oportunidade e conveniência poderá celebrar transação em quaisquer modalidades de que trata esta Lei, sempre que, motivadamente, entender que a medida atenda ao interesse público (art. 1.º, § 1.º). Cabe destacar que tal diploma legal faz salutar referência a princípios constitucionais a serem observados pela Administração Pública, ao declarar que, "para fins de aplicação e regulamentação desta Lei, serão observados, entre outros, os princípios da isonomia, da capacidade contributiva, da transparência, da moralidade, da razoável duração dos processos e da eficiência e, resguardadas as informações protegidas por sigilo, o princípio da publicidade" (art. 1.º, § 2.º). A transação, segundo essa novel disciplina, é admitida na fase administrativa, durante o contencioso judicial, bem como quando já ajuizada execução fiscal. Constituem modalidades de transação, nos termos de seu art. 2.º, as realizadas: "I – por proposta individual ou por adesão, na cobrança de créditos inscritos na dívida ativa da União, de suas autarquias e fundações públicas, na cobrança de créditos que seja da competência da Procuradoria-Geral da União, ou em contencioso administrativo fiscal; II – por adesão nos demais casos de contencioso judicial ou administrativo tributário; e III – por adesão, no contencioso tributário de pequeno valor". O art. 11, por sua vez, estatui que a transação poderá contemplar diversos benefícios, entre eles a "concessão de descontos nas multas, nos juros e nos encargos legais relativos a créditos a serem transacionados que sejam classificados como irrecuperáveis ou de difícil recuperação, conforme critérios estabelecidos pela autoridade competente, nos termos do parágrafo único do art. 14 desta Lei" (inciso I). Quanto aos compromissos exigidos para a adesão do contribuinte, cabe destacar a desistência das "impugnações ou dos recursos administrativos que tenham por objeto os créditos na transação e renunciar a quaisquer alegações de direito sobre as quais se fundem as referidas impugnações e recursos"; e a renúncia "a quaisquer alegações de direito, atuais ou futuras, sobre as quais se fundem ações judiciais, inclusive as coletivas, ou recursos que tenham por objeto os créditos incluídos na transação, por meio de requerimento de extinção do respectivo processo com resolução de mérito, nos termos da alínea *c*, do inciso III, do art. 487 da Lei n. 13.105, de 16 de março de 2015 (Código de Processo Civil)" (art. 3.º, IV e V, da Lei n. 13.988/2020). Tais prescrições podem ensejar eventuais questionamentos quanto a sua constitucionalidade, em razão do *princípio da inafastabilidade do controle jurisdicional* (art. 5.º, XXXV, CR). Em suas disposições gerais, a lei estatui ser vedada a transação que: *(i)* reduza multas de natureza penal; *(ii)* conceda descontos a créditos relativos ao Regime Especial Unificado de Arrecadação de Tributos e Contribuições devidos pelas Microempresas e Empresas de Pequeno Porte (Simples Nacional), enquanto não editada lei complementar autorizativa; bem como ao Fundo de Garantia do Tempo de Serviço (FGTS), enquanto não autorizado pelo seu Conselho Curador; e *(iii)* envolva devedor contumaz, conforme definido em lei específica (art. 5.º, I a III). Outrossim, no que tange à cobrança de créditos da União e de suas autarquias e fundações públicas, é vedada a transação que: *(i)* reduza o montante principal do crédito, assim compreendido seu valor originário, excluída a concessão de descontos nas multas, nos juros de mora e nos encargos legais relativos a créditos a serem transacionados que sejam classificados como irrecuperáveis ou de difícil recuperação; *(ii)* implique redução superior a 65% (sessenta e cinco por cento) do valor total dos créditos a serem transacionados; *(iii)* conceda prazo de quitação dos créditos superior a 120 (cento e vinte) meses; e *(iv)* envolva créditos não inscritos em dívida ativa da União, exceto aqueles sob responsabilidade da Procuradoria-Geral da União ou em contencioso administrativo fiscal de que trata o art. 10-A desta Lei (art. 11, § 2.º, I a IV). Observe-se que a transação não suspende a exigibilidade dos créditos por ela abrangidos, nem o andamento das respectivas execuções fiscais, salvo a suspensão do processo por convenção das partes, nos termos da lei processual civil (art. 12).

 ## SUGESTÕES DOUTRINÁRIAS

TRANSAÇÃO TRIBUTÁRIA

Oswaldo Othon de Pontes Saraiva Filho, *Transação e arbitragem tributárias*, Fórum; Phelipe Toledo Pires de Oliveira, *A transação em matéria tributária*, Quartier Latin; Fernanda Drummond Parisi, *A transação tributária no Brasil: supremacia do interesse público e a liquidação do crédito tributário*, IOB SAGE.

> **Art. 172.** A lei pode autorizar a autoridade administrativa a conceder, por despacho fundamentado, remissão total ou parcial do crédito tributário, atendendo **(1 a 8)**:
>
> I – à situação econômica do sujeito passivo **(9)**;
>
> II – ao erro ou ignorância escusáveis do sujeito passivo, quanto a matéria de fato **(10)**;
>
> III – à diminuta importância do crédito tributário **(11)**;
>
> IV – a considerações de equidade, em relação com as características pessoais ou materiais do caso **(12)**;
>
> V – a condições peculiares a determinada região do território da entidade tributante **(13)**.
>
> Parágrafo único. O despacho referido neste artigo não gera direito adquirido, aplicando-se, quando cabível, o disposto no art. 155 **(14)**.

 ## COMENTÁRIOS

1. *Moldura constitucional.* Art. 150. "[...] § 6.º Qualquer subsídio ou isenção, redução de base de cálculo, concessão de crédito presumido, anistia ou *remissão*, relativos a impostos, taxas ou contribuições, só poderá ser concedido mediante lei específica, federal, estadual ou municipal, que regule exclusivamente as matérias acima enumeradas ou o correspondente tributo ou contribuição, sem prejuízo do disposto no art. 155, § 2.º, XII, *g*;[1] [...] Art. 195. A seguridade social será financiada por toda a sociedade, de forma direta e indireta, nos termos

---

[1]   V. redação dada pela EC n. 132/2023.

da lei, mediante recursos provenientes dos orçamentos da União, dos Estados, do Distrito Federal e dos Municípios, e das seguintes contribuições sociais: I – do empregador, da empresa e da entidade a ela equiparada na forma da lei, incidentes sobre: a) a folha de salários e demais rendimentos do trabalho pagos ou creditados, a qualquer título, à pessoa física que lhe preste serviço, mesmo sem vínculo empregatício; [...] II – do trabalhador e dos demais segurados da previdência social, podendo ser adotadas alíquotas progressivas de acordo com o valor do salário de contribuição, não incidindo contribuição sobre aposentadoria e pensão concedidas pelo Regime Geral de Previdência Social; [...] § 11. São vedados a moratória e o parcelamento em prazo superior a 60 (sessenta) meses e, na forma de lei complementar, a remissão e a anistia das contribuições sociais de que tratam a alínea *a* do inciso I e o inciso II do *caput*."

2. Dispositivo relacionado: art. 156, IV, CTN.

3. Legislação básica: CC, arts. 385 a 388; LC n. 101/2000 (LRF).

4. Remissão tributária. Conceito. Constitui outra modalidade de extinção da obrigação tributária principal e, como no direito privado, significa *perdão*. A remissão, nos moldes desse artigo, respeita ao crédito tributário e somente pode ser concedida por lei, em função do, por tantas vezes lembrado, princípio da indisponibilidade do interesse público. Por outro lado, não se pode confundir remissão com *anistia*, figura prevista no CTN em seus arts. 175, II, e 180 a 182. Esta também constitui espécie de perdão, mas possui outro objeto: as infrações e sanções fiscais. Mediante a concessão de anistia pode-se perdoar uma infração à lei tributária ou, apenas, a sanção dela decorrente. Logo, a remissão é o perdão no âmbito da obrigação de pagar tributo, enquanto a anistia é o perdão pertinente à relação sancionatória.

5. Remissão total ou parcial. O perdão pode abranger a totalidade ou apenas parte do débito.

6. Vedação constitucional de concessão de remissão. O § 11 do art. 195 da CR contempla vedação à concessão de moratória e parcelamento em prazo superior a 60 meses e, na forma da lei complementar, a *remissão* e a anistia das contribuições de que trata os incisos I, a, II do *caput* – a contribuição sobre a folha de salários e a contribuição dos trabalhadores e dos demais segurados da previdência social. O intuito da norma é restringir o cabimento dessa hipótese de renúncia fiscal, que poderia comprometer ainda mais o orçamento da Previdência Social.

7. Lei específica para a concessão de remissão. Consoante o § 6.º do art. 150, CR, a concessão de remissão somente pode ser efetuada mediante lei específica da pessoa política competente, "que regule exclusivamente as matérias acima enumeradas ou o correspondente tributo ou contribuição, sem prejuízo do disposto no art. 155, § 2.º, XII, *g*".[2]

8. Renúncia fiscal. A LC n. 101/2000, ao estabelecer normas de finanças públicas voltadas à *responsabilidade na gestão fiscal*, disciplina a renúncia de receita, que compreende o instituto da remissão (art. 14, § 1.º).

9, 10, 11, 12 e 13. Hipóteses. Rol taxativo. São hipóteses de cabimento da remissão: *(i)* a situação econômica do sujeito passivo; *(ii)* o erro ou ignorância escusáveis do sujeito passivo, quanto a matéria de fato; *(iii)* a diminuta importância do crédito tributário; *(iv)* as considerações de equidade com relação às características pessoais ou materiais do caso; e *(v)* as condições peculiares a determinada região do território da entidade tributante. O rol deve ser considerado *taxativo*, em homenagem aos princípios da legalidade e da indisponibilidade do interesse público.

---

[2]   V. redação dada pela EC n. 132/2023.

14. Anulação ou cassação do ato administrativo de remissão. A dicção do parágrafo único desse dispositivo pode ensejar errônea interpretação de seu conteúdo. A referência ao art. 155, CTN, faz sugerir que a remissão pode ser "revogada", não gerando direito adquirido, revelando a impropriedade da linguagem empregada pelo legislador. Lembre-se de que a revogação constitui modalidade de extinção de ato administrativo discricionário tão somente e deve respeitar o direito adquirido, conforme enuncia a Súmula n. 473, STF. Com efeito, conforme já salientamos em nossos comentários ao art. 155, CTN, uma vez preenchidos os requisitos legais pelo interessado, faz ele jus à remissão, deferida mediante ato administrativo de natureza vinculada. O ato administrativo de concessão da remissão pode, sim, ser cassado, se verificado que o interessado deixou de preencher algum requisito necessário à fruição dessa situação jurídica.

 JURISPRUDÊNCIA ILUSTRATIVA

STF

• "Ação direta de inconstitucionalidade. Direito tributário. Lei paraense n. 6.489/2002. Autorização legislativa para o Poder Executivo conceder, por regulamento, os benefícios fiscais da remissão e da anistia. Princípios da separação dos poderes e da reserva absoluta de lei formal. Art. 150, § 6.º, da Constituição Federal. Ação julgada procedente. 1. A adoção do processo legislativo decorrente do art. 150, § 6.º, da Constituição Federal tende a coibir o uso desses institutos de desoneração tributária como moeda de barganha para a obtenção de vantagem pessoal pela autoridade pública, pois a fixação, pelo mesmo Poder instituidor do tributo, de requisitos objetivos para a concessão do benefício tende a mitigar arbítrio do Chefe do Poder Executivo, garantindo que qualquer pessoa física ou jurídica enquadrada nas hipóteses legalmente previstas usufrua da benesse tributária, homenageando-se aos princípios constitucionais da impessoalidade, da legalidade e da moralidade administrativas (art. 37, *caput*, da Constituição da República). 2. A autorização para a concessão de remissão e anistia, a ser feita 'na forma prevista em regulamento' (art. 25 da Lei n. 6.489/2002), configura delegação ao Chefe do Poder Executivo em tema inafastável do Poder Legislativo. 3. Ação julgada procedente" (ADI 3.462/PA, Rel. Min. Cármen Lúcia, j. 15.09.2010).

STJ

• "Tributário. Recurso especial representativo de controvérsia (art. 543-C, § 1.º, do CPC). Art. 14 da Lei n. 11.941/2009. Remissão. Impossibilidade de pronunciamento de ofício pelo magistrado. Limite de R$ 10.000,00 considerado por sujeito passivo, e não por débito isolado. 1. A Lei n. 11.941/2008 remite os débitos para com a Fazenda Nacional vencidos há cinco anos ou mais cujo valor total consolidado seja igual ou inferior a 10 mil reais. 2. O valor-limite acima referido deve ser considerado por sujeito passivo, e separadamente apenas em relação à natureza dos créditos, nos termos dos incs. I a IV do art. 14. Traduzindo de forma didática, foram concedidas quatro remissões distintas que ficaram assim estabelecidas: 2.1 Remissão para todos os débitos de um mesmo sujeito passivo, vencidos a cinco anos ou mais em 31 de dezembro de 2007, somente quando o somatório de todos atinja valor igual ou inferior a R$ 10.000,00, considerando-se apenas os débitos decorrentes das contribuições sociais previstas nas alíneas *a*, *b* e *c* do parágrafo único do art. 11 da Lei n. 8.212/1991, das contribuições instituídas a título de substituição e das contribuições devidas a terceiros, assim entendidas outras entidades e fundos, inscritos em Dívida Ativa da União no âmbito da PGFN; 2.2 Remissão para todos os débitos de um mesmo sujeito passivo, vencidos a cinco anos ou mais em 31 de dezembro de 2007, somente quando o somatório de todos atinja valor igual ou inferior a R$ 10.000,00, considerando-se apenas os débitos inscritos em Dívida Ativa da União, no âmbito da PGFN que não aqueles elencados em '2.1'; 2.3 Remissão para todos os débitos de um mesmo sujeito passivo, vencidos a cinco anos ou mais em 31 de dezembro de 2007, somente quando o somatório de todos atinja valor igual ou inferior a R$ 10.000,00, considerando-se apenas os débitos decorrentes das contribuições sociais previstas nas alíneas *a*, *b* e *c* do parágrafo único do art. 11 da Lei n. 8.212/1991, das contribuições instituídas a título de substituição e das contribuições devidas a terceiros, assim entendidas outras entidades e fundos, administrados pela Secretaria da Receita Federal do Brasil; 2.4 Remissão para todos os débitos de um mesmo sujeito passivo, vencidos a cinco anos ou mais em 31 de dezembro de 2007, somente quando o somatório de todos atinja valor igual ou inferior a R$ 10.000,00, considerando-se apenas os demais débitos administrados pela Secretaria da Receita Federal do Brasil que não aqueles elencados em '2.3'. 3. Não pode o magistrado, de ofício, pronunciar a remissão, analisando isoladamente o valor cobrado em uma Execução Fiscal, sem questionar a Fazenda sobre a existência de outros débitos que somados impediriam o contribuinte de gozar do benefício. Precedente: REsp 1.207.095/MG, 2.ª T., Rel. Min. Herman Benjamin, j. 18.11.2010. 4. Superado o precedente em sentido contrário REsp 1.179.872/MT, 2.ª T., Rel. Min. Eliana Calmon, *DJe* 22.6.2010. 5. Recurso especial provido. Acórdão submetido ao regime do art. 543-C do CPC e da Resolução STJ 8/2008" (REsp 1.208.935/AM, Temas Repetitivos 456 e 457, Rel. Min. Mauro Campbell Marques, j. 13.04.2011).

Tese Jurídica: "A Lei n. 11.941/2008 remite os débitos para com a Fazenda Nacional vencidos há cinco anos ou mais cujo valor total consolidado seja igual ou inferior a 10 mil reais. O valor-limite acima referido deve ser considerado por sujeito passivo, e separadamente apenas em relação à natureza dos créditos, nos termos dos incisos I a IV do art. 14. A Lei n. 11.941/2008 remite os débitos para com a Fazenda Nacional vencidos há cinco anos ou mais cujo valor total consolidado seja igual ou inferior a 10 mil reais. Não pode o magistrado, de ofício, pronunciar a remissão, analisando isoladamente o valor cobrado em uma Execução Fiscal, sem questionar a Fazenda sobre a existência de outros débitos que somados impediriam o contribuinte de gozar do benefício".

> **Art. 173.** O direito de a Fazenda Pública constituir o crédito tributário extingue-se após 5 (cinco) anos **(1 a 6)**, contados **(7)**:
>
> I – do primeiro dia do exercício seguinte àquele em que o lançamento poderia ter sido efetuado **(7.1 e 7.2)**;
>
> II – da data em que se tornar definitiva a decisão que houver anulado, por vício formal, o lançamento anteriormente efetuado **(7.3)**.
>
> Parágrafo único. O direito a que se refere este artigo extingue-se definitivamente com o decurso do prazo nele previsto, contado da data em que tenha sido iniciada a constituição do crédito tributário pela notificação, ao sujeito passivo, de qualquer medida preparatória indispensável ao lançamento **(7.4)**.

 ## COMENTÁRIOS

1. *Moldura constitucional.* Art. 146. "Cabe à lei complementar: [...] III – estabelecer normas gerais em matéria de legislação tributária, especialmente sobre: [...] b) [...] prescrição e decadência tributários; [...]."

2. Dispositivo relacionado: art. 156, VI, CTN.

3. Legislação básica: CC, arts. 189 a 211.

4. Matéria reservada à lei complementar. Consoante o art. 146, III, *b*, CR, a decadência no âmbito tributário somente pode ser disciplinada mediante lei complementar. Cabe apenas à União, portanto, estatuir seu regime jurídico, não detendo as demais pessoas políticas competência legislativa a respeito.

5. Prazos extintivos de direitos. Considerações gerais. Decadência e prescrição são expressões de *segurança jurídica*, fundadas na ideia de que a *inércia no exercício de um direito*, pelo prazo legalmente assinalado, conduz ao seu perecimento. Figuram entre as categorias jurídicas mais polêmicas quanto à sua conceituação, não sendo diferente no direito tributário, que lhes empresta uma disciplina peculiar, distinta da observada no âmbito do direito privado (CC, arts. 189 a 211).

6. Decadência tributária. A *decadência*, genericamente considerada, corresponde à *extinção de um direito material* pelo seu não exercício durante determinado lapso temporal, fixado em lei. Portanto, pressupõe a inércia do titular do direito em exercê-lo. No âmbito tributário, a decadência refere-se à extinção do direito da Fazenda Pública – traduzido em poder-dever – de efetuar o lançamento, em razão de sua inércia pelo decurso do prazo de cinco anos. Relembre-se que o CTN qualifica a atividade administrativa de lançamento como "vinculada e obrigatória" (art. 142, parágrafo único), daí por que, uma vez não efetuado o lançamento de ofício, a sanção normativa é a extinção do direito de fazê-lo. Em outras palavras, consumada a decadência, *extingue-se o direito de efetuar o lançamento* e, consequentemente, o direito de exigir o crédito tributário, operando-se a extinção da obrigação tributária principal.

7. Termos iniciais para a fluência do prazo decadencial. Quatro são as hipóteses de termo inicial de fluência do prazo decadencial previstas no CTN, conforme segue.

7.1. Primeira hipótese: tributos sujeitos a lançamento de ofício ou misto. Consoante a hipótese do inciso I – o primeiro dia do exercício seguinte àquele em que o lançamento poderia ter sido efetuado – o prazo decadencial sempre iniciar-se-á algum tempo depois de a inércia da Fazenda Pública ter se manifestado, uma vez que a lei posterga o termo *a quo* para o primeiro dia do exercício seguinte àquele em que o lançamento poderia ter sido efetuado. Trata-se, portanto, de prerrogativa deferida à Fazenda Pública, justificada pelo *princípio da indisponibilidade do patrimônio público*, porquanto, por meio de tal norma, outorga-se mais tempo para a prática do lançamento. Há de se salientar que tal regra é aplicável aos casos de *lançamento de ofício ou misto*, porquanto, para os tributos sujeitos a *lançamento por homologação*, o regramento é diverso.

7.2. Segunda hipótese: tributos sujeitos a lançamento por homologação. Nos tributos sujeitos a lançamento por homologação, que constituem a grande maioria no direito atual, impende distinguir-se, basicamente, se houve ou não a *antecipação do pagamento* pelo contribuinte. Não há falar em decadência se ocorre o pagamento antecipado e a autoridade administrativa o homologa, expressa ou tacitamente, porquanto, no caso, tem-se o lançamento por realizado e o débito extinto (art. 156, VII, CTN). O prazo decadencial, no caso, é o constante do art. 150, § 4.º, *in fine*, segundo o qual, "se a lei não fixar prazo à homologação, será ele de 5 (cinco) anos, a contar da ocorrência do fato gerador; expirado esse prazo sem que a Fazenda Pública se tenha pronunciado, considera-se homologado o lançamento e definitivamente extinto o crédito, salvo se comprovada a ocorrência de dolo, fraude ou simulação". Diversamente, se o contribuinte não realiza o pagamento antecipado nem apresenta declaração de débito, cabe ao Fisco realizar o lançamento de ofício substitutivo, e o prazo decadencial, nessa hipótese, observa a regra inserta no art. 173, I, CTN – cinco anos contados do primeiro dia do exercício seguinte àquele em que o lançamento poderia ter sido efetuado, orientação cristalizada na Súmula n. 555, STJ. Remarque-se, portanto, que, cuidando-se de tributo sujeito a lançamento por homologação, tendo ocorrido o pagamento antecipado e não sendo o caso de homologação, a contagem do prazo decadencial, para que o Fisco possa proceder ao lançamento de ofício, é efetuada de maneira distinta, desatrelada da noção de exercício financeiro.

7.3. *Terceira hipótese: anulação do lançamento.* Quanto ao termo inicial de decadência prescrito no inciso II – a data em que se tornar definitiva a decisão em que houver sido anulado, por vício formal, o lançamento anteriormente efetuado –, tem-se, aqui, a hipótese de anulação administrativa ou judicial do lançamento, reabrindo-se o prazo de cinco anos para o Fisco efetuá-lo. Essa norma aponta outro relevante aspecto de distinção entre o regime de decadência disciplinado na lei civil e o estabelecido na lei tributária. No direito privado, "salvo disposição legal em contrário, não se aplicam à decadência as normas que impedem, suspendem ou interrompem a prescrição" (art. 207, CC). Consoante se extrai da norma do art. 173, II, CTN, diversamente, o prazo decadencial é *passível de interrupção*, visto que a decisão anulatória do lançamento anteriormente efetuado faz com que recomece a fluir o prazo decadencial.

7.4. *Quarta hipótese: medida preparatória indispensável ao lançamento.* A regra contida no parágrafo único do art. 173, por sua vez, estabelece que "o direito de efetuar o lançamento extingue-se definitivamente com o decurso do aludido prazo quinquenal, contado da data em que tenha sido iniciada a constituição do crédito tributário pela notificação, ao sujeito passivo, de qualquer medida preparatória indispensável ao lançamento". Apesar da redação imprópria – dado que a extinção de direito é sempre definitiva –, esse preceito aponta outro termo inicial de fluência do prazo decadencial, aplicável à hipótese da adoção de medida preparatória indispensável ao lançamento (ex.: investigação procedida pelo Fisco), antecipando tal prazo, que escoará a partir da notificação ao sujeito passivo, e não do primeiro dia do exercício seguinte àquele em que o lançamento poderia ter sido efetuado (art. 173, I).

 ## SUGESTÕES DOUTRINÁRIAS

DECADÊNCIA TRIBUTÁRIA

Edvaldo Brito, *Decadência e prescrição tributárias no direito brasileiro*, Noeses; Eurico Marcos Diniz de Santi, *Decadência e prescrição no direito tributário*, Saraiva; Robson Maia Lins, *Controle de constitucionalidade da norma tributária: decadência e prescrição*, Quartier Latin; Renata Elaine Silva Ricetti Marques, *Curso de decadência e de prescrição no direito tributário*, Noeses.

 ## JURISPRUDÊNCIA ILUSTRATIVA

STF

• Súmula Vinculante n. 8: "São inconstitucionais o parágrafo único do artigo 5.º do Decreto-lei n. 1.569/1977 e os arts. 45 e 46 da Lei n. 8.212/1991, que tratam de prescrição e decadência de crédito tributário".

• "Constitucional. Tributário. Norma do Estado de Santa Catarina que estabelece hipótese de extinção do crédito tributário por transcurso de prazo para apreciação de recurso administrativo fiscal. Constituição do Estado, art. 16. Ato das Disposições Constitucionais Transitórias da Constituição Estadual, art. 4.º. Alegada violação do art. 146, III, *b*, da Constituição. A determinação do arquivamento de processo administrativo tributário por decurso de prazo, sem a possibilidade de revisão do lançamento, equivale à extinção do crédito tributário cuja validade está em discussão no campo administrativo. Em matéria tributária, a extinção do crédito tributário ou do direito de constituir o crédito tributário por decurso de prazo, combinado a qualquer outro critério, corresponde à decadência. Nos termos do Código Tributário Nacional (Lei n. 5.172/1996), a decadência do direito do Fisco ao crédito tributário, contudo, está vinculada ao lançamento extemporâneo (constituição), e não, propriamente, ao decurso de prazo e à inércia da autoridade fiscal na revisão do lançamento originário. Extingue-se um crédito que resultou de lançamento indevido, por ter sido realizado fora do prazo, e que goza de presunção de validade até a aplicação dessa regra específica de decadência. O lançamento tributário não pode durar indefinidamente, sob risco de violação da segurança jurídica, mas a Constituição de 1988 reserva à lei complementar federal aptidão para dispor sobre decadência em matéria tributária. Viola o art. 146, III, *b*, da Constituição federal norma que estabelece hipótese de decadência do crédito tributário não prevista em lei complementar federal. Ação direta de inconstitucionalidade conhecida e julgada procedente" (ADI 124/SC, Rel. Min. Joaquim Barbosa, j. 01.08.2008).

STJ

• Súmula n. 555: "Quando não houver declaração do débito, o prazo decadencial quinquenal para o Fisco constituir o crédito tributário conta-se exclusivamente na forma do art. 173, I, do CTN, nos casos em que a legislação atribui ao sujeito passivo o dever de antecipar o pagamento sem prévio exame da autoridade administrativa".

• Súmula n. 436: "A entrega de declaração pelo contribuinte reconhecendo débito fiscal constitui o crédito tributário, dispensada qualquer outra providência por parte do fisco".

• "Tributário. Recurso especial repetitivo. Tema 1.048. Decadência tributária do Imposto de Transmissão *Causa Mortis* e Doação. Controvérsia sobre o marco inicial a ser considerado. Fato gerador. Transmissão de bens ou direitos mediante doação. Contagem da decadência na forma do art. 173, I, do CTN. Irrelevância da data do conhecimento do Fisco do fato gerador. 1. Nos termos em que decidido pelo Plenário do STJ na sessão de 09.03.2016, aos recursos interpostos com fundamento no CPC/2015 (relativos a decisões publicadas a partir de 18 de março de 2016) serão exigidos os requisitos de admissibilidade recursal na forma nele prevista (Enunciado Administrativo 3). 2. Discussão dos autos: No recurso especial discute-se se é juridicamente relevante, para fins da averiguação do transcurso do prazo decadencial tributário, a data em que o Fisco teve conhecimento da ocorrência do fato gerador do Imposto de Transmissão *Causa Mortis* e Doação (ITCMD) referente à doação não oportunamente declarada pelo contribuinte ao Fisco estadual. 3. Delimitação da controvérsia – Tema 1.048: Definir o início da contagem do prazo decadencial previsto no art. 173, I, do CTN para a constituição do Imposto de Transmissão *Causa Mortis* e Doação (ITCMD) referente à doação não oportunamente declarada pelo contribuinte ao Fisco estadual. 4. Nos termos do art. 149, II, do CTN, quando a declaração não seja prestada, por quem de direito, no prazo e na forma da legislação tributária, surge para o Fisco a necessidade de proceder ao lançamento de ofício, no prazo de cinco anos contados do primeiro dia do exercício seguinte à data em que ocorrido o fato gerador do tributo (art. 173, I, do CTN). 5. Em se tratando do imposto sobre a transmissão de bens ou direitos, mediante doação, o fato gerador ocorrerá: (i) no tocante aos bens imóveis, pela efetiva transcrição realizada no registro de imóveis (art. 1.245 do CC/2020); (ii) em relação aos bens móveis, ou direitos, a transmissão da titularidade, que caracteriza a doação, se dará por tradição (art. 1.267 do CC/2020), eventualmente objeto de registro administrativo. 6. Para o caso de omissão na declaração do contribuinte, a respeito da ocorrência do fato gerador do imposto incidente sobre a transmissão de bens ou direitos por doação, caberá ao Fisco diligenciar quanto aos fatos tributáveis e exercer a constituição do crédito tributário mediante lançamento de ofício, dentro do prazo decadencial. 7. O Superior Tribunal de Justiça tem entendimento pacificado no sentido de que, no caso do Imposto de Transmissão *Causa Mortis* e Doação – ITCDM, a contagem do prazo decadencial tem início no primeiro dia do exercício seguinte àquele em que o lançamento poderia ter sido efetuado, observado o fato gerador, em conformidade com os arts. 144 e 173, I, ambos do CTN, sendo irrelevante a data em que o Fisco teve conhecimento da ocorrência do fato gerador (AgInt no REsp 1.690.263/MG, Rel. Min. Francisco Falcão, 2.ª T., j. 10.09.2019, *DJe* 16.09.2019). No mesmo sentido: AgInt no REsp 1.795.066/MG, Rel. Min. Benedito Gonçalves, 1.ª T., j. 16.09.2019, *DJe* 18.09.2019. 8. Tese fixada – Tema 1.048: O Imposto de Transmissão *Causa Mortis* e Doação – ITCDM, referente à doação não oportunamente declarada pelo contribuinte ao fisco estadual, a contagem do prazo decadencial tem início no primeiro dia do exercício seguinte àquele em que o lançamento poderia ter sido efetuado, observado o fato gerador, em conformidade com os arts. 144 e 173, I, ambos do CTN. 9. Recurso especial provido. Acórdão sujeito ao regime previsto no art. 1.036 e seguintes do CPC/2015" (REsp 1.841.798/MG, Tema Repetitivo 1.048, Rel. Min. Benedito Gonçalves, j. 28.04.2021).

• "Tributário. Recurso especial repetitivo. IPVA. Decadência. Lançamento de ofício. Regularidade. Prescrição. Parâmetros. 1. O Imposto sobre a Propriedade de Veículos Automotores (IPVA) é lançado de ofício no início de cada exercício (art. 142 do CTN) e constituído definitivamente com a cientificação do contribuinte para o recolhimento da exação, a qual pode ser realizada por qualquer meio idôneo, como o envio de carnê ou a publicação de calendário de pagamento, com instruções para a sua efetivação. 2. Reconhecida a regular constituição do crédito tributário, não há mais que falar em prazo decadencial, mas sim em prescricional, cuja contagem deve se iniciar no dia seguinte à data do vencimento para o pagamento da exação, porquanto antes desse momento o crédito não é exigível do contribuinte. 3. Para o fim preconizado no art. 1.039 do CPC/2015, firma-se a seguinte tese: 'A notificação do contribuinte para o recolhimento do IPVA perfectibiliza a constituição definitiva do crédito tributário, iniciando-se o prazo prescricional para a execução fiscal no dia seguinte à data estipulada para o vencimento da exação'. 4. Recurso especial parcialmente provido. Julgamento proferido pelo rito dos recursos repetitivos (art. 1.039 do CPC/2015)" (REsp 1.320.825/RJ, Tema Repetitivo 903, Rel. Min. Gurgel de Faria, j. 10.08.2016).

• "Processual civil. Tributário. Recurso representativo da controvérsia. Art. 543-C do CPC. Confissão de débitos tributários para efeito de parcelamento apresentada após o prazo previsto no art. 173, I, do CTN. Ocorrência de decadência. Impossibilidade de constituição do crédito tributário. 1. Não cumpre ao Superior Tribunal de Justiça analisar a existência de 'jurisprudência dominante do respectivo tribunal' para fins da correta aplicação do art. 557, *caput*, do CPC, pela Corte de Origem, por se tratar de matéria de fato, obstada em sede especial pela Súmula n. 7/STJ: 'A pretensão de simples reexame de prova não enseja recurso especial'. 2. É pacífica a jurisprudência deste Superior Tribunal de Justiça no sentido de que o julgamento pelo órgão colegiado via agravo regimental convalida eventual ofensa ao art. 557, *caput*, do CPC, perpetrada na decisão monocrática. Precedentes de todas as Turmas: AgRg no AREsp 176890/PE, Primeira Turma, Rel. Min. Benedito Gonçalves, j. 18.09.2012; AgRg no REsp 1348093/RS, Segunda Turma, Rel. Min. Mauro Campbell Marques, j. 19.02.2013; AgRg no AREsp 266768/RJ, Terceira Turma, Rel. Min. Sidnei Beneti, j. 26.02.2013; AgRg no AREsp 72467/SP, Quarta Turma, Rel. Min. Marco Buzzi, j. 23.10.2012; AgRg no RMS 33480/PR, Quinta Turma, Rel. Min. Adilson Vieira Macabu, Des. conv., j. 27.03.2012; AgRg no REsp 1244345/RJ, Sexta Turma, Rel.

Min. Sebastião Reis Júnior, j. 13.11.2012. 3. A decadência, consoante a letra do art. 156, V, do CTN, é forma de extinção do crédito tributário. Sendo assim, uma vez extinto o direito, não pode ser reavivado por qualquer sistemática de lançamento ou autolançamento, seja ela via documento de confissão de dívida, declaração de débitos, parcelamento ou de outra espécie qualquer (DCTF, GIA, DCOMP, GFIP etc.). 4. No caso concreto, o documento de confissão de dívida para ingresso do Parcelamento Especial (Paes – Lei n. 10.684/2003) foi firmado em 22.07.2003, não havendo notícia nos autos de que tenham sido constituídos os créditos tributários em momento anterior. Desse modo, restam decaídos os créditos tributários correspondentes aos fatos geradores ocorridos nos anos de 1997 e anteriores, consoante a aplicação do art. 173, I, do CTN. 5. Recurso especial parcialmente conhecido e nessa parte não provido. Acórdão submetido ao regime do art. 543-C do CPC e da Resolução STJ 8/2008" (REsp 1.355.947/SP, Tema Repetitivo 604, Rel. Min. Mauro Campbell Marques, j. 12.06.2013).

Tese Jurídica: "A decadência, consoante a letra do art. 156, V, do CTN, é forma de extinção do crédito tributário. Sendo assim, uma vez extinto o direito, não pode ser reavivado por qualquer sistemática de lançamento ou autolançamento, seja ela via documento de confissão de dívida, declaração de débitos, parcelamento ou de outra espécie qualquer (DCTF, GIA, DCOMP, GFIP etc.)".

• "Processual civil. Recurso especial representativo de controvérsia. Art. 543-C do CPC. Tributário. Tributo sujeito a lançamento por homologação. Contribuição Previdenciária. Inexistência de pagamento antecipado. Decadência do direito de o Fisco constituir o crédito tributário. Termo inicial. Art. 173, I, do CTN. Aplicação cumulativa dos prazos previstos nos arts. 150, § 4.º, e 173 do CTN. Impossibilidade. 1. O prazo decadencial quinquenal para o Fisco constituir o crédito tributário (lançamento de ofício) conta-se do primeiro dia do exercício seguinte àquele em que o lançamento poderia ter sido efetuado, nos casos em que a lei não prevê o pagamento antecipado da exação ou quando, a despeito da previsão legal, o mesmo inocorre, sem a constatação de dolo, fraude ou simulação do contribuinte, inexistindo declaração prévia do débito (Precedentes da Primeira Seção: REsp 766.050/PR, Rel. Min. Luiz Fux, j. 28.11.2007, *DJ* 25.02.2008; AgRg nos EREsp 216.758/SP, Rel. Min. Teori Albino Zavascki, j. 22.03.2006, *DJ* 10.04.2006; e EREsp 276.142/SP, Rel. Min. Luiz Fux, j. 13.12.2004, *DJ* 28.02.2005). 2. É que a decadência ou caducidade, no âmbito do Direito Tributário, importa no perecimento do direito potestativo de o Fisco constituir o crédito tributário pelo lançamento, e, consoante doutrina abalizada, encontra-se regulada por cinco regras jurídicas gerais e abstratas, entre as quais figura a regra da decadência do direito de lançar nos casos de tributos sujeitos ao lançamento de ofício, ou nos casos dos tributos sujeitos ao lançamento por homologação em que o contribuinte não efetua o pagamento antecipado (Eurico Marcos Diniz de Santi, *Decadência e prescrição no direito tributário*, 3. ed., Max Limonad, São Paulo, 2004, p. 163-210). 3. O *dies a quo* do prazo quinquenal da aludida regra decadencial rege-se pelo disposto no art. 173, I, do CTN, sendo certo que o 'primeiro dia do exercício seguinte àquele em que o lançamento poderia ter sido efetuado' corresponde, iniludivelmente, ao primeiro dia do exercício seguinte à ocorrência do fato imponível, ainda que se trate de tributos sujeitos a lançamento por homologação, revelando-se inadmissível a aplicação cumulativa/concorrente dos prazos previstos nos arts. 150, § 4.º, e 173, do *Codex* Tributário, ante a configuração de desarrazoado prazo decadencial decenal (Alberto Xavier, *Do lançamento no direito tributário brasileiro*, 3. ed., Rio de Janeiro, Forense, 2005, p. 91--104; Luciano Amaro, *Direito tributário brasileiro*, 10. ed., Saraiva, 2004, p. 396-400; e Eurico Marcos Diniz de Santi, *Decadência e prescrição no direito tributário*, 3. ed., São Paulo, Max Limonad, 2004, p. 183-199). 4. *In casu*, consoante assente na origem: (i) cuida-se de tributo sujeito a lançamento por homologação; (ii) a obrigação *ex lege* de pagamento antecipado das contribuições previdenciárias não restou adimplida pelo contribuinte, no que concerne aos fatos imponíveis ocorridos no período de janeiro de 1991 a dezembro de 1994; e (iii) a constituição dos créditos tributários respectivos deu-se em 26.03.2001. 5. Destarte, revelam-se caducos os créditos tributários executados, tendo em vista o decurso do prazo decadencial quinquenal para que o Fisco efetuasse o lançamento de ofício substitutivo. 6. Recurso especial desprovido. Acórdão submetido ao regime do art. 543-C do CPC e da Resolução STJ 8/2008" (REsp 973.733/SC, Tema Repetitivo 163, Rel. Min. Luiz Fux, j. 12.08.2009).

Tese Jurídica: "O prazo decadencial quinquenal para o Fisco constituir o crédito tributário (lançamento de ofício) conta-se do primeiro dia do exercício seguinte àquele em que o lançamento poderia ter sido efetuado, nos casos em que a lei não prevê o pagamento antecipado da exação ou quando, a despeito da previsão legal, o mesmo inocorre, sem a constatação de dolo, fraude ou simulação do contribuinte, inexistindo declaração prévia do débito".

Art. 174. A ação para a cobrança do crédito tributário prescreve em cinco anos, contados da data da sua constituição definitiva **(1 a 9)**.

Parágrafo único. A prescrição se interrompe **(10)**:

I – pelo despacho do juiz que ordenar a citação em execução fiscal **(10.1)**;

* Inciso I com redação determinada pela LC n. 118/2005.

II – pelo protesto judicial **(10.2)**;

III – por qualquer ato judicial que constitua em mora o devedor **(10.3)**;

IV – por qualquer ato inequívoco ainda que extrajudicial, que importe em reconhecimento do débito pelo devedor **(10.3)**.

 COMENTÁRIOS

1. *Moldura constitucional*. Art. 5.º [...] "XXXV – a lei não excluirá da apreciação do Poder Judiciário lesão ou ameaça a direito; [...] Art. 146. Cabe à lei complementar: [...] III – estabelecer normas gerais em matéria de legislação tributária, especialmente sobre: [...] b) [...] prescrição [...]".

2. *Dispositivos relacionados*: arts. 149, 150, 151 e 156, V, CTN.

3. *Legislação básica*: Lei n. 9.492/1997, art. 1.º, parágrafo único (protesto extrajudicial da CDA); Lei n. 6.830/1980, art. 8.º, § 2.º; e 40, § 4.º (LEF).

4. *Prescrição. Conceito*. Outra expressão de segurança jurídica, é instituto associado à ideia de *perda do direito de ação* ante o seu não exercício, por certo período de tempo. Aproxima-se da decadência porque, igualmente, pressupõe a *inércia do titular do direito* em exercê-lo no prazo assinalado pela lei. No entanto, dela distancia-se uma vez que, consoante o entendimento clássico a respeito do assunto, não atinge o direito material, mas somente a possibilidade de sua proteção ser reclamada judicialmente, vale dizer, o *direito de ação* (art. 5.º, XXXV, CR).

5. *Prescrição tributária*. No Direito Tributário, a prescrição corresponde à perda do direito do Fisco (poder-dever) de ajuizar a ação de execução do crédito tributário – a execução fiscal, disciplinada pela Lei n. 6.830/1980. O prazo prescricional flui a partir da data da "constituição definitiva do crédito tributário", ou seja, do *lançamento eficaz*, assim entendido aquele regularmente comunicado, pela notificação, ao devedor. A partir daí flui o prazo para o sujeito passivo pagar ou apresentar impugnação. No silêncio deste ou decidida definitivamente a impugnação no sentido da legitimidade da exigência, começa a correr o tempo dentro do qual a Fazenda Pública poderá ingressar com a execução fiscal. Assinale-se que, no caso de tributos sujeitos a lançamento por homologação, diante do distinto regime jurídico a eles aplicável, a *declaração de débito tributário* efetuada pelo sujeito passivo corresponde ao lançamento eficaz, orientação cristalizada na Súmula n. 436, STJ. É o caso, por exemplo, da Declaração de Débitos e Créditos Tributários Federais (DCTF) e da Guia de Informação e Apuração do ICMS (GIA).

6. *Matéria reservada à lei complementar.* Nos termos do art. 146, III, *b*, CR, a disciplina da prescrição tributária somente pode ser efetuada mediante lei complementar. Consequentemente, apenas a União pode disciplinar a respeito, não detendo as demais pessoas políticas competência legislativa para tal fim. O intuito é imprimir uma disciplina uniforme, em âmbito nacional, evitando-se que cada ente da federação regule a prescrição de modo distinto, provocando grande insegurança jurídica. Desse modo, a Lei n. 6.830/1980, que dispõe sobre a cobrança judicial da Dívida Ativa da Fazenda, ostentando natureza de lei ordinária, ao conter normas acerca da prescrição não contempladas no CTN (arts. 2.º, § 3.º, e 40), enseja polêmica quanto à sua aplicação ao crédito tributário. V. item 9, *infra*.

7. *Distinção entre prescrição e decadência tributárias.* Vale frisar que a *decadência* e a *prescrição* tributárias são institutos inconfundíveis: a primeira respeita ao *prazo para o exercício do direito de efetuar o lançamento do tributo*, enquanto a segunda diz com o *prazo para o exercício de direito de cobrá-lo*. O primeiro prazo extintivo pressupõe a ausência de lançamento; o segundo flui a partir do lançamento eficaz.

8. *Causas suspensivas da fluência da prescrição tributária.* A fluência da prescrição tributária, evidentemente, também é passível de *suspensão*. Para tanto, necessário que se dê uma causa de suspensão da exigibilidade do crédito tributário (art. 151, CTN) quando a Fazenda Pública estiver autorizada a ajuizar a ação de execução fiscal. É o que ocorre, por exemplo, quando o contribuinte obtém a concessão liminar da medida ou a antecipação de tutela, ou, mesmo, quando efetua o depósito judicial do montante integral da exigência fiscal (art. 151, II, IV e V, CTN). Nessas hipóteses, a suspensão da exigibilidade do crédito tributário acarretará a suspensão da fluência do prazo prescricional, uma vez que, impedida de promover a cobrança de seu crédito, não se poderá imputar inércia à Fazenda Pública, pressuposto indispensável ao reconhecimento da prescrição. Portanto, cessada a causa suspensiva, o prazo prescricional retoma seu curso, fluindo pelo tempo restante.

9. *Prescrição intercorrente.* Modalidade distinta de prescrição, específica do processo de execução fiscal, corresponde ao prazo extintivo de direito que flui a partir do despacho judicial que determina a citação na execução fiscal e se consuma com a inércia da Fazenda Pública credora pelo prazo de cinco anos, nos termos dos arts. 174, I, CTN e 40, § 4.º, Lei n. 6.830/1980. O STF, ao analisar o Tema 390, fixou a seguinte tese: "É constitucional o art. 40 da Lei n.º 6.830/1980 (Lei de Execuções Fiscais LEF), tendo natureza processual o prazo de 1 (um) ano de suspensão da execução fiscal. Após o decurso desse prazo, inicia-se automaticamente a contagem do prazo prescricional tributário de 5 (cinco) anos" (RE 636.562/SC, Rel. Min. Roberto Barroso, j. 22.02.2023).

10. *Causas interruptivas.* A prescrição pode ter sua fluência interrompida. As causas interruptivas são, taxativamente, as arroladas no parágrafo único do art. 174. Diante da ocorrência de qualquer uma delas, o prazo para a Fazenda Pública proceder ao lançamento eficaz recomeça a correr, em sua integralidade.

10.1. *Despacho do juiz que ordenar a citação em execução fiscal.* A dicção original do dispositivo prescrevia que a prescrição se interrompia "pela citação pessoal feita ao devedor". Com a redação dada pela LC n. 118/2005, antecipou-se o marco interruptivo para o despacho do juiz que ordenar a citação em execução fiscal, favorecendo, assim, a Fazenda Pública.

10.2. *Protesto judicial.* Igualmente se presta à interrupção da prescrição o protesto judicial. No entanto, inovação legislativa promovida pela Lei n. 12.767/2012 na Lei n. 9.492/1997, que disciplina os serviços de protesto de títulos e outros documentos, autorizou o *protesto extrajudicial* das certidões de dívida ativa da União, dos Estados, do Distrito Federal, dos Municípios e das respectivas autarquias e fundações públicas (art. 1.º, parágrafo único). Observe-se que a inserção das certidões de Dívida Ativa dentre os títulos passíveis de protesto extrajudicial deu-se mediante lei ordinária, o que, tecnicamente, conflita com a norma do art. 146, III, *b*, CR.

10.3. *Outras causas interruptivas.* O artigo ainda prevê como causas interruptivas bastante amplas qualquer ato judicial que constitua em mora o devedor e qualquer ato inequívoco, ainda que extrajudicial, que importe em reconhecimento do débito pelo devedor.

 ## SUGESTÕES DOUTRINÁRIAS

PRESCRIÇÃO TRIBUTÁRIA

Edvaldo Brito, *Decadência e prescrição tributárias no direito brasileiro*, Noeses; Eurico Marcos Diniz de Santi, *Decadência e prescrição no direito tributário*, Saraiva; Robson Maia Lins, *Controle de constitucionalidade da norma tributária: decadência e prescrição*, Quartier Latin; Renata Elaine Silva Ricetti Marques, *Curso de decadência e de prescrição no direito tributário*, Noeses.

 ## JURISPRUDÊNCIA ILUSTRATIVA

STF

• Súmula Vinculante n. 8: "São inconstitucionais o parágrafo único do artigo 5.º do Decreto-lei n. 1.569/1977 e os arts. 45 e 46 da Lei n. 8.212/1991, que tratam de prescrição e decadência de crédito tributário".

• "Direito tributário. Recurso extraordinário. Repercussão geral. Execução fiscal. Prescrição intercorrente. Art. 40 da Lei n.º 6.830/1980 e art. 146, III, *b*, da CF/1988. 1. Recurso extraordinário interposto pela União, em que pleiteia seja reconhecida a constitucionalidade do art. 40, *caput* e § 4.º, da Lei n.º 6.830/1980, que versa sobre prescrição intercorrente em execução fiscal. Discute-se a validade da norma, no âmbito tributário, diante da exigência constitucional de lei complementar para dispor acerca da prescrição tributária (art. 146, III, *b*, da CF/1988). 2. Diferença entre prescrição ordinária tributária e prescrição intercorrente tributária. 3. A prescrição consiste na perda da pretensão em virtude da inércia do titular (ou do seu exercício de modo ineficaz), em período previsto em lei. Em matéria tributária, trata-se de hipótese de extinção do crédito tributário (art. 156, V, do CTN). 4. A prescrição ordinária tributária (ou apenas prescrição tributária) se inicia com a constituição definitiva do crédito tributário e baliza o exercício da pretensão de cobrança pelo credor, de modo a inviabilizar a propositura da demanda após o exaurimento do prazo de 5 (cinco) anos. A prescrição intercorrente tributária, por sua vez, requer a propositura prévia da execução fiscal, verificando-se no curso desta. Nesse caso, há a perda da pretensão de prosseguir com a cobrança. 5. A prescrição intercorrente obedece à natureza jurídica do crédito subjacente à demanda. Se o prazo prescricional ordinário é de 5 (cinco) anos, o prazo de prescrição intercorrente será também de 5 (cinco) anos. 6. Desnecessidade de lei complementar para dispor sobre prescrição intercorrente tributária. A prescrição intercorrente tributária foi introduzida pela Lei n.º 6.830/1980, que tem natureza de lei ordinária. O art. 40 desse diploma não afronta o art. 146, III, *b*, da CF/1988, pois o legislador ordinário se limitou a transpor o modelo estabelecido pelo art. 174 do CTN, adaptando-o às particularidades da prescrição intercorrente. Observa ainda o art. 22, I, da CF/1988, porquanto compete à União legislar sobre direito processual. 7. O prazo de suspensão de 1 (um) ano (art. 40, § 1.º, da Lei n.º 6.830/1980) busca estabilizar a ruptura processual no tempo, de modo a ser possível constatar a probabilidade remota ou improvável de satisfação do crédito. Não seria consistente com o fim do feito executivo que, na primeira dificuldade de localizar o devedor ou encontrar bens penhoráveis, se iniciasse a contagem do prazo prescricional. Trata-se de mera condição processual da prescrição intercorrente, que pode, portanto, ser disciplinada por lei ordinária. 8. Termo inicial de contagem da prescrição intercorrente tributária. Não é o arquivamento dos autos que caracteriza o termo a quo da prescrição intercorrente, mas o término da suspensão anual do processo executivo. 9. Recurso extraordinário a que se nega provimento, com a fixação da seguinte tese de julgamento: 'É constitucional o art. 40 da Lei n.º 6.830/1980 (Lei de Execuções Fiscais – LEF), tendo natureza processual o prazo de 1 (um) ano de suspensão da execução fiscal. Após o decurso desse prazo, inicia-se automaticamente a contagem do prazo prescricional tributário de 5 (cinco) anos'" (RE 636.562/SC, Tema 390, Rel. Min. Roberto Barroso, j. 22.02.2023).

STJ

• Súmula n. 625: "O pedido administrativo de compensação ou restituição não interrompe o prazo prescricional para a ação de repetição de indébito tributário de que trata o art. 168 do CTN nem o da execução de título judicial contra a Fazenda Pública".

• Súmula n. 622: "A notificação do auto de infração faz cessar a contagem da decadência para a constituição do crédito tributário; exaurida a instância administrativa com o decurso do prazo para a impugnação ou com a notificação de seu julgamento definitivo e esgotado o prazo concedido pela Administração para o pagamento voluntário, inicia-se o prazo prescricional para a cobrança judicial".

• Súmula n. 409: "Em execução fiscal, a prescrição ocorrida antes da propositura da ação pode ser decretada de ofício" (art. 219, § 5.º, do CPC).

• "Processual civil e tributário. Recurso especial representativo da controvérsia. IPTU. Prescrição. Termo inicial. Dia seguinte ao vencimento da exação. Parcelamento de ofício da dívida tributária. Não configuração de causa suspensiva da contagem da prescrição. Moratória ou parcelamento apto a suspender a exigibilidade do crédito tributário. Necessária manifestação de vontade do contribuinte. Parcelamento de ofício. Mero favor fiscal. Aplicação do rito do art. 1.036 e seguintes do CPC/2015. Art. 256-I do RISTJ. Recurso especial do município de Belém/PA a que se nega provimento. 1. Tratando-se de lançamento de ofício, o prazo prescricional de cinco anos para que a Fazenda Pública realize a cobrança judicial de seu crédito tributário (art. 174, *caput*, do CTN), referente ao IPTU, começa a fluir somente após o transcurso do prazo estabelecido pela lei local para o vencimento da exação (pagamento voluntário pelo contribuinte), não dispondo o Fisco, até o vencimento estipulado, de pretensão executória legítima para ajuizar execução fiscal objetivando a cobrança judicial, embora já constituído o crédito desde o momento no qual houve o envio do carnê para o endereço do contribuinte (Súmula n. 397/STJ). Hipótese similar ao julgamento por este STJ do REsp 1.320.825/RJ (Rel. Min. Gurgel de Faria, *DJe* 17.08.2016), submetido ao rito dos recursos repetitivos (Tema 903), no qual restou fixada a tese de que a notificação do contribuinte para o recolhimento do IPVA perfectibiliza a constituição definitiva do crédito tributário, iniciando-se o prazo prescricional para a execução fiscal no dia seguinte à data estipulada para o vencimento da exação. 2. O parcelamento de ofício da dívida tributária não configura causa interruptiva da contagem da prescrição, uma vez que o contribuinte não anuiu. 3. O contribuinte não pode ser despido da autonomia de sua vontade, em decorrência de uma opção unilateral do Estado, que resolve lhe conceder a possibilidade de efetuar o pagamento em cotas parceladas. Se a Fazenda Pública Municipal entende que é mais conveniente oferecer opções parceladas para pagamento do IPTU, o faz dentro de sua política fiscal, por mera liberalidade, o que não induz à conclusão de que houve moratória ou parcelamento do crédito tributário, nos termos do art. 151, I e VI, do CTN, apto a suspender o prazo prescricional para a cobrança de referido crédito. Necessária manifestação de vontade do contribuinte a fim de configurar moratória ou parcelamento apto a suspender a exigibilidade do crédito tributário. 4. Acórdão submetido ao regime do art. 1.036 e seguintes do CPC/2015 (art. 256-I do RISTJ, incluído pela Emenda Regimental n. 24 de 28.09.2016), cadastrados sob o Tema 980/STJ, fixando-se a seguinte tese: (i) o termo inicial do prazo prescricional da cobrança judicial do Imposto Predial e Territorial Urbano – IPTU inicia-se no dia seguinte à data estipulada para o vencimento da exação; (ii) o parcelamento de ofício da dívida tributária não configura causa interruptiva da contagem da prescrição, uma vez que o contribuinte não anuiu" (REsp 1.641.011/PA, Tema Repetitivo 980, Rel. Min. Napoleão Nunes Maia Filho, j. 14.11.2018).

• "Recurso especial repetitivo. Arts. 1.036 e seguintes do CPC/2015 (Art. 543-C do CPC/1973). Processual civil. Tributário. Sistemática para a contagem da prescrição inter-corrente (prescrição após a propositura da ação) prevista no art. 40 e parágrafos da Lei de Execução Fiscal (Lei n. 6.830/1980). 1. O espírito do art. 40 da Lei n. 6.830/1980 é o de que nenhuma execução fiscal já ajuizada poderá permanecer eternamente nos escaninhos do Poder Judiciário ou da Procuradoria Fazendária encarregada da execução das respectivas dívidas fiscais. 2. Não havendo a citação de qualquer devedor por qualquer meio válido e/ou não sendo encontrados bens sobre os quais possa recair a penhora (o que permitiria o fim da inércia processual), inicia-se automaticamente o procedimento previsto no art. 40 da Lei n. 6.830/1980, e respectivo prazo, ao fim do qual restará prescrito o crédito fiscal. Esse o teor da Súmula n. 314/STJ: 'Em execução fiscal, não localizados bens penhoráveis, suspende-se o processo por um ano, findo o qual se inicia o prazo da prescrição quinque-nal intercorrente'. 3. Nem o Juiz nem a Procuradoria da Fazenda Pública são os senhores do termo inicial do prazo de 1 (um) ano de suspensão previsto no *caput*, do art. 40, da LEF, somente a lei o é (ordena o art. 40: '[...] o juiz suspenderá [...]'). Não cabe ao juiz ou à Procuradoria a escolha do melhor momento para o seu início. No primeiro momento em que constatada a não localização do devedor e/ou ausência de bens pelo oficial de justiça e intimada a Fazenda Pública, inicia-se automaticamente o prazo de suspensão, na forma do art. 40, *caput*, da LEF. Indiferente aqui, portanto, o fato de existir petição da Fazenda Pública requerendo a suspensão do feito por 30, 60, 90 ou 120 dias a fim de realizar diligências, sem pedir a suspensão do feito pelo art. 40 da LEF. Esses pedidos não encontram amparo fora do art. 40 da LEF que limita a suspensão a 1 (um) ano. Também indiferente o fato de que o juiz, ao intimar a Fazenda Pública, não tenha expressamente feito menção à suspensão do art. 40 da LEF. O que importa para a aplicação da lei é que a Fazenda Pública tenha tomado ciência da inexistência de bens penhoráveis no endereço fornecido e/ou da não localização do devedor. Isso é o suficiente para inaugurar o prazo, *ex lege*. 4. Teses julgadas para efeito dos arts. 1.036 e seguintes do CPC/2015 (art. 543-C do CPC/1973): 4.1. O prazo de 1 (um) ano de suspensão do processo e do respectivo prazo prescricional previsto no art. 40, §§ 1.º e 2.º, da Lei n. 6.830/1980 – LEF tem início automaticamente na data da ciência da Fazenda Pública a respeito da não localização do devedor ou da inexistência de bens penhoráveis no endereço fornecido, havendo, sem prejuízo dessa contagem automática, o dever de o magistrado declarar ter ocorrido a suspensão da execução; 4.1.1. Sem prejuízo do disposto no item 4.1., nos casos de execução fiscal para cobrança de dívida ativa de natureza tributária (cujo despacho ordenador da citação tenha sido proferido antes da vigência da Lei Complementar n. 118/2005), depois da citação válida, ainda que editalícia, logo após a primeira tentativa infrutífera de localização de bens penhoráveis, o juiz declarará suspensa a execução. 4.1.2. Sem prejuízo do disposto no item 4.1., em se tratando de execução fiscal para cobrança de dívida ativa de natureza tributária (cujo despacho ordenador da citação tenha sido proferido na vigência da Lei Complementar n. 118/2005) e de qualquer dívida ativa de natureza não tributária, logo após a primeira tentativa frustrada de citação do devedor ou de localização de bens penhoráveis, o juiz declarará suspensa a execução. 4.2. Havendo ou não petição da Fazenda Pública e havendo ou não pronunciamento judicial nesse sentido, findo o prazo de 1 (um) ano de suspensão, inicia-se automaticamente o prazo prescricional aplicável (de acordo com a natureza do crédito exequendo) durante o qual o processo deveria estar arquivado sem baixa na distribuição, na forma do art. 40, §§ 2.º, 3.º e 4.º, da Lei n. 6.830/1980 – LEF, findo o qual o juiz, depois de ouvida a Fazenda Pública, poderá, de ofício, reconhecer a prescrição intercorrente e decretá-la de imediato; 4.3. A efetiva constrição patrimonial e a efetiva citação (ainda que por edital) são aptas a interromper o curso da prescrição intercorrente, não bastando para tal o mero peticionamento em juízo, requerendo, *v.g.*, a feitura da penhora sobre ativos financeiros ou sobre outros bens. Os requerimentos feitos pelo exequente, dentro da soma do prazo máximo de 1 (um) ano de suspensão mais o prazo de prescrição aplicável (de acordo com a natureza do crédito exequendo) deverão ser processados, ainda que para além da soma desses dois prazos, pois, citados (ainda que por edital) os devedores e penhorados os bens, a qualquer tempo – mesmo depois de escoados os referidos prazos –, considera-se interrompida a prescrição intercorrente, retroativamente, na data do protocolo da petição que requereu a providência frutífera. 4.4. A Fazenda Pública, em sua primeira oportunidade de falar nos autos (art. 245 do CPC/1973, correspondente ao art. 278 do CPC/2015), ao alegar nulidade pela falta de qualquer intimação dentro do procedimento do art. 40 da LEF, deverá demonstrar o prejuízo que sofreu (exceto a falta da intimação que constitui o termo inicial – 4.1., onde o prejuízo é presumido), por exemplo, deverá demonstrar a ocorrência de qualquer causa interruptiva ou suspensiva da prescrição. 4.5. O magistrado, ao reconhecer a prescrição intercorrente, deverá fundamentar o ato judicial por meio da delimitação dos marcos legais que foram aplicados na contagem do respectivo prazo, inclusive quanto ao período em que a execução ficou suspensa. 5. Recurso especial não provido. Acórdão submetido ao regime dos arts. 1.036 e seguintes do CPC/2015 (art. 543-C do CPC/1973)" (REsp 1.340.553/RS, Temas Repetitivos 566, 567, 568, 569, 570 e 571, Rel. Min. Mauro Campbell Marques, j. 12.09.2018).

• "Processual civil. Recurso especial representativo de controvérsia. Art. 543-C do CPC. Tributário. Execução fiscal. Prescrição da pretensão de o Fisco cobrar judicialmente o crédito tributário. Tributo sujeito a lançamento por homologação. Crédito tributário constituído por ato de formalização praticado pelo contribuinte (*in casu*, declaração de rendimentos). Pagamento do tributo declarado. Inocorrência. Termo inicial. Vencimento da obrigação tributária declarada. Peculiaridade: declaração de rendimentos que não prevê data posterior de vencimento da obrigação principal, uma vez já decorrido o prazo para pagamento. Contagem do prazo prescricional a partir da data da entrega da declaração. 1. O prazo prescricional quinquenal para o Fisco exercer a pretensão de cobrança judicial do crédito tributário conta-se da data estipulada como vencimento para o pagamento da obrigação tributária declarada (mediante DCTF, GIA, entre outros), nos casos de tributos sujeitos a lançamento por homologação, em que, não obstante cumprido o dever instrumental de declaração da exação devida, não restou adimplida a obrigação principal (pagamento antecipado), nem sobreveio quaisquer das causas suspensivas da exigibilidade do crédito ou interruptivas do prazo prescricional (Precedentes da Primeira Seção: EREsp 658.138/PR, Rel. Min. José Delgado, rel. p/ Acórdão Min. Eliana Calmon, j. 14.10.2009, DJe 09.11.2009; REsp 850.423/SP, Rel. Min. Castro Meira, j. 28.11.2007, DJ 07.02.2008; e AgRg nos EREsp 638.069/SC, Rel. Min. Teori Albino Zavascki, j. 25.05.2005, DJ 13.06.2005). 2. A prescrição, causa extintiva do crédito tributário, resta assim regulada pelo art. 174 do Código Tributário Nacional, *verbis*: 'Art. 174. A ação para a cobrança do crédito tributário prescreve em cinco anos, contados da data da sua constituição definitiva. Parágrafo único. A prescrição se interrompe: I – pela citação pessoal feita ao devedor; I – pelo despacho do juiz que ordenar a citação em execução fiscal; (Redação dada pela LC n. 118, de 2005.) II – pelo protesto judicial; III – por qualquer ato judicial que constitua em mora o devedor; IV – por qualquer ato inequívoco ainda que extrajudicial, que importe em reconhecimento do débito pelo devedor'. 3. A constituição definitiva do crédito tributário, sujeita à decadência, inaugura o decurso do prazo prescricional quinquenal para o Fisco exercer a pretensão de cobrança judicial do crédito tributário. 4. A entrega de Declaração de Débitos e Créditos Tributários Federais – DCTF, de Guia de Informação e Apuração do ICMS – GIA, ou de outra declaração dessa natureza prevista em lei (dever instrumental adstrito aos tributos sujeitos a lançamento por homologação), é modo de constituição do crédito tributário, dispensando a Fazenda Pública de qualquer outra providência conducente à formalização do valor declarado (Precedente da Primeira Seção submetido ao rito do art. 543-C do CPC: REsp 962.379/RS, Rel. Min. Teori Albino Zavascki, j. 22.10.2008, DJe 28.10.2008). 5. O aludido entendimento jurisprudencial culminou na edição da Súmula n. 436/STJ, *verbis*: 'A entrega de declaração pelo contribuinte, reconhecendo o débito fiscal, constitui o crédito tributário, dispensada qualquer outra providência por parte do Fisco'. 6. Consequentemente, o *dies a quo* do prazo prescricional para o Fisco exercer a pretensão de cobrança judicial do crédito tributário declarado, mas não pago, é a data do vencimento da obrigação tributária expressamente reconhecida. 7. [...] 19. Recurso especial provido, determinando-se o prosseguimento da execução fiscal. Acórdão submetido ao regime do art. 543-C do CPC e da Resolução STJ 8/2008" (REsp 1.120.295/SP, Tema Repetitivo 383, Rel. Min. Luiz Fux, j. 12.05.2010).

Tese Jurídica: "O prazo prescricional quinquenal para o Fisco exercer a pretensão de cobrança judicial do crédito tributário conta-se da data estipulada como vencimento para o pagamento da obrigação tributária declarada (mediante DCTF, GIA, entre outros), nos casos de tributos sujeitos a lançamento por homologação, em que, não obstante cumprido o dever instrumental de declaração da exação devida, não restou adimplida a obrigação principal (pagamento antecipado), nem sobreveio quaisquer das causas suspensivas da exigibilidade do crédito ou interruptivas do prazo prescricional".

Capítulo V
Exclusão do Crédito Tributário

Seção I
Disposições Gerais

Art. 175. Excluem o crédito tributário **(1 a 5)**:

I – a isenção;

II – a anistia.

Parágrafo único. A exclusão do crédito tributário não dispensa o cumprimento das obrigações acessórias dependentes da obrigação principal cujo crédito seja excluído, ou dela consequente **(6)**.

 ## COMENTÁRIOS

1. *Moldura constitucional.* Art. 146. "Cabe à lei complementar: [...] III – estabelecer normas gerais em matéria de legislação tributária, especialmente sobre: [...] b) obrigação, lançamento, prescrição e decadência tributários; [...]. Art. 150, § 6.º Qualquer subsídio ou isenção, redução de base de cálculo, concessão de crédito presumido, anistia ou remissão, relativos a impostos, taxas ou contribuições, só poderá ser concedido mediante lei específica, federal, estadual ou municipal, que regule exclusivamente as matérias acima enumeradas ou o correspondente tributo ou contribuição, sem prejuízo do disposto no art. 155, § 2.º, XII, *g*."[3]

2. *Dispositivos relacionados:* arts. 9.º, § 1.º, e 113, CTN.

3. *Legislação básica:* LC n. 101/2000 (LRF), arts. 4.º, I, *a*, e 14.

4. *Modalidades de "exclusão".* Ao considerar, como gênero, a "exclusão do crédito tributário", o CTN apresenta a isenção e a anistia como suas modalidades.

5. *Crítica ao dispositivo.* Sob a rubrica "exclusão do crédito tributário", contemplam-se institutos absolutamente diversos, como se extrai dos dispositivos seguintes. A aparente semelhança entre eles existente cinge-se aos efeitos, uma vez que, diante da isenção e da anistia, o contribuinte está exonerado de efetuar o pagamento do tributo e da penalidade pecuniária, respectivamente.

6. *Autonomia das obrigações acessórias.* O parágrafo único reafirma a autonomia das obrigações acessórias, já estampada no art. 9.º, § 1.º, CTN. Assim, tratando-se de isenção ou anistia, não estarão abrangidas as obrigações acessórias correspondentes.

Seção II

Isenção **(1 a 6.3)**

Art. 176. A isenção, ainda quando prevista em contrato, é sempre decorrente de lei que especifique as condições e requisitos exigidos para a sua concessão, os tributos a que se aplica e, sendo caso, o prazo de sua duração.

Parágrafo único. A isenção pode ser restrita a determinada região do território da entidade tributante, em função de condições a ela peculiares.

---

[3]   V. nova redação dada pela EC n. 132/2023.

COMENTÁRIOS

1. Moldura constitucional. Art. 150. "[...] II – instituir tratamento desigual entre contribuintes que se encontrem em situação equivalente, proibida qualquer distinção em razão de ocupação profissional ou função por eles exercida, independentemente da denominação jurídica dos rendimentos, títulos ou direitos; [...] § 6.º Qualquer subsídio ou isenção, redução de base de cálculo, concessão de crédito presumido, anistia ou remissão, relativos a impostos, taxas ou contribuições, só poderá ser concedido mediante lei específica, federal, estadual ou municipal, que regule exclusivamente as matérias acima enumeradas ou o correspondente tributo ou contribuição, sem prejuízo do disposto no art. 155, § 2.º, XII, g.[4] [...] Art. 151. É vedado à União: I – instituir tributo que não seja uniforme em todo o território nacional ou que implique distinção ou preferência em relação a Estado, ao Distrito Federal ou a Município, em detrimento de outro, admitida a concessão de incentivos fiscais destinados a promover o equilíbrio do desenvolvimento socioeconômico entre as diferentes regiões do País; [...] III – instituir isenções de tributos da competência dos Estados, do Distrito Federal ou dos Municípios."

2. Dispositivo relacionado: art. 98, CTN.

3. Isenção. Considerações gerais. Instituto de natureza jurídica controvertida, é classicamente definido como "hipótese de não incidência legalmente qualificada". A doutrina mais moderna entende-a como norma impeditiva do exercício da competência tributária em certas situações, em razão da mutilação de um ou mais aspectos da hipótese de incidência (cf. Paulo de Barros Carvalho, *Curso de direito tributário*). A isenção pode ser outorgada em função do âmbito territorial, uma vez existente justificativa para o tratamento diferenciado, em respeito ao princípio da isonomia. O art. 151, I, CR, ao contemplar o *princípio da uniformidade tributária*, desdobramento do princípio federativo, autoriza a União a conceder incentivos fiscais destinados a promover o equilíbrio do desenvolvimento socioeconômico entre as diferentes regiões do País.

4. Fonte da isenção. A isenção tem sempre por fonte a *lei*, lei essa da mesma pessoa política competente para instituir o tributo de cuja exoneração se trate, uma vez vedada, como regra, pela Constituição, a possibilidade de concessão de *isenção heterônoma*, isto é, aquela concedida por pessoa política distinta daquela a que foi outorgada a competência para instituir o tributo (art. 151, III, CR). V. comentário ao parágrafo único do art. 13, CTN.

4.1. Lei específica para a concessão de isenção. Nos termos do art. 150, § 6.º,[5] exige-se *lei específica* para a concessão de isenção, a significar diploma normativo que trate exclusivamente desse assunto. A outorga de isenção deve ser necessariamente fundada em *razões de interesse público*, sob pena de vulnerar-se o *princípio da isonomia* e, mais especialmente, uma de suas manifestações no campo tributário, qual seja, o princípio da *generalidade da tributação*. A lei concessiva de isenção deve identificar precisamente o(s) tributo(s) a que se refere e as condições necessárias à sua fruição.

4.2. Tratado internacional e isenção. V. comentários no item 4 do art. 98, CTN.

---

[4]   V. nova redação dada pela EC n. 132/2023.
[5]   V. nova redação dada pela EC n. 132/2023.

5. Renúncia fiscal. A LC n. 101/2000, ao estabelecer normas de finanças públicas voltadas à *responsabilidade na gestão fiscal*, disciplina a renúncia de receita, que compreende o instituto da isenção (art. 14, § 1.º).

6. Modalidades. As isenções podem apresentar diversas naturezas:

6.1. Subjetivas e objetivas. São denominadas *subjetivas* quando outorgadas em função da pessoa e *objetivas* quando concedidas em função de determinado objeto. Exemplo de isenção subjetiva é aquela outorgada aos portadores de moléstias graves com relação ao Imposto sobre a Renda referente aos proventos de aposentadoria e pensão (Lei n. 7.713/1988, art. 6.º, XIV). Exemplo de isenção objetiva é a relativa ao ISSQN para prestação de serviços ao exterior, que, também, é heterônoma (LC n. 116/2003, art. 2.º, I).

6.2. Técnicas e políticas. As isenções podem também ser classificadas em isenções técnicas e isenções políticas, consoante o critério da presença ou ausência de capacidade contributiva do sujeito para a outorga da exoneração. As primeiras são aquelas legitimamente reconhecidas diante da *ausência de capacidade contributiva*, como é o caso da isenção destinada à preservação do *mínimo vital*, assim entendido como o mínimo de riqueza para uma pessoa física sustentar a si e a sua família com dignidade, ou para uma pessoa jurídica desenvolver suas atividades. Já as isenções políticas beneficiam, em regra, pessoas que detêm capacidade de contribuir, mas são outorgadas em função de outras finalidades, prestigiadas constitucionalmente (cf. nosso *Princípio da capacidade contributiva*).

6.3. Condicionadas e incondicionadas. Ainda, há isenções condicionadas e incondicionadas, conforme a existência ou inexistência de condições para a sua fruição. V. comentários ao art. 178, CTN.

 ## SUGESTÕES DOUTRINÁRIAS

ISENÇÃO TRIBUTÁRIA

José Souto Maior Borges, *Teoria geral da isenção tributária*, Malheiros; Sacha Calmon Navarro Coêlho, *Teoria geral do tributo: da interpretação e da exoneração tributária*, Forum; Pedro Guilherme Accorsi Lunardelli, *Isenções tributárias*, Dialética; Ageu Libonati Júnior, *Interpretação da isenção tributária relacionada aos direitos humanos*, Lumen Juris; Regina Helena Costa, *Princípio da capacidade contributiva*, Malheiros.

 ## JURISPRUDÊNCIA ILUSTRATIVA

STF

• Súmula n. 591: "A imunidade ou a isenção tributária do comprador não se estende ao produtor, contribuinte do Imposto sobre Produtos Industrializados".

• "Constitucional e tributário. Limitações do poder de tributar. ICMS. Respeito ao pacto federativo na concessão de isenções, incentivos e benefícios fiscais. Exigência constitucional de deliberação dos Estados e do Distrito Federal na forma da lei complementar. Inconstitucionalidade na concessão unilateral. Procedência. 1. As competências tributárias deverão ser exercidas em fiel observância às normas constitucionais, que preveem, especificamente, limitações do poder de tributar, com a consagração de princípios, imunidades, restrições e possibilidades de concessão de isenções, incentivos e benefícios fiscais. 2. A deliberação dos

Estados e do Distrito Federal para a concessão de isenções, incentivos e benefícios fiscais de ICMS é exigência direta do texto constitucional, assim como a observância da disciplina constante na lei complementar, que constitui uma das matérias básicas de integração do Sistema Tributário Nacional, no sentido de desrespeito ao equilíbrio federativo ('guerra fiscal'). 3. Desrespeito à alínea g do inciso XII do § 2.º do art. 155 da Constituição Federal em decorrência da concessão unilateral de incentivos e benefícios fiscais no ICMS pela Lei estadual/MT n. 7.874/2002 (arts. 1.º, 2.º, 3.º, 4.º, 5.º, 6.º, 7.º, 8.º, 9.º, 10 e 11, Programa de incentivo às usinas produtoras de álcool do Estado de Mato Grosso – Pro-Álcool). 4. Medida cautelar confirmada. Ação direta de inconstitucionalidade julgada procedente" (ADI 2.823/MT, Rel. Min. Alexandre de Moraes, j. 19.12.2018).

• "Ação direta de inconstitucionalidade. Tributário. Isenção fiscal. ICMS. Lei complementar estadual. Exigência constitucional de convênio interestadual (CF, art. 155, § 2.º, XII, g). Descumprimento. Risco de desequilíbrio do pacto federativo. Guerra fiscal. Inconstitucionalidade formal. Concessão de isenção à operação de aquisição de automóveis por oficiais de justiça estaduais. Violação ao princípio da isonomia tributária (CF, art. 150, II). Distinção de tratamento em razão de função sem qualquer base razoável a justificar o discrímen. Inconstitucionalidade material. Procedência do pedido. 1. O pacto federativo reclama, para a preservação do equilíbrio horizontal na tributação, a prévia deliberação dos Estados-membros para a concessão de benefícios fiscais relativamente ao ICMS, na forma prevista no art. 155, § 2.º, XII, g, da Constituição e como disciplinado pela Lei Complementar n. 24/1975, recepcionada pela atual ordem constitucional. 2. *In casu*, padece de inconstitucionalidade formal a Lei Complementar n. 358/2009 do Estado do Mato Grosso, porquanto concessiva de isenção fiscal, no que concerne ao ICMS, para as operações de aquisição de automóveis por oficiais de justiça estaduais sem o necessário amparo em convênio interestadual, caracterizando hipótese típica de guerra fiscal em desarmonia com a Constituição Federal de 1988. 3. A isonomia tributária (CF, art. 150, II) torna inválidas as distinções entre contribuintes 'em razão de ocupação profissional ou função por eles exercida', máxime nas hipóteses nas quais, sem qualquer base axiológica no postulado da razoabilidade, engendra-se tratamento discriminatório em benefício da categoria dos oficiais de justiça estaduais. 4. Ação direta de inconstitucionalidade julgada procedente" (ADI 4.276/MT, Rel. Min. Luiz Fux, j. 20.08.2014).

• "Recurso extraordinário. Gasoduto Brasil-Bolívia. Isenção de tributo municipal (ISS) concedida pela República Federativa do Brasil mediante acordo bilateral celebrado com a República da Bolívia. A questão da isenção de tributos estaduais e/ou municipais outorgada pelo Estado Federal brasileiro em sede de convenção ou tratado internacional. Possibilidade constitucional. Distinção necessária que se impõe, para esse efeito, entre o Estado Federal brasileiro (expressão institucional da comunidade jurídica total), que detém 'o monopólio da personalidade internacional', e a União, pessoa jurídica de direito público interno (que se qualifica, nessa condição, como simples comunidade parcial de caráter central). Não incidência, em tal hipótese, da vedação estabelecida no art. 151, III, da Constituição Federal, cuja aplicabilidade restringe-se, tão somente, à União, na condição de pessoa jurídica de direito público interno. Recurso de agravo improvido. A cláusula de vedação inscrita no art. 151, inciso III, da Constituição – que proíbe a concessão de isenções tributárias heterônomas – é inoponível ao Estado Federal brasileiro (vale dizer, à República Federativa do Brasil), incidindo, unicamente, no plano das relações institucionais domésticas que se estabelecem entre as pessoas políticas de direito público interno. Doutrina. Precedentes. Nada impede, portanto, que o Estado Federal brasileiro celebre tratados internacionais que veiculem cláusulas de exoneração tributária em matéria de tributos locais (como o ISS, p. ex.), pois a República Federativa do Brasil, ao exercer o seu *treaty-making power*, estará praticando ato legítimo que se inclui na esfera de suas prerrogativas como pessoa jurídica de direito internacional público, que detém – em face das unidades meramente federadas – o monopólio da soberania e da personalidade internacional. Considerações em torno da natureza político-jurídica do Estado Federal. Complexidade estrutural do modelo federativo. Coexistência, nele, de comunidades jurídicas parciais rigorosamente parificadas e coordenadas entre si, porém subordinadas, constitucionalmente, a uma ordem jurídica total. Doutrina" (2.ª T., RE 543.943 AgR/PR, Rel. Min. Celso de Mello, j. 30.11.2010).

STJ

• "Tributário. Recurso especial. Código de Processo Civil de 2015. Aplicabilidade. Imposto sobre a Renda de Pessoa Física – IRPF. Alienação de imóvel residencial. Ganho de capital. Lei n. 11.196/2005 ('Lei do Bem'). Valores parcialmente destinados à quitação de financiamento imobiliário de outro imóvel residencial. Direito à isenção. Restrição imposta por instrução normativa. Ilegalidade. Precedente. Majoração de honorários recursais. Art. 85, § 11, do CPC/2015. Impossibilidade. I – Consoante o decidido pelo Plenário desta Corte na sessão realizada em 09.03.2016, o regime recursal será determinado pela data da publicação do provimento jurisdicional impugnado. Aplica-se o Código de Processo Civil de 2015. II – A isenção prevista no art. 39, § 2.º, da Lei n. 11.196/2005 alcança as hipóteses nas quais o produto da venda de imóvel por pessoa física seja destinado, total ou parcialmente, à quitação ou amortização de financiamento de outro imóvel residencial que o alienante já possui. Precedente. III – Ilegalidade do art. 2.º, § 11, inciso I, da Instrução Normativa SRF 599/2005. IV – Impossibilitada a majoração de honorários nos termos do art. 85, § 11, do Código de Processo Civil de 2015, porquanto não houve anterior fixação de verba honorária. V – Recurso especial desprovido" (1.ª T., REsp 1.668.268/SP, Rel. Min. Regina Helena Costa, j. 13.03.2018).

• "Constitucional. Tributário. IPI. Isenção na compra de automóveis. Deficiente físico impossibilitado de dirigir. Ação afirmativa. Lei n. 8.989/1995 Alterada pela Lei n. 10.754/2003. Princípio da retroatividade da *lex mitior*. 1. A *ratio legis* do benefício fiscal conferido aos deficientes físicos indicia que indeferir requerimento formulado com o fim de adquirir um veículo para que outrem o dirija, à míngua de condições de adaptá-lo, afronta o fim colimado pelo legislador ao aprovar a norma visando facilitar a locomoção de pessoa portadora de deficiência física, possibilitando-lhe a aquisição de veículo para seu uso, independentemente do pagamento do IPI. Consectariamente, revela-se inaceitável privar a recorrente de um benefício legal que coadjuva às suas razões finais a motivos humanitários, posto de sabença que os deficientes físicos enfrentam inúmeras dificuldades, tais como o preconceito, a discriminação, a comiseração exagerada, acesso ao mercado de trabalho, os obstáculos físicos, constatações que conduziram à consagração das denominadas ações afirmativas, como esta que se pretende empreender. 2. Consectário de um País que ostenta uma Carta Constitucional cujo preâmbulo promete a disseminação das desigualdades e a proteção à dignidade humana, promessas alçadas ao mesmo patamar da defesa da Federação e da República, é o de que não se pode admitir sejam os direitos individuais e sociais das pessoas portadoras de deficiência, relegados a um plano diverso daquele que o coloca na eminência das mais belas garantias constitucionais. 3. Essa investida legislativa no âmbito das desigualdades físicas corporifica uma das mais expressivas técnicas consubstanciadoras das denominadas 'ações afirmativas'. 4. Como de sabença, as ações afirmativas, fundadas em princípios legitimadores dos interesses humanos reabre o diálogo pós-positivista entre o direito e a ética, tornando efetivos os princípios constitucionais da isonomia e da proteção da dignidade da pessoa humana, cânones que remontam às mais antigas Declarações Universais dos Direitos do Homem. Enfim, é a proteção da própria humanidade, centro que hoje ilumina o universo jurídico, após a tão decantada e aplaudida mudança de paradigmas do sistema jurídico, que abandonando a igualização dos direitos optou, axiologicamente, pela busca da justiça e pela pessoalização das situações consagradas na ordem jurídica. 5. Deveras, negar à pessoa portadora de deficiência física a política fiscal que consubstancia verdadeira *positive action* significa legitimar violenta afronta aos princípios da isonomia e da defesa da dignidade da pessoa humana. 6. O Estado soberano assegura por si ou por seus delegatários cumprir o postulado do acesso adequado às pessoas portadoras de deficiência. 7. Incumbe à legislação ordinária propiciar meios que atenuem a natural carência de oportunidades dos deficientes físicos. 8. *In casu*, prepondera o princípio da proteção aos deficientes, ante os desfavores sociais de que tais pessoas são vítimas. *A fortiori*, a problemática da integração social dos deficientes deve ser examinada prioritariamente, máxime porque os interesses sociais mais relevantes devem prevalecer sobre os interesses econômicos menos significantes. 9. Imperioso destacar que a Lei n. 8.989/1995, com a nova redação dada pela Lei n. 10.754/2003, é mais abrangente e beneficia aquelas pessoas portadoras de deficiência física, visual, mental severa ou profunda, ou autistas, diretamente ou por intermédio de seu representante legal pela Lei n. 10.690, de 16.06.2003), vedando-se conferir-lhes na solução de seus pleitos interpretação deveras literal que conflite com as normas gerais, obstando a salutar retroatividade da lei mais benéfica (*lex mitior*). 10. O CTN, por ter *status* de Lei Complementar, não distingue os casos de aplicabilidade da lei mais benéfica ao contribuinte, o que afasta a interpretação literal do art. 1.º, § 1.º, da Lei n. 8.989/1995, incidindo a isenção de IPI com as alterações introduzidas pela novel Lei n. 10.754, de 31.10.2003, aos fatos futuros e pretéritos por força do princípio da retroatividade da *lex mitior* consagrado no art. 106 do CTN. 11. Deveras, o ordenamento jurídico, principalmente na era do pós-positivismo, assenta como técnica de aplicação do direito à luz do contexto social que: 'Na aplicação da lei, o juiz atenderá aos fins sociais a que ela se dirige e às exigências do bem comum' (Art. 5.º da LICC). 12. Recurso especial provido para conceder à recorrente a isenção do IPI nos termos do art. 1.º, § 1.º, da Lei n. 8.989/1995, com a novel redação dada pela Lei n. 10.754, de 31.10.2003, na aquisição de automóvel a ser dirigido, em seu prol, por outrem" (1.ª T., REsp 567.873/MG, Rel. Min. Luiz Fux, j. 10.02.2004).

> **Art. 177.** Salvo disposição de lei em contrário, a isenção não é extensiva **(1)**:
>
> I – às taxas e às contribuições de melhoria **(2)**;
>
> II – aos tributos instituídos posteriormente à sua concessão **(3)**.

 COMENTÁRIOS

   1. ***Norma supletiva quanto à abrangência da isenção.*** O dispositivo contém norma supletiva, segundo a qual a isenção, em regra, refere-se tão somente a impostos.

   2. ***Taxas, contribuição de melhoria e contribuições.*** Todavia, não há óbice na outorga de isenção com relação às demais espécies tributárias – taxas, contribuição de melhoria e contribuições dos arts. 149 e 149-A, CR, desde que a lei seja expressa nesse sentido.

   3. ***Tributos instituídos posteriormente à sua concessão.*** Como regra, a isenção, sendo modalidade de exoneração tributária, reporta-se a tributos relativamente aos quais a competência tributária já foi exercida, não cabendo entender implícita a sua abrangência a tributos instituídos posteriormente à sua concessão, diante da ausência de norma nesse sentido.

> **Art. 178.** A isenção, salvo se concedida por prazo certo e em função de determinadas condições **(1 e 2)**, pode ser revogada ou modificada por lei, a qualquer tempo, observado o disposto no inciso III do art. 104 **(3)**.
> * Artigo com redação determinada pela LC n. 24/1975.

 ## COMENTÁRIOS

1. *Modalidades de isenção quanto ao prazo e condições.* O dispositivo refere-se a duas modalidades de isenções: *(i)* por prazo certo ou determinado e condicionada; e *(ii)* por prazo incerto ou indeterminado e incondicionada.

2. *Isenção condicionada e por prazo certo.* Tal modalidade de isenção não pode ser extinta pela pessoa política tributante, antes do termo final assinalado, sob pena de ofensa ao direito adquirido, à vista do *princípio da segurança jurídica*.

3. *Isenção incondicionada e concedida por prazo indeterminado.* Diversamente, as isenções incondicionadas e concedidas por prazo determinado podem ser modificadas ou suprimidas a qualquer tempo, com fundamento no *princípio da supremacia do interesse público sobre o particular*. A remissão ao art. 104, III, refere-se ao *princípio da anterioridade da lei tributária*, superiormente contemplado no art. 150, III, *b*, da Constituição de 1988, porquanto a extinção ou redução de isenção equivale à instituição de tributo novo e, como regra, somente pode a lei que as veicule produzir seus efeitos no exercício seguinte àquele em que tiver sido publicada (*anterioridade genérica*) e observada, igualmente, a *anterioridade especial* disciplinada no art. 150, III, *c*, CR.

 ## JURISPRUDÊNCIA ILUSTRATIVA

STF

• Súmula n. 544: "Isenções tributárias concedidas, sob condição onerosa, não podem ser livremente suprimidas".

STJ

• "Tributário e processual civil. Recurso especial. Código de Processo Civil de 2015. Aplicabilidade. Disciplina do art. 178 do CTN à hipótese de alíquota zero. Possibilidade. Não sujeição dos varejistas aos efeitos do art. 9.º da MP n. 690/2015 (convertida na Lei n. 13.241/2015). Presença de onerosidade (contrapartida) no contexto do incentivo fiscal da Lei n. 11.196/2005 ('Lei do Bem'). Prematura cessação da incidência de alíquota zero. Vulneração da norma que dá concretude ao princípio da segurança jurídica (proteção da confiança) no âmbito das isenções condicionadas e por prazo certo. Inteligência da Súmula n. 544/STF. Precedentes desta Turma. I – Consoante o decidido pelo Plenário desta Corte na sessão realizada em 09.03.2016, o regime recursal será determinado pela data da publicação do provimento jurisdicional impugnado. Aplica-se, *in casu*, o Código de Processo Civil de 2015. II – Adequada a aplicação do art. 178 do Código Tributário Nacional à hipótese de fixação, por prazo certo e em função de determinadas condições, de alíquota zero da Contribuição ao PIS e da COFINS, porquanto os contribuintes, tanto no caso de isenção, quanto no de alíquota zero, encontram-se em posição equivalente no que tange ao resultado prático do alívio fiscal. III – À luz de tal norma, não alcança o varejista a revogação prevista no art. 9.º da MP n. 690/2015 (convertida na Lei n. 13.241/2015), dispositivo que antecipa, em três exercícios, o derradeiro dia da redução a zero, por prazo certo, das alíquotas da Contribuição ao PIS e da COFINS incidentes sobre a receita bruta das alienações dos produtos especificados na Lei n. 11.196/2005 ('Lei do Bem'). IV – A fruição da apontada desoneração sujeitava o varejista: (i) à limitação do preço de venda; e (ii) à restrição de fornecedores, traduzindo inegável restrição à liberdade empresarial, especialmente, no ambiente da economia de livre mercado. Esse cenário, revela a contrapartida da Recorrente diante da ação governamental voltada à democratização do acesso aos meios digitais, pois esteve a contribuinte submetida ao desdobramento próprio daquele ônus – a diminuição do lucro –, impondo-se a imediata readequação da estrutura do negócio, além da manutenção dessa conformação empresarial durante o longo período de vigência do incentivo. V – A proteção da confiança no âmbito tributário, uma das faces do princípio da segurança jurídica, presti-giado pelo CTN, deve ser homenageada, sob pena de olvidar-se a boa-fé do contribuinte, que aderiu à política fiscal de inclusão social, concebida mediante condições onerosas para o gozo da alíquota zero de tributos. Consistindo a previsibilidade das consequências decorrentes das condutas adotadas pela Administração outro desdobramento da segurança jurídica, configura ato censurável a prematura extinção do regime de alíquota zero, após sua prorrogação para novos exercícios, os quais, somados aos períodos anteriormente concedidos, ultrapassam uma década de ação indutora do comportamento dos agentes econômicos do setor, inclusive dos varejistas, com vista a beneficiar os consumidores de baixa renda. VI – A açodada cessação da incidência da alíquota zero da Contribuição ao PIS e da COFINS, vulnera o art. 178 do CTN, o qual dá concretude ao princípio da segurança jurídica no âmbito das isenções condicionadas e por prazo certo (Súmula n. 544/STF). Precedentes desta Turma: REsp 1.725.452/RS; REsp 1.845.082/SP; e REsp 1.849.819/PE, de minha relatoria para o acórdão, j. 08.06.2021, *DJe* 15.06.2021. VII – Recurso especial provido, nos termos expostos" (1.ª T., REsp 1.941.121/PE, Rel. Min. Regina Helena Costa, j. 03.08.2021).

• "Processo civil. Recurso especial representativo de controvérsia. Art. 543-C do CPC. Tributário. Contribuição para Financiamento da Seguridade Social – Cofins. Sociedades Civis de Prestação de serviços de Profissão Legalmente Regulamentada. Isenção prevista no art. 6.º, II, da Lei Complementar n. 70/1991. Revogação pelo art. 56 da Lei n. 9.430/1996. Cons-titucionalidade da norma revogadora reconhecida pelo STF (RE 377.457/PR e RE 381.964/MG). Reafirmação do entendimento exarado no âmbito da ADC 1/DF. 1. A isenção da Cofins, prevista no art. 6.º, II, da Lei Complementar n. 70/1991, restou validamente revogada pelo art. 56 da Lei n. 9.430/1996 (Precedentes do Supremo Tribunal Federal submetidos ao rito do art. 543-B do CPC: RE 377.457 e RE 381.964, Rel. Min. Gilmar Mendes, Tribunal Pleno, j. 17.09.2008, Repercussão Geral – Mérito, *DJe* 241 19.12.2008). 2. Isto porque: '[...] especi-ficamente sobre a Cofins e a sua disciplina pela Lei Complementar n. 70, de 1991, a decisão proferida na ADC 1 (Rel. Moreira Alves, *DJ* 16.06.1995), independentemente de qualquer possível controvérsia em torno da aplicação dos efeitos do § 2.º do art. 102 à totalidade dos fundamentos determinantes ali proclamados ou exclusivamente à sua parte dispositiva (objeto específico da RCl 2.475, Rel. Min. Carlos Velloso, em curso no Pleno), foi inequívoca ao reco-nhecer: *a*) de um lado, a prevalência na Corte das duas linhas jurisprudenciais anteriormente referidas (distinção constitucional material, e não hierárquica-formal, entre lei complementar e lei ordinária, e inexigibilidade de lei complementar para a disciplina dos elementos próprios à hipótese de incidência das contribuições desde logo previstas no texto constitucional); e *b*) de outro lado, que, precisamente pelas razões anteriormente referidas, a Lei Complementar n. 70/1991 é, materialmente, uma lei ordinária. Ora, as razões anteriormente expostas são suficientes a indicar que, contrariamente ao defendido pela recorrente, o tema do conflito aparente entre o art. 56 da Lei n. 9.430/1996 e o art. 6.º, II, da LC n. 70/1991 não se resolve por critérios hierárquicos, mas, sim, por critérios constitucionais quanto à materialidade própria a cada uma destas espécies. Logo, equacionar aquele conflito é sim uma questão diretamente constitucional. Assim, verifica-se que o art. 56 da Lei n. 9.430/1996 é dispositivo legitimamente veiculado por legislação ordinária (art. 146, III, 'b', *a contrario sensu*, e art. 150, § 6.º, ambos da CF), que importou na revogação de dispositivo anteriormente vigente (sobre isenção da contribuição social), inserto em norma materialmente ordinária (art. 6.º, II, da LC n. 70/1991). Consequentemente, não existe, na hipótese, qualquer instituição, direta ou indireta, de nova contribuição social, a exigir a intervenção de legislação complementar, nos termos do art. 195, § 4.º, da CF' (RE 377.457/PR). 3. Destarte, a Contribuição para Financiamento da Seguridade Social – Cofins incide sobre o faturamento das sociedades civis de prestação de serviços de profissão legalmente regulamentada, de que trata o art. 1.º do Dec.-lei n. 2.397/1987, tendo em vista a validade da revogação da isenção prevista no art. 6.º, II, da Lei Complementar n. 70/1991 (lei materialmente ordinária), perpetrada pelo art. 56 da Lei n. 9.430/1996. 4. Outrossim, impende ressaltar que o Plenário da Excelsa Corte, tendo em vista o disposto no art. 27 da Lei n. 9.868/1999, rejeitou o pedido de modulação dos efeitos da decisão proferida no Recurso Extraordinário 377.457/PR. 5. Consectariamente, impõe-se a submissão desta Corte ao julgado proferido pelo plenário do Supremo Tribunal Federal que proclamou a constitucionalidade da norma jurídica em tela (art. 56 da Lei n. 9.430/1994), como técnica de uniformização jurisprudencial, instrumento oriundo do Sistema da *Common Law* e que tem como desígnio a consagração da Isonomia Fiscal no caso *sub examine*. 6. Recurso especial desprovido, mantendo-se a decisão recorrida, por fundamentos diversos. Acórdão submetido ao regime do art. 543-C do CPC e da Resolução STJ 8/2008" (REsp 826.428/MG, Tema Repetitivo 364, Rel. Min. Luiz Fux, j. 09.06.2010).

Tese Jurídica: "A Contribuição para Financiamento da Seguridade Social – Cofins incide sobre o faturamento das sociedades civis de prestação de serviços de profissão legalmente regulamentada, de que trata o artigo 1.º do Decreto-lei n. 2.397/1987, tendo em vista a validade da revogação da isenção prevista no artigo 6.º, II, da Lei Complementar n. 70/1991 (lei materialmente ordinária), perpetrada pelo artigo 56 da Lei n. 9.430/1996".

> **Art. 179.** A isenção, quando não concedida em caráter geral **(1 e 2)**, é efetivada, em cada caso, por despacho da autoridade administrativa, em requerimento com o qual o interessado faça prova do preenchimento das condições e do cumprimento dos requisitos previstos em lei ou contrato para sua concessão **(3)**.
>
> § 1.º Tratando-se de tributo lançado por período certo de tempo, o despacho referido neste artigo será renovado antes da expiração de cada período, cessando automaticamente os seus efeitos a partir do primeiro dia do período para o qual o interessado deixar de promover a continuidade do reconhecimento da isenção **(4)**.
>
> § 2.º O despacho referido neste artigo não gera direito adquirido, aplicando-se, quando cabível, o disposto no art. 155 **(5)**.

 COMENTÁRIOS

1. *Dispositivo relacionado:* art. 155, CTN.

2. *Isenção de caráter geral.* V. comentário ao art. 176, CTN.

3. *Isenção individual. Conceito.* A concessão da isenção, nessa hipótese, é ato administrativo de natureza *vinculada*, vale dizer, sua prática é obrigatória uma vez preenchidos todos os requisitos legais pelo interessado. Assim, satisfeitas as exigências da lei, o interessado faz jus à isenção, não cabendo à autoridade administrativa recusá-la.

4. Isenção de tributo lançado por período certo de tempo. O § 1.º estatui que, em relação aos tributos lançados por período certo de tempo – ex.: IPTU, ITR, IPVA –, o ato administrativo que contiver a análise do pedido de concessão da isenção "será renovado antes da expiração de cada período, cessando automaticamente os seus efeitos a partir do primeiro dia do período para o qual o interessado deixar de promover a continuidade do reconhecimento da isenção".

5. Invalidação do ato administrativo de concessão da isenção. A afirmativa segundo a qual o despacho da autoridade administrativa, concessivo da isenção, não gera direito adquirido somente faz sentido se tal concessão tiver sido ilegal, o que ensejará a invalidação do ato. O preceito remete ao art. 155 do CTN, relativo à concessão de *moratória*, que prescreve que esta "não gera direito adquirido e será revogada de ofício, sempre que se apure que o beneficiado não satisfazia ou deixou de satisfazer as condições ou não cumpria ou deixou de cumprir os requisitos para a concessão do favor, cobrando-se o crédito acrescido de juros de mora", com ou sem imposição de penalidade, conforme o caso (incisos I e II). Do mesmo modo, a isenção em caráter individual é concedida mediante ato administrativo vinculado, e sua extinção se dá mediante *invalidação* ou *cassação*, e não revogação, forma de extinção de ato discricionário por razões de mérito (oportunidade e conveniência). V. comentários ao art. 155, CTN.

 JURISPRUDÊNCIA ILUSTRATIVA

STJ

• Súmula n. 627: "O contribuinte faz jus à concessão ou à manutenção da isenção do imposto de renda, não se lhe exigindo a demonstração da contemporaneidade dos sintomas da doença nem da recidiva da enfermidade".

• Súmula n. 598: "É desnecessária a apresentação de laudo médico oficial para o reconhecimento judicial da isenção do imposto de renda, desde que o magistrado entenda suficientemente demonstrada a doença grave por outros meios de prova".

Seção III
Anistia

Art. 180. A anistia abrange exclusivamente as infrações cometidas anteriormente à vigência da lei que a concede **(1 a 8)**, não se aplicando:

I – aos atos qualificados em lei como crimes ou contravenções e aos que, mesmo sem essa qualificação, sejam praticados com dolo, fraude ou simulação pelo sujeito passivo ou por terceiro em benefício daquele **(9)**;

II – salvo disposição em contrário, às infrações resultantes de conluio entre duas ou mais pessoas naturais ou jurídicas **(10)**.

 COMENTÁRIOS

1. Moldura constitucional. Art. 150. [...] § 6.º "Qualquer subsídio ou isenção, redução de base de cálculo, concessão de crédito presumido, anistia ou remissão, relativos a impostos, taxas ou contribuições, só poderá ser concedido mediante lei específica, federal, estadual ou municipal, que regule exclusivamente as matérias acima enumeradas ou o correspondente tributo ou contribuição, sem prejuízo do disposto no art. 155, § 2.º, XII, g,[6] [...] Art. 195. A seguridade social será financiada por toda a sociedade, de forma direta e indireta, nos termos da lei, mediante recursos provenientes dos orçamentos da União, dos Estados, do Distrito Federal e dos Municípios, e das seguintes contribuições sociais: I – do empregador, da empresa e da entidade a ela equiparada na forma da lei, incidentes sobre: a) a folha de salários e demais rendimentos do trabalho pagos ou creditados, a qualquer título, à pessoa física que lhe preste serviço, mesmo sem vínculo empregatício; [...] II – do trabalhador e dos demais segurados da previdência social, podendo ser adotadas alíquotas progressivas de acordo com o valor do salário de contribuição, não incidindo contribuição sobre aposentadoria e pensão concedidas pelo Regime Geral de Previdência Social; [...] § 11. São vedados a moratória e o parcelamento em prazo superior a 60 (sessenta) meses e, na forma de lei complementar, a remissão e a anistia das contribuições sociais de que tratam a alínea a do inciso I e o inciso II do *caput*."

2. Legislação básica: LC n. 101/2000 (LRF), art. 14.

3. Anistia tributária. Conceito. Tecnicamente, consiste no perdão da penalidade imposta ao contribuinte infrator e, eventualmente, também no perdão da própria infração. Trata-se de *instrumento de política fiscal* e somente deve ser outorgada mediante lei específica, conforme exigência constitucional, e por razões de interesse público, sob pena de ofensa ao *princípio da isonomia*.

4. Fonte da anistia. A anistia somente pode ser concedida por lei da pessoa política competente para instituir o tributo. Nos termos do art. 150, § 6.º, CR,[7] exige-se *lei específica* a autorizar a anistia, a significar diploma normativo que trate especificamente desse assunto, sem se dedicar a outros temas.

5. Diferença entre anistia e remissão. Anistia não se confunde com remissão (arts. 156, IV, e 172, CTN), que é o perdão do débito tributário, referindo-se, portanto, a outra espécie de relação jurídica, qual seja, a relação jurídica sancionatória.

6. Eficácia retroativa. Sendo espécie de perdão, a anistia somente aplica-se a *fatos pretéritos* e, ainda assim, com as ressalvas contidas nos dois incisos desse dispositivo.

7. Vedação constitucional de concessão de anistia. O § 11 do art. 195, CR, como já mencionado, contempla, entre outras vedações, a referente à concessão de *anistia* da contribuição social incidente sobre a folha de salários e das contribuições devidas pelos trabalhadores e demais segurados da previdência social, para débitos em montante superior ao fixado em lei complementar. O intuito da norma é restringir o cabimento dessa hipótese de *renúncia fiscal*, que poderia comprometer ainda mais o orçamento da Previdência Social.

8. Renúncia fiscal. A LC n. 101/2000, ao estabelecer normas de finanças públicas voltadas à *responsabilidade na gestão fiscal*, disciplina a renúncia de receita, que compreende o instituto da anistia (art. 14, § 1.º).

9 e 10. Inaplicabilidade da anistia. Os dois incisos contemplam hipóteses nas quais a aplicação da anistia está vedada. Tal como se dá com a remissão (arts. 156, IV, e 172, CTN), o perdão não se afina a situações nas quais o sujeito passivo tenha agido com má-fé, isto é, revelando dolo, fraude, simulação ou conluio, e, neste último caso, a lei ordinária poderá dispor de modo distinto.

---

[6]   V. nova redação dada pela EC n. 132/2023.

[7]   V. nova redação dada pela EC n. 132/2023.

SUGESTÕES DOUTRINÁRIAS

ANISTIA

Calilo Jorge Kzam Neto, *A norma de anistia no direito tributário*, Quartier Latin.

 JURISPRUDÊNCIA ILUSTRATIVA

STF

• "Ação direta de inconstitucionalidade. Direito tributário. Lei paraense n. 6.489/2002. Autorização legislativa para o poder executivo conceder, por regulamento, os benefícios fiscais da remissão e da anistia. Princípios da separação dos poderes e da reserva absoluta de Lei formal. Art. 150, § 6.º, da Constituição Federal. Ação julgada procedente. 1. A adoção do processo legislativo decorrente do art. 150, § 6.º, da Constituição Federal tende a coibir o uso desses institutos de desoneração tributária como moeda de barganha para a obtenção de vantagem pessoal pela autoridade pública, pois a fixação, pelo mesmo Poder instituidor do tributo, de requisitos objetivos para a concessão do benefício tende a mitigar arbítrio do Chefe do Poder Executivo, garantindo que qualquer pessoa física ou jurídica enquadrada nas hipóteses legalmente previstas usufrua da benesse tributária, homenageando-se aos princípios constitucionais da impessoalidade, da legalidade e da moralidade administrativas (art. 37, *caput*, da Constituição da República). 2. A autorização para a concessão de remissão e anistia, a ser feita 'na forma prevista em regulamento' (art. 25 da Lei n. 6.489/2002), configura delegação ao Chefe do Poder Executivo em tema inafastável do Poder Legislativo. 3. Ação julgada procedente" (ADI 3.462/PA, Rel. Min. Cármen Lúcia, j. 15.09.2010).

STJ

• "Processual civil. Tributário. Recurso representativo da controvérsia. Art. 543-C do CPC. Parcelamento ou pagamento à vista com remissão e anistia instituídos pela Lei n. 11.941/2009. Aproveitamento do benefício mediante a transformação em pagamento definitivo (conversão em renda) de depósito judicial vinculado a ação já transitada em julgado. Impossibilidade de devolução da diferença entre os juros que remuneram o depósito judicial e os juros de mora do crédito tributário que não foram objeto de remissão. 1. A alegação de violação ao art. 535 do CPC, desenvolvida sobre fundamentação genérica, chama a aplicação da Súmula n. 284/STF: 'É inadmissível o recurso extraordinário, quando a deficiência na sua fundamentação não permitir a exata compreensão da controvérsia'. 2. A possibilidade de aplicação da remissão/anistia instituída pelo art. 1.º, § 3.º, da Lei n. 11.941/2009, aos créditos tributários objeto de ação judicial já transitada em julgado foi decidida pela instância de origem também à luz do princípio da isonomia, não tendo sido interposto recurso extraordinário, razão pela qual o recurso especial não merece conhecimento quanto ao ponto em razão da Súmula n. 126/STJ: 'É inadmissível recurso especial, quando o acórdão recorrido assenta em fundamentos constitucional e infraconstitucional, qualquer deles suficiente, por si só, para mantê-lo, e a parte vencida não manifesta recurso extraordinário'. 3. De acordo com o art. 156, I, do CTN, o pagamento extingue o crédito tributário. Se o pagamento por parte do contribuinte ou a transformação do depósito em pagamento definitivo por ordem judicial (art. 1.º, § 3.º, II, da Lei n. 9.703/1998) somente ocorre depois de encerrada a lide, o crédito tributário tem vida após o trânsito em julgado que o confirma. Se tem vida, pode ser objeto de remissão e/ou anistia neste ínterim (entre o trânsito em julgado e a ordem para transformação em pagamento definitivo, antiga conversão em renda) quando a lei não exclui expressamente tal situação do seu âmbito de incidência. Superado, portanto, o entendimento veiculado no item '6' da ementa do REsp 1.240.295/SC, Segunda Turma, Rel. Min. Humberto Martins, julgado em 05.04.2011. 4. O § 14 do art. 32 da Portaria Conjunta PGFN/RFB n. 6/2009 somente tem aplicação para os casos em que era possível requerer a desistência da ação. Se houve trânsito em julgado confirmando o crédito tributário antes da entrada em vigor da referida exigência (em 09.11.2009, com a Portaria Conjunta PGFN/RFB n. 10/2009), não há que se falar em requerimento de desistência da ação como condição para o gozo do benefício. 5. A remissão de juros de mora insertos dentro da composição do crédito tributário não enseja o resgate de juros remuneratórios incidentes sobre o depósito judicial feito para suspender a exigibilidade desse mesmo crédito tributário. O pleito não encontra guarida no art. 10, parágrafo único, da Lei n. 11.941/2009. Em outras palavras: 'Os eventuais juros compensatórios derivados de supostas aplicações do dinheiro depositado a título de depósito na forma do inciso II do art. 151 do CTN não pertencem aos contribuintes-depositantes' (REsp 392.879/RS, 1.ª T., Rel. Min. Luiz Fux, j. 13.08.2002). 6. No caso concreto, muito embora o processo tenha transitado em julgado em 12.12.2008 (portanto desnecessário o requerimento de desistência da ação como condição para o gozo do benefício) e a opção pelo benefício tenha antecedido a ordem judicial para a transformação do depósito em pagamento definitivo (antiga conversão em renda), as reduções cabíveis não alcançam o crédito tributário em questão, pois o depósito judicial foi efetuado antes do vencimento, não havendo rubricas de multa, juros de mora e encargo legal a serem remitidas. 7. Recurso especial parcialmente conhecido e, nessa parte, provido. Acórdão submetido ao regime do art. 543-C do CPC e da Res. STJ 8/2008" (REsp 1.251.513/PR, Temas Repetitivos 485, 486, 487, 488, 489 e 490, Rel. Min. Mauro Campbell Marques, j. 10.08.2011).

Tese Jurídica: "De acordo com o art. 156, I, do CTN, o pagamento extingue o crédito tributário. Se o pagamento por parte do contribuinte ou a transformação do depósito em pagamento definitivo por ordem judicial (art. 1.º, § 3.º, II, da Lei n. 9.703/1998) somente ocorre depois de encerrada a lide, o crédito tributário tem vida após o trânsito em julgado que o confirma. Se tem vida, pode ser objeto de remissão e/ou anistia neste ínterim (entre o trânsito em julgado e a ordem para transformação em pagamento definitivo, antiga conversão em renda) quando a lei não exclui expressamente tal situação do seu âmbito de incidência. A remissão/anistia das rubricas concedida (multa, juros de mora, encargo legal) somente incide se efetivamente existirem tais rubricas (saldos devedores) dentro da composição do crédito tributário cuja exigibilidade se encontra suspensa pelo depósito. A remissão de juros de mora insertos dentro da composição do crédito tributário não enseja o resgate de juros remuneratórios incidentes sobre o depósito judicial feito para suspender a exigibilidade desse mesmo crédito tributário".

Art. 181. A anistia pode ser concedida (**1 e 2**):

I – em caráter geral (**2.1**);

II – limitadamente (**2.2 e 2.2.1**):

a) às infrações da legislação relativa a determinado tributo;

b) às infrações punidas com penalidades pecuniárias até determinado montante, conjugadas ou não com penalidades de outra natureza;

c) a determinada região do território da entidade tributante, em função de condições a ela peculiares;

d) sob condição do pagamento de tributo no prazo fixado pela lei que a conceder, ou cuja fixação seja atribuída pela mesma lei à autoridade administrativa.

COMENTÁRIOS

1. Moldura constitucional. Art. 150. [...] § 6.º "Qualquer subsídio ou isenção, redução de base de cálculo, concessão de crédito presumido, anistia ou remissão, relativos a impostos, taxas ou contribuições, só poderá ser concedido mediante lei específica, federal, estadual ou municipal, que regule exclusivamente as matérias acima enumeradas ou o correspondente tributo ou contribuição, sem prejuízo do disposto no art. 155, § 2.º, XII, *g*."[8]

2. Modalidades de anistia. O artigo trata das modalidades de anistia – geral ou limitada. É o interesse público que deve nortear o legislador na escolha da modalidade mais adequada de anistia a ser aplicada.

2.1. Anistia em caráter geral. É aquela concedida independentemente de requerimento individual do contribuinte.

2.2. Anistia em caráter limitado. É a outorgada mediante a análise de requerimento individual do contribuinte. V. comentários ao art. 182, CTN.

2.2.1. Hipóteses de cabimento da anistia em caráter limitado. A anistia em caráter limitado é cabível nas seguintes hipóteses: *(i)* às infrações da legislação relativa a determinado tributo; *(ii)* às infrações punidas com penalidades pecuniárias até determinado montante, conjugadas ou não com penalidades de outra natureza; *(iii)* a determinada região do território da entidade tributante, em função de condições a ela peculiares; e *(iv)* sob condição do pagamento de tributo no prazo fixado pela lei que a conceder, ou cuja fixação seja atribuída pela mesma lei à autoridade administrativa. Em homenagem aos princípios da *legalidade* e da *supremacia do interesse público sobre o particular*, deve-se entender tal rol como *taxativo*.

Art. 182. A anistia, quando não concedida em caráter geral, é efetivada, em cada caso, por despacho da autoridade administrativa, em requerimento com o qual o interessado faça prova do preenchimento das condições e do cumprimento dos requisitos previstos em lei para sua concessão **(1 e 2)**.

Parágrafo único. O despacho referido neste artigo não gera direito adquirido, aplicando-se, quando cabível, o disposto no art. 155 **(3)**.

COMENTÁRIOS

1. Dispositivo relacionado: art. 155, CTN.

---

[8]   V. nova redação dada pela EC n. 132/2023.

2. Anistia em caráter limitado. Procedimento. A concessão da anistia, nessa hipótese, é ato administrativo de natureza *vinculada*, vale dizer, sua prática é obrigatória, uma vez preenchidos todos os requisitos legais pelo interessado. Assim, satisfeitas as exigências da lei, o interessado faz jus à anistia, não cabendo à autoridade administrativa recusá-la.

3. Crítica ao dispositivo. O disposto no parágrafo único deve ser entendido com cautela. A afirmativa segundo a qual o despacho da autoridade administrativa, concessivo da anistia, não gera direito adquirido somente faz sentido se tal concessão tiver sido efetuada contrariamente à lei, o que ensejará a invalidação do ato. O preceito remete ao art. 155 do CTN, relativo à concessão de moratória, que prescreve que esta "não gera direito adquirido e será revogada de ofício, sempre que se apure que o beneficiado não satisfazia ou deixou de satisfazer as condições ou não cumpria ou deixou de cumprir os requisitos para a concessão do favor, cobrando-se o crédito acrescido de juros de mora", com ou sem imposição de penalidade, conforme o caso (incisos I e II). Do mesmo modo, a concessão de anistia em caráter individual é efetuada por ato administrativo vinculado e sua extinção mediante invalidação ou cassação e não revogação, forma de extinção de ato discricionário, por razões de oportunidade e conveniência. V. comentários ao art. 155, CTN.

Capítulo VI
Garantias e Privilégios do Crédito Tributário

Seção I
Disposições Gerais

Art. 183. A enumeração das garantias atribuídas neste Capítulo ao crédito tributário não exclui outras que sejam expressamente previstas em lei, em função da natureza ou das características do tributo a que se refiram **(1 a 4)**.

Parágrafo único. A natureza das garantias atribuídas ao crédito tributário não altera a natureza deste nem a da obrigação tributária a que corresponda.

 COMENTÁRIOS

1. Moldura constitucional. Art. 146. "Cabe à lei complementar: [...] III – estabelecer normas gerais em matéria de legislação tributária, especialmente sobre: [...] b) obrigação, lançamento, crédito, prescrição e decadência tributários; [...]."

2. Garantias, privilégios e preferências do crédito tributário. Conceitos. *Garantias do crédito tributário*, singelamente, são os instrumentos assecuratórios do direito de o Estado exigir tributos. Os *privilégios*, por sua vez, constituem expressões da posição de superioridade do crédito tributário, que defluem do *princípio da supremacia do interesse público sobre o particular*, relativamente a créditos de outras naturezas, exceto os de cunho trabalhista ou de acidente do trabalho. O CTN também alude a *preferências*, que são mecanismos que estatuem a prioridade do crédito tributário com relação a créditos de outras espécies, *em fase de execução*. Impende ponderar-se que, a rigor, o conceito de *garantias* ostenta caráter amplo, abrangendo todos os meios assecuratórios da satisfação do crédito tributário. Portanto, compreende também os privilégios e as preferências. O CTN, no entanto, não distingue as figuras claramente. "As garantias são expressão amplíssima e genérica. Privilégios e preferências são garantias. Entretanto, nem toda garantia é um privilégio ou uma preferência. Configura garantia tudo o que conferir maior segurança, estabilidade ou facilidade e comodidade ao crédito, podendo estar ou não referida no Capítulo VI do CTN, razão pela qual o art. 183 estabelece não ser exaustivo o rol das garantias. Elas são, em sentido lato, fiança, responsabilidade, caução. Já privilégio é sempre prerrogativa, prevalência ou preeminência de um crédito sobre outro. Se tal prevalência se dá em fase executiva, na ordem dos pagamentos em concurso de credores, denomina-se preferência. Mas o CTN não guarda essa distinção de forma rígida, denominando de preferência o que é singela garantia (arts. 191, 192 e 193)" (cf. Misabel Derzi, Notas ao *Direito tributário brasileiro*, de Aliomar Baleeiro). Nessa linha de raciocínio, em síntese, apontam *privilégios* as disposições dos arts. 184 e 187; *preferências* estão contidas nas normas dos arts. 186, 187, parágrafo único, 188, 189 e 190, e, *garantias em sentido estrito* são as mencionadas nos arts. 191, 191-A, 192 e 193. Anote-se que a LC n. 118/2005 trouxe diversas alterações ao texto original do CTN, no intuito de reforçar a proteção inerente ao regime jurídico especial outorgado ao crédito tributário. A orientar as adequadas interpretação e aplicação das normas pertinentes ao tema estão os princípios da *legalidade* e *da supremacia do interesse público sobre o particular*.

3. Não exclusão de outras garantias. O preceito reafirma o *princípio da legalidade tributária*, bem como ressalta o caráter não taxativo de suas prescrições, que veiculam normas gerais, não estando vedado às pessoas políticas estabelecer outras garantias aos seus respectivos créditos, sempre em atenção aos *princípios da legalidade e da supremacia do interesse público sobre o particular*.

4. Crítica ao dispositivo. Uma vez mais, este capítulo destaca a ilógica desvinculação entre crédito e débito, como se não fossem, ambos, faces do mesmo vínculo jurídico.

 SUGESTÕES DOUTRINÁRIAS

GARANTIAS E PRIVILÉGIOS DO CRÉDITO TRIBUTÁRIO

Misabel Derzi, *Notas ao Direito tributário brasileiro*, de Aliomar Baleeiro, Forense.

> **Art. 184.** Sem prejuízo dos privilégios especiais sobre determinados bens, que sejam previstos em lei, responde pelo pagamento do crédito tributário a totalidade dos bens e das rendas, de qualquer origem ou natureza, do sujeito passivo, seu espólio ou sua massa falida, inclusive os gravados por ônus real ou cláusula de inalienabilidade ou impenhorabilidade, seja qual for a data da constituição do ônus ou da cláusula, excetuados unicamente os bens e rendas que a lei declare absolutamente impenhoráveis **(1 a 5)**.

 COMENTÁRIOS

1. Moldura constitucional: Art. 5.º "Todos são iguais perante a lei, sem distinção de qualquer natureza, garantindo-se aos brasileiros e estrangeiros residentes no País a inviolabilidade do direito à vida, à liberdade, à igualdade, à segurança e à propriedade, nos termos seguintes: [...] XXVI – a pequena propriedade rural, assim definida em lei, desde que trabalhada pela família, não será objeto de penhora para pagamento de débitos decorrentes de sua atividade produtiva, dispondo a lei sobre os meios de financiar o seu desenvolvimento; [...]."

2. Dispositivo relacionado: art. 186, CTN.

3. Legislação básica: CPC, art. 833; CC, art. 963; Lei n. 8.009/1990 (impenhorabilidade do bem de família), Lei n. 11.101/2005 (recuperação judicial, a extrajudicial e falência), art. 83.

4. Totalidade do patrimônio do sujeito passivo como garantia de satisfação do crédito tributário. O dispositivo demonstra, inequivocamente, a posição favorecida de que desfruta o crédito tributário com relação a créditos de outras naturezas. Responde pelos créditos tributários o patrimônio total do sujeito passivo, incluindo-se os gravados por ônus real ou cláusula de inalienabilidade ou impenhorabilidade, seja qual for a data da constituição do ônus ou da cláusula. Dessa abrangência escapam apenas os bens e rendas que a lei declare absolutamente impenhoráveis.

5. Regime jurídico diferenciado na falência. No contexto da falência, todavia, o privilégio contido nesse dispositivo é atenuado, pois a Lei n. 11.101/2005 estabelece: "Art. 83. A classificação dos créditos na falência obedece à seguinte ordem: I – os créditos derivados da legislação trabalhista, limitados a 150 (cento e cinquenta) salários mínimos por credor, e aqueles decorrentes de acidentes de trabalho; II – os créditos gravados com direito real de garantia até o limite do valor do bem gravado; III – os créditos tributários, independentemente da sua natureza e do tempo de constituição, exceto os créditos extraconcursais e as multas tributárias; [...]". Consoante se extrai desse dispositivo, os bens do devedor gravados com ônus real responderão pelo crédito tributário apenas na parte em que seu valor real exceder aos créditos já garantidos; vale dizer, na falência, os bens gravados com ônus real respondem, primeiramente, pelo crédito objeto da garantia real, em detrimento do crédito tributário.

 JURISPRUDÊNCIA ILUSTRATIVA

STJ

• "Administrativo. Processual civil. Ausência de violação do art. 557 do CPC. Anistia política. Remuneração econômica. Caráter indenizatório. Penhora. Possibilidade. 1. Nos termos da jurisprudência pacífica do STJ, fica superada eventual ofensa ao art. 557 do Código de Processo Civil pelo julgamento colegiado do agravo regimental interposto contra decisão singular do Relator. 2. Discute-se nos autos a possibilidade de penhora da remuneração econômica recebida em decorrência da concessão de anistia política, na forma do art. 5.º da Lei n. 10.559/2002 (prestação mensal, permanente e continuada). 3. A reparação econômica prevista na Lei n. 10.559/2002 possui caráter indenizatório (art. 1.º, inciso II). Logo, a sua natureza não salarial possibilita a penhora para garantia do crédito tributário, nos termos do art. 184 do CTN c/c art. 649 do CPC. Recurso especial improvido" (2.ª T., REsp 1.362.089/RJ, Rel. Min. Humberto Martins, j. 20.06.2013).

Art. 185. Presume-se fraudulenta a alienação ou oneração de bens ou rendas, ou seu começo, por sujeito passivo em débito para com a Fazenda Pública, por crédito tributário regularmente inscrito como dívida ativa **(1 a 5)**.

* Artigo com redação determinada pela LC n. 118/2005.

> Parágrafo único. O disposto neste artigo não se aplica na hipótese de terem sido reservados, pelo devedor, bens ou rendas suficientes ao total pagamento da dívida inscrita **(6)**.
>
> * Parágrafo único com redação determinada pela LC n. 118/2005.

 COMENTÁRIOS

1. *Legislação básica:* CC, arts. 158 a 165; CPC, art. 792.

2. *Presunção de fraude. Considerações gerais.* Para bem situar o exame do dispositivo em questão, convém relembrar os institutos da fraude contra credores e da fraude à execução. A *fraude contra credores* vem disciplinada no Código Civil em seus arts. 158 a 165. Configura-se mediante a transmissão gratuita de bens, a remissão de dívidas ou a celebração de contratos onerosos quando a insolvência for notória ou houver motivo para que seja conhecida do outro contratante (arts. 158 e 159, CC). A *fraude à execução*, por sua vez, é instituto de direito processual, sendo considerada mais grave do que a fraude contra credores, por envolver, também, ofensa à função jurisdicional. Está prevista no art. 792, CPC, segundo o qual, "A alienação ou a oneração de bem é considerada fraude à execução: I – quando sobre o bem pender ação fundada em direito real ou com pretensão reipersecutória, desde que a pendência do processo tenha sido averbada no respectivo registro público, se houver; II – quando tiver sido averbada, no registro do bem, a pendência do processo de execução, na forma do art. 828; III – quando tiver sido averbado, no registro do bem, hipoteca judiciária ou outro ato de constrição judicial originário do processo onde foi arguida fraude; IV – quando, ao tempo da alienação ou da oneração tramitava contra o devedor ação capaz de reduzi-lo à insolvência; V – nos demais casos expressos em lei. [...]".

3. *Redação original alterada pela LC n. 118/2005.* O dispositivo em tela teve sua redação alterada pela LC n. 118/2005, que suprimiu a cláusula final do *caput*, o qual exigia, para considerar-se presumida a fraude, que a alienação ou oneração de bens ou rendas, ou seu começo, por sujeito passivo em débito para com a Fazenda Pública, ocorresse por crédito tributário regularmente inscrito como dívida ativa "em fase de execução". Consoante a redação atual do dispositivo, no entanto, uma vez inscrito o débito em Dívida Ativa, qualquer alienação de bens ou rendas, ou seu começo, pelo sujeito passivo, será presumivelmente fraudulenta. A inscrição do débito em Dívida Ativa passou a ser o marco temporal delimitador da aplicação dessa presunção, que foi antecipado em relação ao que determinava o texto original. Pode-se figurar igualmente a hipótese de caracterizar-se a intenção de fraudar o Fisco ainda em momento anterior ao da inscrição do débito em Dívida Ativa. Nesse caso, porém, a Fazenda Pública não poderá contar com a facilidade que a presunção, como instrumento de *praticabilidade*, lhe proporciona, cabendo-lhe demonstrá-lo integralmente.

4. *Natureza da presunção.* Trata-se de *presunção relativa*, que somente poderá ser afastada diante de prova inequívoca de que a alienação ou seu começo não configura fraude. Há necessidade de que reste demonstrado que o devedor tinha ciência da inscrição do débito em Dívida Ativa.

5. *Eficácia.* Diante da nova disciplina estampada nesse artigo, que reforça a garantia ao crédito tributário, ampliando a aplicação da presunção em foco, entendemos que o ato de alienação ou oneração já experimentará as consequências da fraude à execução, sendo desnecessário o ajuizamento da ação revocatória, podendo ser suscitada a fraude como *incidente na ação de execução*.

6. Reserva de patrimônio suficiente. O parágrafo único é despiciendo: com efeito, se o devedor reservou patrimônio suficiente para lastrear o pagamento do débito, não haveria mesmo que se cogitar de alienação fraudulenta.

 JURISPRUDÊNCIA ILUSTRATIVA

STJ

• Súmula n. 375: "O reconhecimento da fraude à execução depende do registro da penhora do bem alienado ou da prova de má-fé do terceiro adquirente".

• Súmula n. 195: "Em embargos de terceiro não se anula ato jurídico, por fraude contra credores".

• "Processual civil. Recurso especial representativo de controvérsia. Art. 543-C do CPC. Direito tributário. Embargos de terceiro. Fraude à execução fiscal. Alienação de bem posterior à citação do devedor. Inexistência de registro no Departamento de Trânsito – Detran. Ineficácia do negócio jurídico. Inscrição em dívida ativa. Art. 185 do CTN, com a redação dada pela LC n. 118/2005. Súmula n. 375/STJ. Inaplicabilidade. 1. A lei especial prevalece sobre a lei geral (*lex specialis derrogat lex generalis*), por isso que a Súmula n. 375 do Egrégio STJ não se aplica às execuções fiscais. 2. O art. 185 do Código Tributário Nacional – CTN, assentando a presunção de fraude à execução, na sua redação primitiva, dispunha que: 'Art. 185. Presume-se fraudulenta a alienação ou oneração de bens ou rendas, ou seu começo, por sujeito passivo em débito para com a Fazenda Pública por crédito tributário regularmente inscrito como dívida ativa em fase de execução. Parágrafo único. O disposto neste artigo não se aplica na hipótese de terem sido reservados pelo devedor bens ou rendas suficientes ao total pagamento da dívida em fase de execução'. 3. A Lei Complementar n. 118, de 9 de fevereiro de 2005, alterou o art. 185 do CTN, que passou a ostentar o seguinte teor: 'Art. 185. Presume-se fraudulenta a alienação ou oneração de bens ou rendas, ou seu começo, por sujeito passivo em débito para com a Fazenda Pública, por crédito tributário regularmente inscrito como dívida ativa. Parágrafo único. O disposto neste artigo não se aplica na hipótese de terem sido reservados, pelo devedor, bens ou rendas suficientes ao total pagamento da dívida inscrita'. 4. Consectariamente, a alienação efetivada antes da entrada em vigor da LC n. 118/2005 (09.06.2005) presumia-se em fraude à execução se o negócio jurídico sucedesse a citação válida do devedor; posteriormente à 09.06.2005, consideram-se fraudulentas as alienações efetuadas pelo devedor fiscal após a inscrição do crédito tributário na dívida ativa. 5. A diferença de tratamento entre a fraude civil e a fraude fiscal justifica-se pelo fato de que, na primeira hipótese, afronta-se interesse privado, ao passo que, na segunda, interesse público, porquanto o recolhimento dos tributos serve à satisfação das necessidades coletivas. 6. É que, consoante a doutrina do tema, a fraude de execução, diversamente da fraude contra credores, opera-se *in re ipsa*, vale dizer, tem caráter absoluto, objetivo, dispensando o *concilium fraudis* (FUX, Luiz. *O novo processo de execução*: o cumprimento da sentença e a execução extrajudicial. 1. ed. Rio de Janeiro: Forense, 2008. p. 95-96; DINAMARCO, Cândido Rangel. *Execução civil*. 7. ed. São Paulo: Malheiros, 2000. p. 278-282; MACHADO, Hugo de Brito. *Curso de direito tributário*. 22. ed. São Paulo: Malheiros, 2003. p. 210-211; AMARO, Luciano. *Direito tributário brasileiro*. 11. ed. São Paulo: Saraiva, 2005. p. 472-473; BALEEIRO, Aliomar. *Direito tributário brasileiro*. 10. ed. Rio de Janeiro: Forense, 1996. p. 604). 7. A jurisprudência hodierna da Corte preconiza referido entendimento consoante se colhe abaixo: 'O acórdão embargado, considerando que não é possível aplicar a nova redação do art. 185 do CTN (LC n. 118/2005) à hipótese em apreço (*tempus regit actum*), respaldou-se na interpretação da redação original desse dispositivo legal adotada pela jurisprudência do STJ' (EDcl no AgRg no Ag 1.019.882/PR, Rel. Min. Benedito Gonçalves, Primeira Turma, j. 06.10.2009, *DJe* 14.10.2009). 'Ressalva do ponto de vista do relator que tem a seguinte compreensão sobre o tema: [...] b) Na redação atual do art. 185 do CTN, exige-se apenas a inscrição em dívida ativa prévia à alienação para caracterizar a presunção relativa de fraude à execução em que incorrem o alienante e o adquirente (regra aplicável às alienações ocorridas após 9.6.2005)' (REsp 726.323/SP, Rel. Min. Mauro Campbell Marques, Segunda Turma, j. 04.08.2009, *DJe* 17.08.2009). 'Ocorrida a alienação do bem antes da citação do devedor, incabível falar em fraude à execução no regime anterior à nova redação do art. 185 do CTN pela LC n. 118/2005' (AgRg no Ag 1.048.510/SP, Rel. Min. Eliana Calmon, Segunda Turma, j. 19.08.2008, *DJe* 06.10.2008). A jurisprudência do STJ, interpretando o art. 185 do CTN, até o advento da LC n. 118/2005, pacificou-se, por entendimento da Primeira Seção (EREsp 40.224/SP), no sentido de só ser possível presumir-se em fraude à execução a alienação de bem de devedor já citado em execução fiscal (REsp 810.489/RS, Rel. Min. Eliana Calmon, Segunda Turma, julgado em 23.06.2009, *DJe* 06.08.2009). 8. A inaplicação do art. 185 do CTN implica violação da Cláusula de Reserva de Plenário e enseja reclamação por infringência da Súmula Vinculante n. 10, *verbis*: 'Viola a cláusula de reserva de plenário (cf. art. 97) a decisão de órgão fracionário de tribunal que, embora não declare expressamente a inconstitucionalidade de lei ou ato normativo do poder público, afasta sua incidência, no todo ou em parte'. 9. Conclusivamente: (a) a natureza jurídica tributária do crédito conduz a que a simples alienação ou oneração de bens ou rendas, ou seu começo, pelo sujeito passivo por quantia inscrita em dívida ativa, sem a reserva de meios para quitação do débito, gera presunção absoluta (*jure et de jure*) de fraude à execução (lei especial que se sobrepõe ao regime do direito processual civil); (b) a alienação engendrada até 08.06.2005 exige que tenha havido prévia citação no processo judicial para caracterizar a fraude de execução; se o ato translativo foi praticado a partir de 09.06.2005, data de início da vigência da Lei Complementar n. 118/2005, basta a efetivação da inscrição em dívida ativa para a configuração da figura da fraude; (c) a fraude de execução prevista no art. 185 do CTN encerra presunção *jure et de jure*, conquanto componente do elenco das 'garantias do crédito tributário'; (d) a inaplicação do art. 185 do CTN, dispositivo que não condiciona a ocorrência de fraude a qualquer registro público, importa violação da Cláusula Reserva de Plenário e afronta à Súmula Vinculante n. 10 do STF. 10. *In casu*, o negócio jurídico em tela aperfeiçoou-se em 27.10.2005, data posterior à entrada em vigor da LC n. 118/2005, sendo certo que a inscrição em dívida ativa deu-se anteriormente à revenda do veículo ao recorrido, porquanto, consoante dessume-se dos autos, a citação foi efetuada em data anterior à alienação, restando inequívoca a prova dos autos quanto à ocorrência de fraude à execução fiscal. 11. Recurso especial conhecido e provido. Acórdão submetido ao regime do art. 543-C do CPC e da Resolução STJ 8/2008" (REsp 1.141.990/PR, Tema Repetitivo 290, Rel. Min. Luiz Fux, j. 10.11.2010).

Tese Jurídica: "Se o ato translativo foi praticado a partir de 09.06.2005, data de início da vigência da Lei Complementar n. 118/2005, basta a efetivação da inscrição em dívida ativa para a configuração da figura da fraude".

Art. 185-A. Na hipótese de o devedor tributário, devidamente citado, não pagar nem apresentar bens à penhora no prazo legal e não forem encontrados bens penhoráveis, o juiz determinará a indisponibilidade de seus bens e direitos, comunicando a decisão, preferencialmente por meio eletrônico, aos órgãos e entidades que promovem registros de transferência de bens, especialmente ao registro público de imóveis e às autoridades supervisoras do mercado bancário e do mercado de capitais, a fim de que, no âmbito de suas atribuições, façam cumprir a ordem judicial **(1 a 5)**.

* Artigo acrescentado pela LC n. 118/2005.

§ 1.º A indisponibilidade de que trata o *caput* deste artigo limitar-se-á ao valor total exigível, devendo o juiz determinar o imediato levantamento da indisponibilidade dos bens ou valores que excederem esse limite **(6)**.

* § 1.º acrescentado pela LC n. 118/2005.

§ 2.º Os órgãos e entidades aos quais se fizer a comunicação de que trata o *caput* deste artigo enviarão imediatamente ao juízo a relação discriminada dos bens e direitos cuja indisponibilidade houverem promovido **(7)**.

* § 2.º acrescentado pela LC n. 118/2005.

 ## COMENTÁRIOS

1. *Legislação básica:* Lei n. 8.397/1992 (medida cautelar fiscal); Lei n. 6.024/1974 (intervenção financeira e a liquidação extrajudicial de instituições financeiras); Lei n. 8.009/1990 (impenhorabilidade do bem de família); CPC, art. 854.

2. *Dispositivo relacionado:* art. 185, CTN.

3. *Indisponibilidade de bens e direitos do sujeito passivo.* O artigo, incluído pela mesma pela LC n. 118/2005, traz importante *preferência* ao crédito tributário. Visando conferir maior efetividade à proteção de que desfruta o crédito tributário, autoriza medida judicial rigorosa, qual seja, a indisponibilidade dos bens e direitos do sujeito passivo, a ser aplicada com a devida ponderação, vale dizer, somente nos casos em que a Fazenda Pública demonstrar que diligenciou na busca por bens penhoráveis, sem sucesso (Súmula n. 560, STJ).

4. *Requisitos para a decretação da medida.* Para tanto, será necessário o atendimento concomitante dos seguintes requisitos: *(i)* citação do devedor; *(ii)* não pagamento nem apresentação de bens à penhora no prazo legal; e *(iii)* não localização de bens penhoráveis. Note-se que o dispositivo legal em análise restringiu o cabimento da medida cautelar fiscal incidental (Lei n. 8.397/1992, art. 1.º) proposta pelo Fisco com o objetivo de buscar a indisponibilidade dos bens do devedor, uma vez que está autorizada sua decretação no curso da própria ação executiva.

5. *Distinção entre a indisponibilidade patrimonial e a penhora on-line.* Vale registrar que a preferência do crédito tributário em comento não se confunde com a chamada penhora *on-line*, disciplinada no CPC, segundo o qual "para possibilitar a penhora de dinheiro em depósito ou em aplicação financeira, o juiz, a requerimento do exequente, sem dar ciência prévia do ato ao executado, determinará às instituições financeiras, por meio de sistema eletrônico gerido pela autoridade supervisora do sistema financeiro nacional, que torne indisponíveis ativos financeiros existentes em nome do executado, limitando-se a indisponibilidade ao valor indicado na execução" (art. 854, *caput*). Embora a comunicação da indisponibilidade patrimonial de que trata este artigo deva ser efetuada preferencialmente por meio eletrônico, o que assemelha ambos os institutos, esta reveste natureza *cautelar*, enquanto a penhora eletrônica é ato típico de execução, que recai sobre depósitos e aplicações financeiras.

6. Limite da indisponibilidade patrimonial. Relevante aspecto diz com o limite da indisponibilidade patrimonial imposta pelo juiz, sendo ilegítima aquela que exceder o valor total exigível.

7. Comunicação ao juízo do rol de bens e direitos constritos. A eficácia da indisponibilidade patrimonial de que cuida esse artigo depende da agilidade e eficiência da comunicação entre os órgãos jurisdicionais e os órgãos e entidades que promovem registros de transferência de bens, "especialmente ao registro público de imóveis e às autoridades supervisoras do mercado bancário e do mercado de capitais", conforme dispõem o *caput* e o § 2.º desse artigo.

 JURISPRUDÊNCIA ILUSTRATIVA

STJ

• Súmula n. 560: "A decretação da indisponibilidade de bens e direitos, na forma do art. 185-A do CTN, pressupõe o exaurimento das diligências na busca por bens penhoráveis, o qual fica caracterizado quando infrutíferos o pedido de constrição sobre ativos financeiros e a expedição de ofícios aos registros públicos do domicílio do executado, ao Denatran ou Detran".

Seção II
Preferências

Art. 186. O crédito tributário prefere a qualquer outro, seja qual for sua natureza ou o tempo de sua constituição **(1 a 3)**, ressalvados os créditos decorrentes da legislação do trabalho ou do acidente de trabalho **(4)**.

* *Caput* com redação determinada pela LC n. 118/2005.

Parágrafo único. Na falência **(5)**:

I – o crédito tributário não prefere aos créditos extraconcursais ou às importâncias passíveis de restituição, nos termos da lei falimentar, nem aos créditos com garantia real, no limite do valor do bem gravado **(5.1)**;

II – a lei poderá estabelecer limites e condições para a preferência dos créditos decorrentes da legislação do trabalho **(5.2)**; e

III – a multa tributária prefere apenas aos créditos subordinados **(5.3)**.

* Parágrafo único acrescentado pela LC n. 118/2005.

 COMENTÁRIOS

1. Dispositivos relacionados: arts. 184 e 188, CTN.

2. Legislação básica: Lei n. 11.101/2005 (recuperação judicial, extrajudicial e falência), arts. 83 e 84; Lei n. 6.830/1980 (LEF), art. 4.º, § 4.º.

3. Preferências. Considerações gerais. O dispositivo tem a redação do *caput* e inclusão do parágrafo único efetuada pela LC n. 118/2005. A *preferência*, como visto, constitui espécie de garantia do crédito tributário, consubstanciada na prerrogativa do credor de, havendo concorrência de créditos, ser pago prioritariamente em relação a outro. O crédito tributário também desfruta, como regra, de *preferências* concernentes aos outros créditos, ressalvados os créditos trabalhistas ou relativos a acidente do trabalho, consoante a nova dicção desse artigo, que bem reflete a *supremacia do interesse público sobre o particular.*

4. Créditos decorrentes da legislação do trabalho ou do acidente do trabalho. Tais créditos ostentam *prioridade absoluta* em relação aos demais, o que se justifica em razão do *princípio da dignidade humana* (art. 1.º, III, CR).

5. Regime jurídico próprio das preferências na falência. Observe-se que, na *falência,* contudo, o regime jurídico é diferenciado e, assim, há créditos com prioridade em relação ao próprio crédito tributário (Lei n. 11.101/2005, art. 83, III), conforme os itens seguintes.

5.1. *Créditos preferenciais* × *Créditos tributários.* Os créditos extraconcursais, arrolados no art. 84 da Lei n. 11.101/2005, preferem ao crédito tributário. Em síntese, na comparação com a redação original do art. 186, que nada dispunha sobre a preferência do crédito tributário na falência, pode-se concluir que, nesse contexto, o crédito tributário teve sua *preferência atenuada.*

5.2. *Preferência dos créditos trabalhistas.* O dispositivo autoriza o legislador ordinário, na falência, a atenuar a preferência que os créditos trabalhistas desfrutam em relação ao crédito tributário, estampada no *caput* deste mesmo artigo, autorizando sejam impostos limites e condições para tanto. A Lei n. 11.101/2005 estatui que tal preferência refere-se a créditos derivados da legislação trabalhista limitados a 150 (cento e cinquenta) salários mínimos por credor, e aqueles decorrentes de acidentes do trabalho (art. 83, I).

5.3. *Preferência da multa tributária.* A *multa tributária* prefere apenas aos créditos subordinados (Lei n. 11.101/2005, art. 83, VIII). Releva anotar que *esta,* em qualquer de suas modalidades, diversamente do que ocorria no regime anterior da falência (Decreto-lei n. 7.661/1945, art. 23, III), passou a ser incluída entre os créditos concursais (Lei n. 11.101/2005, art. 83, VII), afastando a aplicabilidade da Súmula n. 565, STF, no sentido da inexigibilidade da multa fiscal na falência.

 JURISPRUDÊNCIA ILUSTRATIVA

STJ

• "Embargos de divergência em recurso especial. Execução por título extrajudicial. Habilitação do crédito da Fazenda Pública estadual. Concurso singular de credores. Existência de ordem de penhora incidente sobre o mesmo bem nos autos da execução fiscal. Desnecessidade. 1. A distribuição do produto da expropriação do bem do devedor solvente deve respeitar a seguinte ordem de preferência: em primeiro lugar, a satisfação dos créditos cuja preferência funda-se no direito material. Na sequência – ou quando inexistente crédito privilegiado –, a satisfação dos créditos comuns (isto é, que não apresentam privilégio legal) deverá observar a anterioridade de cada penhora, ato constritivo considerado título de preferência fundado em direito processual. 2. Isso porque não se revela possível sobrepor uma preferência processual a uma preferência de direito material, porquanto incontroverso que o processo existe para que o direito material se concretize. Precedentes. 3. O privilégio do crédito tributário – assim como dos créditos oriundos da legislação trabalhista – encontra-se prevista no artigo 186 do CTN. À luz dessa norma, revela-se evidente que, também no concurso individual contra devedor solvente, é imperiosa a satisfação do crédito tributário líquido, certo e exigível – observada a preferência dos créditos decorrentes da legislação do trabalho e de acidente de trabalho e dos créditos com direito real de garantia no limite do bem gravado – independentemente de prévia execução e de penhora sobre o bem cujo produto da alienação se pretende arrecadar. 4. Nada obstante, para garantir o levantamento de valores derivados da expropriação do bem objeto de penhora nos autos de execução ajuizada por terceiro, o titular do crédito tributário terá que demonstrar o atendimento aos requisitos da certeza, da liquidez e da exigibilidade da obrigação, o que reclamará a instauração de processo executivo próprio a fim de propiciar a quitação efetiva da dívida. 5. Por outro lado, a exigência de pluralidade de penhoras para o exercício do direito de preferência reduz, significativamente, a finalidade do instituto – que é garantir a solvência de créditos cuja relevância social sobeja aos demais –, equiparando-se o credor com privilégio legal aos outros desprovidos de tal atributo. 6. Assim, prevalece a exegese de que, independentemente da existência de ordem de penhora na execução fiscal, a Fazenda Pública poderá habilitar seu crédito privilegiado em autos de execução por título extrajudicial. Caso ainda não tenha sido ajuizado o executivo fiscal, garantir-se-á o exercício do direito da credora privilegiada mediante a reserva da totalidade (ou de parte) do produto da penhora levada a efeito em execução de terceiros. 7. Na hipótese, deve ser restabelecida a decisão estadual que autorizou a habilitação do crédito tributário (objeto de execução fiscal já aparelhada) nos autos da execução de título extrajudicial em que perfectibilizada a arrematação do bem do devedor. 8. Embargos de divergência do Estado de Santa Catarina providos a fim de negar provimento ao recurso especial da cooperativa de crédito" (CE, EREsp 1.603.324/SC, Rel. Min. Luís Felipe Salomão, j. 21.09.2022).

> **Art. 187.** A cobrança judicial do crédito tributário não é sujeita a concurso de credores ou habilitação em falência, recuperação judicial, concordata, inventário ou arrolamento **(1 a 3)**.
>
> * *Caput* com redação determinada pela LC n. 118/2005.
>
> Parágrafo único. O concurso de preferência somente se verifica entre pessoas jurídicas de direito público, na seguinte ordem **(4)**:
>
> I – União;
>
> II – Estados, Distrito Federal e Territórios, conjuntamente e *pro rata*;
>
> III – Municípios, conjuntamente e *pro rata*.

 COMENTÁRIOS

    1. *Moldura constitucional:* Art. 19. "É vedado à União, aos Estados, ao Distrito Federal e aos Municípios: [...] III – criar distinções entre brasileiros ou preferências entre si".

    2. *Legislação básica:* Lei n. 6.830/1980 (LEF), art. 29 (não sujeição da Fazenda Pública a concurso de credores, habilitação em falência, concordata, liquidação, inventário ou arrolamento); CC, arts. 955 a 965, 1.796 e 1.991 a 2.027; Lei n. 11.101/2005 (recuperação judicial, extrajudicial e falência), art. 76.

    3. *Não sujeição do crédito tributário a concurso de credores ou habilitação em falência.* O *caput* do artigo proclama que a cobrança judicial do crédito tributário não se sujeita a concurso de credores ou habilitação em falência, recuperação judicial, concordata, inventário ou arrolamento. A norma é relevante porque a regra é que a execução somente prossegue se inocorrentes as hipóteses mencionadas. Já a execução do crédito tributário independe, para a sua regular tramitação, da existência de outros credores que igualmente reclamem a satisfação de seus direitos do mesmo devedor. Em outras palavras, o crédito tributário não está sujeito a habilitação nos juízos universais mencionados na norma, garantindo-se à Fazenda Pública o direito de executá-lo mediante ação própria – a execução fiscal (Lei n. 6.830/1980).

4. *Concurso de preferência entre as pessoas jurídicas de direito público.* Enseja crítica o parágrafo único desse artigo, que estabelece um *concurso de preferência* entre as pessoas jurídicas de direito público, cujo teor é reproduzido no art. 29, Lei n. 6.830/1980. Em primeiro lugar, porque veicula flagrante *ofensa ao princípio federativo* (e ao da *autonomia municipal*, para quem o destaca do teor daquele), porquanto estabelece hierarquia entre as pessoas políticas, incompatível com essa forma de Estado, sem contar a indicação dos Territórios – que nem sequer são pessoas políticas – à frente dos Municípios Também a Constituição, em seu art. 19, III, proclama ser "vedado à União, aos Estados, ao Distrito Federal e aos Municípios criar distinções entre brasileiros *ou preferências entre si*". Sempre entendemos que tal preceito do CTN foi tacitamente revogado, diante de sua incompatibilidade com o texto constitucional. E, se assim é, não há mais ordem de preferência entre as pessoas políticas, desfrutando seus respectivos créditos das mesmas condições. Recentemente, o STF, ao julgar a ADPF 357/DF (24.06.2021), reexaminou o tema à vista da Constituição de 1988, concluindo pela não recepção das normas previstas no parágrafo único do art. 187, CTN, e no parágrafo único do art. 29, LEF, determinando, em consequência, o cancelamento da Súmula n. 563.

 SUGESTÕES DOUTRINÁRIAS

EXECUÇÃO FISCAL

Renato Lopes Becho, *Execução fiscal: análise crítica,* Noeses; Paulo César Conrado, *Execução fiscal,* Noeses; Leonardo Carneiro da Cunha, *A Fazenda Pública em juízo,* Forense.

 JURISPRUDÊNCIA ILUSTRATIVA

STF

• Súmula n. 563: "O concurso de preferência, a que se refere o parágrafo único do artigo 187 do Código Tributário Nacional, é compatível com o disposto no artigo 9.º, inciso I, da Constituição Federal" – cancelada após o STF reexaminar o tema, entendendo pela não recepção das normas contidas no art. 187 do Código Tributário Nacional e no art. 29, parágrafo único, da Lei n. 6.830/1980 pela Constituição de 1988 (v. ADPF 357/DF, j. 24.06.2021).

• "Arguição de descumprimento de preceito fundamental. Constitucional. Tributário. Parágrafo único do art. 187 do Código Tributário Nacional. Parágrafo único do art. 29 da lei n. 6.830/1980. Concurso de preferência entre os entes federados na cobrança judicial dos créditos tributários e não tributários. Incompatibilidade das normas impugnadas com a Constituição da República de 1988. Afronta ao inc. III do art. 19 da Constituição. Arguição julgada procedente. 1. A arguição de descumprimento de preceito fundamental viabiliza a análise de constitucionalidade de normas legais pré-constitucionais insuscetíveis de conhecimento em ação direta de inconstitucionalidade. Precedentes. 2. A autonomia dos entes federados e a isonomia que deve prevalecer entre eles, respeitadas as competências estabelecidas pela

Constituição, é fundamento da Federação. O federalismo de cooperação e de equilíbrio posto na Constituição da República de 1988 não legitima distinções entre os entes federados por norma infraconstitucional. 3. A definição de hierarquia na cobrança judicial dos créditos da dívida pública da União aos Estados e Distrito Federal e esses aos Municípios descumpre o princípio federativo e contraria o inc. III do art. 19 da Constituição da República de 1988. 4. Cancelamento da Súmula n. 563 deste Supremo Tribunal editada com base na Emenda Constitucional n. 1/69 à Carta de 1967. 5. Arguição de descumprimento de preceito fundamental julgada procedente para declarar não recepcionadas pela Constituição da República de 1988 as normas previstas no parágrafo único do art. 187 da Lei n. 5.172/1966 (Código Tributário Nacional) e no parágrafo único do art. 29 da Lei n. 6.830/1980 (Lei de Execuções Fiscais)" (ADPF 357/DF, Rel. Min. Cármen Lúcia, j. 24.06.2021).

STJ

• Súmula n. 497: "Os créditos das autarquias federais preferem aos créditos da Fazenda estadual desde que coexistam penhoras sobre o mesmo bem" – cancelada após o STF reexaminar o tema à vista da Constituição de 1988, entendendo pela não recepção das normas previstas no parágrafo único do art. 187 do CTN e no parágrafo único do art. 29 da Lei n. 6.830/1980 pela Constituição de 1988 (v. ADPF 357/DF, Rel. Min. Cármen Lúcia, j. 24.06.2021).

> **Art. 188.** São extraconcursais os créditos tributários decorrentes de fatos geradores ocorridos no curso do processo de falência **(1 e 2)**.
>
> * *Caput* com redação determinada pela LC n. 118/2005.
>
> § 1.º Contestado o crédito tributário, o juiz remeterá as partes ao processo competente, mandando reservar bens suficientes à extinção total do crédito e seus acrescidos, se a massa não puder efetuar a garantia da instância por outra forma, ouvido, quanto à natureza e valor dos bens reservados, o representante da Fazenda Pública interessada **(3)**.
>
> § 2.º O disposto neste artigo aplica-se aos processos de concordata **(4)**.

 COMENTÁRIOS

1. *Legislação básica:* Lei n. 11.101/2005 (recuperação judicial, extrajudicial e falência), na redação dada pela Lei n. 14.112/2020, arts. 83 e 84.

2. *Créditos tributários decorrentes de fatos geradores ocorridos no curso da falência.* O dispositivo contido no *caput,* cuja redação foi dada pela LC n. 118/2005, qualifica os créditos tributários decorrentes de fatos geradores ocorridos no curso do processo de falência como *extraconcursais,* garantindo-lhes posição preferencial em relação aos créditos tributários relativos a fatos anteriores à decretação da falência, que se incluem entre os créditos concursais.

3 e 4. *Revogação tácita pela LC n. 118/2005.* Diante do exposto no item 2, parece-nos que os §§ 1.º e 2.º foram revogados tacitamente, à vista de sua incompatibilidade com a nova norma do *caput,* bem como com as disposições da Lei n. 11.101/2005, que suprimiu o instituto da concordata do ordenamento jurídico.

Art. 189. São pagos preferencialmente a quaisquer créditos habilitados em inventário ou arrolamento, ou a outros encargos do monte, os créditos tributários vencidos ou vincendos, a cargo do *de cujus* ou de seu espólio, exigíveis no decurso do processo de inventário ou arrolamento **(1 a 3)**.

Parágrafo único. Contestado o crédito tributário, proceder-se-á na forma do disposto no § 1.º do artigo anterior **(4)**.

 COMENTÁRIOS

1. *Dispositivos relacionados:* arts. 131, III, e 188, § 1.º, CTN.

2. *Legislação básica:* CC, arts. 1.991 a 2.027; CPC, arts. 993; 1.026; e 1.035.

3. *Preferência do crédito tributário com relação a quaisquer créditos habilitados em inventário ou arrolamento.* O CTN segue destacando a supremacia dos créditos tributários, vencidos ou vincendos, com relação a créditos habilitados em inventário ou arrolamento, ou a outros encargos do monte, a cargo do *de cujus* ou de seu espólio, exigíveis no decurso do processo de inventário ou arrolamento.

4. *Impugnação ao crédito tributário.* Impugnado o crédito tributário, o procedimento será o previsto no § 1.º do art. 188 (com a observação de que o entendemos implicitamente revogado pela Lei n. 11.101/2005, ao tratar concordata, instituto por ela suprimido).

Art. 190. São pagos preferencialmente a quaisquer outros os créditos tributários vencidos ou vincendos, a cargo de pessoas jurídicas de direito privado em liquidação judicial ou voluntária, exigíveis no decurso da liquidação **(1 a 3)**.

 COMENTÁRIOS

1. *Legislação básica:* CPC, arts. 1.102 a 1.112; CC, art. 1.218, VII; Lei n. 11.101/2005, art. 197; Lei n. 6.024/1974 (intervenção financeira e a liquidação extrajudicial de instituições financeiras); Lei n. 9.430/1996, art. 60.

2. *Preferência do crédito tributário vencido ou vincendo, a cargo de pessoas jurídicas de direito privado em liquidação judicial ou voluntária, com relação a quaisquer outros.* Tal qual o artigo anterior, este segue destacando a supremacia do crédito tributário, vencido ou vincendo, a cargo de pessoas jurídicas de direito privado em liquidação judicial ou voluntária, exigíveis no decurso da liquidação.

3. *Aplicação do dispositivo à liquidação extrajudicial.* A liquidação extrajudicial ou administrativa de instituições financeiras, presidida pelo Banco Central do Brasil e regida por legislação específica (Lei n. 6.024/1974), não está referida nesse dispositivo, mas há entendimento de que ele se aplica também a essa espécie de liquidação (cf. Aliomar Baleeiro, *Direito tributário brasileiro*).

> **Art. 191.** A extinção das obrigações do falido requer prova de quitação de todos os tributos **(1 a 3)**.
>
> * Artigo com redação determinada pela LC n. 118/2005.

 COMENTÁRIOS

1. *Dispositivos relacionados:* arts. 205 e 206, CTN.

2. *Legislação básica:* Lei n. 11.101/2005, na redação dada pela Lei n. 14.112/2020, arts. 158 e 159, § 4.º.

3. *Prova de quitação de todos os tributos na falência.* Veicula esse artigo mais uma garantia ao crédito tributário. A prova da quitação de todos os tributos consubstancia exigência para que sejam declaradas extintas as obrigações do falido. Trata-se da certidão negativa de débitos tributários, nos termos do art. 205, CTN, e aquela que lhe é equiparada, a certidão de regularidade de situação fiscal, prevista no art. 206, CTN. A atual Lei de Falências reforça tal garantia, ao preceituar que "a sentença que declarar extintas as obrigações será comunicada a todas as pessoas e entidades informadas da falência" (art. 159, § 4.º).

> **Art. 191-A.** A concessão de recuperação judicial **(1)** depende da apresentação da prova de quitação de todos os tributos, observado o disposto nos arts. 151, 205 e 206 desta Lei **(2 e 3)**.
>
> * Artigo acrescentado pela LC n. 118/2005.

 COMENTÁRIOS

1. *Dispositivos relacionados:* arts. 151, 205 e 206, CTN.

2. *Legislação básica:* Lei n. 11.101/2005 (recuperação judicial, extrajudicial e falência), arts. 57 e 68.

3. *Prova de quitação de todos os tributos para a concessão de recuperação judicial.* A prova da quitação de todos os tributos consubstancia exigência para que se obtenha recuperação judicial, consistindo em garantia da satisfação do crédito tributário. Diante do regime jurídico contido no CTN, que prevê hipóteses de suspensão da exigibilidade do crédito tributário (art. 151), o requerente da recuperação judicial deverá demonstrar, ao menos, que se encontra em situação de regularidade fiscal, para a obtenção da certidão correspondente, tal como dispõe o art. 206, CTN.

> **Art. 192.** Nenhuma sentença de julgamento de partilha ou adjudicação **(1)** será proferida sem prova da quitação de todos os tributos relativos aos bens do espólio, ou às suas rendas **(2 e 3)**.

COMENTÁRIOS

1. Dispositivos relacionados: arts. 205 e 206, CTN.

2. Legislação básica: CC, art. 1.026.

3. Prova de quitação de todos os tributos em relação ao espólio. De teor semelhante aos dos artigos anteriores, cuida-se de mais uma garantia voltada à satisfação do crédito tributário. O dispositivo prescreve que a prova de quitação de todos os tributos relativos aos bens do espólio, ou às suas rendas, é exigida para a prolação da sentença de julgamento de partilha ou adjudicação. Tal prova é efetuada mediante a apresentação de certidões negativas ou de regularidade de situação (arts. 205 e 206, CTN).

 JURISPRUDÊNCIA ILUSTRATIVA

STJ

• "Recurso especial repetitivo. Código de Processo Civil de 2015. Aplicabilidade. Processual civil e tributário. Imposto sobre Transmissão *Causa Mortis* e Doação de Quaisquer Bens e Direitos – ITCMD. Arrolamento sumário. Art. 659, *caput*, e § 2.º do CPC/2015. Homologação da partilha ou da adjudicação. Expedição dos títulos translativos de domínio. recolhimento prévio da exação. Desnecessidade. Pagamento antecipado dos tributos relativos aos bens e às rendas do espólio. Obrigatoriedade. Art. 192 do CTN. I – Consoante o decidido pelo Plenário desta Corte na sessão realizada em 09.03.2016, o regime recursal será determinado pela data da publicação do provimento jurisdicional impugnado. Aplica-se, no caso, o Estatuto Processual Civil de 2015. II – O CPC/2015, ao disciplinar o arrolamento sumário, transferiu para a esfera administrativa as questões atinentes ao imposto de transmissão *causa mortis*, evidenciando que a opção legislativa atual prioriza a agilidade da partilha amigável, ao focar, teleologicamente, na simplificação e na flexibilização dos procedimentos envolvendo o tributo, alinhada com a celeridade e a efetividade, e em harmonia com o princípio constitucional da razoável duração do processo. III – O art. 659, § 2.º, do CPC/2015, com o escopo de resgatar a essência simplificada do arrolamento sumário, remeteu para fora da partilha amigável as questões relativas ao ITCMD, cometendo à esfera administrativa fiscal o lançamento e a cobrança do tributo IV – Tal proceder nada diz com a incidência do imposto, porquanto não se trata de isenção, mas apenas de postergar a apuração e o seu lançamento para depois do encerramento do processo judicial, acautelando-se, todavia, os interesses fazendários – e, por conseguinte, do crédito tributário –, considerando que o Fisco deverá ser devidamente intimado pelo juízo para tais providências, além de lhe assistir o direito de discordar dos valores atribuídos aos bens do espólio pelos herdeiros. V – Permanece válida, contudo, a obrigatoriedade de se comprovar o pagamento dos tributos que recaem especificamente sobre os bens e rendas do espólio como condição para homologar a partilha ou a adjudicação, conforme determina o art. 192 do CTN. VI – Acórdão submetido ao rito do art. 1.036 e seguintes do CPC/2015, fixando-se, nos termos no art. 256-Q, do RISTJ, a seguinte tese repetitiva: No arrolamento sumário, a homologação da partilha ou da adjudicação, bem como a expedição do formal de partilha e da carta de adjudicação, não se condicionam ao prévio recolhimento do imposto de transmissão *causa mortis*, devendo ser comprovado, todavia, o pagamento dos tributos relativos aos bens do espólio e às suas rendas, a teor dos arts. 659, § 2.º, do CPC/2015 e 192 do CTN. VII – Recurso especial do Distrito Federal parcialmente provido" (REsp 1.896.526/DF, Tema repetitivo 1.074, Rel. Min. Regina Helena Costa, j. 26.10.2022).

> **Art. 193.** Salvo quando expressamente autorizado por lei, nenhum departamento da administração pública da União, dos Estados, do Distrito Federal ou dos Municípios, ou sua autarquia, celebrará contrato ou aceitará proposta em concorrência pública sem que o contratante ou proponente faça prova da quitação de todos os tributos devidos à Fazenda Pública interessada, relativos à atividade em cujo exercício contrata ou concorre **(1 a 3)**.

 COMENTÁRIOS

1. *Moldura constitucional.* Art. 195. [...] § 3.º "A pessoa jurídica em débito com o sistema de seguridade social, como estabelecido em lei, não poderá contratar com o Poder Público nem dele receber benefícios ou incentivos fiscais ou creditícios."

2. *Legislação básica:* Lei n. 11.101/2005 (recuperação judicial, extrajudicial e falência), art. 52, II; Lei n. 8.666/1993 (normas gerais sobre licitações e contratos administrativos), arts. 27, IV, e 29; Lei n. 14.133/2021 (nova lei de licitações e contratos administrativos), arts. 62 e 63; Lei n. 8.212/1991 (organização e custeio da Previdência Social), art. 47; e Lei n. 9.012/1995 (proibição das instituições oficiais de crédito de conceder empréstimos, financiamentos e outros benefícios a pessoas jurídicas em débito com o FGTS), art. 2.º.

3. *Impossibilidade de participação em licitação e de contratação com o Poder Público.* Ainda versando sobre a prova de quitação de tributos, o dispositivo prestigia a ideia segundo a qual não deve o Estado celebrar contrato com quem é seu devedor, constituindo limitação legítima, ditada pelo interesse público, ao exercício do direito individual de licitar e contratar com a Administração Pública. De todo modo, cabe ressaltar que tal limitação cinge-se, apenas, aos tributos devidos à Fazenda Pública interessada, relativos à atividade em cujo exercício o particular contrata ou concorre. Observe-se, no entanto, estar autorizada a possibilidade de a lei de cada pessoa política vir a prescrever de modo a dispensar-se a exigência de quitação para participar de licitação ou celebrar contrato administrativo – dispositivo parcialmente não recepcionado pelo art. 195, § 3.º, CR, que veda a contratação entre o Poder Público e pessoa jurídica em débito com o sistema de seguridade social, bem como sejam a esta concedidos benefícios ou incentivos fiscais ou creditícios. No mesmo sentido, a própria Lei de Recuperação Judicial (Lei n. 11.101/2005) estatui que, "estando em termos a documentação exigida no art. 51 desta Lei, o juiz deferirá o processamento da recuperação judicial e, no mesmo ato: [...] II – determinará a dispensa da apresentação de certidões negativas para que o devedor exerça suas atividades, observado o disposto no § 3.º do art. 195 da Constituição Federal e no art. 69 desta Lei" (art. 52, II).

TÍTULO IV
Administração Tributária (1 a 3)

1. *Moldura constitucional.* "Art. 37. A administração pública direta e indireta de qualquer dos Poderes da União, dos Estados, do Distrito Federal e dos Municípios obedecerá aos princípios de legalidade, impessoalidade, moralidade, publicidade e eficiência e, também, ao seguinte: [...] XVIII – a Administração Fazendária e seus servidores fiscais terão, dentro de suas áreas de competência e jurisdição, precedência sobre os demais setores administrativos, na forma da lei; [...] XXII – As administrações tributárias da União, dos Estados, do Distrito Federal e dos Municípios, atividades essenciais ao funcionamento do Estado, exercidas por servidores de carreiras específicas, terão recursos prioritários para a realização de suas atividades e atuarão de forma integrada, inclusive com o compartilhamento de cadastros e de informações fiscais, na forma da lei ou convênio; [...] Art. 52. Compete privativamente ao Senado Federal: [...] XV – avaliar periodicamente a funcionalidade do Sistema Tributário Nacional, em sua estrutura e seus componentes, e o desempenho das administrações tributárias da União, dos Estados, do Distrito Federal e dos Municípios; [...] Art. 145. [...] § 1.º Sempre que possível, os impostos terão caráter pessoal e serão graduados segundo a capacidade econômica do contribuinte, facultado à administração tributária, especialmente para conferir efetividade a esses objetivos, identificar, respeitados os direitos individuais e nos termos da lei, o patrimônio, os rendimentos e as atividades econômicas do contribuinte; [...] Art. 167, IV: São vedados: [...] IV – a vinculação de receita de impostos a órgão, fundo ou despesa, ressalvadas a repartição do produto da arrecadação dos impostos a que se referem os arts. 158 e 159, a destinação de recursos para as ações e serviços públicos de saúde, para manutenção e desenvolvimento do ensino e para realização de atividades de administração tributária, como determinado, respectivamente, pelos arts. 198, § 2.º, 212 e 37, XXII, e a prestação de garantias às operações de crédito por antecipação de receita, previstas no art. 165, § 8.º, bem como o disposto no § 4.º deste artigo; [...]."

2. *Administração Tributária. Conceito.* O conceito de *Administração Tributária*, em nosso entender, pode ser compreendido em dupla acepção. Em sentido *subjetivo*, primeiramente, significa o aparelhamento burocrático mantido pelos entes autorizados a tributar, composto por múltiplos órgãos, incumbidos da arrecadação e da fiscalização de tributos. Já em sentido *objetivo* a Administração Tributária traduz a atividade administrativa destinada a realizar a aplicação da lei fiscal, visando ao atendimento às finalidades de interesse público consubstanciadas na proteção dos direitos dos contribuintes e na arrecadação tributária. Assim, sujeita-se ao regime jurídico próprio da Administração Pública, devendo observar os princípios a ela pertinentes, especialmente os da *legalidade* e da *finalidade pública* (art. 37, *caput*, CR). A Constituição da República abriga diversos dispositivos alusivos à Administração Tributária, que ensejam referência. Inicialmente, ao tratar da Administração Pública, estatui que "a Administração

Fazendária e seus servidores fiscais terão, dentro de suas áreas de competência e jurisdição, precedência sobre os demais setores administrativos, na forma da lei" (art. 37, XVIII). Essa "precedência" na atuação dos agentes da Administração Fazendária deve ser entendida nos seus devidos limites, não podendo conduzir à inobservância das normas de competência. No art. 37, XXII, a Constituição estatui que "as administrações tributárias da União, dos Estados, do Distrito Federal e dos Municípios, atividades essenciais ao funcionamento do Estado, exercidas por servidores de carreiras específicas, terão recursos prioritários para a realização de suas atividades e atuarão de forma integrada, inclusive com o compartilhamento de cadastros e de informações fiscais, na forma da lei ou convênio". A norma estatui a prioridade na alocação de recursos para a Administração Fiscal, salientando, uma vez mais, a importância das atribuições a ela inerentes. Observe-se que o art. 167, IV, CR, ao contemplar o *princípio da não afetação da receita de impostos a órgão, fundo ou despesa*, estabelece, entre suas exceções, a destinação de recursos para a realização de atividades de administração tributária, com remissão ao art. 37, XXII. Ainda, ao cuidar do Sistema Tributário Nacional, a Constituição declara, em seu art. 145, § 1.º, que, "sempre que possível, os impostos terão caráter pessoal e serão graduados segundo a capacidade econômica do contribuinte", aduzindo ser "facultado à Administração Tributária, especialmente para conferir efetividade a esses objetivos, identificar, respeitados os direitos individuais e nos termos da lei, o patrimônio, os rendimentos e as atividades econômicas do contribuinte". A primeira parte do dispositivo hospeda o *princípio da capacidade contributiva*, em sua dimensão subjetiva. A segunda parte do dispositivo cuida da Administração Tributária. Embora não se trate de "faculdade", mas de poder-dever, sinaliza a cláusula final, a nosso ver, a inviabilidade da utilização de presunções absolutas e ficções para a instituição de obrigações tributárias, uma vez que a Lei Maior determina à Administração Tributária o levantamento de dados que propiciem a apreciação da efetiva capacidade contributiva, prestigiando o *princípio da realidade ou da verdade material*.

3. Limites à atuação da Administração Tributária. Considerando que o texto constitucional consigna rígida repartição de competências tributárias entre os entes federados, bem como diversas outras limitações à atividade tributante, traduzidas principalmente em imunidades e princípios, a lei tributária já nasce com seu universo de normatividade limitado. E essa normatividade demarca o universo a ser desenvolvido por meio do exercício do *poder regulamentar* da Administração Pública. A Constituição destaca, assim, o papel da Administração Tributária, aspecto que, se salutarmente interpretado, afina-se com a ideia de *proteção ao patrimônio público*, que não pode prescindir da adequada gestão dos recursos decorrentes da arrecadação tributária. Cabe registrar que a Administração Tributária, mormente nos países razoavelmente desenvolvidos, tem que enfrentar realidades cada vez mais complexas. As dificuldades de arrecadação e fiscalização, bem como o elevado custo das diversas atividades encetadas nesse sentido, apontam, paulatinamente, para a racionalização dos procedimentos administrativos. Buscam-se a simplificação das práticas administrativas, a diminuição do número de atos de controle, o corte de custos. Sabe-se que o risco da adoção de tais medidas é, sempre, o amesquinhamento de direitos, daí a necessidade de encontrar o equilíbrio entre a eficiência na administração fiscal e o respeito às garantias dos contribuintes.

Capítulo I
Fiscalização (1 a 3)

Art. 194. A legislação tributária, observado o disposto nesta Lei, regulará, em caráter geral, ou especificamente em função da natureza do tributo de que se tratar, a competência e os poderes das autoridades administrativas em matéria de fiscalização da sua aplicação **(4 e 5)**.

Parágrafo único. A legislação a que se refere este artigo aplica-se às pessoas naturais ou jurídicas, contribuintes ou não, inclusive às que gozem de imunidade tributária ou de isenção de caráter pessoal **(6)**.

COMENTÁRIOS

1. *Moldura constitucional.* Art. 146. "Cabe à lei complementar: [...] III – estabelecer normas gerais em matéria de legislação tributária, especialmente sobre: [...] d) definição de tratamento diferenciado e favorecido para as microempresas e para as empresas de pequeno porte, inclusive regimes especiais ou simplificados no caso do imposto previsto no art. 155, II, das contribuições previstas no art. 195, I e §§ 12 e 13, e da contribuição a que se refere o art. 239.[1] [...] § 1.º A lei complementar de que trata o inciso III, *d*, também poderá instituir um regime único de arrecadação dos impostos e contribuições da União, dos Estados, do Distrito Federal e dos Municípios, observado que: [...] IV – a arrecadação, a fiscalização e a cobrança poderão ser compartilhadas pelos entes federados, adotado cadastro nacional único de contribuintes."

2. *Dispositivos relacionados:* arts. 9.º, § 1.º; 175, parágrafo único; e 96 a 100; e 138, CTN.

3. *Legislação básica:* Lei n. 11.457/2007 (dispõe sobre a administração tributária federal); Lei n. 9.430/1996 (procedimentos de fiscalização das imunidades e isenções de tributos federais), art. 32.

4. *Fiscalização tributária.* A legislação tributária, como definida no art. 96, CTN, disciplinará o exercício da fiscalização tributária, que consubstancia *poder-dever* do Estado. Exatamente por consistir o dever de pagar tributos obrigação *ex lege*, cabe ao Fisco exercer, compulsoriamente, o controle sobre o comportamento dos sujeitos passivos, visando o adimplemento de suas obrigações. O crédito tributário integra o patrimônio público, que é *indisponível*, consoante predica o princípio da *supremacia do interesse público sobre o particular*. Modalidade de atividade administrativa, a atividade fiscalizatória há de ser adequadamente documentada, mediante a lavratura de termos e autos, consoante as formalidades previstas nas normas aplicáveis referentes a cada esfera administrativa e, também, à espécie de tributo de que se cuide, tudo de forma a efetivar a segurança jurídica. Vale relembrar que o início da atividade fiscalizatória é importante na configuração do instituto da *denúncia espontânea* (art. 138, CTN).

5. *Crítica ao dispositivo.* O dispositivo abriga redação algo confusa, extraindo-se-lhe, essencialmente, que a *legislação tributária*, conceito definido no art. 96, disciplinará as atribuições das autoridades administrativas às quais compete fiscalizar a aplicação dos preceitos contidos no CTN.

---

[1]   V. redação dada pela EC n. 132/2023.

6. Fiscalização obrigatória a todos os contribuintes, responsáveis, sujeitos imunes ou isentos. Mesmo os sujeitos exonerados da obrigação tributária principal, como os beneficiários de *imunidade* e de *isenção*, estão sujeitos à fiscalização tributária, como o próprio CTN adverte (arts. 9.º, § 1.º, e 175, parágrafo único).

 SUGESTÕES DOUTRINÁRIAS

FISCALIZAÇÃO TRIBUTÁRIA

Daniel Moretti, *Regime especial de controle e fiscalização de tributos e a livre-concorrência*, Noeses; Eduardo Maneira e Pedro Henrique Garzon Ribas, *Procedimento fiscalizatório: entre o direito e o abuso; Processo administrativo tributário*, D'Plácido.

 JURISPRUDÊNCIA ILUSTRATIVA

STF

• Súmula n. 439: "Estão sujeitos à fiscalização tributária ou previdenciária quaisquer livros comerciais, limitado o exame aos pontos da investigação".

STJ

• "Processo civil. Recurso especial representativo de controvérsia. Art. 543-C do CPC. Tributário. Operação interestadual de deslocamento de bens do ativo permanente ou de uso e consumo entre estabelecimentos da mesma instituição financeira. Higidez da obrigação acessória consistente na exigência de nota fiscal dos bens. Irrelevância inexistência, em tese, de obrigação principal (não incidência de ICMS). Fator viabilizador da fiscalização tributária. Arts. 175, parágrafo único, e 194 do CTN. Acórdão fundado em lei local. Conhecimento parcial do recurso especial. 1. O ente federado legiferante pode instituir dever instrumental a ser observado pelas pessoas físicas ou jurídicas, a fim de viabilizar o exercício do poder-dever fiscalizador da Administração Tributária, ainda que o sujeito passivo da aludida 'obrigação acessória' não seja contribuinte do tributo ou que inexistente, em tese, hipótese de incidência tributária, desde que observados os princípios da razoabilidade e da proporcionalidade ínsitos no ordenamento jurídico. 2. A relação jurídica tributária refere-se não só à obrigação tributária *stricto sensu* (obrigação tributária principal), como ao conjunto de deveres instrumentais (desprovidos do timbre da patrimonialidade), que a viabilizam. 3. Com efeito, é cediço que, em prol do interesse público da arrecadação e da fiscalização tributária, ao ente federado legiferante atribui-se o direito de instituir obrigações que tenham por objeto prestações, positivas ou negativas, que visem guarnecer o fisco do maior número de informações possíveis acerca do universo das atividades desenvolvidas pelos administrados, o que se depreende da leitura do art. 113 do CTN, *verbis*: 'Art. 113. A obrigação tributária é principal ou acessória. § 1.º A obrigação principal surge com a ocorrência do fato gerador, tem por objeto o pagamento de tributo ou penalidade pecuniária e extingue-se juntamente com o crédito dela decorrente. § 2.º A obrigação acessória decorre da legislação tributária e tem por objeto as prestações, positivas ou negativas, nela previstas no interesse da arrecadação ou da fiscalização dos tributos. § 3.º A obrigação acessória, pelo simples fato da sua inobservância, converte-se em obrigação principal relativamente à penalidade pecuniária'. 4. Abalizada doutrina esclarece que: 'Por sem dúvida que a prestação pecuniária a que alude o art. 3.º, do Código, dá uma feição nitidamente patrimonial ao vínculo tributário, pois o dinheiro – pecúnia – é a mais viva forma de manifestação econômica. Esse dado, que salta à evidência, nos autoriza a tratar o laço jurídico, que se instala entre sujeito pretensor e sujeito devedor, como uma autêntica e verdadeira obrigação, levando-se em conta a ocorrência do fato típico, previsto no descritor da norma. Mas é inaplicável àqueloutras relações, também de índole fiscal, cujo objeto é um fazer ou não fazer, insusceptível de conversão para valores econômicos. Ladeando a obrigação tributária, que realiza os anseios do Estado, enquanto entidade tributante, dispõe a ordem jurídica sobre comportamentos outros, positivos ou negativos, consistentes num fazer ou não fazer, que não se explicam em si mesmos, preordenados que estão a facilitar o conhecimento, o controle e a arrecadação da importância devida como tributo. Tais relações são conhecidas pela designação imprecisa de obrigações acessórias, nome impróprio, uma vez que não apresentam o elemento caracterizador dos laços obrigacionais, inexistindo nelas prestação passível de transformação em termos pecuniários. São liames concebidos para produzirem o aparecimento de deveres jurídicos, que os súditos do Estado hão de observar, no sentido de imprimir efeitos práticos à percepção dos tributos. É dever de todos prestar informações ao Poder Público, executando certos atos e tomando determinadas providências de interesse geral, para que a disciplina do relacionamento comunitário e a administração da ordem pública ganhem dimensões reais concretas. Nessa direção, o cumprimento de incontáveis deveres é exigido de todas as pessoas, no plano sanitário, urbanístico, agrário, de trânsito etc., e, também, no que entende com a atividade tributante que o Estado exerce. [...] no território das imposições tributárias, são estipulados inúmeros deveres, que possibilitam o controle, pelo Estado-Administração, sobre a observância do cumprimento das obrigações estatuídas com a decretação dos tributos. Esses deveres são, entre muitos, o de escriturar livros, prestar informações, expedir notas fiscais, fazer declarações, promover levantamentos físicos, econômicos ou financeiros, manter dados e documentos à disposição das autoridades administrativas, aceitar a fiscalização periódica de suas atividades, tudo com o objeto de propiciar ao ente que tributa a verificação do adequado cumprimento da obrigação tributária. [...] Ele (Estado) pretende ver atos devidamente formalizados, para que possa saber da existência de liame obrigacional que brota com o acontecimento fáctico, previsto na hipótese da norma. Encarados como providências instrumentais ou como a imposição de formalidades, tais deveres representam o meio de o Poder Público controlar o fiel cumprimento da prestação tributária, finalidade essencial na plataforma da instituição do tributo' (Paulo de Barros Carvalho, *Curso de direito tributário*, 20. ed., São Paulo: Saraiva, 2008, p. 319-322). 5. Os deveres instrumentais, previstos na legislação tributária, ostentam caráter autônomo em relação à regra-matriz de incidência do tributo, uma vez que vinculam, inclusive, as pessoas físicas ou jurídicas que gozem de imunidade ou outro benefício fiscal, *ex vi* dos arts. 175, parágrafo único, e 194, parágrafo único, do CTN, *verbis*: 'Art. 175. Excluem o crédito tributário: I – a isenção; II – a anistia. Parágrafo único. A exclusão do crédito tributário não dispensa o cumprimento das obrigações acessórias dependentes da obrigação principal cujo crédito seja excluído, ou dela consequente. [...] Art. 194. A legislação tributária, observado o disposto nesta Lei, regulará, em caráter geral, ou especificamente em função da natureza do tributo de que se tratar, a competência e os poderes das autoridades administrativas em matéria de fiscalização da sua aplicação. Parágrafo único. A legislação a que se refere este artigo aplica-se às pessoas naturais ou jurídicas, contribuintes ou não, inclusive às que gozem de imunidade tributária ou de isenção de caráter pessoal'. 6. Destarte, o ente federado competente para instituição de determinado tributo pode estabelecer deveres instrumentais a serem cumpridos até mesmo por não contribuintes, desde que constituam instrumento relevante para o pleno exercício do poder-dever fiscalizador da Administração Pública Tributária, assecuratório do interesse público na arrecadação. 7. *In casu*: (i) releva-se incontroverso nos autos que o Estado da

Paraíba, mediante norma inserta no RICMS, instituiu o dever instrumental consistente na exigência de nota fiscal para circulação de bens do ativo imobilizado e de material de uso e consumo entre estabelecimentos de uma mesma instituição financeira; e (ii) o Fisco Estadual lavrou autos de infração em face da instituição financeira, sob o fundamento de que os bens do ativo imobilizado e de uso e consumo (deslocados da matriz localizada em São Paulo para a filial localizada na Paraíba) encontravam-se acompanhados apenas de simples notas de remessa, elaboradas unilateralmente pela pessoa jurídica. 8. Deveras, é certo que: (i) 'o deslocamento de bens ou mercadorias entre estabelecimentos de uma mesma empresa, por si, não se subsume à hipótese de incidência do ICMS', máxime em se tratando de remessa de bens de ativo imobilizado, 'porquanto, para a ocorrência do fato imponível é imprescindível a circulação jurídica da mercadoria com a transferência da propriedade' (Precedente da Primeira Seção submetido ao rito do art. 543-C do CPC: REsp 1.125.133/SP, Rel. Min. Luiz Fux, julgado em 25.08.2010, *DJe* 10.09.2010), *ratio* igualmente aplicável ao deslocamento de bens de uso e consumo; e (ii) o art. 122 do CTN determina que 'sujeito passivo da obrigação acessória é a pessoa obrigada às prestações que constituam o seu objeto'. 9. Nada obstante, subsiste o dever instrumental imposto pelo Fisco Estadual com o intuito de 'levar ao conhecimento da Administração (curadora do interesse público) informações que lhe permitam apurar o surgimento (no passado e no presente) de fatos jurídicos tributários, a ocorrência de eventos que tenham o condão de suspender a exigibilidade do crédito tributário, além da extinção da obrigação tributária' (Maurício Zockun, *Regime jurídico da obrigação tributária acessória*, São Paulo: Malheiros, 2005, p. 134). 10. Isto porque, ainda que, em tese, o deslocamento de bens do ativo imobilizado e de material de uso e consumo entre estabelecimentos de uma mesma instituição financeira não configure hipótese de incidência do ICMS, compete ao Fisco Estadual averiguar a veracidade da aludida operação, sobressaindo a razoabilidade e proporcionalidade da norma jurídica que tão somente exige que os bens da pessoa jurídica sejam acompanhados das respectivas notas fiscais. 11. Consequentemente, não merece reforma o acórdão regional, tendo em vista a legalidade da autuação do contribuinte por proceder à remessa de bens (da matriz localizada em São Paulo para a filial da Paraíba) desacompanhados do documento fiscal pertinente. 12. Outrossim, forçoso destacar a incognoscibilidade da insurgência especial sob enfoque que demande a análise da validade da legislação local (Súmula n. 280/STF). 13. Recurso especial parcialmente conhecido e, nesta parte, desprovido. Acórdão submetido ao regime do art. 543-C do CPC e da Resolução STJ 08/2008" (REsp 1.116.792/PB, Tema Repetitivo 367, Rel. Min. Luiz Fux, j. 24.11.2010).

Tese Jurídica: "Ainda que, em tese, o deslocamento de bens do ativo imobilizado e de material de uso e consumo entre estabelecimentos de uma mesma instituição financeira não configure hipótese de incidência do ICMS, compete ao Fisco Estadual averiguar a veracidade da aludida operação, sobressaindo a razoabilidade e proporcionalidade da norma jurídica que tão somente exige que os bens da pessoa jurídica sejam acompanhados das respectivas notas fiscais".

Art. 195. Para os efeitos da legislação tributária, não têm aplicação quaisquer disposições legais excludentes ou limitativas do direito de examinar mercadorias, livros, arquivos, documentos, papéis e efeitos comerciais ou fiscais dos comerciantes, industriais ou produtores, ou da obrigação destes de exibi-los **(1 a 5)**.

Parágrafo único. Os livros obrigatórios de escrituração comercial e fiscal e os comprovantes dos lançamentos neles efetuados serão conservados até que ocorra a prescrição dos créditos tributários decorrentes das operações a que se refiram **(6)**.

COMENTÁRIOS

1. *Moldura constitucional.* Art. 145. [...] § 1.º "Sempre que possível, os impostos terão caráter pessoal e serão graduados segundo a capacidade econômica do contribuinte facultado à Administração Tributária, especialmente para conferir efetividade a esses objetivos, identificar, respeitados os direitos individuais e nos termos da lei, o patrimônio, os rendimentos e as atividades econômicas do contribuinte."

2. *Dispositivos relacionados:* arts. 96 a 100; e 174, CTN.

3. *Legislação básica:* CC, arts. 381 e 382; e Lei n. 9.430/1996, arts. 33 a 38 (regimes especiais de fiscalização).

4. *Prevalência da legislação tributária para a disciplina do exame de bens e documentos pela fiscalização.* O *caput* do artigo proclama, peremptoriamente, que a lei tributária é que disciplina o direito do Fisco de examinar bens e documentos, não se aplicando, nesse contexto, as disposições legais pertinentes a outros domínios. Embora o texto refira-se à "legislação tributária", conceito abrangente de múltiplos atos normativos de hierarquia diversa, a teor dos arts. 96 a 100, CTN, há que se interpretá-lo à luz do *princípio da legalidade* (art. 5.º, II, CR).

5. *Sujeição de livros e documentos à fiscalização tributária.* Consoante o disposto no art. 145, § 1.º, *in fine*, CR, faculta-se "à Administração Tributária, especialmente para conferir efetividade a esses objetivos, identificar, respeitados os direitos individuais e nos termos da lei, o patrimônio, os rendimentos e as atividades econômicas do contribuinte". Nessa direção, há muito a jurisprudência afastou a possibilidade de sigilo dos livros e documentos mercantis com relação à fiscalização tributária, acesso esse adstrito aos pontos de interesse na investigação (Súmula n. 439, STF).

6. *Conservação de documentos até a consumação do prazo prescricional.* O parágrafo único estabelece *obrigação acessória*, impondo que os documentos fiscais obrigatórios sejam conservados pelo sujeito passivo enquanto for viável a cobrança dos tributos correspondentes. Remete, assim, ao instituto da *prescrição* (art. 174, CTN): enquanto esse prazo extintivo não se consumar, o sujeito passivo deverá conservar tais documentos, sob pena de sujeitar-se a multa e lançamento de ofício mediante arbitramento.

 JURISPRUDÊNCIA ILUSTRATIVA

STF

• Súmula n. 439: "Estão sujeitos à fiscalização tributária ou previdenciária quaisquer livros comerciais, limitado o exame aos pontos objeto da investigação".

> **Art. 196.** A autoridade administrativa que proceder ou presidir a quaisquer diligências de fiscalização lavrará os termos necessários para que se documente o início do procedimento, na forma da legislação aplicável, que fixará prazo máximo para a conclusão daquelas **(1 a 4)**.
>
> Parágrafo único. Os termos a que se refere este artigo serão lavrados, sempre que possível, em um dos livros fiscais exibidos; quando lavrados em separado deles se entregará, à pessoa sujeita à fiscalização, cópia autenticada pela autoridade a que se refere este artigo **(5)**.

COMENTÁRIOS

1. *Moldura constitucional.* Art. 5.º [...] "LV – aos litigantes em processo judicial ou administrativo, e aos acusados em geral, são assegurados o contraditório e a ampla defesa com os meios e recursos a ela inerentes."

2. *Dispositivos relacionados:* arts. 138 e 173, CTN.

3. *Legislação básica:* Decreto n. 70.235/1972 (processo administrativo tributário no âmbito federal), arts. 7.º e 8.º.

4. *Formalidade dos procedimentos fiscalizatórios.* O *caput* do artigo reafirma o aspecto formal dos atos administrativos ao exigir a lavratura dos termos de fiscalização, além de obstar que o procedimento fiscalizatório se dê por tempo indeterminado, em homenagem ao *princípio da segurança jurídica*. A documentação do início da ação fiscal repercute na fluência da *decadência* (art. 173, CTN), bem como na configuração da *denúncia espontânea*, porquanto esta não mais pode ser invocada após iniciada a fiscalização (art. 138, CTN). O Decreto n. 70.235/1972, que disciplina o processo administrativo tributário no âmbito federal, estatui o prazo máximo de 60 dias para a duração do procedimento de fiscalização, prorrogável por igual período (art. 7.º, § 2.º).

5. *Exigência de ciência ao sujeito passivo do ato de fiscalização.* Ao prescrever que os termos dos procedimentos fiscalização serão lavrados, sempre que possível, em um dos livros fiscais exibidos e que, quando lavrados em separado, deles se entregará, à pessoa sujeita à fiscalização, cópia autenticada pela autoridade respectiva, o dispositivo prestigia o *princípio do contraditório e da ampla defesa*. O mesmo preceito é reproduzido no art. 8.º do Decreto n. 70.235/1972.

> **Art. 197.** Mediante intimação escrita, são obrigados a prestar à autoridade administrativa todas as informações de que disponham com relação aos bens, negócios ou atividades de terceiros **(1 a 7)**:
>
> I – os tabeliães, escrivães e demais serventuários de ofício;
>
> II – os bancos, casas bancárias, Caixas Econômicas e demais instituições financeiras;
>
> III – as empresas de administração de bens;
>
> IV – os corretores, leiloeiros e despachantes oficiais;
>
> V – os inventariantes;
>
> VI – os síndicos, comissários e liquidatários;
>
> VII – quaisquer outras entidades ou pessoas que a lei designe, em razão de seu cargo, ofício, função, ministério, atividade ou profissão.
>
> Parágrafo único. A obrigação prevista neste artigo não abrange a prestação de informações quanto a fatos sobre os quais o informante esteja legalmente obrigado a observar segredo em razão de cargo, ofício, função, ministério, atividade ou profissão **(8)**.

COMENTÁRIOS

1. Moldura constitucional. Art. 5.º "[...] X – são invioláveis a intimidade, a vida privada, a honra e a imagem das pessoas, assegurado o direito a indenização pelo dano material ou moral decorrente de sua violação; [...] XII – *é inviolável o sigilo* da correspondência e das comunicações telegráficas, *de dados* e das comunicações telefônicas, salvo, no último caso, por ordem judicial, nas hipóteses e na forma que a lei estabelecer para fins de investigação criminal ou instrução processual penal. [...]. Art. 145. [...] § 1.º Sempre que possível, os impostos terão caráter pessoal e serão graduados segundo a capacidade econômica do contribuinte, facultado à administração tributária, especialmente para conferir efetividade a esses objetivos, identificar, respeitados os direitos individuais e nos termos da lei, o patrimônio, os rendimentos e as atividades econômicas do contribuinte."

2. Dispositivos relacionados: arts. 134, 135 e 198, CTN.

3. Legislação básica: CP, arts. 154 (violação do segredo profissional), 154-A (invasão de dispositivo informático) e 325 (violação de sigilo funcional); LC n. 105/2001 (sigilo das operações das instituições financeiras); Lei n. 10.426/2002, art. 8.º (obrigatoriedade de prestação de informações pelos serventuários da Justiça); e Lei n. 9.613/1998, art. 11 (comunicação de operações financeiras).

4. Prestação de informações à autoridade fiscal. A determinação justifica-se porquanto tais pessoas estão relacionadas a fatos jurídico-tributários, pelo que podem prestar esclarecimentos ao Fisco acerca do cumprimento de obrigações tributárias por terceiros. Ilustre-se com a hipótese dos escrivães de Cartórios de Registro de Imóveis, com relação aos negócios de compra e venda desses bens, situação que enseja a incidência do ITBI. Observe-se que várias das pessoas apontadas nesse artigo são também arroladas como *terceiros responsáveis*, a teor do art. 134, CTN.

5. Sigilo bancário. A combinação das normas contidas no inciso II do art. 197 e seu parágrafo único conduz ao instigante tema do *sigilo bancário*. O assunto – que analisaremos de modo sucinto e restrito ao âmbito tributário – não pode ser apreciado sem a invocação de três normas constitucionais: arts. 5.º, X e XII, e 145, § 1.º. O sigilo bancário insere-se no âmbito da proteção conferida à intimidade e à vida privada, da qual a inviolabilidade de dados é desdobramento. Constitui, simultaneamente, um *direito individual* do cliente, um *dever profissional* da instituição bancária, e uma *garantia* de interesse público, já que a *confiança* é o alicerce que sustenta o sistema financeiro. Conquanto desfrute de regime jurídico de maior proteção, o sigilo bancário não é absoluto, podendo ser quebrado quando o próprio interesse público o impuser, observadas todas as formalidades exigidas pela Constituição e pela lei. Consolidou-se a orientação segundo a qual a quebra de tal sigilo somente poderia ser determinada por decisão de Comissão Parlamentar de Inquérito – art. 58, § 3.º, CR – ou do Poder Judiciário – art. 38 da Lei n. 4.595/1964. Todavia, a alteração da disciplina normativa provocou intensos debates sobre o tema, uma vez que, ao revogar o art. 38 da Lei n. 4.595/1964, autorizou seja a quebra do sigilo bancário efetuada diretamente pela autoridade fiscal. Com efeito, a Lei Complementar n. 105/2001, ao dispor sobre o sigilo das operações das instituições financeiras, prescreve: "Art. 1.º As instituições financeiras conservarão sigilo em suas operações ativas e passivas e serviços prestados. [...] § 3.º Não constitui violação do dever de sigilo: [...] VI – a prestação de informações nos termos e condições estabelecidos nos arts. 2.º, 3.º, 4.º, 5.º, 6.º, 7.º e 9.º desta Lei Complementar. [...] Art. 6.º As autoridades e os agentes fiscais tributários da União, dos Estados, do Distrito Federal e dos Municípios somente poderão examinar documentos, livros e registros de instituições financeiras, inclusive os referentes a contas de depósitos e aplicações financeiras, quando houver processo administrativo instaurado ou procedimento fiscal em curso e tais exames sejam considerados indispensáveis pela autoridade administrativa competente. Parágrafo único. O resultado dos exames, as informações e os documentos a que se refere este artigo *serão conservados em sigilo, observada a legislação tributária*" (destaque nosso). Esse dispositivo, regulamentado pelo Decreto n. 3.724/2001, na redação dada pelo Decreto n. 8.303/2014, veio a possibilitar o acesso a dados do sujeito passivo, protegidos por sigilo bancário, pela autoridade fiscal, mediante processo administrativo, e desde que justificada a indispensabilidade do exame de tais dados. A constitucionalidade desse dispositivo é polêmica, dividindo-se a doutrina e a jurisprudência. Sumariando o debate, de um lado, há quem entenda que o preceito é inconstitucional, porquanto ofende o direito à intimidade e à vida privada, e não observa o devido processo legal, que impõe decisão judicial para a quebra do sigilo bancário (art. 5.º, LIV, CR). De outro, argumenta-se que o art. 145, § 1.º, *in fine*, respalda o acesso das autoridades fiscais a dados dos contribuintes, desde que respeitados os direitos destes, o que é garantido pela determinação legal da instauração de processo administrativo ou de procedimento fiscal em curso, e que o exame de dados seja considerado indispensável pela autoridade administrativa competente.

6. Evolução jurisprudencial. O STJ, num primeiro momento, firmou entendimento segundo o qual a quebra de sigilo bancário somente poderia ser determinada por decisão de Comissão Parlamentar de Inquérito – art. 58, § 3.º, CR – ou do Poder Judiciário – art. 38 da Lei n. 4.595/1964 (REsp 121.642/DF, j. 21.08.1997). Posteriormente, a Corte veio a alterar seu entendimento, para admitir a quebra do sigilo bancário sem autorização judicial, inclusive com relação a créditos tributários referentes a fatos imponíveis anteriores à vigência da Lei Complementar n. 105/2001 (REsp 1.134.665/SP, j. 25.11.2009). A dimensão de tal polêmica intensificou-se no STF, que enfrentou a questão do sigilo de dados bancários e, por apertada maioria, proferiu acórdão no sentido de que a quebra do sigilo somente pode ser efetuada pelo Poder Judiciário, conflitando com a Constituição norma legal que atribua à Receita Federal do Brasil o afastamento do sigilo de dados relativos ao contribuinte (RE 389.808/PR, j. 15.12.2010). Posteriormente, contudo, decidiu, por maioria, pela improcedência dos pedidos formulados em ações diretas de inconstitucionalidade nas quais se questionou a possibilidade de utilização, por parte da fiscalização tributária, de dados bancários e fiscais acobertados por sigilo constitucional, sem a intermediação do Poder Judiciário (ADI 2.386/DF e ADI 2.390/DF), bem como julgou, em repercussão geral, o tema 225, fixando a tese segundo a qual "o art. 6.º da Lei Complementar n. 105/2001 não ofende o direito ao sigilo bancário, pois realiza a igualdade em relação aos cidadãos, por meio do princípio da capacidade contributiva, bem como estabelece requisitos objetivos e o translado do dever de sigilo da esfera bancária para a fiscal" (RE 601.314/SP, Rel. Min. Edson Fachin, j. 24.02.2016).

7. Nossa opinião. Em nosso sentir, conforme já expusemos em nosso curso de Direito Tributário, para a análise da questão, imprescindível invocar os princípios do *devido processo legal*, do *contraditório* e da *ampla defesa*, e da *irretroatividade da lei* (art. 5.º, LIV, LV e XXXVI, CR), bem como interpretar a cláusula final do art. 145, § 1.º, CR – que, ao contemplar o *princípio da capacidade contributiva*, proclama ser "*facultado à administração tributária, especialmente para conferir efetividade a esses objetivos, identificar, respeitados os direitos individuais e nos termos da lei, o patrimônio, os rendimentos e as atividades econômicas do contribuinte*" (destaque nosso). Desse modo, o acesso, pelo Fisco, a dados sigilosos do contribuinte, sem a concordância deste, implica bem mais que a mera transferência de informações, porquanto se insere no contexto da proteção conferida à esfera privada da pessoa, impondo-se, em consequência, que a pretensão de afastamento de tal proteção não se dê mediante apreciação efetuada por uma das partes da relação tributária – o Fisco –, mas sim por órgão equidistante – o Poder Judiciário. Desse modo, a imprescindibilidade da prévia autorização judicial para efeito de quebra de sigilo bancário e acesso do Fisco aos respectivos dados.

8. Sigilos profissional e funcional. O parágrafo único desse artigo exclui do dever de prestar informações, como não poderia deixar de ser, aquelas abrangidas pelo *sigilo profissional*, isto é, referentes a fatos a respeito dos quais o profissional esteja legalmente obrigado a guardar segredo. Induvidosamente, revela-se de interesse público que assim seja, constituindo crimes a violação de sigilo profissional e de sigilo funcional.

 JURISPRUDÊNCIA ILUSTRATIVA

STF

• "Ação direta de inconstitucionalidade. Julgamento conjunto das ADI 2.390, 2.386, 2.397 e 2.859. Normas federais relativas ao sigilo das operações de instituições financeiras. Decreto n. 4.545/2002. Exaurimento da eficácia. Perda parcial do objeto da Ação Direta 2.859. Expressão 'do inquérito ou', constante no § 4.º do art. 1.º da Lei Complementar n. 105/2001. Acesso ao sigilo bancário nos autos do inquérito policial. Possibilidade. Precedentes. Art. 5.º e 6.º da Lei Complementar n. 105/2001 e seus decretos regulamentadores. Ausência de quebra de sigilo e de ofensa a direito fundamental. Confluência entre os deveres do contribuinte (o dever fundamental de pagar tributos) e os deveres do Fisco (o dever de bem tributar e fiscalizar). Compromissos internacionais assumidos pelo Brasil em matéria de compartilhamento de informações bancárias. Art. 1.º da Lei Complementar n. 104/2001. Ausência de quebra de sigilo. Art. 3.º, § 3.º, da LC n. 105/2001. Informações necessárias à defesa judicial da atuação do Fisco. Constitucionalidade dos preceitos impugnados. ADI 2.859. Ação que se conhece em parte e, na parte conhecida, é julgada improcedente. ADI 2.390, 2.386, 2.397. Ações conhecidas e julgadas improcedentes. 1. Julgamento conjunto das ADI 2.390, 2.386, 2.397 e 2.859, que têm como núcleo comum de impugnação normas relativas ao fornecimento, pelas instituições financeiras, de informações bancárias de contribuintes à administração tributária. 2. Encontra-se exaurida a eficácia jurídico-normativa do Decreto n. 4.545/2002, visto que a Lei n. 9.311, de 24 de outubro de 1996, de que trata este decreto e que instituiu a CPMF, não está mais em vigência desde janeiro de 2008, conforme se depreende do art. 90, § 1.º, do Ato das Disposições Constitucionais Transitórias – ADCT. Por essa razão, houve parcial perda de objeto da ADI 2.859/DF, restando o pedido desta ação parcialmente prejudicado. Precedentes. 3. A expressão 'do inquérito ou', constante do § 4.º do art. 1.º da Lei Complementar n. 105/2001, refere-se à investigação criminal levada a efeito no inquérito policial, em cujo âmbito esta Suprema Corte admite o acesso ao sigilo bancário do investigado, quando presentes indícios de prática criminosa. Precedentes: AC 3.872/DF-AgR, Tribunal Pleno, Rel. Min. Teori Zavascki, *DJe* 13.11.2015; HC 125.585/PE-AgR, Segunda Turma, Rel. Min. Cármen Lúcia, *DJe* 19.12.2014; Inq 897-AgR, Tribunal Pleno, Rel. Min. Francisco Rezek, *DJ* 24.03.1995. 4. Os arts. 5.º e 6.º da Lei Complementar n. 105/2001 e seus decretos regulamentares (Decretos n. 3.724, de 10 de janeiro de 2001, e n. 4.489, de 28 de novembro de 2009) consagram, de modo expresso, a permanência do sigilo das informações bancárias obtidas com espeque em seus comandos, não havendo neles autorização para a exposição ou circulação daqueles dados. Trata-se de uma transferência de dados sigilosos de um determinado portador, que tem o dever de sigilo, para outro, que mantém a obrigação de sigilo, permanecendo resguardadas a intimidade e a vida privada do correntista, exatamente como determina o art. 145, § 1.º, da Constituição Federal. 5. A ordem constitucional instaurada em 1988 estabeleceu, dentre os objetivos da República Federativa do Brasil, a construção de uma sociedade livre, justa e solidária, a erradicação da pobreza e a marginalização e a redução das desigualdades sociais e regionais. Para tanto, a Carta foi generosa na previsão de direitos individuais, sociais, econômicos e culturais para o cidadão. Ocorre que, correlatos a esses direitos, existem também deveres, cujo atendimento é, também, condição *sine qua non* para a realização do projeto de sociedade esculpido na Carta Federal. Dentre esses deveres, consta o dever fundamental de pagar tributos, visto que são eles que, majoritariamente, financiam as ações estatais voltadas à concretização dos direitos do cidadão. Nesse quadro, é preciso que se adotem mecanismos efetivos de combate à sonegação fiscal, sendo o instrumento fiscalizatório instituído nos arts. 5.º e 6.º da Lei Complementar n. 105/2001 de extrema significância nessa tarefa. 6. O Brasil se comprometeu, perante o G20 e o Fórum Global sobre Transparência e Intercâmbio de Informações para Fins Tributários (*Global Forum on Transparency and Exchange of Information for Tax Purposes*), a cumprir os padrões internacionais de transparência e de troca de informações bancárias, estabelecidos com o fito de evitar o descumprimento de normas tributárias, assim como combater práticas criminosas. Não deve o Estado brasileiro prescindir do acesso automático aos dados bancários dos contribuintes por sua administração tributária, sob pena de descumprimento de seus compromissos internacionais. 7. O art. 1.º da Lei Complementar n. 104/2001, no ponto em que insere o § 1.º, inciso II, e o § 2.º ao art. 198 do CTN, não determina quebra de sigilo, mas transferência de informações sigilosas no âmbito da Administração Pública. Outrossim, a previsão vai ao encontro de outros comandos legais já amplamente consolidados em nosso ordenamento jurídico que permitem o acesso da Administração Pública à relação de bens, renda e patrimônio de determinados indivíduos. 8. À Procuradoria-Geral da Fazenda Nacional, órgão da Advocacia-Geral da União, caberá a defesa da atuação do Fisco em âmbito judicial, sendo, para tanto, necessário o conhecimento dos dados e informações embasadores do ato por ela defendido. Resulta, portanto, legítima a previsão constante do art. 3.º, § 3.º, da LC n. 105/2001. 9. Ação Direta de Inconstitucionalidade 2.859/DF conhecida parcialmente e, na parte conhecida, julgada improcedente. Ações Diretas de Inconstitucionalidade 2.390, 2.397 e 2.386 conhecidas e julgadas improcedentes. Ressalva em relação aos Estados e Municípios, que somente poderão obter as informações de que trata o art. 6.º da Lei Complementar n. 105/2001 quando a matéria estiver devidamente regulamentada, de maneira análoga ao Decreto federal n. 3.724/2001, de modo a resguardar as garantias processuais do contribuinte, na forma preconizada pela Lei n. 9.784/1999, e o sigilo dos seus dados bancários" (ADI 2.859/DF, Rel. Min. Dias Toffoli, j. 24.02.2016).

• "Recurso extraordinário. Repercussão geral. Direito tributário. Direito ao sigilo bancário. Dever de pagar impostos. Requisição de informação da Receita Federal às instituições financeiras. Art. 6.º da Lei Complementar n. 105/2001. Mecanismos fiscalizatórios. Apuração de créditos relativos a tributos distintos da CPMF. Princípio da irretroatividade da norma tributária. Lei n. 10.174/2001. 1. O litígio constitucional posto se traduz em um confronto entre o direito ao sigilo bancário e o dever de pagar tributos, ambos referidos a um mesmo cidadão e de caráter constituinte no que se refere à comunidade política, à luz da finalidade precípua da tributação de realizar a igualdade em seu duplo compromisso, a autonomia individual e o autogoverno coletivo. 2. Do ponto de vista da autonomia individual, o sigilo bancário é uma das expressões do direito de personalidade que se traduz em ter suas atividades e informações bancárias livres de ingerências ou ofensas, qualificadas como arbitrárias ou ilegais, de quem quer que seja, inclusive do Estado ou da própria instituição financeira. 3. Entende-se que a igualdade é satisfeita no plano do autogoverno coletivo por meio do pagamento de tributos, na medida da capacidade contributiva do contribuinte, por sua vez vinculado a um Estado soberano comprometido com a satisfação das necessidades coletivas de seu povo. 4. Verifica-se que o Poder Legislativo não desbordou dos parâmetros constitucionais, ao exercer sua relativa liberdade de conformação da ordem jurídica, na medida em que estabeleceu requisitos objetivos para a requisição de informação pela Administração Tributária às instituições financeiras, assim como manteve o sigilo dos dados a respeito das transações financeiras do contribuinte, observando-se um translado do dever de sigilo da esfera bancária para a fiscal. 5. A alteração na ordem jurídica promovida pela Lei n. 10.174/2001 não atrai a aplicação do princípio da irretroatividade das leis tributárias, uma vez que aquela se encerra na atribuição de competência administrativa à Secretaria da Receita Federal, o que evidencia o caráter instrumental da norma em questão. Aplica-se, portanto, o art. 144, § 1.º, do Código Tributário Nacional. 6. Fixação de tese em relação ao item 'a' do Tema 225 da sistemática da repercussão geral: 'O art. 6.º da Lei Complementar n. 105/2001 não ofende o direito ao sigilo bancário, pois realiza a igualdade em relação aos cidadãos, por meio do princípio da capacidade contributiva, bem como estabelece requisitos objetivos e o translado do dever de sigilo da esfera bancária para a fiscal'. 7. Fixação de tese em relação ao item 'b' do Tema 225 da sistemática da repercussão geral: 'A Lei n. 10.174/2001 não atrai a aplicação do princípio da irretroatividade das leis tributárias, tendo em vista o caráter instrumental da norma, nos termos do art. 144, § 1.º, do CTN'. 8. Recurso extraordinário a que se nega provimento" (RE 601.314/SP, Tema 225, Rel. Min. Edson Fachin, j. 24.02.2016).

STJ

• "Processo civil. Recurso especial representativo de controvérsia. Art. 543-C do CPC. Tributário. Quebra do sigilo bancário sem autorização judicial. Constituição de créditos tributários referentes a fatos imponíveis anteriores à vigência da Lei Complementar n. 105/2001. Aplicação imediata. Art. 144, § 1.º, do CTN. Exceção ao princípio da irretroatividade. 1. A quebra do sigilo bancário sem prévia autorização judicial, para fins de constituição de crédito tributário não extinto, é autorizada pela Lei n. 8.021/1990 e pela Lei Complementar n. 105/2001, normas procedimentais, cuja aplicação é imediata, à luz do disposto no art. 144, § 1.º, do CTN. 2. O § 1.º do art. 38 da Lei n. 4.595/1964 (revogado pela Lei Complementar n. 105/2001) autorizava a quebra de sigilo bancário, desde que em virtude de determinação judicial, sendo certo que o acesso às informações e esclarecimentos, prestados pelo Banco Central ou pelas instituições financeiras, restringir-se-iam às partes legítimas na causa e para os fins nela delineados. 3. A Lei n. 8.021/1990 (que dispôs sobre a identificação dos contribuintes para fins fiscais), em seu art. 8.º, estabeleceu que, iniciado o procedimento fiscal para o lançamento tributário de ofício (nos casos em que constatado sinal exterior de riqueza, vale dizer, gastos incompatíveis com a renda disponível do contribuinte), a autoridade fiscal poderia solicitar informações sobre operações realizadas pelo contribuinte em instituições financeiras, inclusive extratos de contas bancárias, não se aplicando, nesta hipótese, o disposto no art. 38 da Lei n. 4.595/1964. 4. O § 3.º do art. 11 da Lei n. 9.311/1996, com a redação dada pela Lei n. 10.174, de 9 de janeiro de 2001, determinou que a Secretaria da Receita Federal era obrigada a resguardar o sigilo das informações financeiras relativas à CPMF, facultando sua utilização para instaurar procedimento administrativo tendente a verificar a existência de crédito tributário relativo a impostos e contribuições e para lançamento, no âmbito do procedimento fiscal, do crédito tributário porventura existente. 5. A Lei Complementar n. 105, de 10 de janeiro de 2001, revogou o art. 38 da Lei n. 4.595/1964, e passou a regular o sigilo das operações de instituições financeiras, preceituando que não constitui violação do dever de sigilo a prestação de informações, à Secretaria da Receita Federal, sobre as operações financeiras efetuadas pelos usuários dos serviços (art. 1.º, § 3.º, inciso VI, c/c o art. 5.º, *caput*, da aludida lei complementar, e 1.º, do Decreto n. 4.489/2002). 6. As informações prestadas pelas instituições financeiras (ou equiparadas) restringem-se a informes relacionados com a identificação dos titulares das operações e os montantes globais mensalmente movimentados, vedada a inserção de qualquer elemento que permita identificar a sua origem ou a natureza dos gastos a partir deles efetuados (art. 5.º, § 2.º, da Lei Complementar n. 105/2001). 7. O art. 6.º da Lei Complementar em tela determina que: 'Art. 6.º As autoridades e os agentes fiscais tributários da União, dos Estados, do Distrito Federal e dos Municípios somente poderão examinar documentos, livros e registros de instituições financeiras, inclusive os referentes a contas de depósitos e aplicações financeiras, quando houver processo administrativo instaurado ou procedimento fiscal em curso e tais exames sejam considerados indispensáveis pela autoridade administrativa competente. Parágrafo único. O resultado dos exames, as informações e os documentos a que se refere este artigo serão conservados em sigilo, observada a legislação tributária'. 8. O lançamento tributário, em regra, reporta-se à data da ocorrência do fato ensejador da tributação, regendo-se pela lei então vigente, ainda que posteriormente modificada ou revogada (art. 144, *caput*, do CTN). 9. O art. 144, § 1.º, do *Codex* Tributário dispõe que se aplica imediatamente ao lançamento tributário a legislação que, após a ocorrência do fato imponível, tenha instituído novos critérios de apuração ou processos de fiscalização, ampliado os poderes de investigação das autoridades administrativas, ou outorgado ao crédito maiores garantias ou privilégios, exceto, neste último caso, para o efeito de atribuir responsabilidade tributária a terceiros. 10. Consequentemente, as leis tributárias procedimentais ou formais, conducentes à constituição do crédito tributário não alcançado pela decadência, são aplicáveis a fatos pretéritos, razão pela qual a Lei n. 8.021/1990 e a Lei Complementar n. 105/2001, por envergarem essa natureza, legitimam a atuação fiscalizatória/investigativa da Administração Tributária, ainda que os fatos imponíveis a serem apurados lhes sejam anteriores (Precedentes da Primeira Seção: EREsp 806.753/RS, Rel. Min. Herman Benjamin, julgado em 22.08.2007, *DJe* 01.09.2008; EREsp 726.778/PR, Rel. Min. Castro Meira, julgado em 14.02.2007, *DJ* 05.03.2007; e EREsp 608.053/RS, Rel. Min. Teori Albino Zavascki, julgado em 09.08.2006, *DJ* 04.09.2006). 11. A razoabilidade restaria violada com a adoção de tese inversa conducente à conclusão de que Administração Tributária, ciente de possível sonegação fiscal, encontrar-se-ia impedida de apurá-la. 12. A Constituição da República Federativa do Brasil de 1988 facultou à Administração Tributária, nos termos da lei, a criação de instrumentos/mecanismos que lhe possibilitassem identificar o patrimônio, os rendimentos e as atividades econômicas do contribuinte, respeitados os direitos individuais, especialmente com o escopo de conferir efetividade aos princípios da pessoalidade e da capacidade contributiva (art. 145, § 1.º). 13. Destarte, o sigilo bancário, como cediço, não tem caráter absoluto, devendo ceder ao princípio da moralidade aplicável de forma absoluta às relações de direito público e privado, devendo ser mitigado nas hipóteses em que as transações bancárias são denotadoras de ilicitude, porquanto não pode o cidadão, sob o alegado manto de garantias fundamentais, cometer ilícitos. Isto porque, conquanto o sigilo bancário seja garantido pela Constituição Federal como direito fundamental, não o é para preservar a intimidade das pessoas no afã de encobrir ilícitos. 14. O suposto direito adquirido de obstar a fiscalização tributária não subsiste frente ao dever vinculativo de a autoridade fiscal proceder ao lançamento de crédito tributário não extinto. 15. *In casu*, a autoridade fiscal pretende utilizar-se de dados da CPMF para apuração do imposto de renda relativo ao ano de 1998, tendo sido instaurado procedimento administrativo, razão pela qual merece reforma o acórdão regional. 16. O Supremo Tribunal Federal, em 22.10.2009, reconheceu a repercussão geral do Recurso Extraordinário 601.314/SP, cujo *thema iudicandum* restou assim identificado: 'Fornecimento de informações sobre movimentação bancária de contribuintes, pelas instituições financeiras, diretamente ao Fisco por meio de procedimento administrativo, sem a prévia autorização judicial. Art. 6.º da Lei Complementar n. 105/2001'. 17. O reconhecimento da repercussão geral pelo STF, com fulcro no art. 543-B do CPC, não tem o condão, em regra, de sobrestar o julgamento dos recursos especiais pertinentes. 18. Os arts. 543-A e 543-B do CPC asseguram o sobrestamento de eventual recurso extraordinário, interposto contra acórdão proferido pelo STJ ou por outros tribunais, que verse sobre a controvérsia de índole constitucional cuja repercussão geral tenha sido reconhecida pela Excelsa Corte (Precedentes do STJ: AgRg nos EREsp 863.702/RN, Terceira Seção, Rel. Min. Laurita Vaz, julgado em 13.05.2009, *DJe* 27.05.2009; AgRg no Ag 1.087.650/SP, Primeira Turma, Rel. Min. Benedito Gonçalves, julgado em 18.08.2009, *DJe* 31.08.2009; AgRg no REsp 1.078.878/SP, Primeira Turma, Rel. Min. Luiz Fux, julgado em 18.06.2009, *DJe* 06.08.2009; AgRg no REsp 1.084.194/SP, Segunda Turma, Rel. Min. Humberto Martins, julgado em 05.02.2009, *DJe* 26.02.2009; EDcl no AgRg nos EDcl no AgRg no REsp 805.223/RS, Quinta Turma, Rel. Min. Arnaldo Esteves Lima, julgado em 04.11.2008, *DJe* 24.11.2008; EDcl no AgRg no REsp 950.637/MG, Segunda Turma, Rel. Min. Castro Meira, julgado em 13.05.2008, *DJe* 21.05.2008; e AgRg nos EDcl no REsp 970.580/RN, Sexta Turma, Rel. Min. Paulo Gallotti, julgado em 05.06.2008, *DJe* 29.09.2008). 19. Destarte, o sobrestamento do feito, ante o reconhecimento da repercussão geral do *thema iudicandum*, configura questão a ser apreciada tão somente no momento do exame de admissibilidade do apelo dirigido ao Pretório Excelso. 20. Recurso especial da Fazenda Nacional provido. Acórdão submetido ao regime do art. 543-C do CPC e da Resolução STJ 08/2008" (REsp 1.134.665/SP, Tema Repetitivo 275, Rel. Min. Luiz Fux, j. 25.11.2009).

Tese Jurídica: "As leis tributárias procedimentais ou formais, conducentes à constituição do crédito tributário não alcançado pela decadência, são aplicáveis a fatos pretéritos, razão pela qual a Lei n. 8.021/1990 e a Lei Complementar n. 105/2001, por envergarem essa natureza, legitimam a atuação fiscalizatória/investigativa da Administração Tributária, ainda que os fatos imponíveis a serem apurados lhes sejam anteriores".

Art. 198. Sem prejuízo do disposto na legislação criminal, é vedada a divulgação, por parte da Fazenda Pública ou de seus servidores, de informação obtida em razão do ofício sobre a situação econômica ou financeira do sujeito passivo ou de terceiros e sobre a natureza e o estado de seus negócios ou atividades **(1 a 4)**.

* *Caput* com redação determinada pela LC n. 104/2001.

§ 1.º Excetuam-se do disposto neste artigo, além dos casos previstos no art. 199, os seguintes **(5 e 6)**:

* § 1.º com redação determinada pela LC n. 104/2001.

I – requisição de autoridade judiciária no interesse da justiça;

II – solicitações de autoridade administrativa no interesse da Administração Pública, desde que seja comprovada a instauração regular de processo administrativo, no órgão ou na entidade respectiva, com o objetivo de investigar o sujeito passivo a que se refere a informação, por prática de infração administrativa.

* Incisos acrescentados pela LC n. 104/2001.

§ 2.º O intercâmbio de informação sigilosa, no âmbito da Administração Pública, será realizado mediante processo regularmente instaurado, e a entrega será feita pessoalmente à autoridade solicitante, mediante recibo, que formalize a transferência e assegure a preservação do sigilo **(7 e 8)**.

* § 2.º acrescentado pela LC n. 104/2001.

§ 3.º Não é vedada a divulgação de informações relativas a **(9)**:

I – representações fiscais para fins penais;

II – inscrições na Dívida Ativa da Fazenda Pública;

III – parcelamento ou moratória; e (Redação dada pela Lei Complementar n. 187, de 2021)

IV – incentivo, renúncia, benefício ou imunidade de natureza tributária cujo beneficiário seja pessoa jurídica. (Incluído pela Lei Complementar n. 187, de 2021)

* § 3.º e incisos acrescentados pela LC n. 104/2001.

 COMENTÁRIOS

1. *Moldura constitucional.* Art. 5.º "[...] X – são invioláveis a intimidade, a vida privada, a honra e a imagem das pessoas, assegurado o direito a indenização pelo dano material ou moral decorrente de sua violação; [...] XII – é inviolável o sigilo da correspondência e das comunicações telegráficas, de dados e das comunicações telefônicas, salvo, no último caso, por ordem judicial, nas hipóteses e na forma que a lei estabelecer para fins de investigação criminal ou instrução processual penal. [...]. Art. 145. [...] § 1.º Sempre que possível, os impostos terão caráter pessoal e serão graduados segundo a capacidade econômica do contribuinte, facultado à administração tributária, especialmente para conferir efetividade a esses objetivos, identificar, respeitados os direitos individuais e nos termos da lei, o patrimônio, os rendimentos e as atividades econômicas do contribuinte."

2. *Dispositivos relacionados:* arts. 197 e 199, CTN.

3. *Legislação básica:* LC n. 104/2001 (altera dispositivos do CTN); Lei n. 13.140/2015, art. 30, § 4.º (mediação e sigilo fiscal); e Lei n. 14.195/2021, que acrescentou dispositivos ao Código de Processo Civil (inciso VII ao art. 77 e § 6.º ao art. 246).

4. *Sigilo fiscal.* O dispositivo regra a questão da divulgação, por parte da Fazenda Pública ou seus servidores, de informações obtidas no exercício de suas atribuições. A LC n. 104/2001 reescreveu o artigo, dando nova redação ao *caput* e ao § 1.º, bem como incluindo os demais parágrafos. De seus comandos extrai-se, em síntese, que a regra é a *vedação da divulgação*, por parte da Fazenda Pública ou de seus servidores, de informação obtida em razão do ofício sobre a situação econômica ou financeira do sujeito passivo ou de terceiros, e sobre a natureza e o estado de seus negócios ou atividades. A divulgação de informações está autorizada, excepcionalmente, nas hipóteses contidas no § 1.º desse artigo.

5. *Exceções à vedação de divulgação de informações.* Além dos casos previstos no art. 199 (assistência mútua das Fazendas Públicas em matéria de fiscalização e permuta de informações), autorizada está a divulgação das informações fiscais nas hipóteses de requisição de autoridade judiciária no interesse da justiça e de solicitações de autoridade administrativa no interesse da Administração Pública, nos termos apontados.

6. *Crítica ao dispositivo.* No entanto, cumpre registrar que a exceção contemplada no inciso II do § 1.º do art. 198, a nosso ver, é de duvidosa constitucionalidade, uma vez que autoriza a divulgação, pela Fazenda Pública, de informações relativas ao sujeito passivo ou terceiros, mediante solicitação de autoridade administrativa, com o objetivo de investigar prática de infração administrativa (art. 199, CTN), o que abrange, inclusive, aquelas informações protegidas por *sigilo bancário* (arts. 197, II, CTN, e 6.º da LC n. 105/2001). A ofensa, na hipótese, é à mesma cláusula final do § 1.º do art. 145, CR, que permite apenas à *autoridade fiscal* o acesso a tais dados, e não a quaisquer autoridades administrativas.

7. *Inovações no regime jurídico do sigilo fiscal.* As inovações promovidas pela LC n. 104/2001, na disciplina do sigilo fiscal são, em síntese: *(i)* a ampliação das possibilidades de sua quebra (§ 1.º, II); *(ii)* a disciplina do intercâmbio de informação sigilosa, no âmbito da Administração Pública (§ 2.º); e *(iii)* a exclusão, de sua abrangência, da divulgação de determinadas informações (§ 3.º).

8. *Intercâmbio de informação sigilosa.* O dispositivo prevê formalidades relativas ao intercâmbio de informação sigilosa mediante a instauração de procedimento regular, em homenagem às normas constitucionais que protegem a intimidade e a vida privada.

9. *Ausência de sigilo.* Não há vedação de divulgação das informações relativas a representações fiscais para fins penais; inscrições na Dívida Ativa da Fazenda Pública; e parcelamento ou moratória; e incentivo, renúncia, benefício ou imunidade de natureza tributária cujo beneficiário seja pessoa jurídica. As hipóteses de incentivo, renúncia, benefício ou imunidade de natureza tributária cujo beneficiário seja pessoa jurídica foram incluídas pela LC n. 187/2021, prestigiando-se o princípio da publicidade. Sobre a constitucionalidade do compartilhamento com o Ministério Público, para fins penais, dos dados bancários e fiscais do contribuinte, obtidos pela Receita Federal no legítimo exercício de seu dever de fiscalizar, sem autorização prévia do Poder Judiciário, v. RE 1.055.941/SP, j. 04.12.2019.

 JURISPRUDÊNCIA ILUSTRATIVA

STF

• "Direito tributário e penal. Ação direta de inconstitucionalidade. Regime Especial de Regularização Cambial e Tributária. Sigilo de informações. 1. Ação direta contra os §§ 1.º e 2.º do art. 7.º da Lei n. 13.254/2016, que tratam do sigilo das informações prestadas pelos contribuintes que aderirem ao Regime Especial de Regularização Cambial e Tributária (RERCT). 2. O RERCT foi criado com finalidade essencialmente arrecadatória, permitindo a regularização de bens ou recursos enviados ao exterior, lá mantidos ou repatriados, sem o cumprimento das formalidades legais. 3. A Lei n. 13.254/2016 estabelece benefícios e garantias a quem adere ao programa em contrapartida ao cumprimento dos seus deveres. Dentre as garantias, foi prevista a preservação do sigilo das informações prestadas (art. 7.º, §§ 1.º e 2.º, objeto desta ADI). 4. Não há inconstitucionalidade nos dispositivos impugnados. Isso porque: (i) a Constituição, no art. 37, XXII, não determina o compartilhamento irrestrito de cadastro e de informações fiscais entre as administrações tributárias da União, dos Estados, do Distrito Federal e dos Municípios, sendo viável limitação imposta pela lei; (ii) os contribuintes aderentes do programa, que é peculiar e excepcional, recebem tratamento isonômico, sendo indevido compará-los com os demais contribuintes; e (iii) compreendido o programa como espécie de transação, as regras especiais de sigilo são exemplos de garantia dada a quem opta por aderir a ele. Enquanto 'regras do jogo', devem ser, tanto quanto possível, mantidas e observadas, a fim de assegurar a expectativa legítima do aderente e proporcionar segurança jurídica à transação. 5. O programa de repatriação de ativos editado pela Lei n. 13.254/2016 atende, quanto à confidencialidade das informações, a parâmetros de recomendação da OCDE sobre o assunto, de modo que sua criação e implementação, em relação aos pontos impugnados nesta ação direta, não comprometem a imagem do país em termos de transparência internacional e de moralidade. 6. Improcedência dos pedidos, declarando-se a constitucionalidade dos §§ 1.º e 2.º do art. 7.º da Lei n. 13.254/2016, com a fixação da seguinte tese: 'É constitucional a vedação legal ao compartilhamento de informações prestadas pelos aderentes ao RERCT com os Estados, o Distrito Federal e os Municípios, bem como a equiparação da divulgação dessas informações à quebra de sigilo fiscal'" (ADI 5.729/DF, Rel. Min. Roberto Barroso, j. 08.03.2021).

• "Possibilidade de compartilhamento com o Ministério Público, para fins penais, dos dados bancários e fiscais do contribuinte, obtidos pela Receita Federal no legítimo exercício de seu dever de fiscalizar, sem autorização prévia do Poder Judiciário". Em julgamento realizado em 04.12.2019, foi fixada a seguinte tese: "1. É constitucional o compartilhamento dos relatórios de inteligência financeira da UIF e da íntegra do procedimento fiscalizatório da Receita Federal do Brasil (RFB), que define o lançamento do tributo, com os órgãos de persecução penal para fins criminais, sem a obrigatoriedade de prévia autorização judicial, devendo ser resguardado o sigilo das informações em procedimentos formalmente instaurados e sujeitos a posterior controle jurisdicional. 2. O compartilhamento pela UIF e pela RFB, referente ao item anterior, deve ser feito unicamente por meio de comunicações formais, com garantia de sigilo, certificação do destinatário e estabelecimento de instrumentos efetivos de apuração e correção de eventuais desvios" (RE 1.055.941/SP, Tema 990, Rel. Min. Dias Toffoli, j. 04.12.2019).

• "Processual civil. Tributário. Recurso representativo da controvérsia. Art. 543-C do CPC. Ausência de violação ao art. 535, CPC. Execução fiscal. Resposta a requisição de informação de caráter sigiloso. Discussão a respeito da necessidade de arquivamento em 'pasta própria' fora dos autos ou decretação de segredo de justiça. Art. 155, I, do CPC. 1. Preliminarmente, quanto à ponderação de desafetação do recurso feita pela Fazenda Nacional, observo que pouco importa ao julgamento do feito a caracterização das informações como sujeitas ao sigilo fiscal (declaração de rendimentos e bens do executado) ou ao sigilo bancário (informações sigilosas prestadas via Bacenjud), pois o que se examina verdadeiramente é a correta ou incorreta aplicação do art. 155, I, do CPC, que não discrimina o tipo de sigilo que pretende tutelar. O objeto do recurso especial é a violação ao direito objetivo, à letra da lei, e não a questão de fato. Em verdade, sob o manto do sigilo fiscal podem estar albergadas informações a respeito da situação financeira da pessoa (inclusive informações bancárias) e sob o manto do sigilo bancário podem estar albergadas informações também contidas na declaração de bens. Basta ver que as informações requisitadas pela Secretaria da Receita Federal junto às instituições financeiras deixam de estar protegidas pelo sigilo bancário (arts. 5.º e 6.º da LC n. 105/2001) e passam à proteção do sigilo fiscal (art. 198 do CTN). Sendo assim, o fato é que a mesma informação pode ser protegida por um ou outro sigilo, conforme o órgão ou entidade que a manuseia. 2. Não viola o art. 535 do CPC o acórdão que decide de forma suficientemente fundamentada, não estando obrigada a Corte de Origem a emitir juízo de valor expresso a respeito de todas as teses e dispositivos legais invocados pelas partes. 3. Não há no Código de Processo Civil nenhuma previsão para que se crie 'pasta própria' fora dos autos da execução fiscal para o arquivamento de documentos submetidos a sigilo. Antes, nos casos em que o interesse público justificar, cabe ao magistrado limitar às partes o acesso aos autos passando o feito a tramitar em segredo de justiça, na forma do art. 155, I, do CPC. 4. As informações sigilosas das partes devem ser juntadas aos autos do processo que correrá em segredo de justiça, não sendo admitido o arquivamento em apartado. Precedentes: AgRg na APn 573/MS, Corte Especial, Rel. Min. Nancy Andrighi, julgado em 29.06.2010; REsp 1.245.744/SP, Segunda Turma, Rel. Min. Mauro Campbell Marques, julgado em 28.06.2011; REsp 819455/RS, Primeira Turma, Rel. Min. Teori Albino Zavascki, julgado em 17.02.2009. 5. Recurso especial parcialmente provido. Acórdão submetido ao regime do art. 543-C do

CPC e da Resolução STJ 8/2008" (REsp 1.349.363/SP, Tema Repetitivo 590, Rel. Min. Mauro Campbell Marques, j. 22.05.2013).

Tese Jurídica: "As informações sigilosas das partes devem ser juntadas aos autos do processo que correrá em segredo de justiça, não sendo admitido o arquivamento em apartado".

Art. 199. A Fazenda Pública da União e as dos Estados, do Distrito Federal e dos Municípios prestar-se-ão mutuamente assistência para a fiscalização dos tributos respectivos e permuta de informações, na forma estabelecida, em caráter geral ou específico, por lei ou convênio **(1 a 3)**.

Parágrafo único. A Fazenda Pública da União, na forma estabelecida em tratados, acordos ou convênios, poderá permutar informações com Estados estrangeiros no interesse da arrecadação e da fiscalização de tributos **(4)**.

* Parágrafo único acrescentado pela LC n. 104/2001.

 COMENTÁRIOS

1. *Moldura constitucional.* Art. 37. "A administração pública direta e indireta de qualquer dos Poderes da União, dos Estados, do Distrito Federal e dos Municípios obedecerá aos princípios de legalidade, moralidade, impessoalidade, publicidade e eficiência e, também, ao seguinte: [...] XXII – As administrações tributárias da União, dos Estados, do Distrito Federal e dos Municípios, atividades essenciais ao funcionamento do Estado, exercidas por servidores de carreiras específicas, terão recursos prioritários para a realização de suas atividades e atuarão de forma integrada, inclusive com o compartilhamento de cadastros e de informações fiscais, na forma da lei ou convênio. [...] Art. 145. [...] § 1.º Sempre que possível, os impostos terão caráter pessoal e serão graduados segundo a capacidade econômica do contribuinte, facultado à administração tributária, especialmente para conferir efetividade a esses objetivos, identificar, respeitados os direitos individuais e nos termos da lei, o patrimônio, os rendimentos e as atividades econômicas do contribuinte."

2. *Dispositivos relacionados:* arts. 7.º e 198, § 1.º, II, CTN.

3. *Assistência mútua e permuta de informações entre as Fazendas Públicas.* O dispositivo está em consonância com o preceito contido no art. 37, XXII, CR, bem como guarda conexão com o já examinado art. 7.º, CTN, que se refere à *capacidade tributária ativa*, traduzida na aptidão para arrecadar e fiscalizar tributos, passível de delegação pela pessoa política. A norma propicia o *compartilhamento de dados entre as pessoas políticas*, ensejando a otimização de tempo e de recursos materiais. Desse modo, por exemplo, numa operação de importação de produto industrializado que configurar mercadoria, há interesse do Fisco Estadual, em razão da exigência de ICMS, na assistência e fiscalização realizadas pelo órgão federal, responsável pela arrecadação do Imposto de Importação e do IPI. Outrossim, como visto no comentário ao art. 198, § 1.º, II, tal assistência mútua entre as Fazendas Públicas enseja a quebra do *sigilo fiscal*, propiciando a divulgação de dados bancários do sujeito passivo, hipótese que consideramos inconstitucional, por violação, também, ao disposto no art. 145, § 1.º, CR.

4. *Permuta de informações da Fazenda Pública da União com Estados estrangeiros.* O parágrafo único do artigo contempla a chamada *cooperação internacional*, relevante instrumento de fiscalização tributária, bastante utilizado atualmente. É efetuada pela União, mediante tratados, acordos e convênios.

> **Art. 200.** As autoridades administrativas federais poderão requisitar o auxílio da força pública federal, estadual ou municipal, e reciprocamente, quando vítimas de embaraço ou desacato no exercício de suas funções, ou quando necessário à efetivação de medida prevista na legislação tributária, ainda que não se configure fato definido em lei como crime ou contravenção **(1 a 3)**.

 COMENTÁRIOS

1. *Dispositivos relacionados:* arts. 96 a 100, CTN.

2. *Legislação básica:* Lei n. 9.430/1996, art. 33, I (determinação de regime especial para cumprimento de obrigações, pelo sujeito passivo, nas hipóteses que autorizem a requisição de auxílio da força pública).

3. *Requisição do auxílio de força pública pelas autoridades administrativas federais.* O dispositivo abriga prerrogativa outorgada aos agentes públicos federais, com vista à proteção do patrimônio público. Cuida-se da requisição de auxílio de força pública federal, estadual ou municipal, e reciprocamente, quando as autoridades administrativas federais forem vítimas de embaraço ou desacato no exercício de suas funções ou quando necessário à efetivação de medida prevista na legislação tributária, ainda que o fato não configure crime ou contravenção. De todo modo, trata-se de prerrogativa a ser exercida com ponderação.

> Capítulo II
> Dívida Ativa
>
> **Art. 201.** Constitui dívida ativa tributária a proveniente de crédito dessa natureza, regularmente inscrita na repartição administrativa competente, depois de esgotado o prazo fixado, para pagamento, pela lei ou por decisão final proferida em processo regular **(1 a 5)**.
>
> Parágrafo único. A fluência de juros de mora não exclui, para os efeitos deste artigo, a liquidez do crédito **(6)**.

 COMENTÁRIOS

1. *Moldura constitucional.* Art. 114. "Compete à Justiça do Trabalho processar e julgar: [...] VIII – a execução, de ofício, das contribuições sociais previstas no art. 195, I, *a*, e II, e seus acréscimos legais, decorrentes das sentenças que proferir; [...]. Art. 131. [...] § 3.º Na execução da dívida ativa de natureza tributária, a representação da União cabe à Procuradoria Geral da Fazenda Nacional, observado o disposto em lei."

2. Dispositivo relacionado: art. 161, CTN.

3. Legislação básica: Lei n. 6.830/1980 (LEF), arts. 2.º e 3.º; e Lei n. 4.320/1964 (normas gerais de direito financeiro para elaboração e controle dos orçamentos e balanços da União, dos Estados, dos Municípios e do Distrito Federal), art. 39, *caput* e § 2.º.

4. Dívida ativa. Corresponde aos créditos da Fazenda Pública, formalizados para a cobrança executiva. É gênero que compreende a dívida ativa *tributária* e a *não tributária*. A Lei n. 6.830/1980, que dispõe sobre a cobrança judicial da Dívida Ativa da Fazenda Pública, declara ser esta a "definida como tributária ou não tributária na Lei n. 4.320, de 17 de março de 1964, com as alterações posteriores, que estatui normas gerais de direito financeiro para elaboração e controle dos orçamentos e balanços da União, dos Estados, dos Municípios e do Distrito Federal", aduzindo que "a Dívida Ativa da Fazenda Pública, compreendendo a tributária e a não tributária, abrange atualização monetária, juros e multa de mora e demais encargos previstos em lei ou contrato" (art. 2.º, *caput* e § 2.º).

5. Dívida ativa tributária. Formalizado o crédito tributário e não existindo nenhuma causa suspensiva de sua exigibilidade, cumpre à Fazenda Pública efetuar mais um ato de controle – o ato de *apuração e de inscrição do débito* no livro de registro da dívida ativa. Tal ato é de competência privativa dos Procuradores da Fazenda Pública, e constitui a última oportunidade para a Administração apreciar sua legalidade antes de proceder à cobrança do crédito. A inscrição em dívida ativa visa à constituição de título executivo, denominado Certidão de Dívida Ativa (CDA). Registre-se, no entanto, que, nos termos do art. 114, VIII, CR, compete à Justiça do Trabalho "a execução, de ofício, das contribuições sociais previstas no art. 195, I, *a*, e II, e seus acréscimos legais, decorrentes das sentenças que proferir".

6. Fluência de juros moratórios e liquidez do crédito. O parágrafo único acrescenta, de maneira dispensável, que a fluência de juros de mora não exclui, para os efeitos deste artigo, a liquidez do crédito. A dívida apurada com todos os seus acréscimos toma a denominação de *dívida consolidada*. V. comentários ao art. 161, CTN.

Art. 202. O termo de inscrição da dívida ativa, autenticado pela autoridade competente, indicará obrigatoriamente **(1 a 3)**:

I – o nome do devedor e, sendo caso, o dos corresponsáveis, bem como, sempre que possível, o domicílio ou a residência de um e de outros;

II – a quantia devida e a maneira de calcular os juros de mora acrescidos;

III – a origem e natureza do crédito, mencionada especificamente a disposição da lei em que seja fundado;

IV – a data em que foi inscrita;

V – sendo caso, o número do processo administrativo de que se originar o crédito.

Parágrafo único. A certidão conterá, além dos requisitos deste artigo, a indicação do livro e da folha da inscrição **(4)**.

 COMENTÁRIOS

1. Legislação básica: Lei n. 6.830/1980 (LEF), art. 2.º, § 5.º; LC n. 73/1993 (Lei Orgânica da Advocacia-Geral da União), arts. 12, I, e 17, III.

2. Requisitos formais do termo de inscrição de Dívida Ativa. O termo de inscrição de Dívida Ativa tem o conteúdo prescrito nesse dispositivo. Deve indicar, obrigatoriamente: *(i)* o nome do devedor e, sendo caso, o dos corresponsáveis, bem como, sempre que possível, o domicílio ou a residência de um e de outros; *(ii)* a quantia devida e a maneira de calcular os juros de mora acrescidos; *(iii)* a origem e a natureza do crédito, mencionada especificamente a disposição da lei em que seja fundado; *(iv)* a data em que foi inscrita; e *(v)* sendo caso, o número do processo administrativo de que se originar o crédito. A não observância de tais requisitos conduz à nulidade dos atos e do subsequente procedimento de cobrança.

3. Órgão competente para efetuar a inscrição da dívida ativa. Tratando-se de atividade administrativa destinada à cobrança do crédito tributário, a lei de cada pessoa política indicará órgão jurídico por ela responsável. O entendimento corrente é de que a inscrição da dívida ativa é ato privativo dos procuradores fazendários. No âmbito federal, por exemplo, a atribuição é da Procuradoria-Geral da Fazenda Nacional e, nas autarquias e fundações públicas federais, aos órgãos jurídicos destas (LC n. 73/1993, arts. 12, I, e 17, III).

4. Certidão de Dívida Ativa. A Certidão de Dívida Ativa é extraída do livro de registro desta. Consiste no único título executivo extrajudicial, no ordenamento jurídico pátrio, confeccionado *unilateralmente* pelo credor, o que se justifica em razão de atributo peculiar a todos os atos administrativos, qual seja, a *presunção de legalidade ou de legitimidade* de que desfrutam. É o que se extrai da análise do Código de Processo Civil, que arrola os títulos executivos extrajudiciais: "Art. 784. São títulos executivos extrajudiciais: I – a letra de câmbio, a nota promissória, a duplicata, a debênture e o cheque; II – a escritura pública ou outro documento público assinado pelo devedor; III – o documento particular assinado pelo devedor e por 2 (duas) testemunhas; IV – o instrumento de transação referendado pelo Ministério Público, pela Defensoria Pública, pela Advocacia Pública, pelos advogados dos transatores ou por conciliador ou mediador credenciado por tribunal; V – o contrato garantido por hipoteca, penhor, anticrese ou outro direito real de garantia e aquele garantido por caução; VI – o contrato de seguro de vida em caso de morte; VII – o crédito decorrente de foro e laudêmio; VIII – o crédito, documentalmente comprovado, decorrente de aluguel de imóvel, bem como de encargos acessórios, tais como taxas e despesas de condomínio; *IX – a certidão de dívida ativa da Fazenda Pública da União, dos Estados, do Distrito Federal e dos Municípios, correspondente aos créditos inscritos na forma da lei*; X – o crédito referente às contribuições ordinárias ou extraordinárias de condomínio edilício, previstas na respectiva convenção ou aprovadas em assembleia geral, desde que documentalmente comprovadas; XI – a certidão expedida por serventia notarial ou de registro relativa a valores de emolumentos e demais despesas devidas pelos atos por ela praticados, fixados nas tabelas estabelecidas em lei; XI-A – o contrato de contragarantia ou qualquer outro instrumento que materialize o direito de ressarcimento da seguradora contra tomadores de seguro-garantia e seus garantidores; XII – todos os demais títulos aos quais, por disposição expressa, a lei atribuir força executiva" (destaque nosso).

 JURISPRUDÊNCIA ILUSTRATIVA

STJ

• "Processual civil e tributário. Recurso especial representativo de controvérsia. Execução fiscal. Sucessão empresarial, por incorporação. Ocorrência antes do lançamento, sem prévia comunicação ao Fisco. Redirecionamento. Possibilidade. Substituição da CDA. Desnecessidade. 1. A interpretação conjunta dos arts. 1.118 do Código Civil e 123 do CTN revela que o negócio jurídico que culmina na extinção na pessoa jurídica por incorporação empresarial somente surte seus efeitos na esfera tributária depois de essa operação ser pessoalmente comunicada ao Fisco, pois somente a partir de então é que Administração Tributária saberá da modificação do sujeito passivo e poderá realizar os novos lançamentos em nome da empresa incorporadora (art. 121 do CTN) e cobrar dela, na condição de sucessora, os créditos já constituídos (art. 132 do CTN). 2. Se a incorporação não foi oportunamente informada, é de se considerar válido o lançamento realizado em face da contribuinte original que veio a ser incorporada, não havendo a necessidade de modificação desse ato administrativo para fazer constar o nome da empresa incorporadora, sob pena de permitir que esta última se beneficie de sua própria omissão. 3. Por outro lado, se ocorrer a comunicação da sucessão empresarial ao Fisco antes do surgimento do fato gerador, é de se reconhecer a nulidade do lançamento equivocadamente realizado em nome da empresa extinta (incorporada) e, por conseguinte, a impossibilidade de modificação do sujeito passivo diretamente no âmbito da execução fiscal, sendo vedada a substituição da CDA para esse propósito, consoante posição já sedimentada na Súmula n. 392 do STJ. 4. Na incorporação empresarial, a sucessora assume todo o passivo tributário da empresa sucedida, respondendo em nome próprio pela quitação dos créditos validamente constituídos contra a então contribuinte (arts. 1.116 do Código Civil e 132 do CTN). 5. Cuidando de imposição legal de automática responsabilidade, que não está relacionada com o surgimento da obrigação, mas com o seu inadimplemento, a empresa sucessora poderá ser acionada independentemente de qualquer outra diligência por parte da Fazenda credora, não havendo necessidade de substituição ou emenda da CDA para que ocorra o imediato redirecionamento da execução fiscal. Precedentes. 6. Para os fins do art. 1.036 do CPC, firma-se a seguinte tese: 'A execução fiscal pode ser redirecionada em desfavor da empresa sucessora para cobrança de crédito tributário relativo a fato gerador ocorrido posteriormente à incorporação empresarial e ainda lançado em nome da sucedida, sem a necessidade de modificação da Certidão de Dívida Ativa, quando verificado que esse negócio jurídico não foi informado oportunamente ao Fisco'. 7. Recurso especial parcialmente provido" (REsp 1.848.993/SP, Tema Repetitivo 1.049, Rel. Min. Gurgel de Faria, j. 26.08.2020).

• "Tributário. Processual civil. Incidente de Desconsideração da Personalidade Jurídica – IDPJ. Arts. 133 a 137 do CPC/2015. Execução Fiscal. Cabimento. Necessidade de observância das normas do Código Tributário Nacional. I – Consoante o decidido pelo Plenário desta Corte na sessão realizada em 09.03.2016, o regime recursal será determinado pela data da publicação do provimento jurisdicional impugnado. Aplica-se, *in casu*, o Código de Processo Civil de 2015. II – A instauração do Incidente de Desconsideração da Personalidade Jurídica – IDPJ, em sede de execução fiscal, para a cobrança de crédito tributário, revela-se *excepcionalmente* cabível diante da: (i) relação de complementariedade entre a LEF e o CPC/2015, e não de especialidade excludente; e (ii) previsão expressa do art. 134 do CPC quanto ao cabimento do incidente nas execuções fundadas em títulos executivos extrajudiciais. III – O IDPJ mostra-se viável quando uma das partes na ação executiva pretende que o crédito seja cobrado de quem não figure na CDA e não exista demonstração efetiva da responsabilidade tributária em sentido estrito, assim entendida aquela fundada nos arts. 134 e 135 do CTN. Precedentes. IV – Equivocado o entendimento fixado no acórdão recorrido, que reconheceu a incompatibilidade total do IDPJ com a execução fiscal. V – Recurso especial conhecido e parcialmente provido para determinar o retorno dos autos ao Tribunal *a quo* para o reexame do agravo de instrumento com base na fundamentação ora adotada" (1.ª T., REsp 1.804.913/RJ, Rel. Min. Regina Helena Costa, j. 01.09.2020).

• Processual civil. Tributário. Embargos à execução fiscal. CDA. Art. 2.º, § 5.º, da LEF. Ausência de indicação da fundamentação legal. Juntada do processo administrativo. Saneamento do vício. Inexistência de nulidade. 1. A nulidade da CDA não deve ser declarada por eventuais falhas que não geram prejuízos para o executado promover a sua defesa, informado que é o sistema processual brasileiro pela regra da instrumentalidade das formas (*pas des nullités sans grief*), nulificando-se o processo, inclusive a execução fiscal, apenas quando há sacrifício aos fins da Justiça. 2. Conforme preconizam os arts. 202 do CTN e 2.º, § 5.º, da Lei n. 6.830/1980, a inscrição da dívida ativa somente gera presunção de liquidez e certeza na medida em que contenha todas as exigências legais, inclusive, a indicação da natureza do débito e sua fundamentação legal, bem como forma de cálculo de juros e de correção monetária. 3. A finalidade desta regra de constituição do título é atribuir à CDA a certeza e liquidez inerentes aos títulos de crédito, o que confere ao executado elementos para opor embargos, obstando execuções arbitrárias. 4. A pena de nulidade da inscrição e da respectiva CDA, prevista no art. 203, CTN, deve ser interpretada *cum grano salis*. Isto porque o escopo precípuo da referida imposição legal é assegurar ao devedor o conhecimento da origem do débito, de forma a ser exercido o controle da legalidade do ato e o seu direito de defesa. 5. *In casu*, tendo sido juntada aos autos cópia de todo o processo administrativo, atingindo-se, dessa forma, o objetivo maior da norma jurídica em tela, encontra-se saneado o vício apontado, não se caracterizando o comprometimento da essência do título executivo. Consequentemente, torna-se despiciendo, por parte do exequente, a instauração de um novo processo com base em um novo lançamento tributário para apuração do tributo devido, posto conspirar contra o princípio da efetividade, aplicável ao processo executivo extrajudicial (Precedentes: REsp 686516/SC, Rel. Min. Luiz Fux, *DJ* 12.09.2005; REsp 271584/PR, Rel. Min. José Delgado, *DJ* 05.02.2001; REsp 485743, 1.ª Turma, Rel. Min. Teori Albino Zavascki, *DJ* 02.02.2004). 6. Destarte, não é qualquer omissão de requisitos formais da CDA que conduz à sua nulidade, devendo a irregularidade provocar uma efetiva dificuldade de defesa por parte do executado, máxime quando essa falha resta superada pela juntada aos autos de documentos que possibilitem o pleno exercício do direito de defesa, razão pela qual reputa-se incólume a presunção de liquidez e certeza do título executivo. 7. Recurso especial provido" (1.ª T., REsp 812.282/MA, Rel. Min. Luiz Fux, j. 03.05.2007).

> **Art. 203.** A omissão de quaisquer dos requisitos previstos no artigo anterior, ou o erro a eles relativo, são causas de nulidade da inscrição e do processo de cobrança dela decorrente, mas a nulidade poderá ser sanada até a decisão de primeira instância, mediante substituição da certidão nula, devolvido ao sujeito passivo, acusado ou interessado, o prazo para defesa, que somente poderá versar sobre a parte modificada (**1 a 5**).

 COMENTÁRIOS

1. *Moldura constitucional.* Art. 5.º "[...] LV – aos litigantes, em processo judicial ou administrativo, e aos acusados em geral são assegurados o contraditório e ampla defesa, com os meios e recursos a ela inerentes; [...]".

2. *Legislação básica:* CPC, arts. 924 e 925; e Lei n. 6.830/1980 (LEF), art. 2.º, § 8.º.

3. *Não observância dos requisitos do termo de inscrição da Dívida Ativa. Nulidade.* Diante da não observância dos requisitos para a confecção do termo de inscrição da Dívida Ativa, o artigo veicula a sanção de nulidade, bem como a prerrogativa outorgada ao Poder

Público consubstanciada na *possibilidade de emenda ou substituição da Certidão de Dívida Ativa*. Assim, ainda que nulos a inscrição e o processo de cobrança da dívida ativa, a nulidade poderá ser sanada até a decisão de primeira instância, mediante a substituição do título executivo, qual seja, a CDA nula. Nesse caso, ao sujeito passivo, acusado ou interessado, é assegurado prazo para defesa, acerca da parte modificada, em consonância com as garantias do contraditório e da ampla defesa (art. 5.º, LV, CR).

4. *Abrangência e oportunidade da modificação ou substituição da CDA.* A aplicação dessa norma enseja algumas considerações. Em primeiro lugar, quanto à *abrangência* da modificação ou substituição pretendida, entendemos que o exercício de tal prerrogativa não se cinge, apenas, à correção de erros materiais na CDA, incluindo, também, a correção do próprio termo de inscrição da qual se origina, em virtude de erro ou omissão neste. De todo modo, como limite a essa possibilidade, a inviabilidade de se corrigirem vícios atinentes ao próprio processo administrativo no qual se baseia a CDA. A *oportunidade processual* para o exercício da prerrogativa de emenda ou substituição da CDA também merece análise. O dispositivo estabelece como limite para tanto a decisão de primeira instância, vale dizer, a sentença de mérito proferida em sede de embargos à execução fiscal. Portanto, até a prolação desta, é possível a emenda ou substituição da CDA. Na hipótese de execução não embargada, por sua vez, entendemos que o limite vem a ser a própria extinção do processo de execução, declarada por sentença (CPC, arts. 924 e 925).

5. *Abrangência dos embargos à execução na hipótese.* A Lei n. 6.830/1980, em seu art. 2.º, § 8.º, reproduz o teor da parte final desse artigo, que contém autêntica norma processual. No entanto, fá-lo de modo mais amplo, ao prescrever que, "até a decisão de primeira instância, a Certidão de Dívida Ativa poderá ser emendada ou substituída, assegurada ao executado a devolução do prazo para embargos", uma vez não consignada a restrição segundo a qual a defesa somente poderá versar sobre a parte modificada da CDA. Como se trata de norma processual, a qual prescinde da disciplina mediante lei complementar, entendemos que a Lei n. 6.830/1980, no ponto, alterou a prescrição contida no CTN.

 JURISPRUDÊNCIA ILUSTRATIVA

STJ

• Súmula n. 392: "A Fazenda Pública pode substituir a certidão de dívida ativa (CDA) até a prolação da sentença de embargos, quando se tratar de correção de erro material ou formal, vedada a modificação do sujeito passivo da execução".

• "Processual civil. Recurso especial representativo de controvérsia. Art. 543-C do CPC. Embargos à execução fiscal. Certidão de Dívida Ativa (CDA) originada de lançamento fundado em lei posteriormente declarada inconstitucional em sede de controle difuso (Decretos-leis n. 2.445/1988 e n. 2.449/1988). Validade do ato administrativo que não pode ser revisto. Inexigibilidade parcial do título executivo. Iliquidez afastada ante a necessidade de simples cálculo aritmético para expurgo da parcela indevida da CDA. Prosseguimento da execução fiscal por força da decisão, proferida nos embargos à execução, que declarou o excesso e que ostenta força executiva. Desnecessidade de substituição da CDA. 1. O prosseguimento da execução fiscal (pelo valor remanescente daquele constante do lançamento tributário ou do ato de formalização do contribuinte fundado em legislação posteriormente declarada inconstitucional em sede de controle difuso) revela-se forçoso em face da suficiência da liquidação do título executivo, consubstanciado na sentença proferida nos embargos à execução, que reconheceu o excesso cobrado pelo Fisco, sobressaindo a higidez do ato de constituição do crédito tributário, o que, *a fortiori*, dispensa a emenda ou substituição da certidão de dívida ativa (CDA). 2. Deveras, é certo que a Fazenda Pública pode substituir ou emendar a certidão de dívida ativa (CDA) até a prolação da sentença de embargos (art. 2.º, § 8.º, da Lei n. 6.830/1980), quando se tratar de correção de erro material ou formal, vedada, entre outras, a modificação do sujeito passivo da execução (Súmula n. 392/STJ) ou da norma legal que, por equívoco, tenha servido de fundamento ao lançamento tributário (Precedente do STJ submetido ao rito do art. 543-C do CPC: REsp 1.045.472/BA, Primeira Seção, Rel. Min. Luiz Fux, julgado em 25.11.2009, *DJe* 18.12.2009). 3. *In casu*, contudo, não se cuida de correção de equívoco, uma vez que o ato de formalização do crédito tributário sujeito a lançamento por homologação (DCTF), encampado por desnecessário ato administrativo de lançamento (Súmula n. 436/STJ), precedeu à declaração incidental de inconstitucionalidade formal das normas que alteraram o critério quantitativo da regra-matriz de incidência tributária, quais sejam, os Decretos-leis n. 2.445/1988 e n. 2.449/1988. 4. O princípio da imutabilidade do lançamento tributário, insculpido no art. 145 do CTN, prenuncia que o poder-dever de autotutela da Administração Tributária, consubstanciado na possibilidade de revisão do ato administrativo constitutivo do crédito tributário, somente pode ser exercido nas hipóteses elencadas no art. 149 do *Codex* Tributário, e desde que não ultimada a extinção do crédito pelo decurso do prazo decadencial quinquenal, em homenagem ao princípio da proteção à confiança do contribuinte (encartado no art. 146) e no respeito ao ato jurídico perfeito. 5. O caso *sub judice* amolda-se no disposto no *caput* do art. 144 do CTN ('O lançamento reporta-se à data da ocorrência do fato gerador da obrigação e rege-se pela lei então vigente, ainda que posteriormente modificada ou revogada.'), uma vez que a autoridade administrativa procedeu ao lançamento do crédito tributário formalizado pelo contribuinte (providência desnecessária por força da Súmula n. 436/STJ), utilizando-se da base de cálculo estipulada pelos Decretos-leis n. 2.445/1988 e n. 2.449/1988, posteriormente declarados inconstitucionais pelo Supremo Tribunal Federal, em sede de controle difuso, tendo sido expedida a Resolução 49, pelo Senado Federal, em 19.10.1995. 6. Consequentemente, tendo em vista a desnecessidade de revisão do lançamento, subsiste a constituição do crédito tributário que teve por base a legislação ulteriormente declarada inconstitucional, exegese que, entretanto, não ilide a inexigibilidade do débito fiscal, encartado no título executivo extrajudicial, na parte referente ao *quantum* a maior cobrado com espeque na lei expurgada do ordenamento jurídico, o que, inclusive, encontra-se, atualmente, preceituado nos arts. 18 e 19 da Lei n. 10.522/2002, *verbis*: 'Art. 18. Ficam dispensados a constituição de créditos da Fazenda Nacional, a inscrição como Dívida Ativa da União, o ajuizamento da respectiva execução fiscal, bem assim cancelados o lançamento e a inscrição, relativamente: [...] VIII – à parcela da contribuição ao Programa de Integração Social exigida na forma do Decreto-lei n. 2.445, de 29 de junho de 1988, e do Decreto-lei n. 2.449, de 21 de julho de 1988, na parte que exceda o valor devido com fulcro na Lei Complementar n. 7, de 7 de setembro de 1970, e alterações posteriores; [...] § 2.º Os autos das execuções fiscais dos débitos de que trata este artigo serão arquivados mediante despacho do juiz, ciente o Procurador da Fazenda Nacional, salvo a existência de valor remanescente relativo a débitos legalmente exigíveis. [...]'. Art. 19. Fica a Procuradoria-Geral da Fazenda Nacional autorizada a não contestar, a não interpor recurso ou a desistir do que tenha sido interposto, desde que inexista outro fundamento relevante, na hipótese de a decisão versar sobre: (Redação dada pela Lei n. 11.033, de 2004) I – matérias de que trata o art. 18; [...]. § 5.º Na hipótese de créditos tributários já constituídos, a autoridade lançadora deverá rever de ofício o lançamento, para efeito de alterar total ou parcialmente o crédito tributário, conforme o caso. (Redação dada pela Lei n. 11.033, de 2004.)' 7. Assim, ultrapassada a questão da nulidade do ato constitutivo do crédito tributário, remanesce a exigibilidade parcial do valor inscrito na dívida ativa, sem necessidade de emenda ou substituição da CDA (cuja liquidez permanece incólume), máxime tendo em vista que a sentença proferida no âmbito dos embargos à execução, que reconhece o excesso, é título executivo passível, por si só, de ser liquidado para fins de prosseguimento da execução fiscal (arts. 475-B, 475-H, 475-N e 475-I do CPC). 8. Consectariamente, dispensa-se novo lançamento tributário e, *a fortiori*, emenda ou substituição da certidão de dívida ativa (CDA). 9. Recurso especial desprovido. Acórdão submetido ao regime do art. 543-C do CPC e da Resolução STJ 08/2008" (REsp 1.115.501/SP, Tema Repetitivo 249, Rel. Min. Luiz Fux, j. 10.11.2010).

Tese Jurídica: "O prosseguimento da execução fiscal (pelo valor remanescente daquele constante do lançamento tributário ou do ato de formalização do contribuinte fundado em legislação posteriormente declarada inconstitucional em sede de controle difuso) revela-se forçoso em face da suficiência da liquidação do título executivo, consubstanciado na sentença proferida nos embargos à execução, que reconheceu o excesso cobrado pelo Fisco, sobressaindo a higidez do ato de constituição do crédito tributário, o que, *a fortiori*, dispensa a emenda ou substituição da certidão de dívida ativa (CDA)".

> **Art. 204.** A dívida regularmente inscrita goza da presunção de certeza e liquidez e tem o efeito de prova pré-constituída **(1 e 2)**.
>
> Parágrafo único. A presunção a que se refere este artigo é relativa e pode ser ilidida por prova inequívoca, a cargo do sujeito passivo ou do terceiro a que aproveite **(3)**.

 COMENTÁRIOS

1. *Legislação básica:* Lei n. 6.830/1980 (LEF), art. 3.º; CPC, art. 786.

2. *Presunção de certeza e liquidez da dívida ativa.* As *presunções* constituem mecanismos utilizados pelo ordenamento jurídico com vista à *praticabilidade* das leis. Visam reduzir a complexidade dos fatos, simplificando a execução dos comandos normativos. O dispositivo estatui que a dívida regularmente inscrita goza da *presunção de certeza e liquidez*. O atributo da certeza diz com a *regularidade do crédito*, enquanto a liquidez supõe esteja seu *valor definido*.

3. *Natureza relativa da presunção.* A presunção em foco reveste natureza *relativa* ou *juris tantum*, voltada à facilitação da arrecadação fiscal. No entanto, isso não significa que, uma vez efetuada a inscrição do débito em dívida ativa, está o Fisco dispensado de produzir qualquer prova a respeito da ocorrência do fato jurídico-tributário, cabendo tal ônus, exclusivamente, ao contribuinte. Tal presunção não exime o Fisco de demonstrar a autenticidade do fato que deu suporte à exigência fiscal, quando contestado, nem impõe ao executado a exigência da produção de *prova negativa*.

> Capítulo III
> Certidões Negativas
>
> **Art. 205.** A lei poderá exigir que a prova da quitação de determinado tributo, quando exigível, seja feita por certidão negativa, expedida à vista de requerimento do interessado, que contenha todas as informações necessárias à identificação de

sua pessoa, domicílio fiscal e ramo de negócio ou atividade e indique o período a que se refere o pedido **(1 a 4)**.

Parágrafo único. A certidão negativa será sempre expedida nos termos em que tenha sido requerida e será fornecida dentro de 10 (dez) dias da data da entrada do requerimento na repartição **(5)**.

 COMENTÁRIOS

1. *Moldura constitucional.* Art. 5.º "Todos são iguais perante a lei sem distinção de qualquer natureza, garantindo-se aos brasileiros e aos estrangeiros residentes no País a inviolabilidade do direito à vida, à liberdade, à igualdade, à segurança e à propriedade, nos termos seguintes: [...] XXXIII – são a todos assegurados, independentemente do pagamento de taxas: [...] b) a obtenção de certidões em repartições públicas, para defesa de direitos e esclarecimento de situações de interesse pessoal; [...] Art. 195. [...] § 3.º A pessoa jurídica em débito com o sistema da seguridade social, como estabelecido em lei, não poderá contratar com o Poder Público nem dele receber benefícios ou incentivos fiscais ou creditícios."

2. *Legislação básica:* Lei n. 10.451/2002, art. 10, I (legislação tributária); Lei n. 14.133/2021 (Lei de Licitações e Contratos Administrativos), arts. 63, III, 81, § 4.º, e 102, II; Lei n. 8.212/1991 (custeio da Previdência Social), arts. 47 e 48; Lei n. 8.036/1990 (FGTS), art. 27; e Lei n. 6.015/1973 (registros públicos), art. 289.

3. *Exigência de demonstração da regularidade fiscal.* A lei pode exigir que, para o exercício de certos direitos, seja necessário demonstrar a situação regular perante o Fisco. O fundamento ético para a adoção de tal exigência exsurge da ideia de que seria ofensivo à isonomia que certas pessoas, beneficiárias de serviços públicos como todas as demais, não contribuíssem, podendo fazê-lo, para o financiamento dessas mesmas atividades. Nesse contexto, portanto, revela-se razoável a lei condicionar a aquisição ou o exercício de certos direitos de natureza econômica à comprovação de regularidade fiscal. Por outro lado, a exigência de certidão negativa de tributos não pode constituir entrave ao exercício de direitos assegurados constitucionalmente. Nesse sentido, decidiu o STF pela inconstitucionalidade da exigência de apresentação de certidão negativa de tributos como condição para a expedição de alvará de levantamento, prevista no art. 19 da Lei n. 11.033/2004 (ADI 3.453/DF).

4. *Certidões negativas.* A obtenção de certidões relativas à situação fiscal (arts. 205 a 208, CTN) representa um dos aspectos mais pragmáticos envolvendo a Administração Tributária, com reflexos diversos na vida dos contribuintes. A *certidão* é ato administrativo enunciativo, e sua obtenção é direito constitucionalmente assegurado, inclusive mediante imunidade a taxa, nos termos do art. 5.º, XXXIII, *b*. Portanto, todo contribuinte faz jus a certidão que espelhe sua real situação perante o Fisco. O preceito versa sobre a *certidão negativa de débito tributário*, a qual somente o contribuinte que não tenha nenhum débito tributário vencido e não pago pode obter. Com efeito, a *certidão negativa* é o documento comprobatório da regularidade de situação fiscal, requisito exigido para a participação em licitações e operação de empréstimo e de financiamento em instituição financeira. Lembre--se, ainda, que, nos termos do art. 195, § 3.º, CR, "a pessoa jurídica em débito com o sistema da seguridade social, como estabelecido em lei, não poderá contratar com o Poder Público nem dele receber benefícios ou incentivos fiscais ou creditícios".

5. Prazo para a expedição da certidão negativa. O dispositivo estabelece o prazo de dez dias para a expedição da certidão negativa de débito. Qualquer pessoa com interesse legítimo pode requerê-la, não somente os contribuintes. O não atendimento do pedido no prazo assinalado, bem como a recusa injustificada da expedição de tal certidão, têm ensejado, há décadas, a impetração de mandados de segurança para a obtenção de tal documento, em frequência impressionante.

 JURISPRUDÊNCIA ILUSTRATIVA

STF

• "Ação direta de inconstitucionalidade. Precatórios. Art. 19 da Lei nacional n. 11.033, de 21 de dezembro de 2004. Afronta aos arts. 5.º, inc. XXXVI, e 100 da Constituição da República. 1. O art. 19 da Lei n. 11.033/2004 impõe condições para o levantamento dos valores do precatório devido pela Fazenda Pública. 2. A norma infraconstitucional estatuiu condição para a satisfação do direito do jurisdicionado – constitucionalmente garantido – que não se contém na norma fundamental da República. 3. A matéria relativa a precatórios não chama a atuação do legislador infraconstitucional, menos ainda para impor restrições que não se coadunam com o direito à efetividade da jurisdição e o respeito à coisa julgada. 4. O condicionamento do levantamento do que é devido por força de decisão judicial ou de autorização para o depósito em conta bancária de valores decorrentes de precatório judicial, estabelecido pela norma questionada, agrava o que vem estatuído como dever da Fazenda Pública em face de obrigação que se tenha reconhecido judicialmente em razão e nas condições estabelecidas pelo Poder Judiciário, não se mesclando, confundindo ou, menos ainda, frustrando pela existência paralela de débitos de outra fonte e natureza que, eventualmente, o jurisdicionado tenha com a Fazenda Pública. 5. Entendimento contrário avilta o princípio da separação de poderes e, a um só tempo, restringe o vigor e a eficácia das decisões judiciais ou da satisfação a elas devida. 6. Os requisitos definidos para a satisfação dos precatórios somente podem ser fixados pela Constituição, a saber: a requisição do pagamento pelo presidente do Tribunal que tenha proferido a decisão; a inclusão, no orçamento das entidades políticas, das verbas necessárias ao pagamento de precatórios apresentados até 1.º de julho de cada ano; o pagamento atualizado até o final do exercício seguinte ao da apresentação dos precatórios, observada a ordem cronológica de sua apresentação. 7. A determinação de condicionantes e requisitos para o levantamento ou a autorização para depósito em conta bancária de valores decorrentes de precatórios judiciais, que não aqueles constantes de norma constitucional, ofende os princípios da garantia da jurisdição efetiva (art. 5.º, inc. XXXVI) e o art. 100 e seus incisos, não podendo ser tida como válida a norma que, ao fixar novos requisitos, embaraça o levantamento dos precatórios. 8. Ação direta de inconstitucionalidade julgada procedente" (ADI 3.453/DF, Rel. Min. Cármen Lúcia, j. 30.11.2006).

STJ

• Processual civil e tributário. Embargos de divergência em agravo em recurso especial. Certidão Negativa de Débitos – CND ou Certidão Positiva com Efeito de Negativa de Débitos – CPEND. Pendência em nome da matriz ou da filial. Emissão. Impossibilidade. Autonomia administrativa e operacional da filial. Existência. Autonomia para fins de regularidade fiscal. Ausência. I – Consoante o decidido pelo Plenário desta Corte, na sessão realizada em 09.03.2016, o regime recursal será determinado pela data da publicação do provimento jurisdicional impugnado. Aplica-se, *in casu*, o Código de Processo Civil de 2015. II – É preciso ter presente, consoante disposto em normas de direito privado, que filial (*i*) não se constitui mediante registro de ato constitutivo, (*ii*) encerra conformação *secundária* em relação à pessoa jurídica de direito privado; e (*iii*) a inscrição no CNPJ é decorrente da considerável amplitude da "identificação nacional cadastral única". III – A regularidade fiscal no tocante aos créditos tributários diz com a pessoa, física ou jurídica, que detém aptidão para figurar no polo passivo de relação jurídica tributária. Nesse prisma, cuida-se de situação pertinente àquele que figura como sujeito passivo da obrigação tributária, ente revestido de personalidade jurídica. IV – Conquanto haja autonomia operacional e administrativa da filial, tais características não alcançam o contexto da emissão de certidões negativas de pendências fiscais, as quais se inserem na seara da empresa e não do estabelecimento. V – A Administração Tributária não deve emitir CND e/ou CPEND à filial na hipótese em que há pendência fiscal oriunda da matriz ou de outra filial. VI – Embargos de Divergência providos (1ª. S., EAREsp 2.025.237/GO, Rel. Min. Regina Helena Costa, j. 02.03.2023).

• "Processual civil e administrativo. Empresa em recuperação judicial. Licitação. Participação. Possibilidade. Certidão negativa de débitos fiscais. Apresentação. Desnecessidade. 1. O Plenário do STJ decidiu que 'aos recursos interpostos com fundamento no CPC/1973 (relativos a decisões publicadas até 17 de março de 2016) devem ser exigidos os requisitos de admissibilidade na forma nele prevista, com as interpretações dadas até então pela jurisprudência do Superior Tribunal de Justiça' (Enunciado Administrativo 2). 2. De acordo com o art. 52, II, da Lei n. 11.101/2005, o juiz deferirá o processamento da recuperação judicial e, no mesmo ato, determinará a dispensa da apresentação de certidões negativas para que o devedor exerça suas atividades, exceto para contratação com o Poder Público ou para recebimento de benefícios ou incentivos fiscais ou creditícios, observando o disposto no art. 69 da mesma Lei. 3. O Tribunal de origem, mediante o prestígio ao princípio da preservação da empresa em recuperação judicial (art. 47 da Lei n. 11.101/2005), autorizou a agravada a participar de procedimento licitatório, independentemente da apresentação de certidão negativa de regularidade fiscal, em razão do fato de estar submetida ao regime da recuperação judicial, observados os demais requisitos estabelecidos no edital, entendendo que 'parece ser inexigível qualquer demonstração de regularidade fiscal para as empresas em recuperação judicial, seja para continuar no exercício de sua atividade, seja para contratar ou continuar executando contrato com o Poder Público'. 4. A Corte Especial do STJ firmou a compreensão de que o art. 47 da referida lei serve como um norte a guiar a operacionalidade da recuperação judicial, sempre com vistas ao desígnio do instituto, que é 'viabilizar a superação da situação de crise econômico-financeira do devedor, a fim de permitir a manutenção da fonte produtora, do emprego dos trabalhadores e dos interesses dos credores, promovendo, assim, a preservação da empresa, sua função social e o estímulo à atividade econômica' (REsp 1.187.404/MT, Rel. Min. Luis Felipe Salomão, Corte Especial, j. 19.06.2013, *DJe* 21.08.2013). 5. A Segunda Seção desta Corte Superior, em uma exegese teleológica da nova Lei de Falências, tem reconhecido a desnecessidade de 'apresentação de certidão negativa de débito tributário como pressuposto para o deferimento da recuperação judicial' (AgInt no AREsp 1.185.380/SC, Rel. Min. Ricardo Villas Bôas Cueva, 3.ª Turma, j. 26.06.2018, *DJe* 29.06.2018, e AgInt no AREsp 958.025/RS, Rel. Min. Luis Felipe Salomão, 4.ª Turma, j. 01/12/2016, *DJe* 09.12.2016). 6. Este Tribunal 'vem entendendo ser inexigível, pelo menos por enquanto, qualquer demonstração de regularidade fiscal para as empresas em recuperação judicial, seja para continuar no exercício de sua atividade (já dispensado pela norma), seja para contratar ou continuar executando contrato com o Poder Público' (AgRg no AREsp 709.719/RJ, Rel. Min. Herman Benjamin, 2.ª Turma, j. 13.10.2015, *DJe* 12.02.2016). 7. A inexigibilidade de apresentação de certidões negativas de débitos tributários pelas sociedades empresárias em recuperação judicial, para fins de contratar ou continuar executando contrato com a administração pública, abrange, por óbvio, participar de procedimentos licitatórios, caso dos autos. 8. Ao examinar o tema sob outro prisma, a Primeira Turma do STJ, mediante a ponderação equilibrada dos princípios encartados nas Leis n. 8.666/1993 e n. 11.101/2005, entendeu possível relativizar a exigência de apresentação de certidão negativa de recuperação judicial, a fim de possibilitar à empresa em recuperação judicial participar de certame licitatório, desde que demonstrada, na fase de habilitação, a sua viabilidade econômica (AREsp 309.867/ES, Rel. Min. Gurgel de Faria, 1.ª Turma, j. 26.06.2018, *DJe* 08.08.2018). 9. Agravo conhecido para negar provimento ao recurso especial" (1.ª T., AREsp 978.453/RJ, Rel. Min. Gurgel de Faria, j. 06.10.2020).

> **Art. 206.** Tem os mesmos efeitos previstos no artigo anterior a certidão de que conste a existência de créditos não vencidos, em curso de cobrança executiva em que tenha sido efetivada a penhora, ou cuja exigibilidade esteja suspensa **(1 a 4)**.

 COMENTÁRIOS

1. *Moldura constitucional.* Art. 5.º "Todos são iguais perante a lei sem distinção de qualquer natureza, garantindo-se aos brasileiros e aos estrangeiros residentes no País a inviolabilidade do direito à vida, à liberdade, à igualdade, à segurança e à propriedade, nos termos seguintes: [...] XXXIII – são a todos assegurados, independentemente do pagamento de taxas: [...] b) a obtenção de certidões em repartições públicas, para defesa de direitos e esclarecimento de situações de interesse pessoal; [...] Art. 195. [...] § 3.º A pessoa jurídica em débito com o sistema da seguridade social, como estabelecido em lei, não poderá contratar com o Poder Público nem dele receber benefícios ou incentivos fiscais ou creditícios."

2. *Dispositivos relacionados:* arts. 151 e 205, CTN.

3. *Legislação básica:* Lei n. 6.830/1980 (LEF), art. 9.º.

4. *Certidão de regularidade fiscal.* O artigo prevê outra modalidade de certidão, cujos efeitos são equiparados aos da certidão negativa. Trata-se da *certidão de regularidade fiscal*, popularmente chamada de "certidão positiva com efeitos de negativa". O CTN considera *contribuinte em situação regular* não apenas aquele que não tenha débito vencido e não pago, mas também aquele que, mesmo em débito, a obrigação correspondente esteja com a exigibilidade suspensa, ou em relação ao qual haja execução garantida por penhora. O dispositivo remete, primeiramente, à disciplina do art. 151, CTN, que, como visto, arrola as *causas de suspensão de exigibilidade*. Já a referência à cobrança executiva garantida mediante penhora aponta para o regramento contido na Lei n. 6.830/1980, que dispõe sobre a cobrança judicial da Dívida Ativa da Fazenda Pública. Note-se que esta prevê, como modalidades de garantia da execução, além da penhora, o depósito, a fiança bancária e o seguro-garantia (art. 9.º). Amparado em qualquer uma dessas hipóteses, o contribuinte é considerado em situação regular. Em conclusão, encontrar-se-á em *situação irregular perante o Fisco* o contribuinte que tiver débito vencido e não pago e não estiver amparado por uma causa suspensiva da exigibilidade da obrigação, nem tiver garantida a respectiva execução mediante penhora.

JURISPRUDÊNCIA ILUSTRATIVA

STJ

• Súmula n. 446: "Declarado e não pago o débito tributário pelo contribuinte, é legítima a recusa de expedição de certidão negativa ou positiva com efeito de negativa".

• "Processo civil. Recurso especial representativo de controvérsia. Art. 543-C do CPC. Tributário. Expedição de certidão negativa de débitos – CND ou positiva com efeitos de negativa – CPD-EN. Pedido de revisão formulado pelo contribuinte sob a alegação de pagamento integral do débito fiscal. Pendência de resposta do Fisco há mais de 30 dias. Art. 13 da Lei n. 11.051/2004 (vigência temporária). 1. A recusa, pela Administração Fazendária Federal, do fornecimento de Certidão Positiva com efeitos de Negativa (CPD-EN), no período de 30.12.2004 a 30.12.2005, revela-se ilegítima na hipótese em que configurada pendência superior a 30 (trinta) dias do pedido de revisão administrativa formulado pelo contribuinte, fundado na alegação de pagamento integral do débito fiscal antes de sua inscrição na dívida ativa, *ex vi* do disposto no art. 13 da Lei n. 11.051/2004. 2. O art. 205 do CTN faculta à lei a exigência de que a prova da quitação de determinado tributo, quando exigível, seja feita por certidão negativa, expedida à vista de requerimento do interessado, que contenha todas as informações necessárias à identificação de sua pessoa, domicílio fiscal e ramo de negócio ou atividade e indique o período a que se refere o pedido. 3. Por seu turno, o art. 206 do *Codex* Tributário autoriza a expedição de certidão positiva com efeitos de negativa nos casos em que houver (i) créditos não vencidos; (ii) créditos em curso de cobrança executiva em que tenha sido efetivada a penhora; e (iii) créditos cuja exigibilidade esteja suspensa. 4. Nada obstante, o *caput* do art. 13 da Lei n. 11.051/2004 (publicada em 30 de dezembro de 2004) preceituou que: 'Art. 13. Fica a administração fazendária federal, durante o prazo de 1 (um) ano, contado da publicação desta Lei, autorizada a atribuir os mesmos efeitos previstos no art. 205 da Lei n. 5.172, de 25 de outubro de 1966 – Código Tributário Nacional, à certidão quanto a tributos e contribuições administrados pela Secretaria da Receita Federal – SRF e à dívida ativa da União de que conste a existência de débitos em relação aos quais o interessado tenha apresentado, ao órgão competente, pedido de revisão fundado em alegação de pagamento integral anterior à inscrição pendente da apreciação há mais de 30 (trinta) dias. [...]' 5. Consequentemente, malgrado o pedido de revisão administrativa (fundado na alegação de pagamento integral do débito fiscal antes de sua inscrição na dívida ativa) não se enquadre nas hipóteses de expedição de CPD-EN enumeradas no art. 206 do CTN, o art. 13 da Lei n. 11.051/2004 (de vigência temporária), autorizou o fornecimento da certidão quando ultrapassado o prazo de 30 (trinta) dias sem resposta da Administração Tributária Federal. 6. *In casu*, restou assente na origem que: '[...] o mandado de segurança acoima de ilegal a negativa de concessão de Certidão Negativa de Débitos – CND ou Positiva com efeitos de Negativa – CPD-EN. [...] Destaca a impetrante na exordial que estão devidamente quitados os débitos apontados como impeditivos ao fornecimento da certidão, conforme comprovam os DCTFs, DARFs e REDARFs acostados. Em informações, a autoridade afirma a ausência de liquidez e certeza do direito e a legalidade da negativa. [...] Ora, se os débitos foram objetos de quitação, com os comprovantes carreados aos autos (DCTFs, DARFs e REDARFs), com pedidos de revisão administrativa, o caso é de concessão da certidão, à vista do art. 206 do CTN. A autoridade administrativa em suas informações e a apelação nada falam sobre os documentos juntados pela impetrante quanto à retificação dos recolhimentos, todos eles envolvendo o número do CNPJ da impetrante. De outro lado, não é possível, somente com esses documentos, atestar a regularidade do recolhimento, pois não se sabe a razão dos erros cometidos no recolhimento, em especial se é de fato cabível a retificação, já que não há informação nos autos quanto a eventualmente terem sido os recolhimentos direcionados a eventuais débitos do CNPJ originário. Mas é de ver que ao tempo da prolação da sentença já estava extrapolado o prazo de 30 dias, de modo que cabível a expedição da certidão nos termos desse dispositivo. Com efeito, a questão que releva verificar é o cabimento da expedição havendo débito com pedido de retificação administrativa dos DARFs. A rigor, esses requerimentos de revisão de lançamento não têm o condão de suspender a exigibilidade do crédito, porquanto não se confundem com as defesas administrativas à notificação de lançamento de que cuida o art. 151, III, do CTN. Todavia, ainda que não tenha o simples requerimento de revisão o poder de suspender a exigibilidade do crédito, a Lei n. 11.051, de 29.12.2004, veio a equiparar a hipótese em causa àquelas em que a exigibilidade estivesse suspensa para efeito de expedição de certidão de regularidade [...] Resta claro que a própria Lei não considera o mero pedido de revisão como suspensivo de exigibilidade do crédito, tanto que vem a excepcionalmente equipará-lo para efeito de expedição da certidão, e ainda assim por prazo determinado de um ano. [...]' 7. Destarte, revela-se escorreita a exegese adotada pelo Tribunal de origem, tendo em vista a vigência, à época, da norma inserta no art. 13 da Lei n. 11.051/2004. 8. Recurso especial desprovido. Acórdão submetido ao regime do art. 543-C do CPC e da Resolução STJ 08/2008" (REsp 1.122.959/SP, Tema Repetitivo 384, Rel. Min. Luiz Fux, j. 09.08.2010).

Tese Jurídica: "A recusa, pela Administração Fazendária Federal, do fornecimento de Certidão Positiva com efeitos de Negativa (CPD-EN), no período de 30.12.2004 a 30.12.2005, revela-se ilegítima na hipótese em que configurada pendência superior a 30 (trinta) dias do pedido de revisão administrativa formulado pelo contribuinte, fundado na alegação de pagamento integral do débito fiscal antes de sua inscrição na dívida ativa, *ex vi* do disposto no art. 13, da Lei n. 11.051/2004".

> **Art. 207.** Independentemente de disposição legal permissiva, será dispensada a prova de quitação de tributos, ou o seu suprimento **(1)**, quando se tratar de prática de ato indispensável para evitar a caducidade de direito, respondendo, porém, todos os participantes no ato pelo tributo porventura devido, juros de mora e penalidades cabíveis **(2)**, exceto as relativas a infrações cuja responsabilidade seja pessoal ao infrator **(3)**.

 COMENTÁRIOS

1. *Dispositivos relacionados:* arts. 205 e 206, CTN.

2. *Dispensa da prova de quitação de tributos em caso de urgência.* O preceito diz com a *urgência* na prática de ato destinado a evitar a *caducidade de direito*, hipótese em que resta dispensada a prova de quitação de tributos ou seu suprimento, vale dizer, a apresentação da certidão negativa – ou de regularidade fiscal, a ela equiparada – (arts. 205 e 206, CTN). No entanto, à evidência, se posteriormente vier a ser apurado débito tributário, todos os participantes do ato deverão responder pelos encargos indicados no dispositivo, seja na qualidade de contribuintes, seja na condição de responsáveis.

3. *Ressalva quanto às penalidades relativas a infrações cuja responsabilidade seja pessoal do infrator.* Nessa hipótese, os demais participantes do ato estão exonerados de por ela responder.

> **Art. 208.** A certidão negativa expedida com dolo ou fraude, que contenha erro contra a Fazenda Pública, responsabiliza pessoalmente o funcionário que a expedir, pelo crédito tributário e juros de mora acrescidos **(1 a 3)**.
>
> Parágrafo único. O disposto neste artigo não exclui a responsabilidade criminal e funcional que no caso couber **(4)**.

 COMENTÁRIOS

---

1. *Moldura constitucional.* Art. 37. [...] "A administração pública direta e indireta de qualquer dos Poderes da União, dos Estados, do Distrito Federal e dos Municípios obedecerá aos princípios de legalidade, impessoalidade, moralidade, publicidade e eficiência e, também, ao seguinte: [...] § 4.º Os atos de improbidade administrativa importarão a suspensão dos direitos políticos, a perda da função pública, a indisponibilidade dos bens e o ressarcimento ao erário, ressalvadas as respectivas ações de ressarcimento."

2. *Dispositivo relacionado:* art. 205, CTN.

3. *Legislação básica:* CP, art. 301 (certidão ou atestado ideologicamente falso); e Lei n. 8.429/1992 (LIA).

4. *Responsabilidade do agente público pela expedição ilegal de certidão negativa.* O artigo estabelece as consequências da expedição dolosa ou fraudulenta da certidão negativa, que convergem para as responsabilidades disciplinar, civil, de improbidade administrativa e penal do agente que a expedir, a serem reguladas em leis próprias. Assim, o agente público torna-se pessoalmente responsável pelo crédito tributário e respectivos juros moratórios. Para tanto, todavia, é indispensável a demonstração de ocorrência de dano, vale dizer, a comprovação de que a certidão negativa expedida ilegalmente foi utilizada (*e.g.*, para participação em procedimento licitatório) e que dessa utilização resultou prejuízo para o Poder Público.

DISPOSIÇÕES FINAIS E TRANSITÓRIAS

Art. 209. A expressão "Fazenda Pública", quando empregada nesta Lei sem qualificação, abrange a Fazenda Pública da União, dos Estados, do Distrito Federal e dos Municípios **(1)**.

COMENTÁRIOS

1. Abrangência da expressão Fazenda Pública. O preceito, de caráter didático, esclarece que a denominação "Fazenda Pública", sem qualificação, remete a todas as pessoas políticas, abrangendo, inclusive, as entidades da administração indireta sujeitas ao regime de direito público – as autarquias e as fundações públicas.

Art. 210. Os prazos fixados nesta Lei ou legislação tributária serão contínuos, excluindo-se na sua contagem o dia de início e incluindo-se o de vencimento **(1)**.

Parágrafo único. Os prazos só se iniciam ou vencem em dia de expediente normal na repartição em que corra o processo ou deva ser praticado o ato **(2)**.

COMENTÁRIOS

1. Contagem de prazos no CTN e na legislação tributária. O dispositivo estabelece que os prazos neste Código e nos demais atos normativos compreendidos no conceito de *legislação tributária* são contínuos – isto é, em dias corridos – e contados excluindo-se o dia de início e incluindo-se o de vencimento. Observe-se que tal regra coincidia com a do art. 184 CPC/1973. O atual CPC (Lei n. 13.105/2015), no entanto, dela se distanciou, pois estabelece, em seu art. 219, que "na contagem de prazo em dias, estabelecido por lei ou pelo juiz, computar-se-ão somente os dias úteis", aplicando-se tal regra apenas aos prazos processuais. Desse modo, os prazos processuais sujeitos ao regime do CPC não mais são contados em dias corridos.

2. Início e vencimento dos prazos do CTN e na legislação tributária. O preceito esclarece que o início e o vencimento de tais prazos somente podem ocorrer em dia útil. Assim, terminando a contagem de um prazo em sábado, domingo ou feriado, prorroga-se até o primeiro dia útil seguinte.

Art. 211. Incumbe ao Conselho Técnico de Economia e Finanças, do Ministério da Fazenda, prestar assistência técnica aos governos estaduais e municipais, com o objetivo de assegurar a uniforme aplicação da presente Lei **(1)**.

COMENTÁRIOS

1. *Norma defasada.* Órgão técnico e consultivo criado em 1937, teve função relevante até 1945, sendo extinto em 1971. Após distintas denominações e configurações, atualmente o Ministério da Fazenda tem sua organização disciplinada no Decreto n. 11.907/2024.

> **Art. 212.** Os Poderes Executivos federal, estaduais e municipais expedirão, por decreto, dentro de 90 (noventa) dias da entrada em vigor desta Lei, a consolidação, em texto único, da legislação vigente, relativa a cada um dos tributos, repetindo-se esta providência até o dia 31 de janeiro de cada ano **(1)**.

COMENTÁRIOS

1. *Norma programática não atendida.* O dispositivo estabeleceu a consolidação, em texto único, da legislação aplicável aos diversos tributos disciplinados no CTN, o que nunca ocorreu.

> **Art. 213.** Os Estados pertencentes a uma mesma região geoeconômica celebrarão entre si convênios para o estabelecimento de alíquota uniforme para o imposto a que se refere o art. 52 **(1 e 2)**.
>
> Parágrafo único. Os Municípios de um mesmo Estado procederão igualmente, no que se refere à fixação da alíquota de que trata o art. 60.

COMENTÁRIOS

1. *Revogação dos dispositivos.* Os apontados arts. 52 e 60 foram revogados, respectivamente, pelo Decreto-lei n. 406/1968 e pelo Ato Complementar n. 31/1966.

2. *Uniformidade de alíquotas no ICMS e no ISSQN.* A disciplina das alíquotas no ICMS, inicialmente, está na própria Constituição (art. 155, II, § 2.º, IV a VIII[2]). Com relação à disciplina desse imposto e também do ISSQN, v. comentários aos arts. 71 a 73, CTN.

> **Art. 214.** O Poder Executivo promoverá a realização de convênios com os Estados, para excluir ou limitar a incidência do Imposto sobre Operações Relativas à Circulação de Mercadorias, no caso de exportação para o exterior **(1)**.

---

[2] V. art. 156-A, incluído pela EC n. 132/2023.

COMENTÁRIOS

1. *Dispositivo revogado.* A Constituição não recepcionou tal preceito, uma vez que estabelece a *imunidade* das operações que destinem mercadorias para o exterior e sobre serviços prestados a destinatários no exterior, nos termos do art. 155, § 2.º, X, *a,* na redação dada pela EC n. 42/2003.[3]

> **Art. 215.** A lei estadual pode autorizar o Poder Executivo a reajustar, no exercício de 1967, a alíquota de imposto a que se refere o art. 52, dentro de limites e segundo critérios por ela estabelecidos **(1)**.

 COMENTÁRIOS

1. *Dispositivo revogado.* O art. 52, CTN, ao qual o dispositivo remete, foi revogado pelo Decreto-lei n. 406/1968.

> **Art. 216.** O Poder Executivo proporá as medidas legislativas adequadas a possibilitar, sem compressão dos investimentos previstos na proposta orçamentária de 1967, o cumprimento do disposto no art. 21 da Emenda Constitucional n. 18, de 1965 **(1)**.

 COMENTÁRIOS

1. *Norma transitória.* O dispositivo abriga norma transitória, cuja eficácia há muito se exauriu.

> **Art. 217.** As disposições desta Lei, notadamente as dos arts. 17, 74, § 2.º, e 77, parágrafo único, bem como a do art. 54 da Lei n. 5.025, de 10 de junho de 1966, não excluem a incidência e a exigibilidade **(1)**:
>
> * Artigo acrescentado pelo Dec.-lei n. 27/1966.
>
> I – da "contribuição sindical", denominação que passa a ter o Imposto Sindical de que tratam os arts. 578 e seguintes da Consolidação das Leis do Trabalho, sem prejuízo do disposto no art. 16 da Lei n. 4.589, de 11 de dezembro de 1964;
>
> II – das denominadas "quotas de previdência" a que aludem os arts. 71 e 74 da Lei n. 3.807, de 26 de agosto de 1960 com as alterações determinadas pelo art. 34 da Lei n. 4.863, de 29 de novembro de 1965, que integram a contribuição da União para a Previdência Social, de que trata o art. 157, item XVI, da Constituição Federal;

---

[3]   V. art. 156-A, incluído pela EC n. 132/2023.

III – da contribuição destinada a constituir o "Fundo de Assistência" e "Previdência do Trabalhador Rural", de que trata o art. 158 da Lei n. 4.214, de 2 de março de 1963;

IV – da contribuição destinada ao Fundo de Garantia do Tempo de Serviço, criada pelo art. 2.º da Lei n. 5.107, de 13 de setembro de 1966;

V – das contribuições enumeradas no § 2.º do art. 34 da Lei n. 4.863, de 29 de novembro de 1965, com as alterações decorrentes do disposto nos arts. 22 e 23 da Lei n. 5.107, de 13 de setembro de 1966, e outras de fins sociais criadas por lei.

COMENTÁRIOS

1. *Norma didática.* O artigo, que há muito não ostenta atualidade, visava esclarecer a exigência e compatibilidade de contribuições e tributos.

> **Art. 218.** Esta Lei entrará em vigor, em todo o território nacional, no dia 1.º de janeiro de 1967, revogadas as disposições em contrário, especialmente a Lei n. 854, de 10 de outubro de 1949 **(1)**.

COMENTÁRIOS

1. *Alteração da denominação desta lei.* A Lei n. 5.172/1966, consoante sua epígrafe, "dispõe sobre o Sistema Tributário Nacional e institui normas gerais de direito tributário aplicáveis à União, Estados e Municípios". Em 1967, o Ato Complementar n. 36, entre outras disposições, determinou que a Lei n. 5.172/1966 e alterações posteriores passassem a denominar-se "Código Tributário Nacional" (art. 7.º).

> Brasília, 25 de outubro de 1966; 145.º da Independência e 78.º da República.
> H. Castello Branco
> Octavio Bulhões
> Carlos Medeiros Silva
>
> (*DOU* 27.10.1966; ret. 31.10.1966)